懸吐完譯

論語集註備旨大全

李漢佑 譯

明文堂

책을 펴내며

한 권의 책을 번역하기란 한 권의 책을 쓰는 것만큼 어려운 일이다. 한문은 표의문자(表意文字)로 기록되었기에 수백 년 내지 수천 년이란 공백을 뛰어 넘어야 해석이 가능하다. 문화적 배경이 전혀 다른 사람이 새로운 언어로 표현하려고 하니 어려울 수밖에 없다. 그래서 '번역은 반역이다.' 라는 말이 있는지도 모른다.

이 책은 사서(四書) 중의 하나다. 유가(儒家)의 성전(聖典)이라고도 할 수 있으며, 중국 최초의 어록(語錄)이기도 하다. 고대 중국의 사상가 공자(孔子)의 가르침을 전하는 가장 확실한 자료다. 공자와 제자와의 문답을 주로 하고, 공자의 발언과 행적, 그리고 제자들의 발언 등이 간결하고도 함축성 있게 기재되어 있다. 번역서를 읽는 데 필요한 몇 가지만 살펴보기로 한다.

첫째, 논어의 명칭과 편자에 대해 살펴보면, 「논어(論語)」라는 서명(書名)은 공자의 말을 모아 간추려서 일정한 순서로 편집했네(論是議論 語是答述 此書是記孔子平日 與門弟子 講學論治 相問答之言語 故名曰論語 分上下兩篇), 누가 지은 이름인지는 분명치 않다. 편자에 관해서는 숭작참(崇爵讖)의 자하(子夏) 등 64제자설(六四弟子說), 정현(鄭玄)의 중궁(仲弓)·자유(子游)·자하(子夏)설, 정자(程子)의 증자(曾子)·유자(有子)설, 그 밖에 많은 설이 있으나 확실치는 않다. 현존본은 20편으로 이루어졌으며, 각기 편 중의 말을 따서 그 편명(篇名)을 붙였다. 《학이편》은 인간의 종신(終身)의 일이라고 할 수 있는 학문과 덕행을, 《요왈편》은 역대 성인의 정치 이상을 주제로 한 것처럼, 각 편마다 주제가 있기는 하나 용어가 통일되지 않았고 문장의 중복도 있다. 특히 전반 10편을 상론(上論), 후반을 10편을 하론(下論)이라고 하는데, 그 사이에는 문체나 내용에 약간의 차이가 있다.

둘째, 책의 성립 시기를 살펴보면, 「맹자(孟子)」나 「순자(荀子)」 등 옛 문헌에는 공자의 말이 '孔子曰' '仲尼曰' '傳曰'이라고 인용되었으나, 그것이 논어에 기재된 것과 반드시 같은 것도 아니다. 그러나 한(漢)나라 때에는 제(齊)나라 학자의 「제론(齊論)」 22편, 노(魯)나라 학자의 「노론(魯論)」 20편이 전해졌고, 따로 공자의 옛 집 벽 속에서 「고론(古論)」 21편이 나왔다. 한(漢)의 장우(張禹)는 제·노 양론을 교합(校合)하여 「장후론(張侯論)」 20편을 만들었고, 이어 후한(後漢)의 정현(鄭玄, 127~200)은 이 세 가지와 고론을 교합하였다. 이 정현본(鄭玄本)을 바탕으로 위(魏)의 하안(何晏)이 「논어집해(論語集解)」라는 주석서를 저술함에 이르러 현존본의 원문이 결정되었다.

셋째, 책에 기록된 내용을 살펴보면, 논어의 문장은 간결하면서도 수사(修辭)의 묘를 얻어 함축성이 깊다. 하지만 깊이 생각해보면 공자의 인격으로 귀일(歸一)되어 있다. 공자의 불요불굴(不撓不屈)의 구도(求道) 자세, 사람을 이상선(理想善)인 '인(仁)'으로 이끄는 교육, 그리고 공자를 중심으로 하여 겸허(謙虛)한 안연(顔淵), 직정(直情)의 자로(子路), 현명(賢明)한 자공(子貢), 그 밖의 제자들이 각기 개성에 따른 상호간의 독려 등, 중국에서는 처음으로 인도주의(人道主義) 사상과 자각자율(自覺自律)의 도덕설(道德說)을 제시한 공자학단(孔子學團)의 활동이 묘사되어 있다. 모든 내용이 인생 경험의 깊은 영지(英智)의 결정(結晶)으로 음미할수록 가치가 높은 교훈들이다.

넷째, 이 책의 전래에 대해 살펴보면, 논어는 「효경(孝經)」과 더불어 한(漢)나라 이후 지식인의 필독서였다. 그 해석의 전거(典據)가 된 것은 「논어집해(論語集解)」 [古註라고도 한다]였다. 송(宋)나라 때에는 유교의 공맹사상(孔孟思想)에 의한 집주 통일화(集註統一化)가 이루어졌고, 특히 주희(朱熹)가 「사서(四書)」로 추존(推尊)하고, 이를 통일하여 「논어집주(論語集註)」[新註라고도 한다]를 저술한 후에는 이 책이 고주에 대체되었다. 중화민국 초기에는 구문화(舊文化) 개조를 위하여 공자의 가르침이나 논어에 대한 비판이 행해졌고, 그 후에도 계속되고 있으나, 연구가 지속되는 것에는 변함이 없다. 한국에도 일찍부터 도래되어 한학(漢學)의 성행으로 널리 보급되고 국민의 도덕사상 형성의 기본이 되었다.

특히 2005년 인천시 계양구 소재 삼국시대 고대 성곽인 계양산성(桂陽山城)에서 《공야장(公治長)》2편 '子謂子賤 君子哉 若人 魯無君子者 斯焉取斯'의 일부를 기록한 목간(木簡)이 출토되었다. 이는 3~4세기 한성 백제의 유물로 확인되었는데, 일찍부터 우리 나라에서 논어가 읽혔음을 방증(傍證)할 수 있는 자료가 된다. 현재 구미(歐美) 각국에도 연구서나 번역서가 많으며 미국에 특히 많다.

다음으로 이 책의 저자들에 관한 내용들을 정리해 본다.

공자(孔子, B.C 551~B.C 479)는 중국 고대의 사상가이며 유교의 개조(開祖)다. 춘추시대 말기 노(魯)나라 창평향(昌平鄕) 추읍(陬邑)에 출생했다. 자는 중니(仲尼)며 이름은 구(丘)였다. 아버지의 성은 숙량(叔梁)이요 이름은 흘(紇)이며, 어머니는 안 씨(顔氏) 집안으로 이름은 징재(徵在)였다. 아버지는 제(齊)나라와의 싸움에서 군공(軍功)을 세운 부장(部將)이었으나, 공자가 3세 때 별세하여 빈곤 속에서 자랐다.

노나라의 창시자로 주왕조(周王朝) 건국의 공신이기도 했던 주공(周公)을 흠모하여 그 문화를 습득하는 데 노력했으며, 수양을 쌓아 점차 유명해졌다. 처음에는 말단 관리였으나, 50세가 지나서 노나라의 정공(定公)에게 중용(重用)되어, 정치가로서의 탁월한 수완을 발휘하였다.

그의 계획은 노(魯)나라의 세 공족(公族)이었던, 중손 씨(仲孫氏)는 숙손 씨(叔孫氏)·계손 씨(季孫氏)의 삼가(三家)의 세력을 눌러 공실(公室)의 권력을 회복하고, 주공의 정신을 살린 질서 있는 문화 국가를 건설하려는 것이었다. 그의 계획이 드러나 56세 때 실각하고 그 후 14년간 문하생들을 데리고 여러 나라를 돌아다니면서 유세(遊說)하며 이상 실현을 꾀하였으나, 69세 때 그것이 불가능하다는 것을 깨닫고 고향에 돌아가 제자들의 교육에 전념하였다. 이 무렵에 아들 이(鯉)가 죽었고, 사랑하는 제자 안회(顔回)와 자로(子路)도 잇달아 죽는 불행을 겪었다. 74세로 자공(子貢)·증삼(曾參) 등 제자들이 지켜보는 가운데 타계하였다.

그의 제자는 모두 3,000명이며, 특히 육예(六藝)에 능통한 문하생들이 72명이라고 한다. 그는 《술이편(述而篇)》에서 '회인불권(誨人不倦)'이라고 술회했던 것처럼, 미래에 이상을 걸었던 위대한 교육자였다. 그의 언행은 이 책을 통해서 전해지고 있다. 그의 사상을 알아보기 위한 확실한 자료도 이 책밖에 없으며 이는 제자나 제자의 제자들이 기록한 것이지 공자 자신의 저술은 아니다.

공자의 중심 사상은 한 마디로 말하면 인(仁)이다. 춘추 말기, 주나라의 봉건 질서가 쇠퇴하여 사회적 혼란이 심해지자, 공자는 주왕조 초의 제도로 복귀해야 한다고 생각했다. 그는 위정자는 덕이 있어야 하며 도덕과 예의에 의한 교화가 이상적인 지배 방법이라 생각했다. 이러한 사상의 중심에 놓인 것이 인(仁)이다.

공자는 최고의 덕을 인이라고 보고 인은 '사람을 사랑하는 것'이라고 정의했다. 모든 사람이 인덕(仁德)을 지향하고, 인덕을 갖춘 사람만이 정치적으로 높은 지위에 앉아 인애(仁愛)의 정치를 한다면, 세계의 질서도 안정을 찾을 수 있다고 생각했던 것이다. 그 수양을 위해 부모와 연장자를 공손하게 모시는 효제(孝悌)의 실천을 가르치고, 이를 인(仁)의 출발점으로 삼았으며, 또 충(忠) 즉, 성심(誠心)을 중히 여겨 신(信)과 서(恕)의 덕을 존중했는데, 이러한 내면성을 중시하고 전승한 것이 증자(曾子) 일파의 분하생이다.

그러나 공자는 또한 인(仁)의 실천을 위해서는 예(禮)라는 형식을 밟을 필요가 있다고 하였다. 예란 전통적·관습적 형식이며, 사회규범으로서의 성격을 가진다. 유교에서 전통주의를 존중하고 형식을 존중하는 것은 바로 이 점에 입각한 것이며, 예라는 형식에 따름으로써 인(仁)의 사회성과 객관성이 확실해진 것이다. 이처럼 공자의 사상은 사회적·정치적 인간을 위한 도덕이 중심을 이루고 있었다. 공자의 사상은 어디까지나 인간중심주의였다고 할 수 있다.

공자는 많은 제자들을 교육하여 인(仁)의 실현을 가르치는 한편, 자기 자신도 그 수양에 힘썼기에, 생전에도 많은 영향력을 가지고 있었다. 사후에는 제자들이 각지에서 그 가르침을 전파하였으나, 제자백가(諸子百家)가 일어남으로써 교세가 약해졌다.

공자의 학통(學統)을 다시 일으킨 사람이 맹자(孟子)였으며, 그 후 한(漢)나라의 무제(武帝)가 유교를 국교(國敎)로 택함에 이르러 그는 부동의 위치에 있게 되었다. 사실 각 시대마다 유교 내용에는 큰 변화가 있었는데도 불구하고, 공자는 가르침의 비조(鼻祖)로서 청조(淸朝) 말까지 존경을 받았다. 그러나 민국혁명(1912) 후 우위[吳虞]와 루쉰[魯迅]으로부터 중국의 봉건적 누습(陋習)의 근원이라고 공격받기도 했다.

주자(朱子, 1130~1200)는 중국 송대(宋代)의 유학자다. 이름은 희(熹)이며, 자(字)는 원회(元晦)·중회(仲晦)이며, 호(號)는 회암(晦庵)·회옹(晦翁)·운곡산인(雲谷山人)·창주병(滄洲病)·둔옹(遯翁) 등이다. 복건성(福建省) 우계(尤溪) 출생으로, 그의 조상들은 대대로 안휘성(安徽省)의 호족으로 아버지 위재(韋齋)는 관직에 있다가 당시의 재상(宰相) 진회(秦檜)와의 의견 충돌로 퇴직하고 우계에 우거(寓居)하였다.

주자는 이 곳에서 14세 때 아버지가 죽자 그 유명(遺命)에 따라 호적계(胡籍溪)·유백수(劉白水)·유병산(劉屛山)에게 배우면서 불교와 노자의 학문에도 흥미를 가졌었다. 24세 때 이연평(李延平)을 만나 사숙(私淑)하면서 유학에 복귀하여 그의 정통을 계승하게 되었다. 그의 강우(講友)로는 장남헌(張南軒)·여동래(呂東萊)가 있으며, 또 논적(論敵)으로는 육상산(陸象山)이 있어 이들과 상호 절차탁마(切磋琢磨)하면서 학문을 비약적으로 심화·발전시켜 중국 사상사에서 공전(空前)의 사변 철학(思辨哲學)과 실천 윤리(實踐倫理)의 체계를 확립하기에 이르렀다.

그는 19세에 진사시(進士試)에 급제하여 71세에 생애를 마칠 때까지 여러 관직을 거쳤으나 약 9년 정도만 현직에 있었다. 그 밖의 관직은 반드시 현지에 부임할 필요가 없는 명목상의 관직이었기에 학문에 전념할 수 있었다. 그의 학문을, 저서를 통해서 관찰해 보면 46세까지를 전기(前期), 이후 60세까지를 중기(中期), 61세 이후를 후기(後期)로 대별할 수 있다.

주자(朱子) 연보(年譜)에 의해 전기 저서를 순차적으로 열거하면 「논어요의(論語要義)」 「논어훈몽구의(論語訓蒙口義)」 「곤학공문편(困學恐聞編)」 「정씨유서(程氏遺書)」 「논맹정의(論孟精義)」 「자치통감강목(資治通鑑綱目)」 「팔조명신언행록(八朝名臣言行錄)」 「서명해의(西銘解義)」 「태극도설해(太極圖說解)」 「통서해(通書解)」 「정외서(程氏外書)」 「이락연원록(伊洛淵源錄)」 「고금가제례(古今家祭禮)」로 이어져「근사록(近思錄)」의 편차(編次)로 끝맺었다.

전기는 북송의 선유(先儒)인 주염계(周濂溪)·장횡거(張橫渠)·정명도(程明道)·정이천(程伊川)의 저서 교정과 주례에 전념하고, '논어·맹자' 등은 차기(次期)의 예비 사업이었던 것으로 보인다. 즉, 주자의 학문적 기초가 확립된 시기로서 그것이「근사록」에 집약된 것으로 생각된다. 그 후에 논적(論敵)이었던 육상산 형제와의 아호사(鵝湖寺) 강론에서 존덕성(尊德性)에 대해 도학(道學)의 입장을 분명히 하였다.

　중기에는 「논맹집주혹문(論孟集註或問)」「시집전(詩集傳)」「주역본의(周易本義)」「역학계몽(易學啓蒙)」「효경간오(孝經刊誤)」「소학서(小學書)」「대학장구(大學章句)」「중용장구(中庸章句)」 등이 있으나 가장 중요한 것은 '사서(四書)의 신주(新註)'가 완성된 점이다. 60세 때는 「중용장구」에 서문을 붙여 상고(上古)에서 후대까지 도학을 전한 성현(聖賢)의 계통을 밝혀 도학의 기초를 확립하였다.

　후기에는 오경(五經)에 손을 대어 「석존예의(釋尊禮儀)」「맹자요로(孟子要路)」「예서(禮書)」「한문고이(韓文考異)」「서전(書傳)」「초사집주후어변증(楚辭集註後語辨證)」 등이 있다. 더욱이 71세로 생애를 마치던 해 3월, 「대학」의 '성의장(誠意章)'을 개정(改訂)한 점으로 미루어 그의 「사서집주(四書集註)」에 대한 지정(至情)이 어느 정도였는지 엿볼 수 있다.

　주자의 정치에 대한 의견은 《임오응조봉사(壬午應詔封事)》나 《무신봉사(戊申封事)》에 나타나 있으며, 또 절동(浙東)의 지방관으로 있을 때 대기근(大飢饉)을 구제하였다는 실적도 있으나, 만년에는 그의 학문이 위학(僞學)이라 하여 많은 박해를 받았으며, 해금(解禁)이 있기 전에 죽었다. 그 후 그의 학문이 인정되어 시호(諡號)가 내려지고 다시 태사(太師)·휘국공(徽國公)으로 추증(追贈)되었다. 그의 유언을 수록한 것으로는 주자의 막내 아들 주재(朱在)가 편찬한 「주문공문집(朱文公文集)」(100권, 속집 11권, 별집 10권)이 있고, 제자와 평생 문답을 수록한 여정덕(黎靖德) 편찬의 「주자어류(朱子語類)」 140권이 있다.

　등림(鄧林, 생몰 연대 미상)은 명(明)나라 홍무(洪武, 1367~1398. 太祖의 年號) 때의 사람으로 생몰 연대가 확실치 않다. 대략 1414년 전후로 생존했던 인물이다. 원명(原名)은 이(彛)·관선(觀善)이다. 자(字)는 사재(士齋)였고, 호(號)는 퇴암(退菴)이었다. 월동(粵東, 현재 廣東省) 대산현(臺山縣) 동북쪽에 위치한 신회(新會)에서 출생했다. 벼슬은 귀현교유(貴縣敎諭)를 지냈으며, 3대 임금인 성조(成祖, 1403~1418) 때 영락대전(永樂大典)을 편수(編修)하는 일에 참여했다. 5대 임금인 선종(宣宗, 1426~1435) 때 임금의 뜻을 거슬러 항주(抗州)로 귀양 가서 죽었다. 시(詩)와 고문(古文)에 뛰어났으며 많은 저서를 남기기도 했다. 저서로는 퇴암집(退菴集)·황명사림인물고(皇明詞林人物考)·명인소전(明人小傳)·본조분성인물고(本朝分省人物巧)·명시종(明詩綜)·명시기사(明詩紀事)·열조시집소전(列朝詩集小傳) 등이 있다.

　비지(備旨)는 등림(鄧林)이 주자(朱子)의 「사서집주(四書集註)」를 참고해서 새롭게 내용을 보완하고 자신의 뜻을 제시한 책이다. 청(淸)나라 두정기(杜定基)에 의해 1779년 「사서보주비지(四書補註備旨)」라는 이름으로 간행되기도 했다. 이 책은 삼단으로 구성되어 있는데, 상단은 인물(人物)·전고(典故), 중간단은 전지(全旨)·장지(章旨)·절지(節旨), 하단은 원문(原文)·주(註)·강(講)·보(補)로 구성되어 있다. 원문의 구

8

(句)와 구(句) 사이에는 자구(字句)를 쉽게 해석해 놓은 주(註)들이 차지하고 있으며, 주(註)는 주주(朱註)를 그대로 실었다. 강(講)은 본문의 뜻을 상세히 해석한 것이며, 보(補)는 두정기가 일치하지 않은 여러 부분에 대해서 정오를 가리고 미비한 부분에 대해서는 명가들의 강의 중에서 간행되지 못한 것을 실은 것이다.

특히 강(講)은 퇴암(退菴) 선생이 주자의 주를 보완하고 원문의 뜻을 이해하기 쉽도록 풀어 썼는데 내용의 방대함과 상세함을 말로 표현하기 어렵다. '강(講)'을 '비지(備旨)'라고 한 연유는 우리 나라의 세창서관(世昌書館)에서 책을 발간하면서 '강(講)'을 '비지(備旨)'라고 해서 출판했기에 비지(備旨)라고 일컫게 된 듯하다.

비지는 원문의 뜻을 자세하게 풀어 썼기에 초학자뿐만 아니라, 논어의 이치를 깊이 연구하려는 사람은 반드시 읽어야 할 내용이다. 각각의 장(章)이나 절(節)을 따라 혹은 구(句)나 자(字)를 따라서 뜻을 자세히 밝혔기에, 읽으면 읽을수록 그 의미가 새로워진다.

필자는 이 책을 번역하면서 많은 시간을 투자했다. 선인들이 남긴 내용을 현대인의 눈으로 이해하기란 쉽지 않았다. 단어를 사전에 찾고 컴퓨터에 입력하면서 책과 씨름을 수없이 했다. 기존의 번역서에 나타난 오역을 최대한 바로잡기 위해 원문과 집주를 다시 해석했으며, 특히 비지의 내용을 현토하고 해석하는 데 어려움이 많았다. 번역하면서 젊은 날 읊었던 월성(月性, 1817~1858)의 시가 자꾸만 생각났다.

男兒立志出鄕關　남자가 뜻을 세우고 고향을 떠나서
學若無成死不還　만약 학문을 이루지 못한다면 죽어도 돌아가지 않으리.

사실 이 책을 사서(四書) 중에서 제일 먼저 출판하려고 했지만 차일피일 넘기다 보니 많이 늦어졌다. 이제 우즈베키스탄 타쉬켄트에서 원고를 끝내었다. 천학비재(淺學菲才)한 사람이기에 어쩔 수 없는 노릇이다. 원고를 검토해 보니 마음에 들지 않는 내용도 많다. 그렇다고 버릴 수도 없기에 위험을 무릅쓰고 세상에 선을 보인다.

그 동안 잘못된 현토(懸吐)를 지적해 주신 서정민(徐廷玟) 선생님, 늘 기도해 주신 어머님, 출판해 주신 박명순 사장님께 깊이 감사를 드린다. 독자의 많은 질정을 기다린다.

2011년 2월
타쉬켄트에서 역자

凡　例

1. 본서는 사서 삼경(四書三經)의 원문(原文)·집주(集註)·비지(備旨)를 해석하기 위한 책 중의 하나다.
2. 본서는 상해금장도서(上海錦章圖書)「사서비지(四書備旨)」를 국역 대본으로 삼았다. 그리고 중화민국(中華民國) 학해출판사(學海出版社)「사서집주(四書集註)」와 성균관 대학교(成均館大學校) 대동 문화 연구원 (大東文化硏究院) 내각본(內閣本)도 참고했다.
3. ‘책을 펴내며’의 내용과 본문의 해석에는「두산 세계 대백과 사전」·「한국 민족 문화 대백과 사전」·「동아한한대사전(東亞漢韓大辭典)」·「교학대한한사전(敎學大漢韓辭典)」·「허사사전(虛辭辭典)」 등을 참고했다.
4. 번역은 원문에 충실을 기했으며, 독자의 편의를 위해 직역과 의역을 겸했다.
5. 번역문에는 한자를 병기하여 독자의 편의를 도모했다.
6. 현토(縣吐)는 선학(先學)들의 토(吐.)를 참고했지만, 시대의 변화에 부응해야겠기에 수정을 많이 했다.
7. 각 편의 장수는 아라비아 숫자로 표시하였다.
8. 본서에 사용된 부호는 다음과 같다.

　　　　「　　」 : 책 이름
　　　　《　　》 : 편명(篇名)
　　　　〔　　〕 : 오자(誤字)·연문(衍文)·가차자(假借字)의 보충 설명
　　　　　○　 : 글자·단어의 설명 및 문장에 대한 보충 설명
　　　　〈　　〉 : 작품명(作品名)
　　　　　↔　 : 상대되는 말
　　　　　☞　 : 참고적 설명
　　　　　·　 : 동격의 나열

目　次

序　說

史記世家에 曰孔子의 名은 丘요 字는 仲尼니 其先은 宋人이라 父는 叔梁紇이요 母는 顔氏니 以魯襄公二十二年庚戌之歲十一月庚子에 生孔子於魯昌平鄕陬邑하시니라 爲兒嬉戲에 常陳俎豆하고 設禮容이러시니 及長爲委吏하여는 料量平하시고 爲司職吏하여는 畜蕃息하시니라

「사기」 세가에 말했다. "공자의 이름은 구요 자는 중니로서 그 선대는 송나라 사람이었다. 아버지는 숙량흘이요 어머니는 안 씨로 노나라 양공 22년 경술년 11월 경자일에 공자를 노나라 창평향 추읍에서 낳으셨다. 어린 시절 장난할 적에 항상 제사 때 음식을 남는 그릇을 늘어놓고 예질 바른 태도를 갖추더니, 장성하여 곡식을 맡아보던 관리가 되어서는 회계하는 것이 공평하셨고 곡식의 출납을 맡아보던 관리가 되어서는 가축이 번식했었다.

○사기(史記) : 한(漢)나라 사마천(司馬遷)이 지은 역사책. 위로는 황제(皇帝)에서부터 아래로는 한(漢) 무제(武帝)에 이르기까지 12본기(本紀)·10표(表)·8서(書)·30세가(世家)·70열전(列傳)으로 나누어 쓴 기전체(紀傳體)의 사서(史書).
○세가(世家) : ①「사기(史記)」 분류의 한 가지. 제후(諸侯)·왕(王)·명족(名族)에 대한 기록. ②대를 이어 작위와 녹을 받은 집안. 세문(世門). 여기서는 ①의 뜻.
○양(梁) : 들보. 여기서는 나라 이름.
○흘(紇) : 묶다.
○추읍(陬邑) : 춘추(春秋) 때 노(魯)나라의 고을. 공자의 출생지. 지금의 산동성(山東省) 곡부현(曲阜縣) 동남쪽임.
○조두(俎豆) : 제사 때 음식을 담는 그릇. '俎'는 제사 지낼 때 희생(犧牲)을 얹는 기구를 말하고, '豆'는 제사나 예식 때 음식을 담는 굽 높은 그릇을 말함.
○진(陳) : 벌여놓다. 진설하다. ☞진설(陳設) : 물건을 일정한 장소에 벌여 놓음. 여기서는 제수(祭需)를 제상(祭床) 위에 차려 놓는 것을 말함.
○예용(禮容) : 예절 바른 태도. 예모(禮貌).
○위리(委吏) : 곡식의 출납을 맡아보던 관리.
○요량(料量) : 말로 됨. 회계(會計). 헤아려 생각함.

14

○사직리(司職吏) : 주대(周代) 목축을 맡아보던 관리. 사직리(司樴吏).

適周하사 問禮於老子하시고 旣反而弟子益進이러라 昭公二十五年 甲申은 孔子年三十五라 而昭公이 奔齊하여 魯亂하니 於是에 適齊하사 爲高昭子家臣하시고 以通乎景公하시다 公欲封以尼谿之田한대 晏嬰不可라하니 公惑之어늘 孔子遂行하여 反乎魯하시다

주나라에 가서 노자에게 예를 물으시고 돌아오시니 제자들이 더욱 많이 배우러 나아왔다. 소공 25년 갑신년에는 공자 나이 35세였는데 소공이 제나라로 망명하여 노나라가 혼란해졌는데, 이 때 제나라로 가시어 고소자의 가신이 되고 경공과 사귀셨다. 경공이 이계의 땅을 공자에게 봉해주려고 하였는데 안영이 안 된다고 하니, 경공이 그 말에 마음이 헷갈리어 공자는 마침내 떠나서 노나라로 돌아오셨다.

○노자(老子) : 주대(周代)의 철학자. 성은 이(李), 이름은 이(耳), 자는 백양(伯陽), 시호는 담(聃). 도가(道家)의 시조로서 자연 법칙에 기초를 둔 도덕의 절대성을 역설함. 공자와 노자(老子)는 같은 시대 사람이었다. 예(禮)에 대해 물은 이유는 노자가 주하사(柱下史)를 맡아 예(禮)에 대해 잘 알았기 때문이다.「논어집주(論語集註)」"問何以問禮 於老子 朱子曰 老子曾爲柱下史 故知禮節文 所以孔子問之 聃雖知禮 然其意以爲不必盡行 行之反以多事 故欲絶滅之" ☞주하사(柱下史) : 주대(周代) 도서(圖書)의 관리(管理)를 맡아 보던 사람. 노자가 장서실(藏書室)의 관리였으므로, 특히 노자를 일컬음.
○가신(家臣) : 경(卿)·대부(大夫)의 집에서 집안 일을 맡아보는 사람.
○미혹(迷惑) : 헷갈리어 마음이 어지러움.

定公元年壬辰은 孔子年四十三이라 而季氏强僭하고 其臣陽虎作 亂專政이라 故로 孔子不仕하사 而退修詩書禮樂하시니 弟子彌衆이러라 九年庚子는 孔子年五十一이라 公山不狃가 以費畔季氏하고 召孔子어늘 欲往이라가 而卒不行하시니라 定公이 以孔子로 爲中都宰하니 一年에 四方則之라 遂爲司空하시고 又爲大司寇하시다 十年辛丑에 相定公이 會齊侯于夾谷하시니 齊人이 歸魯侵地하니라 十二

年癸卯에 使仲由로 爲季氏宰하여 墮(휴)三都하고 收其甲兵이러니 孟氏不肯墮成이어늘 圍之不克이라 十四年乙巳는 孔子年五十六이라 攝行相事하여 誅少正卯하고 與聞國政하시니 三月에 魯國大治라

정공 원년 임진년에는 공자 나이 43세였는데 계 씨가 너무나 참람하고 그의 가신인 양호가 난을 일으켜 정사를 마음대로 하였다. 그러므로 공자는 벼슬하지 않고 물러나 시서와 예악을 연구하시니 제자들이 더욱 많아졌다. 동 9년 경자년에 공자 나이 51세였는데 공산불뉴가 비 땅에서 계 씨를 배반하고 공자를 불렀는데 가려다가 끝내 가지 않으셨다. 정공이 공자를 중도의 벼슬아치로 삼으니 1년 만에 사람들이 사방에서 본받았다. 그리하여 마침내 사공이 되고 다시 대사구가 되셨다. 동 10년 신축년에 정공이 제나라 제후와 협곡에서 회동하는 것을 도우시니 제나라 사람들이 노나라의 침략한 땅에서 돌아갔다. 동 12년 계묘년에 중유로 하여금 계 씨의 벼슬아치를 삼아서 삼도를 무너뜨리고 그 갑옷과 병기를 몰수케 했더니 맹 씨가 성을 함락 당하지 않으려고 했기 때문에 에워쌌지만 어찌 할 수가 없었다. 동 14년 을사년에 공자 나이 56세였는데 재상의 일을 임시로 맡아 소정묘를 처형했고, 국정에 참여하니 3개월 만에 노나라가 잘 다스려졌다.

○참람(僭濫) : 분수에 지나쳐 방자함.
○미(彌) : 더욱. 두루 미치다.
○뉴(狃) : 친압하다. 탐하다.
○비(費) : 춘추 때 노나라의 고을. 지금의 산동성(山東省) 어대현(魚臺縣)의 서남쪽.
○반(畔) : 배반하다. 반(叛)과 통함.
○중도(中都) : 춘추 때 노나라의 고을. 지금의 산동성(山東省) 문상현(汶上縣) 서쪽.
○재(宰) : 벼슬아치. 주재하다. 재상.
○칙(則) : 본받다.
○대사구(大司寇) : 주대(周代)의 벼슬 이름. 형법(刑法)・법금(法禁)을 맡은 추관(秋官)의 우두머리. 지금의 법무부장관에 해당함.
○협곡(夾谷) : 공자가 노(魯)나라의 정공(定公)을 도와서 제(齊)나라의 경공(景公)과 회견했던 곳.
○회동(會同) : 일정한 목적으로 여러 사람이 한 곳에 모임.
○중유(仲由) : 공자의 제자. 자는 자로(子路), 또는 계로(季路).
○휴(墮) : 무너뜨리다. 깨뜨리다. 헐다. 여기서는 평성(平聲)으로 쓰였음. '타'로 읽으면 상성(上聲)으로 '떨어지다'란 뜻이 됨.

16

○삼도(三都) : 노(魯)나라 삼환(三桓)의 소유였던 세 성(城). 계손 씨(季孫氏)의 비(費), 숙손 씨(叔孫氏)의 후(郈), 맹손 씨(孟孫氏)의 성(成).

○불극(不克) : 할 수 없음. 이길 수 없음.

○섭행(攝行) : 임시로 그 직무를 맡아 행함.

○주(誅) : 베다. 죄인을 죽이다. 적을 토벌하다.

○소정묘(少正卯, B.C ?~B.C 496) : 춘추 때 노나라의 대부(大夫). 공자가 사구(司寇)로 있을 때 오악(五惡 : 心逆而險, 行辟而堅, 言僞而辨, 記醜而博, 順非而飾)으로 정사를 어지럽힌 죄명으로 피살되었다고 함. '少正'은 복성(複姓). 일설에는 벼슬 이름이라고도 함.

○여문(與聞) : 참여하여 들음. 「춘추좌씨전(春秋左氏傳)」 "君有命 寡人弗敢與聞"

齊人이 歸女樂以沮之한대 季桓子受之하고 郊又不致膰俎於大夫어늘 孔子行하시니라 適衛하사 主於子路妻兄顔濁鄒家하시고 適陳過匡하실새 匡人이 以爲陽虎하여 而拘之하니라 旣解還衛하사 主蘧伯玉家하사 見南子하시니라

　공자께서 재상을 일을 맡아 노나라를 잘 다스리니, 제나라 사람이 기녀를 보내어 방해하려고 하였는데 계환자는 이를 받아 들여 3일 동안이나 조회를 하지 않고, 교제를 지내면서도 또 제사에 쓴 고기를 대부들에게는 주지 않자 공자께서는 떠나 버리셨다. 위나라에 가서 자로의 처형인 안탁추의 집에서 머무르셨고, 진나라에 가면서 광 땅을 지날 때에 광 땅 사람들이 양호라고 생각해서 구금하였다. 풀려나서 위나라로 돌아와 거백옥의 집에 머물면서 남자를 만나보셨다.

○여악(女樂) : 궁중에서 잔치를 베풀 때 여기(女妓)가 악기를 타고 노래를 부르며 춤을 추는 일. 본서 18·4·1 참고.

○저(沮) : 막다. 저지하다. 방해하다. 헐뜯다.

○교제(郊祭) : 하늘과 땅에 지내는 제사. 교사(郊祀). 교사(郊社). 옛날 임금이 동지(冬至)에 남쪽 교외(郊外)에 나가 하늘에 제사 지내고, 하지(夏至)에는 북쪽 교외(郊外)에 나가 땅에 제사를 올렸음.

○번조(膰俎) : 번육(膰肉)을 괸 적대(炙臺). 제사가 끝나면 제육을 대부에게 보내주는 것이 예인데, 그것을 행치 않은 것은 예를 소홀히 한 것임. ☞번(膰) : 제사 고기. 종묘·사직의 제사에 쓴 고기를 제사가 끝나면 나누어 줌. ☞조(俎) : 도마. 적대. 제향

때 희생(犧牲)을 얹는 기구.

○추(鄹) : 땅이름.

○주(主) : 머무르다. 임시로 거처하다. 유숙(留宿)하다. 「사기(史記)」 《공자세가(孔子世家)》 "孔子遂至陳 主於司城貞子家"

○거백옥(蘧伯玉) : 위(衛)나라의 대부(大夫). ☞거(蘧) : 패랭이꽃. 풀이름.

去適宋하신대 **司馬桓魋**가 **欲殺之**어늘 **又去適陳**하사 **主司城貞子家**하시고 **居三歲而反于衛**하시니 **靈公不能用**하니라 **晉趙氏家臣佛肸**이 **以中牟畔**하여 **召孔子**어늘 **孔子欲往**이라가 **亦不果**하시니라 **將西見趙簡子**라가 **至河而反**하사 **又主蘧伯玉家**러시니 **靈公問陳**이어늘 **不對而行**하사 **復如陳**하시다 **季桓子卒**에 **遺言謂康子**하되 **必召孔子**하시더니 **其臣止之**한대 **康子**가 **乃召冉求**하니라

위나라를 떠나 송나라에 가시니 사마환퇴가 죽이고자 했으므로 또 송나라를 떠나 진나라에 가서 사성 벼슬을 했던 정자의 집에 머물러 있었고, 3년 동안 거하다가 위나라로 돌아오시니 영공도 등용할 수 없었다. 진나라 조 씨의 가신인 필힐이 중모 땅에서 반란을 일으킨 다음 공자를 초청하니 공자는 가려다가 또한 가지 않았다. 장차 서쪽으로 가서 조간자를 만나 보려다가 황하에 이르러 되돌아와 다시 거백옥의 집에 머물렀는데, 영공이 진법을 묻자 대답하지 않고 떠나 다시 진나라로 가셨다. 계환자가 죽을 적에 강자에게 유언하여 이르면서 반드시 공자를 불러 등용하라 하였는데, 그 신하들이 저지하자 강자는 마침내 염구를 불러 등용했다.

○환퇴(桓魋) : 송(宋)나라의 사마상퇴(司馬向魋). 사마(司馬)는 복성(複姓). 환공(桓公)의 후손이라 하여 환퇴(桓魋)라고 했음. 공자께서 송나라를 통과하실 때 해치려고 한 인물인데, 공자의 제자 사마우(司馬牛)는 그의 아우라고 함.

○사성(司城) : 춘추 때 송(宋)의 사공(司空) 벼슬. 송 무공(宋 武公)의 휘(諱)가 사공(司空)이었기에 이를 피하기 위해 고친 명칭임.

○필힐(佛肸) : 진(晋)나라의 대부 조간자(趙簡子)의 가신(家臣)으로 중모(中牟)의 읍재(邑宰)로 있었다. 중모(中牟)엔 범인(范寅)의 세력이 뻗쳐 있었는데 범 씨(范氏)의 세력을 꺾기 위하여 조간자가 위나라를 정벌하던 끝에 중모를 포위하자 필힐은 반기를 들고 항거했던 것이다. ☞필(佛) : 크다. '弼'과 통함. ☞힐(肸) : 소리가 울리다.

○과(果) : 해내다. 이루다.
○진법(陣法) : 전쟁에서 진(陣)을 치는 법.
○여(如) : 가다.

孔子如蔡及葉(섭)하시니라 楚昭王이 將以書社地로 封孔子러니 令尹子西不可라하니 乃止하니라 又反乎衛하시니 時에 靈公已卒하고 衛君輒이 欲得孔子爲政이러니 而冉求爲季氏將하여 與齊戰有功한대 康子가 乃召孔子어늘 而孔子歸魯하시니 實哀公之十一年丁巳이요 而孔子年六十八矣라

공자는 채나라로 가서 섭 땅에 이르셨다. 초나라 소왕은 장차 서사의 땅을 가지고 공자를 봉해주려고 하였는데, 영윤인 자서가 안 된다 하니 마침내 그만두었다. 다시 위나라로 돌아오시니 이때 영공은 이미 죽었고 위나라 임금인 첩이 공자를 얻어 정치를 하고자 했는데, 염구가 노나라 계 씨의 장수가 되어 제나라와 싸워 공을 세우자, 강자가 마침내 공자를 초청했는데 공자는 노나라로 돌아오시니, 실로 애공 11년 정사년이었고 공자 나이 68세였던 것이다.

○염구(冉求) : 염구(冉求). 춘추 시대 노(魯)나라 사람. 자는 자유(子有). 공자의 제자로서 성품이 온순하고 재주가 있으며, 계 씨(季氏)에게 벼슬하여 재상(宰相)이 되었다. 공문 십철(孔門十哲)의 한 사람. ☞염(冉) : 나아가다. 부드럽다. 수염이 흔들리는 모양.
○섭(葉) : 읍명(邑名). 춘추 시대 초(楚)나라의 섭읍(葉邑)을 말함.
○서사(書社) : 주대(周代)의 제도(制度)에서 25가(家)를 1리(里)로 하고, 이(里)에 하나의 사(社)를 세워, 그 호구(戶口)와 전지(田地)의 면적 등을 기록한 장부를 그 사(社)에 보관하였는데, 이것을 서사(書社)라 함.
○영윤(令尹) : 주대(周代) 초(楚)나라의 상경(上卿)으로 정치를 관장하던 최고의 벼슬.
○첩(輒) : 문득. 갑자기. 여기서는 인명(人名).

然이나 魯終不能用孔子하고 孔子亦不求仕하사 乃敍書傳禮記하시고 刪詩正樂하시며 序易彖繫象說卦文言하시니라 弟子蓋三千焉에 身

通六藝者가 七十二人이러라 十四年庚申에 魯西狩獲麟하고 孔子作春秋하시니라 明年辛酉에 子路死於衛하고 十六年壬戌四月己丑에 孔子卒하시니 年七十三이라 葬魯城北泗上하다 第子皆服心喪三年而去로되 惟子貢廬於冢上하니 凡六年이러라 孔子生鯉하시니 字伯魚라 先卒하고 伯魚生伋하니 字子思니 作中庸하시니라

　　그러나 노나라에서는 끝내 공자를 등용하지 않았고, 공자도 또한 벼슬을 구하지 않아서 마침내 「서전」과 「예기」를 서술하고, 시를 정리하여 고치고 악을 바로잡으며, 「주역」의 단전·계사전·상·설괘·문언을 서술하셨다. 제자가 3천 명이었는데 몸소 육예를 통달한 사람이 72명이었다. 애공 14년 경신년에 노나라에서는 서쪽으로 사냥을 나갔다가 기린을 잡았고 공자는 「춘추」를 지으셨다. 이듬해 신유년에 자로가 위나라에서 죽었으며, 애공 16년 임술년 4월 기축일에 공자께서 별세하시니 나이가 73세였다. 노나라 도성의 북쪽 사수가에 장례하니 제자들이 모두 심상을 3년 동안 치르고 떠났지만, 오직 자공만은 무덤가에 여막을 짓고 모두 6년을 지내었다. 공자께서 이(鯉)를 낳으시니 자는 백어였는데 공자보다 먼저 죽었고, 백어가 급(伋)을 낳으니 자는 자사로 「중용」을 지으셨다.”

○산정(刪定) : 쓸데없는 자구(字句)를 삭제하고 정리하여 일정하게 고침. 산수(刪修). 공자가 시(詩) 3천 여 편을 간추리어 오늘날의 「시경(詩經)」을 3백 여 편으로 산정(刪訂)한 일.
○단전(彖傳) : 「역경(易經)」의 십익(十翼)의 하나. 단사(彖辭)를 해석해 놓은 것. 공자가 지었다는 것을 부정하기도 함. ☞단사(彖辭) : 「역경(易經)」의 각 괘(卦)의 뜻을 풀어놓은 총론(總論). 주(周)의 문왕(文王)이 지었다고 함.
○계사전(繫辭傳) : 「역경(易經)」의 괘(卦)밑에 덧붙인 경문을 해석해 놓은 것.
○상(象) : 「역경(易經)」의 괘(卦) 풀이.
○설괘(說卦) : 주역의 편명(篇名). 십익(十翼)의 하나로, 팔괘(八卦)의 덕업 변화(德業變化) 및 법상(法象)을 설(說)한 것.
○문언(文言) : 건(乾)·곤(坤)의 두 괘(卦)에 대한 풀이.
○심상(心喪) : 거상도 복도 입을 의무가 없는 사람이 망인의 죽음을 슬퍼하여 상제나 복인처럼 근신하는 일. ☞심상삼년(心喪三年) : 스승에게는 일정한 복제(服制)가 없으므로 어버이 상과 같은 마음으로 3년 상을 지켜야 한다는 말. 「예기(禮記)」《단궁상(檀弓上)》
○여(廬) : 여막(廬幕). 무덤 가까이에 시묘(侍墓)를 위한 초막(草幕).

○총(冢) : 무덤.

何氏曰 魯論語는 二十篇이요 齊論語는 別有問王知道하여 凡二十二篇이요 其二十篇中章句도 頗多於魯論이라 古論은 出孔氏壁中하니 分堯曰下章子張問하여 以爲一篇하여 有兩子張하니 凡二十一篇이요 篇次도 不與齊魯論同이라

하 씨가 말했다. "「노논어」는 20편이요, 「제논어」는 별도로 《문왕》과 《지도》 두 편이 있어서 모두 22편이며, 그 20편 가운데의 장구도 자못 「노논」 보다 많다. 「고논어」는 공 씨의 집 벽 속에서 나왔는데, '堯曰' 아래 장의 '子張問'을 나누어 한 편을 만들어서 두 개의 《자장편》을 두니 모두 21편이며, 편차도 「제논어」나 「노논어」와 같지 않다."

○하 씨(何氏) : 하안(何晏). 삼국시대 위(魏)나라 사람. 「논어집해(論語集解)」의 주편자(主編者).

程子曰 論語之書는 成於有子曾子之門人이라 故로 其書獨二子以子稱하니라

정자가 말했다. "「논어」의 책은 유자와 증자의 제자에 의하여 이루어졌다. 그러므로 이 책에서는 단지 두 사람뿐이지만 '子'라고 칭하였다."

○정자(程子) : 정이(程頤)를 말함. ☞정이(程頤, 1033~1107) : 중국 북송(北宋) 중기의 유학자. 자(字)는 정숙(正叔). 호(號)는 이천(伊川). 시호(諡號)는 정공(正公). 하남성(河南省) 낙양(洛陽) 출생. 이천백(伊川伯)에 봉하여졌으므로 이천 선생이라 존칭된다. 형 정호(程顥 : 程明道)와 함께 주돈이(周敦頤 : 周濂溪)에게 배웠고, 형과 아울러 '이정자(二程子)'라 불리며 정주학(程朱學)의 창시자로 알려졌다. 철종(哲宗) 초에 사마광(司馬光)·여공저(呂公著) 등의 추천으로 국자감 교수가 되었고, 이어서 비서성 교서랑(校書郎)·숭정전설서(崇政殿說書)로 발탁되었다. 그러나 왕안석(王安石)·소식(蘇軾) 등과 뜻이 맞지 않았고, 당화(黨禍)를 입어 사천성(四川省)의 부주(涪州)로 귀양간 일도 있

다. 학자로서의 그는 「역경(易經)」에 대한 연구가 특히 깊었고, '이기이원론(理氣二元論)'의 철학을 수립하여 큰 업적을 남겼다. 그의 사상은 "지미(至微：隱)한 것은 이(理：本體)요, 지저(至著：顯)한 것은 상(象：氣·用)이라 하여 일단 양자를 구별하고, 체(體)와 용(用)은 근원이 같으며 현(顯)과 미(微)에 사이가 없다."고 상관 관계를 설명한 점에 특색이 있다. 그의 철학은 주자(朱子)에게 계승되어, 「태극도설(太極圖說)」과 「태극도설해(太極圖說解)」에 나타나 있다. 학문의 방법도 형은 오직 정좌(靜座)를 주장하였으나, 그는 '경(敬)'을 중히 여겨 '거경궁리(居敬窮理)'에 힘썼다. 이와 같은 일도 주자에 의하여 집대성되었고, 송대(宋代)의 신유학인 정주학의 주축이 되었다. 저서에 「역전(易傳)」 4권이 있으며, 그의 학설은 형의 학설과 함께 서필달(徐必達)의 '이정전서(二程全書)」에 수록되었다. 또 그의 전기는 주자가 지은 「이락연원록(伊落淵源錄)」에 실려 있다.

程子曰 讀論語한대 有讀了에 全然無事者하며 有讀了後에 其中得一兩句喜者하며 有讀了後에 知好之者하며 有讀了後에 直有不知手之舞之하고 足之蹈之者니라

　　정자가 말했다. "「논어」를 읽는데 다 읽은 뒤에도 전연 아무렇지도 않은 사람이 있으며, 읽은 뒤에 그 가운데 한 두 구를 터득하고 기뻐하는 사람도 있으며, 다 읽은 뒤에 좋아하는 사람도 있으며, 다 읽은 뒤에는 곧바로 자기도 모르게 손으로 춤을 추고 발로 뛰는 사람도 있을 것이다."

○직(直)：곧. 다만. 단지 …만. 다만 …하는데 불과하다. 겨우 …뿐이다. '只'와 통함.
○유부지수지무지족지도지자(有不知手之舞之足之蹈之者)：「논어」를 다 읽은 뒤에 너무 기쁘고 좋아서, 손으로는 춤을 추고 발로는 뛰는 것을 모르는 사람도 있다는 말. 시경(詩經)」《모시서(毛詩序)》를 비롯해서 「예기(禮記)」《악기(樂記)》등 여러 곳에 나타난다. '有~者'는 어떤 행위를 나타낼 때 쓰는 관용구. 「시경(詩經)」《모시서(毛詩序)》"詩者志之所之也 在心爲志發言爲詩 情動於中而形於言 言之不足故嗟歎之 嗟歎之不足故詠歌之 詠歌之不足 不知手之舞之足之蹈之也"

程子曰 今人은 不會讀書로다 如讀論語에 未讀時도 是此等人이요

22

讀了後에도 又只是此等人이면 便是不曾讀이니라

　　정자가 말했다. "지금 사람들은 책을 읽을 줄 모른다. 만약「논어」를 읽을 적에 읽기 전에도 다른 사람과 같고, 다 읽고 난 뒤에도 또 다만 다른 사람과 같다면, 이것은 읽지 않은 것이다."

○불회(不會) : 알지 못함. 깨닫지 못함.
○변시(便是) : 즉. 다름이 아니라 바로 이것. '便'은 거성(去聲)으로 쓰였음.
○증(曾) : 결국. 마침내. 필경. 부사로서 예상치 못했던 일이 발생한 것을 나타냄.

程子曰 頤自十七八로 讀論語하니 當時已曉文義로되 讀之愈久에 但覺意味深長이로라

　　정자가 말했다. "나는 나이가 17~18세 때부터「논어」를 읽었는데, 당시에 벌써 글 뜻을 알았지만 읽기를 더욱 오래할수록 다만 의미가 매우 깊어짐을 느꼈을 따름이다."

○이(頤) : 턱. 가리키다. 여기서는 정자(程子) 자신을 말함.

제 1편 學 而

此는 爲書之首篇이라 故로 所記多務本之意하니 乃入道之門이요 積德之基니 學者 之先務也라 凡十六章이라

이는 글의 첫편이다. 그러므로 기록한 것에 근본에 힘쓴다는 뜻이 많으므로 바로 도에 들어가는 문이며 덕을 쌓는 터전이니, 배우는 사람들이 먼저 힘쓸 내용이다. 모두 16장이다.

1·1·1 子曰 學而時習之면 不亦說(열)乎아

공자께서 말씀하셨다. "배우고 때때로 익히면 또한 기쁘지 않겠는가?

○자왈(子曰) : 공자께서 말씀하시다. ☞자(子) : 남자의 미칭(美稱). 이 책의 내용은 주로 제자들에 의해 기록된 것이므로, '子'라고 하면 공자를 가리킨다. ☞왈(曰) : 말하다. …라고 말하다. 보통 동사로 쓰이며 항상 말을 이끌어 낼 적에 쓰임. 간혹 '…라고 부르다'라는 뜻으로 쓰일 때도 있음. 「서전(書傳)」《홍범(洪範)》 "一五行은 一曰水요 二曰火요 三曰木이요 四曰金이요 五曰土요"

○학이시습지(學而時習之) : 배우고 때때로 그것을 익히다. 배운 내용을 때때로 익히다. 옛날 성현(聖賢)들이 했던 일들을 때때로 익혀서 본받는 것을 이름. ☞학(學) : 배우다. 익히다. 여기서는 주로 옛날 성현들이 알았던 것과 행했던 것. ☞이(而) : 말을 이어주는 접속사. ☞시습(時習) : 배운 내용을 쉬지 않고 때때로 익히다. 「논어비지(論語備旨)」 "學謂所知所行 皆效先聖賢之所爲也 而是承上起下之辭 時習時時溫習無間斷 其功之 指所知之理 所能之事言" 이하 출처를 생략함.

○불역열호(不亦說乎) : 또한 기쁘지 아니한가? '不亦'은 부사로서 완곡한 반문을 나타낼 때 서술어 앞에 쓰인다. 주로 문장의 끝에 의문을 나타내는 어조사가 있어서 조화를 이룬다. 여기서는 '不亦~乎'의 형식으로 쓰였다. 반문하는 의미이기에 '豈不'과 같이 '어찌 기쁘지 아니한가?'의 뜻이 내포되어 있다고 볼 수 있다. "不亦猶云豈不也 乎是贊嘆辭" ☞열(說) : 기쁘다. '悅'과 통함.

○첫 문장의 해석은 주의를 기울일 필요가 있는데, 다음 문장을 참고하면 많은 도움이

된다.「논어집주(論語集註)」"學而時習之 此是論語第一句 句中五字 雖有輕重虛實之不同
然字字皆有意味無一字無下落 學之爲言效也 以己有所未知未能 而效夫知者能者 以求其知
能之謂也 而字承上起下之辭 時者無時而不然也 習字重複溫習也 之者指其所知之理 所能
之事而言也 言人旣學矣 而又時時溫習 其所知之理 所能之事也 聖言雖約 而其指意曲折深
密 而無窮皆如此 聖人之學 與俗學不同 聖人敎人讀書 只要知所以爲學之道 俗學讀書 便
只是讀書 更不理會 爲學之道是如何"

學之爲言은 **效也**라 **人性皆善**이로되 **而覺有先後**하니 **後覺者**는 **必效先覺之所爲**라
아 **乃可以明善而復其初也**라 **習**은 **鳥數**(삭)**飛也**니 **學之不已**를 **如鳥數飛也**라 **說**
(열)은 **喜意也**니 **旣學而又時時習之**면 **則所學者熟**하고 **而中心喜說**하여 **其進**을 **自**
不能已矣라 **程子曰 習**은 **重習也**니 **時復**(부)**思繹**하여 **浹洽於中**이면 **則說也**니라 **又**
曰 學者는 **將以行之也**니 **時習之**면 **則所學者在我**라 **故**로 **悅**이라 **謝氏曰 時習者**
는 **無時而不習**이니 **坐如尸**는 **坐時習也**요 **立如齊**는 **立時習也**니라

  학(學)이란 것은 본받는다는 뜻이다. 사람의 성품이 모두 착하지만 깨달음에는 선후
가 있으니, 뒤에 깨닫는 자는 반드시 앞에 깨달은 사람이 행했던 것을 본받아야 곧 선
을 밝혀서 그 처음의 상태를 회복할 수 있을 것이다. 습(習)은 새가 자주 나는 것이니,
배우는 것을 그치지 않는 것을 마치 새 새끼가 자주 나는 것과 같이 하는 것이다. 열
(說)은 기쁘다는 뜻이니, 이미 배우고 난 뒤에 또한 때때로 익히면 배운 것이 익숙해지
고 마음에 기뻐서 그 나아가는 것을 스스로 그만둘 수 없을 것이다. 정자가 말했다.
"습(習)은 거듭 익히는 것이니 때로 다시 생각하고 궁구하여 가슴에 두루 미쳐 젖으면
기쁠 것이다." 또 말했다. "배우는 것은 장차 행하려고 하는 것이니, 때로 익히면 배우
는 것이 자기에게 있을 것이므로 기쁠 것이다." 사 씨가 말했다. "시습(時習)은 때에
맞추어 익히지 않음이 없다는 것이니, 앉아 있기를 시동과 같이 한다는 것은 앉아 있
을 때의 익힘이요, 서 있기를 재계와 같이 한다는 것은 서 있을 때의 익힘이다."

○효(效) : 본받다. 본받아 배우다.
○삭(數) : 자주.
○기(旣)~우(又)~ : '…이고 그 외에 …', '…한 이상은 또한 …'이라고 해석한다. 접속
사로서 한 방면에만 그치지 않음을 나타내며, 병렬·연접하는 작용을 나타낸다. '旣~
且'·'旣~亦'·'旣~終'·'旣~或'.
○이(已) : 그치다. 그만두다.
○역(繹) : 궁구(窮究)하다. 이치를 헤아리다. ☞궁구(窮究) : 깊이 파고들어 연구함.

○협흡(浹洽) : 두루 미쳐 젖음. 물이 물건을 적시듯이 어떤 영향이 두루 전하여짐.
「한서(漢書)」"於是敎化浹洽 民用和睦"
○사 씨(謝氏) : 이름은 양좌(良佐). 자는 현도(顯道). 지금의 하남성(河南城) 상채현(上
蔡縣) 출신.
○시동(尸童) : 옛날에 제사 지낼 때 신위(神位) 대신 그 자리에 앉히던 어린 아이. 「예
기(禮記)」《곡례상(曲禮上)》"若夫坐如尸하며 立如齊니라"
○재계(齊戒) : 부정(不淨)한 일을 멀리하고 심신을 깨끗이 함. 재계(齋戒). 「맹자(孟
子)」"齋戒沐浴 則可以祀上帝"

[備旨] 夫子示人心學之全功意에 曰人性皆善이로되 欲明善以復其初端이면 有賴於學矣라
然이나 每苦其難而不說者는 以學之不熟故也라 若旣學矣하고 而又時時溫習其所知之理와
所能之事면 則心與理相融하여 而所知者益精하고 身與事相安하여 而所能者益固리니 從
容涵泳이면 不亦怡然自得하여 其進自不能已乎아

　부자께서 사람들에게 심학에서는 공력을 온전히 해야 한다는 것을 보여주려는 뜻에
서 말씀하시기를, "사람의 성품은 모두 착하지만 선을 밝혀서 그 첫 실마리를 회복하
고자 하려면 배움에 힘입어야 한다. 그러나 늘 그 어려움을 괴롭다하여 기뻐하지 않는
사람은 배움이 익숙하지 못한 까닭이다. 만약 이미 배우고 또한 때때로 그가 아는 바
의 이치와 능한 바의 일을 되풀이하면, 마음과 이치가 서로 통하여 아는 것은 더욱 정
밀하고 몸과 일이 서로 편안하여 능한 것은 더욱 견고해질 것이니, 조용히 학문에 잠
긴다면 또한 기쁨이 저절로 얻어져서 그 나아감을 스스로 능히 그만 둘 수 없지 않겠
는가?

○부자(夫子) : 춘추 시대에 테지(太子)·대부(大夫)·선생(先生)·장자(長者)를 불렀던
존칭. 공자의 제자들이 오로지 공자만을 이르게 되어, 후세에는 스승의 칭호로만 쓰이
게 됨.
○시(示) : 보이다. 알리다. 가르치다. 교도하다. 공자가 제자를 가르친 방법을 설명하는
말인데, 이 책에서는 '示·敎·告·謂·斥·論·答·曉·抑·責·警·歎·譏·發·誅'
등 여러 가지가 쓰였다.
○심학(心學) : 마음의 본체를 인정하고 몸을 닦는 학문. 곧 양지(良知)의 학(學)을 이
름. 육산상(陸象山)·왕양명(王陽明) 등이 주창함.
○전공(全功) : 만물에 은택을 입히는 온전한 공로. 위대한 공로. 결점 없는 공적.
○초단(初端) : 첫 실마리. 발단. 시작.

○뇌(賴) : 힘입다. 도움을 입다. 의지하다. 원음은 '뢰'.

○온습(溫習) : 배운 것을 되풀이하여 익힘. 복습(復習).

○융(融) : 통하다. 화하다.

○종용(從容) : 조용하다. 성격이나 태도가 차분하고 침착하다.

○함영(涵泳) : 잠기어 헤엄치다. 학문이나 식견 등이 몸에 배다.

○이연(怡然) : 기뻐하는 모양. 즐거워하는 모양.

1·1·2 有朋이 自遠方來면 不亦樂乎아

　친구가 먼 지방으로부터 찾아온다면 또한 즐겁지 않겠는가?

○유붕(有朋) : 벗. 친구. 동문의 사람 또는 뜻이 같은 사람. '有'는 '有夏' '有韓'과 같이 명사 앞에 쓰여 특별한 뜻이 없는 조자(助字)다. 해석할 필요는 없다. 고본(古本)에는 '友朋'으로 되어 있는 곳도 있다. ☞'朋'은 동문 수학(同門受學)한 사람을, '友'는 동사(同事)한 사람을 지칭하는 것으로 구별하기도 하는데, 일반적으로 같은 스승을 모시고 학문을 닦은 사람을 '朋'이라 하고, 뜻을 같이한 사람을 '友'라고 한다[同師曰朋 同志曰友].

○자원방래(自遠方來) : 먼 지방으로부터 찾아오다. 즉 '먼 지방으로부터 찾아와서 나의 학문을 따르면'의 뜻. "自是由 來是來從吾學"

○불역락호(不亦樂乎) : 또한 즐겁지 아니한가? 이 문장 역시 반문하는 형식으로 어기가 공손함. '不亦'은 '豈不'과 같음. ☞낙(樂) : 기쁘고 즐거운 것. "樂是歡樂"

○이 문장을 비롯해서 본서의 "1·12·1 禮之用 和爲貴" "4·25·1 德不孤 必有隣" "12·2·1 己所不欲 勿施於人" "12·5·3 四海之內皆兄弟也" 등이 2008년 제 29차 북경올림픽위원회에서 영빈어(迎賓語)로 선정된 바 있다

朋은 同類也라 自遠方來면 則近者可知라 程子曰 以善及人이면 而信從者衆이라 故로 可樂이라 又曰 說은 在心하고 樂은 主發散하니 在外라

　붕(朋)은 같은 무리다. 먼 지방으로부터 찾아온다면 가까이 있는 자들을 말하지 않더라도 찾아온다는 것을 알 수 있다. 정자가 말했다. "선으로써 남에게 미치게 하면 믿고 따르는 자가 많을 것이다. 그러므로 즐거운 것이다." 또 말했다. "기쁨은 밖으로부터 느껴서 마음속에 있는 것이고, 즐거움은 마음속에서 차서 주로 바깥으로 퍼져 흩어지

니 외부에 있는 것이다.”

○동류(同類) : 같은 무리. 같은 부류의 친구들.
○열(說) : ‘說’은 밖으로부터 느껴서 심중에 나타나는 것이고, ‘樂’은 심중에 차서 밖으로 넘치는 것이다. 「논어집주(論語集註)」 “說是感於外而發於中 樂則充於中而溢於外”

[備旨] 然이나 義理는 人心所同이니 苟學旣有得이로되 而人不信從이면 則吾之悅이 雖深이나 亦未能達於外也라 今有同類之朋이 自遠方來면 則學足以及人하여 而信從者衆이니 將見吾之所知를 彼亦知之하고 吾之所能을 彼亦能之하여 則所得이 不獨爲一己之私矣라 不亦歡欣宣暢하여 比於悅에 更爲發舒乎아

　그러나 의리는 사람 마음에 같은 것이니, 진실로 배움은 이미 얻었지만 사람들이 믿고 따르지 않는다면 나의 기쁨이 비록 깊을지라도 또한 능히 외부 세계까지 미치지는 못할 것이다. 지금 같은 무리의 친구들이 먼 지방으로부터 온다면 학문은 족히 남에게 미칠 수 있어서 믿고 따르는 사람이 많다는 것이니, 정차 내가 아는 바를 상대방 또한 알고 내가 잘하는 바를 상대방도 또한 잘해서 이익이 단지 자기 한 몸의 이익으로 끝나지 않음을 볼 수 있을 것이다. 또한 기쁘고 즐거움이 널리 펴져서 기쁨과 비교해 볼 적에도 다시 나타나고 펴지지 않겠는가?

○부독(不獨) : 다만 …뿐만 아니라.
○환흔(歡欣) : 기뻐하고 즐거워함. 「순자(荀子)」 《예론(禮論)》 “故人之歡欣和合之時”
○선창(宣暢) : 드러내어 세상에 널리 폄. 널리 펴고 폄.
○비어열(比於悅) : 기쁨과 견주다. ‘1·1·1 子曰 學而時習之면 不亦說乎아’에서 말한 ‘說[悅]’과 비교해 보다.
○발서(發舒) : 나타나고 펴짐.

1·1·3 人不知而不慍이면 不亦君子乎아

　사람들이 알아주지 않더라도 성내지 않으면 또한 군자답지 않겠는가?”

○인부지이불온(人不知而不慍) : 사람이 알아주지 않아도 성내지 않다. ☞인부지(人不知) : 사람들이 자기 자신의 학문을 알아주지 않음. ☞불온(不慍) : 성내지 않음. 그 열

락(悅樂)을 고치지 않음. "人泛指衆人 上而君相下而士民 皆在內 不知是不知其學也 不慍
只不改其悅樂"

○불역군자호(不亦君子乎) : 또한 군자답지 않을까? 여기서는 '또한 덕을 이룬 군자답지
않겠는가?' 라는 뜻. 이 문장도 반문하는 형식으로 어기가 공손함. '不亦'은 '豈不과 같
음. ☞군자(君子) : 여기서 '君子'는 형용사로 쓰였는데, '학식이 높고 수양이 온전한 사
람'을 말함. "君子兼識高養粹說"

**慍은 含怒意라 君子는 成德之名이라 尹氏曰 學은 在己하고 知不知는 在人하니 何
慍之有리오 程子曰 雖樂於及人이나 不見是而無悶이라야 乃所謂君子니라 愚謂 及
人而樂者는 順而易하고 不知而不慍者는 逆而難이라 故로 惟成德者라야 能之라
然이나 德之所以成은 亦由學之正과 習之熟과 說之深하여 而不已焉耳니라
○程子曰 樂은 由說而後에 得이니 非樂이면 不足以語君子니라**

　　온(慍)은 노를 품는다는 뜻이다. 군자는 덕을 이룬 사람을 이른다. 윤 씨가 말했다.
"배움은 자신에게 달려있고 알아주고 알아주지 않음은 남에게 달려있으니 어찌 성을
낼 수 있겠는가?" 정자가 말했다. "비록 남에게 미치게 하는 것을 즐거워하나 인정받
지 못한다 하더라도 번민함이 없어야 군자라고 이를 것이다." 내[朱子]가 생각하건대,
남에게 미쳐서 즐거운 것은 도리를 좇아서 쉬운 것이고, 알아주지 않아도 성내지 않는
것은 도리에 어긋나서 어려운 것이다. 그러므로 오직 덕을 이룬 군자라야 능히 할 수
있는 것이다. 그러나 덕이 이루어지는 것은 또한 학문에 대한 정직한 태도와 복습을
통한 숙달된 모습과 심히 기뻐하는 자세를 갖고서부터 그치지 않을 것이다.
　　○정자가 말했다. "즐거움[樂]은 기쁨[悅]을 거친 뒤에 얻어지는 것이니, 즐겁지 않다
고 한다면 족히 군자라고 말할 수 없을 것이다."

○온(慍) : 성내다. 마음속에 노여움을 품다.
○성덕(成德) : 몸에 덕을 지님, 몸에 덕을 갖춤. 또는 그 덕.
○우(愚) : 1인칭. 여기서는 주자(朱子)가 자신을 겸손하게 이르는 말.
○민(悶) : 번민하다. 근심하다.
○순리(順理) : 도리를 좇음. 또는, 올바른 이치.
○역리(逆理) : 도리에 어긋남.

[備旨] 吾學足以及人이면 固爲可樂이로되 苟人或不見知하여 而心稍有不平이면 則猶有
近名之累요 尚未足爲君子也라 若今人이 不我知라도 處之泰然略無慍怒之意면 則吾致吾

知하여 而境之逆者라도 不足以搖吾心也요 吾力吾行하여 而事之變者라도 不足以易吾志
也라 品詣純粹하고 不亦卓然特立하여 而爲成德之君子乎아 夫學은 由說而樂하여 以至於
君子라야 學之能事畢矣리라

　나의 학문이 족히 남에게 미치면 진실로 즐거움이 되겠지만, 진실로 사람들이 혹시
남에게 인정을 받지 못해서 마음에 조금이라도 편치 않다면, 오히려 명예를 구하려는
수고만 할 것이고 여전히 군자는 될 수 없을 것이다. 만약 지금 사람들이 나를 알아주
지 않더라도 거처할 적에 태연하게 해서 전혀 성을 내는 뜻이 없으면, 나는 나의 지혜
를 다하여 경우에 어긋나는 일이 있더라도 족히 나의 마음을 흔들 수가 없을 것이요,
나는 나의 행실에 힘을 써서 일에 변화가 있더라도 족히 나의 뜻을 바꿀 수가 없을 것
이다. 인품의 나아가는 모습은 순수하고 또한 우뚝 서서 덕을 이룬 군자가 되지 않겠
는가? 무릇 배움은 기뻐하고 즐거워하는 것으로 말미암아 군자에 이르러야 배움의 일
이 마칠 것이다."라고 하셨다.

○견시(見知) : 남에게 인정을 받음. 알려짐.
○불평(不平) : 마음에 불만이 있어서 마땅하지 않게 여김.
○초(稍) : 조금이라도.
○근명지루(近名之累) : 명예를 구하려는 괴로움. 「장자(莊子)」 "爲善無近名 爲惡無近刑"
○약(略) : 전혀. 보통 '대체로. 대략. 조금'의 뜻으로 쓰이지만 부정사 앞에서는 '전혀'
라는 뜻으로 쓰임.
○태연(泰然) : 흔들리지 않고 굳건한 모양. 침착한 모양.
○온노(慍怒) : 성을 냄.
○품예(品詣) : 인품의 나아감. ☞예(詣) : 이르다. 학예(學藝)가 깊은 경지에 이르다.
○탁연(卓然) : 여럿 중에서 높이 뛰어나 의젓한 모양. 탁이(卓爾).
○능사(能事) : ①해 낼 수 있는 기술, 또는 해내지 않으면 안 될 기술. ②특별히 뛰어
난 기술. ③일을 할 수 있음. 여기서는 ①의 뜻.

1·2·1 有子曰 其爲人也孝弟요 而好犯上者鮮矣니 不好犯上이요 而好作亂者는 未之有也니라

　유자가 말했다. "그 사람 됨됨이가 부모에게 효도하거나 형에게 순종하면서 윗사람

에게 범하기를 좋아하는 사람은 드물 것이니, 윗사람에게 범하기를 좋아하지 않고서 난리를 일으키는 것을 좋아하는 사람은 있지 않을 것이다.

○유자(有子) : 공자의 제자. 이름은 약(若). 노나라 사람으로 공자보다 13살 아래였다.
○기위인야효제(其爲人也孝弟) : 그 사람 됨됨이가 부모에게 효도하고 형에게 순종하다. ☞위인(爲人) : 사람의 됨됨이. 됨됨이로 본 그 사람. 여기서는 아들이나 아우가 된 사람. ☞효제(孝弟) : 부모에게 효도하고 형에게 순종함. 효우(孝友). 효제(孝悌). "爲人 是爲子爲弟之人"
○이호범상자선의(而好犯上者鮮矣) : 그렇게 하면서도 윗사람에게 범하기를 좋아하는 사람은 드물다. ☞이(而) : 접속사인데 여기서는 역접 관계를 나타냄. ☞범상(犯上) : 윗사람에게 예의를 갖추지 않고 범한다는 뜻. '上'은 '人'과 같은 의미로 쓰여 분수나 나이가 자기보다 높은 사람. ☞선(鮮) : 적다. 드물다. "犯上如疾行先長之類 是小不順的 事 上如分尊於我 年長於我者皆是 不單指父兄者 作人字看"
○불호범상(不好犯上) : 윗사람을 범하지 않다. "是過脈語"
○이호작란자(而好作亂者) : 그렇게 하면서도 난리를 일으키기를 좋아하는 사람. ☞작란(作亂) : 패역(悖逆)하고 다툼. 여기서는 순종치 않는 일. "作亂是不順之事"
○미지유야(未之有也) : 있지 않다. 그런 일이 결코 없다는 뜻. "決無之意" ☞고대 한문에서는 '未'에 의해서 부정되는 '서술어＋목적어'의 구조에서는 목적어가 대명사이면 서로 도치되는데, 이는 고대 문법의 특징이었다. 즉 '未有之也'가 '未之有也'로 도치된다.

有子는 孔子弟子니 名若이라 善事父母爲孝요 善事兄長爲弟라 犯上은 謂干犯在 上之人이라 鮮은 少也라 作亂은 則爲悖逆爭鬪之事矣라 此는 言人能孝弟면 則其 心和順하여 少好犯上이니 必不好作亂也라

유자(有子)는 공자의 제자로 이름이 약이다. 부모를 잘 섬기는 것을 효(孝)라 하고, 형과 어른을 잘 섬기는 것을 제(弟)라 한다. 범상(犯上)이란 윗자리에 있는 사람에게 범함을 이른다. 선(鮮)은 드물다는 것이다. 작란(作亂)이란 도리를 거슬러 싸우는 일을 하는 것이다. 이것은 사람이 부모에게 효도하고 형에게 순종하면 그 마음이 화순해서 윗사람에게 범하기를 좋아하는 사람이 적을 것이니, 반드시 도리를 거슬러 싸우기를 좋아하지 않을 것임을 말한 것이다.

○간(干) : 범하다. 관여하다.
○패역(悖逆) : 모반(謀叛). 패반(悖叛). ☞'悖'는 도리·사리·기준에서 벗어남. '逆'은

상리(常理)에서 벗어남. 그러므로 공순하지 아니함을 말함.

[備旨] 有子欲人務孝弟意에 曰天下에 惟孝弟爲至重이라 誠使其爲人也가 能孝以善事父母하고 弟以善事兄長이면 則其心和順하여 而好干犯在上之人者가 鮮矣라 旣不好犯上이요 而不爲小不順之事하고 顧乃好作亂이요 而爲大不順之事者는 未有此理也라

유자가 사람들에게 효도와 순종에 힘쓰도록 하려는 뜻에서 말하기를, "천하의 사람들에게 효도와 순종이 지극히 중요하다. 진실로 가령 그 사람 됨됨이가 효도함으로써 부모를 잘 섬기고 공경함으로써 형이나 어른을 잘 섬긴다면, 그 마음은 화순해서 위에 있는 사람들에게 범하기를 좋아하는 사람이 드물 것이다. 이미 위에 있는 사람에게 범하기를 좋아하지 않고서는 조금이라도 불순한 일을 행치 않을 것이고, 반대로 작란을 좋아하면서 지나치게 불순한 일을 행하는 사람은 이런 이치가 있지 않을 것이다.

○간범(干犯) : 법을 어기고 범함.
○불순(不順) : 도리(道理)를 다르지 않음. 순종하지 않음.
○기(旣) : 이미. 이후에. 부사로서 일이 완성되었거나 시간이 흘러감을 나타냄.
○고(顧) : 도리어. 반대로. 단지 …하는 데 불과하다. …에 지나지 않는다. 접속사로서 약간 전환하는 의미를 나타냄.

1·2·2 君子는 務本이니 本立而道生하나니 孝弟也者는 其爲仁之本與인저

군자는 근본에 힘을 쏟아야 할 것이니 근본이 서고 도가 생겨나는 것이니, 부모에게 효도하고 형에게 순종한다고 하는 것은 아마 인을 행하는 근본일 것이다."

○군자무본(君子務本) : 군자가 근본에 힘쓰다. ☞군자(君子) : 여기서 군자는 백성을 사랑하고 사물을 사랑하는 데 책임이 있는 사람. ☞무본(務本) : 근본에 힘을 씀. "君子是有仁民愛物之責者"
○본립이도생(本立而道生) : 근본이 서고 나서 도가 발생하다. "立是植立不搖 道是天下事理 生是發生"
○효제야자(孝弟也者) : '孝'는 부모를 잘 섬기는 것이며, '弟'는 '悌'와 같은 뜻으로 형

이나 윗사람에게 순종하는 것을 말한다. '也者'는 구(句) 중에 쓰여 정지(停止)를 나타낼 때 쓰는 어조사로 '…은' 혹은 '…이라고 하는 것'으로 해석한다.

○기위인지본여(其爲仁之本與) : 아마도 인을 행하는 근본이다. '아마 인을 행하는 근본이겠지.'로도 해석할 수 있다. ☞기(其) : 아마도. 추측을 나타내는 말. ☞여(與) : 평성(平聲)으로 구 말에 쓰여 추측하는 정도의 아주 가벼운 감탄을 나타냄. ☞인(仁) : 마음의 본체(本體)요 덕(德)으로서 인도(人道)의 극치이며 도덕적 지선(至善)을 이르는 말. 유학(儒學)에서 가르치는 최고의 도덕적 지표. 주자(朱子)는 아래 집주에서 인(仁)을 '愛之理 心之德'이라고 설명하고 있다. "爲字解作行字 本與上文二本字相應"

○'其爲仁之本與'에 대해 옛 문헌에서는 '其爲仁之本與ㄴ뎌'라고 현토하고 있다. '-ㄴ뎌[인뎌>인저]'는 감탄을 나타내는 어미로 현대 국어의 '-ㄹ진저'가 이 말의 잔영인데, 옛 말에서는 단순히 화자의 일반적인 감탄만을 나타내는 것이 아니라 화자의 확신까지도 나타내었다. '-ㄴ뎌'는 '-ㄴ+ᄃ+이여'로 분석되는데 '-ㄴ'은 관형형 어미, 'ᄃ'는 현대 국어의 '것'과 통하는 의존 명사, '이여'는 호격 조사에 해당한다. 여기에서 호격 조사 '이여'는 감탄의 의미도 나타낸다. 이를 고려한다면 '-ㄴ뎌'는 '-ㄴ 것이여' 정도로 풀어쓸 수 있다. 그리고 '-ㄴ뎌'는 화자의 일반적인 감탄뿐만 아니라 화자의 확신까지도 나타내지만, '-도다', '-구나' 등은 화자의 일반적인 감탄만을 나타낸다. 이렇게 보면 '-ㄴ뎌'는 '-도다', '-구나' 등으로 풀어쓰기에는 다소 부족한 감이 있다.

현토는 일반적으로 옛 관행을 따르는 일이 많다. 윗글에서 '-ㄴ뎌'라고 토를 달고 평서형으로 해석한 것은 '-ㄴ뎌'가 단순히 화자의 일반적인 감탄만을 나타내는 것이 아니라 화자의 확신까지도 나타내기 때문이다. 즉, 현대 국어의 감탄형 어미 '-도다', '-구나' 등으로는 화자의 확신을 나타내지 못하는 데 따른 고육지책일 것이다.

종결 어미는 평서형, 감탄형, 의문형, 명령형, 청유형으로 나누지만, '-ㄴ뎌'를 '느낌을 나타내는 어미'로 보고 평서형 속에 감탄형을 포함시키는 경우도 많다. 예를 들어 "오늘 밥 잘 먹었다."라는 평서형과 "오늘 밥 (참) 잘 먹었다!"라는 감탄형의 차이는 그렇게 크지 않을뿐더러 일반적인 평서형 어미 '-다'도 대화 장면이나 어감에 따라 감탄의 의미를 충분하게 나타낼 수 있기 때문이다. 감탄형과 평서형이 둘 다 화자의 생각을 나타내는 것으로 그 구분이 크게 중요하지 않기 때문이다. 이런 이유로 본서에서는 '-ㄴ뎌'를 감탄형 혹은 평서형 어미로 해석했다.

務는 專力也요 本은 猶根也라 仁者는 愛之理요 心之德也니 爲仁은 猶曰行仁이라 與者는 疑辭니 謙退不敢質言也라 言君子凡事를 專用力於根本이니 根本旣立이면 則其道自生이라 若上文所謂孝弟는 乃是爲仁之本이니 學者務此면 則仁道가 自此而生也라

○程子曰 孝弟는 順德也라 故로 不好犯上이니 豈復(부)有逆理亂常之事리오 德有本하니 本立이면 則其道充大라 孝弟行於家而後에 仁愛及於物이니 所謂親親而仁民也라 故로 爲仁은 以孝弟로 爲本이요 論性은 則以仁으로 爲孝弟之本이라 或問孝弟가 爲仁之本이라하니 此는 是由孝弟로 可以至仁否아 曰非也라 謂行仁에 自孝弟始라 孝弟는 是仁之一事니 謂之行仁之本이면 則可어니와 謂是仁之本이면 則不可라 蓋仁은 是性也요 孝弟는 是用也라 性中에 只有箇仁義禮智四者而已니 曷嘗有孝弟來리오 然이나 仁主於愛하니 愛莫大於愛親이라 故로 曰孝弟也者는 其爲仁之本與인저

　무(務)는 힘을 쏟는 것이요 본(本)은 뿌리와 같다. 인(仁)이란 사랑의 원리요 마음의 덕이니, 위인(爲仁)이란 인을 행한다는 말과 같다. 여(與)는 의심하는 말이니 겸손하게 물러나서 감히 질정해서 말하지 못한다는 것이다. 군자는 모든 일을 오로지 근본에 힘을 쓰니, 근본이 이미 확립된다면 그 도는 저절로 생겨날 것이다. 위의 글에서 말한 효제라는 것은 바로 인을 행하는 근본이니, 배우는 사람들이 여기에 힘쓰면 인도가 이로부터 생겨날 것임을 말했다.

　○정자가 말했다. "효제는 그 덕을 따르는 것이다. 그러므로 윗사람에게 범하기를 좋아하지 않으니, 어찌 다시 도리나 사리에 어그러지는 일을 하고 상도를 어지럽히는 일이 있겠는가? 덕에는 근본이 있으니 근본이 확립되면 그 도가 충만하고 커질 것이다. 효제를 집안에 행한 뒤에 인애가 남에게 미치는 것이니, 이것이 이른바 친척과 더불어 친하게 지내고서 백성을 사랑한다는 것이다. 그러므로 인을 행하는 데에는 효제로써 근본으로 삼으며, 성품을 논하는 데에는 인으로써 효제의 근본을 삼는다는 것이다. 혹자가 묻기를 '효제가 인의 근본이 된다 하니, 이것은 바로 효제로 말미암아 인에 이를 수 있다는 것입니까? 그렇지 않다는 것입니까?'라고 해서, 나는 대답하기를, "아니다. 인을 행할 적에 효제로부터 시작되어야 한다는 말이다. 효제는 이 인의 한 부분이니, 그것이 인을 행하는 근본이라고 한다면 옳지만, 그것이 인의 근본이라고 한다면 옳지 않을 것이다. 대개 인은 성으로서 그 본체를 말한 것이고 효제는 그 작용을 말한 것이다. 성 가운데에는 다만 인의예지 네 가지가 있을 뿐이니, 어찌 일찍이 효제만이 있었겠는가? 그러나 인은 사랑을 제일로 여기니 사랑은 어버이를 사랑하는 것보다 더 큰 것이 없을 것이다. 그러므로 부모에게 효도하고 형에게 순종한다고 한다는 것은 아마 인을 행하는 근본일 것이다."라고 했다.

○질정(質正) : 시비(是非)를 바로 잡음.

○순덕(順德) : 순직(純直)한 덕. 또는 그 덕을 따름. 「역경(易經)」 "君子以順德 積小以高大"

○역리(逆理) : 도리나 사리에 어그러지는 일.

○난상(亂常) : 상도(常道)를 어지럽힘.

○친친(親親) : 친척과 더불어 친하게 지냄. 필자의 역서 「중용(中庸)」 20·5 참고. "仁者는 人也니 親親이 爲大하고 義者는 宜也니 尊賢이 爲大하니 親親之殺(쇄)와 尊賢之等이 禮所生也니이다.(인(仁)은 사람의 몸이니 어버이를 친히 함이 크고, 의(義)는 마땅함이니 어진 사람을 높임이 크니, 친척을 친히 하여 차등을 두는 것과 어진 사람을 높이는 등급이 예(禮)가 생기는 이유입니다.)"

○개(箇) : 낱. 물건을 세는 단위. 물건이나 장소를 가리킬 때 붙이는 말.

○용(用) : 체용(體用)에서 용(用)을 말함. ☞체용(體用) : 사물의 본체와 작용·현상(現象)간의 관계를 규정한 것. 더 쉽게 말하면 원리와 그 응용을 말함. '體'가 본체적 존재로서 형이상학적(形而上學的) 세계에 속한다면, '用'은 오관(五官)으로 감지할 수 있는 현상으로 형이하학적(形而下學的) 세계에 속한다. 그러나 양자는 표리일체(表裏一體)의 불가분의 관계에 있어 체(體)를 떠나 용(用)이 있을 수 없고, 용(用)이 없다면 체(體)를 생각할 수 없다. 정이(程頤)가 주장하는 우주의 근본으로서의 이(理)와 그 발로(發露)로서의 사상(事象), 장재(張載)의 태극(太極)과 기(氣), 주자(朱子)가 말하는 인간에게 보편적으로 갖추어진 성(性)과 그것이 외면(外面)에 나타난 정(情)과의 관계 등은 모두 체용(體用)의 개념이다.

○갈(曷)~래(來) : 어찌 …하겠는가? '來'는 강조하는 뜻으로 쓰이는 어조사.

○상(嘗) : 일찍이. 늘. 언제나.

[備旨] 是以로 君子는 凡事에 專用力於根本이라 蓋以根本既立이면 而其道自生하나니 凡事皆然이온 而況於孝弟乎아 若吾所謂孝弟也者는 本一念之和順이니 推之仁民愛物이라도 皆是心也는 其卽行仁之本與인저 學者務孝弟면 則仁道가 自此而生矣니 豈但犯亂不作而已哉아

이런 까닭으로 군자는 모든 일에 오로지 근본에 힘을 쓰도록 해야 한다. 대개 근본이 서면 그 도는 저절로 생기는 것이니, 모든 일이 모두 그러할 것인데 하물며 부모에게 효도하고 형에게 순종함은 말할 필요가 있겠는가? 내가 이른바 부모에게 효도하고 형에게 순종한다는 것은 오로지 한결같은 마음으로 화순에 근본을 둔다는 것이니, 백성을 사랑하고 사물을 사랑하는 데 미루어 생각해 보더라도 모두 이 마음은 아마도 인을 행하는 근본일 것이다. 배우는 사람이 부모에게 효도하고 형에게 순종하는 데 힘쓰면 인도가 이로부터 생겨날 것이니, 어찌 다만 윗사람에게 범하기를 좋아하고 도리를

거슬러 싸우기를 좋아하는 데서 떨쳐 일어나지 않겠는가?"라고 했다.

○일념(一念) : 한 마음. 변함 없는 오직 하나의 생각.
○화순(和順) : 온화하고 순량(順良)함. 또는 그러한 성질이나 덕.
○인도(仁道) : 유학의 근본이 되는 인(仁)의 도(道).
○범란(犯亂) : 범상(犯上)하고 작란(作亂)함.

1·3·1 子曰 巧言令色은 鮮矣仁이니라

공자께서 말씀하셨다. "듣기 좋게 꾸미는 말과 보기 좋게 꾸미는 얼굴빛에는 인덕이 드물다."

○교언영색(巧言令色) : 듣기 좋게 꾸미는 말과 보기 좋게 꾸미는 얼굴빛. '巧'는 '공교하다.' '꾸며서 말하는 솜씨가 있다.'는 뜻으로 남과 접하는 말솜씨를 가리키며, '令'은 '좋다.'는 뜻으로 일신상의 용모를 가리킴. 본서 5·24·1과 15·26·1의 내용도 참고. "巧是有心要好意 言指接人言辭 令是有心要善意 色指一身容貌"
○선의인(鮮矣仁) : 인덕(仁德)이 없다. 여기서 '鮮'은 '亡(무)'의 뜻. '仁鮮矣'의 도치. '鮮'이 서술어로 쓰이면 대개 도치됨. "鮮作亡字看 仁是心之德"

巧는 好요 令은 善也라 好其言하고 善其色하며 致飾於外하여 務以悅人이면 則人欲肆하여 而本心之德이 亡(무)矣라 聖人이 辭不迫切하여 專言鮮하니 則絕無可知라 學者는 所當深戒也니라
○程子曰 知巧言令色之非仁이면 則知仁矣니라

교(巧)는 듣기 좋게 하는 것이요, 영(令)은 보기 좋게 하는 것이다. 그 말을 듣기 좋게 하고 그 얼굴빛을 보기 좋게 하며 겉으로만 꾸며서 남을 기쁘게 하는데 힘쓴다면, 사람의 욕심이 제멋대로 되어 본심의 덕이 없어질 것이다. 성인이 말이 박절하지 않아서 오로지 드물다고만 말씀하셨으니, 어진 사람이 전혀 없다는 것을 알 수 있다. 배우는 사람은 마땅히 깊이 경계해야 할 것이다.
○정자가 말했다. "듣기 좋게 꾸미는 말과 보기 좋게 꾸미는 얼굴빛이 인이 아니라는 것을 안다면, 인을 아는 것이다."

○사(肆) : 방자하다. 제멋대로 하다. 지나치다.
○무(亡) : 없다. ☞'망'으로 읽으면 평성(平聲)의 '陽'부에 속하여 '잃다[失]'란 뜻이고, '무'로 읽으면 평성(平聲)의 '虞'부에 속하여 '없다[無]'는 뜻임.
○박절(迫切) : 여유가 없고 아주 급함. 절박(切迫).
○절(絶) : 절대로. 더 이상 없음.

[備旨] 夫子戒人不可徇外意에 曰有德者는 必有言이요 根心者는 必生色이니 言與色은 未始非仁也라 若巧好其言하여 以悅人之聽하고 令善其色하여 以悅人之觀이면 則是는 務外而不務內니 少矣其心德之仁矣라 學者는 可不知所戒哉아

　　부자께서 사람들에게 밖으로만 드러내 보여서는 안 된다는 것을 경계하려는 뜻에서 말씀하시기를, "덕이 있는 사람은 반드시 말에서 나타날 것이고, 마음에 바탕을 두고 있는 것은 반드시 얼굴에 드러날 것이니, 말과 안색은 처음부터 인이 아닌 것이 없을 것이다. 만약 자기의 말을 듣기 좋게 해서 남이 듣기에만 즐겁게 하고 자기의 안색을 보기 좋게 해서 남이 보기에만 즐겁게 하면, 이는 밖으로만 힘쓰고 안으로는 힘쓰지 않는 것이니, 그는 심덕의 인이 적을 것이다. 배우는 사람들은 경계해야 할 바를 알지 않을 수 있겠는가?"라고 하셨다.

○순외(徇外) : 밖으로 드러내 보이다. 밖으로 자랑하다. 밖을 따름.
○근(根) : 기인하다. 근거하다. 「맹자(孟子)」 "仁義禮智根於心"
○교호(巧好) : 듣기에 교묘하게 하고 좋게 함.
○영선(令善) : 보기에 좋게 하고 잘함.
○심덕(心德) : 마음을 쓰는데 나타나는 덕기(德氣).
○'少矣其心德之仁矣'는 '其心德之仁矣少矣'의 도치문.
○가부지소계재(可不知所戒哉) : 경계해야 할 바를 알지 않을 수 있겠는가? 어떻게 경계해야 할 바를 알지 않을 수 있겠는가? '可'는 부사로서 반문을 나타내며, '어떻게' 또는 '설마 …일 리 있겠는가?'라고 해석함. 때로는 해석하지 않을 경우도 있음.

1·4·1 曾子曰 吾日三省吾身하노니 **爲人謀而不忠乎**아 **與朋友**로 **交而不信乎**아 **傳不習乎**아니라

　증자께서 말씀하셨다. "나는 날마다 세 가지 문제에 대해 내 자신을 살피니, 남을 위하여 일을 도모할 적에 충실하지 않았던가? 붕우와 더불어 사귈 적에 신실하지 않았던가? 스승으로부터 전수받은 것을 공부하지 않았던가?"이다.

○증자(曾子, B.C 506~B.C 436) : 공자의 제자. 자(字)는 자여(子輿). 춘추 시대 노(魯)나라 사람으로 공자보다 연소했다.「대학(大學)」을 저술하고「효경(孝經)」을 저작하였으며, 공자의 도를 전하여 효자로서 이름이 높았음.
○오일삼성오신(吾日三省吾身) : 내가 날마다 세 가지 문제로 나의 몸을 살피다. '三省'은 '세 번 살피다'는 뜻이 아니고, '세 가지 문제로 자기 자신을 살피다'라는 뜻이다. "吾是我　日是每日　三省是以三事省察吾身　此句且虛"
○위인모(爲人謀) : 남을 대신하여 일을 꾀하는 것. "指是代人謀事"
○이불충호(而不忠乎) : 충실하지 않는가? ☞이(而) …하면서. 순접 관계를 나타냄. ☞충(忠) : 자기 마음을 다하여 숨김이 없는 것. "忠是盡心有視　若己事之意" 여기서 충은 마음속으로부터 나온 것을 말함.「논어집주(論語集註)」"盡己之心而無隱　所謂忠也　以出乎內者言也"
○여붕우교(與朋友交) : 붕우와 더불어 사귀다. ☞'朋'은 동문 수학(同門受學)한 사람을, '友'는 동사(同事)한 사람을 지칭하는 것으로 구별하기도 하는데, 일반적으로 같은 스승을 모시고 학문을 닦은 사람을 '朋'이라 하고, 뜻을 같이한 사람을 '友'라고 한다 [同師曰朋　同志曰友]. "朋友是同類之人　交是相交接"
○이불신호(而不信乎) : 신실하지 않는가? ☞신(信) : 일을 행할 적에 성실하여 속이지 않는 것. "信是誠實不欺　凡事皆實　不但言語也" 일을 진실되게 행하여 속이지 않고 외부로부터 증험되는 것.「논어집주(論語集註)」"以事之實而無違　所謂信也　以驗乎外者言也"
○전(傳) : 스승으로부터 전해 받은 내용. "謂受師之傳"
○불습호(不習乎) : 익히지 않았는가? 공부하지 않았는가? "習兼知行工夫　三乎俱問心之辭　正是省意"

曾子는 孔子弟子니 名參이요 字子輿라 盡己之謂忠이요 以實之謂信이라 傳은 謂受之於師요 習은 謂熟之於己라 曾子以此三者로 日省其身하여 有則改之하고 無則加勉하여 其自治誠切이 如此하니 可謂得爲學之本矣라 而三者之序는 則又以忠信으로 爲傳習之本也니라
○尹氏曰 曾子守約이라 故로 動必求諸身하니라 謝氏曰 諸子之學이 皆出於聖人이나 其後愈遠而愈失其眞이어늘 獨曾子之學이 專用心於內라 故로 傳之無弊하니 觀於子思孟子면 可見矣라 惜乎其嘉言善行이 不盡傳於世也로되 其幸存而未泯

者를 **學者**가 **其可不盡心乎**아

증자는 공자의 제자로 이름은 참이요, 자는 자여다. 자기를 다하는 것을 충(忠)이라 이르고, 진실로써 행하는 것을 신(信)이라 이른다. 전(傳)은 스승으로부터 전수받은 것이요, 습(習)은 자기 몸에 익숙하게 함을 말한다. 증자는 이 세 가지로써 날마다 그 몸을 살펴 잘못이 있으면 고치고 없으면 더욱 힘써서 자기 자신을 다스릴 적에 정성스럽고 간절하게 함이 이와 같았으니, 가히 학문을 하는 근본을 얻었다고 이를 만하다. 그리고 세 가지의 순서는 또 충과 신으로써 전수받아 익히는 근본으로 삼았다.

○윤 씨가 말했다. "증자는 약례를 지켰다. 그러므로 행동을 반드시 자기 몸에서 구했던 것이다." 사 씨가 말했다. "여러 제자들의 학문이 다 성인으로부터 나왔으나, 그 뒤에 멀어지면 멀어질수록 그 진실을 잃어버렸는데, 오직 증자의 학문만이 전적으로 내면을 기르는 데 마음을 썼다. 그러므로 전수함에 폐단이 없으니 자사와 맹자를 보면 알 수 있다. 애석하게도 그 아름다운 말씀과 좋은 행실이 세상에 다 전해지지 않지만 그 가운데서도 다행히 남아서 아직까지 없어지지 않은 것을 배우는 자들이 아마도 마음을 다하지 않을 수 있겠는가?"

○전습(傳習) : 가르치고 배움. 또는 전수(傳受)받아 익힘.
○약례(約禮) : 예법에 맞도록 몸가짐을 삼감. '約'은 '다잡다'는 뜻으로 안정되지 못하여 어지러운 몸이나 마음을 다그쳐 바로잡는 모양을 나타내는 말. 본서 "6·25·1 君子博學於文 約之以禮" 「맹자(孟子)」 《공손추상(公孫丑上)》 참고. "孟施舍之守는 氣라 又不如曾子之守約也니라"
○민(泯) : 없어지다.
○'惜乎其嘉言善行이 不盡傳於世也로되'를 현토하고 해석할 때 상황에 따라 '惜乎라 其嘉言善行이 不盡傳於世也로되'라고 현토하여 '애석하도다! 그 아름다운 말씀과 좋은 행실이 세상에 다 전해지지 않지만'으로 해석할 수도 있다. 그러나 여기서는 위와 같이 현토하고 해석해야 자연스럽다. 참고로 전한(前漢) 때 유안(劉安)이 학자들에게 명하여 만든 「회남자(淮南子)」 《설림훈(說林訓)》에서 '也'와 '矣'는 '서로 차이가 천 리가 된다 (也之與矣 相去千里)'고 지적하기도 했다. '矣'는 어떤 상태를 서술하거나 묘사하는 데 쓰이기에 동적이라 할 수 있고, '也'는 어떤 사실을 확인하거나 판단하는 데 쓰이기에 정적이라고 할 수 있다.
○기가부진심호(其可不盡心乎) : 아마도 마음을 다하지 않을 수 있겠는가? 아마도 어떻게 마음을 다하지 않을 수 있겠는가? '可'는 부사로서 반문을 나타내며, '어떻게' 또는 '설마 …일 리 있겠는가?'라고 해석함. 해석하지 않아도 무방함.

[備旨] 曾子自言省身之要에 曰吾於每日之間에 常以三事로 省察吾身하노니 三省維何如오 謀貴於忠이니 吾之爲人謀也에 得無此心未盡하여 而有不忠者乎아 交友는 貴信이니 吾之與朋友로 相交也에 得無此心未孚하여 而有不信者乎아 傳貴於習이니 吾之受傳於師也에 得無此心怠惰하여 而有不習者乎아니라 有則改之하고 無則加勉이니 是三者는 皆吾身에 所日兢兢以爲省也라하시니 蓋曾子之學은 隨事省察而力行之라 故로 其用功之密이 如此시니라

　　증자께서 스스로 몸을 살피는 요체를 이를 적에 말씀하시기를, "나는 매일 순간마다 항상 세 가지 일을 가지고 나의 몸을 성찰하니, 세 가지 일을 살핀다는 것은 정말 무엇을 말하는가? '일을 도모할 적에는 충성스럽게 하는 것을 귀하게 여기니 내가 남을 위해서 도모할 적에 이 마음을 다하지 못하여 충성스럽게 하지 못한 것이 있지 않았던가? 벗과 사귈 적에는 믿음직하게 하는 것을 귀하게 여기니 내가 붕우와 더불어 서로 사귈 적에 이 마음이 미쁘지 못하여 믿지 못한 것이 있지 않았던가? 전수받는 것은 익히는 것을 귀하게 여기니 내가 스승으로부터 물려받은 것에 이 마음이 게을러서 익히지 못한 것이 있지 않았던가?'이다. 이렇게 하여 부족한 것이 있으면 고치고 없으면 더욱 힘썼으니, 이 세 가지는 모두 나의 몸에 매일 삼가고 조심해서 살폈던 내용이다."라고 하셨으니, 대개 증자의 학문은 일에 따라 성찰하여 힘써 행했던 것이다. 그러므로 그 공을 쓸 때 치밀함이 이와 같으셨다.

○요체(要諦) : 사물의 가장 중요한 점. 요점(要點).
○하여(何如) : 어떠한가? '何如'는 보통 상태・성질・가부(可否) 등을 물을 적에 쓰이고, '如何'는 방법을 물을 적에 쓰임.
○득무(得無)～호(乎) : 아마 …일 리가 없겠는가? …이 아닐까? 관용어구로 추측이나 반문을 니티냄.
○부(孚) : 미쁘다. 참됨.
○수전(受傳) : 전수(傳受)와 같은 말.
○태타(怠惰) : 게으름. 해태(懈怠).
○긍긍(兢兢) : 삼가고 조심하는 모양.

1・5・1 子曰 道千乘之國엔 敬事而信하며 節用而愛人하며 使民以時니라

공자께서 말씀하셨다. "천승의 나라를 다스릴 적에는, 일을 신중하게 해서 미쁘게 하며, 비용을 절약하여 백성을 사랑하며, 백성을 부릴 적에는 때에 맞춰 해야 하는 것이다."

○도천승지국(道千乘之國) : 천승의 나라를 다스리다. ☞도(道) : 다스리다. 여기서는 다스려 인도(引導)한다는 뜻이다. ☞천승지국(千乘之國) : 제후의 나라. '乘'은 수레를 세는 단위였는데 '千乘'이라고 하면 '諸侯'를 일컬었음. '千乘之國'은 전시에 1,000승(乘)의 병거(兵車)를 낼 수 있는 나라를 말했음. 주대(周代)의 제도에서 천자(天子)는 기내(畿內)의 사방 천 리를 영유하고 10,000승(乘)을 내놓았으며, 제후(諸侯)는 사방 백 리를 영유하고 병거 1,000승(乘)을 내놓았음. 일승(一乘)에는 갑사(甲士) 3명, 보병(步兵) 72명, 거사(車士) 25명이 딸림. 「맹자(孟子)」1·1·4 집주 참고. "乘車數也라 萬乘之國者는 天子畿內地方千里에 出車萬乘이요 千乘之家者는 天子之公卿采地方百里에 出車千乘也라 千乘之國은 諸侯之國이요 百乘之家는 諸侯之大夫也라"
○경사이신(敬事而信) : 나라 일을 신중하게 해서 함부로 이렇게 하고 저렇게 하지 않는다는 말. "敬是此心專一不敢輕慢 事是國事 信是始終如一 不朝令夕改"
○절용이애인(節用而愛人) : 비용을 절감하여 백성들을 보살피고 사랑하다. "節不專是儉嗇 乃是裁抑冗費 用是國家支用 愛是保愛 人兼臣民說"
○사민이시(使民以時) : 시기를 맞춰 일을 시키다. 백성을 불러 일을 시킬 적에는 시기를 맞춰서 일을 시키다. '時'는 농한기(農閑期)나 농극(農隙)의 때를 말함. "使是役使 民指百姓"

道는 治也라 千乘은 諸侯之國이니 其地可出兵車千乘者也라 敬者는 主一無適之謂니 敬事而信者는 敬其事而信於民也라 時는 謂農隙之時라 言治國之要는 在此五者하니 亦務本之意也라
○程子曰 此言至淺이나 然이나 當時諸侯果能此면 亦足以治其國矣라 聖人은 言雖至近이나 上下皆通하니 此三言者를 若推其極이면 堯舜之治라도 亦不過此요 若常人之言近이면 則淺近而已矣라 楊氏曰 上不敬則下慢이요 不信則下疑니 下慢而疑면 事不立矣라 敬事而信은 以身先之也니라 易曰節以制度하여 不傷財하고 不害民이라하니 蓋侈用則傷財요 傷財면 必至於害民이라 故로 愛民이면 必先於節用이라 然이나 使之不以其時면 則力本者가 不獲自盡하여 雖有愛人之心이라도 而人不被其澤矣라 然이나 此는 特論其所存而已요 未及爲政也니 苟無是心이면 則雖有政이라도 不行焉이니라 胡氏曰 凡此數者는 又皆以敬爲主니라 愚謂 五者는 反復

相因하고 各有次第하니 讀者宜細推之니라

도(道)는 다스림이다. 천승(千乘)은 제후의 나라이니, 그 땅에서 병거 천 승을 내놓을 수 있어야 하는 것이다. 경(敬)이란 마음을 한군데로 집중하여 잡념을 버리는 것을 이르는 것이니, 일을 신중하게 처리해서 미쁘게 한다는 것은 그 일을 삼가서 백성으로부터 믿음을 받는다는 것이다. 시(時)는 농한기를 이른다. 나라를 다스리는 요체가 이 다섯 가지에 있다고 말씀하셨으니, 이것도 또한 근본에 힘쓴다는 뜻이다.

○정자가 말했다. "이 말씀은 지극히 얕아서 보잘것없는 생각이지만, 그러나 당시 제후들이 진실로 이에 능했다면 또한 족히 그 나라를 다스릴 수 있었을 것이다. 성인은 말씀이 비록 지극히 평범하더라도 상하로 다 통하니, 이 세 말씀을 끝까지 미루어 본다면 어쩌면 요순이 다스렸을지라도 또한 여기를 지나치지 못했을 것이고, 혹시 보통 사람이 평범하게 말했다면 얕고 속되었을지도 모를 따름이다." 양 씨가 말했다. "윗사람이 공경하지 않으면 아랫사람이 오만해지고 윗사람이 미쁘게 하지 않으면 아랫사람들이 의심할 것이니, 아랫사람이 태만하고 의심하게 되면 일이 이루어지지 않을 것이다. 일을 공경히 하고 미쁘게 하는 것은 자신이 솔선수범해야 할 것이다." 「주역」에 이르기를, "절약하여 법도를 따르면 재물을 상하지 않고 백성을 해치지도 않는다." 하였으니, 대개 쓰는 것을 사치스럽게 하면 재물을 상하게 하고, 재물을 상하게 하면 반드시 백성을 해치는 데에 이르게 될 것이다. 그러므로 백성을 사랑하면 반드시 절용하는 일을 먼저 해야 할 것이다. 그러나 백성을 부릴 때에 그 때를 맞게 쓰지 않는다면, 농사에 힘쓰는 자들이 스스로 수확을 다할 수 없어서 윗사람이 비록 백성을 사랑하는 마음을 가지고 있더라도 사람들이 그 혜택을 입지 못할 것이다. 그러나 이것은 단지 그 마음속에 두어야 할 바를 논하였을 뿐이고 아직까지 정사를 다스리는 데에는 미치지 못했으니, 진실로 이러한 마음이 없다면 비록 정치 제도가 있더라도 행해지지 않을 것이다." 호 씨가 말했다. "무릇 이 몇 가지는 또 모두 공경을 으뜸으로 삼아야 할 것이다." 내[朱子]가 생각하건대, 이 다섯 가지는 반복하여 서로 원인이 되고 각각에 차례가 있으니, 읽는 사람이 마땅히 자세하게 미루어 보아야 할 것이다.

○주일무적(主一無適) : 마음을 한군데로 집중하여 잡념을 버림. 정주학파(程朱學派)의 수양설(修養說).
○농극(農隙) : 농사일이 그다지 바쁘지 아니한 때. 농한(農閑).
○지천(至淺) : 지극히 얕고 속됨. 여기서는 평범하고 쉽다는 의미. 「논어집주(論語集註)」 "新安陳氏曰 謂平實而非甚高難行者""
○약(若)~약(若) : 어쩌면. 혹은 …인지도 모른다. 접속사로서 선택이나 병렬을 나타냄.

○언근(言近) : 말이 평이함. 말이 알기 쉬움. 「맹자(孟子)」《진심하(盡心下)》 "言近而
指遠者 善言也"
○천근(淺近) : 얕고 속됨. 천박함. 형이상학적(形而上學的)인 내용이 아니고, 형이하학
적(形而下學的)인 내용을 말씀하셨으므로 천근(淺近)하다고 함. 우리 주위에서 제일 쉽
게 접할 수 있는 농사짓는 일로 설명했지만, 상인(常人)의 말과 달리 상하(上下)의 이
치가 다 통달한다는 뜻.
○치국지요(治國之要) : 나라를 다스리는 요체(要諦).「논어(論語)」에서 정치에 관해
처음 말하는 곳이다. 왕도 정치(王道政治)의 실현을 위해서 예로부터 나라를 다스리는
데에는, 삼사(三事)와 오요(五要)를 중요시했다. ☞삼사(三事) : 정덕(正德)·이용(利
用)·후생(厚生)을 삼사(三事). ☞오요(五要) : 경(敬)·신(信)·절(節)·애(愛)·시(時).
○과(果) : 진실로.
○특(特) : 다만. 특별히.

[備旨] 夫子論治國之要에 曰人君이 治千乘之大國에 其要有五라 國之事는 至難理也니
必主一無適以敬其事로되 而猶慮生携貳之端이면 則誠其號令而信於民焉이요 國之用은 至
難給也니 必量入爲出以節其用로되 而猶慮開寡恩之漸이면 則周恤保養而愛乎人焉이요 至
於國有興作하여 役使於民하여는 則以農隙之時요 而不敢妨其耕耘收穫之務焉이라 治國而
能行此五者면 則大本立하여 而禮樂刑政이 可次第舉矣라

　　부자께서 나라를 다스리는 요체를 논할 적에 말씀하시기를, "인군이 제후의 큰 나라
를 다스릴 적에는 그 요체가 다섯 가지다. 나라의 일은 정말로 다스리기가 어려운 것
이니 반드시 마음을 한군데로 집중하여 잡념을 버리고 그 일을 미쁘게 해야겠지만, 그
런데도 오히려 서로 어그러져 딴 마음을 가지려는 조짐이 보이는 데 대해 걱정이 되면
그 호령을 성실하게 발하여 백성들로부터 신임을 받아야 할 것이요, 나라의 쓰임은 정
말로 제때에 공급하기란 어려운 것이니 반드시 수입을 계산하여 그 범위 안에서 지출
하여 그 쓰임을 절약해야겠지만, 그래도 오히려 은혜가 적다는 조짐이 생기는 데 대해
염려가 되면 두루두루 구휼하고 몸을 보전하고 길러서 백성들을 사랑해야 할 것이요,
나라에 일으키고 만들 것이 있어서 백성들을 부릴 적에는 농한기를 이용하도록 하고
또 감히 그들이 논밭을 갈거나 김을 매는 일과 수확하는 일을 방해하지 말아야 할 것
이다. 나라를 다스리되 능히 이 다섯 가지를 행한다면, 크게 근본이 서서 예악형정이
차례차례 거행될 것이다."라고 하셨다.

○휴이(携貳) : 서로 어그러져 믿지 아니하거나 딴 마음을 가짐. 두 마음을 품음. 또는

배반하고 떠나감. 「춘추좌씨전(春秋左氏傳)」"閒携貳 覆昏亂 覇王之器也"

○호령(號令) : 지휘하여 명령함. 발호시령(發號施令).

○양입 위출(量入爲出) : 수입을 계산하여 그 범위 안에서 지출함. 양입 계출(量入計出).

○과은(寡恩) : 은혜가 적음. 「중문대사전(中文大辭典)」"小恩惠也"「전국책진책(戰國策秦策)」"深刻寡恩"

○주휼(周恤) : 두루두루 구휼하다.

○보양(保養) : 몸을 보전하여 기름.

○흥작(興作) : 일으켜 만듦. 「위지(魏志)」"諸所興作宮室之役 皆以遺詔罷之"

○역사(役使) : 불러서 일을 시킴. 사역(使役).

○경운(耕耘) : 논밭을 갈고 김을 맴. 농사를 지음.

○예악형정(禮樂刑政) : '禮'는 사회 질서를 보전하여 일상 생활을 바르게 행하기 위한 규칙, '樂'은 민심을 화합하게 하기 위한 음악, '刑'은 악을 방지하기 위한 모든 형벌, '政'은 행정상의 모든 기관. 이것은 그 쓰임은 다르지만, 필경 나라를 다스리는 한 가지 일에 귀결함. 「예기(禮記)」"禮樂刑政 其極一也 所以同民心 而出治道也"

1·6·1 子曰 弟子入則孝하고 出則弟하며 謹而信하며 汎愛衆하되 而親仁이니 行有餘力이어든 則以學文이니라

공자께서 말씀하셨다. "너희들은 집에 들어가면 효도를 다하고 밖으로 나가면 공손하게 하며, 언행을 삼가고 미덥게 하며, 널리 사람들을 사랑하되 어진 사람과 가까이 해야 하니, 이것을 행하고도 남는 힘이 있으면 그 힘으로써 글을 배워야 한다."

○제자(弟子) : ①나이 어린 남의 아우나 아들. ②가르침을 받는 학생. 문인(門人). 여기서는 '너희들'이라고 번역했음. "是爲人弟爲人子者"

○입즉효(入則孝) : 집 안에 들어가면 부모님을 봉양하고 살피다. "入是在家政內 孝就奉養定省說"

○출즉제(出則弟) : 종족들이 사는 곳에 나가서는 겸손하게 행동하고 양보해야 한다는 뜻. "出是在宗族間 弟就遜順退讓說"

○근이신(謹而信) : 행실은 조심하고 말은 진실하게 하다. "謹是所行謹愼 凡出入起居動作 威儀皆是 信是所言誠實"

○범애중(汎愛衆) : 만나는 모든 사람을 사랑하다. "汎愛是無憎慊意 衆指所交接之衆人"

○이친인(而親仁) : 여러 사람 중에서 덕행이 다른 사람보다 뛰어난 사람을 가까이 한다는 말. "仁是衆人中 有立身制行高 出於衆人者"

○행유여력(行有餘力) : 여러 가지 일을 행하고도 남는 힘이 있으면. "行是行上數事 餘力是隨所行 凡有閑暇處"

○즉이학문(則以學文) : 곧바로 남는 힘으로써 글을 배우다. 원문은 '則以之學文'인데, 전치사 '以' '爲' '與' 다음에 오는 대명사 '之'는 종종 생략된 형태로 쓰인다. 여기서도 '餘力'을 뜻하는 대명사 '之'가 생략된 형태. 여기서 '文'은 시서(詩書)와 육예(六藝)의 글을 말함. ☞시서 육예(詩書六藝) : 선비들이 배워야 할 여섯 가지 기예(技藝). 「주례(周禮)」에서는, 예(禮)·악(樂)·사(射)·어(御)·서(書)·수(數). 「사기(史記)」에서는, 역(易)·서(書)·시(詩)·춘추(春秋)·예(禮)·악(樂)·육경(六經). "則卽也 學文非專考上 數者而數者 亦在其中"

謹者는 行之有常也요 信者는 言之有實也라 汎은 廣也요 衆은 謂衆人이라 親은 近也요 仁은 謂仁者라 餘力은 猶言暇日이라 以는 用也라 文은 謂詩書六藝之文이라 ○程子曰 爲弟子之職하고 力有餘則學文이니 不修其職而先文은 非爲己之學也니라 尹氏曰 德行은 本也요 文藝는 末也니 窮其本末하여 知所先後면 可以入德矣라 洪氏曰 未有餘力而學文이면 則文滅其質이요 有餘力而不學文이면 則質勝而野니라 愚謂 力行而不學文이면 則無以考聖賢之成法하고 識事理之當然하여 而所行이 或出於私意요 非但失之於野而已니라

근(謹)이란 행실이 떳떳하다는 것이요, 신(信)이란 말에 성실함이 있는 것이다. 범(汎)은 넓다는 것이다, 중(衆)은 여러 사람을 이른다. 친(親)은 가까이 하는 것이다. 인(仁)은 어진 사람을 이른다. 여력(餘力)은 일이 없어 한가한 날과 같다. 이(以)는 사용한다는 것이다. 문(文)은 시서와 육예의 글을 이른다.

○정자가 말했다. "제자의 직분을 행하고 힘이 남으면 글을 배울 것이니, 그 직분을 닦지 않고 글을 먼저 배우는 것은 자기를 위하는 학문이 아닌 것이다." 윤 씨가 말했다. "덕행은 근본이요 문예는 끝이니, 그 본말을 궁구하여 먼저 행하고 뒤에 행할 바를 알면 덕에 들어갈 수 있을 것이다." 홍 씨가 말했다. "남는 힘이 있지 않지만 글을 배운다면 화려함이 그 질박함을 없게 할 수 있을 것이요, 남는 힘이 있으면서도 글을 배우지 않는다면 질박함이 이겨서 품격이 없게 될 것이다." 내[朱子]가 생각하건대, 힘써 행하기만 하고 글을 배우지 않는다면 성현의 만든 법을 상고하거나 사리의 당연함을 알 수 없어서 행하는 것이 어떤 때는 사사로운 뜻에서 나오게 될 것이고, 뿐만 아니라

품격이 없어 거칠고 상스러운 데에도 빠지게 될 것이다.

○가일(暇日) : 일이 없어 한가한 날. 가일(假日).
○문(文) : 화려함. 꾸밈. 문채(文彩).
○질(質) : 질박(質朴)함. 수수함. ☞질박(質朴) : 꾸밈이 없이 순박함. 검소함. 소박(素朴). 질박(質樸).
○야(野) : 품격이 없어 거칠고 상스러움.「논어(論語)」《옹야(雍也)》"質勝文則野 文勝質則史 文質彬彬 然後君子"
○비단(非但) : …뿐만 아니라. …에 지나지 않음. 부사로서 어떤 범위에 제한되지 않음을 나타냄.

[備旨] 夫子示幼學之準에 曰人生德業은 端自弟子하나니 爲弟子者는 入於內면 則溫凊定省以盡其孝하고 出於外면 則徐行後長以盡其弟라 由是로 行必致其謹而有常하고 言必主於信而有實하며 又必汎愛衆人以廣其量하고 親近仁者以求其益이니 行此數者하고 而一有餘暇之力면 則以學夫詩書六藝之文焉이리 不惟驗所行之實事요 亦足以發本來之聰明矣라

부자께서 어릴 때 배우는 기준을 보여줄 적에 말씀하시기를, "인생의 덕행과 사업은 발단이 어릴 때부터 시작되니, 제자가 된 사람은 집에 들어가면 늘 세심하게 두루 살펴서 부모를 섬김으로써 그 효도를 다하고, 밖으로 나가면 천천히 걸어서 어른의 뒤를 따름으로써 그 공손함을 다해야 한다. 이러한 이유로 행동에는 반드시 그 몸을 삼가는 데 다하여 상도가 있어야 하고, 말에는 반드시 신실한 데 힘을 써서 진실함이 있어야 하며, 또 반드시 널리 여러 사람들을 사랑하여 그 도량을 넓히고, 어진 사람과 친근하게 지내서 그 이익이 되는 것들을 구해야 하니, 이 몇 가지를 행하고도 하나라도 남는 힘이 있으면, 곧 그 힘으로써 저 시서 육예의 글을 배워야 한다. 오직 행할 바의 실제적인 일을 경험할 수 있을 뿐만 아니라 또한 족히 본래 총명함도 나타낼 수 있을 것이다."라고 하셨다.

○유학(幼學) : 어릴 때 배움.
○덕업(德業) : 덕행과 사업.
○온정정성(溫凊定省) : 겨울에는 이부자리를 따뜻하게 하고, 여름에는 자리를 서늘하게 하며, 저녁에는 이부자리를 펴 드리고, 아침에는 문안을 드림. 세심하게 두루 살펴서 부모를 섬김을 이름.「예기(禮記)」"凡爲人子之禮 冬溫而夏凊 昏定而晨省"
○서행후장(徐行後長) : 아랫사람이 어른과 함께 갈 때에는, 천천히 걸어서 어른의 뒤

를 따름.「맹자(孟子)」"徐行後長者 謂之弟 疾行先長者 謂之不弟"
○상도(常道) : 항상 지켜야 할 바른 길.
○소행(所行) : 한 짓이나 일.

1·7·1 子夏曰 賢賢하되 易(역)色하며 事父母하되 能竭其力하며 事君하되 能致其身하며 與朋友交하되 言而有信이면 雖曰未學이라도 吾必謂之學矣라하리라

자하가 말했다. "덕이 있는 사람을 사랑하되 여색을 좋아하는 것처럼 하며, 부모를 섬기되 능히 그 힘을 다하며, 임금을 섬기되 능히 그 몸을 바치며, 붕우와 더불어 사귀되 말에 믿음이 있다면, 비록 배우지 않았다고 하더라도 나는 반드시 배웠다고 할 것이다."

○자하(子夏) : 공자의 제자로 성은 복(卜)이고, 이름은 상(商)이었음. 공자보다 나이가 44세 어렸고 자유(子游)와 더불어 문학에 뛰어났음. 본서 11·2·2 참고.
○현현역색(賢賢易色) : 덕이 있는 사람을 사랑하되 여색을 좋아하는 마음처럼 바꾸어 사랑하다. 여색을 좋아해서 자기의 마음을 옮겨가는 것처럼 덕을 가진 이를 사랑하라는 뜻. '賢賢'을 '어진이를 어진이로 대우하다.'로 해석하는 경우도 있음. "上賢字作好字看 下賢字指有德賢人 易移也 色女色"
○사부모능갈기력(事父母能竭其力) : 부모를 섬기되 자기에게 있는 힘을 다하다. 부모에게 치력(致力)하거나 진력(盡力)함을 이름. "竭是盡而無餘力 是分所當爲 勢所能爲者"
○사군능치기신(事君能致其身) : 임금을 섬기되 자기의 몸을 다해 바치다. "致身不必限定捨身 只是鞠躬盡瘁 不論常變 不顧利害皆是"
○여붕우교언이유신(與朋友交言而有信) : 친구와 더불어 사귀되 말에 진실함이 있도록 하다. ☞'朋'은 동문 수학(同門受學)한 사람을, '友'는 동사(同事)한 사람을 지칭하는 것으로 구별하기도 하는데, 일반적으로 같은 스승을 모시고 학문을 닦은 사람을 '朋'이라 하고, 뜻을 같이한 사람을 '友'라고 한다[同師曰朋 同志曰友]. "信是言如其心"
○수왈미학(雖曰未學) : 비록 처음부터 배우지 않았다고 하더라도. "雖曰是設言 未學以生質之美言"
○오필위지학의(吾必謂之學矣) : 나는 반드시 그를 일러 배웠다고 할 것이다. "學以明倫言"

子夏는 孔子弟子니 姓卜이요 名商이라 賢人之賢하되 而易(역)其好色之心이면 好善
有誠也라 致는 猶委也니 委致其身은 謂不有其身也라 四者는 皆人倫之大者라
而行之必盡其誠이니 學求如是而已라 故로 子夏가 言有能如是之人이면 苟非生
質之美라도 必其務學之至요 雖或以爲未嘗爲學이라도 我必謂之已學也라
○游氏曰 三代之學이 皆所以明人倫也라 能是四者는 則於人倫에 厚矣니 學之爲道
에 何以加此리오 子夏以文學名이로되 而其言如此하니 則古人之所謂學者를 可知矣라
故로 學而一篇은 大抵皆在於務本이니라 吳氏曰 子夏之言은 其意善矣라 然이나 詞氣
之間에 抑揚大(太)過하여 其流之弊가 將或至於廢學이니 必若上章夫子之言然後라야
爲無弊也리라

　자하는 공자의 제자니 성은 복이요 이름은 상이다. 사람들 중에 현인을 사랑하되, 그
가 여색을 좋아하는 마음과 바꾸어서 행한다면 선을 좋아하는데 성실함이 있게 된다는
것이다. '致'는 '委'와 같으니 그 몸을 맡겨버린다는 것은 그 몸을 사사로이 갖지 않는
다는 것을 이른다. 네 가지는 모두 인간 생활의 큰일이다. 그래서 행할 적에는 반드시
그 정성을 다해야 할 것이니, 학문을 이와 같이 하도록 구해야 할 따름이다. 그러므로
자하가 말하기를, "능히 이와 같은 사람이 있다면 진실로 타고난 자질이 아름답지 않
더라도 반드시 그가 학문에 힘쓰는 것이 지극하다 할 것이요, 비록 혹 일찍이 학문을
하지 않았다고 하더라도 나는 반드시 이 사람을 일러 이미 배웠다고 하겠다." 했다.
　○유 씨가 말했다. "삼대 때의 학문이 모두 인륜을 밝힌 것이었다. 능히 이 네 가지
는 인륜을 두텁게 하는 것이니, 배운다는 도를 행할 적에 무엇을 여기에 더하겠는가?
자하는 문학으로 이름이 났지만 그 말이 이와 같았으니, 곧 옛날 사람들이 학문에 대
해 이른 바를 알 수 있다. 그러므로《학이》한 편은 대체로 보아서 모두 근본에 힘을
쏟도록 하는 것에 있다." 오 씨가 말했다. "자하의 말은 그 뜻이 좋다. 그러나 말의 기
운 사이에 억양이 너무 지나쳐서 그 흐름의 폐단이 혹시라도 학문을 폐하는 데에 이를
수도 있으니, 반드시 윗 장에 있는 부자의 말씀과 같이 한 뒤라야 폐하는 일이 없게
될 것이다."

○불유기신(不有其身) : 자기의 사사로운 계획을 하지 않는 것. 「논어집주(論語集註)」
"朱子曰 不有其身 是不爲己之私計也"
○대저(大抵) : 대체로 보아서. 무릇.
○삼대(三代) : 중국의 하(夏)·은(殷)·주(周)의 세 왕조(王朝).

[備旨] 子夏重躬行之實學에 曰學莫貴於盡倫이라 有人於此한대 賢人之賢하되 而郤似移易其好色之心이면 其好善이 何誠也오 事父母하되 則竭盡其力之所能이면 爲其事親이 何誠也오 事君하되 則知有君하고 不知有身하여 能委致其身而不顧면 其事君이 何誠也오 與朋友交하되 則言如是하고 心亦如是하여 而無不實之言이면 其交友가 何誠也오 若而人者는 雖曰未嘗從事於學이나 而其大倫之克盡이니 吾必謂之已學矣라하리라 何必拘拘於文藝而後에 爲學哉아

　　자하가 몸소 행하는 실학을 중요하게 여길 적에 말하기를, "학문은 사람의 도리를 다하는 것보다 귀한 것이 없다. 만약 어떤 사람이 여기 있는데, 사람 중에 어진 사람을 사랑하되 도리어 그가 여색을 좋아하는 마음처럼 바꾸어 사랑한다면 그가 선을 좋아하는 것이 얼마나 정성스럽겠는가? 부모를 섬기되 그가 힘에 할 수 있는 데까지 섬긴다면 그가 어버이를 섬기는 것이 얼마나 정성스럽겠는가? 임금을 섬기되 임금이 있는 것만 알고 자신이 있다는 것을 알지 못해서 능히 그 몸을 맡기고 돌아보지 않는다면 그가 임금을 섬기는 것이 얼마나 정성스럽겠는가? 붕우와 더불어 사귀되 말을 이와 같이 하고 마음 또한 이와 같이 해서 진실하지 않는 말이 없다면 그가 벗을 사귀는 것이 얼마나 정성스럽겠는가? 몇몇의 사람들은 비록 일찍이 학문에 종사하지 않았다고 말하겠지만 그러나 그 큰 도리는 지극함을 다했으니, 나는 반드시 이를 일러 이미 배웠다고 할 것이다. 하필이면 문장에만 사로잡히고 난 뒤에 배웠다고 하겠는가?"라고 했다.

○궁행(躬行) : 몸소 행함.
○실학(實學) : 실제로 쓰임이 되는 학문.
○윤(倫) : 사람의 도리. 지켜야 할 질서. 윤리(倫理).
○각(郤) : 도리어. 또. 거듭하여 다시. '却'의 속자.
○유인어차(有人於此) : 만일 어떤 사람이 있다면. 옛날 사람들이 사리를 추론하는 데 사용한 표현 방식. 만일 …한다면.
○이역(移易) : 바꿈. 또는 바뀜. 《한유(韓愈), 쟁신론(爭臣論)》 "其以富貴 移易其心哉"
○갈진(竭盡) : 갈력진능(竭力盡能)함. ☞갈력진능(竭力盡能) : 체력(體力)과 지력(智力)을 다함. 「예기(禮記)」 "臣下竭力盡能 以立功於國"
○위치(委致) : 맡겨 버림.
○약이(若而) : 약간(若干). 다소(多少). 일정하지 않은 수를 나타냄.
○대륜(大倫) : 인륜의 대도. 큰 도리.
○문예(文藝) : 문장에 관한 일.
○구구(拘拘) : 굽어서 펴지지 않는 모양. 사물에 구애되는 모양.

1·8·1 子曰 君子는 不重則不威니 學則不固니라

공자께서 말씀하셨다. "군자는 중후하지 않으면 위엄이 없으니, 배움도 견고하지 못할 것이다.

○군자(君子) : 여기서 군자는 자신을 닦는 사람. "指自修者言"
○부중즉불위(不重則不威) : 말이나 행동이 중후하지 않으면 위엄이 없다. 즉 기질이 경박하면 위엄이 없기에 두려워할 만한 것도 없다는 말. "不重是氣質輕浮意 兼語言動作說 不威是無威嚴可畏意"
○학즉불고(學則不固) : 배우는 것도 역시 견고하지 못하고 잠깐 있다가 없어져 버린다는 말. '學'은 학문. 즉 지행(知行)을 겸해 말함. "學兼知行 不固是暫得暫失 亦承不重來"

重은 厚重이요 威는 威嚴이요 固는 堅固也라 輕乎外者는 必不能堅乎內라 故로 不厚重이면 則無威嚴하여 而所學도 亦不堅固也라

중(重)은 중후함이요, 위(威)는 위엄이요, 고(固)는 견고함이다. 외적인 모습을 가볍게 하는 사람은 반드시 내적인 모습을 굳게 할 수 없다. 그러므로 중후하지 않으면 위엄이 없어서 배우는 것도 또한 견고하지 못할 것이다.

[備旨] 夫子示人以自修之全功에 曰厚重은 所以蓄德也니 爲君子者는 苟動容之間에 不以厚重自持면 則示人以可慢之形하여 而不見有可畏之威라 吾知輕乎外者는 必不能堅乎內니 雖有所學이나 亦隨得隨失하여 而不堅固矣라 是以로 君子는 貴厚重也라

부자께서 사람들에게 자신을 닦을 적에는 공력을 온전히 해야 한다는 것을 보여줄 적에 말씀하시기를, "온후하고 진중함은 덕을 쌓는 것이니, 군자가 된 사람은 진실로 거동할 적에 온후하고 진중한 모습으로써 자신을 갖추지 아니하면 사람들에게 느슨한 모습만 보여서 조심해야 할 위엄이 있다는 것을 보여 줄 수 없다. 나는 외적인 모습을 가볍게 여기는 사람은 반드시 내적인 모습을 굳게 할 수 없다는 것을 알고 있으니, 비록 배운 바가 있더라도 또한 이익을 따르거나 손해를 따라 행동해서 견고하지 못할 것이다. 이러한 까닭으로 군자는 온후하고 진중함을 귀하게 여긴다.

○자수(自修) : 스스로 수양함. 자수(自脩). 「대학(大學)」 "如琢如磨者 自脩者也"
○전공(全功) : 만물에 은택을 입히는 온전한 공로. 위대한 공로. 결점 없는 공적.

○후중(厚重) : 성질이 온후하고 진중(鎭重)함.
○축덕(蓄德) : 덕을 쌓음.
○동용(動容) : 기거 동작(起居動作)의 태도. 거동(擧動).
○수득수실(隨得隨失) : 득(得)을 따르고 실(失)을 좇음.

1·8·2 主忠信하며

충성과 신의를 항상 마음속에 가지며,

○주충신(主忠信) : 충성과 신의를 항상 마음속에 가지다. ☞주(主) : 항상 마음속에 가지다. ☞충신(忠信) : 충성과 신의. 또는 정성을 다하고 신의를 지킴. 성실한 마음. "主是常存意 忠信是誠實之心"

人不忠信이면 則事皆無實하여 爲惡則易하고 爲善則難이라 故로 學者는 必以是爲主焉이니라
○程子曰 人道惟在忠信이니 不誠則無物이라 且出入無時하여 莫知其鄕者는 人心也니 若無忠信이면 豈復有物乎아

사람이 충성스럽거나 믿음직하지 못하면, 일에 모두 성실함이 없어서 악을 행하기가 쉽고 선을 행하기는 어려운 것이다. 그러므로 배우는 사람은 반드시 이것으로써 주장하려고 해야 할 것이다.
○정자가 말했다. "사람의 도는 오직 충성과 신의에 있으니 성실하지 못하면 천지간에 일이 없을 것이다. 또 나가고 들어올 적에 때가 없어서 그 방향을 알 수 없는 것은 사람의 마음이니, 만일 충성과 신의가 없다면 어찌 다시 천지간에 일이 있겠는가?"

○향(鄕) : 방향. 향하다.
○물(物) : 천지간의 일. 사물. '我'의 상대 개념.

[備旨] 忠信은 所以進德也라 故로 善學者는 必以忠信爲主라 不言則已어니와 言必忠信이요 不行則已어니와 行必忠信이라 止而思하고 動而爲하여 無一念之虛僞라야 則學之本立矣니라

행동을 충성스럽고 믿음직하게 하는 것은 덕으로 나아가는 것이다. 그러므로 잘 배우려는 사람은 반드시 충성스럽고 믿음직하게 하는 자세로써 주장을 삼아야 할 것이다. 말을 하지 않는다면 그만이겠지만 말을 한다면 반드시 충성스럽고 믿음직하게 해야 할 것이요, 행하지 않는다면 그만이겠지만 행한다면 반드시 충성스럽고 믿음직하게 해야 할 것이다. 가만히 있으면서도 생각해 보고 움직이면서도 생각해 봐서 하나의 생각이라도 거짓이 없어야 곧 배움의 근본이 설 것이다.

○위(爲) : 생각하다.
○허위(虛僞) : 거짓.

1·8·3 無友不如己者요

자기보다 못한 사람과 사귀지 말고,

○무우불여기자(無友不如己者) : 학문이 자기보다 못한 사람과 사귀지 말라. ☞무(無) : …하지 말라. 금지사. '毋'와 통함. ☞우(友) : 사귀다. 교제하다. ☞불여기(不如己) : 학문이 자기보다 못한 사람. 학문이 자기와 비슷해 보이지 않는 사람. "友作交字看 不如己是學問不似我者"

無는 毋로 通이니 禁止辭也라 友는 所以輔仁이니 不如己면 則無益而有損이라

'無'는 '毋'와 통하니 금지하는 말이다. 벗은 인덕을 권면하는 것이니 자기보다 못하면 유익은 없고 손해만 있을 것이다.

○무(毋) : …하지 말라. …하지 아니하다.
○보인(輔仁) : 서로 도와 인덕(仁德)을 권면함.

[備旨] 至於取友하여는 所以輔仁이라 故로 必擇勝己者하여 交之니 而毋友不如己者면 則學之資裕矣라

벗을 취하는 것은 서로 도와 인덕을 권면하는 것이다. 그러므로 반드시 자기보다 나은 사람을 택하여 사귀어야 할 것이니, 자기보다 못한 사람과 벗하지 않으면 학문의

바탕이 넉넉해질 것이다.

1·8·4 過則勿憚改니라

허물이 있으면 고치기를 두려워하지 말아야 할 것이다."

○과즉물탄개(過則勿憚改) : 허물이 있으면 서슴없이 고치기를 꺼려하지 말라. ☞과(過)
: 허물. 마음에 생각하지 않았던 실수. ☞탄개(憚改) : 고치기를 두려워하고 망설임. 고
치기를 싫어함. "過是無心之失"

勿은 亦禁止之辭라 憚은 畏難也라 自治不勇이면 則惡日長이라 故로 有過則當速
改요 不可畏難而苟安也라 程子曰 學問之道는 無他也라 知其不善이면 則速改
以從善而已니라
○程子曰 君子는 自修之道를 當如是也라 游氏曰 君子之道는 以威重爲質하여
而學以成之요 學之道는 必以忠信爲主하여 而以勝己者로 輔之니라 然이나 或吝於
改過면 則終無以入德하여 而賢者도 亦未必樂告以善道라 故로 以過勿憚改로 終
焉이라

물(勿)은 또한 금지한다는 말이다. 탄(憚)은 두려워하고 어렵게 여기는 것이다. 자신
을 다스릴 적에 용감하지 않으면 악이 날로 자라날 것이다. 그러므로 허물이 있으면
마땅히 속히 고쳐야 할 것이요, 두려워하거나 어려워하여 구차하게 안일을 꾀해서는
안 될 것이다. 정자가 말했다. "학문의 방법은 다른 것이 없다. 그 불선을 알면 속히
고쳐서 선을 좇아야 할 뿐이다."
　○정자가 말했다. "군자는 자신을 닦는 방법을 마땅히 이와 같이 해야 한다." 유 씨
가 말했다. "군자의 길은 위엄과 중후로 바탕을 삼아 배워서 이루어야 할 것이요, 배움
의 길은 반드시 충신으로써 주장을 삼아서 자기보다 나은 사람을 통해 도와야 할 것이
다. 그러나 혹 허물을 고치는데 인색하면 끝내 덕에 들어갈 수 없어서 현자도 또한 반
드시 바른 길에 대해 깨우쳐 주기를 즐기지는 않을 것이다. 그러므로 허물이 있으면
고치는 것을 꺼리지 말라는 말씀으로써 끝을 맺은 것이다.

○구안(苟安) : 구차하게 안일을 꾀함.

○위중(威重) : 위엄(威嚴)과 후중(厚重)함. 위엄과 중후.
○보(輔) : 힘을 빌리다. 조력하다.
○인(吝) : 인색하다.

[備旨] 改過는 所以自新이라 故로 有過當速改요 不可畏難苟安하여 而學之累去矣라 此合內外人己하여 以爲功이니 君子自修之道가 如是也라

　허물을 고친다는 것은 자신을 새롭게 하는 것이다. 그러므로 허물이 있으면 마땅히 빨리 고쳐야 할 것이요, 두려워하거나 어려워하여 구차하게 안일을 꾀하지 말아서 배움에 허물이 없어지도록 해야 할 것이다. 이렇게 되면 내면과 외면·타인과 자기를 합하여 공을 이룰 것이니, 군자가 자기를 닦는 도가 이와 같다."라고 하셨다.

○개과(改過) : 허물을 고침.
○거(去) : 없애다. 버리다. 떠나다.
○인기(人己) : 타인과 자기. 남과 자기.

1·9·1 曾子曰 愼終追遠이면 民德이 歸厚矣리라

　증자께서 말씀하셨다. "초상을 당했을 적에 정성을 다하고 먼 조상을 추모하면, 본연의 자세를 회복하여 백성의 덕이 두터운 데로 돌아갈 것이다.

○신종추원(愼終追遠) : 초상에 정성을 다하고 조상을 추모하다. ☞신종(愼終) : 부모의 초상을 진심으로 애도하고 정성을 다함. ☞추원(追遠) : 먼 조상을 추모하여 제사를 정성스럽게 지냄. "愼終以喪言 追遠以祭言"
○민덕(民德) : 백성의 덕. 백성들이 부모에게 효도하고 조상을 추모하는 덕. "民德是民孝思之德"
○귀후의(歸厚矣) : 인정이나 사랑이 많은 데로 돌아가다. ☞귀(歸) : 근본으로 돌아간다는 뜻이 있으므로, 본연의 자세를 회복하여 두터운 데로 돌아간다는 뜻. ☞후(厚) : 인정이나 사랑이 깊다. "歸是復還本有意 厚是不偸薄"

愼終者는 喪盡其禮요 追遠者는 祭盡其誠이라 民德歸厚는 謂下民化之하여 其德이 亦歸於厚라 蓋終者는 人之所易(이)忽也어늘 而能謹之하고 遠者는 人之所易忘也어

늘 **而能追之**면 **厚之道也**라 **故**로 **以此自爲**면 **則己之德厚**하고 **下民化之**면 **則其德**
이 **亦歸於厚也**니라

　　신종(愼終)이란 초상에 그 예를 다하는 것이요, 추원(追遠)이란 제사에 그 정성을 다
하는 것이다. 백성의 덕이 두터운 데로 돌아간다는 것은 하층민들이 감화되어서 그 덕
이 또한 온후하고 두터운 데로 돌아감을 이른 것이다. 대개 죽음에 대해서는 사람들이
소홀히 여기기가 쉬운데 능히 삼갈 수 있어야 하고, 조상이란 사람들이 잊기가 쉬운
것인데 능히 추모할 수 있다면 두텁게 하는 방법인 것이다. 그러므로 이것을 스스로
행하면 자신의 덕은 두텁게 되고, 하층민들이 교화되면 그 덕이 또한 온후하고 두터운
데로 돌아갈 것이다.

[備旨] 曾子示至孝之化에 曰民之厚薄은 惟上所致니 若爲民上者는 致愼於終而喪盡其禮
하고 追思於遠而祭盡其誠이면 則上之德厚矣라 由是로 下民化之하여 亦皆愼終追遠하고
復其德之本然하여 而歸於厚矣라 爲人上者는 可不端本哉아

　　증자께서 지극한 효성에 대해 교화해야 한다는 것을 보여줄 적에 말씀하시기를, "백
성의 덕이 후하거나 박하게 되는 것은 오직 윗사람에 의해서 이루어지는 것이니, 만약
백성들의 윗자리에 있는 사람들은 죽음에 정성을 다하여 초상이 났을 적에 그 예를 다
하고, 조상을 추모하여 제사를 지낼 적에 그 정성을 다한다면, 윗사람의 덕이 온후하고
두터워질 것이다. 이로 말미암아 하층민들이 교화되어 또한 모두 초상이 났을 적에 정
성을 다하면서 먼 조상을 추모하고, 그 덕의 본연의 자세를 회복하여 온후하고 두터운
데로 돌아갈 것이다. 윗자리에 있는 사람들은 근본을 바로잡지 않을 수 있겠는가?"라
고 하셨다.

○지효(至孝) : 지극한 효성. 대효(大孝).「예기(禮記)」"至孝近於王 至弟近於覇"
○치신(致愼) : 삼감을 다함. 정성을 다함.
○추사(追思) : 지나간 일을 생각함. 추념(追念). 추회(追懷). 추상(追想).
○가부단본재(可不端本哉) : 근본을 바로잡지 않을 수 있겠는가? 어떻게 근본을 바로잡
지 않을 수 있겠는가? ☞가(可) : 부사로서 반문을 나타내며, '어떻게' 또는 '설마 …일
리 있겠는가?'라고 해석함. 해석하지 않아도 무방함. ☞단(端) : 바로잡다. 바르다. 비뚤
어지지 아니하다.

1·10·1 子禽이 問於子貢曰 夫子至於是邦也하사 必聞其政하시나니 求之與아 抑與之與아

자금이 자공에게 물어보면서 말했다. "부자께서 어떤 나라에 도착하시면 반드시 그 나라의 정사를 들으시는데, 부자께서 듣기를 구한 것입니까? 아니면 들린 것입니까?"

○자금(子禽) : 공자의 제자. 성은 진(陳)이요, 이름은 항(亢)이다. 자는 자항(子亢) 또는 자금(子禽).

○부자지어시방야(夫子至於是邦也) : 부자께서 어떤 나라에 이르다. ☞시방(是邦) : 어떤 나라. 흔히 '是'의 해석을 지시대명사로 해석하지만 구체적인 지시가 아니고 이르는 곳을 의미하므로, '어떤 나라' 정도가 타당할 것임. "謂凡所至之邦"

○필문기정(必聞其政) : 반드시 그 나라의 정치에 관해 듣다. ☞문(聞) : 시비(是非)를 헤아리거나 득실(得失)에 대해 의견을 듣는 것을 말함. ☞정(政) : 나라의 기강(紀綱)·법도(法度)·인혁(因革)·손익(損益) 등을 이름. "聞是商度是非議論得失之謂 政指邦之紀綱法度因革損益者"

○구지여(求之與) : 공자께서 임금들에게 정사에 대해서 들을 마음이 있어서 요구하여 듣는가? "求是夫子有心去問邦君"

○억여지여(抑與之與) : 아니면 나라의 임금들이 공자께 정사에 대해서 들을 마음이 있어서 임금들과 함께 했기에 들린 것인가? ☞억(抑) : 접속사로서 선택을 나타냄. 의문문에 주로 쓰이며 대부분 뒷부분에 쓰임. '아니면', '또한' 등으로 해석한다. "與是邦君有心問夫子 二與字是疑而未決之辭"

子禽은 姓陳이요 名亢이라 子貢은 姓端木이요 名賜니 皆孔子弟子라 或曰 亢은 子貢弟子라하니 未知孰是라 抑은 反語辭라

자금은 성이 진이요 이름은 항이다. 자공은 성이 단목이요 이름이 사니 모두 공자의 제자다. 어떤 사람은 말하기를 항은 자공의 제자라 하니, 누가 옳은지는 알지 못하겠다. 억(抑)은 반어사다.

○항(亢) : 목. 오르다. 본음은 '강'임.
○사(賜) : 주다.
○억(抑) : 혹은. 또는.

[備旨] 子禽不知夫子聞政之由라 故로 問於子貢에 曰夫子周流天下라가 凡至於是邦也하사 必聞其一邦因革損益之政하시니 果夫子有意於邦君하여 求之而得聞與잇가 抑邦君有意於夫子하여 與之而得聞與잇가하니 是는 子禽이 以常人之情으로 窺夫子也라

　　자금이 부자께서 정사에 대해 물은 이유를 알지 못하므로 자공에게 물어볼 적에 말하기를, "선생님께서는 천하를 주류하다 어떤 나라에 이르시면, 반드시 그 한 나라에서 이어받고 고치고 없애고 만들었던 것에 관한 정사를 들어 보시니, 정말 선생님께서 나라의 임금들에게 뜻이 있어서 요구하여 들은 것입니까? 아니면 나라의 임금들이 선생님께 뜻이 있어서 함께 했기에 들린 것입니까?"라고 했으니, 이는 자금이 보통 사람의 마음으로써 선생님의 마음을 몰래 살펴본 것이다.

○주류(周流) : 천하를 두루 돌아다님. 편력(遍歷).
○인혁(因革) : 변천해 온 내력. 연혁(沿革). 여기서는 이어받고 고친 것.
○손익(損益) : 버리거나 더한 것. 즉 정사에서 무엇을 폐지하고 무엇을 신설했는지에 관한 내용.
○규(窺) : 엿보다. 몰래 훔쳐 보다. 상대방의 마음을 살펴보다.

1·10·2 子貢曰 夫子는 溫良恭儉讓以得之시니 夫子之求之也는 其諸異乎人之求之與인저

　　자공이 말했다. "부자께서는 온순하고 어질고 공손하고 단속하고 겸양해서 정사에 대해 들으셨으니, 아마 사람들이 구한 것과는 다를 것입니다."

○온량공검양이득지(溫良恭儉讓以得之) : 온순하고 어질고 공손하고 단속하고 겸양했기 때문에 정사에 대해 얻어 듣다. '溫良恭儉讓以得之'의 원문장은 '以溫良恭儉讓得之'인데 도치되어 '溫良恭儉讓以得之'가 되었고, 이유나 원인을 나타내는 전치사 '以'의 기능도 접속사 '而'와 같이 되었다. ☞온(溫) : 용모가 온화하여 난폭하거나 각박하지 않음. ☞양(良) : 성질이 평탄하고 까다롭지 않음. ☞공(恭) : 얼굴은 엄숙하고 마음은 공손함. ☞검(儉) : 용모를 단속하거나 가다듬어서 방탕하지 않음. 검소하고 절약하는 태도를 일컫는 것은 아님. ☞양(讓) : 자기 자신을 자랑하지 않음. ☞득지(得之) : 그 정사에 대해 얻어 들음. "溫卽不慘暴不刻薄意 良卽平坦無險陂意 恭訓莊敬 莊主容敬主心 自中

發外也 儉卽容貌收斂而不放肆 非儉約之謂 讓卽不矜己而推善以與人意 得之是得聞其政 有人君感悅來就而取正意"

○부자지구지야(夫子之求之也) : 부자께서 그것을 요구하다. "就搭上言 此是夫子之求之 以溫良恭儉讓也"

○기저이호인지구지여(其諸異乎人之求之與) : 아마 사람들이 찾아가서 몸을 굽혀 구한 것과는 다르다. ☞기저(其諸)~여(與) : 아마도 …일 것이다. 대개. 아마도. 부사로서 상황에 대한 추측을 나타내는 관용어구로 쓰임. "言異乎他人之求 必屈己訪問而後得也 要 見未嘗求意"

溫은 和厚也요 良은 易(이)直也요 恭은 莊敬也요 儉은 節制也요 讓은 謙遜也니 五 者는 夫子之盛德光輝가 接於人者也라 其諸는 語辭也라 人은 他人也라 言夫子가 未嘗求之로되 但其德容이 如是라 故로 時君敬信하여 自以其政으로 就而問之耳요 非若他人이 必求之而後에 得也라 聖人過化存神之妙를 未易窺測이나 然이나 卽 此而觀이면 則其德盛禮恭하여 而不願乎外를 亦可見矣니 學者는 所當潛心하여 而 勉學也니라

○謝氏曰 學者는 觀於聖人威儀之間이면 亦可以進德矣니 若子貢이면 亦可謂善 觀聖人矣요 亦可謂善言德行矣라 今去聖人千五百年이로되 以此五者로 想見其 形容이면 尙能使人으로 興起은 而況於親炙之者乎아 張敬夫曰 夫子至是邦하여 必聞其政이로되 而未有能委國하여 而授之以政者하니 蓋見聖人之儀型하여 而樂告 之者는 秉彝好德之良心也로되 而私欲害之라 是以로 終不能用耳니라

온(溫)은 용모가 온화함이요, 양(良)은 까다롭지 않음이요, 공(恭)은 엄숙하고 공손함이요, 검(儉)은 절제함이요, 양(讓)은 겸손함이니, 이 다섯 가지는 부자의 훌륭한 덕의 광채가 사람들에게 이르는 것이다. 기저(其諸)는 어조사다. 인(人)은 타인이다. 부자께서 일찍이 구하지 않았지만 다만 그 덕스러운 모습이 이와 같으셨다. 그러므로 당시 임금들이 공경하고 믿어서 스스로 그 정사를 가지고 좋아서 물었을 뿐이요, 타인이 반드시 구한 뒤에 얻은 것과는 같지 않다. 성인의 과화 존신의 묘함을 쉽게 엿보고 헤아릴 수는 없으나 여기에 나아가서 보면, 그 덕은 성하고 예는 공손해서 다른 것을 원하지 않았음을 또한 볼 수 있으니, 배우는 자들은 마땅히 마음에 깊이 생각하여 힘써 배워야 할 것이다.

○사 씨가 말했다. "배우는 자들은 성인의 위의 사이를 관찰해 보면 또한 덕에 나아갈 수 있으니, 자공과 같은 사람은 또한 성인을 잘 관찰했다고 이를 수 있고 또한 덕

행을 잘 말했다고 이를 수 있다. 지금 성인과 이별한 지 1천 5백 년이나 되었지만 이 다섯 가지를 가지고 그 분의 생긴 모습을 상상해 보면, 아직까지도 능히 사람으로 하여금 흥기하도록 하는데 하물며 직접 스승으로부터 몸소 감화를 받은 사람임에랴?" 장경부가 말하기를, "부자께서 어떤 나라에 이르시면 반드시 그 정사에 대해 들으셨지만 능히 나라를 맡겨서 정권을 준 사람은 있지 않았으니, 대개 성인의 몸가짐을 보고서 즐거이 고하는 것은 인간의 떳떳한 도리를 지키고 덕을 좋아하는 양심에서 그렇게 하는 것이지만, 그러나 사사로운 욕심이 이를 해치게 되었던 것이다. 그러므로 끝내 등용할 수 없었던 것이다."고 했다.

○화후(和厚) : 용모가 온화함을 뜻함. 봄바람의 기온이 온화함 같고, 땅이 물건을 싣고 있는 것과 같은 두터움.
○이직(易直) : 까다롭지 않음. 간편함. 평탄해서 쉽고 곧음. '易'은 여기서 거성(去聲)으로 쓰였음.
○장경(莊敬) : 엄숙하고 또한 삼감. 엄숙하고 공손함. 「예기(禮記)」 "中正無邪 禮之質也 莊敬恭順 禮之制也"
○절제(節制) : 정도에 넘치지 않도록 삼감.
○겸손(謙遜) : 남을 높이고 자기를 낮추는 태도를 취함.
○취(就) : 좇다. 인물이나 사물 등을 붙좇음.
○과화 존신(過化存神) : 성인(聖人)이 지나는 곳은 반드시 그 덕(德)으로 교화(敎化)되고, 성인이 머물러 있는 곳에서는 신(神)과 같은 감화(感化)가 이루어짐. 성인(聖人)의 덕화(德化)가 한량없음을 이르는 말. 「맹자(孟子)」 《진심장상(盡心章上)》 "夫君子 所過者化 所存者神 上下與天地同流"
○친자(親炙) : 스승에게 가까이하여 몸소 감화를 받음. 「맹자(孟子)」 《진심장하(盡心章下)》 "非聖人而能若是乎 而況於親炙之者乎"
○잠심(潛心) : 어떤 일에 마음을 두고 깊이 생각함.
○의형(儀型) : ①몸가짐. 예절을 갖춘 태도. 의용(儀容). ②본받음. 본으로 삼음. 의형(儀形). 의형(儀刑). 「시경(詩經)」 "儀刑文王 萬邦作孚" 여기서는 ①의 뜻.
○병이(秉彝) : 인간의 떳떳한 도리를 굳게 지킴. 병이(秉夷). 「시경(詩經)」 "民之秉彝 好是懿德"

[備旨] 子貢曉之에 曰夫子之聞政은 非求亦非與也라 蓋其盛德積中이면 光輝發外하나니 但見其和厚而溫하고 易直而良하고 莊敬而恭하고 節制而儉하고 謙遜而讓하니 其德容이 如是라 故로 時君敬信하여 自以其政으로 就問이요 而夫子因以得聞之耳라 夫曰得之는

卽擬之어니와 爲與不可也온 而何況於求아 是는 夫子誠不可以求言也라 然이나 亦何必不以求言이리오 就子所云求者而論이면 我夫子之以盛德自然之感으로 求之也니 其諸異乎他人之所爲求之與인저 而奈何以求與로 淺視之也리오하니 噫라 若子貢者는 洵可謂善觀聖人矣로다

자공이 깨우쳐 줄 적에 말하기를, "부자께서 정사에 대해서 들은 것은 듣기를 구한 것도 아니고 또한 요청하기에 들려 준 것도 아니다. 대개 그 성덕이 심중에 쌓이면 광휘가 밖으로 나타나게 되니, 오로지 용모가 온화하면서 온순하고 까다롭지 않으면서 어질고 엄숙하고 삼가면서 공손하고 절제하면서 단속하고 겸손하면서 겸양하니, 그 덕을 갖춘 모습이 이와 같음을 볼 수 있다. 그러므로 당시 임금들이 존경하고 신임해서 스스로 그 정사에 대해 접근해서 물은 것이고, 그리고 부자께서는 그런 것을 인해서 들었을 따름이다. 무릇 부자께서 정사에 참여함을 얻었다는 것은 추측한 것이거니와 임금이 부자에게 참여한다고 하더라도 옳지 않을 터인데, 어떻게 하물며 부자께서 임금에게 구했겠는가? 이는 부자께서 진실로 구했다고는 말할 수 없을 것이다. 그렇지만 또 어떻게 반드시 구하지 않았다고도 말할 수 있겠는가? 그대가 구한 바에 나이가서 논해 본다면, 우리 부자께서는 성덕의 자연스러운 감화로써 구한 것이니 그것은 아마도 다른 사람들이 구했던 것과는 다를 것입니다. 그러나 어떻게 듣기를 구한 것을 가볍게 보겠는가?"라고 했으니, 아! 자공과 같은 사람은 진실로 성인을 잘 살폈다고 이를 만하다.

○덕용(德容) : 덕이 있는 사람의 모습.
○경신(敬信) : ①신중하고 신용을 지킴. ②존경하고 신임함. 여기서는 ②의 뜻.
○의(擬) : 추측하다. 헤아리다. 흉내내다. 본뜨다.
○순(洵) : 진실로.

1·11·1 子曰 父在에 觀其志요 父沒에 觀其行이나 三年을 無改於父之道라야 可謂孝矣니라

공자께서 말씀하셨다. "아버지가 살아 계실 때에는 받들기 위해 그 뜻을 살펴보고, 아버지가 돌아가셨을 때에는 좇기 위해 그 행적을 살피지만, 3년 동안 아버지의 도를 고치지 말아야 효성스럽다고 이를 수 있다."

○부재관기지(父在觀其志) : 부친이 살아 계실 적에는 그 뜻을 살피다. 아버지가 생존해 있으면 권세가 아버지에게 있으므로 행동할 적에 마음에 생각해본다는 말. “父在權不由己 志卽行之存於心者 兼善惡說”

○부몰관기행(父沒觀其行) : 부친이 돌아 가셨을 적에는 그의 행적을 살피다. 아버지가 돌아가면 권세는 자기에게 있지만 아버지의 행적이 일에 나타나 있으므로 살핀다는 말. “父沒便見權由己 行卽志之見於事者 亦兼善惡說”

○삼년무개어부지도(三年無改於父之道) : 3년 동안 부친이 가셨던 길을 고치지 않다. 3년 동안은 차마 아버지가 행했던 일을 고칠 수 없기에 고치지 않는다는 뜻. “此句緊連觀其行說 無改是心不忍改道 猶事也 是父平日所常行者 略就好邊說”

○가위효의(可謂孝矣) : 효성스럽다고 이를 수 있다. “孝從人子身上說”

父在엔 子不得自專이로되 而志則可知요 父沒然後엔 其行可見이라 故로 觀此면 足以知其人之善惡이라 然이나 又必能三年을 無改於父之道라야 乃見其孝니 不然則所行이 雖善이나 亦不得爲孝矣니라

○尹氏曰 如其道면 雖終身無改라도 可也어니와 如其非道면 何待三年이리오 然則三年無改者는 孝子之心에 有所不忍故也라 游氏曰 三年無改는 亦謂在所當改로되 而可以未改者耳니라

　아버지가 살아 계실 때에는 자식이 자기 마음대로 할 수 없지만 뜻은 알 수 있고, 아버지가 돌아가신 뒤에는 그 행적을 볼 수 있는 것이므로 이를 살펴보면 족히 그 사람의 선악에 대해 알 수 있다는 것이다. 그러나 또한 반드시 3년 동안 아버지의 도를 고치지 말아야 그 효성스러움을 볼 수 있다는 것이니, 그렇지 않으면 행한 바가 비록 선하다 하더라도 또한 효성스럽다고 할 수 없을 것이다.

　○윤 씨가 말했다. “아버지가 한 일이 만일 그것이 도라고 한다면 비록 종신토록 고치지 않더라도 괜찮겠지만, 만일 그것이 도가 아니라면 어찌 3년을 기다릴 수 있겠는가? 그렇다면 3년 동안 고치지 않는다는 것은 효자의 마음에 차마 못하는 바가 있는 까닭이다.” 유 씨가 말하기를, “3년 동안 고치지 않는다는 것은 또한 마땅히 고쳐야 할 것이지만, 그러나 고칠 수 없다는 것이 있음을 이를 따름이다.”고 했다.

[備旨] 夫子論觀人子之法에 曰欲觀人子之孝인댄 不於其迹이요 而於其心이니 當父在之時엔 己不得以自專이라 故로 但觀其志向之邪正이라가 及父沒之後하여는 始得以自專이라 故로 觀其行事之得失이라 然이나 亦未見其孝也어니와 又必父沒三年之後에 無遽改於父所行之道焉이니 雖得以自專之時나 猶有不忍死親之心이라야 斯可謂孝矣라

부자께서 사람의 아들을 살피는 법을 논할 적에 말씀하시기를, "사람의 아들에게서 효를 살펴보려고 한다면 그들의 행적만 아니고 그들의 마음도 살펴봐야 할 것이니, 마땅히 아버지가 살아계실 적엔 자기로서는 자기 마음대로 할 수 없을 것이다. 그러므로 다만 그 지향하는 내용이 그른지 혹은 바른지 살피다가, 아버지가 돌아가신 뒤에는 비로소 자기 마음대로 할 수 있으므로 그 행한 일의 득실을 살필 수 있을 것이다. 그러나 또한 아직도 그의 효성스러움에 대해서는 볼 수 없거니와 또 반드시 아버지가 돌아가신 지 3년 뒤에도 갑자기 아버지가 행했던 도를 고치는 일이 없도록 해야 하니, 비록 자기를 마음대로 할 시기를 얻었다고 하나 오히려 차마 아버지가 돌아가지 않았다고 하는 마음을 가져야 곧 효성스럽다고 이를 것이다."라고 하셨다.

○자전(自專) : 스스로를 마음대로 부림.
○지향(志向) : 생각이나 마음이 어떤 목적을 향함.
○사정(邪正) : 그릇됨과 올바름.
○거(遽) : 갑자기. 황급하게.

1·12·1 有子曰 禮之用은 和爲貴하니 先王之道가 斯爲美라 小大由之니라

유자가 말했다. "예의 작용은 온화함을 귀하게 여기니 선왕의 도가 이것을 아름답게 여겼던 것이다. 그러므로 작고 큰 일이 모두 이를 말미암았던 것이다.

○유자(有子) : 공자의 제자. 이름은 약(若). 노나라 사람으로 공자보다 13살 아래였다. ○예지용(禮之用) : 예의 작용. ☞용(用) : 작용. 체용(體用) 관계에서 '用'을 말함. "用對 體字看" ☞체용(體用) : 사물의 본체와 작용·현상(現象)간의 관계를 규정한 것. 더 쉽게 말하면 원리와 그 응용을 말함. '體'가 본체적 존재로서 형이상학적(形而上學的) 세계에 속한다면, '用'은 오관(五官)으로 감지할 수 있는 현상으로 형이하학적(形而下學的) 세계에 속한다. 그러나 양자는 표리일체(表裏一體)의 불가분의 관계에 있어 체(體)를 떠나 용(用)이 있을 수 없고, 용(用)이 없다면 체(體)를 생각할 수 없다. 정이(程頤)가 주장하는 우주의 근본으로서의 이(理)와 그 발로(發露)로서의 사상(事象), 장재(張載)의 태극(太極)과 기(氣), 주자(朱子)가 말하는 인간에게 보편적으로 갖추어진 성(性)과 그것이 외면(外面)에 나타난 정(情)과의 관계 등은 모두 체용(體用)의 개념이다.

○화위귀(和爲貴) : 온화함을 귀하게 여기다. 즉 온화한 것을 숭상했다는 말. 여기서 '和'자는 '嚴'자와 서로 반대가 됨. '以和爲貴'가 원문장인데 이유나 원인을 나타내는 전치사 '以'가 생략되었다. "和對嚴字看 貴是可尙意"

○선왕지도(先王之道) : 선왕들이 만든 도. 선왕(先王)은 유가(儒家)에서 말하는 이상적 성왕(聖王)들을 말하는데, 요(堯)·순(舜)·우(禹)·탕(湯)·문(文)·무(武)를 흔히 말한다. "先王乃制禮者 道卽禮以其可通行 故曰道"

○사위미(斯爲美) : 이것을 아름답게 여김. '斯'는 지시대명사로서 '和'를 가리킴. '以斯爲美'가 원문장인데 이유나 원인을 나타내는 전치사 '以'가 생략되었다. "斯卽此也 承和字來 美正與貴字 相應 惟其有得於和 斯其所以可貴而爲美耳"

禮者는 天理之節文이요 人事之儀則也라 和者는 從容不迫之意라 蓋禮之爲體가 雖嚴이나 然이나 皆出於自然之理라 故로 其爲用이 必從容而不迫이라야 乃爲可貴니 先王之道가 此其所以爲美하여 而小事大事에 無不由之也니라

예(禮)는 천리에서는 조절하고 꾸미는 것이요 인사에서는 사람이 지켜야 할 법칙이다. 화(和)는 조용하여 급박하지 않다는 뜻이다. 대개 예라는 것이 그 자체가 비록 엄하다고 하더라도, 그러나 모두 자연의 이치에서 나온 것이다. 그러므로 그 작용은 반드시 조용하고 급박하지 않아야 바로 귀중하다고 할 것이니, 선왕의 도가 곧 그것을 아름답게 여겨서 큰 일과 작은 일에 이를 말미암지 않음이 없었던 것이다.

○절문(節文) : 조절하고 꾸미다. 사물을 알맞게 꾸밈.「논어집주(論語集註)」"朱子曰 節者等級也 文者 不直截而回互之貌"

○의칙(儀則) : 사람이 지켜야 할 법칙(法則). 궤칙(軌則).

[備旨] 有子維禮意에 曰禮在天下에 本是嚴肅이라 然이나 皆出於自然이요 而非勉强이라 故로 其爲用이 必和而不迫하여 安於天理하고 順乎人情이라야 乃爲得禮之本意하여 而可貴라 是禮也는 卽先王之道也니 先王制禮에 惟其有得於和하니 斯其所以爲美이요 而可法可傳이라 故로 天下後世에 小事而曲禮三千과 大事而禮儀三百이 莫不由於先王之道也니라

유자가 예를 든든하게 하려는 뜻에서 말하기를, "예가 천하에 있을 적에는 본래 엄숙하다. 그러나 모두 자연으로부터 나온 것이고 노력하거나 힘쓴다고 해서 되는 것이 아니다. 그러므로 그 작용이 반드시 온화하고 박절하지 않아서 천리를 편안하게 하고

인정을 좇아야만 바로 예의 본뜻을 얻어서 귀하게 될 것이다. 이 예는 바로 선왕들의 도인데 선왕들이 예를 만들 적에 오직 거기에 온화함을 얻는 데에 두었으니, 곧 그 아름다움이 되었던 까닭이요 본받고 전할 만한 가치가 있었던 것이다. 그러므로 천하 후세에 작은 일로써 말하면 곡례 3천 가지와 큰 일로써 말하면 예의 3백 가지가 선왕의 도를 말미암지 않은 것이 없다.

○면강(勉强) : 힘씀. 노력함. 정력을 쏟음.
○박절(迫切) : 여유가 없고 아주 급함. 절박(切迫).
○곡례(曲禮) : 진퇴(進退)·승강(升降)·부앙(俯仰)·읍손(揖遜)과 같은 예를 말하는데 절목(節目)이 3천 가지가 됨. 「중용(中庸)」 27·3 참고. "優優大哉라 禮儀三百이요 威儀三千이로다"
○예의(禮儀) : 관혼상제(冠婚喪祭) 및 조회(朝會)·근회(覲會)와 같은 예를 말하는데 그 대강(大綱)이 3백 가지가 됨.

1·12·2 有所不行하니 知和而和요 不以禮節之면 亦不可行也니라

그런데 이 조화만으로 행할 수 없는 것도 있으니, 조화만 알고서 조화만 일삼고 예로써 조절하지 않는다면 이 또한 행할 수 없을 것이다."

○유소불행(有所不行) : 혹시라도 행하지 못하는 바가 있다. "有是容或有之意 不行是不能推之 天下後世無弊意"
○지화이화(知和而和) : 한갓 조화의 이름만 알고서 조화만 일삼다. "是徒知其和之名而一於和 蓋把尊卑上下 名分皆缺略矣"
○불이예절지(不以禮節之) : 예로써 조절하지 않는다면. "禮節本體之嚴者 節是品節裁制之指和言"
○역불가행야(亦不可行也) : 욕심을 따르기에 행할 수 없다. "見恣情徇欲 不可行"

承上文而言하되 如此而復(부) 有所不行者는 以其徒知和之爲貴하여 而一於和하고 不復以禮節之면 則亦非復禮之本然矣니 所以流蕩忘反하여 而亦不可行也라
○程子曰 禮勝則離라 故로 禮之用은 和爲貴니 先王之道는 以斯爲美하여 而小大由之요 樂勝則流라 故로 有所不行者하니 知和而和요 不以禮節之면 亦不可行

이라 **范氏曰 凡禮之體**는 **主於敬**이요 **而其用**은 **則以和爲貴**하니 **敬者**는 **禮之所以
立也**요 **和者**는 **樂之所由生也**라 **若有子**면 **可謂達禮樂之本矣**니라 **愚謂 嚴而泰**하
고 **和而節**은 **此理之自然**이요 **禮之全體也**라 **毫釐有差**면 **則失其中正**하여 **而各倚
於一偏**이니 **其不可行**은 **均矣**라

　위의 글을 이어 말하기를, "이와 같은데도 다시 행하지 못하는 것이 있다는 것은 다
만 조화가 귀하다는 것만 알고서 조화만 오로지 행하고, 다시 예로써 조절하지 않는다
면 또한 예의 본연을 회복할 수 없으니, 방탕한 데로 흘러서 되돌아오는 것을 잊어버
려서 또한 행할 수 없게 되는 것이다."라고 했다.
　○정자가 말했다. "예의 효과가 너무 강하면 사람들의 마음이 떠난다. 그러므로 예의
작용은 조화를 귀하게 여기니 선왕의 도는 이를 아름답게 여겨서 작고 큰 일들이 이를
말미암았고, 악의 감화가 너무 강하면 사람들의 조화가 무질서해지는 것이다. 그러므로
행하지 못하는 것이 있으니 조화만 알아서 조화만 일삼고 예로써 조절하지 않는다면,
이 또한 행할 수 없는 것이다." 범 씨가 말했다. "무릇 예의 본체는 공경을 관장하고
그 작용은 조화를 귀하게 여기니, 공경은 예가 확립되는 것이요 조화는 악을 생겨나게
하는 것이다. 유자와 같은 사람이라면 가히 예악의 근본을 통달했다고 이를 만하다."
내[朱子]가 생각하건대, 엄하면서도 너그럽고 화하면서도 절제하는 것은 곧 이치의 자
연스러움이요 예의 온전한 모습이다. 조금이라도 차이가 생기면 그 중정을 잃어서 각
기 한 쪽으로 치우치게 될 것이니, 그것을 실행할 수 없다는 것은 똑같다.

　○선왕(先王) : 요(堯)·순(舜)·우(禹)·탕(湯)·문(文)·무(武) 등의 성군(聖君)을 말
함. 이들은 모두 공자가 항상 마음속에 둔 이상적인 군주였음. 선왕(先王)의 도(道)는
바로 이들의 도(道)를 말함.
　○예승즉리(禮勝則離) : 예의의 효과가 너무 강하면 사람들의 마음이 떠남. 「예기(禮
記)」《악기편(樂記篇)》"음악은 사람들의 마음을 화합시키고, 예의는 사람들의 신분의
차별을 분명하게 한다. 화합하면 서로 친하고 차별을 분별하면 존경할 줄 안다. 그러나
음악의 감화가 너무 강하면 화합이 무질서해지고, 예의의 효과가 너무 강하면 사람들
의 마음이 떠난다.(樂者爲同 禮者爲異 同則相親 異則相敬 樂勝則流 禮勝則離)"
　○악승즉류(樂勝則流) : 음악의 감화가 너무 강하면 화합이 무질서해짐.
　○중정(中正) : 치우치지 않고 바름. 중용(中庸).

[備旨] 夫禮는 旣貴於和니 則凡爲和者는 宜無不可行矣로되 而有所不行者는 何哉오 以
其徒知和之爲貴하여 而一於和하고 不以禮로 節其情之過면 則亦非復禮之本然矣니 所以

流蕩忘返하여 而施之小大도 亦不可行也라 此可見過嚴이면 則拘拘니 非禮也요 過和면
則肆肆니 亦非禮也라 用禮者는 其審諸인저

　　무릇 예는 원래 조화를 귀하게 여기는 것이니, 대체로 조화를 제일로 생각하는 사람
은 마땅히 행하지 않을 수 없을 테지만 그런데도 행하지 못하는 것이 있다는 것은 왜
그런가? 그것은 한갓 조화만 귀하다고 생각해서 조화만 온통 행하고 예로써 그 마음에
지나친 것을 절제하지 않는다면 또한 예의 본연의 모습을 회복할 수 없으니, 방탕한
데로 흘러가서 되돌릴 것을 잊어버려서 크고 작은 일에 힘쓰더라도 또한 행할 수 없게
되는 것이다. 여기에서 지나치게 엄하면 사물에 얽매이게 되니 예가 아닐 것이고, 너무
조화롭게 하면 아주 방자하게 될 것이니 또한 예가 아니라는 것을 볼 수 있다. 예를
행하는 사람은 아마도 이에 대해 살펴야 할 것이다."라고 했다.

○구구(拘拘) : 사물에 구애되는 모양.
○사사(肆肆) : 지나치게 방자함.
○서(諸) : '저(諸)'의 음이 두 사의 합한 음과 비슷하므로, '之於'나 '之乎'에 대용함. 어
기서는 '之乎'에 해당함.

1·13·1 有子曰 信近於義면 言可復(복)也며 恭近於禮면 遠恥 辱也며 因不失其親이면 亦可宗也니라

　　유자가 말했다. "언약한 것이 사리에 합당하면 그 약속한 말을 실천할 수 있으며, 공
손함이 예절에 맞으면 치욕을 멀리할 수 있으며, 의지할 적에 그가 친할 만한 사람을
잃어버리지 않으면 또한 종신토록 으뜸으로 삼을 수 있을 것이다."

○신근어의(信近於義) : 말로 약속하는 태도가 사리에 합당하다. "近義謂合於事理之宜
是謹言於始也"
○언가복야(言可復也) : 말을 실천할 수 있다. ☞복(復) : 말을 실천하는 것[踐言也].
"全在約信時見之"
○공근어예(恭近於禮) : 행동이 지나치거나 모자람이 없는 공손한 태도. "近禮謂無過不
及 是謹行於始也"
○원치욕야(遠恥辱也) : 치욕을 멀리하다. "恥由內生 辱自外至 全在致恭時見"

○인불실기친(因不失其親) : 서로 의지할 적에 친할 만한 사람을 잃어버리지 않음. "因是一時不失其親 謂所依得人 是謹交於始也"
○역가종야(亦可宗也) : 또한 종신토록 으뜸으로 삼다. "宗是終身可宗 全在因時見之"

信은 約信也라 義者는 事之宜也라 復은 踐言也라 恭은 致敬也요 禮는 節文也라 因은 猶依也요 宗은 猶主也라 言約信而合其宜면 則言必可踐矣요 致恭而中其節이면 則能遠恥辱矣요 所依者에 不失其可親之人이면 則亦可以宗而主之矣라 此는 言人之言行交際를 皆當謹之於始하여 而慮其所終이니 不然이면 則因仍苟且之間에 將有不勝其自失之悔者矣라

신(信)은 말로 굳게 약속하는 것이다. 의(義)는 일에서 마땅히 해야 할 것이요, 복(復)은 말을 실천하는 것이다. 공(恭)은 공경을 지극히 하는 것이요, 예(禮)는 사물을 알맞게 꾸미는 것이다. 인(因)은 의지함과 같은 것이요, 종(宗)은 으뜸이라는 것과 같다. 말하자면 약속할 때 그것이 사리에 합당하다면 그 약속한 말은 반드시 이행할 수 있을 것이요, 공손을 지극히 해서 그 절도에 맞으면 능히 치욕을 멀리 할 수 있을 것이요, 의지할 사람 중에 그가 친할 만한 사람을 잃어버리지 않는다면 또한 그를 으뜸으로 삼아서 주인으로 삼을 만하다는 것이다. 이는 사람의 말이나 행동 그리고 교제를 모두 마땅히 처음부터 삼가서 그 결과까지를 생각해야 한다는 것이니, 그렇지 않으면 재래의 습관이나 풍속을 그대로 좇고 일시적으로 꾸미는 사이에 장차 그는 자신의 실수에 대해 후회를 견디지 못할 것임을 말씀한 것이다.

○약신(約信) : 말로 굳게 약속함. 맹세함.
○의(宜) : 이치나 도리에 맞아 옳다. 어떤 조건에 어울리게 알맞다.
○인잉(因仍) : 재래의 습관이나 풍속을 그대로 좇는 일. 인습(因習). 인습(因襲).
○구차(苟且) : 일시적으로 미봉(彌縫)함.

[備旨] 有子示人以謹始之道에 曰言行交際엔 人之大節이 存焉이어늘 世之悔於其終者는 亦以始之不謹耳라 人當約信之始에 卽慮其終之可復與否하여 而求近於合宜之義면 則言必可踐而復也요 當致恭之始에 卽慮其終之恥辱何如하여 而求近於中節之禮면 則遠於內愧之恥外羞之辱也요 當因依之始는 卽慮其終之可宗與否하여 而不失其可親之人이면 則亦可以宗而主之也라 夫言行交際엔 能謹於始하여 而無悔於終이 如此라 君子는 尙其謹始哉인저

유자가 사람들에게 시작을 조심스럽게 하는 방법을 보여줄 적에 말하기를, "말이나

행동 그리고 교제할 적에는 사람에게 유의해야 할 사항이 있는데, 세상에서 그 결과에 대해 뉘우치는 사람은 또한 시작할 적에 조심스럽게 하지 않기 때문이다. 사람이 말로 약속할 적에는 그 말을 끝까지 실천할 수 있는지 그렇지 않은지를 생각하여 이치에 합당한 뜻을 구해서 가까이 하면 말을 반드시 실천하고 또 실천할 수 있을 것이요, 사람이 공손함을 지극히 할 적에는 그것이 끝내 치욕을 받을 것인지 어떤지를 생각하여 절도에 맞는 예를 구해서 가까이 하면 마음속으로 부끄러워하는 수치와 밖으로 부끄러워하는 수치를 멀리할 수 있을 것이요, 사람이 서로 가까이 하려고 할 적에는 그를 끝까지 으뜸으로 삼을 수 있는지 그렇지 않은지를 생각하여 그가 친할 만한 사람을 잃어버리지 않으면 또한 그를 으뜸으로 삼아서 주인으로 삼을 만하다. 대저 말과 행동 그리고 교제는 능히 시작을 조심스럽게 해서 마칠 적에 뉘우치는 일이 없어야 함이 이와 같다. 군자는 오히려 시작을 조심스럽게 해야 할 것이다."라고 했다.

○근시(謹始) : 시작을 삼감. 조심스럽게 시작함.
○대절(大節) : 유의하여 지켜야 할 중요한 일. 중(重)한 절의(節義).
○구근(求近) : 가까이 하기를 구함.
○중절(中節) : 규칙·법도·장단·선율 등에 맞음. 중정(中正)하며 절조(節操)가 있음.
○내괴(內愧) : 마음속으로 부끄러워 함.
○외수(外羞) : 밖으로 부끄러워 함.
○인의(因依) : 서로 의지함. 서로 가까이 함.

1·14·1 子曰 君子는 食無求飽하며 居無求安하며 敏於事而愼於言이요 就有道而正焉이면 可謂好學也已니라

　공자께서 말씀하셨다. "군자는 배불리 먹기를 구할 겨를이 없으며, 편히 있기를 구할 겨를이 없으며, 일을 민첩히 하고 말을 신중히 해야 할 것이고, 도를 체득한 이에게 찾아가서 자신을 바로잡는다면 학문을 좋아한다고 말할 수 있을 것이다."

○군자(君子) : 여기서 군자는 도를 꾀하는 사람. "是謀道之人"
○식무구포(食無求飽) : 배불리 먹는 데 구할 겨를이 없음. "二無字作不暇字看 飽是饜足意"
○거무구안(居無求安) : 집에 있을 적에 편안하게 있기를 구할 겨를이 없음. "居是宅身

安是安樂 自便意"

○민어사(敏於事) : 일에 민첩하다. ☞어(於) : …하는 방면에 있어서. 어떤 상황이 존재하는 범위를 이끌어 냄. "敏是奮迅意 事兼知行卽求道之事"

○이신어언(而愼於言) : 말에는 신중하게 함. "愼是謹愼度 其可言則言意"

○취유도이정언(就有道而正焉) : 일이나 말에서 기준을 잡기 위해 도를 체득한 이에게 나아가 물어보고 바로잡다. "就親近意 有道是事言之準 正兼講明觀法二意"

○가위호학야이(可謂好學也已) : 배움을 좋아한다고 말할 수 있을 따름이다. ☞야이(也已) : …이다. …하구나. 허사(虛詞)가 연용되어 '也'는 단정을 나타내고 '已'는 일의 상태를 나타냄. 주로 단정의 뜻을 나타냄. "謂是稱說好有汲汲求進意 須合上三者方見得眞好"

不求安飽者는 **志有在而不暇及也**라 **敏於事者**는 **勉其所不足**이요 **愼於言者**는 **不敢盡其所有餘也**라 **然**이나 **猶不敢自是**하고 **而必就有道之人**하여 **以正其是非**면 **則可謂好學矣**라 **凡言道者**는 **皆謂事物當然之理**니 **人之所共由者也**라

○**尹氏曰 君子之學**이 **能是四者**면 **可謂篤志力行者矣**라 **然**이나 **不取正於有道**면 **未免有差**하니 **如楊墨**은 **學仁義而差者也**라 **其流至於無父無君**하니 **謂之好學**이 **可乎**아

　편안함과 배부름을 구하지 않는다는 것은 뜻이 다른 데 있어서 미칠 겨를이 없다는 것이다. 일을 민첩하게 한다는 것은 그 부족한 것을 힘쓰는 것이요, 말을 삼간다는 것은 그 남음이 있는 것을 감히 다 쓰지 않는다는 것이다. 그러면서도 오히려 감히 스스로 옳다 하지 않고 반드시 도를 체득한 사람에게 나아가서 그 옳고 그름을 바로잡는다면 학문을 좋아한다고 이를 수 있을 것이다. 무릇 도라는 것은 모두 사물의 당연한 이치를 이르니, 사람이 다 행해야 할 것을 말한다.

　○윤 씨가 말했다. "군자의 학문이 이 네 가지에 능하다면 오로지 한 곳에 뜻을 두고 힘써 행하는 사람이라고 이를 만하다. 그러나 도를 체득한 사람에게 나아가 바로잡지 않는다면 잘못을 면치 못할 것이니, 양주·묵적과 같은 사람은 인의를 배웠지만 잘못한 사람들이다. 그들의 흘러가는 모습이 아버지도 없다하고 임금도 없다하는 데까지 이르렀으니, 이를 일러 학문을 좋아했다고 말하는 것이 옳겠는가?"

○독지(篤志) : 뜻을 오로지 한 곳에만 두어 열심히 함.

○역행(力行) : 힘써 행함. 노력함. 면행(勉行).

○양주(楊朱) : 양자(楊子). 자(字)는 자거(自居). 춘추 전국 시대 사상가. 천하를 위하

는 일이라고 해도 자기 몸의 한 터럭도 뽑지 않는다고 하여 위아설(爲我說)을 제창함. 묵자(墨子)의 겸애설(兼愛說)과 함께 맹자(孟子)에 의해 이단으로 배척됨.
○묵적(墨翟) : 묵자(墨子). 전국 시대 노(魯)나라의 철학자. 초(楚) 또는 송(宋)나라 사람이라고도 함. 제자백가(諸子百家)의 하나인 묵가(墨家)의 시조. 겸애(兼愛)·상동(尙同)의 설을 주창하여, 당시 유가(儒家)와 쌍벽을 이룸.
○차오(差誤) : 잘못. 착오. 차와(差訛).

[備旨] 夫子示人以純心之學에 曰人之所以進於道者는 存乎學이나 然이나 學非難이요 而好爲難也라 惟君子가 食未嘗不飽로되 而志無暇於求飽하고 居未嘗不安이로되 而志無暇於求安이라 一惟敏於所行之事하여 以勉其所不足하고 愼於所出之言하여 不敢盡其所有餘라 然이나 猶不敢自是也하고 必親就有道德之人하여 以正其事言之是非焉이면 斯誠有見於道之無窮하여 無時無處而不在於學也니 可謂好學也已니라

부자께서 사람들에게 마음을 한 곳에 두고 배워야 한다는 것을 보여줄 적에 말씀하시기를, "사람이 도에 나아가게 되는 것은 배움에 있지만, 배움이 어려운 것이 아니고 좋아하는 것이 어려운 것이다. 군자가 먹는 것을 일찍이 배부르게 하지 않는 것은 아니지만 뜻이 배부르기를 구할 겨를이 없고, 거하는 것을 일찍이 편안하게 하지 않는 것은 아니지만 뜻이 편안하기를 구할 겨를이 없는 것이다. 한결같이 오직 행하는 일에만 민첩하게 하여 그 부족한 바를 힘쓰고, 밖으로 나타내는 말을 신중히 하여 감히 그 남겨둬야 하는 것까지 다 쓰지 말아야 한다. 그러면서도 오히려 감히 스스로 옳다하지 않고 반드시 직접 도덕을 체득한 사람에게 나아가서 그 일이나 말의 옳고 그름에 대해 바로잡으면, 여기에 진실로 도의 무궁함을 볼 수 있어서 때때로 장소를 가리지 않고 배움에 있지 아니함이 없을 것이니, 가히 학문을 좋아한다고 말할 수 있을 따름이다." 라고 하셨다.

○순심(純心) : 지극한 마음. 정성에서 우러나오는 마음. 마음을 오로지 한 곳에만 둠.
○유여(有餘) : 남음. 여유가 있음.

1·15·1 子貢曰 貧而無諂하며 富而無驕하면 何如하니잇고 子曰 可也나 未若貧而樂하며 富而好禮者也니라

자공이 말했다. "가난하면서도 아첨함이 없으며 부유하면서도 교만함이 없으면 어떠한 사람이라고 하겠습니까?" 하자, 공자께서 말씀하셨다. "그것도 괜찮겠지만, 가난하면서도 즐거워하며 부유하면서도 예를 좋아하는 사람과는 같지 못하다고 할 것이다."

○빈이무첨(貧而無諂) : 가난하면서도 비굴하지 않다. "貧是無財 諂是心困於無而屈於人 無諂則處貧 而不爲貧所移矣"

○부이무교(富而無驕) : 부유하면서도 자랑하지 않다. "富是豐財 驕是心恃其有而矜於人 無驕則處富 而不爲富所淫矣"

○하여(何如) : 어떠한가? '何如'는 보통 상태·성질·가부(可否) 등을 물을 적에 쓰이고, '如何'는 방법을 물을 적에 쓰임. "是問其人學力造就之道"

○자왈가야(子曰可也) : 공자께서 괜찮다고 말하다. "可在自守上說"

○미약빈이락(未若貧而樂) : 가난하면서도 즐거워하는 것만 못하다. "未若是不如 樂是泰然自得意"

○부이호례자야(富而好禮者也) : 부유하면서도 예를 좋아하다. ☞호례(好禮) : 예를 좋아한다는 말은 모든 일에 알맞게 꾸밈이 있다는 뜻. "好禮是凡事皆有節文意"

諂은 **卑屈也**요 **驕**는 **矜肆也**라 **常人**은 **溺於貧富之中**이면 **而不知所以自守**라 **故**로 **必有二者之病**이라 **無諂無驕**면 **則知自守矣**나 **而未能超乎貧富之外也**라 **凡曰可者**는 **僅可而有所未盡之辭也**라 **樂則心廣體胖**하여 **而忘其貧**이요 **好禮則安處善**하고 **樂循理**하여 **亦不自知其富矣**라 **子貢貨殖**하여 **蓋先貧後富**로되 **而嘗用力於自守者**라 **故**로 **以此爲問**이로되 **而夫子答之如此**하시니 **蓋許其所已能**하고 **而勉其所未至也**시니라

첨(諂)은 비굴함이요, 교(驕)는 교만하고 방자함이다. 보통 사람들은 가난하거나 부유한 가운데에 빠지면 스스로 지킬 줄을 알지 못한다. 그러므로 반드시 이 두 가지의 병이 있을 것이다. 아첨함이 없고 교만함이 없다면 스스로 지킬 줄을 안다고 하겠지만, 능히 빈부를 도외시하는 데까지 초월할 수는 없을 것이다. 무릇 괜찮다고 말한 것은 겨우 괜찮다는 것일 뿐이고 충분하지는 못하다는 말이다. 즐거워하면 마음이 넓어지고 몸도 편안해져 그 가난하다는 것을 잊을 것이요, 예를 좋아하면 선에 편안히 처하고 도리를 즐겁게 따라서 또한 자신이 그 부유하다는 것을 알지 못할 것이다. 자공은 돈을 벌어 처음에는 가난했다가 뒤에는 부자가 되었지만, 일찍이 스스로 지조를 지키는 데에 힘을 쓴 사람이었다. 그러므로 이것을 가지고 질문했지만 부자께서 대답함이 이와 같이 하셨으니, 아마도 그가 이미 능한 것을 인정해주고 아직 이르지 못한 것을 힘

쓰게 하심일 것이다.

○비굴(卑屈) : 겁이 많이 줏대가 없이 천박함.
○긍사(矜肆) : 교만하고 방자함. 긍종(矜縱).
○심광 체반(心廣體胖) : 마음이 넓고 편안하면 몸도 윤택해짐. 여기서는 마음이 넓어
지고 몸도 편안해진다는 말.「대학(大學)」傳 6・4 참고. "富潤屋이요 德潤身이니 心廣
體胖이라 故로 君子는 必誠其意니라."
○근(僅) : 겨우. 간신히.
○처선(處善) : 선에 거처하다. 선에 머물다.
○순리(循理) : 도리를 따름.
○화식(貨殖) : 재산을 늘림. 돈을 벎. 자공이 재산을 늘린 내용은 「가어(家語)」에도
있지만, 본서 11・18・2의 내용을 참고하면 도움이 된다.

[備旨] 子貢先貧後富로되 嘗用力於自守者라 乃問於夫子에 曰貧易諂하고 富易驕는 人情
也어늘 今有人焉한대 處貧하되 不爲貧困而無所卑屈히고 處富하되 不爲富動而無所驕矜
이라 所造若此면 果何如也오하니 夫子曰 貧無諂하고 富無驕면 是不溺於貧富之中하여
而知所自守니 視世之驕諂者에 異矣라 其亦可也어니와 然이나 無諂이면 猶知有貧이니
不若貧而樂하고 心廣體胖하여 併其貧而忘之요 無驕면 猶知有富니 不若富而好禮하고 處
善循理하여 併其富而忘之라 夫子答子貢之言이 如此하시니 蓋許其所已能하고 勉其所未
至也라

　자공이 처음에는 가난했다가 뒤에 부자가 되었지만 일찍이 자신을 지키는 데 힘을
쓴 사람이었다. 의외로 부자께 여쭈어 볼 적에 말하기를, "가난하면 아첨하기 쉽고 부
자면 교만하기 쉬운 것이 인정인데, 가령 지금 어떤 사람이 가난에 치하면서도 빈곤하
다 하지 않아서 비굴하지 않고 부유함에 처하면서도 부자라고 교만하게 행동하지 않아
서 거드름을 피우며 자랑하지 않는다고 합시다. 나아가는 바가 이와 같다면 과연 어떠
하다고 하겠습니까?"라고 하자, 부자께서 말씀하시기를, "가난해도 아첨함이 없고 부유
해도 교만함이 없으면 곧 빈부 가운데 마음을 빼앗기지 않아서 자신이 지킬 바를 아는
사람일 것이니, 세상에서 교만하고 아첨하는 사람들과 비교해 볼 적에 다르다고 할 것
이다. 그것도 또한 괜찮다고 하겠지만, 그러나 아첨함이 없으면 오히려 가난하다는 것
을 알 수 있으니 가난하면서도 즐거워하고 마음을 넓게 하고 몸을 편안하게 해서 그
가난함을 물리쳐 잊어버리는 것이 낫다고 할 것이요, 교만함이 없으면 오히려 부자라
는 것을 알 수 있으니 부유하면서도 예를 좋아하고 선에 처하고 도리를 따라서 그 부

유함을 물리쳐서 잊어버리는 것이 낫다고 할 것이다."라고 하셨다. 부자께서 자공에게 대답한 말이 이와 같으셨으니, 아마도 그가 이미 능한 것에 대해서는 인정해주고 아직까지 이르지 못한 것에 대해서는 힘쓰게 하신 것이다.

○유인언~약차(有人焉~若此) : 어떤 사람이 있는데 …와 같다면. 옛날 사람들이 사리를 추론하는 데 사용한 표현 방식. '有~於此'와 비슷함.
○부동(富動) : 부자라고 해서 교만하게 행동함.
○교긍(驕矜) : 거드름을 피우며 자랑함.
○교첨(驕諂) : 교만하고 아첨함.
○시(視) : 견주다. 비교하다.
○병(倂) : 버리다. 물리치다. '屛'과 서로 통함.

1·15·2 子貢曰 詩에 云 如切如磋하며 如琢如磨라하니 其斯之謂與인저

자공이 공자의 말씀을 듣고 말씀을 드렸다. "시에 '자른 듯하고 다듬은 듯하며 쫀 듯하고 간 듯하다.'라고 했으니, 아마도 이것을 말함이겠군요!"

○시운(詩云) : 시에서 이르다. 일반적으로 시(詩)라고 하면 시경(詩經)의 시를 말함. 여기서는 《위풍(衛風) 기욱편(淇澳篇)》에 나타난 시.
○여절여차여탁여마(如切如磋如琢如磨) : 절차탁마(切磋琢磨)를 말함. "四如字指爲學言 此二句是詩辭" ☞절차탁마(切磋琢磨) : 뼈와 상아(象牙)를 끊고 갈거나, 옥과 돌을 쪼고 갈아 광택을 냄. 사람이 덕을 쌓고 학문을 이루는 것도 그와 같이 닦고 다듬어야 함을 비유함. 또는 붕우가 서로 격려함의 비유함. 뼈를 다듬는 것을 '切'이라 하고, 상아를 다듬는 것을 '磋'라고 하며, 옥을 다듬는 것을 '琢'이라 하고, 돌을 다듬는 것을 '磨'라고 한다. 「이아(爾雅)」 "治骨曰切 治象曰磋 治玉曰琢 治石曰磨"
○기사지위여(其斯之謂與) : 아마도 이것을 말함이군요! 즉 시에서 말한 것은 아마 이런 것을 두고 일렀을 것이라는 말. ☞기(其) : 아마도. 추측을 나타내는 부사. ☞사(斯) : 자공이 물었을 적에 공자가 대답한 말. ☞지(之) : 목적어와 동사를 도치시킬 때 쓰는 어조사. ☞여(與) : 평성(平聲)으로 쓰였는데 추측하는 정도의 아주 가벼운 감탄을 나타냄. "斯指凡學問而言 乃夫子未若中所含之理 不專貧富一端"

詩는 衛風淇奧之篇이라 言治骨角者는 旣切之而復(부)磋之하고 治玉石者는 旣琢之而復磨之하니 治之已精이로되 而益求其精也라 子貢이 自以無諂無驕로 爲至矣로되 聞夫子之言하고 又知義理之無窮이라 雖有得焉이나 而未可遽自足也라 故로 引是詩以明之라

　시는 《위풍 기욱편》이다. 뼈와 뿔을 다듬는 사람은 끊어 놓은 다음에 다시 갈고 옥과 보석을 다듬는 사람은 쪼아 놓은 다음에 다시 가니, 다듬는 것을 이미 면밀하게 했지만 더욱 그것이 면밀하기를 구함을 말한다. 자공은 스스로 아첨함이 없고 교만함이 없는 것을 지극함으로 여겼지만, 부자의 말씀을 듣고 또 의리의 무궁함을 알게 되었던 것이다. 비록 이에서 얻은 것이 있다고 하나 대번에 자신이 만족할 수는 없었으므로 이 시를 인용하여 밝힌 것이다.

○《위풍(衛風) 기욱편(淇澳篇)》: 위무공(衛武公)의 덕을 찬미한 노래. "瞻彼淇澳한대 / 菉竹猗猗로다/ 有斐君子여/ 如切如磋하며/ 如琢如磨로다/ 瑟兮僩兮며/ 赫兮喧兮니/ 有斐君子여/ 終不可喧兮로다"(저 기수(淇水)의 벼랑을 보니/ 푸른 대나무가 아름답고 무성하도다/ 문채나는 군자여/ 자른 듯하고 다듬은 듯하며/ 쫀 듯하고 간 듯하도다/ 엄밀하고 위엄 있으며/ 빛나고 점잖으니/ 문채나는 군자여/ 끝내 잊을 수 없도다)
○치(治): 다듬다. 다스리다.
○거(遽): 대번에. 갑자기.

[備旨] 子貢聞言而悟에 曰我以無諂無驕로 爲至矣로되 而夫子가 猶有貧而樂하며 富而好禮之言하시니 是는 天下之理無終窮하고 而學問之功無止息也라 詩에 有云君子之學이 如治骨角者는 旣切而復磋之하고 如治玉石者는 旣琢而復磨之라 蓋已精이로되 而益求其精也니 其斯義埋無窮之謂與인저

　자공이 공자의 말씀을 듣고 깨달았을 적에 말씀드리기를, "저는 아첨함이 없고 교만함이 없는 사람을 지극한 사람이라고 여기지만, 그런데 부자께서는 오히려 가난하면서도 즐거워하며 부유하면서도 예를 좋아하는 사람과는 같지 못하다고 말씀하시니, 이는 천하의 이치는 다함이 없고 학문의 공은 멈춤이 없다는 말씀일 것입니다. 시에 이르기를, '군자의 학문이 뼈와 뿔을 다듬는 사람은 끊어놓은 다음에 다시 가는 것처럼 하고, 옥과 보석을 다듬는 사람은 쪼아 놓은 다음에 다시 가는 것처럼 한다.'고 했습니다. 대개 이미 정밀하게 했지만 더욱 그것이 정밀해지기를 구한다는 말일 것이니, 아마도 곧 의리의 무궁함을 말하는 내용이겠군요."라고 했다.

○종궁(終窮) : 다함. 끝남. 「장자(莊子)」 “相忘以生 无所終窮”
○지식(止息) : 멈춤. 머물러 쉼.

1·15·3 子曰 賜也는 始可與言詩已矣로다 告諸往而知來者온여

　　공자께서 말씀하셨다. “사하고는 비로소 더불어 시를 논할 만하구나! 지나간 것에 대해 말해주자 다가올 것도 아는구나!”

○사야(賜也) : 사와 같은 사람하고는. 사라는 사람이라면. ☞사(賜) : 자공(子貢)의 이름. ☞야(也) : …면. …는. 어조사로서 주어 뒤에 쓰였는데, 어기(語氣)를 한 번 늘여줌으로써 강조를 나타낸다.
○시가여언시이의(始可與言詩已矣) : 비로소 그와 더불어 시를 말할 수 있다. 원문은 ‘始可與之言詩已矣’인데, 전치사 ‘以’ ‘爲’ ‘與’ 다음에 오는 대명사 ‘之’는 종종 생략된 형태로 쓰인다. 여기서도 대명사 ‘之’가 생략된 형태. ☞시(始) : 비로소. 머지않아 …이 되려고 한다. ☞이의(已矣) : …하구나. 허사(虛詞)가 연용된 것으로 사건의 발전이나 변화를 나타내며 어기(語氣)를 강하게 한다. “始方也 詩指全經言”
○고저왕이지래자(告諸往而知來者) : 공자께서 사람의 수양 단계를 염두에 두고 지나간 것에 대해 말해주자 자공은 다가올 것에 대해서도 안다는 말. 고왕지래(告往知來). ‘往’은 빈부에 대한 내용이고, ‘來’는 기욱편(淇澳篇)의 시를 말함. ‘諸’는 ‘之於’의 합자(合字). ‘온여’는 ‘ᄒ온여’와 동의어인데 이두(吏讀)로는 ‘爲乎亦’으로 표기했다. ‘…함이므로’ ‘…함이기에’ ‘…한 것인데’ ‘…한 것이니’의 뜻. “往是已言指貧富之道 來是未言指淇澳之詩”

往者는 其所已言者요 來者는 其所未言者라
○愚按 此章問答은 其淺深高下가 固不待辨說而明矣라 然이나 不切이면 則磋無所施요 不琢이면 則磨無所措라 故로 學者가 雖不可安於小成하여 而不求造道之極致요 亦不可驚於虛遠하여 而不察切己之實病也라

　　왕(往)이란 그가 이미 말한 것이요, 내(來)란 그가 아직 말하지 않은 것이다.
　　○내[朱子]가 살펴 보건대, 이 장의 문답은 그 얕고 깊음과 높고 낮음이 진실로 분석하거나 논함을 기다리지 않더라도 자명하다. 그러나 자르지 않으면 갈더라도 쓸 곳이

없고 쪼지 않으면 갈더라도 둘 곳이 없는 것이다. 그러므로 배우는 사람이 비록 조그마한 성취에 안주하여 도의 극치에까지 나아가기를 구하지 않아서는 안 될 것이요, 또한 신실성이 없고 먼 곳에만 힘쓰면서 자기에게 모자라는 것을 없애려고 살피지 않아서도 안 될 것이다.

○변설(辨說) : 분석하여 논술함.
○시(施) : 쓰다. 사용함. 「회남자(淮南子)」 "譬若斤斧椎鑿之各有所施"
○조(措) : 두다. 놓아두다. 알맞게 조절하다. 「중용(中庸)」 "故時措之宜也"
○무(鶩) : 달리다.
○허원(虛遠) : 신실성이 없고 멀기만 함.
○실병(實病) : 실상의 병. 실제의 병. 자기에게 모자라는 것.

[備旨] 夫子稱許之에 曰吾因貧富而言未若이어늘 賜卽由未若而言詩하니 甚哉로다 賜之善於言詩哉여 必如賜也라야 始可與言詩已矣로다 蓋詩之爲教는 辭婉而意深하니 賜能觸類引伸하여 旁通無滯하여 殆告諸往이면 而知來者也온여 賜는 其自此遠矣라

부자께서 사를 칭찬하고 인정해 줄 적에 말씀하시기를, "자공이 가난하면서도 아첨함이 없으며 부유하면서도 교만함이 없으면 어떠한 사람이라고 하겠느냐고 물었을 적에, 나는 가난하면서도 즐거워하며 부유하면서도 예를 좋아하는 사람과는 같지 못하다고 말해주었는데, 사는 곧 같지 못한 이유를 시를 들어 말하니, 정말 대단하도다, 사가 시에 대하여 훌륭하게 말했음이여! 반드시 사와 같은 사람이라야 비로소 더불어 시의 내용을 말할 수 있을 따름이로다! 대개 시의 가르침이라는 것은 말이 은근하면서도 뜻이 깊은 것이니, 사는 능히 비슷한 내용들에 근거하거나 응용하여 옆으로도 통하고 막힘이 없어서 대체로 지나간 내용을 말해주면 장차 다가올 내용도 아는 사람이구나! 사는 아마도 원래부터 이렇게 심원했던 것이다."라고 하셨다.

○완(婉) : 은근하다. 순하다. 완곡하다.
○촉류(觸類) : 비슷한 것에 의거함. 비슷한 것에 잇댐.
○인신(引伸) : 응용함. 당기어 늘인다는 뜻. 인이신지(引而伸之).
○체(滯) : 막히다.
○태(殆) : 대체로. 거의.
○자(自) : 원래부터. 본래.

1·16·1 子曰 不患人之不己知요 患不知人也니라

공자께서 말씀하셨다. "남이 자기를 알아주지 않음을 걱정하지 말고, 자기가 남을 알지 못함을 걱정해야 할 것이다."

○불환인지불기지(不患人之不己知) : 남이 나를 알아주지 않음을 걱정하지 말라. 남이 자기의 선에 대해 알아주지 않음을 걱정하지 말라는 뜻. 고대 한문에서는 '不'에 의해서 부정되는 '서술어＋목적어' 구조에서는 목적어가 대명사이면 도치되는데, 이는 고대 문법의 특징이었다. "患是憂慮 人該得廣凡君臣朋友皆是 不己知是人不知己之善"
○환부지인야(患不知人也) : 내가 남을 알지 못함을 걱정해야 한다. 자기 자신이 남의 시비선악에 대해 알지 못함을 걱정해야 한다는 뜻. "不知人是己不知人之是非善惡"
○이 문장은 위기지학(爲己之學)에 관한 내용으로서 학자로서의 마음가짐을 가르친 것인데,   본서《이인편(里仁篇)》4·14·1,《헌문편(憲問篇)》14·32·1,《위령공편(衛靈公篇)》15·18·1 등에도 자   나타난다.

尹氏曰 君子는 求在我者라 故로 不患人之不己知요 不知人이면 則是非邪正을 或不能辨이라 故로 以爲患也니라

윤 씨가 말했다. "군자는 자신에게 있는 것을 구하므로 남이 자기를 알아주지 않음을 걱정하지 않는 것이요, 남을 알지 못하면 시비와 사정을 혹 분변할 수 없는 것이므로 걱정하는 것이다."

[備旨] 夫子示人以爲己之學에 曰君子之學은 求在我而已라 我誠是與正矣면 卽人知之라도 於己無加요 人或不知라도 於己無損이라 不患人之不己知也요 惟患不知人之是非邪正耳라 蓋不知人이면 則無以取是而舍非하고 從正而遠邪니 此는 則所當深患也라

부자께서 사람들에게 자기를 위하는 학문을 보여줄 적에 말씀하시기를, "군자의 학문은 자기에게 있는 것을 구해야 할 따름이다. 자기가 진실로 옳고 또 바르다면 곧 사람들이 알아주더라도 자기에게 더할 것이 없고 사람들이 혹 알아주지 않더라도 자기에게 줄일 것도 없을 것이다. 남이 자기를 알아주지 않음을 걱정하지 말고 오직 남의 시비나 사정을 알지 못함을 걱정해야 할 따름이다. 대체로 남을 알지 못하면 옳은 것을 취하고 그릇된 것을 버리거나 바른 것을 좇고 사악한 것을 멀리 할 수 없으니, 이는 마땅히 깊이 걱정해야 할 것이다."라고 하셨다.

○위기지학(爲己之學) : 자기를 위하여 하는 학문. 자신의 수양(修養)·안심(安心)·입명(立命)을 위하여 행함.「예기(禮記)」"力惡其不出於身也 不必爲己"「논어집주(論語集註)」"慶源輔氏曰 人不知己 其病在人 己不知人 其病在己 君子之學爲己 不暇病人之病而病己之病也"

제 2편 爲 政

凡二十四章이라

모두 24장이다.

2·1·1 子曰 爲政以德이 譬如北辰(신)이 居其所어든 而衆星共 (拱)之니라

　　공자께서 말씀하셨다. "덕으로써 정치한다는 것이 비유하자면 북극성이 그 자리에 머물러 있는데 모든 별들이 그를 향하여 도는 것과 같다."

○위정이덕(爲政以德) : 정치를 행할 적에 덕으로써 행함. 여기서 '德'은 사물의 이치를 연구하고 도를 행하여 얻은 품성. '以德爲政'의 도치. "德是躬行心得之理 以德是以躬行心得運 爲化理也"
○비여북신(譬如北辰) : 비유하자면 북극성과 같다. 북극성은 작은곰자리에서 으뜸가는 별을 말하는데 이것은 임금의 형상을 말함. "是譬君象"
○거기소(居其所) : 그 자리에 거하다. 그 별이 자리에 머물러 가만히 있는 모양. ☞기(其) : '北辰'을 가리키는 지시대명사. ☞소(所) : 장소. "是無爲之象"
○중성공지(衆星共之) : 뭇별들이 그것을 에워싸다. 북극성 주위의 여러 별들이 북극성을 향해 돈다는 말로서 천하의 사람들이 임금에게 돌아감을 형상한 말. ☞공(共) : 향하다[向也]. 두 손을 들어 가슴 앞에서 맞잡다[拱]. 마치 뭇별들이 빙 둘러쳐서 예를 표한다는 말. ☞지(之) : '北辰'을 가리키는 지시대명사. "之指北辰 言衆星共是天下歸之象"

政之爲言은 正也니 所以正人之不正也요 德之爲言은 得也니 行道而有得於心也라 北辰은 北極이니 天之樞也라 居其所는 不動也라 共은 向也니 言衆星四面旋繞하여 而歸向之也라 爲政以德이면 則無爲而天下歸之리니 其象如此라
○程子曰 爲政以德然後라야 無爲니라 范氏曰 爲政以德이면 則不動而化하고 不言而信하고 無爲而成이니 所守者至簡而能御煩하고 所處者至靜而能制動하고 所務者至寡而能服衆이니라

정(政)이란 바르게 한다는 뜻이니, 사람의 바르지 못한 것을 바로 잡는다는 것이요, 덕(德)이란 얻는다는 뜻이니, 도를 행하여 마음에 얻은 것이 있다는 것이다. 북신(北辰)은 북극성이니 하늘의 중심이다. 그 자리에 머물러 있다는 것은 움직이지 않는다는 것이다. 공(共)은 향하는 것이니, 여러 별들이 사면에서 돌고 둘러서 따르는 것을 말한다. 덕으로써 정치를 행하면 다스리지 않더라도 천하가 돌아올 것이니, 그 형상함이 이와 같은 것이다.

○정자가 말했다. "덕으로써 정치를 행한 뒤라야 다스리지 않아도 이루어지게 되는 것이다." 범 씨가 말했다. "덕으로써 정치를 행하면 움직이지 않아도 교화가 되고, 말하지 않아도 믿어지고, 다스리지 않아도 이루어질 것이니, 지키는 바가 지극히 간략하지만 능히 번거로움을 제어할 수 있고, 처하는 바가 지극히 고요하지만 능히 움직임을 제어할 수 있고, 힘쓰는 바가 지극히 적지만 능히 여러 사람을 복종시킬 수 있을 것이다."

○중추(中樞) : 사물의 중심이 되는 중요한 부분이나 자리.
○선요(旋繞) : 돌고 두름.
○귀향(歸向) : 따름. 향함. 귀향(歸嚮).
○무위(無爲) : 다스리지 않음. 아무 일도 하지 않음. 「중용(中庸)」 26・6 참고. "如此者는 不見(현)而章하며 不動而變하며 無爲而成이니라"

[備旨] 夫子示人尙德之化에 曰人君之爲政은 以正人也라 凡紀綱法度之施에 一以其躬行心得之德으로 推之焉이면 則無爲而天下歸之리니 譬如北極之辰이 尊居其所어든 寂然不動이로되 而衆星이 皆四面旋繞以共向之也라 是可見北辰無爲로되 而衆星以情屬하고 大君無爲로되 而萬民以德從하니 此無爲之化가 同天之治也라 觀天象이면 不可以知德化乎哉아

부자께서 사람들에게 덕을 높이면 교화가 된다는 것을 보여줄 적에 말씀하시기를, "인군이 정치를 하는 것은 사람을 바르게 하기 위한 것이다. 무릇 기강과 법도를 시행할 적에 하나하나 자기가 몸소 행하고 사물의 이치를 깊이 이해한 덕으로써 추진한다면 다스리지 않아도 천하가 그에게 돌아올 것이니, 비유하자면 마치 북극성이 그 자리에 높이 머물러 있으면 고요히 움직이지 않고 있어도 여러 별들이 사면에서 돌고 둘러서서 함께 향하고 있는 것과 같다. 곧 북극성이 하는 일이 없지만 여러 별들이 정 때문에 모이게 되고 대군은 하는 일이 없지만 만민들이 덕 때문에 따르게 됨을 볼 수 있으니, 이것이 다스리지 않아도 교화됨이 하늘의 다스림과 같다는 것이다. 하늘의 형상을 보면 덕의 교화를 알 수 없겠는가?"라고 하셨다.

○상덕(尙德) : 덕을 높임. 덕을 숭상함.
○심득(心得) : 사물의 이치를 깊이 이해함.
○적연(寂然) : 고요히.
○촉(屬) : 붙다. 모이다.

2·2·1 子曰 詩三百을 一言以蔽之하면 曰 思無邪니라

공자께서 말씀하시기를, "시 3백 편의 뜻을 한 마디 말로 다 말한다면 '생각에 사악함이 없는 것이다.'라고 하셨다."

○시삼백(詩三百) : 시경에 실려 있는 3백 편의 수를 말함. "詩是詩經三百 詩全詩之數"
○일언이폐지(一言以蔽之) : 시 3백 편의 뜻을 한 마디 말로 줄여서 표현함. "一言蔽是 一句辭可 蓋全詩之義"
○사무사(思無邪) : 생각에 사악함이 없다. 마음이 순정(純正)하여 거짓이 없음. 심정을 그대로 나타내며 조금도 꾸밈이 없는 일. "思是心思 無邪是心思之正"

詩는 三百十一篇이로되 言三百者는 擧大數也라 蔽는 猶蓋也라 思無邪는 魯頌駉篇之辭라 凡詩之言이 善者는 可以感發人之善心하고 惡者는 可以懲創人之逸志하니 其用은 歸於使人으로 得其情性之正而已니라 然이나 其言微婉하고 且或各因一事而發하니 求其直指全體면 則未有若此之明且盡者라 故로 夫子가 言詩三百篇하여 而惟此一言이 足以盡蓋其義라하시니 其示人之意가 亦深切矣라
○程子曰 思無邪者는 誠也라 范氏曰 學者는 必務知要니 知要면 則能守約이요 守約이면 則足以盡博矣라 經禮三百과 曲禮三千을 亦可以一言以蔽之하니 曰毋不敬이라하니라

시는 3백 11편이지만 3백 편이라고 말한 것은 큰 수만을 든 것이다. 폐(蔽)는 개괄한다는 말과 같다. 사무사(思無邪)란 말은 《노송 경편》의 말이다. 모든 시의 말이 좋은 것은 사람의 착한 마음을 감동하여 분발시킬 수 있고 악한 것은 사람의 방탕한 뜻을 징계할 수 있으니, 그 효용은 사람으로 하여금 그 생각이 바른 모습을 얻는 데로 돌아가게 할 따름이다. 그러나 그 말이 미약하지만 완곡하고 또 간혹 각각 한 가지 일을 인하여 나타내니, 그 전체를 바로 가리킨 것을 찾는다면 이 말과 같이 분명하고 곡진한 말이 있지 않을 것이다. 그러므로 부자께서 시 3백 편을 말하면서 오직 이 한 마디

말이 족히 그 뜻을 다 나타낼 수 있다고 하셨으니, 그것이 사람에게 보여준 뜻이 또한 깊고 간절하다고 하겠다.

○정자가 말했다. "생각에 사악함이 없다는 것은 정성이다." 범 씨가 말했다. "배우는 사람들은 반드시 요점을 알기를 힘써야 될 것이니, 요점을 알면 약례를 지킬 수 있고 약례를 지키면 족히 박문을 다할 수 있을 것이다. 「예기」에 경례 3백 가지와 곡례 3천 가지를 한 마디 말로써 나타내었으니, '공경하지 않는 것이 없다.'고 했다."

○시(詩) :「시경(詩經)」을 말함. 고대에는 '詩'라고 칭하다가 전국말(戰國末)에 '經'자가 붙게 되었는데, 남송(南宋) 초기에 와서 비로소 책명이 되었음.

○폐(蔽) : 총괄하다. 포괄하다.

○개(蓋) : 총괄하다. 대개. 생각하건대. 아마도.

○《노송(魯頌) 경편(駉篇)》: 노(魯)나라의 희공(僖公)을 칭송한 한 노래.

○감발(感發) : 느끼어 마음이 움직임. 감동하여 분발함.

○일지(逸志) : ①세속을 초월한 높은 뜻. ②방종한 뜻. 방탕한 뜻. 여기서는 ②의 뜻.
☞일(逸) : 풀어놓다. 버려두다. 멋대로 하게 하다.

○징창(懲創) : 혼내 줌. 징계함. 혼나서 스스로 경계함. '創'도 혼낸다는 뜻.

○정성지정(情性之正) : 생각함이 바른 상태. 여기서 '情性'은 '타고난 마음'이나 '본성(本性)'을 의미하는 것이 아니라 '생각하는 과정'이나 '생각하는 상태'를 말함. 「논어집주(論語集註)」"朱子曰 情性是貼思 正是貼無邪"

○미완(微婉) : 미약하지만 완곡함.

○성(誠) : 정성. 순수한 마음. 공평 무사한 마음. 「중용(中庸)」25·1 이하 참고.

○약례(約禮) : 요약(要約)하기를 예(禮)로써 함. 약지이례(約之以禮). '約'은 '다잡다'는 뜻으로 안정되지 못하여 어지러운 몸이나 마음을 다그쳐 바로잡는 모양.

○박문(博文) : 널리 학문을 닦음. ☞박문약례(博文約禮) : 널리 학문을 닦고 예절을 잘 지킴.

○경례(經禮) : 예의 큰 줄기. 「공자가어(孔子家語)」"子曰 經禮三百 可勉能也" 여기서는 예의(禮儀) 3백 가지를 말함. ☞예의(禮儀) : 관혼상제(冠婚喪祭) 및 조회(朝會)·근회(覲會)와 같은 예를 말하는데 그 대강(大綱)이 3백 가지가 됨.

○곡례(曲禮) : 진퇴(進退)·승강(升降)·부앙(俯仰)·읍손(揖遜)과 같은 예를 말하는데 절목(節目)이 3천 가지가 됨. 「중용(中庸)」27·3 참고. "優優大哉라 禮儀三百이요 威儀三千이로다"

○무불경(毋不敬) : 공경하지 않는 것이 없음. 「예기(禮記)」《곡례상(曲禮上)》첫머리에 나오는 말. "공경하지 않는 것이 없어서 단정하고 엄숙하기를 무언가 생각하는 것 같이 하며, 말을 안정하게 한다면 백성을 편안하게 할 수 있을 것이다.(曲禮曰 毋不敬

儼若思 安定辭 安民哉)"

[備旨] 夫子示人以學詩之要에 曰詩之爲經은 自關雎로 以至殷武히 蓋有三百篇之多라 然이나 其中有一言之約이어늘 可以盡蓋全經之義者는 如魯頌駉篇에 曰思無邪是已라 蓋凡詩之言이 善者以爲勸이요 惡者以爲戒라 其用이 皆歸於使人으로 無邪思也니 則此思無邪之一言이 豈不足以蔽全詩之義哉아

　　부자께서 사람들에게 시를 배울 때 요점을 보여줄 적에 말씀하시기를, "시를 경서라고 하는 것은《관저》로부터《은무》에 이르기까지 대개 3백 편이나 될 정도로 많기 때문이다. 그러나 그 중에서도 한 마디로 요약한 말이 있는데, 모든 경서의 뜻을 총괄할 수 있는 것은 곧《노송 경편》에서 '생각에 사악함이 없다.'고 말한 것일 따름이다. 대체로 시의 말이 좋은 것은 권해야 할 것이요 나쁜 것은 경계로 삼아야 할 것이다. 그 쓰임이 모두 사람으로 하여금 사악한 생각이 없는 곳으로 돌아가게 하니, 곧 이렇게 '생각에 사악함이 없다.'는 한 마디 말이 어찌 모든 시의 뜻을 총괄하지 않았는가?"라고 하셨다.

○관저(關雎) : 군자(君子)가 어진 배필을 사모하는 정을 읊은 노래. 「시경(詩經)」의 첫째 편에 해당함.
○은무(殷武) : 모시서(毛詩序)에서는 무정(武丁)을 제사 지내는 노래라고 하였고, 삼가시경설(三家詩經說)에서는 춘추 시대 송(宋)나라 희공(僖公)의 일을 칭송한 노래라고 보고 있음. 「시경(詩經)」의 마지막 편에 해당함.
○여(如) : 곧. 다름이 아니라.

2·3·1 子曰 道之以政하고 齊之以刑이면 民免而無恥니라

　　공자께서 말씀하셨다. "법으로써 인도하고 형벌로써 규제하면, 백성들은 형벌은 면하겠지만 부끄러워하는 마음은 없을 것이다.

○도지이정(道之以政) : 법제나 금령으로써 백성을 인도함. '政'은 법제(法制)나 금령(禁令)을 말함. '以政道之'의 도치. "道是引民爲善以去惡 政者 法制示民使之爲善 禁令戒民使不爲惡"
○제지이형(齊之以刑) : 형벌로써 한결같이 몰아감. '以刑齊之'의 도치. "齊是一其趨 刑是驅民不得不 爲善去惡以濟 政之不及者"

○민면이무치(民免而無恥) : 구차히 형벌만 면하려 하고 부끄러워하는 마음이 없어진다는 말. "免是苟且免罪 恥是羞愧之心 總承上二句說"

道는 猶引導니 謂先之也라 政은 謂法制禁令也라 齊는 所以一之也니 道之而不從者를 有刑以一之也라 免而無恥는 謂苟免刑罰하고 而無所羞愧니 蓋雖不敢爲惡이나 而爲惡之心은 未嘗亡(무)也라

도(道)는 인도한다는 것과 같으니 먼저 행하는 것을 이른다. 정(政)은 법제와 법령을 말한다. 제(齊)는 한결같이 한다는 것이니, 인도해도 따르지 않는 자를 형벌을 가하여 한결같이 만든다는 것이다. '免而無恥'는 구차하게 형벌만 면하려 하고 부끄러워하는 바가 없음을 말한 것이니, 아마도 비록 감히 악한 짓을 하지는 못한다고 하더라도 악한 짓을 하려는 마음은 없어지지 않을 것이다.

○법제(法制) : 법률이나 제도. 법률로 정해진 각종 제도.
○금령(禁令) : 어떠한 행위를 못하게 막는 법령. 금법(禁法).

[備旨] 夫子示爲治者當審所尙에 曰政刑德禮는 皆治道之不可缺者也로되 而本末은 辨於其間矣라 誠使人君이 治民에 道之以法令之政하고 至有民之不從者는 又齊之以癉惡之刑이면 則民旣恐其戾於政하고 又恐其犯於刑하여 兢兢然이요 但求苟免刑罰하고 而無所愧恥하여 爲惡之心은 仍在也라 是上以法治民이면 民亦以法應之가 如此라

부자께서 정사를 다스리는 사람은 마땅히 숭상해야 할 바를 살펴야 한다는 것을 보여줄 적에 말씀하시기를, "법이나 형벌 그리고 덕과 예는 모두 치도에서 뺄 수 없을 것이지만, 그러나 본말은 그 사이에서 판별이 난다. 진실로 가령 인군이 백성을 다스릴 적에 법령에 정해져 있는 법으로써 인도하고 정말로 말을 듣지 않는 백성들은 다시 괴로운 형벌로써 규제한다면, 백성들은 그 법제와 법령을 위반할까 두려워할 뿐만 아니라 또 그 법을 범할까 두려워서 떨 것이요, 단지 구차하게 형벌만 면하기를 구하고 마음속으로는 부끄러워하는 바가 없어서 악을 행하는 마음은 여전히 갖고 있을 것이다. 곧 위에 있는 사람이 법으로써 백성을 다스리면 백성들도 또한 법에 응함이 이와 같다.

○정형(政刑) : 정치와 형벌.
○덕례(德禮) : 덕과 예의.
○치도(治道) : 나라를 다스리는 방침·정책·조치(措置) 등.

○단악(癉惡) : 악한 일을 한 것에 대해 괴롭게 함.
○려(戾) : 거스르다. 배반하다. 어그러지다.
○형(刑) : 법. 정해져 있는 규칙.
○긍긍연(兢兢然) : 두려워하여 삼가는 모양.
○잉(仍) : 여전히. 그대로 따름.

2·3·2 道之以德하고 齊之以禮면 有恥且格이니라

그러나 덕으로써 인도하고 예로써 규제하면, 백성들은 자기의 부끄러움을 느껴서 또 고치게 될 것이다.”

○도지이덕(道之以德) : 인도하기를 덕으로써 하다. ‘道’는 ‘인도하다[導]’라는 뜻. ‘以德道之’의 도치문. “道是躬先倡率意 德是躬行心得謂 爲善去惡以爲天下先也”
○제지이례(齊之以禮) : 규제하기를 예로써 하다. ‘齊’는 ‘규제하다’ ‘가지런하게 하다’라는 뜻. ‘以禮齊之’의 도치문. “指五禮文物言” ☞오례(五禮) : 길례(吉禮:祭祀)·흉례(凶禮:喪葬)·빈례(賓禮:賓客)·군례(軍禮:軍旅)·가례(嘉禮:冠婚).
○유치차격(有恥且格) : 백성들이 불선을 부끄럽게 여기고 또 선에 이르게 되다. ‘格’은 ‘이르다’라는 뜻인데, 백성들이 불선을 부끄럽게 여기고 잘못을 바로잡아 선에 이르게 된다는 의미. “恥是恥其不善 格是至於善”

禮는 謂制度品節也라 格은 至也니 言躬行以率之면 則民固有所觀感而興起矣요
而其淺深厚薄之不一者를 又有禮以一之면 則民恥於不善하고 而又有以至於善
也라 一說에 格은 正也라하니 書에 曰格其非心이라하니라
○愚謂 政者는 爲治之具요 刑者는 輔治之法이며 德禮는 則所以出治之本이요 而
德은 又禮之本也라 此其相爲終始하여 雖不可以偏廢나 然이나 政刑은 能使民으로
遠罪而已요 德禮之效는 則有以使民으로 日遷善而不自知라 故로 治民者는 不可
徒恃其末이요 又當深探其本也니라

예(禮)는 제정된 법규와 등급에 따라 조절하는 것을 말한다. 격(格)은 이른다는 것이니, 몸소 행하여 솔선수범하면 백성이 진실로 보고 감동하여 흥기하는 바가 있을 것이요, 그들의 성품이 천심·후박하여 한결같지 않은 것을 예로써 한결같게 하면, 곧 백성들이 착하지 못함을 부끄러워하고 또 선에 이를 수 있음을 말씀한 것이다. 일설에 ‘格’

은 바로 잡는다는 뜻이라고 하는데, 「서경」에는 "그 그릇된 마음을 바로 잡는다."라고 했다.

　○내[朱子]가 생각하건대, 정(政)이란 다스리는 도구이고 형(刑)이란 다스림을 돕는 법이며, 덕과 예는 다스림에 나아가는 근본이 되고 덕은 또 예의 근본이 된다. 이렇게 그들이 서로 끝과 시작이 되어서 비록 어느 한 쪽으로 치우치거나 폐할 수 없으나, 정사와 형벌은 능히 백성으로 하여금 죄를 멀리하도록 할 따름이고, 덕과 예의 효과는 백성으로 하여금 날로 착한 데로 옮겨가게 하지만 자신은 알지 못하게 할 것이다. 그러므로 백성을 다스리는 자는 한갓 그 말단만[法制·刑罰] 믿어서는 안 되고, 또 마땅히 그 근본을[德·禮] 깊이 탐구해야 할 것이다.

○제도(制度) : 제정된 법규. 나라의 법.
○품절(品節) : 등급에 따라 점차 알맞게 조절함.

[備旨] 若使道民者가　不徒以其法也하고　而皆本於躬行之心德이면　民固觀感而興起矣라 而稟有厚薄하고　感有淺深之不一者하니　又齊之以中正之禮하여　抑其過하고　引其不及이면 則民不惟有恥於不善이요　而且格以至於善矣라　是上以心感民이면　民亦以心應之가　如此라 此孰淺孰深이며　何去何從을　必有能辨之者라

　만일 백성을 인도하는 사람이 한갓 그 법만 쓰지 않고, 모든 것을 몸소 행하는 심덕을 근본으로 삼는다면 백성들이 진실로 보고 느껴서 흥기할 것이다. 그러나 성품에는 두텁거나 엷음이 있고 느낌에는 옅거나 깊음이 있어서 한결같지 않음이 있으니, 또 치우치지 않고 올바른 예로써 규제하여 그 지나친 것에 대해서는 막아주고 그 미치지 못하는 것에 대해서는 인도해 주면, 백성들은 오직 불선에 대해 부끄러워 할 뿐만 아니라 또 잘못을 고쳐서 선에 이르게 될 것이다. 곧 위에 있는 사람이 마음으로써 백성을 감동시키면 백성들노 노한 마음으로써 응함이 이와 같다. 여기에서 어느 것이 얕고 어느 것이 깊으며 무엇을 버리고 무엇을 따를 것인가를 반드시 분별해야 할 것이다."라고 하셨다.

○약사(若使) : 만일 … 라면.
○심덕(心德) : 마음을 쓰는 데서 나타나는 덕기(德氣).
○중정(中正) : 치우치지 않고 올바름.

2·4·1 子曰 吾十有五而志于學하고

공자께서 말씀하셨다. "나는 열 다섯 살에 학문에 뜻을 두었고,

○십유오(十有五) : 열 다섯 살. '有'는 수와 수 사이에 끼워 숫자를 나타낼 적에 쓰였으며, 해석할 필요는 없다. "是方入大學之時"
○이지우학(而志于學) : 부지런히 학문에 뜻을 두어 명덕(明德)·신민(新民)·지선(至善)의 이치를 열심히 배운다는 말. 열 다섯 살을 '지학(志學)'이라고 함. 지학지년(志學之年). "志有汲汲 於此意學訓 大學乃明德新民至善之理"

古者에 十五而入大學이라 心之所之를 謂之志라 此所謂學은 卽大學之道也니 志乎此면 則念念在此하여 而爲之不厭矣리라

옛날에는 열 다섯 살에 대학에 입학했다. 마음이 가는 바를 일러서 뜻이라고 한다. 여기에서 이른바 학문은 곧 대학의 도다. 여기에 뜻을 두면 생각마다 여기에 있어서 공부하는 것이 싫지 않을 것이다.

[備旨] 夫子自叙其進學以勉人에 曰理以日進而無窮하고 功以積勤而有獲이라 吾蓋身歷之而知其然矣라 猶憶吾十有五之時에 而卽有志於大學之道라 凡所以致知力行者를 皆於此에 端其趨而爲之汲汲矣라

부자께서 학문의 길로 나아간 데 대해 스스로 서술하여 사람들에게 힘쓰도록 할 적에 말씀하시기를, "이치는 매일 나아가서 연구해도 다함이 없고 공적은 쌓기를 부지런히 해야 얻을 수 있다. 나는 아마 몸으로 경험해서 그것이 그렇다는 이유를 안 것 같다. 내가 열 다섯 살 때를 또한 생각해 볼 적에 대학의 도에 뜻을 두고 나아갔다. 무릇 치지와 역행의 방법을 모두 여기에서 그 방향을 근본으로 삼아 부지런히 공부했다.

○이(理) : 우주 만물의 근원이 되는 이치. 성리학(性理學)에서 조리(條理)·준칙(準則)이나 정신의 본원(本源) 또는 윤리(倫理)·강상(綱常)을 지칭하는 용어.
○치지(致知) : 지식을 궁구(窮究)하여 사물의 이치에 통달함.
○역행(力行) : 힘써 행함.
○추(趨) : 나아가는 방향. 향하여 감. 추향(趨向).
○급급(汲汲) : 바쁜 모양. 부지런히 일하는 모양. 자자(孜孜).

2·4·2 三十而立하고

서른 살에 스스로 확고히 설 수 있었고,

○삼십이립(三十而立) : 서른 살에 스스로 설 수 있어서 사물에 의해 빼앗기거나 흔들리지 않음. 여기서 '立'은 '확고히 서다'는 뜻. 서른을 '이립(而立)'이라고 함. 이립지년(而立之年). "立是堅守得定 不爲事物搖奪"

有以自立이면 **則守之固**하여 **而無所事志矣**라

스스로 설 수 있으면 견고하게 지킬 수 있어서, 한 가지 일 외에 마음을 둘 곳이 없을 것이다.

[備旨] 然이나 向於道로되 而己猶未得乎道也라 積十五年持守之功하여 至於三十하니 則道得諸己하고 而有以自立하여 私意不能搖하며 外物不能亂하여 守之極固하여 而無所用志矣라

그렇지만 도에 뜻을 두고 향했지만 몸은 여전히 도를 얻을 수는 없었다. 열 다섯 살에 갖고 지켰던 공을 쌓아서 서른 살에 이르니, 도를 몸에 얻고 스스로 설 수 있어서 사사로운 뜻에 능히 흔들리지 않았으며, 외물에도 능히 흩어지지 않아서 아주 견고하게 지킬 수 있어서 한 가지 일 외에 마음을 둘 바가 없었다.

2·4·3 四十而不惑하고

마흔 살에 미혹되지 않았고,

○사십이불혹(四十而不惑) : 마흔 살이 되어서는 사물에 털끝만큼이라도 의혹되는 일이 없음. 즉 천하의 모든 도리를 분명하게 알게 되어, 어떠한 일에 부딪쳐도 의혹되는 일이 없다는 말. 사십을 '불혹(不惑)'이라고 함. 불혹지년(不惑之年). "是於事物上 無一毫疑惑"

於事物之所當然에 **皆無所疑**면 **則知之明**하여 **而無所事守矣**라

사물의 이치상 마땅히 그러할 것이라는 것에 대하여 모두 의심할 것이 없으면, 아는 것이 분명하여 지킴에 일삼을 것이 없을 것이다.

[備旨] 然이나 知未至於融通하여 而守猶假於用力이라 又加以十年玩索涵養之功하여 而進於四十하니 則於道之所當然者에 幾微必析하고 毫釐必察하여 知極其明하고 而守更無事矣라

그렇더라도 지혜가 아직까지 융통한 데까지는 이르지 못하여 지킴이 여전히 힘쓰는 것을 빌려야 했다. 또 십 년 동안 깊은 뜻을 찾아 곰곰이 생각해 보고 학문이 차차 몸에 배어들도록 공을 더해 마흔 살로 나아갔으니, 도리상 마땅히 그러할 것이라는 것에 대하여 기미를 반드시 분석하고 아주 적은 것이라도 반드시 살펴서, 지혜는 그 총명함을 다했고 지키는 것은 다시 힘쓸 것이 없었다.

○융통(融通) : 막히는 것이 없이 통함.
○유(猶) : 여전히. 아직도.
○완색(玩索) : 글의 깊은 뜻을 곰곰이 생각해 봄. 숙독 완미(熟讀玩味)하여 그 참뜻을 찾음. 완역(玩繹).
○함양(涵養) : 저절로 물드는 것같이 차차 길러 냄. 학문·견식 등이 차차 몸에 배도록 양성함.
○기미(幾微) : 조짐. 전조(前兆).
○호리(毫釐) : 털끝만큼. 아주 적음.

2·4·4 五十而知天命하고

쉰 살에 천명을 알았고,

○오십이지천명(五十而知天命) : 쉰 살이 되어서는 일의 이치에서 원인을 앎. 쉰 살을 '지명(知命)'이라고 함. 지명지년(知命之年). "是知理之源頭處"

天命은 卽天道之流行하여 而賦於物者니 乃事物所以當然之故也라 知此면 則知極其精하여 而不惑을 又不足言矣라

천명은 천도가 유행하여 사물에 주어진 것이니, 바로 사물이 마땅히 그렇게 되는 바의 까닭이다. 이것을 알면 지혜는 그 정미함을 다하여 의심할 바가 없다는 것을 또한 말할 나위도 없다.

[備旨] 然이나 猶但知其所當然이로되 而未能知其所以然이라 又充積十年하여 至於五十하니 則天命之賦於物하여 而爲事物所以然之故者를 皆無不知하여 悟發用之大原하고 會萬殊之一本이라 豈第不惑而已哉아

그러나 오히려 다만 그것이 마땅히 그렇게 된다는 것을 알았지만, 아직도 그것이 그렇게 된 까닭은 알지 못했다. 또 십 년을 쌓아서 쉰 살에 이르니 천명이 사물에게 부여해서 사물이 그렇게 된 바의 까닭을 모두 알지 못함이 없게 되어, 무엇을 움직이거나 쓸 적에 큰 근원이 된다는 것을 깨달았고 온갖 다른 일에서는 하나의 근본이 된다는 것을 알게 되었다. 어째서 다만 미혹되지 않는다고 그만두겠는가?

○오(悟) : 깨닫다.
○발용(發用) : 운용(運用)을 일으킴.
○만수(萬殊) : 만 가지가 다름.
○기제(豈第) : 어째서. 설마 …일 리가 있겠는가?

2·4·5 六十而耳順하고

예순 살에 남의 말을 순순히 들었고,

○육십이이순(六十而耳順) : 예순 살이 되어서는 생각하지 않더라도 통하지 않는 일이 없음. 예순 살을 '이순(耳順)'이라고 함. 이순지년(耳順之年). "是不思而無不通境界"

聲入心通하여 **無所違逆**이니 **知之之至**하여 **不思而得也**라

소리가 들어오면 마음에 통하여 어기고 거스르는 바가 없으니, 아는 것이 지극하여 생각하지 않아도 깨달아지는 것이다.

[備旨] 然이나 知之雖精이나 而猶假於思也라 由五十而至十年하니 則心與理融하고 理與心會하여 人之言이 方入於耳면 而言之理는 卽順於心이라 此는 自知命以來로 若用力하고 若不用力이라도 而自至於此者라

그러나 지혜가 비록 정미하다고 하겠으나 여전히 생각을 빌려야 했다. 쉰 살에서 또 십 년을 지나니, 마음은 이치와 통하고 이치는 마음에 깨달아져 사람들의 말이 막 귀

에 들어오면 말의 이치는 곧 마음을 거스르지 않게 되었다. 이는 천명을 안 이래로 어쩌면 힘을 썼는지도 모르고 혹 힘을 쓰지 않았더라도 저절로 여기에 이르렀는지도 모른다.

○지명(知命) : 지천명(知天命).
○약(若)~약(若) : 어쩌면. 혹은 …인지도 모른다. 접속사로서 선택이나 병렬을 나타냄.

2·4·6 七十而從心所欲하여도 不踰矩하니라

일흔 살에 마음에 하고자 하는 바를 좇아도 법도를 넘어서지 않았다."

○칠십이종심소욕(七十而從心所欲) : 일흔 살이 되어서는 마음에 하고자 하는 바를 좇음. 일흔 살을 '종심(從心)'이라고 함. 종심지년(從心之년). "是隨心所向往"
○불유구(不踰矩) : 법도를 넘어서지 않음. "不踰是不過意 矩是借言一定不易之理" ☞구(矩) : 법. 법도. 곱자. 곡척(曲尺). 방형(方形)을 그리는 데 쓰는 자.

從은 隨也라 矩는 法度之器니 所以爲方者也라 隨其心之所欲이로되 而自不過於法度는 安而行之하여 不勉而中也니라
○程子曰 孔子는 生而知者也로되 言亦由學而至는 所以勉進後人也라 立은 能自立於斯道也요 不惑은 則無所疑矣요 知天命은 窮理盡性也요 耳順은 所聞皆通也요 從心所欲하여도 不踰矩는 則不勉而中矣라 又曰 孔子自言其進德之序가 如此者는 聖人未必然이요 但爲學者立法하여 使之로 盈科而後進하고 成章而後達耳니라 胡氏曰 聖人之敎가 亦多術이나 然이나 其要는 使人으로 不失其本心而已라 欲得此心者는 惟志乎聖人所示之學하여 循其序而進焉하여 至於一疵不存하고 萬理明盡之後엔 則其日用之間에 本心瑩然하여 隨所意欲이로되 莫非至理라 蓋心卽體요 欲卽用이며 體卽道요 用卽義하여 聲爲律而身爲度矣라 又曰 聖人言此하여 一以示學者는 當優游涵泳하되 不可躐等而進이요 一以示學者는 當日就月將하되 不可半途而廢也니라 愚謂 聖人은 生知安行하여 固無積累之漸이나 然이나 其心에 未嘗自謂已至此也라 是는 其日用之間에 必有獨覺其進이로되 而人不及知者라 故로 因其近似以自名이니 欲學者로 以是爲則이요 非心實自聖하여 而姑爲是退託也라 後凡言謙辭之屬도 意皆倣此니라

종(從)은 따르는 것이다. 구(矩)는 법도가 되는 기구이니, 네모난 것을 만드는 것이다. 그 마음에 하고자 하는 바를 좇지만 저절로 법도를 지나치지 않았다는 것은 편안하게 행하여 힘쓰지 않아도 도에 맞게 된다는 것이다.

○정자가 말했다. "공자는 나면서부터 아는 사람이었지만 역시 배움을 말미암아서 이르렀다고 말씀하신 것은 후인에게 힘써 나아가게 하신 것이다. 입(立)은 능히 스스로 도에 서는 것이요, 불혹(不惑)은 의심하는 바가 없다는 것이요, 지천명(知天命)은 이치를 궁구하고 성품을 다하는 것이요, 이순(耳順)은 듣는 바가 모두 통한다는 것이요, 마음에 하고자 하는 바를 좇아도 법도를 넘어서지 않았다는 것은 힘쓰지 않아도 도에 맞게 된다는 것이다." 또 말하기를, "공자께서 스스로 덕에 나아간 순서가 이와 같다고 말씀하신 것은 성인이 반드시 그렇다는 것은 아니요, 다만 배우는 자들 때문에 법을 세워서 그들로 하여금 점진적으로 나아가게 하고 사리에 밝아진 뒤에 통달하도록 했을 따름이다." 호 씨가 말하기를, "성인의 가르침에는 방법이 많으나 그 요점은 사람으로 하여금 그 본심을 잃지 않도록 할 뿐이다. 이 본심을 얻고자 하는 사람은 오직 성인이 보여주신 학문에 뜻을 두어, 그 차례를 따라서 나아가서 한 가지라도 흠이 있지 않는 데 이르고 모든 이치를 밝게 깨닫게 된 뒤에는, 일용의 사이에 본심이 환하게 되어 뜻에 하고자 하는 바를 따르지만 지극한 이치가 아님이 없을 것이다. 대개 마음은 본체가 되고 하고자 하는 것은 작용이며, 본체는 도가 되고 작용은 의가 되어 소리를 내면 음률이 되고 몸을 움직이면 법도가 되는 것이다." 또 말하기를, "성인이 이것을 말씀해서 한편으로는 배우는 자들은 마땅히 유유 자적하고 말씀에 젖되 순서를 뛰어넘으면서 나아가서는 안 된다는 것을 보여주셨고, 또 한편으로는 배우는 자들은 마땅히 나날이 나아가고 다달이 진보하되 중도에서 폐지해서는 안 된다는 것을 보여주신 것이다." 내[朱子]가 생각하건대, 성인은 나면서부터 알고 편안하게 행하여 본래 차츰차츰 쌓아서 나아가지는 않았을 것이지만, 그러나 그 마음에는 일찍이 자신이 여기에 이르렀다고 생각하지는 않았을 것이다. 이는 그의 일상 생활에서 반드시 혼자만 그가 나아갈 길을 깨날았지만, 다른 사람은 미처 알지 못하는 것이 있었던 것이다. 그러므로 그 근사한 것을 인하여 스스로 이름을 붙였으니, 배우는 자들로 하여금 이것을 법칙으로 삼아서 스스로 힘쓰게 한 것이요, 마음속으로는 실제로 스스로 성인이라고 생각하여 잠깐 이렇게 겸손하게 부탁한 것은 아니었다. 뒤에 나오는 겸사에 속한 말들도 뜻이 모두 이와 같다.

○영과(盈科) : 물의 흐름은 작게 패인 구멍도 이것을 가득히 채운 다음에야 앞으로 나아간다는 뜻으로, '학문을 이루기 위해서는 점진적으로 나아가야 함'을 비유한 말. '科'는 '穴'의 뜻. 「맹자(孟子)」 "原泉混混 不舍晝夜 盈科而後進 放乎四海"
○성장(成章) : 수미(首尾)가 완결되어 문채가 나는 문장이 이루어진 뒤에 사리에 밝아

진다는 뜻.
○자(疵) : 흠. 결점. 병.
○형연(瑩然) : 환함. 물이 환하게 맑은 모양.
○우유(優游) : 한가롭게 지내는 모양. 유유 자적(悠悠自適)하는 모양.
○함영(涵泳) : 푹 젖어서 헤엄친다는 뜻.
○엽등(躐等) : 순서를 뛰어넘음. 신분을 넘어섬. 「예기(禮記)」 "幼者聽而弗問 學不躐等也"
○고(姑) : ①시어미. ②고모. ③잠시. 여기서는 ③의 뜻.
○퇴탁(退託) : 겸양하여 부탁함.

[備旨] 然이나 行比知較爲難이라 所知가 雖出於自然이나 而所行은 猶未盡出於自然也라
由六十而進於七十이면 則涵養者純粹하고 矜持者渾忘하여 隨其心之所欲이로되 而自不過
於法度하고 縱橫左右로되 莫非天理니 夫豈待於勉而後中哉아 此는 自耳順而後로 十年之
間에 無所用力하여 而從容自到로되 有不知其所以然者니 吾自少至老히 無一時一念이라
도 不在於學이라 過此以往하니 又安知老之將至乎아

그러나 행한 것과 비교해보거나 아는 것과 비교해보기란 어렵다. 아는 것이 비록 자
연스러운 데서 나왔지만, 행한 바는 오히려 자연스러운 데로부터 모두 나온 것은 아니
었다. 예순 살에서 일흔 살에 이르면, 함양하는 것은 순수해지고 자랑하는 것은 다 잊
어버려서 그 마음에 하고자 하는 바를 따르지만 스스로 법도를 넘어서지 않았고, 앞으
로 가거나 옆으로 가거나 왼쪽으로 가거나 오른쪽으로 가더라도 천리가 아닌 것이 없
었으니, 어찌 힘써 행하기를 기다린 뒤에 맞아졌겠는가? 이는 이순 이후로부터 십 년
사이에는 힘쓸 것이 없어서 조용히 저절로 이르렀지만 그것이 그렇게 된 까닭을 알지
못했으니, 내가 어려서부터 늙을 때까지 잠시 잠깐이라도 배움에 있지 아니함이 없었
기 때문이다. 이렇게 지난 날을 지나왔으니 또 어찌 늙음이 장차 이를 것이라고 알았
겠는가?"라고 하셨다.

○함양(涵養) : 물이 스미듯이 저절로 학문 등이 터득되도록 양성함.
○순수(純粹) : 잡된 것이 섞임이 없음. 정순(精純).
○긍지(矜持) : 믿는 바가 있어 자랑함. 긍시(矜恃).
○혼망(渾忘) : 다 잊어버림.
○종횡(縱橫) : 세로와 가로. 동서(東西)를 횡(橫), 남북(南北)을 종(縱)이라 함.

2·5·1 孟懿子 問孝한대 子曰 無違니라

맹의자가 효도에 대해 묻자, 공자께서 말씀하셨다. "도리를 어김이 없어야 할 것이다."

○맹의자(孟懿子) : 노(魯)나라의 대부(大夫). 이름은 하기(何忌). 의(懿)는 그의 시호(諡號). 중손 씨(仲孫氏) 또는 맹손 씨(孟孫氏)라고도 한다. 이 책에서는 대부(大夫)에 대해서는 시호(諡號)로써 기록하고 있다. 중손 씨(仲孫氏)는 숙손 씨(叔孫氏)·계손 씨(季孫氏)와 더불어 당시 권세가였다. 이들은 노군(魯君) 환공(桓公)의 가문이므로 삼환(三桓)으로 불렸고, 참람(僭濫)한 행동이 많았다. 공자께서 암암리에 그러한 행동을 경계하기 위해서 이 말을 했는지도 모른다. ☞의(懿) : 아름답다. 훌륭하다.
○문효(問孝) : 어버이에게 효도하는 방법을 묻다. "問孝是問孝親之道"
○무위(無違) : 도리를 어기지 않다. "此句且虛講"

孟懿子는 魯大夫仲孫氏니 名何忌라 無違는 謂不背(패)於理라

맹의자는 노나라 대부 중손 씨로 이름은 하기다. 무위(無違)는 도리를 어김이 없어야 한다는 것을 이른다.

○기(忌) : 꺼리다. 꺼리어 피하다.
○패(背) : 어기다. 위반하다. 여기서는 거성(去聲)으로 쓰였으며 '패'로 읽음.

[備旨] 孟懿子問孝親之道한대 夫子曰 孝는 順德也니 人子事親에 自始至終히 皆無所違焉이면 則孝矣라

맹의자가 어버이에게 효도하는 도리에 대해 물었는데 부자께서 말씀하시기를, "효도는 그 덕을 따르는 것이니, 사람의 아들들이 어버이를 섬길 적에 처음부터 끝까지 모두 도리에 어긋나는 것이 없으면 효도하는 것이다."라고 하셨다.

○순덕(順德) : 순직(純直)한 덕. 또는 그 덕을 따름. 「역경(易經)」"君子以純德 積小以高大"

2·5·2 樊遲御러니 子告之曰 孟孫이 問孝於我어늘 我對曰 無違라하니라

번지가 수레를 몰고 있었는데 공자께서 깨우쳐 주면서 말씀하시기를, "맹손이 나에게 효도에 대해 묻기에, 나는 '도리에 어김이 없는 것이다.'라고 대답하였다."

○번지어자고지왈맹손문효어아(樊遲御子告之曰孟孫問孝於我) : 번지가 공자의 수레를 몰고 있는데 맹손이 공자에게 효도에 대해 물은 것을 공자께서 깨우쳐 주다. ☞번지(樊遲) : 공자의 제자. 노나라 사람. 이름은 수(須). ☞어(御) : 수레를 몰다. "孟孫卽懿子"
○아대왈무위(我對曰無違) : 나는 '도리에 어김이 없는 것이다.'라고 대답하였다. ☞무위(無違) : '도리를 어김이 없어야 한다.'는 뜻인데, 번지로 하여금 발문을 유도한 것이다. "夫子之意 欲以發樊遲之問也"

樊遲는 孔子弟子니 名須라 御는 爲孔子御車也라 孟孫은 卽仲孫也라 夫子以懿子未達이로되 而不能問일새 恐其失指하여 而以從親之令으로 爲孝라 故로 語樊遲以發之시니라

번지는 공자의 제자로 이름은 수다. 어(御)는 공자를 위하여 수레를 모는 것이다. 맹손은 곧 중손이다. 부자는 맹의자가 아직도 이해하지 못했지만 묻지 않는다고 생각했기에, 그가 본래 가리키는 것을 잃어버리고서 어버이의 명령을 좇는 것만으로 효를 삼을까 염려하였다. 그러므로 번지에게 말씀하여 그 뜻을 밝히신 것이다.

[備旨] 懿子不能復問한대 夫子恐他錯認하여 從親之令으로 爲無違라 故로 因樊遲御車하여 而夫子告之에 曰向者에 孟孫이 問孝親之道於我어늘 我對에 曰孝道는 在於無違라하니 不識孟孫이 果喩我意否也라

맹의자가 다시 묻지 않으니, 부자께서 그가 잘못 인식하여 어버이의 명령을 좇는 것만 어김이 없다는 것으로 여길까 염려했다. 그러므로 번지가 수레를 몰고 있었기에 부자께서 깨우쳐 주면서 말씀하시기를, "접때 맹손이 어버이에게 효도하는 방법을 나에게 묻기에 내가 대답하기를, '효도는 어기지 않는 데 있다.'라고 했는데, 맹손이 과연 나의 뜻을 깨우쳤는지 그렇지 않은지 모르겠다."라고 하셨다.

○착인(錯認) : 잘못 인식함. 오인(誤認).
○향자(向者) : 접때. 지난번. 「열자(列子)」 "向者 夫子仰天而嘆"

2·5·3 樊遲曰 何謂也니잇고 子曰 生事之以禮하며 死葬之以禮하며 祭之以禮니라

번지가 "무엇을 이르는 것입니까?" 하고 묻자, 공자께서 말씀하셨다. "부모가 살아 계실 때에는 예로써 섬기고, 돌아가시면 예로써 장사지내고, 제사 지낼 때에도 예로써 한다는 것이다."

○하위야(何謂也) : 무엇을 이릅니까? "何謂不是疑辭 言果何所指而謂之無違也"
○생사지이례(生事之以禮) : 어버이가 살아계실 적에 자기 직분에 맞게 예로써 봉양하는 일. '事之以禮'는 '以禮事之'의 도치. "生是父母存日 事就供奉儀文說 三之字俱指親說 禮是職分內所當爲之品節"
○사장지이례(死葬之以禮) : 어버이가 돌아가셨을 때 장사지내는 일. '葬之以禮'는 '以禮葬之'의 도치. "死葬就殯殮儀文上說"
○제지이례(祭之以禮) : 사철에 어버이 제사를 지내는 일. '以禮祭之'의 도치. "祭就禘祠蒸嘗之俎豆器數說"

生事葬祭는 事親之始終을 具矣라 禮는 卽理之節文也라 人之事親에 自始至終히 一於禮而不苟라야 其尊親也至矣라 是時에 三家僭禮라 故로 夫子以是로 警之라 然이나 語意渾然하여 又若不專爲三家發者하니 所以爲聖人之言也라
○胡氏曰 人之欲孝其親은 心雖無窮이나 而分則有限이니 得爲而不爲와 與不得爲而爲之는 均於不孝라 所謂以禮者는 爲其所得爲者而已矣니라

살아 계실 때는 예로써 섬기고, 돌아가셨을 때는 예로써 장사지내고, 제사 지낼 때도 예로써 한다는 것은 어버이를 섬길 적에 처음과 끝을 갖춘다는 것이다. 예는 곧 이치에서는 조절하고 꾸미는 것이다. 사람이 부모를 섬길 때 처음부터 끝까지 예를 한결같이 하고 구차스럽게 하게 하지 않아야 그 어버이를 높이는 것이 지극한 것이다. 이 당시에 삼가들은 예를 참람하게 행했으므로 부자께서 이것으로써 경계하신 것이다. 그러나 말씀한 뜻이 완전하여 또 오로지 삼가만을 위해서 밝히지 않은 것 같으니, 이 때문에 성인의 말씀이 되는 것이다.
○호 씨가 말했다. "사람이 부모에게 효도하고자 함은 마음에는 비록 끝이 없으나 분수에는 한계가 있으니, 행할 수 있지만 하지 않는 것과 행할 수 없는 데도 하는 것은 똑같이 불효다. 이른바 예로써 한다는 것은 그가 행할 수 있는 것만을 행할 따름이다."

○절문(節文) : 조절하고 꾸미다. 사물을 알맞게 꾸밈. 「논어집주(論語集註)」 “朱子曰 節者等級也 文者 不直截而回互之貌”
○삼가(三家) : 노(魯)나라의 세 공족(公族)이었던, 중손 씨(仲孫氏)는 숙손 씨(叔孫氏)·계손 씨(季孫氏)를 말함.
○참람(僭濫) : 분수에 넘침. 제 분수를 돌보지 않고 함부로 날뜀. 참월(僭越).
○혼연(渾然) : 모가 나거나 찌그러진 데가 없는 둥근 모양.

[備旨] 樊遲從而問에 曰無違之旨는 何謂也니잇고하니 夫子曰 所謂無違者는 惟無違乎禮而已라 人子於親之生也에 凡致愛致敬을 一循乎得爲之分하여 事之以禮焉이요 於親之死也에 凡棺衾宅兆를 一循乎得爲之分하여 葬之以禮焉이요 及其祭乎親也하여는 凡俎豆儀文을 一循乎得爲之分하여 祭之以禮焉이라 蓋雖有欲爲之心이라도 亦思其可爲之理하여 而不敢縱이요 雖有能爲之勢라도 亦思其得爲之分하여 而不敢犯이니 必如是而後에 尊親始至也라 吾之所謂無違者가 如此하니 不識孟孫其知之否라

번지가 다가가서 물을 적에 말하기를, “‘도리에 어김이 없는 것이다.’의 뜻은 무엇을 이르는 것입니까?” 하니, 부자께서 말씀하시기를, “이른바 어김이 없다는 것은 오직 예를 어기지 않는다는 것일 따름이다. 사람의 아들들이 어버이가 살아 계실 적에는 무릇 사랑을 다하거나 공경을 다함을 일단 가능한 한 행할 수 있는 분수를 따라 예로써 섬긴다는 것이요, 어버이가 돌아 가셨을 적에는 무릇 널이나 무덤을 일단 가능한 한 행할 수 있는 분수를 따라서 예로써 장사 지낸다는 것이요, 자기 어버이에게 제사 지낼 적에는 무릇 제기나 법도를 일단 가능한 한 행할 수 있는 분수를 따라서 예로써 제사 지낸다는 것이다. 비록 하고자 하는 마음이 있을지라도 또한 그것을 행할 수 있는지 이치를 헤아려서 감히 마음대로 행하지 말아야 할 것이요, 비록 행할 수 있는 세력이 있을지라도 또한 그것을 행할 수 있는지 분수를 헤아려서 감히 범하지 말아야 할 것이니, 반드시 이와 같이 한 뒤에 어버이를 높여야 비로소 지극해질 것이다. 내가 이른바 어김이 없다는 것이 이와 같으니, 맹손이 그것을 아는지 그렇지 않는지 잘 모르겠다.” 라고 하셨다.

○치애(致愛) : 사랑을 다함.
○치경(致敬) : 경의(敬意)를 다함. 「효경(孝經)」 “孝子之事其親也 居則致其敬 養則致其樂”
○관금(棺衾) : 시체를 넣는 널과 덮는 이불.
○택조(宅兆) : 무덤. 묘소. ‘宅’은 광중(壙中)을 말하고 ‘兆’는 영역(塋域)을 말함.
○조두(俎豆) : 제기(祭器) 이름. ‘俎’에는 고기, ‘豆’에는 채소를 담음.
○의문(儀文) : 예의 범절이나 법도. 의장(儀章).

2·6·1 孟武伯이 問孝한대 子曰 父母는 惟其疾之憂시니라

맹무백이 효도에 대해 묻자, 공자께서 말씀하셨다. "부모는 오직 자식이 병들지나 않을까 근심한다."

○맹무백(孟武伯) : 앞장에 나온 맹의자(孟懿子)의 아들. 이름은 체(彘). 무(武)는 시호(諡號). 백(伯)은 맏아들이라는 뜻.
○유기질지우(惟其疾之憂) : 오직 자식이 병들지나 않을까 그것만 근심한다. ☞惟(唯)…之 : 오직 …만 있다. '其'는 대명사로서 '자식'을 가리킴. '疾之憂'는 목적어를 강조하기 위해 '之'를 넣어 도치한 형식이다. 즉 '서술어+목적어'의 구조였는데, 도치되어 '목적어+之+서술어'의 구조로 된 것이다. '惟(唯)…是', '惟(唯)…之爲'도 같은 형식. "惟字不作獨字看 正惓惓不忘意 其疾指人子之疾 憂是無時不憂 非特有疾時憂也"

武伯은 懿子之子니 名이 彘라 言父母愛子之心이 無所不至로되 惟恐其有疾病하여 常以爲憂也라 人子體此하여 而以父母之心으로 爲心이면 則凡所以守其身者가 自不容於不謹矣니 豈不可以爲孝乎아 舊說에 人子能使父母로 不以其陷於不義로 爲憂하고 而獨以其疾로 爲憂라야 乃可謂孝라하니 亦通이라

무백은 의자의 아들이니 이름이 체다. 부모가 자식을 사랑하는 마음이 이르지 않는 데가 없겠지만, 오직 자녀들이 질병에 걸리지나 않을까 염려하여 항상 근심한다는 말이다. 사람의 자식들이 이것을 본받아 부모의 마음으로 자기의 마음을 삼는다면, 무릇 그 몸을 지키는 것이 저절로 삼가지 않을 수 없을 것이니 어찌 효도한다고 하지 않겠는가? 옛말에 '사람의 자식들은 능히 부모로 하여금 그들이 불의에 빠질까 근심하도록 해서는 안 되고, 디만 자식들이 질병에 걸릴까 근심하도록 해아 곧 효라고 이를 수 있다.' 하였으니, 역시 통한다.

○체(彘) : 돼지.
○체(體) : 몸에 붙이다. 본받다.

[備旨] 孟武伯問孝於夫子한대 夫子以武伯으로 多可憂之事라 故로 告之에 曰子之問孝는 欲以事父母也라 吾試告子以父母愛子之心焉이라 父母愛子之心은 惠愛保恤에 無所不至로되 惟恐子之有疾하여 常以爲憂也라 人子能體親之心이면 則知所以保己之身하여 而無貽父母憂矣니 豈非孝之道乎아

　　맹무백이 부자에게 효도에 대해 물었는데, 부자께서 무백을 근심하는 일이 많다고
생각했으므로 깨우쳐 줄 적에 말씀하시기를, "그대가 효도에 대해 물은 것은 부모를
섬기고자 하기 때문이다. 내가 시험적으로 그대에게 부모가 자식을 사랑하는 마음을
깨우쳐 주도록 하겠다. 부모가 자식을 사랑하는 마음은 은혜를 베풀어 주고 사랑해 주
며 보호해 주고 돌보아 주는 데 이르지 않음이 없지만, 무엇보다도 오직 자식들이 병
에 걸리지나 않을까 근심하여 항상 걱정하는 것이다. 사람의 아들로서 능히 어버이의
마음을 본받으려면 자기의 몸을 보호해서 부모에게 근심을 끼치지 않도록 해야 하는
까닭을 알 수 있으니, 어찌 효도의 길이 아니겠는가?"라고 하셨다.

○혜(惠) : 은혜를 베풀다.
○애(愛) : 사랑해 주다.
○보(保) : 보호해 주다.
○휼(恤) : 가엽게 여기다. 돌보다. 마음을 쓰다.
○이(貽) : 끼치다. 미치게 하다.

2·7·1　子游問孝한대　子曰　今之孝者는　是謂能養이니　至於犬馬하여도　皆能有養이어늘　不敬이면　何以別乎리오

　　자유가 효도에 대해 묻자, 공자께서 말씀하셨다. "오늘날의 효도란 곧 봉양만 잘하는
것을 이르니, 개나 말에게도 일반적으로 봉양이 있는데 공경하지 않으면 무엇으로 구
별하겠는가?"

○자유(子游) : 공자의 제자. 성은 언(言), 이름은 언(偃). 무성(武城)의 읍재(邑宰). 본
서 6·12·1 참고.
○금지효자(今之孝者) : 오늘날의 효도라고 하는 것. "今指當時之人"
○시위능양(是謂能養) : 봉양만 잘하는 것을 이르다. '是'는 접속사로서 '則'과 같음. 여
기서 '養'은 거성(去聲)으로 쓰여, 좋은 음식으로써 윗사람을 봉양한다는 뜻.
○지어견마(至於犬馬) : 개나 말에서도. 개나 말에 이르러서도. "至於二字 是自父母推至
於此也 犬馬以至賤言"
○개유능양(皆有能養) : 일반적으로 능히 먹여 살리는 일이 있다. "皆能字作一般字看"
○불경(不敬) : 봉양할 적에 성의가 부족하고 예문에 대해 삼가지 않는 태도. "不敬就
養時 言兼內外說 如誠意不足 禮文不謹是也"

○하이별호(何以別乎) : 무엇으로써 구별하는가? 어찌 구별하는가? '何以'는 '以何'의 도치형. 의문대명사인 '何'가 이유·원인·도구를 나타내는 전치사 '以'를 만나 도치된 형태. "註分明是何別於犬馬之養 若云何以別於徒養 則至於二句全無下落矣"

子游는 孔子弟子니 姓이 言이요 名은 偃이라 養은 謂飮食供奉也라 犬馬는 待人而食하니 亦若養然이라 言人畜犬馬에도 皆能有以養之하니 若能養其親하고 而敬不至면 則與養犬馬者로 何異리오 甚言不敬之罪는 所以深警之也시니라
○胡氏曰 世俗事親에 能養足矣라하여 狎恩恃愛하여 而不知其漸流於不敬하니 則非小失也라 子游는 聖門高弟니 未必至此로되 聖人은 直恐其愛踰於敬이라 故로 以是로 深警發之也시니라

　자유는 공자의 제자로 성은 언이요, 이름은 언이다. 양(養)은 음식으로 공양함을 말한다. 개나 말은 사람을 기다려서 먹으니 또한 봉양하는 것과 흡사하다. "사람이 개나 말을 기를 적에도 모두 봉양함이 있으니, 만약 그 부모를 봉양만 하고 공경함이 극진하지 못하면, 개나 말을 봉양하는 것과 무엇이 다르겠는가?"를 말씀하신 것이다. 불경의 죄를 심하게 말씀하신 것은 깊이 경계하도록 하셨기 때문이다.
　○호 씨가 말했다. "세속에서 부모를 섬길 적에 봉양만 잘하면 족하다고 여겨, 은혜를 업신여기거나 사랑만 믿고 의지하여 점점 그 불경 쪽으로 흐르는 것도 알지 못하니 작은 잘못이 아니다. 자유는 공자의 제자 중에서도 뛰어난 제자니 반드시 여기에 이르지는 않았을 것이나, 성인은 다만 그 사랑이 공경보다 지나칠까 두려워했으므로 이로써 깊이 경계하여 밝힌 것이다."

○언(偃) : 눕다. 쓰러지다.
○압은(狎恩) : 은혜를 업신여기다. 은혜를 가벼이 보다.
○시애(恃愛) : 사랑만을 믿고 의지하다.
○성문(聖門) : ①성인의 길로 나아가는 길. ②공자의 문인(門人). 공문(孔門). 여기서는 ②의 뜻.

[備旨] 子游問孝親之道한대 夫子告之에 曰敬隆於養을 古所稱孝也어늘 今世俗之所謂孝者는 是謂能養其親이면 足矣라하니 夫養何足爲重이리오 卽於犬馬之賤도 亦皆能有以養之하니 若養親而敬不至면 則與養犬馬者로 何以別乎아 欲盡孝道者는 當知所敬矣라

　자유가 어버이에게 효도하는 방법을 물었는데, 부자께서 깨우쳐 줄 적에 말씀하시기를, "공경을 봉양보다 잘하는 것을 옛날에는 효도라고 일컬었는데 오늘날 세속에서 소

위 효도라고 하는 것은 곧 그 어버이에게 봉양만 잘하면 충분하다고 이르니, 무릇 봉양만 어찌 귀중하다고 할 수 있겠는가? 개나 소처럼 천한 것에 나아가도 또한 모두 봉양할 수 있는 것이니, 만약 어버이에게 봉양은 하지만 공경이 지극하지 못하다면 개나 말을 봉양하는 것과 무엇이 다르겠는가? 효도를 다하고자 하는 사람은 마땅히 공경해야 할 바를 알아야 할 것이다."라고 하셨다.

2·8·1 子夏 問孝한대 子曰 色難이니 有事어든 弟子服其勞하고 有酒食(사)어든 先生饌을 曾是以爲孝乎아

자하가 효도에 대해 묻자, 공자께서 말씀하셨다. "부드러운 안색으로 부모님을 섬기기란 어려운 일인데, 부형에게 일이 있으면 자식들이 부형들의 노고를 대신하고, 마시는 것과 먹는 것이 있으면 어른에게 드리는 것까지도 효라고 할 수 있겠는가?"

○색난(色難) : 자식이 항상 부드러운 얼굴빛으로 부모를 섬기기가 어렵다. 일설에는 부모의 얼굴빛을 보고 그 마음에 맞게 봉양하기가 어려움이라고 보기도 함. "色愉色難是不可僞爲意" ☞유색(愉色)에 대한 설명은 아래 집주(集註) 참고. 이 단어에 대한 해석은 두 사람의 견해를 참고할 수 있다. 마융(馬融)의 고주(古注)에서는 '色'을 부모님의 안색을 살피는 일로 보아, 부모님의 안색에 의해 그 뜻을 살펴 행동하는 것[色]을 효도하는 일 중에 제일 어려운[難] 일이라고 해석했다. 그러나 주자(朱子)는 부모를 섬길 적에 오직 얼굴빛을 부드럽게 하여 대하는 것이 어려운 것이라고 했음.
○유사(有事) : 부형에게 일이 있다는 말. "事是父兄所行之事"
○제자복기로(弟子服其勞) : 자식들이 그 수고를 대신하다. ☞제자(弟子) : ①나이 어린 남의 아우나 아들. ②가르침을 받는 학생. 문인(門人). 여기서는 '자식들'이라고 번역했음. "是以身代父兄之勞"
○유주식(有酒食) : 제자들이 술과 음식을 준비했다는 말. "酒食是弟子所設"
○선생찬(先生饌) : 먼저 태어난 사람이 음식을 들다. ☞선생(先生) : 먼저 태어난 사람, 곧 어른·부형·선배 등을 말함. ☞찬(饌) : 마시고 먹음. "饌是飮與食"
○증시이위효호(曾是以爲孝乎) : 노고를 대신하고 음식을 대접하는 일까지도 효도라고 할 수 있는가? ☞증(曾) : …까지도. 심지어. 결과적으로. 부사로서 강조를 나타냄. '是以爲孝乎'는 '以是爲孝乎'를 강조하기 위해 도치시킨 것. '是'는 대명사로서 '有事弟子服其勞 有酒食先生饌'을 가리킴. "指有事二句 曾是爲孝言不難也"

色難은 謂事親之際에 惟色爲難也라 食(사)는 飯也라 先生은 父兄也라 饌은 飮食
之也라 曾은 猶嘗也라 蓋孝子之有深愛者는 必有和氣하고 有和氣者는 必有愉色
하고 有愉色者는 必有婉容이라 故로 事親之際에 惟色爲難耳니 服勞奉養은 未足
爲孝也라 舊說에 承順父母之色이 爲難이라하니 亦通이니라
○程子曰 告懿子는 告衆人者也요 告武伯者는 以其人이 多可憂之事요 子游는
能養이로되 而或失於敬이요 子夏는 能直義로되 而或少溫潤之色하니 各因其材之
高下와 與其所失하여 而告之라 故로 不同也니라

색난(色難)은 부모를 섬길 때에 오직 얼굴빛을 갖기가 어려움을 말한다. 사(食)는 밥이다. 선생(先生)은 부형이다. 찬(饌)은 마시고 먹게 하는 것이다. 증(曾)은 '일찍이'와 같다. 대개 효자로서 깊은 사랑을 가진 사람은 반드시 온화한 기운이 있고, 온화한 기운이 있는 사람은 반드시 기쁨이 가득 넘치는 얼굴빛이 있고, 기쁨이 넘치는 얼굴빛을 가진 사람은 반드시 부드러운 모습이 있다. 그러므로 부모를 섬길 적에 오직 얼굴빛을 갖기가 어려울 따름이니, 노고를 대신하는 것과 봉양하는 것은 족히 효도라고 할 수 없다. 옛말에 "부모의 얼굴빛을 받들어 순종하기가 어렵다." 하였으니, 역시 통한다.

　　○정자가 말했다. "의자에게 말한 것은 여러 사람들에게 말한 것이요, 무백에게 말한 것은 그 사람이 근심할 만한 일이 많았기 때문이요, 자유는 봉양은 잘했지만 혹 공경하는 것을 잃었으며, 자하는 강직하고 의로웠지만 온화하고 윤택한 빛이 혹 부족하였으니, 각각 그들의 재질의 고하와 그 결함에 따라서 말씀해 주셨던 것이므로 똑같지 않은 것이다."

○화기(和氣) : 온화한 기운. 화락한 마음.
○유색(愉色) : 기쁨이 가득 넘치는 얼굴빛. 효자가 어버이를 섬기는 태도를 이름. 「예기(禮記)」 "孝子之有親愛者 必有和氣 有和氣者 必有愉色"
○완용(婉容) : 부드러운 모습. 점잖은 태도.
○복로(服勞) : 노고를 대신함. 좇아서 힘씀. 노역(勞役)에 종사함. 복근(服勤).
○온윤(溫潤) : 온화하고 윤택이 있음. 「백호통(白虎通)」 "溫潤而寬和"

[備旨] 子夏問孝親之道한대 夫子曰 人子事親에 必有深愛之心을 存於中然後에 有愉悅之
色이 形於外하나니 非勉强可能者라 故로 惟色爲難耳라 乃若父兄有事어든 而弟子爲之服
其勞하고 弟子有酒食어든 而與先生饌焉이어늘 此는 凡有力有財者면 皆能之니 曾是服勞
奉養之를 足以爲孝乎아 信乎色之難이니 欲事親者는 當知所以勉其難矣라

　　자하가 어버이에게 효도하는 방법을 물었는데, 부자께서 말씀하시기를, "사람들이 어

버이를 섬길 적에 반드시 깊이 사랑하는 마음을 마음속에 가진 뒤라야 유쾌하고 기쁜 안색이 밖으로 드러나는 것이니, 억지로 힘쓴다고 할 수 있는 것이 아니다. 그러므로 오직 부드러운 안색으로 대하기가 어려울 따름이다. 만약 부형에게 일이 있거든 자식들이 그들을 위해서 그 노고를 대신하고, 자식에게 먹는 것과 마시는 것이 생긴다면 어른에게 드려 먹도록 하는데, 이는 무릇 힘이 있거나 재물이 있는 사람이라면 모두 능히 할 수 있으니, 심지어 이렇게 노고를 대신하고 봉양하는 것을 족히 효도라고 할 수 있겠는가? 진실로 부드러운 안색으로 부모를 섬기기란 어려운 것이니, 어버이를 섬기고자 하는 사람은 마땅히 그 행하기 어려운 것을 힘써야 하는 이유를 알아야 할 것이다."라고 하셨다.

○유열(愉悅) : 유쾌하고 기쁨.
○내약(乃若) : …에 이르러서는.

2·9·1 子曰 吾與回로 言終日에 不違如愚러니 退而省其私한대 亦足以發하나니 回也不愚로다

공자께서 말씀하셨다. "내가 회와 더불어 온종일 의견을 주고받더라도 반문한 적이 없기에 어리석은 사람 같았는데, 물러가고 나서 그의 사생활을 살펴보니 또한 놀랍게도 내가 말한 도리를 충분히 나타내니, 회야말로 어리석지 않았다."

○오여회언종일(吾與回言終日) : 내가 안회와 더불어 온종일 의견을 주고받다. ☞오(吾) : 공자께서 자기 자신을 이르는 말. ☞언종일(言終日) : 온종일 어떤 일에 대하여 서로 의견을 주고받음. '言'은 서로 의논(議論)한다는 뜻인데, 종일 의견을 주고받으면 서로 뜻이 위배되는 일이 있을 것이라는 말을 내포하고 있음. "吾夫子自謂 言是議論 終日是 言之久 便當有違處"
○불위여우(不違如愚) : 마치 어리석은 사람 같다. "如似也 愚是昏而無知 就不違上見"
○퇴이성기사(退而省其私) : 안자가 물러가고 난 뒤 부자께서 안자의 사생활을 자세히 알아보다. ☞성(省) : 살피다. 자세히 보다. ☞사(私) : 사사로움. 사적인 일. "退是顏子退 省是夫子省 退後所爲不在夫子面前卽是私"
○역족이발(亦足以發) : 또한 족히 나타낼 수 있다. 또한 놀랍게도 공자가 말한 바의 이치를 충분히 나타낸다는 말. ☞족이(足以) : …할 수 있다. 조동사로서 허가나 가능을 나타냄. '足'과 '以'가 결합하여 하나의 조동사로 굳어진 것이다. "亦字承上如愚來 是驚

喜辭 發在身體力行上說"

○회야불우(回也不愚) : 회라는 사람은. 회라면. ☞회(回) : 공자의 제자 안회(顏回). ☞
야(也) : …면. …는. 어조사로서 주어 뒤에 쓰였는데, 어기(語氣)를 한 번 늘여줌으로써
강조를 나타낸다. "不愚只就亦足以發上見"

回는 孔子第子니 姓顔이요 字子淵이라 不違者는 意不相背(패)하여 有聽受而無問
難也라 私는 謂燕居獨處요 非進見請問之時라 發은 謂發明所言之理라 愚聞之
師호니 曰顔子는 深潛純粹하여 其於聖人體段을 已具라하니 其聞夫子之言에 默識
心融하고 觸處洞然하여 自有條理라 故로 終日言에 但見其不違하여 如愚人而已러니
及退省其私하니 則見其日用動靜語默之間에 皆足以發明夫子之道하여 坦然由
之而無疑라 然後에 知其不愚也니라

　회는 공자의 제자로 성은 안이요, 자는 자연이다. 불위(不違)는 뜻이 서로 배치되지
않아 들고서 받아들이기만 하고 잘못을 따지고 묻는 일이 없다는 것이다. 사(私)는 한
가하게 집에 혼자 있을 때고 나아가 뵙고 청하여 물은 때가 아님을 말한다. 발(發)은
말한 바의 이치를 깨달아 밝혀내는 것을 이른다. 내[朱子]가 스승에게 들으니, "안자는
온순하고 순수하여 그에게는 성인의 모습과 단계를 이미 갖추고 있었다." 했으니, 안자
가 부자의 말씀을 들을 적에 마음으로 서로 통하고 닿는 곳마다 훤하여 저절로 조리가
있었으므로 종일토록 의견을 주고받을 적에 다만 그가 어기지 않아서 어리석은 사람처
럼 보일 따름이었는데, 물러간 뒤에 그의 사생활을 살펴보니 일상 생활의 동정과 어묵
사이에 모두 족히 부자의 도를 깨닫고 밝혀 안정되게 행해서 의심할 것이 없음을 볼
수 있었던 것이다. 그런 뒤에 그가 어리석지 않다는 것을 알았다는 것이다.

○패(背) : 배치되다. 어기다. 위반하다. 여기서는 거성(去聲)으로 쓰였으며 '패'로 읽음.
○문난(問難) : 잘못을 따지어 물음.
○연거(燕居) : 한가히 집에 있음. 안거(安居). 한거(閒居). 연처(燕處).「논어(論語)」"子
之 燕居申申如也"
○발명(發明) : ①새로운 뜻을 깨달아 밝힘. 천명(闡明). ②경사(經史)의 뜻을 깨달아
밝히는 것. 여기서는 ①의 뜻.
○사(師) : 주자(朱子)의 스승을 말함. 성(姓)은 이 씨(李氏). 이름은 동(侗). 자(字)는
원중(愿中). 호(號)는 연평 선생(延平先生).
○심잠(深潛) : 깊이 가라앉아 잠김. '온순한 성질'을 이름.
○순수(純粹) : 다른 것이 조금도 섞이지 아니하여 아주 정순(精純)함.
○체단(體段) : 체재(體裁)와 단계(段階).

○묵지심융(默識心融) : 이심전심(以心傳心)으로 깨달음. 묵지심통(默識心通). '融'은 '通'과 같은 뜻.
○촉처(觸處) : 이르는 곳. 닿는 곳. 수처(隨處).
○통연(洞然) : 막힘이 없이 트인 모양. 지식이 능하고 환하게 아는 모양. 통달한 모양.
○동정(動靜) : 움직이는 일과 가만히 있는 일.
○어묵(語默) : 말하는 일과 침묵하는 일.
○탄연(坦然) : 안정되어 평온한 모양.

[備旨] 夫子贊顔子之悟道에 曰人之聞道也에 明者는 有聞而生疑하고 愚者는 有聞而無得하나니 均無貴於聞也라 若吾嘗與回言하여 而至於終日之久로되 回也는 有聽受하고 無問難하여 意不相違하니 如一愚人而已라 及回旣退하여 而吾省察其私居日用之際하니 則見動靜語默도 亦足以發明吾所言之理라 然後에 知回也向之不違는 乃其默識心融하니 無待於疑問者也라 誠不愚也로다 使其果愚면 安能足以發之若是哉아

부자께서 안자가 도를 깨달은 것을 칭찬할 적에 말씀하시기를, "사람이 도리를 듣고 깨달을 적에 현명한 사람은 들으면 의심이 생기고 어리석은 사람은 들어도 알지 못하는 것인데, 모두 깨달음을 귀하게 여기지 않아서 그렇다. 내가 일찍이 회와 더불어 의견을 주고받으면서 온종일토록 오래 있었지만, 회는 듣고 받아들이기만 하고 잘못을 따지거나 묻는 일이 없어서 뜻이 서로 배치됨이 없었으니, 마치 어떤 어리석은 사람처럼 보였을 따름이었다. 회가 이미 물러가고 나서 내가 그가 혼자 거하거나 일상 생활하는 모습을 살펴보았더니, 움직이거나 가만히 있을 때 그리고 말하거나 침묵할 때도 또한 족히 내가 말한 바의 이치를 깨달아 밝혀내는 모습을 볼 수 있었다. 그제야 회가 옛날 반문함이 없었던 것은 바로 그가 마음으로 서로 통하니 의문을 기다릴 필요가 없었다는 것을 알 수 있었다. 진실로 어리석지 않았다. 가령 그가 정말로 어리석었다면 어찌 능히 이치를 밝혀 나타내는 것이 이와 같겠는가?"라고 하셨다.

○오도(悟道) : 도(道)를 듣고 깨달음.
○문도(聞道) : 도리를 들어서 앎. 본서 "4·8·1 朝聞道 夕死可矣" 참고.
○향(向) : 옛날.
○사(使) : 가령. 가사(假使).

2·10·1 子曰 視其所以하며

공자께서 말씀하셨다. "그 사람이 행하는 것을 대충 보며,

○시기소이(視其所以) : 사람을 살펴보는 첫 번째 방법으로, 그 사람이 행하는 행동을 봄. ☞시(視) : 보다. 직접 사람을 살펴보는 것을 말함. ☞이(以) : 행하다[爲也]. "視是 大略看他 以兼善惡說"

以는 爲也라 爲善者는 爲君子요 爲惡者는 爲小人이라

이(以)는 행하는 것이니, 선을 행하는 사람은 군자가 되고 악을 행하는 사람은 소인이 된다.

[備旨] 夫子論觀人之法에 曰人之善惡을 可見者는 事也요 不可見者는 意與心也라 觀人者가 始焉에 則視其所爲之事면 爲善者必爲君子요 爲惡者必爲小人이니 而人品에 得其槪矣니라

부자께서 사람을 살펴보는 법을 논할 적에 말씀하시기를, "사람에게서 선악을 볼 수 있는 것은 일이요, 볼 수 없는 것은 뜻과 마음이다. 사람을 살펴보는 사람이 처음에 그 행하는 바의 일을 보면 선을 행하는 사람은 반드시 군자가 될 것이고, 악을 행하는 사람은 반드시 소인이 될 것이니, 그래서 인품에 그 개략을 얻을 것이다.

2 · 10 · 2 觀其所由하며

그 사람이 생각에 좇는 것을 자세히 살피며,

○관기소이(觀其所以) : 사람을 살펴보는 두 번째 방법으로, 그 사람 생각에 좇는 것을 자세히 살펴봄. '觀'은 생각에 좇는 것을 마음을 써서 자세히 살펴보는 것을 말함. "觀是用意看 由單頂所爲善來"

觀은 比視爲詳矣라 由는 從也라 事雖爲善이나 而意之所從來者가 有未善焉이면 則亦不得爲君子矣라 或曰 由는 行也라하니 謂所以行其所爲者也라

관(觀)은 시(視)에 비하여 자세한 것이다. 유(由)는 좇는 것이다. 일은 비록 선을 행하지만 생각에서 따르는 바가 선하지 못하다면, 또한 군자가 될 수 없는 것이다. 어떤

사람이 말하기를, 유(由)는 행하는 것이라 하니, 그 소위를 행한 까닭을 이르는 것이다.

○비(比) : 견주다. 비교하다.
○유(由) : 좇다. 겪다.
○소위(所爲) : 한 짓이나 일. 소행(所行). 소작(所作).

[備旨] 夫所爲之惡者는 固不必觀矣로되 而所爲之善者라도 其意之誠僞는 未可知也라 又 必觀其意之所由來者가 何如니 果出於善이면 則已어니와 不然이면 安得爲君子哉아

　무릇 행하는 바가 악한 사람은 진실로 꼭 살필 필요는 없겠지만, 행하는 것이 선한 사람일지라도 그 생각이 진실인지 거짓인지는 알 수가 없는 것이다. 또한 반드시 그 생각의 유래가 어떠한가를 자세히 살펴야 할 것이니, 진실로 선한 데로부터 나왔으면 그만이겠지만 그렇지 않다면 어찌 군자가 될 수 있겠는가?

○성위(誠僞) : 진실함과 거짓됨.
○과(果) : 진실로. 과연.
○이(已) : 그치다. 그만두다.

2 · 10 · 3 察其所安이면

　그 사람이 마음에 즐거워하는 것을 더욱 자세히 살핀다면,

○관기소안(觀其所安) : 사람을 살펴보는 세 번째 방법으로, 그 사람 마음에 즐거하는 것을 자세히 살펴봄. '察'은 마음에 즐거워하고 있는 사물의 경중(輕重)이나 대소(大小)를 아주 자세히 관찰하는 것을 말함. "察是看得深 安又單頂所由善來"

察은 則又加詳矣라 安은 所樂也라 所由雖善이나 而心之所樂者가 不在於是면 則 亦僞耳니 豈能久而不變哉리오

　찰(察)은 또 더 자세히 살피는 것이다. 안(安)은 즐거워하는 것이다. 좇는 바가 비록 선하다고 하더라도 마음에 즐거워하는 것이 여기에 있지 않다면 또한 거짓일 따름이니, 어찌 오래도록 변하지 않을 수 있겠는가?

[備旨] 夫所由之未善者는 固不必察矣로되 而所由之善者라도 其心之安勉은 未可知也라
又必察其心之所樂者가 何如니 果樂於善則已어니와 不然이면 則亦暫爲之耳라 安能久而
不變哉아

　무릇 좇는 바가 선하지 못한 사람은 진실로 반드시 자세히 살펴볼 필요는 없겠지만,
그러나 좇는 바가 선한 사람이라고 해도 그가 마음에 즐거워서 행하는지 억지로 행하
는지는 알 수가 없는 것이다. 또한 반드시 그 마음에 즐거워하는 바가 어떠한가를 살
펴야 할 것이니, 진실로 선한 것에 대해 즐거워하면 그만이겠지만 그렇지 않다면 또한
잠깐 동안 행하는 것일 따름이다. 어찌 능히 오래도록 변치 않겠는가?

○불필(不必) : 반드시 …하는 것은 아니다. 부분 부정.
○안면(安勉) : 즐거워서 행함과 힘을 들여서 행함.
○잠(暫) : 잠깐.

2·10·4 人焉廋哉리오 人焉廋哉리오

　사람들이 어찌 숨기겠는가? 사람들이 어찌 숨기겠는가?"

○인언수재(人焉廋哉) : 위에 열거한 세 가지를 어찌 숨기겠는가? ☞수(廋) : 숨기다.
감추다. "人卽上所以所由所安之人"
○인언수재(人焉廋哉) : 두 번 강조하여 사람의 선악은 결단코 숨길 수 없다고 말함.
"言人之善惡 決不能逃也 重不善邊"

焉은 何也요 廋는 匿也니 重言以深明之라
○程子曰 在己者가 能知言窮理면 則能以此察人을 如聖人也니라

　'焉' '어찌'라는 뜻이고, '廋'는 '숨기다'라는 뜻이니, 거듭 말씀하여 깊이 밝힌 것이다.
　○정자가 말했다. "자신에게 있는 것이 능히 말을 분별할 수 있고 이치를 궁구할 수
있다면, 능히 이것으로써 사람을 관찰하기를 성인과 같이 할 수 있을 것이다."

○익(匿) : 숨다. 도피하다. 숨기다. 감추다.
○지언(知言) : 남의 말을 듣고 시비(是非)·정사(正邪)를 분별하여 앎.
○궁리(窮理) : 사물의 이치를 연구함.

[備旨] 蓋自以而由而安은 在人者니 旣從外而究其內요 自視而觀而察은 在我者니 又因略而致其詳이라 雖人藏其心하여 不可測度이나 然이나 能飾所以而逃吾之視어니와 必不能飾所由而逃吾之觀하고 與飾所安而逃吾之察이라 人安得而藏匿之哉며 安得而藏匿之哉아 雖然이나 欲用是法者는 尤自知言窮理始라

대개 행하는 것에서부터 좋는 것과 즐거워하는 것은 남에게 있는 것이니 이미 외면을 좇아서 그 내면을 깊이 파고들어 궁구한 것이고, 보는 것에서부터 자세히 살피는 것과 더욱 자세히 살피는 것은 나에게 있는 것이니 또 간략하면서도 그 상세함을 이룬 것이다. 비록 사람이 그 마음을 감추어서 헤아릴 수 없다 하더라도, 그러나 행하는 것을 꾸며서 내가 보는 데서는 피할 수 있을지 몰라도 좋는 바를 꾸며서 내가 자세히 살피는 데서 피하거나 즐거워하는 바를 꾸며서 내가 더욱 자세히 살피는 데서는 피할 수 없을 것이다. 사람이 어찌 숨기려 한다고 숨기겠으며, 사람이 어찌 숨기려 한다고 숨기겠는가? 비록 그렇다고 하더라도 이 법을 쓰고자 하는 사람은 더욱 말을 분별하고 이치를 궁구하는 것으로부터 시작해야 할 것이다."라고 하셨다.

○측탁(測度) : 잼. 조사함. 마음으로 추측함. 「예기(禮記)」 "人藏其心 不可測度"
○도(逃) : 달아나다. 도망하다. 피하다. 벗어나다.
○장닉(藏匿) : 숨기고 숨김.
○필불(必不) : 반드시 …하지 않다. 전체 부정.

2 · 11 · 1 子曰 溫故而知新이면 可以爲師矣니라

공자께서 말씀하셨다. "옛것을 익혀 새것을 알면 스승이 될 수 있다."

○온고이지신(溫故而知新) : 이미 배운 것을 복습하여 새로운 지식을 체득함. 온고지신(溫故知新). "溫卽是時習 知有豁然貫通意"
○가이위사의(可以爲師矣) : 스승이 될 수 있다. 여기서 스승은 다른 사람의 모범이 되는 사람. ☞가이(可以) : …할 수 있다. 조동사로서 허가나 가능을 나타냄. '可以爲師矣'의 원문장은 '可以之爲師矣'다. 여기서 '之'는 대명사로서 앞에 나온 '溫故而知新'을 가리킨다. 다시 말해 허가·가능을 나타내는 조동사 '可'와 이유·조건·수단·도구·원인 등을 나타내는 전치사 '以'가 결합하여 하나의 조동사로 굳어진 것이다. "可以是庶幾意 師字重可以應人求上"

溫은 尋繹也라 故者는 舊所聞이요 新者는 今所得이라 言學能時習舊聞하여 而每有新得이면 則所學在我하여 而其應不窮이라 故로 可以爲人師니 若夫記問之學은 則無得於心하여 而所知有限이라 故로 學記에 譏其不足以爲人師라하니 正與此意로 互相發也라

  온(溫)은 되풀이해서 복습하는 것이다. 고(故)는 옛날 들은 것이요, 신(新)은 지금 얻은 것이다. 배울 적에 옛날 들은 것을 때로 익혀서 항상 새로 터득함이 있으면, 배운 것이 나에게 있어서 그 응용함이 끝이 없을 것이므로 스승이 될 수 있을 것이라고 말했으니, 무릇 옛날 글만 외우고 아무런 깨달음이 없는 학문은 마음에 터득함이 없어서 아는 것에 한계가 있다는 것이다. 그러므로 《학기》에 "그것은 족히 타인의 스승이 될 수 없다."고 비판하였으니, 바로 이 뜻과 더불어 서로 밝혀주는 것이다.

○심역(尋繹) : 되풀이해서 행함. 재삼 복습함. ☞심(尋) : 찾다. 생각하다. ☞역(繹) : 실을 뽑아내다. 궁구(窮究)하다.
○기문지학(記問之學) : 디만 고서(古書)를 외어 남의 질문에나 응답하는 학문. 쓸데없이 옛글을 외기만 할 뿐 아무런 깨달음도 활용도 없는 무용(無用)의 학문.「예기(禮記)」"記問之學 不足以爲人師"
○《학기(學記)》:「예기(禮記)」의 편명(篇名).
○기(譏) : 나무라다. 꾸짖다. 헐뜯다. 싫어하다.

[備旨] 夫子重心得之學意에 曰天下之道는 昔所見聞者를 謂之故요 今所心得者를 謂之新이라 人能優游涵泳하여 溫習乎舊聞之故하고 而於其未見未聞之理에 自能觸類旁通하여 而每有知新之益이면 則義理愈推愈出하여 不窮於應하여 可以爲師而待人之求矣니라 不然이면 徒執成說하여 以應天下하리니 其所應이 能幾何哉아

  부자께서 사물의 이치를 깊이 체득하는 학문을 중하게 여기는 뜻에서 말씀하시기를, "천하의 도는 옛날 보고 들은 것을 일러서 고(故)라 하고, 지금 마음에 얻은 것을 일러서 신(新)이라고 한다. 사람이 능히 한가롭게 지내면서 학문에 푹 젖어 옛날에 들었던 오래된 내용을 복습하고, 그리고 아직 보지 못하고 듣지 못한 이치에 대해 스스로 친구와 사귀고 학문을 자세하게 하여 늘 새것을 알아 유익이 있으면, 의리가 더 옮아가고 더 뛰어나서 응하는 것에는 다함이 없어서 스승이 되어 사람들이 찾아오는 것을 기다릴 수 있을 것이다. 그렇지 않다면 한갓 옛날 사람들이 만든 성어만 붙들고 천하에 응하게 될 것이니, 그 응하는 바가 어떻겠는가?"라고 하셨다.

○심득(心得) : 사물의 이치를 깊이 이해함.
○우유(優游) : 한가롭게 지내는 모양. 유유 자적(悠悠自適)하는 모양.
○함영(涵泳) : 푹 젖어서 헤엄친다는 뜻.
○온습(溫習) : 복습.
○촉류(觸類) : 친구와 사귀다. 친구와 사귀어 감동되다.
○방통(旁通) : 자세하고 간곡하게 함. 곡진(曲盡)함.
○성설(成說) : 고인(古人)이 만들어 세상에서 널리 쓰이는 말. 성어(成語).

2·12·1 子曰 君子는 不器니라

공자께서 말씀하셨다. "군자는 한 곳에서만 쓰는 그릇이 아니다."

○군자(君子) : 여기서 군자는 본체를 두루 갖춘 사람을 말함. 「논어비지(論語備旨)」
《불기전지(不器全旨)》"此章君子 有全材之用 君子是盡格致誠正之修 裕齊治均平之術者
所謂體無不具也 故大用則大效 小用則小效 隨所用而皆通 註體無不具 在君子字內 蓋自學
問中來"
○불기(不器) : 인격(人格)이나 재예(才藝)가 갖추어져 어떠한 방면에도 능함. '器'는 한
방면에만 쓰임을 뜻함. "器是器皿 作材字看 不可說壞"

**器者는 各適其用而不能相通이라 成德之士는 體無不具라 故로 用無不周하니 非
特爲一才一藝而已니라**

그릇이란 각각 그 용도에만 적합하고 능히 서로 통용할 수가 없는 것이다. 몸에 덕
을 갖춘 선비는 본체가 갖추어지지 않음이 없으므로 작용이 골고루 미치지 않음이 없
으니, 다만 한 가지 재능이나 한 가지 기예만을 하는 것이 아니다.

○성덕(成德) : 몸에 덕을 지님. 몸에 덕을 갖춤. 또는 그 덕.
○체용(體用) : 사물의 본체와 작용·현상(現象)간의 관계를 규정한 것. 더 쉽게 말하면
원리와 그 응용을 말함. '體'가 본체적 존재로서 형이상학적(形而上學的) 세계에 속한다
면, '用'은 오관(五官)으로 감지할 수 있는 현상으로 형이하학적(形而下學的) 세계에 속
한다. 그러나 양자는 표리일체(表裏一體)의 불가분의 관계에 있어 체(體)를 떠나 용(用)
이 있을 수 없고, 용(用)이 없다면 체(體)를 생각할 수 없다. 정이(程頤)가 주장하는 우
주의 근본으로서의 이(理)와 그 발로(發露)로서의 사상(事象), 장재(張載)의 태극(太極)

과 기(氣), 주자(朱子)가 말하는 인간에게 보편적으로 갖추어진 성(性)과 그것이 외면
(外面)에 나타난 정(情)과의 관계 등은 모두 체용(體用)의 개념이다.

○주(周) : 두루. 널리. 골고루 미치다.

○비특(非特) : 단지 …뿐만이 아니다. …에 그치지 않는다.

[備旨] 夫子示人成德之學에 曰人之以一材一藝로 名者는 若器皿焉이니 非全材也라 惟成
德之君子라야 義精養邃하여 其體無不具라 斯用無不周하고 守常通變하여 無往不宜라 豈
若器之各適其用하여 而以一材一藝로 名者哉아

부자께서 사람들에게 몸에 덕을 갖출 수 있는 학문을 보여줄 적에 말씀하시기를,
"사람이 한 가지 재능이나 한 가지 기예로 이름이 난 사람은 그릇과 같으니 온전한 재
목이 아니다. 오직 몸에 덕을 갖춘 군자라야 의리가 정미하고 수양이 심오하여 그 본
체는 갖추어지지 않음이 없을 것이다. 그렇게 된다면 작용은 두루 미치지 않음이 없고
항상 지켜야 할 도리를 지켜 때에 따라 변통하여 어디를 가더라도 도리에 맞게 행동하
지 않음이 없을 것이다. 어찌 그릇이 각각 그 용도에만 적합하도록 해서 한 가지 재능
이나 한 가지 기예로만 이름을 내겠는가?"라고 하셨다.

○의정(義精) : 의리(義理)가 정미(精微)함.

○양수(養邃) : 수양(修養)이 깊음. ☞수(邃) : 깊다. 심오하다.

○사(斯) : 곧. 그렇다면. 그렇다면 …곧. 접속사로서 앞 문장을 이어받음.

○수상(守常) : 항상 지켜야 할 도(道)를 지킴. 상법(常法)을 굳게 지킴.

○통변(通變) : 변화의 이치에 통함. 상규(常規)에 얽매이지 않고 때에 따라 변동함. 변
통(變通).

○의(宜) : 마땅하다. 도리에 맞다.

○기약(豈若)~재(哉) : 관용어구로 반문을 나타냄. 어찌. 어떻게. 설마 …일 리가 있겠는
가?

2·13·1 子貢 問君子한대 子曰 先行其言이요 而後從之니라

자공이 군자가 되는 방법에 대해서 묻자, 공자께서 말씀하셨다. "먼저 자기가 말하고
싶은 것을 행하고 뒤에 말을 따르게 해야 한다."

○자공(子貢) : 공자의 제자. 성은 단목(端木). 이름은 사(賜). 위(衛)나라 사람으로 공

자보다 31세 아래였다. 자공은 말을 잘했던 사람이었으므로 자칫하면 말이 앞서기 쉬웠던 것이다. 그러므로 이렇게 깨우쳐 준 것이다. 자공이 말에 뛰어났다는 내용은 본서 11·2·2 참고.

○문군자(問君子) : 여기서는 군자가 실제로 행해야 할 내용에 대해서 물음. "是問君子之實"

○선행기언(先行其言) : 먼저 그 말을 행하다. 말하기에 앞서서 그 말을 행해야 한다는 뜻. "先是未言之先"

○이후종지(而後從之) : 그 뒤에 말을 따르게 하다. 이미 행하고 난 다음에 말을 따르도록 해야 한다는 뜻. '之'는 대명사로서 앞에 나온 '言'을 가리킴. "後是已行之際 之指言說"

○이 글은 행함을 중하게 여기는 마음[重行之心]을 논한 글이다. 혹자는 이 문장을 '先行이요 其言은 而後從之니라'로 읽어야 한다고 주장하는데 이것은 잘못된 주장이다. 윗글은 말을 논하면서도 행함에 대해 중점을 두고 있기에 하나의 구로 생각하여 '先行其言이요 而後從之니라'로 읽는 것이 좋다[先行其言而後從之作一句讀].

周氏曰 先行其言者는 行之於未言之前이요 而後從之者는 言之於既行之後라
○范氏曰 子貢之患은 非言之艱이요 而行之艱이라 故로 告之以此하시니라

주 씨가 말했다. "'先行其言'은 말하기 전에 행한다는 것이요, '而後從之'는 행한 뒤에 말한다는 것이다."

○범 씨가 말했다. "자공의 근심은 말에 대한 어려움이 아니라 행함에 대한 어려움이었으므로 이것을 깨우쳐 준 것이다."

[備旨] 子貢이 問君子之所以爲君子는 其道何如오한대 夫子告之에 曰所謂君子者는 亦惟審其言行之序而已라 但凡口所欲言者를 必一一先見之하고 躬行無有虧欠而後에 從而言於既行之後焉이면 則是言行相顧니 豈非篤實之君子乎아 賜亦法君子之先行이 可矣라

자공이 "군자가, 군자가 되는 방법은 그 도가 어떠해야 합니까?" 하고 물었는데, 부자께서 깨우쳐 줄 적에 말씀하시기를, "이른바 군자는 오직 그 말과 행동의 차례를 살펴봐야 할 따름이다. 오로지 입으로 말하고 싶은 것을 반드시 하나하나 먼저 살펴보고 몸으로 행할 적에 부족함이 있지 않도록 한 뒤에 좇아서 행한 다음 말을 한다면 이는 말과 행동이 서로 돌아보게 될 것이니, 어찌 독실한 군자가 아니겠는가? 사도 또한 군자가 먼저 행해야 할 것을 본받는 것이 좋을 것이다."라고 하셨다.

○휴흠(虧欠) : 부족함.
○법(法) : 본받다.

2・14・1 子曰 君子는 周而不比하고 小人은 比而不周니라

공자께서 말씀하셨다. "군자는 남과 두루 친하되 편당 짓지 않고, 소인은 편당만 짓고 남과 두루 친하지 않는다."

○주이불비(周而不比) : 공정한 입장에서 두루 친하되, 편파적인 붕당(朋黨)은 만들지 않음. ☞주(周) : 두루. 골고루 미치다. ☞비(比) : 친하다. 편들다. 파당(派黨)을 짓다. 결탁하다. "不比卽在周上見"
○비이부주(比而不周) : 공정한 입장에서 두루 교제하지 않고, 편파적인 붕당(朋黨)을 만들어서 두루 친하지 않음. "不周卽在比上見"
○참고로 이 글을 바탕으로 1742년 소선(朝鮮) 엉조(英祖) 18년 3월 26일에 싱균관(成均館) 반수교(泮水橋) 위에 '周而弗比 乃君子之公心 比而弗周 寔小人之私意'라고 써서 탕평비(蕩平碑)를 세웠다. 이는 왕권을 강화하고 붕당(朋黨)간의 과열된 정쟁(政爭)을 지양하기 위함이며, 편중되지 않은 인사 정책을 추진하고 각 정치 세력 사이에 균형을 유지하려고 실시한 정책이었다. 탕평(蕩平)이란 말은 원래「서전(書傳)」《홍범(洪範)》가운데 있는 제 5조 황극설(皇極說)의 '無偏無黨 王道蕩蕩 無黨無偏 王道平平'에서 따온 말임.

周는 普徧也요 比는 偏黨也라 皆與人으로 親厚之意로되 但周公而比私耳라
○君子小人이 所爲不同은 如陰陽晝夜가 每每相反이라 然이나 究其所以分이면 則在公私之際니 毫釐之差耳라 故로 聖人이 於周比和同驕泰之屬에 常對擧而互言之하시니 欲學者로 察乎兩間하여 而審其取舍之幾也니라

주(周)는 두루 미치거나 통하는 것이며, 비(比)는 한 당파에 치우친 것이다. 모두 남과 더불어 친하고 정의가 두텁다는 뜻이지만, 다만 주(周)는 공평하고 비(比)는 사사로울 따름이다.
○군자와 소인이 행하는 바가 같지 않음은 음양과 주야가 매양 상반되는 것과 같다. 그러나 그 나눠지는 까닭을 연구해 보면 공평함과 사사로움 사이에 있으니 조그마한 차이가 있을 따름이다. 그러므로 성인이 친함과 친하지 않음[周比]・화합함과 뇌동함

[和同]·교만함과 태연함[驕泰] 등속에 대해 항상 대로 들어 서로 말씀하셨으니, 배우는 사람으로 하여금 둘 사이를 살펴서 그 취하고 버리는 기미를 살피게 하려고 한 것이다.

○보편(普徧) : 광범위하면서도 모든 것에 두루 미치거나 통함. 보편(普遍).
○편당(偏黨) : 한 당파에 치우친 것. 사정(私情)에 치우침.
○친후(親厚) : 친하고 정의가 두터움. 사이좋게 지내고 인정이 두터움.
○호리지차(毫釐之差) : 조금의 차이. ☞호(毫) : 가는 털. 리(釐) : 가는 털.
○주비(周比) : 두루 친하게 지내는 일과 두루 친하게 지내지 않는 일. 위의 본문 참고.
○화동(和同) : 본서에 나오는 '和而不同'과 '同而不和'를 줄여서 쓴 말. 군자는 화합하지만 뇌동하지 않고, 소인은 뇌동하지만 화합하지 않는다는 뜻. 본서 "13·23·1 子曰 君子는 和而不同하고 小人은 同而不和니라" 참고.
○교태(驕泰) : 본서에 나오는 '泰而不驕'와 '驕而不泰'를 순서를 바꾸고 줄여서 쓴 말. 군자는 태연해서 교만하지 않고, 소인은 교만해서 태연하지 못하다고 하는 뜻. 본서 "13·26·1 子曰 君子는 泰而不驕하고 小人은 驕而不泰니라" 참고.

[備旨] 夫子論君子小人用情之異에 曰君子小人之心은 不同이라 故로 其與人으로 親厚도 亦異라 君子之心은 出於公하여 凡理所當愛者를 無不親厚之하니 可謂普徧而周로되 而不至於偏黨之比하고 小人之心은 出於私하여 凡情所可徇者를 皆欲親厚之하니 殆失之偏黨而比로되 而不知有普徧之周라 要之컨대 君子而周는 不惟周於君子요 且能周於小人이며 小人而比는 不惟比於小人이요 且欲比於君子라 君子而不比는 不惟不比於小人이요 抑且不比於君子며 小人而不周는 不惟不周於君子요 並且不周於小人이라 此公私相反之間에 而君子小人之所以分也라

　부자께서 군자와 소인은 마음을 쓰는 것이 같지 않음을 논할 적에 말씀하시기를, "군자와 소인의 마음이 같지 않으므로 그들이 사람과 더불어 친후함도 또한 다르다. 군자의 마음은 공평한 데로부터 나와서 무릇 이치에 마땅히 사랑해야 할 것을 친후하지 않음이 없으니, 가히 두루 통해서 두루 친하지만 한 당파에 치우쳐 편파적인 데에는 이르지 않다고 말할 수 있고, 소인의 마음은 사사로운 데로부터 나와서 무릇 마음에 따라가고 싶은 것을 모두 친후하려고 하니, 아마 한 당파에만 치우쳐서 편파적이지만 두루 통해서 두루 친해야 함을 알지 못하는 데까지 빠지는 지도 모른다. 요컨대 군자로서 두루 친한다는 것은 오직 군자와 두루 친할 뿐만 아니라 또 능히 소인과도 두루 친하다는 것이며, 소인으로서 편당만 짓는다는 것은 오직 소인과 편당 지을 뿐만 아니라 또 군자와도 편당 지으려 한다는 것이다. 군자로서 편당 짓지 않는다는 것은

오직 소인과 편당 짓지 않을 뿐만 아니라 게다가 또 군자와도 편당 짓지 않는다는 것이며, 소인으로서 두루 친하지 않는다는 것은 오직 군자와 두루 친하지 않을 뿐만 아니라 아울러 또 소인과도 두루 친하지 않는다는 것이다. 이렇게 공평함과 사사로움이 상반되는 사이에 군자와 소인이 나누어지는 것이다.”라고 하셨다.

○태(殆) : 대개. 아마도. 혹시 …일지도 모른다. 부사로서 추측이나 그다지 긍정하지 않음을 나타냄.
○순(徇) : 따르다. 주견도 없이 따름.
○억(抑) : 게다가.

2·15·1 子曰 學而不思則罔하고 思而不學則殆니라

공자께서 말씀하셨다. “배우기만 하고 생각하지 않으면 멍청할 것이고, 생각하기만 하고 배우지 않으면 위태로울 것이다.”

○학이불사즉망(學而不思則罔) : 배우기는 하면서도 성현의 언행을 본받지 않으면 사리에 어두워진다는 말. ☞학(學) : 성현(聖賢)의 언행을 취해서 본받는 것. ☞망(罔) : 멍청하고 어둡다. 망(惘)과 같음. 學謂取聖賢 所言所行而效之”
○사이불학즉태(思而不學則殆) : 생각하기는 하면서도 이치상 왜 그렇게 되었는지 그 까닭을 배우지 않으면 위태롭게 된다는 말. ☞사(思) : 이치상 그렇게 된 까닭을 구해 찾는 것. ☞태(殆) : 위태하다. 튼튼하지 못함. “思謂求索 其理之所以然”

不求諸心故로 昏而無得이요 不習其事故로 危而不安이라
○程子曰 博學審問愼思明辨篤行五者에 廢其一이면 非學也니라

마음에 구하지 않으므로 어두워서 얻는 것이 없고, 그 일을 익히지 않으므로 위태로워 불안한 것이다.
　○정자가 말했다. “널리 배우며, 자세히 물으며, 신중히 생각하며, 밝게 분별하며, 독실히 행함, 이 다섯 가지 중에서 그 하나를 폐하면 학문이 아니다.”

○집주에서 정자가 말한 내용은 중용(中庸) 20장에서 말한 ‘성(誠)’과 ‘성지(誠之)’에 관한 내용이다. 「중용(中庸)」 20·19 참고. “博學之하며 審問之하며 愼思之하며 明辨之하며 篤行之니라”

[備旨] 夫子論學思不可偏廢에　曰理寓於事而習其事者가　學也요　事載乎理而求其理者가
思也라　苟徒學焉하여　而不思以求其理於心이면　則昏而無得이니　不亦失之罔乎아　苟徒思
焉하여　而不學以習其理於事면　則危而不安이니　不亦失之殆乎아　夫徒學徒思에　各有其弊
如此하니　學思는　誠不可偏廢矣라

　　부자께서 배우는 것과 생각하는 것은 어느 하나라도 치우칠 수 없다는 것을 논할 적
에 말씀하시기를, "이치가 일에 붙어 있어서 그 일을 익히는 것이 학(學)이요, 일이 이
치에 실려 있어서 그 이치를 찾는 것이 사(思)다. 진실로 배우기만 하고서 그 이치를
마음에 구할 것을 생각하지 않는다면 어리석어서 얻는 것이 없을 것이니, 또한 멍청한
데 빠져버리지 않겠는가? 진실로 생각만 하고서 그 이치를 일에 익힐 것을 배우지 않
는다면 위태로워서 불안할 것이니, 또한 위태로운 데 빠져버리지 않겠는가? 대저 배우
기만 한다거나 생각만 할 적에는 각각 그 폐단이 이와 같으니, 배우는 것과 생각하는
것은 진실로 어느 하나라도 치우칠 수 없을 것이다."라고 하셨다.

○편폐(偏廢) : 어느 한 쪽으로 치우침. 한 쪽을 버림. 「육기(陸機)」 《책문수재문(策問
秀才文》 "一氣偏廢　則萬物不得獨成"

2·16·1　子曰　攻乎異端이면　斯害也已니라

　　공자께서 말씀하셨다. "학문을 할 적에 정통을 벗어나 이단을 다룬다면 해가 될 뿐
이다."

○공호이단(攻乎異端) : 이단을 배우다. 이단을 다루다. 이단을 연구하다. 이단은 성인
의 도가 아닌 것을 말하는데, 일반적으로 양주(楊朱)와 묵적(墨翟)을 지칭하지만 꼭 그
런 것만도 아닐 것이다. "異端邪說　詖行戾乎正道者也　不必指定楊墨"
○사해야이(斯害也已) : 곧 해가 될 따름이다. ☞사(斯) : 곧. 그렇다면. 그렇다면 …곧.
접속사로서 앞 문장을 이어받음. ☞야이(也已) : …이다. …하구나. 허사(虛詞)가 연용되
어 '也'는 단정을 나타내고 '已'는 일의 상태를 나타냄. 주로 단정의 뜻을 나타냄. "害兼
人己說　心術政事　俱受其害也　已字有慨歎意"

范氏曰　攻은　專治也라　故로　治木石金玉之工曰　攻이라　異端은　非聖人之道요　而
別爲一端이니　如楊墨이　是也라　其率天下하여　至於無父無君하니　專治而欲精之면
爲害甚矣라

○程子曰 佛氏之言은 比之楊墨이면 尤爲近理로되 所以其害爲尤甚이라 學者는 當如淫聲美色以遠之니 不爾면 則駸駸然入於其中矣리라

　범 씨가 말했다. "공(攻)은 오로지 다스린다는 것이다. 그러므로 나무·돌·금·옥을 다루는 것을 '攻'이라고 한다. 이단은 성인의 길이 아니고 별도로 사물의 한 부분이 되니, 양주와 묵적 같은 사람이 이들이다. 이들은 천하를 거느려서 아버지도 없고 임금도 없다 하는 데까지 이르렀으니, 오로지 배우고서 자세히 알려고 하면 굉장히 해로울 것이다."
　○정자가 말했다. "부처의 말은 양주와 묵적에 비하면 더욱 이치에 가까운 것 같지만, 그 해로움이 더욱 심한 것이다. 배우는 사람들은 마땅히 음탕한 소리와 아름다운 여색처럼 여겨서 멀리해야 할 것이다. 이같이 하지 않으면 차츰차츰 그 속으로 빠져 들어가게 될 것이다."

○치(治) : 다스리다. 사물을 용도나 목적에 맞게 다루어 처리하거나 다듬어 정리하다.
○이(爾) : 이와 같이. 이같이. 「맹자(孟子)」《고자상(告子上)》 "非天之降才爾殊也"
○침침연(駸駸然) : 점점. 차츰차츰. ☞침(駸) : ①말이 질주하는 모양. ②빠르다. ③점점. 여기서는 ③의 뜻.

[備旨] 夫子示人正其學術에 曰吾道는 大中至正也요 異端은 似是而實非라 學者는 苟攻治乎異端之道하여 而欲精之면 則其言彌近理로되 而愈足以惑人이라 不惟吾一身之害요 且將率天下之人하여 日趨於邪妄之歸로되 而莫之覺이니 其爲害豈不甚哉아

　부자께서 사람들에게 자신의 학문과 예술을 바르게 하도록 보여줄 적에 말씀하시기를, "우리의 도는 아주 들어맞으면서도 지극히 바른 도이고 이단은 옳은 듯하지만 실제로는 그릇된 도다. 배우는 사람은 진실로 이단의 도를 닦고 다스려서 자세히 알려고 하면 그 말이 이치에 아주 가까운 것 같지만 더욱 사람을 미혹되게 할 것이다. 오직 자기 한 사람의 몸에 해가 될 뿐만이 아니라 또 장차 천하의 사람들을 끌어들여 날로 사악하고 망령된 데로 향해 달려가지만 깨닫지 못할 것이니, 그 해로움이 어찌 심하지 않겠는가?"라고 하셨다.

○대중(大中) : 과불급(過不及)이 없이 지극히 중정(中正)한 도(道)를 이름.
○지정(至正) : 지극히 바른 도(道).
○추(趨) : 다다르다. 마음이 이끌림. 목적지를 향해 빨리 달려감.
○사망(邪妄) : 사악하고 망령됨.

2·17·1 子曰 由야 誨女知之乎아 知之爲知之하고 不知爲不知가 是知也니라

공자께서 말씀하셨다. "유야! 너에게 안다고 하는 것을 가르쳐 주랴? 아는 것을 안다 하고 모르는 것을 모른다 하는 것이 아는 것이다."

○유(由) : 춘추(春秋) 때 노(魯)나라 사람인 자로(子路)를 말함. 공자의 제자. 성은 중(仲) 이름은 유(由) 자는 자로(子路) 또는 계로(季路). 용감한 성격에 정사에 능하여 위(衛)나라에서 벼슬하였으나 뒤에 피살됨. 자로에 관한 이야기가 많이 있는데, 「논어참(論語讖)」에는 그가 강(剛)을 숭상하고 용(勇)을 좋아한 것이 우레[雷]의 정기에 감동되어 태어났기 때문이라고 했다. 자로(子路)는 64세로 위나라의 쟁란(爭亂) 때문에 죽었다. 망명해서 돌아온 괴외가 위나라의 군주인 자기 자식, 즉 출공(黜公)을 치려고 하던 그 밤에 죽었다. 석걸(石乞)과 우염(盂黶)이라는 사람이 자로의 갓끈을 잘랐을 때, '군자는 죽더라도 갓을 벗지 않는 법이다.' 하면서 갓끈을 잘 매고 죽었다는 유명한 기록이 있다. 「춘추좌씨전(春秋左氏傳)」 《애공(哀公) 15년조》 참고.

○회녀지지호(誨女知之乎) : 너에게 안다고 하는 것이 무엇인지 가르쳐 줄까? 자로에게 '안다고 하는 것이 무엇인지 가르쳐 주랴?' 하면서 의향을 묻는 말. ☞회(誨) : 가르치다. 깨우치다. ☞여(女) : 너. 이인칭 대명사. '汝'와 통함. ☞호(乎) : 구 말에 쓰여 의문을 나타내는 어조사. 전통적으로 이 문장은 '誨女知之乎인저'라고 현토하여, '너에게 안다는 것을 가르쳐 주겠다.'로 해석했다. 이것은 '乎'에 대한 이해를 잘못했기 때문이다. 한문에서는 의문사가 있어서 의문문이 되는 경우도 있지만 그렇지 않은 경우도 있다. 본문은 의문사 없이 의문사의 뜻을 나타내는 경우에 해당한다. 이러한 예는 흔치 않지만 본서 "18·7·1 子見夫子乎아"도 그러한 예다. 현대 중국어의 '嗎'에 해당한다고 볼 수 있다. "誨是敎 女作汝 知是心曉得明白 之指道 言有啓悟他意"

○지지위지지(知之爲知之) : 사물의 이치에 대해 알 수 있는 것을 안다고 말함. '爲'는 '謂'의 뜻. "知是其識所能及者 二之字指事物之理言"

○부지위부지(不知爲不知) : 마음속에 막히는 것이 있어서 알지 못하는 것을 모른다고 말함. '爲'는 '謂'의 뜻. "不知是其識有不逮者 二爲字當認字看"

○시지야(是知也) : '아는 것을 안다 하고 모르는 것을 모른다고 하는 것'이 진실로 아는 것이라는 말. "是指上知之二句說 知指本心之良知言"

由는 孔子弟子니 姓仲이요 字子路라 子路好勇하니 蓋有强其所不知로 以爲知者라 故로 夫子告之曰 我敎女以知之之道乎아 但所知者는 則以爲知요 所不知者는

則以爲不知니 **如此**면 **則雖或不能盡知**라도 **而無自欺之蔽**요 **亦不害其爲知矣**라 **況由此而求之**면 **又有可知之理乎**아

유는 공자의 제자로 성은 중이고, 자는 자로다. 자로는 용맹을 좋아하였으니, 아마도 억지로 그가 알지 못하는 것을 안다고 여기는 일이 있었을 것이다. 그러므로 부자께서 깨우칠 적에, "내가 너에게 안다고 하는 방법을 가르쳐 주랴?" 하고 말씀하신 것이다. 단지 아는 것은 안다 하고 모르는 것은 모른다고 해야 할 것이니, 이와 같이 하면 비록 혹시 다 알지 못한다고 하더라도 자신을 속이는 폐단은 없을 것이요, 또한 그가 알려고 하는 것에 해가 되지도 않을 것이다. 하물며 이것을 말미암아 알려고 하면 또한 알 만한 가치가 있는 이치임에랴?

[備旨] 子路好勇하니 蓋有强不知로 以爲知者라 故로 夫子呼而告之에 曰由야 吾誨女以知之之道乎아 夫所謂知者가 豈必無所不知而後에 謂之知哉아 惟於理之得於知識하여 所及者엔 固以爲知之하고 於理之限於知識하여 所未及者엔 亦直以爲不知니라 如此면 則雖或不能盡知나 然이나 知與不知가 皆昭然於吾心하여 而無所蔽니 是乃所謂知也니라 況由此로 實心求學이면 自不難物格知至矣니 何必强不知以爲知哉아

자로는 용맹을 좋아하였으니, 아마도 억지로 알지 못하는 것을 안다고 여기는 일이 있었을 것이다. 그러므로 부자께서 불러서 깨우쳐 줄 적에 말씀하시기를, "유야! 내가 너에게 안다고 하는 방법을 가르쳐 주랴? 이른바 안다는 것이 어찌 반드시 알지 못하는 것이 없어진 뒤에 이를 일러 안다고 하겠느냐? 오직 이치에 지식으로 이해가 되어 미칠 수 있을 적에는 진실로 안다고 해야 할 것이고, 이치에 지식으로 한계에 도달하여 미치지 못할 적에는 또한 다만 알지 못한다고 해야 할 것이다. 이와 같이 하면 비록 혹시 다 알 수는 없지만 아는 것과 알지 못하는 것이 모두 내 마음을 환하게 해서 가려지는 바가 없을 것이니, 이것이 곧 이른바 안다는 것이다. 더욱더 이로 말미암아 성실한 마음으로 학문을 구하면 저절로 사물의 이치를 연구하여 깨닫거나 깨달음이 이르는 데 어려움이 없을 것인데, 하필 억지로 알지 못하는 것을 안다고 하겠는가?"라고 하셨다.

○직(直) : 다만. 단지 …만. 다만 …하는데 불과하다. 겨우 …뿐이다.
○소연(昭然) : 환하게. 밝게. 분명하게.
○물격(物格) : 사물의 이치를 연구하여 깨달음. 「대학(大學)」 "物格而後知至"
○지지(知至) : 앎이 이름.

2·18·1 子張이 學干祿한대

자장이 녹을 구하는 일에 대해 배우려고 하자,

○자장(子張) : 공자의 제자. 성은 전손(顓孫). 이름은 사(師). 진(陳)나라 사람. 자장(子張)은 그의 자. 공자보다 48살 아래였다.
○학간록(學干祿) : 녹을 구하는 일에 대해 배우려고 함. ☞간록(干祿) : 녹을 구함. 마음속에 잊지 못하고 말이나 얼굴로 나타내었다는 말. "學是爲學 干祿是說他心內未忘 必有發見於辭色者"「시경(詩經)」《한록편(旱麓篇)》과 《가락편(假樂篇)》에도 나옴.

子張은 孔子弟子니 姓은 顓孫이요 名은 師라 干은 求也라 祿은 仕者之俸也라

자장은 공자의 제자로 성은 전손이요 이름은 사다. 간(干)은 구하는 것이다. 녹(祿)은 벼슬하는 사람의 봉급이다.

○전(顓) : ①전단(專斷)하다. 제 마음대로 하다. ②어리석다. ③착하다.
○봉(俸) : 녹. 봉급. 급료 봉(奉)과 통함.

[備旨] 子張이 從事於學이로되 而有求祿之心이면 則其學이 必不純矣니라

자장이 학문에 종사했지만 녹을 구하는 마음이 있었다면, 그 학문이 반드시 순수하지는 못했을 것이다.

2·18·2 子曰 多聞闕疑요 愼言其餘則寡尤며 多見闕殆요 愼行 其餘則寡悔니 言寡尤하며 行寡悔면 祿在其中矣니라

공자께서 말씀하셨다. "여러 가지 들은 것 중에서도 의심나는 것은 접어두고 그 나머지를 신중히 말하면 허물이 적어질 것이며, 여러 가지 본 것 중에서도 미심쩍은 것은 접어두고 그 나머지를 신중히 행하면 후회가 적어질 것이니, 말에 허물이 적으며 행실에 뉘우침이 적으면 녹은 그 가운데 저절로 있게 될 것이다."

○다문궐의(多聞闕疑) : 천하 고금의 이치에 대해 여러 가지 들은 말 중에서 의심스러

운 것은 접어 둠. "多是廣博 聞指天下古今之理言 闕是姑舍置意"

○신언기여즉우과(愼言其餘則寡尤) : 그 나머지 의심스럽지 않는 것에 말하면 사람들이 자기 자신을 허물하지 않을 것이라는 말. "是不敢放言 其餘指言之無疑者 寡少也 尤是人來罪我"

○다견궐태(多見闕殆) : 천하 고금의 행실에 대해 여러 가지 들은 말 중에서 미심쩍은 것은 접어 둠. "多見指天下古今之行言"

○신행기여즉과회(愼行其餘則寡悔) : 그 나머지를 신중히 행하면 후회가 적어질 것이라는 말. "是不敢妄動 其餘指行之已安者 悔是自已追悔"

○녹재기중의(祿在其中矣) : 말에 후회가 적고 행실에 뉘우침이 적으면, 그 가운데 녹이 저절로 있게 됨. "其中是寡尤寡悔之中 有祿不求而自至意"

呂氏曰 疑者는 所未信이요 殆者는 所未安이라 程子曰 尤는 罪自外至者也요 悔는 理自內出者也라 愚謂 多聞見者는 學之博이요 闕疑殆者는 擇之精이며 愼言行者는 守之約이라 凡言在其中者는 皆不求而自至之辭니 言此하여 以救子張之失而進之也시니라

○程子曰 修天爵이면 則人爵至하니 君子言行能謹은 得祿之道也라 子張學干祿이라 故로 告之以此하여 使定其心하여 而不爲利祿動하시니 若顔閔이면 則無此問矣리라 或疑如此라도 亦有不得祿者니 孔子蓋曰 耕也라도 餒在其中이라하시니 惟理可爲者를 爲之而已矣니라

여 씨가 말했다. "의(疑)는 믿지 못한다는 것이요, 태(殆)는 편치 못하다는 것이다." 정자가 말했다. "우(尤)는 죄가 밖으로부터 이르는 것이요, 회(悔)는 이치가 안으로부터 나오는 것이다." 내[朱子]가 생각하건대, 듣고 보는 것이 많다는 것은 배우는 것이 넓은 것이요, 의심나는 것과 미심쩍은 것을 집어둔다는 것은 기리기를 정밀히 하는 것이요, 말과 행동을 신중하게 한다는 것은 지키기를 요약되게 한다는 것이다. 무릇 그 가운데에 있다고 말한 것은 모두 구하지 않아도 저절로 이른다는 말이니, 이것을 말해서 자장의 단점을 구해주고 나아가게 하신 것이다.

○정자가 말했다. "하늘이 준 작위를 닦으면 사람이 준 작위가 이르게 되니, 군자가 언행을 삼가는 것은 녹을 얻는 방법이다. 자장이 녹을 구하는 일에 대해 배우려했으므로 이것을 가르쳐서 그 마음을 안정시켜 작록을 탐내는 데 동요되지 않게 하신 것이니, 안자와 민자건이라면 이런 질문이 없었을 것이다." 어떤 사람은 이와 같이 하더라도 또한 녹을 얻지 못하는 자가 있다고 의심할 것이니, 공자께서는 그래서 "밭을 갈더라도 굶주림이 그 가운데에 있다."라고 말씀하셨으니, 오직 이치상 할 만한 말씀을 했

을 따름이다.

○천작(天爵) : 하늘이 준 작위. 하늘이 준 벼슬이란 뜻으로 사람에게 갖추어진 자연의 미덕. 인의(仁義)와 충신(忠信)을 행하는 등의 도덕 수양을 이름.「맹자(孟子)」《고자상(告子上)》"仁義忠信 樂善不倦 此天爵也"
○인작(人爵) : 공경대부(公卿大夫) 등 사람이 준 작위.「맹자(孟子)」《고자상(告子上)》"仁義忠信 樂善不倦 此天爵也 公卿大夫 此人爵也"
○이록(利祿) : ①이득과 녹봉. ②작록(爵祿)을 탐냄.
○뇌(餒) : 굶주리다. 굶기다.
○건(騫) : 이지러지다. 손상하다. 그르치다.
○개(蓋) : 그래서. 위의 문장을 받아서 원인이나 이유를 나타냄[承接上文 表示原因或理由].

[備旨] 夫子教之에 曰君子之學은 莫先於言行이라 聞見者는 所以爲言行之資也니 必於天下之理에 自少聞으로 而積之多聞하여 以廣其言之資라 然이나 所聞中에 不無可疑者면 則闕之而不言하고 其餘所不疑者도 猶必愼言之니라 如是면 則所言當理하여 雖未敢必其絶無可尤나 庶乎其寡尤也요 必於天下之事에 自少見으로 而積之多見하여 以廣其行之資라 然이나 所見中에 不無未安者면 則闕之而不行하고 其餘所已安者도 猶必愼行之니라 如是면 則所行當理하여 雖未敢必其絶無可悔나 亦庶乎其寡悔也라 夫言焉에 寡尤하고 行焉에 寡悔하면 自有言揚行擧之理니 是祿은 則在寡尤寡悔之中矣라 何以干爲哉아 師亦修其在己可也라

　부자께서 자장을 가르쳐 줄 적에 말씀하시기를, "군자의 학문은 언행보다도 앞서는 것이 없다. 듣고 보는 것은 언행의 바탕이 되니 반드시 천하의 이치에 대하여 조금 들은 것부터 여러 가지 들은 것을 쌓아서 그 말의 자질을 넓혀야 할 것이다. 그렇지만 들은 것 중에서도 의심이 없지 않다면 접어두어서 말하지 말고, 그 나머지 의심스럽지 않은 것에 대해서도 오히려 반드시 신중하게 말해야 할 것이다. 이와 같이 하면 곧 말하는 바가 이치에 맞아서 비록 감히 그것에 대해 전혀 허물할 만한 것이 없지는 않겠지만 어쩌면 그것에 대해서는 허물이 적을 것이요, 반드시 천하의 일에 대하여 조금 본 것부터 여러 가지 본 것을 쌓아서 그 행동의 바탕을 넓혀야 할 것이다. 그렇지만 본 것 중에서도 미심쩍은 것이 없지 않다면 접어두어서 행치 말고, 그 나머지 이미 미더운 것에 대해서도 오히려 반드시 신중하게 행해야 할 것이다. 이와 같이 하면 곧 행하는 바가 이치에 맞아서 비록 감히 그것에 전혀 허물할 만한 것이 없지는 않겠지만 또한 그것에 대해서는 허물이 적을 것이다. 무릇 말할 적에 허물이 적고 행동할 적에

뉘우침이 적으면 저절로 말이 드러나고 행동이 이루어지는 이치가 있을 것이니, 이렇게 된다면 녹은 곧 허물이 적고 뉘우침이 적은 가운데 있게 될 것이다. 어찌하여 구하기만을 하겠는가? 사도 또한 자기에게 있는 것을 닦는 것이 옳을 것이다."라고 하셨다.

○서호(庶乎) : 어쩌면. 대개.
○언양(言揚) : 말이 나타남. 말이 들날림.
○행거(行擧) : 행동이 일어남. 행동이 이루어짐.

2·19·1 哀公問曰 何爲則民服이니잇고 孔子對曰 擧直錯諸枉이면 則民服하고 擧枉錯諸直이면 則民不服이니이다

애공이 "어떻게 해야 노나라 백성들이 복종하겠습니까?" 하고 묻자, 공자께서 대답하셨다. "정직한 사람을 들어 쓰고 바르지 않은 사람들을 버려두면 백성들은 복종하고, 바르지 않은 사람들을 들어 쓰고 정직한 사람을 버려두면 백성들은 복종하지 않을 것입니다."

○애공(哀公) : 공자 당시에 노(魯)나라의 제후. 이름은 장(蔣).
○하위즉민복(何爲則民服) : 어떠한 방법을 써야 노나라의 백성들이 복종하겠는가? ☞ 하위(何爲) : ①어째서. 왜. ②무엇을 하느냐? ③무엇이 되겠느냐? 무슨 쓸모가 있겠느냐? 등 여러 가지 뜻으로 쓰임. 원래 '爲何'인데 '爲'의 목적어가 의문사일 때 도치된 형태. 여기서는 '무엇을 해야' '어떻게 해야'라는 정도의 뜻. "何爲是何所作爲意 民指魯國之民服言"
○거직조제왕(擧直錯諸枉) : 바른 사람을 등용하여 쓰고, 바르지 못한 여러 사람을 버려두고 함부로 등용하지 않는다는 말. 거조(擧錯). ☞조(錯) : 두다. 그대로 둠. 간직하다. 참고로 '착(錯)'이라고 읽으면, '섞이다.' '갈마들다.' '줄(톱니 따위를 쓸거나 깎는데 쓰는 연장)'의 뜻이 됨. ☞제(諸) : 여러 사람[衆也]이라는 뜻. 본서 12·22·3에서도 '擧直錯諸枉'이라는 말이 나오는데 '衆也'라고 풀이하고 있다. 혹자는 '之於'를 줄여 쓴 어조사라고 하지만 집주와 비지 문장을 참고하여 '여러 사람'이라는 뜻으로 해석했음. ☞왕(枉) : 사곡(邪曲)한 사람. "擧是取而用之 直是立心制行 循乎正理者 錯凡見棄不用皆是 枉是立心制行 拂乎正理者"
○거왕조제직(擧枉錯諸直) : 바르지 못한 사람을 등용하여 쓰고, 바른 여러 사람을 버려두고 등용하지 않음. "是擧錯不合義"

哀公은 魯君이니 名이 蔣이라 凡君問에 皆稱孔子對曰者는 尊君也라 錯는 捨置也라 諸(제)는 衆也라 程子曰 擧錯得義면 則人心服이니라
○謝氏曰 好直而惡(오)枉은 天下之至情也니 順之則服이요 逆之則去는 必然之理也라 然이나 或無道以照之면 則以直爲枉하고 以枉爲直者多矣라 是以로 君子는 大居敬而貴窮理也니라

　애공은 노나라 임금으로 이름이 장이다. 대체로 임금의 물음에 모두 '孔子對曰'이라고 칭한 것은 임금을 높인 것이다. 조(錯)는 버려둔다는 것이다. 제(諸)는 '여러 사람들'이다. 정자가 말했다. "들어 쓰고 버려두는 것이 의리에 맞으면 사람들이 마음에 복종할 것이다."
　○사 씨가 말했다. "정직한 것을 좋아하고 바르지 못한 것을 미워하는 것은 천하 사람들로부터 진심에서 우러나오는 참된 정이니, 그것을 따르면 복종할 것이고 그것을 거스르면 떠나간다는 것은 필연적인 이치다. 그러나 혹시라도 도로써 비춰보지 않으면 정직한 사람을 바르지 않다 하고 바르지 않은 사람을 정직하다고 여기는 사람도 많을 것이다. 그러므로 군자는 거경을 크게 여기고 궁리를 귀하게 여기는 것이다."

○장(蔣) : 줄풀(포아풀과의 여러해살이 풀). 주(周)대의 나라 이름.
○거경(居敬) : 몸가짐을 공손히 함. 항상 마음을 바르게 하여 품행을 닦음. ▱거경궁리(居敬窮理) : 주자학의 학문수양 방법. '거경(居敬)'은 몸가짐을 공손히 하여 무슨 일에 조심하는 수양법이고, '궁리(窮理)'는 사물의 이치를 궁리하여 정확한 지식을 얻는 수양법임. 「주자어류(朱子語類)」 "學者工夫 唯在居敬窮理二事"

[備旨] 哀公이 問於孔子에 曰人君이 何所作爲라야 而能得民心之服也니잇고한대 孔子對에 曰民心所服者는 義也니 君能擧順理之直者하여 而使之在位하고 錯衆枉之不直者하여 而不濫擧면 則擧錯合義하여 卽合乎萬民之心이니 夫誰有不服이리오 若於枉者에 而反擧之하고 於衆直者에 而反錯之면 則擧錯不合義하여 卽拂乎萬民之心이니 其誰服之리오 君欲服民이면 亦於擧錯間에 加之意而已라

　애공이 공자에게 "임금이 어떻게 해야 능히 백성들의 마음을 복종시킬 수 있겠습니까?" 하고 묻자, 공자께서 대답할 적에 말씀하시기를, "백성들의 마음이 복종하는 것은 의리이니, 임금이 이치에 따라서 바른 사람을 천거해서 그로 하여금 자리에 있게 하고 여러 사람들 중에 바르지 못한 사람들을 버려두고 함부로 들어 쓰지 아니하면, 들어 쓰고 버려두는 것이 의리에 맞아서 모든 사람의 마음에 합당할 것이니 대저 누가 복종하지 않겠습니까? 만약에 바르지 못한 사람들에 대해서 반대로 들어 쓰고 여러 정직한

사람들에 대해서 반대로 버려두면, 들어 쓰는 것과 버려두는 것이 의리에 맞지 않아서 모든 사람의 마음을 멀리하게 될 것이니, 그 누가 복종하겠습니까? 임금이 만약 백성들의 마음을 복종시키고자 하면 또한 들어 쓰거나 버려두는 사이에 뜻을 더해야 할 따름입니다."라고 하셨다.

○작위(作爲) : 형편에 맞게 인위(人爲)를 가함.
○불(拂) : 멀리하다. 배제하다.

2·20·1 季康子問 使民敬忠以勸인댄 如之何잇고 子曰 臨之以莊則敬하고 孝慈則忠하고 擧善而敎不能則勸이니라

계강자가 묻기를, "백성으로 하여금 나를 공경하고 충성하며 선행에 힘쓰게 하려면 어찌하면 되겠습니까?" 하자, 공자께서 말씀하셨다. "대하기를 장엄하게 하면 백성들이 공경하게 되고, 효도하고 사랑하면 백성들이 충성하게 되고, 잘하는 사람을 등용하여 능치 못한 자를 가르치면, 선행에 힘쓰게 될 것입니다."

○계강자(季康子) : 노(魯)나라의 대부. 계손 씨(季孫氏). 환자(桓子)의 서자(庶子). 이름은 비(肥).
○사민경충이권(使民敬忠以勸) : 백성들이 계강자를 공경하고 충성하며 또 선행에 힘쓰게 한다는 뜻. ☞이(以) : …과(와). 병렬 관계를 표시하는 접속사. '與'와 같음. ☞권(勸) : 힘쓰게 하다. 선을 행하는 데 힘쓰도록 하다. "敬是民無敢慢於我 忠是民無敢欺於我 以作與字 勸是民無敢怠於爲善"
○여지하(如之何) : 어떻게 하면 되는가? 관용어구로 원인을 묻거나 반문을 나타내며 부사어나 서술어로 쓰임. 보통 '…을 어떻게 하다.'라고 해석하며 목적어가 중간에 옴. '奈~何' '若~何'도 같은 형태임. "有徒責望民意"
○임지이장즉경(臨之以莊則敬) : 백성을 대하기를 용모를 장엄하게 하면 백성들은 공경하게 된다는 말. "莊主容貌卻非色莊之僞 敬是欽敬以事上也"
○효자즉충(孝慈則忠) : 어버이에게 효도하고 자식을 사랑하면 백성들이 충성하게 됨. "孝是立愛惟親 慈是保民如子 忠兼承孝慈二意來"
○거선이교불능즉권(擧善而敎不能則勸) : 백성들 중에 잘하는 사람을 들어서 능치 못한 사람을 가르치면, 장차 선행에 힘쓰게 됨. "擧兼用賞二意 善指立心制行合理說 敎有誘掖化導意 不能卽不善之人 勸兼善者益進於善 不能者勉進求善二意"

季康子는 魯大夫季孫氏니 名이 肥라 莊은 謂容貌端嚴也라 臨民以莊이면 則民敬
於己하고 孝於親하며 慈於衆이면 則民忠於己하고 善者擧之하여 而不能者敎之면
則民有所勸하여 而樂於爲善이라
○張敬夫曰 此는 皆在我所當爲니 非爲欲使民으로 敬忠以勸而爲之也라 然이나
能如是면 則其應이 蓋有不期然而然者矣리라

계강자는 노나라 대부 계손 씨로 이름이 비다. 장(莊)은 용모가 단정하고 엄숙한 것
을 이른다. 백성에게 임하기를 장엄하게 하면 백성들이 자기에게 공경할 것이고, 부모
에게 효도하며 대중을 사랑하면 백성들이 자기에게 충성할 것이고, 이것을 잘하는 사
람을 등용하여 잘못하는 사람을 가르치면, 백성들이 힘쓰는 바가 있어서 선을 행하기
를 즐거워 할 것이다.
○장경부가 말했다. "이것은 모두 자기가 마땅히 해야 할 일이니, 백성으로 하여금
공경하거나 충성하며 선행에 힘쓰도록 하기 위한 일은 아니다. 그러나 능히 이와 같이
한다면 그 감응이 아마 그렇게 되기를 기약하지 않아도 그렇게 될 것이다."

[備旨] 季康子問使民으로 敬於我하고 忠於我하며 又皆勸於爲善이면 必如何而後可니잇
고하니 夫子告之에 曰爲上者는 欲求之於民이면 當先盡其道於己니 誠能臨民端莊하여 而
以敬自處면 則有威可畏하고 有儀可象하여 而民自敬於我矣라 誠能孝親慈衆하여 而以忠
自處면 則其德足爲民表하고 其恩足結民心하여 而民自忠於我矣라 誠能擧民之善하여 而
敎民之不能이면 則善者는 益進而不怠하고 不能者도 亦勉强而企及이니 皆將勸於爲善矣
리라 何必以使爲哉아

계강자가 묻기를, "백성들로 하여금 나에게 공경하도록 하고 나에게 충성하도록 하
며, 또 모두다 선을 행하는 데에 힘쓰게 하려면 반드시 어떻게 한 이후에 가능하겠습
니까?" 하니, 부자께서 깨우쳐 줄 적에 말씀하시기를, "위에 있는 사람은 백성들에게
그것을 구하고자 한다면 마땅히 먼저 그 도를 자신부터 다해야 할 것이니, 진실로 백
성들에게 임하기를 단정하고 장엄하게 하여 공경하는 모습으로 자신을 나타내면, 위엄
은 두려워할 만하고 거동은 본받을 만하여 백성들이 저절로 자기 자신에게 공경할 것
입니다. 진실로 어버이에게 효도하고 여러 사람들을 사랑하여 충성을 스스로 실천하면,
그 덕은 족히 백성들의 사표가 되고 그 은혜는 족히 백성들의 마음을 모아서 백성들이
스스로 자기 자신에게 충성할 것입니다. 진실로 백성들 중에 잘하는 사람을 들어서 백
성들 중에 능치 못한 사람을 가르치면, 잘하는 사람은 더욱 나아가서 태만하지 않게
될 것이고 능치 못한 사람도 또한 힘을 써서 도달하기를 바랄 것이니, 모두 장차 선행
을 행하는 데 힘쓸 것입니다. 어떻게 반드시 시켜야 하겠습니까?"라고 하셨다.

○단장(端莊) : 단정하고 의젓함.
○상(象) : 본받다. 본뜨다.
○민표(民表) : 백성들의 사표. 백성들의 표상.
○아(我) : 자기 자신. '己'와 통함.
○기(企) : 바라다. 희망하다.

2·21·1 或謂孔子曰 子奚不爲政이시니잇고

어떤 사람이 공자에게 이르면서 말하기를, "선생님은 어찌하여 정사를 행치 않으십니까?" 하자,

○혹(或) : 어떤 사람. "或是時人 不知姓名者"
○자해불위정(子奚不爲政) : 공자를 보고 어째서 정치를 하지 않느냐고 묻는 말. ☞자(子) : 이인칭으로 쓰임. 자네. 그대. 여기서는 공사를 말함. ☞해(奚) : 어찌. 의문사로 쓰임. ☞위정(爲政) : 벼슬길에 나아가 정사를 행함. "子指孔子 奚何也 爲政是出仕而秉國政"

定公初年에 孔子不仕라 故로 或人이 疑其不爲政也라

정공 초년에 공자께서 벼슬을 하지 않았으므로, 혹자가 정사를 행치 않는 것을 의아해 한 것이다.

[備旨] 或人이 疑而謂孔子에 曰新君嗣位之初는 正君子有爲之日이라 子奚不仕以居其位하여 而爲政乎시니잇고

어떤 사람이 의심스러워서 공자에게 이를 적에 말하기를, "새 임금이 자리를 처음으로 계승할 적에는 바로 군자는 공을 이룰 수 있는 날입니다. 선생님은 어찌하여 그 자리에 거해서 벼슬하면서 정사를 하지 않으십니까?"라고 했다.

○사(嗣) : 잇다. 계승하다. 직무를 이어 맡음.
○유위(有爲) : 성과를 위하여 어떤 일을 하는 바가 있음. 능력이 있음. 유능(有能).「주역(周易)」《계사상(繫辭上)》"是以君子 將有爲也"

2·21·2 子曰 書云孝乎인저 惟孝하며 友于兄弟하여 施於有政이라하니 是亦爲政이니 奚其爲爲政이리오

공자께서 말씀하셨다. "「서경」에서 효에 대해 말한 것이 있습니다. 부모에게 효도하며 형제를 사랑하여 그것을 정사에 미루어 베푼다고 했는데, 이 또한 정사를 하는 것이니, 어찌하여 그것만이 정사라고 하겠습니까?"

○유효우우형제(惟孝友于兄弟) : 오직 부모에게 효도하고 형제를 사랑하다. "惟是獨 孝是善事父母 友是推愛於兄弟"

○시어유정(施於有政) : 정사를 행하다. 여기서는 한 가정을 바르게 이끄는 것을 미루어 정사에 행한다는 뜻. 여기서 '有'는 명사 앞에서 쌍음자(雙音字)를 구성할 때 쓰인 조자(助字)로서 특별한 뜻이 없다. "施是推行意 有政是正家"

○시역위정(施亦爲政) : 부모에게 효도하며 형제를 사랑하여 그것을 정사에 미루어 베푸는 것, 이것 또한 정사를 행하는 것이라는 말. "是字指上二句能正家言"

○해기위위정(奚其爲爲政) : 어찌 그것만이 다스리는 것이라고 하겠는가? 어찌 정사하는 것만을 정사라고 하겠는가? ☞해(奚) : 어찌. 의문사. ☞기(其) : 대명사로서 위의 문장에 나온 '爲政'을 지칭함. ☞위(爲) : 모두 평성(平聲)으로 쓰였는데, 위에 있는 '爲'자는 '…라고 하다'라는 뜻을 나타내고, 아래 있는 '爲'자는 '다스리다'라는 뜻을 나타냄. "上爲字是稱謂語"

書는 周書君陳篇이라 書云孝乎者는 言書之言孝가 如此也라 善兄弟曰友라 書言君陳이 能孝於親하고 友於兄弟하며 又能推廣此心하여 以爲一家之政이라하니 孔子引之하여 言如此면 則是亦爲政矣니 何必居位라야 乃爲爲政乎아 蓋孔子之不仕를 有難以語或人者라 故로 託此以告之하시니 要之컨대 至理라도 亦不外是니라

서(書)는 《주서 군진편》이다. '書云孝乎'라고 이른 것은 「서경」에 효를 말한 것이 이와 같음을 말한 것이다. 형제간에 친하게 지내는 것을 우(友)라고 한다. 「서경」에 "군진이 능히 어버이에게 효도하고 형제간에 우애하며, 또 능히 이 마음을 미루고 넓혀서 한 집안의 정사를 삼았다."고 했으니, 공자께서 이를 인용하여 말씀하시기를, "이와 같이 하면 이것 또한 정사를 하는 것이니, 어찌 반드시 지위에 있어야만 곧 정사를 한다 하겠는가?"라고 하신 것이다. 아마도 공자께서 벼슬하지 않으신 것을 어떤 사람에게 말하기 어려운 점이 있었을 것이다. 그러므로 이것을 의탁하여 깨우치시니, 요약해 보면 지극한 이치라도 또한 여기에서 벗어나지 않을 것이다.

○주서(周書) : 주(周)나라의 사적을 기록한 글. 주(周)나라의 시조는 순임금 때 후직(后稷)인데 9대째 고공단보(古公亶父)에 이르러 기(岐) 땅으로 나라를 옮기면서 주(周)라고 불렀다. 이때는 이미 상(商)나라의 말기로 고공단보의 손자인 문왕(文王)에 이르러 천하가 거의 주나라 땅이 되었다. 문왕의 아들 무왕(武王)이 상나라를 완전히 정벌한 뒤 호(鎬) 땅에 도읍을 정하고 정식으로 주(周)라고 불렀다. 「서전(書傳)」에 기록된 내용은 대부분 성왕(成王)·강왕(康王)·목왕(穆王) 시대에 관한 기록이 대부분이다.
○군진(君陳) : 주공(周公)의 아들. 주 평공(周平公). 주서(周書)의 책이름.

[備旨] 夫孔子所以不仕者는 以季氏擅權하고 陽貨作亂하니 其故에 有難以語或人者하여 乃託言以答之에 曰子는 以我不爲政이라하니 盍觀周書之云孝乎아 書言惟君陳이 能孝於親하고 友於兄弟하며 又能推廣此心하여 施於一家하여 以爲一家之政이라하니 書之所言이 如是면 則是는 以己之正으로 而正家之人이니 是亦爲政矣라 奚必居位治民이라야 乃爲爲政乎아 故로 苟可以正人이면 政行於家者도 政也요 苟不可以正人이면 雖仕而爲政이나 亦非政也라 子其知之否乎아

　　무릇 공자께서 벼슬하지 않은 것은 계 씨가 권력을 제멋대로 부리고 양화가 난리를 일으켰기 때문이니, 그러한 이유에 대해 혹자에게 말해주기가 어려워서 곧 우의적으로 표현하고 답해 줄 적에 말씀하시기를, "자네는 나를 정사를 하지 않는다고 생각하니, 어찌 「주서」에서 효도에 대해 말한 것을 보지 못했는가? 서경에 말하기를, '오직 군진이 능히 부모에게 효도하고 형제와 우애하며 또 능히 이 마음을 미루고 넓혀서 한 집안에 베풀어서 한 집안의 정사를 삼았다.' 했으니, 서경에 이른 바가 이와 같다면 이는 자기의 바른 것으로써 집안의 사람을 바르게 인도했으니 이것도 또한 정사를 행한 것과 같다. 어찌 꼭 자리에 있으면서 백성을 다스려야 곧 정사를 한다고 하겠는가? 그러므로 진실로 사람을 바르게 인도할 수 있으면 정사를 집에서 행하는 것도 정사요, 진실로 사람을 바르게 인도하지 못하면 비록 벼슬하면서 정사를 한다고 하더라도 또한 정사가 아니라고 할 것이다. 자네는 그것을 아는지? 그렇지 않은지?"라고 하셨다.

○계 씨(季氏) : 춘추(春秋) 때 노(魯)나라의 계손 씨(季孫氏). 본서 2·20·1 참고.
○천권(擅權) : 권력을 제멋대로 부림.
○양화(陽貨) : 춘추(春秋) 때 노(魯)나라 사람. 이름은 호(虎). 자는 화(貨). 계 씨(季氏)의 가신(家臣). 계평자(季平子)를 섬기며 삼환(三桓)을 제거하려다가 실패하고 공궁(公宮)의 보옥과 활을 가지고 제(齊)나라로 달아났음.
○작란(作亂) : 난을 일으킴.
○탁언(託言) : 우의(寓意)하여 말함. 뜻을 붙여 말을 함.

○합(盍) : 어찌하여 …하지 않는가? '何不'과 같은 뜻이며, 음이 축약된 것.

2·22·1 子曰 人而無信이면 不知其可也케라 大車無輗하고 小車無軏이면 其何以行之哉리오

공자께서 말씀하셨다. "사람으로서 신실함이 없으면 그것이 가능한지를 알지 못하겠다. 큰 수레에 멍에걸이가 없고 작은 수레에 멍에걸이가 없다면 그것이 무엇으로 갈 수 있겠는가?"

○인이무신(人而無信) : 사람이면서도 신실함이 없다면. ☞이(而) : 원래 앞의 주어와 조화를 이루지 못하는 서술어를 연결시키는 접속사인데, 이치상 맞지 않거나 의외의 상황을 나타낼 적에 쓰인다. 우리말의 '도리어' '오히려' 등과 연관시켜 볼 수 있다. 본서 "3·3·1 人而不仁" "3·22·3 管氏而知禮" "7·30·2 君而知禮" "8·10·1 人而不仁" "17·10·1 人而不爲周南召南" 참고. ☞신(信) : '眞實'과 '誠心'을 아울러서 일컬은 말. "信字只貼言說"
○부지기가야(不知其可也) : 그것이 가능한지 알지 못하다. 신실함이 없다면 어떻게 처세가 가능한지 알지 못하겠다는 말. "似詰問他如何是好意"
○대거무예소거무월(大車無輗小車無軏) : 큰 수레에 멍에걸이가 없고 작은 수레에 멍에걸이가 없음. ☞예(輗) : 끌채 끝 쐐기. 마소가 끄는 큰 수레의 끌채의 마구리와 멍에를 고정하는 부분. ☞월(軏) : 끌채 끝의 멍에를 메는 부분. 수레의 끌채 맨 끝의 가로나무를 고정하는 쐐기. "輗軏是車與牛馬相接處 譬信是己與人相接處"
○기하이행지재(其何以行之哉) : 그것이 어찌하여 갈 수 있는가? '何以'는 '무엇으로써' '무엇 때문에' '어찌하여' 등의 뜻을 나타낸다. '何以'는 '以何'의 도치형인데, 의문대명사인 '何'가 이유·원인·도구를 나타내는 전치사 '以'를 만나면 도치된다. "指車不可行 人無信不可行 意在言外"

大車는 謂平地任載之車라 輗는 轅端橫木이니 縛輗以駕牛者라 小車는 謂田車兵車乘車라 軏은 轅端上曲이니 鉤衡以駕馬者라 車無此二者면 則不可以行이니 人而無信이 亦猶是也라

대거(大車)는 평지에서 짐을 싣는 수레를 이른다. 예(輗)는 멍에 끝에 가로지른 나무이니, 멍에를 묶어서 소에게 메우는 것이다. 소거(小車)는 전거·병거·승거다. 월(軏)

은 멍에 끝이 위로 구부러진 것이니, 가로지른 나무에 걸어서 말에 메우는 것이다. 수레에 이 두 가지가 없으면 갈 수 없으니, 사람으로서 신실함이 없으면 이와 같은 것이다.

○박(縛) : 묶다. 결박하다.
○액(軛) : 멍에.
○전거(田車) : 사냥에 쓰이는 수레. ☞전(田) : 사냥하다.
○병거(兵車) : 전투에 쓰는 수레. 전거(戰車). 융거(戎車).
○승거(乘車) : 출상(出喪) 때 쓰는, 죽은 사람의 의관(衣冠)을 싣는 수레.
○원(轅) : 끌채. 큰 수레 양쪽 앞에 내민 두 개의 나무. 그 끝에 멍에를 걺.
○구(鉤) : 걸다. 갈고리. 낚시 바늘.
○형(衡) : 끌채 앞에 연결해서 가로지른 나무.

[備旨] 夫子慨無信者之不可行에 曰信은 乃人生之本이어늘 苟人言不由衷하고 行不踐言而無信實이면 彼方自以爲可라도 吾不知其何如而可也케라 蓋人必有信而後可行은 猶車必有輗軏而後可行也라 若大車無輗하여 而失其所以駕牛者하고 小車無軏하여 而失其所以駕馬者면 則輪轅이 雖設이나 祇虛車耳니 其何所籍以行之哉아 人而無信이면 亦猶是也라 如之何其可耶아

　부자께서 신실함이 없는 사람은 행할 수 없다고 개탄할 적에 말씀하시기를, "신실함은 곧 인생의 근본인데 진실로 사람들이 말은 정성스러운 마음으로 하지 않고 행동은 말을 실천하지 않아서 신실함이 없다고 한다면, 저들이 마침 스스로 가능하다고 하더라도 나는 그것이 어떻게 해서 가능한지 알지 못하겠다. 대개 사람에게 반드시 신실함이 있는 뒤에 다닐 수 있는 것은 수레에 반드시 멍에걸이가 있고 난 뒤에 갈 수 있는 것과 같다. 만약 큰 수레에 멍에걸이가 없어서 그 소에게 메울 바를 놓치거나 작은 수레에 멍에걸이가 없어서 말에게 메울 바를 놓친다면, 바퀴나 끌채가 비록 설치되어 있으나 다만 쓸모없는 수레가 될 뿐이니, 그것이 무엇을 의지해서 갈 수 있겠는가? 사람으로서 신실함이 없으면 또한 이와 같은 것이다. 어떻게 그것이 가능하다고 하겠는가?"라고 하셨다.

○개(慨) : 개탄하다. 탄식하다. 슬퍼하다.
○충(衷) : 충성스러운 마음. 속마음.
○예월(輗軏) : 예와 월. 끌채 끝의 멍에. 또는 끌채와 멍에를 고정하는 비녀장. 인신하여 수레를 말함.

○윤원(輪轅) : 수레 바퀴와 끌채. ☞원(轅) : 큰 수레의 양쪽으로 길게 앞으로 내밀어 있는 두 개의 나무. 그 끝에 멍에를 걸어 마소에 씌워 끌게 함.
○지(祇) : 다만. 마침.
○자(藉) : 의지하다. 빌리다. 도움을 입다.

2·23·1 子張이 問 十世를 可知也잇가

자장이 "십 세대 이후의 일을 알 수 있겠습니까?" 하고 묻자,

○십세(十世) : 십 세대의 뒤. 여기서는 십 세대 이후의 일을 말함. "十世以後十世言"
○가지야(可知也) : 온전히 알 수 있습니까? '也'는 의문을 나타내는 어조사. "可知是可全知 也字作乎字看"
○위 글을 "子張이 問하되 十世를 可知也잇가"로 현토(懸吐)할 수도 있다.

陸氏曰 也는 一作乎라
○王者가 易姓受命이 爲一世라 子張이 問自此以後로 十世之事를 可前知乎잇가

육 씨가 말했다. "'也'는 어떤 책에는 '乎'로 되어 있다."
○왕자가 성을 바꾸어 천명을 얻는 것이 일 세가 된다. 자장이 "이로부터 십 세대 뒤의 일을 미리 알 수 있습니까?" 하고 물은 것이다.

[備旨] 子張有志於知來하여 問於夫子에 曰一代之興엔 必有一代之事迹이라 但已往者易見이어니와 將來者難知니 不知自此以後로 十世之事를 可得而前知乎잇가

자장이 '미래에 대해 알 수 있는지'에 대해 뜻을 두고서 부자에게 여쭈어 볼 적에 말하기를, "한 세대가 일어난 일에 대해서는 반드시 한 세대의 사적이 있습니다. 다만 이미 지나버린 일은 보기가 쉽거니와 장차 다가올 일은 알기가 어려우니, 지금부터 뒤로 십 세대 뒤의 일을 헤아려서 미리 알 수 있을지 모르겠습니다."라고 했다.

○사적(事迹) : 일의 자취. 사적(事蹟). 사적(事跡).

2·23·2 子曰 殷因於夏禮하니 所損益을 可知也며 周因於殷禮하니 所損益을 可知也라 其或繼周者면 雖百世라도 可知也니라

공자께서 말씀하셨다. "은나라는 하나라의 예를 그대로 따랐으니 무엇을 버리거나 더했는지 알 수 있으며, 주나라는 은나라의 예를 따랐으니 무엇을 버리거나 더했는지 알 수 있다. 그 중에서 혹시 주나라를 잇는 자가 있다면 비록 백 세대 뒤의 일이라도 미루어 알 수 있을 것이다."

○은인어하례(殷因於夏禮) : 은나라가 하나라의 예를 따르다. ☞은(殷) : 탕왕(湯王)이 하(夏)나라를 멸하고 세운 왕조. 원래는 상(商)이라고 하였는데 반경(盤庚)이 도읍을 은(殷)으로 옮긴 뒤에 은(殷)나라로 개칭하였음. 제 28대 주왕(紂王)에 이르러 주무왕(周武王)에게 망했음. ☞인(因) : 따르다. 의지하다. 인습하다. ☞하(夏) : 우왕(禹王)이 세운 고대 왕조. 17왕 471년 동안 존속했다고 함. 걸왕(傑王)에 이르러 상(商)나라의 탕왕(湯王)에게 망했음. "殷是湯國號 因是依 夏是禹國號 禮就大體上看"
○소손익(所損益) : 버리거나 더한 바. 즉 예에 무엇을 폐지하고 무엇을 신설했는지에 관한 내용. "損益就制度文爲上看 損益正所以善其因處"
○가지야(可知也) : 그대로 이어받거나 새롭게 고친 내력을 알 수 있다. "可知兼承因革言"
○주인어은례소손익가지야(周因於殷禮所損益可知也) : 주나라는 은나라의 예를 따랐는데 무엇을 폐지하고 무엇을 신설했는지 알 수 있다. ☞주(周) : 무왕(武王)이 은(殷)나라를 멸하고 세운 왕조. 성은 희(姬). 처음에 호(鎬) 땅에 도읍했다가 뒤에 낙양으로 옮김. 나중에 진(秦)나라에게 망했음. "周是武王國號"
○기혹계주자(其或繼周者) : 그 중에서 혹시 주나라를 이어서 천하를 다스릴 사람. "繼周是繼周而王天下"
○수백세가지야(雖百世可知也) : 비록 백 세대 뒤의 일이라도 미루어 알 수 있다. "可知亦知所因所革說"

馬氏曰 所因은 謂三綱五常이요 所損益은 謂文質三統이라 愚按 三綱은 謂君爲臣綱과 父爲子綱과 夫爲妻綱이요 五常은 謂仁義禮智信이라 文質은 謂夏尙忠과 商尙質과 周尙文이요 三統은 謂夏正建寅하니 爲人統이요 商正建丑하니 爲地統이요 周正建子하니 爲天統이라 三綱五常은 禮之大體니 三代相繼하여 皆因之而不能變이요 其所損益은 不過文章制度小過不及之間이어늘 而其已然之迹을 今皆可見이

니 **則自今以往**으로 **或有繼周而王者**면 **雖百世之遠**이라도 **所因所革**이 **亦不過此**니 **豈但十世而已乎**아 **聖人所以知來者**가 **蓋如此**하시니 **非若後世讖緯術數之學也**니라 ○**胡氏曰** **子張之問**은 **蓋欲知來**로되 **而聖人**은 **言其既往者以明之也**시니라 **夫自修身**으로 **以至於爲天下**히 **不可一日而無禮**며 **天敍天秩**은 **人所共由**니 **禮之本也**라 **商不能改乎夏**하고 **周不能改乎商**이니 **所謂天地之常經也**요 **若乃制度文爲**는 **或太過則當損**하고 **或不足則當益**하여 **益之損之**를 **與時宜之**로되 **而所因者不壞**는 **是古今之通義也**라 **因往推來**면 **雖百世之遠**이라도 **不過如此而已矣**니라

　마 씨가 말했다. "그대로 따랐다는 것은 삼강과 오상을 이름이요, 버리거나 더했다는 것은 문질과 삼통을 이른다." 내[朱子]가 살펴 보건대, 삼강(三綱)은 임금은 신하의 벼리가 되고, 아버지는 자식의 벼리가 되고, 남편은 아내의 벼리가 됨을 이른다. 오상(五常)은 인의예지신을 이른다. 문질(文質)은 하나라에서 충성을 숭상함과, 상나라에서 질박함을 숭상함과, 주나라에서 화려함을 숭상함을 이른다. 삼통(三統)이란 하나라의 정월은 음력 1월로써 세수를 삼았으니 사람의 이치가 되고, 상나라의 정월은 음력 12월로써 세수를 삼았으니 땅의 이치가 되고, 주나라의 정월은 음력 11월로써 세수를 삼았으니 하늘의 이치가 됨을 이른다. 삼강과 오상은 예절에서 큰 체제이니, 삼대가 서로 계승하여 모두 그대로 따라서 변경할 수 없었다. 버리거나 더한 것은 문장과 제도 등에 약간 지나치거나 미치지 못한 정도에 불과했는데 그러한 자취를 지금 다 볼 수 있으니, 지금부터 앞을 향하여 혹시라도 주나라를 이어 왕업을 잇는 자가 있다면, 비록 백 세 뒤 멀리 있는 일이라도 따르거나 바꾸는 것이 또한 여기에 불과할 것이니, 어찌 다만 십 세로서 그치겠는가? 성인이 앞으로 올 것을 미리 아는 것이 이와 같으니, 후세의 참위·술수의 학문과는 같지 않다고 할 것이다.
　○호 씨가 말했다. "자장의 물음은 아마도 미래에 대해 알고 싶었지만, 성인은 이미 지나간 일을 말씀하셔서 밝히신 것이다. 대저 몸을 닦는 것으로부터 천하를 다스리는 데 이르기까지 하루라도 예가 없을 수 없으며 하늘이 매긴 차례와 하늘이 정한 차례는 사람이 함께 좇을 바이니 예절의 근본이다. 상나라가 능히 하나라의 것을 고칠 수 없었고, 주나라도 능히 상나라의 것을 고칠 수 없었으니, 이른바 천지의 불변의 도리다. 제도라든가 문장을 짓는 일은 혹시라도 너무 지나치면 마땅히 버려야 하고 혹 부족하면 마땅히 더해야 할 것이다. 더하거나 덜어내는 것을 시대에 따라 적절하게 해야 할 것이지만, 인습을 무너뜨리지 못하는 것은 바로 고금에서 통하는 뜻이다. 지난 일을 인하여 다가올 일을 추측해보면 비록 100세대 뒤 멀리까지라도 이와 같은 데 불과할 것이다."

○인습(因襲) : 재래의 격식(格式)·풍습을 그대로 따름.

○우(愚) : 나. 일인칭. 겸사(謙辭)로 쓰임.

○안(按) : 생각하다. 헤아리다. 이치를 더듬어 밝힘.

○문질(文質) : 화려함과 질박함.

○삼통(三統) : 하(夏)·은(殷)·주(周) 삼대(三代)의 정월(正月). 하나라의 인통(人統 : 建寅), 은나라의 지통(地統 : 建丑), 주나라의 천통(天統 : 建子)을 이름. 삼정(三正). ☞ 문질삼통(文質三統) : 은(殷)은 질(質)을 주(周)는 문(文)을 숭상함과 같이 문화(文華)와 질박(質朴)이 왕조에 따라 돌아가며 채용되어 예제(禮制)를 고치는 원리가 됨을 이름.

○상(尙) : 숭상하다. 존중하다.

○상질(尙質) : 질박(質朴)함을 숭상함.

○하정(夏正) : 하력 정월(夏曆 正月)의 준말. 음력 정월을 이르며, 하대(夏代)에 쓰던 역법(曆法)을 이르기도 함.

○건인(建寅) : 북두 칠성의 자루가 인(寅)을 가리키는 달인 인월(寅月)로써 세수를 삼은 하대(夏代)의 역법(曆法). ☞인월(寅月) : 음력 정월의 이칭(異稱). 곧 인월은 하대의 정월임.

○인통(人統) : 인도(人道). 인리(人理).

○건축(建丑) : 축월(丑月)로 세수를 삼은 은대(殷代)의 역법(曆法). 축월은 하력(夏曆)의 음력 12월임. ☞축월(丑月) : 음력 섣달.

○지통(地統) : 지도(地道). 지리(地理).

○건자(建子) : 자월(子月)로 세수를 삼은 주대(周代)의 역법(曆法). 자월은 하력(夏曆)으로 음력 11월임. ☞자월(子月) : 음력 11월의 별칭.

○천통(天統) : 천도(天道). 천리(天理).

○삼대(三代) : 중국의 하(夏)·은(殷)·주(周)의 세 왕조(王朝).

○참위(讖緯) : 도참(圖讖)과 위서(緯書).「정감록(鄭鑑錄)」따위. ☞참(讖) : 참서. 비결. 미래기(未來記). ☞위(緯) : 위서. 씨줄.

○술수(術數) : 음양(陰陽)·오행(五行)의 원리에 의하여 인사(人事)의 길흉을 주즉하는 복서(卜筮)나 점술(占術) 따위.

○천서(天敍) : 하늘이 매긴 차례.「서전(書傳)」《고요모(皐陶謨)》“天敍有典　勅我五典五惇哉”☞서(敍)’는 윤서(倫序)를 말함.「서전집주(書傳集註)」“敍者　君臣父子兄弟夫婦朋友之倫序也”

○천질(天秩) : 하늘이 정한 차례. 예법(禮法)에 관한 제도를 이름.「서전(書傳)」《고요모(皐陶謨)》“天秩有禮　自我有禮有庸哉”☞질(秩)’은 품질(品秩)을 말함.「서전집주(書傳集註)」“秩者　尊卑貴賤等級隆殺之品秩也”

○상경(常經) : 영구 불변의 도리. 사람으로서 항상 지켜야 할 도리.

○약내(若乃) : …에 이르러. 접속사(接續詞)로서 화제를 제시하는 것을 나타내고, 하단

(下段)의 첫머리에 쓰임.

○제도(制度) : 제정된 법규. 나라의 법.

○문위(文爲) : 예악과 법도를 행하는 것. 「중문대사전(中文大辭典)」 "文章所爲也" 「예기(禮記)」 《중니연거편(仲尼燕居篇)》 "子曰 制度在禮 文爲在禮 行之其在人乎" 《소(疏)》 "文爲在禮者 人之文章所爲 亦在於禮 言禮爲制度文章之本"

[備旨] 夫子曰 子欲知來인댄 當觀旣往이라 彼殷은 繼夏而王也니 其所因乎夏者는 惟綱常之大禮而已라 至於制度文爲하여는 損其太過하고 益其不及하니 如易尙忠而尙質하고 易建寅而建丑之類라 此는 其因其革에 各有已然之迹하니 可考而知也라 周는 繼殷而王也니 其所因乎殷者는 惟綱常之大禮而已라 至於制度文爲하여는 太過者損之하고 不及者益之하니 如易尙質而尙文하고 易建丑而建子之類라 此는 其因其革에 各有已然之迹하니 可考而知也라 夫由已往하여 以推將來면 則我周之天下를 卜世卜年이라도 固宜萬世無疆也라 其或有繼周而王者면 所因도 亦不過如夏殷周之相因이요 所革도 亦不過如夏殷周之損益이니 雖百世之遠이나 可推而知也라 豈但十世而已哉아

부자께서 말씀하시기를, "그대가 미래에 대해 알고자 할진댄 마땅히 이미 지나간 일에 대해 살펴봐야 할 것이다. 저 은나라는 하나라를 이어서 왕업을 이루었으니, 그 하나라를 그대로 따랐던 것은 오직 강상의 대례였을 따름이다. 제도라든가 예악과 법도를 행할 적에는 그 중에 너무 지나친 것을 버리고 미치지 못한 것을 더했으니, 마치 충을 숭상했던 것을 바꾸어 질박함을 숭상하고 음력 1월로써 세수를 삼았던 것을 바꾸어 음력 12월로써 세수를 삼았던 종류와 같은 것이다. 이는 그 풍습을 그대로 따르는 것과 바꾸는 것에 각각 이미 그러한 자취가 있었으니 상고해 보면 알 수 있다. 주나라는 은나라를 이어서 왕업을 이루었으니, 그 은나라를 그대로 따랐던 것은 오직 강상의 대례였을 따름이다. 제도라든가 예악과 법도를 행하는 일에 이르러서는 너무 지나친 것은 버리고 미치지 못한 것은 더했으니, 마치 질박함을 숭상했던 것을 바꾸어 화려함을 숭상하고 음력 12월로써 세수를 삼았던 것을 바꾸어 음력 11월로써 세수를 삼았던 종류와 같은 것이다. 이는 그 풍습을 그대로 따르는 것과 바꾸는 것에 각각 이미 그러한 자취가 있었으니 상고해 보면 알 수 있다. 무릇 이미 지난 일을 말미암아 앞으로 다가올 일에 대해 추리해 보면, 곧 우리 주나라의 천하를 세대를 점쳐보고 햇수를 점쳐볼지라도 진실로 마땅히 만세까지 끝이 없을 것이다. 그 중에서 혹 주나라를 이어서 왕업을 이룰 사람이 있다면, 그들이 따르는 것도 또한 하·은·주가 서로 따른 것과 같은 데 불과할 것이요, 개혁한 것도 또한 하·은·주가 버리거나 더한 것과 같은 데 불과할 것이니, 비록 백 세대 뒤의 멀리까지라도 미루어 보면 알 수 있을 것이다. 어찌 다만 십 세대로 그치겠는가?"라고 하셨다.

○강상(綱常) : 삼강(三綱)과 오상(五常). 삼강은 군신(君臣)·부자(父子)·부부(夫婦)의 도리를 말하고, 오상은 인(仁)·의(義)·예(禮)·지(智)·신(信)을 말함.
○복세(卜世) : 왕조의 세대(世代)의 존속(存續)을 점침. 또는 널리 국운(國運)을 이름.
○복년(卜年) : 나라를 통치하는 햇수를 점침. 또는 국운(國運)의 햇수를 이름.
○무강(無疆) : 끝이 없음. 영원함. 무궁(無窮).

2·24·1 子曰 非其鬼而祭之는 諂也요

공자께서 말씀하셨다. "제사 지내야 할 귀신이 아닌데도 제사하는 것은 아첨함이요,

○비기귀이제지(非其鬼而祭之) : 제사 지내야 할 대상이 아닌데도 제사를 지냄. ☞기(其) : 대명사로서 제사 지내야 할 대상. ☞지(之) : 대명사로서 귀신을 말함. "其字指祭者言 非其鬼是分所不得越祭者 之字指鬼神"
○첨아(諂也) : 아첨하다. 아양떨다. "此主心言"

非其鬼는 謂非其所當祭之鬼라 諂은 求媚也라

그것이 귀신이 아니라는 것은, 그것이 마땅히 제사 지내야 할 귀신이 아닌 것을 이른다. 첨(諂)은 잘 보이기를 구하는 것이다.

○첨(諂) : 아첨하다. 아양떨다.
○미(媚) : ①아첨하다. 비위를 맞추다. ②아양떨다.

[備旨] 夫子示人以遠鬼神而務民義에 曰祭各有定分也라 苟非其所當祭之鬼로되 而越分以祭之면 是徼福求媚니 其心失之諂瀆也라 雖祭나 亦何益哉리오

부자께서 사람들에게 귀신을 멀리하고 백성들이 옳은 데 힘을 써야 한다는 것을 보여줄 적에 말씀하시기를, "제사에는 각각 정한 분수가 있다. 진실로 그것이 마땅히 제사 지낼 귀신이 아닌데도 분수를 넘어서 제사를 지낸다면, 이는 복을 구하거나 잘 보이기를 구하는 것이니, 그 마음이 아첨하거나 업신여기는 데 빠지게 될 것이다. 비록 제사를 지낼지라도 또한 무엇이 유익하겠는가?

○요복(徼福) : 복을 구함. ☞요(徼) : 구하다. 훔치다.

○구미(求媚) : 잘 보이기를 구함.
○독(瀆) : 업신여기다. 「역경(易經)」 "上交不諂 下交不瀆"

2·24·2 見義不爲는 無勇也니라

　　의로운 일을 보고서 행치 않는 것은 용기가 없는 것이다."

○견의불위(見義不爲) : 의를 보고 알면서도 행하지 않음. "見在知上看 非謂眞知灼見也 義是理所當爲之事 不爲是利害牽制畏首畏尾意"
○무용야(無勇也) : 용기가 없다. "此主氣言 兩也字有慨歎提醒意"

知而不爲는 是無勇也라

　　알지만 행치 않는 것은 용기가 없는 것이다.

[備旨] 義貴於勇爲也니 苟見義理之當爲로되 乃退怯焉而不爲면 是其志怠氣餒하여 無自强之勇也라 此可見人當用力於人道之所宜요 不可惑於鬼神之不可知者矣라

　　정의는 용기 있게 행하는 것을 귀하게 여기니, 진실로 의리상 마땅히 행해야 할 것을 보았지만 바로 겁을 내면서 물러나고 행치 않는다면, 곧 그의 뜻은 게으르고 기운은 부족해서 스스로 힘쓰는 데 용기가 없어서 그런 것이다. 여기에서 사람이 마땅히 사람의 도리상 마땅히 행할 것에 대해서는 힘을 써서 해야 할 것이고, 귀신같이 알지 못하는 것에 대해서는 미혹되어서는 안 된다는 것을 볼 수 있을 것이다."라고 하셨다.

○겁(怯) : 겁내다. 피하다.
○지태(志怠) : 마음이 게으름.
○기뇌(氣餒) : 기운이 모자람. ☞뇌(餒) : 주리다. 굶기다. 굶주림.
○자강(自强) : 스스로 힘쓰는 것. 스스로 노력해서 자신을 강하게 함. 자강(自彊).

제 3편 八佾

凡二十六章이라 通前篇末二章하여 皆論禮樂之事라

모두 26장이다. 전편 끝의 2장을 이어서 모두 예악의 일을 논하였다.

3·1·1 孔子 謂季氏하시되 八佾로 舞於庭하니 是可忍也은 孰不可忍也리오

공자께서 계 씨를 이르시되, "팔일무를 뜰에서 춤추게 하다니, 이런 짓을 하도록 용납했는데 무엇을 용납하지 못하겠는가?" 하셨다.

○공자위계씨(孔子謂季氏) : 공자께서 계 씨를 논평하다. ☞위(謂) : 이르다. 비평하다. 논평하다. 여기서는 개인적으로 '사사로이 비평하다'라는 의미가 강함. ☞계 씨(季氏) : 춘추(春秋) 때 노(魯)나라의 대부(大夫) 계손 씨(季孫氏)를 말함. 맹손(孟孫)·숙손(叔孫)·계손(季孫)을 삼환(三桓) 또는 삼가(三家)라고 했다. 당시 세도가로서 마음대로 행동했는데 공자 때 계무자(季武子)·계평자(季平子)·계환자(季桓子)·계강자(季康子) 등 4대에 걸쳐 관련을 맺고 있다. "謂是私議"

○팔일무어정(八佾舞於庭) : 팔일무를 뜰에서 춤추게 하다. ☞팔일무(八佾舞) : 팔일(八佾). 주대(周代) 천자(天子)의 무악(舞樂). 여덟 사람씩 여덟 줄 곧 64명이 추는 춤을 이름. ☞일(佾) : 줄춤. 가로 세로 늘어서서 추던 춤으로 가로 세로의 숫자가 같음. 제사(祭祀) 때 추었는데, 주제(周制)의 경우, 천자(天子)는 가로 세로 8일(佾) 곧 8인씩 64인, 제후(諸侯)는 6일(佾) 곧 각 6인씩 36인, 대부(大夫)는 4일(佾) 곧 각 4인씩 16인, 사(士)는 2일(佾) 곧 각 2인씩 4인이었음. "天子八佾每佾用八人 舞是樂舞 舞干所以象武功 舞羽所以象文德 庭是季氏家廟之庭 孔子謂至於庭 十字當作一句讀 記者語也 是可忍九字方是孔子語"

○시가인야(是可忍也) : 이것을 용납하다. ☞시(是) : 이것. 팔일무를 뜰에서 춤추게 한 일. ☞인(忍) : 용납하다. 용인(容忍)하다. 차마 하다. 이런 일도 거리낌 없이 차마 하다. "是指舞八佾言 可忍謂全無惻然不自安之意"

○숙불가인야(孰不可忍也) : 무엇을 용납하지 못하겠는가? '孰'은 의문 대명사. "孰字包得廣凡逆理之事皆是"

季氏는 魯大夫季孫氏也라 佾은 舞列也니 天子八이요 諸侯六이요 大夫四요 士二
며 每佾人數는 如其佾數라 或曰 每佾八人이라하니 未詳孰是라 季氏以大夫로 而
僭用天子之禮樂하니 孔子言其此事를 尚忍爲之면 則何事不可忍爲리오하시니라 或
曰 忍은 容忍也라하니 蓋深疾之之辭라
○范氏曰 樂舞之數는 自上而下로 降殺(쇄)以兩而已라 故로 兩之間에 不可以毫
髮僭差也라 孔子爲政에 先正禮樂하시니 則季氏之罪는 不容誅矣라 謝氏曰 君子
於其所不當爲에 不敢須臾處는 不忍故也어늘 而季氏忍此矣니 則雖弑父與君이라
도 亦何所憚而不爲乎아

　계 씨는 노나라 대부 계손 씨다. 일(佾)은 춤추는 열을 말하니, 천자는 8열이요 제후
는 6열이요 대부는 4열이요 사는 2열이며, 각 열의 인원수는 그 열의 숫자와 같다. 어
떤 사람은 "각 열마다 8명이다."라고 하니, 아직까지 어느 것이 옳은지 자세하지 않다.
계 씨는 대부로서 참람하게 천자의 예악을 쓰니, 공자께서는 "그가 이런 일을 또한 용
납했다면 무슨 일을 차마 하지 못 하겠는가?"라고 말씀하신 것이다. 혹자는 "인(忍)은
용인함이다."라고 하니, 아마도 그를 깊이 미워하신 말씀일 것이다.
　○범 씨가 말했다. "악무의 수는 위로부터 아래로 두 열씩 줄어들 뿐이다. 그러므로
양자 간에 털끝만큼이라도 신분에 지나쳐 분수를 어겨서는 안 되는 것이다. 공자께서
정사를 행하실 적에 제일 먼저 예악을 바로 잡았으니, 계 씨의 죄는 죽임을 용서받을
수 없는 것이다." 사 씨가 말했다. "군자는 마땅히 하지 말아야 할 것에 잠시라도 처하
지 않는 것은 차마 할 수 없기 때문이다. 그런데 계 씨는 이것을 거리낌 없이 했으니,
비록 부모와 임금을 죽일지라도 또한 무엇을 꺼리고 하지 못 하겠는가?"

○용인(容忍) : 용납하여 인정함. 인용(認容).
○개(蓋) : 아마도. 대개.
○악무(樂舞) : 음악 반주가 있는 춤.
○참차(僭差) : 신분에 지나쳐 분수를 어김.
○주(誅) : 베다. 죄인을 죽이다. 치다.
○시(弑) : 죽이다. 윗사람을 죽이다.
○탄(憚) : 꺼리다. 두려워하다.

[備旨] 季氏桓子以八佾로 舞於其家廟之庭하니 孔子親見其事하시고 而譏之에 謂以大夫
로 而僭用天子之禮樂하니 此事大矣라 是尚恬然安意而忍爲之也면 則凡逆理之事를 孰不
可恬然安意而忍爲之也哉아 蓋忍於無君이면 則無所不至矣라

계환자가 팔일무를 자기 가묘의 뜰에서 춤추게 하니, 공자께서 친히 그 일을 보시고 나무랄 적에 말씀하시기를, "대부로서 천자의 예악을 참람하게 쓰니 이 일은 큰일이다. 이렇게 오히려 아무런 거리낌도 없이 마음을 편안하게 해서 차마 해서는 안 되는 일을 행한다면, 곧 모든 도리에 어긋난 일을 누구인들 아무런 거리낌도 없이 마음을 편안하게 해서 차마 행치 못하는가? 아마 임금을 무시하는 데 거리낌이 없었다면 이르지 않는 곳이 없을 것이다."라고 하셨다.

○계씨환자(季氏桓子) : 계환자를 말함.「논어집주(論語集註)」"胡氏曰 古者有姓有氏 三家爲桓公之後 皆姬姓 又自以仲叔季分爲三氏也" 또 옛날 혈통을 나타낼 적에 남자는 '氏'라 칭하고 여자는 '姓'이라고 칭했으므로 '季氏桓子'라고 한 것임. 본서 7·30·2의 '불취동성(不娶同姓)' 해석 참고.
○가묘(家廟) : 조상의 신주를 모셔 두고 제사지내는 사당.
○기(譏) : 충고하다. 나무라다. 헐뜯다. 꾸짖다. 비난하다.
○참용(僭用) : 본분을 지키지 않고 분수에 넘치게 씀.
○염연(恬然) : 편안한 모양. ☞념(恬) : 편안하다. 조용하다.
○역리(逆理) : 도리에 어긋남. 배리(背理).

3·2·1 三家者가 以雍徹이러니 子曰 相維辟公이어늘 天子穆穆을 奚取於三家之堂고

삼가의 사람들이 시의 옹장을 노래하면서 제사를 마치니, 공자께서 말씀하시기를, "옹장에 '제사를 돕는 사람은 제후들인데 천자는 아름답네.'라고 했던 노래를 어찌하여 삼가의 당에서 쓰는가?" 하셨다.

○삼가자(三家者) : 삼가의 사람들. ☞삼가(三家) : 노(魯)나라 대부(大夫)였던 맹손(孟孫)·숙손(叔孫)·계손(季孫) 등을 이름. 그들은 참람한 행동을 많이 했음. ☞자(者) : …하는 사람. 어조사로서 보통 수사 뒤에 놓여 사람을 가리킴. "三家皆桓公後 姬姓孟叔季其氏也"
○이옹철(以雍徹) : 옹장을 노래하면서 제사를 마치다. ☞이(以) : 쓰다[用也]. ☞옹철(雍徹) : 천자(天子)가 종묘(宗廟) 제사를 끝내고 제기(祭器)를 거둘 때 옹장(雍章)을 노래하는 일. '雍[雝]'은「시경(詩經)」주송(周頌)의 편명. ☞철(徹) : 제사를 마치고 제기를 거두다. "以用也 雍徹是祭畢歌雍詩以收饌也 此記者之辭"

○상유벽공(相維辟公) : 제후를 돕다. 「시경(詩經)」 《주송편(周頌篇)》의 내용. 제후를 거느리고 천자가 종묘에 제사하는 노래. 「시경(詩經)」에는 '옹(雍)'이 '옹(雝)'으로 되어 있다. "有來雝雝하여 至止肅肅이로다/ 相維辟公이어늘 天子穆穆이샷다(화기를 안고 종묘를 찾아서 이르니 엄숙도 하네/ 제사를 돕는 사람은 제후들인데 천자는 아름답네)" 벽공을 마융(馬融)은 제후와 이왕(二王)인 하왕(夏王)과 은왕(殷王)의 후예로 보았고, 황간(皇侃)은 제후와 하왕의 후예 기(杞)와 은왕의 후예 송(宋)으로 보았다. ☞상(相) : 돕다. ☞유(維) : 특별한 뜻이 없는 어조사. ☞벽공(辟公) : 제후. '辟'은 여기서 입성(入聲)으로 쓰여 '임금'이라는 뜻임. 참고로 상성(上聲)으로 쓰이면 독음이 '피'이고 '避'와 통하며 '피하다'라는 뜻임. "維是語助辭 辟公指助祭諸侯"

○천자목목(天子穆穆) : 천자는 아름답다. ☞천자(天子) : 여기서 천자는 제사를 돕는 임금. ☞목목(穆穆) : 아름다운 모양. 천자가 제사를 주도할 때 장엄하고 공경해 하는 모습. "天子是助祭之君 此二句皆雍詩之辭"

○해취어삼가지당(奚取於三家之堂) : 어찌하여 참람하게도 대부인 삼가의 당에서 쓰는 가? ☞해(奚) : 어찌. 의문사. ☞취(取) : 여기서는 '쓰다'라는 뜻. ☞당(堂) : 여기서는 종묘(宗廟)의 당(堂)을 말함. "奚何也 怪歎之辭 取用也 謂用相維辟公二句之義 堂指宗廟之堂 奚取者 言無所取義也"

三家는 魯大夫孟孫叔孫季孫之家也라 雍은 周頌篇名이라 徹은 祭畢而收其俎也라 天子宗廟之祭에는 則歌雍以徹하나니 是時에 三家僭而用之라 相은 助也요 辟公은 諸侯也라 穆穆은 深遠之意니 天子之容也라 此는 雍詩之辭니 孔子引之하여 言三家之堂에 非有此事어늘 亦何取於此義而歌之乎아하시니 譏其無知妄作하여 以取僭竊之罪시니라

○程子曰 周公之功이 固大矣나 皆臣子之分에 所當爲니 魯安得獨用天子禮樂哉리오 成王之賜와 伯禽之受가 皆非也라 其因襲之弊가 遂使季氏로 僭八佾하고 三家로 僭雍徹이라 故로 仲尼譏之시니라

삼가는 노나라 대부인 맹손·숙손·계손의 집이다. 옹(雍)은 「시경」 《주송편》의 이름이다. 철(徹)은 제사를 마치고 제기를 거두는 것이다. 천자가 종묘에 제사지낼 적에는 옹장을 노래하면서 제기를 거두었는데, 이때 삼가에서 참람하게 이를 사용했던 것이다. 상(相)은 돕는 것이고 벽공(辟公)은 제후다. 목목(穆穆)은 심원하다는 뜻이니, 천자의 엄숙한 용모이다. 이것은 옹시의 가사인데, 공자께서 인용하여 "삼가의 사당에서는 이러한 일이 있어서는 안 되는데, 또한 어찌 이 뜻을 취하여 노래한단 말인가?" 하시니, 그가 알지도 못하면서 망령되게 행동하여 분수에 넘치게 취한 죄를 취했음을 나무라신 것이다.

○정자가 말했다. "주공의 공이 진실로 크지만 모두 신하의 직분에 마땅히 해야 할 바이니, 노나라만 어찌 홀로 천자의 예악을 쓸 수 있겠는가? 성왕이 예악을 사용하도록 준 것과 백금이 받은 것은 모두 잘못이다. 그 인습의 폐단이 마침내 계 씨로 하여금 팔일무를 참람히 쓰게 했고, 삼가로 하여금 옹시를 노래하면서 제기를 거두도록 했던 것이다. 그러므로 중니께서 나무라신 것이다."

○조(俎) : 제기. 제사 때 쓰는 기구.
○망작(妄作) : 망령되게 행동함.
○참절(僭竊) : 분수에 넘치게 절취함. 당치 않은 작위(爵位)를 이름.
○백금(伯禽) : 주공의 아들. 백금은 노공(魯公)을 말함. 노(魯)나라의 임금은 공작(公爵)이기에 노공(魯公)이라고도 했다. ☞성왕(成王)이 노공(魯公)에게 명하여 자손 대대로 주공을 제사 지내는데, 천자의 예악을 사용하도록 한 것.「예기(禮記)」《명당위편(明堂位篇)》"成王 以周公爲有勳勞於天下 是以封周公於曲阜 地方七百里 革車千乘 命魯公世世 祀周公以天子之禮樂"

[備旨] 雍은 乃武王이 祭文王之樂歌也라 周天子祭宗廟畢이면 則歌此詩하여 告成禮也라 三家大夫耳니 告都宮而歌采蘋宜也어늘 乃歌雍以徹하니 是는 以大夫로 而僭用天子之禮樂矣라 夫子譏之에 曰雍詩에 有云 助祭者는 維惠我之辟公이요 主祭者는 有天子之穆穆이라하니 是는 必有此義라야 乃歌此詩也어늘 今三家之堂에 助祭者는 果辟公乎며 主祭者는 果天子乎아 亦何所取義하여 而歌之於其堂耶아 祇見其無知妄作하여 以取僭竊之罪耳라

시경의 옹장은 바로 무왕이 문왕에게 제사지낼 때 악기에 맞춰 부르는 노래다. 주나라의 천자가 종묘에서 제사 지내는 것을 마치면 이 시를 노래하여 성례를 고했던 것이다. 삼가는 대부일 따름이니, 도궁에 고해서 시경의 채빈장을 노래하는 것이 마땅한데도 바로 옹장을 노래하여 제기를 거두었으니, 이는 대부로서 천자의 예악을 참람하게 쓴 것이다. 부자께서 이를 나무랄 적에 말씀하시기를, "옹시에 '제사를 도우는 사람은 오직 나를 은혜롭게 하는 제후들이요 제사를 주장하는 사람은 천자에게 있는 아름다움이다.'라고 노래함이 있으니, 이는 반드시 이런 뜻이 있어야 곧 이 시를 노래하는 것인데, 지금 삼가의 사당에 제사 지내는 사람이 과연 제후이며, 제사를 도우는 사람은 정말로 천자인가? 또한 어떻게 뜻을 취하여 그 사당에서 노래를 하는가? 다만 그들이 알지도 못하면서 망령되게 행동하여 분수에 넘치게 취한 죄를 취했음을 볼 수 있을 따름이다."라고 하셨다.

○악가(樂歌) : 악기의 반주에 맞추어 부른 노래.

○성례(成禮) : 정해져 있는 예의. 예를 갖춤.

○지(祇) : 다만.

○도궁(都宮) : 대부(大夫)의 채읍(采邑). 제후나 경대부(卿大夫)의 봉읍(封邑)을 '宮'이라 했음.

○채빈(采蘋) : 사당에 제사 지내는 모습을 찬미한 노래. 「시경(詩經)」 《소남편(召南篇)》의 이름.

3·3·1 子曰 人而不仁이면 如禮何며 人而不仁이면 如樂何리오

공자께서 말씀하셨다. "사람으로서 어질지 않으면 예를 어찌할 것이며, 사람으로서 어질지 않으면 악을 어찌할 것인가?"

○인이불인(人而不仁) : 사람으로서 오히려 어질지 않다면. '而'자는 원래 앞의 주어와 조화를 이루지 못하는 서술어를 연결시키는 접속사인데, 이치상 맞지 않거나 의외의 상황을 나타낼 적에 쓰인다. 우리말의 '도리어' '오히려' 등과 연관시켜 볼 수 있다. 본서 "2·22·1 人而無信" "3·22·3 管氏而知禮" "7·30·2 君而知禮" "8·10·1 人而不仁" 참고. "不仁是心德已亡"

○여예하(如禮何) : 인은 마음의 덕이고 예악이 생겨나는 까닭이므로, 마음의 덕을 잃어버리고 어질지 못하면 예의 근본도 없어질 것이므로, '예를 어떻게 하겠는가?'라는 말. '如~何'는 관용어구로 '…을 어떻게 하다.'라고 해석하며 목적어가 중간에 옴. '奈~何', '若~何'도 같은 형태임. "禮是威儀玉帛 本心之敬德來 如禮何言使他不動 無奈如禮何"

○인이불인여악하(人而不仁如樂何) : 사람으로서 오히려 어질지 않다면 악을 어떻게 하겠는가? 인은 마음의 덕이고 예악이 생겨나는 까닭이므로, 마음의 덕을 잃어버리고 어질지 못하면 악의 근본도 없어질 것이므로, '악을 어떻게 하겠는가?'라는 말. "樂是聲音舞蹈 本心之和德來 如樂何是使他不動 無奈如樂何"

游氏曰 人而不仁이면 則人心亡矣니 其如禮樂何哉리오 言雖欲用之나 而禮樂不爲之用也라

○程子曰 仁者는 天下之正理니 失正理면 則無序而不和니라 李氏曰 禮樂은 待人而後行이니 苟非其人이면 則雖玉帛交錯하고 鍾鼓鏗鏘이라도 亦將如之何哉리오

然이나 記者가 序此於八佾雍徹之後하니 疑其爲僭禮樂者發也니라

유 씨가 말했다. "사람으로서 어질지 않으면 사람의 마음이 없다는 것이니, 그 예악을 어떻게 하겠는가? 비록 쓰려고 하더라도 예악이 그를 위해 쓰이지 않을 것임을 말씀하신 것이다."

○정자가 말했다. "인은 천하의 바른 이치이니, 바른 이치를 잃으면 질서가 없어져 조화 되지 않을 것이다." 이 씨가 말했다. "예악은 사람을 기다린 뒤에 행해지는 것이니, 만일 그러한 사람이 없다면 비록 옥과 비단이 서로 뒤섞이고 종과 북이 서로 부딪쳐서 소리가 날지라도, 또한 장차 어떻게 하겠는가? 그러나 기록한 사람이 이것을 《팔일편》 '3·2·1 三家者以雍徹'이라는 글 뒤에 차례를 매겨놓았으니, 아마도 그것은 예악을 참람히 쓰는 자들을 위해서 말씀하신 듯하다."

○옥백(玉帛) : 옥과 비단. 제사나 회맹(會盟) 때 쓰던 귀한 예물.
○교착(交錯) : 서로 엇갈려 뒤섞임. 뒤섞여 혼잡함.
○갱장(鏗鏘) : 금옥 등이 부딪치는 소리나 아기 소리가 큰 것의 형용. 갱쟁(鏗鎗). ☞
갱(鏗) : 금옥 소리. 장(鏘) : 금옥 소리.
○팔일(八佾) : 주대(周代)의 천자(天子)의 무악(舞樂). 여덟 사람씩 여덟 줄 곧 64명이 추는 춤을 이름. 여기서는 이 책의 제3편을 이름.

[備旨] 夫子究禮樂之本에 曰仁者는 心之德이요 禮樂之所由生也니 人苟失其心之德而不仁이면 則此心不敬하여 而禮之本亡矣라 雖欲周旋於儀文하여 以用夫禮나 而禮不爲之用也니 其如禮何哉아 人苟失其心之德而不仁이면 則此心不和하여 而樂之本亡矣라 雖欲從容於度數하여 以用夫樂이나 而樂亦不爲之用也니 其如樂何哉아 欲用禮樂者는 當知反其本矣라

부자께서 예악의 근본을 궁구할 적에 말씀하시기를, "인은 마음의 덕이고 예악이 거기에서 생겨나는 것이니, 사람이 진실로 그 마음의 덕을 잃어버리고 어질지 못하면 곧 이 마음도 공손하지 않아서 예의 근본도 없어질 것이다. 비록 예의 범절이나 법도에 힘을 써서 저 예를 쓰고자 하나 예를 쓸 수 없을 것이니, 그 예를 어떻게 하겠는가? 사람이 진실로 그 마음의 덕을 잃어버리고 어질지 못하면 곧 마음도 조화롭지 않아서 악의 근본도 없어질 것이다. 비록 정해진 제도에 따라 편안하게 악을 쓰고자 하나 악도 쓸 수 없을 것이니, 그 악을 어떻게 하겠는가? 예악을 쓰고자 하는 사람은 마땅히 그 근본으로 되돌아가야 한다는 것을 알아야 할 것이다."라고 하셨다.

○주선(周旋) : 일이 잘 되도록 이리저리 힘을 써서 변통해 주는 일.
○의문(儀文) : 예의 범절이나 법도. 의장(儀章).
○도수(度數) : 정해진 제도.
○조용(從容) : 편안하고 태연한 모양. 침착한 모양. 원음은 종용(從容).

3·4·1 林放이 問禮之本한대

임방이 예의 근본을 묻자,

○임방(林放) : 노(魯)나라 사람. 성이 임(林)이고 이름은 방(放). "林放 姓林名放"
○예지본(禮之本) : 예문(禮文)의 근본. "禮指禮文 本是本 始對末字看"

林放은 **魯人**이라 **見世之爲禮者**가 **專事繁文**하고 **而疑其本之不在是也**라 **故**로 **以爲問**이라

임방은 노나라 사람이다. 세상에서 예를 행하는 사람들이 오로지 번거롭게 꾸미는 것을 일삼는 것을 보고, 그 근본이 여기에 있지 않을 것이라고 의심하였으므로 물은 것이다.

○번문(繁文) : 번거롭게 꾸밈. 즉 의식이나 예법을 번거롭게 꾸밈을 말함.

[備旨] 當世에 習於繁文이어늘 林放有維禮樂之心이라 故로 問禮之本於夫子焉이라

그 당시에 번거롭게 꾸미는 일에 습관이 되어 있었는데, 임방에게는 예악을 든든하게 하려는 마음이 있었던 것이다. 그러므로 예의 근본을 부자에게 물었던 것이다.

3·4·2 子曰 大哉라 問이여

공자께서 말씀하셨다. "대단하도다, 그 질문이여!

○대재문(大哉問) : 대단한 질문입니다. 좋은 질문입니다. ☞대재(大哉) : 대단하도다.

칭찬하는 말. '哉'는 감탄을 나타내는 어조사. ☞문(問) : 예의 근본에 대한 질문. "大哉 是贊辭 問指禮之本說大處 全在有關於世道人心上"

孔子以時方逐末이로되 **而放獨有志於本**이라 **故**로 **大其問**이라 **蓋得其本**이면 **則禮 之全體**가 **無不在其中矣**라

공자께서 당시 사람들이 바야흐로 말단만을 좇고 있었지만, 임방만이 유독 근본에 뜻을 두었기 때문에 그 질문을 대단하게 여긴 것이다. 대개 그 근본을 얻게 되면 예의 전체가 그 가운데 있지 않음이 없는 것이다.

[備旨] 夫子以其不隨時逐末也일새 稱之에 曰大矣哉라 其子之問乎여

부자께서 그가 때만 따라 말단을 좇지 않았기 때문에 칭찬할 적에 말씀하시기를, "대단하도다, 그대의 질문이여!

3·4·3 禮는 與其奢也론 寧儉이요 喪은 與其易(이)也론 寧戚이니라

예는 사치스럽기보다는 차라리 검소한 것이 낫고, 상은 절차가 정연하게 잘 다스려 지기보다는 차라리 슬퍼하는 것이 낫다."

○예(禮) : 여기서 예는 길례(吉禮)를 말함. "統言吉禮"
○여기사야영검(與其奢也寧儉) : 사치스럽게 행하는 것보다 검소한 것이 낫다. ☞여기 (與其)~영(寧) : 비교·선택을 나타내는 관용어구. '寧·不若·不如' 등과 어울려, '…보다는 …함과 같지 않다.' '…보다는 …한 편이 좋다.'의 뜻을 나타냄. ☞사(奢) : 사치. 지나치게 꾸밈. ☞검(儉) : 검소하다. 검박(儉薄). "奢是侈靡過盛 寧是心安意肯 儉是吝嗇 省約"
○상(喪) : 초상. 흉례(凶禮) "喪是凶禮"
○여기이야영척(與其易也寧戚) : 절차가 잘 진행되기보다는 차라리 슬퍼하는 것이 낫 다. ☞이(易) : 다스리다. 다스려지다. 여기서는 상성(上聲)으로 쓰였음. ☞척(戚) : 슬퍼 하다. '慼'과 통함. "易在儀文上說 戚指哀痛實心"

易는 **治也**니 **孟子曰 易其田疇**라하시니 **在喪禮**에 **則節文習熟**이요 **而無哀痛慘怛之**

實者也라 戚則一於哀하고 而文不足耳라 禮貴得中이니 奢易則過於文이요 儉戚則
不及而質이니 二者皆未合禮라 然이나 凡物之理는 必先有質而後有文하니 則質은
乃禮之本也라

○范氏曰 夫祭는 與其敬不足而禮有餘也론 不若禮不足而敬有餘也요 喪은 與
其哀不足而禮有餘也론 不若禮不足而哀有餘也라하니 禮失之奢하고 喪失之易는
皆不能反本하여 而隨其末故也라 禮奢而備는 不若儉而不備之愈也요 喪易而文
은 不若戚而不文之愈也니 儉者는 物之質이요 戚者는 心之誠이라 故로 爲禮之本이
라 楊氏曰 禮始諸飮食이라 故로 汙尊而抔飮이러니 爲之簠簋籩豆罍爵之飾은 所
以文之也니 則其本儉而已요 喪은 不可以徑情而直行일새 爲之衰麻哭踊之數는
所以節之也니 則其本戚而已라 周衰에 世方以文滅質이어늘 而林放이 獨能問禮
之本이라 故로 夫子大之而告之以此시니라

이(易)는 다스리는 것으로 「맹자」에 '그 밭두둑을 다스린다.' 하였으니, 상례에 조절
하거나 꾸미는 데에만 익숙해져 있고, 슬퍼하거나 비통해 하는 실상이 없다는 것이다.
척(戚)은 슬퍼하기만 오로지 하고 꾸밈이 부족한 것이다. 예는 맞게 하는 것을 귀하게
여기니, 상례를 치를 적에 겉치레에만 마음을 쓸 뿐 슬퍼하는 마음이 부족하면 꾸미는
것이 지나친 것이고, 겉치레에는 마음을 쓰지 않고 검소하게만 하고 슬퍼하면 미치지
못해서 질박한 것이니, 두 가지 모두 예에 맞지 않는 것이다. 그러나 모든 사물의 이치
는 반드시 먼저 질박함이 있은 뒤에 화려함이 있는 것이니, 그렇다면 질박함은 바로
예의 근본인 것이다.

○범 씨가 말했다. "'「예기」《단궁상》에 제사는 공경이 부족하면서 예의를 차리는
것보다는 예의가 부족하지만 잘 공경하는 편이 나으며, 초상은 슬픔이 모자라면서 예
의를 차리는 것보다는 예의가 부족하지만 많이 슬퍼하는 편이 낫다.' 했으니, 예가 사
치하는 데에서 실수하고 상은 다스림에서 실수하는 것은 모두 능히 근본으로 돌아가지
못하고 그 지엽적인 것만을 따랐기 때문이다. 예는 사치스럽고 잘 갖추어진 것보다는
검소하면서 덜 갖추어진 것이 낫고, 상은 잘 다스려지고 꾸며진 것보다는 슬퍼하면서
꾸며지지 않은 것이 낫다. 검소함은 사물의 바탕이고 슬퍼함은 마음의 정성이다. 그러
므로 예의 근본이 되는 것이다." 양 씨가 말했다. "예는 음식에서 비롯되었다. 그러므
로 땅을 파서 웅덩이를 만들어 물을 담고 손으로 움켜 마셨는데, 보궤·변두·뇌작의
장식을 한 것은 꾸미기 위해서였으니, 그 근본은 검소함뿐이다. 상은 아무 꾸밈없이 생
각한 그대로를 행할 수 없기 때문에 상복이나 곡용의 수를 제정한 것은 이를 절제하기
위해서이니, 그 근본은 슬픔뿐이다. 주나라가 쇠약해지자 세상이 바야흐로 화려함으로
써 질박함을 없애버렸는데도 임방만은 홀로 예의 근본을 물었던 것이다. 그러므로 부
자께서 그것을 훌륭하게 여기시고 이와 같이 말씀하신 것이다."

○이기전주(易其田疇) :「맹자(孟子)」《진심장상(盡心章上)》"孟子曰 易其田疇하며 薄其稅斂이면 民可使富也니라"(맹자께서 말씀하시기를, 전주(田疇)를 잘 다스리며, 세금을 거두기를 적게 한다면 백성들을 부유하게 할 수 있다.) ☞이(易) : 여기서는 의식(儀式)·절차(節次) 등이 정연하게 행해지는 것. ☞주(疇) : 두둑. 길게 뻗은 두둑길.

○절문(節文) : 조절하고 꾸미다. 사물을 알맞게 꾸밈.「논어집주(論語集註)」"朱子曰 節者等級也 文者 不直截而回互之貌"

○습숙(習熟) : 습관이 됨. 익숙해짐.

○애통(哀痛) : 몹시 슬퍼함.

○참달(慘怛) : 비통함. 근심스럽고 슬픔.

○척(戚) : 슬퍼하다. '慽'과 통함.

○사이(奢易) : 상례(喪禮)를 치를 때 사치스럽게 겉치레에만 마음을 쓸 뿐, 슬퍼하는 정이 부족함.

○검척(儉戚) : 상례(喪禮)를 치를 때 사치스럽게 겉치레에는 마음을 쓰지 않고, 검소하게 슬퍼함.

○와준부음(汙尊抔飮) : 땅을 파서 웅덩이로 만들어 물을 담고 손으로 움켜 마심. '汙'는 '파다'란 뜻이며, '尊'은 '樽'과 통하므로 '동이'의 뜻이며, '抔'는 '움켜지다'의 뜻임.「예기(禮記)」《예운(禮運)》"夫禮之初 始諸飮食 其燔黍捭豚 汙尊而抔飮 蕢桴而土鼓"

○보궤(簠簋) : 옛날 중국의 제기(祭器) 이름. 제사 때 기장·피를 담음. ☞簠는 겉은 네모지고 안은 둥글며, '簋'는 겉은 둥글고 안쪽은 모남.

○변두(籩豆) : 제기 이름. ☞'籩'은 대오리[가늘게 쪼갠 댓개비]를 걸어서 만든 굽이 높은 제기로서, 과일·포 등을 담음. '豆'는 나무로 만든 제기로서 식혜·김치 등을 담음.

○뇌작(罍爵) : 술을 담는 그릇. ☞뢰(罍) : 술독. 술을 담는 독. 작(爵) : 술잔. 창주(鬯酒)를 담는 참새 모양의 술잔.

○경정직행(徑情直行) : 아무 꾸밈없이 생각한 그대로를 행함. 경행(徑行). 직행경정(直行徑情).

○최마(衰麻) : 상복. 최복(衰服). 최상(衰裳). 상복이란 뜻일 때는 독음이 '최(衰)'임.

○곡용(哭踊) : 곡을 하면서 발을 구름. 고대 상례 의식의 하나.

[備旨] 試以禮之本으로 言之면 禮貴得中이니 奢與儉은 皆非中也라 然이나 禮는 與其華節過於文而奢也론 毋寧簡約過於質而儉焉이니 儉乃禮之本也라 喪亦貴得中이니 易與戚은 皆非中也라 然이나 喪은 與其節文習熟而易也론 毋寧過於哀痛慘怛而戚焉이니 戚乃禮之本也라 誠能因儉戚以求其本하고 由本以制其中이면 而禮之全體가 在是矣라

시험적으로 예의 근본을 말한다면, 예는 맞게 하는 것을 귀하게 생각하니 사치스럽

게 하거나 검소하게 하는 것은 모두 맞게 하는 것이 아니다. 그러나 예는 화려하게 꾸미거나 지나치게 꾸며서 사치스러운 것보다는 차라리 간략하고 아주 질박해서 검소한 것이 나으니, 검소함이 바로 예의 근본이기 때문이다. 상도 또한 맞게 하는 것을 귀하게 생각하니 절차가 잘 다스려지는 것과 슬퍼하는 것은 모두 맞게 하는 것이 아니다. 그러나 상은 사물을 알맞게 꾸미거나 습관적으로 다스려지기보다는 차라리 몹시 슬퍼하고 비통해서 슬퍼하는 것이 나으니, 슬퍼함이 바로 예의 근본이기 때문이다. 진실로 능히 검소하게 하는 것과 슬퍼하는 것을 인하여 그 근본을 구하고 근본을 말미암아서 그것에 맞도록 정하면, 예의 온전한 모습이 여기에 있게 될 것이다."라고 하셨다.

○여기(與其)~무녕(毋寧) : 비교나 선택 관계를 나타내는 관용어구. '차라리 …하느니 …하는 것이 좋다' '…하느니 …하는 것이 좋다' '與其~無寧'과 같음.

3·5·1 子曰 夷狄之有君이 不如諸夏之亡(무)也니라

공자께서 말씀하셨다. "오랑캐 나라에 임금이 있는 것이 중국에 임금이 없는 상태만 못하다."

○이적지유군(夷狄之有君) : 오랑캐 나라에도 임금이 있다. ☞이적(夷狄) : 오랑캐. 지역에 따라 동이(東夷)·서융(西戎)·남만(南蠻)·북적(北狄)이라고 함. "東方曰夷 北方曰狄 是化外之地"
○불여제하지무야(不如諸夏之亡也) : 중국에 임금이 없는 것만 못하다. ☞불여(不如) : …만 못하다. …하는 것이 차라리 낫다. 앞에서 말한 내용이 뒤에서 말한 사건에 미치지 못할 적에 쓰는 표현이다. 이 말은 공자께서 당시 참람하고 어지러운 세상의 정치를 개탄하면서, 중국이 오랑캐보다도 존경받는 까닭을 명분에서 찾고 있는 말이다. '不如'는 본서 "6·18·1 子曰 知之者는 不如好之者요 好之者는 不如樂之者니라" "9·22·1 子曰 後生可畏니 焉知來者之不如今也리오" "13·4·1 樊遲가 請學稼한대 子曰 吾不如老農호라 請學爲圃한대 曰吾不如老圃니라"에서 보는 바와 같이 비교하는 뜻으로 쓰였으므로 '…만 못하다'로 해석하는 것이 타당할 것이다. ☞제하(諸夏) : 중국. 또는 중국의 제후. '夏'는 '빛나다[華]·크다[大]'의 뜻이 있다. ☞무(亡) : 없다. '無'와 같음. '亡' 다음에 '君'이 생략되었음. '망'으로 읽으면 평성(平聲)의 '陽'부에 속하여 '잃다[失]'란 뜻이고, '무'로 읽으면 평성(平聲)의 '虞'부에 속하여 '없다[無]'는 뜻임. "如似也 諸夏是 中國 諸衆也 夏大也 以其人民衆而地方大 故稱夏 亡作無"

吳氏曰 亡(무)는 古無字로 通用이라 程子曰 夷狄도 且有君長이나 不如諸夏之僭
亂하여 反無上下之分也라

○尹氏曰 孔子傷時之亂而歎之也시니라 亡는 非實亡也요 雖有之나 不能盡其道
爾라

오 씨가 말했다. "'亡'는 옛날에 '無'자와 통용했다." 정자가 말했다. "오랑캐에게도 군
장이 있지만, 중국에서 윗사람을 범하는 난을 일으켜 도리어 상하의 구분이 없는 상태
만 못하다."

○윤 씨가 말했다. "공자께서 당시의 어지러운 상황을 서글퍼하면서 탄식하신 것이
다. 없다는 것은 실제로 없는 것이 아니라 비록 있다 하더라도 능히 그 도리를 다하지
못한다는 것이다."

○군장(君長) : 군주와 장상(長上).
○참란(僭亂) : 윗사람을 범하고 난을 일으킴. 허망하고 혼란스러움.

[備旨] 夫子傷時之僭亂而歎에 曰中國之所以尊於夷狄者는 以其名分素定也라 今觀夷狄之
邦도 且知有君長이나 不如我諸夏之人이 反不知有君長하여 而亡上下之分也라 可慨也已
라

부자께서 당시에 윗사람을 범하고 난을 일으키는 것을 걱정하고 탄식할 적에 말씀하
시기를, "중국이 오랑캐보다 존경받는 까닭은 그 명분이 본래 정해져 있기 때문이다.
지금 살펴볼 적에 오랑캐의 나라에도 또한 군장이 있음을 알 수 있으나, 우리 중국 사
람들이 도리어 군장이 있음을 알지 못해서 상하의 구분이 없는 상태만 못하다. 개탄할
따름이다."라고 하셨다.

3·6·1 季氏旅於泰山이러니 子謂冉有曰 女弗能救與아 對曰 不能
이로소이다 子曰 嗚呼라 曾謂泰山이 不如林放乎아

계 씨가 태산에 여제를 지내려 했더니, 공자께서 염유에게 말씀하시기를, "네가 능히
참람한 죄에서 구할 수 없느냐?" 하시자, "불가능합니다." 했다. 공자께서 말씀하시기
를, "아아! 결국 생각해보면 태산의 신령이 예의 근본을 묻던 임방만도 못하다는 말인
가?" 하셨다.

○계씨여어태산(季氏旅於泰山) : 계 씨가 태산에서 산신제를 지내려고 하다. ☞여(旅) : 제사 이름. 여제(旅祭). 상제(上帝)나 천신(天神) 혹은 산천(山川) 등에 올리는 제사. ☞태산(泰山) : 노(魯)나라에 있는 산 이름. 지금의 산동성 태안현 북부에 있음. "祭山曰旅 此句是記者之辭"

○염유(冉有) : 염구(冉求). 춘추 시대 노(魯)나라 사람. 자(字)는 자유(子有). 공자의 제자로서 성품이 온순하고 재주가 있으며, 계 씨(季氏)에게 벼슬하여 재상(宰相)이 되었다. 공문 십철(孔門十哲)의 한 사람. ☞염(冉) : 나아가다. 부드럽다. 수염이 흔들리는 모양.

○여불능구여(女弗能救與) : 네가 구할 수 없는가? ☞여(汝) : 너. 이인칭. '汝'와 통함. ☞구(救) : 구하다. 막다. 바로잡다. "責其不救 正望其能救"

○대왈불능(對曰不能) : 염유가 '할 수 없습니다.'라고 대답하다. "是冉有對 有推到季氏身上意"

○오호(嗚呼) : 아아. 탄식하는 말. 경계하는 의미가 내포되어 있음. "寓有儆之之意"

○증위태산(曾謂泰山) : 결국 생각해 보건대 태산의 신령이. ☞증(曾) : 마침내. 결국. 드디어. 필경. 예상치 못했던 뜻밖의 일이 발생한 것을 나타냄. 혹자는 '왜, 어찌하여[豈也]'라고 해석하는데 받아들이지 않음. ☞위(謂) : 생각하다[意料]. '생각해 보건대'라는 정도로 해석하는 것이 좋음. "泰山指神言 意在不享僭祭上"

○불여임방호(不如林放乎) : 임방만 못하단 말인가? ☞임방(林放) : 노(魯)나라 사람. 임(林)은 성이고 방(放)은 이름이었음. 본서 3 · 4 · 1 참고 "林放指人言 意在知非禮上"

旅는 祭名이라 泰山은 山名이니 在魯地라 禮에 諸侯祭封內山川이라하니 季氏祭之는 僭也라 冉有는 孔子弟子니 名이 求라 時爲季氏宰라 救는 謂救其陷於僭竊之罪라 嗚呼는 歎辭라 言神不享非禮하여 欲季氏知其無益而自止요 又進林放하여 以厲冉有也시니라

○范氏曰 冉有從季氏하니 夫子豈不知其不可告也리오 然而聖人은 不輕絶人하고 盡己之心하시니 安知冉有之不能救와 季氏之不可諫也리오 旣不能正이면 則美林放하여 以明泰山之不可誣하시니 是亦敎誨之道也니라

여(旅)는 제사 이름이다. 태산은 산 이름으로 노나라 땅에 있다. 「예기」에 제후가 영지 안 산천에 제사를 지낸다 했으니, 계 씨가 제사 지낸 것은 참람한 짓이다. 염유는 공자 제자로 이름이 구였다. 당시에 계 씨의 가신이었다. 구(救)는 분수에 넘치도록 절취하여 죄에 빠진 것을 구하는 것을 말한다. 오호(嗚呼)는 탄식하는 말이다. 신은 예가 아닌 것은 받지 않을 것임을 말하여 계 씨가 그것이 무익하다는 것을 알아듣도록 해서

스스로 그만두게 하고자 함이며, 또 임방을 추켜올려 염유를 격려하고자 하신 것이다.

　○범 씨가 말했다. "염유가 계 씨를 따르고 있었으니, 부자께서 어찌 그가 고할 수 없었다는 것을 몰랐겠는가? 그렇지만 성인은 사람을 경솔하게 끊지 않고 자기의 마음을 다하셨으니, 어찌 염유가 구해낼 능력이 없다는 것과 계 씨에게 간할 수 없다는 것을 알았겠는가? 이미 바로잡을 수 없을 바에는 예의 근본을 물었던 임방을 추켜세워 태산을 깔볼 수 없음을 밝히셨으니, 이것 또한 가르치고 타이르는 방법이었던 것이다."

○재(宰) : 가신(家臣). 경대부(卿大夫)의 신속(臣屬).
○봉내(封內) : 천자나 제후의 영지(領地) 안. 후에는 국내(國內)의 범칭. ☞「예기(禮記)」《왕제편(王制篇)》에 제후라야 봉내(封內)의 산천에 제사를 지낸다 하는 내용이 나온다. "諸侯 祭名山大川之在其地者 天子諸侯 祭因國之在其地而無主後者"
○참절(僭竊) : 분수에 넘치게 절취함. 당치 않은 작위(爵位)를 이름.
○무(誣) : 깔보다. 업신여김. 속이다.
○교회(敎誨) : 가르쳐 타이름. 교훈(敎訓).

[備旨] 禮에 諸侯라야 祭封內山川이어늘 季氏以大夫로 而欲旅於泰山하니 其僭甚矣라 夫子欲止之라 故로 謂冉有에 曰泰山은 非季氏所當旅也라 女爲之宰하니 獨弗能救止之與아 冉有對에 曰季氏는 徼福之心이 勝하니 吾不能救而止也로소이다 夫子歎에 曰子如不救면 則季氏將旅泰山矣리라 嗚呼라 曾謂泰山之神이 肯享非禮之祭하여 反不如林放一魯人이 尙知禮之本乎아 吾固知其祭라도 必不享也라

　예에 제후라야 영지 안의 산천에 제사지낸다고 하는데, 계 씨는 대부로서 태산에 여제를 지내려고 하니 그 참람함이 심한 것이다. 부자께서는 그것을 그만두도록 하고 싶었으므로 염유에게 이를 적에 말씀하시기를, "태산은 계 씨가 마땅히 여제를 지낼 곳이 아니다. 너는 그의 가신이 되었으니 다만 바로잡아 그만두도록 할 수 없는가?"라고 하시니, 염유가 대답하면서 말하기를, "계 씨는 복을 구하는 마음이 지나치니 제가 능히 바로잡아 그치게 할 수 없습니다."라고 했다. 그랬더니 부자께서 탄식하실 적에 말씀하시기를, "자네가 만약 바로잡지 못한다면 계 씨는 장차 태산에서 여제를 지낼 것이다. 아아! 결국 태산의 신령이 예가 아닌 제사를 기꺼이 받아서 도리어 임방이라는 노나라 사람이 예의 근본을 따지고 물은 것만 못하다는 말인가? 나는 진실로 그가 제사할지라도 반드시 받지 않을 것임을 안다."라고 하셨다.

○요복(徼福) : 복을 구함. ☞요(徼) : 구하다. 훔치다.
○향(享) : 제사를 흠향하다. 누리다. 받다.

3·7·1 子曰 君子無所爭이나 必也射乎인저 揖讓而升하고 下而飲하나니 其爭也君子니라

공자께서 말씀하셨다. "군자란 다투는 일이 없겠지만 반드시 활쏘기만은 다툰다. 손을 앞가슴에 대고 절하면서 당에 올라가고, 활을 쏘고 나면 당에서 내려와서 진 사람은 벌주를 마시니, 그 다투는 모습도 군자답다."

○군자무소쟁(君子無所爭) : 군자는 남을 이기려고 하는 마음이 없음. 여기서 군자는 덕을 높이는 사람을 말함. "君子是尙德之人 無所爭 就心無勝人之念說"
○필야사호(必也射乎) : 결단코 활을 쏠 적에는 다툰다는 말. '必也~乎'는 '반드시 …일 것이다.'라는 뜻으로 확신하면서 추측을 나타내는 어법인데, '也'는 어기(語氣)를 강조하기 위해 붙였으며, '乎'는 문장 끝에 쓰여 추측을 나타내는 어조사. '必也於射見之乎'를 줄인 말. "必字有專決意"
○읍양이승(揖讓而升) : 공수(拱手)의 예를 행하고 겸양하는 태도를 보이면서 곧바로 당에 오름. '揖讓'은 손과 주인이 서로 만날 때의 예의를 말하는데, '揖'은 손을 앞가슴에 대고 절하는 모양이고 '讓'은 양보한다는 뜻임. "揖讓直貫 下句升是升堂"
○하이음(下而飲) : 당 아래에 내려와 벌주를 마심. "下是下堂 飲是射不中者飲罰酒"
○기쟁야군자(其爭也君子) : 그들이 다투는 모습도 의연히 군자답다. 군자는 다투어도 소인의 다툼과는 달라 예의를 잃지 않으며 군자로서의 품위를 지킴. "其爭指上揖讓二句說 君子就雍容揖遜之德言"
○위의 글은 「예기(禮記)」《사의편(謝義篇)》을 참고하면 자세한 내용을 알 수 있다.

揖讓而升者는 大射之禮니 耦進三揖而後升堂也라 下而飲은 謂射畢揖降하여 以俟衆耦皆降이라가 勝者乃揖하면 不勝者升하여 取觶立飲也라 言君子恭遜하여 不與人爭이나 惟於射而後有爭이라 然이나 其爭也에 雍容揖遜이 乃如此면 則其爭也君子요 而非若小人之爭也니라

손을 앞가슴에 대고 절하면서 당에 올라간다는 것은 대사의 예로써 짝지어 나아가 세 번 읍한 뒤에 당에 오른다는 것이다. 내려와서 술을 마신다는 것은 활쏘기를 마치면 읍하고 내려와서 모든 상대자가 다 내려오기를 기다렸다가 이긴 자가 곧 읍하면 이기지 못한 자가 올라가서 술잔을 잡고 서서 마심을 말한다. 군자는 공손하여 남과 다투지 않지만 오직 활을 쏠 적에는 뒤처질까 다툰다는 것이다. 그러나 그 다툼에 몸가짐이 의젓하고 겸양함이 바로 이와 같이 한다면, 그 다툼은 군자답고 소인의 다툼과는

같지 않음을 말씀하신 것이다.

○대사례(大射禮) : 임금이 교사(郊祀)·묘사(廟祠)에 참여할 선비를 뽑기 위해 시행하던 활쏘기 의식.
○우(耦) : 상대자. 짝. 배우자(配偶者).
○치(觶) : 향음주(鄕飮酒)의 의식에 쓰는 뿔잔. ☞향음주(鄕飮酒) : 주대(周代)에 향대부(鄕大夫)가 3년에 한 번씩 향학(鄕學)의 우수한 학생을 조정에 추천하고 전송하면서 베풀 때 주던 술.
○옹용(雍容) : 몸가짐이 온화하고 의젓함.
○읍손(揖遜) : 겸양함.

[備旨] 夫子以禮讓風天下에 曰君子恭以持己하고 遜以接人하여 渾然一無所爭焉이라 欲於無爭之中에 而求其有爭者면 必也於射에 見之乎인저 蓋將射之始에 比耦而進하되 三揖三讓而後에 升堂以射하니 何始事之有禮也오 旣射一揖下堂하되 復位하여 俟衆耦射畢하여 勝者仍前三揖하고 不勝者升堂하여 取觶立飮하니 何終事之有禮也오 是는 雖較勝負之際나 而其雍容揖遜이 乃如此하니 則其爭也依然君子矣라 信乎君子無所爭也라

부자께서 예양으로써 천하를 풍자할 적에 말씀하시기를, "군자는 공손하게 몸가짐을 갖고 공손하게 남을 대접하여 온전히 하나라도 다투는 바가 없어야 한다. 다툼이 없다고 하는 가운데에서도 그 다툼이 있는 것을 구해본다면 반드시 활 쏘는 데에서 찾아볼 수 있다. 대개 활을 쏘려고 시작할 적에는 짝과 나란히 나아가되 세 번 읍하고 세 번 양보한 뒤에 당에 올라가서 쏘니, 어찌도 그렇게 일을 시작할 적에 예절을 갖추는고? 이미 활을 쏘고는 한 번 읍하고 당에서 내려오되 다시 자리로 돌아와 여러 짝이 활쏘기를 마치도록 기다려 이긴 사람은 곧 앞에서 세 번 읍하고 이기지 못한 사람은 당에 올라 술잔을 쥐해 선 채로 마시니, 어찌도 그렇게 일을 마칠 적에 예절을 갖추는고? 이는 비록 승부를 견주는 사이더라도 그들의 몸가짐이 의젓하고 겸손함이 바로 이와 같으니, 그 다투는 모양도 말 그대로 군자답다. 진실로 군자는 다투는 바가 없다."라고 하셨다.

○예양(禮讓) : 예법(禮法)과 겸양(謙讓). 본서 "4·13·1 子曰 能以禮讓으로 爲國乎에 何有며 不能以禮讓으로 爲國이면 如禮何오" 참고.
○혼연(渾然) : 모나거나 찌그러진 데 없이 둥근 모양.
○풍(風) : 풍자하다. 넌지시 말하다. 빗대어 충고하다.
○의연(依然) : 종전 그대로. 전과 다름이 없는 모양.

3·8·1 子夏問曰 巧笑倩兮며 美目盼兮여 素以爲絢兮라하니 何謂也잇고

자하가 물었다. "옛날 시에 '예쁘게 웃으니 입 언저리도 예쁘며, 아름다운 눈에 흑백이 분명함이여! 흰 비단으로써 채색을 한다.' 하였으니, 무엇을 말한 것입니까?"

○교소천혜미목반혜(巧笑倩兮美目盼兮) : 귀엽게 웃는 입술의 모습이 예쁘기도 하며 아름다운 눈매는 흑백이 분명하여 더욱 아름다움. ☞천(倩) : 예쁘다. 입 모양이 아름다운 모양. 「시경집주(詩經集註)」 "口輔之美也(웃는 입 모양이 예쁘다.)" ☞혜(兮) : 감탄을 나타내는 어조사. 주로 운문에 많이 쓰임. ☞반(盼) : 눈이 예쁘다. 미인이 눈을 움직이는 모양. "二句是賦言人有美質也"

○소이위현혜(素以爲絢兮) : 흰 바탕에 채색하는 것을 말함. 원래 뜻은 '흰 비단에 채색하다'는 말인데, 자하는 반대로 '흰 비단으로써 채색하다'는 것으로 잘못 이해하고 물었던 것임. 물론 시경(詩經)의 해석대로 하면 '흰 바탕에 채색한 것이구나!' 정도의 뜻이 되지만, 여기서 해석할 때는 문답의 상황을 잘 이해해서 해석해야 함. ☞소(素) : 희다. 흰 비단. 근본. ☞현(絢) : 무늬. 문채. 문채나다. 아름답고 빛난다는 말. "此句是比言人有美質 而又可以華飾 此逸詩本旨也"

○하위야(何謂也) : 무엇을 이르는가? 무엇을 이르는 말인가? "子夏疑詩 只在素絢句蓋 誤認一爲字"

此는 逸詩也라 倩은 好口輔也요 盼은 目黑白分也라 素는 粉地니 畵之質也요 絢은 采色이니 畵之飾也라 言人有此倩盼之美質이로되 而又加以華采之飾이면 如有素地로되 而加采色也라 子夏가 疑其反謂以素爲飾이라 故로 問之라

이것은 세상에 전해지지 않는 시다. 천(倩)은 입 언저리를 예쁘게 하는 것이며 반(盼)은 눈동자의 흑백이 분명한 것이다. 소(素)는 채색하는 자리이니 그림의 바탕이며 현(絢)은 채색하는 것이니 그림을 꾸미는 것이다. 사람에게는 이렇게 아름다운 바탕이 있지만 거기다 화려한 색채를 더하여 꾸민다면, 마치 본바탕이 있지만 채색을 더하는 것과 같음을 말씀한 것이다. 자하는 그 반대로 흰 비단으로써 꾸민다고 한 것이 아닐까 의심했기 때문에 물었던 것이다.

○일시(逸詩) : 현존 「시경(詩經)」에는 빠졌으나, 시경의 시(詩)와 같은 옛날의 시(詩). 곧 세상에 전하지 않는 시(詩). 《위풍(衛風) 석인편(碩人篇)》에 나타남.

○구보(口輔) : 입 언저리. 일설에는 뺨의 보조개를 이름. ☞보(輔) : 턱. 광대뼈.
○천반(倩盼) : 아름다운 모습의 형용. '倩'은 보조개가 아름다운 모양. '盼'은 눈이 또렷한 모양.
○분지(粉地) : 채색하는 곳.
○화채(華采) : 화려한 색채. 화채(華彩).
○소지(素地) : 근본이 되는 바탕. 본바탕.

[備旨] 子夏有疑於詩而問에 曰逸詩有云 巧笑倩兮而口輔之好며 美目盼兮而黑白以分이라하니 此는 言人之有美質을 可知也라 又曰素以爲絢兮라 蓋素本無文이요 絢則有飾이니 果何謂以素로 而爲絢也아

자하가 옛날 시에 의심이 있기에 여쭈어 볼 적에 말하기를, "세상에 전해지지 않는 시에 '어여쁘게 웃으니 보조개가 보여서 입 언저리도 예쁘며, 아름다운 눈에는 흑백이 분명해서 흑백으로 나눠진다.'고 했는데, 이는 사람의 아름다운 바탕을 말했음을 알 수 있습니다. 또 '흰 비단으로써 채색한다.'고 말했습니다. 대개 흰 바탕은 본래 꾸밈이 없다는 것이고 채색을 했다면 꾸몄다는 것이니, 진실로 무엇을 일러 흰 비단으로 꾸민 것이라고 합니까?"라고 했다.

3·8·2 子曰 繪事後素니라

공자께서 말씀하셨다. "그림 그리는 일은 흰 바탕을 마련한 뒤에 칠한다는 것이다.

○회사후소(繪事後素) : '繪事後於素'에서 비교를 나타내는 전치사 '於'가 생략됨. 또는 '繪畫之事後於素'의 생략형이라고도 볼 수 있다. 그림을 그리는 것이 바탕색을 칠하는 것보다 뒤지다. 그림을 그릴 때 흰색을 맨 나중에 칠함으로써 딴 색을 한층 더 선명하게 나타내는 것. 이 말은 사람은 타고난 좋은 바탕이 있고, 그 위에 겸비한 재능으로 더욱 노력해야 함의 비유함. "卽繪以證絢後字重看 正發明一爲字"

繪事는 繪畫之事也라 後素는 後於素也라 考工記曰 繪畫之事는 後素功이라하니 謂先以粉地로 爲質而後에 施五采하니 猶人有美質然後에 可加文飾이라

회사(繪事)는 그림을 그리는 일이다. 후소(後素)는 흰 바탕보다 뒤에 칠하는 것이다. 「주례」《고공기》에 '그림을 그리는 일은 흰 바탕을 만든 뒤에 한다.' 하였으니, 먼저

채색할 곳으로 바탕을 삼은 뒤에 다섯 가지로 채색을 한다는 것이니, 마치 사람이 훌륭한 바탕이 있은 뒤에 화려하게 꾸밀 수 있다는 것과 같은 것이다.

○주례(周禮) : 주의 관직 제도를 기록한 책. 「예기(禮記)」·「의례(儀禮)」와 함께 삼례(三禮)의 하나로, 전국 시대에 성립된 것으로 여겨짐. 직제를 천관(天官)·지관(地官)·춘관(春官)·하관(夏官)·추관(秋官)·동관(冬官)의 여섯으로 나누고, 각 관직과 그 직무를 서술하였는데, 동관은 한(漢)의 하간헌왕(河間獻王) 때 고공기(考工記)로 보충한 것임. 원명은 「주관(周官)」「주관경(周官經)」42권.
○오채(五采) : 오채(五彩). 다섯 가지의 색깔. 청(靑)·황(黃)·적(赤)·백(白)·흑(黑). "周禮冬官考工記 畵繢之事 靑與赤謂之文 赤與白謂之章 白與黑謂之黼 黑與靑謂之黻 五采備謂之繡 凡畵繢之事後素功"
○문식(文飾) : 화려하게 꾸밈. 아름다운 빛깔로 장식함.

[備旨] 夫子告之에 曰詩言素以爲絢은 非言素卽是絢也요 乃是因素爲絢耳라 如今繪畵之事는 後於素功者라야 甚顯然也라 可見素必在先이요 絢則在後니 此素以爲絢之說也라

부자께서 깨우쳐 줄 적에 말씀하시기를, "옛날 시에 '흰 바탕에 채색했다.'고 말한 것은 흰 바탕에 곧 채색함을 말한 것이 아니고, 흰 바탕을 인해서 채색했다는 것일 따름이다. 지금 그림 그리는 일은 흰 바탕을 만든 뒤라야 아주 분명하게 드러난다. 흰 바탕은 반드시 먼저 있어야 하고 채색은 뒤에 있어야 한다는 것을 볼 수 있으니, 이것이 흰 바탕을 마련해 놓고 채색했다는 것에 대한 설명이다."라고 하셨다.

○현연(顯然) : 분명한 모양. 뚜렷한 모양. 현저(顯著).
○설(說) : 설명(說明). '說明'은 경서(經書)의 주해(註解)를 말함.

3·8·3 曰 禮後乎인저 子曰 起予者는 商也로다 始可與言詩已矣로다

자하가 묻기를, "예를 충성과 신의보다도 뒤에 한다는 것이군요!" 하자, 공자께서 말씀하셨다. "나를 일깨워주는 자는 상이로구나! 비로소 그와 더불어 시를 말할 수 있을 따름이로다."

○예후호(禮後乎) : 예를 뒤에 한다는 것이군요! 예를 충성과 신의보다도 뒤에 한다는 말. 자하가 깨달은 내용을 나타낸 말이지 질문하는 내용은 아님. 보통 '其~乎'의 형태로 쓰이는데 여기서는 '其'가 생략된 형태. '其禮後乎'가 원래의 문장. ☞예(禮) : '禮'는 의문(儀文)이니, 곧 예의 범절이나 법도를 일컬음. ☞호(乎) : 문장 끝에 쓰여 추측을 나타냄. '…이겠지' 정도로 해석함. "禮指儀文言 後謂禮後於忠信也 然忠信字'宜渾 此句是 悟語 不是問語"
○기여자상야(起予者商也) : 나를 일깨우는 사람은 상이다. ☞상(商) : 자하(子夏)의 이름. "商是子夏名"
○시가여언시이의(始可與言詩已矣) : 비로소 그와 더불어 시를 이야기할 수 있다. 이제 자하와 더불어 시를 논할 수 있다고 허여해 주는 말. 원문은 '始可與之言詩已矣'인데, 전치사 '以' '爲' '與' 다음에 오는 대명사 '之'는 종종 생략된 형태로 쓰인다. 여기서도 대명사 '之'가 생략된 형태. "始作方字 說非自今以後也 可與是許之之辭 言詩是究論三百 篇義理 不獨通於素絢之旨也"

禮는 **必以忠信爲質**이니 **猶繪事**에 **必以粉素爲先**이라 **起**는 **猶發也**니 **起予**는 **言能 起發我之志意**라 **謝氏曰 子貢**은 **因論學而知詩**하고 **子夏**는 **因論詩而知學**이라 **故** 로 **皆可與言詩**라

○**楊氏曰 甘受和**하고 **白受采**하며 **忠信之人**이라야 **可以學禮**라하니 **苟無其質**이면 **禮 不虛行**이라 **此繪事後素之說也**라 **孔子曰 繪事後素**라하신대 **而子夏曰 禮後乎**인저 하니 **可謂能繼其志矣**로다 **非得之言意之表者**면 **能之乎**아 **商賜**를 **可與言詩者**는 **以此**라 **若夫玩心於章句之末**이면 **則其爲詩也**에 **固而已矣**라 **所謂起予**는 **則亦相 長之義也**라

예(禮)는 반드시 충성과 신의를 바탕으로 삼으니, 그림 그리는 일에 반드시 흰 바탕을 먼저 칠한다는 것과 같다. 기(起)는 발한다와 같은 뜻으로 능히 나의 뜻을 일깨워 주는 것을 말한다. 사 씨가 말했다. "《학이편》에서 자공은 학문을 논하다가 시를 알았고 자하는 시를 논하다가 학문을 알았던 것이다. 그러므로 모두 그들과 더불어 시를 말할 만하다."
○양 씨가 말했다. "「예기(禮記)」에 '단맛은 맛의 근본이므로 모든 맛을 받아들이고 흰색은 모든 채색을 받아들이며, 충성스럽고 신의를 가진 사람이라야 예를 배울 수 있다.'라고 했으니, 만일 그 바탕이 없다면 예가 헛되이 행해지지 않을 것이다. 이것이 그림 그리는 일은 흰 바탕을 마련한 뒤에 칠한다는 말씀이다. 공자께서 말씀하시기를, '그림 그리는 일은 흰 바탕을 마련한 뒤에 칠한다.' 하시자, 자하가 '예를 뒤에 한다는

것이군요!'라고 말하였으니, 그 뜻을 능히 계승했다고 이를 만하다. 이것은 말에 나타난 뜻 이외의 숨어 있는 뜻을 터득한 자가 아니면 가능하겠는가? 상과 사를 더불어 시를 말할 만하다는 것은 이 때문이다. 만약 저 장구의 지엽적인 것에만 마음을 쓴다면 그 시를 이해할 적에 고루할 뿐이다. 이른바 '나를 일깨워 준다.'는 것은 또한 서로 도움을 준다는 뜻이다."

○충신(忠信) : 충성과 신의. 또는 정성을 다하고 신의를 지킴. 성실한 마음. "忠信是誠實之心"
○지의(志意) : 사상. 정신 또는 의지.
○감수화(甘受和) : 단맛은 모든 맛을 조화시킴. 단맛은 맛의 근본이므로 백미(百味)를 조화시키고, 흰색은 색의 근본이므로 모든 채색을 받아들이고, 충신(忠信)한 사람이라야 예를 배울 수 있다. 진실로 충신의 사람이 아니면, 예가 헛되어 행해지지 않을 것이다. 그러므로 그 사람을 얻는 것이 귀하다. 「예기(禮記)」《예기편(禮器篇)》"甘受和 白受采 忠信之人 可以學禮 苟無忠信之人 禮不虛道 是以得其人之爲貴也"
○언의지표(言意之表) : 말에 나타난 뜻 이외의 숨어 있는 다른 뜻. 언외지의(言外之意).
○상장(相長) : 교학상장(敎學相長)을 말함. 곧 가르치는 일과 배우는 일은 서로 도와서 자기의 학업을 증진함. 효학상장(斆學相長).
○사(賜) : 자공(子貢)의 이름.

[備旨] 子夏遂悟에 曰夫繪在素之後也니 然則世之所謂儀文之禮者는 其後乎인저하니 先有爲之本者而後에 加以節文이니 皆如此繪事矣라 子夏因論詩而知學이 如此라 故로 夫子與之에 曰能起發我之志意者는 是汝商也로다 如此解詩하니 始得其意於章句之外하여 而可與之言也已矣라 安得學者盡如商哉아

자하가 마침내 깨달았을 적에 말하기를, "무릇 그림을 그리는 일은 흰 바탕을 마련한 뒤에 칠하니, 그렇다면 세상에서 이른바 예의 범절에 관한 예는 뒤에 한다는 것이군요!"라고 했으니, 먼저 그 근본을 행하고 난 뒤에 조절하고 꾸민다는 것이므로, 모두 이 그림 그리는 일과 같다는 것이다. 자하가 시를 논하고 학문을 알았던 것이 이와 같았으므로 부자께서 그를 허여해 줄 적에 말씀하시기를, "능히 나의 뜻을 일깨워 줄 수 있는 사람은 바로 너 상이로구나! 이와 같이 시를 해석하니, 비로소 그 뜻을 장구의 다른 세계까지도 얻어서 더불어 말할 수 있을 따름이다. 어찌 배움을 얻은 사람이 모두 상과 같겠는가?"라고 하셨다.

○의문(儀文) : 예의 범절이나 법도. 의장(儀章).
○선유위지본자(先有爲之本者) : 이 문장은 '有~者'의 구조 속에 '~爲+之+명사'가 들어 있는데, 해석할 때 주의를 요한다. 이러한 예문은 많이 나타난다. '有~者'는 어떤 행위를 나타낼 때 쓰는 관용구로 특별히 해석할 필요가 없음.
○절문(節文) : 조절하고 꾸미다. 사물을 알맞게 꾸밈.「논어집주(論語集註)」"朱子曰 節者等級也 文者 不直截而回互之貌"

3·9·1 子曰 夏禮를 吾能言之나 杞不足徵也며 殷禮를 吾能言之나 宋不足徵也는 文獻이 不足故也니 足則吾能徵之矣로리라

　공자께서 말씀하셨다. "하나라의 예를 내가 말할 수 있으나 그 후손인 기나라는 내 말을 증명할 수 없으며, 은나라의 예를 내가 말할 수 있으나 그 후손인 송나라는 내 말을 증명할 수 없다. 이것은 기록물과 어진 사람이 부족한 까닭이니, 이것만 충분하다면 내가 능히 증명할 수 있을 것이다."

○하례오능언지(夏禮吾能言之) : 하나라의 예를 내 능히 이야기할 수 있다. ☞하(夏) : 우왕(禹王)이 세운 고대 왕조. 17왕 471년 동안 존속했다고 함. 걸왕(桀王)에 이르러 상(商)나라의 탕왕(湯王)에게 망했음. 여기서 '夏禮'란 하(夏)나라 우왕(禹王)이 무엇을 폐지하고 무엇을 신설했는지에 관한 것을 말함. "禮就制度文爲言 夏禮是夏禹所損益者"
○기부족징야(杞不足徵也) : 기나라는 족히 증명할 수 없다. ☞기(杞) : 주(周)나라 무왕(武王)이 하(夏)나라의 우왕(禹王)을 제사 지내게 하기 위해 우왕(禹王)의 후손 동루공(東樓公)을 봉한 나라. 지금의 하남성(河南省) 기현(杞縣)에 있었음. ☞징(徵) : 증명하다. 증거를 내다. "杞國小而入於夷"
○은례오능언지(殷禮吾能言之) : 은나라의 예를 내 능히 이야기할 수 있다. ☞은(殷) : 탕왕(湯王)이 하(夏)나라를 멸하고 세운 왕조. 원래는 상(商)이라고 하였는데 반경(盤庚)이 도읍을 은(殷)으로 옮긴 뒤에 은(殷)나라로 개칭하였음. 제 28대 주왕(紂王)에 이르러 주(周)나라 무왕(武王)에게 망했음. 여기서 '殷禮'란 상(商)나라 탕왕(湯王)이 무엇을 폐지하고 무엇을 신설했는지에 관한 것을 말함. "殷禮是商湯所損益者"
○송부족징야(宋不足徵也) : 송나라는 족히 증명할 수 없다. ☞송(宋) : 주(周)나라 무왕(武王)이 주왕(紂王)을 멸망시키고 탕왕(湯王)의 제사를 지내도록 하기 위해 주왕(紂王)의 서형(庶兄) 미자계(微子啓)를 봉한 나라. 지금의 하남성(河南省) 상구현(商邱縣)에 있었음. "宋雖覇而流於弱"

○문헌부족고야(文獻不足故也) : 기록물과 어진 사람이 부족한 연고다. ☞문헌(文獻) : 기록물과 어진 사람. '文'은 '文籍'을 말하고 '獻'은 '賢'을 말한다. 하지만 오늘날의 '文獻'은 '文籍'의 뜻으로 주로 쓰인다. "文載禮之史 獻識禮之人 不足亦非全無 但故典散亡 老成凋謝 存十一於千百耳 故是不足之所以然"

○족즉오능징지의(足則吾能徵之矣) : 기록물과 어진 사람이 남아있다면 내 능히 그것을 증명할 수 있다. '足'은 전적이 남아 있고 어진 사람이 있다는 뜻[文存憲在意]. "徵是有證而信從意"

杞는 夏之後요 宋은 殷之後라 徵은 證也라 文은 典籍也요 獻은 賢也라 言二代之禮를 我能言之로되 而二國을 不足取以爲證은 以其文獻不足故也니 文獻若足이면 則我能取之하여 以證吾言矣라

기(杞)는 하나라의 후손이고 송(宋)은 은나라의 후손이다. 징(徵)은 증거를 대는 것이다. 문(文)은 전적이고 헌(獻)은 어진 사람이다. 두 시대의 예를 내가 말할 수 있지만, 두 나라를 취하여 증거로 삼을 수 없는 것은 그것은 문헌이 부족하기 때문이니, 문헌이 만일 충분하다면 내가 그것을 취하여 내 말을 실증할 수 있음을 말씀하신 것이다.

○전적(典籍) : 소중한 고서(古書). 글, 또는 책.

[備旨] 夫子慨夏殷之禮無傳意에 曰禮必有據而後傳하고 言必有徵而後信하나니 夏禹所創之禮를 吾能言其意而講明之나 然이나 杞爲夏之後로되 而莫能存夏之禮하니 不足以證吾言也며 殷湯所創之禮를 吾能言其意而講明之나 然이나 宋爲殷之後로되 而莫能存殷之禮하니 不足以證吾言也라 然이나 杞宋之所以不足徵者는 何也오 蓋典籍載禮之文과 與賢人識禮之獻이 不足故也라 使文獻若足이면 則吾能取之하여 以證吾言矣로리라 今也不足하니 不深可惜哉아

부자께서 하나라와 은나라의 예가 전해지지 않음을 개탄하는 뜻에서 말씀하시기를, "예는 반드시 근거가 있은 뒤에 전해지고 말은 반드시 증거가 있은 뒤에 믿어지는 것이니, 하나라와 우나라에서 창제된 예를 내가 그 뜻을 말하고 명백하게 밝힐 수 있으나, 기나라는 하나라의 후손이 되었지만 하나라에 보존되는 예가 없으니 족히 내 말을 증명할 수 없으며, 은나라와 탕나라에서 창제된 예를 내가 그 뜻을 말하고 명백하게 밝힐 수 있으나, 송나라는 은나라의 후손이 되었지만 은나라에 보존되는 예가 없으니 족히 내 말을 증명할 수 없는 것이다. 하지만 기나라와 송나라가 족히 증명할 수 없다는 이유는 무엇인가? 대개 책 중에 예를 실은 글과 현인 중에 예를 아는 어진 이가 부

족하기 때문이다. 가령 글과 어진 사람이 만약 족하다면 내가 능히 취하여 내 말을 증거를 댈 수 있을 것이다. 지금 부족하니 심히 애석해 할 만한 일이 아니겠는가?"라고 하셨다.

○강명(講明) : 해석하여 명백하게 밝힘.
○헌(獻) : 어진 사람. 어질다. 「설문통훈정성(說文通訓定聲)」 "賢也 與賢通" 「이아석언(爾雅釋言)」 "獻假借爲賢"

3·10·1 子曰 禘自旣灌而往者는 吾不欲觀之矣로라

　　공자께서 말씀하셨다. "체제를 지낼 때 강신주를 따른 뒤로부터는 나는 노나라에서 제사지내는 것을 보고 싶지 않다."

○체자기관이왕자(禘自旣灌而往者) : 체제를 지낼 때 강신주를 따른 뒤로부디. ☞체(禘) : 5년에 한 번 지내는 체제(禘祭)를 말함. 천자(天子)가 정월에 종묘에서 시조와 그 조상이 되는 제왕(諸王)에게 제사하는 것으로, 원래 천자만이 행할 수 있었던 제사. 노(魯)나라의 선조 주공(周公)은 주문왕(周文王)의 아들로 무왕(武王)의 아우가 된다. 그는 주실(周室)을 일으키는 데에 큰 공이 있었다. 그래서 문왕(文王)의 아들 성왕(成王)은 주공(周公)을 이은 노(魯)나라의 백금(伯禽)에 대하여 주공의 제사에 천자의 예악(禮樂)을 사용하도록 허락했다. 이것은 명분상 과오가 되기에, 이후 노(魯)나라에는 명분에 문란이 생기게 되었다. ☞자(自) : 전치사로서 '…로부터'의 뜻. ☞기관(旣灌) : 관주(灌酒)를 이미 마친 것. 즉 신이 내리게 하는 뜻으로 향을 피우고 울창주(鬱鬯酒)를 모사(茅沙) 그릇에 붓는 일을 이미 마친 것을 말함. ☞왕(往) : 강신(降神)을 마친 후. "禘祭五年一舉 旣灌是灌酒已畢 往是降神後"
○오불욕관지의(吾不欲觀之矣) : 나는 체제(禘祭)지내는 것을 보고 싶지 않다. ☞지(之) : 대명사로서 앞에 나온 허례허식으로 강신주를 따르는 것을 말함. "不欲有不屑意 之字指禘之虛禮言"

趙伯循曰 禘는 王者之大祭也라 王者가 旣立始祖之廟하고 又推始祖所自出之帝하여 祀之於始祖之廟하고 而以始祖로 配之也라 成王이 以周公有大勳勞하여 賜魯重祭라 故로 得禘於周公之廟하고 以文王爲所出之帝하여 而周公配之나 然이나 非禮矣라 灌者는 方祭之始에 用鬱鬯之酒하여 灌地以降神也라 魯之君臣이 當此

之時_{하여는} 誠意未散_{하여} 猶有可觀_{이로되} 自此以後_엔 則浸以懈怠_{하여} 而無足觀矣
_라 蓋魯祭非禮_니 孔子本不欲觀_{이어늘} 至此_{하여} 而失禮之中_에 又失禮焉_{이라} 故_로
發此歎也_{시니라}
○謝氏曰 夫子嘗曰 我欲觀夏道_{하여} 是故_로 之杞而不足證也_요 我欲觀商道_{하여}
是故_로 之宋而不足證也_{라하시고} 又曰 我觀周道_{하니} 幽厲傷之_니 吾舍魯何適矣_리
_오 魯之郊禘_는 非禮也_니 周公其衰矣_{라하시니} 考之杞宋_에 已如彼_{하고} 考之當今_에
又如此_{하니} 孔子所以深歎也_{시니라}

조백순이 말했다. "체제는 왕자의 큰 제사다. 왕자는 원래 시조의 사당을 세우고, 또 시조가 처음으로 태어나게 한 임금을 추존하여 시조의 사당에 제사하고, 그리고 시조로써 그를 배향한다. 성왕은 주공이 나라를 위해 큰 공로를 세웠다 하여 노나라에게 큰 제사를 내려주었다. 그러므로 주공의 사당에 체제를 지낼 수 있었고 문왕으로 주공을 태어나게 한 임금으로 삼아서 주공을 배향했지만 예가 아니었던 것이다. 관(灌)은 바야흐로 제사를 시작할 적에 울창의 술을 사용하여 땅에 부어 신을 내리게 하는 것이다. 노나라의 임금과 신하가 이 때를 당해서는 성의가 흩어지지 않아 그래도 볼 만한 것이 있었지만, 그 이후부터는 점차 마음이 해이해지고 일을 소홀히 해서 볼 만한 것이 없어졌던 것이다. 대체로 노나라의 제사는 예가 아니었기 때문에 공자께서 본래 보고 싶지 않았는데, 이 때에 이르러서는 예를 잃은 가운데도 또 예를 잃고 있었던 것이다. 그러므로 이런 탄식을 발하신 것이다.

○사 씨가 말했다. "부자께서 일찍이 말씀하시기를, '내가 하나라의 도를 보고 싶었기 때문에 기나라에 갔으나 기나라가 증명해주지 못했고, 내가 상나라의 도를 보고 싶었기 때문에 송나라에 갔으나 송나라가 증명해주지 못했다.' 하셨으며, 또 말씀하시기를, '내가 주나라의 도를 보니 유왕과 여왕이 손상시켰으니 내가 노나라를 버리고 어디로 가겠는가? 노나라의 교제와 체제는 예가 아니니 주공의 예법도 쇠퇴하였는가 보다.' 하셨으니, 기나라와 송나라를 살펴볼 때에 이미 저것과 같았고 당시를 살펴볼 적에 또 이것과 같았으니, 공자께서 이 때문에 탄식하셨던 것이다."

○기(旣)~우(又)~ : '…이고 그 외에 …', '…한 이상은 또한 …'이라고 해석한다. 접속사로서 한 방면에만 그치지 않음을 나타내며, 병렬·연접하는 작용을 나타낸다. '旣~且'·'旣~亦'·'旣~終'·'旣~或'.
○배(配) : 배향하다. ☞배향(配享) : 종묘(宗廟)에 공신(功臣)의 신주(神主)로 모시는 것.
○훈로(勳勞) : 나라를 위하여 세운 공로(功勞). 임금을 위한 공로를 '勳'이라 하고, 나라를 위한 공로를 '功'이라 함. 훈공(勳功). 공로(功勞).

○중제(重祭) : 큰 제사. 여기서는 체제(禘祭)를 말함.

○울창(鬱鬯) : 제사와 빈객의 접대에 쓰이는 향기로운 술 이름. 울창주(鬱鬯酒). 거창주(秬鬯酒). 검은 기장에 창초(鬯草)를 섞어서 빚은 술.

○침(浸) : 점차로. 차츰차츰. 조금씩.

○해태(懈怠) : 마음이 해이해져 일을 소홀히 함. 게으름. 태만함. 해타(懈惰).

○지(之) : 가다. 이르다.

○교제(郊祭) : 하늘과 땅에 지내는 제사. 교사(郊祀). 교사(郊社). 옛날 임금이 동지(冬至)에 남쪽 교외(郊外)에 나가 하늘에 제사 지내고, 하지(夏至)에는 북쪽 교외(郊外)에 나가 땅에 제사를 올렸음.

[備旨] 夫子傷魯祭之失意에 曰祭以誠爲本이니 觀祭者는 觀其誠而已라 魯禘祭於太廟에 未灌之先하여는 誠意未散하여 猶有可觀이로되 自旣灌之後는 則浸以懈怠하니 禮器禮文이 皆虛飾也라 吾不欲觀之矣로라

부자께서 노나라의 제사가 도를 잃어버린 것을 상심하는 뜻에서 말씀하시기를, "제사는 정성을 근본으로 삼으니, 제사지내는 것을 볼 적에는 그 정성을 볼 따름이다. 노나라에서 태묘에 제사를 지낼 적에 강신주를 따르기 전에는 성의가 흩어지지 않아 오히려 볼 만한 것이 있지만, 이미 강신주를 따른 뒤부터는 점차 마음이 해이해지고 일을 소홀히 하니, 예기와 예문이 모두 겉만 꾸민 것이었다. 그래서 내가 보고 싶지 않다."라고 하셨다.

○태묘(太廟) : 종묘(宗廟). 역대 제왕의 위패를 모신 사당(祠堂).

○관(灌) : 붓다. 강신주(降神酒)를 따름. 집주(集註)의 해석 참고.

○예기(禮器) : 제기(祭器).

○예문(禮文) : 한 나라의 예법과 문물 제도.

3·11·1 或이 問禘之說한대 子曰 不知也로라 知其說者가 之於天下也에 其如示諸斯乎인저하시고 指其掌하시다

어떤 사람이 체제의 뜻을 물었는데, 공자께서 "잘 알지 못하겠소. 그 뜻을 아는 사람이 천하를 다스릴 적에 아마도 손바닥을 보는 것과 같을 것이오." 하시고, 그 손바닥을 가리키셨다.

○혹문체지설(或問禘之說) : 어떤 사람이 체제(禘祭)의 뜻에 대해서 묻다. ☞체(禘) : 5년에 한 번 지내는 체제(禘祭)를 말함. 천자(天子)가 정월에 종묘에서 시조와 그 조상이 되는 제왕(諸王)에게 제사하는 것으로, 원래 천자만이 행할 수 있었던 제사. "或是時人 說指制禘用禘之義言"

○부지야(不知也) : 알지 못하다. 체제의 뜻이 아주 심원해서 알지 못한다는 말. "不知主禘義深遠說 諱言意輕"

○지기설자(知其說者) : 그 뜻을 아는 사람. "知字深看 是知制禮之原享親之故也"

○지어천하야(之於天下也) : 천하를 다스림에. ☞지(之) : …에. …에 대하여. …에 있어서. ☞어(於) : 다스리다[治也]. 원문을 '推之於治天下也'로 본다면 '推'와 '治'가 생략된 것이다. "於字當治字看 天下是隱然見其爲天子之事意"

○기여시저사호(其如示諸斯乎) : 아마도 이것을 보는 것과 같다. ☞기(其) : 부사로서 진술하는 문장에 쓰여 '아마도'라는 뜻. 보통 어떤 상황에 대해서 추측을 나타내는 말로서 '其~乎'의 문형으로 많이 쓰임. ☞여(如) : 마치 …과 같다. ☞시(示) : ①보이다. ②보다. 여기서는 ②의 뜻으로 쓰였는데 '視'와 통함. ☞저(諸) : '之於'의 준말. ☞사(斯) : 지시대명사로서 뒤에 나오는 '掌'을 말함. ☞호(乎) : 문장의 끝에 쓰여 추측을 나타내는 어조사. 이 글은 「중용(中庸)」에도 나온다. "19·6 郊社之禮는 所以事上帝也요 宗廟之禮는 所以祀乎其先也니 明乎郊社之禮와 禘嘗之義면 治國은 其如示諸掌乎인저(교사의 예는 상제를 섬기는 것이요, 종묘의 예는 그 선조를 섬기는 것이니, 교사의 예와 체제·상제의 뜻에 밝으면, 나라를 다스리는 것은 아마도 손바닥 위에 놓고 보는 것과 같을 것이다.)"

○지기장(指其掌) : 그의 손바닥을 가리키다. 이 말은 논어를 기록한 사람의 말임. "此句表示諸斯之義 是記者之辭"

先王報本追遠之意는 莫深於禘라 非仁孝誠敬之至면 不足以與此니 非或人之所及也라 而不王不禘之法을 又魯之所當諱者라 故로 以不知答之라 示는 與視로 同이라 指其掌은 弟子記夫子言此하고 而自指其掌하니 言其明且易也라 蓋知禘之說이면 則理無不明하고 誠無不格하여 而治天下不難矣라 聖人於此에 豈眞有所不知也哉시리오

선왕들에게 근본을 잊지 않고 옛 현인을 추념한다는 뜻으로는 체제보다 심오한 것이 없다. 마음은 백성을 사랑하고 제사에 효성을 다하며 정성스러운 마음으로 공경하고 삼가는 것이 지극하지 않으면 족히 여기에 참여할 수 없으니, 어떤 사람이라도 미칠 수 있는 것이 아니다. 그리고 왕이 아니면 체제를 지내지 못한다는 원칙을 또한 노나라로서는 마땅히 꺼려야 할 일이었기 때문에 알지 못한다고 대답하신 것이다. 시(示)

는 시(視)와 같다. 그 손바닥을 가리키셨다는 것은 제자가 부자께서 이를 말씀하시고 스스로 그 손바닥을 가리키심을 기록하셨으니, 그것이 분명하고 또 쉽다는 것을 말한 것이다. 대개 체제의 내용을 알면 이치가 밝지 않음이 없고, 정성이 감동하지 않음이 없어서 천하를 다스릴 적에도 어렵지 않을 것이다. 성인이 이에 대해 어찌 참으로 알지 못하는 바가 계셨겠는가?

○보본(報本) : 은혜를 입으면 보답할 것을 생각하여 그 근본을 잊지 않음. 천지와 선조의 은혜에 보답함을 이름. 보본반시(報本反始).「공자가어(孔子家語)」《교문(郊問)》 "孔子對曰 萬物本乎天 人本乎祖 郊之祭也 大報本反施也"
○추원(追遠) : 옛 현인을 추념함.
○인효(仁孝) : 백성을 사랑하고, 천지·종묘에 제사지낼 때 효성을 다함.
○성경(誠敬) : 정성스러운 마음으로 공경하고 삼감.
○소당휘자(所當諱者) : 마땅히 꺼려하는 내용. 체제(禘祭)는 천자가 아니면 행할 수 없는 것인데, 노(魯)나라는 이것을 행하고 있었다. 국악(國惡)을 꺼리는 것이 군자의 도(道)인데 자기 나라의 결점을 지적하면, 공자께서 과오(過誤)를 범할 것이다. 그러므로 할 수 없이 '알지 못하겠소[不知]'라고 대답했던 것이다.

[備旨] 或人이 見魯行禘祭而疑之하여 乃問禘祭之義한대 其說이 何如오 夫子以禘之義는 非或人所及知요 而不王不禘는 又魯之所當謹者라 故로 但答之에 曰祭義는 莫深於禘하니 蓋於報本之中에 又報本이요 追遠之中에 又追遠이라 惟聖人이라야 制之하고 亦惟聖人이라야 知之니 吾不知其說也로라 有能知禘祭之說者면 則理無不明하고 誠無不格하여 推之於治天下也에 無難處之事요 無難化之人이니 其如示諸斯乎인저하시고 門人이 記所謂示諸斯者는 乃自指其掌이니 言其明而且易也라 夫知禘之說이면 卽可以裕於治니 信乎其說之難知也로다

어떤 사람이 노나라에서 체제를 지내는 것을 보고 의심스러워서 체제의 뜻에 대해 물었는데 그 설명이 어떠했는가? 부자께서 체제의 뜻은 어떤 사람이 좇아가서 알 수 있는 것도 아니고, 그리고 왕이 아니면 체제를 지내지 못한다고 한 것은 또 노나라에서 마땅히 삼가야 할 것이었기 때문이다. 그러므로 답할 적에 말씀하시기를, "제사의 뜻은 체제보다도 심오한 것이 없으니, 대개 은혜를 입으면 보답할 것을 생각하는 가운데 또 근본에 보답하게 되고, 옛 현인을 추념하는 가운데 옛 현인을 추념하게 되는 것이다. 오직 성인이라야 지을 수 있고 또한 오직 성인이라야 알 수 있으니, 저는 그 내용을 알지 못하겠소. 능히 체제의 내용을 아는 사람이 있을 것 같으면, 이치에 밝지 아니함이 없고 정성에 이르지 아니함이 없어서 천하를 다스리는 데에 미루어 본다면, 처

리하기 곤란한 일도 없을 것이고 변화시키기 어려운 사람도 없을 것이니, 아마도 손바닥을 보는 것과 같을 것이오."라고 하셨고, 제자들이 이른바 '이 손바닥을 보는 것과 같을 것이오.'라고 기록한 것은 바로 친히 그 손바닥을 가리켰다는 것이니, 그것이 명백하고도 쉽다는 것을 말한 것이다. 무릇 체제의 내용을 알면 곧 다스림을 여유 있게 할 수 있을 것이니, 진실로 그 내용을 알기가 어렵도다!

○격(格) : 이르다.

3·12·1 祭如在하시며 祭神如神在러시다

부자께서 조상에게 제사지낼 때에는 조상들이 살아 계신 듯이 하셨으며, 신에게 제사지낼 때에는 신이 계신 듯이 하셨다.

○제여재(祭如在) : 조상에게 제사지낼 때 조상을 대하는 것처럼 삼가다. "祭兼祖考言如在是若見祖考意"
○제신여신재(祭神如神在) : 부자께서 벼슬에 있을 당시 산천이나 사직에 제사지낼 때 신이 계신 것처럼 하다. "外神 夫子在官之祭 如山川社稷五祀之類"

程子曰 祭는 祭先祖也요 祭神은 祭外神也라 祭先은 主於孝하고 祭神은 主於敬이라 愚謂 此는 門人이 記孔子祭祀之誠意라

정자가 말했다. "제(祭)는 선조에게 제사지내는 것이요, 제신(祭神)은 외부의 신에게 제사지내는 것이다. 선조에게 제사지낼 때는 효도를 제일로 하고, 신에게 제사지낼 때는 공경을 제일로 한다." 내[朱子]가 생각하건대, 이는 제자들이 공자께서 제사지낼 때의 뜻을 정성스럽게 했다는 것을 기록한 것이다.

[備旨] 門人이 記夫子祭祀之誠에 曰祭는 以誠爲主라 吾夫子之祭先祖也엔 則孝心純篤하여 恍如先祖之在位하시니 祭先에 何其誠耶아 其祭外神也엔 則敬心專一하여 儼如神明之在上이러시 祭神何其誠耶아

제자들이 부자께서 제사지낼 때 정성을 쏟았다는 것을 기록한 데 말하기를, "제사는 정성을 제일로 여긴다. 우리 부자께서 선조에게 제사지낼 적에는 효도하는 마음이 순박하고 도타워 황홀함이 마치 선조께서 자리에 계신 것처럼 하셨으니, 선조에게 제사

지낼 적에는 어찌 그렇게도 정성스럽게 하셨는지? 또한 외부의 신에게 제사지낼 적에는 공경하는 마음이 오로지 한결 같아서 근엄하고 조심하는 것이 마치 신명이 위에 계신 것처럼 하셨으니, 신명에게 제사지낼 때 어찌 그렇게도 정성스럽게 하셨는지?"라고 했다.

○순독(純篤) : 순박하고 인정이 도타움. 순후(純厚).
○황(恍) : 황홀하다. 한 가지 사물에 마음이나 정신이 쏠려 어리둥절함.
○전일(專一) : 오로지 한 가지 일에 몰두하여 다른 것을 돌보지 않음.
○엄각(儼恪) : 근엄하고 조신(操身)함.

3·12·2 子曰 吾不與祭면 如不祭라

공자께서 말씀하셨다. "내가 몸소 제사에 참여하지 못하면, 마치 제사를 지내지 않은 것과 같았다."

○자왈(子曰) : 부자가 말하다. 공자께서 평소에 하셨던 말씀을 '祭如在하시며 祭神如神在러시다'를 증명하기 위해 제자들이 끌어온 말. "是夫子平日之言 門人引來證上文"
○오불여제(吾不與祭) : 혹시 병이 있거나 유고가 있어서 제사에 참여하지 못하다. '與'는 거성(去聲)으로 쓰여 '참여하다'라는 뜻임. "是有故 或疾病 或不得已事"
○여부제(如不祭) : 마음에 부족한 느낌이 있어서 제사 지내지 않은 것과 같았다는 말. "就心上說 重誠非自致意"

又記孔子之言以明之라 言己當祭之時에 或有故不得與하여 而使他人으로 攝之면 則不得致其如在之誠이라 故로 雖已祭나 而此心缺然하여 如未嘗祭也라
○范氏曰 君子之祭에 七日戒하고 三日齋하여 必見所祭者는 誠之至也라 是故로 郊則天神格하고 廟則人鬼享하니 皆由己以致之也라 有其誠則有其神이요 無其誠則無其神이니 可不謹乎아 吾不與祭면 如不祭는 誠爲實이요 禮爲虛也니라

다시 공자의 말씀을 기록하여 밝힌 것이다. 자신이 제사지낼 때 혹 연고가 있어서 참여할 수 없어서 다른 사람으로 하여금 대신하게 하면, 그들이 조상들이 살아 계신 듯이 하거나 신이 계신 듯이 하는 정성을 다할 수가 없었을 것이다. 그러므로 비록 이미 제사를 지냈더라도 이렇게 마음에 부족한 것 같아서 일찍이 제사지내지 않은 것과

같다고 말씀하신 것이다.

　○범 씨가 말했다. "군자가 제사지낼 적에 7일 동안 산재하고 3일 동안 치재하여 반드시 제사지내는 대상을 본다는 것은 정성의 지극함이다. 그러므로 교제를 지내면 천신이 이르고 묘제를 지내면 인귀가 받으니, 모두가 자기를 말미암아 이루어지는 것이다. 그 정성이 있으면 그 신이 임하게 되고 그 정성이 없으면 그 신이 임하지 않게 되니, 삼가지 않을 수 있겠는가? '내가 몸소 제사에 참여하지 못하면 마치 제사를 지내지 않은 것과 같았다.'라고 한 것은 정성은 실상이 되고 예는 허식이 되기 때문이다."

○섭(攝) : 대신하다. 「사기(史記)」 "攝行政事"
○결연(缺然) : 부족한 것 같은 모양.
○계(戒) : 경계하다. 삼가다. 재계하다.
○산재(散齋) : 제사를 지내기 전에 목욕 재계하는 일.
○재(齋) : 재계(齋戒)를 말함. 즉 부정(不淨)한 일을 멀리하고 심신을 깨끗이 함.
○치재(致齋) : 제관(祭官)이 제사 전 3일 동안, 심신을 깨끗이 하여 재계(齋戒)하는 일.

[備旨] 嘗觀夫子自言有에 曰吾當祭祀之時에 或有故不得與하여 而使他人으로 攝之면 則一念之孝敬을 不得以自伸이라 祭雖已擧나 此心缺然하여 如不祭也라 夫不與祭면 其心如此하시니 則與祭면 必致其如在之誠을 可知矣라

　일찍이 부자께서 스스로 말씀한 것을 살펴봤는데 말씀하시기를, "내가 마땅히 제사를 지내야 하는데 혹시 사고를 당해 참여할 수 없어서 다른 사람으로 하여금 대신하게 하면, 오직 효성스러운 마음과 공경스러운 마음을 몸소 펼 수 없었다. 제사가 비록 이미 거행되었다고 하더라도 이렇게 마음에 부족한 것 같아 마치 제사하지 않은 것 같았다."라고 하셨다. 무릇 제사에 참여하지 못했으면 그 마음이 이와 같으셨으니, 제사에 참여하면 반드시 그 분께서 조상들이 살아 계시거나 신이 계신 듯이 정성을 다했다는 것을 알 수 있다.

○유고(有故) : 사고를 당함. 사고가 있음.
○일념(一念) : 변함 없는 오직 하나의 생각.
○효경(孝敬) : 부모를 잘 섬기고 어른을 공경함. 또는 그런 사람.「좌전(左傳)」《문공(文公)》"孝敬忠信爲吉德"
○결연(缺然) : 마음에 차지 않는 모양.

3·13·1 王孫賈問曰 與其媚於奧론 寧媚於竈라하니 何謂也잇고

왕손가가 물었다. "'속담에 아랫목 신에게 아첨하기보다는 차라리 부뚜막 신에게 아첨하라.'고 하는 말이 있는데, 무슨 말입니까?"

○왕손가(王孫賈) : 위(衛)나라 대부(大夫). 영공(靈公) 때의 신하로 군대를 장악했음.
○여기미어오영미어조(與其媚於奧寧媚於竈) : 오신(奧神)에게 아첨하는 것보다는 차라리 조신(竈神)에게 아첨하는 것이 나음. ☞오(奧) : '아랫목'을 말하는데 여기서는 오신(奧神). 즉 아랫목 신을 말함. 방안의 서남쪽 구석으로, 어른이 앉거나 제사 때 신주를 모시는 곳. ☞조(竈) : '부엌'을 말하는데 여기서는 조신(竈神). 즉 부엌 신이나 부뚜막 신을 말함. 우리 나라에서는 주로 '부뚜막 신'이라고 함. ☞여기(與其)~영(寧) : 비교·선택을 나타내는 관용어구. '寧·不若·不如' 등과 어울려, '…보다는 …함과 같지 않다.' '…보다는 …한 편이 좋다.'의 뜻을 나타냄. "此二句是俗語"
○하위야(何謂也) : 무엇을 말하는가? 왕손가가 알지 못해서 묻는 말이 아니고 은근히 뼈 있는 말을 해서 자기에게 아첨하는 것이 낫다고 깨우쳐 주는 말. "謂人言決非無因而發 非不知而問也"
○공자께서 위나라에 갔을 때 당시 권세가 당당했던 대부 왕손가를 찾지 않고 임금인 영공을 만났다. 이에 왕손가는 공자에게 "아랫목 신에게 아첨하기보다는 차라리 부뚜막 신에게 아첨하라."는 볼멘 소리를 했다. 아랫목 신은 지위로 말하면 존귀하지만 직접 다스리는 일은 없고 부뚜막의 신은 지위는 낮지만 자기 마음대로 다스리는 실권이 있는 것이다. 즉 허세인 임금보다는 실세인 자기를 먼저 만나는 것이 좋지 않겠느냐는 말이다. 이에 공자께서 "그렇지 않다. 하늘에 죄를 얻으면 빌 곳이 없다." 라는 뼈 있는 말을 해 주었던 것이다.

王孫賈는 衛大夫라 媚는 親順也라 室西南隅爲奧라 竈者는 五祀之一이니 夏所祭也라 凡祭五祀에 皆先設主而祭於其所하고 然後에 迎尸而祭於奧하나니 略如祭宗廟之儀라 如祀竈則設主於竈陘하고 祭畢而更設饌於奧하여 以迎尸也라 故로 時俗之語에 因以奧有常尊이나 而非祭之主요 竈雖卑賤이나 而當時用事라하니 喩自結於君이 不如阿附權臣也라 賈는 衛之權臣이라 故로 以此諷孔子라

왕손가는 위나라 대부다. 미(媚)는 친하고 따르는 것이다. 방의 서남쪽 모퉁이를 오(奧)라 한다. 부엌에 제사지내는 것은 오사의 하나로, 여름에 제사하는 것이다. 무릇 오사의 신에게 제사지낼 때에는 모든 사람들이 미리 신주를 설치하여 그 곳에 제사하고,

그런 뒤에 시동을 맞이하여 아랫목의 신에게 제사하니, 대략 종묘에 제사하는 의식과 같다. 예컨대 부뚜막의 신에게 제사지낼 때에는 신주를 부엌의 부뚜막에 설치하고, 제사가 끝나면 다시 아랫목에 제수를 진설하여 시동을 맞이한다. 그러므로 당시 세속의 말에 아랫목은 항상 높지만 제사에서 주가 아니고, 부뚜막은 비록 낮고 천하다고 하나 당시에 제사지내게 된다 했는데, 이것은 스스로 임금과 결탁하는 것이 권신에게 아부하는 것만 못하다고 비유한 것이다. 왕손가는 위나라의 권신이었으므로 이로써 공자를 풍자한 것이다.

○우(隅) : 모퉁이. 구석. 깊숙한 곳.
○오사(五祀) : 집 안팎의 다섯 신에게 지내는 제사. 곧 출입문·지게문·우물·부엌·방안을 말함. 여러 가지 설이 있음. 「예기(禮記)」《월령(月令)》에 보면 여름에는 부엌 신에게 제사지낸다는 내용이 있다. "孟春之月其祀戶 孟夏祀竈 中央祀中霤 孟秋祀門 孟冬祀行"
○형(陘) : 부뚜막. 부뚜막의 대(臺). 「예기(禮記)」 "祀竈之禮 設主于竈陘"
○시동(尸童) : 옛날에 제사지낼 때 신위(神位) 대신 그 자리에 앉히던 어린 아이.
○진설(陳設) : 물건을 일정한 장소에 벌여 놓음. 여기서는 제수(祭需)를 제상(祭床) 위에 차려 놓음.
○용사(用事) : 제사지내는 일. 일을 처리함. 권세를 부림.
○권신(權臣) : 권세 잡은 신하.

[備旨] 王孫賈設問以諷夫子에 曰時俗에 有云與其親順以媚於奧론 寧親順以媚於竈라하니 夫奧尊而竈卑也어늘 顧謂媚奧不如媚竈면 斯言果何謂也잇고 賈之意는 比君於奧하고 居己於竈하여 以諷夫子之媚君이 不如媚己也니라

왕손가가 문제를 내어 물어보고 부자를 풍자할 적에 말하기를, "세속에 '아랫목의 신에게 가까이 해서 아첨하는 것보다는 차라리 부뚜막의 신에게 가까이 해서 아첨하는 것이 낫다.' 하니, 대저 아랫목은 높고 부뚜막은 낮은데 도리어 아랫목의 신에게 아첨하는 것은 부뚜막의 신에게 아첨하는 것만 못하다면 이 말이 과연 무엇을 이릅니까?" 라고 했다. 왕손가의 뜻은 임금을 아랫목에 견주고 자기를 부뚜막에 거한다고 하여, 부자께서 임금에게 아첨하는 것이 자기에게 아첨하는 것만 못하다는 것을 깨우친 것이다.

○설문(設問) : 문제를 내어서 물어 봄.
○고(顧) : 도리어. 반대로.

○비(比) : 견주다. 겨루다.
○풍(諷) : 풍자하다. 비유로써 깨우치다.

3·13·2 子曰 不然하다 獲罪於天이면 無所禱也니라

공자께서 말씀하셨다. "그렇지 않습니다. 하늘에 죄를 지으면 빌 곳이 없습니다."

○불연(不然) : 그렇지 않다. 시속의 말이 옳지 않다는 말. "是不然時俗之語 以媚奧媚竈 皆不可也"
○획죄어천(獲罪於天) : 하늘에 죄를 얻다. 하늘은 이치를 말함. "天是上天 但天之所以 爲天者 卽理而已"
○무소도야(無所禱也) : 빌 곳이 없다. "無所包奧竈在內 禱是祈禱免罪"

天은 卽理也니 其尊無對하여 非奧竈之可比也라 逆理면 則獲罪於天矣니 豈媚於 奧竈하여 所能禱而免乎아 言但當順理니 非特不當媚竈요 亦不可媚於奧也니라
○謝氏曰 聖人之言이 遜而不迫하니 使王孫賈로 而知此意하여 不爲無益이요 使 其不知라도 亦非所以取禍니라

하늘은 곧 이치니, 그 높음에는 상대가 없어 아랫목 신과 부뚜막 신에 비할 것이 아니다. 이치를 거스르면 하늘에 죄를 얻게 되는 것이니, 어찌 아랫목 신과 부뚜막 신에게 아첨하여 빌어서 면할 수 있겠는가? 다만 마땅히 이치를 따라야 할 것이니, 단지 부뚜막 신에게만 아첨해서도 안 되지만 또한 아랫목 신에게도 아첨해서는 안 된다는 것을 말씀한 것이다.
○사 씨가 말했다. "성인의 말씀이 공손하면서도 박절하지 않으니, 왕손가로 하여금 이 뜻을 알게 하여 이익이 없도록 하지는 않게 할 것이고, 가령 그가 알지 못한다 하더라도 또한 화를 초래하지는 않게 될 것이다."

○도(禱) : 빌다. 기도하다.
○손(遜) : 겸손하다. 자기를 사양하다.
○비특(非特) : 단지 …뿐만이 아니다. …에 그치지 않는다.

[備旨] 夫子據理以折之에 曰媚奧媚竈은 斯言皆昧於理而不然也로되 惟天은 至尊而所主 者理요 人苟逆理면 則獲罪於天이니 天之所禍면 誰能福之며 天之所奪이면 誰能與之리오

非有所禱而獲免其罪也라 是奧與竈는 皆無足恃니 安用媚爲哉아

　　부자께서 이치에 의거해서 왕손가를 물리칠 적에 말씀하시기를, "아랫목 신에게 아첨하거나 부뚜막 신에게 아첨하는 것은 곧 모두 이치상 어두운 일이니 그렇게 해서는 안 된다는 것을 말한 것이겠지만, 오직 하늘은 지극히 높아서 주장하는 바는 이치요 사람이 진실로 이치를 거스르면 곧 하늘에 죄를 얻게 되는 것이니, 하늘이 화를 내면 누가 능히 복을 받을 것이며 하늘이 빼앗으면 누가 능히 줄 수 있겠습니까? 빈다고 해서 그 죄를 면할 수 있는 것이 아닐 것입니다. 곧 아랫목 신과 부뚜막 신은 모두 족히 믿을 수 없다는 것이니, 어찌 아첨할 수 있겠습니까?"라고 하셨다.

○거(據) : 의거하다. 일정한 사실에 근거하다. 근거로 삼다.
○절(折) : 꺾다. 기세를 꺾다.
○사(斯) : 곧. 이에. 강조의 뜻.
○획면(獲免) : 면함을 얻다.
○시(恃) : 믿다.

3・14・1 子曰 周監於二代하니 郁郁乎文哉라 吾從周하리라

　　공자께서 말씀하셨다. "주나라는 하나라와 은나라를 거울로 삼았으니, 아름답고 장대한 문화로다! 나는 주나라를 따를 것이다."

○주감어이대(周監於二代) : 주나라가 앞의 하나라와 은나라를 거울로 삼다. ☞주(周) : 나라 이름. 원래 은(殷)나라에 속한 제후국이었지만 무왕(武王)이 주왕(紂王)을 치고 세운 나라. 참고로 주례(周禮)는 유학(儒學)에서 전형을 삼고 있음. ☞감(監) : 거울삼다. 본받다. 살피다[視也]. '鑑'과 통함. ☞이대(二代) : 하(夏)나라와 은(殷)나라를 말함. 은(殷)나라는 탕왕(湯王)이 하(夏)나라를 멸하고 세운 왕조인데 원래는 상(商)이라고 하였다. 반경(盤庚)이 도읍을 은(殷)으로 옮긴 뒤에 은(殷)나라로 개칭하였음. 자세한 내용은 본서 3・9・1 참고. "周兼文武周公說 監是視以爲法包損益二意 二代之禮就制度文爲說"
○욱욱호문재(郁郁乎文哉) : 찬란하도다, 문화여! 문화가 성대한 모양을 탄미하는 말. ☞욱욱(郁郁) : 문화가 성대해서 볼 만한 모습을 형용한 말. ☞호(乎) : 감탄을 나타내는 어조사. "文是禮制燦然可觀處 自損益中得來 哉是歎美辭"
○오종주(吾從周) : 나는 주나라를 따른다. "是從其文之美"

監은 視也라 二代는 夏商也니 言其視二代之禮하여 而損益之라 郁郁은 文盛貌라
〇尹氏曰 三代之禮는 至周大備하니 夫子美其文而從之시니라

감(監)은 살피는 것이다. 이대(二代)는 하나라와 상나라이니, 2대의 예를 살펴서 빼고 더했다는 것을 말씀한 것이다. 욱욱(郁郁)은 문화가 성대한 모양이다.

〇윤 씨가 말했다. "3대의 예는 주나라에 이르러 크게 갖추어졌으니, 부자께서 그 문화를 아름답게 여겨서 따르겠다고 하신 것이다.

[備旨] 夫子贊周文之盛意에 曰我周之興也엔 文武는 具明聖之德하고 周公은 擅制作之權이라 於是에 監夏商二代之禮하여 而損益之하니 由是로 品式章程燦然具備하여 郁郁乎文之盛哉로다 夫時王之制는 本吾所當從이로되 而郁郁之文은 尤吾所願從이라 我生斯世하여 與天下臣民으로 共守一王之制면 吾亦惟從周而已니라

부자께서 주나라의 문화가 성대하다는 것을 칭찬하려는 뜻에서 말씀하시기를, "우리 주나라가 흥할 때 문왕과 무왕은 명성의 덕을 갖추었고 주공은 제작의 권한을 마음대로 하고 있었다. 이에 하나라와 상나라 2대의 예를 살펴서 빼고 더했는데, 이로 말미암아 의식이나 역수와 도량형을 계산하는 방법이 찬연히 갖추어져 아름답고 장대한 문화가 성대했도다! 무릇 당시 왕의 제도나 문물은 본래 내가 마땅히 따라야 할 것이지만, 아름답고 장대한 문화는 더욱 내가 따르기를 원했다. 내가 이 세상에 태어나서 천하의 신하나 백성들과 더불어 한 왕의 제도를 함께 지킨다면, 내 또한 오직 주나라만을 좇을 것이다."라고 하셨다.

〇명성(明聖) : 총명하고 덕이 높음. 곧 임금의 지덕(智德)을 형용함. 「사기(史記)」《태사공자서(太史公自序)》 "主上明聖 而德不布聞 有司之過也"
〇제작(制作) : 제도(制度)・문물(文物)등을 이름.
〇천(擅) : 멋대로 하다. 마음대로 함.
〇품식(品式) : 의식(儀式). 법도(法度).
〇장정(章程) : 역수(曆數)와 도량형(度量衡)을 추산하는 방법.
〇찬연(燦然) : 선명하게 빛나는 모양. 찬연(粲然).
〇제도(制度) : 제정된 법규・나라의 법.

3・15・1 子入太廟하사 每事問하신대 或曰 孰謂鄹人之子를 知

禮乎아 入太廟하여 每事問이온녀 子聞之하시고 曰 是禮也니라

공자께서 태묘에 들어가셔서 매사를 꼬치꼬치 물으시니, 혹자가 말하기를, "누가 추인의 아들을 예를 안다고 일렀는가? 태묘에 들어와서 매사를 꼬치꼬치 묻는구나!" 하였다. 공자께서 이 말을 들으시고, "이것이 바로 예다."라고 하셨다.

○자입태묘매사문(子入太廟每事問) : 공자께서 태묘에 들어가서 매사에 대해 꼬치꼬치 묻다. ☞태묘(太廟) : 여기서는 노(魯)나라 주공(周公)을 모신 사당. "每事就廟中 升降灌獻與儀文度數言 問是因事以究其義"
○숙위추인지자지례호(孰謂鄹人之子知禮乎) : 누가 추인의 아들을 예를 안다고 하는가? ☞추인지자(鄹人之子) : 추인의 아들. 즉 공자의 아버지 숙량흘(叔梁紇)이 추읍(鄹邑)의 대부(大夫)였기에 이렇게 불렀음. ☞지례(知禮) : 예를 알다. 어릴 때부터 항상 제기를 진설하는 등 예를 실행했기에 예를 안다고 소문이 남. "孔子之父爲鄹邑大夫 故名鄹人之子 知禮是孔子少時嘗陳俎豆 素以知禮稱"
○입태묘매사문(入太廟每事問) : 태묘에 들어가 매사를 자세히 묻다. '태묘에 들어가 매사를 꼬치꼬치 묻는데…….' 정도의 의미. 공자가 예를 모른다고 조롱하는 말. '온여'는 '흐온여'와 동의어인데 이두(吏讀)로는 '爲乎亦'으로 표기했다. '…함이므로' '…함이기에' '…한 것인데' '…한 것이니'의 뜻. "二句正譏孔子不知禮意"
○자문지(子聞之) : 공자께서 이 말을 듣다. 혹인이 공자를 나무라는 말을 듣다. "聞或人所譏之言"
○왈시예야(曰是禮也) : '이것이 예다.'라고 말하다. '是'는 '매사에 대해 묻다[每事問]'를 가리키는 대명사. "是指每事問說 是禮猶言卽此便是禮 非以知禮自任 乃不敢以問爲非禮耳"

太廟는 魯周公廟라 此는 蓋孔子始仕之時에 入而助祭也라 鄹는 魯邑名이니 孔子父叔梁紇이 嘗爲其邑大夫라 孔子自少로 以知禮聞이라 故로 或人이 因此而譏之라 孔子言是禮者는 敬謹之至가 乃所以爲禮也라
○尹氏曰 禮者는 敬而已矣니 雖知나 亦問은 謹之至也라 其爲敬이 莫大於此어늘 謂之不知禮者가 豈足以知孔子哉리오

태묘는 노나라 주공의 사당이다. 이는 아마도 공자께서 처음 벼슬할 때에 사당에 들어가서 제사를 도왔을 것이다. 추(鄹)는 노나라 읍의 이름인데 공자의 아버지 숙량흘이 일찍이 그 읍의 대부가 되었었다. 공자는 어려서부터 예를 잘 안다고 소문이 났으므로,

어떤 사람이 이를 인하여 말로 헐뜯은 것이다. 공자께서 '이것이 바로 예다.'라고 말씀한 것은 공경하고 삼가는 것을 지극하게 하는 것이 바로 예가 되기 때문이다.

　○윤 씨가 말했다. "예는 공경일 따름이니, 비록 알더라도 또한 묻는 것은 삼가는 것이 지극한 것이다. 그 공경됨이 이보다 더 큰 것이 없었는데 이를 일러 예를 알지 못한다고 말하는 자가 어찌 족히 공자를 알 수 있겠는가?"

○태묘(太廟) : 노(魯)나라 주공(周公)을 모신 묘(廟).
○경근(敬謹) : 공경하고 삼감.

[備旨] 夫子始仕에 入而助祭於周公之太廟라 凡禮器禮文之事는 雖平日에 知其說이나 然이나 不敢自謂已知하여 而每事必問焉이니 斯其心이 固維禮之心也라 或人이 不知而譏之에 曰孰謂鄹人之子를 稱能知禮乎아 觀其入太廟也에 每事를 必問於人하니 吾恐問者는 未必知也라하니 子聞之하시고 曰吾之每事를 必問者는 乃一念之敬謹이요 是禮之所在也라 然則以吾爲知禮면 吾固不敢當하여 而以問爲不知禮니 豈吾所能識哉아

　부자께서 처음 벼슬할 적에 사당에 들어가서 주공의 태묘에 제사를 도왔다. 모든 예기와 예문에 관한 일은 비록 평일에 그 내용을 알고 있었지만, 그러나 감히 자기가 이미 알고 있다고 이를 수 없어서 매사에 대해 반드시 물어 보았으니, 이는 그 마음이 진실로 예를 든든하게 하려는 마음에서였다. 어떤 사람이 알지도 못한다고 농락할 적에 말하기를, "누가 추인의 아들을 칭찬하여 능히 예를 안다고 일렀는가? 그가 태묘에 들어갔을 때에 매사를 반드시 다른 사람들에게 물어 보는 것을 보니, 내가 추측컨대 다른 사람에게 물어 보는 것은 반드시 알지 못하기 때문일 것이다."라고 하니, 공자께서 들으시고 말씀하시기를, "내가 매사를 꼭 물어본 것은 단지 한결같이 공경하고 삼가는 마음에서 그런 것이고, 바로 예가 있는 곳이기 때문에 그렇게 한 것이다. 그러니 내가 예를 안다고 하면 나는 진실로 감당할 수 없어서 물을 적에 예를 알지 못한다고 한 것이니, 어찌 내가 능히 안다고 할 수 있겠는가?"라고 하셨다.

○예기(禮器) : 제기(祭器).
○예문(禮文) : 한 나라의 예법과 문물 제도.
○공(恐) : 추측컨대. 아마도.
○미필(未必) : 부분 부정으로, 반드시 …하는 것은 아니다.
○내(乃) : 단지. 오히려.

3·16·1 子曰 射不主皮는 爲力不同科니 古之道也니라

공자께서 말씀하셨다. "활을 쏠 적에 과녁을 뚫는 것을 제일로 여기지 않는 것은 사람의 힘이 같지 않기 때문이니, 이것이 옛날 활쏘기 방법이었다."

○사부주피(射不主皮) : 활을 쏠 때 과녁의 가죽을 뚫는 것을 제일로 여기지 않다. 옛날에 가죽으로 만든 갑옷이나 투구를 표적으로 해서 쏘아 꿰뚫었음. 「예기(禮記)」《악기편(樂記篇)》참고. ☞사(射) : 활쏘기. 사례(射禮). ☞피(皮) : 가죽. 과녁 중앙 가죽을 댄 부분. "射是禮 射不主皮是不尙貫穿皮革"
○위력부동과(爲力不同科) : 힘이 동등하지 않기 때문이다. ☞위(爲) : 때문이다. 인하다. ~에 기인하다. ☞과(科) : 품등. 등급. 정도. "爲因也 人之力强者可貫革 弱者不能貫也"
○고지도야(古之道也) : 옛날의 도다. 즉 주(周)나라가 번성했을 적에 도라는 말. "古之周盛時 道是尙德不尙力之道 末要繳今不復見意"

射不主皮는 鄕射禮文이라 爲力不同科는 孔子解禮之意가 如此也라 皮는 革也니 布侯而棲革於其中하여 以爲的이니 所謂鵠也라 科는 等也라 古者에 射以觀德이로되 但主於中하고 而不主於貫革하니 蓋以人之力에 有强弱不同等也라 記에 曰武王克商하고 散軍郊射에 而貫革之射息이라하니 正謂此也라 周衰禮廢하고 列國兵爭하여 復尙貫革이라 故로 孔子歎之시니라
○楊氏曰 中可以學而能이어니와 力不可以强而至니 聖人言古之道는 所以正今之失이시니라

'射不主皮'는 「의례」《향사례편》의 글이다. '爲力不同科'라는 것은 공자께서 《향사례》의 뜻을 해석함이 이와 같이 하신 것이다. 피(皮)는 가죽인데 과녁을 베로 만들고 그 가운데에 가죽을 붙여서 과녁으로 삼은 것이니, 이른바 곡(鵠)이라는 것이다. 과(科)는 품등이다. 옛날에 활 쏘는 것으로써 성덕을 살펴보았지만, 다만 맞히는 것만을 제일로 여기고 가죽으로 만든 갑옷이나 투구를 뚫는 것을 제일로 여기지 않았으니, 이는 사람의 힘에는 강약이 있어 동등하지 않기 때문이다. 「예기」《악기편》에 '무왕이 상나라를 이기고 군대를 해산하고 교외에서 활쏘기를 할 적에 가죽으로 만든 갑옷이나 투구를 표적으로 해서 꿰뚫는 일이 종식되었다.' 했으니, 바로 이것을 말함이다. 주나라가 쇠퇴하니 예가 폐지되었고, 열국들이 무력으로 다투어 다시 가죽으로 만든 갑옷이나 투구를 표적으로 해서 꿰뚫는 일을 숭상했으므로 공자께서 탄식하신 것이다.

　○양 씨가 말했다. "적중시키는 것은 배워서 능히 할 수 있거니와 힘은 억지로 이르게 할 수 없으니, 성인께서 옛날의 활쏘기 방법을 말씀하신 것은 지금의 잘못을 바로잡기 위해서다."

　○「의례(儀禮)」: 13경(經)의 하나. 춘추(春秋)・전국(全國) 때의 예제(禮制)에 관한 것을 모아 기록한 책. 「주례(周禮)」・「예기(禮記)」와 함께 삼례(三禮)라고 함. 17편. ☞《향사례(鄕射禮)》: 주(周) 때 　주(州)의 장관이 봄・가을에 주(州)의 학교에 백성을 모아 놓고 베풀던 사례(射禮). 활 쏘는 것과 군자의 도에 대한 비유는, 필자의「중용(中庸)」해석 참고. "14・5 子曰 射有似乎君子하니 失諸正鵠이어던 反求諸其身이니라"
　○후(侯) : 과녁. 베를 펼쳐 놓고 쏘는 것.
　○서혁(棲革) : 가죽에 붙이다. 서(棲)는 붙이다. 일정한 자리에 두다. 「시경(詩經)」 "擧鵠而棲之于侯"
　○적(的) : 과녁.
　○곡(鵠) : 과녁. ☞정(正) : 후(侯) 가운데 과녁을 설치하고 쏘는 것. 「시경집주(詩經集註)」《제풍(齊風) 의차편(猗嗟篇)》"侯張布而射之者也 正設的於侯中 而射之者也 大射則張皮侯而設鵠 賓射則張布侯而設正"
　○사이관덕(射以觀德) : 활 쏘는 것으로써 성덕(盛德)을 봄. 「예기(禮記)」《사의편(射義篇)》"射者所以觀盛德也"
　○관혁지사(貫革之事) : 옛날에 가죽으로 만들어진 갑옷이나 투구를 표적으로 해서 쏘아 꿰뚫은 일. 「예기(禮記)」《악기편(樂記篇)》참고.

　[備旨] 夫子傷今思古意에 曰鄕射禮文에 云射以觀德은 但主於中하고 而不主於貫革이니 所以然者는 蓋以人之力에 有强弱不同等耳라 若主於貫革이면 則無德而有力者는 得以顯其能이어니와 有德而無力者는 無以自見(현)矣라 是道也는 乃我周盛時에 偃武修文하여 尙德不尙力之道也어늘 而今安在哉아

　부자께서 지금의 세태를 근심하고 옛날을 생각하는 뜻에서 말씀하시기를, "'《향사례》의 글에 활을 쏘는 것으로써 성덕을 살펴본다.'고 말한 것은 단지 맞히는 것만을 제일로 여겼고 가죽으로 만든 갑옷이나 투구를 뚫는 것을 제일로 여기지 않았다는 것이니, 그렇게 한 까닭은 대개 사람의 힘에는 강약이 있어서 동등하지 않기 때문에 그랬을 따름이다. 만약 가죽으로 만든 갑옷이나 투구를 뚫는 것을 제일로 여긴다면, 덕이 없어도 힘 있는 사람은 그 능력을 나타낼 수 있거니와 덕은 있어도 힘이 없는 사람은 전혀 자기를 나타낼 수가 없을 것이다. 이 방법은 바로 우리 주나라가 성했을 때에는 무기를 창고에 넣어두고 교화에 힘을 써서 덕을 높이고 무력을 숭상하지 않는 방법이

없는데, 지금은 어디에 있는가?"라고 하셨다.

○언무수문(偃武修文) : 무기를 창고에 넣어 두고 문교(文教)를 닦아 교화에 힘씀. 언무흥문(偃武興文).「서경(書經)」《무성편(武成篇)》"王來自商 至于豐 乃偃武修文"
○자현(自見) : 자연스럽게 드러냄. 또는 저절로 나타남. 인신하여 자신의 뜻을 나타냄.
○상덕(尚德) : 덕을 높임.

3·17·1 子貢이 欲去告(곡)朔之餼羊한대

자공이 매월 곡삭례 때 바치는 희생양을 없애려고 하자,

○자공(子貢) : 공자의 제자. 성은 단목(端木). 이름은 사(賜). 위(衛)나라 사람으로 공자보다 31세 아래였음.
○욕거곡삭지희양(欲去告朔之餼羊) : 매월 초하루를 알리는 희생양을 없애려고 하다. ☞곡삭(告朔) : 주(周)나라 때 매월 초에 천자나 제후가 선조의 사당에 제사지내고, 그곳에 넣어 둔 그 달의 책력을 꺼내어 나라 안에 편 의식(儀式). 옛날 천자가 음력 섣달에 책력을 제후에게 나눠주면, 제후는 그것을 조상의 묘(廟)에 보관하여 두고, 매월 초하룻날 살아 있는 양(羊)을 희생(犧牲)으로 바치고, 그 달의 역(曆)을 보아서 그 내용을 백성에게 고시하여 농작(農作)의 계절을 알렸다. 이를 곡삭례(告朔禮)라 한다. 그러나 당시 노(魯)나라에서는 이미 이 예(禮)가 쇠퇴해 버리고 다만 살아 있는 희생양(犧牲羊)만을 무의미하게 바치고 있었던 것이다. 이 글은 근본이 쇠망하여 버린 데에 대한 가르침이다. ☞곡삭희생(告朔餼牲) : 곡삭 때 바치는 희생양(犧牲羊)이란 뜻으로, 비록 형식뿐인 예(禮)라 할지라도 없애는 것보다는 낫다는 비유로도 쓰임. ☞희양(餼羊) : 곡삭(告朔)의 예(禮)에 희생으로 쓰는 양(羊). ☞희(餼) : 음식을 보내다. 희생(犧牲)을 보내다. "欲去是私議非問也 告是告於祖廟 告朔重奉行 天子正朔與告廟上見忠孝意 朔是十二個月初一日指歷日言"

告朔之禮는 **古者**에 **天子常以季冬**에 **頒來歲十二月之朔于諸侯**어든 **諸侯**는 **受而藏之祖廟**라가 **月朔**이면 **則以特羊**으로 **告廟**하고 **請而行之**라 **餼**는 **生牲也**라 **魯自文公**으로 **始不視朔**이로되 **而有司猶供此羊**이라 **故**로 **子貢欲去之**라

곡삭의 예는 옛날에 천자가 항상 섣달에 다음해의 달력을 제후들에게 나누어 주면, 제후들은 받아서 조상의 사당에 보관하였다가 매월 초하룻날이 되면, 한 마리의 희생

양을 준비하여 사당에 초하룻날임을 고하고 그 달의 달력을 청하여 시행했던 것이다. 희(餼)는 살아 있는 소다. 노나라가 문공 때부터는 비로소 매월 초하룻날 조상의 사당에 고하는 예를 행하지 않았지만, 유사가 그때까지도 이 희생양을 바쳤으므로 자공이 없애려고 한 것이다.

○계동(季冬) : 겨울의 끝. 음력 섣달의 이칭. 만동(晩冬).
○반래(頒來) : 나누어 주다.
○특양(特羊) : 희생(犧牲)에 쓰는 한 마리의 양. ☞특(特) : 한 마리의 희생. 「서전(書傳)」《순전(舜傳)》"歸 格于藝祖用特"
○생생(生牲) : 살아있는 희생. '牲'은 천지 신명 등의 제사에 쓰는 온 마리 소. 기를 때는 '畜'이라 하고, 제물일 때는 '牲'이라고 함.
○시삭(視朔) : 황제나 제후가 매월 초하룻날 조상의 사당에 고한 후, 정무(政務)를 처리하던 일. 곡삭(告朔).「좌전(左傳)」《희공(僖公)5》"公旣視朔 遂登觀臺以望 而書雲物 禮也"
○유사(有司) : 벼슬아치. 관리.

[備旨] 告朔之禮는 至大禮也라 魯自文公으로 始不視朔이로되 而有司猶月供此羊이라 故로 子貢이 欲議去此告朔之餼羊한대 是徒知無實妄費는 爲經國者所當惜이요 而不知擧廢興衰는 實復古者深有待也라

곡삭의 예는 지극히 큰 예다. 노나라가 문공 때부터 비로소 매월 초하룻날 조상의 사당에 고하는 예를 행치는 않아도 유사가 그때까지 달마다 이 희생양을 바쳤다. 그러므로 자공이 곡삭례 때 바치는 희생양을 없애버릴 것을 상의하고 싶었는데, 이렇게 된다면 한갓 실상도 없이 무턱대고 소비하는 것은 나라를 다스리는 사람에게는 마땅히 애석하게 여기는 바가 되는 것만 알고, 없어진 것을 일으키거나 쇠퇴한 것을 일으키는 것은 진실로 옛것을 복구하려는 사람에게는 많은 기다림이 되는 것은 알지 못했던 것이다.

3·17·2 子曰 賜也아 爾愛其羊하고 我愛其禮하노라

공자께서 말씀하셨다. "사야, 너는 그 희생양을 사랑하고 나는 그 예를 사랑한다."

○사야이애기양(賜也爾愛其羊) : 사야, 너는 그 희생양을 아깝게 여기는구나. ☞사야(賜

也) : 사야. ‘也’는 호격 어조사. 전통적으로 ‘賜也아 爾愛其羊가’라고 현토하여 ‘사야, 너는 양을 사랑하는가?’라고 해석했다. 하지만 이 글은 자공을 불러 희생양을 아깝게 여기는지 확인하는 말이 아니고, 자공을 꾸짖는 말이기 때문에 ‘爾愛其羊’을 의문형으로 현토하는 것은 옳지 않다[上責賜所惜之小 下言己所惜之大也]. ☞이(爾) : 너. 이인칭. 윗사람이 아랫사람 또는 친구 사이를 일컬을 적에 많이 쓰임. ☞애(愛) : 사랑하다. 여기서는 ‘아깝게 여기다’의 뜻. “羊指餼羊 就惜費上說”
○아애기례(我愛其禮) : 나는 그 예를 사랑한다. 공자 자신은 그 예가 없어지는 것을 아깝게 여긴다는 말. “羊其字俱指告朔說 禮指忠孝之大典言 卽存羊上見”

愛는 猶惜也라 子貢이 蓋惜其無實而妄費라 然이나 禮雖廢나 羊存이면 猶得以識(지)之하여 而可復焉이어니와 若倂去其羊이면 則此禮遂亡矣니 孔子所以惜之시니라
○楊氏曰 告朔은 諸侯所以稟命於君親이니 禮之大者라 魯不視朔矣나 然이나 羊存이면 則告朔之名이 未泯하여 而其實을 因可擧니 此夫子所以惜之也시니라

애(愛)는 석(惜)과 같다. 자공은 그 실상도 없이 무턱대고 소비하는 것을 아까워 한 것이다. 그러나 예가 비록 폐지되더라도 희생양이 남아 있으면 오히려 기억할 수 있어서 복구될 수 있거니와, 만약 그 희생양마저 아울러 없애버린다면 이 예도 마침내 없어질 것이니, 공자께서 이 때문에 아깝게 여기신 것이다.
○양 씨가 말했다. “곡삭례는 제후가 임금과 어버이로부터 명령을 받아 행하는 것이니 예에서 큰 것이다. 노나라는 곡삭례를 행하지 않았으나, 희생양이라도 남아 있으면 곡삭의 이름이 없어지지 않아서 그 실상을 인하여 거행할 수 있으니, 이것을 공자께서 아깝게 여기신 까닭이었다.”

○지(識) : 기억하다. 알다. 본서 “7·2·1 默而識之” 참고.
○병거(倂去) : 아울러 버림. 함께 버림.
○품명(稟命) : 명령을 받아 행함.
○시삭(視朔) : 황제나 제후가 매월 초하룻날 조상의 사당에 고한 후, 정무(政務)를 처리하던 일. 곡삭(告朔). 「좌전(左傳)」 《희공(僖公)5》 “公旣視朔 遂登觀臺以望 而書雲物 禮也”
○민(泯) : 다하다. 다하여 없어지다.

[備旨] 夫子曉之에 曰賜也아 爾之欲去羊者는 以爲無實妄費니 是所愛者在羊耳라 我則以禮雖廢나 羊存이면 庶幾後人이 猶有因羊以求禮者어니와 若倂去其羊이면 則此禮遂亡矣라 是我之所愛者는 其禮也니 禮可愛로되 而羊其可去乎인저

부자께서 깨우쳐 줄 적에 말씀하시기를, "사야, 네가 희생양을 없애버리려고 하는 것은 실상도 없이 무턱대고 소비한다고 생각하는데, 이렇게 된다면 아끼는 것이 희생양에만 있을 따름이다. 나는 예가 없어지더라도 희생양만 있으면 어쩌면 뒷날 사람들이 오히려 희생양을 인해 예를 구할 수 있을 테지만, 만약 그 희생양을 아울러 없애버린다면 이 예도 마침내 없어져 버릴 것이다. 곧 내가 아끼는 것은 그 예이니, 예는 아껴야 하겠지만 희생양은 아마도 버려야 할 것이다."라고 하셨다.

○ 서기(庶幾) : 어쩌면. 대개. 추측의 어기(語氣)를 나타냄.

3·18·1 子曰 事君盡禮를 人以爲諂也로다

공자께서 말씀하셨다. "임금을 섬길 적에 예를 다하는 것을 사람들이 아첨한다고 하는구나!"

○사군진례(事君盡禮) : 임금을 섬길 적에 마땅히 행해야 할 예를 다하다. "盡者只盡其當然 不敢於禮之中有所缺 亦不敢於禮之外有所增"
○인위위첨야(人以爲諂也) : 사람들이 그것을 아첨한다고 놀리다. 원문은 '人以之爲諂也'인데 '事君盡禮'를 가리키는 '之'는 생략되었다. "以爲字有疑駭意 諂謂越禮求媚意"

黃氏曰 孔子於事君之禮에 非有所加也요 如是而後에 盡爾어늘 時人不能하고 反以爲諂이라 故로 孔子言之하여 以明禮之當然也시니라
○程子曰 聖人事君盡禮를 當時以爲諂이라하니 若他人言之면 必曰 我事君盡禮어늘 小人以爲諂이로되 而孔子之言은 止於如此하시니 聖人道大德宏을 此亦可見이라

황 씨가 말했다. "공자께서 임금을 섬기는 예에 더할 것이 있었던 것이 아니고, 이와 같이 한 뒤라야 다할 수 있었던 것인데, 당시 사람들은 능히 하지도 않고 도리어 아첨한다고 여겼던 것이다. 그러므로 공자께서 이를 말씀하여 예가 마땅히 그러해야 함을 밝히신 것이다."
○정자가 말했다. "성인께서 임금을 섬길 적에 예를 다하는 것을 당시 사람들이 아첨한다고 말하니, 만일 다른 사람이 말했다면 반드시 '내가 임금을 섬길 적에 예를 다했는데도 소인들은 아첨한다고 하는구나!'라고 말할 것이다. 그런데도 공자의 말씀은 소인이라는 말씀을 하지 않고 이와 같이 하는 데 그치셨으니, 성인의 도가 크고 덕이 넓음을 여기에서 또한 볼 수 있다."

[備旨] 夫子有感而言에 曰事君而盡其所當然之禮는 非有加於本分也니 必如是而後라야 盡耳라 夫何人不以爲禮하고 乃反指以爲媚君而諂也니 亦獨何哉아 禮敎之不明을 深可慨 矣로다

　　부자께서 느낌이 있어서 말씀하시기를, "임금을 섬기되 마땅히 그렇게 해야 할 예를 다한다는 것은 본분에 더할 것이 없으니, 반드시 이와 같이 한 뒤라야 다했을 따름이다. 어떤 사람은 예라고 생각하지도 않고 오히려 반대로 지목해서 임금에게 아양떨거나 아첨한다고 생각하니, 또한 홀로 어떻게 하겠는가? 예교가 밝지 않음을 심히 개탄할 것이로다!"라고 하셨다.

○예교(禮敎) : 예의에 관한 가르침.
○개(慨) : 슬퍼하다. 분개하다. 탄식하다. 마지막 문장이 판본(板本)에 따라 '深可慨也'로 된 책도 있다.

3·19·1 定公이 問 君使臣하며 臣事君하되 如之何잇고 孔子對曰 君使臣以禮하며 臣事君以忠이니이다

　　정공이 묻기를, "임금이 신하를 부리며 신하가 임금을 섬기지만 그것을 어떻게 해야 합니까?" 하자, 공자께서 대답하셨다. "임금은 신하를 예로써 부려야 하며 신하는 임금을 충으로써 섬겨야 합니다."

○정공(定公, B.C 509~B.C 494) : 노(魯)나라 임금. 이름은 송(宋). 15년 동안 재위함. 공자가 주로 정공 밑에서 활동함. 공자는 그의 나이 43세에서 57세까지 섬겼는데, 그러한 이유로 이 책에는 정공과 관련된 내용이 많음.
○군사신(君使臣) : 임금이 신하를 부림. "使是以上臨下之意"
○신사군(臣事君) : 신하가 임금을 섬김. "臣是以下奉上之意"
○여지하(如之何) : 어떻게 해야 하나? 임금으로서 신하를 부리거나 신하로서 임금을 섬기는 도를 어떻게 해야 하겠는가를 구함. 원인을 묻거나 반문을 나타냄. '如~何'는 관용어구로 '…을 어떻게 하다.'라고 해석하며 목적어가 중간에 옴. '奈~何' '若~何'도 같은 형태임. "是究事使之道"
○군사신이례(君使臣以禮) : 임금은 신하를 예로써 부림. 예는 상하의 분별이 있어서 조금이라도 신분을 지나쳐 분수를 어기는 것을 용납하지 않기 때문임. "禮所以別上下

之分 而不容一毫僭差者"

○신사군이충(臣事君以忠) : 신하는 임금을 충으로써 섬김. 충은 신하의 마음을 다하여 감히 조금이라도 구차하게 해서는 안 되는 것이기 때문임. "忠所以盡臣子之心 而不敢一毫苟且者"

定公은 魯君이니 名은 宋이라 二者는 皆理之當然이니 各欲自盡而已라

○呂氏曰 使臣에 不患其不忠이요 患禮之不至며 事君에 不患其無禮요 患忠之不足이라 尹氏曰 君臣은 以義合者也라 故로 君使臣以禮면 則臣事君以忠이니라

정공은 노나라 임금이니 이름은 송이다. 이 두 가지는 모두 이치상 마땅히 그렇게 해야 할 것이니, 각각 스스로 다하려 했을 뿐이다.

○여 씨가 말했다. "신하를 부릴 적에 그들이 충성하지 않음을 걱정하지 말고 자신의 예가 지극하지 못하다는 것을 걱정해야 할 것이며, 임금을 섬길 적에 그들이 예가 없음을 걱정하지 말고 자신의 충이 부족하다는 것을 걱정해야 할 것이다." 윤 씨가 말했다. "임금과 신하는 의리로써 결합된 것이므로, 임금이 예로써 신하를 부리면 신하가 충으로써 임금을 섬기길 것이다."

[備旨] 定公이 問君之任使乎臣하고 臣之承事乎君하되 其道를 果如之何잇가 孔子對曰 君之使臣은 易於簡이니 必以禮敬之하여 而盡乎禮文禮意之實이요 臣之事君은 易於欺니 必以忠效之하여 而盡乎忠愛忠敬之心이라 則君臣이 各盡其道하여 上下交而德業成矣라

정공이 묻기를, "임금은 신하에게 임무를 주어 부리고 신하는 임금에게 직무를 받들어 섬기지만, 그 방법을 과연 어떻게 해야 하겠습니까?" 하자, 공자께서 대답할 적에 말씀하시기를, "임금이 신하를 부릴 적에는 간략하게 하기가 쉬우니 반드시 예로써 공경하여 예문과 예의의 실상을 다해야 할 것이고, 신하가 임금을 섬길 적에는 속이기가 쉬우니 반드시 충에 힘을 써서 충애와 충경의 마음을 다해야 할 것이다. 그렇게 한다면 임금과 신하는 각각 그 도를 다하여 상하가 서로 덕업을 이룰 것이다."라고 하셨다.

○임사(任使) : 임무를 주어 씀. 임용(任用).
○승사(承事) : 직무를 받들어 행함.「주전(左傳)」《성왕(成王)12》"百官承事 朝而不夕"
○간략(簡略) : 번거롭지 않음. 생략하여 간단함. 간생(簡省). 간약(簡約).
○예문(禮文) : 예경(禮經)에 실린 글. 또는 예법에 관하여 밝혀 써 놓은 글.
○예의(禮意) : 정중히 접대하여 경의를 표시함.
○충애(忠愛) : 충성과 사랑. 충군(忠君)과 애국(愛國).

○충경(忠敬) : 충성과 공경. 또는 성의를 다하여 공경함.
○교(交) : 서로. 함께. 「국어(國語)」 "君臣上下交得其志"

3 · 20 · 1　子曰　關雎는　樂而不淫하고　哀而不傷이니라

공자께서 말씀하셨다. "《관저》는 즐거우면서도 음란하지 않고 슬프면서도 상하도록 하지는 않는다.

○관저(關雎) : 「시경(詩經)」 주남(周南)의 편명. 후비의 덕을 읊은 시. 문왕비(文王妃)가 지은 것으로 정숙한 딸을 얻어 훌륭한 내조자가 되어 주기를 바라는 내용. 이 때문에 관저를 ①현숙한 후비 또는 후비의 미덕 ②부부 ③현숙한 여자 등으로 일컬음.
○낙이불음(樂而不淫) : 즐기되 그 도를 넘지 아니하다. 낙이불황(樂而不荒). "樂是喜指琴瑟鐘鼓言 不淫只是宜樂意"
○애이불상(哀而不傷) : 슬퍼하되 그 도를 넘지 아니하다. "哀是憂指寤寐反側言 不傷只是宜哀意"

關雎는　周南國風이니　詩之首篇也라　淫者는　樂之過而失其正者也요　傷者는　哀之過而害於和者也라　關雎之詩는　言后妃之德이　宜配君子어늘　求之未得이면　則不能無寤寐反側之憂하고　求而得之면　則宜其有琴瑟鍾鼓之樂이니　蓋其憂雖深이나　而不害於和하고　其樂雖盛이나　而不失其正이라　故로　夫子稱之如此하시니　欲學者로　玩其辭하고　審其音하여　而有以識其性情之正也시니라

《관저》는 주남 국풍이니 시의 첫 편이다. 음(淫)은 즐거움이 지나쳐서 그 정도를 잃은 것이요, 상(傷)은 슬픔이 지나쳐서 조화를 해치는 것이다. 《관저》의 시는 후비의 덕이 마땅히 군자와 짝해야 하니, 구해도 얻지 못한다면 자나깨나 잠 못 이루는 근심이 없을 수 없을 것이고, 구해서 얻는다면 마땅히 부부가 화합하는 화평의 즐거움이 있다는 것을 말한 것이다. 대개 그 근심이 비록 깊으나 조화를 해치지 않았고, 그 즐거움이 비록 성대하나 그 정도를 잃지 않았으므로 부자께서 칭찬하시기를 이와 같이 하셨으니, 배우는 자들로 하여금 그 말을 음미해 보고 그 음을 살펴서 성정의 정도를 알 수 있도록 하고자 하신 것이다.

○국풍(國風) : 「시경(詩經)」의 한 부분. 각 지방에서 채취한 민요. 160편이 수록되어

있음.「시경집주(詩經集註)」"國者諸侯所封之域 而風者民俗歌謠之詩也"

○후비(后妃) : 임금의 정실(正室). 황후(皇后).

○오매(寤寐) : 잠을 자는 것과 잠을 깨는 것. 자나깨나.

○반측(反側) : 누운 자리가 편치 않거나 근심에 싸여 잠 못 이루고 몸을 뒤척임.「시경집주(詩經集註)」"輾者轉之半 轉者輾之周 反者輾之過 側者轉之留 皆臥不安席之意"

○금슬(琴瑟) : 악기를 합주하여 화음이 조화됨. 부부가 화합함이나 우정이 두터움의 비유.

○종고(鐘鼓) : 종과 북. 종과 북은 악기 중에서 큰 것이니, 이것으로 노래하면 화평의 지극함을 이룰 수 있다는 내용.

[備旨] 夫子表詩人性情之正意에 曰關雎之詩는 言后妃以德配君子니 其求而旣得之면 則有琴瑟鐘鼓之樂이라 然이나 樂以德也요 非樂以欲也니 奚嘗失其正而至於淫乎아 方其求之未得면 則有寤寐反側之憂라 然이나 憂以德也요 非憂以欲也니 奚嘗害其和而至於傷乎아 詩人性情之正이 如此라 故로 以是首詩는 則正始之風이요 以是卒樂은 則和平之奏라 使盡人性情하여 而皆如關雎면 則亦可以無虞矣니 讀關雎者는 知之니라

부자께서 시인은 성정이 바르다는 것을 나타내는 뜻에서 말씀하시기를, "관저의 시는 후비가 덕으로써 군자와 짝한다는 것을 말한 것이니, 그가 구해서 이미 얻었으면 부부가 화합하여 화평의 즐거움을 갖는 즐거움이 있었을 것이다. 그러나 즐거움은 덕 때문에 그랬던 것이지 즐거움이 욕심 때문에 그랬던 것은 아니니, 어떻게 일찍이 그 정도를 잃고 음란한 데까지 이르렀는가? 바야흐로 그것을 구해도 얻지 못했다면 자나깨나 잠 못 이루는 근심이 있었을 것이다. 그러나 덕 때문에 근심했던 것이지 욕심 때문에 근심했던 것은 아니니, 어찌 일찍이 그 조화를 해치고 상하는 데까지 이르렀겠는가? 시를 지은 사람이 성정의 바름이 이와 같았다. 그러므로 이것을 시의 첫머리에 실은 것은 부부 관계를 바로잡기 위해 풍자한 것이고, 이것으로써 즐거움을 마친다는 것은 화평을 이루기 위한 것이다. 사람에게 성정을 다하도록 하여 모두 관저와 같게 한다면 또한 근심이 없을 것이니, 관저를 읽는 사람들은 알아야 할 것이다."라고 하셨다.

○성정(性情) : ①사람의 품성(稟性)과 기질(氣質). ②생각이나 감정. ③성격. 기질. 성질. 여기서는 ②의 뜻.

○정시(正始) : 처음을 바로잡음. 인륜의 시작인 부부 관계를 바로잡음.

○주(奏) : 이루다. 성취하다. 공을 이루다.

○우(虞) : 근심하다. 염려하다.

3·21·1 哀公이 問社於宰我한대 宰我對曰 夏后氏는 以松이요 殷人은 以柏이요 周人은 以栗이니 曰 使民戰栗이니이다

애공이 재아에게 사에 심는 나무에 대해 물으니, 재아가 대답하기를, "하후 씨는 소나무를 사용했고, 은나라 사람들은 잣나무를 사용했고, 주나라 사람들은 밤나무를 사용했으니, 또 덧붙여 말하기를 백성들로 하여금 전율을 느끼게 하기 위함입니다."라고 하였다.

○애공(哀公) 4년에 박(亳) 땅에 재앙이 있었다. 그래서 이 질문을 한 것이다. 「춘추좌씨전(春秋左氏傳)」 "哀公四年 六月辛丑 亳社災 故有此問"
○문사어재아(問社於宰我) : 재아에게 사를 세운 뜻에 대해 묻다. ☞사(社) : 사수(社樹). 토지는 오곡을 번식케 하여 백성을 양육시켜서 국가를 건립케 했으니, 반드시 산 나무로 신주를 삼아 토신(土神)에게 제사를 지냈다. 천자와 제후가 토신에게 제사를 지냈는데, 이를 사(社)라고 했다. 흙을 쌓아 방형(方形)의 단을 만들고, 그 사신(社神)을 상징하는 뜻으로 하(夏)·은(殷)·주(周) 때에는 소나무·잣나무·밤나무를 심었다. 이 것을 사수(社樹)라 한다. 사(社)는 왕성(王城)의 서쪽에 있었고, 종묘(宗廟)는 동쪽에 있었는데, 죄인을 주륙(誅戮)하는 경우에는 사(社)에서 행했고, 선행한 사람을 포상(褒賞)하는 경우에는 종묘(宗廟)에서 행했다. 각 나라에서 서로 다른 나무를 심은 것은 토질 때문이었다. 그러나 주(周)나라에서 밤나무를 심은 뜻은 밤나무의 '율(栗)'과 전율(戰慄)의 '율(慄)'이 발음이 서로 같은 이유에서였다. 언변에 능했던 재아가 이렇게 말한 이유는, 당시 임금으로서 실권이 없었던 애공(哀公)이 권한을 되찾아 삼대부(三大夫)로 이름이 높았던, 맹손(孟孫)·숙손(叔孫)·계손(季孫)의 횡포를 저지하라는 뜻이 있었던 것이다. ☞재아(宰我) : 공자보다 40세 전후의 연하자. 성은 재(宰), 이름은 여(予). 변설(辨說)의 재능이 있었다. 그래서 《선진편(先進篇)》에 언어에 뛰어난 제자로는 재아(宰我)와 자공(子貢)을 꼽았다. "問社是問立社之義 哀公四年亳社災 故有此問"
○하후씨이송(夏后氏以松) : 하후 씨는 소나무를 쓰다. '以'는 '쓰다[用也]'의 뜻. ☞하후씨(夏后氏) : 우(禹)가 순(舜)의 선양을 받아서 세운 하 왕조(夏王朝). 하 씨(夏氏). 하후(夏后)라고도 함. "夏以揖遜得天下故 獨稱曰夏后氏 松是安邑所宜木"
○은인이백(殷人以柏) : 은나라 사람은 잣나무를 쓰다. ☞은(殷, B.C 1766~B.C 1122) : 나라 이름. 성탕(成湯)이 하(夏)의 걸왕(傑王)을 쳐서 멸망시키고 세운 왕조. 처음에는 탕의 선조인 설(契)이 상(商) 땅에 봉해졌다가, 탕에 이르러 천하를 소유하게 되자 국호를 상(商)이라고 하였고, 그 후 17대 반경(盤庚) 때에 은으로 천도하였으므로 후세에 그 국호를 은이라 불렀는데, 상은(商殷) 또는 은상(殷商)이라고도 한다. 주(紂)에 이르

러 주 무왕(周武王)에게 멸망되었다. "殷周以征誅 得天下故皆稱曰 人柏是亳邑所宜木"

○주인이율(周人以栗) : 주나라 사람은 밤나무를 쓰다. ☞주(周, B.C 1122~B.C 255) : 나라 이름. 원래 은(殷)나라에 속한 제후국이었지만 무왕(武王)이 주왕(紂王)을 치고 세운 나라. 37대 867년간의 왕조. 참고로 주례(周禮)는 유학(儒學)에서 전형을 삼고 있음. "栗是豐鎬所宜木"

○왈사민전율(曰使民戰慄) : 또 덧붙여 말하기를 밤나무를 사용한 이유는 백성들로 하여금 전율을 느끼게 하기 위함이다. ☞전율(戰栗) : 두려워 몸이 떨림. 전율(戰慄). 전전율률(戰戰慄慄). 전계(戰悸). 전구(戰懼). "從上栗字生發"

宰我는 孔子弟子니 名予라 三代之社가 不同者는 古者立社에 各樹其土之所宜木하여 以爲主也라 戰栗은 恐懼貌라 宰我가 又言周所以用栗之意가 如此하니 豈以古者에 戮人於社라 故로 附會其說與인저

재아는 공자의 제자니 이름이 여다. 삼대의 사가 똑같지 않은 것은 옛날에 사를 세울 적에 각각 그 토질에 적당한 나무를 심어서 사주로 삼았기 때문이다. 전율은 두려워하는 모양이다. 재아가 또 '주나라가 밤나무를 사용한 바의 뜻이 이와 같다.' 말했으니, 아마 옛날 사에서 사람을 죽였기 때문에 그 말을 끌어다 붙인 것일지도 모를 일이다.

○공구(恐懼) : 두려워함.
○기(豈) : 어쩌면 …일지도 모른다.
○부회(附會) : 이치에 맞지도 않는 것을 끌어다 맞춤. 말이나 이론을 끌어다 붙임.

[備旨] 哀公이 問立社之義於宰我한대 宰我不知而妄對에 曰古者立社에 各樹其土之所宜木하여 以爲主라 夏后氏는 都於安邑하여 立社則以松하고 殷人은 都於亳하여 立社則以柏하고 周人都於豐鎬하여 立社則以栗이라 然이나 所以用栗者는 何也오 亦曰古者에 戮人於社하여 而使民으로 知所戰慄恐懼耳라하니 宰我此對는 旣非立社之本意요 又啓時君殺伐之心이니 其見亦謬矣哉인저

애공이 사를 세운 뜻을 재아에게 물었는데, 재아가 알지도 못하면서 함부로 대답할 적에 말하기를, "옛날 사를 세울 적에 각각 그 땅에 적합한 나무를 심어서 사주로 삼았습니다. 하후 씨는 안읍에 도읍하여 사를 세울 적에는 소나무를 썼고, 은나라 사람은 박 땅에 도읍하여 사를 세울 적에는 잣나무를 썼고, 주나라 사람은 풍호 땅에 도읍하여 사를 세울 적에는 밤나무를 썼던 것입니다."라고 했다. 그런데 밤나무를 사용한 까

닭은 무엇인가에 대해 또 덧붙여 말하기를, "옛날 사에서 사람을 죽여서 백성으로 하여금 전율을 느끼고 두려워 할 바를 알도록 하기 위해서 그랬습니다."라고 했으니, 재아의 이 대답은 사를 세운 본래의 뜻이 아닐 뿐만 아니라, 또한 당시 임금의 살벌한 마음을 일깨워 주었던 것이니, 그 견해가 또한 잘못되었다.

○안읍(安邑) : 현(縣) 이름. 산서성(山西省)에 속했으며 해현(解縣) 동북쪽에 있음.
○박(亳) : 은(殷)나라 탕왕(湯王)이 도읍한 곳. 지금의 하남성(河南城) 귀덕부(歸德府) 상구현(商邱縣). ☞박사(亳社) : 은대(殷代)의 사(社). 또는 은(殷)나라를 이름. 옛날에는 나라를 세우면, 반드시 먼저 사(社)를 세웠고, 은(殷)은 박(亳) 땅에 도읍하였으므로 박사(亳社)라 하였음.
○풍호(豐鎬) : 서주(西周)의 수도였던 풍(豐)과 호(鎬). 풍은 문왕(文王)이, 호는 무왕(武王)이 도읍했던 곳. 풍호(豐鄗).
○계(啓) : 일깨우다. 슬기·생각 따위를 깨우쳐 이끌어 냄.
○류(謬) : 그릇되다. 어긋나다.

3·21·2 子聞之하시고 曰 成事라 不說하며 遂事라 不諫하며 旣往이라 不咎로다

공자께서 이 말을 듣고 말씀하셨다. "내 이미 이루어진 일인지라 말하지 않겠으며, 꼭 이루어질 일인지라 간하지 않겠으며, 이미 지나간 일인지라 탓하지 않겠다."

○성사불설(成事不說) : 이미 이루어진 일에 대해 말하지 않다. 그 일의 옳고 그름에 대해 진술하지 않는다는 말. "說謂陳其是非"
○수사불간(遂事不諫) : 마침내 이루어질 일에 대해 잘못을 바로잡고 어려움을 도와주지 않음. "諫謂申其匡救"
○기왕불구(旣往不咎) : 이미 지나간 일은 탓하지 않음. "咎謂指其愆尤"

遂事는 謂事雖未成이나 而勢不能已者라 孔子以宰我所對가 非立社之本意요 又啓時君殺伐之心이나 而其言已出하여 不可復救라 故로 歷言此以深責之하시니 欲使謹其後也시니라
○尹氏曰 古者에 各以所宜木으로 名其社요 非取義於木也어늘 宰我不知而妄對라 故로 夫子責之시니라

수사(遂事)는 일이 비록 이루어지지는 않았지만 형세를 그만둘 수 없다는 것이다. 공자께서는 재아가 대답한 것이 사를 세운 본뜻도 아니고, 또 당시 임금의 살벌한 마음을 일깨워는 주었지만 그 말이 이미 나가서 다시 바로잡을 수 없었던 것이다. 그러므로 이것을 순서대로 말씀하여 깊이 꾸짖으셨으니, 이는 그로 하여금 그 후일을 삼가도록 하고 싶었던 것이다.

○윤 씨가 말했다. "옛날에는 각각 토질에 적당한 나무로써 그 사에 이름을 붙였을 뿐이고 나무에서 뜻을 취한 것은 아니었는데, 재아는 이것을 알지 못하고 함부로 대답했으므로 부자께서 꾸짖으신 것이다."

○역(歷) : 순서대로. 차례차례. 일일이.
○구(救) : 바로잡다. 잘못을 바로잡다. 고치다.

[備旨] 夫子聞而責之에 曰凡已成之事는 一定而不易이니 雖有失이나 亦不說은 以說之無益也요 凡必遂之事는 其勢不能已니 雖有失이나 亦不諫은 以諫之無益也요 凡旣往之事는 已然不可追니 雖有失이나 亦不咎는 以咎之無益也라 今爾立社之對는 固爲失言이나 然이나 其言을 不可復救라 是는 卽成事遂事旣往者也니 雖說之諫之咎之나 究何益哉아

부자께서 듣고서 꾸짖을 적에 말씀하시기를, "무릇 이미 이루어진 일은 한 번 정해지면 바꿀 수 없으니, 비록 실수가 있더라도 또한 말하지 않는 것은 말하더라도 이익이 없기 때문이다. 무릇 반드시 이루어질 일은 그 세력을 능히 그만두게 할 수 없으니, 비록 실수가 있더라도 또한 간하지 않는 것은 간하더라도 이익이 없기 때문이다. 무릇 이미 지나가버린 일은 이미 그렇게 되어버려 따라갈 수 없으니, 비록 실수가 있더라도 또한 탓하지 않는 것은 탓하더라도 이익이 없기 때문이다. 지금 네가 사를 세운 것에 대해 말한 것은 진실로 실언이지만, 그러나 그 말을 다시 바로잡을 수 없는 것이다. 이는 곧 이루어진 일과 이루어질 일과 이미 지나가버린 일이니, 비록 말하거나 간하거나 탓하더라도 결국 무슨 유익이 있겠는가?"라고 하셨다.

○구(究) : 결국. 마침내. 필경.

3·22·1 子曰 管仲之器가 小哉라

공자께서 말씀하셨다. "관중의 그릇이 작구나!"

○관중지기(管仲之器) : 관중의 기량. ☞관중(管仲) : 춘추시대 초기의 정치가로서 공자보다 약 200년 앞섰던 사람이다. 제(齊)나라 환공(桓公) 아래에서 재상이 되어 환공을 제후국의 제일인자가 되도록 했다. 성이 관(管)이고 이름이 이오(夷吾)였다. ☞기(器) : 그릇. 사람의 그릇. "器就局量規模說"

○소재(小哉) : 좁구나! 작도다! 작다고 개탄하는 말. "小是褊淺卑狹 哉字有慨歎意"

管仲은 齊大夫니 名夷吾요 相桓公하여 覇諸侯라 器小는 言其不知聖賢大學之道라 故로 局量褊淺하고 規模卑狹하여 不能正身修德하여 以致主於王道라

관중은 제나라 대부로 이름은 이오요, 환공을 도와서 제후들 가운데서 우두머리가 되도록 했다. 그릇이 작다는 것은 성현과 대학의 도를 알지 못했던 것이다. 그러므로 도량이 좁고 규모가 작아서 능히 몸을 바루고 덕을 닦아서 군주를 왕도에 이르게 하지 못했음을 말씀한 것이다.

○국량(局量) : 도량(度量)이나 재간. 국도(局度). 기량(器量).
○편천(褊淺) : 소견이 좁음. 《초사(楚辭) 구변(九辯)》 "性愚陋以褊淺兮"
○비협(卑狹) : 작고 좁음.
○패제후(覇諸侯) : 제후의 맹주(盟主)가 됨. 동맹을 맺은 제후 가운데 우두머리가 됨. 여기에 관한 내용은 본서 14·18·2 참고.
○왕도(王道) : 인의(仁義)에 바탕을 둔 정치. 왕유(王猷). ↔패도(覇道).

[備旨] 夫子譏管仲에 曰吾觀管仲之爲人也하니 以其內之所受言이면 則局量褊淺하고 以其外之所施言이면 則規模卑狹하니 其器度이 亦小矣哉로다

부자께서 관중을 나무랄 적에 말씀하시기를, "내가 관중의 사람됨을 살펴보니, 그가 안으로 받아들이는 것을 말해본다면 도량이 좁고, 그가 밖으로 베푸는 것을 말해본다면 규모가 작으니, 그의 기량과 도량이 역시 좁구나!"라고 하셨다.

3·22·2 或曰 管仲은 儉乎잇가 曰 管氏有三歸하며 官事를 不攝하니 焉得儉이리오

혹자가 "관중은 검소했습니까?" 하고 묻자, 공자께서 말씀하셨다. "관중 씨는 삼귀라는

대를 두며, 관청의 일을 겸하지 않으니, 어찌 검소하다고 할 수 있겠는가?"

○관중검호(管仲儉乎) : 관중은 검소한가? 관중은 검소했던 사람인가? "儉是儉約 乎是疑辭 蓋儉則收斂不廣大 故疑器小爲儉"
○관씨유삼귀(管氏有三歸) : 관중 씨가 삼귀라는 누대를 두다. ☞관 씨(管氏) : 관중(管仲). 옛날에 혈통을 나타내는 칭호를 남자는 '氏'라 칭하고 여자는 '姓'이라고 칭했다. 본서 7·30·2 불취동성(不娶同姓) 해설 참고. ☞삼귀(三歸) : ①관중이 지은 누대의 이름. ②집을 세 군데 가지고 있었다는 설, ③'歸'를 '嫁'로도 보고, 세 성씨(姓氏)의 여자를 아내로 두었다는 설 등 여러 가지 가지가 있다. 여기서는 ①로 해석함. "歸卽歸除之歸 蓋用三歸之法以築臺 言其高也"
○관사불섭(官事不攝) : 관청의 일을 겸하지 않다. 한 사람이 당연히 몇 가지 일을 겸해야 하는데 그렇지 않다는 말. ☞관사(官事) : 관청의 일. 여기서는 엄밀히 말하면 사가(私家)의 일을 뜻함. '사가(私家)'는 대부(大夫) 이하의 집이나 신하(臣下)의 집이란 뜻. ☞불섭(不攝) : 겸하지 않다. 한 사람이 한 가지 일만 다스린다는 뜻. 대부의 가신은 혼자서 여러 가지 일을 맡아보는 것이 원칙이었는데 매사에 한 사람씩 썼으므로 낭비함을 뜻한다. ☞섭(攝) : 겸하다[兼也]. "官事是私家之事 不攝是一人各理一事也"
○언득검(焉得儉) : 어찌 검소하다 하리오? "總承上二事以斷其不儉"

或人이 **蓋疑器小之爲儉**이라 **三歸**는 **臺名**이니 **事見**(현)**說苑**이라 **攝**은 **兼也**니 **家臣**이 **不能具官**이요 **一人**이 **當兼數事**어늘 **管仲不然**하니 **皆言其侈**라

어떤 사람이 아마도 그릇이 작은 것을 검소한 것으로 의심한 것이다. 삼귀(三歸)는 대의 이름이니 일이 「설원」에 나타난다. 섭(攝)은 겸하는 것이니, 경대부의 가신이 관속을 다 갖출 수 없고 한 사람이 당연히 몇 가지 일을 겸해야 하는데 관중은 그렇지 아니하니, 모두 그 사치스러움을 말씀한 것이다.

○설원(說苑) : 한(漢)나라의 유향(劉向)이 지은 책. 순(舜)임금 때부터 한초(漢初)까지 세상에 알려지지 않았던 일들 중 사람들이 본받을 만한 일을 모아 편찬하였음. 20권.
○관속(官屬) : 주요 벼슬아치의 속리(屬吏). 구실아치. 속관(屬官).

[備旨] 或人이 不知而疑之에 曰儉嗇之人은 多安於狹小어늘 然則管仲儉乎잇가하니 夫子曰 儉者는 必卑宮室하여 而節冗費어늘 今管氏有三歸之臺榭하여 以供遊玩하고 官事를 不兼攝이로되 而家臣衆多라 其奢如此하니 安得爲儉乎아

어떤 사람이 알지도 못하고 의심스러워서 말하기를, "인색한 사람은 좁고 작은 것을 편안하다고 하는 경우가 많은데, 그렇다면 관중은 검소하게 했습니까?"라고 하니, 부자께서 말씀하시기를, "검소하다는 것은 반드시 궁실을 낮게 하여 낭비를 절약해야 하는 것인데, 지금 관중 씨에게는 삼귀의 대사를 두고서 장난치고 노는 데 힘을 바치고, 관청의 일을 겸해 처리하지 않으면서도 가신들만 많이 두었다. 그 사치스러움이 이와 같으니, 어찌 검소하다고 할 수 있겠는가?"라고 하셨다.

○검색(儉嗇) : 인색함. 검린(儉吝).
○용비(冗費) : 쓸데없이 쓰는 돈.
○대사(臺榭) : 고대(高臺)와 망루(望樓).
○유완(遊玩) : 장난치면서 놂.
○겸섭(兼攝) : 맡은 일 외에 다른 일을 겸하여 처리함. 겸직(兼職).

3·22·3 然則管仲은 知禮乎잇가 曰 邦君이라야 樹塞(색)門이어늘 管氏亦樹塞門하며 邦君이라야 爲兩君之好에 有反坫이어늘 管氏亦有反坫하니 管氏而知禮면 孰不知禮리오

"그렇다면 관중은 예를 알고 있었습니까?" 하고 묻자, 말씀하시기를, "나라의 임금이라야 병풍으로 문을 가릴 수 있는데 관중 씨도 병풍으로 문을 가렸으며, 나라의 임금이라야 두 임금이 우호를 위해 모일 적에 반점을 설치할 수 있는데 관중 씨도 반점을 설치했으니, 관중 씨가 예를 안다고 한다면 누가 예를 알지 못한다고 하겠는가?"

○연즉관중지례호(然則管仲知禮乎) : 그렇다면 관중은 예를 아는가? ☞연즉(然則) : 그렇다면. '然'은 먼저 전제한 것을 확정하는 역할을 하고 '則'은 추론을 나타내는 역할을 하는데, 앞의 말을 근거로 어떤 결론을 이끌어 냄. "知禮是多文飾 而不惜小費 近於不儉 故或人疑之"
○방군수색문(邦君樹塞門) : 나라의 임금이라야 색문을 세울 수 있다. ☞수(樹) : 문병을 세우다. 담을 치다. 병장(屏墻)을 하다. ☞색문(塞門) : 문 안에 나무를 세워서, 안이 들여 보이지 않도록 문병(門屏)을 함. "邦君是有國之諸侯 塞門以肅居尊之體"
○관씨역수색문(管氏亦樹塞門) : 관 씨도 또한 색문을 세우다. 관 씨는 대부이기 때문에 주렴을 해야 하는데 문병을 했다는 말. "是僭邦君門屏之禮 管氏大夫只當用簾"
○방군위양군지호(邦君爲兩君之好) : 나라의 임금이 두 임금의 우호를 위하다. 즉 제후

가 이웃 나라의 임금과 더불어 연회를 베풀다. "兩君之好謂諸侯與隣國之君相宴會"

○유반점(有反坫) : 반점을 설치하다. 반점을 설치하는 것은 제후의 예인데 관중이 참람되게 설치했다는 말. ☞반점(反坫) : 주대(周代)에 제후들이 회맹할 때, 마신 술잔을 뒤집어 놓기 위해 흙으로 만든 대(臺)를 점(坫)이라고 하는데, 빈 술잔을 그 대 위에 되돌려 놓기 때문에 반점(反坫)이라고 함. 대청 두 기둥 사이에서 주인은 동점(東坫), 나그네는 서점(西坫)에서 대좌했다. 작점(爵坫). "坫是受爵之案 反坫以飮酒行禮言"

○관씨유반점(管氏有反坫) : 관 씨가 참람하게도 반점을 설치하다. "是僭諸侯尊賓之禮"

○관씨이지례숙부지례(管氏而知禮孰不知禮) : 만약 관중 씨가 예를 안다고 한다면 누가 예를 알지 못하겠는가? '管氏而知禮'는 '管氏而知禮' 또는 '若使管氏而謂之知禮'가 원래의 문장. '而'자는 원래 앞의 주어와 조화를 이루지 못하는 서술어를 연결시키는 접속사인데, 이치상 맞지 않거나 의외의 상황을 나타낼 적에 쓰인다. 우리말의 '도리어' '오히려' 등과 연관시켜 볼 수 있다. 본서 "2·22·1 人而無信" "3·3·1 人而不仁" "7·30·2 君而知禮" "8·10·1 人而不仁" 참고. "言人皆得爲知禮 甚言管仲不知禮意 承上二段說"

或人이 又疑不儉으로 爲知禮라 屛은 謂之樹요 塞은 猶蔽也니 設屛於門하여 以蔽內外也라 好는 謂好會라 坫은 在兩楹之間이니 獻酬飮畢이면 則反爵於其上이라 此는 皆諸侯之禮어늘 而管仲僭之하니 不知禮也라

○愚謂 孔子譏管仲之器小는 其旨深矣어늘 或人이 不知而疑其儉이라 故로 斥其奢하여 以明其非儉하시고 或又疑其知禮라 故로 又斥其僭하여 以明其不知禮하시니 蓋雖不復明言小器之所以然이나 而其所以小者를 於此에 亦可見矣라 故로 程子曰 奢而犯禮하니 其器之小를 可知라 蓋器大면 則自知禮而無此失矣라하시니 此言을 當深味也니라 蘇氏曰 自修身正家로 以及於國은 則其本深하고 其及者遠이니 是謂大器라 揚雄이 所謂大器는 猶規矩準繩이니 先自治而後에 治人者是也라 管仲은 三歸反坫하고 桓公은 內嬖六人하여 而霸天下하니 其本固已淺矣라 管仲死하고 桓公薨하니 天下不復宗齊하니라 楊氏曰 夫子大管仲之功이로되 而小其器는 蓋非王佐之才면 雖能合諸侯하고 正天下라도 其器不足稱也라 道學不明하여 而王霸之略이 混爲一途라 故로 聞管仲之器小면 則疑其爲儉하고 以不儉告之면 則又疑其知禮하니 蓋世方以詭遇로 爲功하여 而不知爲之範이니 則不悟其小가 宜矣로다

어떤 사람이 또 검소하지 않은 것을 예를 아는 것이라고 의심했던 것이다. 병(屛)은 세우는 것을 이르고 색(塞)은 가리는 것과 같으니, 병풍을 문에 설치하여 안과 밖을 가리는 것이다. 호(好)는 제후들이 우호를 다지는 회맹을 말한다. 점(坫)은 두 기둥 사이

에 있으니, 서로 술을 권하여 잔을 주거나 받는 일을 마치면 술잔을 그 위에 되돌려 놓는 것이다. 이는 모두 제후의 예인데 관중이 참람하게 썼으니, 예를 알지 못했던 것이다.

　○내[朱子]가 생각하건대, 공자께서 관중의 그릇이 작음을 나무란 것은 그 뜻이 깊지만, 어떤 사람은 이를 알지 못하고 그가 검소하다고 의심했던 것이므로 그의 사치스러움을 가리켜서 검소하지 않다는 것을 밝히셨으며, 어떤 사람은 또 그가 예를 알았는가 하고 의심하였으므로 그의 참람함을 지적하여 그가 예를 알지 못함을 밝히셨으니, 아마도 비록 그릇을 작다고 하는 까닭을 다시 명확히 말씀하지는 않았으나, 그 작다고 한 까닭을 여기에서 또한 알 수 있다. 그러므로 정자가 말하기를, '사치하고 예를 범하였으니 그 그릇이 작음을 알 만하다. 아마 그릇이 컸었다면 스스로 예를 알아서 이러한 잘못이 없었을 것이다.' 하셨으니, 이 말을 마땅히 깊이 음미해야 할 것이다. 소 씨가 말했다. "몸을 닦고 집안을 바르게 하여 나라에까지 미치는 것은 그 근본이 깊고 그 미치는 것이 멀기에, 이를 일러 큰 그릇이라고 한다. 양웅이 이른바 '큰 그릇이란 구규·준승과 같으니 먼저 자신을 다스린 뒤에 남을 다스린다.'라고 한 것이 이것이다. 관중은 삼귀와 반점을 두고 환공은 여섯 명의 첩을 두고서 천하를 제패하였으니, 그 근본이 진실로 이미 형편없었던 것이다. 때문에 관중이 죽고 환공이 죽으니 천하는 다시 제나라를 종주로 삼지 않았던 것이다." 양 씨가 말했다. "부자께서 관중의 공로를 크게 여기시면서도 그 그릇을 작다고 한 것은 대개 왕을 보좌할 만한 재질이 아니면, 비록 제후를 규합하여 천하를 바로 잡았다고 하더라도 그 그릇은 칭송할 만한 것이 못되기 때문이다. 도학이 밝지 못하여 왕도와 패도의 책략이 섞여서 한 길이 되어버렸던 것이다. 그러므로 관중의 그릇이 작다는 말을 들으면 그가 검소하다고 헤아렸고, 검소하지 않다고 일러주면 또 그가 예를 알았다고 헤아렸으니, 대개 세상이 바야흐로 속임수로 성공한 것을 공으로 여겨 모범이 되는 것을 알지 못해서 그런 것이니, 그 그릇이 작다는 것을 깨닫지 못함이 마땅할 것이다."

○호회(好會) : 제후 사이의 우호를 다지려는 회맹(會盟).
○헌수(獻酬) : 서로 술을 권하여 잔을 주고 받음.
○척(斥) : 가리키다.
○내폐(內嬖) : 임금의 총애를 받는 첩. ☞폐(嬖) : 사랑하다. 총애하다.
○규구(規矩) : 행위의 표준. 사물의 준칙. 일상 생활에서 지켜야 할 법도. 상도(常道).
☞규(規) : 법. 규정. 걸음쇠. 원을 거리는 기구. 콤파스. ☞구(矩) : 법. 법도. 곱자. 곡척(曲尺). 방형(方形)을 그리는 데 쓰는 자.
○준승(準繩) : ①물체의 평직(平直)을 측정하는 기구. '準'은 평면을 측정하는 수준기(水準器). '繩'은 직선을 정하는 먹줄. ②언행의 근거가 되는 원칙이나 표준의 비유.

○홍(薨) : 제후(諸侯)의 죽음. 「예기(禮記)」《곡례하(曲禮下)》"天子曰崩 諸侯曰薨 大夫曰卒 士曰不祿 庶人曰死"
○왕도(王道) : 인의(仁義)에 바탕을 둔 정치. 왕유(王猷).
○패도(覇道) : 패자(覇者)의 도. 인의(仁義)를 멀리 하고, 무력·형벌·권세 등으로 통치하는 방법.
○궤우(詭遇) : 사냥할 때 예법의 규정을 지키지 않고 짐승을 쏘아 맞춤. 정당하지 않은 방법으로 명리(名利)나 지위를 얻음의 비유. 「맹자(孟子)」《등문공하(滕文公下)》"爲之詭遇 一朝而獲十"

[備旨] 或人又疑之에 曰知禮之人이 多侈儀文하니 然則管仲은 知禮乎잇가하니 夫子曰知禮者는 必守等威하여 而愼名器니라 今邦君之制엔 樹以塞門하여 蔽內外者禮也어늘 管氏은 特大夫耳로되 亦樹屛하여 以塞其門하고 邦君之制엔 爲兩君之好會하여 而有反爵之坫者禮也어늘 管氏特大夫耳로되 亦有反爵之坫라 其僭如此하니 焉得爲知禮리오 使管仲而謂之知禮면 則天下에 孰不爲知禮之人乎아 又安得以不儉으로 爲知禮乎아

　어떤 사람이 또 의심스러워서 말하기를, "예를 아는 사람이 예의 범절에 사치하는 경우가 많으니, 그렇다면 관중은 예를 알고 있었다고 하겠습니까?"라고 하니, 부자께서 말씀하시기를, "예를 아는 사람은 반드시 여러 가지 신분에 맞는 위의를 지켜서 명기를 삼가야 될 것이다. 지금 방군의 제도에는 문병을 세워 문을 가려서 내외를 가리는 것이 예인데 관중 씨는 다만 대부이지만 또한 병풍을 세워 그 문을 가렸고, 방군의 제도에는 두 나라 임금이 우호를 다지려고 모여 반작의 점을 두는 것이 예인데 관중 씨는 다만 대부이지만 또한 반작의 점을 두었다. 그 참람함이 이와 같으니, 어찌 예를 안다고 할 수 있겠는가? 가령 관중이 예를 안다고 이르면, 천하의 사람 중에 누가 예를 아는 사람이라고 하지 않겠는가? 또한 어떻게 검소하지 않은 것을 가지고 예를 안다고 하겠는가?"라고 하셨다.

○의문(儀文) : 예의 범절이나 법도. 의장(儀章).
○등위(等威) : 여러 가지 신분에 알맞은 위의(威儀).
○명기(名器) : ①진귀한 그릇. 유명한 기물 ②작호(爵號)와 거복(車服). 이것으로써 존비·귀천의 등급을 나타냄. 여기서는 ②의 뜻. ☞작호(爵號)는 다섯 등급의 작위, 곧 공(公)·후(侯)·백(伯)·자(子)·남(男)을 말하고, 거복(車服)은 임금이 공신에게 내리던 수레와 의복을 말함.
○방군(邦君) : 제후국의 군주.
○반작(反爵) : 반점(反坫).

○점(坫) : 음식·술잔·홀(笏) 따위를 얹어 두는 대(臺).

3·23·1 子語魯太師樂曰 樂은 其可知也니 始作에 翕如也하며 從之에 純如也하고 皦如也하고 繹如也하여 以成이니라

　　공자께서 노나라 태사에게 음악에 대해 깨우쳐 주면서 말씀하셨다. "음악은 대강을 알 수 있으니, 시작할 때엔 합하는 듯하며, 울려 퍼질 때엔 화하는 듯하고, 문란함이 없어 뚜렷한 듯하고, 계속 이어지는 듯하여 한 곡이 끝나는 것이다."

○자어노태사악(子語魯太師樂) : 공자가 노나라 태사에게 음악에 대해 깨우치다. ☞어(語) : 이야기하다. 여기서는 '깨우치다[告也]'는 의미. ☞태사(太師) : 악관(樂官) 이름.
○악기가지야(樂其可知也) : 음악은 미세하지만 그 대강을 알 수 있음. "樂是音樂 可知謂樂理 雖微而聲音節奏 則無不可知"
○시작(始作) : 음악을 처음으로 연주할 때를 말함. "始樂初奏"
○흡여야(翕如也) : 합하다. 많은 음이 한꺼번에 일어남을 말함. ☞여(如) : '然'과 같은 뜻으로 상태를 나타내는 형용사 뒤에 쓰이는 말. ☞야(也) : 어떤 사실을 판단하거나 진술할 때 쓰는 어조사. 일반적으로 '乎·哉·與·已矣' 등은 '也'와 결합할 때 '也乎·也哉·也與·也已矣' 등의 형태가 되는데 '如'는 예외임. "翕言金石絲竹匏土革木八音 竝起合奏也"
○종지(從之) : 소리가 크게 일어나는 때를 말함. 퍼져 나가다. "是放聲大作"
○순여야(純如也) : 화하다. 청탁(淸濁)·고하(高下)가 조화됨을 말함. "純是淸濁高下相和 如金聲不戾於石 石聲不戾於絲之類"
○교여야(皦如也) : 뚜렷하다. 확실하다. 명확하다. 청탁(淸濁)이 음(音)을 달리하고, 고하(高下)는 운(韻)을 달리하지만 문란함이 없음을 말함. "皦是淸濁異音 高下異韻 而無紊亂 如金音還是金音 石音還是石音之類"
○역여야(繹如也) : 이어지다. 청탁(淸濁)이 서로 순환되고, 고하(高下)는 서로 끝났다가 다시 시작되어 계속됨을 말함. "繹是淸濁相爲循環 高下互爲終始 而無相間斷 如八音此唱則彼和 彼絶則此續也"
○이성(以成) : 연주가 끝나는 것을 말함. 이렇게 해가지고 연주가 끝남. '成'은 한 곡마치는 것을 일성(一成)이라고 하는데, 연주가 끝나는 것을 의미함. 원문은 '以之成'인데, 전치사 '以' '爲' '與' 다음에 오는 대명사 '之'는 종종 생략된 형태로 쓰인다. 여기서도 대명사 '之'가 생략된 형태. "以字不可放過 總承上看"

語는 告也라 太師는 樂官名이라 時에 音樂廢缺이라 故로 孔子教之라 翕은 合也요 從은 放也요 純은 和也요 皦는 明也요 繹은 相續不絶也요 成은 樂之一終也라 ○謝氏曰 五音六律이 不具면 不足以爲樂이라 翕如는 言其合也니 五音이 合矣면 淸濁高下가 如五味之相濟而後에 和라 故로 曰純如요 合而和矣면 欲其無相奪倫이라 故로 曰皦如라 然이나 豈宮自宮하고 而商自商乎아 不相反而相連하여 如貫珠라야 可也라 故로 曰繹如也하여 以成이라하시니라

어(語)는 깨우쳐 주는 것이다. 태사(太師)는 악관 이름이다. 당시에 음악을 내버려두어 망가졌던 것이므로 공자께서 가르쳐 주신 것이다. 흡(翕)은 합하는 것이요, 종(從)은 퍼져나가는 것이요, 순(純)은 화하는 것이요, 교(皦)는 뚜렷한 것이요, 역(繹)은 서로 이어져서 끊어지지 않는 것이요, 성(成)은 음악이 한 번 끝나는 것이다.

○사 씨가 말했다. "오음과 육률이 갖추어지지 않으면 음악이라 생각할 수 없다. 흡여(翕如)는 그 음이 합해짐을 말하는 것이니, 오음이 합해지면 청탁·고하가 마치 오미가 서로 도운 뒤에 조화되는 것과 같으므로 순여(純如)라고 말한 것이다. 합해져서 조화되면 그것이 서로 어긋나지 않으려고 하므로 교여(皦如)라고 말한 것이다. 그러니 어찌 궁은 궁대로 되고 상은 상대로 되겠는가? 서로 반대되지 않고 서로 연결되어서 마치 구슬을 꿴 것과 같아야 되므로 '계속 이어지는 듯하여 한 곡이 끝나는 것이다.'라고 말씀한 것이다."

○오성(五聲) : 궁(宮)·상(商)·각(角)·치(徵)·우(羽).
○육률(六律) : 황종(黃鐘)·태주(太簇)·고선(姑洗)·유빈(蕤賓)·이칙(二則)·무역(無射). ㄷ육려(六呂) : 대려(大呂)·협종(夾鐘)·중려(仲呂)·임종(林鐘)·남려(南呂)·응종(應鐘)·율려(律呂).
○고(告) : 깨우치다. '고(誥)'와 통한.
○폐결(廢缺) : 버려두어 망가짐. 상실됨.
○탈륜(奪倫) : 올바른 이치를 어김. 차례나 질서를 문란(紊亂)케 함. 「서전(書傳)」《순전(舜典)》"八音克諧 無相奪倫"

[備旨] 昔에 夫子將有事於正樂하여 而先語魯之太師樂에 曰汝典樂之官은 不可不知樂이어늘 今樂之理가 雖微而不易測이나 其音節은 則可得而知也라 方作之始에 必五音六律이 翕然合奏하여 無音不備하여 翕如其合也하며 及其從之하여 而放焉大作이면 必淸濁高下가 調適中節하여 純如而諧和也하며 又必一音이 自爲一音하여 不相陵奪하여 皦如而明白也하며 又必五音이 前唱後和하여 宮商續하고 累累如貫珠하여 繹如而不絶也니 翕如之餘有和諧하고 和諧之中有明白하고 明白之中無間斷하고 自始至終히 無不曲盡이라야 樂以

之成矣요 由此而至九成이라 其道理가 不過如此하니 太師는 知之乎인저

옛날 부자께서 머지않아 악을 바로 잡는 일을 하려고 하면서 먼저 노나라 태사에게 악에 대해 깨우쳐 줄 적에 말씀하시기를, "너희 전악의 관리들은 악을 알지 않으면 안 되는데, 오늘날 악의 이치가 비록 미묘하여 쉽게 헤아릴 수는 없으나 그 음절은 가히 알 수가 있을 것이다. 바야흐로 처음 시작할 적에는 반드시 오음·육률이 합쳐 함께 연주되어 소리에 갖추어지지 않음이 없어서 많은 음들이 함께 일어나듯 그것이 합해져야 하고, 그것이 울려 퍼지는 데에 미쳐서 퍼지고 크게 일어나면 반드시 맑고 흐림·높고 낮음이 조화를 이루고 장단이나 선율에 맞아 조화로운 듯 잘 어울려야 하며, 또 반드시 한 음이 저절로 한 음이 되어서 서로 자리를 빼앗지 않아서 뚜렷한 듯 명백해야 하고, 또 반드시 오음이 앞에서 부르면 뒤에서 화답하여 궁과 상이 서로 이어지고 잇달아 끊어지지 않음이 구슬을 꿴 것과 같아서 계속하는 듯 끊어지지 않아야 되니, 많은 음들이 한꺼번에 일어난 뒤에 잘 어울림이 있고, 잘 어울린 가운데 아주 분명함이 있고, 분명한 가운데 사이가 끊어짐이 없고, 처음부터 끝까지 곡진하지 않음이 없어야 악은 이로써 끝나게 되고, 이로 말미암아서 한 곡조가 마침에 이르게 되는 것이다. 그 도리가 이와 같음에 지나지 않으니, 태사는 이것을 알아야 할 것이다."라고 하셨다.

○정악(正樂) : ①바른 음악. 속되지 않은 음악. ↔속악(俗樂). ②음악을 바로 잡음. 여기서는 ②의 뜻.
○전악(典樂) : 조정(朝廷)의 음악을 관장하던 벼슬. 「서전(書傳)」《순전(舜典)》"帝曰 夔 命汝典樂 敎胄子"
○군연(羣然) : 합쳐져서. 무리지어서.
○조적(調適) : 조화를 이룸. 「회남자(淮南子)」《전언(詮言)》"陰陽之始 皆調適相似"
○중절(中節) : 규칙·법도·장단·선율 등에 맞음. 「중용(中庸)」"發而皆中節謂之和"
○해화(諧和) : 잘 어울림.
○능탈(陵奪) : 자리를 침범하거나 빼앗음.
○궁상(宮商) : 전래 음악 다섯 가지 기본음 중 첫째와 둘째. 궁상각치우(宮商角徵羽).
○누루(累累) : 잇달아서 끊이지 않는 모양.
○곡진(曲盡) : 자세히 다함.
○구성(九成) : 음악 아홉 곡을 연주하는 일. 한 곡 마치는 것을 일성(一成)이라 함. 「서전(書傳)」《익직(益稷)》"簫韶九成 鳳凰來儀"

3·24·1 儀封人이 請見(현)曰 君子之至於斯也에 吾未嘗不得

見(견)也로라　從者見(현)之한대　出曰　二三子는　何患於喪乎리오
天下之無道也久矣라　天將以夫子로　爲木鐸이시리라

　부자께서 의읍에 이르니 봉 땅을 맡은 관원이 뵙기를 청하면서 말하기를, "군자들이
이 곳에 오셨을 적에는 제가 일찍이 만나보지 않은 적이 없었습니다." 했다. 제자들이
뵙도록 해주자, 나오면서 말했다. "여러분들은 어찌 선생님께서 벼슬을 잃은 것을 걱정
합니까? 천하에 도가 없어진 지 오래되었습니다. 하늘이 장차 부자를 목탁으로 삼을
것입니다."

○의봉인청현(儀封人請見) : 의읍에 사는 봉 땅의 사람이 뵙기를 청하다. ☞의(儀) : 위
(衛)나라 국경에 있는 소읍(小邑). 개봉부(開封府) 난양현(蘭陽縣)에 의성(儀城)이 있었
음. ☞봉인(封人) : 봉 땅의 국경을 관장하던 관원. ☞현(見) : 본 장에서는 모두 거성
(去聲)으로 쓰였지만 그 뜻에 따라 독음이 다르다. '請見'과 '見之'는 '웃어른을 만나 뵙
다' 혹은 '대면하다'라는 뜻이므로 '현'으로 읽고, '不得見也'는 '눈으로 보다'라는 뜻이므
로 '견'으로 읽는다. "請見是請於從者 而求見夫子"
○군자지지어사야(君子之至於斯也) : 군자가 이 곳에 이르면. "斯指儀邑"
○오미상부득견야(吾未嘗不得見也) : 내가 일찍이 만나보지 못한 적이 없다. "是自言平
日見取於君子 今日必不見棄於聖人也"
○종자현지(從者見之) : 제자가 만나 뵙도록 해주다. "從者是從遊孔子之門人 見之是通
封人之言於夫子 而夫子與之相見"
○출왈(出曰) : 나와서 말하다. 제자에게 대답하는 말. "出是旣見夫子而出曰 對門人言"
○이삼자(二三子) : 여러분. 부자의 여러 제자들을 가리킴. "指夫子之衆門人"
○하환어상호(何患於喪乎) : 어찌하여 공자가 자리를 잃어버린 것을 걱정하는가? '何患
於夫子之失位乎'가 원문임. "何患猶言不必憂患"
○천하지무도야구의(天下之無道也久矣) : 천하에 도가 없어진 지 오래 되다. "無道指世
教衰微人心陷溺言 久字便有亂極思治意"
○천장이부자위목탁(天將以夫子爲木鐸) : 하늘이 장차 부자를 목탁으로 삼다. ☞장(將)
: 장차 …하려고 하다. 미래를 나타내는 부사. ☞목탁(木鐸) : ①추를 나무로 만든 요령.
②세상 사람을 깨우쳐 지도하는 사람. 여기서는 ②의 뜻. 옛날에는 정월에 도인(道人)
이라는 관원이 목탁을 흔들어 당시 나라의 명령을 전하고, 또 그에 따라 백성에게 교
령(教令)을 시행했다. 공자가 뜻을 펴지 못하고 천하를 주유(周遊)하고 있는 것을 목탁
에 비유한 것이다. "將是欲然未然之辭 木鐸是警衆之器只借來說 夫子得位設教以警人心
意"

儀는 衛邑이라 封人은 掌封疆之官이니 蓋賢而隱於下位者也라 君子는 謂當時賢
者라 至此에 皆得見之는 自言其平日에 不見絕於賢者하여 而求以自通也라 見(현)
之는 謂通使得見이라 喪은 謂失位去國이니 禮曰 喪欲速貧이 是也라 木鐸은 金口
木舌이니 施政教時에 所振以警衆者也라 言亂極當治니 天必將使夫子로 得位設
教하여 不久失位也라 封人이 一見夫子하여 而遽以是稱之하니 其所得於觀感之間
者가 深矣라 或曰 木鐸은 所以徇于道路니 言天使夫子로 失位하고 周流四方하여
以行其教가 如木鐸之徇于道路也라

의(儀)는 위나라 읍이다. 봉인(封人)은 국경을 관리하는 관원이니, 아마도 어질지만
낮은 벼슬자리에 파묻혀 지내던 사람이었을 것이다. 군자는 당시의 현자를 말한다. 이
곳에 왔을 때에 모두 볼 수 있었다는 것은 스스로 평일에 현자에게 거절당하지 않았음
을 말하여 스스로 교제하기를 구한 것이다. 현지(見之)는 사자를 통해 뵙도록 해준 것
을 말한다. 상(喪)은 벼슬을 잃고 나라를 떠나는 것을 이르니, 「예기」에 '벼슬하다 관
직을 잃으면 빨리 가난해지려 한다.'라고 말한 것이 이것이다. 목탁(木鐸)은 쇠로 입을
만들고 나무로 혀를 만든 것이니, 정교를 베풀 때에 흔들어서 여러 사람들을 경계시키
는 것이다. 어지러움이 극에 달하면 마땅히 다스려지는 것이니, 하늘이 반드시 장차 부
자로 하여금 벼슬자리를 얻어 교화를 베풀어서 오랫동안 벼슬자리를 잃지 않게 하려고
함을 말한 것이다. 봉인이 한 번 부자를 뵙고서 대번에 이 말로써 일컬었으니, 그 보고
느끼는 사이에 얻은 것이 많았을 것이다. 어떤 사람은 "목탁은 도로를 따라 순행하는
것이니, 하늘이 부자로 하여금 벼슬을 잃고 사방을 돌아다니면서 그 가르침을 행하게
한 것이 마치 목탁이 도로를 순행하는 것과 같은 것이다." 하였다.

○봉강(封疆) : ①흙을 쌓아 경계를 표시함. 또는 그러한 경계. ②봉해 준 경계 안의
땅. 영토(領土). 여기서는 ②의 뜻.
추를 나무로 만든 요령.
○상욕속빈(喪欲速貧) : 관직을 잃으면 속히 가난해지는 것이 더 좋다는 말. 「예기(禮
記)」《단궁상(檀弓上)》"有子問於曾子曰 聞喪於夫子乎 曰聞之矣 喪欲速貧 死欲速朽"
(유자가 증자에게 물었다. "벼슬하다 관직을 잃었을 때 처신을 공자에게서 들은 것이
있는가?" 증자가 말하기를, "벼슬하다 관직을 잃으면 빨리 가난해지는 것이 좋고, 사람
이 죽으면 빨리 썩게 하는 것이 좋다고 하셨네.")
○정교(政教) : 정치와 교화(教化).
○순(徇) : 순행(巡行)하다.
○주류(周流) : 천하를 두루 돌아다님.

[備旨] 夫子周流라가 至衛儀邑하시니 掌封疆之官이 請見於從者에 曰敬賢者는 吾之素
心이라 凡平日에 君子之至於斯地也에 吾皆爲盛德所容하여 未嘗見絶而不得見也어늘 今
夫子至此하니 我獨不得見乎아 於是에 從者가 通其意於夫子하니 而夫子見之한대 封人이
旣見而出하여 謂從者에 曰二三子는 何患於夫子之失位乎아 天下之亂而無道也가 已久矣
라 然이나 亂極當治로되 而致治之具도 又在夫子하니 天必將使夫子로 得位設敎하며 爲
斯世木鐸하여 以作斯民之耳目하여 以開天下之愚蒙하리니 豈久失位哉아하니 封人이 能
以天心으로 識聖人如此하니 蓋亦非常人矣라

부자께서 천하를 두루 돌아다니다가 위나라 의읍에 이르니, 봉 땅을 맡은 관원이 제
자에게 뵙기를 청할 적에 말하기를, "어진 사람을 존경하는 것은 저의 평소 마음입니
다. 무릇 평소에 군자들이 이 곳에 오셨을 때에는 저는 모두 훌륭한 덕 때문에 용납하
여 일찍이 거절되어 뵙지 못한 적이 없었는데, 지금 선생님께서 여기에 오셨으니 제가
설마 뵙지 않을 리가 있겠습니까?"라고 했다. 이에 제자가 그 뜻을 부자에게 말씀드리
니 부자께서 만났는데, 봉인이 막 뵙고 나와서 제자에게 이르면서 말하기를, "여러분은
어찌 선생님께서 벼슬을 잃은 것을 걱정하십니까? 천하가 어지러워 도가 없어진 지 이
미 오래 되었습니다. 그러나 어지러움이 극에 달하면 마땅히 다스려지는 것이지만 태
평성대를 이루는 방법도 또한 선생님께 있으니, 하늘이 반드시 장차 선생님으로 하여
금 벼슬을 얻게 하고 교화를 시키도록 하며 이 세상의 목탁을 삼아 이 백성의 눈과 귀
가 되게 해서 천하의 어리석고 몽매함을 깨닫도록 해줄 것이니, 어찌 오래도록 벼슬을
잃고 있겠습니까?"라고 했으니, 봉인이 능히 하늘과 같은 마음으로써 성인을 알아보는
것이 이와 같았으므로, 아마도 보통 사람은 아니었을 것이다.

○성덕(盛德) : 훌륭하고 고상한 인격. 훌륭한 품격(品格).
○용(容) : 받아들이다. 남의 말을 들어주다.
○독(獨)~호(乎) : 설마 …일 리가 있겠는가? 관용어구로 반문을 나타냄.
○치치(致治) : 태평 성대를 이룸.「사기(史記)」《채택전(蔡澤傳)》"設刀鋸以禁奸邪 信
賞罰以致治"
○구(具) : 재능. 방법. 힘.
○우몽(愚蒙) : 어리석고 몽매함. 우매(愚昧).
○개오(開悟) : 깨닫게 함. 깨우침. 해오(解悟).

3·25·1 子謂韶하시되 盡美矣요 又盡善也라하시고 謂武하시되 盡
美矣나 未盡善也라하시다

공자께서 순임금의 음악 소를 평하시되 "지극히 아름답고 또 지극히 선하다." 하시고, 무왕의 음악 무를 평하시되 "지극히 아름답지만 지극히 선하지는 못하다." 하셨다.

○자위소(子謂韶) : 공자께서 순임금의 음악을 평하다. 여기서 '謂'는 추론(追論)한다는 의미. ☞소(韶) : 순(舜)임금이 제작한 무악(舞樂). 성군(聖君)이었기에 그의 음악도 진선(盡善)·진미(盡美)했다. 소악(韶樂). "謂是追論"

○진미의(盡美矣) : 지극히 아름답다. 음악이 양양하게 울려 퍼져 그 아름다움을 형용한 말. '盡'은 부사로 쓰여 지극히 높음을 나타냄. ☞의(矣) : 어조사로서 감탄의 의미를 나타냄. "美就外面洋洋看"

○우진선야(又盡善也) : 지극히 좋다. 이것 역시 음악이 양양하게 울려 퍼져 그 아름다움을 형용한 말. ☞야(也) : 어조사로서 감탄의 의미를 나타냄. "善卽美中純粹處"

○위무진미의미진선야(謂武盡美矣未盡善也) : 무왕의 음악 무를 '지극히 아름답지만 지극히 선하지는 못하다.'라고 평하다. ☞무(武) : 무왕(武王)이 제작한 무악(舞樂). 무력으로 주(周)나라를 세웠기에, 진미(盡美)했지만 평화롭지 못해 진선(盡善)하지는 못했다.

韶는 舜樂이요 武는 武王樂이라 美者는 聲容之盛이요 善者는 美之實也라 舜은 紹堯致治하고 武王은 伐紂救民하니 其功一也라 故로 其樂이 皆盡美나 然이나 舜之德은 性之也요 又以揖遜而有天下하고 武王之德은 反之也요 又以征誅而得天下라 故로 其實有不同者라
○程子曰 成湯放桀에 惟有慙德이라하니 武王亦然이라 故로 未盡善이라 堯舜湯武는 其揆一也니 征伐은 非其所欲이요 所遇之時가 然爾라

소(韶)는 순임금의 음악이요, 무(武)는 무왕의 음악이다. 미(美)란 소리나 모습의 성대함이요, 선(善)이란 아름다움의 실상이다. 순임금은 요임금을 이어 태평 성대를 이루었고 무왕은 주를 정벌하여 백성을 어려움에서 건졌으니, 그 공은 똑같고 할 수 있다. 그러므로 그 음악이 모두 지극히 아름다웠지만 순임금의 덕은 천성대로 하려한 것이고 또 겸손함으로써 천하를 얻었으며, 무왕의 덕은 천성을 되찾으려는 것이고 또 정벌하고 죽여서 천하를 얻었으므로 그 실상에 같지 않음이 있다.
　○정자가 말했다. "성탕이 걸을 추방할 때 오직 부끄러워하는 마음이 있었다고 했는데, 무왕도 또한 그러했으므로 지극히 선하지는 못한 것이다. 요·순·탕·무는 그들이 천하를 다스리는 도리는 동일하니, 정벌함은 그들이 하고자 해서가 아니라 만난 때가 그렇게 하도록 한 것이다."

○무왕(武王) : 주(周)의 임금. 문왕(文王)의 아들. 이름은 발(發). 아우 주공(周公)과 협력하여 은(殷)나라를 멸하고 주(周) 왕조를 창건함. 태공망(太公望)을 사사(師事)하여 선정을 베풂.

○성용(聲容) : 소리와 모습. 성모(聲貌).「중문대사전(中文大辭典)」"謂聲音與容儀也"

○소(紹) : 잇다. 받다.

○치치(致治) : 태평 성대를 이룸.「사기(史記)」《채택전(蔡澤傳)》"設刀鋸以禁奸邪 信賞罰以致治"

○주(紂) : 은(殷)의 마지막 임금. 이름은 신(辛), 시호는 주(紂). 달기(妲己)라는 계집을 총애하여 주색을 일삼고 비간(比干)의 충간(忠諫)을 듣지 않고 포악한 정치를 하여 인심을 잃어 마침내 주(周)의 무왕(武王)에게 멸망하였다.

○구민(救民) : 백성을 어려움에서 건짐.

○문왕(文王, B.C 185~B.C 135) : 주(周)나라 무왕(武王)의 아버지. 이름은 창(昌). 태공망(太公望)을 모사(謀師)로 삼고, 국정을 바로잡아 융적(戎狄)을 토벌하여 선정(善政)을 베풂.

○성탕(成湯) : 하(夏)나라 걸(傑) 임금을 쳐부수고 상(商)나라를 세운 성군(聖君). '위대한 공을 이룬 탕 임금'이란 뜻에서 흔히 성탕(成湯)이라고 부름.

○걸(桀) : 하(夏)나라의 마지막 임금.

○읍손(揖遜) : 겸손함.

○정주(征誅) : 정벌하여 죽임.

○참덕(慙德) : 덕화(德化)가 널리 미치지 못함을 부끄러워함.「서경(書經)」"成湯放桀於南巢 惟有慙德"

○규일(揆一) : 천하를 다스리는 도리는 동일함.「맹자(孟子)」"先聖後聖 其揆一也" ☞ 규(揆) : 헤아리다. 상량(商量)함.

[備旨] 記者가 說我夫子稽古帝王하여 而聞其所作之樂하시고 嘗謂舜樂名韶者는 聲容備盛하여 而當時紹堯하여 致治之功을 皆因之以傳하니 固盡美矣라 然이나 其性之之德과 與夫揖遜而有天下者도 亦潛著於聲容之表하니 蓋又盡善也라하시고 謂武樂名武者는 聲容備盛하여 而當時伐紂하여 救民之功을 皆因之而布하니 亦盡美矣라 然이나 其反之之德과 與夫征誅而有天下者도 亦潛著於聲容之表로되 殆未盡善也라하시니 子於此에 蓋亦有升降之感矣시니라

기록한 사람이 말하기를, "우리 부자께서 제왕들이 옛날 행했던 도를 생각하여 그들이 지은 악을 들으시고 일찍이 순임금의 악을 평하시되, '소(韶)라고 이름을 붙인 것은

소리의 모습이 성대함을 갖춰 당시 요임금을 이어 태평 성대를 이룬 공을 모두 이를 통해 전하니 진실로 지극히 아름답다. 그러나 그것이 천성대로 하려는 덕과 무릇 겸손히 천하를 소유한 것도 또한 조용히 소리와 모습을 겉으로 나타내니 대개 또 지극히 선하다.' 하셨고, 무왕의 악을 평하시되, '무(武)라고 이름을 붙인 것은 소리와 모습이 성대함을 갖춰 당시 주를 쳐서 백성을 어려움에서 구한 공을 모두 이를 통해서 펼치니 또한 지극히 아름답다. 그러나 그것이 천성을 되찾으려는 덕과 무릇 정벌하고 죽여서 천하를 차지한 것도 또한 소리의 모습을 나타낼 적에 조용히 나타내지만 혹시 지극히 선하지 못한지도 모른다."라고 했으니, 공자께서도 여기에 대해 아마도 또한 이런저런 느낌이 계셨을 것이다.

○계고(稽古) : 옛 도(道)를 생각함.
○승강(昇降) : 오르고 내림. 이러저러한 느낌을 말함.
○태(殆) : 대개. 아마도. 혹시 …일지도 모른다. 부사로서 추측이나 그다지 긍정하지 않음을 나타냄.

3·26·1 子曰 居上不寬하며 爲禮不敬하며 臨喪不哀면 吾何以觀之哉리오

공자께서 말씀하셨다. "윗자리에 있으면서 너그럽지 않으며, 예를 행하면서 공경하지 않으며, 초상에 임하면서 슬퍼하지 않는다면, 내가 어찌 그 꼴을 쳐다보겠는가?"

○거상불관(居上不寬) : 윗자리에 있으면서 관용을 베풀지 않다. "居上是在上臨民者 不寬是心不寬容"
○위례불경(爲禮不敬) : 예를 행하면서 공경하지 않고 태만한 마음을 가지다. "爲禮就酬酢交接言 不敬是心有怠慢"
○임상불애(臨喪不哀) : 부모의 상을 당했는데도 비통해 하지 않다. "臨喪是居父母之喪 不哀是心不悲痛"
○오하이관지재(吾何以觀之哉) : 내 어찌 그 모습을 쳐다보겠는가? 원문은 '吾以何觀之哉'인데, 의문대명사인 '何'가 이유·원인·도구를 나타내는 전치사 '以'를 만나 도치된 형태. "以是用 何以觀言以何者去觀他 之指居上爲禮臨喪之得失"

居上엔 主於愛人이라 故로 以寬爲本이요 爲禮엔 以敬爲本이요 臨喪엔 以哀爲本이

니 **旣無其本**이면 **則以何者**로 **而觀其所行之得失哉**아

  윗자리에 있을 적에는 사람을 사랑하는 것을 제일로 여겨야 하므로 너그러움을 근본으로 삼아야 하고, 예를 행할 때에는 공경으로써 근본으로 삼아야 하고, 초상에 임했을 때에는 슬픔으로써 근본을 삼아야 할 것이니, 이미 그 근본이 없다고 한다면 무엇으로써 그 사람이 행한 바의 잘잘못을 쳐다보겠는가?

[備旨] 夫子示人重本意에 曰居上엔 以寬爲本也어늘 乃不能弘寬仁之德하고 爲禮엔 以敬爲本也어늘 乃不能存敬謹之心하고 臨喪엔 以哀爲本也어늘 乃不能盡哀痛之誠이면 是는 其本旣亡矣라 雖居上에 有條敎號令之施하고 爲禮에 有威儀進退之節하고 臨喪에 有哭泣擗踊之數나 抑末矣면 吾以何者로 而觀其所行之得失哉아 知此면 則人當務本矣라

  부자께서 사람들에게 근본을 중요하게 여겨야 된다는 것을 보여주는 뜻에서 말씀하시기를, "윗자리에 있을 적에는 너그러움을 근본으로 삼아야 할 것임에도 불구하고 능히 너그럽고 어진 덕을 펴지도 않고, 예를 행할 때에는 공경으로써 근본으로 삼아야 할 것임에도 불구하고 능히 공경하고 삼가는 마음을 두지도 않고, 초상에 임했을 때에는 슬픔으로써 근본을 삼아야 할 것임에도 불구하고 능히 몹시 슬퍼하는 정성을 다하지도 않는다면, 이는 그 근본을 이미 잃어버린 것이다. 비록 윗자리에 있을 적에는 조교나 호령을 시행해야 하고, 예를 행할 때에는 위의나 진퇴의 절차가 있어야 하고, 초상에 임했을 때에는 소리를 내어 슬피 울거나 가슴을 치며 발을 구르는 것도 몇 번 있어야 할 터이지만, 도리어 아무것도 없다면 내가 어찌 그가 행한 바의 잘잘못을 쳐다보겠는가? 이를 안다면 사람이 마땅히 근본에 힘써야 할 것이다."라고 하셨다.

○관인(寬仁) : 너그럽고 어짊.
○경근(敬謹) : 공경하고 삼감.
○애통(哀痛) : 몹시 슬퍼함. 애상(哀傷).
○조교(條敎) : 법규와 교령(敎令).
○호령(號令) : 지휘하여 명령함.
○위의(威儀) : 위엄이 있는 위용. 예(禮)의 세칙(細則). 예(禮)에는, 경례(經禮)가 되는 예의(禮儀) 3백 가지가 있고, 곡례(曲禮)가 되는 위의(威儀)가 3천 가지가 있다. 「중용(中庸)」27·3 참고. "優優大哉라 禮儀三百이요 威儀三千이로다" ☞경례(經禮) : 관혼상제(冠婚喪祭) 및 조회(朝會)·근회(覲會)와 같은 예를 말하는데 그 대강(大綱)이 3백 가지가 됨. ☞곡례(曲禮) : 진퇴(進退)·승강(升降)·부앙(俯仰)·읍손(揖遜)과 같은 예를 말하는데 절목(節目)이 3천 가지가 됨.

○진퇴(進退) : 나아가고 물러감.
○곡읍(哭泣) : 통곡함. 소리를 내어 슬피 욺.
○벽용(擗踊) : 가슴을 치고 발을 구름. 몹시 슬퍼함을 형용.「효경(孝經)」《상친(喪親)》"擗踊哭泣 哀以送之"

제 4편 里仁

凡二十六章이라

모두 26장이다.

4·1·1 子曰 里仁이 爲美하니 擇不處仁이면 焉得知리오

공자께서 말씀하셨다. "마을의 습속이 인정이 많고 후덕한 것이 아름답다 하니, 마을을 택해 인정이 많고 후덕한 곳에 살지 않는다면 어떻게 지혜롭다 하겠는가?"

○이인위미(里仁爲美) : 마을 가운데 풍속이 인정이 많고 후덕하면 곧 마을이 지극히 아름다울 것이라는 말. 옛날 25집이 '里'가 되었음. "二十五家爲一里 美在熏陶成德上說"
○택불처인(擇不處仁) : 인정이 많고 후덕한 마을을 버리고서 거처하지 않다. "擇是揀擇 不處仁是舍仁里而不居"
○언득지(焉得知) : 어찌 지혜롭다고 할 수 있는가? '知'는 거성(去聲)으로 쓰여 '지혜'를 말함. '智'와 통함. "是言其昏"

里有仁厚之俗이 爲美하니 擇里而不居於是焉이면 則失其是非之本心하여 而不得爲知矣라

마을에 인정이 많고 후덕한 풍속이 있는 것이 아름답다 하니, 마을을 택해서 이런 곳에 거하지 않는다면 그는 시비의 본심을 잃어서 지혜로운 사람이 될 수 없다.

[備旨] 夫子示人以處仁之知에 曰居必擇鄰은 居之道也라 若是里之中에 習俗仁厚면 此爲里之至美니 處於此而熏陶면 可以成德이라 豈細故哉아 苟擇里而不居於是焉이면 則是不知其美하여 而失其是非之本心矣니 焉得爲智乎아 甚矣人之不可不處仁也라

부자께서 사람에게 인에 처하는 지혜를 보여줄 적에 말씀하시기를, "거할 때 반드시 이웃을 택하는 것은 거할 때의 도리다. 이와 같이 마을 가운데에 습속이 인정이 많고 후덕하면 곧 마을이 지극히 아름다울 것이니, 여기에 처하여 영향을 받고 인격을 기르

면 덕을 이룰 수 있을 것이다. 어찌 보잘 것 없는 일이라고 하겠는가? 진실로 마을을 택해서 여기에 거하지 않는다면 바로 그 아름다움을 알지 못해서 그 시비의 본심을 잃어버리게 될 것이니, 어찌 지혜롭다고 할 수 있겠는가? 정말로 사람이 인에 처하지 않을 수 없을 것이다."라고 하셨다.

○약시(若是) : 이와 같다. 이렇게 되면. 윗 문장을 대신하여 어떤 상황을 나타내며, 대부분 도치되어 주어 앞에 있음. '里之中若是'가 '若是里之中'으로 도치되었음.
○차(此) : 곧. 그렇다면. 그렇다면 …곧. 접속사로서 앞 문장을 이어받으며, '則'과 같은 용법으로 쓰였음.
○훈도(熏陶) : 그슬고 변화시킴. '熏'은 '薰'과 통함. ☞훈도(薰陶) : 교화(敎化)·훈육(訓育)하는 일. 불로 물건을 태워 향기를 피우고, 흙을 다져 질그릇을 만들듯이 인재를 교육한다는 뜻.
○세고(細故) : 세사(細事). 보잘 것 없는 일.

4·2·1 子曰 不仁者는 不可以久處約이며 不可以長處樂(락)이니 仁者는 安仁하고 知者는 利仁이니라

공자께서 말씀하셨다. "어질지 못한 사람은 오랫동안 곤궁에 처할 수 없으며 오래도록 부귀에도 처할 수 없는 것이니, 어진 사람은 인을 편히 여기는 것이고 지혜로운 사람은 인을 이롭게 여기는 것이다."

○불인자(不仁者) : 어질지 못한 사람. "者作人字看"
○불가이구처약(不可以久處約) : 오랫동안 곤궁에 처할 수 없다. 어질지 않기 때문에 오랫동안 곤궁에 처할 수 없다는 말. ☞가이(可以) : …할 수 있다. 조동사로서 허가나 가능을 나타냄. 허가·가능을 나타내는 조동사 '可'와 이유·조건·수단·도구·원인 등을 나타내는 전치사 '以'가 결합하여 하나의 조동사로 굳어진 것이다. ☞약(約) : 곤궁. 빈천. "不可是不能也 約卽貧賤"
○불가이장처락(不可以長處樂) : 오랫동안 부귀에도 처할 수 없다. ☞낙(樂) : 부귀. 즐거움. 안락. "樂卽富貴"
○인자안인지자이인(仁者安仁知者利仁) : 인자는 인을 편안히 여기고, 지자는 인을 이롭게 여기다. '知'는 거성(去聲)으로 쓰여 '지혜'를 말함. '智'와 통함. "安仁利仁 不止於善處約樂 而善處約樂正在其中"

約은 窮困也라 利는 猶貪也니 蓋深知篤好하여 而必欲得之也라 不仁之人은 失其
本心하여 久約이면 必濫하고 久樂(락)이면 必淫이라 惟仁者라야 則安其仁하여 而無適
不然이요 知者는 則利於仁하여 而不易(역)所守하니 蓋雖深淺之不同이나 然이나 皆
非外物所能奪矣라
○謝氏曰 仁者는 心無內外遠近精粗之間하여 非有所存而自不亡이요 非有所理
而自不亂하니 如目視而耳聽하고 手持而足行也라 知者는 謂之有所見則可어니와
謂之有所得則未可하니 有所存이라야 斯不亡이요 有所理라야 斯不亂이니 未能無意
也라 安仁則一이로되 利仁則二라 安仁者는 非顔閔以上으로 去聖人爲不遠이면 不
知此味也요 諸子雖有卓越之才나 謂之見道不惑則可어니와 然이나 未免於利之也니라

　약(約)은 곤궁함이다. 이(利)는 탐내는 것과 같으니, 대개 깊이 알고 아주 좋아하여
반드시 얻고자 하는 것이다. 어질지 못한 사람은 그 본심을 잃어서 오랫동안 곤궁하면
반드시 문란해지고, 오랫동안 부귀에 처하면 반드시 난잡해지게 된다. 오직 어진 사람
이라야 그 인을 편안하게 여겨서 가는 곳마다 편안하게 여기지 않음이 없을 것이고,
지혜로운 사람은 인을 이롭게 여겨서 지키는 것을 바꾸지 않을 것이니, 대개 비록 깊
고 얕음이 똑같지는 않겠지만 모두 외물에 의해 빼앗기지는 않을 것이다.
　○사 씨가 말했다. "어진 사람은 마음에 내외·원근·정조의 간격이 없어서 간직하
려고 하지 않아도 저절로 없어지지 않고 다스리려고 하지 않아도 저절로 어지럽지 않
을 것이니, 마치 눈으로 보고 귀로 듣고 손으로 잡고 발로 걷는 것과 같을 것이다. 지
혜로운 사람은 본 것이 있다고 이르는 것은 괜찮겠지만 얻은 것이 있다고 이르는 것은
옳지 않을 것이니, 단속해서 보존하는 바가 있어야 그 몸체가 없어지지 않고 경계해서
다스리는 바가 있어야 그 쓰임이 어지럽지 않을 것이기 때문에 능히 제멋대로 생각함
이 없을 수 없는 것이다. 인을 편히 여기는 것은 마음과 인이 하나가 되기 때문에 하
나인 것이요 인을 이롭게 여기는 것은 마음과 인에 간격이 있기에 둘인 것이다. 인을
편히 여기는 사람은 안자와 민자와 같은 이상의 사람으로 성인과 거리가 가까운 자가
아니면 이 맛을 알지 못할 것이고, 다른 제자들이 비록 탁월한 재질이 있었으나 도를
보고 의혹되지 않았다고 이르는 것은 괜찮겠지만, 인을 이롭게 여겼다고 하는 데에는
인정할 수 없을 것이다."

○궁곤(窮困) : 처지가 매우 곤란함. 곤궁(困窮).
○남(濫) : 문란함. 어지럽힘.
○음(淫) : 난잡하다.
○무적불연(無適不然) : 어디를 가더라도 편안해 여기지 않음이 없다[無所往而不安也]

는 말.

○내외(內外) : '內'는 어떤 일을 마음에 간직하거나 처리함. '外'는 사람이 사물에 응하고 접하는 때.「논어집주(論語集註)」"內謂存處時 外謂應事接物時"

○원근(遠近) : '近'은 사람이 매일 쓰고 행하는 곳. '遠'은 그 반대.「논어집주(論語集註)」"近謂日用常行處 遠謂非日用常行處"

○정조(精粗) : '精'은 시서 예악을 다루는 일. '粗'는 전곡 갑병을 다루는 일.「논어집주(論語集註)」"精如治詩書禮樂等事 粗如治錢穀甲兵等事"

○사(斯) : 곧. 그렇다면. 그렇다면 …곧. 앞 문장을 이어받음.

[備旨] 夫子勉人存仁하여 以善處遇也에 曰天下惟仁이라야 可以貞遇라 不仁者는 失其本心이니 久約이면 必至於濫하여 不可以久處乎約하며 久樂이면 必至於淫하여 不可以長處乎樂이라 惟仁者라야 純乎天理하여 不待勉强이라도 則隨所適하여 而安其仁矣니 奚至於濫且淫也리오 知者는 中有定見하여 篤好天理하고 則有所守하여 而利於仁焉이니 奚至於濫且淫也리오 雖其德有深淺不同이나 然이나 皆非外物所能奪矣니 豈不仁者를 可同日語哉리오

부자께서 사람이 인을 보존해서 처우를 잘하도록 힘쓰게 할 적에 말씀하시기를, "천하에 오직 어진 사람이라야 곧게 조처할 수 있다. 어질지 못한 사람은 그 본심을 잃어버렸으니 오랫동안 곤궁해지면 반드시 문란함에 이르러 오랫동안 곤궁에 처하지 못하며, 오랫동안 부귀에 처하면 반드시 난잡함에 이르러 오랫동안 부귀에 처하지 못한다. 오직 어진 사람이라야 천리에 순전해서 노력을 기다리지 않더라도 가는 곳에 따라서 그 인을 편안하게 여길 것이니, 어찌 문란하고 난잡한 데까지 이르겠는가? 지혜로운 사람은 마음에 굳은 소견이 있어서 천리를 독실히 좋아하고 곧 지키는 것이 있어서 인을 이롭게 여길 것이니, 어찌 문란하고 난잡한 데까지 이르겠는가? 비록 그 덕이 깊고 얕음에는 같지 않음이 있을지라도, 그러나 모두 외물에 의해 빼앗기지는 않을 것이니, 어찌 어질지 못한 사람을 함께 논할 수 있겠는가?"라고 하셨다.

○처우(處遇) : 조처하여 대우함. 또는 그 대우.

○정견(定見) : 일정한 의견. 굳혀진 견해.

○면강(勉强) : 힘씀. 노력함. 정력을 쏟음.

○동일어(同日語) : 함께 논함. 함께 취급하여 이야기함. 동일이어(同日而語). 동일이론(同日而論).

4·3·1 子曰 惟仁者라야 能好人하며 能惡(오)人이니라

공자께서 말씀하셨다. "오직 어진 사람이라야 능히 사람을 좋아할 수 있으며, 능히 사람을 미워할 수 있다."

○유인자(惟仁者) : 오직 성품이 어진 사람. ☞유(惟) : 오직[獨也]. 오직 …만 있다. "仁是性 仁者是其性已復之人"
○능호인능오인(能好人能惡人) : 능히 사사로운 마음이 없어서 사람을 좋아하고 사람을 미워할 수 있다. ☞오(惡) : 미워하다. 여기서는 거성(去聲)으로 쓰였음. "好惡是情 兩能字是用情無私而得其正"

惟之爲言은 獨也라 蓋無私心然後에 好惡當於理니 程子가 所謂得其公正이 是也라
○游氏曰 好善而惡(오)惡은 天下之同情이라 然이나 人每失其正者는 心有所繫하여 而不能自克也라 惟仁者라야 無私心하니 所以能好惡也니라

유(惟)란 것은 '오로지'라는 뜻이다. 대개 사사로운 마음이 없어진 뒤에 좋아하고 미워함이 이치에 맞을 것이니, 정자가 이른바 그 공정함을 얻을 것이라는 말이 이것이다.
○유 씨가 말했다. "선을 좋아하고 악을 미워하는 것은 천하 사람들에게 똑같은 마음이다. 그러나 사람이 매양 그 공정함을 잃어버리는 것은 마음에 매여 있는 바가 있어서 스스로 이겨내지 못하기 때문이다. 오직 어진 사람이라야 사사로운 마음이 없으니, 이 때문에 능히 좋아하고 미워할 수 있는 것이다."

[備旨] 大子論仁者用情之正에 曰好惡之情은 鮮得其正이라 惟仁者라야 心純乎理하고 至公無私하여 其好人也理所當好者를 好之하여 未嘗有偏於好也니 非能好人乎아 其惡人也理所當惡者를 惡之하여 亦未嘗有私於惡也니 非能惡人乎아 蓋好惡는 雖人所同이나 而能好能惡는 則仁者所獨也라

부자께서 어진 사람은 마음을 쓰는 것이 바르다는 것을 논할 적에 말씀하시기를, "좋아하고 미워하는 마음은 그 공정함을 얻기가 힘들다. 오직 어진 사람이라야 마음이 다스림에 순전하고 지극히 공평하면서도 사사로움이 없어서 그가 사람을 좋아함이 이치에 마땅히 좋아해야 할 사람을 좋아하여 일찍이 좋아함을 치우치지 않게 하니, 능히 사람들을 좋아할 수 있지 않겠는가? 그가 사람을 미워함이 이치에 마땅히 미워해야 할

사람을 미워하여 또한 일찍이 미워함을 마음대로 하지 않으니, 능히 사람들을 미워할 수 있지 않겠는가? 대개 좋아하고 미워하는 것은 비록 사람이 같이 하는 것이지만 능히 좋아하고 미워할 수 있는 것은 어진 사람만이 유독 할 수 있을 것이다.”라고 하셨다.

○용정(用情) : 진실한 마음으로 상대함. 마음을 씀.
○지공무사(至公無私) : 지극히 공평하여 사사로움이 없음. 「충경(忠經)」“忠者中也 至公無私”

4·4·1 子曰 苟志於仁矣면 無惡也니라

공자께서 말씀하셨다. “진실로 인에 뜻을 둔다면 악을 행하는 일이 없다.”

○구지어인의(苟志於仁矣) : 진실로 인에 마음을 둔다면. “苟是誠實 志仁是心之所向 全在天理上”
○무악야(無惡也) : 악한 행실이 없다. “無惡 就志仁時決之”

苟는 誠也라 志者는 心之所之也라 其心誠在於仁이면 則必無爲惡之事矣리라
○楊氏曰 苟志於仁이라도 未必無過擧也나 然而爲惡은 則無矣리라

구(苟)는 ‘진실로’다. 지(志)란 마음이 가는 곳이다. 그 마음이 진실로 인에 있으면, 반드시 악을 행하는 일이 없게 될 것이다.
○양 씨가 말했다. “진실로 인에 뜻을 두었다 하더라도 반드시 잘못된 행동이 없는 것은 아니지만, 그렇더라도 악을 행하는 일은 없게 될 것이다.”

○미필(未必) : 부분 부정으로, 반드시 …하는 것은 아니다.
○과거(過擧) : 실수(失手). 실패(失敗). 실책(失策).

[備旨] 夫子示人志仁之當誠意에 曰凡人行事之得失은 心之所志爲之也니 苟用志不紛하여 心誠於仁矣면 則其志在是요 斯所爲亦在是하여 而必無爲惡之事也라 然則學者는 可不誠於志仁乎아

부자께서 사람들에게 인에 뜻을 둘 적에는 마땅히 성실해야 된다는 것을 보여주려는

뜻에서 말씀하시기를, "무릇 사람이 일을 행할 적에 성공과 실패는 마음에 뜻한 바를 행한 것이니, 진실로 한 가지 일에 몰두하고 정신을 흩뜨리지 않아서 마음으로 인을 성실히 행한다면 곧 그 뜻이 옳은 데 있게 될 것이고, 곧 행하는 바도 또한 옳은 데 있어서 반드시 악을 행하는 일이 없게 될 것이다. 그렇다면 배우는 사람들은 인에 뜻을 두는 것을 성실하게 하지 않을 수 있겠는가?"라고 하셨다.

○용지불분(用志不紛) : 오로지 한 가지 일에 몰두하여 정신을 분산(分散)시키지 않음. 「장자(莊子)」"孔子顧謂弟子曰 用志不紛 乃凝於神"
○사(斯) : 그렇다면. 그렇다면 … 곧.

4·5·1 子曰 富與貴는 是人之所欲也나 不以其道得之어든 不處也하며 貧與賤은 是人之所惡(오)也나 不以其道得之라도 不去也니라

공자께서 말씀하셨다. "부와 귀는 사람들이 바라는 것이나 정당한 방법으로 얻은 것이 아니면 누리지 말아야 할 것이며, 빈과 천은 사람들이 싫어하는 것이나 정당한 방법으로 얻은 것이 아닐지라도 떠나지 말아야 할 것이다.

○부여귀(富與貴) : 부와 귀. 녹봉과 벼슬. "富以有祿言 貴以有爵言"
○시인지소욕야(是人之所欲也) : 부귀는 보통 사람들이 마음에 원하는 것이다. "是指富貴 人指常人 欲是心所願處"
○불이기도득지불처야(不以其道得之不處也) : 그것이 마땅히 얻어야 할 방법으로 얻은 것이 아니면 처하지 않다. '其道'는 '其當得之道'를 말함. "不處是不居 有恐累吾仁意"
○빈여천(貧與賤) : 빈과 천. 녹봉이 없는 것과 지위가 없는 것. "貧以無祿言 賤以無位言"
○시인지소오야(是人之所惡也) : 사람이 미워하는 바다. 빈천은 마음에 떠나가기를 바란다는 말. ☞오(惡) : 미워하다. 여기서는 거성(去聲)으로 쓰였음. "是指貧賤 惡是心所願去"
○불이기도득지불거야(不以其道得之不去也) : 그것이 마땅히 얻어야 할 방법으로 얻은 것이 아니라도 떠나가지 않다. '其道'는 '其當得之道'를 말함. "不去是安守 有恐害吾仁意"

不以其道得之는 **謂不當得而得之**라 **然**이나 **於富貴則不處**하고 **於貧賤則不去**하니 **君子之審富貴**하고 **而安貧賤也**가 **如此**라

그것을 정당한 방법으로 얻지 않았다는 것은 마땅히 얻어서는 안 되지만 얻었음을 말한다. 그러나 부귀에 대하여는 처하지 않고 빈천에 대해서도 떠나가지 않았으니, 군자가 부귀를 살피고 빈천에 편안히 여겼던 것이 이와 같다.

[備旨] 夫子示人爲仁之全功에 曰凡境有順有逆이로되 而取舍貴明이라 如有祿而富와 與有爵而貴는 是人之所同欲也나 然이나 苟不以其當得之道로 而得之어든 必審焉하여 而不處此富貴也요 如貧而無祿하고 與賤而無位는 是人之所同惡也나 然이나 卽不以其當得之道로 而得之라도 必安焉하여 而不去此貧賤也니라

부자께서 사람이 인을 행할 적에는 공력을 온전히 해야 한다는 것을 보여줄 적에 말씀하시기를, "무릇 환경에 순응할 때도 있고 거역할 때도 있겠지만 취하거나 버릴 적에는 명확하게 하는 것을 귀하게 여기는 것이다. 녹을 받고 있지만 부자가 되고 싶은 것과 또 벼슬을 갖고 있지만 귀하게 되고 싶은 것은 사람들이 모두 바라는 것이지만, 그러나 진실로 그것이 마땅히 얻어야 할 방법으로 얻은 것이 아니거든 반드시 이를 살펴서 이 부귀를 누리지 말아야 할 것이요, 가난하면서도 녹을 받는 것이 없는 것과 천하면서도 벼슬자리가 없는 것은 사람들이 모두 싫어하는 것이지만, 그러나 곧 그것이 마땅히 얻어야 할 방법으로 얻은 것이 아니더라도 반드시 이를 편안하게 여겨서 이 빈천에서 떠나가지 말아야 할 것이다.

○전공(全功) : 만물에 은택을 입히는 온전한 공로. 위대한 공로. 결점 없는 공적.

4·5·2 君子去仁이면 惡(오)乎成名이리오

군자가 인에서 떠나버리면 어느 곳에서 군자의 이름을 이룰 수 있겠는가?

○거인(去仁) : 인에서 떠남. 위에서 말한 '不處'와 '不去'에 대한 내용. "去仁 反上不處不去說"
○오호성명(惡乎成名) : 어디에서 이름을 이루겠는가? ☞오(惡) : 어디. 의문대명사로서 '어느 곳' '어디에' '어느 방면' 등으로 해석할 수 있는데, '乎'나 '在' 앞에 쓰여 장소를 묻고 있다. 여기서는 평성(平聲)으로 쓰였음. "惡乎猶言何所成名 是成君子之名"

言君子所以爲君子는 以其仁也니 若貪富貴하고 而厭貧賤이면 則是自離其仁하여 而無君子之實矣니 何所成其名乎아

'군자가, 군자가 된 까닭은 그 인이라는 것 때문이니, 만일 부귀를 탐하고 빈천을 싫어한다면 이것은 스스로 그 인을 떠나버려서 군자의 실체가 없다는 것이니, 어떻게 그 이름을 이룰 수 있겠는가?'라고 말씀한 것이다.

[備旨] 不處不去는 是卽存吾本心之仁하여 而君子所以爲君子也라 若貪富貴하고 厭貧賤이면 則是自去其仁하여 無君子之實矣라 何以成君子之名哉리오

정당한 방법으로 얻은 것이 아니면 누리지 않고, 정당한 방법으로 얻은 것이 아닐지라도 버리지 않는 것은 내 본심의 인을 보존해서 군자로서 군자가 되는 까닭이다. 만약 부귀를 탐하고 빈천을 싫어한다면 이는 스스로 그 인을 떠나서 군자의 실체가 없는 것이다. 어찌 군자의 이름을 이룰 수 있겠는가?

4·5·3 君子無終食之間이라도 違仁이니 造次라도 必於是하며 顚沛라도 必於是니라

군자는 잠깐 동안이라도 인에서 위배됨이 없어야 할 것이니, 다급할 때라도 이를 반드시 지켜야 할 것이며, 넘어지고 엎어질 때라도 이를 반드시 지켜야 할 것이다."

○무종식지간위인(終食之間違仁) : 한 끼의 식사를 마치는 시간이라도 인을 어김이 없다. 아주 짧은 시간이라도 인에서 위배됨이 없어야 한다는 말. '終食'은 중용에서 말하는 '須臾'와 같은 말 "終食甚言其時之暫 猶中庸所謂須臾也 無違仁正是工夫益密處"
○조차필어시(造次必於是) : 아무리 급할 때라도 반드시 인을 지켜야 함. ☞조차(造次) : 급박할 때를 가지고 말함. 창졸간. 매우 짧은 동안. 조차간(造次間). "造次以時之迫言"
○전패필어시(顚沛必於是) : 거꾸러지고 자빠지더라도 반드시 인을 지켜야 함. ☞전패(顚沛) : 변고가 있을 때를 가지고 말함. 거꾸러지고 자빠짐. 곤궁하여 의지가 꺾임. "顚沛以時之變言 言二是字俱指仁"

終食者는 一飯之頃이라 造次는 急遽苟且之時요 顚沛는 傾覆流離之際라 蓋君子之不去乎仁이 如此하니 不但富貴貧賤을 取舍之間而已也라

○言君子爲仁에 自富貴貧賤取舍之間으로 以至於終食과 造次顚沛之頃히 無時無處而不用其力也라 然이나 取舍之分이 明然後에 存養之功密이니 存養之功密이면 則其取舍之分이 益明矣리라

종식(終食)이란 한 그릇의 밥을 먹는 시간이다. 조차(造次)는 갑자기 구차해진 때요, 전패(顚沛)는 멸망해서 이러저리 떠돌아다니는 것이다. 대개 군자가 인을 떠나지 않음이 이와 같으니, 단지 부귀와 빈천을 취하거나 버리는 사이만은 아닐 것이다.

○군자가 인을 행할 적에 부귀와 빈천을 취하거나 버리는 사이로부터 밥을 먹는 시간과 다급할 때나 넘어지고 엎어지는 때에 이르기까지 어느 때라도 장소를 가리지 않고 그 힘을 쓰지 않음이 없음을 말씀한 것이다. 그러나 취하거나 버릴 때의 명분이 밝게 된 뒤에 존양의 공부가 치밀해질 것이니 존양의 공부가 치밀해지면 그 취하거나 버릴 때의 명분이 더욱 밝아지게 될 것이다.

○급거(急遽) : 갑자기. 썩 급하게.
○구차(苟且) : 가난하고 군색함.
○경복(傾覆) : 멸망함. 망하게 함. 전복(顚覆).
○유리(流離) : 떠돌아 다님. 이리저리 방랑함. 유랑(流浪). 표랑(漂浪).
○존양(存養) : 본심을 잃지 않고 타고난 선성(善性)을 기름. 수양(修養)함.
○취사지분(取捨之分) : 취하고 버리는 명분. 여기서 '分'은 '거성(去聲)'으로 쓰였기에, '명분. 한도. 정도' 등으로 해석해야 한다.

[備旨] 然이나 君子之不去仁이니 豈但富貴貧賤을 取舍之間哉아 其存養之密은 不以終食之頃이라도 而違乎吾心之仁焉이라 然이나 非曰暇豫者貞之라가 而急遽遂忘이니 卽推之造次라도 亦必於是仁하여 不以造次忘也요 又非曰安常者持之라가 而遇變遂忽之니 卽極之顚沛라도 亦必於是仁하여 不以顚沛忽也라 君子存養之密이 如此하니 由是로 而富貴貧賤之間를 取舍有不益明者哉아

그러나 군자가 인에서 떠날 수 없는 것이니, 어찌 다만 부귀와 빈천을 취하고 버리는 사이에만 그렇게 하겠는가? 그 존양을 치밀하게 함은 밥을 먹는 사이라도 내 마음이 인을 위배해서는 안 될 것이다. 그렇지만 한가할 때는 진실한 마음으로 행하다가 급할 때는 마침내 잊어버렸다고 말해서도 안 될 것이니, 곧 매우 짧은 동안에 추진할지라도 또한 반드시 이 인에 근본해서 매우 짧은 동안이라도 잊어버려서는 안 될 것이요, 또 평상시에는 몸에 지니다가 변고를 만났을 때에는 마침내 소홀히 했었다고 말해서도 안 될 것이니, 곧 거꾸러지고 자빠지는 데 이를지라도 또한 반드시 이 인에 근본

해서 거꾸러지고 자빠질지라도 소홀히 해서도 안 될 것이다. 군자는 존양의 치밀함이 이와 같으니, 이로 말미암아서 부귀·빈천의 사이를 취하고 버릴 적에 더욱 밝아야 되지 않겠는가?"라고 하셨다.

○가예(暇豫) : 한가함. 또는 한가한 시간. 한가하게 즐김.
○정(貞) : 진실한 마음. 정성(精誠)
○안상(安常) : 평상시. 편안한 때.
○우변(遇變) : 변고(變故)를 만남.
○홀(忽) : 소홀히 하다. 마음에 두지 아니하다. 가벼이 하다.

4·6·1 子曰 我未見好仁者와 惡(오)不仁者로라 好仁者는 無以尙之요 惡(오)不仁者는 其爲仁矣에 不使不仁者로 加乎其身이니라

공자께서 말씀하셨다. "나는 인을 좋아하는 사람과 불인을 미워하는 사람을 보지 못하였다. 인을 좋아하는 사람은 거기에 더할 것이 없고, 불인을 미워하는 사람은 그가 인을 행할 적에 불인한 일로 하여금 자기 몸에 미치지 않도록 해야 한다.

○아미견호인자(我未見好仁者) : 나는 인을 좋아하는 사람을 보지 못했다. "好有心悅而必欲求意 仁是吾心天理之公 者作人字看"
○오불인자(惡不仁者) : 불인을 미워하는 사람. ☞오(惡) : 미워하다. 여기서는 거성(去聲)으로 쓰였음. "惡有心疾而必欲去意 不仁是吾心人欲之私"
○호인자무이상지(好仁者無以尙之) : 인을 좋아하는 사람은 더할 수 없다. 인을 좋아하는 사람은 천하의 어떤 외물이라도 너 이상 더할 것이 없음. ☞무이(無以) : …힐 수 없다. '以'는 원래 '이유·조건·수단·도구·원인' 등을 나타내는 전치사인데, '無所以'의 '所'가 생략된 형태로 볼 수 있다. 흔히 '無以' '蔑以' '有以' 등의 형태로 쓰인다. '無以'를 해석할 때는 '以'를 조동사처럼 생각하여 '…할 수 없다'라고 해석한다. ☞지(之) : 대명사로서 '好仁'을 가리킴. "無以尙是擧天下可愛可慕之外物 皆無以加尙之也 之指好仁言 此正解好仁者 所以未見意"
○오불인자기위인의(惡不仁者其爲仁矣) : 불인을 미워하는 사람이 그가 인을 행하다. "其字卽坐實惡不仁者"
○불사불인자(不使不仁者) : 불인한 일로 하여금 …하지 않도록 하다. 여기서 '者'는 '事'의 뜻. "不使有絶之之意 不仁擧凡視聽言動有一毫非禮皆是 者當事字看"

○가호기신(加乎其身) : 자기 몸에 미치도록 하다. "加及也 此正解惡不仁者 所以未見意"
○이 장에서는 '未見'이 세 번 반복되어 나타나는데 조금씩 차이가 있다. 첫 번째 문장과 세 번째 문장은 '好仁者와 不仁者'와 관련된 말이고 가운데 문장은 '天理와 人欲'과 관련된 말이다. 「논어비지(論語備旨)」《아미장지(我未章旨)》"此章夫子反覆望人用力於仁 章內三未見不同 前後未見皆言無此人 中一未見謂無其理"

夫子自言未見好仁者와 惡(오)不仁者는 蓋好仁者는 眞知仁之可好하니 故로 天下之物이라도 無以加之요 惡不仁者는 眞知不仁之可惡하니 故로 其所以爲仁者는 必能絶去不仁之事하여 而不使少有及於其身이라 此皆成德之事니 故로 難得而見之也라

부자께서 인을 좋아하는 사람과 불인을 미워하는 사람을 보지 못하였다고 말씀한 것은, 대개 인을 좋아하는 사람은 진실로 인이 좋아할 만한 것이라는 것을 알기 때문에 천하의 어떤 사물이라도 거기에 더할 것이 없다는 것이고, 불인을 싫어하는 사람은 진실로 불인이 싫어할 만한 것이라는 것을 알기 때문에 그 인을 행하는 사람은 반드시 불인한 일을 끊고 떠나서 조금이라도 그 몸에 미치지 않도록 해야 한다는 것이다. 이것은 모두 덕을 이루는 일이므로 얻어 보기가 어렵다는 것이다.

[備旨] 夫子反復勉人爲仁意에 曰仁은 是人所當好요 不仁은 是人所當惡어늘 今我未見有好仁者하고 惡不仁者로라 我之所謂好仁者는 眞知仁之可好하여 而好之篤하니 雖擧天下之物이나 無以加之하여 而奪其好也라 我之所謂惡不仁者는 眞知不仁之可惡하여 而嚴爲之防하니 故로 其爲仁矣에 必能絶去不仁之事하여 而使少有加於其身焉이라 此皆成德之事로되 而我所未見者也로라

부자께서 반복해서 사람들에게 인을 행하는 것을 힘쓰도록 하려는 뜻에서 말씀하시기를, "인은 사람들이 마땅히 좋아하고 불인은 사람들이 마땅히 싫어하지만, 지금 나는 아직도 인을 좋아하고 불인을 싫어하는 사람을 보지 못했다. 내가 이른바 인을 좋아하는 사람은 진실로 인이 좋아할 만한 것임을 알아서 독실하게 좋아하니, 비록 온 천하의 사물이라도 거기에 더해서 그가 좋아하는 것을 뺏을 수는 없다. 내가 이른바 불인을 싫어하는 사람은 진실로 불인이 싫어할 만한 것임을 알아서 엄하게 막게 되기 때문에, 그가 인을 행할 적에 반드시 능히 불인한 일을 끊고 떠나서 조금이라도 그 몸에 미치지 않도록 해야 한다. 이렇게 모두 덕을 이루는 일이지만 내가 보지 못하였는가 보다.

4·6·2 有能一日이라도 用其力於仁矣乎아 我未見力不足者로라

어떤 사람이 능히 하루만이라도 인을 좋아하는 데에 힘을 써 보았는가? 나는 아직 힘이 부족한 사람을 보지 못하였다.

○유능일일용기력어인의호(有能一日用其力於仁矣乎) : 어떤 사람이 하루만이라도 인을 좋아하는 데 힘을 쏟아 보았는가? ☞유(有) : 어떤 사람. '有人'의 준말. '有人'이란 예를 들어 설명하거나 가정할 때 불특정한 사람을 일컬을 때 쓰는 말. ☞의호(矣乎) : 허사(虛詞)가 연용되어 '矣'는 '이미 그러한'의 뜻을 나타내고, '乎'는 의문이나 감탄의 뜻을 나타내는데 여기서는 의문의 뜻을 나타냄. "有能字宜玩見 天下無用力之人 一日自其始立志言 有悔悟振作意 用力是用其力也 須兼好仁惡不仁講 矣乎二字口氣甚活"
○아미견력부족자(我未見力不足者) : 나는 아직 힘이 부족한 사람을 보지 못했다. "此句是反言 以決爲仁之力用之而足也"

言好仁惡不仁者를 雖不可見이나 然이나 或有人이 果能一旦이라노 奮然用力於仁이면 則我又未見其力有不足者라 蓋爲仁在己하니 欲之則是로되 而志之所至에 氣必至焉이니 故로 仁雖難能이나 而至之亦易也라

인을 좋아하고 불인을 싫어하는 사람을 비록 볼 수 없으나, 혹 어떤 사람이 정말 짧은 시간이라도 분연히 인에 힘을 쓴다면, 내 또한 그 힘이 부족한 사람을 보지 못하였다고 말씀하신 것이다. 대개 인을 행하는 것은 자기에게 달려 있으니 하고자 하면 되겠지만, 뜻이 이르는 곳에 기운도 반드시 이르게 되는 것이므로 인이 비록 하기가 어려우나 이르기에는 또한 쉽다는 것이다.

○유인(有人) : 어떤 사람. 예를 들어 설명하거나 가정할 때 불특정한 사람. 「맹자(孟子)」《진심하(盡心下)》 "有人曰 我善爲陳 我善爲戰 大罪也"
○일단(一旦) : 하루 아침. 짧은 시간.
○분연(奮然) : 떨치고 일어나는 모양. ☞분(奮) : ①떨치다. 분발하다. ②성내다.

[備旨] 好仁惡不仁者를 雖難見이나 然이나 或有人이 果能一日之間이라도 奮然用其力於好仁하고 惡不仁矣乎아 則志以帥氣니 我未見好以擴天理로되 而力不足於擴하고 惡以遏人欲이로되 而力不足於遏者라

인을 좋아하고 불인을 싫어하는 사람을 비록 보기 어렵지만, 그러나 혹 어떤 사람이

정말 능히 하루 동안만이라도 분연히 그 인을 좋아하고 불인을 싫어하는 데 힘을 써 보 았는가? 뜻은 기운을 이끄는 것이니 나는 아직까지 천리를 넓히기를 좋아하지만 힘은 넓히는 데 부족하고 인욕을 막는 것을 싫어하지만 힘은 막는 데 부족한 사람을 보지 못 했다.

○알(遏) : 막다. 저지하다. 못하게 하다.

4·6·3 蓋有之矣어늘 我未之見也로다

아마도 그런 사람이 있었을 터인데, 내가 아직 보지 못하였는가 보다."

○개유지의(蓋有之矣) : 아마도 그런 사람이 있었을 것이다. 힘이 부족해서 더 이상 인을 행할 수 없을 정도로 최선을 다해 인을 행했던 사람이 있었을 것이라는 말. '蓋'는 부사로서 수량에 대한 평가나 상황에 대한 추측을 나타냄. "蓋作或字看 有之指力不足者"

○아미지견야(我未之見也) : 나는 아직 그런 사람을 보지 못했다. 이 말 속에는 사람들이 스스로 포기해 버리는 것을 개탄하고 있다. 고대 한문에서는 '未'에 의해서 부정되는 '서술어+목적어'의 구조에서는 목적어가 대명사이면 서로 도치되는데, 이는 고대 문법의 특징이었다. 즉 '未見之也'가 '未之見也'로 도치된다. '之'는 '力不足者'를 가리킴. "是未見用力而力不足於好惡者 此句中慨人之自棄"

蓋는 疑辭라 有之는 謂有用力而力不足者라 蓋人之質氣不同이라 故로 疑亦容或 有此昏弱之甚하여 欲進而不能者로되 但我偶未之見耳라 蓋不敢終以爲易하고 而 又歎人之莫肯用力於仁也시니라
○此章은 言仁之成德은 雖難其人이나 然이나 學者가 苟能實用其力이면 則亦無不 可至之理라 但用力而不至者를 今亦未見其人焉이니 此는 夫子所以反覆而歎息 之也시니라

개(蓋)는 의심하는 말이다. 유지(有之)는 힘을 쓰지만 힘이 부족한 사람이 있음을 이른다. 대개 사람의 기질은 같지 않기 때문에, 또 혹시라도 여기에 혼약함이 심하여 나아가고자 해도 능히 갈 수 없는 사람이 있을 터인데, 단지 내가 아직도 의외로 보지 못했을 따름이라고 의아해 한 것이다. 아마 감히 끝내 이것을 쉽게 여기지 않고, 그리

고 또 사람들이 인에 힘쓰는 것을 옳게 여기지 않는 것을 탄식함이었을 것이다.

　○이 장은 인이 덕을 이루는 것은 비록 그런 사람이 되기가 어렵지만, 배우는 사람이 진실로 능히 그 힘을 실제로 쓴다면 또한 이르지 못할 이유가 없다는 것이다. 다만 힘을 썼지만 이르지 못한 사람을 지금도 또한 그러한 사람을 보지 못했다고 말씀하셨으니, 이것은 부자께서 반복하여 탄식하신 것이다.

○혼약(昏弱) : 사리에 어둡거나 힘이 미약함.
○용혹(容或) : 혹시. 아마.

[備旨] 然이나 人之氣質은 有昏明強弱之不同이라 疑亦有昏弱之甚하여 用力而限於力之不足者를 但我偶未之見也로다 其所見者類가 皆莫肯用力於仁耳라 未嘗用力하니 又安見力之不足哉아

　그러나 사람의 기질은 어두움과 밝음 그리고 강함과 약함이 같지 않다. 아마도 또한 아주 사리에 어둡거나 힘이 미약해서 힘을 쓰고자 해도 힘이 부족한 사람을 다만 내가 의외로 보지 못하였는가 보다. 그렇게 보이는 바의 부류들이 모두 기꺼이 인에 힘을 쓰지 않았을 따름이다. 일찍이 힘을 쓰지 않았으니 또 어찌 힘이 부족하다는 것을 보겠는가?"라고 하셨다.

○유(類) : 모습. 형상. 종류. 부류(部類).

4·7·1 子曰 人之過也는 各於其黨이니 觀過면 斯知仁矣니라

　공자께서 말씀하셨다. "사람의 과실은 그 부류를 따르는 것이니, 허물을 보면 곧 인을 알 수 있다."

○인지과야(人之過也) : 사람의 허물. "人包君子小人 過以事言是無心之失"
○각어기당(各於其黨) : 각각 그 부류를 따르다. 각각 그 부류에 따라 결정됨. ☞어(於) : 동사로 쓰여 따르다[從也]의 뜻. ☞당(黨) : 부류. 동류. "於字作從字看"
○관과사지인의(觀過斯知仁矣) : 과실을 보면 곧 그 인의 내용을 알 수 있다. ☞사(斯) : 곧. 그렇다면. 그렇다면 …곧. 접속사로서 앞 문장을 이어받음. "觀是看 仁是心之隱微 觀過兼厚薄愛忍 知仁只重君子說"

黨은 類也라 程子曰 人之過也는 各於其類니 君子常失於厚하고 小人常失於薄하
며 君子過於愛하고 小人過於忍이니라 尹氏曰 於此觀之면 則人之仁不仁을 可知
矣리라

○吳氏曰 後漢吳祐謂 掾以親故로 受汚辱之名이라하니 所謂觀過知仁이 是也라
愚按컨대 此亦但言 人雖有過나 猶可卽此而知其厚薄이요 非謂必俟其有過而後
에 賢否를 可知也라

　당(黨)은 부류다. 정자가 말했다. "사람의 과실은 그 부류에 따라 각각 다르니, 군자
는 항상 후한 데에서 잘못되고 소인은 항상 박한 데에서 잘못되며, 군자는 사랑하는
데 지나치고 소인은 잔인한 데 지나친 것이다." 윤 씨가 말했다. "여기에서 살펴보면
사람들의 인과 불인을 알 수 있다."
　○오 씨가 말했다. "후한 때에 오우가 말하기를, '연리가 어버이 때문에 오욕된 이름
을 받았다.' 하였으니, 이른바 과실을 보면 인을 안다는 것이 이것이다." 내[朱子]가 살
펴 보건대, 이 또한 다만 사람이 비록 허물이 있을지라도 오히려 여기에 나아가서 그
후박을 알 수 있다고 말씀한 것이지, 반드시 그에게 허물이 있다는 것을 기다린 뒤에
어질거나 어질지 못함을 알 수 있다고 말씀한 것은 아니다.

○인(忍) : 잔인하다. 차마 못하다.
○연리(掾吏) : 부관(副官)이나 보좌관의 통칭. ☞연(掾) : 도우다. 부관. ☞후한(後漢)
때 소리(小吏) 손성(孫性)이란 사람이 사사로이 백성에게 세금을 부과하여, 그 돈으로
아버지께 옷을 사서 드렸더니, 그 아버지가 노했다는 이야기. 「후한서(後漢書)」《열전
(列傳)》54.
○오욕(汚辱) : 더럽히고 욕되게 함.
○즉(卽) : 나아가다.

[備旨] 夫子論人不可以過而棄에 曰論人之過也에 當原人之心이로되 人心不同이라 故로
人之過也도 亦各於其類이니 而不能皆同이라 如仁者는 過於厚하고 不仁者는 則過於薄하
며 仁者는 過於愛하고 不仁者는 則過於忍이라 誠卽其過於厚薄愛忍하여 而觀之면 雖亦
不免於過나 然이나 實發於一念之惻怛에 有不得不爲理而受過者는 斯知其爲仁心所存矣라
觀人者를 豈可以有過로 而槪棄之哉아

　부자께서 사람이 허물 때문에 멀리해서는 안 된다는 것을 논할 적에 말씀하시기를,
"사람의 허물을 논할 적에는 마땅히 사람의 마음을 근원으로 삼아야 하지만, 사람의
마음은 같지 않으므로 사람의 허물도 또한 그 부류를 따르니 능히 다 같을 수가 없다.

어쩌면 인자는 후한 데에서 허물을 범하게 되고 불인자는 박한 데에서 허물을 범하게 되며, 인자는 사랑하는 데에서 허물을 범하게 되고 불인자는 잔인한 데에서 허물 범하게 되는지도 모른다. 진실로 후함과 박함 그리고 사랑함과 잔인함에서 허물을 범하게 되는 데 나아가서 볼 것 같으면 비록 또한 허물을 면치 못한다고 하더라도, 그러나 진실로 어떤 마음이 몹시 슬픔을 발하는 중에 부득이 다스리지 못해서 허물을 얻은 것은 곧 그것이 어진 마음에 의해서 두게 되었다는 것을 알 수 있다. 사람을 살펴보는 것을 어찌 허물이 있다고 대충 생각해서 멀리할 수 있겠는가?"라고 하셨다.

○기(棄) : 멀리하다. 버리다. 그만두다.
○여(如) : 어쩌면 …인지도 모른다.
○측달(惻怛) : 몹시 슬퍼함. 도달(忉怛). 「예기(禮記)」 "惻怛之心 痛疾之意"

4·8·1 子曰 朝聞道면 夕死라도 可矣니라

공자께서 말씀하셨다. "아침에 도를 듣고 깨달으면 저녁에 죽더라도 괜찮다."

○조문도(朝聞道) : 어느 날 아침에 도를 듣고 깨닫다. ☞조(朝) : ①한 번. ②만일. ③어느 날 아침. 하루 아침. ④어느 날. 일조(一朝). 여기서는 ③④의 뜻으로 쓰였음. '朝'는 시간을 나타내는 명사인데 여기서는 부사어로 쓰였음. ☞문(聞) : 깨닫다. 알다. 마음속에 관통한다는 뜻. "朝是一旦 聞心中貫通意"
○석사가의(夕死可矣) : 저녁에 죽더라고 마음에 한(恨)이 없다. 아침에 도를 들어 알았으면, 그날 저녁에 죽어도 한이 될 것이 없음. 도를 알아야 함을 극언(極言)한 말. 조문석사(朝聞夕死). "夕是晚夕 可者無恨之意"

道者는 事物當然之理니 苟得聞之면 則生順死安하여 無復遺恨矣라 朝夕은 所以甚言其時之近이라
○程子曰 言人不可以不知道니 苟得聞道면 雖死라도 可也니라 又曰 實理也니 人知而信者爲難이라 死生亦大矣니 非誠有所得이면 豈以夕死爲可乎아

도(道)는 사물의 당연한 이치이니, 만일 듣고 깨달을 수 있다면 삶이 순조롭고 죽음이 편안하여 다시 여한이 없을 것이다. 아침과 저녁은 그 때가 아주 가깝다는 것을 말씀한 것이다.

○정자가 말했다. "사람은 도를 알지 못하면 안 될 것이니, 만일 도를 얻어 깨닫는다면 비록 죽더라도 괜찮을 것이라고 말씀하신 것이다." 또 말하기를, "이는 모두 진실한 이치이니 사람이 알지만 믿는 것이 어려울 것이다. 죽고 사는 것도 또한 큰 것이기 때문에 진실로 얻는 것이 있지 않으면 어찌 저녁에 죽는 것을 괜찮다고 하겠는가?" 했다.

[備旨] 夫子勉人當聞道에 曰道者는 生人之正理니 人之所以無忝於生者는 以其有得於道也라 苟功積於平時하여 一朝而得聞乎道면 則事事了徹이니 此生不虛하여 雖夕死나 而心無遺憾矣라 甚矣道之不可不聞也라

부자께서 사람이 마땅히 도를 듣고 깨닫는 데 힘쓰게 할 적에 말씀하시기를, "도는 사람을 살리는 바른 이치이니, 사람이 삶을 더럽히지 않게 되는 것은 도에서 얻는 것이 있기 때문이다. 만일 평상시에 공이 쌓여서 어느 날 아침에 도에서 깨달음을 얻으면 일마다 분명히 깨달아 알게 될 것이니, 곧 삶이 헛되지 않아서 비록 저녁에 죽더라도 마음에 섭섭함이 없을 것이다. 정말로 도라는 것은 깨닫지 않을 수 없을 것이다."라고 하셨다.

○첨(忝) : 더럽히다. 욕되게 함. 욕. 욕됨.
○요철(了徹) : 환하게 뚫림. 분명히 깨달아 앎.
○유감(遺憾) : 마음에 섭섭함.

4·9·1 子曰 士志於道로되 而恥惡衣惡食者는 未足與議也니라

공자께서 말씀하셨다. "선비가 도를 구하려고 뜻을 두고 있지만, 변변치 못한 옷과 음식을 부끄러워하는 사람은 더불어 의논할 수 없다.

○사지어도(士志於道) : 학문을 하는 선비가 도에 뜻을 두다. "士是爲學之人 志是心之所向當淺看 道是古今事物當然之理"
○치악의악식자(恥惡衣惡食者) : 좋지 못한 옷과 변변치 못한 음식을 부끄러워하는 사람. ☞치(恥) : 부끄러워하다. ☞악의악식(惡衣惡食) : 좋지 못한 옷과 맛 없는 음식. 변변치 못한 의식(衣食)을 일컫는 말. "恥是羞愧 惡衣是不好衣服 惡食是不好飲食
○미족여의야(未足與議也) : 족히 더불어 의논할 수가 없다. 未足與猶言不可與他意 議是講論道中之理"

心欲求道로되 而以口體之奉不若人으로 爲恥면 其識趣之卑陋가 甚矣니 何足與議於道哉리오
○程子曰 志於道로되 而心役乎外면 何足與議也리오

　마음에 도를 구하고자 하지만 입과 배를 받드는 것이 남과 같지 못한 것을 부끄럽게 여긴다면, 그 식견과 취향이 야비함이 지나친 것이니 어찌 족히 더불어 도를 의논하겠는가?
　○정자가 말했다. "도에 뜻을 두었지만 마음이 외물에 의해 부림을 당한다면, 어찌 족히 더불어 의논할 수 있겠는가?"

○구체(口體) : 입과 배. 입과 몸.「맹자(孟子)」《이루상(離婁上)》"此所謂養口體者也"
○식취(識趣) : 식견(識見)과 취향(趣向).
○비루(卑陋) : 낮고 좁음. 하는 짓이 야비하고 더러움.

[備旨] 夫子儆志道之不篤者에 曰爲士者는 誠志於求道하고 宜乎不受外物之累矣라 而猶以惡衣惡食으로 爲恥면 則識趣卑陋라 以是人으로 而與之議道면 必不入矣리니 未足與議也라 有志於道者는 可不知所勉哉아

　부자께서 도에 뜻을 두었지만 돈독하지 못한 사람을 주의시킬 적에 말씀하시기를, "선비가 된 사람은 진실로 구도에 뜻을 두어야 하고 마땅히 외물에 의해서 괴롭힘을 받아서는 안 된다. 그런데 오히려 변변치 못한 옷과 음식을 부끄럽게 여긴다면 식견과 취향이 낮고 좁은 것이다. 이러한 사람과 더불어 도를 의논한다면 반드시 도에 들어가지 못할 것이니, 족히 더불어 의논할 수 없을 것이다. 도에 뜻을 둔 사람은 힘쓸 바를 알지 않을 수 있겠는가?"라고 하셨다.

○경(儆) : 경계하다. 문득 긴장하여 주의함. '警'과 통함.
○누(累) : 괴롭히다. 수고를 끼치다.
○가부지소면재(可不知所勉哉) : 힘쓸 바를 알지 않을 수 있겠는가? 어떻게 힘쓸 바를 알지 않을 수 있겠는가? '可'는 부사로서 반문을 나타내며, '어떻게' 또는 '설마 …일 리 있겠는가?'라고 해석함. 해석하지 않아도 무방함.

4·10·1　子曰 君子之於天下也에 無適也하고 無莫也하여 義之

與比니라

　공자께서 말씀하셨다. "군자가 천하의 일에 응할 때 한결같이 주장만 하지도 않고 반대만 하지도 않아서 오로지 의만 따른다."

○군자지어천하야(君子之於天下也) : 군자가 천하의 일에 응하다. 여기서 군자는 때에 맞게 하는 사람을 일컬음. "君子時中之人 於字應字看 天下指天下事言"
○무적야(無適也) : 반드시 이렇게 해야 한다고 고집함이 없다. 심중에 반드시 하기를 요하지 않는 마음. '適'은 한결같이 주장만 한다는 뜻. "適是心中必要爲意"
○무막야(無莫也) : 반드시 이렇게 하지 않아야 한다고 고집함이 없다. 심중에 반드시 하지 않아야 한다는 마음. '莫'은 하려고 하지 않는 것. "莫是心中必不爲意"
○의지여비(義之與比) : 오로지 의만 따름. '比'는 '따르다[從也]'의 뜻. '義'를 강조하기 위해 '與義比'를 도치시킨 것. ☞의(義) : 시중(時中)의 도(道)를 지켜, 그때 그때 마땅한 것을 좇음. 즉 합리적이고 타당한 것을 '義'라고 함. 「중용(中庸)」20・5 "仁者는 人也니 親親이 爲大하고 義者는 宜也니 尊賢이 爲大하니 親親之殺(쇄)와 尊賢之等이 禮所生也니이다"라고 했다. "義卽裁事之宜"

適은 專主也니 春秋傳에 曰 吾誰適從이 是也라 莫은 不肯也라 比는 從也라 ○謝氏曰 適은 可也요 莫은 不可也니 無可無不可하여 苟無道以主之면 不幾於 猖狂自恣乎아 此佛老之學이 所以自謂心無所住하여 而能應變이라하나 而卒得罪 於聖人也라 聖人之學은 不然하여 於無可無不可之間에 有義存焉이니 然則君子 之心에 果有所倚乎아

　적(適)은 한결같이 주장만 한다는 것이니, 「춘추전」에 '내 누구를 한결같이 따라야 한단 말인가?'라고 한 것이 이것이다. 막(莫)은 하려고 하지 않는다는 것이다. 비(比)는 따르는 것이다.
　○사 씨가 말했다. "적(適)은 가하다는 것이요 막(莫)은 불가하다는 것이니, 가한 것도 없고 불가한 것도 없어서 진실로 도로써 주장함이 없다면, 분별없이 함부로 날뛰어 제멋대로 하는 데 가까워지지 않겠는가? 이렇게 불자나 노자의 학문이 스스로 마음에 머무는 곳이 없어서 능히 변화에 응한다고 하지만, 끝내 성인으로부터 죄를 얻게 되는 까닭이다. 성인의 학문은 그렇지 않아서 가한 것도 없고 불가한 것도 없는 사이에 의가 존재해 있으니, 그러니 군자의 마음에 과연 치우치는 것이 있겠는가?"

○전주(專主) : 한결같이 중요하게 여김.
○오수적종(吾誰適從) : 진(晉)나라 군주 후작이 태자 신생(申生)을 죽인 일로, 사자(使者)로 하여금 와서 고하게 하니, 사위(士蔿)가 "여우 가죽의 옷은 갈래갈래 찢어졌는데, 한 나라에 세 군주가 있구나. 아아! 내 그 누구를 한결같이 따라야 한단 말인가?" 하면서 읊었던 노래. 「춘추좌씨전(春秋左氏傳)」 희공(僖公) 5년조 참고.
○불긍(不肯) : 하려고 하지 않음. 동의하지 않음.
○창광(猖狂) : 분별없이 함부로 날뜀. ☞창(猖) : 미쳐 날뛰다.
○방자(放恣) : 거리낌 없이 멋대로 굶. 방사(放肆). 방일(放逸).

[備旨] 夫子示人應事之準에 曰事雖無定形이나 而有定理라 君子之於天下事也에 無專主於決爲而適也하고 無必於不肯爲而莫也라 事之可爲不可爲에 一惟義之所在면 與之相從하여 不敢悖耳니 又何容心於其間哉아 此君子得處事之準也라

부자께서 사람들에게 일에 응하는 기준을 보여줄 적에 말씀하시기를, "일은 비록 정해진 모양은 없으나 정해진 이치는 있다. 군자가 천하의 일에 응할 때에 결단코 하려고 하는 데 대해서 한결같이 주장만 하지 말고, 반드시 기꺼이 하려고 하지 않는 데 대해서 반대도 하지 말아야 할 것이다. 일이란 행해야 할 것과 행치 말아야 할 것에 대해 한결같이 오직 의리가 있는 곳이라면 그것과 더불어 서로 따라서 감히 어그러지지 않도록 해야 할 따름이니, 또 어찌 이간하는 데 마음을 용납하겠는가? 여기에서 군자가 일을 처리하는 기준을 얻을 것이다."라고 하셨다.

4·11·1 子曰 君子는 懷德하고 小人은 懷土하며 君子는 懷刑하고 小人은 懷惠니라

공자께서 말씀하셨다. "군자는 덕에 적합한가를 생각하고 소인은 편안히 살 곳을 생각하며, 군자는 법에 적합한가를 생각하고 소인은 은혜 받기만을 생각한다."

○군자회덕(君子懷德) : 군자는 덕을 생각하다. 여기서 '德'은 인의예지(仁義禮智)를 말함. "君子小人以人品言 懷有經營圖度懷抱不舍意 德是仁義禮智"
○소인회토(小人懷土) : 소인은 편안한 곳을 생각하다. "土是所宴安處"
○군자회형(君子懷刑) : 군자는 법을 생각하다. '刑'은 법(法)이나 국헌(國憲). "刑是國憲"

○소인회혜(小人懷惠) : 소인은 은혜받기만을 생각하다. '惠'는 모든 재리(財利)를 말함. "惠是一切財利"

懷는 思念也라 懷德은 謂存其固有之善이요 懷土는 謂溺其所處之安이라 懷刑은 謂畏法이요 懷惠는 謂貪利라 君子小人趣向不同은 公私之間而已矣라
○尹氏曰 樂(나)善惡(오)不善은 所以爲君子요 苟安務得은 所以爲小人이니라

　회(懷)는 생각하는 것이다. 회덕(懷德)은 본디부터 지니고 있는 선을 간직하고 있음을 이르고, 회토(懷土)는 그가 처하는 바의 편안함에 빠지는 것을 이른다. 회형(懷刑)은 법을 두려워함을 이르고, 회혜(懷惠)는 이익을 탐내는 것을 이른다. 군자와 소인의 취향이 같지 않음은 공과 사의 차이일 따름이다.
　○윤 씨가 말했다. "선을 즐거워하고 불선을 미워함은 군자가 되는 까닭이요, 구차하게 편안하게 하려거나 얻기에만 힘쓰는 것이 소인이 되는 까닭인 것이다."

[備旨] 夫子別君子小人이 趣向之異에 曰君子小人之品은 不同하고 而其思念도 亦異라 彼德者는 人心固有之理라 君子는 則念念循理하여 而懷德焉이요 若小人은 則溺其所處之安하여 而惟懷於土하니 雖至喪德이나 弗顧矣라 刑者는 國家癉惡之法이라 君子는 則兢兢畏法하여 而懷刑焉이요 若小人은 則貪乎利欲之私하여 而惟懷於惠하니 雖至犯刑이나 弗恤矣라 君子小人의 所懷不同이 如此라

　부자께서 군자와 소인은 취향이 다르다는 것을 분별해 줄 적에 말씀하시기를, "군자와 소인의 인품은 같지 않고 그들의 생각도 또한 다르다. 덕이란 사람 마음이 본디부터 지니고 있는 이치다. 군자는 생각이 끊임없이 이어져서 이치를 따라 덕을 생각하고, 소인은 그가 처할 적에 편안에만 빠져서 오직 살 곳만 생각하니, 비록 덕을 잃어버리더라도 돌아보지 않게 되는 것이다. 형이란 국가가 나쁜 사람을 징계하는 법이다. 군자는 긴장하거나 조심하여 법을 두려워하여 형을 생각하고, 소인은 이욕의 사사로움만 탐내어서 오직 은혜 받을 것만 생각하니, 비록 형을 범하는 데까지 이르더라도 구하지 못하게 된다. 군자와 소인의 생각하는 바가 같지 않음이 이와 같다."라고 하셨다.

○염념(念念) : 생각마다. 생각이 끊임없이 이어짐.
○단악(癉惡) : 나쁜 사람이나 악을 미워하다. 「서경(書經)」《필명(畢命)》"彰善癉惡"
○긍긍(兢兢) : 긴장하여 조심함. ☞긍(兢) : 삼가다
○불휼(不恤) : 구제하지 못함. 「서경(書經)」《탕서(湯書)》"我后不恤我衆"

4·12·1 子曰 放於利而行이면 多怨이니라

공자께서 말씀하셨다. "이익만 따라 행동하면 원망을 많이 사게 될 것이다."

○방어리이행(放於利而行) : 이익만 따라서 행동하다. ☞방(放) : 의지하다[依也]. 의거하다. ☞이(利) : 이익. 편리함. 욕심 등으로 해석할 수 있는데, 재물에 관계된 것만을 지칭하는 것은 아니다. "利不止財利 凡適己自便皆是"
○다원(多怨) : 원망이 많다. 다른 사람들로부터 원망을 많이 갖게 된다는 말.

孔氏曰 放은 依也라 多怨은 謂多取怨이라
○程子曰 欲利於己면 必害於人이라 故로 多怨이니라

　공 씨가 말했다. "방(放)은 의지함이다. 다원(多怨)은 원망을 많이 사는 것을 이른다.
　○정자가 말했다. "자신을 이롭게 하려고 하면 반드시 남에게 해를 끼치므로 원망을 많이 사게 되는 것이다."

○공 씨(孔氏) : 이름은 안국(安國). 서한(西漢) 사람.
○취원(取怨) : 다른 사람이 자기에게 원한을 가지게 하다.

[備旨] 夫子戒專利者意에 曰利者는 人之所同欲이니 可公而不可私也라 若處心制行에 凡事一依於利而行이면 則利己害人이라 吾恐受其害者는 固有所不堪이요 不受其害者도 亦有所不平하여 必多取人之怨矣니 利其可放哉아

　부자께서 오로지 이익만 추구하는 사람들을 경계하는 뜻에서 말씀하시기를, "이익은 사람들이 함께 갖고 싶어 하는 것이니 공평하게 해야 하고 사사롭게 해서는 안 될 것이다. 만약 마음을 쓰거나 행동할 적에 모든 일을 한결같이 이익에만 의지해서 행하면, 자기는 이익이 되겠지만 타인에게는 손해를 끼치게 될 것이다. 내가 보기에는 아마도 그 손해를 입은 사람은 진실로 견디지 못할 것이요, 그 해를 입지 않는 사람도 또한 평안하지 못해서 반드시 다른 사람의 원망을 많이 사게 될 것이니, 이익만 의지해서 되겠는가?"라고 하셨다.

○처심(處心) : 마음에 둠.
○제행(制行) : 행실을 가짐. 필요에 따라 행동하는 모습. '行'은 거성(去聲)으로 쓰였음. 「중문대사전(中文大辭典)」 "謂制法立行也 [禮表記] 聖人之制行也 不制以己"

○공(恐) : 아마도 …할 것이다. 부사로서 평가와 걱정을 나타냄.

4·13·1   子曰   能以禮讓이면   爲國乎에   何有며   不能以禮讓으로 爲國이면   如禮何오

공자께서 말씀하셨다. "능히 예법과 겸양을 쓴다면 나라를 다스릴 적에 무슨 어려움이 있으며, 예법과 겸양으로써 나라를 다스리지 못한다면 예가 있다한들 무슨 소용이 있겠는가?"

○능이예양위국호하유(能以禮讓爲國乎何有) : 능히 예법과 겸양을 써서 나라를 다스린다면 무슨 어려움이 있는가? ☞이(以) : 쓰다[用也]. 여기서는 '用'의 의미로 쓰였다[以字作用字看]. ☞예양(禮讓) : 예법(禮法)과 겸양(謙讓). ☞호(乎) : 구중에 쓰여 잠시 정지를 나타내는 어조사인데 이 책에서는 그 용례가 드물다. 아래 비지 참고. 구양수(歐陽修)의 《추성부(秋聲賦)》에도 이러한 예가 나타난다. "此秋聲也 胡爲乎來哉(이것은 가을의 소리다. 어찌하여 왔는가?)" ☞하유(何有) : 무슨 어려움이 있는가? '何難之有'를 줄인 말. "禮凡整齊百官約束萬民皆是 讓指心之謙遜說 爲國何有就治定民化說 本禮讓來"
○불능위예양위국(不能以禮讓爲國) : 예법이나 겸양으로써 나라를 다스리지 못함. 성의는 부족하고 모양만 갖춘 경우. "是誠意不足 儀文徒具者"
○여례하(如禮何) : 예를 어떻게 하겠는가? 예가 아무 쓸 데가 없다는 말. '如~何'는 관용어구로 '…을 어떻게 하다.'라고 해석하며 목적어가 중간에 옴. 원인을 묻거나 반문을 나타냄. '奈~何' '若~何'도 같은 형태임. "是禮不爲之用也 不能爲國意在言外"

讓者는   禮之實也라   何有는   言不難也라   言有禮之實하여   以爲國이면   則何難之有리오   不然이면   則其禮文이   雖具나   亦且無如之何矣은   而況於爲國乎아

양(讓)이란 예의 실상이다. 하유(何有)는 어렵지 않음을 말한다. 예의 실상을 가지고서 나라를 다스리면 무슨 어려움이 있겠는가를 말씀한 것이다. 그렇지 않다면 그 예문이 비록 갖추어져 있다 하더라도 또한 어찌할 수 없을 것인데, 하물며 나라를 다스리는 것임에랴?

○예문(禮文) : 한 나라의 예법과 문물의 제도.

[備旨] 夫子論爲治者는 當崇禮之實에 日禮以飾治而讓은 則禮之本也라 爲君者가 誠能以節文度數之禮로 而本於恭敬辭遜之讓이면 則實意所感禮讓이 成風이니 於爲國乎에 何難之有리오 苟不能以禮讓으로 爲國이면 則儀文이 雖具나 實意不足하여 卽措之一身에 且無如禮何矣온 而況於爲國乎아 信乎爲國者之不可無禮讓也라

부자께서 정치를 하는 사람은 마땅히 예의 실상을 숭상해야 함을 논할 적에 말씀하시기를, "예는 꾸미고 다스리지만 겸양은 예의 근본이다. 임금이 된 사람이 진실로 능히 조절하고 꾸미며 정해진 제도의 예로써 공경하고 사손의 겸양을 근본으로 삼는다면, 진실로 마음에 예법과 겸양을 느낀 바가 풍습을 이루게 될 것이니, 나라를 다스릴 적에 무슨 어려움이 있겠는가? 진실로 능히 예법과 겸양으로써 나라를 다스리지 않는다면, 예의 범절이나 법도가 비록 갖추어지더라도 진실로 뜻이 부족하여 한 몸을 조처할 적에도 또한 예를 어찌할 수 없을 터인데, 하물며 나라를 다스리는 것임에랴? 진실로 나라를 다스리는 사람은 예법과 겸양이 없으면 안 될 것이다."라고 하셨다.

○절문(節文) : 조절하고 꾸미다. 사물을 알맞게 꾸밈. 「논어집주(論語集註)」"朱子曰 節者等級也 文者 不直截而回互之貌"
○도수(度數) : 정해진 제도.
○사손(辭遜) : 사양하고 겸손함.
○성풍(成風) : 풍습을 이룸.
○어위국호(於爲國乎) : 나라를 다스릴 적에. 나라를 다스림에 있어서. 문법 설명은 본문 해설 참고.
○의문(儀文) : 예의 범절이나 법도. 의장(儀章).

4·14·1 子曰 不患無位요 患所以立하며 不患莫己知요 求爲可知也니라

공자께서 말씀하셨다. "지위가 없음을 걱정하지 말고 지위에 설 방법을 걱정하며, 자기를 알아주지 않음을 걱정하지 말고 인정받을 만한 실상을 구해야 한다."

○불환무위(不患無位) : 관작(官爵)과 위계(位階)가 없음을 걱정하지 말라는 뜻. "患是憂慮 位是爵位"
○환소이립(患所以立) : 설 만한 능력을 갖출 수 있을까를 걱정하라. 예를 들면, '어떻

게 하면 임금에게 보좌를 잘할까 어떻게 하면 백성들을 윤택하게 할까?' 등의 방법을 걱정하라는 뜻. '以'는 이유·조건·수단·도구·원인 등을 나타내는 전치사. "所以立 如致君澤民之類"

○불환막기지(不患莫己知) : 명예가 남에게 들리지 않음을 걱정하지 말라는 뜻. 고대 한문에서는 '莫'에 의해서 부정되는 '서술어＋목적어' 구조에서는 목적어가 대명사이면 일반적으로 도치되는데, 이는 한문 문법의 특징이었다. "莫無也 莫己知 是名譽不聞於人"

○구위가지야(求爲可知也) : 온전히 힘을 써서 알려질 만한 일을 행하도록 해야 한다는 뜻. 예를 들어 도와 덕에 열매를 맺도록 노력하는 일. "求有專務意 可知是道德之實"

○이 글과 비슷한 내용으로 본서 《학이편(學而篇)》1·16·1, 《헌문편(憲問篇)》14·32·1, 《위령공편(衛靈公篇)》15·18·1 등에도 나타난다.

所以立은 謂所以立乎其位者라 可知는 謂可以見知之實이라
○程子曰 君子는 求其在己者而已矣니라

　소이립(所以立)은 그 지위에 설 수 있음을 말한다. 가지(可知)는 남에게 인정받을 만한 실상을 이른다.
　○정자가 말했다. "군자는 자기에게 있는 것을 구해야 할 뿐이다."

　○견지(見知) : 남에게 인정을 받음. 알려짐.

[備旨] 夫子示人爲己之學에 曰君子之學은 求在我而已라 不患無致君澤民之位요 特患無致君澤民之具라야 所以立乎其位也라 不患道德之在我로되 而人莫己知요 惟求爲明道修德之學하여 以裕吾可知之實也라 君子爲己之學이 如此하니 此所以道立而位從하고 實大而聲宏也與인저

　부자께서 사람들에게 자기를 위하는 학문에 대해 보여줄 적에 말씀하시기를, "군자의 학문은 자기에게 있는 것을 구해야 할 따름이다. 군자는 임금을 보좌하거나 백성을 윤택하게 하는 지위가 없음을 걱정하지 말고, 다만 임금에게 보좌하거나 백성을 윤택하게 하는 그릇이 못됨을 걱정해야 그 지위에 설 수 있을 것이다. 도덕이 나에게 있지만 다른 사람이 나를 알아주지 않음을 걱정하지 말고, 오직 도를 밝히고 덕을 닦는 학문을 행해서 내가 알 수 있는 내용들을 풍요롭게 하기만을 구해야 한다. 군자가 자기를 위하는 학문이 이와 같으니, 이렇게 된다면 도가 서면 지위도 따르고 실제가 커지면 명성도 퍼질 것이다."라고 하셨다.

○치군(致君) : ①임금을 보좌하여 훌륭한 임금이 되게 함. 치주(致主). ②임금에게 몸을 바쳐 충성을 다함.
○택민(澤民) : 백성을 윤택하게 함.
○굉(宏) : 크다. 넓다.

4·15·1 子曰 參乎아 吾道는 一以貫之니라하시니 曾子曰 唯라하니라

　공자께서 말씀시기를, "삼아! 우리 도는 하나의 이치로써 꿰뚫고 있다." 하시니, 증자가 "예!" 하고 빨리 대답하였다.

○삼호(參乎) : '삼아!'하고 큰 소리로 부르는 말. ☞삼(參) : 증자(曾子)의 이름. ☞호(乎) : 문장의 끝에 쓰여 부름을 나타내는 어조사.
○일이관지(一以貫之) : 한 이치로써 모든 일을 꿰뚫다. 방법·태도 등을 한결같이 함. '以一貫之'의 도치형. 일관(一貫). 이 글은 본서《위령공편(衛靈公篇)》에도 나온다. "15·2·3 曰 非也라 予는 一以貫之니라" "一指心之一理 道之本原言 之指萬事萬物"
○유(唯) : '예!' 하고 공손히 대답하는 말. 활연(豁然)히 깨달음을 얻은 모양. 원래 대답에는 '唯'와 '諾'이 있는데, 전자는 '빨리 대답하다'는 뜻이고, 후자는 '천천히 대답하다'는 뜻이다. 「예기(禮記)」에도 "아버지가 부르시면 우물거리지 말고, 선생이 불러도 우물거리지 말고 즉시 대답하고 일어서야 한다(父召無諾 先生召無諾 唯而起)"라는 표현이 있다. "唯是豁然有得意"

參乎者는 呼曾子之名하여 而告之라 貫은 通也라 唯者는 應之速이요 而無疑者也라 聖人之心은 渾然一理니 而泛應曲當하여 用各不同이라 曾子於其用處에 蓋已隨事精察하여 而力行之로되 但未知其體之一爾라 夫子知其眞積力久하여 將有所得이라 是以로 呼而告之러시니 曾子果能默契其指하니 卽應之速이요 而無疑也니라

　삼호(參乎)라고 한 것은 증자의 이름을 불러서 깨우친 것이다. 관(貫)은 통하는 것이다. 유(唯)란 응하기를 속히 하고 의심이 없는 것이다. 성인의 마음은 모자라거나 찌그러짐이 없이 하나의 완전한 도리이니, 널리 응하고 처하는 것이 모두 이치에 맞아서 작용이 각각 같지 않은 것이다. 증자가 그 쓰이는 곳에 대해서 대개 이미 일을 따라 정밀히 살피고 힘써 행하였으나, 다만 그 본체가 하나임을 알지 못했을 따름이다. 부자께서 그가 참으로 힘을 들인 지 오래여서 장차 깨닫는 것이 있을 줄 알았던 것이다. 이 때문에 이름을 불러서 깨우쳐 주신 것인데, 증자는 진실로 그 가리키는 것을 말없이 알았으니, 곧 응하기를 속히 하고 의심이 없었던 것이다.

○혼연(渾然) : 모나거나 찌그러진 데 없이 둥근 모양. 사물이 융합되어 있는 모양.
○일리(一理) : 하나의 도리. 같은 이치.
○범응(泛應) : 널리 응함.
○곡당(曲當) : 경우에 따라 처리함이 모두 이치에 맞음.
○체용(體用) : 사물의 본체와 작용·현상(現象)간의 관계를 규정한 것. 더 쉽게 말하면 원리와 그 응용을 말함. '體'가 본체적 존재로서 형이상학적(形而上學的) 세계에 속한다면, '用'은 오관(五官)으로 감지할 수 있는 현상으로 형이하학적(形而下學的) 세계에 속한다. 그러나 양자는 표리일체(表裏一體)의 불가분의 관계에 있어 체(體)를 떠나 용(用)이 있을 수 없고, 용(用)이 없다면 체(體)를 생각할 수 없다. 정이(程頤)가 주장하는 우주의 근본으로서의 이(理)와 그 발로(發露)로서의 사상(事象), 장재(張載)의 태극(太極)과 기(氣), 주자(朱子)가 말하는 인간에게 보편적으로 갖추어진 성(性)과 그것이 외면(外面)에 나타난 정(情)과의 관계 등은 모두 체용(體用)의 개념이다.
○묵계(默契) : 말없는 가운데 뜻이 서로 통함.

[備旨] 曾子學將有得일새 夫子呼而告之에 曰參乎아 亦知吾之道乎아 蓋天下之事物은 雖有萬殊나 而其理則一이라 吾惟本吾心之一理하여 以貫通乎天下之事物이로되 而凡事物之萬이 有不齊者는 自各得其理也라하시니 曾子果能默悟其旨하여 卽應之에 曰唯라 蓋不惟無待於問辨이요 亦不容有所稱贊也라

증자가 학문을 머지않아 깨달을 때가 되니 부자께서 불러서 깨우쳐 줄 적에 말씀하시기를, "삼아! 또 우리의 도를 아느냐? 대개 천하의 사물은 비록 만 가지 다름이 있으나 그 이치는 하나다. 나는 오직 내 마음의 한 가지 이치에만 근본해서 천하의 사물을 관통했지만, 무릇 사물의 갖가지가 같지 않은 것은 스스로 각각 그 이치를 얻었기 때문이다."라고 하시니, 증자는 진실로 능히 그 뜻을 말없이 깨달을 수 있어서 곧 그것에 응하여 '예!' 하면서 빨리 대답했다. 아마 묻거나 따지는 일을 기다리지 않았을 뿐만이 아니라 또한 칭찬받는 것도 용납하지 않았던 것이다.

○묵오(默悟) : 말없이 조용히 깨달음.
○문변(問辨) : 묻고 따지어 밝힘.

4 · 15 · 2 子出커시늘 **門人**이 **問曰 何謂也**잇고 **曾子曰 夫子之道**는 **忠恕而已矣**시니라

　공자께서 나가시자 제자들이 "무슨 말씀입니까?" 하고 물으니, 증자가 대답하기를, "선생님의 도는 충서일 뿐이시다." 했다.

○자출(子出) : 공자가 나가다. 나가서 한가히 집에 있음을 말함. "是退處於燕居"
○문인문왈(門人問曰) : 공자의 제자들이 증자에게 물음. "門人是夫子之門人 問是問於曾子"
○하위야(何謂也) : 무엇을 이르는가? '하나의 이치로써 능히 꿰뚫다[一以貫之]'는 말이 무슨 말인지 의심스러워서 묻는 말. "是疑一何以能貫意"
○부자지도(夫子之道) : 공자의 도. '夫子'는 공자를 지칭함. "夫子卽孔子 道指一貫之道"
○충서이이의(忠恕而已矣) : 충과 서일 따름이다. ☞충서(忠恕) : 유가(儒家)의 도덕 규범의 한 가지를 일컬음. '忠'은 마음을 다하여 남을 위함을 말하고, '恕'는 자신의 마음을 미루어서 남의 처지를 헤아려 줌을 말함. '恕'는 '용서' '사랑' '동정' 등으로 번역할 수 있다. 본서 15 · 23 · 1 참고. ☞이이의(而已矣) : '…일 뿐이다'라는 어조사. "一者忠也 以貫之者恕也"

盡己之謂忠이요 推己之謂恕라 而已矣者는 竭盡而無餘之辭也라 夫子之一理渾然而泛應曲當하니 譬則天地之至誠이 無息하여 而萬物이 各得其所也라 自此之外엔 固無餘法이요 而亦無待於推矣라 曾子有見於此로되 而難言之라 故로 借學者盡己推己之目하여 以著明之하시니 欲人之易曉也라 蓋至誠無息者는 道之體也니 萬殊之所以一本也요 萬物各得其所者는 道之用也니 一本之所以萬殊也라 以此觀之면 一以貫之之實을 可見矣라 或曰 中心爲忠이요 如心爲恕라하니 於義에 亦通이라
○程子曰 以己及物은 仁也요 推己及物은 恕也니 違道不遠이 是也라 忠恕는 一以貫之니 忠者는 天道요 恕者는 人道며 忠者는 無妄이요 恕者는 所以行乎忠也라 忠者는 體요 恕者는 用이니 大本達道也라 此與違道不遠으로 異者는 動以天爾니라 又曰 維天之命이 於(오)穆不已는 忠也요 乾道變化하여 各正性命은 恕也니라 又曰 聖人敎人에 各因其才하시니 吾道一以貫之는 惟曾子라야 爲能達此니 孔子所以告之也시니라 曾子告門人曰 夫子之道는 忠恕而已矣라하시니 亦猶夫子之告曾子也라 中庸에 所謂忠恕違道不遠은 斯乃下學上達之義니라

　자기의 마음을 다하는 것을 충(忠)이라 이르고, 자기의 마음을 미루어 남을 생각하는 것을 서(恕)라 이른다. '而已矣'란 다하고서 남음이 없다는 말이다. 부자께서는 하나의 이치로 융합되어 있어서 널리 응하고 이치에 맞으니, 비유하면 천지의 지성이 쉼이 없어서 만물이 각기 제 장소를 얻음과 같다는 것이다. 이 외에는 본래 다른 방법이 없고 또한 미루어 생각함을 기다릴 것도 없을 것이다. 증자는 이에 대해 알고 있었지만 말씀드리기 어려웠으므로 배우는 자들에게 자기의 마음을 다하고[忠] 자기의 마음을 미루어 남을 생각하는[恕] 조목을 빌려와서 뚜렷이 밝히셨으니, 사람들의 깨달음을 쉽게 하려고 한 것이다. 대개 지성이 쉼이 없다는 것은 도의 본체이니 만 가지 다른 것이 하나의 근본이 되는 까닭이요, 만물이 각기 제 곳을 얻는다는 것은 도의 작용이니 하나의 근본이 만 가지 다른 것이 되는 까닭이다. 이것으로써 살펴보면 일이관지의 실체를 볼 수 있다. 혹자는 말하기를 "마음에 맞게 하는 것이 충이 되고, 마음과 같게 하는 것이 서가 된다." 했으니 뜻에 대해 말하면 또한 통한다.

　○정자가 말했다. "자신으로써 남에게 미침은 인이요, 자기 마음을 미루어 남에게 미침은 서이니, 「중용」에 '충과 서는 도와 거리가 멀지 않다.'는 것이 이것이다. 충서는 일이관지니 충이란 천도요 서란 인도이며, 충이란 망령됨이 없는 것이요 서란 충을 행하는 것이다. 충은 본체가 되고 서는 작용이 되니 대본과 달도인 것이다. 이것이 '도와의 거리가 멀지 않다.'는 것과 다른 점은 하늘로써 움직이기 때문이다." 또 말하기를, "「시경」에 '하늘의 명령이 아! 깊고 멀어서 그치지 않는다.'는 것은 충이요, 「주역」에 '하늘의 도가 변화하여 각기 성명을 바룬다.'는 것은 서다."라고 했다. 또 말하기를, "성인이 사람을 가르칠 때 각기 그 재질을 따라 하셨으니, 우리 도가 일이관지했다는 것은 오직 증자만이 여기에 통달할 수 있었으니, 공자께서 이 때문에 그에게 말씀해주신 것이다. 증자는 제자에게 말하기를, '선생님의 도는 충서일 뿐이다.' 하셨으니, 이 또한 부자께서 증자에게 말씀하신 것과 같은 것이다. 「중용」에 이른바 '충서는 도와 거리가 멀지 않다.'라고 한 것은 바로 하학상달의 뜻인 것이다."라고 했다.

○일리(一理) : 하나의 도리. 같은 이치.
○범응(泛應) : 널리 응함.
○곡당(曲當) : 경우에 따라 처리함이 모두 이치에 맞음.
○저명(著明) : 뚜렷하고 분명함.
○지성(至誠) : 지극한 정성. 지극히 성실함. 여기서는 천도(天道)를 말하고 있다. 이에 관한 내용은 필자의 해석을 참고할 것. 「중용집주(中庸集註)」 26·1 "故로 至誠은 無息이니"
○체용(體用) : 사물의 본체와 작용·현상(現象)간의 관계를 규정한 것. 더 쉽게 말하면 원리와 그 응용을 말함. '體'가 본체적 존재로서 형이상학적(形而上學的) 세계에 속한다면, '用'은 오관(五官)으로 감지할 수 있는 현상으로 형이하학적(形而下學的) 세계에 속

한다. 그러나 양자는 표리일체(表裏一體)의 불가분의 관계에 있어 체(體)를 떠나 용(用)이 있을 수 없고, 용(用)이 없다면 체(體)를 생각할 수 없다. 정이(程頤)가 주장하는 우주의 근본으로서의 이(理)와 그 발로(發露)로서의 사상(事象), 장재(張載)의 태극(太極)과 기(氣), 주자(朱子)가 말하는 인간에게 보편적으로 갖추어진 성(性)과 그것이 외면(外面)에 나타난 정(情)과의 관계 등은 모두 체용(體用)의 개념이다.

○대본(大本) : 근본. 사물의 기초.

○달도(達道) : 고금을 통하여 변하지 않는 도리(道理). 곧 오륜(五倫). 「중용(中庸)」 "20・8 天下之達道가 五에 所以行之者는 三이니 曰君臣也와 父子也와 夫婦也와 昆弟也와 朋友之交也니이다 五者는 天下之達道也요 知(智)仁勇三者는 天下之達德也니 所以行之者는 一也니이다"

○유천지명(維天之命) :《주송(周頌) 유천지명편(維天之命篇)》에 나오는 말로 문왕(文王)을 제사하는 노래임. "維天之命이 於穆不已시니/ 於乎不顯가 文王之德之純이여/ 假(何)以溢(恤)我오 我其收之하여/ 駿惠我文王하리니 曾孫篤之어다"(하늘의 명령이 아! 깊고 멀어서 그치지 않으시니/ 아 드러나지 않는가 문왕의 덕의 순수함이여/ 무엇으로 우리를 아껴줄꼬 우리 그것을 받들어서/ 크게 우리 문왕을 따르리니 증손들은 힘쓸지어다)

○건도변화(乾道變化) :《주역상경(周易上經) 중천건(重天乾)》에 나오는 말. "乾道變化에 各正性命하나니 保合大和하여 乃利貞하니라"(하늘의 도가 변화함에 각기 성명을 바르게 하니 크게 화합함을 보전하고 합하니 이에 바름이 이로우니라)

○성명(性命) : 만물이 제각기 가지고 있는 천부의 성질. ☞성명이기(性命理氣) : 「중용(中庸)」의 서문에 자세하게 나타나 있다. 하늘이 부여(賦與)하는 것을 명(命)이라 하고, 이를 받아서 내게 있는 것을 성(性)이라 한다. 이(理)는 일체 평등하나, 기(氣)는 각각 다르다. 성은 이를 받은 것이기 때문에 성인(聖人)과 범인(凡人)이 다르지 않으며, 재(才)는 기(氣)를 받은 것이기 때문에 현인(賢人)과 우인(愚人)이 같을 수 없다는 학설.

○충서위도불원(忠恕違道不遠) : 충(忠)과 서(恕)는 도와 거리가 멀지 않다. 「중용(中庸)」 "13・3 忠恕違道不遠하니 施諸己而不願을 亦勿施於人이니라"

○하학상달(下學上達) : 인사(人事)를 배우고 나아가 천리(天理)에 도달함. 곧 쉽고 비근한 것에서 배우기 시작하여 깊은 이치에 도달함.

[備旨] 然이나 門人이 不皆曾子也라 故로 於夫子旣出에 問於曾子에 曰夫子所謂一以貫之者는 果何謂也오 曾子乃借其易曉者하여 以明之에 曰夫子所謂一者는 卽學者之忠이 是也요 所謂貫者는 卽學者之恕가 是也니 夫子之道는 忠恕而已矣라 爾不知有一貫也니 獨不聞有忠恕乎아 爾誠求之忠恕면 而夫子之所以敎와 與我之所以唯者를 不外求而得矣라

그러나 제자들이 모두다 증자가 아니다. 그러므로 부자께서 이미 나가고 난 뒤에 증자에게 물어볼 적에 말하기를, "선생님께서 이른바 일이관지라고 한 것은 정말 무엇을 이르는 것입니까?" 하니, 증자가 바로 그것을 쉽게 깨달을 수 있는 것을 가져와 밝히면서 말하기를, "선생님께서 이른바 '하나'라고 한 것은 곧 배우는 사람에게는 충이 바로 이것이요, 이른바 '꿰뚫다'라고 한 것은 곧 배우는 사람에게는 서가 바로 이것이니, 선생님의 도는 충서일 따름이다. 너희들은 알지 못하겠지만 일이관지가 있는데, 설마 충서가 있다는 것을 듣지 못했을 리가 있겠느냐? 너희들은 진실로 충서를 구한다면, 선생님께서 가르친 바와 내가 '예!' 하고 빨리 대답한 것을 밖에서 구하지 않더라도 얻을 것이다."라고 했다.

○독(獨)~호(乎) : 설마 …일 리가 있겠는가? 관용어구로 반문을 나타냄.

4·16·1 子曰 君子는 喩於義하고 小人은 喩於利니라

공자께서 말씀하셨다. "군자는 의에 밝고 소인은 이익에 밝다."

○군자유어의(君子喩於義) : 군자는 의를 밝히다. '喩'는 '밝다·밝히 알다'라는 의미. 여기서 군자는 '이치를 따르는 사람'을 말함. "君子是循理之人 喩以心言 是知到精微曲折處"
○소인유어리(小人喩於利) : 소인은 이를 밝히다. 여기서 소인은 '욕심을 따르는 사람'을 말함. "小人是循欲之人"

喩는 猶曉也라 義者는 天理之所宜요 利者는 人情之所欲이라
○程子曰 君子之於義는 猶小人之於利也니 惟其深喩라 是以로 篤好니라 楊氏曰 君子有舍生而取義者하니 以利言之면 則人之所欲이 無甚於生이요 所惡(오)가 無甚於死하니 孰肯舍生而取義哉리오 其所喩者는 義而已니 不知利之爲利故也라 小人은 反是니라

유(喩)는 환하다와 같다. 의(義)란 천리에서 마땅히 해야 할 것이요, 이(利)란 인정에서 하고 싶어 하는 것이다.
　○정자가 말했다. "군자가 의에 대한 것은 소인이 이에 대한 것과 같으니, 오직 그들만이 아주 잘 알 것이다. 이 때문에 독실히 좋아하는 것이다." 양 씨가 말했다. "군자

는 삶을 버리고 의를 취하니, 이로써 말한다면 사람이 하고 싶은 것이 삶에 대한 것보다 심한 것이 없고 싫어하는 것이 죽는 것보다 심한 것이 없으니, 누가 기꺼이 삶을 버리고 의를 취하겠는가? 그가 밝히는 것은 의일 뿐이니, 이가 이가 된다는 것을 알지 못하는 까닭이다. 소인은 이와 반대로 할 것이다."

[備旨] 夫子嚴義利之辨에 曰義者는 天理之宜니 君子循理故로 心之所喩者가 唯在於義요 利者는 人欲之私니 小人徇欲故로 心之所喩者가 惟在於利라 是義利之間이 正君子小人之分也라 學者는 可不辨哉아

　부자께서 의와 이의 분별을 엄하게 할 적에 말씀하시기를, "의라고 하는 것은 천리의 마땅함이니 군자는 이치를 따르기 때문에 마음에 밝히는 것이 오직 의에 있을 뿐이요, 이는 인욕의 사사로움이니 소인은 욕심을 따르기 때문에 마음에 밝히는 것이 오직 이에 있을 따름이다. 바로 의와 이익의 간격이 마침 군자와 소인으로 나누어지는 것이다. 배우는 이들은 분별하지 않을 수 있겠는가?"라고 하셨다.

○가불변재(可不辨哉) : 분별하지 않을 수 있겠는가? 어떻게 분별하지 않을 수 있겠는가? '可'는 부사로서 반문을 나타내며, '어떻게' 또는 '설마 …일 리 있겠는가?'라고 해석함. 해석하지 않아도 무방함.

4·17·1 子曰 見賢思齊焉하며 見不賢而內自省也니라

　공자께서 말씀하셨다. "어진 이의 행동을 보거든 그와 같아지기를 생각하며, 어질지 못한 이의 행농을 보거는 마음속으로 사기를 반성해야 할 것이다."

○견현사제(見賢思齊) : 현인을 보면 자기도 그와 같이 되려고 생각하다. 여기서 현인은 '덕이 있는 사람'을 말함. "賢是有德之人 思齊是心中要與他齊一意"
○견불현이내자성야(見不賢而內自省也) : 덕이 없는 사람을 보면 마음속으로 자기에게 있는 좋지 않는 점을 반성하다. '自'는 일인칭을 가리키는 대명사로서 목적어로 쓰였는데, 이 경우에는 서술어와 도치된다. "不賢是無德之人 內是心 自省是自己搜尋有不善處"

思齊者는 冀己亦有是善이요 內自省者는 恐己亦有是惡이라
○胡氏曰 見人之善惡不同하여 而無不反之身者는 則不徒羨人而甘自棄요 不

徒責人而忘自責矣니라

　사제(思齊)란 자기도 또한 이런 선이 있기를 바라는 것이요, 내자성(內自省)이란 자기도 또한 이런 악이 있을까 두려워하는 것이다.

　○호 씨가 말했다. "사람의 선과 악이 같지 않음을 보고서 자기 몸에 돌이키지 않음이 없는 사람은 한갓 다른 사람만 부러워해서 자기 몸을 돌보지 않는 것을 달갑게 여기지 않을 것이요, 한갓 다른 사람만 꾸짖고 스스로 자기를 책망하는 것을 잊어버리지도 않을 것이다."

○기(冀) : 바라다.
○공(恐) : …을 두려워하다.
○도(徒) : 한갓. 다만.
○선(羨) : 부러워하다.
○감(甘) : 좋아하다. 달게 여기다. 만족해하다.
○자기(自棄) : 스스로 자기 몸을 버리고 돌아보지 않음. 「맹자(孟子)」《이루상(離婁上)》 "吾身不能居仁由義 謂之自棄也"
○자책(自責) : 양심에 거리끼어 스스로 자기를 책망함.

[備旨] 夫子示人反己之學에 曰可否在人하고 而勸懲在我라 如見人之賢而有德者면 則必思與之齊하여 奮然冀己亦有是善焉이요 見人之不賢而無德者면 則必內自省察하여 惕然恐己亦有是惡也라 不然이면 羨人而甘自棄하고 責人而忘自責이니 亦何貴於見哉아

　부자께서 사람들은 원인을 자신에게서 찾아야 한다는 것을 보여줄 적에 말씀하시기를, "옳은지 그른지의 여부는 다른 사람에게 있고 선을 권하고 악을 징계하는 것은 나에게 있다. 만약에 사람들 중에 어질고 덕이 있는 사람을 보면 반드시 그와 더불어 같이 되기를 생각하여 분연히 자기도 또한 이런 선이 있기를 바라야 할 것이요, 사람들 중에 어질지도 않으면서 덕이 없는 사람을 보면 반드시 안으로 자기를 성찰하여 척연히 자기도 또한 이런 악이 있을까 두려워해야 할 것이다. 그렇지 않다면 남을 부러워하면서도 자기 몸을 버리는 것을 좋아하고, 다른 사람을 꾸짖으면서도 자기 자신을 책망하는 것을 잊어버릴 것이니, 또한 어찌 보는 것을 귀하게 여기겠는가?"라고 하셨다.

○반기(反己) : 반구저기(反求諸己). 자신에게 반문함. 원인을 자신에게서 찾음을 이르는 말. 「맹자(孟子)」《공손추상(公孫丑上)》 "不怨勝己者 反求諸己而已矣"
○가부(可否) : 옳은가 그른가의 여부(與否). 가결(可決)과 부결(否決).

○권징(勸懲) : 선을 권하고 악을 징계함. 권선징악(勸善懲惡).
○분연(奮然) : 떨치고 일어나는 모양. ☞분(奮) : ①떨치다. 분발하다. ②성내다.
○척연(惕然) : 근심하고 두려워하는 모양. ☞척(惕) : ①두려워하다. ②삼가다.

4·18·1 子曰 事父母하되 幾諫이니 見志不從이면 又敬不違하며 勞而不怨이니라

공자께서 말씀하셨다. "부모를 섬기되 은근히 간해야 할 것이니, 부모의 마음이 내 말을 받아들이지 않으리라 생각되면 더욱 공경해서 처음에 은근히 간하던 자세를 어기지 말 것이며, 매를 맞아 괴로울지라도 원망하지 말아야 할 것이다."

○기간(幾諫) : 기미만 나타낼 정도로 살짝 간하다. 부드러운 안색과 목소리로 은근히 간한다는 말. "幾諫 是委曲輾轉 有欲使吾言易入 而親惑易解意"
○견지부종(見志不從) : 부모의 마음이 들어주지 않을 것이라고 인식되다. "志是父母之心 不從是不聽"
○우경불위(又敬不違) : 더욱 공경해서 처음에 은근히 간하던 것을 오래도록 은근히 간하다. "敬是更加孝敬 不違是仍舊幾諫"
○노이불원(勞而不怨) : 매를 맞아 괴롭고 지칠지라도 원망하지 않다. "勞是被撻勞苦 不怨是不敢怨恨 仍舊幾諫意"

此章은 與內則之言으로 相表裏라 幾는 微也니 微諫은 所謂父母有過어든 下氣怡色하여 柔聲以諫也라 見志不從이면 又敬不違는 所謂諫若不入이면 起敬起孝하여 悅則復(부)諫也요 勞而不怨은 所謂與其得罪於鄕黨州閭론 寧孰(熟)諫이니 父母怒不悅하여 而撻之流血이라도 不敢疾怨이요 起敬起孝也니라

이 장은 「내칙」의 말과 서로 표리가 된다. 기(幾)는 '은근히'라는 뜻이니, 은근히 간한다는 것은 이른바 '부모에게 과실이 있거든 마음을 진정시키고 얼굴빛을 부드럽게 하여 부드러운 목소리로써 간한다.'는 것이다. 부모님이 들어주지 않을 것이라고 인식되면 더욱 공경해서 처음에 간하던 자세를 어기지 말라는 것은 이른바 '간해도 만일 받아들이지 않을 것이라고 생각되면 더욱 공경하고 더욱 효도하여 기뻐하게 되면 다시 간한다.'는 것이요, 매를 맞아 괴로울지라도 원망하지 말아야 한다는 것은 이른바 '부모가 향당·주려에서 죄를 얻기보다는 차라리 충분히 알도록 간하는 것이 낫다는 것이

니, 부모가 노하기만 하고 기뻐하지 않아서 매를 맞아 피가 흐르더라도 감히 미워하고 원망하지 말고, 더욱 공경하고 더욱 효도해야 한다.'는 것이다.

○내칙(內則) :「예기(禮記)」속에 있는 편명(篇名).
○기(幾) : 조용하게. 은근히. 넌지시.
○하기이색(下氣怡色) : 마음을 진정시키고 얼굴빛을 부드럽게 함. 자식이 부모나 웃어른을 받드는 공손한 태도를 이름. 하기이성(下氣怡聲).
○유성(柔聲) : 부드러운 목소리.
○향당(鄕黨) : 주대(周代) 지방 조직의 단위. 12,500호를 '鄕', 500호를 '黨'이라 하였음. 고향·시골을 일컬음.
○주려(州閭) : 향리(鄕里). 주리(州里). 주항(州巷). ☞주리(州里) : 행정 구획의 단위. '州'는 2,500호, '里'는 25호. 마을이나 고향. 또는 그 곳에 사는 사람들의 범칭.
○여기(與其)~영(寧) : 비교·선택을 나타내는 관용어구. '寧·不若·不如' 등과 어울려, '…보다는 …함과 같지 않다.' '…보다는 …한 편이 좋다.'의 뜻을 나타냄.
○달(撻) : 매질하다. 잘못을 바로잡기 위해 때림.
○기경기효(起敬起孝) : 더욱 공경하고 더욱 효도한다는 말. '起'는 '더욱' '한층 더'라는 뜻임.「효경(孝經)」"諫若不入 起敬起孝"

[備旨] 夫子論諫親之道에 曰人子之事父母也에 不幸父母有過어든 必怡色柔聲하여 而幾微以諫之하여 冀以感悟乎親心也라 苟見親志不從이면 又必起敬起孝하여 而幾諫하되 不違乎初焉이라 若親心有不悅하여 至鞭撻以勞之라도 而不敢怨이요 仍然起敬起孝하여 到底幾諫이라 如是則親心이 庶幾可回하여 而不從陷於有過之地矣라

　부자께서 어버이에게 간하는 도리를 논할 적에 말씀하시기를, "사람의 아들들이 부모를 섬길 적에 불행하게도 부모에게 허물이 있다면, 반드시 얼굴빛을 부드럽게 하고 부드러운 목소리를 갖고서 조용하고 은근히 간하여 어버이가 마음에 느끼고 깨닫기만 바라야 할 것이다. 진실로 어버이의 뜻이 내 말을 받아들이지 않을 것이라고 생각되면, 또 반드시 더욱 공경하고 더욱 효도하여 은근히 간하되 처음에 간하던 자세를 어겨서는 안 될 것이다. 만약 어버이가 마음에 기뻐하지 않아서 매를 쳐서 괴로운 데에 이를지라도 감히 원망하지 말아야 할 것이요, 오히려 더욱 공경하고 더욱 효도하여 부드러운 안색과 목소리로 은근히 간하는 데에 이르러야 할 것이다. 이렇게 하면 어버이의 마음이 거의 돌아오게 되어 허물이 있는 곳에 빠지지 않게 될 것이다."라고 하셨다.

○감오(感悟) : 마음에 깊이 느껴 깨달음. 느끼어 깨닫게 함.

○편달(鞭撻) : 채찍질함. 종아리나 볼기를 치는 것. 타이르고 격려함.
○잉연(仍然) : 오히려. 여전히.

4·19·1 子曰 父母在어시든 不遠遊하며 遊必有方이니라

공자께서 말씀하셨다. "부모가 살아 계시거든 멀리 가서 놀지 말며, 멀리 떠나는 일이 있거든 반드시 방향을 말씀드려야 할 것이다."

○부모재(父母在) : 부모가 있다. 부모가 살아 계실 때는 공경하고 봉양할 때임. "是父母存日 正可伸敬養之時"
○불원유(不遠遊) : 멀리 놀지 않다. 집에서 밖으로 나가서 다른 지방으로 가서 놀지 말라는 뜻. "遠遊是出遊外方 不遠遊重體親心上"
○유필유방(遊必有方) : 멀리 놀러 가면 반드시 방향을 고해야 한다. 멀리 떠나는 일이 있을 적에는 가는 방향을 고해 부모님을 안심시켜야 함. "遊承遠遊說以不得已言 有方是告於父母所遊之定向 以安親心也"

遠遊면 則去親遠而爲日久하고 定省曠而音問疎하니 不惟己之思親不置요 亦恐親之念我不忘也니라 遊必有方은 如已告云之東이면 則不敢更適西니 欲親必知己之所在而無憂하고 召己則必至而無失也니라 范氏曰 子能以父母之心으로 爲心이면 則孝矣니라

멀리 가서 놀면 어버이와 거리가 멀어서 돌아오는 데 날짜가 오래 걸리게 되고 부모를 모시는 예절이 소략하고 소식도 소원해지니, 오직 자기 어버이에 대한 생각을 내버리지 못할 뿐만 아니라 또한 어버이도 나에 대한 생각을 잊지 못할까 두려워한다는 것이다. 놀 적에 반드시 방향을 말씀드린다는 것은 만약 이미 동쪽으로 간다고 아뢰었다고 한다면 감히 다시 서쪽으로 가지 않는다는 것과 같으니, 어버이로 하여금 반드시 자기의 소재를 알도록 해서 근심이 없도록 한 것이고, 자기를 부르면 반드시 이르러서 실수가 없도록 하고자 한 것이다. 범 씨가 말했다. "자식이 능히 부모의 마음을 자기의 마음으로 삼는다면 효도할 수 있을 것이다."

○정성(定省) : 저녁에 자리를 깔아 드리고 아침에는 문안을 드림. 부모를 모시는 예절. 혼정신성(昏定晨省).

○광(曠) : 소략하다. 거칠고 엉성하다.

○음문(音問) : 소식. 또는 서신(書信). 「한서(漢書)」 94・《흉노전(匈奴傳)》 "漢遣谷吉送之 邪支殺吉 漢不知吉音問"

○지동(之東) : 동쪽으로 가다. '之'는 '가다'라는 뜻.

○적서(適西) : 서쪽으로 가다.

[備旨] 夫子示人子當體親心에 曰父母愛子之心은 無一息而忘於懷라 故로 人子於父母在時에 不可遠遊以係累其心하고 或不得已而遊라도 亦必有一定之方하여 使親不之憂요 且可召而至焉이라 人子體親之心이 宜如此니라

부자께서 사람의 아들들이 마땅히 어버이의 마음을 체득하도록 보여줄 적에 말씀하시기를, "부모가 자식을 사랑하는 마음은 한 순간이라도 마음에 잊은 적이 없으므로, 사람의 아들들은 부모님이 계실 때에 멀리 가서 놀면서 그 마음을 얽어매도록 해서는 안 될 것이고, 혹시 부득이해서 놀더라도 또 반드시 어디로 간다는 방향을 말씀드려서 어버이로 하여금 걱정하지 않도록 해야 할 뿐만 아니라, 또한 부르면 이를 수 있도록 해야 할 것이다. 사람의 아들들은 어버이를 체득하는 마음이 마땅히 이와 같아야 할 것이다."라고 하셨다.

○체득(體得) : 몸소 경험하여 앎. 완전히 터득함.

○일식(一息) : 한 호흡. 매우 짧은 동안의 비유.

○계루(係累) : ①결박함. 구속함. 「맹자(孟子)」 《양혜왕(梁惠王)》 "若殺其父兄 係累其子弟" ②다른 사물에 얽매여 누(累)가 됨.

4・20・1 子曰 三年을 無改於父之道라야 可謂孝矣니라

공자께서 말씀하셨다. "3년 동안 아버지의 도를 고치지 말아야 효성스럽다고 이를 수 있다."

○이 문장은 본래 「학이편(學而篇)」과 중복되는 내용이다. 「사서비지(四書備旨)」에는 없는 내용인데 편의상 넣었다. 비지(備旨)는 본서 1・11・1 참고.

○胡氏曰 已見(현)前篇하니 此蓋復出而逸其半也라

○호 씨가 말했다. "이미 전편에 나타나니, 이것은 아마도 중복해서 나왔기에 그 절반을 빼버린 것이다."

4·21·1 子曰 父母之年은 不可不知也니 一則以喜요 一則以懼니라

공자께서 말씀하셨다. "부모의 나이는 기억하지 않으면 안 되니, 한편으로는 나이가 많은 것이 기쁘고 한편으로는 나이가 많은 것이 두렵다."

○부모지년(父母之年) : 부모의 나이. "以歷年之多言"
○불가부지야(不可不知也) : 늘 마음속에 기억하여 잊지 말아야 됨. "知有念念不忘意"
○일즉이희(一則以喜) : 한편으로는 나이가 많은 것 때문에 기쁘다. 한편으로는 나이가 많아 오래오래 봉양할 수 있으니 기쁘다는 말. '一則以喜'는 '一則以之喜'가 원문인데 '以' 다음에 '父母之年'을 나타내는 대명사 '之'가 생략됨. "喜能終養"
○일즉이구(一則以懼) : 한편으로는 나이가 많은 것 때문에 두렵다. 한편으로는 나이가 많아 오래오래 봉양할 수 없으니 슬프다는 말. '一則以懼'도 '一則以之懼'가 원문인데 '以' 다음에 '父母之年'을 나타내는 대명사 '之'가 생략됨. "懼不得終養"

知는 猶記憶也라 常知父母之年이면 則旣喜其壽하고 又懼其衰하여 而於愛日之誠에 自有不能已者리라

지(知)는 기억한다는 것과 같다. 항상 부모의 나이를 기억하고 있으면 그 장수를 기뻐한 이외에 또 그 노쇠함을 두려워하여 애일지성에 의거하여 볼 적에 스스로 그만 둘 수 없게 될 것이다.

○기(旣)~우(又)~ : '…이고 그 외에 …', '…한 이상은 또한 …'이라고 해석한다. 접속사로서 한 방면에만 그치지 않음을 나타내며, 병렬·연접하는 작용을 나타낸다. '旣~且'·'旣~亦'·'旣~終'·'旣~或'.
○어(於) : …에 근거하여, …에 의거하여, …을 사용하여. '以'와 같은 기능을 함.
○애일지성(愛日之誠) : 부모를 섬길 수 있는 날이 적음을 안타까워 해 하루라도 더 정성껏 봉양하려고 노력하는 효성.

[備旨] 夫子示人子當及時孝親意에 曰人子於父母之年엔 不可不常記憶於心也라 常記憶於心하여 一則喜其壽之旣高하여 而因以自慶也요 一則懼其衰之將至하여 而因以自恐也라

知乎此면 則及時以致孝者는 自不容已矣라

　부자께서 사람의 아들들이 마땅히 때를 좇아 어버이에게 효도해야 한다는 것을 보여주려는 뜻에서 말씀하시기를, "사람의 아들들은 부모님의 나이에 대해서는 항상 마음 속에 기억하지 않을 수 없다. 항상 마음속에 기억하여 한편으로는 부모님의 나이가 이미 많아서 이로 인해 스스로 경사스러움을 기뻐하고, 또 한편으로는 부모님의 노쇠함이 장차 이르러서 이로 인해 스스로 두려움을 두려워한다. 이를 알면 때를 좇아 효도할 사람은 스스로 그만둘 수 없을 것이다."라고 하셨다.

○급시(及時) : 때를 좇음. 때를 뒤쫓아 따라간다는 말.
○치효(致孝) : 효도를 다함. 효도를 바침.

4·22·1 子曰 古者에 言之不出은 恥躬之不逮也니라

　공자께서 말씀하셨다. "옛날에 말을 함부로 하지 않았던 것은 몸소 행함이 미치지 못할까 부끄럽게 여겼기 때문이다."

○고자(古者) : 옛날에. '者'는 시간을 나타내는 말 뒤에 쓰이는 어조사.
○언지불출(言之不出) : 말을 입 밖으로 내지 않다. 말을 안 한다는 뜻이 아니고, 함부로 하지 않는다는 뜻이다. "不出非緘口也 是不輕出意"
○치궁지불체야(恥躬之不逮也) : 몸이 미치지 못함을 부끄러워하다. 몸소 행하는 것이 미치지 못함을 부끄러워 한다는 말. '逮'는 '미치다' '이르다' '좇다'라는 뜻. "恥就心上說 躬是躬行"

言古者는 以見(현)今之不然이라 逮는 及也라 行不及言이면 可恥之甚이니 古者에 所以不出其言은 爲此故也니라
○范氏曰 君子之於言也에 不得已而後出之는 非言之難이요 而行之難也라 人惟其不行也하니 是以로 輕言之니라 言之如其所行하고 行之如其所言이면 則出諸其口에 必不易矣라

　'옛날'이라고 말씀하신 것은 지금은 그렇지 않음을 나타내려고 한 것이다. 체(逮)는 미치는 것이다. 행실이 말에 미치지 못하면 부끄러움이 심할 것이니, 옛날에 말을 함부

로 내지 않았던 것은 이 때문이었다.

　　○범 씨가 말했다. "군자가 말을 낼 때에 마지못해 뒤에 하는 것은 말하기가 어려운 것이 아니라 행하기가 어려운 것이다. 사람들은 오직 행하지 않기 때문에 대수롭지 않게 말하는 것이다. 말이 그 행하는 것과 같고 행실이 그 말하는 것과 같다면, 그 입에서 낼 적에 반드시 쉽지는 않을 것이다."

[備旨] 夫子儆易言者에 曰古人於言에 未發之先과 方發之際에 若有所制하여 而不敢出者는 何哉오 亦以言者는 言其所行也니 蓋恥其言之出하여 而躬行之不及也라 此所以言之不輕出也니 何今人之不古若哉아

　　부자께서 말을 경솔하게 하는 사람을 깨우쳐 줄 적에 말씀하시기를, "옛날 사람들은 말할 적에 말을 발하기 전과 말을 발하려고 할 때 억제하는 경우가 있어서 감히 함부로 내지 않았던 것은 왜일까? 역시 말이란 자기가 행할 것을 말해야 하니, 아마도 자신이 말을 내어서 몸소 행동이 미치지 못할까 부끄럽게 여겨서 그랬을 것이다. 이것이 말을 가볍게 내지 못하는 까닭이니, 어째서 지금 사람들은 옛날 사람들처럼 되지 못하는가?"라고 하셨다.

○이(易) : 대수롭지 않게 하다. 경솔하게 하다. 「맹자(孟子)」《이루상(離婁上)》 "人之易其言也　無責耳矣"
○약(若) : '然'과 같이 쓰여 상태를 나타냄.

4·23·1　子曰　以約失之者가　鮮矣니라

　　공자께서 말씀하셨다. "매사를 단속하면 과실을 범하는 일이 드물다."

○이약실지자선의(以約失之者鮮矣) : 매사를 단속함으로써 일을 처리한다면 과실을 범하는 일이 드물다. 자기 자신을 단속한다면 실수가 드물다는 말. ☞이(以) : '以'는 전치사이지만 '삼가서 지키다'라는 의미를 포함하고 있다[以字有操守意]. 본문은 '約' 앞에 꾸미는 말이 없는데, 만약 '約之以禮'라고 쓰거나 '約其情'이라고 쓰면 한문의 함축미가 없어진다. 그러므로 '以節約則失之者鮮矣' 또는 '以節約存心則失之者鮮矣'로 보고 풀면 이해가 쉽다. 본문은 일을 가지고 말했지만 실제로는 마음을 단속해야 함을 말한 내용이다. ☞약(約) : 검약하다. 단속하다. 방사(放肆)와 서로 반대되는 말. 「논어집주(論語集註)」 "慶源輔氏曰　約與放相反　約則守乎規矩之中　放則逸於規矩之外" ☞선(鮮) : 드물

다. 여기서는 상성(上聲)으로 쓰였음. "約是心中收斂 對放肆言 失是過失 就事上說"

謝氏曰 不侈然以自放之謂約이라 **尹氏曰 凡事約則鮮失**이니 **非止謂儉約也**니라

사 씨가 말했다. "교만하거나 방종하여 스스로 제멋대로 하지 않음을 약(約)이라 이른다." 윤 씨가 말했다. "모든 일을 단속하면 실수가 적을 것이니, 검약만을 이르는 데 그치지는 않을 것이다."

○치연(侈然) : 교만하고 방종함. 스스로 잘난 체함.
○자방(自放) : 스스로 방자함. 제멋대로임.
○검약(儉約) : 절약하여 낭비하지 않음. 검생(儉省).

[備旨] 夫子示人自檢之學에 曰人之不能善其事者는 以其心未知約耳라 誠能自斂其心하여 而不侈然以自肆면 斯日就於規矩法度之中하여 而猶有失於事者가 蓋亦鮮矣라 學者는 可不知所謹哉아

부자께서 사람들에게 자신을 단속하는 데 대해 배워야 한다고 보여줄 적에 말씀하시기를, "사람들이 자기의 일을 잘 못하는 것은 그 마음에 단속할 줄을 알지 못하기 때문이다. 진실로 능히 스스로 그 마음을 단속하여 교만하거나 방종하여 스스로 방탕하지 않으면, 곧 날마다 규구나 법도의 가운데 나아가서 오히려 일에 실수하는 것이 또한 드물 것이다. 배우는 사람들은 삼갈 바를 알지 못하겠는가?"라고 하셨다.

○검(檢) : 단속하다. 잡도리하다. 「맹자(孟子)」 "狗彘食人食 而不知檢"
○염(斂) : 단속하다. 잡도리하다.
○규구(規矩) : 행위의 표준. 사물의 준칙. 일상 생활에서 지켜야 할 법도. 상도(常道).
☞규(規) : 법. 규정. 걸음쇠. 원을 그리는 기구. 콤파스. ☞구(矩) : 법. 법도. 곱자. 곡척(曲尺). 방형(方形)을 그리는 데 쓰는 자.

4·24·1 子曰 君子는 欲訥於言而敏於行이니라

공자께서 말씀하셨다. "군자는 말에는 어눌하게 해야 하고 행함에는 민첩하게 해야 한다."

○욕눌어언(欲訥於言) : 말에는 더듬는 것처럼 해야 한다. 지둔(遲鈍)해서 가볍게 뜻을 나타내지 못하는 것처럼 해야 함. "欲是心中要如此貫下訥敏 訥是遲鈍不輕發意"
○이민어행(而敏於行) : 행동에는 재빠르게 해야 한다. 역행(力行)해서 감히 게으른 뜻이 없어야 함. ☞이(而) : 문장의 앞뒤를 연결시켜주는 접속사. ☞행(行) : 행위. 행실. 바른 행위 등을 말함. 여기서는 거성(去聲)으로 쓰였음. "敏是力行不敢怠意"
○이 글은 사람들의 언행을 바로 잡는 법에 대해 가르치고 있다. 즉 말을 가볍게 하는 것을 바로 잡고 행동을 게을리 하는 것을 깨우쳐 주기 위함이다[示人矯輕警惰之法]. 해석할 적에 '欲'과 '而'를 잘 살펴야 한다. '欲'은 '…해야 한다' '마땅히 …해야 한다'의 뜻을 가진 조동사로서 이치상 반드시 이와 같이 해야 함을 나타낸다. '欲訥於言而欲敏於行'에서 '欲'이 생략되었다. '而'는 앞뒤 문장이 서로 긴밀하게 호응하여 병렬 관계를 나타내고 있으므로 주의가 필요하다. 그 의미도 '亦'에 가깝다고 볼 수 있다.

謝氏曰 放言易라 故로 欲訥하고 力行難이라 故로 欲敏이니라
○胡氏曰 自吾道一貫으로 至此十章히 疑皆曾子門人所記也라

사 씨가 말했다. "함부로 말하기가 쉬우므로 더듬거리려고 하고, 힘써 행하기는 어려우므로 민첩하게 하려고 한 것이다."
○호 씨가 말했다. "본서 4·15·1의 '우리 도는 하나의 이치로써 꿰뚫고 있다.'로부터 여기 10장까지 모두 증자의 제자들이 기록한 듯하다."

[備旨] 夫子表君子自修之心에 曰言易失之有餘하고 行易失之不足하니 惟君子라야 知放言之易하여 必欲訥於其言하여 恂恂然如不出諸口하고 而知力行之難하여 必欲敏於其行하여 皇皇焉如有所不及이라 此其所以言行相顧하여 而爲慥慥之君子歟인저

부자께서 군자가 자신을 수양할 때 가져야 하는 마음을 나타낼 적에 말씀하시기를, "말은 늘 실수하기가 쉽고 행동에도 실수하고 부족하기가 쉬우니, 오직 군자라야 함부로 말하기가 쉽다는 것을 알아서 반드시 그 말을 더듬어서 공손하게 해서 마치 입에 내지 못하는 듯해야 하고, 또 힘써 행하기가 어렵다는 것을 알아서 반드시 그 행동을 민첩하게 해서 몹시 급해 허둥지둥하는 듯이 해서 마치 미치지 못한 바가 있는 듯해야 할 것이다. 이렇게 하면 그 말과 행동이 서로 돌아보게 되어 말과 행동이 어울리는 군자가 될 것이다."라고 하셨다.

○방언(放言) : 거리낌 없이 함부로 하는 말. 방어(放語).
○순순연(恂恂然) : 온화하고 공손한 모양. 신실한 모양.

○황황언(皇皇焉) : 마음이 몹시 급하여 허둥지둥하는 모양. 황황(遑遑).
○역행(力行) : 힘써 행함. 노력함. 면행(勉行).
○조조(慥慥) : 진실(眞實)을 지켜서 말과 행동이 어울리고 독실(篤實)한 모양.

4·25·1 子曰 德不孤라 必有隣이니라

공자께서 말씀하셨다. "덕은 외롭지 않고 반드시 이웃이 있다."

○덕불고(德不孤) : 덕은 외롭지 않다. 즉 덕이 있는 사람은 외롭지 않다는 말. "德卽行道而有得於心"
○필유린(必有隣) : 반드시 이웃이 있다. 반드시 덕을 같이하는 이웃이 있게 됨. "必有字與上不字相應 正是決其不孤也 隣是與我同德者"

隣은 猶親也라 德不孤立하여 必以類應이라 故로 有德者는 必有其類從之니 如居之有隣也라

인(隣)은 친함과 같다. 덕(德)은 고립되지 않아 반드시 서로 비슷한 것이 응할 것이다. 그러므로 덕이 있는 사람은 반드시 그들의 친구가 따르게 될 것이니, 마치 사는 데에 이웃이 있는 것과 같은 것이다.

[備旨] 夫子勉人修德意에 曰德者는 人心之公理어늘 好德者는 天下之同情이라 誠使有德於己면 自不至於孤立而無徒요 必有同德之人以類從之니 如居之有鄰也라 德之見親於人이 如此하니 人亦何爲而不修德乎아

부자께서 사람들에게 덕을 닦는 데 힘쓰도록 하려는 뜻에서 말씀하시기를, "덕이란 사람의 마음에 공정하다고 인정하는 도리이기 때문에 덕을 좋아한다는 것은 천하의 사람들이 같이 느끼는 마음이다. 진실로 가령 자기에게 덕이 있다면 스스로 고립되어 무리가 없는 데 이르지 아니할 것이요, 반드시 덕을 같이하는 사람들이 친구가 되어서 따를 것이니, 이것은 마치 사는 데 이웃이 있는 것과 같을 것이다. 덕이 사람과 친하다는 것을 생각해 본 것이 이와 같으니, 사람이 또한 어찌해서 덕을 닦지 않겠는가?"라고 하셨다.

○공리(公理) : 모든 사람이 공정하다고 인정하는 도리.

○동정(同情) : 남을 이해하여 같이 느낌.

4·26·1 子游曰 事君數(삭)이면 斯辱矣요 朋友數이면 斯疏矣니라

자유가 말했다. "임금을 섬길 적에 자주 간하면 욕을 당하고, 붕우간에 자주 충고하면 소원해진다."

○사군삭(事君數) : 임금을 섬기면서 자주 간하다. 임금을 섬길 적에 임금에게 간하는 말이 잦다는 뜻. '事君諫君之言數'의 준말. "數是諫君之言太煩"
○사욕의(斯辱矣) : 그렇게 되면 욕을 당함. ☞사(斯) : 그렇다면. 곧. 그렇다면 …곧. 앞 문장을 이어받음. ☞욕(辱) : 폄출(貶黜)을 당함. 폄출(貶黜)은 '벼슬을 낮추거나 면직시킨다.'는 말. "辱有貶黜意"
○붕우삭(朋友數) : 친구간에 너무 자주 충고하다. 친구지간에 벗을 이끄는 말이 잦다는 뜻. '朋友導友之言數'의 준말. ☞'朋'은 동문 수학(同門受學)한 사람을, '友'는 동사(同事)한 사람을 지칭하는 것으로 구별하기도 하는데, 일반적으로 같은 스승을 모시고 학문을 닦은 사람을 '朋'이라 하고, 뜻을 같이한 사람을 '友'라고 한다[同師曰朋 同志曰友]. "數是導友之言太煩"
○사소의(斯疏矣) : 소원해짐. 절교(絶交)당한다는 뜻. "疏有絶交意"

程子曰 數(삭)은 煩數也라 胡氏曰 事君에 諫不行則當去요 導友에 善不納則當止니 至於煩瀆이면 則言者輕하고 聽者厭矣라 是以로 求榮而反辱하고 求親而反疏也니라 范氏曰 君臣朋友는 皆以義合이라 故로 其事同也니라

정자가 말했다. "삭(數)은 번거롭게 자주하는 것이다." 호 씨가 말했다. "임금을 섬길 적에 간한 것이 행해지지 않으면 마땅히 떠나가야 할 것이요, 벗을 인도할 적에 잘 인도하는 것이 받아들여지지 않으면 마땅히 그쳐야 할 것이다. 번거롭게 하거나 업신여기는 데 이르면 말하는 사람은 가벼워지고 듣는 사람은 싫어할 것이다. 이 때문에 영화를 구하다가 도리어 욕을 당하고, 친하기를 구하려다가 도리어 소원해지는 것이다." 범 씨가 말했다. "군신과 붕우는 모두 의리로써 합해진 사람이므로 그 일이 같은 것이다."

○번삭(煩數) : 번거롭고 도수(度數)가 잦음.
○간(諫) : 간하다. 윗사람에게 직언(直言)하여 잘못을 고치게 하다.

○번독(煩瀆) : 번거롭게 하고 업신여김.

[備旨] 子游論事君交友之道에 曰君臣朋友는 皆以義合者也라 君有過면 則當諫이로되 諫而不聽이면 則當去라 苟徒事煩數而不去면 則君必厭聞이니 斯反見斥辱矣요 朋友失이면 則當規어늘 規而不納이면 則當止라 苟徒事煩數而不止면 則友必厭聽이니 斯日至疏遠矣라 世之事君交友者는 可不知所戒哉아

　자유가 임금을 섬기거나 친구와 사귀는 도리를 논할 적에 말하기를, "군신과 붕우는 모두 의리로써 합해진 사람들이다. 임금에게 허물이 있으면 마땅히 간해야 하지만 간해도 듣지 않는다면 마땅히 떠나야 할 것이다. 진실로 무익한 일을 번거롭게 자주 간하는 것만 일삼고 떠나지 않는다면 임금이 반드시 듣기 싫어할 것이니 그렇게 되면 도리어 배척당해 욕을 보게 될 것이요, 붕우에게 실수가 있으면 마땅히 충고해야 할 터인데 충고해도 받아들이지 않으면 마땅히 그쳐야 할 것이다. 진실로 무익한 일을 번거롭게 자주 간하는 것만 일삼고 그치지 않는다면 친구는 반드시 듣기 싫어할 것이니 그렇게 되면 날마다 소원한 데에 이를 것이다. 세상에서 임금을 섬기거나 친구와 사귀는 사람은 경계해야 할 바를 알지 못하겠는가?"라고 했다.

○도사(徒事) : ①무익한 일. 헛일. ②보통일. 예삿일. 여기서는 ①의 뜻.
○규(規) : 충고하다. 바로잡다.
○소원(疏遠) : 탐탁히 여기지 않아 멀리함. 소외(疏外).

제 5편 公 冶 長

此篇은 皆論古今人物賢否得失하니 蓋格物窮理之一端也라 凡二十七章이라 胡氏가 以爲疑多子貢之徒所記云이라

이 편은 모두 고금의 인물에 대한 현부와 득실을 논했으니, 대체로 격물과 궁리의 일단이 된다. 모두 27장이다. 호 씨가 자공의 문도들이 기록한 것이 많은 듯하다고 했다.

5·1·1 子謂公冶長하시되 可妻也로다 雖在縲絏之中이나 非其罪也라하시고 以其子로 妻之하시다

공자께서 공야장을 이르시되, "아내를 둘 만한 성품이다. 비록 감옥에 있었으나 그가 지은 죄가 아니었다." 하시고, 자기의 딸을 시집보내셨다.

○자위공야장가처야(子謂公冶長可妻也) : 공자가 공야장을 '아내를 둘 만하다'라고 평하다. ☞위(謂) : 평가하다. 비평하다. 여기서는 사사로이 논한 것을 말함. ☞공야장(公冶長) : '公冶'는 성이고 '長'은 이름이다. 자는 자장(子長)으로 노(魯)나라 사람이었다. 그는 새소리를 잘 알았다고 전해지기도 하지만 인품에 관해서는 여기에 나타날 뿐 별다른 기록이 없으며, 무슨 사건으로 구속되었는지 알 수도 없다. ☞야(冶) : 불리다(쇠붙이를 녹여 주조하다). ☞가처야(可妻也) : 아내를 얻을 만하다. 덕행이 있어서 아내를 둘 만하다는 뜻. "謂是私論 可妻是取其有德行 可以女配之也"
○수재누설지중비기죄야(雖在縲絏之中非其罪也) : 비록 구속되어 있기는 하지만 그가 스스로 지은 죄는 아니다. ☞누설(縲絏) : ①검은 포승(捕繩). ②감옥에 갇힘. 또는 감옥. 여기서는 ②의 뜻. "非其罪言非長自致之罪"
○이기자처지(以其子妻之) : 자기 자신의 딸을 그에게 시집보내다. 이 말은 공자 자신이 말한 것이 아니고 논어를 기록한 사람의 말이다. ☞기(其) : 공자를 가리키는 인칭대명사. ☞자(子) : 여기서는 공자 자신의 딸을 말함. ☞처지(妻之) : 공야장에게 시집보내다. "以用也 子是己女 妻之是歸嫁於長 此句是記者之言"

公冶長은 孔子弟子라 妻는 爲之妻也라 縲는 墨索也요 絏은 攣也니 古者獄中에

以黑索으로 拘攣罪人이라 長之爲人은 無所考로되 而夫子稱其可妻라하시니 其必有
以取之矣라 又言其人이 雖嘗陷於縲絏之中이나 而非其罪니 則固無害於可妻也
라 夫有罪無罪는 在我而已니 豈以自外至者로 爲榮辱哉아

　　공야장은 공자의 제자다. 처(妻)는 그의 아내로 삼는 것이다. 누(縲)는 검은 포승줄이
요 설(絏)은 묶는 것이니, 옛날 옥중에서 검은 포승줄로 죄인을 결박하였던 것이다. 공
야장의 사람됨은 상고할 곳이 없으나, 부자께서 '그는 아내를 둘 만하다'고 칭찬하셨으
니, 그에게 반드시 취할 만한 점이 있었을 것이다. 또 그 사람이 비록 일찍이 감옥에
있었으나 그 사람의 죄가 아니었으니, 참으로 아내 둘 만한 데에 부족한 점이 없었음
을 말씀하신 것이다. 대저 죄가 있고 없음은 나에게 있을 따름이니, 어찌 외부에서 이
르는 것으로써 영욕을 삼겠는가?

○색(索) : 동아줄. 포승줄.
○연(攣) : 묶다. 매다.
○구련(拘攣) : 구속됨. 사물에 얽매임.

[備旨] 夫子嘗謂公冶長하시되 素行之賢이 有可妻之道也라 長雖曾在縲絏拘攣之中이나
而非自致之罪니 則其賢이 初不因之有損也라 固無害於可妻矣라하시고 於是에 以己之子
로 而妻於長焉하시니라

　　부자께서 일찍이 공야장을 평하시되, "평소 행실의 현명함이 아내를 둘 만한 덕행이
있었다. 공야장이 비록 일찍이 포승줄에 묶여 감옥에 갇혀 있었으나 자신이 저지른 죄
가 아니었으니, 그의 현명함이 처음부터 그것을 인해 손해가 생기도록 하지는 않을 것
이다. 진실로 아내 둘 만한 데에 부족한 점이 없다." 하시고, 이에 자기의 딸을 공야장
에게 시집보내셨다.

○소행(素行) : 평소의 행실. 또는 본래의 품행.
○비(非) …즉(則) : …이 아니니(면) …이다. 부사로서 가설적인 부정을 나타내고 뒤에
는 다른 말이 있어서 그것과 어울린다.

5·1·2 子謂南容하시되 邦有道에 不廢하며 邦無道에 免於刑戮이
라하시고 以其兄之子로 妻之하시다

공자께서 남용을 두고 평하시되, "나라에 도가 있을 때에는 버려지지 않을 것이며, 나라에 도가 없을 때에는 형벌을 면할 것이다." 하시고, 자기 형님의 딸을 그에게 시집 보내셨다.

○자위남용방유도불폐방무도면어형륙(子謂南容邦有道不廢邦無道免於刑戮) : 공자가 남용을 '나라에 도가 있을 때에는 버려지지 않고, 나라에 도가 없을 때에는 형벌을 면할 것이다.'라고 평하다. ☞남용(南容) : 공자의 제자. 이름이 도(縚), 괄(适), 열(閱) 등으로도 불렀다. 자는 자용(子容)이며 남궁(南宮)에 거주하였다. '南宮子容'을 줄여 '南容'이라고 불렀다. ☞불폐(不廢) : 폐위되지 않다. ☞형륙(刑戮) : 형법에 의해 죄인을 벌함. 처형(處刑). "俱作未然看"
○이기형지자처지(以其兄之子妻之) : 자기 형님의 딸을 시집보냄. 이 말 역시 공자 자신의 말이 아니고 논어를 기록한 사람의 말이다. ☞형(兄)은 공자의 이복형을 말하는데, 이름이 맹피(孟皮)였다. 공자의 부친은 시 씨(施氏)를 얻어 딸만 아홉을 낳았고 첩의 몸에서 맹피를 낳았는데, 다시 안 씨(顔氏)를 얻어 공자를 낳았던 것이다. 맹피는 공자의 서형으로 당시에 이미 죽었으므로 공자가 혼사를 주관했던 것으로 보이다. 본서 11·5·1에도 같은 내용이 나옴. "之指南容 此句是亦記者之言"

南容은 孔子弟子니 居南宮하고 名縚요 又名适이라 字子容이며 諡敬叔이니 孟懿子之兄也라 不廢는 言必見用也라 以其謹於言行이라 故로 能見用於治朝하고 免禍於亂世也라 事又見(현)第十一篇이라
○或曰 公冶長之賢이 不及南容이라 故로 聖人이 以其子로 妻長하고 而以兄子로 妻容하니 蓋厚於兄하고 而薄於己也라한대 程子曰 此는 以己之私心으로 窺聖人也라 凡人避嫌者는 皆內不足也라 聖人은 自至公하시니 何避嫌之有리오 況嫁女는 必量其才而求配니 尤不當有所避也라 若孔子之事는 則其年之長幼와 時之先後를 皆不可知하니 惟以爲避嫌이면 則大不可라 避嫌之事는 賢者도 且不爲은 況聖人乎아

남용은 공자의 제자니 남궁에 거하였고, 이름이 도라고 했으며 또 괄이라고도 불렀다. 자는 자용이며 시호는 경숙이니, 맹의자의 형이다. 불폐(不廢)는 반드시 쓰임을 당할 것이라는 말이다. 그는 언행을 삼갔기에 능히 조정을 다스리는 데에 쓰임을 당하고 난세에는 화를 면할 수 있었다. 일이 또 제 11편에 나타난다.
　○혹자가 말했다. "공야장의 현명함이 남용에게 미치지 못하였으므로, 성인이 자기 딸을 공야장에게 시집보내고, 형의 딸을 남용에게 시집보냈으니, 아마도 형에게는 후히

하고 자기에게는 박하게 함일 것이다."라고 하니, 정자가 말하기를, "이는 자기 자신의 사사로운 마음을 가지고 성인을 엿본 것이다. 무릇 사람들이 의심을 살 만한 일을 피하는 것은 모두 마음에 부족함이 있기 때문이다. 성인은 본래부터 지극히 공평하시니, 어찌 의심을 살 만한 일을 피하는 일이 있겠는가? 하물며 딸을 시집보내는 일은 반드시 그 재질을 헤아려서 배필을 구해야 하는 것이니, 더욱더 마땅히 피하는 바가 있어서는 안 될 것이다. 공자와 같은 경우에서는 그 나이의 많고 적음과 시기의 앞과 뒤를 전혀 알 수 없으니, 오직 의심을 살 만한 일을 피하기 위한 것이었다고 생각한다면 정말 옳지 않을 것이다. 의심을 살 만한 일을 피하는 것은 현자만 되어도 하지 않을 터인데, 하물며 성인임에랴?"라고 했다.

○도(絛) : 끈. 실을 땋아 만든 납작한 끈.
○괄(适) : 빠르다.
○규(窺) : 엿보다.
○혐의(嫌疑) : 의심쩍고 밝히기 어려운 사리(事理). 의심을 살 만한 일. ☞혐(嫌) : 싫어하다. 미워하다. 꺼리다. 의심하다.

[備旨] 夫子嘗謂南容하시되 平日에 謹於言行하니 當邦有道之時에 必以言揚行擧하여 而不廢於治朝하고 當邦無道之時에 必能危行言孫하여 而可免於刑戮하니 是其賢可妻也라 하시고 於是에 以兄之子로 而妻於容焉하시니라 夫妻長妻容은 蓋謂二子之賢이 均無負於 刑家之託也니 聖人이 何容心哉아

부자께서 일찍이 남용을 평하시되, "평일에 언행을 조심하니, 나라에 도가 있을 때에는 반드시 말은 드러나고 행실은 높이 들려서 조정을 다스리는 데 버려지지 않을 것이고, 나라에 도가 없을 때에도 반드시 행동을 준엄하게 하고 말이 겸손해서 가히 처형을 면할 수 있을 것이니, 이것이 그가 현명하여 아내를 둘 만한 것이다." 하시고, 이에 형의 딸로써 남용에게 시집보내셨다. 무릇 공야장에게 시집보내거나 남용에게 시집보낸 것은 대개 두 남자의 현명함이 똑같이 형벌을 담당한 사람의 부탁을 저버림이 없었음을 이른 것이니, 성인이 어찌 마음을 용납했을까?

○언양(言揚) : 말이 들날림. 말이 드러나 크게 떨침.
○행거(行擧) : 행실이 들림. 행실 때문에 등용됨.
○위행(危行) : 행동을 준엄하게 함.
○언손(言孫) : 말이 겸손함.
○형가지탁(刑家之託) : 형(刑)을 담당한 사람의 부탁. 즉 형벌을 담당한 사람이 지시하

거나 부탁한 말.
○부(負) : 저버리다. 은덕을 배반하다. 약속·명령 등을 지키지 아니하다.

5·2·1 子謂子賤하시되 君子哉라 若人이여 魯無君子者면 斯焉取斯리오

공자께서 자천을 두고 평하시되, "군자로구나, 이 사람이여! 노나라에 군자가 없었더라면, 이 사람이 어디에서 이런 덕을 터득했는가?"

○자위자천군자재약인(子謂子賤君子哉若人) : 공자가 자천을 '군자로구나, 이 사람이여!'라고 평하다. ☞자천(子賤) : 공자의 제자로 공자보다 49살 적었음. 성은 복(宓)이고 이름은 부제(不齊)였다. ☞군자재(君子哉) : 여기서 군자는 덕을 갖춘 사람을 말함. '哉'는 감탄의 어조사. ☞약인(若人) : 이러한 사람. '若'은 명사 앞에 쓰인 지시대명사로서 '이러한'의 뜻. 자천을 보고 '이 사람이여!' '이 사람이야말로…' 하면서 평하는 말. "君子成德之人 若人指子賤"
○노무군자자(魯無君子者) : 가령 노나라에 군자 된 사람이 없었다면. 가정해서 하는 말. '者'는 '人'의 의미. "魯是魯國 者作人字看 此句是設言"
○사언취사(斯焉取斯) : 이 사람이 어디에서 이런 덕을 배웠겠는가? 자천이 어디에서 이러한 학덕을 배우고 터득했겠는가? 앞의 '斯'는 대명사로서 '자천'을 지칭하고 뒤의 '斯'도 대명사로서 '이런 덕' 즉 '군자의 덕'을 지칭함. ☞언취(焉取) : 어디에서 취하는가? "焉取猶云何所取也"

子賤은 孔子弟子니 姓宓이요 名不齊라 上斯는 斯此人이요 下斯는 斯此德이라 子賤은 蓋能尊賢取友하여 以成其德者라 故로 夫子旣歎其賢하시고 而又言若魯無君子면 則此人이 何所取以成此德乎아하시니 因以見(현)魯之多賢也시니라
○蘇氏曰 稱人之善에 必本其父兄師友는 厚之至也니라

자천은 공자의 제자니, 성은 복이요 이름은 부제다. 위의 사(斯)는 곧 '이 사람'이고, 아래 사는 곧 '이러한 덕'이다. 자천은 아마도 어진 사람을 존경하고 훌륭한 벗을 취하여 그의 덕을 갖춘 사람일 것이다. 그러므로 부자께서 이미 그의 현명함을 찬탄하시고, 다시 "만약 노나라에 군자가 없었다면 이 사람이 어디에서 취하여 이러한 덕을 이루었는가?"라고 말씀하셨으니, 이것을 말미암아서 노나라에 군자가 많음을 나타내신 것이

다.

　○소 씨가 말했다. "사람의 선을 칭찬할 적에 반드시 그 부형과 사우에 근본을 두는 것은 공손함을 극진히 한 것이다."

○복(宓) : 성(姓).
○성덕(成德) : 몸에 덕을 지님, 몸에 덕을 갖춤. 또는 그 덕.
○인(因) : 곧. 즉. 접속사로서 뒷일이 앞일과 긴밀하게 이어지는 것을 나타냄.
○후(厚) : 두텁다. 정중하거나 공손한 모양.

[備旨] 夫子嘗謂子賤하시되 其成德之君子哉라 若人乎여 然이나 所以能成斯德者는 亦魯君子之功이 居多耳라 使魯無君子者면 欲以尊賢이라도 而無賢可尊이요 欲以取友라도 而無友可取니 斯人이 將何所取以成君子之德乎아 是德成君子는 固子賤之賢이요 而魯多君子는 尤子賤之幸也라

　부자께서 일찍이 자천을 평하시되, "그는 덕을 이룬 군자로구나, 이 사람이여! 그러나 능히 이러한 덕을 갖출 수 있었던 까닭은 역시 노나라 군자의 공이 많았기 때문이다. 가령 노나라에 군자가 없었다면 현명한 사람을 높이고자 하더라도 현명한 사람을 높일 수 없고, 벗을 취하고자 하더라도 벗을 취할 수 없으니, 이 사람이 장차 무엇을 취해 군자의 덕을 갖추겠는가? 곧 덕이 군자를 이룬 것은 진실로 자천의 현명함에서 그랬던 것이고, 노나라에 군자가 많았던 것은 더욱더 자천에게는 행운이었던 것이다." 라고 하셨다.

○거다(居多) : 다수(多數)를 차지함.
○우(尤) : 더욱. 유달리. 특히.

5·3·1 子貢問曰 賜也는 何如하니잇고 子曰 女는 器也니라 曰何器也잇고 曰瑚璉也니라

　자공이 "저는 됨됨이가 어떻습니까?" 하고 묻자, 공자께서 "너는 그릇이라고 할 만하다." 하셨다. "어떤 그릇입니까?" 하고 묻자, "제사지낼 때 쓰는 그릇처럼 존경할 만한 인품이다." 하셨다.

○자공문왈사야하여(子貢問曰賜也何如) : 자공이 묻기를 '사는 어떻습니까?' 하고 말하다. ☞사(賜) : 자공(子貢)을 말함. ☞하여(何如) : 어떠한가? 자공은 공자께서 앞 장에서 자천을 군자라고 마음으로 칭찬하는 것을 보았으므로 이렇게 물은 것임. '何如'는 보통 상태·성질·가부(可否) 등을 물을 적에 쓰이고, '如何'는 방법을 물을 적에 쓰임. "何如是問其所造就何如"

○여기야(女器也) : 너는 그릇이다. 자공을 쓸 만한 그릇이라고 하는 말. ☞여(女) : 너. 여(汝). 자공(子貢)을 가리킴. "女指子貢 器是個說成個器"

○하기야(何器也) : 무슨 그릇입니까? 그 그릇의 실상이 어떠한가를 묻는 말. "何器是究其實"

○호련야(瑚璉也) : 호련이다. 훌륭한 인재를 비유하는 말. ☞호련(瑚璉) : 하(夏)는 호(瑚), 상(商)은 연(璉), 주(周)는 보궤(簠簋)라고 칭했음. ①서직(黍稷)을 담아 종묘에 바치는 제기. ②사람의 존경할 만한 품격을 이름. 여기서는 ②의 뜻. ☞호(瑚) : 산호(珊瑚). ☞연(璉) : 서직(黍稷)을 담는 종묘 제기. "言瑚璉者卽器中指 實言之非有兩意"

器者는 有用之成材라 夏口瑚요 商曰璉이요 周曰簠簋라하니 皆宗廟盛黍稷之器에늘 而飾以玉하니 器之貴重而華美者也라 子貢은 見孔子以君子로 許子賤이라 故로 以己爲問하니 而孔子告之以此하시니라 然則子貢이 雖未至於不器나 其亦器之貴者歟인저

　기(器)란 쓸모 있도록 만든 재목이다. 하나라에서는 호(瑚)라 하였고 상나라에서는 연(璉)이라 하였고 주나라에서는 보궤(簠簋)라 했으니, 모두 종묘에서 기장이나 피를 담는 그릇인데 옥으로 장식하였는데 그릇 중에서 귀하고 화려한 것이다. 자공은 공자께서 자천을 군자라고 마음으로 칭찬하는 것을 보았던 것이다. 이 때문에 "저는 어떻습니까?" 하고 물으니, 공자께서 이처럼 답하셨던 것이다. 그렇다면 자공이 비록 어떠한 데라도 쓰이는 경지에는 이르지 못했으나, 그 역시 그릇과 같이 귀하게 쓰이는 사람이었을 것이다.

○보궤(簠簋) : 옛날 중국의 제기(祭器) 이름. 제사 때 기장·피를 담음. ☞'簠'는 겉은 네모지고 안은 둥글며, '簋'는 겉은 둥글고 안쪽은 모남.
○서직(黍稷) : 기장과 피.
○화미(華美) : 화려함.
○허여(許與) : 허락하여 줌. 마음으로 허락하여 칭찬함.
○불기(不器) : 인격(人格)이나 재예(才藝)가 갖추어져 어떠한 방면에도 능함. '器'는 한 방면에만 쓰임을 뜻함. 본서 2·12·1 참고.

[備旨] 子貢好方人한대 因夫子以君子許子賤하니 遂以己爲問에 曰賜也는 所造가 果何如耶잇고하니 夫子曰 汝之材는 足以適用이니 可謂器也라 子貢이 又問曰不知賜之器는 果何器也잇고 夫子曰 汝之器는 乃夏商瑚璉之器也라 用之宗廟에 稱貴重하고 飾以金玉에 稱華美니 其才之所成을 不有可貴者耶아 夫豈凡器可同哉아

자공이 인물을 비교해서 논평하기를 좋아했는데, 이로 인해 부자께서 자천을 군자로 허여하니 마침내 자신에 대해 여쭤볼 적에 말하기를, "저는 인물 됨됨이가 과연 어떻습니까?"라고 하니, 부자께서 말씀하시기를, "너의 재주는 족히 쓰기에 적합하니, 그릇이라고 이를 만하다."라고 했다. 자공이 또 여쭤보면서 말하기를, "저의 그릇은 과연 어떤 그릇인지 알지 못하겠습니다."라고 하니, 부자께서 말씀하시기를, "너의 그릇은 바로 하나라와 상나라에서 썼던 호연과 같이 귀한 그릇이다. 종묘에 쓸 때에는 귀중하다고 일컫고 금옥에 꾸몄을 적에는 화미하다고 일컬으니, 그 재주의 이루어짐을 귀하다고 하지 않겠는가? 대저 어찌 모든 그릇들과 같다고 할 수 있겠는가?"라고 하셨다.

○방인(方人) : 인물을 비교 논평함. 남의 허물을 비난함.
○조(造) : 나아가다. 되다. 이루어짐. 여기서는 인물의 됨됨이를 말함.

5·4·1 或曰 雍也는 仁而不佞이로다

혹자가 말했다. "옹은 어질지만 말재주가 없습니다."

○옹야(雍也) : 옹은. 옹이라는 사람은. ☞옹(雍) : 공자의 제자. 노(魯)나라 사람. 성은 염(冉). 이름은 옹(雍). 자는 중궁(仲弓). 공자보다 29살 적었고 덕행이 뛰어났다. ☞야(也) : …면. …는. 어조사로서 주어 뒤에 쓰였는데, 어기(語氣)를 한 번 늘여줌으로써 강조를 나타낸다.
○인이불녕(仁而不佞) : 어질지만 평소에 말이 적다는 말. ☞'佞'은 '아첨하다.' '간사하다.' '말재주'등으로 쓰이는데 여기서는 '말재주'라는 뜻으로 쓰였음. "仁以厚重之德言 不佞是簡默寡言"

雍은 孔子弟子니 姓冉이요 字仲弓이라 佞은 口才也라 仲弓은 爲人이 重厚簡默이로되 而時人은 以佞爲賢이라 故로 美其優於德이로되 而病其短於才也라

옹(雍)은 공자 제자이니, 성은 염이고 자는 중궁이다. 영(佞)은 말재주다. 중궁은 사람됨이 점잖고 말이 적었지만 당시 사람들은 말재주가 있는 것을 현명한 사람이라고 생각했던 것이다. 그러므로 그의 덕이 넉넉한 것에 대해서는 아름답게 여기면서도, 그의 말재주가 부족한 것에 대해서는 흠으로 여겼던 것이다.

○중후(重厚) : 점잖고 너그러움.
○간묵(簡默) : 말이 적음. 과묵(寡默).

[備旨] 或人이 論仲弓於夫子에 曰雍之爲人은 持重深厚하여 可謂仁矣로되 但惜其簡默而少佞焉이로다하니 信如斯言이면 誠謂仁之易知로되 而佞足尚矣라

어떤 사람이 중궁을 부자에게 논평할 적에 말하기를, "옹의 사람됨은 위엄을 지키고 학문과 기예가 깊고 뛰어나서 어질다고 할 수 있겠지만, 다만 그가 말이 적어 말재주가 없는 것을 애석하다고 여깁니다."라고 하니, 진실로 이 말과 같다면 진실로 인에 대해서는 쉽게 알 수 있지만, 말재주에 대해서는 오히려 노력해야 한다고 이른 것이다.

○지중(持重) : 정도(正道)를 굳게 지킴. 위엄을 유지함.
○심후(深厚) : ①깊고 웅대함의 형용. ②인정이 깊고 두터움. ③뜻이 깊고 오묘함. ④학문과 기예가 깊고 뛰어남.

5·4·2 子曰 焉用佞이리오 禦人以口給이라가 屢憎於人하나니 不知其仁이어니와 焉用佞이리오

공자께서 말씀하셨다. "말재주가 무슨 쓸모가 있단 말인가? 남을 대할 적에 말재주만 부리다가 흔히 남에게 미움을 받게 되니, 그의 인에 대해서는 알 수 없지만 말재주가 무슨 소용이 있단 말인가?"

○언용녕(焉用佞) : 어찌 말재주를 쓰는가? 말재주를 어디가 쓰겠는가? 말재주가 무슨 소용이 있겠는가? '焉'은 의문이나 반어를 나타낼 때 주로 쓰이는데, 여기서는 '用佞焉'이 도치된 것. "言何必尚口才也"
○어인이구급(禦人以口給) : 구변으로써 다른 사람을 대하다. 남을 대할 적에 말재주만 부린다는 말. ☞구급(口給) : 말솜씨가 좋음. 말솜씨가 있음. 입으로만 힘씀. 구민(口敏).

"御是抵當人的意 思以字着力見 所恃在此 人字泛言 口給是心口不副"

○누증어인(屢憎於人) : 흔히 다른 사람들로부터 미움을 받다. ☞누(屢) : 자주. 흔히. ☞어(於) : …로부터. 피동문에서 동작 행위의 주체를 나타내는 전치사. "屢多也 屢憎言 取憎之多也"

○부지기인(不知其仁) : 중궁의 인에 대해서는 알지 못하다. "其字指仲弓 仁指心德純全 言"

○언용녕(焉用佞) : 말재주를 어디가 쓰겠는가? 말재주가 필요 없음을 재차 강조하는 말. "再言以見佞不足尙意"

禦는 當也니 猶應答也라 給은 辦[辯]也요 憎은 惡(오)也라 言何用佞乎는 佞人은 所 以應答人者가 但以口取辦而無情實하니 徒多爲人所憎惡爾라 我雖未知仲弓之仁 이나 然이나 其不佞이 乃所以爲賢이요 不足以爲病也라 再言焉用佞은 所以深曉之시니라 ○或疑仲弓之賢이로되 而夫子不許其仁은 何也오하여 曰仁道至大하니 非全體而 不息者면 不足以當之라 如顔子亞聖으로도 猶不能無違於三月之後은 況仲弓이 雖賢이나 未及顔子하니 聖人이 固不得而輕許之也라

어(禦)는 당해낸다는 것이니, 응답과 같다. 급(給)은 힘쓰는 것이다. 증(憎)은 미워하는 것이다. '말재주가 무슨 쓸모가 있단 말인가?' 라는 것은 말재주를 부리는 사람은 사람에게 응답하는 것이 단지 입으로써 재주만 부리고 실상은 없으니, 한갓 남에게 미움받는 일만 많게 된다는 것이다. 내 비록 중궁의 인에 대해서는 알지 못하지만, 그가 말재주가 없는 것이 바로 현명한 것이므로 족히 흠이 될 것이 없다고 말씀한 것이다. "말재주가 무슨 소용이 있단 말인가?"라고 다시 말씀한 것은 깊이 깨닫도록 하신 것이다.

○혹자가 중궁이 어질지만 부자께서 그 인을 허여하지 않으심은 어째서인가를 의심해서, 내가 말했다. "인도는 지극히 크니 모든 것이 모자라거나 찌그러짐이 없어서 조금도 잡됨이 없고 쉼이 없는 사람이 아니면 족히 당할 수가 없는 것이다. 안자와 같은 아성으로서도 오히려 3개월 정도 지나면 어기지 않을 수 없을 터인데, 더구나 중궁은 비록 어질다고 하지만 안자에게는 미치지 못하니, 성인이 진실로 가볍게 허여할 수 없는 것이다."

○판(辦) : 힘쓰다. 일을 꾸려 나가다. 다스리다[治理]. 학해출판사(學海出版社) 「사서집주(四書集註)」에는 '辨'으로 되어 있음. '辨'과 '辦'은 서로 통함.
○취판(取辦) : 일을 처리함. 또는 마련함.
○정실(情實) : 진상. 실상.

○전체(全體) : 천리(天理)는 모자라거나 찌그러짐이 없어서 일호(一毫)의 잡됨도 없음을 말함.

○불식(不息) : 천리(天理)가 유행(流行)하여 일식(一息)의 사이도 없음을 말함.

○아성(亞聖) : 성인(聖人)의 다음가는 대현인(大賢人). 안회(顔回) 또는 맹자(孟子)를 일컬음.

[備旨] 故로 夫子斥之에 曰焉用佞爲哉아 彼佞人이 所以應答人者는 但以口舌로 取辦하고 全無情實하여 徒多爲人憎惡하니 有何益乎아 今汝以雍爲仁이로되 我雖不知其有得於仁否也라 然이나 其不佞이 正是他好處라 焉用佞爲哉아

그러므로 부자께서 배척할 적에 말씀하시기를, "말재주가 무슨 쓸모가 있단 말인가? 말재주를 부리는 사람이 사람에게 응답한 것은 단지 말로써만 일을 처리하고, 모든 것에 실상이 없어서 한갓 다른 사람들에게 미움만 받게 되는 일이 많으니 무슨 이익이 된단 말인가? 지금 너는 옹을 어질다고 하지만, 나는 비록 그가 인을 얻었는지 그렇지 않은지에 대해서는 알지 못하겠다. 그러나 그가 말재주를 부리지 않는 것이 바로 처신을 잘하는 것이다. 말재주가 무슨 소용이 있단 말인가?"라고 하셨다.

○구설(口舌) : 입과 혀. 또는 말. 변설(辯舌).

○처(處) : 처신하다. 자처(自處)하다. 대처하다. ☞자처(自處) : 자신을 스스로 인정하면서 그렇게 처신함.

5·5·1 子使漆雕開로 仕하신대 對曰 吾斯之未能信이로소이다 子說(열)하시다

공자께서 칠조개로 하여금 벼슬하도록 권하셨는데, 칠조개가 대답하기를, "저는 이 일에 대하여 아직 자신이 없습니다." 하니, 공자께서 기뻐하셨다.

○자사칠조개사(子使漆雕開仕) :공자가 칠조개로 하여금 벼슬하도록 하다. ☞칠조개(漆雕開) : 공자의 제자. 칠조(漆雕)는 성이고 개(開)는 이름. 자는 자약(子若). ☞칠(漆) : 옻. 옻칠하다. 칠하다. ☞조(雕) : ①독수리. ②새기다. 아로새기다. "使仕必是才可仕不是試他"

○오사지미능신(吾斯之未能信) : 저는 이것을 자신할 수 없습니다. '吾未能信斯'의 도치

문. '斯'는 위에 나온 '仕'를 말하는데, 이것은 곧 자기를 닦은 뒤에 남을 다스리는 것이기 때문이다. "斯指修己治人之理 信謂眞知確見"
○자열(子說) : 공자께서 기뻐하다. '說'은 '悅'과 통함. "悅是喜其不安於小成也"

漆雕開는 孔子弟子니 字子若이라 斯는 指此理而言이라 信은 謂眞知其如此하여 而無毫髮之疑也라 開自言未能如此하여 未可以治人이라 故로 夫子悅其篤志시니라 ○程子曰 漆雕開는 已見大意라 故로 夫子悅之시니라 又曰 古人은 見道分明이라 故로 其言이 如此시니라 謝氏曰 開之學은 無可考나 然이나 聖人이 使之仕하시니 必 其材可以仕矣어니와 至於心術之微하여는 則一毫不自得이라도 不害其爲未信이라 此는 聖人所不能知어늘 而開自知之하니 其材可以仕요 而其器不安於小成하니 他 日所就를 其可量乎아 夫子所以說之也시니라

칠조개는 공자의 제자로 자는 자약이다. 사(斯)는 이런 다스림을 가리켜 말한 것이다. 신(信)은 그 벼슬길이 이와 같다는 것을 정확하고 깊이 알아서 털끝만한 의심도 없음을 말한 것이다. 칠조개는 스스로 말하기를, "아직도 능치 못함이 이와 같아서 사람을 다스릴 수 없습니다." 했으므로, 공자께서 그가 뜻을 오로지 한 곳에만 두어 열심히 노력하는 것을 기뻐하신 것이다.

○정자가 말했다. "칠조개는 이미 큰 뜻을 깨달았던 것이므로 부자께서 기뻐하신 것이다." 또 말하기를, "옛사람은 도를 깨달은 것이 분명했으므로 그 말이 이와 같았던 것이다." 사 씨가 말했다. "칠조개의 학문은 상고해 볼 곳이 없으나 성인께서 그로 하여금 벼슬하도록 권하셨으니 반드시 그의 재질은 벼슬할 만했을 터이고, 사물을 인식하는 방법과 같은 은밀한 문제에 대해서는 자신이 조금 깨닫지 못했다 하더라도, 그가 벼슬하는 일에 대해서 자신이 없을 만큼 방해받지도 않았을 것이다. 이것은 성인도 알지 못할 터인데 칠조개는 스스로 알았으니 그 재질은 벼슬할 만하다 할 것이요, 그리고 그의 도량이 작은 성공에 대해 안주하지 않았으니, 후일에 성취할 것을 헤아릴 수 있겠는가? 부자께서 이 때문에 기뻐하신 것이다."

○치리(治理) : 다스림. 다스리는 도리.
○진지(眞知) : 정확하고 깊이 앎.
○독지(篤志) : 뜻을 오로지 한 곳에만 두어 열심히 함.
○심술(心術) : 마음이 사물을 인식하는 방법과 경로. 또는 심성과 도술(道術).
○자득(自得) : 스스로 깨달아 얻음.
○기가량호(其可量乎) : 아마도 뒷날 성취할 일을 헤아릴 수 있겠는가? 열심히 노력하기에 어떤 일을 이룰 지 헤아리지 못하겠다는 뜻. '其~乎'는 반문이나 추측을 나타내

는데, 여기서는 문맥의 흐름상 보아 전자로 해석하는 것이 옳다.

[備旨] 夫子使漆雕開로 出仕從政하시니 必其才可以仕矣라 開乃對에 曰明理而後에 可以治人이니 吾於斯理에 尙未能眞知而無所疑也라 其敢輕於仕乎아하니 是其所見者大하고 所期者遠이라 凡所以求爲可信者는 不至於斯理俱明焉이면 不已矣라 故로 夫子喜說하시니 蓋悅其篤志하여 而將來成就를 不可量也시니라

부자께서 칠조개로 하여금 벼슬길에 나아가서 정사에 참여토록 하셨으니 반드시 그의 재주가 벼슬할 만했을 것이다. 하지만 칠조개가 의외로 대답할 적에 말하기를, "이치에 통달한 뒤에 사람을 다스릴 수 있으니, 제가 이 이치에 대해 지금도 정확히 알려고 하지만 의심되는 바가 없지 않습니다. 또한 감히 벼슬길을 가볍게 보겠습니까?"라고 했으니, 이는 그가 바라보는 것은 크고 기대하는 것은 멀었던 것이다. 무릇 벼슬길이 자신만만하게 되기를 구한 것은 이 이치가 모두 통달한 데 이르지 못하면 그만둘 수 없기 때문이다. 그러므로 부자께서 기뻐하셨으니, 아마도 그가 뜻을 돈독히 해서 장래의 성취를 헤아릴 수 없음을 기뻐하신 것이다.

○출사(出仕) : 벼슬길에 나아감. 관리가 됨.
○종정(從政) : 정사에 참여함. 정사를 처리함. 「좌전(左傳)」 《정공원년(定公元年)》 "季孫願與子從政"
○내(乃) : 의외로. 오히려. 부사로서 전환이나 의외의 뜻을 나타냄.
○기(其)～호(乎) : 또한 … 하겠는가? 추측만 할 뿐 긍정하지 않는 상태.
○희열(喜說) : 기뻐함. 기쁨. 희열(喜悅).
○개(蓋) : 아마도. 어찌.
○독지(篤志) : 뜻을 오로지 한 곳에만 두어 열심히 함.

5·6·1 子曰 道不行하니 乘桴하여 浮于海하리라 從我者는 其由與인저하니 子路聞之하고 喜한대 子曰 由也는 好勇이 過我나 無所取材로다

공자께서 말씀하시기를, "도가 행해지지 않으니 뗏목을 타고서 바다로 갈까 한다. 나를 따라 올 사람은 아마 유일 것이다." 하셨다. 자로가 듣고서 기뻐하자, 공자께서 "유는 용맹을 좋아함이 나보다 낫지만 사리에 맞게 하는 바가 없다." 하셨다.

○도불행(道不行) : 도가 행해지지 않다. 여기서 도는 나라를 다스리고 세상을 구제하는 일. "道是經邦濟世之道 不行是不見用"

○승부부어해(乘桴浮於海) : 뗏목을 타고 바다로 떠가다. 뗏목을 타고 이 어지러운 세상을 피해 바다에 떠다니고 싶다는 말. "乘桴是駕竹木之筏浮海 有不忍覩斯民陷溺意"

○종아자(從我者) : 나를 따르는 사람. 공자 자신을 따라서 갈 수 있는 사람. "從我是從我去浮海 者字作人字看"

○기유여(其由與) : 아마도 자로일 것이다. 그 사람은 오직 자로일 것이라는 말. '其'는 '아마'의 뜻으로 추측을 나타내는 말. '與'는 평성(平聲)으로 추측하는 정도의 아주 가벼운 감탄을 나타냄. "由能不以流離困苦 二其心也"

○자로문지희(子路聞之喜) : 자로가 듣고 기뻐하다. 자로가 '공자 자신을 따라 올 수 있는 사람은 자로일 것이다'라는 말을 듣고서 기뻐했다는 말. "聞之是聞從我其由之言 喜是素懷憤世之心 便信爲實然意"

○유야호용과아(由也好勇過我) : 유는 용맹을 좋아함이 공자 자신보다 앞서다. ☞야(也) : …면. …는. 어조사로서 주어 뒤에 쓰였는데, 어기(語氣)를 한 번 늘여줌으로써 강조를 나타낸다. "好勇是直前勇往意 過我謂過於我是設爲揚之之辭"

○무소취재(無所取材) : 능히 의리로써 재량하거나 분간하는 바가 없음. 여기서 '材'를 해석할 적에 여러 가지 설이 있다. 첫째, '목재·재목'으로 해석하는 경우. 둘째, '裁'와 같이 '재탁(裁度)하다·재량(裁量)하다'로 해석하는 경우. 셋째, 어조사 '哉'로 해석하는 경우다. 첫 번째로 해석하면 '목재를 취할 곳이 없다'의 뜻이 되어 농담조의 해석이 되는 것 같고, 세 번째 어조사로 해석하는 것은 문맥상으로 볼 적에 자로를 너무 무시하는 것 같다. 자로가 용맹만 좋아하고 사리를 분간할 줄 몰랐기에 '材'를 '裁'로 보고, '사리를 헤아려 의에 맞게 하다'는 뜻으로 해석했다. "無所作不能字看 取才是裁之以義 自不肯往"

桴는 筏也라 程子曰 桴海之歎은 傷天下之無賢君也라 子路勇於義하니 故로 謂其能從己니 皆假設之言耳라 子路以爲實然하여 而喜夫子之與己하니 故로 夫子美其勇하시고 而譏其不能裁度事理하여 以適於義也시니라

부(桴)는 뗏목이다. 정자가 말했다. "바다에 뗏목을 타고 다니겠다고 탄식한 것은 천하에 어진 임금이 없음을 안타깝게 여겨 하신 말씀이다. 자로는 의리에 용감하였으므로 그가 자신을 따라올 것이라고 이른 것이니, 모두 가설한 말씀일 따름이다. 그런데 자로는 확실히 그렇다고 생각하여 부자께서 자기와 함께 해주심을 기뻐했으므로, 부자께서 그의 용맹을 찬미하시고 그 사리를 헤아려 의리에 맞게 하지 못함을 나무라신 것이다."

○벌(筏) : 뗏목.

○재탁(裁度) : 짐작하여 헤아림. 재량(裁量).

○기(譏) : 나무라다. 충고하다. 꾸짖다.

○적(適) : 맞게 하다.

[備旨] 夫子因周流不遇라 故로 發歎에 曰今者에 世莫宗予하니 吾道其不行矣라 何必棲棲於此耶아 我將乘桴筏以浮於海하여 而付理亂於不聞하고 求其毅然從我於海濱者면 其惟仲由與인저하니 子路聞之하고 以爲實然하여 而喜夫子與己라 故로 夫子曉之에 曰由也는 不憚浮海之困하고 而敢於必行하니 好勇誠過我矣로되 但無所取其事理而裁度之하여 以適於義也라 夫我豈以憤世長往之心으로 而果爲絶人避世之事也哉아

부자께서 천하를 두루 돌아다녔지만 현군을 만나지 못했던 것이다. 그러므로 탄식을 발할 적에 말씀하시기를, "지금 세상 사람들이 나를 으뜸으로 삼지 않으니 우리의 도가 또한 행해지지 않는다. 하필이면 이런 곳에서 외롭게 지내겠는가? 나는 장차 뗏목을 타고 바다로 떠나서 다스려짐과 어지러움을 불문에 부쳐두고, 의연히 바닷가까지 나를 따라올 사람을 구해본다면 아마도 중유뿐일 것이다."라고 하니, 자로가 듣고 확실히 그렇다고 생각하여 부자께서 자기와 함께 해 주심을 기뻐했던 것이다. 그러므로 부자께서 깨우쳐 줄 적에 말씀하시기를, "유는 뗏목을 타고 바다로 떠나가는 어려움도 꺼리지 않고 기필코 행하려는 데에만 용감하니, 용맹을 좋아함이 진실로 나보다 지나치다고 하겠지만 다만 그 사리를 취하고 헤아려서 의리에 맞게 함이 없다. 무릇 내가 어찌 세상일에 괴로워하고 멀리 떠나버리려는 마음으로 진실로 사람들과 교제를 끊거나 세상을 피해 사는 일을 하겠는가?"라고 하셨다.

○주류(周流) : 천하를 두루 돌아다님. 주선(周旋). 편력(遍歷)

○서서(棲棲) : 외롭고 영락(零落)한 모양. 불안한 모양.

○이란(理亂) : 다스려짐과 어지러워짐. 치란(治亂).

○의연(毅然) : 의지가 강하여 사물에 동하지 아니하는 모양. ☞의(毅) : 굳세다.

○해빈(海濱) : 바닷가. 해변(海邊). 해빈(海瀕). ☞빈(濱) : 물가.

○분세(憤世) : 세상일에 괴로워함. 세상일의 공평치 못함을 분하게 여김.

○장왕(長往) : ①길이 떠나버리다. ②죽다. 「중문대사전(中文大辭典)」 "謂死也" 여기서는 ①의 뜻.

○절인(絶人) : 사람들과 교제를 끊음.

○피세(避世) : 세상을 피해 숨어 삶.

5·7·1 孟武伯이 問 子路는 仁乎잇가 子曰 不知也로라

맹무백이 묻기를, "자로는 어질다고 하겠습니까?" 하니, 공자께서 "알지 못하겠소." 하고 대답하셨다.

○맹무백문자로인호(孟武伯問子路仁乎) : 맹무백이 '자로는 어집니까?' 하고 묻다. ☞맹무백(孟武伯) : 노(魯)나라 대부(大夫). 본서 2·6·1 참고. ☞자로(子路) : 춘추(春秋) 때 노(魯)나라 사람. 공자의 제자. 성은 중(仲) 이름은 유(由). 자는 자로(子路) 또는 계로(季路). 용감한 성격에 정사에 능하여 위(衛)나라에서 벼슬하였으나 뒤에 피살됨. ☞인호(仁乎) : 자로에 대해 어질다고 인정해 줄 수 있겠습니까? 여기서 '仁'은 '마음의 덕'을 말함. "仁是心之德 仁乎是疑剛强之人 多不屈於欲意"
○부지야(不知也) : 알지 못하다.

子路之於仁에 蓋日月至焉者니 或在或亡하여 不能必其有無라 故로 以不知告之시니라

자로는 인에 대해 대개 하루에 한 번이나 한 달에 한 번 이르는 자이니, 어떤 때는 있는 것 같기도 하고 어떤 때는 없는 것 같기도 해서 능히 그 유무를 꼭 기약할 수 없었다. 그러므로 "알지 못하겠소."라고 말씀하신 것이다.

○일월지언(日月至焉) : 하루나 한 달. 또는 매일이나 매달. 본서 "6·5·1 子曰 回也는 其心이 三月不違仁이오 其餘는 則日月至焉而已矣니라" 참고.
○기필(期必) : 꼭 이루어지기를 기약함. 확정하여 틀림이 없음.

[備旨] 孟武伯이 問子路는 可以仁許之乎잇가하니 夫子告之에 曰仁道至大라 由之或有或無하여 吾不得而知也라하시니 蓋不敢過譽子路로되 而易視乎仁也라

맹무백이 묻기를, "자로는 어질다고 인정할 수 있겠습니까?"라고 하니, 부자께서 깨우쳐 줄 적에 말씀하시기를, "인의 도는 지극히 큽니다. 유에 대해서는 어떤 때는 있는 것 같기도 하고 어떤 때는 없는 것 같기도 해서 내가 알 수 없소."라고 하셨으니, 아마도 감히 자로를 지나치게 칭찬하면서도 인을 쉽게 보지 못하도록 했던 것이다.

○인도(仁道) : 유학의 근본이 되는 인(仁)의 도(道).
○유(由) : 자로(子路)의 이름.
○오부득이지야(吾不得而知也) : 내가 알 수 없다. 내가 얻어 알 수 없다. 후자로 해석

할 수도 있지만 '得而'는 '得以'와 같은 하나의 조동사이므로, '내가 알 수 없다'라고 보통 해석함.

○과예(過譽) : 지나치게 칭찬함.

5·7·2 又問한대 子曰 由也는 千乘之國에 可使治其賦也로되 不知其仁也케라

다시 물었는데 공자께서 대답하셨다. "유는 제후의 나라에서 그 군정을 다스리게 할 수는 있겠지만, 그의 인에 대해서는 알지 못하겠소."

○유야천승지국(由也千乘之國) : 유는 제후의 나라. 유라는 사람은 제후의 나라에서. ☞ 야(也) : …면. …는. 어조사로서 주어 뒤에 쓰였는데, 어기(語氣)를 한 번 늘여줌으로써 강조를 나타낸다. ☞천승지국(千乘之國) : 제후의 나라. '乘'은 수레를 세는 단위였는데 '千乘'이라고 하면 '諸侯'를 일컬었음. '千乘之國'은 전시에 1,000승(乘)의 병거(兵車)를 낼 수 있는 나라를 말했음. 주대(周代)의 제도에서 천자(天子)는 기내(畿內)의 사방 천리를 영유하고 10,000승(乘)을 내놓았으며, 제후(諸侯)는 사방 백 리를 영유하고 병거 1,000승(乘)을 내놓았음. 일승(一乘)에는 갑사(甲士) 3명, 보병(步兵) 72명, 거사(車士) 25명이 딸림. 「맹자(孟子)」1·1·4 집주 참고. "乘車數也라 萬乘之國者는 天子畿內地方千里에 出車萬乘이요 千乘之家者는 天子之公卿采地方百里에 出車千乘也라 千乘之國은 諸侯之國이요 百乘之家는 諸侯之大夫也라"

○가사치기부야(可使治其賦也) : 재주는 족히 군사들을 다스릴 릴 수 있다. '賦'는 '병사'를 말함. "可使是才足有爲意 治謂敎訓練習"

○부지기인야(不知其仁也) : 자로의 인에 대해시는 일지 못하다. "其指了路 不知其仁只以仁非才所能盡說"

賦는 兵也라 古者에 以田賦出兵이라 故로 謂兵爲賦하니 春秋傳에 所爲悉索敝賦가 是也라 言子路之才를 可見者가 如此로되 仁은 則不能知也라

부(賦)는 군사이다. 옛날에 토지에 부과하는 조세를 따져서 군사를 내었다. 그러므로 '兵'을 일컬어서 '賦'라고 하였으니, 「춘추전」에 '悉索敝賦'라고 한 것이 이것이다. 자로의 재주를 볼만한 것이 이와 같았지만 인에 대해서는 알 수 없다는 말씀이다.

○전부(田賦) : 토지에 부과하는 조세.
○실색폐부(悉索敝賦) : 자기 나라 군사를 다 동원했다는 말. ☞색(索) : 찾다. 찾아 동원하다. ☞폐(敝) : 자기를 낮추는 겸양의 접두어. 「춘추좌씨전(春秋左氏傳)」《양공(襄公) 8년》 "蔡人不從 敝邑之人 不敢寧處 悉索敝賦 以討于蔡 獲司馬燮 獻于邢丘(채나라 사람이 복종하지 않아서, 저희 나라의 사람들이 안심하고 살 수가 없었습니다. 그래서 저희 나라의 군사를 다 동원하여, 채나라를 쳐서 사마(司馬)인 공자 섭(燮)을 잡아, 형구(邢丘)에서 바쳤던 것입니다."

[備旨] 武伯이 意夫子知而不言하고 又問子路之仁한대 夫子告之에 曰由也는 好勇하니 以千乘之大國에 使治其兵賦면 必能敎民有勇而知方이라 其才之可見者가 如此로되 若仁은 非好勇之才所可盡者니 吾何知哉아

맹무백이 부자께서는 알면서도 말하지 않는다고 생각하고 다시 자로의 인에 대해서 물었는데, 부자께서 깨우쳐 줄 적에 말씀하시기를, "유는 용맹을 좋아하니, 제후의 큰 나라에서 그 병사에 관한 일을 다스리게 한다면 반드시 능히 백성들로 하여금 용맹하게 하고 나아갈 방향을 알게 할 것입니다. 그 재주의 볼만한 것이 이와 같지만 어쩌면 인은 용맹을 좋아하는 재주로 다할 수 있는 것은 아니니, 내가 어찌 알 수 있겠소?"라고 하셨다.

○약(若) : 접속사로서 선택이나, 병렬을 나타냄. 어쩌면. 혹은 …인지도 모른다.
○병부(兵賦) : 병사(兵事)에 관한 일.
○지방(知方) : 사람으로서 행할 길을 알도록 한다는 말. '方'은 올바른 길로 향하도록 인도하는 '義方'과 같은 것을 말함. 본서 11·25·4 참고.

5·7·3 求也는 何如하니잇고 子曰 求也는 千室之邑과 百乘之家에 可使爲之宰也로되 不知其仁也케라

"구는 어떻다고 생각하십니까?" 하고 묻자, 공자께서 말씀하셨다. "구는 1천 호가 되는 큰 고을과 경대부의 집에 그의 가신이 되게 할 수는 있겠지만, 그의 인에 대해서는 알지 못하겠소."

○구야하여(求也何如) : 구라는 사람은 어떠한가? 염구의 인에 대해 물음. ☞구(求) :

염구(冉求). 춘추 시대 노(魯)나라 사람. 자는 자유(子有). 공자의 제자로서 성품이 온순하고 재주가 있으며, 계 씨(季氏)에게 벼슬하여 재상(宰相)이 되었다. 공문 십철(孔門十哲)의 한 사람. ☞염(冉) : 나아가다. 부드럽다. 수염이 흔들리는 모양. ☞야(也) : …면. …는. 어조사로서 주어 뒤에 쓰였는데, 어기(語氣)를 한 번 늘여줌으로써 강조를 나타낸다. ☞하여(何如) : 인이 어떠한가에 대해 물음. '何如'는 보통 상태·성질·가부(可否) 등을 물을 적에 쓰이고, '如何'는 방법을 물을 적에 쓰임. "是問求之仁"

○천실지읍(千室之邑) : 1천 호(戶)가 있는 큰 마을.

○백승지가(百乘之家) : 병거(兵車) 백승(百乘)을 낼 수 있는 경대부(卿大夫)의 집.

○가사위지재야(可使爲之宰也) : 구(求)를 1천 호가 되는 큰 고을과 경대부의 집안에 그들의 장이 되게 할 수 있다. ☞여기서 '之'는 대명사로 쓰여 '其'와 통용된다고 볼 수 있는데, 이때는 보통 '爲+之+명사'의 구조로 이루어진다. 본서 '6·3·3 原思가 爲之宰러니' '11·7·1 顔路가 請子之車하여 以爲之槨한대' '11·25·11 赤也爲之小면 孰能爲之大리오' '18·1·1 微子는 去之하고 箕子는 爲之奴하고' 등에서 확인할 수 있다. ☞재(宰) : 읍장(邑長)과 가신(家臣)을 겸해서 말함. 여기서는 가신이라고 번역했음. "爲宰兼邑長家臣言 邑長主治人者 家臣主治事者"

○부지기인야(不知其仁也) : 구의 인에 대해서는 알지 못하다. "其字指冉求"

千室은 大邑이요 百乘은 卿大夫之家라 宰는 邑長家臣之通號라

천실(千室)은 큰 읍이요, 백승(百乘)은 경대부의 집안이다. 재(宰)는 읍장과 가신을 통틀어 부르는 것이다.

○경대부(卿大夫) : 경(卿)과 대부(大夫). 곧 집정자(執政者).

○재(宰) : 가신(家臣). 경대부(卿大夫)의 신속(臣屬).

[備旨] 夫不知由之仁이면 則求는 可例推矣니 何오 武伯이 又問求也는 於仁에 何如잇고하니 夫子告之에 曰求也는 多藝하여 以千室之大邑과 百乘卿大夫之家에 使爲之宰면 必能理煩治劇하여 民安而事理라 其才之可見者가 如此로되 若仁은 非多藝之才所可盡者니 吾何知哉아

무릇 유의 인에 대해서는 알지 못한다면 구는 전례에 따라 추측할 수 있으니, 왜 그런가? 맹무백이 또 물을 적에, "구는 인에 대해서 어떻다고 생각하십니까?"라고 하니, 부자께서 깨우쳐 줄 적에 말씀하시기를, "구는 재능이 많아서 1천 호가 되는 큰 고을과 백승을 낼 수 있는 경대부의 집에 그의 가신이 되게 하면, 반드시 능히 번거롭거나

까다로운 일을 다스리고 사무를 처리해서 백성은 편안하고 일은 다스려질 것입니다. 그 재주를 볼 만한 것이 이와 같지만, 어쩌면 인은 재능을 많이 가진 재주로 다할 수 있는 것이 아니니, 내가 어찌 알겠소?"라고 하셨다.

○예(例) : 전례에 따라. 전례에 따르다.
○이번(理煩) : 번거롭고 까다로운 일을 다스림.
○치극(治劇) : 번거롭고 까다로운 사무를 처리함.

5·7·4 赤也는 何如하니잇고 子曰 赤也는 束帶立於朝하여 可使與賓客으로 言也로되 不知其仁也케라

"적은 어떻다고 생각하십니까?" 하고 묻자, 공자께서 말씀하셨다. "적은 예복을 입고 띠를 띠고서 조정에 서서 빈객과 더불어 응대하게 할 수는 있겠지만, 그의 인에 대해서는 알지 못하겠소."

○적야하여(赤也何如) : 적은 어떠한가? 적이라면 인이 어떠한가? ☞적(赤) : 공서적(公西赤). 노(魯)나라 사람으로 공자의 제자. 성이 공서(公西) 자는 자화(子華). ☞야(也) : …면. …는. 어조사로서 주어 뒤에 쓰였는데, 어기(語氣)를 한 번 늘여줌으로써 강조를 나타낸다. ☞하여(何如) : 인이 어떠한가에 대해 물음. '何如'는 보통 상태·성질·가부(可否) 등을 물을 적에 쓰이고, '如何'는 방법을 물을 적에 쓰임. "何如亦問仁"
○속대어입조(束帶於立朝) : 띠를 묶어 조정에 서다. 즉 예복을 입고 조정에서 정사를 처리하는 것을 말함. ☞속대(束帶) : 예복을 입고서 옷 위에 띠를 묶음. ☞입조(立朝) : 대신이 조정에서 정사를 처리함. "束帶衣禮服 而束帶於服上 立朝是在君之側"
○가사여빈객언야(可使與賓客言也) : 빈객과 더불어 말할 수 있다. 즉 손님을 응대하게 할 수는 있다는 말. ☞빈객(賓客) : 나라에 찾아온 손님. '賓'은 이웃 나라의 임금, '客'은 빙문(聘問) 온 신하. ☞언(言) : 응대(應對). "賓謂鄰君 客指來聘之臣 言是應對"
○부지기인야(不知其仁也) : 적의 인에 대해서는 알지 못하다. "其字指赤"

赤은 孔子弟子니 姓公西요 字子華라

적은 공자의 제자이니, 성은 공서요 자는 자화다.

[備旨] 夫不知求之仁이면 則赤可概見矣라 何오 武伯이 又問赤也는 於仁에 何如오하니 夫子告之에 曰赤也는 知禮하니 當束大帶以立於朝端하여 使之로 與四方賓客言이면 必能應對雍容하여 而君命不辱이라 其才之可見者가 如此로되 若仁은 非應對之才所可盡者니 吾何知哉아하시니 此可見聖人不沒人之所能하고 亦不輕許人之所未至矣라

무릇 구의 인을 알지 못하면 적은 어림잡아 알아볼 수 있다. 그것은 왜 그런가? 맹무백이 또 물을 적에, "적은 인에 어떻다고 생각하십니까?"라고 하니, 부자께서 깨우쳐 줄 적에 말씀하시기를, "적은 예를 알고 있으니, 마땅히 대대를 띠고 조정의 제일 앞자리에 서서 그로 하여금 사방의 빈객과 더불어 말하게 하면, 반드시 능히 응대하는 것이 온화하고 의젓하여 임금의 명령이 욕되지 않도록 할 것입니다. 그의 재주를 볼 만한 것이 이와 같지만, 어쩌면 인은 응대의 재주로 다할 수 있는 것이 아니니, 내가 어찌 알겠소?"라고 하셨으니, 곧 성인이 사람들의 능한 바를 버리지 않고 또한 사람들의 이르지 못하는 것에도 가볍게 허락하지 않았음을 볼 수 있다.

○대대(大帶) : 귀족이 예복(禮服)에 매는 띠 중의 하나. 비단이나 명주로 만들어 혁대(革帶) 위에 착용함.
○조단(朝端) : 조신(朝臣)의 수위(首位).
○옹용(雍容) : 몸가짐이 온화하고 의젓함.
○경허(輕許) : 경솔하게 허락함.

5·8·1 子謂 子貢曰 女與回也로 孰愈오

공자께서 자공에게 말씀하시기를, "너는 안회와 더불어 견주어 볼 적에 누가 낫느냐?" 하셨다.

○자공(子貢) : 공자의 제자. 성은 단목(端木). 이름은 사(賜). 위(衛)나라 사람으로 공자보다 31세 아래였음.
○여여회야숙유(女與回也孰愈) : 너는 안회와 비교했을 적에 누가 더 낫느냐? ☞여(女) : 이인칭 대명사. 너. 汝와 같음. ☞회(回) : 안회(顔回). 안회에 대해서는 본서 2·9·1 참고. ☞야(也) : 어조사(語助辭)로서 주어 뒤에 쓰여 어기(語氣)를 늘임으로써 강조를 나타냄. 꼭 해석할 필요는 없음. ☞숙유(孰愈) : 누가 낫느냐? 조예 정도가 어떠한가를 말한 내용. "孰愈猶言誰勝 就造詣上說"

愈는 **勝也**라

유(愈)는 '낫다'다.

[備旨] 夫子欲賜如回하니 乃謂子貢에 曰女는 自視與回也로 其所造就가 果孰愈오하시니 將以觀其自知者之何如也라

부자께서 사가 회처럼 하고자 하니 곧 자공에게 이를 적에 말씀하시기를, "너는 스스로 회와 더불어 견주어 볼 적에 그 나아가는 바가 진실로 누가 낫느냐?"라고 하셨으니, 그것은 자기 자신에 대해 알고 있는 것이 어떠한가를 살펴보라는 것이다.

○사(賜) : 자공(自貢)의 이름.
○시(視) : 견주다. 비교하다.
○자지(自知) : 자기 자신을 앎. 스스로 깨달음.

5·8·2 對曰 賜也何敢望回리잇고 回也는 聞一以知十하고 賜也는 聞一以知二하노이다

대답하기를, "제가 어떻게 감히 안회를 바라보겠습니까? 회는 하나를 들으면 열을 알고 저는 하나를 들으면 둘을 압니다." 했다.

○사야하감망회(賜也何敢望回) : 사가 어찌 감히 회를 바랄 수 있는가? 안회에 비할 수 없다는 뜻. ☞야(也) : …면. …는. 어조사로서 주어 뒤에 쓰였는데, 어기(語氣)를 한 번 늘여줌으로써 강조를 나타낸다. "何敢望是不敢比他意"
○회야문일이지십(回也聞一以知十) : 회는 하나를 들으면 열을 안다. '두뇌가 매우 명석함'을 이르는 말. "聞是聞教 知十是徹始徹終 無所不知 不可指定是十件"
○사야문일이지이(賜也聞一以知二) : 사는 하나를 들으면 열을 안다. '총명함'을 이르는 말. "知二是因此識彼 不必指定是十件"

一은 **數之始**요 **十**은 **數之終**이라 **二者**는 **一之對也**라 **顔子**는 **明睿所照**하니 **即始而見終**이로되 **子貢**은 **推測而知**하니 **因此而識彼**라 **無所不說**(열)과 **告往知來**가 **是其驗矣**라

일(一)은 수의 시작이요 십(十)은 수의 끝이다. 이(二)는 일의 대가 되는 것이다. 안자는 밝고 지혜로움이 환하니 시작하는 데 나아가면 마치는 데를 알았지만, 자공은 추측해서 알았으니 이것을 인하여 저것을 아는 정도였다. '기뻐하지 않는 바가 없었다[無所不說]'는 것과 '지나간 것을 말해주면 다가올 것도 안다[告往知來]'는 것이 그 증거다.

○명예(明睿) : 밝고 지혜로움. 명예(明叡).
○조(照) : 빛나다. 비추다. 밝다. 환하다.
○무소불열(無所不說) : 기뻐하지 않는 바가 없다. 《선진편(先進篇)》11·3·1 "子曰 回也는 非助我者也로다 於吾言에 無所不說이로다"
○고왕지래(告往知來) : 지나간 것에 대해 말해주자 다가올 것도 안다는 말. 《학이편(學而篇)》1·15·3 "子曰 賜也는 始可與言詩已矣로다 告諸往而知來者로다"

[備旨] 子貢이 對曰 量不可以强同이요 心不容以自昧하니 賜也自視何敢望於回哉오 回也所聞者一이로되 而明睿所照가 遂以知其十이요 賜也所聞者一이로되 而推測所及이 但以知其二라 回誠非賜之所敢望이니 敢云愈乎아

자공이 대답하면서 말하기를, "도량은 억지로 같아질 수 없고 마음은 스스로 어리석음을 용납할 수 없으니, 제가 자신을 견주어 보더라도 어찌 감히 회를 바라보겠습니까? 회는 듣는 것이 하나이지만 밝고 지혜로워 깨우치는 것이 곧 그 열 가지를 알고, 저는 듣는 것이 하나이지만 추측해서 미치는 것이 다만 그 두 가지를 알 뿐입니다. 회는 진실로 제가 감히 바라볼 수 있는 사람이 아니니, 감히 낫다고 이르겠습니까?"라고 했다.

○양(量) : 도량. 헤아림.
○매(昧) : 어리석음. 사리에 밝지 못함.

5·8·3 子曰 弗如也니라 吾與女의 弗如也하노라

공자께서 말씀하셨다. "같지 않을 것이다. 나도 너의 같지 않음을 인정한다."

○불여야(弗如也) : 같지 않다. 미치지 못할 것이라는 뜻. "是不及意 此句是然其言"
○오여여불여야(吾與女弗如也) : 나도 네가 같지 않음을 허여한다. 나도 네가 안회와 같지 않음을 인정한다는 말. ☞여(與) : 허여하다. 인정하다. "與弗如也 全重能自知自屈意"

與는 許也라

○胡氏曰 子貢이 方人할새 夫子旣語以不暇하시고 又問其與回로 孰愈오하여 以觀其自知之如何시니라 聞一知十은 上知之資니 生知之亞也요 聞一知二는 中人以上之資니 學而知之之才也라 子貢平日에 以己方回하여 見其不可企及이라 故로 喩之如此라 夫子以其自知之明하고 而又不難於自屈이라 故로 旣然之하고 又重許之하시니 此其所以終聞性與天道요 不特聞一知二而已也니라

여(與)는 인정한다는 것이다.

○호 씨가 말했다. "《헌문편》에서 자공이 사람을 비교하고 논평할 적에 부자께서는 '나는 그럴 겨를이 없다.' 하셨고, 또 여기서는 '너는 안회와 더불어 누가 낫느냐?'고 물어서 그가 자신에 대해 어떻게 알고 있는가를 살펴보신 것이다. 하나를 들으면 열 가지를 안다는 것은 상지의 자질이니 나면서부터 도를 아는 다음이요, 하나를 들으면 둘만 안다는 것은 중인 이상의 자질이니 배워서 아는 재질이다. 자공이 평일에 자신을 안회에 견주어 보고서 따라잡을 수 없다는 것을 알았으므로 비유함이 이와 같은 것이다. 부자께서는, 자공이 자기 자신에 대해 알고 있는 것이 분명하고 또 자기 자신을 굽히는 것을 어렵게 여기지 않았기 때문이다. 그러므로 그 말을 옳게 여겼을 뿐만 아니라 또 거듭 인정하셨으니, 여기에서 자공이 끝내 성과 천도에 대한 말씀을 듣게 된 것이고, 특별히 하나를 들으면 둘을 아는 것만은 아니었던 것이다."

○자공방인(子貢方人) : 자공이 사람을 비교·논평하니, 공자께서 "사(賜)는 어진가? 나는 겨를이 없다."고 말한 내용. 본서 "14·31·1 子貢이 方人하더니 子曰 賜也는 賢乎哉아 夫我則不暇로다" 참고.
○방인(方人) : 인물을 비교 논평함. 남의 허물을 비난함.
○자지(自知) : 자기 자신을 앎.「노자(老子)」"知人者智 自知者明"
○기급(企及) : 발돋움하여 미침. 도달함. 따라잡음.
○상지(上知) : 배우지 않고도 아는 지혜. 보통 사람보다 뛰어난 지혜, 또는 그 사람. 상지(上智).
○생지(生知) : 나면서부터 도(道)를 알아 행한다는 뜻으로 성인(聖人)을 이르는 말.
○중인(中人) : 보통 자질을 가진 사람.

[備旨] 夫子因而與之에 曰女는 自謂弗如回라하니 誠哉其弗如也라 是自知之明하고 而又不難於自屈이라 凡求所以如回者는 此爲之基矣니 吾深與女弗如之言也라하시니 夫始而問之者는 試之也요 繼而與之者는 進之也니 夫子造就子貢之意가 不亦深乎아

부자께서 이로 인해서 허여할 적에 말씀하시기를, "너는 스스로 회와 같지 못하다고 말하니, 진실로 그와 같지 않은 것이다. 곧 자신을 아는 것이 환하고 또 자신을 굽히는 데 대해서는 어렵게 여기지 않는다. 무릇 회와 같아지기를 구하는 사람은 여기에서 자기의 바탕을 삼아야 할 것이니, 나는 정말 네가 같지 않다고 하는 말을 인정한다."라고 하셨으니, 무릇 처음에 '너는 안회와 더불어 누가 낫느냐?'라고 물어본 것은 시험삼아 해 본 것이요, 이어서 '나도 너의 같지 않음을 인정한다.'라고 한 것은 나아가도록 하기 위해 한 것이니, 부자께서 자공을 길러서 성취하도록 한 뜻이 또한 깊지 아니한가?

○조취(造就) : 길러서 성취시킴.

5·9·1 宰予晝寢이어늘 子曰 朽木은 不可雕也요 糞土之牆은 不可杇也니 於予與에 何誅리오

재여가 낮잠을 자자 공자께서 말씀하셨다. "썩은 나무는 조각할 수 없고 더럽고 불결한 담장은 흙손질할 수가 없으니, 내가 재여같은 사람에게 어떻게 꾸짖을 수 있겠는가?"

○재여주침(宰予晝寢) : 이 부분은 논어를 기록한 사람의 말이다. 어떤 사람은 '晝'를 '畵'로 보고, 침실에서 그림을 그렸다는 주장을 하기도 한다. ☞재여(宰予) : 공자의 제자. 성은 재(宰)이고 이름이 여(予)였다. 재아(宰我)는 그의 자다. 말재주가 뛰어났음. 본서 11·2·2 참고. "此是記者之辭"
○후목(朽木) : 썩은 나무. 썩고 헐어 문드러진 나무. "是朽爛之木"
○불가조야(不可雕也) : 새길 수 없다. "是刻畵不得作棄材看"
○분토지장(糞土之牆) : 분토의 담장. 불결한 흙. "糞土是之牆汚穢不潔之土"
○불가오야(不可杇也) : 흙손질을 할 수 없다. ☞오(杇) : 흙손. '오(圬)'와 통함. "是粉飾不得廢物看"
○어여여하주여(於予與何誅) : 재여에게 무엇을 꾸짖을 것인가? ☞여(與) : 허사(虛詞)로 구중에 쓰여 음절을 고르고 일시적인 정지를 나타냄. '乎'와 같음. ☞하주(何誅) : 의문문에서 의문대명사와 목적어가 도치된 것. "本是責他而曰何誅 故爲深責"
○이 문장에서 후목분장(朽木糞牆)이라는 말이 생겨났다. ☞후목분장(朽木糞牆) : 조각할 수 없는 썩은 나무와 칠을 할 수 없는 썩은 토담이라는 뜻으로, '정신이 썩어 있는 사람은 가르치기가 어려움' 또는 '처지가 곤란한 사람'을 비유하여 이르는 말. 후목분토(朽木糞土).

晝寢은 謂當晝而寐라 朽는 腐也요 雕는 刻畫也요 杇는 鏝也니 言其志氣昏惰하여 敎無所施也라 與는 語辭라 誅는 責也니 言不足責은 乃所以深責之시니라

주침(晝寢)은 한낮에 잠자는 것을 이른다. 후(朽)는 썩은 것이요, 조(雕)는 그림을 새기는 것이요, 오(杇)는 흙손질하는 것이다. 그의 뜻이 어리석고 게을러 가르침을 베풀 것이 없음을 말씀한 것이다. 여(與)는 어조사다. 주(誅)는 꾸짖는 것이니, 꾸짖을 것이 없다고 말씀한 것은 바로 그를 깊이 꾸짖으신 것이다.

○매(寐) : 잠자다.
○부(腐) : 썩다. 부패하다.
○각화(刻畫) : 그림을 조각함.
○만(鏝) : 흙손. 벽을 바르는 데에 쓰는 도구.
○지기(志氣) : 뜻. 어떤 일을 이루려는 의기(意氣).
○혼타(昏惰) : 우매하고 게으름. 혼태(昏怠).

[備旨] 宰予一日에 忽當晝而寢이어늘 其志氣昏惰甚矣라 夫子責之에 曰人必有受敎之地而後에 敎可施也니 如木之堅者는 雕之可矣어니와 朽腐之木은 不可雕而刻也요 牆之固者는 杇之可矣어니와 糞土之牆은 不可杇而飾也어늘 今予昏惰하여 敎無所施하니 亦與朽木糞土等耳라 吾於予與에 何足責哉아

재여가 어느 날 낮잠을 자니 그의 의지와 기개가 어리석고 게으름이 심했던 것이다. 부자께서 꾸짖을 적에 말씀하시기를, "사람은 반드시 가르침을 받으려는 자세가 되고 난 뒤에 가르침을 베풀 수 있으니, 마치 나무 중에 견고한 것은 새길 수 있지만 썩은 나무는 아로새겨서 조각할 수 없는 것과 같고, 담장의 견고한 것은 흙손질할 수 있지만 더럽고 불결한 담장은 더러워서 꾸밀 수 없는 것과 같으니, 지금 재여가 어리석고 게을러서 가르침을 베풀 바가 없으니, 또한 썩은 나무나 불결한 흙과 같을 따름이다. 내가 재여에게 어떻게 꾸짖을 수 있겠는가?"라고 하셨다.

○지기(志氣) : 어떤 일을 이루려는 의지와 기개. 지개(志槪).
○혼타(昏惰) : 어리석고 게으름.

5·9·2 子曰 始吾於人也에 聽其言而信其行이러니 今吾於人也

에 **聽其言而觀其行**하노니 **於予與**에 **改是**로다

공자께서 말씀하셨다. "전에는 내가 사람들을 볼 적에 사람들의 말만 듣고 사람들의 행실을 믿었는데, 이제 나는 남을 볼 적에 사람들의 말을 듣고 사람들의 행실까지 살펴보게 되었으니, 재여로 인해 이러한 것을 고치게 되었다."

○시오어인야(始吾於人也) : 처음 내가 다른 사람들을 볼 적에. ☞시(始) : 옛날에. 당초에. 이전에. '今'과 상대되는 의미로 쓰였음. ☞야(也) : …는. …면. …이. 주어나 부사 뒤에 쓰여 어기(語氣)를 늘여 강조함. 꼭 해석할 필요가 없을 때도 있음. "始有言往日"
○청기언이신기행(聽其言而信其行) : 사람들의 말을 듣고 사람들의 행실을 믿다. '其'는 '그 사람'을 지칭하며, '行'은 거성(去聲)으로 쓰여 '행실'을 뜻함. "其字泛指人說 信是無疑"
○금오어인야(今吾於人也) : 지금 내가 다른 사람들을 볼 적에. ☞금(今) : 지금은. 재여가 낮잠을 자는 것을 본 이후. "今指晝寢時言"
○청기인이관기행(聽其言而觀其行) : 사람들의 말을 듣고 사람들의 행실을 살펴보다. "觀是細察 其實有不輕信意"
○어여여개시(於予與改是) : 재여로 인해 이것을 바꾸었다. 재여 때문에 '사람들의 말을 듣고 사람들의 행실을 믿는 것'을 바꾸었다는 말. 여기서도 역시 '與'는 허사(虛詞)로 구중에 쓰여 음절을 고르고 일시적인 정지를 나타냄. '乎'와 같음. "是字指聽言信行"

宰予는 **能言而行不逮**라 故로 **孔子自言於予之事**하여 **而改此失**하시니 **亦以重警之也**시니라 **胡氏曰 子曰**은 **疑衍文**이라 **不然**이면 **則非一日之言也**라
○**范氏曰 君子之於學**에 **惟日孜孜**하여 **斃而後已**요 **惟恐其不及也**어늘 **宰予晝寢**하니 **自棄孰甚焉**고 故로 **夫子責之**시니라 **胡氏曰 宰予不能以志帥氣**하여 **居然而倦**하니 **是**는 **宴安之氣勝**하고 **儆戒之志惰也**라 **古之聖賢**이 **未嘗不以懈惰荒寧**으로 **爲懼**하여 **勤勵不息自强**하니 **此孔子所以深責宰予也**시니라 **聽言觀行**은 **聖人不待是而後能**이요 **亦非緣此而盡疑學者**라 **特因此立敎以警群弟子**하고 **使謹於言而敏於行耳**시니라

재여는 말에는 능했지만 행위가 미치지 못했던 것이다. 그러므로 공자께서 재여의 일로 인하여 이러한 잘못을 고쳤다고 스스로 말씀하셨으니, 또한 거듭 깨우치신 것이다. 호 씨가 말했다. "'子曰'은 쓸데없는 글귀인 듯하다. 그렇지 않으면 같은 날의 말씀이 아닐 것이다."

○범 씨가 말했다. "군자가 학문에 대하여 오직 날마다 부지런히 힘써서 죽을 때가지 그치지 말아야 할 것이고, 오직 그가 미치지 못할까 두려워해야 하는데 재여는 낮잠을 잤으니 스스로 포기함이 무엇이 이보다 심하겠는가? 그러므로 부자께서 그를 책망하신 것이다." 호 씨가 말했다. "재여가 능히 의지로써 기운을 통솔할 수 없어서 과연 생각했던 대로 나태했으니, 이는 마음을 편안히 즐기려는 기운은 우세하고 경계하려는 뜻은 게을렀던 것이다. 옛날에 성현은 일찍이 게으름이나 편히 지내는 것을 두렵게 여겨 부지런히 힘쓰거나 자강불식하지 아니함이 없었으니, 이것이 공자께서 재여를 깊이 꾸짖으신 까닭이다. '사람들의 말만 듣고 사람들의 행실을 믿었다'는 것은 성인이 이것을 경험한 뒤에 능하게 된 것도 아니고 또한 이것으로 말미암아 배우는 자들을 모두 의심한 것도 아니다. 단지 이것으로 인해 가르치는 방법을 세워서 여러 제자들을 깨우치고, 말을 조심하고 행실에 민첩하게 하려고 한 데에 지나지 않을 따름이다."

○연문(衍文) : 문장 가운데에서 쓸데없는 글귀.
○자자(孜孜) : 부지런히 노력하는 모양.
○폐이후이(斃而後已) : 죽을 때가지 그치지 않고 힘씀. 사이후이(死而後已). ☞폐(斃) : 넘어지다. 넘어져 죽다.
○거연(居然) : ①생각한 대로임. 과연 그렇구나의 뜻. ②사물에 동요하지 않는 모양. 또는 앉아서 꼼짝 않는 모양. 여기서는 ①의 뜻.
○연안(宴安) : 마음을 편안히 즐김.
○해타(懈惰) : 게으름. 태만함. 마음이 해이해져 일을 소홀히 함. 해태(懈怠).
○황녕(荒寧) : 일을 버려두고 편히 지냄. 「서전(書傳)」《무일(無逸)》"治民祇懼 不敢荒寧"
○근려(勤勵) : 부지런히 힘씀.
○불식자강(不息自强) : 쉬지 않고 노력함. 자강불식(自强不息).
○입교(立教) : 규범을 세워서 교화시킴. 가르침의 방법을 세워 정함.
○특(特)~이(耳) : 단지 …에 지나지 않는다. 겨우 …에 지나지 않는다.

[備旨] 宰我素以勤學篤志爲言이로되 今也晝寢하니 是는 能言而行不逮矣라 故로 夫子復以行不掩言者로 儆之에 曰始吾於人也에 以直道之風이 猶存하여 聽其所言者가 如是면 則信其所行者도 亦如是니 蓋不敢以僞心으로 待天下矣라 今吾於人也에 知言之不可盡信하여 聽其言이 如是면 又必觀其行何如니 蓋不敢以言行으로 相顧者는 必天下矣라 吾果何心而改是哉아 亦於宰予晝寢之事에 而改此聽言信行之失也라 夫子言此以警之하니 欲其謹於言하여 而惕於行耳시니라

재아가 평소에 부지런히 배우고 뜻을 돈독히 해야 한다는 말을 했었지만, 지금은 낮

잠만 자니 이는 말에는 능했지만 행실은 미치지 못했던 것이다. 그러므로 부자께서 다시는 행실이 말을 가리지 않도록 주의시킬 적에 말씀하시기를, "전에는 내가 사람을 대할 적에 올바른 길로 훈계하려고 함이 여전히 있어서, 그 사람이 말한 것을 들은 것이 이러이러했다면 그 사람이 행한 것을 믿은 것도 또한 이러이러하게 했으니, 대개 감히 거짓된 마음으로써 천하의 사람들을 대하지 않았기 때문이다. 지금 내가 사람을 대할 적에는 말을 다 믿을 수 없다는 것을 알아서, 그 말을 들은 것이 이러이러했다면 또 반드시 그 행실이 어떠한가를 살피게 되었으니, 대개 감히 말과 행실을 서로 돌아보지 않는 사람은 반드시 천하에 그러했기 때문이다. 내가 진실로 어떤 마음으로 이를 고쳤는가? 또한 재여가 낮잠 자는 일로 인해 이렇게 말만 듣고 행실을 믿는 잘못을 고치게 되었다."라고 하셨다. 부자께서 이를 말씀하셔서 경계하셨으니, 그것은 말을 조심하고 행실을 조심하도록 했던 것일 따름이다.

○독지(篤志) : 뜻을 오로지 한 곳에만 두어 열심히 함.
○체(逮) : 미치다. 이르다.
○직도(直道) : 올바른 길. 바른 도리. 정도(正道).
○풍(風) : 권면하여 타이르고 훈계함. 풍계(風戒).
○척(惕) : 두려워하다. 삼가다. 황공하여 조심하다.

5・10・1 子曰 吾未見剛者로라 或이 對曰 申棖이니이다 子曰 棖也는 慾이니 焉得剛이리오

공자께서 "나는 아직 강직한 사람을 보지 못했다." 하자, 어떤 사람이 "신장이라는 사람이 있습니다." 하고 대답하였다. 공자께서 말씀하시기를, "신장은 욕심이 많은 사람이니, 어찌 강직하다고 할 수 있겠는가?" 하셨다.

○오미견강자(吾未見剛者) : 나는 아직 강직한 사람을 보지 못했다. 가설해서 한 말. ☞ 강(剛) : 강직하다. 의지가 굳세고 강해 굽히지 않는 모양. "剛主天德說兼質與學 者以人言 此句且虛說"
○혹대왈(或對曰) : 어떤 사람이 대답해 말하다. ☞혹(或) : 어떤 사람. 당시의 어떤 사람. "或是時人 不知其姓名"
○신장(申棖) : 노(魯)나라 사람. 주자(朱子)는 공자의 제자라고 했다. 여기서 신장을 끌어들인 것은 혹인이 강직한 사람의 실체에 대해 대답을 못하기에 특별히 들어서 대

답한 것이다. 「사기(史記)」에는 신당(申棠)이라고 되어 있는데, 신장(申棖)과 신당(申棠)은 같은 사람이라고 했다. "申棖魯人 史記作申棠 後漢王政碑云 有羔羊之潔 無申棠之慾 亦以棖爲棠 則申棠申棖一人耳" ☞장(棖) : 사람 이름. 평성(平聲) 庚部에 속함. ☞정(棖) : 문설주. 평성(平聲) 陽部에 속함. "或人未識剛體 故特擧其人而對"

○장야욕(棖也慾) : 신장이라는 사람은 욕심이 많다. ☞욕(慾) : 욕심·명예와 이익·사리사욕·욕망 등이 많음. ☞야(也) : …면, …는. 어조사로서 주어 뒤에 쓰였는데, 어기(語氣)를 한 번 늘여줌으로써 강조를 나타낸다. "慾是不能剛之疾"

○언득강(焉得剛) : 어떻게 강직하다고 할 수 있는가? "跟慾字來"

剛은 **堅强不屈之意**니 **最人所難能者**라 **故**로 **夫子歎其未見**이라 **申棖**은 **弟子姓名**이라 **慾**은 **多嗜慾也**니 **多嗜慾**이면 **則不得爲剛矣**라

○**程子曰 人有慾則無剛**하고 **剛則不屈於慾**이라 **謝氏曰 剛與慾**은 **正相反**이라 **能勝物之謂剛故**로 **常伸於萬物之上**하고 **爲物揜之謂慾故**로 **常屈於萬物之下**라 **自古**로 **有志者少**하고 **無志者多**하니 **宜夫子之未見也**라 **棖之慾**은 **不可知**나 **其爲人**이 **得非悻悻自好者乎**아 **故**로 **或者疑以爲剛**이라 **然**이나 **不知此其所以爲慾爾**라

　강(剛)은 굳세고 강하여 굽히지 않는다는 뜻이니, 무엇보다도 사람이 하기 어려운 것이다. 그러므로 부자께서는 그런 사람을 아직까지 보지 못하였다고 탄식하신 것이다. 신장은 제자의 성명이다. 욕(慾)은 즐기고 좋아하는 마음이 많다는 것이니, 즐기는 것과 좋아하는 것이 많으면 강직한 사람이 될 수 없다는 것이다.

　○정자가 말했다. "사람이 욕심을 많이 가지면 강직할 수 없고 강직하면 욕심에 굽혀지지 않는다." 사 씨가 말했다. "강직과 욕심은 정반대가 된다. 능히 사물을 이길 수 있는 것을 일러 강직이라 하므로 [강직하면 자기는 크게 보이고 세상은 적게 보이기에 천하에 하고 싶은 것을 모두 움직일 수 없으니] 항상 만물 위에 뻗쳐 있으며, 물건에 가려지는 것을 일러 욕심이라 하므로 [욕심이 많으면 자기는 적게 보이고 세상은 크게 보이기에 자기 뜻에 탐나는 것을 좇아서 머리를 숙이고 기운을 가라앉혀 구하니] 항상 만물 아래에 움츠러져 있는 것이다. 예로부터 의지를 가진 사람은 적고 의지가 없는 사람은 많으니, 당연히 부자께서 만나볼 수 없었던 것이다. 신장의 욕심에 대해서는 어떤 것인지 알 수 없으나, 그 사람의 됨됨이가 발끈하여 화를 잘 내거나 제 몸만 아끼는 사람이 아니었겠는가? 이 때문에 혹자가 강직하다고 여긴 듯하다. 그러나 이것이 바로 욕심이 되는 까닭임을 알지 못했을 따름이다."

○기욕(嗜慾) : 즐기고 좋아하는 마음. 기호(嗜好)와 욕망(慾望). 기욕(嗜欲).
○엄(揜) : 가리다. 가리어 덮음. '掩'과 통함.

○득비(得非)~호(乎) : …이 아닐까?

○행행(悻悻) : 발끈 화를 내는 모양. 「맹자(孟子)」《공손추하(公孫丑下)》"諫於其君而 不受 則怒悻悻然見於其面"

○자호(自好) : 자기 몸을 자기가 아낌. 자진(自珍). 자애(自愛).

○집주(集註)에 나타난 사 씨(謝氏)의 말을 쉽게 이해하려면 다음 내용을 참고하면 된 다. 「논어집주(論語集註)」"胡氏曰 剛則己大物小 凡天下之可欲者 皆不足以動之 所謂伸 於萬物之上是也 慾則己小物大 隨其意之所貪 俯首下氣以求之 所謂屈於萬物之下是也 所 以相對而相反 有此則無彼也"

[備旨] 夫子有感於剛德之難이라 故로 歎에 曰人有剛德이라야 乃可任道어늘 今求其可 命爲剛者하되 吾未之見也로라하시니 或人이 不知剛之義而對에 曰若申棖者가 非剛乎아 하니 夫子曰 堅强不屈之謂剛이로되 而棖은 固多慾人也라 多慾이면 則易屈矣니 焉得爲 剛哉아 使棖而得爲剛이면 則天下之剛者不少也라 吾何爲有未見之思耶아

부자께서 강직한 덕을 소유한 사람을 찾기 어려움을 느끼고 있었으므로 탄식할 적에 말씀하시기를, "사람이 강직한 덕을 소유하고 있어야 바로 도를 맡길 수 있는데, 지금 명령해서 강직한 사람을 구했지만 나는 아직 보지 못했다."라고 하시니, 어떤 사람이 강직한 뜻을 알지도 못하면서 대답할 적에 말하기를, "신장과 같은 사람이 강직한 사 람이 아니겠습니까?"라고 하니, 부자께서 말씀하시기를, "굳세고 강하여 굽히지 않는 사람을 일러 강직하다고 하지만 신장이라는 사람은 진실로 욕심이 많은 사람이다. 욕 심이 많으면 쉽게 움츠리게 되니, 어찌 강직한 사람이 될 수 있겠는가? 가령 신장을 강직하다고 한다면 천하에 강직한 사람들이 적지 않을 것이다. 내가 어찌해서 아직도 보지 못했다는 생각을 하겠는가?"라고 하셨다.

5·11·1 子貢曰 我不欲人之加諸我也를 吾亦欲無加諸人하노이 다 子曰 賜也아 非爾所及也니라

자공이 말하기를, "저는 남이 저에게 행하기를 원치 않는 일을 저 또한 남에게 행하 는 일이 없기를 바랍니다." 하자, 공자께서 말씀하셨다. "사야! 네가 힘쓴다고 해서 미 칠 수 있는 것이 아니다."

○아불욕인지가저아야(我不欲人之加諸我也) : 나는 다른 사람이 나에게 행하기를 원치

않다. ☞불욕(不欲) : 원하지 않다. ☞가저아(加諸我) : 예의에 어긋난 일 등을 나에게 행함. '諸'는 '之於'의 준말. '加'를 '행하다'라고 해석했는데, '업신여기다' '헐뜯다' 등의 뜻으로 해석할 수도 있다. "不欲是不願意 加諸我是非禮之事"

○오역욕무가저인(吾亦欲無加諸人) : 내 또한 남에게 행하는 일이 없기를 바란다. 자공 자신도 [남이 자공 자신에게 행하기를 원치 않는 일을] 남에게 행하는 일이 없기를 바람. 노력을 들이지 않고 자연스럽게 남에게 행치 않는 상태가 되도록 하겠다는 말. 특히 여기서는 '無'와 '不'은 의미상 차이가 아주 크므로 '欲不加諸人'으로 해석하지 말아야 한다. "無字說得太自然"

○사야비이소급아(賜也非爾所及也) : 자공아, 자공 네가 미칠 바가 아니다. 힘쓴다고 되는 일이 아니라는 말. 사실은 공자가 자공에게 의기를 꺾은 것이 아니라[賜也非爾所及也], 쉽게 도달할 수 없다고 격려한 것이라고 볼 수 있다[爾今日尙未及此也 似抑而實進之]. "是就日言"

○본문을 이해하기 위해서는 약간의 설명이 필요하다. 공자는 평생 인도(仁道)의 실현을 추구했다. 자공이 인도(仁道)의 구체적 실천 방법이 궁금해서, 평생토록 실천할 만한 것에 대해 물었는데[본서 15·23·1 참고], 여기에 대해 서(恕)라고 가르쳐 주면서 '己所不欲을 勿施於人하라'고 했다. 그러므로 서도(恕道)는 인도(仁道)에 도달하기 위한 길임이 자명하다. 본문에서는 자공이 '我不欲人之加諸我也를 吾亦欲無加諸人하노이다' 했는데, 이것은 노력을 들이지 않고 자연스럽게 서도(恕道)를 실천하기를 바라는 말일 것이다. 즉 더욱 높은 차원의 세계를 추구하고 있는 말이다. 하지만 '勿施於人'에서 '勿'은 단순히 금지를 나타내는 말이지만 '吾亦欲無加諸人'에서 '無'는 자연스럽게 남에게 행함이 없는 어떤 상태를 의미하므로 그 느낌 또한 사뭇 다르다. 그래서 자공은 인을 행하는 것도 자신의 임무로 느꼈기 때문에 공자께서 '賜也非爾所及也'라고 해서 격려를 아끼지 않았을 것이다.

子貢이 言我所不欲人이 加於我之事를 我亦不欲以此로 加之於人이라하니 此는 仁者之事니 不得勉强이라 故로 夫子以爲非子貢이 所及이시니라
○程子曰 我不欲人之加諸我를 吾亦欲無加諸人은 仁也요 施諸己而不願을 亦勿施於人은 恕也라 恕則子貢이 或能勉之로되 仁則非所及矣라 愚謂 無者는 自然而然이요 勿者는 禁止之謂니 此所以爲仁恕之別이니라

　자공이, 저는 남이 저에게 행하기를 원하지 않은 일을 저 또한 이러한 일로써 남에게 하고 싶지 않다고 말했으니, 이는 인자의 일이기 때문에 억지로 힘쓴다고 되는 것이 아니다. 그러므로 부자께서 자공이 미칠 바가 아니라고 생각하신 것이다.
　○정자가 말했다. "나는 남이 나에게 행하기를 원치 않는 일을 나 또한 남에게 행하

는 일이 없기를 바라는 것은 인이요, 자신에게 베풀기를 원치 않는 일을 또한 남에게 도 행하지 않으려는 것은 서다. 서라면 자공이 혹시 힘쓸 수 있겠지만 인에는 미칠 수 있는 것이 아니다." 내[朱子]가 생각하건대, '無'라고 이른 것은 자연적으로 그렇게 되는 것이고 '勿'은 금지하는 것을 이르는 것이니, 여기에서 인과 서의 구별이 되는 것이다.

[備旨] 子貢이 自言其志於夫子에 曰我與人으로 同此心하니 亦同此欲이라 我所不欲人之妄加於我之事也를 吾亦欲無以妄加於人하노이다 夫不曰勿加하고 而曰無加하니 是는 以安仁者도 自任矣라 夫子抑而進之에 曰賜也所謂無加云者는 是自然及物이어니와 不待勉强이라 此는 惟心純乎理者라야 能之니 要非爾今日之所及也니라 賜乎아 當知所勉矣니라

자공이 스스로 부자에게 그의 본심을 이야기할 적에 말하기를, "저도 다른 사람들과 더불어 이 마음을 같이하니 또한 이 욕심도 같습니다. 저는 사람들이 함부로 저에게 행하기를 원치 않는 일을 저 또한 다른 사람들에게 함부로 행하는 일이 없기를 바랍니다."라고 했다. 대저 '勿加'라 하지 않고 '無加'라 했으니, 이는 인을 행하는 것도 자신의 임무로 느꼈기 때문이다. 부자께서 말머리를 돌려 나아가도록 할 적에 말씀하시기를, "사가 이른바 '無加'라고 한 것은 이는 자연스럽게 사물에 미쳐야 되는 것이고 힘쓰는 것을 기다려서 되는 것은 아니다. 이는 오직 마음이 다스림에 순전한 사람이라야 능히 할 수 있을 것이니, 요컨대 네가 금일에 미칠 수 있는 바가 아니다. 사야! 마땅히 힘쓸 바를 알아야 할 것이다."라고 하셨다.

○안인(安仁) : 인(仁)의 도(道)를 행함을 본분으로 여겨 이에 만족을 느끼며 삶.
○자임(自任) : 자기의 임무로 느낌. 스스로 감당함.

5·12·1 子貢曰 夫子之文章은 可得而聞也어니와 夫子之言性與天道는 不可得而聞也니라

자공이 말했다. "부자께서 말씀하셨던 예악과 제도에 대해서는 들을 수 있었으나, 부자께서 성과 천도를 말씀하시는 것은 들을 수 없었습니다."

○부자지문장(夫子之文章) : 공자의 문장. ☞문장(文章) : 예악과 제도. 원래 '文'은 사물

이 흥성해서 무늬가 아름다운 모양을 말하고, '章'은 선명하게 빛이 나서 문채가 나는 모양을 말한다. 여기서는 '예악과 제도'로 해석했다. 주자(朱子)는 집주에서 덕이 용모에 나타난 위의(威儀)와 덕이 언어에 나타난 문사(文辭)를 지칭한다고 했고, 형병(邢昺)과 다산(茶山)은 시서예악(詩書禮樂)을 가리킨다고 보기도 했음. "文者蔚然有文 章者燦然有章"

○가득이문야(可得而聞也) : 들을 수 있다. 얻어 들을 수 있음. '得'을 동사로 보고 '얻어 들을 수 있다'라고 해석할 수도 있지만, '得而'는 '得以'와 같이 연결되어 하나의 조동사 역할을 하므로 '들을 수 있다'라고 보통 해석했음. "聞字作知者看"

○부자지언성여천도(夫子之言性與天道) : 부자께서 말씀하신 성과 천도. ☞성여천(性與天) : 성(性)과 천도(天道). 즉 본성과 관한 인의예지(仁義禮智)와 천도에 관한 원형이정(元亨利貞). "言字作所謂看" ☞공자께서 '性'에 대해 언급한 내용은 드물다. 공자의 천명사상(天命思想)을 이해할 수 있는 좋은 자료인데, 직접 거론한 곳은 여기와 양화편(陽貨篇)밖에 없다. 본서 "17・2・1 子曰 性相近也나 習相遠也니라" 참고.

○불가득이문야(不可得而聞也) : 들을 수 없다. "此聞字深看"

文章은 德之見(현)乎外者니 威儀文辭가 皆是也라 性者는 人所受之天理요 天道者는 天理自然之本體니 其實은 一理也라 言夫子之文章은 日見乎外하니 固學者所共聞이어니와 至於性與天道하여는 則夫子罕言之하여 而學者有不得聞者라 蓋聖門敎는 不躐等하니 子貢至是하여 始得聞之하고 而歎其美也니라
○程子曰 此는 子貢이 聞夫子之至論하여 而歎美之言也니라

문장은 덕이 밖으로 드러난 것이니 위의와 문사가 모두 이것이다. 성(性)은 사람이 부여받은 하늘의 이치요, 천도(天道)는 천리와 자연의 본체이니 그것의 실상은 한 이치다. 부자의 문장은 날마다 밖으로 드러나니 진실로 배우는 자들이 함께 들을 수 있었거니와, 성과 천도에 대해서는 부자께서 가끔 말씀하셔서 배우는 자들이 들을 수가 없었다. 대개 성문의 가르침은 차례를 뛰어넘을 수가 없으니, 자공이 여기에 이르러서 비로소 얻어 듣고 그 훌륭함에 감탄했음을 말한 것이다.
○정자가 말했다. "이는 자공이 부자의 탁월한 이론을 듣고서 탄미한 말이다."

○위의(威儀) : 위엄이 있는 위용. 예(禮)의 세칙(細則). 예(禮)에는 경례(經禮)가 되는 예의(禮儀) 3백 가지가 있고, 곡례(曲禮)가 되는 위의(威儀)가 3천 가지가 있음. 또는 위의(威儀)는 덕이 용모에 나타난 것이고, 문사(文辭)는 덕이 언어에 나타난 것이라고 설명하기도 한다. 「논어집주(論語集註)」 "慶源輔氏曰 威儀德之見乎容貌者 文辭德之見乎言語者"

○문사(文辭) : 문(文)과 사(辭). 문장의 말.

○한언(罕言) : 말 수가 적음. ☞한(罕) : 드물다(稀少). 적다.

○성문(聖門) : ①성인의 길로 나아가는 길. ②공자의 문인(門人). 공문(孔門). 여기서는 ②의 뜻.

○엽등(躐等) : 순서를 뛰어넘음. 신분을 넘어섬. 「예기(禮記)」 "幼者聽而弗問 學不躐等也"

○지론(至論) : 탁월하거나 정확하고 상세한 이론.

[備旨] 子貢이 得聞性與天道하여 而歎其美에 曰夫子平日에 以身敎人이어시늘 凡威儀文辭가 自然成文有章者라 學者는 可得而其聞也어니와 若夫子之言仁義禮智之性과 與夫元亨利貞之天道는 則淵微精奧하여 未可遽與學者言하시니 非資敏學到者면 有不可得而其聞也라하니 聖門敎不躐等이 如此라

자공이 성과 천도에 대해 듣고서 그 훌륭함을 탄식할 적에 말하기를, "부자께서 평일에 몸소 사람을 가르치셨는데, 무릇 위의와 문사가 자연스럽게 문채를 이루어 문채가 있었습니다. 배우는 이들은 그것을 들을 수 있었지만, 부자께서 인의예지의 성과 원형이정의 천도를 말한 것은 깊고 정미하며 자세하고 깊어서 황급하게 배우는 이와 더불어는 말씀하지 않으셨으니, 타고난 재질이 총명하고 학문의 경지가 어느 수준에 도달한 사람이 아니면 그것을 들을 수 있는 것이 아니었습니다."라고 했으니, 성문의 가르침이 차례를 뛰어넘을 수 없음이 이와 같다.

○인의예지(仁義禮智) : 사람이 갖추어야 할 네 가지 덕(德). 「맹자(孟子)」 《공손추상(公孫丑上)》 "惻隱之心 仁之端也 羞惡之心 義之端也 辭讓之心 禮之端也 是非之心 知之端也"

○원형이정(元亨利貞) : 주역(周易) 건괘(乾卦)의 네 가지 덕(德) 「주역(周易)·건괘(乾卦)」 "元亨利貞 天道之常"

○연미(淵微) : 깊고 정미함.

○정오(精奧) : 자세하고 깊음. 정심(精深).

○거(遽) : 황급하게. 갑자기.

○자민(資敏) : 타고난 재질이 총명함.

5·13·1 子路는 有聞하고 未之能行이면 惟恐有聞이라

자로는 가르침을 듣고 미처 실행할 수 없으면, 오직 또 다른 가르침을 들을까 두려워했다.

○자로유문(子路有聞) : 자로가 가르침을 듣다. ☞유문(有聞) : 좋은 말과 좋은 행실에 대한 가르침. 여기서 '有'는 '또한'이란 뜻을 가진 부사로서 '聞'이라는 동사 앞에 쓰여 사건의 중복이나 연속을 나타내며, 특별히 해석할 필요는 없음. "有聞兼善言善行說"
○미지능행(未之能行) : 아직 그것을 실행하지 못하다. '未能行之'의 도치. 고대 한문에서는 '未'에 의해서 부정되는 '서술어＋목적어'의 구조에서는 목적어가 대명사이면 서로 도치되는데, 이는 고대 문법의 특징이었다. "行是見之行事"
○유공유문(惟恐有聞) : 오직 또 다른 내용을 듣게 될까 마음에 두려워 함. 여기서도 '有'는 '또한'이란 뜻을 가진 부사로서 '聞'이라는 동사 앞에 쓰여 사건의 중복이나 연속을 나타내며, 특별히 해석할 필요가 없다. "恐是心中畏懼 聞指後來之聞"

前所聞者를 旣未及行이라 故로 恐復有所聞하여 而行之不給也라
○范氏曰 子路聞善이면 勇於必行하니 門人이 自以爲弗及也라 故로 著之라 若子路면 可謂能用其勇矣라

전에 들었던 것을 아직도 실행하는 데까지 미치지 못했던 것이다. 그러므로 다시 듣고서 실행이 충분하지 못할까 두려워한 것이다.
○범 씨가 말했다. "자로는 좋은 말을 들으면 반드시 실행하는 데 용감했으니, 제자들이 스스로 따라갈 수 없다고 여겼기 때문에 이것을 기록한 것이다. 자로와 같은 사람이라면 그 용맹을 잘 썼다고 이를 만하다."

[備旨] 子路勇於進善이로되 但甫有所聞而未之能行之時에는 則此心惕然하여 惟恐復有所聞而行之不給하고 孜孜勉勉하여 必力行其所聞而後에 已也라 子路之勇於行이 如此하니 推是心也면 豈復有不行之聞乎아

자로는 선에 나아가는 데에 용맹했지만, 다만 막 가르침을 들은 것이 있어서 능히 행하지 못했을 때에는, 이렇게 마음으로 근심하여 오직 또 다른 가르침을 들어서 실행이 충분하지 못할까 두려워했고, 부지런히 노력하고 부지런히 애써서 반드시 자기가 들은 것을 힘써 행한 뒤에 그만 두었던 것이다. 자로가 실행하는 데 용감함이 이와 같았으니, 이 마음을 미루어본다면 어찌 다시 행치 않고 들었겠는가?

○보(甫) : 이제야. 이제 막. 비로소.
○척연(惕然) : 근심하고 두려워하는 모양.
○자자(孜孜) : 부지런히 노력하는 모양.
○면면(勉勉) : 부지런히 애쓰는 모양. 자자(孜孜). 급급(汲汲).

5·14·1 子貢問曰 孔文子를 何以謂之文也잇고 子曰 敏而好學하며 不恥下問이라 是以로 謂之文也니라

자공이 묻기를, "공문자를 어찌하여 시호를 문이라고 이르게 되었습니까?" 하자, 공자께서 대답하셨다. "총명하고 배우기를 좋아하며 아랫사람에게 묻기를 부끄럽게 여기지 않았다. 이런 까닭으로 문이라고 한 것이다."

○공문자(孔文子) : 위(衛)나라 대부 중숙어(仲叔圉)를 말함. 성은 공(孔), 이름이 어(圉), 시호가 문(文)이었다.

○하이위지문야(何以謂之文也) : 어찌하여 시호를 문이라고 이르는가? ☞하이(何以) : 무엇으로써. 무엇 때문에. 어찌하여. '何以'는 '以何'의 도치형인데, 의문대명사인 '何'가 이유·원인·도구를 나타내는 전치사 '以'를 만나면 도치된다. ☞지(之) : 대명사로서 공문자를 가리킴. ☞문(文) : 위(衛)나라 대부 중숙어(仲叔圉)의 시호(諡號). 옛날 시법(諡法)에 '부지런히 배우고 묻기를 좋아하는 것을 문으로 삼았다[有以勤學好問 爲文者]는 점을 참고하면 그의 성품을 알 수 있다. ☞시호(諡號) : 시법(諡法). 시호(諡號)를 의정(議定)하는 법. 주초(周初)에 처음 생겼음. 임금·정승·유현(儒賢)들이 죽은 뒤에 생전의 행적에 의거하여 추증(追贈)하는 이름. 제왕과 신하의 시호는 시법에 따라 의정(議定)하였음. 일반 문인(文人)이나 은사(隱士)에게 친구나 제자들이 추증하는 시호는 이를 사시(私諡)라 하여 조정에서 주는 시호와는 구별됨. 본서 헌문편(憲問篇)에도 시호(諡號)를 문(文)이라고 칭한 데 대한 내용이 나옴. 본서 "14·19·2 子聞之하시고 曰 可以爲文矣로다" 참고. "何以猶云 何所取此 有疑其諡之不當意"

○민이호학(敏而好學) : 성질이 총명하고 배우기를 좋아하며 부지런히 전적(典籍)을 상고함. "敏是性質聰明 好學是勤稽典籍"

○불치하문(不恥下問) : 아랫사람이나 사기보나 못한 사람에게 묻는 것을 부끄러워하시 아니함. "不恥是不以爲愧 問是問下於己者"

孔文子는 衛大夫니 名圉라 凡人性敏者는 多不好學하고 位高者는 多恥下問이라 故로 諡法에 有以勤學好問으로 爲文者하니 蓋亦人所難也라 孔圉得諡爲文은 以此而已라

○蘇氏曰 孔文子가 使太叔疾로 出其妻而妻之러니 疾通於初妻之娣어늘 文子怒하여 將功之라가 訪於仲尼하니 仲尼不對하고 命駕而行하시니라 疾奔宋한대 文子使疾弟遺로 室孔姞하니 其爲人如此로되 而諡曰文이라하니 此子貢之所以疑而問也라 孔子不沒其善하고 言能如此하시니 亦足以爲文矣요 非經天緯地之文也니라

　　공문자는 위나라 대부이니, 이름이 어다. 무릇 사람의 성품이 총명한 사람은 배우기
를 좋아하지 않는 일이 많고, 지위가 높은 사람은 아랫사람에게 묻기를 부끄럽게 여기
는 일이 많다. 그러므로 시법에 부지런히 배우고 묻기를 좋아하는 것을 문으로 삼았다
했으니, 대개 또한 사람이 어려워하는 것이다. 공어가 문이라는 시호를 얻은 것은 이러
한 이유일 따름이다.

　　○소 씨가 말했다. "「춘추전」 애공 11년 겨울에 공문자가 태숙질로 하여금 그의 부
인을 쫓아내도록 하고, 자기의 딸인 공길을 그에게 시집보냈더니 태숙질은 본부인의
여동생과 정을 몰래 통했었다. 이에 공문자가 노하여 장차 태숙질을 치려고 하다가 중
니에게 의견을 물으니, 중니는 대답하지 않고 마부에게 말을 준비하라고 해서 가버렸
던 것이다. 태숙질이 송나라로 달아나니, 공문자는 태숙질의 아우 유로 하여금 공문자
의 딸 공길을 아내로 맞이하게 하였다. 그는 사람됨이 이와 같았는데도 시호를 문이라
하니, 이 때문에 자공이 의심하여 물은 것이다. 공자께서 그의 좋은 점을 없애지 아니
하고 능히 이와 같다고 하셨으니, 또한 족히 문이 된다고는 할 수 있고 천하를 다스릴
정도의 문은 아닌 것이다."

○어(圉)：마부. 마구간. 감옥.
○길(姞)：성(姓).
○방(訪)：의견을 묻다.「서전(書傳)」《홍범(洪範)》"王訪于箕子"
○명가(命駕)：길을 떠나기 위하여 마부에게 거마(車馬)를 준비시킴.
○실(室)：아내. 집사람.
○경천위지(經天緯地)：하늘을 날실로 땅을 씨실로 삼음. 천하를 다스림의 비유.

[備旨] 子貢이 疑文子之得諡爲文하여 乃問에 曰諡公論也요 文美稱也라 孔文子之爲人
이 似無足取者로되 何以得諡爲文也잇고한대 夫子曰 凡人性敏者는 多不好學이어늘 彼則
性雖敏이나 而不恃其敏하고 悉心典故하니 稱好學焉이요 位高者는 多恥下問이어늘 彼則
位雖高나 而不負其位하고 廣詢僚吏하니 不恥下問焉이라 是其勤學好問이 正與諡法으로
有合者니 所以得諡爲文也라 文子之文이 豈溢美也哉아

　　자공이 문자의 시호를 문이라고 한 데 대해 의심스러워서 바로 여쭈면서 말하기를,
"시호는 공적으로 의논한 것이고 문은 아름답게 일컬은 것입니다. 공문자의 사람됨이
취할 것이 없는 것처럼 보이는데 어찌하여 문이라는 시호를 얻게 되었습니까?"라고 하
니, 부자께서 말씀하시기를, "무릇 사람의 성질이 총명한 사람은 배우기를 좋아하지 않
는 경우가 많은데, 그는 성품이 비록 총명했지만 그 총명함을 믿지 않고 전고를 연구
하는 데 마음을 다했으니 배우기를 좋아한다고 이를 만하고, 자리가 높은 사람은 아랫

사람에게 묻는 것을 부끄럽게 여기는 경우가 많은데, 그는 자리가 비록 높았지만 그 자리를 저버리지 않고 자기 밑에 있는 사람에게 널리 물었으니 아랫사람에게 묻는 것을 부끄럽게 여기지 않았던 것이다. 이렇게 된다면 그가 배우기를 즐기고 묻기를 좋아했던 것이 바로 시법과 더불어 들어맞은 것이니, 문이라고 하는 시호를 얻게 된 까닭이다. 문자의 시호를 문이라고 한 것이 어찌 지나치게 칭찬한 것이겠는가?"라고 하셨다.

○공론(公論) : 공적으로 의논함. 또는 널리 일반인이 정당하다고 여기는 의견.
○전고(典故) : 전례(典例)와 고실(故實). ☞전례(典例) : 정해져 있는 규범. 법칙. ☞고실(故實) : 예전에 있었던 일. 옛 의식(儀式)·예법 중에 후세의 본이 되는 것.
○실심(悉心) : 마음을 다함. ☞실(悉) : 다하다. 모두.
○요리(僚吏) : 계급으로 보아 자기 밑에 딸린 동료. 속관(屬官). 요관(僚官).
○광문(廣詢) : 널리 여러 사람에게 물음. ☞순(詢) : 널리 묻다. 자문함.
○일미(溢美) : ①아주 아름다움. ②사실보다 너무 좋게 말함. 지나치게 칭찬함. 여기서는 ②의 뜻.

5·15·1 子謂子産하시되 有君子之道四焉하니 其行己也恭하며 其事上也敬하며 其養民也惠하며 其使民也義니라

공자께서 자산에 대해 이르셨는데, "군자의 도 네 가지를 지니고 있었으니, 몸가짐이 겸손했으며, 윗사람을 섬길 적에 공경히 대했으며, 백성을 기를 적에 은혜롭게 했으며, 백성을 부릴 적에 알맞게 했었다." 하셨다.

○자위자산유군자지도사언(子謂子産有君子之道四焉) : 공자가 자산을 '군자의 도 네 가지가 있다'고 평하다. ☞위(謂) : 이르다. 비평하다. 논평하다. 여기서는 개인적으로 '사사로이 비평하다'라는 의미가 강함. ☞자산(子産, B.C ?~B.C 521) : 춘추(春秋) 때 정(鄭)나라 대부(大夫)였던 공손교(公孫僑). 자산(子産)은 그의 자. 40여 년 동안 국정에 참여하여 진(晉)·초(楚) 등이 침략하지 못하게 하는 등 치적이 많았음. ☞군자지도(君子之道) : 여기서 말한 군자의 도란 덕을 갖추기에 합당한 도를 말함. "謂是私稱 君子之道是合於成德之道 四卽下四件"
○기행이야공(其行己也恭) : 그의 행실이 겸손하다. ☞기(其) : 대명사로서 자산을 가리킴. ☞야(也) : 어기를 한 번 늘임으로써 강조해주는 어조사. "其指子産 行己就待人接物

說 恭如辭命見稱於子羽 爲善必歸於子皮是也"
○기사상야경(其事上也敬) : 임금을 섬길 적에 공경히 대하다. "事上是事君 敬如始事簡
公克盡相道繼事 定公克盡臣職是也"
○기양민야혜(其養民也惠) : 백성을 사랑하고 이롭게 하다. "養是育其生 惠謂愛本於心
利施於外 如殖民田疇敎民子弟是也"
○기사민야의(其使民也義) : 백성을 부릴 적에 정도에 넘치지 않도록 알맞게 하다. '義'
는 절제가 있도록 한다는 말. "使不是役使 乃驅使之使 猶駕馭約束也 義有節制意"

子産은 鄭大夫公孫僑라 恭은 謙遜也요 敬은 謹恪也요 惠는 愛利也라 使民義는
如都鄙有章하고 上下有服하며 田有封洫하고 廬井有伍之類라
○吳氏曰 數其事而責之者는 其所善者多也니 臧文仲이 不仁者三이요 不知者
三이 是也요 數其事而稱之者는 猶有所未至니 子産有君子之道四焉이 是也라
今或以一言으로 蓋一人하고 一事로 蓋一時하니 皆非也라

　자산은 정나라의 대부 공손교다. 공(恭)은 겸손함이요, 경(敬)은 공경하고 삼가는 것
이요, 혜(惠)는 사랑하고 이롭게 하는 것이다. 백성을 부릴 적에 알맞게 했다는 것은
「춘추전」 양공 30년조에 나오는 서울과 시골에는 계급을 나타내는 장이 있고, 상하에
는 신분에 따른 복이 있으며, 토지에는 논밭의 경계가 있고, 여정에는 오라는 행정 단
위가 있다는 종류와 같다.
　○오 씨가 말했다. "「춘추전」 문공 2년조에 나오는 것처럼 그 일을 하나하나 들어
서 꾸짖은 것은 그가 잘한 점이 많다는 것이니, 장문중이 어질지 못한 것이 세 가지이
고 지혜롭지 못한 것이 세 가지라 한 것이 이것이요, 그 일을 하나하나 들어서 일컬은
것은 오히려 미진한 점이 있다는 것이니, 자산이 군자의 도가 네 가지 있다는 것이 이
것이다. 오늘날 혹 한 마디 말로 한 사람을 단정하고 한 가지 일로 한 때를 단정하려
는 사람이 있으니, 모두가 잘못이다."

○근각(勤恪) : 공경하고 삼감.
○도비(都鄙) : 서울과 시골. 인신하여 전국(全國).
○장(章) : 무늬로 관위(官位)를 나타내는 예복이나 관복.
○복(服) : 신분·등급에 따라 규정한 복식(服飾).
○봉혁(封洫) : 논밭의 경계. ☞봉(封) : 경계(境界). ☞혁(洫) : 봇도랑. 논 사이의 물을
통하게 하는 도랑.
○여정(廬井) : 여덟 집의 여사(廬舍). 정전제(井田制)에서 여덟 집이 한 정(井)이 되는
데서 이름.

○오(伍) : 다섯 집을 한 반(班)으로 한 행정상의 단위.
○책(責) : 책임지우다. 바라다.
○삼불인(三不仁)과 삼부지(三不知) : 공자께서 장문중(臧文仲)에 대하여 세 가지 어질지 못한 점과 세 가지 지혜롭지 못한 점을 지적한 내용.「춘추좌씨전(春秋左氏傳)」《문공(文公)》"장문중은 어질지 못한 것이 세 가지가 있고 지혜롭지 못한 것이 세 가지가 있다. 전금(展禽)이 어진 사람인데도 그의 지위를 떨어뜨리고, 여섯 관문을 폐하여 나쁜 사람들이 자유로이 출입할 수 있도록 하고, 집안의 여자들에게 자리를 짜게 하여 서민들과 이익을 다투게 한 것이 삼불인(三不仁)이요, 신분에 어울리지 않는 쓸데없는 것을 만들고, 거꾸로 순서를 어기어 제사지내며, 원거(爰居)라는 새에게 제사를 지낸 것이 삼부지(三不知)다.(仲尼曰 臧文仲 其不仁者三 不知者三 下展禽 廢六關 妾織蒲 三不仁也 作虛器 縱逆祀 祀爰居 三不知也)"

[備旨] 夫子嘗謂子産하시되 有合於君子之道四焉하니 四者維何오 其行己也謙恭하여 以盡待人之禮而推讓하니 於子皮子羽者에 可知已요 其事上也恪敬하여 以守爲臣之分而盡職하니 於簡公定公者에 可見已요 其養民也에 則有愛利之惠하여 凡殖田疇하고 敎子弟하니 孰非惠所流乎아 其使民也에 則有經制之義하여 凡別廬井하고 辨章服하니 孰非義所定乎아 是四者는 皆君子之道也요 子産有之하니 可謂鄭之良矣로다

　부자께서 일찍이 자산에 대해 이르셨는데, "군자의 도 네 가지에 합당한 점이 있다고 했으니 네 가지란 도대체 무엇인가? 그는 처신을 할 적에 겸허하고 공손하여 사람을 대하는 예를 다하여 양보하고 사양했으니 자피와 자우에게 행한 데서 알 수 있을 따름이요, 그가 윗사람을 섬길 적에 지극히 공경하여 신하 된 본분을 지켜서 직분을 다했으니 간공과 정공에게 행한 데서 볼 수 있을 따름이요, 그가 백성을 기를 적에 사랑하고 이롭게 해주는 은혜가 있어서 무릇 곡식과 밭을 불리고 자제들을 가르쳤으니, 어느 것이 은혜에 미친 것이 아니겠는가? 그 백성을 부릴 적에는 다스리고 통제하는 의리가 있어서 여정을 구별하고 장복을 판별했으니, 어느 것이 의리로 정한 바가 아니겠는가? 이 네 가지는 모두 군자의 도일 것이요 자산에게 이러함이 있었으니, 가히 정나라에서 훌륭한 사람이라고 이를 만하다."라고 하셨다.

○행기(行己) : 세상을 살아갈 적에 몸가짐. 처신(處身).
○겸공(謙恭) : 겸허하고 공손함.
○추양(推讓) : 양보하고 사양함. 추사(推辭).
○자피(子皮) : 춘추(春秋)시대 정(鄭)나라의 공자(公子)였던 한호(罕虎)의 자(字).
○자우(子羽) : 춘추(春秋)시대 정(鄭)나라의 공자(公子)였던 공손휘(公孫揮)의 자(字).

○각경(恪敬) : 공경하고 공경함.
○간공(簡公) : 춘추(春秋)시대 정(鄭)나라의 제후(諸侯).
○정공(定公) : 춘추(春秋)시대 정(鄭)나라의 제후(諸侯).
○전주(田疇) : 경지(耕地). '田'은 곡식, '疇'는 삼을 심는 밭을 이름.
○경제(經制) : 다스리고 통제함.
○장복(章服) : 해·달·별 등의 무늬로 등급을 나타낸 예복.

5·16·1 子曰 晏平仲은 善與人交로다 久而敬之온여

　공자께서 말씀하셨다. "안평중은 남과 잘 사귀는구나! 오래되어도 상대방을 공경하는구나!"

○안평중(晏平仲) : 제(齊)나라의 대부. 이름은 영(嬰). 자는 중(仲). 시호는 평(平). 공자와 동시대의 인물.
○선여인교(善與人交) : 남과 잘 사귀다. "交要切大夫講 或本國寮寀 或隣國卿大夫 或草野賢士"
○구이경지(久而敬之) : 오래되어도 존경하다. 처음부터 끝까지 남을 공경함. 이두(吏讀)에서 '온여'는 'ㅎ온여'와 동의어인데 '爲乎亦'으로 표기했다. '…함이므로' '…함이기에' '…한 것인데' '…한 것이니'의 뜻이다. "久是自始至終 敬雖是外盡禮內盡誠 亦有不爭權不挾貴意"

晏平仲은 齊大夫니 名嬰이라 程子曰 人交久면 則敬衰하나니 久而能敬이면 所以爲善이라

　안평중은 제나라의 대부이니, 이름은 영이다. 정자가 말했다. "사람을 사귀기를 오래하면 공경함이 쇠해지는 것인데, 오래되어도 능히 공경하면 남과 사귀기를 잘했기 때문이다."

[備旨] 夫子稱平仲意에 曰人孰無交리오 而未必其盡善也어늘 若晏平仲者는 其殆善與人交乎로다 蓋其與人交也에 非徒敬之於始也요 惟交愈久而敬愈至온여 此는 其所以爲善交也니 若平仲이면 可以風矣라

　부자께서 안평중을 칭찬하는 뜻에서 말씀하시기를, "사람이 누구인들 사귐이 없겠는

가? 그렇지만 반드시 남과 사귀기를 다 잘할 수는 없는데, 안평중과 같은 사람은 아마 남과 잘 사귀는구나! 아마도 그 사람이 남과 사귈 적에 처음에도 공경했을 뿐만 아니라 사귀기를 오래하면 할수록 공경을 더욱 지극히 하는구나! 이는 그가 사귀기를 잘한다는 것이니, 안평중과 같은 사람이라면 백성들을 교화시킬 수 있을 것이다."라고 하셨다.

○기태(其殆) : 아마. 대개. 혹시…일지도 모른다. 상황에 대한 추측을 나타냄.
○비도(非徒) : …뿐 아니라. …일 뿐더러.
○풍화(風化) : 덕으로 백성을 교화함. 교화(敎化).

5·17·1 子曰 臧文仲이 居蔡하되 山節藻梲하니 何如其知也리오

공자께서 말씀하셨다. "장문중이 큰 거북을 자기 집에 감추어 두고 집을 만들되, 기둥 윗부분 두공에는 산 모양을 새기고 들보 위 동자기둥에는 수초를 그렸으니, 어찌 그것이 지혜롭다 하겠는가?"

○장문중(臧文仲) : 노(魯)나라 대부(大夫) 장손진(臧孫辰). 중(仲)은 항렬. 문(文)은 그의 시호였음. 본서 15·13·1 참고.
○거채(居蔡) : 큰 거북을 살게 하다. 채(蔡)나라에서 잡힌 큰 거북을 감추어 두다. '蔡'란 원래 '채'라는 지명인데 그 땅에서 큰 거북이 생산되었기에 '거북'으로 일컫게 되었다. 당시에 천자는 큰 거북을 종묘에 감추어 두고, 나라의 중대사가 있으면 그 거북으로 점을 치고 일을 귀신에게 물었던 것이다. 장문중은 대부로서 천자의 일을 행했으니 참람한 짓이리고 생각한 것이다. "龜出於蔡 故以爲名"
○산절조절(山節藻梲) : 기둥 윗부분 두공(斗栱)에는 산(山) 모양을 새기고, 들보 위 동자기둥에는 수초(水草)를 그림. 산 모양을 새기는 이유는 고요함을 본뜨기 위해서, 수초를 그리는 이유는 그 깨끗함을 드러내기 위해서임. ☞절(節) : 기둥 윗부분의 두공(斗栱). ☞조(藻) : 수초 이름. ☞절(梲) : 동자기둥. 들보 위에 세워 상량(上樑)이나 오량(五樑) 따위를 받치는 짧은 기둥. "刻山於節象其靜也 畫藻於梲昭其潔也"
○하여기지야(何如其知也) : 어찌해서 그것이 지혜롭다 하겠는가? 왜 그것이 지혜롭다 하겠는가? 장문중의 행위가 지혜롭지 못함을 완곡하게 지적함[婉刺文仲之不智]. 즉 집에 큰 거북을 간직하고 천자의 예를 사용한 것은 모두 참람한 행위이기 때문에 지혜롭지 못하다는 말. ☞하여(何如) : '何如'는 보통 상태·성질·가부(可否) 등을 물을 적에 쓰이고, '如何'는 방법을 물을 적에 쓰임. ☞기(其) : 대명사로서 장문중의 행위를 가리

킴. ☞지(知) : 거성(去聲)으로 쓰여 '지혜'라는 뜻. ☞야(也) : 의문의 뜻을 나타내는 어조사. "猶云何等樣知"

臧文仲은 魯大夫臧孫氏니 名辰이라 居는 猶藏也요 蔡는 大龜也라 節은 柱頭斗栱也라 藻는 水草名이라 梲은 梁上短柱也니 蓋爲藏龜之室이로되 而刻山於節하고 畫藻於梲也라 當時에 以文仲爲知라하니 孔子言其不務民義하고 而諂瀆鬼神이 如此하니 安得爲知리오 春秋傳에 所謂作虛器가 卽此事也라
○張子曰 山節藻梲하여 爲藏龜之室은 祀爰居之義로 同歸於不知宜矣라

장문중은 노나라 대부 장손 씨이니, 이름이 진이다. 거(居)는 간직한다는 것과 같다. 채(蔡)는 큰 거북이다. 절(節)은 기둥 윗부분의 두공이다. 조(藻)는 수초 이름이다. 절(梲)은 대들보 위 짧은 기둥이니, 대개 거북을 보관해두는 집을 만들되 기둥 윗부분 두공에 산 모양을 새기고 대들보 위 짧은 기둥에는 수초를 그려놓았다는 것이다. 당시 사람들은 장문중을 지혜롭다고 하니, 공자께서 '그가 사람의 도의에는 힘쓰지 않고 귀신에게 아첨하여 더럽힌 것이 이와 같으니, 어떻게 지혜롭다 하겠는가?'라고 말씀하신 것이다. 「춘추전」에 이른바 '신분에 어울리지 않게 쓸데없는 기물을 만들었다.'는 말이 곧 이 일이다.
○장자가 말했다. "기둥 윗부분 두공에는 산 모양을 새기고 들보 위 동자기둥에는 수초를 그려서 거북을 보관하는 집을 만들었다는 것은 원거라는 새에게 제사지냈다는 것과 함께 지혜롭지 못하다는 것으로 귀결되는 것이 마땅하다."

○두공(斗栱) : 두(斗)와 공(栱). 두공(斗拱). '斗'는 기둥의 들보 위에 세우는 네모진 나무. 주두(柱頭). 주두(柱枓). '栱'은 기둥과 들보가 만나는 곳에 중량(重量)을 받는 아치형의 나무.「예기(禮記)」《예기(禮器)》"山節藻梲"〈소(疏)〉"山節謂刻柱頭爲斗拱形如山也"
○첨(諂) : 아첨하다.
○독(瀆) : 더럽히다. 어지럽히다.
○원거(爰居) : 바닷새의 한 가지.
○작허기(作虛器) : 신분에 어울리지 않게 쓸데없는 기물을 만듦. 곧 큰 거북을 자기 조상 사당에 감추고 방안의 기둥에다 산 모양을 조각하고 대들보 위에 수초 모양의 그림을 그린 일을 말함. 본서 5·15·1의 집주. '삼불인(三不仁)과 삼부지(三不知)' 해설 참고.

[備旨] 夫子譏文仲意에 曰所貴於知者는 務民意而遠鬼神也어늘 今文仲은 則置藏龜之室하되 刻山於節하여 以象龜之靜하고 畫藻於梲하여 以昭龜之潔하니 其媚於鬼神이 如此면 則必惑於其所難知하고 而蔽於其所當務라 吾不知何如其爲文仲之知也리오

　　부자께서 문중을 나무라는 뜻에서 말씀하시기를, "지혜를 귀하게 여기는 사람은 백성의 뜻에 힘을 쓰고 귀신을 멀리해야 할 터인데, 지금 문중은 거북을 보관해두는 집을 만들되 기둥 윗부분 두공에는 산을 새겨 거북의 고요함을 본뜨고, 대들보 위 짧은 기둥에는 수초를 그려 넣어 거북의 깨끗함을 드러내었으니, 그가 귀신에게 아첨함이 이와 같다고 한다면 반드시 알기 어려운 것에는 미혹되고 마땅히 힘써야 할 것에는 가려진 것이다. 나는 어찌해서 그것이 문중의 지혜가 되는지 알 수 없다."라고 하셨다.

○미(媚) : 아첨하다.
○'吾不知何如其爲文仲之知也리오'를 전통적인 방법으로 '吾不知케라 何如其爲文仲之知也리오(나는 알지 못하겠다. 어찌해서 그것이 문중의 지혜가 되는가?)'로 현토하여 해석할 수도 있다.

5·18·1 子張問曰 令尹子文이 三仕爲令尹하되 無喜色하고 三已之하되 無慍色하며 舊令尹之政을 必以告新令尹하니 何如하니잇고 子曰 忠矣니라 曰仁矣乎잇가 曰未知케라 焉得仁이리오

　　자장이 묻기를, "영윤 자문이 세 차례나 벼슬해서 영윤이 되었지만 기뻐하는 기색이 없었고, 세 번이나 벼슬을 그만두면서도 성을 내는 기색이 없었으며, 옛날 영윤이 행했던 정사를 반드시 새로 부임한 영윤에게 일러주었으니, 어떻다고 평가하면 좋겠습니까?" 하자, 공자께서 "충성스럽다고 할 것이다."라고 대답하셨다. "어질다고 할 만합니까?" 하고 다시 묻자, "모르겠지만 어찌 어질다고 할 수는 있겠는가?" 하셨다.

○영윤자문삼사위영윤(令尹子文三仕爲令尹) : 영윤이라는 벼슬을 가진 자문이 세 차례나 벼슬해서 영윤이 되다. ☞영윤(令尹) : 춘추(春秋)·전국(全國) 때 초(楚)나라의 벼슬 이름. 상경(上卿)으로 정사를 관장하던 최고의 벼슬. ☞자문(子文) : 초(楚)나라의 대부(大夫). 성이 투(鬪)이며 이름은 누오도(穀於菟)였다. 청렴하고 유능했던 정치가로 알려져 있음. 자문(子文)이 어릴 때 몽(夢)이라는 습지대에 버려졌는데, 범이 젖을 먹였다. 초인(楚人)들은 젖을 '누(穀)'라 하고 범을 '오도(於菟)'라고 말했으므로, '누오도(穀於菟)'라고 함. 「춘추좌씨전(春秋左氏傳)」 선공(宣公) 4년조 참고. "三次擢爲令尹"
○무희색(無喜色) : 기뻐하는 기색이 없다. "是不以得位爲榮而喜形於色"
○삼이지(三已之) : 세 번이나 영윤의 자리를 그만두다. "已是罷去之 指令尹因上三仕故有三已"

○무온색(無慍色) : 성을 내는 기색이 없다. "慍色是怒見於色"
○구영윤지정(舊令尹之政) : 전임자 영윤이 세우거나 베풀었던 정사. "卽子文所設施者"
○필이고신영윤(必以告新令尹) : 반드시 새로 부임한 영윤에게 상세히 일러주어 어긋나는 일이 없도록 했다는 말. "告是詳說與他使知所從違意 新令尹指代子文之人"
○하여(何如) : 행실이 어떠한가를 묻는 말. 아마 부자께서 그의 인에 대해서 허여해 줄 것이라고 믿고 묻는 말. "何如는 보통 상태·성질·가부(可否) 등을 물을 적에 쓰이고, '如何'는 방법을 물을 적에 쓰임. "是問其制行 疑夫子必許其仁"
○충의(忠矣) : 충성스러웠다. 나라를 위해 충성한다고 이를 만함. "就盡心爲國說"
○인인호(仁矣乎) : 어질다고 인정해 주겠는가? "仁是心之德 此就難能講"
○미지(未知) : 알지 못하겠다. 진짜 몰라서 하는 말이라기보다는 인의 경지에 도달하지 못했음을 긍정하기 힘들어서 하는 표현 방식. "指心上說"
○언득인(焉得仁) : 어찌 인을 얻었다고 할 수 있는가? 그가 한 일에 대해 인을 허여해 줄 수 없다는 표현. "就事上說"

令尹은 官名이니 楚上卿執政者也라 子文은 姓鬪요 名穀於菟라 其爲人也喜怒不形하고 物我無間하여 知有其國하고 而不知有其身하니 其忠盛矣라 故로 子張疑其仁이라 然이나 其所以三仕三已로되 而告新令尹者가 未知其皆出於天理요 而無人欲之私也라 是以로 夫子但許其忠하고 而未許其仁也시니라

　영윤은 벼슬 이름이니, 초나라의 상경으로 정사를 맡아보던 사람이다. 자문은 성이 투요, 이름은 누오도다. 그의 사람됨이 기쁨과 성냄을 나타내지 않고, 외물이나 자아에 빈틈이 없어서 나라가 있다는 것만 알고 그 자신이 있다는 것은 알지 못하였으니, 그 충성스러움이 대단했던 것이다. 그러므로 자장이 그의 인을 의심했던 것이다. 그러나 그가 세 번 벼슬하다가 세 번 그만두면서도 새로 부임해 온 영윤을 깨우쳐 준 것이, 그 모두가 천리로부터 나온 것이고 인욕의 사사로움은 없었는지 알 수 없는 것이다. 이 때문에 부자께서 다만 그의 충성스러움만을 허여하고 그의 인은 허여하지 않으신 것이다.

○간(間) : 빈틈. 불화. 거성(去聲)으로 쓰였음.
○상경(上卿) : 주대(周代)에는 가장 존귀한 사람을 일컬었는데, 후대에는 조정 대신을 주로 일컫는 말로 쓰임.
○누오도(穀於菟) : 자문(子文)의 별명. ☞누(穀) : 젖먹이다.

[備旨] 子張問於夫子에 曰楚上卿執政之令尹子文者는 三仕而爲令尹之官하되 而喜不形

於色하고 三已其令尹之官하되 而慍不形於色하며 其當三已之時에 必以舊令尹所行之政으로 而告新令尹代政之人하니 制行若此라 其人果何如也오하니 夫子曰 斯人也喜怒不形하고 物我無間하여 知有國而不知有身하니 可謂之忠矣라하시다 子張又疑에 曰其得謂之仁矣乎잇가하니 夫子曰 當理而無私心者는 仁也라 子文之制行이 雖忠이나 然이나 未知其皆出於天理하여 而無私否也라 焉得遽以仁許之乎아

　　자장이 부자께 여쭈면서 말하기를, "초나라 상경으로 정사를 맡았던 영윤이었던 자문은 세 번이나 벼슬해서 영윤의 벼슬을 했지만 기뻐하는 기색을 나타내지 않았고, 세 번이나 그 영윤의 벼슬을 그만두었지만 성내는 기색을 나타내지 않았으며, 그가 세 번 그만두게 되었을 때에는 반드시 옛날 영윤이 행했던 바의 정사를 새로운 영윤으로 정사를 대신할 사람에게 깨우쳤으니, 행동하는 모습이 이와 같았습니다. 그 사람을 진실로 어떻다고 보십니까?"라고 하니, 부자께서 말씀하시기를, "이 사람은 기쁨과 성냄을 나타내지 않고 외물이나 자아에 빈틈이 없어서 나라가 있다는 것만 알고 그 자신이 있다는 것은 알지 못하니, 가히 충성스럽다고 이를 만하다."라고 하셨다. 자장이 또 의심이 나서 말하기를, "그를 어질다고 이를 수 있겠습니까?"라고 하니, 부자께서 말씀하시기를, "이치에 합당하고 사심이 없는 것이 인이다. 자문의 행동하는 모습이 비록 충성스러웠으나, 그러나 그것이 모두 천리로부터 나와서 사사로움이 있는지 그렇지 않은지 알지 못하겠다. 어찌 갑자기 인에 대해 허여할 수 있겠는가?"라고 하셨다.

○제행(制行) : 행실을 가짐. 필요에 따라 행동하는 모습. '行'은 거성(去聲)으로 쓰였음. 「중문대사전(中文大辭典)」"謂制法立行也 [禮表記] 聖人之制行也 不制以己"
○거(遽) : 갑자기. 문득.

5·18·2 崔子 弑齊君이어늘 陳文子有馬十乘이로되 棄而違之하여 至於他邦하여는 則曰 猶吾大夫崔子也라하고 違之하며 之一邦하여 則又曰 猶吾大夫崔子也라하고 違之하니 何如하니잇고 子曰 淸矣나라 曰仁矣乎잇가 曰未知케라 焉得仁이리오

　　"최자가 제나라 임금을 시해하자, 그때 같은 대부였던 진문자라는 사람이 말 40필을 소유하고 있었지만 그것을 버리고 떠나서 다른 나라에 이르러서는 말하기를, '우리 나라의 대부 최자와 같다.' 하고 그 곳을 떠났으며, 또 다른 나라에 이르러서도 또 말하기를, '이 사람 역시 우리 나라의 대부 최자와 같다.' 하고 그 곳을 떠나갔으니, 어떻습

니까?" 하고 묻자, 공자께서 "깨끗한 사람이다." 하고 대답하셨다. "어진 사람이라고 할 만합니까?" 하고 다시 묻자, "모르겠다만 어찌 인자라고 할 수 있겠는가?" 하셨다.

○최자시제군(崔子弑齊君) : 최자가 제나라 임금을 시해하다. ☞최자(崔子) : 제(齊)나라 대부(大夫). 성은 최(崔). 이름은 저(杼).「춘추좌씨전(春秋左氏傳)」에 보면 양공(襄公) 25년에 제(齊)나라 임금 장공(莊公)을 시해했다. ☞시(弑) : 시해하다. 아랫사람이 윗사람을 죽이다. "弑是下殺上 崔杼因棠姜起釁弑公"

○진문자유마십승(陳文子有馬十乘) : 진문자라는 사람이 말 40필이 있었다. 부자라는 의미. "四匹爲一乘 十乘總言其富意"

○기이위지(棄而違之) : 말을 버리고 떠나가다. '違'는 '떠나다[去也]'의 뜻. "正見其能舍富貴而不顧"

○지어타향(至於他邦) : 한 나라를 떠나 또 다른 나라에 이르다. "另一邦"

○유오대부최자야(猶吾大夫崔子也) : 우리 나라의 대부 최자와 같다. 최자와 같이 시역(弑逆)을 했다는 말이 아니고, 다른 나라로 갔지만 그 나라 신하 역시 참람하게 질서를 어지럽히고 있기에 한 말. 당시 풍속이나 세태를 이르는 말. "猶吾大夫崔子 未必就弑逆 只是君弱臣强 都這樣風聲氣習耳"

○위지(違之) : 그 곳을 떠나다. 타향으로 감. "此指去他鄕說"

○지일방(之一邦) : 또 어떤 나라로 가다. '之'는 '가다'란 뜻. "之往也"

○유오대부최자야(猶吾大夫崔子也) : 우리 나라의 대부 최자와 같다. 첫 번째와 같이 다른 나라로 갔지만 그 나라 역시 참람하게 질서를 어지럽히고 있다는 말. "仍作僭亂之風聲言"

○위지(違之) : 또 다시 한 나라를 떠나가다. "此是又去一國"

○하여(何如) : 그 사람의 행실이 어떠한가를 묻는 말. 이 말도 5·18·1에서와 같이 부자께서 그의 인에 대해서 허여해 줄 것을 염두에 두고 묻는 말. "仍制行言"

○청의(淸矣) : 사심이 없이 맑고 깨끗하다는 말. "就潔身去亂說"

○인인호(仁矣乎) : 어질다고 인정해 주시겠는가? "亦就難能說"

○미지(未知) : 알지 못하다. 이 말도 5·18·1에서와 같이 진짜 몰라서 하는 말이라기보다는 인의 경지에 도달하지 못했음을 긍정하기 힘들어서 하는 표현 방식. "亦在心上說"

○언득인(焉得仁) : 어찌 인을 얻었다고 할 수 있는가? 그가 한 일에 대해 인을 허여해 줄 수 없다는 표현. "亦就事上說"

崔子는 齊大夫니 名杼라 齊君은 莊公이니 名光이라 陳文子도 亦齊大夫니 名須無라 十乘은 四十匹也라 違는 去也라 文子潔身去亂하니 可謂淸矣라 然이나 未知其

心이 果見義理之當然하여 而能脫然無所累乎아 抑不得已於利害之私하여 而猶
未免於怨悔也라 故로 夫子特許其淸하고 而不許其仁이시니라 ○愚聞之師하니 曰
當理而無私心이면 則仁矣라하시니 今以是로 而觀二子之事하면 雖其制行之高를
若不可及이나 然이나 皆未有以見其必當於理하여 而眞無私心也라 子張이 未識仁
體하고 而悅於苟難하여 遂以小者로 信其大者하니 夫子之不許也는 宜哉인저 讀者
於此에 更以上章不知其仁과 後篇仁則吾不知之語와 幷與三仁夷齊之事로 觀
之면 則彼此交盡하여 而仁之爲義를 可識矣라 今以他書로 考之면 子文之相楚에
所謀者가 無非僭王猾夏之事요 文子之仕齊에 旣失正君討賊之義하고 又不數歲
而復(부)反於齊焉하니 則其不仁을 亦可見矣라

최자는 제나라 대부이니, 이름이 저다. 제나라 임금은 장공이니, 이름은 광이다. 진문자도 제나라 대부이니, 이름은 수무다. 10승은 40필이다. 위(違)는 떠나가는 것이다. 문자가 자기 몸을 깨끗이 하려고 어지러운 나라를 떠났으니, 깨끗하다고 이를 만하다. 그러나 그 마음이 과연 의리상 마땅히 그렇다고 생각하여 능히 훌훌 벗어 던지고 얽매이는 바가 없었는지, 아니면 이해 관계 때문에 사사로움을 그만 두지 못해서 오히려 원망과 후회를 면치 못했는지 알 수는 없다. 이 때문에 부자께서 다만 그의 깨끗함만을 허여하고, 그 인은 허여하지 않으신 것이다.

○내[朱子]가 스승에게 들으니, "이치에 합당하고 사심이 없으면 인이다." 하셨으니, 이제 이 말씀을 가지고 두 사람의 일을 관찰해보면 비록 그가 고상한 행실을 따라갈 수 없지만, 모두 그것이 꼭 이치에 합당하고 정말 사심이 없었는지는 알 수 없다. 자장이 아직까지 인의 본체를 알지 못하고 구차하게 어려운 일만 좋아하여 끝내 작은 것을 큰 것으로 믿었으니, 부자께서 허여하지 않으심이 당연하다. 독자는 이에 대해서 다시 위의 5장 '不知其仁'과 뒷편 《헌문편》14·2·1에서 '仁則吾不知'라고 한 말씀과 아울러 또 《미자편》18·1·1에서 삼인과 백이·숙제의 일을 가지고 본다면, 저것과 이것이 서로 다하여 인이라 뜻한 것을 알 수 있을 것이다. 지금 다른 책을 가지고 살펴보면, 자문이 초나라를 도울 적에 도모한 것이 모두 신하로서 임금을 범하거나 하나라를 어지럽히는 일이 아닌 것이 없었으며, 문자가 제나라에 벼슬할 적에 이미 임금의 언행을 바르게 하거나 역적을 토벌하는 의리를 잃어버렸을 뿐만 아니라, 또 몇 년이 못 되어 다시 제나라로 돌아갔으니, 그의 불인을 또한 볼 수 있다.

○저(杵) : 북. 베틀의 북. 여기서는 제나라 대부 이름. ☞'杵'의 독음 '直呂反'.
○탈연(脫然) : 어려운 일에서 헤어나는 모양. 훌훌 벗어 던지는 모양.
○제행(制行) : 행실을 가짐. 필요에 따라 행동하는 모습. '行'은 거성(去聲)으로 쓰였음.

「중문대사전(中文大辭典)」“謂制法立行也 [禮表記] 聖人之制行也 不制以己”
○삼인(三仁) : 공자가 어질다고 칭찬한 미자(微子)·기자(箕子)·비간(比干)의 세 사람.
○참왕(僭王) : 주제넘게 신하가 임금을 범함.
○활하(猾夏) : 하(夏)나라를 어지럽힘. 즉 중국 땅을 어지럽힘. ☞활(猾) : 어지럽히다.
「서전(書傳)」《순전(舜傳)》“蠻夷猾夏 寇賊姦宄”
○정군(正君) : 임금의 사상과 언행을 바르게 함. 능히 장공(莊公)을 규정(規正)하지 못
함을 말함.
○토적(討賊) : 역적을 토벌함. 능히 최자의 시역(弑逆)을 토벌하지 못함을 말함.

[備旨] 子張이 又問 齊大夫崔子가 弑齊君이어늘 其時에 大夫陳文子者가 有馬十乘之富
로되 棄而去之하여 不苟容於弑亂之朝하고 至於他邦하여는 則曰是邦之臣은 不忠하여 猶
吾國之大夫崔子也라하고 又違而去之하며 再往一邦하여는 則又曰 是邦之臣은 不忠하여
猶吾國之大夫崔子也라하고 又違而去之하니 制行若此면 其人果何如也하니잇고 夫子告之
에 曰斯人也潔身去亂하여 不使弑逆之惡으로 得汚其身하니 可謂之淸矣니라 子張이 又疑
曰 其得謂之仁矣乎잇가 夫子曰 當理而無私心者仁也라 文子之制行이 雖淸이나 未知果見
於義理之當然하여 而無累乎아 抑迫於利害之私하여 而或悔也어늘 焉得遽以仁許之乎아
要之컨대 仁者無不忠也로되 而忠者未必仁이요 仁者無不淸也로되 而淸者未必仁이니 此
夫子所以均不許其仁也니라

　자장이 또 묻기를, “제나라의 대부 최자가 제나라의 임금을 시해했는데, 그때 같은
대부였던 진문자라는 사람이 말을 40필이나 가진 부자였지만 그 나라를 버리고 떠나가
서 진실로 임금을 죽인 조정을 용납하지 않았고, 다른 나라에 이르러서는 ‘이 나라의
신하들은 충성스럽지 못해 우리 나라의 대부 최자와 같습니다.’ 하고 또 그 나라를 버
리고 떠났으며, 다시 다른 나라에 가서는 또 ‘이 나라의 신하들은 충성스럽지 못해 우
리 나라의 대부 최자와 같습니다.’ 하고 또 그 나라를 버리고 떠나니, 행동하는 모습이
이와 같다면 그 사람을 어떻다고 생각하십니까?”라고 하자, 부자께서 깨우쳐 줄 적에
말씀하시기를, “이 사람은 몸을 깨끗하게 하고 어지러운 나라를 떠나 임금을 죽이는
악한 일로써 그 몸을 더럽히지 않으려고 하니, 가히 깨끗하다고 이를 만하다.”라고 했
다. 자장이 또 의심이 나서 말하기를, “그를 어질다고 이를 수 있겠습니까?”라고 하니,
부자께서 말씀하시기를, “이치에 합당하고 사사로운 마음이 없는 것이 인이다. 문자의
행하는 모습이 비록 깨끗하나 정말 의리상 마땅히 그렇다고 생각하여 얽매임은 없었는
지, 아니면 사사로운 이해 문제로 다그쳐서 혹 후회했는지 알지도 못하는데, 어떻게 갑
자기 인을 허여할 수 있겠는가?”라고 하셨다. 요컨대 인자가 충성하지 아니함이 없지
만 충성스러운 사람이라고 반드시 인자는 아니고, 인자가 깨끗하지 아니함이 없지만

청렴한 사람이라고 반드시 인자도 아니니, 이것이 부자께서 다 같이 그 인을 허락하지 않은 까닭이다.

○구(苟) : 구차하게. 눈앞의 편안함만 노리다.
○시란(弑亂) : 신하가 임금을 죽이는 일. 시역(弑逆). 시잔(弑殘).
○시역(弑逆) : 신하가 임금을 죽이는 일. 시학(弑虐). 시살(弑殺).

5·19·1 季文子가 三思而後行하더니 子聞之하시고 曰 再斯可矣니라

계문자가 세 번 생각한 뒤에야 실행했는데, 공자께서 이 말을 들으시고 말씀하시기를, "두 번이면 족할 것이다." 하셨다.

○계문자(季文子) : 노(魯)나라 대부(大夫). 이름은 행보(行父).
○삼사이후행(三思而後行) : 세 번 생각을 하고 난 뒤에 실행한다는 말로, 신중히게 행동함을 뜻함. "三是反復再三 非限定三次 行是措之躬行"
○자문지(子聞之) : 공자가 세 번 생각한다는 말을 듣다. "聞指三思說"
○재사가의(再斯可矣) : 두 번이면 된다. 두 번이면 좋다. 신중한 것은 좋지만 지나친 것은 미치지 못함과 같다는 의미. ☞사(斯) : 그렇다면. 곧. 그렇다면 …곧. 앞 문장을 이어받는 접속사. "再是復思 可不是可行 是言已審意"

季文子는 魯大夫니 名行父(보)라 每事에 必三思而後行하니 若使晉而求遭喪之禮以行이 亦其一事也라 斯는 語辭라 程子曰 爲惡之人은 未嘗知有思하니 有思則爲善矣라 然이나 至於再則已審이요 三則私意起하여 而反惑矣라 故로 夫子譏之시니라 ○愚按 季文子慮事가 如此하니 可謂詳審而宜無過擧矣로되 而宣公篡立을 文子乃不能討하고 反爲之使齊하여 而納賂焉하니 豈非程子가 所謂私意起하여 而反惑之驗歟아 是以로 君子는 務窮理而貴果斷이요 不徒多思之爲尙이니라

계문자는 노나라 대부이니, 이름은 행보다. 매사에 반드시 세 번 생각한 뒤에야 행하니, 예를 들면 진나라에 사신으로 가면서 진나라 임금이 병중이었기에 상을 당했을 때의 예까지 알아보고서 간 것이 또한 그 한 가지 일이다. 사(斯)는 어조사다. 정자가 말했다. "악을 행하는 사람은 일찍이 지혜롭게 생각하지 않으니, 생각함이 있었다면 선을 행했을 것이다. 그러나 두 번 생각함에 이르면 이미 살핀 것이요, 세 번 생각하면 사사

로운 뜻이 일어나 도리어 현혹될 것이다. 그러므로 부자께서 비판하신 것이다.

　　○내[朱子]가 살펴 보건대, 계문자가 일을 생각함이 이와 같으니 자세히 살펴서 당연히 잘못된 일이 없어야 한다고 이를 만하지만, 그런데도 선공이 임금의 자리 빼앗은 것을 계문자가 바로 토벌하지 못하고 도리어 선공을 위해 제나라에 사신으로 가서 뇌물을 바쳤으니, 어찌 정자가 이른바, '사사로운 뜻이 일어나 도리어 현혹하게 된다.'는 것이 증험되지 않았겠는가? 이 때문에 군자는 궁리에 힘쓰면서도 과단함을 귀하게 여기고, 한갓 생각만 많이 하는 것을 숭상하지 않는 것이다.

○조상(遭喪) : 상을 당함. 「논어집주(論語集註)」 "左傳文公六年 季文子 將聘于晋使 求遭喪之禮以行 杜註 聞晋侯病 故旣而晋襄公 果卒"
○기(譏) : 충고하다. 나무라다.
○찬립(簒立) : 자리를 빼앗음.
○납뢰(納賂) : 뇌물을 바침. 「춘추좌씨전(春秋左氏傳)」 《선공(宣公)》 "季文子如齊 納賂以請會"

[備旨] 魯大夫季文子가 凡事에 必反覆三思而後行하니 夫子聞而譏之에 曰人之應事에 是非可否는 始焉理有未明이어든 從而思之以求其得하고 繼焉心有未信이어든 從而再思之以致其審이라 斯是非可否之理를 卽此再思면 已可決矣어늘 何待於三哉아 當事者는 宜以文子로 爲戒也라

　　노나라 대부였던 계문자가 모든 일에 반드시 반복해서 세 번 생각하고 난 뒤에 행하니, 부자께서 들으시고 비판할 적에 말씀하시기를, "사람이 일에 응할 적에 시비·가부에 대해서 처음부터 이치에 밝지 못함이 있으면 좇아서 생각해서 거기에 대해 얻기를 구해야 할 것이고, 계속해서 마음에 미덥지 못함이 있으면 좇아서 다시 생각하여 거기에 대해 자세히 살피도록 해야 할 것이다. 곧 시비·가부의 이치를 여기에 나아가서 다시 생각해보면 이미 결정할 수 있었을 터인데, 어찌 세 번을 기다리겠는가? 일을 맡은 사람은 마땅히 문자가 행한 일에 대해 경계를 삼아야 할 것이다."라고 하셨다.

○치(致) : 이르다. 이루다.
○심(審) : 자세하다.

5·20·1 子曰 甯武子는 邦有道則知하고 邦無道則愚하니 其知는 可及也어니와 其愚는 不可及也니라

공자께서　말씀하셨다. "영무자는　나라에　도가　있을　때는　지혜롭게　행동하고　나라에　도가　없을　때는　어리석게　굴었으니,　그　지혜로움은　따를　수　있으나　그　어리석음은　따를　수　없다."

○영무자(甯武子) : 춘추(春秋) 때 위나라의 대부(大夫). 이름은 유(兪). 무자(武子)는 시호(諡號). 당시 위나라는 진나라와 초나라 사이에 끼여 끊임없이 위기에 처했는데 그는 이 어려움을 잘 대처했다. 그러니 공자께서도 나라에 도(道)가 행해질 때는 지혜를 발휘하고, 어지러울 때는 어리석은 체하여 몸을 보전했다고 평했음. ☞영(甯) : 편안하다. '寧'과 같음.

○방유도즉지(邦有道則知) : 나라에 도가 있을 적에는 지혜롭게 행동하다. 즉 나라 안에는 변고가 생기지 않고 나라 밖으로는 환란이 일어나지 않을 때 충성했던 일을 두고 하는 말. 여기서 '知'는 거성(去聲)으로 쓰여 '지혜'를 말함. "是內變不生 外患不作時 知是明 知有相時而動意"

○방무도즉우(邦無道則愚) : 나라에 도가 없을 적에는 어리석게 행동하다. 즉 문공은 밖에서 원수가 되어 서로 싸우고 원나라의 훤공은 안에서 서로 송사를 하여 다툰 일을 두고 하는 말. "是晉文外搆 元喧內爭之時 愚是昏愚 就不避難險上說"

○기지가급야(其知可及也) : 그의 지혜는 미칠 수 있다. 나라가 편안할 적에 지혜를 발휘하여 국사에 충성을 다했으므로, 그 지혜를 따라갈 수 있다는 말. "可及是人皆可及以安常處順言"

○기우불가급야(其愚不可及也) : 그의 우직함은 미칠 수 없다. 나라가 어지럽고 일이 많을 적에 총명을 감추고 우직하게 위험한 나라를 건졌으므로, 그 우직함은 따라갈 수 없다는 말. "不可及兼 不避艱險 人難及其忠 保身濟君 人難及其才意"

甯武子는 **衛大夫**니 **名兪**라 **按春秋傳**컨대 **武子仕衛**는 **當文公成公之時**라 **文公有道**로되 **而武子無事可見**하니 **此其知之可及也**요 **成公無道**하여 **至於失國**이로되 **而武子周旋其間**하고 **盡心竭力**하여 **不避艱險**하며 **凡其所處**를 **皆智巧之士**는 **所深避而不肯爲者**로되 **而能卒保其身**하여 **以濟其君**하니 **此其愚之不可及也**라

○**程子曰** **邦無道**에 **能沈晦以免患**이라 **故**로 **曰不可及也**라하니라 **亦有不當愚者**하니 **比干**이 **是也**라

영무자는 위나라 대부이니, 이름은 유다. 「춘추전」을 상고해 보건대, 영무자가 위나라에서 벼슬했을 시기는 문공과 성공이 다스리던 때였다. 문공에게 도가 있었지만 영무자는 행한 일이 없었음을 볼 수 있으니, 곧 그 지혜로움은 따라갈 만하다는 것이요, 성공은 도가 없어서 나라를 잃어버리는 지경에 이르렀지만 영무자가 그 사이에서 주선

하고 마음을 다하고 힘을 다하여 곤란과 위험을 피하지 않았으며, 무릇 그의 처한 바를 교묘한 사람들은 아주 피해버리고 기꺼이 행치 않았지만, 기어이 자기 몸을 보전해서 그 임금을 구제했으니, 곧 그 어리석음에 대해서는 따라갈 수 없다는 것이다.

○정자가 말했다. "나라에 도가 없을 때에 숨어 지내면서 어리석은 체하여 환란을 면할 수 있었으므로 따를 수 없다고 한 것이다. 또한 마땅히 어리석어서는 안 될 경우가 있으니, 비간이 이러한 경우다."

○간험(艱險) : 어렵고 험난함. 곤란과 위험.
○지교(智巧) : 슬기롭고 교묘함. 지혜로운 꾀와 교묘한 속임수.
○침회(沈晦) : 숨어 지내면서 어리석은 체함. 「논어집주(論語集註)」"新安陳氏曰 朱子謂其不避艱險 程子以爲能沈晦者 盖於艱險中 能沈晦非避事也"
○면환(免患) : 환란을 면함.
○비간(比干) : 은(殷)나라 주왕(紂王)의 숙부. 주왕의 악정을 간하다가 피살됨. 기자(箕子)・미자(微子)와 함께 은(殷)나라의 삼인(三仁)이라고 일컬음.

[備旨] 夫子稱武子에 曰衛大夫審武子가 當文公之時하여 國人悅服하고 諸侯效順하니 乃邦有道之日也라 則見可而進하니 是其知也요 至成公之時하여는 晉文은 搆難於外하고 元喧은 爭訟於內하니 邦無道極矣라 因盡心竭力하여 不避艱險하니 是其愚也라 然이나 其知는 乃安常處順하여 無事可見이니 猶可及也어니와 若其愚는 則上可濟君하고 下可保身하여 於國變多艱之時에 而獲國祚安全之績하니 斯誠不可得而及也라 然則武子之愚를 豈是眞愚也哉아

부자께서 무자를 칭찬할 적에 말씀하시기를, "위나라 대부인 영무자가 문공의 때를 맞아서 국민들은 기쁜 마음으로 복종하고 제후들은 성심으로 순종하니, 바로 나라에는 도가 있는 날이 되었다. 그 때에는 좋다고 여기고 벼슬길에 나아갔으니 이것이 그가 지혜롭다는 것이요, 성공의 때에 이르러서는 진나라의 문공은 밖에서 원수가 되어 서로 싸우고 원나라의 훤공은 안에서 서로 송사를 행해 다투기만 하니, 나라에 도가 없음이 극에 이르렀던 것이다. 이로 인해서 마음을 다하고 힘을 다하여 어렵고 험난함을 피하지 않았으니, 이것이 바로 그가 어리석다는 것이다. 그러나 그 지혜로움은 바로 편안하게 법도를 지키면서 순리대로 처리해서 무사함을 볼 수 있으니 오히려 따를 만하거니와, 그의 어리석음은 위로는 임금을 구하고 아래로는 몸을 보전하여 나라에 변고가 생겨 어려움이 많았을 적에도 나라의 운수를 안전하게 한 공적을 얻었으니, 이것이 진실로 미칠 수 없는 것이다. 그렇다면 무자의 어리석음을 어찌 진정으로 어리석다 하겠는가?"라고 하셨다.

○열복(悅服) : 기쁜 마음으로 복종함.
○효순(效順) : 공손히 명(命)을 따름. 성심으로 순종함.
○안상(安常) : 편안하게 상규(常規)를 지킴.
○처순(處順) : 순리대로 처리함.
○진문(晉文) : 진(晉)나라의 제후(諸侯) 문공(文公).
○구난(搆難) : 원수가 되어 서로 싸움. ☞구(搆) : 끌어 당기다. 만들다.
○원훤(元喧) : 원(元)나라의 제후(諸侯) 훤공(喧公).
○쟁송(爭訟) : 서로 송사를 하여 다툼.
○국변(國變) : 나라의 변고(變故).
○국조(國祚) : 나라의 운수(運數). 국운(國運).

5·21·1 子在陳하사 曰 歸與인저 歸與인저 吾黨之小子는 狂簡하여 斐然成章이요 不知所以裁之로다

　공자께서 진나라에 계시면서 말씀하셨다. "돌아갈 것이다, 돌아갈 것이다! 우리 마을의 젊은이들은 뜻은 원대하지만 일은 엉성해서 찬란하게 광채만 나도록 했을 뿐이고, 그것을 바로잡을 줄 모르는구나!"

○자재진(子在陳) : 공자가 진나라에 있다. 공자가 위(衛)나라를 떠나서 진(陳)나라로 갈 때였는데, 양식이 떨어져 고생할 때였다. ☞진(陳) : 주대(周代)의 제후국으로 지금 하남성(河南城)과 안휘성(安徽城)의 일부. 공자가 30년간 천하를 주유(周遊)하면서 가장 고생한 곳이었고, 심지어 먹을 양식이 떨어지기도 했었다. 위령공(衛靈公) 15·1·2 참고. "在陳是去衛適陳 絕糧之時"
○귀여귀여(歸與歸與) : '돌아갈 것이다, 돌아갈 것이다!' 하면서 탄식하는 소리. 노나라로 돌아간다는 말. 여기서 '與'는 평성(平聲)으로 쓰였음. "歸是歸於魯 二與字是歎辭"
○오당지소자(吾黨之小子) : 우리 마을의 젊은이들. 공자 마을에 있는 제자들. ☞당(黨) : 주대(周代) 지방 조직의 단위. 5호를 '隣', 25호를 '里', 500호를 '黨', 2,500호를 '州', 12,500호를 '鄕'이라고 했음. ☞소자(小子) : 아이. 젊은이들. 이 책에서 보통 '제자를 부르는 말'로 쓰임.
○광간(狂簡) : 뜻은 고원하지만 처사(處事)는 데면데면하고 어설프다. ☞광(狂) : 뜻이 높다. 뜻은 매우 높으나 행함이 따르지 못하다. 또는 그런 사람. ☞간(簡) : 세부적인 일에 치밀하지 못함. 소략하다. 엉성하다.

○비연성장(斐然成章) : 학문・수양이 성취되어 찬란하게 문채가 나다. ☞비연(斐然) : 문채가 있어 아름다운 모양. ☞성장(成章) : 비단무늬를 짜 이루는 것이지만 인재들의 미(美)를 비유한 것이다. 즉 문장에 조리가 있어서 볼 만함.

○부지소이재지(不知所以裁之) : 재량하는 방법을 모르다. 중정의 도를 구해 바로잡을 줄 모른다는 말. ☞소이(所以) : 방법. 여기서 '所以'는 '裁之'의 피수식어 구실을 하고 있으며, 다시 '所以裁之'는 '不知'의 목적어 구실을 하고 있음. ☞재(裁) : 마름질하다. 재량(裁量)하다. 여기서는 '바로잡다'는 의미. ☞지(之) : 대명사로 쓰였는데, 여기서 구체적으로 언급하지 않았지만 '中正之道'를 말함. "不知裁是小子不自知求裁於中道也 末要補出夫子欲歸而裁之意"

此는 **孔子周流四方**하시되 **道不行**일새 **而思歸之歎也**라 **吾黨小子**는 **指門人之在魯者**라 **狂簡**은 **志大而略於事也**라 **斐**는 **文貌**라 **成章**은 **言其文理成就**하여 **有可觀者**라 **裁**는 **割正也**라 **夫子初心**엔 **欲行其道於天下**라가 **至是而知其終不用也**라 **於是**에 **始欲成就後學**하여 **以傳道於來世**라 **又不得中行之士**하여 **而思其次**하시고 **以爲狂士**는 **志意高遠**하니 **猶或可與進於道也**로되 **但恐其過中失正**하여 **而或陷於異端耳**라 **故**로 **欲歸而裁之也**시니라

이것은 공자께서 사방을 두루 돌아다니셨지만, 도가 행해지지 않기에 돌아갈 것을 생각하며 탄식하신 것이다. 우리 마을의 젊은이들이라고 한 것은 노나라에 있는 제자들을 가리킨 것이다. 광간(狂簡)은 뜻은 원대하지만 일에는 어설프다는 것이다. 비(斐)는 문채가 나는 모양이다. 성장(成章)은 문장의 조리가 이루어져 볼 만하다는 것을 말한 것이다. 재(裁)는 베어서 바르게 하는 것이다. 부사의 처음 마음에는 그 도를 천하에 펴보려고 하였다가 여기에 이르러 끝내 소용이 없다는 것을 아셨다. 이에 비로소 후학들을 성취시켜 후세에 도를 전하고자 하신 것이다. 또 과불급이 없이 중용의 도를 지키는 선비를 얻지 못하여 그 다음을 생각하셨고, 지향하는 바가 원대하며 진취적인 선비는 뜻이 고원하니 혹 더불어 도에 나아갈 수 있다고 생각한 것이었지만, 다만 그들이 중도를 지나치고 정도를 잃고서 혹 이단에 빠질까 염려했을 따름이다. 그러므로 돌아가서 바로잡고자 하신 것이다.

○문리(文理) : 조리(條理). 사리(事理). 「중용(中庸)」 "文理密察 足以有別也"
○중행(中行) : 과불급(過不及)이 없이 중용(中庸)을 지키는 바른 행실. 「논어(論語)」 《자로(子路)》 "不得中行而與之 必也狂狷乎"
○광사(狂士) : 지향하는 바가 원대하며 진취적인 선비. 「맹자(孟子)」 《진심하(盡心下)》 "孔子在陳 何思魯之狂士"

[備旨] 夫子周流在陳하사 知道不行이라 於是에 欲成就後學하여 傳道來世라 故로 歎曰 吾其歸於魯與인저 吾其歸於魯與인저 吾黨在魯之門人小子는 狂簡하고 志意遠大로되 而 略於世事라 其體皆成就已니 是斐然有文理之可觀이요 斯亦可與進於道矣로되 但恐任其資 之所爲요 不知學問變化之功하여 以自裁於中正之道耳로다 此吾所以欲歸而裁之也라

부자께서 천하를 두루 돌아다니다 진나라에 계시면서 도가 행해지지 않는다는 것을 알았다. 이에 후학들을 성취시켜 후세에 도를 전하고자 했으므로 탄식할 적에 말씀하시기를, "내 노나라로 돌아갈 것이다, 내 노나라로 돌아갈 것이다! 우리 마을 노나라에 있는 문하생 중 젊은이들이 뜻은 원대하지만 일에는 어설프고 의지는 원대하지만 세상의 일에 대해서는 어설프다. 그 체제는 모두 성취했을 따름이니 이것은 학문이나 수양이 이루어져 문장의 조리는 볼 만하다는 것이요, 또한 더불어 도에 나아갈 수 있지만 다만 그 자질은 행하는 바를 신임하기가 두렵고 학문이나 변화의 공을 알아서 스스로 중정의 도에는 다듬을 줄 모르는구나! 이것이 내가 돌아가서 바로잡고자 하는 까닭이다."라고 하셨다.

○중정(中正) : 치우치지 않고 바름. 중용(中庸).
○지의(志意) : 사상. 정신. 또는 의지.

5·22·1 子曰 伯夷叔齊는 不念舊惡이라 怨是用希니라

공자께서 말씀하셨다. "백이와 숙제는 전에 저지른 잘못에 대해 생각하지 않았다. 이 때문에 원망을 사는 일이 드물었다."

○백이숙제(伯夷叔齊) : 백이(伯夷)와 숙제(叔齊). 은(殷)나라 말 고죽군의 큰아들과 작은아들을 말한다. 아버지가 죽자 왕위를 서로 양보하고 주(周)나라 문왕(文王)에게 도망갔었다. 그 뒤 주(周)나라 무왕(武王)이 천자(天子)인 은(殷)나라 주왕(紂王)을 치려할 때 말고삐를 잡고 말렸으나 실패했다. 은(殷)나라가 멸망한 후 주(周)나라의 양식을 먹는 것을 수치로 여기고, 수양산에 들어가 은거하며 나물로 연명하다가 마침내 굶어 죽었다. "夷齊皆死後諡"
○불념구악(不念舊惡) : 전에 저지른 잘못에 대해 생각하지 않다. 지난 날 좋지 않았던 일을 생각하지 않다. ☞구악(舊惡) : 과거의 악사(惡事). "不念是相忘意 舊惡是往日之不善"
○원시용희(怨是用希) : 원망이 이 때문에 드물다. 원망을 사는 일이 이 때문에 드물었

다. ☞시용(是用) : '用是'가 도치된 것. '用'은 '以'와 같으므로 '是以'라는 뜻이다. ☞희
(希) : 드물다. '稀'와 통하므로 '드물다'라는 뜻이다. "怨是恨 用字作以字看 希少也 言爲
夷齊所惡者 皆諒其有以自取也"

**伯夷叔齊는 孤竹君之二子라 孟子稱其不立於惡人之朝하고 不與惡人言하며 與
鄕人立에 其冠不正이어든 望望然去之하여 若將浼焉이라하니 其介如此하여 宜若無
所容矣나 然이나 其所惡(오)之人이 能改卽止라 故로 人亦不甚怨之也니라
○程子曰 不念舊惡은 此淸者之量이라 又曰 二子之心을 非夫子면 孰能知之리오**

백이와 숙제는 고죽군의 두 아들이다. 맹자는 그들을 일컬어 "악한 사람들의 조정에
서는 벼슬하지 않았고, 악한 사람과 더불어 말하지 않았으며, 시골 사람과 서 있을 때
그 갓이 바르지 않으면 뒤도 돌아보지 않고 떠나서 마치 더러운 물이라도 들 것처럼
여겼다." 하셨으니, 그의 깨끗함이 이와 같아서 마땅히 포용하는 바가 없는 것 같았지
만, 그가 미워하던 사람이 능히 고치기만 하면 미워함을 즉시 그쳤으므로, 사람들도 또
한 크게 그를 원망하지 않았던 것이다.
　○정자가 말했다. "지난 날 좋지 않았던 일을 생각하지 않는 것은 청렴한 사람의 도
량이다." 또 말씀하시기를, "두 사람의 마음을 부자가 아니었다면 누가 능히 알았겠는
가?" 하셨다.

○향인(鄕人) : 한 고을에 사는 사람. 고향 사람. 「맹자집주(孟子集註)」 "3·9·1 鄕人
鄕里之常人也"
○망망연(望望然) : 멀리하고 돌아보지 않는 모양. 일설에는 부끄러워하는 모양. 「맹자
집주(孟子集註)」 "3·9·1 望望은 去而不顧之貌라"
○매(浼) : 더럽히다. 「맹자집주(孟子集註)」 "3·9·1 浼는 汗也라"
○개결(介潔) : 성질이 굳고 깨끗함. ☞개(介) : 정조. 절의(節義). 절개(節介). 「논어집
주(論語集註)」 "介孤特而 有分辨之意"

[備旨]　夫子表淸者之量에　曰人但知夷齊有高天下之節하고　而不知其有容天下之量이라
彼其惡惡之嚴은 若過於刻矣어늘 然이나 非惡其人이요 惡其惡也라 使人果能改면 卽與其
今日之善하고 不念舊日之惡이라 故로 被其惡(오)者는 樂其後之寬하고 自諒其昔之嚴하
여 亦不甚怨之也하니 其怨不用希乎아 此可以觀淸者之量矣라

　부자께서 청렴한 사람의 도량을 나타낼 적에 말씀하시기를, "사람들은 단지 백이와
숙제를 천하보다 높은 절개만 있는 줄 알고 그에게 천하를 포용하는 도량이 있는 줄

알지 못한다. 그가 그 악을 미워하기를 엄격하게 함은 몰인정할 정도로 지나쳤는데, 그러나 그 사람을 미워했던 것이 아니고 그 악을 미워했던 것이다. 가령 사람이 진실로 능히 고치기만 하면, 즉시 그가 현재 잘하고 있는 점만 말하고 전에 저지른 잘못에 대해서는 생각지도 않았던 것이다. 그러므로 그 미워함을 입었던 사람들은 그 뒤에 관용 베푼 것을 즐거워하고, 스스로 그가 옛날에 엄격하게 했던 것을 헤아려서 또한 심하게 원망하지 않았으니, 아마도 원망을 사는 일이 드물지 않았겠는가? 여기에서 청렴한 사람의 도량을 볼 수 있다."라고 하셨다.

○피사(彼斯) : 그것. 그. 비교적 먼 사람이나 사물을 대신해서 쓰임.
○각(刻) : 모질다. 몰인정함. 각박(刻薄).

5·23·1 子曰 孰謂微生高直고 或乞醯焉이어늘 乞諸其隣而與 之온여

　공자께서 말씀하셨다. "누가 미생고를 정직하다 이르는가? 어떤 사람이 식초를 빌리려 하자 그의 이웃집에서 빌려다 주는구나!"

○숙위미생고직(孰謂微生高直) : 누가 미생고를 정직하다 이르는가? ☞미생고(微生高) : 성이 미생(微生)이고, 이름이 고(高)였다. 노(魯)나라 사람으로 아주 정직했다. '微'와 '尾'는 음이 같기에 미생고(尾生高)라고도 한다[微生高一名 尾生高 嘗與女子 期於梁下 水暴至不去而死]. ☞미생지신(尾生之信) : 약속을 굳게 지킴의 비유. 또는 우직함의 비유. 그가 한 여자와 다리 밑에서 만나기로 하여 기다리는데, 별안간 물이 불어났으나 가지 않고 기다리다가, 마침내 다리 기둥을 껴 안은 채 익사했다고 함. ☞직(直) : 정직. "孰誰也 直是心無私曲意"
○혹걸혜언(或乞醯焉) : 어떤 사람이 식초를 빌리다. ☞혜(醯) : 초[醋也]. 식초. 초장. "或亦魯人乞是求"
○걸저기인이여지(乞諸其鄰而與之) : 그것을 그의 이웃집에서 빌려서 그에게 주다. ☞저(諸) : '之於'의 준말. '之'는 대명사로서 '식초'를 가리킴. 어조사이므로 '저'로 읽음. ☞여지(與之) : '之'는 대명사로서 '어떤 사람'을 가리킴. 마지막 현토 '온여'는 '흔온여'와 동의어인데 이두(吏讀)로는 '爲乎亦'으로 표기했다. '…함이므로' '…함이기에' '…한 것인데' '…한 것이니'의 뜻임. "此乞是高乞 隣指隣家有醯者 之或人"

微生은 姓이요 高는 名이라 魯人으로 素有直名者라 醯(혜)는 醋也라 人來乞時에 其家無有라 故로 乞諸隣家以與之라 夫子言此는 譏其曲意徇物하고 掠美市恩하여 不得爲直也라

○程子曰 微生高所枉이 雖小나 害直爲大라 范氏曰 是曰是하고 非曰非하며 有謂有하고 無謂無를 曰直이라 聖人은 觀人於其一介之取予하여 而千駟萬鐘을 從可知焉이라 故로 以微事斷之하시니 所以敎人에 不可不謹也라

미생은 성이요, 고는 이름이다. 노나라 사람으로서 평소에 정직하다고 이름이 난 사람이었다. 혜(醯)는 식초다. 사람이 와서 구걸할 때 그의 집에 있는 것이 없었으므로 이웃집에서 빌려 주었다. 부자께서 이를 말씀하신 것은 그가 자기의 뜻을 굽히거나 주견 없이 따르고, 남의 좋은 물건을 빼앗아 자기 소유로 삼거나 속셈이 있어서 은혜를 베풀었으니, 정직함이 될 수 없다고 나무라신 것이다.

○정자가 말했다. "미생고는 구부러짐이 비록 작으나 정직함을 해침은 크다." 범 씨가 말했다. "옳은 것은 옳다 하고 그른 것을 그르다 하며, 있는 것을 있다 하고 없는 것을 없다 하는 것을 정직이라고 한다. 성인은 사람들이 조그마한 물건을 주고받는 것을 관찰하여 모든 것을 좇아 알 수 있는 것이다. 그러므로 조그마한 일로써 단정하시니 사람을 가르칠 적에 조심하지 않을 수 없는 것이다."

○초(醋) : ①술을 권하다. 입성(入聲)으로 독음이 '작'임. ②식초. 상성(上聲)으로 독음이 '초'임. 여기서는 ②의 뜻.
○곡의(曲意) : 자기의 뜻을 굽힘.
○순물(徇物) : 남에게 주견 없이 따름.
○약미(掠美) : 남의 좋은 물건을 탈취하여 자기 소유로 삼음.
○시은(市恩) : 속셈이 있어서 남에게 은혜를 베푸는 일.
○왕(枉) : 마음이 굽다. 사곡(邪曲)한 사람.
○일개(一介) : ①한 개. ②한 사람. ③미소한 사물의 형용. 여기서는 ③의 뜻. 일개(一芥).
○천사(千駟) : 4000필(匹)의 말. 매우 많은 말. ☞사(駟) : 한 수레에 메운 네 마리의 말. 또는 그 수레.
○만종(萬鐘) : 아주 많은 양(量). 다량의 미곡(米穀). 종(鐘)'은 부피의 단위. 「맹자(孟子)」 "授孟子室 養弟子以萬鐘"

[備旨] 微生高素以直稱이어늘 夫子指其一事以斷之에 曰人皆以直稱高로되 由今觀之면 孰謂微生高를 直哉아 蓋所謂直者는 平心應物而已라 今高也當或人乞醯이어늘 乃諱己之無하여 乞諸其鄰而與之온여 是屈己之意하여 以徇物之求하고 掠人之美하여 而市己之恩

이라 直者固如是乎아 以高爲直하면 其爲直道之害大矣라

미생고가 평소에 정직하다고 일컬어지니, 부자께서 그의 한 가지 일을 가리켜서 단정할 적에 말씀하시기를, "사람들이 모두 미생고를 정직하다고 일컫지만, 지금 보면 누가 미생고를 정직하다 하겠는가? 이른바 정직이라는 것은 공평한 마음으로 사람을 대하고 사물을 접하는 것이다. 지금 미생고가 어떤 사람이 식초를 빌리고자 했는데 자기에게 없다는 것을 싫어해서 그 이웃집에서 구걸해 주는구나! 곧 자기의 뜻을 굽혀서 남에게 주견 없이 구한 것이고 남의 좋은 것을 빼앗아서 자기의 은혜를 베푼 것이다. 정직이라는 것이 정말로 이와 같겠는가? 미생고를 정직하다 한다면 그것은 정직한 도리에 대한 해가 심한 것이다."라고 하셨다.

○평심(平心) : 선입관을 버리고 마음을 공평하게 가짐.
○응물(應物) : 사람을 응대하고 사물에 접함.
○휘(諱) : 꺼리다. 싫어하다. 숨기다. 은폐하다.
○직도(直道) : 올바른 길. 바른 도리. 정도(正道).

5·24·1 子曰 巧言令色足(주)恭을 左丘明이 恥之어늘 丘亦恥之하노라 匿怨而友其人을 左丘明이 恥之어늘 丘亦恥之하노라

공자께서 말씀하셨다. "말을 잘하고 얼굴빛을 좋게 꾸미고 지나친 공경을 좌구명이 부끄럽게 여겼는데, 나도 또한 이것을 부끄럽게 여긴다. 마음에 원한을 숨기고 그 사람과 사귀는 것을 좌구명이 부끄럽게 여겼는데, 나 또한 이것을 부끄럽게 여긴다."

○교언영색(巧言令色) : 듣기 좋게 꾸미는 말과 보기 좋게 꾸미는 얼굴빛. 본서 1·3·1 참고. "巧是好 令是善"
○주공(足恭) : 지나친 공경. 아첨함을 이름. 과공(過恭). ☞주(足) : 지나치다. 과도하다. 아첨하다. 여기서는 거성(去聲)으로 쓰였음. "足謂本當如此 我郤以爲未足而恭足之"
○좌구명치지(左丘明恥之) : 좌구명이 그것을 부끄럽게 여기다. ☞좌구명(左丘明) : 춘추(春秋) 때 노(魯)나라의 태사(太史). 공자의 제자. 공자가 편찬한「춘추(春秋)」를 부연하여「춘추좌씨전(春秋左氏傳)」을 짓고「국어(國語)」등을 지었음. 맹좌(盲左)라고도 함. ☞여기에 나오는 좌구명은「춘추좌씨전(春秋左氏傳)」을 지은 인물이라는 설과 공자 이전의 전혀 다른 인물이라는 설이 있다.「논어집주(論語集註)」"或問左丘明 非傳

春秋者耶 朱子曰 未可知也 先友鄭著作 名世考之氏姓書曰 此人盖左丘姓而明名 傳春秋者
乃左氏耳" ☞치지(恥之) : 말을 잘하고 얼굴빛을 좋게 꾸미고 지나친 공경을 부끄럽게
여기다. 여기서 '之'는 대명사로서 '巧言令色足恭'을 가리킴. "恥是羞鄙意"
○구역치지(丘亦恥之) : 공자 또한 이를 부끄럽게 여기다. ☞구(丘) : 공자 이름. 공자
자신을 칭함. 원칙은 일인칭 대명사로 써야하는데 여기서는 직접 자기 이름을 썼음.
"亦恥是自附於丘明意 之字指巧言令色足恭者"
○익원이우기인(匿怨而友其人) : 마음에 원한을 숨기고 사람을 사귀다. "是心中藏匿其
怨 而外假與之交接"
○좌구명치지구역치지(左丘明恥之丘亦恥之) : 좌구명이 이를 부끄럽게 여겼는데 나 또
한 이것을 부끄럽게 여긴다. 표리부동한 태도를 경계하는 말. '恥之'의 '之'는 모두 대명
사로서 '마음에 원한을 숨기고 그 사람과 사귀는 것(匿怨而友其人)'을 말함. "之字指匿
怨友人者"

足(주)는 過也라 程子曰 左丘明은 古之聞人也라 謝氏曰 二者之可恥는 有甚於
穿窬也어늘 左丘明恥之하니 其所養을 可知矣라 夫子自言丘亦恥之라하시니 蓋竊
比老彭之意요 又以深戒學者하여 使察乎此하여 而立心以直也시니라

　주(足)는 지나친 것이다. 정자가 말했다. "좌구명은 옛날에 소문난 사람이다." 사 씨
가 말했다. "두 가지가 부끄럽다는 것은 좀도둑보다 심한 것이다. 좌구명이 이를 부끄
럽게 여겼으니 그의 소양을 알 만하다. 부자께서 《술이편》 7·1·1에서 '나도 또한 부
끄럽게 여긴다.'고 스스로 말씀하셨으니, 대체로 '가만히 노팽이란 사람과 비교해 본다.'
의 뜻일 것이고, 또 배우는 자들을 깊이 경계하여 이 점을 살펴서 마음을 정하되 정직
하게 하도록 하신 것이다."

○천유(穿窬) : 구멍을 뚫거나 담을 넘어가는 좀도둑. 천유(穿踰).
○절비노팽(竊比老彭) : 가만히 노팽(老彭)과 비교해 보다. 본서 "7·1·1 子曰 述而不
作하며 信而好古를 竊比於我老彭하노라" 참고.
○입심(立心) : 마음을 정함. 결심함. 뜻을 세움.

[備旨] 夫子嚴不直之戒以示人에 曰人貴立心以直이어늘 苟巧好其言令善其色하고 而又
過於恭敬이면 斯人也或自以爲善於周旋矣라 賢如左丘明도 嘗恥之而不爲어늘 若丘也心丘
明之心하여 亦恥之焉하니 蓋恥其立心之邪媚也라 又或中匿其怨하여 而外友其人이면 斯
人也方自以爲巧於報施矣라 賢如左丘明도 嘗恥之而不爲어늘 若丘也志丘明之志하여 亦恥
之焉하노라하시니 蓋恥其設心之奸險也라 夫子此言은 非徒欲自附於賢人이요 又以警學者

가 立心當直也라

　부자께서 정직하지 못한 것을 엄하게 경계해서 사람들에게 가르쳐 줄 적에 말씀하시기를, "사람은 마음을 세울 적에 정직을 귀하게 여기는 것인데, 진실로 그 말을 교묘하게 잘할 뿐만 아니라 그 얼굴색을 착하게 하고 또 공경을 지나치게 한다면, 이 사람은 혹시 자신이 주선을 잘하고 있다고 생각할지도 모른다. 좌구명과 같이 현명한 사람도 일찍이 부끄러워서 행치 않았는데 나와 같은 사람이 좌구명의 마음을 마음으로 삼아서 또한 부끄럽게 여기니, 대개 그 마음을 쓸 적에 아첨을 잘하는 것을 부끄럽게 여긴 것이다. 또 어떤 사람이 심중에 그 원한을 품고서 겉으로만 사람을 사귄다면, 이 사람은 마침 자신이 은혜를 갚고 베풂을 잘하고 있다고 생각할 것이다. 좌구명과 같이 어진 사람도 일찍이 부끄러워 행치 않았는데 나와 같은 사람이 좌구명의 뜻을 바라서 또한 부끄럽게 여긴다."라고 하셨으니, 대개 그 마음을 쓰는 것이 간사하고 비뚤어진 것을 부끄러워 한 것이다. 부자의 이 말씀은 다만 스스로 현인에게만 덧붙이려고 한 것이 아니고, 또 학자들이 마음을 정할 적에 마땅히 정직해야 한다고 경계시킨 것이다.

○혹(或) : 어쩌면 …일지도 모른다. 아마 …일지도 모른다. 혹은 …일지도 모른다. 부사로서 추측이나 별로 긍정하지 않을 때 씀.
○주선(周旋) : 일이 잘 되도록 이리저리 힘을 써서 변통해 주는 일. 알선(斡旋).
○사미(邪媚) : 간사하여 아첨을 잘함.
○방(方) : 마침. 마침 …하고 있다. 동작의 진행이나 상태를 나타내는 부사.
○보시(報施) : 은혜를 갚아서 베풂. 공로(功勞)에 보답함.
○설심(設心) : 마음을 씀. 배려함.
○간험(奸險) : 간사하고 비뚤어짐. 간사하고 바르지 못함.

5·25·1 顔淵季路侍러니 子曰 盍各言爾志리오

　안연과 계로가 공자를 모시고 있었는데, 공자께서 "어디 각자 너희들의 포부를 말해 보지 않겠느냐?" 하셨다.

○안연계로시(顔淵季路侍) : 안회와 자로가 공자를 옆에서 모시다. ☞안연(顔淵) : 안회(顔回). 공자의 수제자. 안(顔)은 성이고 회(回)가 이름이었다. 자는 자연(子淵). 본서 2·9·1 참고. ☞계로(季路) : 자로(子路)를 말함. 노(魯)나라 사람. 공자의 제자. 성은 중(仲)이고 이름은 유(由)였다. 자는 자로(子路). 본서 2·17·1 참고. ☞시(侍) : 모시

다. 곁에서 시중들다. "顔淵是顔回 季路是子路 侍是立於夫子之側"

○합각언이지(盍各言爾志) : 어찌하여 각자 너희들의 생각을 말하지 않는가? '盍各言爾
之志乎' 또는 '何不各言爾之志乎'의 준말. ☞합(盍) : 어찌 …하지 않는가? '何不'의 뜻.
'합(闔)'과 '개(盖)'도 쓰임이 같음. ☞이(爾) : 이인칭 대명사. "志字指蘊藉言 與下論用世
之志不同"

盍은 何不也라

합(盍)은 '어찌 …하지 않는가?'의 뜻이다.

[備旨] 顔淵季路가 同侍於夫子之側이러니 夫子詔之에 曰人各有志하니 常因言以自見이
라 由與回也는 盍各言爾之志乎아

안연과 계로가 부자를 곁에서 함께 모셨는데, 부자께서 가르칠 적에 말씀하시기를,
"사람에게는 각자 생각이 있으니 항상 말로써 자신을 나타내는 것이다. 유와 회는 어
찌해서 각자 너희들의 생각을 말하지 않느냐?"라고 하셨다.

○조(詔) : 윗사람이 아랫사람에게 알리다. 가르쳐 지도하다.
○자현(自見) : 자연스럽게 드러냄. 또는 저절로 나타남. 인신하여 자신의 뜻을 나타냄.

5·25·2 子路曰 願車馬와 衣輕裘를 與朋友共하여 敝之而無憾 하노이다

자로가 말했다. "원컨대 거마를 타는 것과 가벼운 갖옷을 입는 것을 벗과 함께해서
낡아지더라도 유감이 없었으면 합니다."

○원거마의경구(願車馬衣輕裘) : 거마를 타는 것과 가벼운 옷을 입는 것을 …하기를 원
하다. '願乘車馬衣輕裘'이 원래의 문장. ☞원(願) : 원하다. 문장 전체에 대해 …하기를
원한다는 말. ☞거마(車馬) : 수레와 말. '乘車馬'라고 해야 하는데 '乘'자가 생략되었다.
☞의경구(衣輕裘) : 가벼운 옷을 입다. 여기서 '衣'는 '입다'라는 동사로 쓰였음. ☞경구
(輕裘) : 가볍고 따뜻한 갖옷. "願是未有是事而志願如此 車馬是乘以代勞者 所衣者是輕
裘 裘以輕爲貴也"

○여붕우공(與朋友共) : 친구와 더불어 함께 타고 입다. ☞'朋'은 동문 수학(同門受學)한 사람을, '友'는 동사(同事)한 사람을 지칭하는 것으로 구별하기도 하는데, 일반적으로 같은 스승을 모시고 학문을 닦은 사람을 '朋'이라 하고, 뜻을 같이한 사람을 '友'라고 한다[同師曰朋 同志曰友]. "車馬與之共乘 輕裘與之共衣"
○폐지이무감(敝之而無憾) : 그것을 낡게 했지만 원망을 품지 않음. ☞폐(敝) : 낡다. 못쓰게 부서지다. ☞지(之) : 대명사로서 '車馬'와 '輕裘'를 가리킴. ☞감(憾) : 원망을 품다. 유감으로 생각하다. "之指車馬輕裘"

衣는 服之也라 裘는 皮服이라 敝는 壞也요 憾은 恨也라

의(衣)는 입는 것이다. 구(裘)는 갖옷이다. 폐(敝)는 낡아지는 것이다. 감(憾)은 원망을 품는 것이다.

[備旨] 子路對에 曰天下之物은 當與天下로 共之어늘 由之志는 惟願以所乘車馬와 以所衣輕裘를 與朋友共乘共衣하여 雖至於敝나 而略無怨恨之心焉하노이다하니 子路는 其志於公物者乎인저

자로가 대답할 적에 말하기를, "천하의 사물은 마땅히 천하의 사람들과 더불어 함께 써야 하는 것인데, 원컨대 저의 뜻은 오직 거마를 타는 것과 가벼운 옷을 입는 것을 붕우와 더불어 함께 타고 함께 입어서, 비록 낡아지는 데에 이르렀을지라도 원한의 마음이 전혀 없었으면 합니다."라고 했으니, 자로는 아마도 물건을 함께 쓰는 데 뜻을 둔 사람이었을 것이다.

○약(略) : 대체로. 조금. 거의. 부정사를 동반하면 '전혀'라고 해석한다.
○기(其) : 아마도. 혹. 추측하는 말.
○공물(公物) : 물건을 함께 씀. 함께 쓰는 물건. ↔사물(私物).

5·25·3 顔淵曰 願無伐善하며 無施勞하노이다

안연이 말했다. "유능함을 자랑하지 않으며 공로를 과시하지 않았으면 합니다."

○원무벌선(願無伐善) : 유능함을 자랑하지 않으며 …하기를 원하다. ☞무벌선(無伐善) : 잘하는 일을 자랑하지 않다. ☞원(願) : 원하다. 문장 전체에 대해 …하기를 원한다는

말. ☞벌(伐) : 자랑하다[誇也]. ☞선(善) : 유능함. 잘하는 일 등을 말함. "兩無字皆作不字看 俱主克己上說 理之有得於己曰善"

○무시로(無施勞) : 공로를 과시하지 않다. ☞시(施) : 크게 떠벌리다. ☞노(勞) : 공로가 있다. 공로를 세우다. "事之有功於人曰勞"

伐은 誇也라 善은 謂有能이라 施는 亦張大之意라 勞는 謂有功이니 易日 勞而不伐이 是也라 或曰 勞는 勞事也라 勞事는 非己所欲이라 故로 亦不欲施之於人이라하니 亦通이라

　벌(伐)은 자랑하는 것이다. 선(善)은 유능함을 이른다. 시(施)는 또한 펼쳐서 크게 한다는 뜻이다. 노(勞)는 공로가 있음을 이르니, 「주역」《계사상전》에 '공로가 있어도 자랑하지 않다'는 것이 이것이다. 혹자는 "노(勞)는 수고로운 일이다. 수고로운 일은 자기가 하고 싶은 것이 아니므로, 또한 남에게도 베풀고 싶지도 않다는 뜻이다."라고 하니, 이 역시 통한다.

○노이불벌(勞而不伐) : 공로가 있지만 자랑치 않다. 「주역(周易)」《계사상전(繫辭上傳)》에 나오는 말. "공자께서 말씀하시기를, 수고하지만 자랑하지 않으며 공이 있어도 덕으로 생각하지 않음이 두터움의 지극함이다.(子曰 勞而不伐 有功而不德 厚之至也)"

[備旨] 顏淵對에 曰天下之理는 當與天下로 同之어늘 回之志는 惟願無誇伐己有能之善하고 無張施己有功之勞니 蓋善爲吾性이요 勞爲吾分이라 回不敢以之自驕矣하노이다하니 顏淵은 其志於公善者乎인저

　안연이 대답할 적에 말하기를, "천하의 이치는 마땅히 천하의 사람들과 더불어 함께 해야 하는데, 저의 뜻은 오직 제 자신에게 유능함이 있다고 해서 유능함을 자랑하지 않고, 제 자신이 이룬 공로를 크게 떠벌려 과시하지 않으려는 것이니, 대개 유능함은 저의 성품이고 고생은 저의 분수입니다. 저는 감히 이런 것에 대해 스스로 교만하지 않으려고 합니다."라고 했으니, 안연은 아마도 공공의 선에 뜻을 둔 사람이었을 것이다.

○과벌(誇伐) : 자랑함.
○장시(張施) : 벌려 크게 함.

5·25·4 子路曰 願聞子之志하노이다 子曰 老者安之하며 朋友信之하며 少者懷之니라

자로가 "원컨대 선생님의 뜻을 들었으면 합니다." 하자, 공자께서 말씀하셨다. "늙은이를 편안하게 해주며, 붕우를 미덥게 해주며, 어린이들을 품어주는 것이다."

○원문부자지지(願聞夫子之志) : 원컨대 선생님의 생각을 듣기를 원합니다. 각자 이야기를 했으니, 공자의 말을 듣고 절충하고자 하는 마음이 있음. ☞원(願) : 원하다. 문장 전체에 대해 …하기를 원한다는 말. "願聞內有折衷意"
○노자안지(老者安之) : 늙은 사람들을 배고프거나 춥지 않게 함. '安'은 형용사가 사역동사로 전용된 것임. '安老者'라고 해야 할 것을 강조하기 위해 '老者'를 앞으로 내세우고 대명사 '之'를 쓴 것임. "老者是年長之人 安卽不飢不寒之類"
○붕우신지(朋友信之) : 친구들에게 충성스럽게 하고 속이지 않는 것. '信'도 타동사가 사역동사로 전용된 것임. "朋友是同輩之人 信卽忠誠無欺之類"
○소자회지(小者懷之) : 나이가 어린이들을 길러주고 가르쳐 주는 것. '懷' 역시 타동사가 사역동사로 전용된 것. "少者是年幼之人 懷卽養之敎之之類"

老者를 養之以安하고 朋友를 與之以信하고 少者를 懷之以恩이라 一說에 安之는 安我也요 信之는 信我也요 懷之는 懷我也라하니 亦通이라
○程子曰 夫子는 安仁이요 顔淵은 不違仁이요 子路는 求仁이니라 又曰 子路顔淵孔子之志는 皆與物로 共者也로되 但有小大之差爾라 又曰 子路는 勇於義者니 觀其志면 豈可以勢利拘之哉아 亞於浴沂者也라 顔子不自私己라 故로 無伐善하고 知同於人이라 故로 無施勞하니 其志可謂大矣라 然이나 未免出於有意也요 至於夫子하여는 則如天地之化工을 付與萬物이로되 而己不勞焉하니 此聖人之所爲也라 今夫羈靮以御馬하고 而不以制牛하니 人皆知羈靮之作은 在乎人하고 而不知羈靮之生은 由於馬하니 聖人之化도 亦猶是也라 先觀二子之言하고 後觀聖人之言이면 分明天地氣象이니 凡看論語에 非但欲理會文字요 須要識得聖賢氣象이라

늙은이를 편안하게 봉양하고, 붕우를 믿음으로 함께 하고, 어린이를 은혜로 품어주는 것이다. 일설에 안지(安之)는 나를 편케 하는 것이요, 신지(信之)는 나를 믿는 것이요, 회지(懷之)는 나를 품는 것이라 하니, 역시 통한다.
○정자가 말했다. "부자께서는 인의 도리를 행하는 것을 본분으로 여겨 이에 만족하며 살았고, 안연은 인을 떠나지 않았고, 자로는 인을 구했다." 또 말하기를, "자로·안

연·공자의 뜻은 모두 남과 더불어 함께 쓰려고 한 것이지만, 다만 작고 크다는 차이가 있을 뿐이다." 했다. 또 말하시기를, "자로는 의리에 용감한 사람이니, 그의 뜻을 살펴보면 어찌 세력이나 이익을 가지고 그를 구속할 수 있겠는가?《선진편》11·25·7에서 '기수에 목욕하겠다.'고 말한 증점에 버금가는 자다. 안자는 스스로 자신을 사사로이 여기지 않았으므로 유능함을 자랑하지 않았고, 딴 사람과 같다는 것을 알았으므로 공로를 과시하지 않았으니, 그 뜻이 크다고 이를 만하다. 그러나 의도적인 데서 나왔음을 면치 못하고 있다. 부자께서는 마치 하늘이 천지의 조화의 교묘함을 만물에게 부여해 주었지만 자신은 공로가 있지 않다고 함과 같으니, 이것이 성인이 행하는 바다. 오늘날 말의 굴레와 고삐는 말을 모는 데 쓰는 것이고 소를 제어하는 데 쓰는 것이 아닌데, 사람들은 모두 굴레와 고삐를 만든 것이 사람에게 있다는 것만 알고, 이 굴레와 고삐의 생겨남이 말로부터 말미암았다는 것을 알지 못하니, 성인의 조화도 이와 같은 것이다. 먼저 안연과 자로 두 사람의 말을 살펴보고 뒤에 성인의 말씀을 살펴보면 틀림없이 하늘과 땅과 같은 기상이니, 무릇 「논어」를 읽을 때에는 다만 문자만을 이해하려 할 것이 아니요, 모름지기 성현의 기상을 알아야 한다."고 했다.

○안인(安仁) : 인의 도를 행함을 본분으로 여겨 이에 만족을 느끼며 삶.
○기수(沂水) : 산동성 이산(尼山)에서 발원하여 사수(泗水)로 흘러드는 강. ☞기수무우(沂水舞雩) : 시세를 알고 소요 자재(逍遙自在)함. 본서 11·25·7 참고.
○미면출어유의야(未免出於有意也) : 오히려 면행·극치했다는 뜻. 「논어집주(論語集註)」 "尙有勉行克治之意"
○화공(化工) : 조화의 교묘함. 자연의 창조력을 이름. 천공(天工).
○기적(覊靮) : 말의 굴레와 고삐.
○이회(理會) : 사리를 분별하여 앎. 깨달음. 이해(理解).
○기상(氣象) : 사람이 타고난 마음씨와 겉으로 드러난 의용(儀容).

[備旨] 子路進而請에 曰願聞夫子之志는 如何잇고하니 夫子示之에 曰吾之志도 亦使天下之人으로 各得其所而已라 彼老者는 莫不欲安이니 吾則願養之以安하여 而使享其逸也요 朋友는 莫不欲信이니 吾則願與之以信하여 而使全其交也요 少者는 莫不欲懷니 吾則願懷之以恩하여 而使葆其天也라 斯固吾之竊有志者乎인저하시니 是知夫子有子路公物之心이로되 而忘其爲物하고 有顏淵公善之心이로되 而忘其爲物하니 聖賢分量之不同을 於此에 見矣라

　자로가 나아가 청할 적에 말하기를, "원컨대 선생님의 뜻은 어떤지 들어보고 싶습니다."라고 하니, 부자께서 보여줄 적에 말씀하시기를, "나의 뜻도 또한 천하의 사람으로

하여금 각각 그 자리를 얻도록 하고 싶을 따름이다. 저 늙은이들은 편안하고 싶지 않음이 없을 것이니 나는 곧 봉양을 편안하게 해서 그들이 편안함을 누리도록 해주기를 원하고, 붕우는 믿고 싶지 않음이 없을 것이니 나는 곧 붕우를 그들과 더불어 믿어서 그들이 사귐을 온전히 하기를 원하고, 어린이들은 품고 싶지 않음이 없을 것이니 나는 곧 은혜로 품어서 그들의 천성을 잘 자라게 해주기를 원한다. 여기에 진실로 내가 남 몰래 뜻이 있다."라고 하셨으니, 이렇다면 알 수 있는 것이 부자께서는, 자로는 공공의 물건에 마음이 있었지만 그것이 만물을 위한다는 것을 잊었고, 안연은 공공의 선에 마음이 있었지만 그것이 만물을 위한다는 것을 잊었으니, 성인과 현자의 분량이 같지 않음을 여기에서 볼 수 있다.

○보(葆) : 더부룩히 나다. 초목이 무성한 모양.
○분량(分量) : 어떤 일을 해 낼 수 있는 힘. 또는 그 힘의 정도. 역량.

5·26·1 子曰 已矣乎리 吾未見能見其過하고 而內自訟者也로라

공자께서 말씀하셨다. "어찌할 수 없는 일이로구나! 나는 아직 자신의 허물을 보고 마음속으로 꾸짖는 자를 보지 못했다."

○이의호(已矣乎) : 그만두자. 끝이로구나. 끝나버렸도다. ☞이(已) : 그치다. 그만두다. ☞의호(矣乎) : 허사(虛詞)가 연용되어 '矣'는 '이미 그러한'의 뜻을 나타내고, '乎'는 의문이나 감탄의 뜻을 나타내는데, 여기서는 감탄의 뜻을 나타냄. "已是止意 乎是歎辭"
○오미견능견기과이내자송자야(吾未見能見其過而內自訟者也) : 나는 사람들이 능히 자기 자신의 허물을 알고 마음속으로 꾸짖는 사람을 보지 못했다. ☞기(其) : 대명사로서 자기 자신을 가리킴. ☞자송(自訟) : 자책하다. 스스로 자기 자신을 꾸짖음. "見卽註中 知字 過指言行之失 內自訟是自家心裏 如寃家相對 不肯放鬆"

已矣乎者는 恐其終不得見而歎之也라 內自訟者는 口不言而心自咎也라 人有過而能自知者가 鮮矣요 知過而能內自訟者는 爲尤鮮이라 能內自訟이면 則其悔悟深切而能改가 必矣라 夫子自恐終不得見而歎之하시니 其警學者가 深矣라

'已矣乎'는 그러한 사람을 끝내 만나보지 못할까 두려워하여 탄식한 것이다. '內自訟'은 입으로 말하지 않고 마음속으로 자책하는 것이다. 사람에게 허물이 있지만 능히 스스로 아는 자가 드물며, 허물을 알지만 마음속으로 스스로 꾸짖는 자는 더욱 드문 것이다. 마음속으로 자기 자신을 꾸짖는다면 그 잘못을 뉘우치고 깨달음이 아주 간절하여 능히 고칠 것이 틀림없을 것이다. 부자께서 스스로 끝내 만나보지 못할까 두려워하여 탄식하셨으니, 배우는 자들을 경계시킴이 깊다고 하겠다.

○자구(自咎) : 자책함. 죄를 자기에게 돌림.
○회오(悔悟) : 잘못을 뉘우치고 깨달음.
○심절(深切) : 깊고 간절함. 아주 간절함.

[備旨] 夫子歎改過者之難하여 以勵天下에 曰過貴能改하고 而知悔者가 改過之機也라 吾嘗以此望諸人하여 而冀其得見矣러니 今其已矣乎라 吾終未見能自見其過하고 而心內自咎責者也로라 蓋人能內自訟이면 則其悔悟深切하여 方能改過니 奈之何吾終不得見也오

부자께서 허물을 고친다는 것이 어렵다는 것을 탄식하면서 천하 사람들에게 힘쓰도록 할 적에 말씀하시기를, "허물은 고치려고 하는 것을 귀하게 여기고 뉘우칠 줄을 아는 것이 허물을 고치는 관건이다. 내 일찍이 이것을 다른 사람에게 바라면서 그러한 사람을 볼 수 있기를 바랐는데, 지금 아마도 어찌할 수 없는 일이로구나! 나는 끝내 아직까지 자신의 허물을 보고 마음속으로 스스로 책망하는 자를 보지 못했다. 대개 사람이 능히 안으로 자신을 꾸짖으면 곧 그의 잘못을 뉘우치고 깨달음이 아주 간절하여 바야흐로 능히 허물을 고칠 수 있으니, 어찌하여 나는 끝내 그러한 사람을 볼 수 없는가?"라고 하셨다.

○기(機) : 기틀. 관건. 일의 가장 중요한 점. 추뉴(樞紐).
○구책(咎責) : 책망함. 잘하도록 요구함.

5·27·1 子曰 十室之邑에 必有忠信이 如丘者焉이어니와 不如丘之好學也니라

공자께서 말씀하셨다. "작은 고을에도 반드시 충성과 신의가 나와 같은 사람이 있겠거니와, 나만큼 배우기를 좋아하는 사람은 없을 것이다."

○십실지읍(十室之邑) : 집이 열 채 정도 있는 작은 마을. 아주 작은 고을을 말함. "甚言邑之小"

○필유충신(必有忠信) : 반드시 충성과 신의가 있다. 반드시 충실하고 순후(淳厚)하며 믿음직하고 진실함이 있다. "必有是易得意 非謂人皆忠信也"
○여구자언(如丘者焉) : 나와 같은 사람. '丘'는 공자의 이름이므로 공자 자신을 칭함. "丘是孔子自謂 者作人字看"
○불여구지호학야(不如丘之好學也) : 내가 배우기를 좋아하는 것처럼 닮지는 않았을 것이다. '不如'는 앞에서 말할 사건이 뒤에서 말한 사건에 미치지 못할 적에 사용하는 어법이다. "不如是不似 兼自恃自棄意 好學如好古敏求皆是"

十室은 **小邑也**라 **忠信**이 **如聖人**이면 **生質之美者也**라 **夫子生知**로되 **而未嘗不好學**이라 **故**로 **言此以勉人**이라 **言美質易得**이어니와 **至道難聞**이니 **學之至**면 **則可以爲聖人**이요 **不學**이면 **則不免爲鄕人而已**니 **可不勉哉**아

십실(十室)은 작은 읍이다. 충성과 신의가 성인과 같다면 타고난 자질이 훌륭한 사람이다. 부자께서는 태어나면서부터 알았지만 일찍이 배우기를 좋아하지 않았던 적이 없었으므로 이것을 말해서 사람들을 힘쓰도록 하신 것이다. 훌륭한 자질은 얻기가 쉽지만 지극한 도는 듣기가 어렵다는 것을 말씀한 것이니, 배움을 지극히 하면 성인이 될 수 있고 배우지 않는다면 촌뜨기가 되는 것을 면치 못할 것이니, 어떻게 힘쓰지 않을 수 있겠는가?

○미질(美質) : 훌륭한 자질. 「한시외전(韓詩外傳)」 권6. "雖有美質 不學則不成君子"
○지도(至道) : 가장 좋은 학설이나 도덕. 또는 정치 제도. 「예기(禮記)」《학기(學記)》 "雖有至道 弗學則不知其善也"
○생지(生知) : 나면서부터 도(道)를 알아 행한다는 뜻으로, 성인(聖人)을 이르는 말.
○가불면재(可不勉哉) : 힘쓰지 않을 수 있겠는가? 어떻게 힘쓰지 않을 수 있겠는가? '可'는 부사로서 반문을 나타내며, '어떻게' 또는 '설마 …일 리 있겠는가?'라고 해석함. 해석하지 않아도 무방함.

[備旨] 夫子勉人好學에 曰天下之道는 以質而進하고 以學而成이라 如徒論其質이면 卽十室之小邑其中에도 必有忠厚信實生質之美가 如丘者焉어니와 但人多自恃其質하여 而不如丘之好學하여 以充其質也라 此可見美質은 易得이니 如丘者는 不足貴어니와 至道는 難聞이니 不如丘者는 深可歎也라

부자께서 사람이 배우기를 좋아하는 데 힘쓰도록 할 적에 말씀하시기를, "천하의 도는 바탕에 의해서 나아가고 배움에 의해서 이루어지는 것이다. 만약 한갓 그 바탕만을

논한다면 곧 열 집쯤 되는 작은 읍 가운데서도, 반드시 충후함과 신실함 그리고 타고난 바탕의 아름다움이 나와 같은 사람이 있겠지만, 다만 사람들이 스스로 자신의 바탕을 믿는 일이 많아서 나와 같이 배우기를 좋아해서 그 바탕을 채우려는 사람은 없을 것이다. 곧 훌륭한 자질은 얻기가 쉬우니 나와 같은 사람은 귀하다 하지 않겠거니와, 지극한 도는 들어보기가 어려우니 나와 같지 않은 사람은 깊이 탄식해야 함을 볼 수 있을 것이다."라고 하셨다.

제 6편 雍也

凡二十八章이라 篇內第十四章以前은 大意與前篇同이라

모두 28장이다. 책 안의 제 14장 이전은 대의가 전편과 같다.

6·1·1 子曰 雍也는 可使南面이로다

공자께서 말씀하셨다. "옹은 남면의 자리에 앉혀 정사를 듣도록 할 만하도다!"

○옹야(雍也) : 옹이라는 사람은. 옹이라면. ☞옹(雍) : 공자의 제자. 성은 염(冉)이고 자는 중궁(仲弓)이었다. 본서 5·4·1 참고. ☞야(也) : …면. …는. 어조사로서 주어 뒤에 쓰였는데, 어기(語氣)를 한 번 늘여줌으로써 강조를 나타낸다.
○가사남면(可使南面) : 남쪽의 자리에 앉힐 수 있다. 원래는 '可使之南面'로 써야 할 텐데 '雍'을 가리키는 대명사 '之'가 생략됨. "可使全在寬洪簡重上見" ☞남면(南面) : 남쪽을 향함. 임금이 정사를 듣는 자리를 말함이니 군왕이 된다는 뜻. 옛날 사람들은 남쪽이 광명(光明)의 자리라 하여 천자(天子)와 제후(諸侯) 그리고 관리들은 북쪽에 앉아 남쪽을 향하고, 신하는 북쪽을 향해 앉아서 정사를 처리했음. 이를 향명이치(嚮明而治)라 했다. 즉 임금은 남면(南面)하고 신하는 북면(北面)함.「논어집주(論語集註)」"厚齊 憑氏曰 人君聽治之位 必體天地陰陽之嚮背 南面嚮明也"

南面者는 人君聽治之位니 言仲弓寬洪簡重하여 有人君之度也라

남면(南面)이라는 것은 임금이 정사를 듣는 자리이니, 중궁은 마음이 너그럽고 도량이 크면서 대범하고 중후하여 인군의 도량이 있음을 말씀한 것이다.

○관홍(寬洪) : 마음이 너그럽고 도량이 큼. 관홍(寬弘).
○간중(簡重) : 간략하면서도 위중(威重)함. 즉 까다롭지 않으면서도 위엄이 있고 중후한 모습.「중문대사전(中文大辭典)」"簡略威重也"

[備旨] 夫子稱仲弓에 曰雍之爲人은 寬洪簡重하여 有人君之度하니 其可使居南面之位하

여 以聽治矣乎인저

　　부자께서 중궁을 칭찬할 적에 말씀하시기를, "옹의 사람됨은 마음이 너그럽고 도량이 크며 대범하고 중후하여 인군의 도량이 있으니, 그는 남면의 자리에 앉혀 정사를 듣도록 할 만하도다!"라고 하셨다.

6·1·2 仲弓이 問子桑伯子한대 子曰 可也라 簡이니라

　　중궁이 자상백자에 대해 물으니, 공자께서 대답하셨다. "괜찮다. 대범할 것이다."

○중궁문자상백자(仲弓問子桑伯子) : 중궁이 자상백자에 대해 묻다. ☞자상백자(子桑伯子) : 노(魯)나라 사람. 의관을 정제하지 않고 거처했을 정도로 소탈한 인물이었다고 한다. 아래 집주 내용 참고. "仲弓擧其人以問 是欲證己之簡何如也"
○가야간(可也簡) : 괜찮다. 대범하다. 여기서는 '대범하기에 어떻게 치밀하겠는가?' 또는 '대범하기 때문에 치밀하지 못하다'는 부정적인 의미도 약간 내포하고 있음. ☞가(可) : 괜찮다. 괜찮을 것이다. 대체로 괜찮지만 부족하다는 뜻이 내포된 말[僅可而有所未盡之辭]. ☞간(簡) : 대범하다. 소탈하다. 번거롭게 행동하지 않다. 간략하다. '簡'은 '대범하다[자잘한 일에 얽매이지 않다]'로 해석하면 긍정적 의미, '간략하다[신중하지 않다]'로 해석하면 부정적 의미를 내포할 수 있으므로, 여기서는 전자로 해석했다. "三字順說 言可也那簡"

子桑伯子는 魯人이라 胡氏는 以爲疑卽莊周가 所稱子桑戶者가 是也라 仲弓은 以夫子許己南面이라 故로 問伯子如何라 可者는 僅可而有所未盡之辭라 簡者는 不煩之謂라

　　자상백자는 노나라 사람이다. 호 씨는 "아마 장주가 일컫던 자상호라는 사람이 이 사람일 것이다." 했다. 중궁은 부자께서 자기에게는 남면할 수 있다고 허여해 주셨으므로, 백자는 어떠한가 물은 것이다. 가(可)라고 하는 것은 대체로 쓸 만하지만 미진함이 있다는 말이다. 간(簡)은 번잡하고 까다롭지 않음을 이른다.

○근가(僅可) : 간신히 쓸 만함. 겨우 쓸 만함. 대체로 쓸 만함.
○불번(不煩) : 번잡하고 까다롭지 않음. 대범하다.
○장주(莊周, B.C 369~B.C 286) : 전국(戰國) 때 송(宋)나라 사람. 칠원리(漆園吏)를

지냈고 청정 무위(淸靜無爲)를 주장하였음. 저서에는 「장자(莊子)」가 있음. 당 현종(唐玄宗) 때 남화진인(南華眞人)으로 추존되어, 그의 저서를 「남화진경(南華眞經)」이라고도 함.

[備旨] 仲弓이 知夫子許己在簡하고 又疑伯子之簡이 與己異라 故로 問子桑伯子之爲人이 何如오한대 夫子答之에 曰天下多一事는 不若省一事어늘 可也라 其伯子之簡乎인저하시니 是는 以其簡爲僅可요 非謂其可居南面也라

중궁이 부자께서 자기에게 대범함이 있다고 허여해 주신 것을 알고, 또 백자의 대범함이 자기와 다르다는 것을 의심했던 것이다. 그러므로 자상백자의 사람됨이 어떠한가를 물었는데, 부자께서 대답해 줄 적에 말씀하시기를, "천하에 자꾸만 일을 많게 하는 것은 일을 줄이는 것만 못한데, 괜찮다. 아마도 백자는 대범할 것이다."라고 하셨으니, 이는 그의 대범함을 대체로 쓸 만하다고 한 것이고, 그가 남면의 자리에 앉아 정사를 들을 만함을 이른 것은 아니다.

○다(多) : 많게 하다. 많아지다.
○생(省) : 줄이다. 덜다. 간략하게 하다. 생략하다.
○기(其)~호(乎) : 아마도 …일 것이다. 어떤 상황에 대해서 추측함을 나타내는 말.

6·1·3 仲弓曰 居敬而行簡하여 以臨其民이면 不亦可乎잇가 居簡而行簡이면 無乃太(大)簡乎잇가

중궁이 말했다. "봄가짐을 공손히 하고 대범하게 행하여 백성에게 임한나넌 또한 괜찮지 않겠습니까? 대범하게 처신하면서 대범하게 행하면 아마도 너무 대범하지 않겠습니까?"

○거경이행간(居敬而行簡) : 몸가짐을 공손히 하고서 대범하게 행하다. ☞거경(居敬) : 몸가짐을 공손히 함. 항상 마음을 바르게 하여 품행을 닦음. ☞거경궁리(居敬窮理) : 주자(朱子)가 내세운 수양 방법. '居敬'은 반성하여 잠시도 게을리 하지 아니하고 기거동작을 삼가는 내적 수양법이고, '窮理'는 널리 사물의 이치를 궁리하여 정확한 지식을 얻는 외적 수양법. 「주자어류(朱子語類)」 "學者工夫 唯在居敬窮理二事" ☞행간(行簡) : 행하는 일이 간이(簡易)함. 일을 행할 적에 대범하게 하여 번거롭지 않게 함. "此行簡

是擧大綱存大體 所行得要"

○이임기민(以臨其民) : 몸가짐을 공손히 하고 대범하게 하여 그 백성에게 임하다. 그
러한 태도를 취해서 백성을 통치하다. '以'는 접속사. "臨是統御意 臨民卽居南面"

○불역가호(不亦可乎) : 또한 좋지 아니한가? '不亦'은 부사로서 완곡한 반문을 나타낼
때 서술어 앞에 쓰인다. 주로 문장의 끝에 의문을 나타내는 어조사가 있어서 조화를 이
룬다. 여기서는 '不亦~乎'의 형식으로 쓰였다. "是簡之善"

○거간이행간(居簡而行簡) : 평소에 대범하게 처신하면서 일할 적에 대범하게 행하다.
☞거간(居簡) : 번거롭지 않고 대범하게 처신함. "此行簡卽一切苟省任率而已"

○무내태간호(無乃太簡乎) : 너무 대범하지 아니한가? ☞무내(無乃)~호(乎) : 아마도.
…이 아니다. 그럴 리가 없다. 관용어구로 추측이나 반문을 하는 데 쓰이며 의문 부사
와 언제나 호응함. '乎'는 문장 끝에 쓰여 추측을 나타냄. ☞태간(太簡) : 너무 대범하
다. '太'와 '大'는 서로 통함. "是簡之太過"

言自處以敬이면 則中有主而自治嚴이니 如是而行簡以臨民이면 則事不煩而民不
擾하리니 所以爲可어니와 若先自處以簡이면 則中無主而自治疎矣라 而所行又簡이
면 豈不失之太(大)簡하여 而無法度之可守乎아 家語에 記伯子가 不衣冠而處한대
夫子가 譏其欲同人道於牛馬라하니 然則伯子는 蓋太簡者니 而仲弓은 疑夫子之
過許與인저

스스로 공경에 처한다면 마음에 주관이 있어서 스스로 다스림이 엄해질 것이니, 이
와 같이 하고서 대범하게 행하여 백성을 대한다면 정사는 번거롭지 않고 백성들도 요
란하지 않을 것이니 괜찮다고 할 수 있겠지만, 만약 먼저 스스로 대범함에 처한다면
마음에 주관이 없어서 스스로 다스림이 소홀해질 것이다. 그런데 행하는 데에 더욱 대
범하게 되면 어쩌면 너무 대범함에 빠져서 법도를 지키는 것도 없어지지 않겠는가?
「가어」에 '백자가 의관을 하지 않고 거처하자, 부자께서 그는 사람의 도리를 우마와
같이 하려 한다고 나무랐다.'는 것을 기록했으니, 그렇다면 백자는 아마도 너무 대범한
사람이었을 것이니, 중궁은 부자께서 지나치게 허여하신 것이 아닌지 의심한 것이다.

○가어(家語) : 공자가어(孔子家語)의 약칭. 공자의 언행 및 일사(逸事) 및 제자와의 문
답을 수록하였음. 처음에는 27권이었으나 현재 전하는 것은 10권임. 위나라의 왕숙(王
肅)이 지었다고 하나 이설이 있음.
○불요(不擾) : 요란하지 않음. 어지럽지 않음.

[備旨] 仲弓이 未喩夫子之意하고 乃疑而辨에 曰簡一也어니와 顧其所以居之者가 何如

耳니이다 人能自處以敬이면 則心有主而自治嚴라 由是로 行簡以臨其民이면 則事不煩而民不擾하리니 其簡이 不亦可乎니잇가 若先自處以簡이면 則心無主而自治疎하고 而所行도 又簡이라 豈不失之太簡하여 而無法度之可守乎아하니 雍은 蓋不能無疑矣라

중궁이 부자의 생각을 깨닫지 못하고 바로 의심스러워서 변명할 적에 말하기를, "대범한 것은 하나이지만 그의 거하는 바가 어떠한가를 돌아봐야 할 따름입니다. 사람이 능히 스스로 공경에 처한다면 마음에 주관이 있어서 스스로 다스림이 엄해질 것입니다. 이로 말미암아 대범하게 행해서 그 백성에게 임하면, 정사는 번거롭지 않고 백성들도 요란하지 않을 것이니, 그 대범함이 또한 괜찮지 않겠습니까? 만약 먼저 스스로 대범함에 처할 것 같으면, 마음에 주관이 없어서 스스로 다스림이 소홀해지고, 그리고 행하는 것도 또한 대범해질 것입니다. 어쩌면 너무 대범함에 빠져서 법도를 지키는 것도 없어지지 않겠습니까?"라고 했으니, 옹은 아마도 의심이 없을 수 없었을 것이다.

6·1·4 子曰 雍之言이 然하다

공자께서 말씀하셨다. "옹의 말이 옳다."

○옹지언연(雍之言然) : 옹의 말이 옳다. 옹이 '簡'에 대해 논한 말이 옳음. ☞연(然) : 옳다. 진실로 그렇다. '然'이란 '是'라는 뜻이다. "言是論簡之言 然作是字看"

仲弓은 蓋未喩夫子可字之意로되 而其所言之理에 有默契焉者라 故로 夫子然之시니라
○程子曰 子桑伯子之簡은 雖可取나 而未盡善이라 故로 夫子云可也라하시니 仲弓因言內主於敬而簡이면 則爲要直이요 內存乎簡而簡이면 則爲疎略이라하니 可謂得其旨矣로다 又曰居敬이면 則心中無物이라 故로 所行自簡이요 居簡이면 則先有心於簡하여 而多一簡字矣라 故로 曰太簡이라하니라

중궁은 아마도 부자께서 '괜찮다'고 한 글자의 의미를 깨닫지 못했지만, 그 말한 이치에는 서로 뜻이 통했으므로, 부자께서 옹의 말이 옳다고 하신 것이다.
○정자가 말했다. "자상백자의 대범함은 비록 취할 만하나 선에는 다하지 못했으므로 부자께서 '괜찮다.' 하시니, 중궁은 이로 인해 '마음으로 공경을 주로 하면서 대범하게 하면 긴요하고 바르게 될 것이요, 마음에 대범함을 두고서도 대범하면 소략하게 될

것이다.'고 하였으니, 그 뜻을 알았다고 할 만하다." 또 말하기를, "공경에 처하면 심중에 아무런 일이 없으므로 행하는 바가 저절로 대범해질 것이요, 대범함에 처하면 먼저 대범함에 마음을 두어서 한결같이 대범함이라는 글자가 많게 되므로 너무 대범하다고 말한 것이다."

○묵계(默契) : 은연중에 서로 뜻이 통함. 말없는 가운데 의기가 서로 투합함.
○요직(要直) : 긴요하고 바름.
○소략(疏略) : 소홀히 함. 정밀하지 아니함.

[備旨] 仲弓이 雖未喩夫子僅可之意로되 而其論簡之理에 有默契焉者라 故로 夫子與之에 曰天下之治는 常成於敬하고 而敗於忽이라 雍은 以居敬之簡爲可하고 以居簡之簡爲過者는 其言誠然也라하시니 觀此면 則夫子許仲弓南面이로되 而不許伯子之意를 可想見矣라

중궁이 비록 부자께서 간신히 쓸 만하다고 한 뜻을 깨닫지 못했지만, 대범함을 논하는 이치에는 서로 뜻이 통했던 것이다. 그러므로 부자께서 허여해 줄 적에 말씀하시기를, "천하의 다스림은 항상 공경하는 데에서 이루어지고 소홀히 하는 데에서 실패한다. 옹은 몸가짐은 공손히 하고 대범하게 행한다는 것을 괜찮다고 하고, 대범하게 처신하면서 대범하게 행하는 것을 지나치다고 한 것은 그 말이 진실로 그렇다."라고 하셨으니, 이를 보면 부자께서 중궁의 남면의 자리에 앉는 것을 허여했지만, 백자에게는 허여하지 않았던 뜻을 상상해 볼 수 있다.

6·2·1 哀公問 弟子孰爲好學이니잇고 孔子對曰 有顏回者가 好學하여 不遷怒하며 不貳過하더니 不幸短命死矣라 今也則亡(無)하니 未聞好學者也케이다

애공이 "제자 중에 누가 배우기를 좋아합니까?" 하고 묻자, 공자께서 대답하셨다. "안회라는 사람이 배우기를 좋아하여 화를 남에게 옮기지 않았으며 잘못을 두 번 되풀이하지 않았는데, 불행히도 명이 짧아 죽었습니다. 지금은 세상에 없으니 이 사람 외에 배우기를 좋아한다는 사람을 아직 들어보지 못했습니다."

○애공(哀公) : 공자 당시에 노(魯)나라의 제후.

○제자숙위호학(弟子孰爲好學) : 제자 중에서 누가 배우기를 좋아하는가? "好學是
嗜學不厭"

○유안회자호학(有顔回者好學) : 안회라고 하는 사람이 배우기를 좋아함. 여기서
'有'자를 쓴 이유는, '者'자 앞에 쓰인 주어를 윗 문장에서 말하지 않았기 때문에
갑자기 나타나는 충격을 막기 위해 구 앞에 '有'자를 써서 주어를 미리 제시해 준
것이다. 이러한 것을 겸어(兼語)라고도 한다. "此是追言之好學且虛講"

○불천노(不遷怒) : 화가 나도 화풀이를 다른 사람에게 하지 않다. "怒是一念少拂
不遷者 隨物而怒 亦隨怒而忘"

○불이과(不貳過) : 과실을 두 번 다시 되풀이하지 않다. "過是一念少差 不貳者 有
過未嘗不知 知則未嘗復行"

○불행단명사의(不幸短命死矣) : 불행하게도 명이 짧아서 죽다. 죽음을 매우 안타
깝게 여긴 표현. "不幸有深惜意"

○미문호학자야(未聞好學者也) : 아직까지 배우기를 좋아한다는 사람을 듣지 못하
다. '未聞好學者也케이다'라고 현토했으므로 '호학하는 사람을 기다리다'는 의미가
내포되었기에, '호학하는 사람을 듣지 못하겠습니다.'로 해석할 수도 있다. '케이다'
는 '…하겠소이다'라는 뜻. "未聞承上說 亦作有待之之辭 終不欲以好學絶望於人"

遷은 移也요 貳는 復(부)也니 怒於甲者를 不移於乙하고 過於前者를 不復於後라
顔子는 克己之功이 至於如此하니 可謂眞好學矣라 短命者는 顔子三十二而卒也
라 旣云今也則亡(무)라하고 又言未聞好學者는 蓋深惜之요 又以見(현)眞好學者之
難得也라

○程子曰 顔子之怒는 在物不在己라 故로 不遷이요 有不善이면 未嘗不知하고 知
之면 未嘗復行하시니 不貳過也라 又曰喜怒在事면 則理之當喜怒者也어늘 不在血
氣하니 則不遷이라 若舜之誅四凶也에 可怒在彼하니 己何與焉이리오 如鑑之照物에
姸嗤在彼하여 隨物應之而已니 何遷之有리오 又曰如顔子地位에 豈有不善이리오
所謂不善은 只是微有差失이니 纔差失이면 便能知之요 纔知之면 便更不萌作이니
라 張子曰 慊於己者는 不使萌於再나라 或曰 詩書六藝를 七十子非不習而通也
로되 而夫子獨稱顔子爲好學하시니 顔子之所好는 果何學歟아 程子曰 學以至乎
聖人之道也라하니 學之道奈何오 曰天地儲精에 得五行之秀者가 爲人이니 其本也
는 眞而靜하여 其未發也에 五性具焉하니 曰仁義禮智信이요 形旣生矣에 外物觸其
形而動於中矣니 其中動而七情出焉하나니 曰喜怒哀懼愛惡欲이라 情旣熾(치)而益
蕩이면 其性鑿矣라 故로 學者는 約其情하여 使合於中하고 正其心하여 養其性而已
라 然이나 必先明諸心하여 知所往然後에 力行以求至焉이라 若顔子之非禮勿視聽

言動과 不遷怒貳過者는 則其好之篤하고 而學之得其道也라 然이나 其未至於聖
人者는 守之也요 非化之也니 假之以年이면 則不日而化矣리라 今人은 乃謂聖本
生知요 非學可至라하여 而所以爲學者가 不過記誦文辭之間하니 其亦異乎顔子之
學矣로다

천(遷)은 옮기는 것이요 이(貳)는 다시 하는 것이니, 갑이란 사람에게 화낸 것을 을
이란 사람에게 옮기지 않고, 전에 잘못한 것을 뒤에 다시 하지 않는다는 것이다. 안자
는 자기를 이기는 공이 이와 같음에 이르렀으니, 참으로 배우기를 좋아한다고 이를 만
하다. 명이 짧다는 것은 안자가 32세에 죽었기 때문이다. 이미 지금은 없다고 말씀하
고, 또 배우기를 좋아한다는 자를 듣지 못했다고 말씀한 것은 아마도 아주 애석하게
여긴 것이요, 또한 참으로 배우기를 좋아하는 자를 얻기가 어려움을 나타낸 것이다.
○정자가 말했다. "안자의 화냄은 상대방에게 있었고 자신에게 있지 않았다. 그러므
로 옮기지 않은 것이요, 불선이 있으면 일찍이 알지 못했던 적이 없었고 알았다면 일
찍이 다시 행한 적이 없었으니, 잘못을 다시 하지 않았다는 것이다." 또 말하기를, "기
뻐하고 화냄이 일에 있었다면 이치에 마땅히 기뻐하고 화내야 할 것인데 혈기에 있지
않았으니 옮기지 않았던 것이다. 마치 순임금이 사흉을 처벌할 때에 화낼 만한 것이
저들에게 있었던 것과 같으니 자신과 무슨 관련이 있었겠는가? 또 거울에 물건을 비출
적에 아름답거나 추한 것이 비춰보는 쪽에 있어서 사물에 따라 응하는 것과 같을 따름
이니 어찌 옮길 수가 있겠는가?"라고 했다. 또 말하기를, "안자의 지위와 같은 데에서
어찌 불선함이 있겠는가? 이른바 불선이란 것은 다만 아주 적게 잘못이 있었다는 것이
니, 잠깐 잘못이 있었다면 곧 능히 알 수 있을 것이고 알았다면 곧 다시는 싹트지 않
게 했을 것이다."라고 했다. 장자가 말했다. "자신의 마음에 부족하다고 느껴진 것은
다시 싹트지 않게 해야 할 것이다." 혹자가 묻기를, "시·서·육예를 70명의 제자가 익
혀서 통하지 않은 이가 없었지만, 부자께서 유독 안자만 배우기를 좋아했다고 칭찬하
였으니, 안자가 좋아했던 것은 과연 무슨 학문이었습니까?" 했는데, 정자가 말하기를,
"배워서 성인에 이르는 길이었다."고 하니, "배우는 방법이 어떠했습니까?" 하여, 말하
기를, "천지의 정기가 흘러 쌓일 때에 오행에서 뛰어난 정기를 얻은 것이 사람이 되었
으니, 그 본체는 참되면서도 고요했다. 그것이 발하기 전에 오성이 갖추어졌으니 인·
의·예·지·신이요, 그 형체가 이미 생겨나면 외물이 그 형체에 접촉되어 마음을 움
직이게 되는데 그 마음이 움직여 칠정이 나왔으니 희·노·애·구·애·오·욕이다.
감정이 이윽고 성해져 더욱 제멋대로 하게 되면 그 본성을 잃게 된다. 그러므로 깨달
은 사람은 마음을 단속하여 중도에 합하게 하고, 그 마음을 바르게 하여 그 본성을 기
르도록 해야 할 따름이다. 그러나 반드시 먼저 마음을 밝혀서 갈 곳을 알게 된 뒤에
힘써 행해서 도에 이르기를 구할 수 있는 것이다. 마치 안자가 예가 아니면 보지도 듣

지도 말하지도 움직이지도 말 것과 성냄을 남에게 옮기거나 잘못을 되풀이하지 않는다는 것과 같은 것은 그 좋아함이 독실하고 배움에 그 요령을 얻은 것이다. 그러나 그 성인의 경지에 도달하지 못한 것은 지키기만 한 것이고 변화되었다는 것은 아니니, 몇 해만 수명을 연장해 주었다면 얼마 안 가서 저절로 변화되었을 것이다. 지금 사람들은 이르기를 '성인은 본래 태어나면서부터 아는 분이요, 배워서 도달할 수 있다는 것은 아니다.'라고 해서, 학문하는 것이 단지 글이나 말을 암기하는 범주를 넘지 못하니, 그것이 또한 안자의 학문과 다른 것이다."라고 했다.

○사흉(四凶) : 순(舜)임금 때 악인 네 사람. 공공(共工)·환도(驩兜)·삼묘(三苗)·곤(鯀).
○연치(姸蚩) : 아름답고 추한 것.
○재(纔) : 잠깐. 겨우. 조금.
○겸(慊) : 마음에 차지 않음. 찐덥지 않다.
○육예(六藝) : 선비로서 배워야 할 여섯 가지 기예(技藝). 곧 예(禮)·악(樂)·사(射)·어(御)·서(書)·수(數)를 말함.
○저정(儲精) : 정기(精氣)가 쌓이다. ☞저(儲) : 쌓다. 저축하다. 「논어집주(論語集註)」 "問儲精朱子曰 精氣流通儲蓄 得二氣之精聚 故能生出人物"
○본(本) : 본체(本體). 「논어집주(論語集註)」 "朱子曰 本是本體 眞是不雜人僞 靜言其初 未感物時 五性便是眞 未發便是靜"
○오행(五行) : ①금(金)·목(木)·수(水)·화(火)·토(土)의 다섯 가지 원소(元素). ②인(仁)·의(義)·예(禮)·지(智)·신(信)의 다섯 가지 덕행(德行). 여기서는 ①의 뜻.
○촉(觸) : 닿다. 접촉하다.
○치(熾) : 성하다. 맹렬하게 일어남. 치열(熾熱).
○탕(蕩) : 제멋대로 하다. 방자하다.
○착(鑿) : 구멍이 뚫리다.
○가지이년(假之以年) : 나이를 연장해주다. '假'를 평성(平聲)으로 해석하면, '빌리다'라는 뜻이고, 입성(入聲)으로 해석하면 '이르다[格]'라는 뜻이다.
○기송(記誦) : 욈. 기억하여 암송함.

[備旨] 哀公이 問弟子中에 果孰爲好學人乎잇가 孔子對曰 吾門에 有顔回者하니 足稱好學이라 蓋學은 莫難於懲忿이요 亦莫要於改過어늘 惟回也는 時或有怒면 則怒於此이라도 而不怒於彼하여 不遷其怒焉하고 時或有過면 則過於前이라도 而不過於後하여 不貳其過焉이라 克己之功이 至於如此하니 其可謂眞好學乎인저 惜乎라 不幸天奪之速하여 短命死矣라 今也則亡是人하니 亦未聞有如是之好學者也케이다

애공이 "제자 중에 정말로 누가 배우기를 좋아하는 사람이라 하겠습니까?" 하고 물으니, 공자께서 대답할 적에 말씀하시기를, "나의 문하에 안회라는 사람이 있으니, 족히 배우기를 좋아한다고 이를 만합니다. 대개 배움은 분노를 참는 것보다도 어려운 것이 없고 또한 허물을 고치는 것보다도 중요한 것이 없는데, 오직 안회는 때로 혹시라도 화가 나면 여기에서 화를 내었더라도 저기에 가서는 화내지 않아서 그 화를 옮기지 않았고, 때로 혹시라도 잘못이 있다면 앞에는 잘못했더라도 뒤에는 잘못을 행치 않아서 그 잘못을 거듭하지 않았습니다. 자기를 이기는 공이 여기까지 이르렀으니 그는 정말로 배우기를 좋아한다고 이를 만합니다. 안타깝습니다! 불행히도 하늘이 급히 데려가서 명이 짧아 죽어버렸습니다. 지금은 이 사람이 없으니 또한 아직까지는 이같이 배우기를 좋아하는 사람이 있다는 것을 듣지 못했습니다."라고 하셨다.

○징분(懲忿) : 분노를 억누름.
○개과(改過) : 허물을 고침.

6·3·1 子華가 使於齊러니 冉子가 爲其母請粟한대 子曰 與之釜하라 請益한대 曰與之庾하라하시거늘 冉子가 與之粟五秉한대

자화가 제나라로 심부름을 떠나니, 염자가 그의 어머니를 위해 곡식을 달라고 요청했는데, 공자께서 "여섯 말 넉 되를 주어라." 하셨다. 더 주기를 청하자, 공자께서 "열여섯 말을 주어라." 하셨지만, 염자가 곡식 여든 섬을 주었더니,

○자화사어제(子華使於齊) : 자화가 제나라로 심부름을 가다. ☞자화(子華) : 공서적(公西赤)의 자(字). 본서 5·7·4 참고. ☞사어제(使於齊) : 공자 대신으로 제나라로 심부름을 감. '使'는 여기서 거성(去聲)으로 쓰여, '외국에 사신으로 나가다.'라는 뜻. "使齊 是代夫子 出使於齊國"
○염자기모청속(冉子其母請粟) : 염자가 자화의 어머니를 위해 곡식을 달라고 요청하다. ☞기(其) : 대명사로서 '子華'를 가리킴. ☞염자(冉子) : 공자의 제자 염구(冉求). 본서 3·6·1 참고. ☞청속(請粟) : 곡식을 청함. '粟'은 곡식, 조를 말함. "請粟是請於夫子 使出粟以給子華之母"
○여지부(與之釜) : 그에게 1부를 주다. ☞지(之) : 대명서로서 '其母(자화의 어머니)'를 가리킴. ☞부(釜) : 용량의 단위. 1釜는 여섯 말 넉 되. 여기서는 조금 주었다는 말. "是與之少"

○청익(請益) : 1부 외에 더 줄 것을 요청함. "益是加多於釜之外"
○여지유(與之庾) : 그에게 1유를 주다. ☞유(庾) : 용량의 단위. 1庾는 열 여섯 말. 이것 역시 조금 주었다는 말. "是亦與之少"
○염자여지속오병(冉子與之粟五秉) : 염자가 그에게 5병을 주다. ☞병(秉) : 용량의 단위. 1秉은 열 여섯 섬. 본문에서는 '五秉'이라고 했으니, 80섬이 된다. "是冉子自己粟五秉是八十斛"

子華는 公西赤也라 使는 爲孔子使也라 釜는 六斗四升이요 庾는 十六斗요 秉은 十六斛이라

자화는 공서적이다. 사(使)는 공자를 위하여 심부름을 간 것이다. 부(釜)는 여섯 말 넉 되고, 유(庾)는 열 여섯 말이며, 병(秉)은 열 여섯 섬이다.

○곡(斛) : 1섬. 10말.

[備旨] 子華爲夫子하여 出使於齊러니 此는 弟子義不容辭者也라 其友冉子가 爲其母請粟於夫子한대 夫子曰 吾與之六斗四升之釜하라하시니 蓋以示不當與也라 冉子가 又爲之請益한대 夫子曰 吾與之十六斗之庾하라하시니 蓋以示不當益也라 冉子不悟하여 乃自與之粟五秉焉하니 不已過乎아 過則傷惠而非義也라

자화가 부자를 위해 제나라로 심부름을 갔는데, 이는 제자의 도리상 말을 들어주지 않을 수 없었던 것이다. 그의 벗 염자가 자화의 어머니를 위하여 부자에게 곡식을 청했는데, 부자께서 말씀하시기를, "우리는 여섯 말 넉 되를 주어라."라고 하셨으니, 아마 미땅히 주지 말아야 한다는 것을 보여주신 것이다. 염자가 또 자화의 어머니를 위해서 더 주기를 청했는데, 부자께서 말씀하시기를, "우리는 열 여섯 말을 주어라."라고 하셨으니, 아마 마땅히 보태주지 말아야 한다는 것을 보여주신 것이다. 염자는 깨닫지 못하고서 바로 자기가 곡식 여든 섬을 주어버렸으니, 너무 지나친 일이 아니겠는가? 지나치게 하면 은혜를 상하게 되어 의리가 아닐 것이다.

6・3・2 子曰 赤之適齊也앤 乘肥馬하고 衣輕裘하니 吾聞之也호니 君子는 周急이요 不繼富라하니라

공자께서 말씀하셨다. "적이 제나라에 갈 때에는 살찐 말을 타고 가벼운 갖옷을 입었더라. 내 듣건대, 군자는 궁핍한 자를 돌봐주고 부유한 자를 보태주지 않는다고 하더라."

○적지적제야(赤之適齊也) : 공서 적이 제나라에 갈 때. "適是往"
○승비마(乘肥馬) : 살찐 말을 타다. 부를 나타내는 것. "是富之見於所承者"
○의경구(衣輕裘) : 가벼운 옷을 입다. 이것 역시 부를 나타냄. "是富之見於所衣者"
○주급(周急) : 급박한 상황에 처한 사람을 구제하다. ☞주(周) : 구제하다. 부족함을 도우다. "周急是周濟窮迫"
○불계부(不繼富) : 부한 사람에게 또 보태주지는 않다. ☞계(繼) : 보태다. "不繼富 是不續益有餘之人"

乘肥馬하고 **衣輕裘**는 **言其富也**라 **急**은 **窮迫也**라 **周者**는 **補不足**이요 **繼者**는 **續有餘**라

살찐 말을 타고 가벼운 갖옷을 입었다는 것은 부유함을 말한 것이다. 급(急)은 궁박한 것이다. 주(周)는 부족한 사람을 도와주는 것이요, 계(繼)란 계속해서 남도록 하는 것이다.

[備旨] 夫子聞而非之에 曰赤之爲我適齊也엔 所乘者는 則肥壯之馬요 所衣者는 則輕煖之裘니 其家之富가 如此라 彼其母가 豈不足於粟이로되 而顧待求之周哉아 吾聞之也호니 君子用財는 周人之急하고 不繼人之富라하니라 今求爲赤請粟하고 而又與之以五秉이니 是는 繼富也요 非周急也라 亦異乎君子用財之義哉인저

부자께서 듣고 잘못되었다고 할 적에 말씀하시기를, "적이 나를 위해서 제나라로 갈 적에 탄 것은 살이 찌고 힘센 말이었고 입은 것은 가볍고 따뜻한 갖옷이었으니, 그 집의 부함이 이와 같았다. 그 어머니가 설마 곡식에 부족했더라도 단지 구의 도움을 기다리는 데 불과했겠는가? 내 들으니 군자가 재물을 쓸 적에는 남이 급할 때 도와주고 남이 부유할 때는 계속 도와주지 않는다."라고 하셨다. 지금 구는 적을 위해서 곡식을 청하고 또 여든 섬을 주어버렸으니, 이는 부한 사람에게 계속 도와준 것이요 궁핍한 자를 돌봐준 것은 아니다. 또한 군자가 재물을 쓰는 뜻하고는 다른 것이다.

○고(顧) : 단지 …하는 데 불과하다. …에 지나지 않다. 다만. 후반부 첫머리에 보통 쓰여 전환의 의미를 나타냄.

○비장(肥壯) : 살이 찌고 힘센 모양. 「중문대사전(中文大辭典)」 "肥胖壯大也"
○경난(輕煖) : 가볍고 따뜻한 옷. 경난(輕暖).

6·3·3 原思가 爲之宰러니 與之粟九百이어시늘 辭한대

원사가 그의 가신이 되었는데, 그에게 곡식 9백을 주자 사양하였는데,

○원사위지재(原思爲之宰) : 원사가 그의 가신이 되다. ☞원사(原思) : 공자의 제자. 노나라 사람. 이름이 헌(憲). 공자가 노나라 사구가 되었을 적에 원사를 가신으로 삼았던 일. ☞여기서 '之'는 대명사로 쓰여 '其'와 통용된다고 볼 수 있는데, 이때는 보통 '爲＋之＋명사'의 구조로 이루어진다. 본서 '5·7·3 求也는 千室之邑과 百乘之家에 可使爲之宰也로되' '11·7·1 顔路가 請子之車하여 以爲之槨한대' '11·25·11 赤也爲之小면 孰能爲之大리오' '18·1·1 微子는 去之하고 箕子는 爲之奴하고' 등에서 확인할 수 있다. "爲之宰是孔了爲魯司寇時 命他爲邑宰"
○여지속구백(與之粟九百) : 부자께서 곡식 읍재가 늘 받던 곡식 9백을 주다. "與是夫子與之指原思 九百是宰祿常數"
○사(辭) : 많다는 이유로 사양하다. "是辭其多意"

原思는 孔子弟子니 名憲이라 孔子爲魯司寇時에 以思爲宰라 粟은 宰之祿也라 九百은 不言其量하니 不可考라

원사는 공자의 제자이니, 이름은 헌이다. 공자께서 노나라 사구가 되었을 때에 원사를 가신으로 삼았던 것이다. 속(粟)은 가신의 녹봉이다. 9백은 그 양을 말하지 않았으니 상고할 수가 없다.

○사구(司寇) : 주대(周代)에 형옥(刑獄)을 맡던 벼슬. 육경(六卿)의 하나.
○가신(家臣) : 경(卿)·대부(大夫)의 집에서 집안 일을 맡아보는 사람.

[備旨] 孔子爲魯司寇時에 原思가 爲屬邑之宰러니 夫子與以常祿之粟九百이어시늘 乃義所當得者로되 原思以其多로 而辭之라 是는 辭之過而傷廉이니 非義也라

공자께서 노나라의 사구가 되었을 적에 원사는 속읍의 가신이 되었는데, 부자께서 늘 받던 녹봉의 곡식으로 9백을 주시거늘, 의리상 마땅히 가져야 할 것이지만 원사는

그것이 많다는 이유로 사양했던 것이다. 이는 사양이 지나쳐서 청렴한 덕을 손상했으니 의리가 아닌 것이다.

○속읍(屬邑) : 큰 고을에 딸린 작은 고을.
○상록(常祿) : 늘 받는 녹봉(祿俸).
○상렴(傷廉) : 청렴한 덕을 손상함. 「맹자(孟子)」 《이루하(離婁下)》 "可以取 可以無取 取傷廉"

6·3·4 子曰 毋하여 以與爾鄰里鄉黨乎인저

공자께서 말씀하셨다. "사양하지 말고 너의 이웃이나 동네에 나누어 줘라!"

○무(毋) : …하지 말라. 금지하는 말. '毋' 뒤에 '辭'가 생략됨. 원문은 '爾毋辭焉'. "是禁他勿辭"
○이여이인리향당호(以與爾鄰里鄉黨乎) : 사양하지 말고 그것을 너의 이웃이나 동네에 나누어 줘라. ☞이(以) : 수단·도구 등을 나타내는 전치사. 원문장은 '以粟九百'. ☞여(與) : 나누어 주라는 말. ☞인리향당(鄰里鄉黨) : 이웃. 주대(周代) 지방 조직의 단위. 5호를 '鄰', 25호를 '里' 12,500호를 '鄉', 500호를 '黨'이라 하였음. 참고로 2,500호를 '州'라고 했음. "與是分賜意 爾指原憲"

毋는 禁止辭라 五家爲鄰이요 二十五家爲里요 萬二千五百家爲鄉이요 五百家爲黨이라 言常祿은 不當辭니 有餘어든 自可推之하여 以周貧乏이라 蓋鄰里鄉黨엔 有相周之義라
○程子曰 夫子之使子華와 子華之爲夫子使는 義也어늘 而冉子乃爲之請하니 聖人寬容하여 不欲直拒人이라 故로 與之少하시니 所以示不當與也요 請益而與之亦少하시니 所以示不當益也라 求未達하고 而自與之多하니 則已過矣라 故로 夫子非之시니라 蓋赤苟至乏이면 則夫子必自周之요 不待請矣라 原思爲宰하니 則有常祿이어늘 思辭其多라 故로 又敎以分諸鄰里之貧者하시니 蓋亦莫非義也니라 張子曰 於斯二者에 可見聖人之用財矣니라

무(毋)는 금지하는 말이다. 다섯 집을 인(鄰)이라 하고, 스물 다섯 집을 리(里)라 하고, 일만 이천 오백 집을 향(鄉)이라 하고, 오백 집을 당(黨)이라 한다. 늘 받는 녹봉은

마땅히 사양할 것이 없으니, 남는 것이 있으면 스스로 미루어 보아서 가난한 사람들에게 도와주도록 말씀한 것이다. 대개 인리나 향당에는 서로 도와주는 의리가 있기 때문이다.

○정자가 말했다. "부자께서 자화에게 일을 시킨 것과 자화가 부자를 위해 심부름 간 것은 당연한 의리인데, 염자가 자화의 어머니를 위해 곡식을 주라고 요청하니, 성인은 마음이 너그러워서 바로 남을 거절하고 싶지 않았던 것이다. 그러므로 조금 주라고 하셨으니 이것은 당연히 주어서는 안 됨을 보여주신 것이요, 더 주기를 청했지만 주기를 또한 조금 하셨으니 이것은 마땅히 더 주어서는 안 됨을 보여주신 것이다. 염구가 이를 미처 깨닫지 못하고 스스로 많이 주었으니, 이는 너무 지나쳤던 것이다. 그러므로 부자께서 잘못되었다고 하신 것이다. 아마도 적이 진실로 지극히 궁핍하였다면, 부자께서 반드시 스스로 도와 주셨을 것이요, 요청하기를 기다리지도 않았을 것이다. 원사가 가신이었으므로 늘 받는 녹봉이었을 것인데도 원사는 그 많은 것을 사양했던 것이다. 그러므로 또 이웃집과 마을의 가난한 자들에게 나누어 줄 것을 가르치셨으니, 모두가 또한 의리가 아닌 것이 없다." 장자가 말했다. "이 두 가지에서 성인의 재물 쓰심을 볼 수 있다."

○빈핍(貧乏) : 가난함. 빈곤함.
○"程子曰 夫子之使子華와 子華之爲夫子使는 義也어늘"에서 전자의 '使(사)'는 상성(上聲)으로 '부린다[使役]'의 뜻이고, 후자의 '使(사)'는 거성(去聲)으로 '사신가다[出使]'의 뜻이다.

[備旨] 夫子止之에 曰祿以養廉이니 爾毋辭焉인저 如其有餘면 則隣里鄕黨之貧者를 所當周也니 推以與之도 不亦可乎아하시니 是는 則夫子非吝於赤하고 而厚於思也라 辭受取與는 惟視義之當否耳라 彼冉子之多與를 以爲惠하고 原思之辭祿을 以爲廉은 皆察義之未精也라 此夫子所以裁之也라

부자께서 제지할 적에 말씀하시기를, "녹봉은 청렴을 기르는 것이니 너는 사양하지 말아야 할 것이다. 만약 그것에 여유가 있으면 이웃 마을의 가난한 사람들을 마땅히 도와줘야 할 것이니, 헤아려서 주는 것도 괜찮지 않겠느냐?"라고 하셨으니, 이는 곧 부자께서 적에게만 인색하게 하고 사에게 후하게 한 것은 아니다. 사양하고 받고 취하고 주는 것은 오직 의리에 마땅한지 그렇지 않은지를 살펴봤을 따름이다. 저 염자가 많이 준 것을 '은혜롭다'하고 원사가 녹봉을 사양한 것을 '청렴하다'한 것은 모두 의리를 살핌이 자세하지 못했던 것이다. 이에 부자께서 바로잡은 것이다.

○양렴(養廉) : 청렴 결백한 미덕을 기름.

○재(裁) : 마르다. 마름질하다. 자르다.

○염자와 원사에 대해서는 다음 말을 참고하면 이해에 많은 도움이 될 것이다. 「논어비지(論語備旨)」《보(補)》 "冉子之與 可以愧世之吝施者 原思之辭 可以警世之貪墨者 但非義之大中耳 故聖人裁之"

6·4·1 子謂仲弓曰 犁牛之子가 騂且角이면 雖欲勿用이나 山川 其舍諸아

공자께서 중궁을 평하여 말씀하셨다. "얼룩소의 새끼가 털이 붉고 또 뿔이 제대로 났으면, 비록 제사에 쓰지 않으려 해도 산천의 신이 어찌 그것을 버리겠는가?"

○이우지자(犁牛之子) : 얼룩덜룩한 무늬가 있는 소의 새끼. ☞이(犁) : 얼룩소. 본음은 '리' "子是犁牛所生的"

○성차각(騂且角) : '騂'은 '조금 누런 빛을 띤 붉은 말'인데, 여기서는 '붉은 털'이라는 뜻으로 쓰였음. '角'은 '뿔이 잘생겼다'는 뜻임. ☞이생성각(犁生騂角) : 털빛깔이 얼룩덜룩한 소가 털이 붉고 뿔이 잘 생긴 송아지를 낳음. 못난 아버지가 현명한 자식을 낳는 것을 비유하기도 함. "騂合當代所尙言 角者中程度也"

○수욕물용(雖欲勿用) : 비록 제사의 희생물로 쓰지 않으려고 해도. '用'은 '희생(犧牲)을 잡아 제사지내다.'의 뜻. "雖欲指行祭之人"

○산천기사저(山川其舍諸) : 산천이 어찌 버리겠는가? ☞산천(山川) : 여기서는 제사를 받는 산천의 신을 가리킴. ☞기사저(其舍諸) : 어찌 버리겠는가? '豈舍之乎'와 같음. '其'는 '어찌'란 뜻으로 '豈'와 같음. '舍'는 상성(上聲)으로 쓰여 '버려 두다' '쓰지 않다'라는 뜻. '諸'는 '之乎'와 같음. "舍字作廢字看"

犁는 雜文이요 騂은 赤色이니 周人尙赤하여 牲用騂이라 角은 角周正하여 中犧牲也라 用은 用以祭也요 山川은 山川之神也라 言人雖不用이나 神必不舍也라 仲弓父賤而行惡이라 故로 夫子以此譬之하여 言父之惡이라도 不能廢其子之善이니 如仲弓之賢은 自當見用於世也라 然이나 此論仲弓云爾요 非與仲弓言也니라

○范氏曰 以瞽瞍爲父而有舜하고 以鯀爲父而有禹하니 古之聖賢이 不係於世類가 尙矣라 子能改父之過하여 變惡以爲美면 則可謂孝矣니라

이(犂)는 얼룩덜룩한 무늬이고 성(騂)은 붉은 색이니, 주나라 사람은 적색을 숭상하여 희생의 제물에 붉은 말을 썼던 것이다. 각(角)은 뿔이 완전하고 발라서 희생의 제물에 알맞은 것이다. 용(用)은 제사에 쓴다는 것이다. 산천(山川)은 산천의 신이니, 사람이 비록 쓰지 않는다 하더라도 신은 반드시 버리지 않는다는 것을 말씀하신 것이다. 중궁은 아버지가 미천하고 행실이 악했으므로 부자께서 이를 비유하여, 아버지의 악함이라도 능히 그 자식의 선함을 없앨 수 없으니, 중궁과 같이 어진 인물은 스스로 마땅히 세상에 쓰이게 될 것임을 말씀하신 것이다. 그러나 이것은 중궁의 인물됨을 평한 것을 일렀을 뿐이요, 중궁에게 말씀해 준 것은 아니다.

○범 씨가 말했다. "고수를 아버지로 한 순임금이 있었고, 곤을 아버지로 한 우임금이 있었으니, 옛날 성현께서 세상의 부류에 관계하지 않은 지가 오래되었다. 자식이 능히 아버지의 허물을 고쳐 악을 변화시켜 미가 되게 하면 효라고 이를 만하다."

○잡(雜) : 섞이다. 무늬가 얼룩덜룩하다.
○고수(瞽瞍) : 순(舜)임금의 아버지. 어리석어 선악의 판단을 하지 못했으므로, 그때 사람들이 이렇게 불렀다고 함. 혹은 진짜 소경이었다는 설도 있음. 고수에 관한 내용은 「맹자(孟子)」《진심상(盡心上)》 참고.
○곤(鯀) : 우(禹)임금의 아버지 숭백(崇伯)을 이름. '崇'은 지명 '伯'은 작위를 말함.
○상(尙) : 오래 되다(久也).

[備旨] 夫子私論仲弓에 曰雜文之犂牛는 固不可爲犧牲之用矣라 然이나 其所生之子는 其色이 則騂而赤也라 合當代之尙하고 且角周而正也하니 中犧牲之選이라 人雖以其出於犂牛하여 而欲勿用之以祭나 然이나 山川之神所享者는 在此騂且角也니 其肯舍諸乎아하시니 夫子言此하여 以譬仲弓之賢은 自當見用於世也니 豈可以豈父賤行惡으로 而廢之哉아

부자께서 중궁을 사사로이 논할 적에 말씀하시기를, "얼룩덜룩한 무늬가 있는 소는 진실로 희생의 제물로 쓸 수가 없다. 그러나 그가 낳은 바의 새끼는 그 색깔이 붉은 말인데 붉은 색이다. 당대에 숭상하기에 합당하고 또 뿔이 완전하고 바르니 희생을 선택할 적에 알맞다. 사람들이 비록 그것이 얼룩덜룩한 무늬가 있는 소로부터 나와서 제사지낼 적에 쓰지 않고 싶지만, 그러나 산천의 신에게 올리는 것은 이 털이 붉고 뿔이 제대로 났다는 데 있으니, 그것을 기꺼이 버릴 수 있겠는가?"라고 하셨으니, 부자께서 이를 말씀하여 중궁의 현명함은 자연적으로 마땅히 세상에 쓰여야 될 것을 비유하셨으니, 어찌 아버지가 천한 사람이고 행실이 악하기 때문에 폐할 수 있겠는가?

6·5·1 子曰 回也는 其心이 三月不違仁이요 其餘는 則日月至焉而已矣니라

공자께서 말씀하셨다. "안회는 그 마음이 석 달 동안이나 인에서 떠나지 않았고, 그 나머지 제자들은 하루나 한 달에 한 번 정도 인에 이를 뿐이었다."

○회야(回也) : 안회라는 사람은. 안회라는 사람이라면. ☞회(回) : 안회(顔回). 안회에 대해서는 본서 2·9·1 참고. ☞야(也) : …면. …는. 어조사로서 주어 뒤에 쓰였는데, 어기(語氣)를 한 번 늘여줌으로써 강조를 나타낸다.
○기심삼월불위인(其心三月不違仁) : 그의 마음이 석 달 동안 인에서 떠나지 않고 마음을 온전히 쏟다. "不違仁是心純於仁意"
○기여(其餘) : 나머지 여러 제자들. "是羣弟子"
○일월지언이이의(日月至焉而已矣) : 하루나 한 달에 거기에 이르렀을 뿐이다. '焉'은 '於是'와 같은데, 여기서 '是'는 '仁'을 말함. "至是造其仁之域 日月至見不如回之三月不違"

三月은 言其久라 仁者는 心之德이니 心不違仁者는 無私欲而有其德也라 日月至焉者는 或日一至焉하고 或月一至焉하여 能造其域而不能久也라
○程子曰 三月은 天道小變之節이니 言其久也라 過此則聖人矣리라 不違仁이면 只是無纖毫私欲이니 少有私欲이면 便是不仁이니라 尹氏曰 此는 顔子於聖人에 未達一間者也니 若聖人이면 則渾然無間斷矣리라 張子曰 始學之要는 當知三月不違와 與日月至焉이니 內外賓主之辨하여 使心意로 勉勉循循而不能已라 過此면 幾非在我者니라

3개월은 그것이 오래되었음을 말한다. 인은 마음의 덕이니, 마음이 인을 떠나지 않았다는 것은 사욕이 없어 그 덕을 소유했다는 것이다. '日月至焉'은 하루에 한 번 정도 인에 이르거나 혹 한 달에 한 번 정도 인에 이르는 것인데, 능히 그 경지에 나아가지만 오래 갈 수 없다는 것이다.
○정자가 말했다. "3개월은 천도가 조금 변하는 기간이니, 그것이 오래됨을 말한다. 이 경지를 지나면 성인일 것이다. 인을 떠나지 않는다는 것은 곧 아주 작은 사욕도 없다는 것이니, 조금이라도 사욕이 있다면 곧 이는 인이 아닐 것이다." 윤 씨가 말하기를, "이는 안자가 성인에 비하여 한 단계 도달하지 못한 것이다. 만약 성인이라면 모두 한 덩어리가 되어 끊어짐이 없었을 것이다."라고 했다. 장자가 말하기를, "처음 배우는 사

람의 요점은 마땅히 3개월 동안 떠나지 않을 것과 날로 달로 인에 이를 것을 알아야 할 것이니, 안과 밖 그리고 손님과 주인을 구별하여 마음으로 하여금 부지런히 애쓰고 질서 정연하게 해서 능히 그치지 않도록 해야 할 것이다. 이 경지를 지나면 거의 자신의 노력 없이도 저절로 성취될 것이다."라고 했다.

○섬호(纖毫) : 아주 적음. 극히 미세함.
○간단(間斷) : 끊어진 사이. 사이사이가 끊어짐.
○면면(勉勉) : 부지런히 애쓰는 모양. 자자(孜孜). 급급(汲汲).
○순순(循循) : 질서 정연한 모양.
○삼월불위(三月不違)는 인(仁)이 안에 있어서 내가 주(主)가 되고, 일월지언(日月至焉)은 인(仁)이 밖에 있어서 내가 객(客)이 되는 것이다.「논어집주(論語集註)」"朱子曰 三月不違者 仁在內而我爲主也 日月至焉者 仁在外而我爲客也 誠知辨此 則不安於客 而求爲主於內必矣"

[備旨] 夫子稱回以勵諸子에 曰仁은 人心也라 人惟以私欲間其心이면 則違矣로되 惟回也는 克復功至하고 而天理常存하여 其心이 至於三月之久히 何不累於私欲而違仁焉이리오 其餘諸子는 非不用力於仁也로되 而出入於理欲之間하여 或日之內一至於仁焉하니 不能無間斷也하고 或月之內一至於仁焉하니 不能無止息也라 豈能如回之久於仁哉아

부자께서 안회를 칭찬하고 여러 제자들을 격려할 적에 말씀하시기를, "인은 사람의 마음이다. 사람이 오직 사욕 때문에 그 마음이 이간된다면 잘못된 것이지만, 오직 안회는 극복하는 공이 지극하고 천리가 항상 있어서 그 마음이 석 달이라는 오랜 기간까지 어찌 사욕에 괴롭힘을 당하면서 인을 떠나지 않았을까? 그 나머지 제자들은 인에 힘을 쓰지 않았던 것은 아니지만, 천리와 인욕의 사이를 왕래하여 어떤 사람은 하루에 한 번 정도 인에 이르니 능히 끊어짐이 없을 수 없었고, 어떤 사람은 한 달에 한 번 정도 인에 이르니 능히 멈춤이 없을 수 없었다. 어찌 능히 안회가 오래도록 인에 마음을 쏟는 것처럼 할 수 있겠는가?"라고 하셨다.

○이욕(理欲) : 천리(天理)와 인욕(人慾).
○지식(止息) : 멎음. 멈춤. 머물러 쉼.

6·6·1 季康子가 問仲由는 可使從政也與잇가 子曰 由也는 果하니 於從政乎에 何有리오 曰賜也는 可使從政也與잇가 曰賜也는

達하니 於從政乎에 何有리오 曰求也는 可使從政也與잇가 曰求也는 藝하니 於從政乎에 何有리오

계강자가 인재를 구하면서 공자에게 묻기를, "중유는 정사에 참여하도록 할 수 있겠습니까?" 하자, 공자께서 말씀하시기를, "유는 과단성이 있으니 정사를 처리하는 데 무슨 어려움이 있겠습니까?" 하셨다. 또 "사는 정사에 참여하도록 할 수 있겠습니까?" 하자, "사는 사리에 통달했으니 정사를 처리하는 데 무슨 어려움이 있겠습니까?" 하셨다. 또 "구는 정사에 참여하도록 할 수 있겠습니까?" 하자, "구는 다재다능하니 정사를 처리하는 데 무슨 어려움이 있겠습니까?" 하셨다.

○중유(仲由) : 자로(子路)의 자. 이름이 유(由).
○가사종정야여(可使從政也與) : 정치에 종사하게 해도 되겠습니까? ☞가사(可使) : 임용(任用)해서 직무를 맡기고 부린다는 뜻. ☞종정(從政) : 정사에 참여함. 정사를 처리함. 예로부터 '從政'은 대부가 하는 것이고 '爲政'은 임금이 하는 것이었다. ☞야여(也與) : 구(句)의 끝에 쓰여 '也'는 단정을 나타내고, '與'는 의문·추측·반문·감탄 등을 나타낸다. '也'보다도 '與'에 중점을 둬야 한다. 여기서는 의문을 나타냄. "可使有任用從政是從君爲政也"
○유야(由也) : 유는. 자로는. ☞야(也) : …는. 어조사로서 주어 뒤에 쓰였는데, 어기(語氣)를 한 번 늘여줌으로써 강조를 나타낸다. '賜也'와 '求也'도 마찬가지다.
○과(果) : 과단성이 있음. 과감함. 결단력이 있음.
○어종정호하유(於從政乎何有) : 정사에 종사하는 데 무슨 어려움이 있겠는가? '於從政乎(也)에 何難之有리오'와 같은 말. "何有是不難意"
○사(賜) : 자공(子貢)의 이름.
○달(達) : 사리에 통달함.
○구(求) : 염구(冉求). 또는 염유(冉有)라고도 함. 자(字)는 자유(子有).
○예(藝) : 재능이 있음. 다재다능함.

從政은 謂爲大夫라 果는 有決斷이요 達은 通事理요 藝는 多才能이라
○程子曰 季康子가 問三子之才는 可以從政乎잇가한대 夫子答以各有所長이라하시니 非惟三子요 人各有所長하니 能取其長이면 皆可用也니라

종정(從政)은 대부가 됨을 이른다. 과(果)는 결단성이 있음을 이름이요, 달(達)은 사리에 통달함을 이름이요, 예(藝)는 재능이 많은 것이다.

○정자가 말했다. "계강자가 '세 사람의 재능은 정사에 종사하게 할 만합니까?' 하고 물었는데, 부자께서 각자에게 장점이 있다고 대답하셨으니, 비단 세 사람 뿐만이 아니라 사람마다 각각 장점이 있으니, 능히 그 장점을 취한다면 모두 쓸 수 있다는 것이다."

[備旨] 魯大夫季康子가 問仲由之才는 可使爲大夫以從政也與잇가 夫子告之에 曰任國政者는 尙其果하나니 兼人如由면 乃果敢人也라 果則足以決大疑하고 定大事하니 於從政也에 何難之有리오 又問賜也之才는 可使爲大夫以從政也與잇가 夫子告之에 曰謀國事者는 尙其達하나니 穎悟如賜면 乃明達人也라 達則足以察事幾하고 通國體하니 於從政也에 何難之有리오 又問求也之才는 可使爲大夫以從政也與잇가 夫子告之에 曰應國務者는 尙其藝하나니 多能如求면 乃材藝人也라 藝則足以理煩劇하고 周庶務하니 於從政也에 何難之有리오 夫三子는 皆可用之才요 聖人이 得器使之道어늘 惜乎라 康子는 未知所以用之也니라

노나라 대부 계강자가 정사를 집행하려고 인재를 구하면서 공자에게 묻기를, "중유의 재능은 대부로 삼아서 정사에 참여하도록 할 수 있겠습니까?"하고 물으니, 부자께서 깨우쳐 줄 적에 말씀하시기를, "국정을 맡은 사람은 그 과단성을 높게 여기니, 다른 사람보다 뛰어남이 유와 같다면 과감한 사람입니다. 과감하면 족히 대의를 결정하거나 대사를 정할 수 있으니, 정사를 처리하는 데 무슨 어려움이 있겠습니까?"라고 하셨다. 또 "사의 재능은 대부로 삼아서 정사에 참여하도록 할 수 있겠습니까?"하고 물으니, 부자께서 깨우쳐 줄 적에 말씀하시기를, "국사를 도모하는 사람은 그 통달을 높게 여기니, 사와 같이 영리하고 슬기로울 것 같으면 사리에 통달한 사람입니다. 통달하면 족히 일의 기미를 살피고 나라의 제도나 문물에 통할 수 있으니, 정사를 처리하는 데 무슨 어려움이 있겠습니까?"라고 하셨다. 또 "구의 재능은 대부로 삼아서 정사에 참여하도록 할 수 있겠습니까?"하니, 부자께서 깨우쳐 줄 적에 말씀하시기를, "국무에 응하는 사람은 그 재능을 높게 여기니, 구와 같이 다재다능할 것 같으면 재지와 예능을 가진 사람입니다. 재능이 있으면 족히 번거롭거나 힘겨운 일을 다스릴 수 있고 여러 가지 일을 주선할 수 있으니, 정사를 처리하는 데 무슨 어려움이 있겠습니까?"라고 하셨다. 무릇 세 사람들은 모두 재능을 가진 사람들이었고 성인은 적재적소에 사람을 쓰는 방법을 알았는데, 애석하게도 계강자는 재능에 따라 쓰는 방법을 알지 못했던 것이다.

○겸인(兼人) : 다른 사람보다 뛰어남. 다른 사람의 몫까지 겸할 수 있을 정도로 뛰어나고 행동적이라는 말. 본서 11·21·1 참고.
○대의(大疑) : 크게 의심함. 아주 큰 근심.「서전(書傳)」《홍범(洪範)》"汝則有大疑 謀

及乃心"
○영오(穎悟) : 영리하고 슬기로움.
○명달(明達) : 밝게 사리에 통달함.
○국체(國體) : 나라의 제도나 문물 따위.
○재예(材藝) : 재지(才智)와 예능(藝能).
○번극(煩劇) : 번거럽고 힘겨움. 번다하고 바쁨. 번극(繁劇).
○기사(器使) : 사람을 쓰는 데 재량을 헤아려 씀. 적재적소(適材適所). ☞기(器) : 역량
에 따라 씀(量材使用). 본서 13·25·1 참고. "及其使人也 器之"

6·7·1 季氏가 使閔子騫으로 爲費宰한대 閔子騫이 曰善爲我辭焉하라 如有復(부)我者인댄 則吾必在汝上矣리라

　계 씨가 민자건으로 하여금 비읍의 벼슬아치로 삼으려 하자, 민자건이 심부름꾼에게
말했다. "제발 나를 위해 사양한다고 말을 잘해 주시오. 만일 다시 와서 나를 부른다면,
나는 반드시 여기를 떠나 문수가로 도망갈 것입니다."

○계씨민자건위비재(季氏使閔子騫爲費宰) : 계 씨가 민자건으로 하여금 비읍의 재상으
로 삼으려 하다. "季氏魯之權臣 使是使人來召 費宰是費邑之宰"
○선위아사언(善爲我辭焉) : 자세히 나를 위해 말해 달라. ☞선(善) : 잘. 자세히. ☞사
(辭) : 사양하다. 그 소명을 물리치다. "善是委曲 辭是却其召命"
○여유부아자(如有復我者) : 만약에 다시 와서 나를 부른다면. '來召'가 생략되었는데
'如有復來召我者'가 원래의 문장. "如有是設有意 復是再來召"
○오필재문상의(吾必在汝上矣) : 나는 틀림없이 문수가에 있을 것이다. ☞문(汝) : 산동
성(山東省)에 있는 강. 노(魯)나라 북부와 제(齊)나라의 남부 경계를 흐르는 물로 제수
(濟水)로 흘러 들어감. ☞재문상(在汝上) : 여기서 '上'은 '가'나 '곁'을 말하는데(본서
"9·16·1 子在川上"참고), '문수가로 도망간다.'는 뜻이다. 옛날 대부(大夫)는 국경을
넘어 현인(賢人)을 구하지 않았으므로, 노(魯)나라를 떠나 다시 부를 수 없도록 하겠다
는 말. "在汝上 示以不可復召也 古禮大夫 不得越境求賢"

閔子騫은 孔子弟子니 名損이라 費는 季氏邑이라 汝은 水名이니 在齊南魯北境上이
라 閔子가 不欲臣季氏하여 令使者로 善爲己辭하라하고 言若再來召我면 則當去之
齊니라

○程子曰 仲尼之門에 能不仕大夫之家者는 閔子曾子數人而已라 謝氏曰 學者는 能少知內外之分이면 皆可以樂道而忘人之勢은 況閔子는 得聖人을 爲之依歸하니 彼其視季氏不義之富貴를 不啻犬彘요 又從而臣之를 豈其心哉리오 在聖人則有不然者하니 蓋居亂邦하여 見惡人은 在聖人則可어니와 自聖人以下는 剛則必取禍하고 柔則必取辱하나니 閔子豈不能早見而豫待之乎아 如由也는 不得其死하고 求也는 爲季氏附益하니 夫豈其本心哉아 蓋旣無先見之知하고 又無克亂之才故也라 然則閔子其賢乎인저

　　민자건은 공자의 제자이니, 이름은 손이다. 비(費)는 계 씨의 식읍이다. 문(汶)은 물이름이니, 제나라 남쪽과 노나라 북쪽의 경계 근처에 있다. 민자는 계 씨에게 신하노릇을 하고 싶지 않아서 심부름꾼으로 하여금 자기를 위해 잘 말하라 하고, 만일 다시 와서 자기를 부른다면 마땅히 떠나서 제나라로 갈 것을 말한 것이다.
　　○정자가 말했다. "중니의 문하에서 대부의 집안에 벼슬하지 않을 사람은 민자·증자 몇 사람뿐이다." 사 씨가 말했다. "학자가 안팎의 분별을 조금이라도 안다면 모두 도를 즐겨 남의 권세를 잊을 수 있을 터인데, 하물며 민자는 성인이 되는 것을 그의 돌아갈 곳으로 삼았으니 그것은 계 씨의 불의한 부귀를 다만 천한 일로 보았을 따름이고, 또한 좇아서 신하노릇하는 것을 어찌 그 마음에 두었겠는가? 성인에게는 그렇지 않은 것이 있으니, 어지러운 나라에 살면서 악인을 만난다는 것은 성인에게는 괜찮겠지만, 성인 이하는 강직하면 반드시 화를 당하고 약하면 반드시 욕을 당하게 되니, 민자가 어찌 일찍 보고 미리 대비하지 않았겠는가? 중유는 천명을 다하지 못하고, 염구는 계 씨를 위해 더욱 재산을 증식시켰으니, 대저 어찌 그것이 본심이었겠는가? 대개 벼슬하기 전에는 이미 앞을 내다보는 지혜가 없었고, 거기다 또한 벼슬한 뒤에는 반란을 평정할 재주도 없었기 때문이다. 그렇다면 민자는 어질다고 할 것이다."

○사자(使者) : 어떤 임무를 띠고 파견되는 사람. 심부름꾼. 사개(使介). 사인(使人). 여기서 '使'는 거성(去聲)으로 쓰였음. 본음은 '시'다.
○의귀(依歸) : 돌아감. 의지함. 매달림. 귀의(歸依).
○피기(彼其) : 그것. 그. 대명사가 연용된 것. 먼 사람이나 사물을 가리킴.
○불시(不啻) : …에 불과하다. 다만 …일 따름이다. 다만 …일 뿐만 아니라.
○견체(犬彘) : 개와 돼지. 천한 것을 비유함.
○취(取) : …을 당하다.
○부득기사(不得其死) : 천명(天命)을 다하지 못하고 횡사(橫死)함을 이르는 말. 본서 11·12·2 참고.
○극란(克亂) : 반란을 평정함.

[備旨] 季氏遣使以召閔子騫하여 爲費邑之宰하니 蓋慕其賢하여 而欲臣之也라 閔子騫告使者에 曰今我之心은 不欲仕也라 子其委曲을 善爲我辭於大夫焉하라 苟辭之不得하여 如有復來召我者면 則吾必去魯하여 而在齊之汶上矣리라 大夫가 其能强我之必仕乎아

계 씨가 심부름꾼을 보내 민자건을 불러서 비읍의 벼슬아치로 삼고자 했으니, 아마도 그의 현명함을 사모하여 신하를 삼고 싶었을 것이다. 민자건이 심부름꾼에게 일러줄 적에 말하기를, "지금 나의 마음은 벼슬하고 싶지 않소이다. 그대는 그 일에 대해 상세한 경위를 나를 위해 대부에게 사양한다고 말을 잘해 주시오. 진실로 말을 이해하지 못해서 만약에 다시 와서 나를 부른다면, 나는 반드시 노나라를 떠나 제나라의 문수가로 도망갈 것입니다. 대부가 또한 억지로 나를 벼슬하도록 할 수 있겠는가?"라고 했다.

○고(告) : 설명해주다. 일러주다.
○위곡(委曲) : 일의 상세한 경위. 자초지종(自初至終).「사기(史記)」《천관서(天官書)》 "若至委曲小變 不可勝道"

6·8·1 伯牛有疾이어늘 子問之하실새 自牖로 執其手하사 曰亡之러니 命矣夫로다 斯人也而有斯疾也로다 斯人也而有斯疾也로다

백우가 병에 걸리자, 공자께서 문병하실 적에 남쪽 창문을 통해서 그의 손을 잡으시고 말씀하셨다. "운명이로다! 덕행이 이렇게 뛰어난 사람인데 이런 병에 걸리다니! 덕행이 이렇게 뛰어난 사람인데 이런 병에 걸리다니!"

○백우유질자문지(伯牛有疾子問之) : 백우가 병에 걸리자 공자가 그에게 문병하다. ☞백우(伯牛) : 공자의 제자. 염경(冉耕). 덕행이 아주 뛰어나 안회(顔回) 다음가는 자였음. 당시 나병에 걸렸다고 함. "問是問其疾 之指伯牛"
○자유집기수(自牖執其手) : 창문을 통해서 그의 손은 잡다. ☞자유(自牖) : 창문을 통해서. 창문으로부터. '牖'는 '窓'과 같음. 특히 남쪽 창문을 말함. "牖是窓 執其手是執伯牛之手"
○망지(亡之) : 반드시 죽을 것 같다. ☞'망지'로 읽으면, '죽게 되었다' 또는 '잃게 되었다'는 뜻이 되고, '무지'로 읽으면, '이럴 리가 없다'는 뜻이 됨. "作必死看"
○명의부(命矣夫) : 운명이구나! ☞명(命) : 천명(天命). ☞의부(矣夫) : 아주 슬퍼하는

모양. …하구나! …이겠지? '矣'는 '이미 그러한', '장차 그러할'이란 의미를 나타낸다.
'夫'는 감탄을 나타낸다. "命以天之氣數言 矣夫二字有深慨歎意"
○사인야이유사질야(斯人也而有斯疾也) : 평소 덕행이 뛰어난 사람인데 이런 병에 걸렸다고 탄식하는 말. ☞사인야(斯人也) : 이러한 사람이다. 덕행이 뛰어난 백우와 같은 사람이다. ☞이(而) : 접속사로서 역접을 나타냄. ☞유사질야(有斯疾也) : 이러한 병에 걸렸다. "以平日德行言 而謹疾意亦在其中 斯疾指必亡之疾言"
○사인야이유사질야(斯人也而有斯疾也) : '덕행이 이렇게 뛰어난 사람인데 이런 병에 걸리다니.'라고 하면서 그를 안타깝게 여기는 말.

伯牛는 **孔子弟子**니 **姓冉**이요 **名耕**이라 **有疾**을 **先儒以爲癩也**라 **牖**는 **南牖也**라 **禮**에 **病者**는 **居北牖下**하나니 **君視之**면 **則遷於南牖下**하여 **使君**으로 **得以南面視己**라 **時**에 **伯牛家**는 **以此禮**로 **尊孔子**하니 **孔子不敢當**이라 **故**로 **不入其室**하고 **而自牖**로 **執其手**하시니 **蓋與之**로 **永訣也**라 **命**은 **謂天命**이라 **言此人**은 **不應有此疾**이어늘 **而今乃有之**하니 **是**는 **乃天之所命也**라 **然則非其不能謹疾**하여 **而有以致之**를 **亦可見矣**라
○**侯氏曰 伯牛**는 **以德行稱亞於顏閔**이라 **故**로 **其將死也**에 **孔子尤痛惜之**하시니라

　백우는 공자의 제자니, 성은 염이고 이름은 경이다. 백우가 걸린 병을 선유들은 문둥병이라고 생각하였다. 유(牖)는 남쪽창이다. 「예기」에 "병자는 북쪽 창 아래에 거처하도록 했는데, 임금이 문병하러 오면 남쪽 창 아래로 옮겨서 임금으로 하여금 남면하여 자기를 볼 수 있도록 했다." 하였다. 당시 백우의 집안에서 이 예로써 공자를 높이니, 공자는 감히 감당할 수가 없었던 것이다. 그러므로 그 방에 들어가지 않고 창문을 통해서 그 손을 잡으셨으니, 아마도 그와 더불어 영원히 이별한 듯하다. 명(命)은 천명을 이른다. 이 사람은 응당 이런 병에 걸려서는 안 될 터인데 지금 걸렸으니, 이는 곧 하늘이 명한 것임을 말씀한 것이다. 그렇다면 그것은 병을 조심하지 않아서 병을 불러들였던 것이 아님을 또한 알 수 있다.
　○후 씨가 말했다. "백우는 덕행이 안자와 민자의 다음으로 칭송받았으므로, 그가 곧 죽을 지경에 이르렀을 적에 공자께서 더욱 애석해 하신 것이다."

○나(癩) : 나병(癩病). 문둥병.
○남면(南面) : 본서 6·1·1 참고.
○영결(永訣) : 영원한 이별. 사별(死別). 영서(永逝). 영면(永眠). 영사(永辭).
○응(應) : 응당. 마땅히 …해야 한다. 여기서는 평성(平聲)으로 쓰였음.
○통석(痛惜) : 몹시 애석하고 아까움.

[備旨] 伯牛不幸有疾이어늘 夫子以師弟至情으로 而往問之時에 伯牛遷於南牖下하여 使夫子로 得以南面視之하니 蓋以君禮로 尊其師也라 孔子不敢當故로 不入其室하고 而自牖로 執其手에 曰疾勢至此하니 其亡必矣라 是는 誠天之所命矣로다 吾不意德行이 若斯人而有斯疾也로다 吾不意德行이 若斯人而有斯疾也로다하시니 君子於此에 亦安於適然之數하고 歸諸未定之天而已라 其將奈之何哉아

  백우가 불행하게도 병에 걸리자, 부자께서 스승과 제자 사이의 지극한 정 때문에 가서 문병했을 적에 백우를 남쪽 창문 아래로 옮겨서 부자로 하여금 남면해서 볼 수 있게 하니, 대개 임금을 대하는 예절로써 그의 스승을 높여드린 것이다. 공자께서 감당할 수 없었기 때문에 그 방에 들어가지 않고 창문을 통해서 그 손을 잡을 적에 말씀하시기를, "병의 증세가 여기까지 이르렀으니 아마도 틀림없이 죽을 것이다. 이는 진실로 하늘의 명이로다! 나는 덕행이 이와 같은 사람으로서 이러한 병에 걸릴 줄을 생각하지 못했도다! 나는 덕행이 이와 같은 사람이지만 이러한 병에 걸릴 줄 생각하지 못했도다!"라고 하셨으니, 군자가 여기에서 또한 당연한 운수를 편안히 여겨야 하고 아직까지 귀착해서는 안 될 하늘나라로 돌려보내야 할 따름이다. 장차 그를 어떻게 하겠는가?

○적연(適然) : 당연함. 마땅히 그럴 것임.
○수(數) : 운수(運數).
○미정(未定) : 귀착해서는 안 되는. 머물러 쉬어서는 안 되는. '定'은 '귀착하다' 또는 '머무르다'의 뜻임. 「중문대사전(中文大辭典)」"尙未確定也""未得止息也"

6·9·1 子曰 賢哉라 回也여 一簞食(사)와 一瓢飮으로 在陋巷을 人不堪其憂어늘 回也는 不改其樂하니 賢哉라 回也여

  공자께서 말씀하셨다. "훌륭하도다, 안회여! 한 그릇의 밥과 한 바가지의 물로 누추한 시골에 사는 것을 사람들은 그 경우 근심을 견뎌내지 못하는데, 안회는 그 즐거움을 고치지 않으니, 훌륭하도다, 안회여!"

○현재회야(賢哉回也) : 훌륭하도다! 회는. 안회의 재덕(才德)이 훌륭함을 찬탄하는 말. ☞'賢哉라 回也여'는 도치형(倒置形)이며 감탄의 의미가 아주 강하다. '哉'와 '也'는 감탄을 나타내는 어조사이며, 술어가 주어 앞에 놓여 그 의미를 강조하고 있다.
○일단사(一簞食) : 하나의 대로 엮어 만든 도시락에 밥을 담음. '食'은 여기서 거

성(去聲)으로 쓰였기에 독음이 '사'임. ☞단(簞) : 대광주리. 대오리로 걸어 만든 작은 그릇. 둥근 것을 '簞'이라 하고, 네모난 것을 '笥'라고 함. ☞단사(簞食) : '변변치 못한 음식'을 이름. "甚言其一食之薄"

○일표음(一瓢飮) : 한 표주박에 담은 마실 물. ☞표(瓢) : 바가지. ☞표음(瓢飮) : '간소한 음식물, 또는 소박한 생활'의 비유. "甚言其一飮之菲"

○재누항(在陋巷) : 좁고 지저분하며 더러운 거리에서 지내다. "陋巷則其室可知 甚言居處之鄙薄"

○인불감기우(人不堪其憂) : 보통 사람들은 그렇게 사는 경우에 근심을 견뎌내지 못하다. "人指常人 不堪是不勝意 其指簞食陋巷言 憂是戚戚悲傷意"

○회야불개기락(回也不改其樂) : 안회는 그렇게 사는 경우에도 불구하고 즐거움을 고치지 않다. 이것은 '타고난 성질[性分]'이 아니면 불가능하다는 말임. "不改是不因簞瓢陋巷而少變 其樂是性分中之樂"

○현재회야(賢哉回也) : 훌륭하도다! 회는. 아주 탄미하는 말. "此句承上忘遇自樂來 有歎美不已意"

簞은 竹器요 食(사)는 飯也요 瓢는 瓠也라 顔子之貧이 如此로되 而處之泰然하여 不以害其樂이라 故로 夫子再言 賢哉라 回也여하여 以深歎美之하시니라
○程子曰 顔子之樂은 非樂簞瓢陋巷也요 不以貧窶累其心이로되 而改其所樂也라 故로 夫子稱其賢이시니라 又曰 簞瓢陋巷은 非可樂이요 蓋自有其樂爾니 其字를 當玩味면 自有深意니라 又曰 昔에 受學於周茂叔할새 每令尋仲尼顔子樂處하시니 所樂何事오 愚按 程子之言은 引而不發하니 蓋欲學者로 深思而自得之니 今亦不敢妄爲之說이라 學者는 但當從事於博文約禮之誨하여 以至於欲罷不能하여 而竭其才면 則庶乎有以得之矣리라

단(簞)은 대나무 그릇이다. 사(食)는 밥이다. 표(瓢)는 바가지다. 안자의 가난함이 이와 같았지만, 처하기를 태연히 해서 그 즐거움을 해치지 않았으므로, 부자께서 "훌륭하도다, 안회여!"라고 두 번이나 말씀하여 깊이 탄미하신 것이다.

○정자가 말했다. "안자의 즐거움은 단표와 누항을 즐거워한 것이 아니라 가난이 그의 마음을 괴롭혔지만, 그는 즐거워 한 것을 고치지 않았던 것이다. 그러므로 부자께서 그의 현명함을 칭찬하신 것이다." 또 말하기를, "단표와 누항은 즐거워할 만한 것이 아니라, 아마도 자기에게 그가 즐거워한 것이 있었을 따름이니, '其'자를 완미하면 거기에 깊은 뜻이 있다."라고 했다. 또 말하기를, "옛날 주무숙에게 배울 때에 매양 중니와 안자가 즐거워 한 것을 찾게 하셨으니, 즐거워한 것이 어떠한 일이었겠는가?" 내[朱子]가 살펴 보건대, 정자의 말은 방법만 가르쳐 주고 스스로 그 이치를 터득하게 했으니, 아

마도 배우는 사람들로 하여금 깊이 생각하여 스스로 터득하게 하고자 함이니, 지금 또한 감히 함부로 말할 것이 못된다. 배우는 사람은 마땅히 박문약례의 가르침에 종사하여, 그만두고자 하여도 그만둘 수 없어서 자신의 재능을 다하는 데까지 이르면, 아마도 얻는 것이 있을 것이다.

○단(簞) : 대광주리. 대오리로 걸어 만든 작은 그릇. 둥근 것을 '簞'이라 하고, 네모난 것을 '筥'라고 함.
○호(瓠) : 표주박. 바가지.
○빈구(貧窶) : 가난함. ☞구(窶) : 가난하다.
○주무숙(周茂叔) : 주돈이(周敦頤)를 말함. ☞주돈이(周敦頤, 1017~1073) : 송(宋)의 도주(道州) 사람. 자는 무숙(茂叔). 시호는 원공(元公). 태극 도설(太極圖說)·통서(通書) 등을 지었는데, 도가(道家)의 학설을 채택하여 태극을 이(理), 음양오행(陰陽五行)을 기(氣)로 보아 송(宋)·명(明)의 이학(理學)에 큰 영향을 끼쳤음. 정호(程顥)·정이(程頤) 형제는 모두 그의 제자임. 세상에서 염계 선생(濂溪先生)이라 함.
○인이불발(引而不發) : 화살을 메겨 시위를 당기기만 하고 쏘지는 않음. 남을 가르칠 때 그 방법만 가르쳐 주고 스스로 그 이치를 터득하게 함의 비유. 또는 잘 준비해서 행할 때의 비유.「맹자(孟子)」《진심상(盡心上)》"君子引而不發 躍如也"
○박문약례(博文約禮) : 널리 학문을 닦고 예절을 잘 지킴.

[備旨] 夫子稱顏子之賢에 曰賢哉라 回也여 彼飮食居處는 人之大欲存焉이어늘 回所食者는 止一簞而已요 所飮者는 止一瓢而已요 所居者는 在於陋巷而已라 其居食之貧을 他人處此면 誠不勝其憂戚者어늘 回則處之泰然하고 不以是로 改其自得之樂하니 斯則得道而忘物하고 非識之高而養之粹者면 不足以樂於此矣라 賢哉라 回也여 豈人之所可及哉아

부자께서 안자의 훌륭함을 칭찬할 적에 말씀하시기를, "참으로 훌륭하도다, 안회여! 음식과 거처는 사람의 큰 소망이 여기에 있는데, 안회가 먹는 것은 하나의 대그릇에 담은 밥에 만족할 뿐이고, 마시는 것은 한 표주박의 물에 만족할 뿐이고, 거하는 곳은 좁고 지저분한 곳에 있을 따름이다. 그렇게 거할 때와 먹을 때의 가난을 다른 사람이 여기에 처한다면 진실로 그 걱정과 고민을 이길 수 없을 터인데, 안회는 처하는 것이 태연하고 이렇게 산다는 이유로 그 자득의 즐거움을 고치지 아니하니, 이는 곧 도를 얻어서 사물에 대해 잊어버리고 식견이 높고 수양이 순수한 사람이 아니면 족히 이를 즐길 수 없다. 참으로 훌륭하도다, 안회여!" 어찌 사람이 미칠 바이겠는가?"라고 하셨다.

○대욕(大欲) : 큰 소망. 보편적인 욕망.
○우척(憂戚) : 걱정하고 번뇌함. 우척(憂慽).
○망물(忘物) : 사물에 대해 잊어버림.
○자득지락(自得之樂) : 스스로 깨달아 얻는 즐거움.
○수(粹) : 순수하다. 전일(專一)하다. 온전하다.

6·10·1 冉求曰 非不說(열)子之道이언마는 力不足也로이다 子曰 力不足者는 中道而廢하나니 今女는 畫(획)이로다

염구가 말했다. "선생님의 도를 좋아하지 않는 것은 아니지만 나의 힘이 부족합니다." 공자께서 말씀하셨다. "힘이 부족한 자는 중도에 그만두는데, 지금 너는 아예 선을 그어놓고 있다."

○염구(冉求) : 염구(冉求). 공자의 제자인 염유(冉有)를 말함. 노(魯)나라 사람. 자(字)는 자유(子有). 이름은 구(求). 성품이 온순하고 재주가 있으며, 계 씨(季氏)에게 벼슬하여 재상(宰相)이 되었다. 공문 십철(孔門十哲)의 한 사람. ☞염(冉) : 나아가다. 부드럽다. 수염이 흔들리는 모양.
○비불열자지도(非不說子之道) : 선생님의 도를 좋아하지 않는 것은 아니다. ☞열(說) : 마음속으로부터 기뻐하다. '悅'과 통함. "說就心言 是企慕意 道字泛說"
○역부족야(力不足也) : 힘이 부족하다. "以氣質昏弱言"
○역부족자(力不足者) : 힘이 부족한 사람. "者作人字"
○중도이폐(中道而廢) : 중간에서 그만 두다. "中道卽半途廢是舍棄"
○금여획(今女畫) : 지금 너는 선을 긋는다. 지금 너는 아예 선을 그어 놓고 못한다고 스스로 제한한다. 구하고 나아가기를 기뻐하지 아니한다는 말. '女'는 이인칭 대명사로서 '汝'와 같음. "畫是不肯求進意"

力不足者는 欲進而不能이요 畫者는 能進而不欲이니 謂之畫者는 如畫地以自限也라
○胡氏曰 夫子가 稱顏回不改其樂하시니 冉求聞之라 故로 有是言이라 然이나 使求說夫子之道를 誠如口之說芻豢이면 則必將盡力以求之리니 何患力之不足哉리오 畫而不進이면 則日退而已矣니 此는 冉求之所以局於藝也니라

힘이 부족하다는 것은 나아가려고 해도 불가능한 것이요, 한계선을 긋는다는 것은 능히 나아갈 수 있는데도 나아가려고 하지 않는 것이니, 이를 일러 획(畫)이라고 한 것은 마치 땅에 그어 놓고 스스로 한정하는 것과 같기 때문이다.

○호 씨가 말했다. "부자께서 안회는 그 즐거워하는 것을 변치 않음을 칭찬하시니, 염구가 들었으므로 이 말을 한 것이다. 그러나 가령 염구가 부자의 도를 좋아하는 것을 진실로 입이 가축의 고기를 좋아하듯이 하였다고 한다면, 반드시 힘을 다해 구하려고 했을 것이니, 어찌 힘이 부족함을 근심하겠는가? 한계선을 긋고 나아가지 않으면 날로 퇴보할 따름이니, 이는 염구가 재주에만 국한되고 만 이유다."

○추환(芻豢) : 소·양·개·돼지 등의 가축. '芻'는 풀을 먹는 소와 양, '豢'은 곡식을 먹는 개와 돼지 따위. 「맹자(孟子)」《고자상(告子上)》 "故理義之悅我心 猶芻豢之悅我口"

[備旨] 冉求가 聞夫子之稱回而言에 曰求之心은 非不說夫子之道하여 而思求以至之也로되 但資稟昏弱하여 欲求進而力有不足也라하니 夫子責之에 曰所謂力不足者는 非一無所用其力也요 嘗用力求進하되 以至於中道하여 因力之不足而廢耳라 今女也有能進之力로되 而無欲進之心하니 乃畫地以自限其所至라 安得諉於力之不足哉아

염구가 부자께서 안회를 칭찬하는 것을 듣고서 말할 적에 말하기를, "저의 마음은 부자의 도를 기뻐해서 생각하고 구해서 이르지 않은 것은 아니지만, 다만 바탕과 타고난 성품이 어리석고 약해 나아가기를 구하려고 해도 힘이 부족합니다."라고 하니, 부자께서 꾸짖을 적에 말씀하시기를, "이른바 힘이 부족하다는 것은 한 번이라도 그 힘을 썼던 바가 없었다는 것이 아니고, 일찍이 힘을 써서 나아가기를 구했지만 중도에 이르러 힘이 부족하다고 해서 그만두었기 때문이다. 지금 너는 능히 나아갈 수 있는 힘은 있지만 나아가고자 하는 마음이 없으니, 의외로 땅에 선을 그어놓고 이를 바를 스스로 제한하는 것이다. 어찌 힘이 부족하다고 평계할 수 있겠는가?"라고 하셨다.

○자품(資稟) : 사람된 바탕과 타고난 성품.
○혼약(昏弱) : 어리석고 약함.
○위(諉) : 평계하다. 떠넘기다.

6·11·1 子 謂子夏曰 女爲君子儒요 無爲小人儒하라

공자께서 자하에게 이르면서 말씀하셨다. "너는 군자다운 선비가 되고 소인 같은 선

비가 되지 말아라."

○위(謂) : 이르다. 알리다. 깨우치다. 여기서는 '깨우치다'라는 의미가 강함.
○자하(子夏) : 공자의 제자로 성은 복(卜)이고, 이름은 상(商)이었다.
○여위군자유(女爲君子儒) : 너는 군자다운 선비가 되라. ☞여위(女爲) : '너는 …하라.'
고 권면하는 뜻이 있음. ☞유(儒) : 유가의 학설을 신봉하는 사람. 학자. 우리 나라에서
는 보통 '선비'라고 한다. "女爲有勉之意"
○무위소인유(無爲小人儒) : 소인 같은 선비가 되지 말아라. ☞무위(無爲) : '…말라.'고
경계시키는 뜻이 있음. "無爲有戒之意"
○공자는 공부하는 사람의 관심이 어디에 있는가를 가지고 학자를 두 부류로 구분할
수 있다고 지적했다. 본서 "14·25·1 子曰 古之學者는 爲己러니 今之學者는 爲人이로
다" 참고. 이렇게 본다면 자아의 성숙을 위해서 공부하는 것이 위기(爲己)에 속할 것
이요 남들로부터 인정을 추구하는 것이 위기(爲己)에 속할 것이다. 또 과거 급제를 위
해서만 공부를 한다면 위인지학(爲人之學)이 될 것이고, 자기 수양을 위해 공부를 한다
면 위기지학(爲己之學)이 될 것이다.

儒는 學者之稱이라 程子曰 君子儒는 爲己요 小人儒는 爲人이라
○謝氏曰 君子小人之分은 義與利之間而已라 然이나 所謂利者는 豈必殖貨財
之謂리오 以私滅公하고 適己自便하여 凡可以害天理者는 皆利也라 子夏文學이 雖
有餘나 然이나 意其遠者大者에 或昧焉이라 故로 夫子語之以此하시니라

  유(儒)는 학자를 일컫는다. 정자가 말했다. "군자다운 선비는 자신을 위하고, 소인 같
은 선비는 남을 위한다."
  ○사 씨가 말했다. "군자와 소인의 구분은 의를 위하는지 이익을 탐하느지 차이일
뿐이다. 그러나 이른바 이익이라고 하는 것이 어찌 반드시 재화를 불리는 것만을 이르
겠는가? 사사로운 것으로써 공적인 것을 없애버리고 자신에게만 맞고 편안하게 하여
무릇 천리를 해칠 수 있는 것은 모두가 이익에 관계된 것이다. 자하의 문학이 비록 넉
넉함이 있으나, 생각해보건대 그 멀고 큰 것에 대해서는 혹 부족한 듯했으므로 부자께
서 이렇게 말씀하신 것이다."

[備旨] 夫子謂子夏에 曰儒一也로되 而有君子小人之分하니 女는 必以爲己者로 自勉하
여 而求爲君子之儒요 以爲人者로 自戒하여 而無爲小人之儒라 豈可曰均是儒也로되 而無
所擇乎哉리오

부자께서 자하에게 이를 적에 말씀하기를, "선비는 하나이지만 그러나 군자와 소인의 구분이 있으니, 너는 반드시 위기지학을 스스로 힘써서 군자다운 선비가 되기를 구해야 할 것이고, 위인지학을 스스로 경계하여 소인과 같은 선비가 되지 말아야 할 것이다. 어찌 균일하게 선비라고 말할 수 있지만 가려야 할 바가 없겠는가?"라고 하셨다.

6·12·1 子游가 爲武城宰러니 子曰 女得人焉爾乎아 曰有澹臺滅明者하니 行不由徑하고 非公事어든 未嘗至於偃之室也하니이다

자유가 무성의 읍재가 되었는데, 공자께서 "너는 현인을 얻었느냐?"라고 물어서, "담대 멸명이라는 자가 있는데, 다닐 적에 지름길을 취하지 않고 공적인 용무가 아니면 일찍이 저의 집에 온 적이 없었습니다."라고 했다.

○자유(子游) : 공자의 제자. 성은 언(言), 이름은 언(偃). 무성(武城)의 읍재(邑宰). 본서 2·7·1 참고.
○위무성재(爲武城宰) : 무성의 읍장이 되다. ☞무성(武城) : 노(魯)나라의 읍(邑). 지금 산동성(山東省) 기주부(沂州府) 비현(費縣) 서남쪽에 있음. ☞재(宰) : 벼슬아치. 재상. 여기서는 읍의 장을 말함. "宰是邑之長"
○여득인언이호(女得人焉爾乎) : 너는 어진 사람을 얻었느냐? 여기서 '人'은 '賢人'을 말함. ☞언이호(焉爾乎) : '焉爾'는 보통 어떤 제한적인 사실을 나타낼 때 쓰이는데, 여기에 의문을 나타내는 '乎'자가 붙었음. 의미는 주로 '乎'에 있음. "仁是賢人 焉爾乎三字是助語"
○유담대멸명자(有澹臺滅明者) : 담대 멸명이라는 사람이 있다. ☞담대멸명(澹臺滅明) : 담대(澹大)는 복성(複姓). 멸명(滅明)은 이름. 자는 자우(子羽). 노(魯)나라의 무성인(武城人). "者作人字看"
○행불유경(行不由徑) : 길을 갈 적에 지름길을 경유하지 않다. 다닐 적에 반드시 정대(正大)한 곳으로 다님. "不由徑是行必正大"
○비공사미상지어언지실야(非公事未嘗至於偃之室也) : 공적인 용무가 아니면 일찍이 자유의 집에 이른 적이 없다. 여기서 집도 사당(私堂)이 아닌 공당(公堂)을 말함. "室是公堂"

武城은 魯下邑이라 澹臺는 姓이요 滅明은 名이며 字子羽라 徑은 路之小而捷者라 公事는 如飮射讀法之類라 不由徑이면 則動必以正하여 而無見小欲速之意를 可

知요 非公事어든 不見邑宰는 則其有以自守하여 而無枉己徇人之私를 可見矣라 ○楊氏曰 爲政은 以人才爲先이라 故로 孔子以得人爲問이라 如滅明者는 觀其二事之小라도 而其正大之情을 可見矣라 後世에 有不由徑者면 人必以爲迂하고 不至其室이면 人必以爲簡하리니 非孔氏之徒면 其孰能知而取之리오 愚謂 持身에 以滅明爲法이면 則無苟賤之羞요 取人에 以子游爲法이면 則無邪媚之惑이니라

무성은 노나라가 관할하는 읍이다. 담대는 성이요, 멸명은 이름이며, 자는 자우다. 경(徑)은 길은 작지만 빠른 길이다. 공사(公事)는 향음주·향사례·독법과 같은 종류다. 지름길로 가지 않았다면 행실을 반드시 바르게 해서 조그마한 것을 보고 빨리 하려고 하는 뜻이 없었음을 알 수 있으며, 공적인 용무가 아니면 읍재를 만나보지 않았다는 것은 그에게 스스로 지키는 것이 있어서 몸을 굽혀 다른 사람을 따르는 사사로움이 없었음을 볼 수 있다.

○양 씨가 말했다. "정치를 하는 데에는 인재를 제일로 여기므로 공자께서 사람을 얻었느냐고 물으신 것이다. 멸명같은 사람은 그 두 가지 일의 소소한 것을 보더라도 그의 정내한 마음을 볼 수 있다. 후세에서는 지름길로 가지 않는 자가 있으면 사람들은 반드시 멀다 할 것이고, 그의 집에 이르지 않았으면 사람들은 반드시 간략하다고 여길 것이니, 공 씨의 문도가 아니면 그 누가 능히 알아서 취하겠는가?" 내[朱子]가 생각하건대, 몸가짐을 할 적에 멸명으로 모범을 삼는다면 구차하게 되거나 천하게 되는 부끄러움이 없을 것이요, 사람을 취할 적에 자유로써 모범을 삼는다면 간사하여 아첨하는 미혹됨이 없을 것이다.

○향음주(鄕飮酒) : 주대(周代)에 향대부(鄕大夫)가 3년에 한 번씩 향학(鄕學)의 우수한 학생을 조정에 추천하고 전송하면서 베풀 때 주던 술. 이때에 '치(觶)'라는 술잔에 술을 부어 마심. 본서 3·7·1 참고.
○향사례(鄕射禮) : 주(周)나라 때 주(州)의 장관이 봄·가을에 주(州)의 학교에 백성을 모아 놓고 베풀던 사례(射禮). 본서 3·16·1 집주 참고.
○독법(讀法) : 법령(法令)을 낭독함. 각 지방에서 그 해 지킬 법령을 연초에 낭독함. 「주례(周禮)」"正月之吉 各屬其州之民而讀法"
○견소(見小) : 보는 바가 넓지 않음.
○왕기(枉己) : 자기의 도(道)를 굽힘. 자기가 지킬 바를 포기함. 「맹자(孟子)」《만장 상(萬章上)》"吾未聞枉己 而正人者也 況辱己以正天下者乎"
○순인(徇人) : 남을 따름.
○우(迂) : 빙 돌아 멂. 물정에 어두움. 돌아가는 길. ☞우활(迂闊) : 실정(實情)에 어두움. 우원(迂遠).

○구천(苟賤) : 구차하게 되거나 천하게 됨.
○사미(邪媚) : 간사하여 아첨을 잘함.

[備旨] 子游爲武城之邑宰러니 夫子至其邑而問之에 曰女宰武城하니 亦嘗得賢人하여 而與之로 相交接焉爾乎아하니 子游對曰 偃之所得에 有澹臺滅明者하니 其爲人也가 行必以大道하여 而小徑有所不由進하고 見必以公事하여 若非公事어든 未嘗至於偃之室也니이다 由此로 推之면 則動必以正하여 而有以自守를 可見矣니 偃之所得者가 斯人而已니이다

　자유가 무성의 읍재가 되었는데, 부자께서 그 읍에 이르러 물어볼 적에 말씀하시기를, "너는 무성에 재상노릇을 하니 일찍이 현인을 얻어서 그와 더불어 서로서로 사귀지 않았느냐?"라고 하니, 자유가 대답하기를, "제가 얻은 사람 중에 담대 멸명이라는 사람이 있는데, 그의 사람됨이 어떠한가 하면 다닐 적에는 반드시 큰 길로 다녀서 작은 길로는 경유해 나아가지 않고, 볼 적에는 반드시 공적인 용무만 행하여 만약 공적인 용무가 아니면 일찍이 저의 집에 이른 적이 없었습니다. 이로써 추리해 보면, 행동이 반드시 발랐기 때문에 자신을 지킬 수 있었다는 것을 볼 수 있으니, 제가 얻었다는 사람이 이런 사람이었을 따름입니다."라고 했다.

○언(偃) : 자유(子游)의 이름.
○소경(小徑) : 작은 길.

6·13·1 子曰 孟之反은 不伐이로다 奔而殿하여 將入門할새 策其馬曰 非敢後也라 馬不進也라하니라

　공자께서 말씀하셨다. "맹 지반은 공을 자랑하지 않는구나! 모든 사람들은 달아났지만 맹 지반은 군사 뒤에 처져 있다가 장차 성문을 들어올 때 말을 채찍질하면서 말하기를, '내 감히 뒤처지려고 한 것이 아니라 말이 전진하지 못했기 때문이다.'고 말했다."

○맹 지반(孟之反) : 노(魯)나라 대부. 이름은 측(側). 자는 지반(之反). 기원전 484년 즉 애공(哀公) 11년에 노(魯)나라와 제(齊)나라가 싸우다가 노(魯)나라가 대패하여 후퇴할 적에 맨 끝에서 후미를 지키면서 성문으로 들어왔다. 「장자(莊子)」《대종사편(大宗師篇)》에 나오는 맹 자반(孟子反)과 동일인이라도 함.
○불벌(不伐) : 공을 자랑하지 아니하다. 여기서는 '공을 자랑함이 없다'는 의미로 쓰임.

"不伐是不誇功"

○분이전(奔而殿) : 모든 사람들은 패해서 달아났지만, 맹 지반은 군대의 후미에 남아서 적을 방어한 것을 말함. '殿'은 '군대의 후미'를 말하는데, 군대의 맨 뒤에서 군대를 보호하거나 독려함. "奔指衆人 殿是反殿"

○장입문(將入門) : 막 나라의 문을 들어오다. "門是魯之國門"

○책기마(策其馬) : 말이 빨리 달리도록 채찍질하다. "策馬是要他速行意"

○왈비감후야(曰非敢後也) : 말하기를, 감히 뒤처지려고 한 것이 아니다. "見殿非己之功"

○마부진야(馬不進也) : 말이 나아가지 않다. "進是前馬 不進者見出於不得已"

孟之反은 魯大父니 名側이라 胡氏曰 反은 卽莊周所稱孟子反者가 是也라 伐은 誇功也요 奔은 敗走也라 軍後曰殿이라 策은 鞭也라 戰敗而還(선)에 以後爲功하니 反奔而殿이라 故로 以此言으로 自揜其功也라 事在哀公十一年이라
○謝氏曰 人能操無欲上人之心이면 則人欲日消하고 天理日明하여 而凡可以矜己誇人者를 皆無足道矣리라 然이나 不知學者는 欲上人之心이 無時而忘也니 若孟之反은 可以爲法矣로다

맹 지반은 노나라 대부이니, 이름은 측이다. 호 씨가 말하기를, '反'은 장주가 '孟子反'이라고 이른 사람이 그 사람이다." 하였다. 벌(伐)은 공적을 자랑함이요, 분(奔)은 패해서 달아나는 것이다. 군대의 후미를 전(殿)이라고 한다. 책(策)은 채찍질이다. 싸움에서 패해 돌아갈 때에는 군대의 후미에 처져 있는 것을 공으로 여기니, 맹 지반은 패주하면서도 맨 뒤에 있었으므로 이 말로써 스스로 그 공로를 가린 것이다. 일이 「좌전」애공 11년에 있다.

○사 씨가 말했다. "사람이 능히 남보다 앞서려는 마음이 없다면, 인욕은 날로 사라지고 천리는 날로 밝아져 무릇 자기를 자랑하고 남에게 뽐내는 것을 말하지 않아도 될 것이다. 그러나 학문을 알지 못하는 자는 남보다 앞서려는 마음을 때마다 잊지 못하니, 맹 지반과 같은 이는 본받을 만하다."

○장주(莊周, B.C 369~B.C 286) : 전국(戰國) 시대 송(宋)나라 사람. 칠원리(漆園吏)를 지냈고 청정 무위(淸靜無爲)를 주장하였음.

○선(還) : 돌아가다. '旋'과 통함.

○엄(揜) : 가리다. '掩'과 통함.

[備旨] 夫子稱之反意에 曰有功非難이요 不伐爲難이니 若孟之反者는 爲能有功이로되

而不伐也라 當齊人이 伐我北鄙하니 右師既潰하고 而齊師陟泗하니 衆皆望風而奔矣어늘 獨反居後而殿之하니 功何偉也아 顧方入國門之時는 正衆人이 屬目之地로되 乃策其所乘之馬에 曰我師敗績은 人皆爭先이요 非我之敢於後殿也라 特以馬行不進하여 而不得不後耳라 夫有功이로되 而自掩其功이 如此하니 非不伐而何오

　부자께서 맹 지반을 칭찬하는 뜻에서 말씀하시기를, "공은 세우기가 어려운 것이 아니라 자랑하지 않는 것이 어려우니, 맹 지반과 같은 사람은 능히 공을 세웠지만 자랑하지 않았다. 제나라 사람들이 우리 북쪽 지방을 치니 우군은 이미 무너져 없어져 버렸고, 제나라 군사들이 사수를 건너니 모두가 동정을 보고서 도망갔는데, 유독 맹 지반만은 뒤에 남아서 뒤쳐져 있다 돌아왔으니 공이 얼마나 위대한가? 다만 바야흐로 나라의 입구에 들어올 때는 곧 여러 사람들이 눈여겨보는 곳이지만 의외로 그는 탄 말을 때리면서 말하기를, '우리 군사들이 싸움에서 대패한 것은 사람들이 모두 서로 앞을 다투어서 그런 것이고, 우리가 감히 뒤쳐지려고 한 것이 아닙니다. 다만 말들이 가는데 나아가지 않아서 부득불 뒤쳐졌을 따름입니다.'고 말했던 것이다. 무릇 공이 있었지만 공을 숨김이 이와 같으니, 공을 자랑함이 없었던 것이 아니고 무엇인가?"라고 하셨다.

○북비(北鄙) : 북쪽 지방 오랑캐. 북변(北邊).
○우사(右師) : 우군(右軍).
○궤멸(潰滅) : 무너져 없어지거나 망함.
○사수(泗水) : 산동성(山東省)에서 발원하여 강소성(江蘇省)을 거쳐 회수(淮水)로 흘러드는 강.
○망풍(望風) : 동정이나 기세를 봄.
○고(顧) : 단지 …하는 데 불과하다. …에 지나지 않다. 다만. 후반부 첫머리에 보통 쓰여 전환의 의미를 나타냄.
○촉목(屬目) : 눈여겨 봄. 주의하여 봄.
○패적(敗績) : 군대가 싸움에서 대패함. 「서전(書傳)」《탕서(湯誓)》"夏師敗績 湯逢從之"
○쟁선(爭先) : 앞을 다툼. 서로 앞서려고 다투는 것.

6·14·1　子曰　不有祝鮀之佞하고　而有宋朝之美면　難乎免於今之世矣니라

　공자께서 말씀하셨다. "축관이었던 타의 말재주와 송나라 공자였던 조와 같은 미모

를 갖고 있지 않다면, 오늘날 세상에서 증오를 면하기 어려울 것이다.”

○불유축타지녕(不有祝鮀之佞) : 축타의 말재주. ☞축타(祝鮀) : 축(祝)은 관명으로 제사지낼 적에 축문을 읽었던 축관(祝官)을 말함. 타(鮀)는 위(衛)나라 대부(大夫)로서, 자(字)는 자어(子魚)였으며 말재주가 있었다. ☞녕(佞) : 말재주. 구변. “不有字貫下句”
○이유송조지미(而有宋朝之美) : 송조의 미모. 여기서 ‘而’는 접속사 ‘與’와 같은 뜻으로 쓰였음. ☞송조(宋朝) : 송(宋)나라 공자로 이름이 조(朝)였다. 당시 미남(美男)이었음. 위(衛)나라 영공(靈公)의 부인 남자(南子)와 정을 통한 불륜의 사람이었는데, 남자(南子)의 덕으로 위(衛)나라 대부(大夫)가 되었다고도 함. “而作與字看”
○난호면어금지세의(難乎免於今之世矣) : 지금과 같은 세상에서 증오를 면하기가 어렵다. “難免是不能免其憎惡意”

祝은 **宗廟之官**이라 **鮀**는 **衛大夫**니 **字子魚**로 **有口才**라 **朝**는 **宋公子**니 **有美色**이라 **言衰世**에 **好諛悅色**하니 **非此難免**이니 **蓋傷之也**시니라

축(祝)은 종묘의 관원이다. 타(鮀)는 위나라 대부이니, 자는 자어로 말재주가 있었다. 조는 송나라 공자이니 미색이 있었다. 망해 가는 세상에서는 아첨을 좋아하고 미색을 기뻐하니, 이것이 아니면 증오를 면하기 어렵다고 말씀한 것이니, 대개 세상을 서글퍼하신 것이다.

○구재(口才) : 말을 잘하는 재주. 또는 그러한 재주를 가진 사람. 변재(辯才).
○쇠세(衰世) : 망하여 가는 세상. 타락하여 가는 세상. ↔성세(盛世).
○유(諛) : 알랑거리다. 아첨하다.

[備旨] 夫子傷時意에 曰當今之世는 好諛悅色之時也라 使不有如祝鮀口才之佞하고 而有如宋朝顔色之美면 則無以動人之觀聽하여 難乎免於今世之疾惡者矣라 夫不好直而好諛하며 不悅德而悅色이어늘 世之衰也가 一至是哉인저

부자께서 시대를 슬퍼하는 뜻에서 말씀하시기를, “지금의 세상은 아첨을 좋아하고 미색을 기뻐하는 시대이다. 가령 축관 타처럼 말재주가 있어서 말을 잘하거나 또 송나라 공자 조처럼 안색의 아름다움을 갖고 있지 않다면, 사람들의 보고 듣는 것을 움직일 수 없어서 오늘날의 세상에서 미워함을 면하기 어렵다. 무릇 정직을 좋아하고 아첨을 좋아하지 말아야 하며, 덕을 기뻐하고 미색을 기뻐하지 말아야 하는데, 세상의 쇠미해짐이 하나같이 여기에 이르렀다.”라고 하셨다.

○질오(疾惡) : 미워하다. 증오하다.

6·15·1 子曰 誰能出不由戶리오마는 何莫由斯道也오

공자께서 말씀하셨다. "누가 능히 방문을 거치지 않고 나갈 수 있겠는가? 하지만 어째서 이 도를 따르지 않는가?"

○수능출불유호(誰能出不由戶) : 누가 능히 문을 통하지 않고 나갈 수 있는가? ☞호(戶) : 당(堂)과 실(室)을 통하는 문. 원래 '戶'는 소가(小家)의 한 짝으로 된 문을 말하고, '門'은 대가(大家)의 양짝으로 된 문을 말한다. "誰是何人 兼智愚賢不肯言 由是行戶是門戶"
○하막유사도야(何莫由斯道也) : 무엇 때문에 이 도를 따르지 않는가? ☞막(莫) : 즐겨하지 않다. 「논어집주(論語集註)」 "厚齋憑氏曰 莫不肯也" ☞도(道) : 사람이 마땅히 가야할 길. 이치. "何莫是怪歎辭 道者日用當行之理"

言人不能出不由戶언마는 何故로 乃不由此道耶아하시니 怪而歎之之辭라
○洪氏曰 人知出必由戶로되 而不知行必由道하니 非道遠人이요 人自遠爾니라

"사람이 밖을 나갈 적에 문을 거치지 않는 이가 없건마는, 무슨 까닭으로 이렇게 이 도를 따르지 않는가?"라고 말씀한 것이니, 괴이하게 여기고 탄식하신 말씀이다.
○홍 씨가 말했다. "사람이 나갈 적에 반드시 문을 거쳐야 할 줄은 알면서도 행동할 때에는 반드시 도를 따라야 함을 알지 못하니, 도가 사람을 멀리 하는 것이 아니라 사람이 스스로 도를 멀리할 뿐이다."

[備旨] 夫子警人不由道意에 曰道之不可須臾離는 尤急於戶也라 自今觀之컨대 天下之人이 其誰能出不由戶乎리오마는 知由戶면 宜知由道矣라 何故로 乃莫由斯道也아 明於彼로되 而昧於此하니 豈不深可怪哉아

부자께서 사람들에게 도를 따르지 않는 것을 경계하려는 뜻에서 말씀하시기를, "도에서 잠시라도 떠날 수 없음은 밖을 나갈 적에 방문을 거쳐야 하는 것보다도 더 급하다. 지금 이를 살펴보건대, 천하의 사람들이 누가 능히 방문을 거치지 않고 나갈 수 있겠는가마는, 방문을 거쳐야 한다는 것을 안다면 마땅히 도를 거쳐야 한다는 것을 알아야 할 것이다. 무슨 까닭으로 이 도를 따르지 않는가? 다른 도리에는 밝지만 이 도리

에는 어두우니, 어찌 심히 괴이할 만하지 아니한가?"라고 하셨다.

6 · 16 · 1 子曰 質勝文則野요 文勝質則史니 文質彬彬然後에 君子니라

공자께서 말씀하셨다. "내면의 질박이 외면의 문채보다 지나치면 촌스러운 야인과 같고, 외면의 문채가 내면의 질박보다 지나치면 겉치레만 하는 사관과 같으니, 문채와 질박이 고루 어우러진 뒤에야 군자일 것이다."

○질승문질야(質勝文則野) : 실질이 문채를 능가하면 촌스럽다. ☞질(質) : 질박함. 본성에 내재하고 있는 순박함. '文'의 반대. ☞승(勝) : 지나치다. ☞문(文) : 문채. 밖으로 드러나는 언행의 꾸밈을 일컫는 말. 문식(文飾). ☞야(野) : 촌스럽다. 거칠고 속됨. 투박한 야인. "質是質樸 勝過也 文是文采 野是鄕村鄙俚之人"
○문승질즉사(文勝質則史) : 문채가 실질을 능가하면 겉모양만 번지르르하다. ☞사(史) : 겉치레만 하다. 지나치게 꾸미다. 부화(浮華)한 관리. '史'는 '문서를 맡은 관리'를 말하는데 일반적으로 견문이 넓어 여러 가지 일에는 통달했지만, 성실도가 결여된 사람의 대명사로 흔히 쓰임. "史乃府史胥徒之史 不必作史官說"
○문질빈빈(文質彬彬) : 문채와 실질 두 가지가 적절하게 조화를 이루다. "是文質相稱意"
○연후군자(然後君子) : 그런 뒤에 군자라고 이를 수 있다는 말. 여기서 군자는 '몸에 덕을 갖춘 사람'이라는 뜻으로 '野'나 '史'의 상대되는 개념. "然後卽乃謂之意 君子是成德之人 對上野史看"

野는 野人이니 言鄙略也요 史는 掌文書니 多聞習事로되 而誠或不足也라 彬彬은 猶斑斑이니 物相雜而適均之貌라 言學者는 當損有餘하고 補不足이니 至於成德이면 則不期然而然矣리라
○楊氏曰 文質은 不可以相勝이라 然이나 質之勝文은 猶之甘可以受和요 白可以受采也어니와 文勝而至於滅質하여는 則其本亡矣니 雖有文이나 將安施乎아 然則與其史也론 寧野니라

야(野)는 촌사람이니, 비루하고 간략함을 말한다. 사(史)는 문서를 맡은 사람이니 견문이 많아 일에는 익숙하지만 성의가 어떤 때는 부족하다. 빈빈(彬彬)은 반반(斑斑)과

같으니, 물건이 서로 섞여서 알맞고 고른 모양이다. 배우는 사람은 마땅히 남는 것은 덜어내고 부족한 것은 보충해야 하니, 덕을 이루게 되면 그렇게 되기를 기대하지 않아도 그렇게 됨을 말한 것이다.

○양 씨가 말했다. "문과 질이 서로 지나쳐서는 안 된다. 그러나 질이 문보다 지나친 경우에는 마치 단맛은 조화를 받아들일 수 있고 흰색은 채색을 받아들일 수 있는 것과 같지만, 문이 지나쳐서 질을 없애는 경우에는 그 근본이 없어지는 것과 같으니, 비록 문이 있더라도 장차 어디에다 쓸 것인가? 그렇다면 지나치게 꾸미는 것보다는 차라리 촌스러운 것이 나을 것이다."

○반반(斑斑) : 고르게 잘 섞인 모양. 빈빈(彬彬).
○감가이수화(甘可以受和) : 감수화(甘受和)를 일컫는 말. ☞감수화(甘受和) : 단맛은 맛의 근본이므로 백미(百味)를 조화시키고, 흰색은 색의 근본이므로 모든 채색을 받아들일 수 있다는 말. 「예기(禮記)」《예기편(禮器篇)》"甘受和 白受采 忠信之人 可以學禮 苟無忠信之人 禮不虛道 是以得其人之爲貴也" 본서 3·8·3 집주 참고.
○화(和) : 맛을 조화시킴.
○유지(猶之) : 같다. '猶如'와 같음.

[備旨] 夫子定文質之衡에 曰文質二者는 可相濟而不可相勝也라 苟言動質樸而勝乎文이면 則鄙陋而簡略이니 其諸野人之爲乎인저 若言動文飾而勝乎質이면 則虛文而無實이니 其諸史氏之流乎인저 夫曰野曰史는 均非君子也라 是必文以質爲主하고 質以文爲輔하여 彬彬然其適均焉然後에 爲成德之君子요 而野史를 不得以累之也라 有志於君子者는 其辨之라

부자께서 문채와 실질을 이리저리 견주어 볼 적에 말씀하시기를, "문채와 실질 두 가지는 서로 조화로워야 하고 서로 지나쳐서는 안 된다. 진실로 말이나 행동이 질박해서 문채보다 지나치면 비루하고 간략해질 것이니, 아마도 야인의 행위와 같을 것이다. 만약 말이나 행동을 화려하게 꾸며서 질박보다 지나치면 공허한 꾸밈이고 실속은 없을 것이니, 아마도 사가처럼 흐를지도 모른다. 무릇 투박하다느니 부화하다느니 할 때는 모두다 군자가 아닐 것이다. 이럴 경우에는 반드시 문채는 실질을 제일로 삼아야 하고 실질은 문채로써 도움을 삼아서 적절하게 조화가 이루어져 그것이 알맞고 고르게 된 뒤에 덕을 갖춘 군자가 될 것이고, 또한 투박함과 부화함을 번거롭게 할 수 없을 것이다. 군자에 뜻을 둔 사람은 아마도 분별해야 할 것이다."라고 하셨다.

○형(衡) : 저울질하다. 이리저리 달아보다.
○질박(質樸) : 꾸밈이 없이 순박함. 질박(質朴). 검소함. 소박함.

○문식(文飾) : 화려하게 꾸밈. 아름다운 빛깔로 장식함.
○사씨(史氏) : 역사를 연구하는 사람. 사가(史家). 집주(集註) 참고.
○성덕(成德) : 몸에 덕을 지님, 몸에 덕을 갖춤. 또는 그 덕.
○누(累) : 묶다. 동여매다. 포개다. 번거롭게 하다.

6·17·1 子曰 人之生也가 直이니 罔之生也는 幸而免이니라

　공자께서 말씀하셨다. "사람의 삶은 정직해야 할 것이니, 속이면서도 살아 있다는 것은 뜻밖에 얻은 행복이고 당장을 모면한 것이다."

○인지생야직(人之生也直) : 인간은 삶을 시작함이 정직해야 한다는 말. "人字泛言　生是始生之生　直以理言"
○망지생야(罔之生也) : 속이면서 이 세상에 살아 있다. "生是生存於世"
○행이면(幸而免) : 뜻밖에 얻은 행복이고 당장을 모면한 일이다. 요행(僥倖)이고 구면(苟免)이라는 말.
○본문을 이해하기 위해 다음 말들을 참고하면 많은 도움이 될 것이다. 「논어집주(論語集註)」"朱子曰　罔之生也之生　與上面生字　微有不同　此生字　是生存之生　人之絶滅天理　便是合死之人　今而不死　盖幸免也"「논어비지(論語備旨)」《보(補)》"兩生字微不同　上是秉以爲生　下是生存之生"

程子曰 生理本直이요 罔은 不直也이니 而亦生者는 幸而免爾라

　정자가 말했다. "삶의 이치는 본래 정직해야 할 것이요, 망(罔)은 정직하지 않다는 것이니, 그런데도 또한 생존해 있다는 것은 뜻밖에 얻은 행복이고 당장을 모면한 것이다."

[備旨] 夫子警人之不直에 曰人之生也는 必有生生之理니 其理本無私曲하고 出於自然而直焉이라 人必順是理면 斯無負所生矣어니와 若罔焉而不直이면 則失其所以生之理요 而其生也는 特僥倖而苟免耳라 人而至於幸免이면 亦何以爲人耶아 甚矣人之不可不直也라

　부자께서 사람이 정직하지 않음에 대해서 깨우쳐 줄 적에 말씀하시기를, "사람의 삶에는 반드시 생겨나고 퍼지는 이치가 있으니, 그 이치는 본래 사사롭거나 바르지 아니함이 없고 자연에서 나왔기 때문에 바르다. 사람이 반드시 이 이치에 순종하면 곧 삶

을 저버림이 없을 것이지만, 만약에 속이면서 정직하지 않다면 그는 삶의 이유를 잃어 버린 것이요, 그리고 그 삶이란 다만 뜻밖에 얻은 행복이고 당장을 모면한 것일 따름이다. 사람으로서 행면까지 이르렀다면 또한 어찌 사람이라 하겠는가? 정말로 사람이 정직하지 않을 수 없을 것이다."라고 하셨다.

○생생지리(生生之理) : 모든 생물이 생겨나고 퍼지는 자연의 이치.
○사곡(私曲) : 사사롭고 마음이 바르지 아니함.
○요행(僥倖) : ①욕심이 많은 모양. ②뜻밖에 얻은 행복. 여기서는 ②의 뜻.
○구면(苟免) : 당장을 모면함. 일시적으로 죄를 면했다 하여 기뻐하고 부끄럽게 생각하지 않는 일.
○행면(幸免) : 좋지 못한 일을 요행히 벗어남. '倖而得免'의 준말. '幸'과 '倖'은 통함.

6·18·1 子曰 知之者는 不如好之者요 好之者는 不如樂(락)之者니라

공자께서 말씀하셨다. "도를 아는 사람은 좋아하는 사람만 못하고, 도를 좋아하는 사람은 즐기는 사람만 못하다."

○지지자(知之者) : 도를 깨달아 아는 사람. 모든 '之'자는 '道'를 가리키고, 모든 '者'자는 '人'을 가리킨다. "知是曉得此道 四之者俱指道 言四者字俱指人言"
○불여호지자(不如好之者) : 도를 좋아하는 사람만 못하다. ☞호(好) : 좋아하다. 여기서는 거성(去聲)으로 쓰였음. "好是篤好此道"
○호지자불여낙지자(好之者不如樂之者) : 도를 좋아하는 사람은 도를 즐기는 사람만 못하다. "樂是樂得此道"
○이 글에서는 도에 나아가는 단계를 세 단계로 구분하고 있다. 도를 깨닫고 얻는 '知之者'의 단계, 독실하게 도를 좋아하는 '好之者'의 단계, 도를 즐겨 얻는 '樂之者'의 단계로 구분하고 있다.

尹氏曰 知之者는 知有此道也요 好之者는 好而未得也요 樂之者는 有所得而樂之也라
○張敬夫曰 譬之五穀이면 知者는 知其可食者也요 好者는 食而嗜之者也요 樂者는 嗜之而飽者也라 知而不能好면 則是는 知之未至也요 好之而未及於樂이면

則是는 好之未至也니 此는 古之學者가 所以自强而不息者與인저

윤 씨가 말했다. "안다는 것은 이 도가 있음을 아는 것이요, 좋아한다는 것은 도를 좋아하지만 아직 얻지는 못한 것이요, 즐긴다는 것은 도를 얻은 것이 있어서 즐기는 것이다."

○장경부가 말했다. "오곡에 비유한다면, 안다는 것은 그것이 먹을 만한 것임을 아는 것이고, 좋아한다는 것은 먹어서 즐기는 것이고, 즐기는 것은 좋아해서 배불리 먹는다는 것이다. 알지만 능히 좋아하지 못한다면 이는 아는 것이 아직까지 이르지 못한 것이며, 좋아하지만 아직 즐기는 데까지 미치지 못했다면 이는 좋아함이 아직까지 이르지 못한 것이니, 이는 옛날 배우는 이들이 스스로 힘써서 쉬지 않았던 이유일 것이다."

[備旨] 夫子勉人造道之極에 曰人之造道는 有淺深之不同이라 然이나 必至其極이라야 乃爲有得이라 彼不知者는 吾無論焉耳어니와 若夫知之者之明於道를 以視夫不知者면 有間矣라 然이나 明於道而求之라도 孰若嗜於道而慕之也리오 知之者는 不如好之者니 抑不好者는 吾無望焉耳어니와 若夫好之者之嗜於道를 以視夫不好者면 有異矣라 然이나 嗜於道而慕之라도 孰若悅於道而忘之也리오 好之者는 不如樂之者니라 然則人이 亦自知爲不如도 而可也요 亦自勉其不如도 而可矣라

부자께서 사람이 도에 나아갈 적에 끝까지 힘쓰도록 할 적에 말씀하시기를, "사람이 도에 나아가는 것은 얕고 깊음이 같지 않다. 그러나 반드시 그의 힘을 다하는 데에 이르러서야 드디어 얻는 것이 있게 될 것이다. 도를 알지 못하는 사람은 내가 논할 필요도 없지만, 도를 아는 사람이 도를 밝힌 것에 대해 도를 알지 못하는 사람과 비교해 본다면 서로 다른 점이 있다. 그러나 도를 밝혀서 구하더라도 누가 도를 즐거워해서 사모하는 데까지 이르겠는가? 도를 아는 사람은 도를 좋아하는 사람만 못하니 또한 도를 좋아하지 않는 사람은 내가 바랄 것도 없지만, 만약 도를 아는 사람이 도를 좋아하는 것에 대해 도를 좋아하지 않는 사람과 비교해 본다면 서로 차이점이 있다. 그러나 도를 좋아해서 사모하더라도 누가 도를 기뻐하는 데까지 이르겠는가? 좋아하는 사람은 즐기는 사람만 못할 것이다. 그렇다면 사람이 또한 같지 못한 점을 위해 스스로 알려고 하는 것도 괜찮을 것이요, 또한 같지 못한 점을 스스로 힘쓰려고 하는 것도 괜찮을 것이다."라고 하셨다.

○조(造) : 학업(學業) 등이 어느 정도 경지에 나아가다. 또는 나아가게 하다. 「맹자(孟子)」 《이루하(離婁下)》 "君子深造之以道"
○시(視) : 비교하다. 견주다.

○간(間) : 사이. 간격. 상거(相距).
○숙약(孰若) : 누가 …에 미치겠는가?

6·19·1 子曰 中人以上은 可以語上也어니와 中人以下는 不可以語上也니라

공자께서 말씀하셨다. "중인 이상 사람에게는 고상하고 심원한 도를 말해 줄 수 있으나, 중인 이하 사람에게는 고상한 도를 말해 줄 수 없다."

○중인이상(中人以上) : 타고난 자질이 아주 높고 학력이나 인격이 중인 이상 되는 사람. ☞중인(中人) : 현우(賢愚)·빈부(貧富)·강약(强弱)이 중간쯤 되는 사람. ☞이(以) : '上·下·東·西·往·來' 등과 같이 쓰여 시간·방위·범위 등을 나타냄. "是天資極高 學力極到之人"
○가이어상야(可以語上也) : 사람을 가르칠 적에 정미한 도리를 이야기 할 수 있음. ☞가이(可以) : …할 수 있다. 조동사로서 허가나 가능을 나타냄. 허가·가능을 나타내는 조동사 '可'와 이유·조건·수단·도구·원인 등을 나타내는 전치사 '以'가 결합하여 하나의 조동사로 굳어진 것이다. "語就教人上說 上是上等精微道理"
○중인이하(中人以下) : 타고난 자질이 게을러 학력이 낮은 사람. "是天資庸陋 學力不如之人"
○불가이어상야(不可以語上也) : 고상하고 심원한 도를 말해 줄 수 없다. "有教者徒勞 學者難入 二意"

語는 告也라 言教人者는 當隨其高下而告語之면 則其言易入하여 而無躐等之弊也라
○張經夫曰 聖人之道는 精組雖無二致나 但其施教는 則必因其材而篤焉이라하니 蓋中人以下之質은 驟而語之太高면 非惟不能以入이요 且將妄意躐等하여 而有不切於身之幣하여 亦終於下而已矣라 故로 就其所及而語之니 是는 乃所以使之로 切問近思하여 而漸進於高遠也니라

어(語)는 설명해주는 것이다. 사람을 가르치는 자는 마땅히 상대방의 높고 낮음에 따라 설명하고 말해주면, 그 말을 받아들이기 쉬워 순서를 뛰어넘는 폐단이 없을 것임을 말씀한 것이다.

○장경부가 말했다. "성인의 도는, 정밀하고 조잡함에 비록 두 가지 이치가 없으나, 다만 그 가르침을 시행할 적에는 반드시 그 재질에 따라 돈독하게 해야 한다." 했으니, 중인 이하의 자질을 가진 자에게는 갑자기 너무 높은 것을 말해 주면, 능히 받아들일 수 없을 뿐만 아니라 또한 장차 함부로 순서를 뛰어넘을 것을 생각하여 몸에 끊지 못하는 폐단을 가져서 또한 하등에 그치고 말 따름이다. 그러므로 그들이 따라갈 수 있는 경우에 나아가서 말해 주었으니, 이는 바로 그들로 하여금 절문근사하게 하여 점차 높고 먼 데로 나아가게 하는 것이다.

○엽등(躐等) : 순서를 뛰어넘음. 신분을 넘어섬. 「예기(禮記)」 "幼者聽而弗問 學不躐等也"
○정조(精粗) : 정밀하고 조잡함. 정밀하고 거칢.
○시교(施敎) : 가르침을 시행함.
○취(驟) : 갑자기.
○부절어신지폐(不切於身之幣) : 몸에 끊지 못하는 폐단. 절실하지 않은데도 몸에 갖고 있는 폐단.
○절문근사(切問近思) : 깨닫지 못한 것을 간절하게 묻고, 현실에 필요한 것부터 생각함. 본서 "19·6·1 子夏曰 博學而篤志 切問而近思 仁在其中矣" 참고.

[備旨] 夫子論施敎之等에 曰敎不容以槪施也라 有其質高하고 其學純하여 而爲中人以上者는 則可以語道之上이니 雖擧神化性命之理하여 而授之라도 可也어니와 有質未粹하고 學未深하여 而爲中人以下者는 雖語以神化性命之理나 彼亦茫然而無得이니 則不可以語道之上也라 可見敎者는 貴有當可之施요 而學者도 亦當勉爲受敎地矣라

부자께서 가르침을 시행하는 등급을 논할 적에 말씀하시기를, "가르칠 적에는 똑같이 해서 가르쳐서는 안 된다. 자질이 높고 학문이 온전하여 중인 이상이 되는 사람은 노의 심원함과 고상함을 말해줄 수 있으니, 비록 신화나 성명의 이치를 열거하여 가르쳐도 괜찮겠지만, 자질이 아직까지 온전하지 못하고 학문도 아직까지 깊지 못하여 중인 이하인 사람은 비록 신화나 성명의 이치를 말해 줄지라도 저 또한 아무 생각도 없이 멍하여 얻는 것이 없을 것이니, 곧 도의 심원함과 고상함을 말해 줄 수 없는 것이다. 가르치는 사람은 마땅히 가르침을 베풀 수 있다는 것을 귀하게 여기고, 그리고 배우는 사람도 또한 마땅히 가르침을 받을 수 있는 위치가 되도록 힘써야 한다는 것을 볼 수 있을 것이다."라고 하셨다.

○신화(神化) : ①신기한 조화. 신묘하게 변화함. ②성왕(聖王)의 덕화(德化). 여기서는 ①의 뜻.

○성명(性命) : 만물이 제각기 가지고 있는 천부의 성질. ☞성명이기(性命理氣) : 「중용(中庸)」의 서문에 자세하게 나타나 있다. 하늘이 부여(賦與)하는 것을 명(命)이라 하고, 이를 받아서 내게 있는 것을 성(性)이라 한다. 이(理)는 일체 평등하나, 기(氣)는 각각 다르다. 성은 이를 받은 것이기 때문에 성인(聖人)과 범인(凡人)이 다르지 않으며, 재(才)는 기(氣)를 받은 것이기 때문에 현인(賢人)과 우인(愚人)이 같을 수 없다는 학설.
○망연(茫然) : 아무 생각없이 멍한 모양.

6·20·1 樊遲問知한대 子曰 務民之義하고 敬鬼神而遠之면 可謂知矣니라 問仁한대 曰 仁者는 先難而後獲이면 可謂仁矣니라

번지가 지혜에 대하여 묻자, 공자께서 말씀하셨다. "사람들이 마땅히 지켜야 할 도리를 힘쓰고 귀신을 공경하지만 멀리 한다면 지혜롭다고 이를 수 있다." 다시 인에 대하여 묻자, 또 말씀하셨다. "인자는 이루기 어려운 일을 먼저 도모하고 얻기를 기약할 수 없는 것을 뒤에 도모한다면 인이라고 이를 수 있다."

○번지(樊遲) : 공자의 제자. 이름은 수(須). 공자의 수레를 몰았다. 본문 2·5·2 참고.
○무민지의(務民之義) : 사람들이 의로운 일에 힘쓰다. 사람들이 마땅히 해야 할 일에 대해 힘쓰다. ☞민지의(民之義) : 백성들이 마땅히 행해야 할 일. '民'은 백성이라기보다는 일반적인 사람을 가리키고, '義'는 사람들이 마땅히 행해야 할 일을 말함[民者人也 義者宜也]. "務專力義 乃人道之所當爲者"
○경귀신이원지(敬鬼神而遠之) : 당연히 제사지내야 할 귀신을 공경하되 아첨하여 복을 구하지 아니하다. "敬是盡誠以行報祀之禮 鬼神是當祭之鬼神 遠是不求媚以邀福意"
○가위지의(可謂知矣) : 지혜롭다고 이를 수 있다. '知'는 거성(去聲)으로 쓰여 '지혜'라는 뜻. "此節上文知者之事 而斷之謂其於是非上 見得明徹"
○문인(問仁) : 인에 대해 물음. "仁是吾心無私之德"
○인자선난이후획(仁者先難而後獲) : 어진 사람은 어려운 일을 먼저하고 얻기 어려운 일은 뒤에 도모하다. "者作人字看 先作急字看 後卽不急意 難獲皆切爲仁說"
○가위인의(可謂仁矣) : 어질다고 할 수 있다. "此節上文仁者之心 而斷之謂其純 而無私欲之累也"

民은 亦人也요 獲은 謂得也라 專用力於人道之所宜하고 而不惑於鬼神之不可知는 知者之事也요 先其事之所難하고 而後其效之所得은 仁者之心也라 此는 必因

樊遲之失하여 而告之시니라

○程子曰 人多信鬼神은 惑也요 而不信者는 又不能敬이니 能敬能遠이라야 可謂 知矣니라 又曰 先難은 克己也니 以所難爲先하고 而不計所獲이 仁也니라 呂氏曰 當務爲急이니 不求所難知요 力行所知니 不憚所難爲니라

　민(民)은 또한 사람이요, 획(獲)은 얻는 것을 이른다. 사람의 도리상 마땅히 해야 할 것에 오로지 힘을 쓰고, 귀신과 같이 알 수 없는 것에 현혹되지 않는 것은 지자의 일이요, 일에 어려운 것을 먼저하고 그 효과로 얻는 것을 뒤에 하는 것이 인자의 마음이다. 이것은 반드시 번지의 결점을 들어서 깨우쳐 주신 것이다.

　○정자가 말했다. "사람들이 귀신을 많이 믿고 있다는 것은 미혹된 것이요, 그렇다고 믿지 않는 자도 또한 능히 공경하지 않는 것이니, 능히 공경하고 멀리할 줄 알아야 지혜롭다고 이를 수 있을 것이다." 또 말하기를, "어려운 일을 먼저 한다는 것은 극기의 일이니, 어려운 일을 먼저하고 얻는 것을 헤아리지 않는 것이 인이다."라고 했다. 여씨가 말하기를, "마땅히 해야 할 일을 급하게 여겨야 할 것이니 알기 어려운 것을 구하지 말 것이요, 아는 바를 힘써 행해야 할 것이니 하기 이려운 바를 끼려하지 말아야 할 것이다."라고 했다.

[備旨] 樊遲問何如라야 斯可謂知니잇고한대 夫子告之에 曰知者之事明乎理而已라 專力 於民義하여 以盡人道之所宜요 至鬼神不可知者하여는 亦惟敬而遠之하여 未嘗有所諂焉이라 是는 知所當知요 而不惑於不可知면 可謂知矣니라 樊遲又問何如라야 斯可謂仁이니잇고한대 夫子告之에 曰仁者之心은 純於理而已라 惟專事其功之所難하여 而急急以圖之하고 至於獲之不可期하여는 亦後之而已요 而一無所計較焉이니 是는 心純乎理하여 而不雜 於私意면 可謂仁矣라 遲能觀於知하여 而履其事하고 觀於仁하여 而存其心이면 仁知를 可得矣라

　번지가 어떻게 해야 지혜롭다고 이를 수 있겠는지 물었는데, 부자께서 깨우쳐 줄 적에 말씀하시기를, "지자는 일이 이치에 밝아야 할 따름이다. 오로지 사람들의 뜻에 힘을 써서 사람의 도리상 마땅히 행해야 할 바를 다하고, 귀신과 같이 알 수 없는 데는 또한 오직 공경하면서도 멀리하여 일찍이 아첨하는 바가 있어서는 안 될 것이다. 이는 마땅히 알아야 할 것을 알아야 되고, 그리고 알 수 없는 일에 미혹되지 않는다면 지혜롭다고 이를 수 있을 것이다."라고 하셨다. 번지가 또 어떻게 해야 인이라고 이를 수 있는지 물었는데, 부자께서 설명해 줄 적에 말씀하시기를, "인자의 마음은 이치에 대해서 마음을 오로지 한 곬으로 힘써야 할 따름이다. 오직 그 공이 이루기 어려운 것을 오로지 일삼아서 재빨리 도모하고, 얻기를 기약할 수 없는 것과 같은 것은 또한 뒤에

해야 할 따름이고, 그리고 하나같이 계교하는 바가 없어야 할 것이니, 이는 마음을 이치에 오로지 외곬으로 힘써서 사사로운 뜻에 뒤섞이지 않으면 인이라고 이를 수 있을 것이다. 번지는 능히 지를 살펴서 그 일을 이행하고 인을 살펴서 그 마음에 두면, 인과 지를 얻을 수 있을 것이다."라고 하셨다.

○순고(純固) : 마음을 오로지 외곬으로 씀. 전일(專一).
○급급(急急) : 재빨리. 급히. 매우 다급한 모양.
○계교(計較) : 비교함. 또는 논쟁함. 계교(計校).

6・21・1 子曰 知者는 樂(요)水하고 仁者는 樂(요)山이니 知者는 動하고 仁者는 靜하며 知者는 樂(락)하고 仁者는 壽니라

공자께서 말씀하셨다. "지자는 물을 좋아하고 인자는 산을 좋아하니, 지자는 동적이고 인자는 정적이며 지자는 즐겁게 살고 인자는 오래 산다."

○지자요수(知者樂水) : 지혜로운 사람이 물을 좋아하다. ☞지(知) : 지혜. 여기서는 거성(去聲)으로 쓰였음. ☞요(樂) : 좋아하다. 역시 거성(去聲)으로 쓰였음[效部]. "是情之喜好在水"
○인자요산(仁者樂山) : 어진 사람이 산을 좋아하다. "是情之喜好在山"
○지자동(知者動) : 지혜로운 사람은 마음이 활발하니 동적이다. "動是胸中活潑"
○인자정(仁者靜) : 어진 사람은 천성이 고요하니 정적이다. "靜是天懷寧謐"
○지자락(知者樂) : 지혜로운 사람은 자득한 모양이니 항상 즐거워하다. ☞낙(樂) : 즐기다. 원음은 '락'. 여기서는 입성(入聲)으로 쓰였음[藥部]. 참고로 '풍류' '음악'이라는 뜻일 때도 입성임[覺部]. "樂是自得"
○인자수(仁者壽) : 어진 사람은 오래도록 안 변하므로 오래 살다. "壽是有常"

樂(요)는 喜好也라 知者는 達於事理하고 而周流無滯하니 有似於水라 故로 樂水하고 仁者는 安於義理하고 而厚重不遷하니 有似於山이라 故로 樂山이라 動靜은 以體言이요 樂(나)壽는 以效言也라 動而不括이라 故로 樂이요 靜而有常이라 故로 壽라
○程子曰 非體仁知之深者면 不能如此形容之니라

요(樂)는 기뻐하고 좋아함이다. 지자는 사리에 통달하고 두루 흘러서 막힘이 없으니

물과 비슷한 점이 있으므로 물을 좋아하고, 인자는 의리를 편안하게 여겨 중후하고 옮기지 않으니 산과 비슷한 점이 있으므로 산을 좋아하는 것이다. '동적이다 정적이다'한 것은 모양으로 말한 것이요, '즐겁게 산다 오래 산다'한 것은 효험으로 말한 것이다. 움직여서 맺히지 않으므로 즐거워하는 것이요, 고요해서 늘 변하지 않으므로 오래 사는 것이다.

○정자가 말했다. "인과 지를 깊이 체득한 사람이 아니면, 능히 이처럼 형용할 수 없을 것이다."

○동이불괄(動而不括) : 움직여서 맺히지 않음. 「주역(周易)」《계사하(繫辭下)》"註括結也 動而無結 閡之患也"

[備旨] 夫子發知仁之蘊에 曰天下之人은 有爲知者하고 有爲仁者라 以其性情으로 而言이면 知者는 本性空明하니 所樂應在水하여 而悅其流行之趣요 仁者는 本性厚重하니 所樂應在山하여 而悅其敦艮之基이라 以其體段而言이면 知者는 無事物窒礙하여 而任乎聰明之四達하니 殆極其動이요 仁者는 無人欲紛擾하여 而安於天理之自然하니 殆極其靜이라 以其效驗으로 而言이면 知者는 志氣淸明하니 則不爲事苦하고 不爲境累하여 有隨往而樂之休요 仁者는 精神純固하니 則物不能侵하고 數不能夭하여 有必得其壽之理니 是可歷歷想見之者라

부자께서 지와 인의 심오함을 나타낼 적에 말씀하시기를, "천하의 사람은 지자가 되기도 하고 인자가 되기도 한다. 그 성정으로 말한다면 지자는 본성이 광활하고 맑으니 좋아하는 바가 마땅히 물에 있어서 유행의 자태를 기뻐하고, 인자는 본성이 온후하고 진중하니 좋아하는 바가 마땅히 산에 있어서 돈후하고 정지해 있는 토대를 기뻐한다. 그 체제의 등급으로 말한다면 지자는 사물에 막힘이 없어서 총명하여 사방을 맡을 수 있으니 자못 그 동적인 모습을 다할 수 있고, 인자는 인욕에 분잡하거나 소란함이 없어서 천리의 자연스러움을 편안히 여기니 자못 그 정적인 모습을 다할 수 있다. 그 효험으로 말한다면, 지자는 의지와 정신이 맑고 밝으니 일에 괴로움이 되지도 않고 환경에 허물되지도 않아서 가는 데 따라서 즐거워해서 아름다움이 있고, 인자는 정신을 오로지 외곬으로 쓰니 다른 일들이 능히 침입할 수도 없고 운명도 일찍 마칠 수 없어서 반드시 장수하는 이치를 얻을 수 있을 것이니, 곧 분명히 헤아려 볼 수 있다는 것이다."라고 하셨다.

○온(蘊) : 심오함. 깊은 속. 깊은 속내.
○성정(性情) : 사람의 품성(稟性)과 기질(氣質).

○공명(空明) : 광활하며 잔잔하고 맑음.

○취(趣) : 달리다. 목적지를 향해 달리다. 여기서는 '취향' '자태' 등으로 번역할 수 있음. 판본에 따라 '速'으로 된 것도 있음.

○후중(厚重) : 성품이 온후하고 진중(鎭重)함.

○돈간(敦艮) : 돈후해서 스스로 그침. 「중문대사전(中文大辭典)」 "謂敦厚以自止也"

○체단(體段) : 체제의 등급.

○질애(窒礙) : 막힘. 의심스러움. 분명하지 않음.

○사달(四達) : 사방으로 통함. 통하여 막힘이 없음.

○분요(紛擾) : 분잡하고 소란함.

○지기(志氣) : 의지와 정신.

○청명(淸明) : 맑고 밝음.

○순고(純固) : 마음을 오로지 외곬으로 씀. 전일(專一).

○역력(歷歷) : 분명한 모양. 뚜렷한 모양. 역연(歷然).

○상견(想見) : 미루어 헤아림. 또는 그리워함.

6·22·1 子曰 齊一變이면 至於魯하고 魯一變이면 至於道니라

공자께서 말씀하셨다. "제나라가 한 번 변하면 노나라에 이를 것이고, 노나라가 한 번 변하면 선왕의 도에 이를 것이다."

○제일변(齊一變) : 제(齊)나라가 한 번 피폐해진 정치를 고쳐서, 보잘것없는 풍속을 바꾸고 완전히 고치다. "齊以今日急功利喜夸詐而言 一變是更弊政 以易薄俗 全改換了"

○지어로(至於魯) : 노나라에 이르다. 是僅至於今廢墜之魯"

○노일변(魯一變) : 노(魯)나라가 한 번 쇠퇴한 정치를 일으켜서, 퇴폐해진 풍속을 바꾸어 진작시키다. "魯以今日重禮敎崇信義之魯言 一變是興衰政 以革頹風 特振起之而已"

○지어도(至於道) : 선왕(先王)의 진선진미(盡善盡美)한 도에 나아가다. 즉 요(堯)·순(舜)·우(禹)·탕(湯)·문(文)·무(武) 등의 이상적인 정치에 도달하는 것을 말함. "是卽可至先王盡善盡美之道"

孔子之時에 齊俗은 急功利하고 喜夸詐하니 乃霸政之餘習이라 魯則重禮敎하고 崇信義하여 猶有先王之遺風焉이로되 但人亡政息하여 不能無廢墜爾라 道는 則先王之道也라 言二國之政俗에 有美惡이라 故로 其變而之道에 有難易라

○程子曰 夫子之時에 齊强魯弱하니 孰不以爲齊勝魯也리오 然이나 魯猶存周公之法制하고 齊由桓公之霸하여 爲從簡尙功之治하여 太公之遺法이 變易盡矣라 故로 一變이라야 乃能至魯요 魯則修擧廢墜而已니 一變이면 則至於先王之道也라 愚謂 二國之俗은 惟夫子라야 爲能變之나 而不得試라 然이나 因其言以考之면 則其施爲에 緩急之序를 亦略可見矣리라

공자 당시에 제나라의 풍속은 공명과 이욕에 급급하고 허풍을 치고 기만을 좋아했으니 바로 무력으로 정치하고 남아 있던 풍습이다. 노나라는 예교를 중시하고 신의를 숭상하여 오히려 선왕의 유풍이 있었지만, 다만 어진 사람이 죽고 선정이 그쳐 능히 쇠퇴해지지 않을 수가 없었다. 도는 선왕의 도다. 두 나라의 정치하는 풍속에는 좋고 나쁜 것이 있었으므로 그것이 변하여 선왕의 도에 나아가는 데에 어렵고 쉬움이 있음을 말씀한 것이다.

○정자가 말했다. "부자 당시에 제나라는 강하고 노나라는 약했으니, 누구인들 제나라가 노나라보다 낫다고 생각하지 않았겠는가? 그러나 노나라는 오히려 주공의 법제가 남아 있었고, 제나라는 환공의 패도로 말미암아 간략함을 좇고 공을 숭상하는 정치를 하여 태공의 유법들이 모두 변하거나 바뀌게 되었다. 그러므로 한 번 변해야 곧 노나라에 이를 수 있고, 노나라는 황폐해지거나 쇠퇴한 것만을 손질하여 회복하면 될 뿐이니, 한 번 변하면 선왕의 도에 이를 수 있는 것이다." 내[朱子]가 생각하건대, 두 나라의 풍속은 오직 부자만이 변하게 할 수 있었는데 한 번 시험해 볼 수가 없었다. 그러나 그 말씀을 가지고 살펴본다면 그 시행함에 완급의 차례를 또한 대략 볼 수 있는 것이다.

○공리(功利) : 공명(功名)과 이욕(利慾).
○괴시(夸詐) : 허풍을 쳐 기만함. 「夸(과) : 자랑하다. 과장하다.
○지도(之道) : 도(道)에 나아가다.
○패정(覇政) : 무력·형벌·권세 등으로 통치하는 정치.
○예교(禮敎) : 예의에 대한 가르침.
○유풍(遺風) : 남긴 풍습. 옛날부터 내려오는 풍습.
○폐추(廢墜) : 황폐하고 쇠퇴함.
○패도(覇道) : 패자(覇者)의 도. 인의(仁義)를 멀리 하고, 무력·형벌·권세 등으로 통치하는 방법. ↔왕도(王道)
○변역(變易) : 변하여 바뀌거나 바꿈.
○수거(修擧) : 손질하여 회복함.
○시위(施爲) : 시행함. 실행함. 능력·수완 따위를 발휘함.

[備旨] 夫子欲以道로 更二國之化에 曰太公治齊하고 周公治魯하니 皆以先王之道로 治之로되 而今은 則非昔日之齊魯矣라 使齊로 能一變하여 易功利而爲禮敎하고 易夸詐而爲信義면 僅可至於今日之魯也라 使魯로 能一變하여 取其廢者修之하고 取其墜者擧之면 則可至於先王之道矣라 任其責者는 奈何其不變哉아

부자께서 도로써 두 나라의 문화를 고치고 싶어서 말씀하시기를, "태공은 제나라를 다스리고 주공은 노나라를 다스렸으니, 모두 선왕의 도로써 다스렸지만 지금은 옛날 제나라와 노나라가 아니다. 제나라로 하여금 능히 한 번 변하게 하여 공리를 바꾸고 예교를 행하고 허풍을 치거나 기만하는 것을 바꾸어서 신의를 행하도록 한다면, 아마 오늘날도 노나라에 이를 수 있게 될 것이다. 노나라로 하여금 능히 한 번 변하게 하여 그 폐하여 버린 것들을 취하여 손질하고 그 떨어져 버린 것들을 취하여 거행하도록 한다면, 가히 선왕의 도에 이를 수 있을 것이다. 그 책임을 맡은 사람은 어찌하여 변화시키지 못하는가?"라고 하셨다.

6·23·1 子曰 觚不觚면 觚哉아 觚哉아

공자께서 말씀하셨다. "고가 고답지 않다면, 고이겠는가? 고이겠는가?"

○고불고(觚不觚) : 고(觚)가 고답지 않다. '觚'는 옛날 의식 때 썼던 술잔으로 옛날에는 모서리가 있었으나 후세에는 없어지고 이름만 남았으므로, 옛 제도가 없어짐을 탄식한 말. 유명무실(有名無實)함의 비유. "上觚字指其器 下觚字指其制"
○고재고재(觚哉觚哉) : 고이겠는가? 고이겠는가? 그 실체를 잃어버린 것을 탄식하는 말. "重言以歎其失實意"

觚는 棱也니 或曰 酒器라하고 或曰 木簡이라하니 皆器之有棱者也라 不觚者는 蓋當時에 失其制而不爲棱也라 觚哉觚哉는 言不得爲觚也라
○程子曰 觚而失其形制면 則非觚也니 擧一器로되 而天下之物이 莫不皆然이라 故로 君而失其君之道면 則爲不君이요 臣而失其臣之職이면 則爲虛位니라 范氏曰 人而不仁이면 則非人이요 國而不治면 則不國矣니라

고(觚)는 모난 것이니, 어떤 사람들은 술그릇이라 하기도 하고 어떤 사람들은 목간이라고도 하는데 모두 그릇에 모가 있는 것이다. '고답지 않다.'고 한 것은 아마도 당시에

그 만드는 법을 잊어서 모서리지게 할 수 없었던 것이다. '고이겠는가? 고이겠는가?'라고 한 것은 고가 될 수 없음을 말씀한 것이다.

   ○정자가 말했다. "고가 그 모양을 잃어버리면 고가 아니니, 하나의 그릇을 들어 보였지만 천하의 물건이 모두 그렇지 않음이 없다는 것이다. 그러므로 임금으로서 임금의 도리를 잃어버리면 임금이 되지 못하고, 신하로서 신하의 직분을 잃어버리면 헛된 자리가 되는 것이다." 범 씨가 말했다. "사람이 어질지 않으면 사람이 아니요, 나라이지만 다스려지지 않으면 나라가 아닌 것이다."

○능(棱) : 모서리.
○목간(木簡) : 종이가 없던 옛날 나무를 깎아 글자를 쓰던 패.
○형제(形制) : 물건의 생긴 모양. 형상(形狀). 형제(形製).
○인이불인(人而不仁) : 사람이면서도 어질지 않다. '而'자는 원래 앞의 주어와 조화를 이루지 못하는 서술어를 연결시키는 접속사인데, 이치상 맞지 않거나 의외의 상황을 나타낼 적에 쓰인다. 우리말의 '도리어' '오히려' 등과 연관시켜 볼 수 있다. 뒤에 나오는 '國而不治'도 마찬가지임.

[備旨] 夫子寓傷時之意에 曰器之名이 爲觚者는 以其制之有棱也라 今觀是器에 已失其觚之制하여 而不爲觚矣하니 尚得謂之觚哉아 尚得謂之觚哉아 以觚而類觀之면 天下之失其實하고 而徒存其名者가 豈獨一觚也아 良可慨已로다

   부자께서 시대를 슬퍼하는 뜻을 우의적으로 나타낼 적에 말씀하시기를, "그릇의 이름이 고가 된 것은 그것을 만들 때에 모가 나도록 만들었기 때문이다. 지금 이 그릇을 볼 적에 이미 그 고를 만드는 법을 잃어버려서 모서리지게 할 수 없으니, 여전히 고라고 할 수 있겠는가? 여전히 고라고 할 수 있겠는가? 고로써 유추해서 이를 살펴본다면, 천하에 그 실체를 잃어버리고 한갓 그 이름만 남은 것이 어찌 다만 고뿐이겠는가? 진실로 개탄할 따름이로다!"라고 하셨다.

○우의(寓意) : 다른 사물에 붙이어 은연중에 어떤 뜻을 나타내거나 풍자함.
○유추(類推) : 유사한 점에 의하여 다른 사물을 미루어 추측함.

6・24・1 宰我가 問曰 仁者는 雖告之曰 井有仁(人)焉이면 其從之也잇가 子曰 何爲其然也리오 君子는 可逝也언정 不可陷也며

可欺也언정 不可罔也니라

재아가 물었다. "인자는 가령 예를 들어 누군가가 고해 주기를, '우물에 어떤 사람이 빠졌다.'고 말해 준다면 그가 우물로 좇아 들어가서 구해 주겠습니까?" 하니, 공자께서 말씀하시기를, "어찌 해서 그렇게 하겠는가? 군자는 가서 구하게 할 수는 있을지언정 우물에 빠지게 할 수는 없으며, 이치에 맞는 일로 속일 수는 있을지언정 이치에 맞지 않은 일로 속일 수는 없을 것이다."

○재아(宰我) : 공자보다 40세 전후의 연하자. 성은 재(宰), 이름은 여(予). 변설(辨說) 의 재능이 있었다. 그래서 《선진편(先進篇)》에 언어에 뛰어난 제자로는 재아(宰我)와 자공(子貢)을 꼽았다.
○인자(仁者) : 인자. 어진 사람. "是仁愛之人"
○수고지왈(雖告之曰) : 가령 누군가가 고해 준다면. 여기서 '雖'는 어떤 일이 존재함을 가설하여 내 세울 때 쓰는 말. "是不待親見意"
○정유인언(井有仁焉) : 우물에 사람이 빠지면. 여기서 '仁'자는 '人'자로 보고 해석함. "仁作人字看 言有人陷溺於井"
○기종지야(其從之也) : '우물로 좇아 들어가겠습니까?' 하고 묻는 말. ☞이 문장은 전통적으로 '其從之也로소이다'라고 현토하여 '따라 들어갈 것입니다.'라고 해석했는데, 이는 논어에 대한 구법을 명확하게 이해하지 못했기 때문이다. 만약 앞에 '宰我가 問曰' 이라는 말이 없다면 '其從之也로소이다'라는 현토가 맞을 것이다. 하지만 '宰我가 問曰' 이 있기에 '其從之也잇가'라고 현토하는 것이 옳을 것이다. 이러한 예는 본서 "2·23· 1 子張이 問 十世를 可知也잇가"에서도 확인할 수 있다. "是入井以救他"
○하위기연야(何爲其然也) : 무엇 때문에 그렇게 하겠는가? 무엇 때문에 사리 판단을 못할 정도로 어리석은가? "其然指從井救人言"
○군자가서야(君子可逝也) : 군자는 그로 하여금 우물까지 가게 할 수는 있다. 여기서 군자는 인자(仁者)를 말함. "君子卽仁者"
○불가함야(不可陷也) : 빠지도록 할 수는 없다. "此二句就救人一事言"
○가기야불가망야(可欺也不可罔也) : 이치에 맞는 일로 속일 수는 있지만 이치에 맞지 않는 일로 속일 수는 없다. 「맹자(孟子)」《만장상(萬章上)》에도 "君子는 可欺以其方 이어니와 難罔以非其道니"라는 비슷한 내용이 나온다. ☞망(罔) : 속이다. 사리에 어둡게 만들다. 현혹시키다. "此二句寬論其理"

劉聘君曰 有仁之仁은 當作人이라하니 今從之라 從은 謂隨之於井而救之也라 宰 我는 信道不篤하여 而憂爲仁之陷害라 故로 有此問이라 逝는 謂使之往救요 陷은

謂陷之於井이라 欺는 謂誑之以理之所有요 罔은 謂昧之以理之所無라 蓋身在井上이라야 乃可以救井中之人이니 若從之於井이면 則不復能救之矣라 此理甚明하여 人所易曉니 仁者가 雖切於救人하여 而不私其身이나 然이나 不應如此之愚也니라

유빙군이 말하기를, "'有仁'의 '仁'자는 마땅히 '人'자가 되어야 한다." 하였으니, 지금 그것을 따른다. 종(從)은 우물에 따라 들어가 구제함을 말한다. 재아는 도를 믿음이 독실하지 못하여 인을 행하다가 해로운 데 빠질까 근심했으므로 이런 물음이 있었던 것이다. 서(逝)는 그로 하여금 가서 구하게 함을 말하고, 함(陷)은 우물에 빠짐을 말한다. 기(欺)는 이치에 맞는 것으로써 속임을 말하고, 망(罔)은 이치에 맞지 않는 것으로써 속임을 말한다. 대개 몸이 우물가에 있어야 곧 우물 안에 빠진 사람을 구할 수 있는 것이니, 만일 우물로 따라 들어가 버린다면 다시는 구제할 수 없을 것이다. 이 이치는 아주 명쾌해서 사람이 깨닫기가 쉬우니, 인자가 비록 사람을 구제하는 데에만 절실하게 하여 자기 몸을 사사로이 할 수는 없겠지만, 응당 이와 같이 어리석지도 않을 것이다.

[備旨] 宰我問에 曰仁者는 以愛人爲心이어늘 雖有人告之에 曰井有人이 墜於其中焉이면 其從之於井하여 而救之歟잇가 夫子曰仁者는 卽欲求人이로되 何爲從井以求乎아 彼仁者는 卽君子也니 君子는 可使之逝而往救也언정 不可使入井以陷之也라 何者오 蓋其凡遇事變이면 可欺以理之所有也언정 不可罔以理之所無也라 惟其可欺故로 可逝요 惟其不可罔故로 不可陷耳라 是則爲仁未嘗有所害니 子何憂之深哉아

재아가 여쭐 적에 말하기를, "인자는 남을 사랑하는 것으로써 마음을 삼아야 하는 것인데, 가령 어떤 사람이 와서 고해주기를, '우물에 어떤 사람이 그 가운데에 빠졌다.'고 말해 준다면 그가 우물로 좇아 들어가서 구해 주겠습니까?"라고 하니, 부자께서 말씀하시기를, "인자는 즉시 사람을 구해주고 싶겠지만 어찌해서 우물에 따라 들어가서 구해 주겠는가? 인자는 곧 군자이니, 군자는 그로 하여금 나아가고 또 가서 구하게 할 수는 있을지언정 우물 속으로 뛰어 들어서 빠지도록 할 수는 없을 것이다. 왜 그런가? 대개 그런 일은 모두 일의 변화를 만나면 이치에 맞는 것으로써 속일 수 있을지언정 이치에 맞지 않는 것으로써 속이지는 못할 것이다. 그것이 속일 수 있기 때문에 가서 구할 수 있는 것이요, 그것이 속일 수 없기 때문에 빠지게 할 수 없는 것이다. 이렇다면 인을 행하다가 일찍이 해되는 적이 있지 않았다는 것이니, 자네는 어찌 근심을 심하게 하는가?"라고 하셨다.

○유(惟) : 인과 관계를 나타냄. '以'와 통함.

○사변(事變) : 세상일의 변화.

6·25·1 子曰 君子가 博學於文하고 約之以禮면 亦可以弗畔矣 夫인저

공자께서 말씀하셨다. "군자가 널리 글을 배우고 예로써 단속한다면, 또한 도에 어긋나지 않을 것이다."

○박학어문(博學於文) : 글을 널리 배우다. ☞문(文) : 도(道)가 시(詩)·서(書)·육례(六禮)에 나타나는 것. "博是廣博 道著於詩書六禮曰文"
○약지이례(約之以禮) : 요약(要約)하기를 예(禮)로써 하다. 예로써 단속함을 말함. 약례(約禮). '以禮約之'의 도치형. ☞약(約) : '다잡다'는 뜻으로 안정되지 못하여 어지러운 몸이나 마음을 다그쳐 바로잡는 모양을 나타내는 말. ☞예(禮) : 도(道)에 과불급(過不及)이 없어서 지킬 만한 것. "道之無過不及 而可守者曰禮"
○역가이불반의(亦可以弗畔矣夫) : 또한 도에서 어긋나지 않을 것이다. 거의 널리 글을 배우는 것과 예를 단속하는 것이 도를 지킬 것이라는 말. ☞반(畔) : 어긋나다. 배반하다. 위반하다[背也]. "亦可以是庶幾之辭 弗畔承上博約兼盡說"

約은 要也요 畔은 背也라 君子는 學欲其博이라 故로 於文에 無不考요 守欲其要라 故로 其動心以禮하니 如此면 則可以不背於道矣리라
○程子曰 博學於文이로되 而不約之以禮면 必至於汗漫이요 博學矣요 又能守禮하여 而由於規矩면 則亦可以不畔道矣리라

약(約)은 단속함이요, 반(畔)은 어긋남이다. 군자는 배움을 넓게 하고자 하므로 문에 대하여 고찰하지 않음이 없고, 지킴을 단속하고자 하므로 그 행동을 반드시 예로써 하는 것이니, 이와 같이 하면 도에 어긋나지 않을 것이다.
○정자가 말했다. "널리 문을 배우지만 예로 단속하지 않으면 반드시 등한히 하는 데까지 이르게 될 것이고, 널리 배울 뿐만 아니라 또 능히 예를 지켜 법도를 따르면 또한 도에 어긋나지 않을 것이다."

○한만(汗漫) : 되는 대로 내버려 두고 등한함. 아득히 넒. 끝없이 넓음. 「회남자(淮南子)」《도응(道應)》 "吾與汗漫 期于九垓之外"

○규구(規矩) : 행위의 표준. 사물의 준칙. 일상 생활에서 지켜야 할 법도. 상도(常道). ☞규(規) : 법. 규정. 걸음쇠. 원을 거리는 기구. 콤파스. ☞구(矩) : 법. 법도. 곱자. 곡척(曲尺). 방형(方形)을 그리는 데 쓰는 자.

[備旨] 夫子示人求道之功에 曰道散於文이로되 而會於禮者也라 君子는 則博其學於文하여 以一心으로 而究乎萬理之全하여 凡古今事變을 罔不稽也요 又學其所學者하여 而約之以大中至正之禮하여 凡視聽言動이 無非禮也라 夫博文이면 則見極其廣하여 而不流於虛요 約禮면 則動必以正하여 而不失於泛이니 雖未能與道로 爲一이나 亦可以弗畔於道矣리라 夫有志於道者는 博約之功을 其可不交致歟아

부자께서 사람에게 구도의 공을 보여줄 적에 말씀하시기를, "도는 문에 흩어지지만 예로 모인다. 군자는 문에 그 배움을 넓게 해서 한 마음으로써 만 가지 이치의 온전함을 구해서 무릇 고금의 일의 변화에 대해 상고하지 않음이 없어야 하고, 또 그 배운 바를 들어서 대중과 지정의 예로써 요약하여 무릇 보거나 듣거나 말하거나 움직이는 것이 예가 아님이 없어야 한다. 무릇 문을 넓게 하면 곧 그 넓음을 다해서 허탄한 곳에 흐르지 않을 것이고, 예를 단속하면 곧 움직임이 반드시 발라서 마음대로 하는 데에 빠지지 않음을 볼 수 있을 것이니, 비록 능히 도와 더불어 하나가 되지 못한다고 할지라도 또한 도에서 어긋나지 않게 될 것이다. 무릇 도에 뜻을 둔 사람은 박약의 공을 어떻게 서로 이루지 않을 수 있겠는가?"라고 하셨다.

○대중(大中) : 과불급(過不及)이 없이 지극히 중정(中正)한 도(道)를 이름.
○지정(至正) : 지극히 바른 도(道).
○범(泛) : 마음대로 함. 전혀 아랑곳하지 아니하다. 행동을 데면데면 지나쳐 함.
○박약(博約) : 박문약례(博文約禮)의 줄인 말. ☞박문약례(博文約禮) : 널리 학문을 닦고 예절을 잘 지킴.
○기가불교치여(其可不交致歟) : 서로 이루지 않을 수 있겠는가? 어떻게 서로 이루지 않을 수 있겠는가? '可'는 부사로서 반문을 나타내며, '어떻게' 또는 '설마 …일 리 있겠는가?'라고 해석함. 해석하지 않아도 무방함.

6·26·1 子見南子하신대 子路不說(열)이어늘 夫子矢之曰 予所否者인댄 天厭之시리라 天厭之시리라

　　공자께서 남자를 만나시자 자로가 기뻐하지 않았다. 공자께서 맹세하면서 말씀하셨
다. "내 맹세컨대, 예에 맞지 않거나 도를 말미암지 않는 것이 있다면 하늘이 나를 버
리실 것이로다! 하늘이 나를 버리실 것이로다!"

○자견남자(子見南子) : 공자께서 남자의 청을 들어 만나보다. ☞남자(南子) : 위(衛)나
라 영공(靈公)의 부인으로 음란하기로 악명이 높았다고 함. 이 책에 남자(南子)와 관련
된 이야기가 많이 나옴. "見是因請見 以見小君之禮見之"
○자로불열(子路不悅) : 자로가 기뻐하지 않다. 자로가 공자의 남자 만남을 욕되는 일
이라고 생각하여 기뻐하지 않음. "不悅者以其見爲辱耳 非恐其浼己意"
○부자시지(夫子矢之) : 부자께서 맹세하다. ☞시(矢) : 맹세하다. '矢'와 '誓'는 서로 소
리가 비슷하므로 맹세한다는 뜻으로 쓰였다. 「논어집주(論語集註)」 "朱子曰 矢誓聲相近
盤庚所謂矢言 亦憤激之言 而近於誓者也"
○여소부자(予所否者) : 맹세컨대, 나의 잘못한 점이 있다면. '所'자는 가정을 나타내는
접속사로서 '만일 …한다면'이라는 뜻으로 쓰였다. ☞부(否) : 부정하다. 거절하다. 독음
은 '부[方九反]'로 읽음. 옛날 맹세하는 말은 반드시 '所~者'라는 어법을 사용했다. '所否
者'는 이 책의 편자(編者)가 '所不□者'로 □ 안에 생략해 둔 것을, 후세에 잘못하여 '不
□'를 합쳐서 '否'로 만들었다는 설도 있다.
○천염지(天厭之) : 하늘이 나를 버린다는 말. '之'는 대명사로 쓰였는데 '我'의 뜻. "之
字當作我字看"

南子는 衛靈公之夫人이니 有淫行이라 孔子至衛에 南子請見한대 孔子辭謝라가 不
得已而見之라 蓋古者에 仕於其國이면 有見其小君之禮어늘 而子路가 以夫子見
此淫亂之人으로 爲辱이라 故로 不悅이라 矢는 誓也요 所는 誓辭也니 如云所不與
崔慶者之類라 否는 謂不合於禮하고 不由其道也라 厭은 棄絶也라 聖人道大德全
하여 無可不可하니 其見惡人에 固謂在我有可見之禮면 則彼之不善이 我何與焉이
리오 然이나 此豈子路所能測哉리오 故로 重言以誓之하시니 欲其姑信此하여 而深思
以得之也시니라

　　남자(南子)는 위나라 영공의 부인이니 음행이 있었다. 부자께서 위나라에 이르자, 남
자가 만나기를 요청하니 공자께서 사양하다가 마지못해서 만나신 것이다. 대개 옛날에
는 그 나라에 벼슬하면 소군을 뵙던 예가 있었다. 그러나 자로는 부자께서 이 음란한
사람을 만나보는 것을 치욕으로 여겼으므로 기뻐하지 않은 것이다. 시(矢)는 맹세하는
것이요 소(所)는 맹세할 때 쓰는 말이니, 예컨대 「좌전」에 '所不與崔慶者'라고 이른 것
과 같은 것이다. 부(否)는 예에 맞지 않고 도를 말미암지 않음을 이른 것이다. 염(厭)은

버리고 끊는 것이다. 성인은 도가 크고 덕이 온전하여 가능한 것도 없고 불가능한 것도 없으니, 악한 사람을 만나볼 적에 진실로 나에게 사람들이 볼 만한 예가 있다면, 저 사람의 선하지 않음이 나와 무슨 상관이 있다고 하겠는가? 그러나 이것을 어찌 자로가 능히 헤아릴 수 있었겠는가? 그러므로 거듭 말씀하여 맹세하셨으니, 그가 우선 이 말을 믿고서 깊이 생각하여 터득하게 하고자 하신 것이다.

○사사(辭謝) : 사절함. 사양하며 거절함.
○소군(小君) : 주(周)나라 때 제후(諸侯)의 아내. 인신하여 황후(皇后)의 통칭.
○소불여최경자(所不與崔慶者) : '맹세컨대, 최저(崔杼)와 경봉(慶封)하고는 함께하지 않겠다.'는 말. 「좌전(左傳)」《양공(襄公)》25년에 제(齊)나라 최저(崔杼)가 장공(莊公)을 죽이고 경공(景公)을 세워서 도왔다. 경봉(慶封)은 좌상(左相)이 되었다. 나라 사람들이 대궁(大宮)에 맹세하면서 말하기를, "맹세컨대, 최저(崔杼)와 경봉(慶封)하고는 함께하지 않겠다." 하니, 안자(晏子)가 하늘을 우러러보고 탄식하며 말하기를, "맹세컨대, 영(嬰)! 나는 오직 군주에게 충성을 바치고, 사직을 이롭게 하는 자와 같이 하지 않으면, 천벌을 빌으리라." 했다. 그리고는 맹세할 때 잡는 피를 마셨다. 참고로 필자가 생각해 볼 때, 안자(晏子)가 탄식한 말의 후미에 문장이 빠진 듯한데, 「좌전(左傳)」에서도 확인할 길이 없다. "左傳襄公二十五年 齊崔杼弑莊公 立景公而相之 慶封爲左相 盟國人於大宮曰 所不與崔慶者 晏子仰天嘆曰 嬰所不唯忠於君 利社稷者 是與有如上帝 乃歃"

[備旨] 夫子至衛하시니 南子請見이어늘 夫子不得已見之하신대 蓋率其見小君之禮也라 子路는 以夫子見此淫亂之人으로 爲辱하여 而有所不悅이어늘 夫子乃矢而誓之에 曰予之所行이 有不合於禮하고 不由其道者면 則獲罪於天하여 天其厭棄之시리라 天其厭棄之시리라하시니 蓋夫子之見惡人에 固有以自信者라 然이나 必重言以誓之하시니 欲子路深思而自得之也라

부자께서 위나라에 이르시니 남자가 뵙기를 청했는데, 부자께서 마지못해서 만나보셨으니 대개 그가 소군을 뵙던 예를 따랐던 것이다. 자로는 부자께서 이 음란한 사람을 만나보는 것을 욕되다고 생각해서 기뻐하지 않았는데, 부자께서 바로 맹세하고 또 맹세할 적에 이르시기를, "나의 소행이 예에 합당하지 않고 그 도를 말미암지 않은 것이 있다면 하늘로부터 죄를 얻어서, '하늘이 버리실 것이로다! 하늘이 버리실 것이로다!'"라고 하셨으니, 대개 부자께서 악인을 볼 적에 진실로 자신감이 있었기 때문이다. 그러나 반드시 거듭 말해서 맹세하셨으니, 자로에게 깊이 생각해서 자득하도록 하고 싶었던 것이다.

6·27·1 子曰 中庸之爲德也가 其至矣乎인저 民鮮이 久矣니라

공자께서 말씀하셨다. "중용의 덕 됨됨이가 아마도 지극하구나! 사람들이 이러한 덕을 소유한 사람이 없어진 지 오래 되었다."

○중용지위덕야(中庸之爲德也) : 중용이란 덕이 어떠하다고 설명하는 말. "中是恰好的爲其亘古不易故曰庸 德是人所同得之理"
○기지의호(其至矣乎) : 아마도 지극할 것이다. 아마 최상이고 지극할 것이라는 말. '其'는 '아마'의 뜻으로 추측을 나타내는 말. '矣乎'는 허사(虛詞)가 연용되어 '矣'는 '이미 그러한'의 뜻을 나타내고, '乎'는 의문이나 감탄의 뜻을 나타내는데 여기서는 감탄의 뜻을 나타냄. "至是無可加損意"
○민선구의(民鮮久矣) : 중용의 덕을 소유한 사람들이 없어진 지 오래 되었다. '鮮'은 '다하다' '없어지다'의 뜻. "民是知愚賢不肖之人 兼上下言"
○이 글은 「중용(中庸)」에 조금 다르게 기록되어 있다. "3·1 子曰 中庸은 其至矣乎인저 民鮮能이 久矣니라"

中者는 無過不及之名也라 庸은 平常也라 至는 極也요 鮮은 少也니 言民少此德이 今已久矣라
○程子曰 不偏之謂中이요 不易之謂庸이니 中者는 天下之正道요 庸者는 天下之定理라 自世敎衰로 民不興於行하여 少有此德이 久矣니라

중(中)은 지나치거나 미치지 못함이 없음을 이른다. 용(庸)은 평상이다. 지(至)는 지극한 것이요 선(鮮)은 적다는 것이니, 백성들이 이 덕을 소유한 이가 적어진 지 지금 이미 오래되었다는 말이다.
○정자가 말했다. "치우치지 않음을 중(中)이라 하고 변치 않음을 용(庸)이라 한다. 중(中)은 천하의 올바른 길이고, 용(庸)은 천하의 자명한 이치이다. 세상의 가르침이 쇠퇴함으로부터 사람들이 중용의 도를 행하는데 일어나지 않아, 이 덕을 소유한 사람이 적은 지 오래되었다."

[備旨] 夫子慨人失中庸之德에 曰天下之德은 過則失中이요 不及則未至라 惟中庸之爲德也는 無太過無不及이라 其德之至極하여 而無以復加矣乎인저 但世敎衰하고 民不興行하여 所知所行이 非失之太過면 則失之不及하니 鮮有此中庸之德이 久矣라 不亦深可慨哉아

부자께서 사람들이 중용의 덕을 잃어버린 것을 슬퍼하면서 말씀하시기를, "천하의

덕은 지나치면 중도를 잃어버리고 미치지 못하면 이르지 못한다. 오직 중용의 덕만이 너무 지나치거나 미치지 못함이 없다. 아마도 덕이 지극해서 다시 더할 것이 없구나! 다만 세상의 가르침이 쇠퇴하고 백성들이 착한 행실에 힘쓰지 않아서, 아는 것과 행하는 것이 잃어버려서 너무 지나치지 않으면 잃어버려서 미치지 못하니, 이 중용의 덕을 소유함이 없어진 지 오래되었다. 또한 심히 슬퍼해야 할 일이 아니겠는가?"라고 하셨다.

○흥행(興行) : 착한 행실을 힘써 닦아 행함. '行'은 거성(去聲)임.

6·28·1 子貢曰 如有博施於民하여 而能濟衆이면 何如하니잇고 可謂仁乎잇가 子曰 何事於仁이리오 必也聖乎인저 堯舜도 其猶病諸시니라

자공이 묻기를, "만일 백성에게 은혜를 널리 베풀어 많은 사람을 구제한다면 어떻겠습니까? 인을 행했다고 하겠습니까?" 하니, 공자께서 말씀하셨다. "어찌 인에만 일삼는다 하겠는가? 반드시 성인의 경지라야 가능할 것이다. 요순도 아마 오히려 걱정하셨을 것이다.

○여유박시어민이능제중(如有博施於民而能濟衆) : 만약 백성들에게 널리 인을 베풀어서 여러 사람을 구제한다면. ☞여(如) : 만약. 설약(設若)하는 말. ☞박시(博施) : 널리 그 은혜를 베풀다. ☞제중(濟衆) : 여러 사람들을 구제하다. ☞유(有) : 원문은 '如有博施於民而能濟衆者'인데 '者'가 생략된 형태다. '有~者'는 어떤 행위를 나타낼 때 쓰는 관용구. 본서 10·1·1과 10·4·3 참고. ☞참고로 '널리 사랑과 은혜를 베풀어 뭇 사람을 구제하다'라는 박시제중(博施濟衆)은 인(仁)이 도달하고자 하는 이상 세계라고 볼 수 있다. "如有設若之辭 博施是廣布其恩澤 濟衆是盡天下之人 皆被其恩澤 二句串看"
○하여(何如) : '어떻습니까?'라고 하면서 상태를 물음. '何如'는 보통 상태·성질·가부(可否) 등을 물을 적에 쓰이고, '如何'는 방법을 물을 적에 쓰임. "是問其人如何"
○가위인호(可謂仁乎) : 인(仁)을 다하지 못한 것을 의심하는 말. "是尚疑其未足盡仁"
○하사어인(何事於仁) : 어찌 인(仁)에만 일삼는가? 어찌 인(仁)에만 그치겠는가? 혹은 '어찌 인(仁)이라고만 하겠는가[何啻於仁]'의 뜻으로 풀이된다. '事'는 '至'가 되어야, 다음의 '必也'와 의미가 통한다고 보기도 한다. "照註作何止 方與必也吗應"
○필야성호(必也聖乎) : 틀림없이 성인의 덕이라야 할 것이다. '必也~乎'는 '반드시 …

일 것이다.'라는 뜻으로 확신하면서 추측을 나타내는 어법인데, '也'는 어기(語氣)를 강
조하기 위해 붙였으며, '乎'는 문장 끝에 쓰여 추측을 나타내는 어조사. "必是斷辭 聖兼
德位言"

○요순기유병저(堯舜其猶病諸) : 요임금과 순임금도 아마 이것을 오히려 부족하다고 느
끼다. ☞기(其) : '아마'의 뜻으로 추측을 나타내는 말. ☞저(諸) : '之乎'의 줄인 말. '之'
는 '博施於民而能濟衆'을 가리키며 '乎'는 앞의 '其'와 같이 '其~乎'의 구조로 쓰여 추측
하면서 감탄의 어기를 타나냄. 본서 14·45·1에 이와 똑 같은 말이 나옴. "病是心中
患其不能博濟也"

博은 **廣也**라 **仁**은 **以理言**이니 **通乎上下**요 **聖**은 **以地言**이니 **則造其極之名也**라 **乎
者**는 **疑而未定之辭**라 **病**은 **心有所不足也**라 **言此何止於仁**이리오 **必也聖人**이라야
能之乎인저는 **則雖堯舜之聖**이라도 **其心**에 **猶有所不足於此也**하니 **以是求仁**이라도
愈難而愈遠矣라

　박(博)은 넓음이다. 인(仁)은 이치로 말한 것이니 상하로 통하고, 성(聖)은 지위로 말
한 것이니 그 지극함에 나아간다는 것을 이름이다. 호(乎)란 의심스러워서 결정하지 못
하겠다는 말이다. 병(病)은 마음에 부족하게 여기는 바가 있는 것이다. 이것이 어찌 인
에만 그치겠는가? 반드시 성인이라야 능할 것이다 한 것은, 곧 비록 요순과 같은 성인
이라도 그 마음에 오히려 이에 부족한 바가 있었을 것이니, 이를 써서 인을 구하더라
도 더욱 어렵고 더욱 멀 것임을 말씀한 것이다.

[備旨] 子貢有志於仁이로되 而未知其方하여 乃問於夫子에 曰如有博施恩澤於民하여 而
能盡濟斯民之衆이 若此者면 何如잇고 可謂之仁矣乎잇가 夫子曰博施濟衆은 此何止於仁
이리오 必也有聖人之德하고 又有天子之位하여 行仁到極處而後에 可以當此乎인저 聖如
堯舜도 亦尙以此爲病이온 況非堯舜者乎아 子以是求仁이면 豈不難且遠哉리오

　자공이 인에 뜻을 두었지만, 아직까지 그 방법을 알지 못해서 바로 부자에게 물을
적에 말하기를, "만약에 은택을 백성들에게 널리 베풀어서 능히 이 많은 백성들을 다
구제함이 이와 같다면 어떻다고 하겠습니까? 인을 행한다고 이를 만합니까?"라고 하
니, 부자께서 말씀하시기를, "널리 은혜를 베풀고 여러 사람을 구제한다고 하는 것은
이것이 어찌 인에만 그치겠는가? 반드시 성인의 덕을 갖고 또 천자의 지위를 가져서
인을 행해 지극한 곳에 이르고 난 뒤에 이를 당할 수 있을 것이다. 성인인 요순과 같
은 사람도 또한 오히려 이를 병으로 여겼는데, 하물며 요순이 아닌 사람임에랴? 자네
가 이로써 인을 구한다면 어찌 어렵고 멀지 않겠는가?

○약차자(若此者) : '若此'는 대명사로서 '如此'와 같다. '此'는 윗 문장에 나타난 내용을 대신하고 '若'은 '…처럼'의 뜻이다. 다시 말하면 '此'는 '博施恩澤於民 而能盡濟斯民之衆'을 가리키고, '者'는 '有~者'의 '者'에 해당한다.

6·28·2 夫仁者는 己欲立而立人하며 己欲達而達人이니라

인자는 자기가 서고 싶으면 남을 세워 주며, 자기가 이르고 싶으면 남을 이르게 한다.

○부인자(夫仁者) : 무릇 인자란. 여기서는 '인자의 마음'을 말함. '夫'는 발어사(發語詞). 여기서 '仁'은 인자의 마음을 일컬음. "是以仁者之心言"
○기욕립이입인(己欲立而立人) : 자기가 서고 싶으면 다른 사람도 서도록 하고 싶다. "欲是心要如此 立是植立 立人是培植扶持 使人亦同我之立"
○기욕달이달인(己欲達而達人) : 자기가 도달하고 싶으면 다른 사람도 도달하도록 하고 싶다. '達'은 '이르다·통달하다·통하다'라는 의미. "達是通達 達人是引誘訓導 使人亦同我之達"
○공자께서 평생토록 실천하고자 한 것이 인도(仁道)였다. '仁'은 '忠恕'와 같은 의미를 지녔는데, 忠恕는 '推己及人'의 정신과 언제나 통하고 있다. 그러므로 인도를 실천하는 방법이 소극적으로는 '己所不欲을 勿施於人'과 적극적으로는 '己欲立而立人하며 己欲達而達人'을 들 수 있다. 공자가 추구한 인도(仁道)의 이상 세계가 박시제중(博施濟衆)인데 '己欲立而立人하며 己欲達而達人'이라야 여기에 도달할 수 있다는 말일 것이다.

以己及人은 仁者之心也니 於此觀之면 可以見天理之周流하여 而無間矣라 狀仁之體가 莫切於此라

자기를 헤아려서 남에게 미치는 것은 인자의 마음이니, 여기에서 살펴 본다면 천리가 두루 흘러서 끊어짐이 없음을 볼 수 있다. 인의 모습을 나타낸 것이 이보다 절실한 것이 없다.

[備旨] 試求之仁者之心이면 而仁之體를 可識矣라 夫仁者之心은 己欲立矣면 而立人之念이 卽與之俱存하고 己欲達矣면 而達人之念이 卽與之俱興하나니 雖未必盡人立達이나 而吾心之天理는 固已周流無間하니 此仁者之體也라

시험적으로 인자의 마음을 구해 본다면 인의 모습을 알 수 있다. 무릇 인자의 마음
은 자기가 서고 싶으면 다른 사람을 세우려는 마음이 곧 그와 더불어 함께 있고, 자기
가 이르고 싶으면 다른 사람을 이르게 하려는 마음이 곧 그와 더불어 함께 일어나니,
비록 반드시 사람들에게 세워 주거나 이루어지게 하는 일을 다하지 못할지라도 내 마
음속에 있는 천리는 진실로 이미 두루 흘러서 끊어짐이 없을 것이니, 이것이 인자의
모습이다.

6·28·3 能近取譬면 可謂仁之方也已니라

능히 가까운 데서 취해서 사람들에게 비겨 본다면, 인을 행하는 방법이라고 말할 수
있을 따름이다.”

○능근취비(能近取譬) : 능히 가까운 데서 취해서 비겨 보다. 인을 구하는 방법을 ‘博施
濟衆’과 같이 고원한 데가 아니라 ‘己欲立而立人하며 己欲達而達人’과 같은 가까운 데서
취해서 사람들에게 비겨 볼 것 같으면. “近指己身對 博施濟衆之高遠言”
○가위인지방야이(可謂仁之方也已) : 인을 행하는 방법이라고 이를 수 있을 따름이다.
즉 인의 경지에 이르는 방법이다. ☞방(方) : 방법. 인을 구하는 방법. ☞야이(也已) :
…이다. …하구나. 허사(虛詞)가 연용되어 ‘也’는 단정을 나타내고 ‘已’는 일의 상태를
나타냄. 주로 단정의 뜻을 나타냄. 여기서는 반드시 고원한 데서 뜻을 구하지 않아도
된다는 말. “方是求仁方法 也已二字見不必過求高遠意”

譬는 喩也요 方은 術也라 近取諸身하여 以己所欲으로 譬之他人이면 知其所欲도
亦猶是也니 然後에 推其所欲하여 以及於人이면 則恕之事요 而仁之術也라 於此에
勉焉이면 則有以勝其人欲之私하여 而全其天理之公矣리라
○程子曰 醫書에 以手足痿痺로 爲不仁이라하니 此言이 最善名狀이라 仁者는 以
天地萬物爲一體하니 莫非己也라 認得爲己면 何所不至리오 若不屬己면 自與己
不相干이니 如手足之不仁이면 氣已不貫하여 皆不屬己라 故로 博施濟衆은 乃聖
人之功用이니라 仁은 至難言이라 故로 止曰己欲立而立人하고 己欲達而達人이니
能近取譬면 可謂仁之方也已라하시니 欲令如是觀仁하여 可以得仁之體니라 又曰
論語에 言堯舜도 其猶病諸者二니 夫博施者가 豈非聖人之所欲이리오 然이나 必五
十이라야 乃衣帛하고 七十이라야 乃食肉하니 聖人之心에 非不欲少者도 亦衣帛食肉
也언마는 顧其養有所不贍爾니 此病其施之不博也라 濟衆者가 豈非聖人之所欲이

리오 **然**이나 **治不過九州**하니 **聖人**이 **非不欲四海之外**도 **亦兼濟也**언마는 **顧其治有所不及爾**이니 **此**는 **病其濟之不衆也**라 **推此以求**하여 **修己以安百姓**이면 **則爲病可知**니 **苟以吾治已足**이면 **則便不是聖人**이니라 **呂氏曰** **子貢有志於仁**이나 **徒事高遠**하여 **未知其方**일새 **孔子敎以於己取之**면 **庶近而可入**이라하시니 **是**는 **乃爲仁之方**이니 **雖博施濟衆**이라도 **亦由此進**이니라

비(譬)는 비유하는 것이고 방(方)은 방법이다. 가깝게 자신에게서 취하여 자기가 하고 싶은 것으로 타인에게 비겨보면 그가 하고 싶은 것도 또한 이와 같음을 알 것이니, 그런 뒤에 그 하고자 하는 바를 미루어서 남에게 미치면 서의 일이요 인을 행하는 방법이다. 여기에 힘쓴다면 인욕의 사사로움을 이겨내어 천리의 공평함을 온전히 할 수 있을 것이다.

○정자가 말했다. "의서에 손발이 마비된 것을 '不仁'이라 하니, 이 말이 인을 가장 잘 형용했다고 이를 수 있을 것이다. 인자는 천지와 만물을 한 몸으로 여기니 자기 몸이 아닌 것이 없다. 자기 몸이라고 인식한다면 어느 곳인들 이르지 못하겠는가? 만약 자신에게 소속되지 않으면 자연히 자기와는 서로 상관됨이 없을 것이니, 마치 손발이 마비되면 기가 이미 통하지 않아서 모두 자신에게 소속되지 못하는 것과 같다. 그러므로 널리 은혜를 베풀고 여러 사람을 구제하는 것은 바로 성인의 공적인 용무다. 인은 지극히 말하기 어려우므로 근근히 말씀하시기를, '자신이 서고 싶으면 남을 세우며 자신이 통달하고 싶으면 남을 통달하게 하니, 능히 가까운 데에서 비유를 취해 본다면, 인을 이룩하는 방법이라고 말할 수 있을 따름이다.' 했을 뿐이니, 이와 같이 인을 관찰하게 하여 인의 모습을 터득하게 하고자 한 것이다." 또 말씀하셨다. "「논어」에 '요순도 오히려 그것을 병으로 여겼다.'고 말씀한 것이 두 곳이니, 널리 은혜를 베푸는 것이 어찌 성인께서 하고자 하는 바가 아니겠는가? 그러나 반드시 50세가 되어야 비단 옷을 입을 수 있고 70세가 되어야 고기를 먹을 수 있었으니, 성인의 마음에 젊은 사람도 역시 비단 옷을 입히고 고기를 먹이게 하고 싶지 않은 것은 아니었지만, 다만 그 봉양함에 부족한 바가 있기 때문이니 이는 그 은혜를 베풂이 넓지 못함을 부족하게 여기신 것이다. 많은 사람을 구제하는 것이 어찌 성인께서 하고자 하는 바가 아니겠는가? 그러나 다스림이 구주를 지나치지 못하였으니, 성인께서 사해 밖에까지도 함께 구제하고 싶지 않은 것은 아니지만, 다만 그 다스림에 미치지 못하는 바가 있었기 때문이니, 이는 그 구제함이 많지 못함을 부족하게 여기신 것이다. 이것을 미루어서 몸을 닦아 백성을 편안하게 하는 것을 구해 보면, 성인이 부족하게 여긴 것을 알만 하니, 만일 내가 다스리는 것이 이미 충분하다고 생각한다면 곧 성인이 아닐 것이다." 여 씨가 말했다. "자공은 인에 뜻을 두었으나, 한갓 높고 원대한 것을 일삼아서 그 방법을 알지 못하였기 때문에, 공자께서 '자기 자신에게서 취한다면 거의 가까워서 인에 들어갈 수

있음'을 가르친 것이니, 이것은 바로 인을 행하는 방법이니, 비록 널리 은혜를 베풀고 여러 사람을 구제하는 것이라도 또한 이로부터 나아가는 것이다."

○위비(痿痺) : 몸이 마비됨.
○구주(九州) : 고대에 중국의 땅을 아홉으로 나눈 명칭. 중국의 전토. 천하(天下). 구위 (九圍). 요(堯)·순(舜)·우(禹)임금 때에는 기(冀)·연(兗)·청(靑)·서(徐)·양(揚)·형 (荊)·예(豫)·양(梁)·옹(雍)으로 나누었고, 은(殷)나라 때에는 기(冀)·연(兗)·서(徐)·양(揚)·형(荊)·예(豫)·옹(雍)·유(幽)·영(營)으로 나누었고, 주(周)나라 때에는 기(冀)·연(兗)·청(靑)·양(揚)·형(荊)·예(豫)·양(梁)·옹(雍)·유(幽)·병(幷)으로 나누었음.
○사해(四海) : 천하 각국. 전국 각처. 사우(四宇).
○간(干) : 범하다. 관여하다.
○지왈(止曰) : '겨우 …뿐이다.'라고 말하다. '근근히 …뿐이다.'라고 말하다.
○박시제중(博施濟衆) : 널리 사랑과 은혜를 베풀어 뭇 사람을 구제함.

[備旨] 若夫求仁者를 但能近取吾欲立欲達之心하여 以譬之於人이면 知其所欲立欲達者 는 猶夫己也라 然後推此心하여 以立之達之면 則人欲之私는 由此而勝하고 天理之公은 由此而全이니 此는 雖未卽謂之仁이라도 亦可謂爲仁之方也已라 何必以博濟爲哉아

인을 구하는 방법을 다만 자기가 서고 싶거나 통달하고 싶은 마음과 같은 가까운 데 서 취해서 사람들에게 비겨볼 것 같으면, 그 사람의 서고 싶고 통달하고 싶은 것은 자 기와 똑같다는 것을 알 수 있을 것이다. 그런 뒤에 이 마음을 미루어서 세워 주고 통 달시키면, 인욕의 사사로움은 이로 말미암아서 이길 것이고 천리의 공평함은 이로 말 미암아서 온전해질 것이니, 이는 비록 아직 인이라고 이르는 데는 나아가지 못했더라 도 또한 가히 인을 행하는 방법이라고 이를 수 있을 따름이다. 하필이면 널리 은혜를 베풀고 여러 사람을 구제하는 것으로써 하려고 하겠는가?"라고 하셨다.

○약부(若夫) : '夫'와 뜻이 같으므로 꼭 해석할 필요는 없음. 구의 맨 앞에 쓰이고, 이 론을 제기할 때 쓰임.

제 7편　述 而

此篇은 多記聖人謙己誨人之辭와 及其容貌行事之實하니 凡三十七章이라

이 편은 성인이 자신을 겸손히 하여 남을 가르치신 말씀과 그 용모와 일을 행하는 실제를 기록한 것이 많으니, 모두 37장이다.

7·1·1　子曰 述而不作하며 信而好古를 竊比於我老彭하노라

공자께서 말씀하셨다. "고인들의 가르침을 전술하기만 하고 창작하지는 않으며, 옛날의 도를 믿고서 옛날의 도를 좋아했던 점을 마음속으로 가만히 우리 노팽과 견주어 본다."

○술이부작(述而不作) : 옛날 사람의 가르침을 전술하고 창작하지 않다. 일반적으로 '述'은 예악(禮樂)을 전하는 것이요, '作'은 예악을 창작하는 것이다. "述指刪述六經說" ☞참고로 공자는 덕은 있었으나 천자(天子)의 지위가 없었기에, 「중용(中庸)」에 나타난 다음 두 문장을 살펴보면, 공자의 사상을 이해할 수 있다. "30·1 仲尼는 祖述堯舜하시고 憲章文武하시어 上律天時하시고 下襲水土하시니라" "28·4 雖有其位나 苟無其德이면 不敢作禮樂焉이며 雖有其德이나 苟無其位면 亦不敢作禮樂焉이니라"
○신이호고(信而好古) : 옛날의 도를 믿고서 옛날의 도를 좋아함. "古卽六經未刪述者 信是信其言之不誣 好是樂慕意"
○절비어아노팽(竊比於我老彭) : 가만히 우리 노팽과 견주어 보다. 노팽과 견주어 본다는 말은 노팽을 본받는다는 뜻. ☞절(竊) : '가만히' '몰래'라는 뜻으로 겸손을 나타내는 부사. ☞아(我) : 우리. '我邦'이나 '我朝'와 같이 친근하게 이르는 말. ☞노팽(老彭) : 주자(朱子)는 상(商)나라의 현대부(賢大夫)로 보았지만, 정현(鄭玄)은 노담(老聃)과 팽조(彭祖) 두 사람을 합친 것이라 보았다. 혹자는 '竊比於我老彭'을 '竊比我於老彭'이 도치된 문장으로 보기도 함. "竊比是私效意"

述은 傳舊而已요 作은 則創始也라 故로 作은 非聖人이면 不能이로되 而述은 則賢者라도 可及이라 竊比는 尊之之辭요 我는 親之之辭라 老彭은 商賢大夫로 見(현)大戴禮하니 蓋信古而傳述者也라 孔子刪詩書하고 定禮樂하며 贊周易하고 修春秋하사

皆傳先王之舊요 而未嘗有所作也라 故로 其自言如此하시니 蓋不惟不敢當作者之聖이요 而亦不敢顯然自附於古之賢人하시니 蓋其德愈盛而心愈下하여 不自知其辭之謙也라 然이나 當是時하여 作者略備어늘 夫子蓋集群聖之大成하여 而折衷之하시니 其事雖述이나 而功은 則倍於作矣니 此又不可不知也니라

　　술(述)은 옛것을 전술할 따름이요 작(作)은 창작하는 것이므로, 작(作)은 성인이 아니면 불가능하지만 술(述)은 현자라도 미칠 수 있는 것이다. 절비(竊比)는 그를 높이는 말이요, 아(我)는 그를 친근하게 여기는 말이다. 노팽은 상나라의 현대부로서「대대례」에 보이는데, 대개 옛것을 신뢰하여 전술한 사람이었다. 공자는「시서」에 필요없는 글자나 글귀를 지워버리고 예악을 정리했으며,「주역」을 짓고「춘추」를 편수하여 모두 선왕의 옛것을 전술했고 일찍이 창작한 것은 있지 않으므로 스스로 말씀하시기를 이와 같이 하시니, 감히 창작할 수 있는 성인이라 안 했을 뿐만 아니라 또 감히 분명히 옛 현인에게도 자신이 가깝다고도 안 하셨으니, 대개 그 덕이 더욱 성해질수록 마음은 더욱 겸손해져서 자신도 그 말씀이 겸손하다는 것을 알지 못하신 것이다. 그러나 이때를 당해서 창작이라는 것이 대략 갖추어졌으니, 부자께서는 여러 성인이 대성한 것을 모아서 절충하셨으니, 그 일이 비록 전술한 것이지만 그 공은 창작보다 배나 되니, 이것 또한 알지 않으면 안 될 것이다.

○대대례(大戴禮) : 한(漢)의 대덕(戴德)이 제가(諸家)의 예서(禮書) 200여편을 줄여서 85편으로 엮은 것. 지금은 39편만 남았음. 대대기(大戴記). 대대례기(大戴禮記).
○산(刪) : 삭제하다. 옛날에는 대쪽에 글씨를 써서 책(冊)을 엮을 때 불필요한 부분을 칼[刂]로 깎은 데서 '깎다'는 뜻이 유래됨. 산삭(刪削). ☞산삭(刪削) : 필요없는 글자나 글귀를 지워버림. 산제(刪除).
○편수(編修) : 여러 가지 자료를 모아 책을 지어냄.
○예악(禮樂) : 예법(禮法)과 음악.
○현연(顯然) : 분명한 모양. 뚜렷한 모양. 현저(顯著).

[備旨] 夫子自敍其立言之實에 曰作者之謂는 聖未易能也라 我惟傳述先王之舊하고 而不敢任己意以創作은 亦惟以古人所作에 其理備矣라 我則深信其言之不誣하여 而篤好於古하고 自見其當述하여 而無待於作也라 然이나 此豈起於丘哉아 彼商之賢大夫老彭은 蓋信古而傳述者也어늘 吾企慕前修하여 亦竊比於我老彭而已라

　　부자께서 그 말을 세울 적에는 진실해야 함을 스스로 나타낼 적에 말씀하시기를, "창작이라고 이르는 것은 성인도 잘하기가 쉽지 않다. 나는 오직 선왕들의 오래된 것

들만 전술하고 감히 자기의 뜻을 마음대로 해서 창작하지 않았던 것은 또한 옛날 사람들이 지은 것에 그 이치가 갖추어져 있었기 때문이다. 나는 그 말이 속임이 없다는 것을 깊이 믿어서 독실히 옛것을 좋아했고, 스스로 당연히 전술해야 한다는 것을 알아서 창작에 기대를 걸지 않았다. 그러나 이것이 어찌 나로부터 시작되었겠는가? 저 상나라의 현대부 노팽은 대개 옛것을 신뢰하여 전술한 사람이었는데, 나는 전대의 덕 있는 현자들을 우러러 사모하여 또한 가만히 우리 노팽과 견주어 볼 따름이다."라고 하셨다.

○입언(立言) : 후세에 경계가 될 만한 훌륭한 말. 옛날에는 입언(立言)·입덕(立德)·입신(立身)의 세 가지를 강조했음.
○구(丘) : 공자 자신을 말함.
○전수(前修) : 전대(前代)의 유덕한 현자(賢者). 선철(先哲). 선현(先賢). 전현(前賢).
○기모(企慕) : 우러러 사모함. 앙모(仰慕). 앙사(仰思). 경모(景慕).

7·2·1 子曰 默而識(지)之하며 學而不厭하며 誨人不倦이 何有於我哉오

공자께서 말씀하셨다. "터득한 도가 있으면 말하지 않으면서도 기억하며, 터득하지 못한 것이 있으면 배우면서도 싫어하지 않으며, 터득하지 못한 것이 있으면 사람을 깨우쳐 주면서도 게을리 하지 않은 것이 어느 것인들 나에게 있는가?"

○묵이지지(默而識之) : 터득한 도를 말없이 마음속으로 기억하다. 체도(體道)에 관한 내용. '識'는 거성(去聲)으로 쓰여 '기억하다'라는 뜻이다. 독음을 '지' 또는 '식'이라고 읽을 수 있는데, 일반적으로 '지'라고 읽는다[識音志 又如字]. ☞묵지(默識) : ①마음속에 기억함. ②남이 말하는 진의를 곧 알아차림. 이 글에서는 ①의 뜻. "默識是心與理契 深造自得之候之指理言"
○학이불염(學而不厭) : 배우면서도 싫증을 내지 않다. 조도(造道)에 관한 내용. "學是以此理體於己 不厭是無厭斁意"
○회인불권(誨人不倦) : 사람을 가르칠 적에 게을리 하지 않다. 전도(傳道)에 관한 내용. "誨是以此理公於人 不倦是無倦怠意"
○하유어아재(何有於我哉) : 나에게 무엇이 갖추어져 있는가? 세 가지 중에 공자 자신에게는 하나도 없다는 말. 이 표현은 겸손한 표현으로서 본서 9·15·1에서도 나오는데 '何有於我'는 '於我何有'의 도치구임. "言三事無一有於我"

識(지)는 **記也**니 **默識**는 **謂不言而存諸心也**라 **一說**에 **識**(식)은 **知也**니 **不言而心解也**라하나 **前說近是**라 **何有於我**는 **言何者**가 **能有於我也**라 **三者**는 **已非聖人之極至**로되 **而猶不敢當**이면 **則謙而又謙之辭也**라

지(識)는 기억하는 것이니, 묵지(默識)는 말하지 않고 마음에 간직함을 이른다. 일설에 식(識)은 깨달아 안다는 것이니 말해주지 않더라도 마음에 이해되는 것이라 하나, 앞의 말이 옳을 것이다. '何有於我'는 '어느 것이 나에게 있을 수 있겠는가?' 라는 말이다. 세 가지는 이미 성인으로서 지극한 것이 아니지만 오히려 감히 당할 수 없다면, 겸손하고 또 겸손한 말씀이다.

[備旨] 夫子謙己意에 曰人之體道는 存乎識(지)어늘 而識以言者는 非心得也니 茲惟默而不言이로되 而此理之潛會者는 得於心而自不忘焉하며 造道는 存乎學이어늘 而繼以厭者는 非善學也니 茲則深信義理無窮이로되 而自始至終히 無一毫厭斁之心焉하며 傳道는 存乎誨어늘 而繼以倦者는 非善誨也니 茲則眞知物我無間이로되 而開導引掖에 無一毫倦怠之心焉이라 此三者는 皆君子體道之事也나 然이나 反而觀之면 而何能有於我哉리오 我亦惟黽勉以求至而己라

부자께서 자기를 겸손히 여기는 뜻에서 말씀하시기를, "사람이 도를 체득하는 것은 기억하는 데 있는데 기억해서 말하는 사람은 마음속으로 이해한 것이 아니니, 오직 침묵하면서 말하지 않더라도 이 이치를 마음속으로 깨달은 사람은 마음속에 얻어진 것을 자신이 잊지 말아야 할 것이며, 도에 나아가는 것은 배우는 데 있는데 계속하기를 싫어하는 사람은 잘 배운 사람이 아니니, 의리의 무궁함을 깊이 믿더라도 처음부터 끝까지 조금이라도 싫어하는 마음이 없어야 할 것이며, 도를 전하는 것은 깨우쳐주는 데 있는데 계속하기를 게을리 하는 사람은 잘 깨우쳐 주는 사람이 아니니, 정말로 물아가 끊어짐이 없음을 알더라도 계발하여 인도해주거나 끌어주고 부축해 줄 적에 조금이라도 게으른 마음이 없어야 할 것이다. 이 세 가지는 모두 군자가 몸소 도를 실천하는 일이지만, 그러나 반추해 살펴본다면 어느 것인들 나에게 있는가? 나 또한 오직 있는 힘을 다해 지극하기만 구할 따름이다."라고 하셨다.

○체도(體道) : 몸으로 도를 체득함. 몸소 도를 실천함.
○심득(心得) : 마음속으로 이해함.
○자(茲) : 곧. …하자마자. 그래서. 접속사로서 윗 문장을 이어받음.
○염역(厭斁) : 싫어하고 싫어함.
○개도(開導) : 열어서 인도함. 계발하여 인도함.

○인액(引掖) : 끌어주고 부축해 줌.
○민면(黽勉) : 있는 힘을 다함.

7·3·1 子曰 德之不修하고 學之不講하며 聞義不能徙하고 不善不能改가 是吾憂也니라

공자께서 말씀하셨다. "덕을 닦지 않고 학문을 강구하지 않으며, 의를 듣고 옮겨가지 않고, 불선을 능히 고치지 않는 것이 바로 나의 걱정이다."

○덕지불수(德之不修) : 덕을 닦지 않다. 여기서 '德'은 인의예지(仁義禮智)를 말함. "德者仁義禮智是也 修是去欲存理以全其德"
○학지불강(學之不講) : 학문을 토구(討究)하지 않다. 즉 학문을 밝히지 않는다는 말. 여기서 '學'은 시서육예(詩書六藝)를 말함. "學者詩書六藝是也 講是講明其理"
○문의불능사(聞義不能徙) : 의에 대해서 듣고 실행하지 않다. '義'는 마땅히 해야 할 일. "義者事之宜作善字看 徙是遷徙"
○불선불능개(不善不能改) : 불선을 고치지 않다. '不善'은 잘못. 과실. 과악(過惡). 과오(過誤). "不善是過惡 改是更改"
○시오우야(是吾憂也) : 이런 것들이 공자 자신의 근심이라는 말. "是指上四事說 憂在四不字上見"

尹氏曰 德은 必修而後成하고 學은 必講而後明하며 見善能徙하고 改過不吝이니 此四者는 日新之要也라 苟未能之면 聖人猶憂은 況學者乎아

윤 씨가 말했다. "덕은 반드시 닦은 뒤에야 이루어지고 학문은 반드시 강구한 뒤에야 밝아지며 선을 보면 능히 옮기고 허물을 고침에 인색하지 말아야 할 것이니, 이 네 가지 일은 날마다 새롭게 하는 일의 요체다. 만일 이를 능히 않는다면 성인도 근심하였는데, 하물며 배우는 자임에라?"

[備旨] 夫子論日新之要에 曰德은 必修而後成也어늘 德之在我者를 不克治以修之하고 學은 必講而後明也어늘 學之在我者를 不討論以講之하며 善은 吾所當遷也어늘 若聞義이라도 不能舍己以徙之하고 過는 吾所當改也어늘 若不善이라도 不能亟反以改之라 是將無以日進於高明이요 吾之所深憂也니 日新之功을 信不敢不勉矣라

부자께서 날마다 새롭게 하는 일의 요체를 논할 적에 말씀하시기를, "덕은 반드시 닦여진 뒤에 이루어지는 것인데 덕이 나에게 있는 것을 능히 다스려서 닦지 않고, 학문은 반드시 강론한 뒤에야 밝아지는 것인데 학문이 나에게 있는 것을 토론해서 강구하지 않으며, 선은 내가 마땅히 옮겨가야 할 것인데 만약 의에 대해 듣더라도 능히 자기를 버리고 옮겨가지 않고, 허물은 내가 마땅히 고쳐야 할 것인데 만약 불선하더라도 능히 빨리 돌이켜 고치지 않는 것이다. 이것이 날마다 고명한 곳으로 나아갈 수 없는 이유이고, 이러한 것들을 내가 깊이 걱정하는 것이니, 날마다 새로워지는 공을 진실로 감히 힘쓰지 않을 수 없을 것이다."라고 하셨다.

○극(亟) : 빠르다. 서둘러 하다. 절박하다.
○고명(高明) : 지혜나 기예(技藝)가 월등히 높음.

7·4·1 子之燕居에 申申如也하시며 夭夭如也러시다

공자께서 한가로이 계실 적에는 그 마음이 온화하시며, 그 얼굴빛은 기쁨이 가득하셨다.

○자지연거(子之燕居) : 선생님께서 한가하게 지내다. '燕居'는 공무를 보지 않고 한가로이 지냄을 말함. 안거(安居). 한거(閒居). 연거(宴居). "非事上接下承祭見賓之時"
○신신여야(申申如也) : 온화하고 여유 있는 모양. ☞여(如) : '然'의 뜻으로 '…한 모양'을 나타냄. ☞야(也) : 어떤 상태를 판단할 때 쓰이는 어조사. "申有展布意 有身體上說得"
○요요여야(夭夭如也) : 얼굴에 화색이 도는 모양. "夭有和悅意 有顏面上說得"

燕居는 閒暇無事之時라 楊氏曰 申申은 其容舒也요 夭夭는 其色愉也라
○程子曰 此는 弟子가 善形容聖人處也라 爲申申字로 說不盡이라 故로 更著(착)
夭夭字라 今人은 燕居之時에 不怠惰放肆면 必太嚴厲하니 嚴厲時에 著(저)此四字
不得이요 怠惰放肆時에 亦著此四字不得이니 惟聖人이라야 便自有中和之氣니라

연거(燕居)는 한가하여 일이 없는 때다. 양 씨가 말했다. "신신(申申)은 그 용모가 펴진 것이요, 요요(夭夭)는 그 얼굴빛이 기뻐하는 모양이다."
○정자가 말했다. "이것은 제자가 성인을 잘 형용한 부분이다. 신신(申申)이라는 글

자만으로는 다 설명할 수 없으므로, 다시 요요(夭夭)라는 글자를 붙여놓은 것이다. 지금 사람들은 한가로이 지낼 때에는 게을러빠지고 제멋대로 하지 않으면 반드시 너무 엄격하게 하니, 지나치게 엄할 때에는 '申申夭夭'라는 이 네 글자로 드러내어도 할 수가 없으며, 게으르거나 제멋대로 할 적에도 또한 이 네 글자로 드러내어도 할 수가 없으니, 오직 성인이라야 곧 저절로 중화의 기상이 있는 것이다."

○유(愉) : 즐겁다. 기쁘다. 화(和)하다.
○태타(怠惰) : 게으름. 해태(懈怠).
○방사(放肆) : 방자함. 제멋대로임.
○엄려(嚴厲) : 매우 엄격하고 너그럽지 않음. 허술한 데가 없이 지독함. 엄준(嚴峻).
○착(著) : '착(着)'과 같음. '更著夭夭字'에서는 입성(入聲)으로 쓰였기에 '착'으로 발음하고, 그 이하는 거성(去聲)으로 쓰였기에 '저'로 발음한다.

[備旨] 夫子盛德積中하여 光輝發外하니 至於燕居閒暇之時하여는 其容之著於身者는 則安舒而順適하여 無拘迫之形하시니 殆申申如也하시며 其色之見於面者는 則愉婉而和悅하여 無嚴厲之意하시니 殆夭夭如也시니라 雖聖人中和之著를 不容擬議나 而此亦得其似矣니라

부자께서 크고 높은 덕이 몸속에 쌓여서 광휘가 밖으로 나타나니, 공무를 보지 않고 한가로이 지낼 적에는 그 용모가 몸에 드러남이 평온하면서도 순적해서 구속되어 군색한 모습이 없으니 대체로 여유가 있으며, 그 얼굴빛이 얼굴에 드러날 적에는 유순하면서도 마음이 기뻐서 엄격한 뜻이 없으셨으니 대체로 온화하셨다. 비록 성인의 중화가 드러나는 모습을 비유해 본다는 것 자체를 용납할 수 없지만, 그러나 이것도 또한 비슷한 모습을 표현했다고 할 수 있을 것이다.

○안서(安舒) : 편안하고 조용함. 평온함. 안한(安閒).
○순적(順適) : 순응(順應)함.
○구박(拘迫) : 구속되어 군색함. 얽매여 허둥거림.
○태(殆) : 거의. 대체로. 아주 차이가 적음을 나타내는 부사.
○유완(愉婉) : 화열(和悅)하고 유순함.
○화열(和悅) : 마음이 화평하고 기쁨. 화락(和樂). 화예(和豫).
○의의(擬議) : 비교함. 또는 비유함.

7・5・1 子曰 甚矣라 吾衰也여 久矣라 吾不復(부)夢見周公이로다

공자께서 말씀하셨다. "정말이구나, 나의 쇠함이여! 오래 되었구나, 내가 다시 꿈속에서 주공을 뵙지 못했도다!"

○심의오쇠야(甚矣吾衰也) : 정말이구나, 나의 늙음이여! '矣'와 '也'는 다같이 감탄을 나타내는 어조사. '吾衰也여 甚矣라'는 감탄의 의미를 강하게 하기 위해 도치시킨 것이다. 전한(前漢) 때 유안(劉安)이 학자들에게 명하여 만든 「회남자(淮南子)」 《설림훈(說林訓)》에서 '也'와 '矣'는 '서로 차이가 천 리가 된다(也之與矣 相去千里)'고 지적했다. '矣'는 어떤 상태를 서술하거나 묘사하는 데 쓰이기에 동적이라 할 수 있고, '也'는 어떤 사실을 확인하거나 판단하는 데 쓰이기에 정적이라고 할 수 있다. 도치에 대한 예는 본서 "6・9・1賢哉라 回也여"처럼 종종 나타난다. "甚矣有傷歎不已意 衰是血氣之衰"
○구의오불부몽견주공(久矣吾不復夢見周公) : 오래 되었구나, 내가 다시 꿈속에서 주공을 보지 못했도다! 공자 자신이 꿈속에서 주공을 오래도록 보지 못했음을 탄식한 말. ☞의(矣) : 감탄을 나타내는 어조사. '吾不復夢見周公'은 '吾不復夢見周公矣'에서 '矣'가 생략된 형태. ☞주공(周公) : 이름은 단(旦). 주(周)나라 문왕(文王)의 아들. 성왕(成王)을 도와 주(周)의 예(禮)를 만들고 악(樂)을 지어 나라를 태평케 했다. 그 공로에 의해 노군(魯君)에 봉해져, 노(魯)나라의 시조가 되었다. 공자께서 이상으로 삼은 성인이다. "久見非一朝之近 不復是不再意 周公蓋制禮作樂 開周家太平之業者"

孔子盛時에 志欲行周公之道라 故로 夢寐之間에 如或見之러니 至其老而不能行也하여는 則無復(부)是心하고 而亦無復是夢矣라 故로 因此而自歎其衰之甚也시니라
○程子曰 孔子盛時에 寤寐常存行周公之道러니 及其老也하여는 則志慮衰하여 而不可以有爲矣라 蓋存道者는 心無老少之異어니와 而行道者는 身老則衰也니라

공자가 젊었을 때 주공의 도를 행하려는 데에 뜻이 있었으므로 꿈속에서라도 혹시 주공을 만날까 싶었는데, 그가 늙어서 도를 행할 수 없을 적에는 다시 이러한 마음도 없었고, 또한 다시 이러한 꿈도 없었으므로 이를 인해서 스스로 그의 노쇠함이 심했던 것을 탄식하신 것이다.
　○정자가 말했다. "공자가 젊었을 때에 자나 깨나 늘 주공의 도를 행하려는 마음을 두셨는데, 그가 늘그막에 이르러서는 뜻과 생각이 쇠해져 행할 수가 없게 되었다. 대개 도를 보존하는 것은 마음이 늙거나 젊음의 차이가 없겠지만, 도를 행하는 것은 몸이 늙으면 쇠해지는 법이다."

[備旨] 夫子歎에 曰吾道之行藏이 雖係於世運之否泰나 而亦由乎吾氣之盛衰니라 甚矣라 吾氣之衰也여 何以驗之리오 蓋吾當强壯之年엔 志欲行周公之道라 故로 常見周公於夢이러니 今也엔 久矣라 不復夢見周公矣로다 是可見衰之甚也니 吾其如之何哉아

부자께서 탄식할 적에 말씀하시기를, "내가 도를 행하거나 물러서는 것이 비록 세상 운수의 막히거나 통함과도 관계가 있지만, 또한 내 기운의 성하거나 쇠함과도 관계가 있다. 정말이구나, 내 기운의 노쇠함이여! 어찌 이를 증험해 볼 수 있는가? 아마도 내가 30~40대이었을 적에는 뜻이 주공의 도를 행하려고 했었다. 그러므로 항상 꿈속에서 주공을 뵈었는데, 지금은 오래되었구나, 다시 꿈속에서 주공을 뵙지 못했도다! 곧 쇠함이 심해졌다는 것을 생각해 볼 수 있으니, 내가 그것을 어떻게 하겠는가?"라고 하셨다.

○행장(行藏) : 세상에 나아가 도(道)를 행함과 물러나서 도를 간직함.
○세운(世運) : 세상의 운수(運數). 시세(時勢)의 기운(氣運).
○비태(否泰) : 막힘과 통함. 세상일의 성쇠(盛衰)와 운명의 순역(順逆)을 이름. 비태(否泰)는 괘명(卦名). '否'는 하늘과 땅이 막히어 통하지 않는 형상. '泰'는 천지가 조화되어 만물이 통하는 형상.
○강장(强壯) : 30~40세를 이르는 말. 30세를 '壯'이라 하고 40세를 '强'이라 함. 「예기(禮記)」 "三十曰壯 有室 四十曰强 而仕"

7·6·1 子曰 志於道하며

공자께서 말씀하셨다 "도에 뜻을 두며,

○지어도(志於道) : 도에 뜻을 두다. ☞도(道) : 사람이 살아가면서 마땅히 행해야 할 일을 가리킴. "志不是空志 致知力行卽其事也"

志者는 心之所之之謂요 道는 則人倫日用之間에 所當行者가 是也라 知此而心必之焉이면 則所適者正하여 而無他歧之惑矣리라

지(志)는 마음이 가는 바를 이른다. 도(道)는 곧 인륜과 일상생활의 사이에 마땅히 행해야 할 바가 이것이다. 이것을 알아서 마음이 반드시 거기에 간다면, 가는 것이 바르게 되어서 딴 길로 향해 유혹에 빠짐이 없을 것이다.

[備旨] 夫子示人心學之全功에 曰學은 莫先於立志라 故로 始也에 必志於事物當然之道니 此志立면 則學之始基端矣리라

　부자께서 사람들에게 심학은 공력을 온전히 해야 한다는 것을 보여줄 적에 말씀하시기를, "학문은 뜻을 세우는 것보다 앞서는 것이 없다. 그러므로 시작할 적에 반드시 사물이 마땅히 행해야 할 도에 뜻을 두어야 하는 것이니, 여기에 뜻이 선다면 학문의 기초가 바르게 될 것이다.

○심학(心學) : 마음의 본체를 인정하고 몸을 닦는 학문. 곧 양지(良知)의 학(學)을 이름. 육산상(陸象山)·왕양명(王陽明) 등이 주창함.
○전공(全功) : 만물에 은택을 입히는 온전한 공로. 위대한 공로. 결점 없는 공적.
○단(端) : 바르게 하다.

7·6·2 據於德하며

　덕을 굳게 지키며,

○거어덕(據於德) : 덕에 근거하다. 덕을 지킴. ☞거(據) : 지키다. 집수(執守)하다. 늘 마음에 간직하여 정성스럽게 지키는 것을 말함. "據是拳拳服膺 而弗失之意"

據者는 執守之意요 德은 則行道하여 而有得於心者也라 得之於心하여 而守之不失이면 則終始惟一하여 而有日新之功矣리라

　거(據)는 꼭 잡아서 지킨다는 뜻이요, 덕(德)은 곧 도를 행하여 마음에 얻는 것이다. 마음에 도를 얻어서 지켜 잃지 않으면, 끝과 시작이 오직 한결같아서 나날이 새로워지는 공이 있을 것이다.

[備旨] 由是로 行此道而有得於心者가 德也니 必據於吾心所得之德이면 則踐履有常하여 而積故生新矣리라

　이로 말미암아 이 도를 행하여 마음에 얻어진 것이 덕이니, 반드시 내 마음에 얻은 덕을 지키면, 곧 실행할 적에 변하지 않아서 옛것을 쌓아서 새로운 것이 생겨나게 될 것이다.

○천리(踐履) : 몸소 체험함. 실행함.
○적고생신(積故生新) : 옛것을 쌓아서 새로운 것을 생겨나게 함.

7 · 6 · 3 依於仁하며

인에 의지하며,

○의어인(依於仁) : 인에 근거하다. 조금이라고 인을 행하는 데서 끊어지거나 떠나지 않음. "依乃刻刻存養 不使小間意"

依者는 不違之謂요 仁은 則私欲盡去하여 而心德之全也라 功夫至此하여 而無終食之違면 則存養之熟하여 無適而非天理之流行矣리라

의(依)는 떠나지 않음을 이름이요, 인(仁)은 곧 사욕이 모두 떠나서 심덕이 순수하고 완전한 것이다. 공부가 여기에 이르러 밥을 먹는 사이라도 떠나지 않는다면, 존양이 완전하여 어디를 가더라도 천리에 따라 유행하지 않음이 없을 것이다.

○심덕(心德) : 마음씨에 나타나는 어질고 너그러운 품성.
○종식(終食) : 밥을 먹는 순간. 잠시라도.
○존양(存養) : 본심을 잃지 않고 타고난 선성(善性)을 기름. 존심양성(存心養性).

[備旨] 由是로 私慾盡去而心德純全者가 仁也니 必依於吾心全德之仁이면 則頃刻不違하여 而天理周流矣리라

이로 말미암아 사욕이 모두 떠나서 심덕이 순수하고 완전해진 것이 인이니, 반드시 내 마음이 훌륭한 덕을 갖춰서 인에 의지한다면 짧은 시간이라도 떠나지 않아서 천리에 따라서 두루 흐르게 될 것이다.

○전덕(全德) : 흠이 없는 훌륭한 덕. 또는 그러한 덕을 갖춘 사람. 「여씨춘추(呂氏春秋)」 《본생(本生)》 "上爲天子而不驕 下爲匹夫而不惛 此之謂全德之人"

7·6·4 游於藝니라

육예에 노닐어야 한다."

○유어예(游於藝) : 육예에 노닐다. ☞유(游) : 즐기다. 사물에 대해 완상함. 물에 떠서 빠지지 않게 하려고 놀다. ☞예(藝) : 여기서는 육예를 말함. ☞육예(六藝) : 고대 중국의 여섯 가지 교과(敎科)인 예(禮)·악(樂)·사(射)·어(御)·서(書)·수(數)를 아울러 이르는 말. "游是玩索其理 不是徒習其事"

游者는 玩物適情之謂요 藝는 則禮樂之文과 射御書數之法이니 皆至理所寓하여 而日用之不可闕者也라 朝夕游焉하여 以博其義理之趣면 則應務有餘하고 而心亦無所放矣리라
○此章은 言人之爲學이 當如是也라 蓋學莫先於立志하니 志道면 則心存於正而不他요 據德이면 則道得於心하여 而不失이요 依仁이면 則德性常用하여 而物欲不行이요 游藝면 則小物不遺하여 而動息有養이라 學者於此에 有以不失其先後之序와 輕重之倫焉이면 則本末兼該하고 內外交養하여 日用之間에 無少間隙하여 而涵泳從容하여 忽不自知其入於聖賢之域矣리라

유(游)는 사물을 완상하여 마음에 알맞게 함을 이름이요, 예(藝)는 곧 예악의 문과 사어서수의 법이니, 모두 지극한 이치가 담겨 있는 것이기에 일용의 사이에 빼놓을 수 없는 것이다. 아침과 저녁으로 여기에 노닐어 의리의 취향을 넓히면, 일을 처리할 적에 여유가 있고, 마음 또한 다잡지 않거나 놓아버리는 경우가 없을 것이다.
○이 장은 사람의 학문이 마땅히 이와 같아야 함을 말씀한 것이다. 학문은 뜻을 세우는 것보다 앞서는 것이 없으니, 도에 뜻을 두면 마음이 바른 곳에 있어서 딴 일을 안 할 것이요, 덕을 지키면 도가 마음에 얻어져서 잃지 아니할 것이요, 인에 의지하면 덕성이 항상 씌어져서 물욕이 행해지지 아니할 것이요, 예를 즐기면 작은 일이라도 빠뜨리지 않아서 움직이거나 쉴 때에도 수양이 있을 것이다. 배우는 자가 여기에서 선후의 차례와 경중의 도리를 잃지 않는다면, 본말이 다 갖추어지고 내외가 서로 수양되어 일용의 사이에 조금이라도 사이나 틈이 없어서, 학문이 몸에 배고 성격이 차분해져서 어느덧 자기도 성현의 영역에 들어감을 알지 못할 것이다.

○응무(應務) : 정무(政務)를 처리함.
○간극(間隙) : 떨어짐. 간격(間隔). 서로 떨어져 있는 거리.

○함영(涵泳) : 잠기어 헤엄치다. 학문이나 식견 등이 몸에 배다.
○종용(從容) : 성격이나 태도가 차분하고 침착하다.

[備旨] 至於藝하여는 爲至理所寓하여 而日用之必資者니 又必游焉하여 以博其趣면 則察數而窮神하고 觀文而悟理하여 不獨周於日用이요 而心亦無所放矣리라 夫志道據德依仁은 則本之在內者니 無不盡이요 游藝는 則末之在外者니 無不周라 爲學之全功이 如此라

　예(藝)는 지극한 이치가 붙어 있어서 날마다 쓰는 데 반드시 도움이 될 것이니, 또 반드시 여기에 노닐어서 그 취향을 넓히면 운수를 살피면서 사물의 이치를 연구하고 문채를 살피면서 이치를 깨달아서 날마다 쓰는 데 두루 미칠 뿐만 아니라 마음도 또한 방심하는 바가 없게 될 것이다. 무릇 도에 뜻을 둠과 덕을 의지함과 인을 의지함은 곧 근본적인 문제로서 몸 안에 있는 것이니 다하지 아니함이 없어야 할 것이고, 예에 노니는 것은 말단적인 문제로서 몸 밖에 있는 것이니 두루 미치지 않음이 없어야 할 것이다. 배울 적에 공력을 온전히 해야 함이 이와 같다."라고 하셨다.

○찰수(察數) : 운수를 살핌.
○궁신(窮神) : 사물의 심오한 이치를 깊이 연구함.
○관문(觀文) : 문채(文采)를 관상함.
○오리(悟理) : 사물의 이치를 깨달음.
○전공(全功) : 만물에 은택을 입히는 온전한 공로. 위대한 공로. 결점 없는 공적.

7·7·1　子曰　自行束脩以上은　吾未嘗無誨焉이로라

　공자께서 말씀하셨다. "친히 육포를 묶어 속수의 예를 갖추고 온 사람에게는 내 일찍이 가르쳐 주지 않은 적이 없다."

○자행속수이상(自行束脩以上) : 속수의 예를 갖추고 배우러 온 사람. ☞자행(自行) : 친히 받들고 가다. ☞속수(束脩) : 10조각을 포개어서 묶은 한 묶음의 육포(肉脯). '脩'는 포육(脯肉)을 말함. 고기를 말려 얇고 길게 저민 것. 「예기(禮記)」《곡례하(曲禮下)》 옛날의 예물이 천자(天子)는 창(鬯), 제후(諸侯)는 규(圭), 경(卿)은 새끼 양, 대부(大夫)는 기러기, 사(士)는 꿩, 서인(庶人)은 필목(匹木)을 사용했다. "自行是親奉也 脩卽乾肉 以上只是來學之意 如今小兒從師曰上學 上作去聲讀"
○오미상무회언(吾未嘗無誨焉) : 나는 일찍이 그 사람을 가르치지 않은 적이 없다. ☞

회(誨) : 가르치다. "未嘗作不曾看 誨是敎"

**脩는 脯也니 十脡爲束이라 古者相見에 必執贄以爲禮하니 束脩는 其至薄者라 蓋
人之有生에 同具此理라 故로 聖人之於人에 無不欲其入於善이로되 但不知來學이
면 則無往敎之禮라 故로 苟以禮來면 則無不有以敎之也라**

수(脩)는 고기를 말려 얇고 길게 저민 것이니 10정을 한 묶음이라 했다. 옛날 서로
만나볼 적에는 반드시 예물을 휴대하는 것으로써 예를 삼았는데, 속수의 예를 갖추고
왔다는 것은 지극히 적은 것이다. 대개 사람이 태어날 적에 똑같이 이 이치를 갖추고
있는 것이므로, 성인은 사람에 대하여 선에 들어가기를 바라지 않은 것은 아니지만, 다
만 찾아와서 배울 줄을 모르면 가서 가르쳐 주는 예는 없었던 것이므로, 만일 예를 갖
추고 찾아오면 가르쳐 주지 않은 적이 없었다는 것이다.

○포(脯) : 고기를 말려 얇고 길게 저민 것. 포육(脯肉).
○정(脡) : 곧은 포. 희생(犧牲)의 등줄기 복판. 등줄기 고기 중 앞쪽 것을 정체(正體),
복판 것을 정(脡), 뒷쪽 것을 횡(橫)이라 함.
○집지(執贄) : 예물을 휴대함. 집지(執摯). ①사람을 만날 때 예물을 가지고 가서 경의
를 표하는 일. ②속수(束脩)의 예를 행하고 제자가 됨. 여기서는 ②의 뜻.

[備旨] 夫子自敍其誨人之意에 曰人而不知來學이면 則吾固不得往敎之也라 苟自行束修
之禮以來면 則求敎之誠이 見於儀矣니 吾則知其向道之志하고 隨其材質而造就之初에 未
嘗無誨焉이로라 亦在學者는 自勉之而已라

부자께서 스스로 사람을 가르치는 뜻을 펼 적에 말씀하시기를, "사람이 찾아와서 배
울 줄 모른다면 나는 진실로 가서 그를 가르칠 수는 없다. 정말 스스로 속수의 예를
갖추고 찾아온다면 가르침을 구하는 정성이 거동에 나타난 것이니, 나는 곧 그가 도를
향해 나아가고자 하는 뜻을 알고 그의 재질에 따라서 기르고 성취시키려 할 때 일찍이
가르치지 않은 적이 없었다. 또한 배움에 있는 자는 스스로 힘써야 할 따름이다."라고
하셨다.

○인이부지래학(人而不知來學) : 사람이면서도 배우러 올 줄을 모르다. '而'자는 원래
앞의 주어와 조화를 이루지 못하는 서술어를 연결시키는 접속사인데, 이치상 맞지 않
거나 의외의 상황을 나타낼 적에 쓰인다. 우리말의 '도리어' '오히려' 등과 연관시켜 볼
수 있다.

○의(儀) : 거동. 행하는 짓이나 태도.
○조취(造就) : 길러서 성취시킴.

7·8·1 子曰 不憤이어든 不啓하며 不悱어든 不發하되 擧一隅에 不以三隅反이어든 則不復(부)也니라

공자께서 말씀하셨다. "알려고 분발하지 않으면 가르쳐주지 않으며 표현하려고 애쓰지 않으면 일깨워주지 않았는데, 예를 들어 사각형의 한 모퉁이를 들어 가르쳐 주었을 때에 세 모퉁이를 알아채지 못하면 다시 가르쳐 주지 않았다."

○불분불계(不憤不啓) : 이해가 되지 않아서 답답한 상태가 되지 않으면 계도해주지 않다. '憤'은 마음속으로 이해하고자 하나 잘 되지 않는 모양. "憤是鬱憊之意"
○불비불발(不悱不發) : 표현해 내지 못해서 더듬거리는 상태가 되지 않으면 일깨워주시 않나. '悱'는 마음으로는 알고 있으면서 말로 표현하고자 하나 제대로 되지 않는 모양. ☞분비(憤悱) : 깊이 생각하여 말로 표현하려고 애씀. "悱是屈抑之貌"
○거일우(擧一隅) : 한 모퉁이를 들어 보여주다. 이해시키기 위해서 하나의 단서를 예로 들어 보여주는 것을 말함. ☞우(隅) : 모퉁이. 사각형의 한 모퉁이. "擧是挈以告之一隅借言一端之理"
○불이삼우반(不以三隅反) : 사각형의 한 모퉁이를 들어 가르쳐 주었을 때에 세 모퉁이를 알아채지 못함. 어떤 사물을 경험한 후 다른 사물을 유추해내는 지혜가 없음을 말함. "反三隅只借 言觸類之多"
○불부야(不復也) : 다시 그에게 가르쳐주지 않다. '不復敎之也'를 줄인 말. ☞부(復) : 다시. 거듭. 여기서는 상성(上聲)으로 쓰였으며 독음도 '부[扶又反]'다. "不復是不再以別一件道理告他 非不復以三隅也"

憤者는 心求通이로되 而未得之意요 悱者는 口欲言이로되 而未能之貌라 啓는 謂開其意요 發은 謂達其辭라 物之有四隅者는 擧一이면 可知其三이라 反者는 還以相證之義라 復는 再告也라 上章에 已言聖人誨人不倦之意하고 因幷記此하시니 欲學者로 勉於用力하여 以爲受敎之地也시니라
○程子曰 憤悱는 誠意之見(현)於色辭者也니 待其誠至而後에 告之요 旣告之면又必待其自得이라야 乃復告爾니라 又曰 不待憤悱而發이면 則知之不能堅固요 待其憤悱而後發이면 則沛然矣리라

분(憤)은 마음에 통달하기를 구했지만 얻지 못했다는 뜻이요, 비(悱)는 입으로 말을 하고 싶지만 능하지 못한 모양이다. 계(啓)는 그 뜻을 열어 줌을 이르고, 발(發)은 그 말을 통달하게 함을 이른다. 물건에 네 모퉁이가 있는 것은 그 하나만 들어 보이면, 나머지 세 모퉁이도 알 수 있다는 것이다. 반(反)은 되돌려서 서로 증거한다는 뜻이다. 부(復)는 다시 말해주는 것이다. 윗 장에서는 이미 성인께서 사람을 가르칠 적에 게을리 하지 않는다는 뜻을 말씀하셨고, 그런 이유로 인해서 이것을 함께 기록하셨으니, 배우는 자들로 하여금 힘을 쓸 적에 부지런히 하여 가르침을 받을 수 있는 바탕을 마련하도록 하고 싶었던 것이다.

○정자가 말했다. "마음속으로 이해하고자 하나 잘 되지 않는다[憤]는 것과 말로 표현하고자 하나 제대로 되지 않는다[悱]는 것은 성의가 얼굴빛과 말에 나타난다는 것이니, 그 정성이 지극하기를 기다린 뒤에 알려주고 이미 알려 주었으면, 또 반드시 그가 스스로 얻기를 기다려야 곧 다시 알려 주었다는 것이다." 또 말했다. "마음속으로 이해하고자 하나 잘 되지 않는 경우나 말로 표현하고자 하나 제대로 되지 않는 경우를 기다리지 않고 말해주면 아는 것이 능히 견고해 질 수 없으며, 마음속으로 이해하고자 하나 잘 되지 않는 경우나 말로 표현하고자 하나 제대로 되지 않는 경우를 기다린 뒤에 알려주면 교화의 모습이 성해질 것이다."

○회인불권(誨人不倦) : 사람을 가르칠 적에 게을리 하지 않음. 본서 7·2·1 참고.
○색사(色辭) : 얼굴빛과 말. 안색(顔色)과 사기(辭氣).
○패연(沛然) : 교화(敎化)가 성해지는 모양.

[備旨] 夫子勉人意에 曰君子立敎에 强人以未至면 非善誘之術也라 彼夫心求通이로되 而未得者憤也니 如其不憤이면 則不啓以開其意하고 口欲言이로되 而未能者悱也니 如其不悱면 則不發以達其辭라 至於理有相因而見者면 猶物之有四隅에 擧一이면 可知其三也라 苟示以一隅矣에 乃不能以三隅之理로 反而相證이면 是는 其無觸類之明이니 雖告之나 亦奚益哉리오 則不復敎之也니 學者知此하여 當勉爲受敎之地矣라

부자께서 배우는 사람들에게 부지런히 힘쓰도록 하려는 뜻에서 말씀하시기를, "군자가 가르침을 세울 적에 사람들이 아직 이르지도 못한 것을 억지로 하게 하면 잘 인도하는 방법이 아니다. 그들이 대저 마음으로 통달하기를 구하고자 하지만 얻지 못한 사람은 이해가 되지 않아 답답할 것인데 만약 그 사람이 알려고 분발하지 않으면 계발해서 그 뜻을 열어주지 않았으며, 입으로 말하고 싶지만 능하지 못한 사람은 표현해 내지 못해 더듬거릴 것인데 만약 그 사람이 표현하려고 애쓰지 않으면 표현해서 그 말을 통달토록 해주지 않았다. 이치상 서로 연관을 지어서 나타낸다면 마치 물건에 네 모퉁

이가 있는데 하나를 들어주면 그 나머지 세 가지는 알 수 있어야 함과 같다. 진실로 한 모퉁이를 보여줬는데도 능히 세 모퉁이가 있다는 이치를 돌이켜서 서로 알아채지 못하면, 이는 그가 어떤 사물을 경험하고 다른 사물을 유추하는 지혜가 부족한 것이니 비록 깨우쳐 주지만 또한 무슨 이익이 있겠는가? 이렇게 되면 다시 가르칠 수 없으니, 배우는 사람은 이를 알아서 마땅히 가르침을 받는 바탕을 만드는 데 힘써야 할 것이다."라고 하셨다.

○촉류지명(觸類之明) : 어떤 사물을 경험한 후 다른 사물을 유추해내는 지혜.
○수교(受敎) : 가르침을 받음.

7·9·1 子 食於有喪者之側에 未嘗飽也러시다

공자께서는 상을 당한 사람 곁에서 식사할 때에는 일찍이 먹더라도 배부르게 먹지 않으셨다.

○자식어유상자지측(子食於有喪者之側) : 공자께서 상을 당한 사람 곁에서 식사하다. "喪是他人之喪 側是喪之旁"
○미상포야(未嘗飽也) : 먹지만 일찍이 배가 부르도록 먹지 않다. 음식이 있더라도 꿀꺽꿀꺽 삼키지 않았다는 말. "未嘗卽不曾意 有食而不下咽者"

臨喪哀하여 不能甘也라

상에 임할 적에 슬퍼서 능히 맛있게 먹을 수가 없어서다.

[備旨] 夫子嘗食於有喪之側에 則哀死之心勝하여 而甘食之意微하니 雖食之라도 未嘗飽也라

부자께서 일찍이 상을 당한 사람 곁에서 먹을 적에는 죽은 사람에 대해 슬퍼하는 마음이 많아서 음식을 맛있게 먹으려는 생각이 적었으니, 비록 먹더라도 일찍이 배부르도록 먹지 않으셨다.

7·9·2 子 於是日에 哭則不歌러시다

공자께서 이 날에 곡을 하시면 노래하지 않으셨다.

○자어시일곡(子於是日哭) : 공자께서 이 날에 곡을 하다. 즉 상에 임한 날 곡하는 것을 이름. "是日卽臨喪之日 哭是弔喪時哭泣"
○불가(不歌) : 노래하지 않다. "不歌重餘哀未忘上"

哭은 謂弔哭이니 一日之內에 餘哀未忘하여 自不能歌也라
○謝氏曰 學者는 於此二者에 可見聖人情性之正也니 能識聖人之情性然後에 可以學道니라

곡(哭)은 조상하여 곡하는 것을 이른다. 하루 안에는 채 가시지 않은 슬픔을 잊지 못해서 스스로 능히 노래 부를 수 없었던 것이다.
○사 씨가 말했다. "배우는 자들은 이 두 가지에서 성인의 올바른 성정을 볼 수 있으니, 능히 성인의 성정을 안 뒤에 도를 배울 수 있을 것이다."

○조곡(弔哭) : 조상하여 슬퍼함.
○여애(餘哀) : ①채 가시지 않은 슬픔. ②위로할 길 없는 지극한 슬픔. 여기서는 ①의 뜻.

[備旨] 夫子嘗於是日에 弔哭矣면 則一日之內에 餘哀未忘하여 不復詠歌也라 夫聖人當哀而哀하시니 其得性情之正이 如此니라

부자께서 일찍이 이 날에 조상하여 곡을 하시면, 하루 안에 채 가시지 않은 슬픔을 잊지 못해서 다시 노래를 부르지 않으셨다. 대저 성인은 슬픔을 당한 것을 슬퍼하셨으니, 그 분께서 성정의 바름을 얻었음이 이와 같다.

7·10·1 子謂顏淵曰 用之則行하고 舍之則藏을 惟我與爾有是夫인저

공자께서 안연에게 이르면서 말씀하셨다. "등용되면 나아가 우리의 도를 행하고, 버

림받으면 물러나서 우리의 도를 가슴속에 간직하는 자세를 오직 나와 너만이 가졌구나!"

○용지즉행(用之則行) : 위정자가 자신을 등용해주면 나아가서 도(道)를 행하다. "用是君相用我 之作我字看 則作卽字看 行是出而行道"
○사지즉장(舍之則藏) : 위정자가 자신을 버리면 물러나서 도를 감추다. "舍是君相不用我 藏是退而隱處"
○유아여이유시부(惟我與爾有是夫) : 유독 공자와 안연만이 등용되고 버림받고 행하고 물러나는 일을 할 수 있다는 말. ☞시(是) : 대명사로서 '用之則行 舍之則藏'을 가리킴. 강조하기 위해 '用之則行 舍之則藏'을 문장의 처음으로 도치시킨 것. ☞부(夫) : 어조사로서 감탄을 나타냄. "惟是獨 我夫子自謂與同也 爾指顔淵 是指用舍行藏"

尹氏曰 用舍는 無與於己요 行藏은 安於所遇니 命不足道也라 顔子幾於聖人이라 故로 亦能之니라

윤 씨가 말했다. "등용되거나 버림받는 일은 나와 관계된 것이 아니며, 나아가거나 물러나는 일은 만나는 데에 따라 편안히 여기니 운명은 족히 말할 것이 못된다. 안자는 성인에 가까웠으므로 또한 능히 할 수 있었던 것이다."

[備旨] 夫子以出處之時로 謂顔淵에 日君子之出處는 惟其時而已라 時乎我用也면 卽與時偕行이로되 而非有心於行이며 時乎我舍也면 卽與時偕藏이로되 而非有心於藏이라 若此者를 惟我與爾有是夫인저 蓋用舍之權은 我與爾所不能必이로되 而行藏之道는 我與爾所能安也라

부자께서 출처의 때에 대해서 안연에게 이를 적에 말씀하시기를, "군자의 출처는 오직 그 때에 따라서 알맞게 행해야 할 따름이다. 나를 등용해 준다면 곧 때와 더불어 함께 나아가야 될 것이지만 나아가는 데만 마음을 두어서는 안 될 것이며, 나를 버린다면 곧 때와 더불어 함께 물러가야 할 것이지만 물러가는 데만 마음을 두어서는 안 될 것이다. 이와 같은 것을 오직 나와 너만이 가졌구나! 대개 등용하거나 버리는 권세는 나와 네가 할 수 없지만, 나아가거나 물러가는 도는 나와 네가 편히 할 수 있을 것이다."라고 하셨다.

7·10·2 子路曰 子行三軍이면 則誰與시리잇고

자로가 말했다. "선생님께서 삼군을 출동시킨다면 누구와 함께 하시겠습니까?"

○자행삼군(子行三軍) : 공자가 삼군을 통솔하다. 가정을 나타내는 어조사 '若'이 생략되었는데 '子若行三軍'으로 보고 풀면 됨. ☞자(子) : 공자를 말함. ☞행(行) : 출동하다. 통솔하다. 지휘하다. ☞삼군(三軍) : 여기서는 많은 군사를 움직인다는 뜻으로 쓰였다. 고대에 천자(天子)는 육군(六軍), 대국(大國)은 삼군(三軍), 소국(小國)은 일군(一軍)을 움직였다. "行中有戰伐意 三軍極言其兵衆難行"
○수여(誰與) : 누구와 더불어 그 일을 하겠는가? '與誰'의 도치문. "誰與是誰與其事意"

萬二千五百人을 爲軍이라하니 大國은 三軍이라 子路見孔子獨美顔淵하고 自負其勇하여 意夫子若行三軍이면 必與己同이라

12,500명을 1군이라 하니, 큰 나라는 삼군을 두었다. 자로는 공자께서 안연만 찬미하는 것을 보고 그의 용맹을 자부하여 선생님께서 삼군을 출동시킨다면, 반드시 자기와 함께 할 것이라고 생각한 것이다.

[備旨] 子路見孔子獨與顔淵하고 乃自負其勇而問에 曰夫子若行三軍之衆이면 則誰可與者오하니 意夫子必與之로 同也니라

자로가 공자께서 유독 안연만 인정해 주는 것을 보고, 바로 자기의 용맹을 자부하면서 여쭈어 볼 적에 말하기를, "선생님께서 만약 삼군의 무리를 출동시키려고 한다면 누구와 더불어 하시겠습니까?"라고 했으니, 부자께서 반드시 그와 더불어 함께 한다고 생각했던 것이다.

7·10·3 子曰 暴虎馮河하여 死而無悔者를 吾不與也니 必也臨事而懼하며 好謀而成者也니라

공자께서 말씀하셨다. "맨손으로 범을 잡으려 하고 맨몸으로 하수를 건너려다 죽더라도 후회함이 없는 자를 나는 함께 하지 않을 것이니, 반드시 일에 임해서 두려워하며 꾀를 잘 내어 성취할 수 있는 자와 함께 할 것이다."

○포호(暴虎) : 맨손으로 호랑이를 치다. ☞포(暴) : 맨손으로 치다[徒手搏擊]. "是不用

梃刃"

○빙하(馮河) : 하수(河水)를 걸어 건너다. 도섭(徒涉)함. 「시경(詩經)」 "不敢馮河" ☞빙(馮) : 업신여기다. 능멸하다. "是不用舟楫"

○포호빙하(暴虎馮河) : 호랑이를 맨손으로 때려잡고 황하를 도보로 건넘. 용기는 있으나 꾀가 없어 무모한 행동을 함을 비유함.

○사이무회자(死而無悔者) : 비록 죽더라도 후회함이 없는 사람. "是自擬雖死亦不怨悔之人"

○오불여야(吾不與也) : 나는 함께하지 아니할 것이다. 공자 자신은 함께 삼군을 지휘할 수 없다는 말. "是不與行三軍"

○필야(必也) : 반드시. 결단코. "是決要這樣人意"

○임사이구호모이성자야(臨事而懼好謀而成者也) : 일에 임해서 두려워하며 꾀를 잘 내어 일을 성취시키는 사람이다. "二句是平日 信他行軍時能如此"

暴虎는 徒搏이요 馮河는 徒涉이라 懼는 謂敬其事요 成은 謂成其謀라 言此는 皆以抑其勇而敎之라 然이나 行師之要도 實不外此하니 子路蓋不知也라
○謝氏曰 聖人이 於行藏之間에 無意無必하니 其行이 非貪位요 其藏도 非獨善也라 若有欲心이면 則不用而求行이요 舍之而不藏矣리라 是以로 惟顔子라야 爲可以與於此라 子路雖非有欲心者나 然이나 未能無固必也요 至以行三軍爲問하여는 則其論이 益卑矣라 夫子之言은 蓋因其失而救之시니 夫不謀無成하고 不懼必敗는 小事尙然이온 而況於行三軍乎아

　포호(暴虎)는 맨손으로 범을 잡는 것이요, 빙하(馮河)는 걸어서 하수를 건너는 것이다. 구(懼)는 그 일을 공경히 하는 것이요, 성(成)은 꾀한 일을 이루는 것을 말한다. 이것을 말씀한 것은 모두 그의 용맹을 억제하도록 가르치려 한 것이다. 그러나 군사를 통솔하는 요령도 실로 이에서 벗어나지 않으니, 자로는 아마 알지 못했던 듯하다.
　○사 씨가 말했다. "성인은 나아가거나 물러나는 사이에 뜻함도 없고 기대함도 없으니, 그의 행하는 것이 자리를 탐해서가 아니요 그가 은둔하는 것도 혼자만이 선하게 하려는 것도 아니다. 만약 하고자 하는 마음이 있다면 등용해 주지 않는데도 행해지기를 구할 것이고 버려지는데도 물러가지 않을 것이다. 이러므로 오직 안자만이 이에 참여할 수 있게 되었던 것이다. 자로는 비록 하고 싶은 마음이 있는 자는 아니었지만, 능히 고집과 기대가 없다고 할 수는 없을 것이요, 삼군을 출동시키는 것을 가지고 질문한 것은 그 논한 것이 더욱 저속하다 할 것이다. 선생님의 말씀은 대개 그의 잘못된 점을 인하여 바로잡은 것이니, 대저 꾀하지 않으면 이룰 수가 없고 두려워하지 않으면 반드시 패하는 것은 작은 일도 오히려 그러한데, 하물며 삼군을 출동하는 것임에랴?"

○도박(徒搏) : 맨손으로 짐승을 쳐서 죽임.
○도섭(徒涉) : 걸어서 물을 건넘.

[備旨] 夫子抑而敎之에 曰有勇은 非難이어니와 善用其勇이 爲難이라 如徒手以暴虎하
고 徒步以馮河하여 自擬必死로되 而無悔者면 吾不與之로 行三軍也라 吾所與者는 必其
平日에 爲人臨事하여 而能懼以處之하고 又且好謀하여 以斷以成之者也라 此則善用其勇
하여 而動出萬全이니 吾之所與者는 其在斯人矣니라 徒勇者를 何所取哉아

부자께서 자로의 말을 물리치고 가르칠 적에 말씀하시기를, "용기를 갖는 것은 어렵
지 않지만 그 용기를 잘 쓰는 것이 더욱 어려운 것이다. 만약 맨손으로 범을 잡고 걸
어서 하수를 건너면서 자신이 반드시 죽는다는 것을 알면서도 후회하지 않는 사람이라
면 나는 그와 더불어 삼군을 출동시킬 수 없다. 내가 함께 하는 사람은 반드시 그가
평일에 사람을 위해 일에 임해서 능히 두려워하면서 처리하고, 또 꾀하기를 잘하여 결
단해서 이루어낼 사람이다. 이는 곧 그 용기를 잘 써서 조금도 소홀함이 없도록 움직
여 낼 것이니 내가 함께 할 사람은 아마도 이러한 사람에게 있을 것이다. 한갓 용맹만
가진 사람들을 어찌 취하겠는가?"라고 하셨다.

7·11·1 子曰 富而可求也인댄 雖執鞭之士라도 吾亦爲之어니와 如不可求인댄 從吾所好하리라

공자께서 말씀하셨다. "부를 만약 구해서 얻을 수 있다면 채찍을 잡고 앞길을 트는
천한 직업이라도 내 또한 하겠지만, 결코 구할 수 없다면 부를 구하는 것보다 내가 좋
아하는 바를 따르겠다."

○부이가구야(富而可求也) : 부라고 하는 것을 만약 인력으로써 추구할 수 있다면. '而'
는 '만약'이라는 가정을 나타냄. "而字作若字看 求是營求"
○수집편지사(雖執鞭之士) : 비록 채찍을 잡은 사람이라도. 채찍을 잡은 사람은 옛날
왕의 행차에 앞서 길을 트는 천한 직업이었다. '士'는 사람이라는 뜻. "士作人字看"
○오역위지(吾亦爲之) : 내 또한 채찍을 잡은 일을 행할 것이다. "吾孔子自謂 曰亦則凡
未甚於此者 皆可爲矣 爲之是爲執鞭之事"
○여불가구(如不可求) : 결코 구할 수 없을 것 같다. ☞여(如) : 결단하는 뜻이 강함.

"如乃轉語 是決辭 非借言也"
○종오소호(從吾所好) : 내가 좋아하는 바를 따를 것이다. 곧 의리(義理)를 말함. "義理爲人心所同然 故曰所好"

執鞭은 **賤者之事**라 **設言富若可求**인댄 **則雖身爲賤役以求之**라도 **亦所不辭**라 **然**이나 **有命焉**하여 **非求之可得也**인댄 **則安於義理而已矣**니 **何必徒取辱哉**리오
○**蘇氏曰 聖人**은 **未嘗有意於求富也**시니 **豈問其可不可哉**리오 **爲此語者**는 **特以明其決不可求爾**라 **楊氏曰 君子**는 **非惡富貴而不求**요 **以其在天**하여 **無可求之道也**라

　채찍을 잡는 것은 천한 자의 일이다. 가설하여 말씀하시기를, "부를 만일 구해서 될 수 있다면, 비록 몸소 천한 일을 하면서 구하더라도 사양하지 않을 것이다. 그러나 천명에 달려 있어서 구한다고 얻을 수 있는 것이 아니라면 의리를 편안히 여길 뿐이니, 어찌 반드시 한갓 욕을 취하겠는가?" 하셨다.
　○소 씨가 말했다. "성인은 일찍이 부를 구하는 데 뜻을 둔 적이 없었으니, 어찌 구해서 얻을 수 있는 것과 구해서 얻을 수 없는 것을 따졌겠는가? 이러한 말씀을 하신 것은 다만 그것이 결단코 구해서는 안 된다는 것을 밝혔을 뿐이다." 양 씨가 말했다. "군자는 부귀를 싫어해서 구하지 않는 것이 아니라 그것이 하늘에 달려 있어서 구할 수 있는 방법이 없었기 때문이다."

[備旨]　夫子設言以儆求富者에　曰人情趨富하니 謂其可求耳라 使富而可以人力求也인댄 雖執鞭至賤之士라도 而可以得富면 吾亦爲之不辭어니와 如有命焉하여 而非求之可得者인댄 則亦從吾所好而安之耳니 何必自取辱哉아

　부자께서 말씀을 내어서 부를 구하는 사람을 주의시킬 적에 말씀하시기를, "사람의 마음이란 부를 뒤좇으니 그것은 구해야 한다고 이를 따름이다. 가령 부자가 되는 것을 인력으로써 구해서 될 수 있다면, 비록 채찍을 잡고 길을 트는 사람의 일이라도 부를 얻을 수 있다면 내 또한 그것을 위해 사양하지 않을 것이지만, 천명에 구하더라도 얻을 수 없는 것이라면 또한 내가 좋아하는 것을 따라서 편안하게 생활할 뿐이니, 하필이면 스스로 욕됨을 취하겠는가?"라고 하셨다.

○추(趨) : 붙좇다. 뒤좇다.

7·12·1 子之所愼은 齊戰疾이러시다

공자께서 신중한 태도로 임한 것은 재계와 전쟁과 질병이었다.

○자지소신(子之所愼) : 공자께서 삼갔던 것. "子是夫子 愼是敬愼"
○재(齊) : 재계(齋戒). 제사를 지내기 전에 술과 음식 따위를 삼가고 심신을 깨끗이 하여 부정을 타지 않도록 함. "謹齊非徼福是不慢愼"
○전(戰) : 전쟁(戰爭). 전쟁은 여러 사람의 생사와 국가의 존망이 달려 있기 때문에 소중히 함. "謹戰非怯敵是不輕敵"
○질(疾) : 질병(疾病). 질병은 몸의 생사와 존망에 영향을 주기 때문에 삼가지 않을 수 없음. "謹疾非貪生是不輕生"

齊(재)之爲言은 齊(재)也니 將祭에 而齊其思慮之不齊者하여 以交於神明也라 誠之至與不至와 神之饗與不饗이 皆決於此라 戰은 則衆之死生과 國之存亡이 繫焉이요 疾은 又吾身之所以死生存亡者니 皆不可以不謹也라
○尹氏曰 夫子無所不謹하시되 弟子가 記其大者耳니라

재(齊)란 것은 삼간다는 뜻이니, 제사를 지내려 할 적에 그 생각에 삼가지 못한 것을 삼가서 신명과 교통하는 것이다. 정성의 지극함과 지극하지 않음, 신의 흠향함과 흠향하지 않음이 다 여기에서 결정된다. 전쟁은 여러 사람의 사생과 국가의 존망이 달려있는 것이요, 질병은 또 내 몸의 사생존망이 달려 있는 것이니, 모두 조심하지 않을 수 없는 것이다.
○윤 씨가 말했다. "선생님께서는 조심하지 않은 것이 없으셨지만 이는 제자들이 그 가운데 중요한 사항만 기록했을 뿐이다."

[備旨] 夫子之心은 無所不愼하시되 其所愼之大者有三이라 一則在於齊焉하니 爲其神明之所交요 一則在於戰焉하니 爲其衆之死生과 國之存亡이 所係요 一則在於疾焉하니 爲其吾身死生之所關이니 此可見聖人用心之至矣라

부자의 마음은 조심하지 않는 바가 없으셨지만, 그 분께서 조심하는 것 세 가지가 있었다. 하나는 재계에 있었으니 그것은 신명과 교통하는 바가 되기 때문이요, 하나는 전쟁에 있었으니 그것은 여러 사람의 사생과 나라의 존망이 매여 있기 때문이요, 하나는 질병에 있었으니 그것은 우리 몸의 사생이 관계되기 때문이다. 여기에서 성인께서 마음을 쓰는 것이 지극했음을 볼 수 있다.

○재계(齋戒) : 부정(不淨)한 일을 멀리하고 심신을 깨끗이 함. 재계(齊戒).「맹자(孟子)」“齋戒沐浴 則可以祀上帝”

7·13·1 子 在齊聞韶하시고 (學之)三月을 不知肉味하사 曰 不圖爲樂之至於斯也호라

공자께서 제나라에 계실 적에 순임금의 음악 소를 들으시고 3개월 동안 고기의 맛을 모르면서 말씀하시기를, “음악이라고 하는 것이 이러한 경지에 이르게 될 줄을 생각하지 못하였노라!” 하셨다.

○자재제문소(子在齊聞韶) : 공자께서 제나라에 있을 적에 순임금의 음악을 듣다. ‘韶’는 악곡 이름으로 순임금의 음악을 말함. 순임금의 음악에 대해서는 본서 3·25·1 참고. “在齊因周流至齊 韶舜樂 舜之後封於陳 得用先代之樂 自陳敬仲奔齊 故韶傳於齊”
○삼월(三月) : 석 달 동안. 석 달 동안 순임금의 음악을 배우다. “是學韶三月”
○부지육미(不知肉味) : 고기 맛을 알지 못하다. 고기 맛을 알지 못할 정도로 순임금의 음악에 마음을 쏟았다는 말. “言心專一於韶”
○왈(曰) : 공자의 제자들이 공자의 말을 기술한 것임. “是門人述夫子之言”
○부도위악지지어사야(不圖爲樂之至於斯也) : 음악이 이러한 경지에 이르게 될 줄을 생각하지 못했다. ‘斯’는 진선진미의 경지를 뜻함. “不圖猶不意 斯指盡善盡美言”

史記에 三月上에 有學之二字라 不知肉味는 蓋心一於是하여 而不及乎他也라 曰不意舜之作樂이 至於如此之美니 則有以極其情文之備하여 而不覺其歎息之深也라 蓋非聖人이면 不足以及此니라
○范氏曰 韶는 盡美又盡善하니 樂之無以加此也라 故로 學之三月을 不知肉味하고 而歎美之如此하시니 誠之至요 感之深也시니라

「사기」에는 ‘三月’이란 글자 위에 ‘學之’라는 두 자가 있다. 고기의 맛을 몰랐다는 것은 마음에 오로지 이것만 행해서 다른 것에 미치지 못했다는 것이다. “순임금께서 음악을 만든 것이 이처럼 아름다운 데에 이르게 될 줄을 생각하지 못했다.”고 말씀하셨으니, 그것은 내용과 형식을 갖춤을 지극히 해서 그 탄식의 깊어짐을 깨닫지 못함이 있었다. 대개 성인이 아니면 이에 미칠 수 없을 것이다.
○범 씨가 말했다. “순임금의 음악 소는 지극히 아름답고 또 지극히 좋으니 음악이

이에 더할 것이 없다. 그러므로 배우는 3개월 동안을 고기의 맛을 모르고 탄미하기를 이와 같이 하신 것이니 정성이 지극하고 감동함이 깊다는 것이다.”

○정문(情文) : 내용과 형식. 「순자(荀子)」 《예론(禮論)》 “至備情文俱盡　其次情文代勝” 「논어집주(論語集註)」 “記曰　知禮樂之情者能作　識禮樂之文者能述”

[備旨] 夫子周流在齊할새　得聞韶樂하시고　深有契於心하사　至三月之久心一於是하여　而不知有肉味焉이라　因歎息에　曰韶之樂은　吾向聞其美矣로되　不圖其爲樂之情文이　兼備하여　至於如斯之美也호라하시니　殆有出於意想之外하여　而不可以言語形容者乎인저

부자께서 천하를 돌아다니다가 제나라에 계실 적에 순임금의 음악 소를 얻어 들으시고, 아주 마음에 흡족해서 3개월이란 많은 세월이 흐르도록 마음에 오로지 이것만 들어서 고기의 맛을 알지 못했다. 그리고 탄식할 적에 말씀하시기를, “순임금의 음악 소는 내가 접때 그것이 아름답다고 들었지만, 그가 음악을 만들 때에 내용과 형식이 겸비되어 이처럼 아름다움에 이르렀는지 생각하지 못했었노라!”라고 하셨으니, 혹시 생각의 밖을 벗어나서 언어로써 형용할 수 없는 것이 있었는지도 모른다.

○계(契) : 들어맞다. 부합(符合)하다.
○향(向) : 접때. 이전에. 과거를 나타내는 부사. ‘향(嚮)’과 같음.
○의상(意想) : 생각. 또는 생각함.
○태(殆) : 아마도. 혹시 …일지도 모른다.

7·14·1 冉有曰 夫子爲衛君乎아 子貢曰 諾다 吾將問之호리라

염유가 말하기를, “이번에 선생님께서 위나라에 오셨는데 위나라의 임금을 도와주실까?” 하니, 자공이 말하기를, “좋다. 내가 곧 선생님께 여쭈어 보겠다.” 하였다.

○부자위위군호(夫子爲衛君乎) : 공자께서 위나라 임금을 도와주는가? ‘爲’는 ‘돕다[助也]’라는 뜻. “爲衛君是許其當立意”
○낙(諾) : 대답하는 말. 예. 응낙하는 말. “諾是言其爲與不爲未可知也”
○오장문지(吾將問之) : 자공이 공자께 물어보겠다는 말. “是欲託問以知之”
○14장은 노(魯)나라 애공(哀公) 6년에 있었던 일이다. 위군(衛君)은 출공(出公, B.C 492~B.C 481) 첩(輒)을 말하는데, 괴외의 아들이고 영공(靈公)의 손자다. 당시 위나라

는 어려웠고 영공의 부인 남자(南子)가 음란한 소행이 있었으므로, 공자(公子)였던 괴외가 이를 죽이려 했으나 잘 되지 않아서 송(宋)나라로 망명했다. 그런 와중에 영공이 세상을 떠났으므로 백성들은 괴외의 아들 첩을 세워 임금으로 삼았던 것이다. 그 뒤 괴외가 입국하려니까 첩은 아버지의 입국을 막았던 것이다. 다음에 괴외가 위나라로 돌아오자 첩은 위군의 자리를 버리고 노나라로 망명하니, 괴외가 왕위에 올랐던 것이다.

당시에 염유(冉有)와 자공(子貢)은 첩에게 벼슬을 하고 있었지만, 마침 공자께서 초(楚)나라로부터 위(衛)나라로 들어오셨으므로, 질문을 했던 것이다. 공자께서 위나라의 임금을 도우는 문제는 명분상의 문제였고, 당시에 사직(社稷)과 인륜(人倫)의 문제를 두고 논의가 있었던 것이다. 자공은 축출당한 공자 첩의 문제를 질문하려고 한 것이지만, 군자는 그 나라에 거할 때에는 그 나라의 대부(大夫)를 비난하지 않는 것이 예의였다. 더구나 군주를 비난할 수 없었으므로 자공(子貢)이 백이(伯夷)와 숙제(叔齊)를 들어 질문한 것이다.

爲는 猶助也라 衛君은 出公輒也라 靈公이 逐其世子蒯聵러니 公薨커늘 而國人이 立蒯聵之子輒하니라 於是에 晉納蒯聵로되 而輒拒之하니라 時에 孔子居衛할새 衛人이 以蒯聵가 得罪於父로되 而輒은 嫡孫當立이라 故로 冉有疑而問之라 諾은 應辭也라

위(爲)는 돕다와 같다. 위나라 임금은 축출당한 공자 첩이다. 영공이 세자인 괴외를 내쫓았는데, 영공이 죽자 나라의 사람들이 괴외의 아들인 첩을 세웠다. 이때 진나라에서는 괴외를 위나라로 들여보냈지만 첩이 이를 막았다. 때마침 공자께서 위나라에 계셨는데 위나라 사람들은 괴외가 아버지로부터 죄를 얻었지만, 첩은 대를 물려받을 손자이므로 당연히 왕위에 올라야 한다고 생각했으므로 염유가 의심하여 물은 것이다. 낙(諾)은 대답하는 말이다.

○출공(出公) : 축출 당한 공자(公子).
○첩(輒) : 위(衛)나라 임금. ☞첩(輒) : 문득. 갑자기.
○괴(蒯) : ①황모(黃茅). ②새끼줄로 감다. ③땅이름.
○외(聵) : 배냇 귀머거리.
○훙(薨) : 죽다. 제후(諸侯)의 죽음. 「예기(禮記)」 《곡례하(曲禮下)》 "天子曰崩 諸侯曰薨 大夫曰卒 士曰不祿 庶人曰死"
○적손(嫡孫) : 대를 잇거나 지위를 물려받을 손자. 적장손(嫡長孫).

[備旨] 當衛君拒父之日에 夫子時適在衛할새 冉有疑於衆論하여 問於子貢에 曰衛君之立
은 人皆爲之어늘 不知夫子는 亦以衛君之當立로 而爲之否乎아 子貢이 曰諾다 吾將見夫子
而問之하여 以觀其意之所在也호리라

첩이 위나라의 임금으로 있을 적에 아버지의 입국을 막는 날에 부자께서는 그때 마
침 위나라에 계셨는데, 염유가 여러 사람들의 의논들을 의심해서 자공에게 물을 적에
말하기를, "위나라 임금을 세운 것은 사람들이 모두 도왔던 것인데, 부자께서는 또한
위나라 임금을 마땅히 세워야 하기 때문에 도와줄 것인지 그렇지 않을지 알지 못하겠
다."라고 하니, 자공이 말하기를, "좋다. 내가 곧 선생님을 뵙고 여쭈어 보아서 그 뜻이
있는 곳을 살펴보겠다."라고 했다.

○위군거부지일(衛君拒父之日) : 첩(輒)이 위군(衛君)으로 있을 때 그의 아버지 괴외(蒯
聵)의 입국을 막았던 날. 본서 13·3·7 집주에도 이와 관련된 내용이 있다.
○'不知夫子는 亦以衛君之當立로 而爲之否乎아'를 전통적인 방법으로 '不知케라 夫子는
亦以衛君之當立로 而爲之否乎아(알지 못하겠다. 부자께서는 또한 위나라 임금을 마땅
히 세워야 하기 때문에 도와줄까 그렇지 않을까?)'로 현토하여 해석할 수도 있다.

7·14·2 入曰 伯夷叔齊는 何人也잇고 曰 古之賢人也시니라 曰 怨乎잇가 曰 求仁而得仁이어니 又何怨이리오 出曰 夫子不爲也시니라

방으로 들어가서 선생님께 여쭈기를, "백이와 숙제는 어떠한 사람이었습니까?" 하니,
공자께서는 "옛날의 현인이셨다." 하고 대답하셨다. "그러한 백이와 숙제는 자리를 양
보하고 망명했는데 못난 짓을 했다고 후회하셨습니까?" 하고 묻자, "인을 구하다가 인
을 얻었는데 다시 어찌 후회했겠는가?" 하고 대답하셨다. 자공이 방을 나와서 말하기
를, "선생님께서는 위나라 임금을 돕지 않으실 것이다." 하였다.

○백이숙제하인야(伯夷叔齊何人也) : 백이와 숙제는 행동하는 모습이 어떤 사람이었는
가? "是問其制行何如"
○고지현인야(古之賢人也) : 옛날의 현인이다. 옛날의 현인으로 지금 사람이 따라가기
힘들다는 말. "古賢人便見今人所難 就遜國上看"
○구인이득인(求仁而得仁) : 인을 추구하여 인을 얻다. "仁以心言 就天理之正人心之安
說"

○하원(何怨) : 무엇을 원망하겠는가? 의문문에서 도치된 것. "緊頂上句來 各得所欲 何怨之有"

○부자불위야(夫子不爲也) : 공자께서는 위나라 임금을 돕지 않다. 공자께서는 인의를 중요시한 사람이었기에 위나라 임금을 돕지 않을 것이라는 말. "不爲以在忍心害理上 見"

伯夷叔齊는 孤竹君之二子라 其父將死에 遺命立叔齊러니 父卒에 叔齊遜伯夷한대 伯夷曰 父命也라하고 遂逃去하고 叔齊도 亦不立而逃之하니 國人이 立其中子하니라 其後에 武王伐紂에 夷齊扣馬而諫하고 武王滅商에 夷齊恥食周粟하여 去隱于首 陽山이라가 遂餓而死하니라 怨은 猶悔也라 君子居是邦에 不非其大夫은 況其君乎 아 故로 子貢이 不斥衛君하고 而以夷齊爲問이어늘 夫子告之如此하시니 則其不爲 衛君을 可知矣라 蓋伯夷는 以父命爲尊하고 叔齊는 以天倫爲重하니 其遜國也가 皆求所以合乎天理之正하고 而卽乎人心之安이요 旣而各得其志焉하여는 則視棄 其國을 猶敝蹝爾니 何怨之有리오 若衛輒之據國拒父는 而唯恐失之니 其不可同 年而語가 明矣니라

○程子曰 伯夷叔齊는 遜國而逃하고 諫伐而餓하되 終無怨悔하니 夫子以爲賢이라 故로 知其不與輒也니라

　백이와 숙제는 고죽군의 두 아들이다. 그 아버지가 죽을 때에 분부하면서 숙제를 세우라 했더니, 아버지가 죽었을 때 숙제는 백이에게 양보해 버렸다. 백이는 아버지의 유명이라고 끝내 도망가 버리고 숙제도 또한 왕위에 오르지 않고 도망가니, 나라 사람들이 둘째 아들을 세웠다. 그 뒤에 무왕이 주왕을 정벌했을 때 백이와 숙제는 말고삐를 당기면서까지 간하였고, 무왕이 상나라를 멸망시켰을 때에는 백이와 숙제는 주나라의 녹을 먹는 것을 부끄럽게 여겨서 수양산에 숨어 살다가 끝내 굶어 죽었다. 원(怨)은 후회와 같다. 군자는 그 나라에 거할 때에는 그 나라의 대부를 비난하지 않는 법인데 더구나 군주임에랴? 그러므로 자공이 위나라 군주를 배척하지 못 하고 백이와 숙제를 들어 질문한 것인데 부자의 대답이 이와 같았으니, 그것은 위나라의 임금을 돕지 않겠다는 뜻임을 알 수 있다. 대개 백이는 아버지의 유명을 존중하였고 숙제는 천륜을 중시하였으니, 그들이 나라를 사양한 것은 모두 천리의 정도에 합하고, 인심을 편안하게 하는 데에 나아가기를 구했던 것이요, 이후에 각각 그 뜻을 얻고 나서는 그 나라를 버리기를 떨어진 짚신처럼 하였으니, 어찌 후회함이 있었겠는가? 위나라의 첩이 나라를 점거하고 아버지를 막은 것은 오직 나라를 잃을까 두려워한 것이니, 서로 아울러 논할 수 없음이 분명하다.

○정자가 말했다. "백이와 숙제는 나라를 사양하다가 도망하였고, 정벌을 간하다가 굶주려 죽었지만 끝내 원망하거나 후회하지 않았으니, 부자께서 어질게 여기신 것이다. 그러므로 그들이 첩과 함께 하지 않을 것임을 안 것이다."

○손(遜) : 사양하다. 양보하다.
○구(扣) : 당기다.
○주속(周粟) : 주나라의 녹(祿). '粟'은 원래 곡식을 뜻하는 말이지만 여기서는 '俸祿'을 의미함.
○수양산(首陽山) : 산이름. 백이(伯夷)와 숙제(叔齊)가 절의를 지키기 위하여 은거하다 굶어 죽었다는 산. 산서성(山西省) 영제현(永濟縣) 남쪽이 있다. 일명 뇌수산(雷首山)이라고도 하고 어떤이는 남쪽 언덕을 말하기도 함. 「중문대사전(中文大辭典)」"首陽山 卽 雷首山 南皐也"
○폐사(敝蹝) : 헤진 짚신이란 뜻으로, 쓸모 없는 물건의 비유. 폐갹(弊蹻). ☞폐(敝) : 해지다. 떨어지다. ☞사(蹝) : 짚신. 「맹자(孟子)」"舜視其天下 猶棄敝也"
○동년이어(同年而語) : 서로 아울러 논함. 함께 언급함. 동년어(同年語). 동년이론(同年而論).

[備旨] 子貢以居衛之地하여 而論衛之事에 有難於顯言者일새 乃入而問에 曰伯夷叔齊는 其制行이 何如人也잇가 蓋欲因此以反觀耳라하니 夫子曰 夷齊之淸風高節은 足以表今垂後니 誠古之賢人也시니라 子貢이 曰彼之遜國은 果出於中心之自然이요 抑亦有所怨悔乎잇가하니 夫子曰 二子之遜國은 一以尊父命하고 一以重天倫이니 欲以協乎天理人心하여 而求仁也라 旣而各遂其志하니 則理順心安하여 而得仁矣어니 又何有怨悔乎리오 子貢이 出而語冉有에 曰夷齊之兄弟가 遜國者는 夫子旣以爲是하시니 則衛君之父子가 爭國者는 夫子必以爲非라 其不爲衛君也明矣니 子又何疑哉아

자공이 위나라의 땅에 거하면서 위나라의 일을 논할 적에 분명하게 말하기 어려운 점이 있었기 때문에 곧 방으로 들어가서 여쭤어 볼 적에 말하기를, "백이와 숙제는 그 행동하는 모습이 어떠한 사람들이었습니까? 대체로 이런 것을 통해서 돌이켜 살펴보고자 할 따름입니다."라고 하니, 부자께서 말씀하시기를, "백이와 숙제의 청아한 풍격과 높은 절개는 족히 오늘날의 세상에 드러내고 후세에 드리워 칭찬할 만하니, 진실로 옛날의 현인들이셨다."라고 하셨다. 자공이 말하기를, "그들이 나라를 사양함은 진실로 마음속 자연스러운 데로부터 나왔습니까, 아니면 또한 원망하고 후회하는 바가 있었습니까?"라고 하니, 부자께서 말씀하시기를, "두 사람이 나라를 사양한 것은 하나는 아버지의 명령을 존중했고 하나는 하늘의 도리를 중히 여겼으니, 천리와 인심을 좇아서 인

을 구한 것이다. 이후에 각각 그 뜻을 이루었으니 곧 도리를 따르고 마음을 편히 해서 인을 얻은 것이었는데, 또 어찌 원망하고 후회함이 있었겠는가?"라고 하셨다. 자공이 나와서 염유에게 대답할 적에 말하기를, "백이와 숙제의 형제들이 나라를 양보한 것은 부자께서 이미 옳다고 하셨으니, 위나라 임금의 아버지와 아들이 나라를 다툰 것은 부자께서는 반드시 틀렸다고 생각하신 것이다. 그것은 위나라 임금을 돕지 않겠다는 점이 분명하니, 자네는 또 무엇을 의심하겠는가?"라고 했다.

○현언(顯言) : 분명하게 말함.
○제행(制行) : 행실을 가짐. 필요에 따라 행동하는 모습. '行'은 거성(去聲)으로 쓰였음. 「중문대사전(中文大辭典)」"謂制法立行也 [禮表記] 聖人之制行也 不制以己"
○청풍(淸風) : 청아한 풍격(風格).
○고절(高節) : 높은 절개.
○표금(表今) : 지금 세상에 드러내어 표창함.
○수후(垂後) : 후세에 드리움. 행적을 후세에 드리워 칭찬할 만함.

7·15·1 子曰 飯疏食(사)飮水하고 曲肱而枕之라도 樂亦在其中矣니 不義而富且貴는 於我에 如浮雲이니라

공자께서 말씀하셨다. "거친 밥을 먹고 물을 마시고 팔을 굽혀 베고 있더라도 즐거움이 또한 그 가운데 있으니, 의롭지 않으면서도 부하거나 귀한 것은 나에게 뜬구름과 같다."

○반소시음수(飯疏食飮水) : 기친 밥을 먹고 물을 마시다. ☞사(食) : 밥. 서성(去聲)으로 쓰여 '밥'이란 뜻이고 '사'로 읽음. "疏食是食之糲 水是飮之薄"
○곡굉이침지(曲肱而枕之) : 팔을 구부려 베고 눕다. "曲是屈肱是手臂枕 是藉以爲安意"
☞곡굉지락(曲肱之樂) : 청빈(淸貧)에 만족하며 도를 즐기는 즐거움.
○낙역재기중의(樂亦在其中矣) : 즐거움이 또한 그 가운데 있다. 마음의 즐거움 또한 거친 밥을 먹고 물을 마시며 팔을 굽혀 베고 있는 가운데 있다는 말. "樂是心之樂 其中是疏食曲肱之中"
○불의의부차귀(不義而富且貴) : 불의한 방법으로 얻은 부귀. 즉 정당한 도리로써 얻지 않은 부귀. "不義是不以其道得者 富貴指就奉養言"
○어아여부운(於我如浮雲) : 나에게는 뜬구름과 같다. 즉 아무 관계가 없어 마음을 움

직일 수 없다는 말. '浮雲'은 ①하늘에 떠 있는 구름. 나아가, 덧없는 인생이나 세상일의 비유 ②멀리 떨어져 있어, 하등 관계가 없거나 또는 종잡을 수 없음을 비유해 이르는 말. 여기서는 ②의 뜻으로 쓰임. "我是以我自得之樂 言如浮雲只是不動心意"

飯은 食之也요 疏食(사)는 麤飯也라 聖人之心은 渾然天理니 雖處困極이라도 而樂亦無不在焉이라 其視不義之富貴를 如浮雲之無有하여 漠然無所動於其中也시니라

○程子曰 非樂疏食飮水也요 雖疏食飮水나 不能改其樂也니 不義之富貴를 視之輕如浮雲然이니라 又曰 須知所樂者가 何事니라

반(飯)은 먹는다는 것이고 소사(疏食)는 거친 밥이다. 성인의 마음은 모자라거나 찌그러짐이 없이 온전한 천리니, 비록 지극히 곤궁한 데에 처하더라도 즐거움 또한 있지 않음이 없을 것이다. 그가 의롭지 못한 부귀를 보는 것을 마치 뜬구름이 있지 않는 것 같이 여겨서 막연히 그 마음에 동요되는 바가 없으셨다는 것이다.

○정자가 말했다. "거친 밥을 먹고 물을 마시는 것을 즐거워한 것이 아니라, 비록 거친 밥을 먹고 물을 마시더라도 능히 그 즐거움을 고칠 수 없다는 것이니, 의롭지 못한 부귀를 보기를 마치 뜬구름처럼 가볍게 여기신 것이다." 또 말했다. "모름지기 즐거워한 바가 어떤 일인가를 알아야 할 것이다."

○추반(麤飯) : 거친 밥. ☞추(麤) : 거칠다(物不精). 추하다.
○막연(漠然) : 범위나 내용이 넓어서 갈피를 잡지 못해 어렴풋한 모양.
○여부인지유무(如浮雲之無有) : 마치 뜬구름이 아무런 형질이 없는 것처럼 부귀하고는 아무런 상관이 없게 생각했다는 말.

[備旨] 夫子敍己之樂에 曰至樂은 不出於日用之常이라 今我所飯者는 疏食而已요 所飮者는 水而已요 所枕者는 曲吾肱枕之而已라 雖處此困極이라도 而我心之眞樂은 初無不在也라 蓋樂은 亦在疏水曲肱之中矣니 若彼不義而富且貴면 於我에 何與리오 視之如浮雲之無有니 何足以易我樂哉아하시니 蓋聖人之心은 渾然天理니 不以窮困으로 而有損於外하고 不以富貴로 而有動於中者가 如此라

부자께서 자기의 즐거움에 대해 서술할 적에 말씀하시기를, "지극한 즐거움이란 날마다 쓰면서 언제나 행하는 일에서 벗어나지 않는다. 지금 내가 먹는 것은 거친 밥일 뿐이고 마시는 것은 물뿐이며 베개로 삼은 것은 나의 팔을 굽혀서 베는 것뿐이다. 비록 이렇게 지극히 곤궁한 데 처했을지라도 내 마음의 진정한 즐거움은 처음부터 있지

않음이 없다. 대개 즐거움이란 또한 거친 밥을 먹고 물을 마시며 팔을 굽혀서 베고 있는 가운데 있으니 만약 그런 것들이 의롭지 않으면서 부하거나 귀한 것이라면 나에게 어떻겠는가? 그것을 볼 적에 마치 뜬구름이 있지 않는 것처럼 여겼으니 어찌 족히 나의 즐거움을 바꿀 수 있겠는가?"라고 하셨으니, 대개 성인의 마음은 모자라거나 찌그러짐이 없이 온전한 천리니 곤궁 때문에 외부 세계로부터 손해를 입힐 수 없고 부귀로써 마음을 움직일 수 없음이 이와 같다.

○하여(何與) : 어떻겠는가? 의문대명사로서 '何如'와 같이 쓰였음.

7·16·1　子曰　加(假)我數年하여　五十(卒)以學易이면　可以無大過矣리라

공자께서 말씀하셨다. "하늘이 나에게 몇 해만 나이를 빌려줘서 끝까지 주역을 배우도록 해 준다면 큰 허물이 없게 될 것이다."

○가아수년(加我數年) : 하늘이 나에게 몇 해만 나이를 빌려주다. '더해주다'로 해석할 수도 있음. 아래 집주 해석 참고. 한 가지 덧붙인다면 '假'는 평성(平聲)으로 해석하면, '빌리다'라는 뜻이고, 입성(入聲)으로 해석하면 '이르다[格]'라는 뜻이다. "加照註作假"
○오십이학역(五十以學易) : 주역을 끝까지 배우다. '五十'을 '卒'로 보고 해석했는데, '卒'은 '終也'라 했으므로 '끝까지 주역을 배우다'라는 의미. '學易'은 주역의 도에 빠지는 것을 말함. "五十照註作卒　卒終也　易是易經　學易是潛心於易道"
○가이무대과의(可以無大過矣) : 아마도 큰 허물이 없게 될 것이다. ☞가이(可以) : …힐 수 있다. 조동사로서 허가나 가능을 나타냄. 허가·가능을 나타내는 소동사 '可'와 이유·조건·수단·도구·원인 등을 나타내는 전치사 '以'가 결합하여 하나의 조동사로 굳어진 것이다. "可以是庶幾意　無大過是無大段過失"
○이 장의 문제점은 ①'加'를 '假'의 오자라는 문제. ②'五十'을 '卒'의 오자라고 보는 문제. ③'加'를 '假'로 '易'을 '亦'으로 보고 '假我數年　卒以學　亦可以無大過矣'로 끊어 읽는 문제 등이 있다.

　오늘날 주역이 공자 이후의 것이라는 점은 문헌학상 증명된 것이라고 보지만, 주역이 공자 이후의 것이라고 해도 복서(卜筮)를 주로 하는 주역은 이미 존재하고 있었을 것이다. 혹자는, 공자께서 이때 나이가 이미 70에 가까웠을 것이니 '五十'이 '七十'의 오자로 보고, '加我數年　七十以學易　可以無大過矣(하늘이 나에게 몇 해만 나이를 더해서

적어도 70살까지 주역을 배우도록 해 준다면 큰 허물이 없을 것이다.)'로 푸는 경우도 있다.

劉聘君이 見元城劉忠定公한대 自言嘗讀他論하니 加作假요 五十作卒이라 蓋加假는 聲相近而誤讀이요 卒與五十은 字相似而誤分也라 愚按 此章之言은 史記에 作假我數年하여 若是면 我於易에 則彬彬矣라하니 加正作假로되 而無五十字라 蓋是時에 孔子年已幾七十矣니 五十字誤는 無疑也라 學易이면 則明乎吉凶消長之理와 進退存亡之道라 故로 可以無大過라 蓋聖人이 深見易道之無窮하고 而言此以敎人하여 使知其不可不學이요 而又不可以易(이)而學也시니라

유빙군이 원성 사람 유충정공을 만났는데 스스로 말하기를, "일찍이 다른 「논어」를 읽어 보니, '加'는 '假'로 되어 있고 '五十'은 '卒'로 되어 있었다. 아마도 '加'와 '假'는 음이 서로 가까워 잘못 읽어진 것이고, '卒'과 '五十'은 글자가 서로 비슷해서 잘못 나누어진 것인 듯하다."라고 했다는 것이다. 내[朱子]가 살펴 보건대, 이 장의 내용은 「사기」에 "作假我數年 若是我於易 則彬彬矣(나에게 몇 해만 나이를 빌려줘서, 이와 같이 하면 내가 주역에 환할 것이다.)"라고 되어 있으니, '加'는 바로 '假'로 되어 있었지만 '五十'이란 글자는 없다. 아마도 이때에 공자 나이가 이미 70에 가까웠을 것이니, '五十'이라는 글자가 잘못됨은 의심할 것도 없다. 주역을 배우면 좋은 일과 나쁜 일이며 쇠함과 성함의 이치와 나아가고 물러가는 것이나 살고 죽는 도리에 밝을 것이므로 큰 허물이 없을 것이다. 대개 성인이 깊이 주역의 도가 무궁함을 보시고 이를 말씀하여 사람을 가르쳐서 그들이 배우지 않으면 안 되고, 그리고 또 쉽게 해서 배울 수 없다는 것을 알도록 하신 것이다.

○유빙군(劉聘君) : 송(宋)나라 숭안(崇安) 사람 유면지(劉勉之)를 말함. 자는 치중(致中).「중문대사전(中文大辭典)」"師事譙定 學究伊洛之旨 世稱白水先生 後以女妻朱熹 見宋史四百五十九 宋元學案 四十三"
○유충정공(劉忠定公) : 송(宋)나라 원성(元城) 사람 유안세(劉安世)를 말함. 자는 기지(器之). 시호(諡號)가 충정공(忠定公).
○빈빈(彬彬) : 문채가 빛남. 수식·무늬 등 외관과 내용이 겸비되어 훌륭함.
○길흉(吉凶) : 좋은 일과 나쁜 일.
○소장(消長) : 쇠함과 성함.
○진퇴(進退) : 나아가고 물러감.
○존망(存亡) : 삶과 죽음.

[備旨] 夫子示人學易之意에 日使天加我數年하여 以卒我學易之功이면 居則觀象而玩辭하고 動則觀變而玩占이라 明乎吉凶消長之理하여 而上識天時하고 察乎進退存亡之道하여 而下究人事니 雖不敢自謂周旋之無失이나 而根本節目之所在를 亦可以不踰閑하여 而無大過矣리라하시니 夫聖人은 全體易道로되 猶藉學易이 如此하시니 誠以易道精微로 欲人之勉於學也라

부자께서 사람들에게 주역을 배우는 의미를 보여줄 적에 말씀하시기를, "가령 하늘이 나에게 몇 해만 나이를 빌려줘서 내가 끝까지 주역의 공을 배우게 된다면, 거할 때에는 모양을 관찰해서 괘를 익히고 움직일 때에는 변화를 관찰해서 점을 익힐 것이다. 좋은 일과 나쁜 일, 쇠함과 성함의 이치를 밝혀서 위로는 천시를 알아보고, 나아가고 물러감, 살고 죽는 도를 살펴서 아래로는 인사를 연구해 볼 것이니, 비록 감히 스스로 여러 모로 두루 힘쓰는 것이 실수가 없다고 말하지는 못할지라도 근본이나 절목의 있는 곳을 또한 벗어나지 않아서 대과가 없을 것이다."라고 하셨으니, 무릇 성인은 전체가 주역의 도이지만 오히려 주역을 배우기를 의지함이 이와 같으셨으니, 진실로 주역의 도가 정미한 것이기에 사람들에게 배움에 힘쓰도록 하고 싶었던 것이다.

○괘(卦) : 괘. 점괘(占卦). 음양의 효(爻)가 거듭하여 사상(四象)을, 3번 거듭하여 8괘를, 다시 중복해서 64괘를 이룸.
○완(玩) : 익히다. 되풀이하여 익히다. "動則觀其變 而玩其占"
○절목(節目) : 규칙의 조목. 세목(細目).
○유한(踰閑) : 법도(法度)를 벗어남.
○자(藉) : 의지하다.

7·17·1 子所雅言은 詩書執禮니 皆雅言也러시다

공자께서 사람을 가르칠 때에 항상 말씀하셨던 것은 시와 서 그리고 예를 지키는 문제에 관한 것이었으니, 이것이 모두 평소에 하시는 말씀이셨다.

○아언(雅言) : ①우아한 말. 아사(雅詞). 아어(雅語). ②평소에 하는 말. 늘 하는 말. 여기서는 ②의 뜻으로 쓰였음. "雅言是敎人之常言"
○시서집례(詩書執禮) : 모시(毛詩)와 상서(尙書)와 예기(禮記)를 지미는 것. 유독 예기(禮記)만 '執禮'라고 한 것은 예의 범절이나 법도에 관련이 있기 때문이다. "禮言執者以儀文言"

○개아언야(皆雅言也) : 모두 평소에 하는 말이다. "皆字承上詩書禮說"

雅는 常也요 執은 守也라 詩以理情性하고 書以道政事하고 禮以謹節文하니 皆切於日用之實이라 故로 常言之라 禮獨言執者는 以人所執守而言이요 非徒誦說而已也라
○程子曰 孔子雅素之言이 止於如此요 若性與天道는 則有不可得而聞者하니 要在默而識之也니라 謝氏曰 此는 因學易之語하여 而類記之니라

아(雅)는 '항상'이다. 집(執)은 지키는 것이다. 시는 성정을 다스리고, 서는 정사를 말하고, 예는 조절하고 꾸미는 것을 삼가는 것이니, 모두 날마다 쓰는 데에 절실한 것들이다. 그러므로 항상 이것을 말씀하신 것이다. 예만 유독 지킨다고 말씀한 것은 사람이 잡아서 지켜야 할 것을 가지고 말씀한 것이고, 다만 외우고 설명하는 것만은 아니기 때문이다.

○정자가 말했다. "공자가 평소에 하신 말씀이 이와 같은 데에 그쳤고, 성이라든지 하늘의 도와 같은 것은 얻어 들을 수가 없었으니, 요컨대 이것은 말없이 스스로 알아야 할 것이다." 사 씨가 말했다. "이 장은 주역을 배운다는 말을 인하여 비슷한 유형끼리 기록한 것이다."

○절문(節文) : 조절하고 꾸미다. 사물을 알맞게 꾸밈.
○식(識) : 깨달아 알다. 「논어집주(論語集註)」 "謂不言而自得之"
○다음의 문장을 참고하면 시서집례(詩書執禮)를 자세히 이해할 수 있다. 「논어집주(論語集註)」 "朱子曰 古之儒者 只是習詩書禮樂 言執禮則樂在其中 如易則掌於太卜 春秋掌於史官 學者兼通之 不是正業 只言詩書 大而天道之精微 細而人事之曲折 無不在其中 禮則節文度數 聖人敎人 亦只是許多事"

[備旨] 夫子之敎에 有所謂雅言者는 蓋古人有詩焉하며 有書焉하며 有當執之禮焉이라 夫詩以理性情하며 書以道政事하며 禮以謹節文하니 三者는 皆切於日用之實이라 故로 夫子常言之라 然則誦詩讀書하고 而習禮는 誠學者之所當務也니라

부자의 가르침에 이른바 아언이라고 이른 것은 대개 옛날 사람들에게는 시가 있고 서가 있었으며 마땅히 지켜야 할 예가 있었던 것이다. 무릇 시는 성정을 다스리며 서는 정사를 말하며 예는 조절하고 꾸미는 것을 삼가는 것이었으니, 이 세 가지는 모두 날마다 쓰는 데에 절실한 것들이므로 부자께서 항상 말씀하셨던 것이다. 그렇다면 시를 외우고 서를 읽고 예를 익히는 일은 진실로 배우는 사람이 마땅히 힘써야 할 것이다.

7·18·1 葉公이 問孔子於子路어늘 子路不對한대

섭공이 자로에게 공자의 사람됨에 대해 물으니 자로가 대답하지 않았는데,

○섭공(葉公) : 초(楚)나라 섭현(葉縣)의 영(令). 심제량(沈諸梁). 성이 沈이고 이름이 諸梁이다. '葉'은 인명이나 지명으로 읽을 적에는 '섭'으로 읽음.
○문공자어자로(問孔子於子路) : 자로가 공자의 사람됨에 대해 묻다. "問孔子是問孔子之爲人"
○자로부대(子路不對) : 자로가 대답하지 않다. 섭공이 공자를 성인으로 알아보지 못한 점과 성덕을 언어로 형용할 수 없었던 점이 그 이유. "不對有二意 一則葉公不足以知聖人 一則聖德難以言語形容"

葉公은 **楚葉縣尹 沈諸梁**으로 **字子高**니 **僭稱公也**라 **葉公**이 **不知孔子**하고 **必有非所問而問者**라 **故**로 **子路不對**어나 **抑亦以聖人之德**을 **實有未易名言者與**인저

섭공은 초나라 섭현의 장관 심제량으로 자는 자고인데 참람하게 공이라 일컬었다. 섭공이 공자를 알아보지 못하고 반드시 물을 바가 아니지만 물었던 것이므로 자로가 대답하지 않았던 것인지, 아니면 또한 성인의 덕을 진실로 쉽게 일러 말하지 못할 것이 있었기 때문일 것이다.

○섭현(葉縣) : 지금 하남성(河南城) 남양부(南陽府)에 있는 지명.
○윤(尹) : 장관. 벼슬 이름. 행정 관청의 장(長).

[備旨] 葉公이 問孔子之爲人於子路한대 而子路不對하니 雖是聖人之德을 未易形容이나 然而啓天下之疑矣니라

섭공이 공자의 사람됨을 자로에게 물었는데 자로가 대답하지 아니하니, 비록 이것은 성인의 덕을 쉽게 형용하지 못했다고 하더라도, 그렇지만 천하 사람의 의심을 일깨운 것이다.

7·18·2 子曰 女는 奚不曰 其爲人也가 發憤忘食하고 樂以忘憂하여 不知老之將至云爾오

공자께서 말씀하셨다. "너는 왜 나에 대해서 '그의 사람됨이 이치를 얻지 못했을 적에는 분발하여 먹는 것도 잊고, 이치를 얻었을 적에는 마음이 즐거워 근심도 잊어버려서 늙음이 곧 닥쳐온다는 사실도 모르고 있는, 그러한 사람일 뿐입니다.'라고 말하지 않았느냐?"

○발분망식(發憤忘食) : 발분(發憤)은 이치를 얻지 못해서 심중에 구하고 통하기를 궁구하기에 급한 것이고, 망식(忘食)은 분발함이 심해서 먹는 것도 알지 못한다는 말. '발분(發憤)·발분(發奮)·분발(奮發)'은 같은 말. "發憤是未得此理 心中急於究通 忘食是憤之極 而不知有食"
○낙이망우(樂以忘憂) : 낙(樂)은 이미 이치를 얻어서 심중이 자연히 유쾌하고 즐거운 것이고, 망우(忘憂)는 즐거움이 지극해서 비록 근심이 있지만 알지 못한다는 말. "樂是已得此理 心中自然快樂 忘憂是樂之極 雖有憂而不知"
○부지노지장지(不知老之將至) : 마음에 학문을 좋아하여 나이가 이르는 것도 모두 잊다. "是一心好學 都忘年數之至意"
○운이(云爾) : 이와 같을 뿐이다. 이와 같은 데 지나치지 않음. '云'은 대명사로서 윗문장에 나타났던 어구나 사물을 대신할 때 쓰인다. '이와 같이' '이렇게 하면' 등으로 해석한다. '爾'는 어조사로 쓰였다. 주로 문장 끝에 사용되어 '曰'자와 호응 관계를 이룸. "二字通管上三句 謂其爲人不過如此"

未得이면 則發憤而忘食하고 已得이면 則樂之而忘憂하여 以是二者로 俛焉하여 日有孶孶하여 而不知年數之不足이라하니 但自言其好學之篤爾라 然이나 深味之면 則見其全體至極하여 純亦不已之妙하니 有非聖人이면 不能及者라 蓋凡夫子之自言이 類如此하니 學者는 宜致思焉이니라

이치를 터득하지 못하면 분발하여 식사도 잊고 이미 터득했으면 즐거워서 근심도 잊어서, 이 두 가지를 힘써 날마다 부지런히 하여 연수의 부족함도 알지 못했다고 하니, 이는 다만 스스로 그 학문을 좋아함이 독실했음을 말했을 뿐이다. 그러나 깊이 음미해 보면 그 전체가 지극하여 순수함이 또한 그치지 않는 묘함을 볼 수 있으니, 성인이 아니면 능히 미칠 수 없는 것이다. 대개 부자께서 스스로 말씀하신 것이 대체로 이와 같았으니 배우는 자들은 마땅히 생각을 다해야 할 것이다.

○면언(俛焉) : 부지런히 힘쓰는 모양.
○자자(孶孶) : 부지런히 힘쓰는 모양. 자자(孜孜).

[備旨] 夫子聞之하시고 謂子路에 曰女는 於葉公之問에 奚不對曰 其爲人也가 於理之未得엔 則發憤求之하여 而至於忘其食焉하고 於理之已得엔 則中心樂之하여 而至於忘其憂焉이라 以是二者로 循環不已하여 雖老之將至나 有不知者하니 我之爲人이 如是云爾라 女는 奚不以此로 對葉公乎아

　　부자께서 들으시고 자로에게 이를 적에 말씀하시기를, "너는 섭공의 물음에 대해 어찌하여, '그의 사람됨이 이치를 얻지 못했을 때에는 분발하고 구해서 자신의 식사를 잊어버리는 데까지 이르고, 이치를 이미 얻었을 때에는 마음으로 즐거워해서 자신의 근심을 잊어버리는 데까지 이릅니다. 이 두 가지로 순환을 그치지 않아서 비록 늙음이 곧 닥쳐오더라도 알지 못하고 있으니, 나의 사람됨이 이와 같은 데 지나지 않을 뿐입니다.'라고 말하지 않았느냐? 너는 어찌 이것으로써 섭공에게 대답하지 않았느냐?"라고 하셨다.

7·19·1 子曰 我는 非生而知之者라 好古하여 敏以求之者也로라

　　공자께서 말씀하셨다. "나는 나면서부터 의리를 아는 사람이 아니다. 옛것을 좋아하여 힘써 그것을 구하는 사람이다."

○아비생이지지자(我非生而知之者) : 나는 태어나자마자 아는 사람이 아니다. ☞생이지지(生而知之) : 배우지 않고도 의리를 아는 지혜. 상지(上知). 「중용(中庸)」 "20·9 或生而知之하며 或學而知之하며 或困而知之하나니 及其知之하여는 一也니이다" "必是因人稱而辭之之意 生知是無俟好古無俟敏求 而自然知者 二之字俱指義理言"
○호고(好古) : 옛것을 좋아하다. 옛것이란 이전의 예악과 문물을 비롯해서 말이나 행실 등 책에 기록된 모든 것. "好是欣慕意 古不特禮樂文物 凡前言往行 載諸簡冊者皆是"
○민이구지자야(敏以求之者也) : 힘써 의리를 구하는 사람이다. "敏是汲皇意 求是考究意"

生而知之者는 氣質淸明하고 義理昭著하여 不待學而知也라 敏은 速也니 謂汲汲也라
○尹氏曰 孔子以生知之聖으로 每云好學者는 非惟勉人也라 蓋生而可知者는 義理爾니 若夫禮樂名物과 古今事變은 亦必待學而後에 有以驗其實也니라

　　나면서부터 도를 아는 사람은 기질이 청명하고 의리가 밝아서 배우기를 기다리지 않고도 아는 것이다. 민(敏)은 빠르다는 것이니 부지런히 힘쓰는 모양을 이른다.

　　○윤 씨가 말했다. "공자께서는 나면서부터 도를 아는 성인으로서 매양 배우기를 좋아했다고 말씀한 것은, 오직 사람들을 힘쓰게 하기 위한 것일 뿐만 아니다. 대개 나면서부터 알 수 있는 것은 의리뿐이니, 저 예악의 명칭이나 특징을 비롯해 고금의 사변과 같은 것은 또한 반드시 배운 뒤에 그 실제를 증험할 수 있을 것이다."

○청명(淸明) : 맑고 밝음.
○소저(昭著) : 밝게 드러남. 뚜렷이 드러남.
○급급(汲汲) : 바쁜 모양. 부지런히 일하는 모양. 자자(孜孜).
○약부(若夫) : …에 이르러. 구의 맨 앞에 쓰이고, 이론을 제기할 때 쓰임. 꼭 번역할 필요는 없음. 접속사로서 다른 화제를 제시할 때, 하단의 첫머리에 쓰임.
○명물(名物) : 사물의 명칭과 특징.

[備旨] 夫子謙己意에 曰我는 非氣質淸明하고 義理昭著하며 生而知之者라 亦惟以古人嘉言善行은 皆義理所寓니 吾則篤好於古하여 而敏力以求之者也라 生知云乎哉아

　　부자께서 자기를 겸손하게 하는 뜻에서 말씀하시기를, "나는 기질이 청명하고 의리가 밝으며 나면서부터 아는 사람이 아니다. 또한 오직 옛날 사람들의 아름다운 말이나 착한 행실은 모두 의리가 붙어 있으니, 나는 독실하게도 옛것을 좋아해서 힘써 구했던 사람이다. 나면서부터 아는 사람이라고 이르겠는가?"라고 하셨다.

○가언(嘉言) : 아름다운 말.
○민력(敏力) : 힘쓰고 힘씀.

7 · 20 · 1 子 不語怪力亂神이러시다

　　공자께서는 괴이·용력·패란·귀신에 대해서는 말씀하지 않으셨다.

○자불어(子不語) : 공자께서 사람들에게 말하지 않다. "是不以此答述於人"
○괴(怪) : 괴이(怪異). 정상적인 것과 상반되는 일. "語怪則啓人惑"
○역(力) : 용력(勇力). 덕으로 하지 않고 힘으로 하는 것. "語力則啓人爭"
○난(亂) : 패란(悖亂). 정의에 어그러지고 정도(正道)를 어지럽힘. "語亂則啓人悖逆"

○신(神) : 귀신(鬼神). 조화(造化)의 현묘(玄妙)한 이치. "語神則啓人馳騖"

怪異勇力悖亂之事는 非理之正이니 固聖人所不語요 鬼神은 造化之迹이니 雖非
不正이나 然이나 非窮理之至면 有未易明者라 故로 亦不輕以語人也시니라
○謝氏曰 聖人은 語常而不語怪하고 語德而不語力하고 語治而不語亂하고 語人
而不語神이니라

괴이·용력·패란의 일은 이치의 바른 것이 아니니 진실로 성인이 말씀하지 않은 것
이요, 귀신은 조화의 자취이니 비록 바르지 않은 것은 아니지만, 궁리를 지극하게 하지
않으면 쉽게 밝힐 수 없는 것이므로, 또한 함부로 사람들에게 말씀하지 않으신 것이다.
　○사 씨가 말했다. "성인은 떳떳한 것을 말씀하고 괴이한 것을 말씀하지 않았으며,
덕을 말씀하고 힘을 말씀하지 않았으며, 다스려짐을 말씀하고 어지러움을 말씀하지 않
았으며, 사람의 일을 말씀하고 귀신의 일을 말씀하지 않으셨다."

[備旨] 夫子之所不語者有四焉한데 彼怪異之事를 語之則亂常하고 勇力之事를 語之則妨
德하고 悖亂之事를 語之則害理하고 鬼神之事를 語之則惑聽하니 此는 皆夫子之所不語也
라 其爲世道人心防者가 深哉인저

부자께서 말씀하지 않은 것이 네 가지가 있었는데, 저 괴이한 일을 말하면 사람으로
서 행해야 할 도리를 어지럽히고, 용력의 일을 말하면 덕을 방해하고, 패란의 일을 말
하면 이치를 해롭게 하고, 귀신의 일을 말하면 청중을 미혹케 하니, 이것은 모두 부자
께서 말씀하지 않았던 것이다. 그것은 세상의 도리나 사람의 마음에 방해되는 것이 심
하기 때문이다.

7·21·1 子曰 三人行에 必有我師焉이니 擇其善者而從之요 其
不善者而改之니라

공자께서 말씀하셨다. "세 사람이 길을 갈 적에 반드시 나의 스승이 있을 것이니, 그
중에 좋은 점을 골라서 따르고 좋지 못한 점을 골라서 자신의 잘못을 고쳐야 할 것이
다."

○삼인행(三人行) : 세 사람이 길을 가다. 세 사람이란 '나보다 나은 사람·나보다 못한

사람·그리고 자기 자신'을 말함. "三人帶自己在內 行是同行"

○필유아사언(必有我師焉) : 반드시 좋은 점은 더 좋게 하고 잘못한 점은 고쳐줄 수 있는 나의 스승이 있다. "師就長善求失上看"

○택기선자이종지(擇其善者而從之) : 그 가운데 좋은 점을 가려서 따르다. "擇知所辨別意 貫下二句 善是言行皆好之人 從是依他爲善"

○기불선자이개지(其不善者而改之) : 그 가운데 좋지 않은 점을 찾아서 고치다. "不善是言行不好之人 改是不從他惡意"

三人同行에 **其一**은 **我也**라 **彼二人者**가 **一善一惡**이면 **則我從其善**하여 **而改其惡焉**이니 **是二人者**가 **皆我師也**니라

○**尹氏曰 見賢思齊**하고 **見不賢而內自省**이면 **則善惡**이 **皆我之師**니 **進善**이 **其有窮乎**아

　세 사람이 함께 길을 가면 그 중의 하나는 자기 자신이다. 저 두 사람 가운데 한 사람은 선하고 한 사람이 악하다면, 나는 그 좋은 점을 따라서 그 나쁜 점을 고쳐야 할 것이니, 바로 이 두 사람이 모두 나의 스승이 될 것이다.

　○윤 씨가 말했다. "어진 사람의 행동을 보고 똑같이 하기를 생각하고 어질지 못한 사람의 행동을 보고 자신을 살펴본다면, 선과 악이 모두 나의 스승이 될 것이니 선에 나아감이 어찌 다함이 있겠는가?"

[備旨] 夫子示人能自得師에 曰吾人이 誠有求益之心이면 則雖三人同行之際나 亦必有可爲我師者存焉이라 蓋師는 以長善而救失也어늘 同行之人에 有善者면 我則擇其善者하여 而企慕以從之요 有不善者면 我則於其不善者에 而懲創以改之니라 是從其善이면 固長善之師也요 改其不善이면 亦救失之師也니 所謂三人行에 必有我師者가 如此라

　부자께서 사람들에게 능히 스스로 스승을 얻을 수 있다는 것을 보여줄 적에 말씀하시기를, "우리 사람들이 진실로 유익을 구하는 마음이 있다면, 비록 세 사람이 동행할 때라도 또한 반드시 자기의 스승이 될 만한 사람이 있을 것이다. 대개 스승은 좋은 점을 길러주고 잘못한 점을 고쳐주는 법인데, 동행하는 사람 중에 좋은 점이 있으면 나는 그 좋은 점을 택해 사모해서 따라야 할 것이요, 좋지 못한 점이 있으면 나는 곧 그 좋지 못한 점을 교훈 삼아서 고쳐야 할 것이다. 여기서 그 좋은 점을 좇는다면 진실로 좋은 점을 길러주는 스승이 될 것이요, 그 좋지 못한 점을 고친다면 또한 잘못한 점을 구해주는 스승이 될 것이니, 이른바 '세 사람이 길을 갈 때에 반드시 나의 스승이 있다.'는 것이 이와 같다."라고 하셨다.

○기모(企慕) : 우러러 사모함. 앙모(仰慕).
○징창(懲創) : 전의 잘못을 교훈으로 삼아 조심함. 스스로 경계함.

7·22·1 子曰 天生德於予시니 桓魋가 其如予何리오

　공자께서 말씀하셨다. "하늘이 나에게 덕을 내려주셨으니, 환퇴가 아마도 나를 어떻게 하겠는가?"

○천생덕어여(天生德於予) : 하늘이 나에게 덕을 주다. 하늘이 공자 자신에게 성덕(聖德)을 부여해 주었다는 말. ☞생(生) : 부여하다. "天字重看 生是賦 德固是聖德 亦宜渾說 予是孔子自謂"
○환퇴기여여하(桓魋其如予何) : 환퇴가 아마 나를 어떻게 하겠는가? 환퇴란 사람도 사람이니, 아마도 나를 어떻게 하겠는가? 환퇴(桓魋)는 송(宋)나라 군무(軍務)를 맡은 신하였는데, 환공(桓公)의 후손이라 하여 환퇴라 했다. ☞퇴(魋) : 높고 크다. 사람 이름. ☞기(其) : 아마도. 의문문에서 추측만 할 뿐 감히 긍정하지 않을 때 씀. ☞여여하(如予何) : 나를 어떻게 하겠는가? 어찌 할 수 없을 것이라는 말. 원인을 묻거나 반문을 나타냄. '如~何'는 관용어구로 '…을 어떻게 하다.'라고 해석하며 목적어가 중간에 옴. '奈~何' '若~何'도 같은 형태임. "孔子適宋 與弟子講禮大樹下 魋惡之而伐其樹 弟子懼 故 以此曉之"
○공자께서 송(宋)나라에 가서 여러 제자들과 큰 나무 아래에서 예(禮)를 익히고 있었다. 환퇴(桓魋)가 그 나무를 쳐서 공자를 제거하려고 하므로 제자들이 빨리 피하라고 했을 때 한 말이다. 「논어집주(論語集註)」 "史記 孔子適宋 與弟子 習禮大樹之下 魋伐其樹 孔子去之 弟子曰 可以速矣 子曰 天生德於予 桓魋其何予如 涿之鄭"

桓魋는 宋司馬向(상)魋也니 出於桓公이라 故로 又稱桓氏라 魋欲害孔子어늘 孔子言天이 既賦我以如是之德하시니 則桓魋가 其奈我何리오 言必不能違天害己라

　환퇴는 송나라 사마인 상퇴니, 환공으로부터 나왔으므로 또 환 씨라고도 칭한다. 상퇴가 공자를 해치려 했는데 공자께서 말씀하시기를, "하늘이 이미 나에게 이와 같은 덕을 주셨으니, 환퇴가 아마도 나를 어떻게 하겠는가?" 하셨다. 이는 반드시 하늘의 뜻을 어기고 자기를 해칠 수 없음을 말씀한 것이다.

[備旨] 桓魋欲害夫子한대 夫子託天以自信에 曰天之生予也에 以如是之德으로 而賦於予

하시니 必有意於我者라 人雖欲害乎我나 而不能違乎天이라 彼桓魋亦人耳니 其如予何哉
리오 不然이면 是天可得而勝也니 天豈桓魋所能勝哉아

환퇴가 부자를 해하려고 하니, 부자께서 하늘을 의탁해 스스로 믿으면서 말씀하시기를, "하늘이 나를 태어나게 했을 적에 이와 같은 성스러운 덕을 나에게 주셨으니 반드시 나에게 뜻이 있었을 것이다. 사람들이 비록 나를 해치려고 하지만 능히 하늘을 어길 수는 없을 것이다. 저 환퇴도 또한 사람일 따름이니 아마도 나를 어떻게 하겠는가? 그렇지 않으면 곧 하늘을 이길 수 있다는 것이니, 하늘을 어찌 환퇴가 능히 이길 수 있겠는가?"라고 하셨다.

7·23·1 子曰 二三子는 以我爲隱乎아 吾無隱乎爾로라 吾無行而不與二三子者가 是丘也니라

공자께서 말씀하셨다. "너희들은 내가 무엇인가 숨긴다고 생각하느냐? 나는 너희들에게 숨기는 것이 아무것도 없다. 내가 행하면서 너희들과 함께하지 않은 일이 없던 사람이 바로 나라는 사람이다."

○이삼자(二三子) : 여러분. 그대들. 너희들. 자네들. "指門人言"
○이아위은호(以我爲隱乎) : 나를 숨긴다고 생각하느냐? 공자 자신이 가르칠 적에 숨기는 것이 있다고 생각하느냐면서 묻는 말. "隱是隱秘不敎意"
○오무은호이(吾無隱乎爾) : 나는 숨기는 일이 없다. 나는 결단코 숨기는 것이 없다는 말. ☞호이(乎爾) : 확실하다. 단정을 나타낸다. '爾'에 중점이 있다. "此句是決己無隱意且虛說"
○오무행이불여이삼자시구야(吾無行而不與二三子者是丘也) : 내가 행하면서 너희들에게 가르쳐주지 않은 것이 없었던 사람이 바로 공자 자신이라는 말. 공자 자신이 가르치는 방법을 표현한 말. ☞행(行) : 움직이고 그치고 말하고 쉬는 사이[指一身動靜語默言]. "是丘卽是丘之所以爲敎意"

諸弟子는 以夫子之道高深으로 不可幾及이라 故로 疑其有隱하고 而不知聖人作止語默이 無非敎也라 故로 夫子以此言으로 曉之라 與는 猶示也라
○程子曰 聖人之道는 猶天然하여 門弟子가 親炙而冀及之然後에 知其高且遠也라 使誠以爲不可及이면 則趨向之心이 不幾於怠乎아 故로 聖人之敎는 常俯而

就之如此하시니 **非獨使資質庸下者**로 **勉思企及**이요 **而才氣高邁者**도 **亦不敢躐等而進也**시니라 **呂氏曰 聖人體道無隱**하여 **與天象**으로 **昭然**하여 **莫非至敎**하니 **常以示人**이로되 **而人自不察**이니라

　모든 제자들은 부자의 도가 높고 깊기 때문에 거의 따를 수가 없다고 생각했으므로 그들은 숨기는 것이 있는 줄로만 의심했고, 성인의 움직이고 그치고 말하고 쉬는 사이가 가르침이 아닌 것이 없는 줄은 알지 못했으므로 부자께서 이 말씀으로 깨우쳐 주신 것이다. 여(與)는 보여주는 것과 같다.

　○정자가 말했다. "성인의 도는 하늘과 같아서 문하의 제자들이 스승의 가르침을 따라 직접 따라가려고 한 뒤라야 그 높고 멀다는 것을 알 것이다. 가령 진실로 따를 수 없다고 여긴다면 따르고자 하는 마음이 태만해지는 데에 가까워지지 않겠는가? 그러므로 성인의 가르침은 늘 낮추어서 나아가기를 이와 같이 하신 것이니, 이는 다만 자질이 보잘 것 없는 자로 하여금 힘쓰고 생각해 따라가기를 바라게 할 뿐만 아니라, 그리고 재기가 고매한 자도 또한 감히 순서를 뛰어넘어서 나아가지 못하게 하신 것이다." 여 씨가 말했다. "성인이 몸소 도를 실천함에는 숨김이 없어서 마치 하늘의 모양과 더불어 환하여 지극한 가르침이 아닌 것이 없으니, 항상 사람들에게는 보여주지만 사람들이 스스로 살피지 못할 뿐이다."

○작지어묵(作止語默) : 움직이고 그치고 말하고 쉬는 사이.
○친자(親炙) : 스승에게서 직접 가르침을 받음. 「맹자(孟子)」《진심하(盡心下)》 "非聖人而能若是乎 而況於親炙之者乎"
○추향(趨向) : 따라서 나아감. 향하여 감.
○용하(庸下) : 재능이 보잘 것 없는 사람.
○엽등(躐等) : 순서를 뛰어넘음. 신분을 넘어섬. 「예기(禮記)」 "幼者聽而弗問 學不躐等也" ☞판본에 따라 "亦不敢躐等而進也"로 되어 있고, "亦不敎躐易而進也"로 되어 있는데, 필자는 전자를 따랐다.
○체도(體道) : 몸소 도(道)를 실천함.
○소연(昭然) : 환하게. 밝게. 분명하게.

[備旨] 諸弟子疑夫子之敎有隱이라 故로 夫子曉之에 曰二三子之學於我也에 得無以我之敎로 爲有所隱而不盡與乎아 豈知大道爲公이니 非吾之所得私리오 吾實無所隱乎爾也라 吾於日用之間에 凡作止語默을 無所行而不與二三子하여 相昭示者라 是丘之所以爲敎也니 豈有所隱乎哉아 二三子는 可以共諒矣라

여러 제자들이 부자의 가르침에 숨기는 것이 있다고 의심했기 때문에 부자께서 깨우쳐 줄 적에 말씀하시기를, "너희들은 나에게 배울 적에 내가 무엇인가 가르치는 것을 숨기고 다 보여주지 않는 점이 있다고 생각하느냐? 대도는 여러 사람들과 관계된 일이니 내가 개인적으로 행할 바가 아니라는 것을 어찌 알겠는가? 나는 진실로 너희들에게 숨기는 일이 없다. 나는 일용의 사이에 움직이고 그치며 말하고 쉬는 것을 행할 적마다 너희들에게 보여주어 서로 분명히 제시하지 않은 것이 없었다. 이것이 바로 내가 가르침을 행했던 방법이니, 어찌 숨기는 것이 있었겠는가? 너희들은 함께 헤아릴 수 있을 것이다."라고 하셨다.

○득무(得無)～호(乎) : 모두 …이다. …일 것이다. …이 아닐까? 관용어구로 추측이나 반문을 나타냄.
○소시(昭示) : 분명히 제시함.

7·24·1 子 以四教하시니 文行忠信이러시다

공자께서는 네 가지를 가르치셨으니, 글과 행실과 충성과 신실함이셨다.

○자이사교(子以師敎) : 공자께서 네 가지를 가르치다. "且虛說"
○문(文) : 글. 시서와 육예. 책에 실려 있는 시서(詩書)·육예(六藝)를 말함. "是載籍詩書六藝皆是"
○행(行) : 행실. 인륜(人倫)·일용(日用)의 사이에 나타나는 것. "是見諸人倫日用者"
○충(忠) : 충성. 한 가지 생각이라도 다하지 않음이 없는 것. "是無一念之不盡"
○신(信) : 신실. 한 가지 일이라도 성실하지 않음이 없는 것. "是無一事之不實"

程子曰 敎人에 以學文修行하여 而存忠信也니 忠信이 本也니라

정자가 말했다. "사람을 가르칠 적에 글을 배우고 행실을 닦아서 충성과 신실함을 간직하게 했으니, 충성과 신실함이 근본이 되기 때문이다."

[備旨] 夫子之所以教人者는 其大端에 有四教焉하니 敎人以學文은 所以致其知也요 敎人以修行은 所以履其事也요 而且敎人以忠은 欲其無一念之不盡也요 敎人以信은 欲其無一事之不實也라 夫知行並進하고 身心交益하니 此四者는 皆夫子之所以敎也니라

부자께서 사람을 가르친 방법은 그 큰 단서에 네 가지 가르침이 있었으니, 사람을 가르칠 적에 글을 배우게 한 것은 그의 지혜를 이루기 위한 까닭이요, 사람을 가르칠 적에 행실을 닦게 한 것은 그의 일을 이행하도록 하기 위한 까닭이요, 또 사람을 가르칠 적에 충성하도록 한 것은 그가 한 가지 생각이라도 다하지 않음이 없도록 하고자 함이요, 사람을 가르칠 적에 신실하도록 한 것은 그가 한 가지 일이라도 신실하지 않음이 없도록 하고자 함이다. 무릇 아는 것과 행하는 것은 함께 나아가고 몸과 마음은 서로 이익이 되니, 이 네 가지는 모두 부자께서 가르치셨던 것이다.

○이(履) : 밟다. 행하다. 이행하다. 「예기(禮記)」 "不履其事"

7·25·1 子曰 聖人을 吾不得而見之矣어든 得見君子者면 斯可矣니라

공사께서 말씀하셨다. "성인을 내가 만나 볼 수 없을 것 같으면, 군자라도 만나 볼 수 있다면 그래도 괜찮을 것이다."

○성인오부득이견지의(聖人吾不得而見之矣) : 성인을 내가 만나 볼 수 없다. 공자께서 학덕을 갖추고 신명불측(神明不測)한 사람. 즉 성인을 만나볼 수 없음을 개탄하는 말. 전통적으로 '성인을 내가 얻어 만나 볼 수 없을 것 같으면'이라고 해석했다. 그러나 '得而'는 '得以'와 같은 하나의 조동사이므로, '성인을 내가 만나 볼 수 없을 것 같으면'이라고 보통 해석함. "不得見是慨歎其難見"
○득견군자자(得見君子者) : 재덕이 출중하고 인도(仁道)를 지키는 사람. 즉 군자를 만나기를 바란다는 말. "得見有冀望意"
○사가의(斯可矣) : 그렇게 한다면 괜찮을 것이다. 거의 성인을 바라는 마음을 위로할 수 있다는 말. "斯可是庶幾慰吾望聖之思" ☞사(斯) : 곧. 그렇다면. 그렇다면 …곧. 접속사로서 앞 문장을 이어받음.

聖人은 神明不測之號요 君子는 才德出衆之名이라

성인은 신령스럽고 사리에 밝아 헤아릴 수 없는 사람에 대한 호칭이요, 군자는 재주와 덕이 출중한 사람에 대한 이름이다.

[備旨] 夫子思有恒之意也에 曰神明不測者가 聖人也라 然이나 聖人之生也는 不數하니 吾固不得而見之矣어든 苟得見才德이 出衆之君子면 亦聖人之徒也니 斯可以慰吾心矣라 其如又不得見何哉아

　부자께서 항심을 가진 사람을 생각하는 뜻에서 말씀하시기를, "신령스럽고 사리에 밝아 헤아릴 수 없는 사람이 성인이다. 그러나 성인의 탄생이 자주 있는 것은 아니니 내가 진실로 만나볼 수 없을 바에야 진실로 재주와 덕이 출중한 군자라도 만나볼 수 있을 것 같으면, 또한 성인의 무리에 해당할 것이니 곧 내 마음을 위로해 줄 수 있을 것이다. 그것 또한 볼 수 없을 것 같은데 어떻게 하겠는가?

○항(恒) : 항구 불변의 덕. 항심.
○삭(數) : 자주. 자자하다.
○도(徒) : 무리. 제자. 문인(門人).

7·25·2 [子曰] 善人을 吾不得而見之矣어든 得見有恒者면 斯可矣니라

　[공자께서 말씀하셨다.] 선인을 내가 만나 볼 수 없을 것 같으면, 항심이 있는 자라도 만나 볼 수 있다면 그래도 또한 괜찮을 것이다.

○자왈(子曰) : 공자께서 말씀하시다. '子曰'은 앞뒤를 살펴볼 때 불필요한 글이다.
○선인오부득이견지의(善人吾不得而見之矣) : 공자께서 인도(仁道)에 뜻을 두고 악이 없는 사람. 즉 선인을 만나볼 수 없다는 말. '得而'는 '得以'와 같은 하나의 조동사. 앞장 설명 참고. "善人是可爲君子而進於聖人者"
○득견유항자(得見有恒者) : 한 가지 마음으로 언행에 변함이 없는 사람. 즉 항심자(恒心者)를 만나기를 바란다는 말. "有恒亦可由善人君子而漸進聖人者"
○사가의(斯可矣) : 그렇게 한다면 또한 괜찮을 것이다. 거의 성인을 바라는 마음을 위로할 수 있다는 말. "斯可亦是庶幾慰吾望聖之思"

子曰字는 疑衍文이라 恒은 常久之意라 張子曰 有恒者는 不貳其心이요 善人者는 志於仁而無惡이라

'子曰'이라는 글자는 아마도 쓸데없는 글귀인 듯하다. 항(恒)은 변함없이 오래간다는 뜻이다. 장자가 말했다. "항심이 있는 사람은 그 마음을 둘로 하지 않고, 선인은 인에 뜻을 두어 악함이 없을 것이다."

○연문(衍文) : 문장 가운데에서 쓸데없는 글귀.
○항심(恒心) : 늘 지니고 있는 마음. 한 가지 마음으로 언행에 변함이 없는 사람. 「맹자(孟子)」 "若民則無恒産 因無恒心"
○이(貳) : 두 마음. 겉과 속이 다른 마음. '二'와 통함.

[備旨] 至於志仁而無惡者가 善人也라 然이나 善人之美質은 難得이니 吾亦不得而見之矣어든 苟得見不貳其心之有恒者면 亦善人之徒也니 斯亦可以慰吾心矣라 而烏容已於思哉아

　인에 뜻을 두고 악함이 없는 데 이른 사람이 선인이다. 그러나 선인의 훌륭한 자질은 얻기가 어려우니, 내가 또한 만나 볼 수 없을 바에야 오직 그 마음을 둘로 하지 않는 항심을 가진 사람이라도 만나볼 수 있을 것 같으면, 또한 선의의 무리에 해당할 것이니 곧 또한 내 마음을 위로해줄 수 있을 것이다. 하지만 어찌 생각에 그만두는 것을 용납하겠는가?

○미질(美質) : 훌륭한 자질. 「한시외전(韓詩外傳)」 《권9》 "雖有美質 不學則不成君子"
○오(烏)~재(哉) : 어찌 …하겠는가?
○용(容) : 받아들이다. 용납하다.

7·25·3 亡(無)而爲有하고 虛而爲盈하며 約而爲泰면 難乎有恒矣니라

　세상 사람들이 본래부터 없으면서도 있는 척하고, 비었으면서도 가득한 척하며, 다잡으면서도 태연한 척하면, 항심을 갖기가 어려울 것이다."

○무이위유(亡而爲有) : 없으면서도 있는 척하다. "亡是本無 是善爲者 作爲如是之形 作爲如是之事 有實有意"
○허이위영(虛而爲盈) : 비어 있으면서도 가득한 척하다. "虛是非實有是善 盈充足有餘意"

○약이위태(約而爲泰) : 다잡으면서도 태연한 척하다. '約'은 '다잡다'는 뜻으로 안정되지 못하여 어지러운 몸이나 마음을 다그쳐 바로잡는 모양. "約是有一得之善 泰誇張侈盛意"

○난호유항의(難乎有恒矣) : 항심을 갖기가 어렵다. 오래 갈 수 없음. '恒'은 언제나 변함없이 한결같은 마음. "是言必不可久意"

三者는 皆虛夸之事니 凡若此者는 必不能守其常也라
○張敬夫曰 聖人君子는 以學言이요 善人有恒者는 以質言이라 愚謂 有恒者之與聖人으로 高下固懸絶矣라 然이나 未有不自有恒이로되 而能至於聖者也라 故로 章末에 申言有恒之義하니 其示人入德之門이 可謂深切而著明矣로다

　세 가지는 모두 헛되게 과장하는 일이니, 무릇 이와 같은 자는 반드시 그 사람으로서 지켜야 할 도리를 지킬 수 없다.
　○장경부가 말했다. "성인과 군자는 학문으로써 말한 것이요, 선인과 항심이 있는 자에 대해서는 자질로써 말한 것이다." 내[朱子]가 생각하건대, 항심이 있는 자는 성인과 더불어 높고 낮음에 진실로 격차가 매우 심하다. 그러나 자기가 항심을 가졌는데도 능히 성인에 이르지 못한 자는 있지 않았으므로 문장의 끝에 항심을 갖는 데 대한 의의를 거듭 말씀하셨으니, 사람들에게 덕에 들어가는 문을 보여준 것이 꼭 알맞고 분명하다고 이를 만하다.

○허과(虛夸) : 헛되게 과장함. ☞과(夸) : 자랑하다. 과장하다.
○상(常) : 불변의 도. 사람으로서 지켜야 할 도리.
○현절(懸絶) : 격차가 매우 심함. 차이가 큼. 현격(懸隔).
○심절(深切) : 꼭 알맞음. 적절(適切).
○저명(著明) : 뚜렷하고 분명함.

[備旨] 奈何今之人는 本無也로되 而詐爲有之狀하고 本虛也로되 而詐爲盈之狀하고 本約也로되 而詐爲泰之狀이리오 則虛夸無實하고 後將不繼니 難乎恒有恒盈恒泰矣라 有恒을 亦豈易見者哉아

　어찌하여 오늘날의 사람들은 본래부터 없으면서도 있는 듯 모양을 내어 속이고, 본래 비었으면서도 가득한 듯 모양을 내어 속이고, 본래 다잡으면서도 태연한 듯 모양을 내어 속이는가? 헛되이 과정하면 진실이 없고 뒤를 장차 잇지 못하니, 항상 갖고 있고 항상 가득차고 항상 태연하기가 어려울 것이다. 항심을 또한 어찌 쉽게 볼 수 있겠는

가?"라고 하셨다.

7·26·1 子는 釣而不綱하시며 弋不射(석)宿이러시다

공자께서는 낚시질은 하셨지만 그물질은 하지 않으셨으며, 주살질은 하셨지만 잠자는 새를 쏘지는 않으셨다.

○조이불망(釣而不綱) : 낚시질을 하되 그물질을 하지 않다. 낚시질을 해서 고기를 잡았지만, 그물질을 해서 차마 다 잡지는 않았다는 말. "釣是用餌以釣魚 此是不忍盡取"
○익불석숙(弋不射宿) : 주살질을 하되 자는 새는 쏘지 않다. 주살질을 해서 고기를 잡았지만, 잠자는 새를 차마 엄취(掩取)하지는 않았다는 말. ☞익(弋) : 주살. 오늬에 줄을 매어 쏘는 화살. 옛날 주살에 생사(生絲)를 매어서 활을 쏘면, 실이 새의 날개나 다리에 감겨 사로잡을 수 있었음. ☞석(射) : 맞히다. 쏘아서 명중시킴. ☞숙(宿) : 잠자는 새. 자다. 정지해 있다(止也). "此是不忍掩取"

綱은 以大繩으로 屬網하여 絶流而漁者也요 弋은 以生絲로 繫矢而射(석)也라 宿은 宿鳥라
○洪氏曰 孔子少貧賤하여 爲養與祭에 或不得已而釣弋하시니 如獵較(각)이 是也라 然이나 盡物取之와 出其不意는 亦不爲也시니 此可見仁人之本心矣라 待物如此하시니 待人可知요 小者如此하시니 大者可知라

망(網)은 굵은 줄로써 그물을 매어서 흐르는 물을 막아서 물고기를 잡는 것이고 익(弋)은 생명주실로써 화살에 매어서 쏘는 것이다. 숙(宿)은 잠자는 새다.
　○홍 씨가 말했다. "공자께서 젊었을 적에는 빈천하여 봉양과 제사를 행할 적에 혹 마지못해 낚시질과 주살질을 하셨으니, 사냥한 짐승으로 조상에게 제사지냈던 것과 같은 것이 이것이다. 그러나 모든 생물을 취하는 것과 그들이 생각지도 못했는데 잡으려고 하는 일은 또한 행하지 않으셨으니, 곧 어진 사람의 본심을 볼 수 있다. 사물을 대함이 이와 같았으니 사람 대하는 것을 알 만하고, 작은 일을 이와 같이 하셨으니 큰 일은 알 만하다."

○승(繩) : 줄. 노끈.
○촉(屬) : 매다(繫也). 묶다.

○엽각(獵較) : 사냥한 짐승으로 조상에게 제사지냄. 일설에는, 사냥에서 얻은 짐승의 다과(多寡)를 비교함. 엽교(獵較). ☞각(較) : 경쟁하다. 「맹자(孟子)」《만장하(萬章下)》"孔子之仕於魯也 魯人獵較 孔子亦獵較"
○불의(不意) : 생각하지 못함. 뜻밖. 돌연(突然). 의외(意外).

[備旨] 夫子之心은 與萬物로 爲一體라 或有時而取魚也로되 但釣之耳요 而不網焉하여 以絶流盡取也하시며 或有時而取鳥也로되 但弋之耳요 而不射宿하여 以出其不意也라 於取物之中에 寓愛物之意하시니 是可以觀聖人之仁矣라

　부자의 마음은 만물과 더불어 한 몸이었다. 혹 때로 고기를 잡았지만 단지 낚시질해서 잡았을 뿐이지 거물을 매어서 흐르는 물을 막아 다 취하지는 않으셨으며, 혹 때로 새를 잡을 때가 있었지만 단지 주살질해서 잡았을 뿐이지 잠자는 새를 쏘아 그들이 생각지도 못했는데 잡으려고 하지는 않으셨다. 사물을 취하는 가운데에도 사물을 사랑하는 뜻이 붙어 있었으니, 여기서 성인의 인을 볼 수 있다.

7·27·1 子曰 蓋有不知而作之者하니 我無是也로라 多聞하여 擇其善者而從之하며 多見而識(지)之가 知之次也니라

　공자께서 말씀하셨다. "대체로 이치를 알지 못하면서도 일을 만드는 사람이 있으니, 나는 이러한 일이 없다. 많이 듣고서 그의 좋은 것을 가려서 따르며 많이 보고서 그의 좋은 것을 기억해 두는 것이, 인식의 단계에서 두 번째는 될 것이다."

○개유부지이작지자(蓋有不知而作之者) : 의심하건대 이치를 알지 못하면서 새로운 일이나 이론을 만드는 사람이 있다. ☞개(蓋) : 아마도. 대체로. 의심스러워서 하는 말. ☞작(作) : 새로운 일을 만들다. 공자의 술이부작(述而不作) 정신과 관련이 많다. "蓋是疑辭 作是作事 我孔子自謂"
○아무시야(我無是也) : 나는 이것이 없다. 공자 자신은 이치를 알지 못하면서 함부로 새로운 일이나 이론을 만드는 일이 없다는 말. "無是指無妄作言"
○다문택기선자이종지(多聞擇其善者而信從之) : 일을 만들기 전에 천하 고금의 이치를 많이 들은 뒤에 그 중에 선한 것을 택해서 믿고 따르다. "多聞是理無不聞 兼善惡在內 擇善而從是審其中之善者而信從之"
○다견이지지(多見而識之) : 많이 보고 좋은 것을 기억하다. ☞지(識) : 기억하다. 기록

하다. "多見是事無不見 識是善惡皆記以備參考"

○지지차야(知之次也) : 인식의 단계에서 두 번째다. 인식의 단계를 생지(生知)·학지(學知)·곤지(困知)의 세 단계를 구분할 때 두 번째는 된다는 말. 「중용(中庸)」 "20·9 或生而知之하며 或學而知之하며 或困而知之하나니 及其知之하여는 一也니이다 或安而行之하며 或利而行之하며 或勉强而行之하나니 及其成功하여는 一也니이다"

○이 문장은 본서 "7·1·1 子曰 述而不作하며 信而好古를 竊比於我老彭하노라"와 "7·19·1 子曰 我는 非生而知之者라 好古하여 敏以求之者也로라"를 관련지어 읽으면 이해가 쉽다.

不知而作은 不知其理而妄作也라 孔子自言未嘗妄作하시니 蓋亦謙辭나 然이나 亦可見其無所不知也라 識(지)는 記也라 所從은 不可不擇이니 記則善惡을 皆當存之하여 以備參考라 如此者는 雖未能實知其理라도 亦可以次於知之者也니라

'不知而作'은 그 이치를 알지도 못하면서 함부로 행동하는 것이다. 공자께서 스스로 "나는 일찍이 함부로 행동한 적은 없다."고 말씀하셨으니, 대체로 또한 겸손한 말씀이겠지만, 그러나 또한 그는 알지 못하는 것이 없었음을 볼 수 있다. 지(識)는 기억하는 것이다. 좇는 것은 가리지 않을 수 없으니, 기억한다면 선악을 모두 마음속에 보존해서 참고하는 데 대비할 수 있을 것이다. 이와 같이 하는 자는 비록 실제로 그 이치를 알지 못한다 하더라도 인식의 단계에서 두 번째는 갈 것이다.

[備旨] 夫子自敍求知之道에 曰人蓋有不知其理로되 而妄有所作於事者라 若我則無是也로라 亦以我之求知에 有道耳라 我於未作事之先에 多聞天下古今之理하여 擇其善者而信從之하여 以爲準焉하고 又多見天下古今之事하여 或善或惡을 而兼識之하여 以備參考焉이라 夫多聞見이면 則耳目之知旣廣하고 擇而識면 則吾心之知益明하여 雖未能實知其理라도 亦可以爲知之次也라 由是而有作이면 卽行其所聞見耳니 何妄作之有哉아

부자께서 인식의 단계를 구하는 방법을 스스로 펼칠 적에 말씀하시기를, "사람들은 대체로 그 이치를 알지 못하면서도 함부로 일을 만드는 사람들이 있다. 어쩌면 나에게는 이러한 일이 없을 것인지도 모른다. 또한 내가 인식의 단계를 구하는 방법에는 다른 방법이 있을 따름이다. 나는 아직까지 일을 만들기 전에 천하 고금의 이치를 많이 듣고서 그 중에 좋은 것을 택해서 믿고 따라서 기준을 삼았고, 또 천하 고금의 일을 많이 보고서 혹 좋거나 혹 나쁜 것을 다함께 기억해서 참고하는 데 대비했다. 무릇 듣고 보는 것이 많으면 곧 눈과 귀로 인식하는 것이 벌써 넓을 것이고, 가려서 기억한다면 내 마음으로 인식하는 것이 더욱 밝아져서, 비록 진실로 그 이치를 알지 못하더

라도 또한 인식의 단계에서 두 번째는 갈 것이다. 이로 말미암아서 일이 생기면 즉시 그 듣고 본 바를 행했을 뿐이니, 어찌 함부로 행동함이 있겠는가?"라고 하셨다.

○구지(求知) : 인식의 단계를 구함.
○약(若) : 어쩌면. 혹은 …인지도 모른다. 접속사로 쓰여서 선택이나 병렬을 나타냄.

7·28·1 互鄉은 難與言이러니 童子見(현)커늘 門人惑한대

호향 사람과는 더불어 말하기 어렵다고 했더니, 그 지방의 동자들이 찾아와 공자를 면회하니 제자들이 의심을 품었는데,

○호향난여언(互鄉難與言) : 호향 사람들은 함께 말하기가 어렵다. ☞호향(互鄉) : 강소성(江蘇省) 패현(沛縣) 지방에 있는 고을 이름. 풍기가 문란했음. "難與言是難與言善"
○동자현(童子見) : 동자가 찾아와 공자를 뵙기를 청하다. ☞동자(童子) : 아직까지 20세가 되지 않은 남자. 고대에는 20세가 되면 관례(冠禮)를 행했음. "童子未冠之稱 見是請見於夫子 而夫子與之相見"
○문인혹(門人惑) : 제자들이 의심을 품다. 공자가 동자들을 마땅히 만나지 않아야 하는데 만나니 제자들이 의심을 품었음. "是夫子之門人 疑其不當見此童子"

互鄉은 鄉名이니 其人이 習於不善하여 難與言善이라 惑者는 疑夫子가 不當見之也라

호향은 지방의 이름이니, 그 곳 사람들이 불선에 습관이 되어 더불어 선에 대해서 말하기가 어려웠던 것이다. 의심했다는 것은 부자께서 마땅히 만나지 말아야 하는데 만난 것에 대해 의심한 것이다.

[備旨] 互鄉之人은 習於不善하여 難與言善이러니 童子請見한대 而夫子見之하시니 門人이 以爲不當見而惑焉이라 是는 念其昔日之非하고 而不與其自新之善이니 其意亦已甚矣라

호향의 사람들은 불선에 습관이 되어서 더불어 선에 대해 말하기가 어렵다고 하니, 그 지방의 동자들이 찾아와 면회를 신청하자 부자께서 면회를 허락하시니 제자들이 마땅히 면회를 허락하지 말아야 했다며 의심을 품었던 것이다. 이는 그들의 옛날 잘못했

던 것들만 생각하고 그들 스스로 새로워지려는 선에 대해서는 허여하지 않았던 것이니, 그 생각들이 또한 너무 심했던 것이다.

7·28·2 子曰 人潔己以進이어든 與其潔也요 不保其往也니라 與其進也요 不與其退也니 唯何甚이리오

공자께서 말씀하셨다. "사람이 몸을 깨끗이 하고서 찾아오거든 그의 깨끗함을 받아 줘야 할 것이고 그의 지난날에 대하여 문제 삼지 말아야 할 것이다. 그가 찾아 올 때에는 받아줘야 할 것이고 그가 물러간 뒤에는 상관하지 말아야 할 것이니, 덮어놓고 어찌 심하게 하겠는가?"

○인결기이진(人潔己以進) : 사람들(동자들)이 몸을 깨끗이 하고 찾아옴. "人字包得廣童子 亦在其中 潔以心言進以身言"
○여기결야(與其潔也) : 그 마음의 깨끗함을 받아 줌. "是取其心之潔意"
○불보기왕야(不保其往也) : 그의 지난날 행한 선악에 대해 문제 삼지 않음. ☞보(保) : 보증(保證)하다. 틀림없음을 증명하다. 고려하다. "不保猶云不管 往是前日所爲之善惡"
○여기진야(與其進也) : 그가 찾아 올 때에 맞아들임. "是取其身之進而來見"
○불여기퇴야(不與其退也) : 그가 물러간 뒤에 상관하지 않음. "不管其旣退之後 又爲不善"
○유하심(唯何甚) : 유별나게 어찌 심하게만 하겠는가? "唯是獨 何甚猶言拒之太嚴"
○이 문장의 순서에 대해서는 약간의 논란이 있다. 참고로 대본에 따라 다음과 같이 된 책도 많이 있다. "子曰 與其進也요 不與其退也니 唯何甚이리오 人潔己以進이어든 與其潔也요 不保其往也니라(그가 나아옴을 받아 준 것이지 그가 물러가서 불선한 짓을 하는 것까지 빋아 준 것은 아닌네, 너무 심하게 한 것이 아닌가? 사람이 몸을 깨끗하게 하고 찾아오거든 그의 깨끗함을 받아 줄 것이고 그의 지난날에 대하여 문제 삼아서는 안 될 것이다.)"

疑此章에 有錯簡하니 人潔로 至往也十四字는 當在與其進也之前이라 潔은 修治也요 與는 許也요 往은 前日也라 言人이 潔己而來면 但許其能自潔耳요 固不能保其前日所爲之善惡也며 但許其進而來見耳요 非許其旣退而爲不善也니 蓋不追其旣往하고 不逆其將來하니 以是心至면 斯受之耳라 唯字上下에 疑又有闕文하니 大抵亦不爲已甚之意라
○程子曰 聖人待物之洪이 如此시니라

아마도 이 장에는 차례가 뒤바뀐 문장이 있는 듯하니, '人潔'로부터 '往也'까지의 14 자는 마땅히 '與其進也' 앞에 놓여야 한다. 결(潔)은 닦고 다스리는 것이요, 여(與)는 허 여해 주는 것이며, 왕(往)은 지난날이다. 사람이 자기 몸을 깨끗이 하고 나아오면, 다만 그가 자신을 깨끗하게 했음을 받아 줄 따름이고 진실로 지난 날 행한 바의 선악에 대 해서는 문제 삼지 말아야 할 것이며, 다만 그가 찾아와서 뵙는 것을 허여하면 될 뿐이 고 그가 이후에 물러가서 불선을 행하는 것까지 허여한 것은 아님을 말씀하셨으니, 대 개 이미 지난 일은 따질 것이 없고 또 앞으로 다가올 일에 대해서도 헤아릴 것이 없다 는 것이니, 이러한 마음으로써 찾아온다면 이를 받아들일 따름이라는 것이다. '唯'자 위 아래에 또 빠진 글자가 있는 듯하니, 대체로 또한 너무 심하지 않겠느냐는 뜻일 것이 다.

○정자가 말했다. "성인이 남을 대하는 아량이 이와 같으셨다."

[備旨] 夫子曉之에 曰大凡人一旦에 慕善潔己하고 以來求進見이면 吾但與其今日之能自 潔耳요 固不能保其前日所爲之善惡也며 但與其今日之進見耳요 亦不與其既退而爲不善也 라 若追其既往하고 逆其將來면 未免已甚矣라 何必爲已甚以絶人乎아 此는 吾之見童子意 也니 二三子는 亦可以無惑矣라

부자께서 깨우쳐 줄 적에 말씀하시기를, "대개 사람이 어느 날 아침에 선을 사모해 서 자기 몸을 깨끗이 하고 와서 뵙기를 구한다면, 나는 단지 그가 오늘 자신을 깨끗하 게 한 점을 받아주어야 할 따름이고 진실로 그가 전날에 행했던 바의 선악에 대해서까 지 문제 삼지 말아야 할 것이며, 다만 그 사람이 오늘 찾아와서 뵐 적에는 받아줘야 할 따름이고 또한 그가 물러가고 난 뒤에 불선을 행하는 것까지 상관하지 말아야 할 것이다. 만약 그의 지난 일들을 따지고 또 앞으로 다가올 것을 헤아린다면 너무 심함 을 면할 수 없다. 하필이면 너무 심하게 행동해서 남과의 교제를 끊어서야 되겠는가? 이는 내가 동자들을 만나본 뜻이니 너희들 또한 의혹된 점이 없어야 할 것이다."라고 하셨다.

○대범(大凡) : 대강의 줄거리. 대요(大要). 무릇. 대개.
○일단(一旦) : 어느 아침, 또는 하루 아침.
○진견(進見) : 알현(謁見)하다.
○절인(絶人) : 남과의 교제를 끊다.

7·29·1 子曰 仁遠乎哉아 我欲仁이면 斯仁이 至矣니라

공자께서 말씀하셨다. "인이 멀리 있겠는가? 내가 인을 행하고자 하면 곧 인이 이를 것이다."

○인원호재(仁遠乎哉) : 인이 멀겠는가? '乎哉'는 어조사가 연용된 형태인데 의문이나 반문, 그리고 감탄을 나타내는 경우에 쓰이는데 여기서는 반문의 의미로 쓰였음. "此句且虛說"
○아욕인(我欲仁) : 나만 인을 구하고자 한다면. "我字有不待外求意 欲仁在一念存理遏欲上說"
○사인지의(斯仁至矣) : 인은 곧 마음에 다가올 것이다. ☞사(斯) : 곧. 그렇다면. 그렇다면 …곧. 접속사로서 앞 문장을 이어받음. "斯當卽字看 仁至是仁卽在此心意"

仁者는 心之德이니 非在外也라 放而不求하니 故로 有以爲遠者요 反而求之면 則卽此而在矣니 夫豈遠哉리오
○程子曰 爲仁由己라 欲之則至니 何遠之有리오

인이란 마음의 덕이니 밖에 있는 것이 아니다. 버려두고 찾지 않으므로 멀다고 여기는 것이고, 돌이켜 찾는다면 곧 이에 응해서 있을 것이니, 어찌 멀다고 하겠는가?
○정자가 말했다. "인을 행하는 것은 자신으로부터 말미암는다. 인을 하고자 하면 이를 것이니 어찌 멀리 있겠는가?

[備旨] 夫子示人求仁於心에 曰人之不肯爲仁者는 皆以仁爲遠也라 夫仁이 果遠乎哉아 我但欲仁而反求之면 斯仁은 卽應念而至矣라 卽此求면 卽此得이니 夫豈遠乎아

부자께서 사람에게 마음에 인을 구하는 방법을 부여줄 적에 말씀하시기를, "사람들이 기꺼이 인을 행하지 않는 것은 모두 인이 멀리 있다고 생각하기 때문이다. 무릇 인이 과연 멀리 있겠는가? 내가 다만 인을 행하고 싶어서 도리어 구한다면, 이 인은 곧 생각에 응해서 이를 것이다. 여기에 나아가서 구한다면 여기에 나아가서 얻을 것이니, 대저 어찌 멀다고 하겠는가?"라고 하셨다.

7·30·1 陳司敗가 問 昭公이 知禮乎잇가 孔子曰 知禮시니라

진나라 사패가 "소공이 예를 압니까?" 하고 묻자, 공자께서 "예를 알고 있습니다."라고 대답하셨다.

○진사패문소공지례호(陳司敗問昭公知禮乎) : 진나라 사패가 소공이 '예를 아는가?' 하고 묻다. ☞진(陳) : 나라 이름. 지금의 하동성(河東城) 동남쪽 회양현(淮陽縣)에 있었던 소국. ☞사패(司敗) : 관직명으로 춘추(春秋) 시대에 진(陳)·초(楚)에서 형벌을 맡아보던 벼슬. 사구(司寇)와 같음. ☞소공(昭公) : 노(魯)나라 임금으로 이름은 조(稠). "此是夫子在陳 知禮二字問得渾淪"

○공자왈지례(孔子曰知禮) : 공자께서 "예를 안다'고 말씀하시다. "孔子亦答得渾淪"

○진(陳)나라 사패(司敗)가 소공(昭公)이 예를 아느냐고 물었을 때, 소공이 동성(同姓)을 취해 장가들었는데도 불구하고 공자께서는 예를 안다고 대답했다. 이것은 자기 나라 임금에 대하여 혼륜(渾淪)한 대답이었다. 여기서도 공자의 관용하는 태도나 온화한 성품을 엿볼 수 있다. ☞혼륜(渾淪) : 자연스럽고 질박(質朴)함.

陳은 **國名**이라 **司敗**는 **官名**이니 **卽司寇也**라 **昭公**은 **魯君**이니 **名稠**라 **習於威儀之節**하여 **當時**에 **以爲知禮**라 **故**로 **司敗**가 **以爲問**할새 **而孔子答之如此**시니라

진은 나라 이름이다. 사패는 관명으로 곧 사구다. 소공은 노나라 임금으로 이름은 조다. 그를 위의의 예절에 익숙하여 당시에 예를 잘 안다고 생각했던 것이다. 그러므로 사패가 질문했을 때에 공자의 대답이 이와 같으셨던 것이다.

○사구(司寇) : 주대(周代)에 형옥(刑獄)을 맡던 벼슬. 육경(六卿)의 하나.
○조(稠) : 빽빽하다. 풍족하게 익다. 원음은 '주'
○위의(威儀) : 위엄이 있는 위용. 예(禮)의 세칙(細則). 예(禮)에는 경례(經禮)가 되는 예의(禮儀) 3백 가지가 있고, 곡례(曲禮)가 되는 위의(威儀)가 3천 가지가 있다. 「중용(中庸)」27·3 참고. "優優大哉라 禮儀三百이요 威儀三千이로다" ☞경례(經禮) : 관혼상제(冠婚喪祭) 및 조회(朝會)·근회(覲會)와 같은 예를 말하는데 그 대강(大綱)이 3백 가지가 됨. ☞곡례(曲禮) : 진퇴(進退)·승강(升降)·부앙(俯仰)·읍손(揖遜)과 같은 예를 말하는데 절목(節目)이 3천 가지가 됨.

[備旨] 陳國司敗之官이 問於夫子에 曰人皆以昭公으로 爲知禮라하니 其果知禮否乎잇가 하니 孔子對之에 曰知禮시니라 蓋以他國之大夫가 而問吾國之君하되 又不顯言其事하니 對之宜가 如此也라

진나라 사패의 벼슬에 있는 관리가 부자에게 여쭈어 볼 적에 말하기를, "사람들이 모두 소공을 예를 안다."라고 하니, "그가 진실로 예를 압니까? 그렇지 않습니까?" 하니, 공자께서 대답할 적에 말씀하시기를, "예를 안다."라고 하셨다. 대개 다른 나라의

대부가 자기 나라의 임금에 대해 질문했지만 또 그 일을 분명하게 말하지 않았으니, 대답의 걸맞음이 이와 같다.

○현언(顯言) : 분명하게 말함.
○의(宜) : 적당하다. 서로 걸맞다.

7·30·2 孔子退어시늘 揖巫馬期而進之曰 吾聞 君子는 不黨이라하니 君子도 亦黨乎아 君이 取(娶)於吳하니 爲同姓이요 謂之吳孟子라하니 君而知禮면 孰不知禮리오

공자께서 물러가시니, 사패가 무마기에게 읍하고 나아가서 말했다. "내가 듣기에는 군자는 자기 편을 들지 않는다고 하던데, 공자와 같은 군자도 또한 자기 편을 듭니까? 그 증거로 다음과 같은 사실이 있습니다. 소공이 오나라에 장가들었으니 성이 같은 여인을 아내로 맞이한 것인데, 그런데도 일부러 송나라 여인같이 보이려고 이를 일러 오맹자라고 부르니, 그런 소공이 예를 안다고 하면 누군들 예를 알지 못하겠습니까?"

○읍무마기이진지왈(揖巫馬期而進之曰) : 사패가 무마기에게 읍하고 나아가서 말하다. ☞읍(揖) : 두 손을 마주 잡고 허리를 굽히면서 예(禮)를 표하는 것. 반례(半禮). ☞무마기(巫馬期) : 진(陳)나라 사람으로서 공자의 제자. 성은 무마(巫馬)로 복성(複姓)이었음. 이름은 시(施)며 자는 기(期)였음. "揖進是司敗 以手拱巫馬期 而進於前曰 是司敗言"
○오문군자부당(吾聞君子不黨) : 나는 군자는 당을 짓지 않는다고 들었다. ☞당(黨) : 편당(偏黨). 서로 도와서 자기들의 잘못을 숨김. "是當時語 君子泛言公正之人"
○군취어오(君取於吳) : 임금이 오나라에 장가를 들다. '君'은 '昭公'을 말하고, '吳'는 '泰伯'의 후예를 말함. "君指昭公 吳是泰伯之後 魯是王季之後 皆姬姓也"
○위동성(爲同姓) : 같은 성이 되다. "魯娶吳女是同姓爲婚"
○위지오맹자(謂之吳孟子) : 이를 일러 오맹자라고 하다. 오맹자(吳孟子)는 오(吳)나라의 장녀(長女)란 뜻. 춘추(春秋) 시대에는 임금 부인의 칭호는 태어난 나라의 이름에 그의 본 성을 붙였다. 노(魯)나라는 주공(周公)의 후예였기에 성이 희(姬)였고, 오(吳)나라도 주문왕(周文王)의 장자 태백(泰伯)의 후예였기에 또한 성이 희(姬)였다. 소공(昭公)은 오(吳)나라의 여자에게 장가들었으니 마땅히 부인을 오희(吳姬)라고 해야 하는데, 만약 노나라의 임금이 부인을 오맹희(吳孟姬)라고 하면 불취동성(不娶同姓)의 예법을 어기게 된다. 그러므로 오맹자(吳孟子)라고 한 것이다. "孟是長 古者男子稱氏 女子

稱姓 周女曰姬 宋女曰子 改姬爲子 諱同姓之娶也"
○군이지례(君而知禮) : 임금으로서 예를 안다고 한다면. '若君而知禮' 또는 '若使君而謂
之知禮'가 원래의 문장. '而'자는 원래 앞의 주어와 조화를 이루지 못하는 서술어를 연
결시키는 접속사인데, 이치상 맞지 않거나 의외의 상황을 나타낼 적에 쓰인다. 우리말
의 '도리어' '오히려' 등과 연관시켜 볼 수 있다. 본서 "2·22·1 人而無信" "3·3·1 人
而不仁" "3·22·3 管氏而知禮" "14·3·1 士而懷居" 참고. "知禮就孔子所答言"
○숙부지례(孰不知禮) : 누구라고 한들 예를 알지 못하겠는가? 천하의 사람들이 예를
알 것임. "孰是誰 指凡天下之人言"

巫馬는 姓이요 期는 字니 孔子弟子로 名施라 司敗가 揖而進之也라 相助匿非曰黨
이라 禮에 不娶同姓이어늘 而魯與吳는 皆姬姓이로되 謂之吳孟子者는 諱之하여 使若
宋女子姓者然이라

무마는 성이요 기는 자이니, 공자의 제자로 이름은 시다. 사패가 읍하고 앞으로 나온
것이다. 서로 도와주고 잘못을 숨겨주는 것을 당(黨)이라 한다. 예에 "같은 성을 가진
여자에게는 장가들지 않는다." 하였는데, 노나라와 오나라는 모두 '姬'라는 성이었지만
이를 일러 오맹자라 한 것은 그것을 숨겨서 그로 하여금 마치 송나라 여자 '子'라는 성
인 것처럼 한 것이다.

○불취동성(不娶同姓) : 같은 성(姓)에 장가들지 않음. '娶'와 '取'는 서로 통함. 옛날에
혈통을 나타내는 칭호를 남자는 '氏'라 칭하고 여자는 '姓'이라고 칭했다.
○자성(子姓) : 송나라 여자의 성 자성(子姓)을 일컫는 말. 「논어집주(論語集註)」 "慶源
輔氏曰 婦人稱姓 周女曰姬 宋女曰子 齊女曰姜 楚女曰芊 是也" "厚齊馮氏曰 古者男子
稱氏辨其族也 女子稱姓 厚其別也"

[備旨] 及孔子旣退하여 司敗揖巫馬期而進之에 曰吾聞君子는 以道爲是非하여 未嘗相助
匿非而黨也라하니 自今觀之컨대 君子亦黨乎아 何則고 魯與吳는 皆姬姓也어늘 今君娶於
吳國之女하니 是爲同姓이라 乃恐人之議己하여 不曰吳孟姬하고 而曰吳孟子라하니 是君
不知禮가 莫甚於此矣라 若使君而謂之知禮면 則天下에 孰不爲知禮之人哉아 而夫子는 乃
以知禮稱之하니 非黨而何오

공자께서 물러가고 난 틈을 타서 사패가 무마기에게 읍하고 나아갈 적에 말하기를,
"내가 들으니, 군자는 도로써 옳고 그름을 가려서 일찍이 서로 도와 잘못을 숨겨주거
나 당을 짓지 않는다고 하던데, 지금 이를 보건대 군자도 또한 자기 편을 듭니까? 이

것은 도대체 무엇 때문입니까? 노나라와 오나라는 모두 희라는 성인데, 지금 임금이 오나라의 여자에게 장가드니 바로 같은 성이 되는 것입니다. 그러니 사람들이 자기를 비난할 것을 두려워하여 오맹희라 하지 않고 오맹자라 했으니, 바로 임금이 예를 알지 못함이 이보다 심한 경우가 없습니다. 만약 임금인데도 이를 일러 예를 안다고 한다면, 천하에 누군들 예를 아는 사람이라고 하지 않겠습니까? 그런데도 부자는 곧 예를 안다고 칭찬하니, 서로 도와 자기들의 잘못을 숨겨주는 것이 아니고 무엇이겠습니까?"라고 했다.

○급(及) : …을 틈타서. …할 때에.
○하칙(何則) : …인가? '則'은 의문대명사와 어울려 의문을 나타내며 '哉'와 통함.
○의(議) : 비난하다.「상군서(商君書)」《갱법(更法)》"恐天下之議我也"

7·30·3 巫馬期가 以告한대 子曰 丘也는 幸이로다 苟有過어든 人 必知之로다

무마기가 이 말을 아뢰자 공자께서 말씀하셨다. "나는 행복한 사람이다. 조금이라도 잘못이 있으면 남들이 반드시 알려주는구나."

○무마기이고(巫馬期以告) : 무마기가 사패의 말로써 부자에게 고하다. '以' 다음에 앞 절의 말을 뜻하는 대명사 '之'가 생략됨. 원문은 '巫馬期以之告'인데, 전치사 '以' '爲' '與' 다음에 오는 대명사 '之'는 종종 생략된 형태로 쓰인다. 여기서도 대명사 '之'가 생략된 형태. "告是悉以上節之言 告於夫子"
○구야행(丘也幸) : 나는 행복하다. ☞구(丘) : 공자 자신을 일컬음. ☞야(也) : …는. 어조사로서 주어 뒤에 쓰였는데, 어기(語氣)를 한 번 늘여줌으로써 강조를 나타낸다. ☞행(幸) : 다행으로 얻은 경사스러운 일. "幸慶幸"
○구유과(苟有過) : 조금이라도 잘못이 있다면. "苟當纏字看 過泛就失言上說"
○인필지지(人必知之) : 사람들이 반드시 알려주다. 여기서 '人'은 넌지시 사패를 가리키고 있음. "人暗指司敗 此句正見可幸意"

孔子는 不可自謂諱君之惡이요 又不可以取同姓으로 爲知禮라 故로 受以爲過而 不辭하시니라
○吳氏曰 魯는 蓋夫子父母之國이요 昭公은 魯之先君也라 司敗가 又未嘗顯言

其事하고　而遽以知禮爲問하니　其對之宜如此也라　及司敗以爲有黨하여는　而夫子
受以爲過하시니　蓋夫子之盛德은　無所不可也라　然이나　其受以爲過也에　亦不正言
其所以過하니　初若不知孟子之事者는　可以爲萬世之法矣로다

　　공자는 임금의 잘못을 숨긴 것이라고 스스로 말할 수도 없고, 또 같은 성에게 장가
든 것을 예를 안다고 할 수도 없었으므로, 받아들여 허물로 여기고 주저하지 않으신
것이다.
　　○오 씨가 말했다. "노나라는 대개 부자의 부모 나라요, 소공은 노나라의 선대 임금
이다. 사패가 또 일찍이 그 일을 분명하게 말하지 않고, 갑자기 '예를 압니까?' 하고 질
문만 하였으니, 그 대답에 대한 걸맞음이 이와 같았던 것이다. 사패가 서로 도와서 자
기들의 잘못을 숨긴다고 하는 문제에 대해서는 부자께서는 그대로 받아들이며 허물로
여기셨으니, 아마도 부자의 성덕은 옳지 않은 점이 없을 것이다. 그러나 그것을 받아들
여 허물이라 여겼을 때에도 그것이 허물인 까닭을 바로 말씀하지 않았으니, 처음부터
오맹자의 일을 알지 못하는 것처럼 했던 것은 만세의 법이 될 만하다."

[備旨] 巫馬期述司敗之言하여　以告夫子한대　夫子乃引過於己에　曰人不幸不聞過면　若丘
也는　其幸矣어니와　苟有過於己이면　人必從而知之로다　旣知於人이면　則得聞於己니　豈非
幸乎아하시니　夫夫子旣自任過하니　則昭公不知禮를　可知라　旣不失臣子之至情이요　又不違
天下之公議하니　眞可爲萬世法矣로다

　　무마기가 사패의 말을 진술해서 부자에게 고했는데, 부자께서는 곧 자기에게 허물을
돌릴 적에 말씀하시기를, "사람들이 불행하게도 허물에 관해 듣지 않는다면 나와 같은
사람은 아마 다행스러운 일이겠지만, 조금이라도 나에게 허물이 있다면 사람들이 반드
시 따라다녀서 알고 있었을 것이다. 이미 사람들에게 알려졌으면 나에게도 들렸을 테
니 어찌 다행스러운 일이라고 하지 않겠느냐?"라고 하셨으니, 무릇 부자께서 이미 스
스로 허물을 책임졌으니 소공이 예를 알지 못했다는 것을 알 수 있다. 신하의 진실한
생각을 잊지 않았을 뿐만 아니라 또한 천하의 공의도 어기지 않았으니, 진실로 가히
만세의 법이 될 만하다.

○술(述) : 진술하다. 밝히다(明也).
○인(引) : 떠맡다. 책임지다. 승낙하다.
○기(旣)~우(又)~ : '…이고 그 외에 …', '…한 이상은 또한 …'이라고 해석한다. 접속
사로서 한 방면에만 그치지 않음을 나타내며, 병렬·연접하는 작용을 나타낸다. '旣~
且'·'旣~亦'·'旣~終'·'旣~或'.

○신자(臣子) : 신하. 또는 관리가 임금에 대한 자칭.
○지정(至情) : 가장 진실한 생각이나 감정.
○공의(公議) : 공평한 의견. 공론(公論). 여론(輿論).

7·31·1 子與人歌而善이어든 必使反之하시고 而後和之러시다

공자께서는 남과 더불어 노래할 때 남의 노래가 좋다고 생각하면, 반드시 다시 부르게 하시고 그 뒤에 노래하면서 화답하셨다.

○자여인가이선(子與人歌而善) : 부자께서 사람들과 더불어 같이 노래할 적에 남의 노래가 좋다면. "是夫子與人同歌咏 善是歌得好指在人說"
○필사반지(必使反之) : 반드시 다시 한 번 노래를 반복하도록 하다. "反是敎他獨自復歌一番"
○이후화지(而後和之) : 그리고 난 뒤에 화답하다. "和是依他聲音節奏 自我歌之"

反은 復(부)也라 必使復歌者는 欲得其詳而取其善也요 而後和之者는 喜得其詳而與其善也시니라 此는 見聖人氣象從容하고 誠意懇至하며 而其謙遜審密하여 不掩人善이 又如此니라 蓋一事之微로되 而衆善之集이 有不可勝旣者焉하니 讀者는 宜詳味之니라

반(反)은 다시 하는 것이다. 반드시 노래를 다시 부르게 한 것은 그 노래에서 자세한 점들을 얻어서 그 장점을 취하고 싶었던 것이요, 뒤에 따라 부른 것은 그 노래에서 자세한 점들을 얻어서 그 장점을 도와줄 수 있음을 기뻐하신 것이다. 이는 성인이 기상이 조용하고 성의가 간절하고 자상하며, 그 겸손이 자세하여 남의 장점을 덮지 않음이 이와 같았음을 볼 수 있다. 대개 하나의 사소한 일이지만 온갖 장점이 모여 있는 것이 걸맞으면서도 끝까지 헤아릴 수 없는 것이 있으니, 읽는 자는 마땅히 자세히 음미해야 할 것이다.

○상(祥) : 처음부터 끝까지 절주(節奏)를 갖추는 것을 이름. 「논어집주(論語集註)」 "慶源輔氏曰 詳謂首尾節奏之備"
○위의 집주에 나오는 '取'와 '與'자는 「맹자(孟子)」 《공손추상(公孫丑上)》에 나오는 문장을 참고하여 '取'나 '與'를 해석하면 이해가 빠를 것이다. "3·8·5 取諸人以爲善이 是與人爲善者也라 故로 君子는 莫大乎與人爲善이니라(남에게서 취하여 선을 행함은,

이것은 남이 선을 행하도록 도와주는 것이다. 그러므로 군자는 남이 선을 행하도록 도와주는 것보다 더 훌륭함이 없는 것이다.)"

○간지(懇至) : 간절하고 자상함. 극히 친절함. 간도(懇到).

○심밀(審密) : 자세하고 정밀함.

○승(勝) : 걸맞게 하다(稱也). 어울리다. 여기서는 평성(平聲)으로 쓰였음.

○기(旣) : 다하다(事畢). 끝까지 궁구하다.

[備旨] 夫子與人同歌에 見其人之歌가 協於節奏而善也면 必使復歌之하여 以盡其意而後에 自歌和之하여 以揚其美하시니 此는 聖人之不掩人善을 具見於此矣라

부자께서 다른 사람과 더불어 노래를 같이 할 적에 그 사람의 노래가 절주에 맞아서 좋으면, 반드시 다시 노래하도록 하여 그 뜻을 다하게 한 뒤에 자기가 노래하고 화답하여 그의 아름다움을 드러내셨으니, 이는 성인께서 남이 잘하는 점을 덮어두지 않았다는 것을 모두 여기에서 볼 수 있다.

○절주(節奏) : 악곡이 꺾이는 마디. 리듬.

7·32·1 子曰 文은 莫吾猶人也리오마는 躬行君子는 則吾未之有得호라

공자께서 말씀하셨다. "문은 아마 남과 같을 지도 모르지만, 군자의 도를 몸소 실행하는 것은 아직도 멀었다."

○문막오유인야(文莫吾猶人也) : 문은 아마 다른 사람들처럼 같을 지도 모른다. ☞문(文) : 말로써 도를 밝혀서 나타낸 것. 언사에 나타낸 것. 곧 시서예악(詩書禮樂)등이 여기에 해당함. ☞막(莫) : '或'과 같은 뜻으로 쓰여, '아마 …일지도 모른다.' 혹은 …일지도 모른다.'는 뜻으로 쓰여 추측이나 그다지 긍정을 하지 않을 적에 쓰이는 부사. "文是言辭有章者 莫字作或字看 猶人要見不難意"

○궁행군자(躬行君子) : 군자의 도를 몸소 실천하다. "躬行謂以言而行諸身者 君子是實德之人 四字是混成語"

○미지유득(未之有得) : 아직도 얻지 못하다. 아직도 그것이 있지 않다. 고대 한문에서는 '未'에 의해서 부정되는 '서술어＋목적어'의 구조에서는 목적어가 대명사이면 서로

도치되는데, 이는 고대 문법의 특징이었다. 즉 '未有得之'가 '未之有得'으로 도치된다. "有急欲求得意"

莫은 疑辭라 猶人은 言不能過人이로되 而尙可以及人이요 未之有得은 則全未有得이니 皆自謙之辭로되 而足以見言行之難易緩急이니 欲人之勉其實也라

○謝氏曰 文은 雖聖人이나 無不與人同이라 故로 不遜이요 能躬行君子면 斯可以入聖이라 故로 不居하시니 猶言君子道者가 三에 我無能焉이니라

막(莫)은 의심하는 말이다. 남과 같다는 것은 남보다 낫지는 못하지만 그래도 아직은 남과 견줄 수는 있다는 것이요, 아직 얻지 못했다는 것은 전혀 얻지 못했다는 것을 말씀한 것이니, 모두 스스로 겸양하신 말씀이지만 족히 언행의 난이와 완급을 볼 수 있으니, 사람들에게 그 실행을 힘쓰게 하려고 하신 것이다.

○사 씨가 말했다. "문에 대해서는 비록 성인이지만 사람들과 같지 않음이 없으므로 겸손해 하지 않으셨던 것이요, 능히 도를 몸소 실행하는 군자라면 곧 성인에 들어갈 수 있으므로 자처하지 않으셨던 것이니, 《헌문편》14·29·1에서 '군자의 도가 셋인데 나는 이에 능한 것이 없다.'고 말한 것과 같다."

[備旨] 夫子示人尙行意에 曰以言闡道而有章者가 文也니 如徒文而已면 吾雖未能過人이나 尙可以及人也라 若以道體於身而踐履不遺者를 謂之躬行君子면 則吾未之力行而有得矣니 豈若文之易能哉아 吾惟汲汲於行하여 而不敢有自足之心焉이라

부자께서 사람들에게 품행을 숭상해야 하는 것을 보여주려는 뜻에서 말씀하시기를, "말로써 도를 밝혀서 나타낸 것이 문이니, 만일 문이라면 내가 비록 남보다 낫지는 못하더라도 오히려 남에게 미칠 수는 있을 것이다. 만약 도를 몸에 몸소 실천하고 몸소 체험해서 버리지 않는 것을 일러서 몸소 행하는 군자라고 한다면, 나는 아직도 힘써 행했지만 얻지 못했으니, 어찌 문과 같이 쉽게 할 수 있겠는가? 나는 오직 행하는 데에만 급급해서 감히 자족하는 마음을 가질 수 없다."라고 하셨다.

○상행(尙行) : 품행을 숭상함.
○천(闡) : 드러내다(顯露). 밝히다.
○장(章) : 나타나다. 나타내 보이다. 밝히다.
○체행(體行) : 몸소 실천함. 궁행(躬行).
○기약(豈若)~재(哉) : 어찌. 어떻게. 설마 …일 리가 있겠는가? 관용어구로 반문을 나타냄.

○천리(踐履) : 몸소 체험함. 실행함.
○급급(汲汲) : 부지런히 일하는 모양. 자자(孜孜).

7·33·1 子曰 若聖與仁을 則吾豈敢이리오 抑爲之不厭하며 誨人不倦하니 則可謂云爾已矣니라 公西華曰 正唯弟子가 不能學也로소이다

　　공자께서 말씀하시기를, "성인이나 인자의 일을 내가 어찌 감당할 수 있겠는가? 그렇지만 성인이나 인자의 도를 배우기를 싫어하지 않았으며 남을 가르치기를 게을리 하지 않았으니, 다만 이와 같다고 말할 수 있을 따름이다." 하시니, 공서화가 "이것이 정말로 제자들이 배울 수 없는 점입니다." 하고 말했다.

○약성여인(若聖與仁) : 성인과 인자. ☞약(若) : 이. 이것. 말을 일으키면서 가까운 사물을 나타냄. '與'자는 아래 '抑'과 서로 응함. "若是起語辭 與下抑字相應"
○오기감(吾豈敢) : 내 어찌 감당하겠는가? 당해낼 수 없다는 말. "是不敢當意"
○억위지불염(抑爲之不厭) : 그러나 성인의 도를 배우는 데는 싫어하지 않음. ☞억(抑) : 접속사로서 가볍게 전환되는 것을 나타냄. 구의 맨 앞에 주로 쓰인다. '하지만', '그러나' 등으로 해석한다. ☞위지(爲之) : 성(聖)과 인(仁)의 도를 배우는 것을 이름. '爲'는 평성(平聲)으로 쓰여 '배우다' 행하다'란 뜻인데, 여기서는 '배우다'로 해석하는 것이 타당함. "抑是反上意之辭"
○회인불권즉가위운이이의(誨人不倦則可謂云爾已矣) : 사람을 가르칠 적에 게을리 하지 않은 것이 다만 이와 같을 뿐이다. ☞회인불권(誨人不倦) : 사람을 가르칠 적에 게을리 하지 않음. 본서 7·2·1 참고. ☞즉(則) : 단지. 접속사로서의 기능보다도 부사로서 기능이 강한데 어떤 범위에 제한됨을 나타낸다. '但'과 통함. ☞운이(云爾) : 이와 같을 뿐이다. '云'은 전하는 것을 나타내고, '爾'는 단정을 나타냄. ☞이의(已矣) : …하구나. 어조사가 연용된 형태인데 사건의 변화나 발전을 나타냄. "則作但字看 可作庶幾看 云是說 爾是如此 指不厭不倦言已矣 猶言止此之意"
○공서화왈정유제자(公西華曰正唯弟子) : 공서화가 말하기를 정말로 오직 제자가 …라고 하다. ☞공서화(公西華): 공자의 제자. 공서적(公西赤). 자는 자화(子華). 본서 5·7·4 참고. ☞정(正) : 마침. 꼭. 부사로서 교묘하게 합치되거나 딱 들어맞는 것을 나타냄. ☞유(唯) : 오직 …만 있다. 부사로서 한정을 나타냄. "弟子指衆弟子 非公西華自謂"
○불능학야(不能學也) : 능히 배울 수 없다. 사람을 가르칠 적에 싫어하거나 게을리 하

지 않는 일만큼은 본받을 수 없다는 말. "指爲不厭誨不倦言"

此亦夫子之謙辭也라 聖者는 大而化之요 仁은 則心德之全하여 而人道之備也라 爲之는 謂爲仁聖之道요 誨人은 亦謂以此敎人也라 然이나 不厭不倦은 非己有之면 則不能이니 所以弟子不能學也라
○晁氏曰 當時에 有稱夫子를 聖且仁者하니 以故로 夫子辭之요 苟辭之而已焉이면 則無以進天下之材하고 率天下之善하여 將使聖與仁으로 爲虛器하여 而人終莫能至矣라 故로 夫子雖不居仁聖이나 而必以爲之不厭과 誨人不倦으로 自處也라 可謂云爾已矣者는 無他之辭也라 公西華仰而歎之하니 其亦深知夫子之意矣로다

　이것 또한 부자의 겸사다. 성(聖)이라는 것은 위대해서 감화시키는 것이요, 인(仁)은 마음의 덕이 온전해서 인도가 갖추어진 것이다. 위지(爲之)는 인과 성의 도를 배우는 것을 이르는 것이요, 회인(誨人)은 또한 이것으로써 사람을 가르치는 것을 이른다. 그러나 싫어하지 않았던 것과 게을리 하지 않았던 것은 자기에게 인과 성의 도가 있지 않으면 불가능하니, 제자들이 능히 배울 수 없었던 까닭이다.
　○조 씨가 말했다. "당시에 부자를 성인이라 하고 또 인자라고 일컬었던 자가 있었으니, 이러한 이유 때문에 부자께서 사양하셨던 것이고, 진실로 사양만 했을 뿐이면 천하의 인재를 진취시키거나 천하의 선을 이끌 수 없어서, 머지않아 성인이나 인자로 하여금 빈 그릇이 되게 하여 사람들이 마침내 이르지 못할 것으로 인식하게 될 것이다. 그러므로 부자께서 비록 인과 성의 도에는 거하지 않았지만 반드시 그것을 배우기를 싫어하지 않았던 것과 남을 가르치기를 게을리 하지 않았다는 것을 스스로 인정하셨던 것이다. '可謂云爾已矣'라는 것은 다른 것이 없다는 말씀이다. 공서화가 우러러 탄식하였으니 그것도 또한 부자의 뜻을 깊이 안 것이다."

○이고(以故) : … 때문에. …까닭은. 접속사로서 결과를 나타냄.
○대이화지(大而化之) : 위대해서 감화시키는 것. 호생부해(浩生不害)라는 사람이 맹자에게 '何謂善이며 何謂信이닛고'라고 질문했을 적에 대답한 내용.「맹자(孟子)」《진심하(盡心下)》"可欲之謂善 有諸己之謂信 充實之謂美 充實而有光輝之謂大 大而化之之謂聖 聖而不可知之之謂神"
○조(晁) : 조(朝)의 고자(古字).
○자처(自處) : 자신을 스스로 인정하면서 그렇게 처신함.

[備旨] 時에 有稱夫子以仁且聖者故로 夫子辭之에 曰若大而化之之聖과 與夫心德渾全之仁을 則吾豈敢當哉리오 抑以仁聖之道는 己之所固有也니 孜孜然爲之而不厭하고 以仁聖

之道는 亦人之所同有也니 諄諄然誨人而不倦하니 我之自諒한대 可謂云爾已矣라하시니 公西華가 仰而歎에 曰夫子所云 學不厭하고 誨不倦者는 正唯弟子之所不能學也로소이다 하다 蓋爲可能也요 誨可能也어니와 爲至於不厭과 誨至於不倦은 非全體不息하고 曲成不 遺者면 不能也니 豈弟子所能學哉리오 夫弟子不能學이로되 而夫子能之하시니 若聖與仁 은 微夫子면 其誰與歸리오

　당시에 부자를 인자나 성인으로 일컬은 자가 있었기 때문에 부자께서 사양할 적에 말씀하시기를, "위대해서 감화시키니 성인이라고 일컫는 말과 마음의 덕이 모두 온전 하니 인자라고 일컫는 말을 내가 어찌 감당할 수 있겠는가? 그렇지만 인자와 성인의 도는 내가 본래부터 갖고 있었던 것이니 부지런히 배우기를 싫어하지 않았고, 인과 성 의 도는 또한 사람들이 같이 갖고 있는 것이기 때문에 자상하게 사람을 가르치기를 싫 어하지 않았으니, 나에 대해서 스스로 헤아려 보건대 다만 그렇게 말할 수 있을 따름 이다."라고 하시니, 공서화가 우러러 보고 탄식할 적에 말하기를, "부자께서 이른바 배 우기를 싫어하지 않았고 가르치기를 게을리 하지 않았다고 한 점은 정말로 제자들이 능히 배울 수 없는 점입니다."라고 했다. 대개 배우는 것도 할 수 있고 가르치는 것도 할 수 있겠지만, 배우는 것을 싫어하지 않은 데까지 이른 점과 가르치는 것을 게을리 하지 않은 데까지 이른 점은, 온 몸을 쉬지 않고 빠짐없이 성취하도록 보내진 사람이 아니면 능히 할 수 없으니, 어찌 제자들이 능히 배울 수 있겠는가? 무릇 제자들은 배 울 수 없지만 부자께서는 능통하게 하시니, 성과 인의 도는 부자가 아니라면 아마 누구 와 더불어 돌아가겠는가?

○자자연(孜孜然) : 부지런히 힘쓰는 모양.
○순순연(諄諄然) : 자상하게 일러주는 모양.
○곡성(曲成) : 변화에 따라 사물에 맞도록 빠짐없이 성취시킴.「주역(周易)」《계사상 (繫辭上)》"範圍天地之化而不過 曲成萬物而不遺 通乎晝夜之道而知 故新无方而易无體"
○미(微) : …이 아니면. 부정사로 쓰였음.
○기구여귀(其誰與歸) : 아마도 더불어 돌아갈 사람이 누구인가? 아마 누구를 의지하겠 는가? 의지할 사람이 없다는 말.

7·34·1　子疾病이어시늘　子路請禱한대　子曰　有諸아　子路對曰 有之하니　誄曰　禱爾于上下神祇라하도소이다　子曰　丘之禱久矣니라

　공자께서 몹시 편찮으시자 자로가 기도할 것을 청했는데 공자께서 말씀하시기를,

"정말로 기도에 그런 이치가 있는가?" 했다. 자로가 대답하여 말하기를, "있습니다. 기도문에 이르기를, '너를 위하여 하늘과 땅의 신에게 빌었노라.' 했습니다." 하니, 공자께서 "나도 하늘에 빈 지 오래되었다." 하셨다.

○자질병(子疾病) : 공자께서 편찮으시다. 아픈 것을 통틀어서 '疾'이라 하고 심한 것을 '病'이라 한다. 여기서는 몹시 아프다는 뜻. "總言曰疾 甚言曰病 此兼言者 甚之意也"
○자로청도(子路請禱) : 자로가 부자에게 기도를 청함. ☞도(禱) : 빌다. 기도라는 것은 신에게 제사를 지내어 재앙을 물리치고 복을 구하는 것이다. "請是請於夫子 禱是求神以禳禍求福"
○유저(有諸) : 그런 것이 있는가? '有之乎'의 준말. "是欲其省夫禱之理也"
○뇌(誄) : 기도문. 뇌사(誄詞). 죽은 이의 생전의 공덕을 칭송하며 조상하는 글. 여기서는 죽은 사람의 공덕을 말하며 신에게 복을 비는 것을 말함. "誄是誄文 乃古人祭祀之書"
○도이우상하신기(禱爾于上下神祇) : 너를 위해 하늘의 신과 땅의 신에게 빌다. ☞이(爾) : 너. 이인칭 대명사. ☞신기(神祇) : 천신과 토지신. 하늘의 신과 땅의 신. '祇'는 항상 평성(平聲)으로 쓰이지만, '기'라고 읽으면 '토지신'이란 뜻이고 '지'라고 읽으면 '다만'이란 뜻임. "此只引古誄文以證有禱之理 非謂欲禱皇天后土也"
○구지도구의(丘之禱久矣) : 내가 그런 기도를 한 지 오래되다. "此禱是心禱 就所行合乎神明上見 久以平素言"

禱는 謂禱於鬼神이라 有諸는 問有此理否라 誄者는 哀死而述其行之辭也라 上下는 謂天地니 天曰神이요 地曰祇라 禱者는 悔過遷善하여 以祈神之佑也라 無其理면 則不必禱요 旣曰有之면 則聖人未嘗有過하여 無善可遷하니 其素行이 固已合於神明이라 故로 曰丘之禱가 久矣라하시니라 又士喪禮에 疾病이면 行禱五祀라하니 蓋臣子迫切之至情에 有不能自已者요 初不請於病者而後禱也라 故로 孔子之於子路에 不直拒之하고 而但告以無所事禱之意하시니라

도(禱)는 귀신에게 비는 것을 말한다. '有諸'는 그러한 이치가 있는지 없는지를 물은 것이다. 뇌(誄)는 죽은 이를 애도하면서 그의 행적을 서술한 글이다. 상하(上下)는 하늘과 땅을 말하니, 하늘의 신을 신(神)이라 하고 땅의 신을 기(祇)라 한다. 도(禱)는 잘못을 뉘우치고 선에 옮겨서 신이 도와주도록 비는 것이다. 그러한 이치가 없다면 빌 필요가 없는 것이고 이미 그런 이치가 있다고 하더라도, 성인은 일찍이 잘못이 있지 않아서 선으로 옮겨갈만한 것이 없었으니, 그의 평소 행실이 진실로 신명과 합치되었던 것이다. 그러므로 "나도 빈 지 오래되었다."라고 말씀한 것이다. 또 「의례」의 《사상

례》에 "병이 심하면 집 안팎의 다섯 신에게 기도를 올린다."고 하였는데, 이는 신하의 절박하고 진실한 생각에 스스로 그만둘 수 없어서이지 애당초 병자에게 청한 뒤에 기도한 것은 아니다. 그러므로 공자께서는 자로에게 곧바로 거절하지 않고 다만 기도를 일삼을 것이 없다는 의미로 깨우친 것이다.

○「의례(儀禮)」: 13경(經)의 하나. 춘추(春秋)・전국(全國) 때의 예제(禮制)에 관한 것을 모아 기록한 책.「주례(周禮)」・「예기(禮記)」와 함께 삼례(三禮)라고 함. 17편.
○오사(五祀) : 집 안팎의 다섯 신에게 지내는 제사. 곧 출입문・지게문・우물・부엌・방안을 말함. 여러 가지 설이 있음.「예기(禮記)」《월령(月令)》"孟春之月其祀戶 孟夏祀竈 中央祀中霤 孟秋祀門 孟冬祀行"
○신자(臣子) : 신하. 관리가 임금에 대한 자칭.
○박절(迫切) : 바짝 가까이 다다름. 절박(切迫)함.
○지정(至情) : 가장 진실한 생각이나 감정.

[備旨] 夫子疾病이어시늘 子路請夫子求禱於鬼神한대 夫子問曰 果有禱之理否乎아하니 子路對에 曰古蓋有此禱之理也라 觀於哀死하여 而述其行之誄辭면 有曰禱爾於上天之神과 下地之祇라하니 則可徵矣라 夫子曰 果有之하니 則丘之禱久矣라 蓋禱者는 不過遷善改過하여 以祈神之佑也라 我平日에 有過必改하고 有善必遷하니 是吾之禱於神明者가 有素라 何待今日哉아

부자께서 몹시 편찮으시자 자로는 부자를 보고 귀신에게 기도할 것을 청했는데, 부자께서 물어볼 적에 말씀하시기를, "정말로 기도에 그런 이치가 있느냐? 그렇지 않느냐?"라고 하니, 자로가 대답할 적에 말하기를, "옛날에 이런 기도의 이치가 있었습니다. 죽음을 슬퍼하여 그의 행실을 기록한 기도문을 보면, '너를 위하여 위로는 하늘의 신과 아래로는 땅의 신에게 빌었다.' 했으니 증거가 됩니다."라고 했다. 부자께서 말씀하시기를, "진실로 그런 것이 있으니 나도 기도한 지 오래되었다. 대개 기도라는 것은 잘못을 고치고 착하게 되어 신의 도움을 기원하는 데에 불과한 것이다. 내가 평일에 허물이 있으면 반드시 고쳤고 옳은 길이 있으면 반드시 옮겨갔으니, 곧 내가 신명에게 빌었다는 것이 평소 있었다는 것이다. 어찌 오늘을 기다렸겠는가?"라고 하셨다.

7・35・1 子曰 奢則不孫하고 儉則固니 與其不孫也론 寧固니라

공자께서 말씀하셨다. "사치하면 불손해지고 검소하면 고루해지니, 불손한 것보다는

차라리 고루한 것이 더 낫겠다."

○사즉불손(奢則不孫) : 사치하면 공손하지 않다. 사치하면 참월(僭越)해서 예(禮)를 따르지 않는다는 말. "奢是奢侈 不孫是僭越不循禮意"
○검즉고(儉則固) : 검소하기만 하면 고루해진다. 생각하는 것이 낡고 새로운 것을 받아들이지 않는다는 말. "儉是簡略 固是樸鄙無文"
○여기불손야영고(與其奢也寧固) : 공손하지 않는 것보다 차라리 고루한 편이 낫다. 불손한 것보다 차라리 고루한 것이 낫다는 말. ☞여기(與其)~영(寧) : 비교·선택을 나타내는 관용어구. '寧·不若·不如' 등과 어울려, '…보다는 …함과 같지 않다.' '…보다는 …한 편이 좋다.'의 뜻을 나타냄. "不孫是害之大者 寧是心安意 肯 固是害之小者"

孫은 **順也**요 **固**는 **陋也**라 **奢儉**이 **俱失中**이로되 **而奢之害大**라
○**晁氏曰 不得已**하여 **而救時之弊也**라

손(孫)은 순종하는 것이요, 고(固)는 고루한 것이다. 사치와 검소는 모두 중도를 잃은 것이지만, 두 가지를 비교해 보면 사치의 해가 더 크다.
○조 씨가 말했다. "부득이해서 당시의 폐단을 구제하려고 한 것이다."

○중도(中道) : 한쪽으로 치우치지 않는 올바른 도리. 중용(中庸)의 도.
○조(晁) : '朝'의 옛글자.

[備旨] 夫子救時之弊에 曰奢失之過하고 儉失之不及이니 皆非中道也라 然이나 過中而奢면 則必至於越禮하여 犯分而不孫이요 不及中而儉이면 則必至於樸野하여 無文而固니 固與不孫은 皆未免失中이라 但就二者較之엔 與其過於奢而失之不孫也론 毋寧過於儉而失之固者之爲愈乎인저하시니 吁라 夫子言此는 其亦不得已하여 而爲救世之論耳라

부자께서 당시의 폐단을 건지려고 할 적에 말씀하시기를, "사치는 지나친 데 빠져 버렸고 검소는 미치지 못한 데 빠져 버렸으니 모두 중도가 아니다. 그러나 중도를 지나쳐 사치스러우면 반드시 예를 넘는 데 이르러 분수를 범해 불손할 것이요, 중도를 미치지 못해서 검소하면 반드시 촌스러운 데 이르러 문채가 없어 고루할 것이니, 고루함과 불손함은 모두 중도를 잃어버림을 면할 수 없다. 다만 두 가지에 나아가서 비교했을 적에 사치하는 데 지나쳐서 불손한 데 빠지기보다는 차라리 검소한 데 지나쳐서 고루한 데 빠지는 것이 낫다."라고 하셨으니, 아! 부자께서 이를 말씀한 것은 그것 또한 부득이해서 세상을 구하는 논의를 했을 따름이다.

○박야(樸野) : 질박하고 촌스러움.
○무문(無文) : 수수하고 순박함.
○여기(與其)~무녕(無寧) : 차라리 …하기보다는 …하는 것이 낫다. 비교·선택 관계를 나타내는 관용어구.

7·36·1 子曰 君子는 坦蕩蕩이요 小人은 長戚戚이니라

　　공자께서 말씀하셨다. "군자는 이치를 따르기 때문에 평탄하고 넓으며, 소인은 사물로부터 부림을 당하기 때문에 늘 걱정스러워 한다."

○군자탄탕탕(君子坦蕩蕩) : 군자는 평탄하고 넓다. 군자는 이치를 따르는 사람이기에 마음이 넓고 너그럽다는 말. ☞탄(坦) : 평탄하다. 마음이 평온한 모양. ☞탕탕(蕩蕩) : 너그럽고 광대한 모양. "君子循理之人 坦蕩蕩自心體上言"
○소인장척척(小人長戚戚) : 소인은 늘 걱정스러워 한다. 소인은 사물에 부림을 당하는 사람이므로 늘 걱정스러워 한다는 말. ☞장(長) : 늘. 항상[常]. ☞척척(戚戚) : 근심하는 모양. "小人是役於物之人 長戚戚亦自心體上言"

坦은 平也라 蕩蕩은 寬廣貌라 程子曰 君子는 循理라 故로 常舒泰하고 小人은 役於物이라 故로 多憂戚이니라
○程子曰 君子坦蕩蕩은 心廣體胖이니라

　　탄(坦)은 평탄한 것이다. 탕탕(蕩蕩)은 너그럽고 넓은 모양이다. 정자가 말하기를, "군자는 이치를 따르기 때문에 항상 평탄하고 태연하며, 소인은 사물에 부림을 당하므로 근심이 많다."라고 했다.
　　○정자가 말했다. "'君子坦蕩蕩'은 마음이 넓고 몸이 편안하다는 것이다."

○서태(舒泰) : 조용하고 편안함.
○심광체반(心廣體胖) : 마음이 넓으면 몸이 편안하다. 마음이 넓고 편안하면 몸도 윤택해짐. 「대학(大學)」《傳6·4》"富潤屋이요 德潤身이니 心廣體胖이라 故로 君子는 必誠其意니라."

[備旨] 夫子別君子小人之心에 曰君子는 循理라 故로 心常舒泰하여 擧天下得失之感이라도 皆不足以動其心하니 蓋坦平而蕩蕩也요 小人은 役於物이라 故로 心無定主하여 馳

其情於患得患失之際하니 蓋長是戚戚也라 夫循理則樂하고 役物則憂하나니 此君子小人이 所以分也라

부자께서 군자와 소인의 마음을 구별할 적에 말씀하시기를, "군자는 이치를 따르기 때문에 마음이 항상 조용하고 편안하여 천하의 득실에 대한 느낌을 말할지라도 모두 족히 그 마음을 움직일 수 없으니, 대개 솔직하고 공평해서 너그럽고 넓은 것이요, 소인은 사물에 부림을 당하기 때문에 마음에 정하고 주장함이 없어서 그 마음이 얻을지 잃을지 근심하는 곳으로 달려가니, 대개 늘 근심하고 두려워하게 되는 것이다. 무릇 이치를 따르면 즐겁고 사물에 부림을 당하면 근심스러우니, 곧 군자와 소인이 구분되는 까닭이다."라고 하셨다.

○거(擧) : 말하다. 열거하다. 「예기(禮記)」 "過而擧君之諱則起"
○탄평(坦平) : 솔직하고 공평함.
○척척(戚戚) : 근심하고 두려워함.

7·37·1 子는 溫而厲하시며 威而不猛하시며 恭而安이러시다

공자께서는 온화하면서도 엄숙하시며, 위엄이 있으면서도 사납지 않으시며, 공손하면서도 편안한 모습이셨다.

○온이려(溫而厲) : 온화한 중에서도 엄숙한 모습이 나타나다. "厲就在溫中看出"
○위이불맹(威而不猛) : 위엄이 있으면서도 사납지 않다. "不猛就在威中看出"
○공이안(恭而安) : 공손해 하면시도 편안한 모습이다. "安就在恭中看出"

厲는 嚴肅也라 人之德性이 本無不備로되 而氣質所賦가 鮮有不偏하니 惟聖人이라야 全體渾然하여 陰陽合德이라 故로 其中和之氣가 見(현)於容貌之間者가 如此라 門人이 熟察而詳記之하니 亦可見其用心之密矣라 抑非知足以知聖人하고 而善言德行者면 不能記라 故로 程子는 以爲曾子之言이라하니 學者는 所宜反復而玩心也니라

여(厲)는 엄숙한 것이다. 사람의 덕성이 본래 갖추어지지 않음이 없지만 기질에 부여받은 것이 치우치지 않은 이가 드무니, 오직 성인이라야 전체가 모자라거나 찌그러짐

이 없어서 음양의 덕에 맞을 것이므로 그 중화의 기운이 용모에 나타나는 것이 이와 같았다. 제자들이 익히 살펴서 상세히 기록하였으니 또한 그 마음을 쓸 적에 치밀함을 볼 수 있지만, 지혜는 족히 성인을 알 만하고 덕행을 잘 표현할 수 있는 자가 아니었다면 능히 기록할 수 없었을 것이다. 그러므로 정자는 증자의 말씀이라고 생각하였으니, 배우는 자는 마땅히 반복하여 마음에 새겨야 할 것이다.

○중화(中和) : 다른 성질의 두 물질이 서로 융합하여 중성(中性)이 됨.

[備旨] 夫子之德은 全體中和라 故로 其見於容貌之間者가 時乎溫也로되 可親之中에 有嚴肅不可犯者存하니 殆溫而厲也하시며 時乎威也로되 可畏之中에 有寬裕不暴烈者存하니 殆威而不猛也하시며 時乎恭也로되 莊敬之中에 有自然無勉强拘追者存하니 殆恭而安也러시다 子之無往而不得其中和가 如此시니라

부자의 덕은 전체가 중화의 모습이다. 그러므로 그 용모 사이에 나타나는 모습이 때때로 온화하지만 가까이 해도 될 것 같은 중에서도 엄숙해서 범할 수 없는 모습이 있으니 자못 온화하지만 엄숙하시며, 때때로 위엄이 있지만 두려운 것 같은 모습 중에서도 너그럽고 도량이 커서 포악하고 사납지 않은 모습이 있으니 자못 위엄이 있지만 사납지 않으시며, 때때로 공손하지만 엄숙하고 삼가는 모습 중에서도 자연스러워서 억지로 힘을 쓰거나 일에 얽매여 허둥거리지 않는 모습이 있으니 자못 공손하면서도 편안한 모습이셨다. 부자께서 어디를 가더라도 그 중화의 모습을 얻지 못함이 없었음이 이와 같으셨다.

○관유(寬裕) : 마음이 너그럽고 도량이 큼.
○포열(暴烈) : 포악하고 사나움.
○장경(莊敬) : 엄숙하고 또한 삼감. 엄숙하고 공손함. 「예기(禮記)」 "中正無邪 禮之質也 莊敬恭順 禮之制也"
○면강(勉强) : 힘씀. 노력함. 정력을 쏟음.
○구박(拘迫) : 구속되어 군색함. 얽매여 허둥거림.

제 8편 泰 伯

凡二十一章이라

모두 21장이다.

8·1·1 子曰 泰伯은 其可謂至德也已矣로다 三以天下讓하되 民無得而稱焉이온여

공자께서 말씀하셨다. "태백은 아마도 지극한 덕이 있다고 일컬을 만하다. 세 번 천하를 사양했으나 당시의 백성들이 칭송할 수 없도록 하였구나!"

○태백(泰伯) : 주나라 태왕의 맏아들. 아버지의 뜻을 이루도록 중옹(仲雍)과 함께 남방으로 가서 단발문신(斷髮文身)하여 오(吳)나라의 시조가 되었으며, 태왕(太王)은 왕위를 계력(季歷)과 창(昌)에게 전수하였다.
○기가위지덕야이의(其可謂至德也已矣) : 아마도 지극한 덕이 있는 사람이라고 할 수 있을 것이다. 지극한 덕을 소유했기에 다시 더할 것이 없다는 말. ☞기(其) : 진술하는 문장에 쓰여 '아마도'라는 뜻을 나타내는 어조사. ☞야이의(也已矣) : '…하다' '…하구나'의 뜻이며, 허사(虛詞)가 연용된 형태로 단정적 어기를 강하게 나타낸다. '也'는 단정을 나타내고 '已'는 일의 상태를 나타내며, '矣'는 감탄을 나타냄. "謂是稱謂 至德是德無復加意"
○삼이천하양(三以天下讓) : 세 번 천하를 양보하다. 실제로 세 번을 천하를 양보했다는 것이 아니라 겸손하다는 의미. 삼양(三讓). "三讓只是固遜意 非實三次讓" ☞이 일은 공자께서 주(周)나라 사람으로서 역사상의 일을 추론해서 말한 것이고, 당시 주실(周室)은 작은 나라였지만 천하(天下)라고 한 것은 뒤에 중원(中原)을 통일하게 된 것을 의미한다. 「논어집주(論語集註)」 "朱子曰 古人辭讓 以三爲節 一辭爲禮辭 再辭爲固辭 三辭爲終辭"
○민무득이칭언(民無得而稱焉) : 백성들이 칭찬할 수 없다. 태백이 너무나도 은밀하게 왕위를 양보했기에 백성들이 잘 몰랐다는 뜻. '民'은 당시의 백성들을 말함. '得而'는 '得以'와 같은 하나의 조동사. '온여'는 'ᄒ온여'와 동의어인데 이두(吏讀)로는 '爲乎亦'으로 표기했다. '…함이므로' '…함이기에' '…한 것인데' '…한 것이니'의 뜻. "民指當時人

說 無得稱是不得指讓之形迹來稱他"

泰伯은 周太(大)王之長子라 至德은 謂德之至極하여 無以復加者也라 三讓은 謂
固遜也라 無得而稱은 其遜이 隱微하여 無迹을 可見也라 蓋太王三子하니 長은 泰
伯이요 次는 仲雍이요 次는 季歷이라 太王之時에 商道浸衰하고 而周日强大하며 季
歷이 又生子昌하니 有聖德이라 太王이 因有翦商之志로되 而泰伯不從이어늘 太王이
遂欲傳位季歷하여 以及昌하니 泰伯知之하고 卽與仲雍으로 逃之荊蠻이라 於是에
太王이 乃立季歷하여 傳國至昌하여 而三分天下에 有其二하니 是爲文王이라 文王
崩커늘 子發立하여 遂克商而有天下하니 是爲武王이라 夫以泰伯之德으로 當商周
之際하여 固足以朝諸侯하고 有天下矣어늘 乃棄不取하고 而又泯其迹焉하니 則其
德之至極이 爲如何哉아 蓋其心은 卽夷齊扣馬之心이로되 而事之難處有甚焉者하
니 宜夫子之歎息하여 而贊美之也라 泰伯不從은 事見(현)春秋傳이라

　　태백은 주나라 태왕의 맏아들이다. 지덕(至德)은 덕이 지극하여 다시 더할 것이 없음
을 말한다. 삼양(三讓)은 진실로 사양함을 이른다. 칭송할 수 없도록 했다는 것은 그
사양함이 은미하여 자취를 없애버렸다는 것을 볼 수 있다. 생각해 보건대 태왕은 세
아들이 있었으니, 첫째는 태백이요 둘째는 중옹이며 셋째는 계력이었다. 태왕 때에 상
나라의 도는 점차 쇠퇴해지고 주나라는 날로 강대해졌으며, 계력이 또 아들 창을 낳았
으니 아주 높은 덕이 있었다. 태왕이 이로 인하여 상나라를 칠 생각이 있었지만 태백
이 따르지 않았으므로, 태왕은 마침내 왕위를 계력에게 전하여 창에게 미치도록 하려
하니, 태백은 이것을 알고 곧 중옹과 함께 형만으로 도망갔던 것이다. 이에 태왕은 마
침내 계력을 세워 나라를 물려주어 창에게 이르러 천하를 셋으로 나누었을 때 그 둘을
소유하니, 이 사람이 바로 문왕이다. 문왕이 죽고 아들 발이 즉위하여 드디어 상나라를
이겨서 천하를 소유하니, 이 사람이 바로 무왕이다. 무릇 태백의 덕으로 상나라에서 주
나라로 바뀌는 때를 당하여 진실로 제후를 조회하거나 천하를 소유할 수가 있었는데,
그런데도 버리고 취하지 않고 또 그 사양한 자취마저 없앴으니, 그 덕의 지극함이 어
떠하다고 하겠는가? 아마도 그 마음은 바로 백이와 숙제가 상나라를 정벌하려고 하자
말고삐를 잡고 말렸던 마음이었겠지만 일을 처리하기에는 어려움이 심했으니, 마땅히
부자께서 탄식하여 찬미한 것이다. 태백이 따르지 않았던 것은 일이「춘추전」에 나타
난다.

○손(遜) : 사양하다. 양보하다.「후한서(後漢書)」"皇帝遜位於魏"
○침쇠(浸衰) : 점차로 쇠퇴함.

○성덕(聖德) : 더할 나위 없이 높은 덕.
○전(翦) : 멸망시키다. 자르다. ☞전상지업(翦商之業) : 무도(無道)함을 쳐 없애는 혁명 사업. 전상(翦商)은, 주(周)나라의 고공 단보(古公亶父)가 상(商)나라의 무도한 폭군 주(紂)를 정벌한 일.
○도(逃) : 달아나다. 도망하다.
○형만(荊蠻) : 초(楚)나라와 월(越)나라를 아울러 이르는 말. 여기서는 남방을 일컬음.
○입(立) : 즉위하다. 「춘추좌씨전(春秋左氏傳)」 "桓公立"
○붕(崩) : 천자의 죽음. 「예기(禮記)」《곡례하(曲禮下)》"天子曰崩 諸侯曰薨 大夫曰卒 士曰不祿 庶人曰死"
○고마(叩馬) : 말고삐를 잡고 못 가게 말림. 직간(直諫)함을 이름. ☞고(叩) : 잡아당기다. 못 가도록 뒤에서 끌어당기다.

[備旨] 夫子稱泰伯以立臣道之防에 曰周之泰伯은 其德可謂至極하여 而無以復加也已矣라 蓋當商周之際에 泰伯之德이 本足以朝諸侯하고 有天下로되 乃棄不取하고 三以天下로 而固讓於商이라 夫克讓美事也니 宜乎民到於今히 稱之矣라 然이나 伯乃託爲荊蠻之逃하여 以泯其迹하니 人但知其讓國於弟耳라 孰知其讓天下於商也리오 民無得以稱其德焉이온여 其德之至極이 爲何如哉아

부자께서 태백을 칭찬하고 신하의 도리를 세워 대비토록 할 적에 말씀하시기를, "주나라 태백은 아마도 덕이 지극해서 다시 더할 것이 없다고 일컬을 만하다. 대개 상나라에서 주나라로 바뀔 적에 태백의 덕은 본래 제후를 조회하거나 천하를 소유할 수 있었지만, 그런데도 버리고 취하지 않고 세 번이나 천하를 진실로 상에게 사양했던 것이다. 겸손한 사양이었고 아름다운 일이었으니, 마땅히 백성들이 지금까지도 그를 칭찬해야 할 것이다. 그러나 태백은 바로 형만으로 도망하는 것을 핑계해서 그의 자취를 없애버렸으니 사람들은 단지 그가 나라를 아우에게 사양한 것만 알고 있을 따름이다. 누구인들 그가 천하를 상에게 사양했음을 알겠는가? 백성들이 그 덕을 칭찬할 수 없도록 하였구나! 그 덕의 지극함이 어떠했겠는가?"라고 하셨다.

○신도(臣道) : 신하로서 지켜야 할 도리.
○방(防) : 대비하다. 「역경(易經)」《기제(旣濟)》"君子以思患而豫防之"
○극양(克讓) : 남을 공경하고 겸손한 태도로 사양(辭讓)함. 「서전(書傳)」《순전(舜典)》"允恭克讓"

8·2·1 子曰 恭而無禮則勞하고 愼而無禮則葸하고 勇而無禮則亂하고 直而無禮則絞니라

공자께서 말씀하셨다. "공손하지만 예가 없으면 고생하고, 신중하지만 예가 없으면 두려워하고, 용맹스럽지만 예가 없으면 어지럽히고, 정직하지만 예가 없으면 박절해진다."

○공이무례즉로(恭而無禮則勞) : 사람을 접할 적에 공손하지만 예로써 공손함을 조절하지 않으면 고생만 함. 마치 「맹자(孟子)」《등문공하(滕文公下)》에서처럼 '여름에 고생스럽게 밭을 가는 사람[하휴(夏畦)]'과 같음을 이르는 말. "恭以接人言 無禮是不以禮節其恭 勞如病於夏畦是也"
○신이무례즉시(愼而無禮則葸) : 일을 할 적에 신중하게 하지만 예로써 일을 조절하지 않으면 두려워하기만 함. ☞시(葸) : 두려워하다. 본음은 '사' "愼以執事言 無禮是不以禮節其愼 葸如畏首畏尾是也" ☞외수외미(畏首畏尾) : 두려워서 흠칫흠칫함. 몹시 두려워함을 이름. 「좌전(左傳)」《문(文) 17》"畏首畏尾 身其餘幾"
○용이무례즉란(勇而無禮則亂) : 용기는 있지만 예로써 용기를 조절하지 않으면 어지럽게만 한다는 말. 본서 1·2·1 참고. "勇是强果有爲 無禮是不以禮節其勇 亂如犯上作亂是也"
○직이무례즉교(直而無禮則絞) : 정직하게 하면서도 예로써 정직함을 조절하지 않으면 정직하기만 해서 박절하게 됨. ☞교(絞) : 박절하다. 급하다. 정직하기만 하고 예가 없는 모양. 본서 13·18·1 참고. "直是盡言無隱 無禮是不以禮節其直 絞如證父攘羊是也"

葸는 畏懼貌요 絞는 急切也라 無禮則無節文이라 故로 有四者之弊라

시(葸)는 두려워하는 모양이다. 교(絞)는 급하고 절박함이다. 예가 없으면 사물을 알맞게 꾸밀 수 없으므로, 네 가지의 폐단이 있는 것이다.

○급절(急切) : 급하고 절박함.
○절문(節文) : 조절하고 꾸미다. 사물을 알맞게 꾸밈.

[備旨] 夫子示人當以禮成德에 曰禮者는 天理之節文이니 所以爲德之準也라 苟致恭而無禮以節文之면 則勞而過於足恭也요 苟謹愼而無禮以節文之면 則葸而過於畏懼也요 苟有勇而無禮以節文之면 則亂而流於犯分也요 苟正直而無禮以節文之면 則絞而傷於追切也라 夫無禮而各有其弊가 如此하니 欲成德者는 禮其可離乎哉아

부자께서 사람들이 마땅히 예로써 덕을 이루어야 한다는 것을 보여줄 적에 말씀하시기를, "예는 천리를 조절하고 꾸미는 것이니 덕의 기준이 된다. 진실로 공손하게 하면서도 예로써 조절하고 꾸밈이 없으면 고생만 해서 너무 공손한 데 지나치게 되고, 진실로 신중하게 하면서도 예로써 조절하고 꾸밈이 없으면 두려워하기만 해서 너무 두려움에 지나치게 되고, 진실로 용기는 있지만 예로써 조절하고 꾸밈이 없으면 어지럽히기만 해서 분수를 범하는 데 흐르게 되고, 진실로 정직하게 하면서도 예로써 조절하고 꾸밈이 없으면 정직하기만 해서 박절함에 다다르게 된다. 무릇 예가 없어서 각각 그 폐단이 이와 같으니, 덕을 이루고 싶은 사람은 예에서 아마도 떠날 수 있겠는가?"라고 하셨다.

○치(致) : 생각이나 감정을 나타내다.
○주공(足恭) : 공손함이 지나치다. ☞주(足) : 지나치다. 과분하다. 본서 "5·24·1 巧言令色足恭"
○상(傷) : 상처를 입다. 걸리다. 손해를 입히다. 침범되다.
○외구(畏懼) : 두려워하고 무서워함.
○범분(犯分) : 분수를 범하다.

8·2·2 君子 篤於親이면 則民興於仁하고 故舊를 不遺면 則民不偸니라

[증자께서 말씀하셨다.] "군자가 친척에게 돈독하게 하면 백성들이 인에 일어나고, 옛날 친구를 버리지 않으면 백성들이 각박하게 되지 않을 것이다."

○군자독어친(君子篤於親) : 윗자리에 있는 사람이 친척에게 돈독하게 하다. ☞군자(君子) : 여기서 군자는 윗자리에 있는 사람을 지칭함. ☞독(篤) : 인정이나 사랑이 깊다는 뜻인데, 일본(一本)·구족(九族)의 형제 친척들과 친하게 지낸다는 말. ☞구족(九族) : 고조(高祖)·증조(曾祖)·조부(祖父)·부(父)·자기(自己)·자(子)·손(孫)·증손(曾孫)·현손(玄孫)의 친속. "篤是加厚 指盡愛敬之道 親兼一本九族言"
○흥어인(興於仁) : 인에서 일어나다. "仁卽是篤於親意"
○고구불유(故舊不遺) : 옛날의 친구를 버리지 않다. "故舊如舊臣舊交皆是 不遺是不遺棄"
○민불투(民不偸) : 백성이 각박하지 않다. 인정이 없지 않다는 말. ☞투(偸) : 각박하

다. "不偸卽是各厚於故舊也"

○이 문장은 일반적으로 8·2·1에 연결된 것으로 보고 공자의 말로 해석하지만, 필자는 증자(曾子)의 말로 보고 해석했다. 그래야만 8·3·1 문장과 자연스럽게 연결된다.

君子는 **謂在上之人也**라 **興**은 **起也**요 **偸**는 **薄也**라 **張子曰 人道**에 **知所先後**면 **則恭不勞**하고 **愼不蔥**하며 **勇不亂**하고 **直不絞**하여 **民化而德厚矣**리라 **吳氏曰 君子以下**는 **當自爲一章**이니 **乃曾子之言也**니라 **愚按 此一節**은 **與上文**으로 **不相蒙**하고 **而與首篇愼終追遠之意**로 **相類**하니 **吳說**이 **近是**라

군자는 윗자리에 있는 사람을 말한다. 흥(興)은 일어나는 것이다. 투(偸)는 각박함이다. 장자가 말했다. "사람의 도리에 먼저 해야 할 것과 뒤에 해야 할 것을 알면, 공손해도 수고롭지 않고 조심해도 두렵지 않으며, 용맹스러워도 난리를 일으키지 않고 곧아도 급절하지 않아서 백성들이 교화되어 덕이 두터워질 것이다. 오 씨가 말하기를, "군자(君子) 이하는 마땅히 처음부터 한 장이 되어야 하는데 곧 증자의 말이다." 했다. 내[朱子]가 살펴보건대, 이 한 절은 위의 글과 서로 부합되지 않고 제 1편의 '초상을 당했을 적에 정성을 다하고 조상을 추모하여 제사를 정성스럽게 지낸다.'는 뜻과 서로 비슷하니, 오 씨의 말이 이에 가깝다.

○몽(蒙) : 부합하다. 연관되다.
○신종추원(愼終追遠) : 초상에 정성을 다하고 조상을 추모함. 본서 "1·9·1 曾子曰 愼終追遠이면 民德이 歸厚矣리라"

[備旨] 曾子示人端本之化에 曰在上之君子는 誠能敦愛敬之道하여 而篤厚於親以盡仁이면 則民亦興起於仁하여 而各親其親矣라 誠能無忘平生之好하여 於故舊不遺棄以盡厚면 則民亦不失於偸薄하여 而各厚其故舊矣라 蓋仁厚는 皆民心所固有라 故로 感之卽應이 如此하니 君子는 可不先身敎哉아

증자께서 사람이 근본을 바로잡으면 변화된다는 점을 보여줄 적에 말씀하시기를, "윗자리에 있는 군자는 진실로 사랑하고 공경하는 도리를 돈독히 하여 친척들에게 돈독하게 하고 두텁게 해서 인을 다한다면, 백성도 또한 인에서 일어나서 각각 그 친척들에게 친하게 할 것이다. 진실로 평생 좋아하는 것을 잊어버리지 않고서 옛날 친구들을 버리지 않고 두터움을 다한다면, 백성들도 또한 야박한 데 빠지지 않아서 각각 그들의 옛날 친구를 두텁게 할 것이다. 대개 인후는 모두 백성들의 마음에 진실로 있는 것이다. 그러므로 감화를 받으면 응하는 것이 이와 같으니, 군자는 몸으로 먼저 가르치

지 않을 수 있겠는가?"라고 하셨다.

○애경(愛敬) : 사랑하고 공경함. 경모(敬慕)함. 경애(敬愛).
○유기(遺棄) : 버리고 돌보지 않음.
○투박(偸薄) : 야박함. 경박함.
○가불선신교재(可不先身敎哉) : 몸으로 먼저 가르치지 않을 수 있겠는가? 어떻게 몸으로 먼저 가르치지 않을 수 있겠는가? '可'는 부사로서 반문을 나타내며, '어떻게' 또는 '설마 …일 리 있겠는가?'라고 해석함. 해석하지 않아도 무방함.

8·3·1 曾子有疾하사 召門弟子曰 啓予足하며 啓予手하라 詩云 戰戰兢兢하여 如臨深淵하며 如履薄冰이라하니 而今而後에야 吾 知免夫와라 小子야

증자께서 병이 중하게 되자 제자들을 불러 말씀하셨다. "내 발을 보고 내 손을 보아라. 시에 이르기를, '두려워하고 삼가서 깊은 못에 임하듯 하며 얇은 얼음을 밟듯 하라.' 했으니, 이제야 내가 신체를 다치지 않고 지켜왔음을 알겠구나! 애들아!" 하고 부르셨다.

○증자유질(曾子有疾) : 증자가 병이 나다. 증자가 병이 들어 위독하다는 말. "此記者之辭 有疾謂病將革(극)時也" ☞증자(曾子, B.C 506~B.C 436) : 공자의 제자. 자(字)는 자여(子輿). 춘추 시대 노(魯)나라 사람으로 공자보다 연소했다. 「대학(大學)」을 저술하고 「효경(孝經)」을 저작하였으며, 공자의 도를 전하여 효자로서 이름이 높았음.
○소문제자(召門弟子) : 자기의 제자들을 불러 모으다. "召是呼而集之意 門弟子是曾子門人"
○계여족계여수(啓予足啓予手) : 나의 발을 보고 손을 보고 온 몸이 온전하니 보라는 말. "手足包一身 而言所以示保身之全也"
○시운(詩云) : 시에 이르기를. 「시경(詩經)」《소아편(小雅篇)》'詩云…薄冰'의 말은 몸을 지키기가 매우 어렵다는 표현. "此三句皆詩辭 引以明保身之難如此"
○전전긍긍(戰戰兢兢) : 두려워하고 경계하는 마음. 《소아(小雅) 소민편(小旻篇)》"戰戰兢兢 如臨深淵 如履薄冰" 이를 「시경집전(詩經集傳)」에서는, '戰戰은 恐也요 兢兢은 戒也라 如臨深淵은 恐墜也요 如履薄冰은 恐陷也라' 고 풀었다.
○이금이후(而今而後) : 어려서부터 지금까지. "指自幼至死言"

○오지면부(吾知免夫) : 내가 훼상을 면했음을 안다. 신체를 다치는 데서 면했음을 알 겠다는 말. '夫'는 감탄을 나타내는 어조사. "免夫是免於毁傷意"

○소자(小子) : 제자를 부르는 말. "是呼門人以致丁寧意"

啓는 開也라 曾子平日에 以爲身體는 受於父母니 不敢毁傷이라 故로 於此에 使弟子로 開其衾而視之라 詩는 小旻之篇이라 戰戰은 恐懼요 兢兢은 戒謹이라 臨淵은 恐墜요 履冰은 恐陷也라 曾子以其所保之全으로 示門人하고 而言其所以保之之難이 如此하여 至於將死而後에야 知其得免於毁傷也라 小子는 門人也라 語畢而又呼之는 以致反復丁寧之意니 其警之也深矣라 程子曰 君子曰終이요 小人曰死니 君子는 保其身하여 以沒로 爲終其事也라 故로 曾子以全歸로 爲免矣니라 尹氏曰 父母全而生之하시니 子全而歸之일새 曾子臨終而啓手足은 爲是故也라 非有得於道면 能如是乎아 范氏曰 身體도 猶不可虧也은 況虧其行以辱其親乎아

계(啓)는 여는 것이다. 증자가 평일에 신체는 부모로부터 받은 것이니, 감히 훼상하지 말아야 한다고 생각했으므로 이에서 제자들로 하여금 그 이불을 걷고서 보라고 한 것이다. 시는 소민편이다. 전전(戰戰)은 두려워하는 것이요, 긍긍(兢兢)은 경계하고 삼가는 것이다. 임연(臨淵)은 떨어질까 두려워함이요, 이빙(履冰)은 빠질까 두려워함이다. 증자가 그가 보전한 것이 온전했기 때문에 제자들에게 보여주고, 그 보전함의 어려움이 이와 같아서 거의 죽음에 이른 뒤에 훼상에서 면할 수 있었음을 알았다고 말씀한 것이다. 소자(小子)는 제자들이다. 말을 마쳤지만 다시 부른 것은 반복하고 간곡히 당부하는 뜻이니 그 경계함이 깊다. 정자가 말했다. "사람이 죽는 것을 군자는 종(終)이라 하고 소인은 사(死)라고 하니, 군자는 그 몸을 보전하여 마치는 것으로써 그 일을 마치는 것으로 생각하므로, 증자가 '부모에게 받은 몸을 상하지 않게 온전히 보존하다가 죽음'으로써 훼상에서 면했다고 생각한 것이다." 윤 씨가 말했다. "부모님께서 온전하게 낳아주셨으니 자식은 온전히 보존하다가 죽어야 하므로, 증자가 죽음에 임해서 이불을 걷고서 수족을 보여준 것은 이러한 까닭이다. 도를 터득하지 않고서는 능히 이와 같겠는가?" 범 씨가 말했다. "신체도 오히려 훼손할 수 없는 것인데 하물며 그 행실을 잘못해서 그 어버이를 욕되게 해서 되겠는가?"

○「소민(小旻)」 : 나라를 잘못 다스려 혼란에 빠진 것을 풍자한 노래. 「시경(詩經)」 《소아편(小雅篇)》

○전귀(全歸) : 부모에게 받은 몸을 상(傷)하지 않게 온전히 보존하다가 죽는 것을

이름.「예기(禮記)」《제의(祭義)》"尹氏曰 父母全而生之 子全而歸之 可謂孝矣"

[備旨] 曾子有疾하사 將終에 自幸其身體受於父母者가 得免毀傷이라 因召在門弟子하여 而謂之에 曰爾其開衾하여 以視吾足하고 開衾以視吾手하라 其有不全者乎아 然이나 吾之保此는 豈易哉아 詩에 有云戰戰而恐懼하고 兢兢而戒謹하여 如臨深淵而恐墜하고 如履薄氷而恐陷이라하니 吾平日에 保身之難이 如此라 使一日尚存이면 猶患其毀傷也어늘 而今而後에야 吾知免夫毀傷矣라하시고 語畢하고 而又呼小子하여 以致丁寧之意하니 欲其如己之恐懼戒謹하여 而無一息之敢忘親也라

　　증자께서 위독하게 되어서 죽음에 가까워졌을 적에 스스로 부모로부터 받은 자신의 신체가 훼상에서 면할 수 있었음을 다행으로 여겼던 것이다. 이러한 이유로 문하에 있는 제자들을 불러 모아놓고 이를 적에 말씀하시기를, "너희들은 이불을 걷고서 나의 발을 보고 이불을 걷고서 나의 손을 보아라. 그것들이 온전치 못한 것이 있느냐? 그런데 내가 이를 보존하는 것이 어찌 쉬웠겠느냐? 시에 이르기를, '두려워하면서 두려워하고 경계하면서 조심해서 마치 깊은 못에 임해서 떨어질 것을 두려워하는 것처럼 하고, 마치 엷은 얼음을 밟아서 빠질 것을 두려워하는 것처럼 해야 한다.' 했으니, 내가 평일에 몸을 보전하는 어려움이 이와 같았다. 가령 하루라도 아직 살아 있다면 오히려 그것이 훼상될까 두려워해야 하겠지만, 지금에야 내가 저 훼상에서 면한 줄 알았다."라고 하시고, 말을 마치고 또 소자들을 불러서 간곡한 뜻을 나타냈으니, 그들로 하여금 자신이 두려워하거나 조심했던 것처럼 하도록 해서 한 순간이라도 감히 어버이를 잊지 않도록 당부하고 싶었던 것이다.

8·4·1 曾子有疾이어시늘 孟敬子가 問之러니

　　증자께서 중병을 앓고 계시자 맹경자가 문병을 갔더니,

○증자유질(曾子有疾) : 증자가 병이 나다. 증자(曾子)에 관해서는 앞장 참고. 아픈 것을 통틀어서 '疾'이라 하고, 심한 것을 '病'이라고 나누기도 하지만[統言曰疾 甚言曰病], 여기서는 노환을 말함. "主病將革言"
○맹경자문지(孟敬子問之) : 맹경자가 문병하다. ☞맹경자(孟敬子) : 노나라 대부 중손 씨(仲孫氏). 자는 의(儀), 이름은 첩(捷). 맹무백(孟武伯)의 아들.

孟敬子는 魯大夫仲孫氏니 名捷이라 問之者는 問其疾也라

맹경자는 노나라의 대부 중손 씨로 이름은 첩이다. '問之'라는 것은 그 병을 위문함이다.

[備旨] 曾子有疾이어시늘 將終에 魯有大夫孟敬子者가 素重其賢하여 往而問之라

증자께서 병이 들어 임종이 가까워졌을 적에, 노나라의 대부 맹경자라는 사람이 평소에 그 현명함을 중히 여겨 가서 문병을 했다.

8·4·2 曾子言曰 鳥之將死에 其鳴也哀하고 人之將死에 其言也善이니라

증자께서 스스로 말씀하시기를, "새가 죽으려 할 때에는 그 우는 소리가 슬프고, 사람이 죽으려 할 때에는 그 말이 선합니다.

○증자언(曾子言) : 증자가 말하다. 묻지 않았는데 증자가 스스로 한 말. 만약 남이 물었다면 '語'라고 기록했을 것이다. "是不問而自言"
○조지장사기명야애(鳥之將死其鳴也哀) : 새가 죽으려 할 때에 그 새의 우는 소리가 슬프다. 새가 죽음에 임하면 죽음이 두렵기 때문에 우는 소리가 슬프다는 말. ☞야(也) : 어조사(語助辭)로서 주어 뒤에 쓰여 어기(語氣)를 늘임으로써 강조를 나타냄. 꼭 해석할 필요는 없음. "是畏死聲"
○인지장사기언야선(人之將死其言也善) : 사람이 죽으려 할 때에는 그의 말이 선하다. 사람이 죽음에 임하면 본심으로 돌아가기 때문에 하는 말이 착하다는 말. "是反本意"

言은 自言也라 鳥畏死라 故로 鳴哀하고 人窮反本이라 故로 言善이라 此는 曾子之謙辭니 欲敬子로 知其所言之善하여 而識之也라

언(言)은 스스로 말하는 것이다. 새는 죽음을 두려워하므로 우는 소리가 애처롭고, 사람은 곤궁하면 본심으로 돌아가기 때문에 말이 착한 것이다. 이는 증자의 겸손한 말씀이니, 맹경자로 하여금 그가 말한 것이 선한 것임을 알아서 깨닫도록 한 것이다.

○인궁반본(人窮反本) : 사람은 곤궁(困窮)하면 본심으로 돌아감. 사람은 궁해지면 부모

를 생각하게 됨. 「사기(史記)」 《굴원전(屈原傳)》 "人窮則反本 疾痛慘怛 未嘗不呼父母也" ○사람이 죽을 때가 되면 기운이 소멸되고 욕심도 끝나므로 본심으로 돌아가서 말을 선하게 한다. 「논어집주(論語集註)」 "慶源輔氏曰 人性本善 其惡者 役於氣動於欲而陷溺也 至將死氣消欲息 故反本而言善 此凡人也 曾子平日所言 何嘗不善 自謙云爾"

[備旨] 曾子欲告以從政之大로되 恐其忽而不識也라 故로 先自言에 曰鳥之將死면 則畏死之心勝하여 其鳴也哀하고 人之將死면 則本性之良見하여 其言也善이니라 今予將死하니 其所言이 皆善言也라 子其識之라

증자께서 정사를 처리하는 일과 같은 큰일로써 깨우쳐 주고 싶었지만, 아마도 그가 소홀히 해서 깨닫지 못할까 걱정했으므로 먼저 스스로 말씀하시기를, "새가 죽으려 할 때엔 죽음을 두려워하는 마음이 지나쳐서 그 우는 소리가 슬프고, 사람이 죽으려 할 때엔 본성의 양심이 나타나서 그 말이 선합니다. 지금 제가 죽음에 가까워지니 말하는 것이 모두 선합니다. 그대는 깨달아야 할 것입니다."라고 하셨다.

○종정(從政) : 정사를 처리함. 정치에 참여함.
○양심(良心) : 사람의 본 마음. 인간 고유의 선심(善心).
○자기식지(子其識之) : 당신은 깨달아야 한다. ☞자(子) : 이인칭 대명사로서 맹경자(孟敬子)를 가리킴. ☞식(識) : 깨달아 알다. 알아차리다. 분별하여 알다.

8·4·3 君子所貴乎道者三이니 動容貌에 斯遠暴慢矣며 正顔色에 斯近信矣며 出辭氣에 斯遠鄙倍矣니 籩豆之事는 則有司存이니라

군자가 귀중히 여겨야 할 도가 세 가지 있으니, 용모를 움직일 적에 부드럽고 공손하게 한다면 사나움과 오만함을 멀리할 것이며, 얼굴빛을 바르게 할 적에 망령됨이 없어서 진실을 가까이 할 것이며, 말을 할 적에 아름다운 문장을 이루고 이치를 따른다면 비루하고 도리에 어긋난 것을 멀리할 것입니다. 그 외에 제기를 다루는 사소한 일은 유사가 맡는 것이 좋을 것입니다."

○군자소귀호도자삼(君子所貴乎道者三) : 군자가 귀하게 여기는 요건이 3가지라는 말. '君子'는 '有司'와 대립적인 말로 쓰였으며, 군자의 일은 '道'로 표현하고 유사가 맡은 일은 '事'로 표현하여 구별하고 있음. "君子指從政之人 對下有司言 貴就道中最要者貴之

耳 道字該得廣 下邊豆之事皆是 但君子所貴只有三事”

○동용모(動容貌) : 용모를 움직이다. 여기서 용모를 움직인다는 것은 온 몸을 움직이는 '行動擧止'를 말함. "動兼擧止言 容虛貌實 以身言"

○사원포만의(斯遠暴慢矣) : 사납고 교만함에서 떠나가다. ☞사(斯) : '곧' '그렇다면'의 뜻을 가진 접속사로서 앞 문장을 이어받음. ☞원(遠) : 멀어지다. 떠나가다. "斯作卽字看 遠去也 暴是剛之過 慢是柔之過"

○정안색(正顏色) : 안색을 바르게 하다. 안색을 정돈하다. "正有整頓意 顏實色虛 以面言"

○사근신의(斯近信矣) : 진실을 가까이 하다. 안색이 엄숙하고 진지하여 거짓이 없음. 겉으로만 엄숙한 체하지 않는 것을 이름. "是無色莊之僞"

○출사기(出辭氣) : 말을 하다. 말을 주고받다. 말을 할 적에는 기운이 자연적으로 따르므로 '辭氣'라고 했음. '辭'는 실상이고 '氣'는 허상임. "辭實氣虛 以口言"

○사원비배의(斯遠鄙倍矣) : 비루하고 도리에 어긋난 것을 멀리하다. ☞비배(鄙倍) : 학식도 없이 비루하고 도리에서 어긋나다. '비패'라고도 읽음. "鄙是無文 倍是畔道"

○변두지사(邊豆之事) : 제사지내는 일. '邊'은 대나무로 만든 제기로 과일이나 마른 고기를 담고, '豆'는 나무로 만든 제기로 김치나 젓갈 종류를 담음. "邊豆皆祭祀時盛物之器 曰事便與道相反"

○유사존(有司存) : 유사가 있다. 즉 제사 지내는 일은 사소한 일이므로 제사 지내는 사람에게 맡긴다는 말. "有司是祭祀時 執事之人 存是任其職 曰有司便與君子反 曰存便與貴反"

貴는 猶重也라 容貌는 擧一身而言이라 暴는 粗厲也요 慢은 放肆也라 信은 實也니 正顏色而近信이면 則非色莊也라 辭는 言語요 氣는 聲氣也라 鄙는 凡陋也라 倍는 與背同하니 謂背理也라 邊은 竹豆요 豆는 木豆라 言道雖無所不在나 然이나 君子所重者는 在此三事而已라 是는 皆修身之要요 爲政之本이니 學者는 所當操存省察하여 而不可有造次顚沛之違者也라 若夫邊豆之事는 器數之末이니 道之全體에 固無不該나 然이나 其分則有司之守요 而非君子之所重矣라 程子曰 動容貌는 擧一身而言也니 周旋中禮면 暴慢斯遠矣요 正顏色이면 則不妄이니 斯近信矣요 出辭氣에 正由中出이면 斯遠鄙倍라 三者는 正身而不外求하니 故로 曰邊豆之事는 則有司存이라 尹氏曰 養於中이면 見(현)於外하나니 曾子가 蓋以修己로 爲爲政之本하니 若乃器用事物之細는 則有司存焉이니라

　귀(貴)는 중요하다는 것과 같다. 용모(容貌)는 온 몸을 들어 말한 것이다. 포(暴)

는 거칠고 거센 것이다. 만(慢)은 제멋대로 하는 것이다. 신(信)은 진실한 것이니, 안색을 바르게 하여 진실에 가깝게 한다면 얼굴빛만 장엄하게 한다는 것이 아니다. 사(辭)는 말이고 기(氣)는 소리의 기운이다. 비(鄙)는 모두 비루한 것이고 '倍'는 '背'와 같으니, 이치에 위배됨을 말한다. 변(籩)은 대나무로 만든 제기이고 두(豆)는 나무로 만든 제기다. 도가 비록 있지 않은 데가 없지만, 그러나 군자가 귀중히 여기는 것은 이 세 가지 일에 있을 뿐이다. 이는 모두 수신의 요점이요 정사를 행하는 근본이니, 배우는 자들은 마땅히 평소에 잃지 않도록 하고 성찰하여 아주 짧은 시간이나 거꾸러질 때라도 떠나서는 안 될 것이다. 저 제사지내는 일은 그릇이나 헤아리는 지엽적인 것이니, 도의 전체적인 면에서는 진실로 해당되지 않는 것은 아니지만, 그것을 구별해 본다면 유사가 지킬 일이고 군자가 귀중히 여길 바는 아님을 말씀한 것이다. 정자가 말했다. "용모를 움직인다는 것은 온 몸을 들어 말한 것이니 주선함이 예에 맞으면 사납거나 교만함에서 멀어질 것이요, 얼굴빛을 바르게 하면 망령되지 않을 것이니 곧 진실에 가까워질 것이요, 말을 할 때에 꼭 마음 가운데에서 내면 학식이 없거나 도리를 벗어난 데로부터 멀어질 것이다. 이 세 가지는 몸을 바르게 하는 것으로써 밖에서 구하지 못하는 것이다. 그러므로 제사지내는 일은 유사가 처리할 일이라고 말씀한 것이다. 윤 씨가 말했다. "마음속에서 길러지면 밖으로 드러나는 것이니, 증자는 대개 수신으로써 정사를 행하는 근본으로 삼았기 때문에 저 기용이나 사물의 소소한 것들은 유사가 처리할 일이라고 한 것이다."

○조(粗) : 거칠다. 정세(精細)하지 않음.
○여(厲) : 사납다. 맹렬함.
○방사(放肆) : 방자함. 제멋대로임.
○언어(言語) : 말. 스스로 하는 말을 '言'이라 하고, 남이 물었을 때 대답하는 말을 '語'라고 함.
○성기(聲氣) : 소리의 기운.
○조존(操存) : 평소의 마음을 간직하여 잃지 않도록 함.
○조차(造次) : 창졸간. 매우 짧은 동안. 조차간(造次間).
○전패(顚沛) : 거꾸러지고 자빠짐. 곤궁하여 의지가 꺾임.
○정(正) : 꼭. 마침. 부사로서 딱 들어맞는 것을 나타냄.
○기용(器用) : 그릇과 도구(道具).

[備旨] 敬子平日에 留心細務하고 而不知大體라 故로 告之에 曰道雖無所不在나 然이나 君子所貴乎道者에 卽有三이라 不動容貌則已어니와 一動容貌면 則和敬可親에 斯遠乎暴

慢하여 而容貌得其道矣요 不正顔色則已어니와 一正顔色이면 則由心生色에 斯近乎誠信
하여 而顔色得其道矣요 不出辭氣則已어니와 一出辭氣면 則成章順理에 斯遠乎鄙倍하여
而辭氣得其道矣라 是三者는 修身之要요 爲政之本이니 所當涵養於平日하여 而臨時라도
亦無頃刻之違者也라 若夫籩豆之事는 皆器數之末이니 雖亦道之所該나 然이나 特有司所
職掌耳라 豈君子之所貴乎아

맹경자가 평일에 마음에 자질구레한 일을 두고 큰 범절을 제대로 알지 못했던 것이
다. 그러므로 깨우쳐 줄 적에 말씀하시기를, "도라고 하는 것이 비록 있지 않는 곳이
없지만, 군자가 귀하게 여겨야 할 도에 세 가지가 있습니다. 용모를 움직이지 않는다면
그만이겠지만 한번 용모를 움직인다면 부드러움과 공손함을 가까이 할 적에 사나움과
오만을 멀리하여 몸이 그 도를 얻을 것이요, 얼굴을 바르게 하지 않는다면 그만이겠지
만 한번 안색을 바르게 한다면 마음에서 색을 나타낼 적에 진실을 가까이 하여 얼굴이
그 도를 얻을 것이요, 말을 하지 않는다면 그만이겠지만 한번 말을 낸다면 아름다운
문장을 이루고 이치를 따를 적에 비루하거나 도리에 어긋남을 멀리하여 말이 그 도를
얻을 것입니다. 이 세 가지는 수신의 요점이요 정사를 행하는 근본이니, 마땅히 평일에
함양하여 때에 임했을 때라도 또한 잠깐이라도 어김이 없어야 할 것입니다. 무릇 제기
를 다루는 일은 모두 그릇이나 헤아리는 지엽적인 것이니, 비록 또한 도가 갖추어져
있는 것이라고 하지만 단지 유사의 업무일 따름입니다. 어찌 군자가 귀하게 여길 바이
겠습니까?"라고 하셨다.

○세무(細務) : 중요하지 않은 일.
○대체(大體) : 큰 범절(凡節). 원칙. 본질. 요점.
○화경(和敬) : 부드럽고 공손함.
○성신(誠信) : 진실함. 진실됨.
○성장(成章) : 아름다운 문장을 이룸.
○직장(職掌) : 직무를 관장함. 직관(職管). 직무상의 분장(分掌).

8·5·1 曾子曰 以能으로 問於不能하며 以多로 問於寡하며 有若無하며 實若虛하며 犯而不校를 昔者에 吾友가 嘗從事於斯矣니라

증자께서 말씀하셨다. "재능이 있으면서도 없는 사람에게 물으며, 아는 것이 많
으면서도 적은 사람에게 물으며, 재능이 있으면서도 없는 것같이 하며, 아는 것이

꽉 찼지만 텅 빈 듯이 하며, 침범당하는 일이 있지만 따지지 않았던 일을 누가 능히 할 수 있겠는가? 옛날 나의 벗 안연이 일찍이 이런 일을 실행했었다.”

○이능문어불능(以能問於不能) : 능력이나 재능이 있으면서도 없는 사람에게 묻다. 다스림이 몸에 얻어진 것을 ‘能’이라고 하는데, ‘能力’‘才能’ 등을 말함. “理得於己曰能 問於不能者 恐彼亦有所能 而我未能也”
○이다문어과(以多問於寡) : 학문이나 아는 것이 많으면서도 적은 사람에게 묻다. 다스림이 몸에 모여진 것을 ‘多’라고 하는데, ‘多識’‘多聞’ 등을 말함. “理萃於躬曰多 問於寡者 恐彼亦有所得 而我未得也”
○유약무(有若無) : 재능이 있지만 없는 것처럼 행동하다. 위에 있는 ‘能’자를 이어 받음. “有承能字說 是義理體備於身意 若無是歉然自慊不知其爲有”
○실약허(實若虛) : 아는 것이 꽉 찼지만 텅 빈 듯이 겸손하게 행동하다. 위에 있는 ‘多’자를 이어 받음. “實承多字說 是義理充足於心意 若虛是退然自歉不知其爲實”
○범이불교(犯而不校) : 침범당해도 따지지 않다. ‘校’는 ‘따지다’‘보복하다’‘비교하다’는 뜻. “犯非己之所取 乃人之妄加也 不校非氣弱不能校 亦非慮禍不敢校 休休有容直大度包含之也”
○오우(吾友) : 나의 벗. 나의 벗이란 말로, 은연히 안자를 지칭하고 있음. “吾友暗指顏子”

校는 計較也라 友는 馬氏가 以爲顏淵이 是也라 顏子之心은 唯知義理之無窮하고 不見物我之有間이라 故로 能如此라 謝氏 曰不知有餘在己요 不足在人하며 不必得爲在己요 失爲在人하니 非幾於無我者면 不能也라

교(校)는 조사하고 확인함이다. 우(友)는 마 씨가 안연이라고 한 것이 이것이다. 안자의 마음은 오직 의리의 무궁함만 알았고 외물과 자아 사이에 틈을 보이지 않았다. 그러므로 능히 이와 같이 할 수 있었다. 사 씨가 말했다. “넉넉함은 자기에게 있고 부족함은 남에게 있다고 알지 않았으며, 반드시 성공을 자기에게 있다 하고 실패를 남에게 있다고 생각하지도 않았으니, 무아의 경지에 가까운 사람이 아니면 할 수 없을 것이다.”

○계교(計較) : 비교함. 사실을 조사하고 확인함.
○무아(無我) : 자기의 존재를 깨닫지 못함. 자아가 없음. 몰아(沒我). 무기(無己).

[備旨] 曾子追稱顏子에 曰能者는 不必問於不能矣어늘 今顧以能으로 問於人之不能하며

多者는 不必問於寡矣어늘 今顧以多로 問於人之寡하니 此何心哉아 蓋己雖能而有也나 而
視若無焉이라 故로 問於不能也요 己雖多而實也나 而視若虛焉이라 故로 問於寡也라 至
於橫逆犯乎我하여도 則容之而不與校焉이라 若此者를 其孰能之哉아 昔者에 吾友惟知義
理無窮하고 不見物我有間하여 嘗從事於斯矣니라 而今安在哉아

　　증자께서 돌아가신 안자를 칭송할 적에 말씀하시기를, "재능이 있는 사람은 반드시
재능이 없는 사람에게 묻지 않는데 지금 돌아볼 적에 재능이 있으면서도 재능이 없는
사람에게 물었으며, 아는 것이 많은 사람은 반드시 아는 것이 적은 사람에게 묻지 않
는데 지금 돌아볼 적에 아는 것이 많으면서도 아는 것이 적은 사람에게 물었으니, 이
런 사람은 어떤 마음에서 그랬을까? 아마 자기가 비록 재능을 가져서 재능이 있었지만
보기에는 없는 것처럼 했으므로 재능이 없는 사람에게 물었던 것이요, 자기가 비록 아
는 것이 많아서 꽉 찼지만 보기에는 텅 빈 것처럼 했으므로 아는 것이 적은 사람에게
물었던 것이다. 그 외에 뜻밖의 재난이 나를 범하는 데 이르러도 용납하고서 더불어
따지지도 않았던 것이다. 이와 같은 일을 아마도 누가 능히 할 수 있겠는가? 옛날 나
의 벗 안자라는 사람이 오직 의리의 무궁함만 알고 외물과 자아 사이에 틈을 보이지
않아서 일찍이 이런 일을 실행했었다. 그러나 지금은 어디에 있는가?"라고 하셨다.

○추칭(追稱) : 죽은 사람을 칭송함.
○불필(不必) : 반드시 …하는 것은 아니다. 부분 부정.
○지어횡역범호아(至於橫逆犯乎我) : 횡역이 나를 범하는 데 이르러도. ☞횡역(橫逆) :
흉포하고 도리에 맞지 않는 행위. 뜻밖의 재난.

8·6·1 曾子曰 司以託六尺之孤하며 可以寄百里之命이요 臨大
節而不可奪也면 君子人與아 君子人也니라

　　증자께서 말씀하셨다. "나이 어린 임금을 부탁할 수 있으며, 제후국의 운명을 맡
길 수 있을 뿐만 아니라 나라에 큰 사변을 만나도 그 지조를 빼앗을 수 없는 인
물이라면, 군자다운 사람이겠지? 참으로 군자다운 사람일 것이다."

○가이탁육척지고(可以託六尺之孤) : 나이 어린 임금을 부탁할 수 있다. '六尺之孤'
는 나이 어린 임금. 15세 정도의 어린 임금을 말하는데, 옛날 '2년 반'을 '일척'이라
하였음. ☞가이(可以) : …할 수 있다. 조동사로서 허가나 가능을 나타냄. 허가·가

능을 나타내는 조동사 '可'와 이유·조건·수단·도구·원인 등을 나타내는 전치사 '以'가 결합하여 하나의 조동사로 굳어진 것이다. "可以是能爲意 託是付託 古者二歲半爲一尺 六尺之孤 是十五歲幼君也"

○가이기백리지명(可以寄百里之命) : 제후국의 운명을 맡길 수 있다. '寄'는 맡겨서 전체를 총괄하여 다스린다는 뜻이며, '百里'는 제후국이 백 리이므로 제후국을 말하며, '命'은 나라의 운명을 지칭함. "寄是總攝 百里是公侯大國 命是政令"

○임대절이불가탈야(臨大節而不可奪也) : 큰 사변을 만나도 지조를 뺏을 수 없다. ☞임대절(臨大節) : 큰 사변(事變)을 만나다. 존망(存亡)·안위(安危)에 관계되는 큰일을 당함. ☞대절(大節) : ①유의하여 지켜야 할 중요한 일. 중한 절의(節義). ②나라의 큰 사변. ③사물의 전체에서 요령만 딴 줄거리. 여기서는 ②의 뜻. "臨當也 大節是事變之大 是有定見有定時 所以輔幼君而攝國政者 不爲所奪"

○군자인여(君子人與) : 군자다운 사람이겠지? 군자다운 사람이라고 해도 좋겠지? ☞군자(君子) : 여기서 군자는 재덕이 뛰어난 사람을 지칭함. ☞여(與) : 의문을 나타내는 어조사. "君子才德出衆之人"

其才는 可以輔幼君하여 攝國政하며 其節이 至於死生之際라도 而不可奪이면 可謂君子矣라 與는 疑辭요 也는 決辭니 設爲問答은 所以深著其必然也라 程子曰 節操如是면 可謂君子矣니라

그 재주는 어린 임금을 보필하여 국정을 대신할 만하며, 그 절개가 죽고 사는 지경까지 이르렀을지라도 빼앗을 수 없다면, 군자라고 이를 만하다. 여(與)는 의심한다는 말이고 야(也)는 결단한다는 말이니, 가설하여 문답한 것은 그것이 꼭 그러함을 깊이 드러낸 것이다. 정자가 말했다. "절조가 이와 같으면 가히 군자라고 할 만하다."

○섭(攝) : 대신하다. 다스리다.
○절조(節操) : 절개와 지조.

[備旨] 曾子以全德望天下에 曰今有人焉한대 以言其才면 可以託六尺之孤라도 而能左右維持하여 輔幼君而置之安하며 可以寄百里之命이라도 而能設施措置하여 攝國政而持之重이요 至或臨大節之所係하여 則可生可殺이로되 而吾身之操를 不可奪이라 是其才節이 如此면 斯人也는 其可謂之君子人與아 吾知其才而持之以節이면 則才爲全才요 其節而運之以才면 則節爲全節이니 信乎其爲君子人也니라 非偏才小節者之에 可比矣라

증자께서 훌륭한 덕을 갖춘 사람을 천하 사람에게 바랄 적에 말씀하시기를, "지금 어떤 사람이 있는데, 그 재주를 말하면 열댓 되는 어린 임금을 부탁하더라도 능히 좌우에서 지켜 어린 임금을 도와서 마음을 편하도록 할 수 있으며, 백 리 되는 제후국의 운명을 맡기더라도 능히 계획하고 일을 처리하여 국정을 대신해 신중하게 국사를 주관할 수 있으며, 나라에 큰 사변과 같은 중대한 일을 만나서 살리거나 죽이더라도 자기 몸의 지조를 빼앗을 수 없다고 합시다. 그의 재주와 절개가 이와 같다면 아마도 이를 일러 군자다운 사람이라고 할 수 있겠지? 내가 알기로는 그런 재주가 있고 절개를 가졌으면 재주는 온전한 재주가 될 것이요, 그런 절개로서 재주를 운용한다면 절개는 온전한 절개가 될 것이니, 확실히 그는 군자다운 사람일 것이다. 한 방면에 재주를 가졌거나 작은 절조를 가진 사람에게 비할 일은 아닐 것이다."라고 하셨다.

○전덕(全德) : 흠이 없는 훌륭한 덕. 또는 그런 덕을 갖춘 사람. 「여씨춘추(呂氏春秋)」《본생(本生)》"上爲天子而不驕 下爲匹夫而不惛 此之謂全德之人"
○유인언(有人焉) : 어떤 사람이 있는데. 옛날 사람들이 사리를 추론하는 데 사용한 표현 방식. '有~於此' '有人焉~若此'와 비슷함.
○유지(維持) : 지탱하여 나감. 보존하여 지킴.
○설시(設施) : 조치를 취함. 계획하고 시행함.
○조치(措置) : 일을 처리함. 또는 그 처리.
○편재(偏才) : 어느 한 방면에 뛰어난 재주를 가진 사람.
○소절(小節) : 작은 일. 조그마한 의리나 절조.

8·7·1 曾子曰 士不可以不弘毅니 任重而道遠이니라

증자께서 말씀하셨다. "선비는 도량이 넓고 의지가 굳세지 않으면 안 되니, 책임은 무겁고 길은 멀기 때문이다.

○사불가이불홍의(士不可以不弘毅) : 선비가 도량이 넓고 의지가 굳세다. 선비는 도량이 넓고 의지가 굳세지 않으면 안 된다고 깊이 꾸짖는 말. ☞가이(可以) : … 할 수 있다. 조동사로서 허가나 가능을 나타냄. 허가·가능을 나타내는 조동사 '可'와 이유·조건·수단·도구·원인 등을 나타내는 전치사 '以'가 결합하여 하나의 조동사로 굳어진 것이다. ☞홍의(弘毅) : 마음이 넓고 뜻이 굳셈. "士與凡民不同 不可以不四字重看 有深責備之意"

○임중이도원(任重而道遠) : 임무는 중하고 길이 멀다. 맡은 책임이 중하고 갈 길이 멀다는 말. "任是負荷 道是道路 言所任者旣重 而爲道又遠"

弘은 **寬廣也**요 **毅**는 **強忍也**라 **非弘**이면 **不能勝其重**이요 **非毅**면 **無以致其遠**이라

홍(弘)은 너그럽고 넓은 것이다. 의(毅)는 억지로 참고 견디는 것이다. 넓은 도량이 아니면 중임을 감당할 수 없고, 굳센 의지가 아니면 먼 곳에 이를 수 없다.

○홍(弘) : 넓다.
○관광(寬廣) : 마음이 너그럽고 도량이 큼. 「논어집주(論語集註)」 "新安胡氏曰 寬則容受之多 廣則承載之闊"
○의(毅) : 굳세다. 의지가 강함.
○강인(強忍) : 억지로 참고 견딤. 「논어집주(論語集註)」 "新安陳氏曰 強則執守之堅 忍則負荷之久"
○승(勝) : 당해내다. 감내하다. 여기서는 평성(平聲)으로 쓰였음.

[備旨] 曾子論士當充養意에 曰同是人也로되 而命之曰士이어늘 士之名은 可居也어니와 士之實은 尤當求也라 自其心之無所隘者라야 爲弘이니 士則不可以不弘焉이요 自其心之無所息者라야 爲毅니 士則不可以不毅焉이라 何也오 士之任은 極其重而未易勝이요 而所行之道는 極其遠而未易致라 苟非弘이면 何以勝之며 非毅면 何以致之耶아

증자께서 선비는 마땅히 도량과 의지를 채우고 길러야 한다는 것을 논하는 뜻에서 말씀하시기를, "다 같은 사람들이지만 이들을 이름 붙여서 선비라고 말하는데, 선비의 이름에는 거할 수 있겠거니와 선비의 실상은 더욱 추구해야 할 것이다. 스스로 그 마음에 좁은 것이 없는 사람이라야 넓게 될 것이니 선비라면 넓히지 않을 수 없을 것이요, 스스로 그 마음에 쉬는 것이 없는 사람이라야 굳세게 될 것이니 선비라면 굳세게 하지 않을 수 없을 것이다. 왜 그런가? 선비의 소임은 아주 중해서 쉽게 당해낼 수 없고 가는 길은 아주 멀어서 쉽게 이를 수 없기 때문이다. 진실로 넓지 아니하면 어찌 당해낼 것이며 굳세지 아니하면 어찌 이루어 내겠는가?

8·7·2 仁以爲己任이니 不亦重乎아 死而後已니 不亦遠乎아

인의 실행을 자기 임무로 삼아야 할 것이니 또한 그 책임이 무겁지 않은가? 죽

은 다음에야 인의 책임이 끝나니 또한 그 길이 멀다고 하지 않겠는가?"

○인이위기임(仁以爲己任) : 인의 실행을 자기 자신의 책임이라고 생각하다. '以仁爲己任'의 도치문. "己任是人不能分任"
○불역중호(不亦重乎) : 또한 책임이 무겁지 아니한가? 선비의 임무는 진실로 무겁다는 말. '不亦'은 부사로서 완곡한 반문을 나타낼 때 서술어 앞에 쓰인다. 주로 문장의 끝에 의문을 나타내는 어조사가 있어서 조화를 이룬다. 여기서는 '不亦~乎'의 형식으로 쓰였다. "重就在仁字上見"
○사이후이(死而後已) : 죽은 뒤에 그만 두다. '而後'는 '以後'와 같음. '已'는 인의 실행을 그만둔다는 말.
○불역원호(不亦遠乎) : 또한 길이 멀지 않겠는가? 선비의 갈 길은 멀다는 말. "遠就在死字上見"

仁者는 **人心之全德**이라 **而必欲以身體**로 **而力行之**니 **可謂重矣**요 **一息**이라도 **尚存此志**요 **不容少懈**니 **可謂遠矣**라 **程子曰 弘而不毅**면 **則無規矩而難立**이요 **毅而不弘**이면 **則隘陋而無以居之**라 **又曰 弘大剛毅然後**에 **能勝重任而遠到**니라

  인(仁)이란 사람이 마음에 갖고 있는 훌륭한 덕이다. 그리고 반드시 몸으로써 힘써 행하려고 해야 하니 무겁다고 이를 만하고, 한 순간이라도 여전히 이 뜻을 보존해야 하고 조금이라도 게으름을 용납할 수 없으니 멀다고 이를 만하다. 정자가 말했다. "너그럽기만 하고 굳세지 못하면 표준이 없어서 서기가 어렵고, 굳세기만 하고 너그럽지 못하면 비좁아서 인에 거할 수가 없다." 또 말하시기를, "도량이 넓고 의지가 굳센 뒤에 능히 무거운 책임을 당해낼 수 있어서 먼 곳에 이를 수 있다." 했다.

○전덕(全德) : 흠이 없는 훌륭한 덕. 또는 그런 덕을 갖춘 사람.「여씨춘추(呂氏春秋)」《본생(本生)》"上爲天子而不驕 下爲匹夫而不惽 此之謂全德之人"
○일식(一息) : 한 호흡. 매우 짧은 동안의 비유.
○규구(規矩) : 행위의 표준. 사물의 준칙. 일상 생활에서 지켜야 할 법도. 상도(常道). ☞규(規) : 법. 규정. 걸음쇠. 원을 거리는 기구. 콤파스. ☞구(矩) : 법. 법도. 곱자. 곡척(曲尺). 방형(方形)을 그리는 데 쓰는 자.
○애루(隘陋) : 협소하고 누추함.
○홍대(弘大) : 광대함. 또는 거대함.
○강의(剛毅) : 의지가 굳고 강함.

[備旨] 何以見其任重而道遠也리오 蓋仁者는 兼四端하고 統萬善하니 心之全德也라 而士는 則以之爲己任이요 是擧天下에 莫能勝者로되 而荷之矣니 不亦重乎아 且其任是仁也니 至於死而後已어늘 若一息이라도 尚存此志요 不容少懈요 是擧天下에 莫能至者로되 而期之矣니 不亦遠乎아 惟其任重而道遠이 如此하니 此士所以不可不弘毅也라

　어찌하여 그 책임은 무겁고 길이 멀다는 것을 볼 수 있는가? 대개 인은 사단을 겸하고 온갖 선을 거느리니 마음의 훌륭한 덕이다. 그러나 선비는 이것을 자기의 책임으로 삼아야 할 것이요, 온 천하에 능히 당할 수 있는 사람이 없겠지만 이것을 책임져야 할 것이니, 또한 그 책임이 무겁다고 하지 않겠는가? 더구나 그의 책임은 곧 인에 있으니 죽음에 이른 뒤라야 그만 둬야 하는데 한 순간이라도 늘 이 뜻을 보존해야 하고 조금이라도 게으름을 용납할 수 없을 것이요, 온 천하에 능히 이를 수 있는 사람이 없지만 이것을 기약해야 할 것이니, 또한 그 길이 멀다고 하지 않겠는가? 오직 그 책임이 무겁고 길이 먼 것이 이와 같으니, 곧 선비가 도량이 넓고 의지가 굳세지 않으면 안 되는 까닭이다."라고 하셨다.

○사단(四端) : 사람의 본성에서 나오는 네 가지 마음. 곧 인의예지(仁義禮智).
○만선(萬善) : 온갖 착한 일.
○하(荷) : 책임과 임무를 맡다.

8·8·1 子曰 興於詩하며

　공자께서 말씀하셨다. "시에서 일어나며,

○흥어시(興於詩) : 시에서 일어나다. 시는 선을 좋아하고 악을 미워하는 마음이 일어나도록 한다는 말. "興是興 其好善惡惡之心 有油然不能已意 詩是詩經 其中貞淫美刺 自能感動人心"

興은 起也라 詩本性情하니 有邪有正하여 其爲言이 旣易知요 而吟詠之間에 抑揚反覆하니 其感人하여 又易入이라 故로 學者之初에 所以興起其好善惡(오)惡之心하여 而不能自已者를 必於此而得之니라

　흥(興)은 일어나는 것이다. 시는 성정에 바탕을 두니 그릇됨도 있고 올바름도 있어서, 그 말이 벌써 알기가 쉽고 읊조리는 사이에 높게도 내고 낮게도 내며 또

반복하게 되니, 그것이 사람을 감동시켜서 또 쉽게 들어오는 것이다. 그러므로 배우는 사람이 처음에 그 선을 좋아하고 악을 미워하는 마음을 흥기시켜, 능히 스스로 그만둘 수 없음을 반드시 이에서 얻어야 할 것이다.

○성정(性情) : 사람의 품성(稟性)과 기질(氣質).
○음영(吟詠) : 시가(詩歌)를 읊조림.

[備旨] 夫子示人心學之資에 曰美善刺惡은 詩敎也라 學者가 誠學於詩면 則美刺之微旨가 與此心으로 相爲感通하고 而好善惡惡之心이 勃然動矣라

부자께서 사람들에게 심학의 도움을 보여줄 적에 말씀하시기를, "선을 아름답게 여기고 악을 꾸짖는 것은 시의 가르침이다. 배우는 이들이 진실로 시를 배우면 아름답게 여기거나 꾸짖는 깊은 뜻이 이 마음과 더불어 서로 느낌이 통하고, 선을 좋아하고 악을 미워하는 마음이 왕성하게 움직일 것이다.

○심학(心學) : 마음의 본체를 인정하고 몸을 닦는 학문. 곧 양지(良知)의 학(學)을 이름. 육산상(陸象山)·왕양명(王陽明) 등이 주창함.
○미지(微旨) : 깊은 뜻. 숨겨진 뜻.
○발연(勃然) : 왕성하게 일어나는 모양.

8·8·2 立於禮하며

예에서 서며,

○입어예(立於禮) : 예에서 일어나다. 예는 선을 행하고 악에서 떠나는 마음을 견고하게 한다는 말. "立是堅 其爲善去惡之志 有卓然不搖奪意 禮是禮經 其中儀文詳密 自能約束人心"

禮는 以恭敬辭遜으로 爲本하고 而有節文度數之詳하니 可以固人肌膚之會와 筋骸之束이라 故로 學者之中에 所以能卓然自立하여 而不爲事物之小搖奪者를 必於此而得之라

예는 공경하고 사양하는 것을 근본을 삼고 사물을 알맞게 꾸미고 정해진 제도

가 상세하니, 사람의 살과 피부의 모임 그리고 근육과 뼈의 단속을 견고하게 할 수 있다. 이 때문에 배우는 사람 중에 우뚝 스스로 서서 사물에 조금이라도 흔들리거나 빼앗기지 않는다는 것을 반드시 여기에서 얻게 될 것이다.

○절문(節文) : 조절하고 꾸미다. 사물을 알맞게 꾸밈.
○도수(度數) : 정해진 제도.
○기부(肌膚) : 살과 살갗. 또는 살과 피부.
○근해(筋骸) : 힘줄과 뼈대. 근육과 뼈.
○탁연(卓然) : 여럿 중에 뛰어난 모양. 유달리 눈에 뜨이는 모양.
○요탈(搖奪) : 흔들리거나 빼앗김.

[備旨] 齊莊中正은 禮敎也라 學者가 誠學於禮면 則中正之懿矩가 與形志로 相爲約束하고 而爲善去惡之心이 卓然定矣라

　가지런하고 장엄하며 치우침이 없고 바른 것은 예의 가르침이다. 배우는 이들이 진실로 예를 배우면 중용의 아름다운 법도가 모양이나 뜻과 더불어 서로 맞아지고, 선을 행하고 악에서 떠나려는 마음이 탁연히 정해질 것이다.

○제장중정(齊莊中正) : 가지런하게 순일(純一)하고 장엄하게 단엄(端嚴)하며, 중도를 지켜서 편의(偏倚)가 없고 바르게 되어서 사곡(邪曲)이 없음. 「중용(中庸)」 31·1 "齊焉純一 莊焉端嚴 中焉無偏倚 正焉無邪曲"
○중정(中正) : 치우치지 않고 바름. 중용(中庸).
○의구(懿矩) : 아름다운 법도.
○형지(形志) : 밖으로 드러나는 모양과 마음에 간직한 뜻.

8·8·3 成於樂이니라

　악에서 이루어지는 것이다."

○성어악(成於樂) : 악에서 이루어지다. 시에서 흥하고 예에서 일어났던 것이 여기에 이르러 완전히 하나가 되도록 한다는 말. "成是至純至粹 無事勉强矜持之力也 樂指樂經 其中聲音節奏 自能融化人心"

樂有五聲十二律이어늘 更唱迭和하여 以爲歌舞八音之節하니 可以養人之性情하여 而蕩滌其邪穢하고 消融其査滓라 故로 學者之終에 所以至於義精仁熟하여 而自和順於道德者를 必於此而得之니 是는 學之成也니라

○按內則컨대 十歲에 學幼儀하고 十三에 學樂誦詩하고 二十而後에 學禮라하니 則此三者는 非小學傳授之次요 乃大學終身所得之難易先後淺深也라 程子曰 天下之英材가 不爲少矣언마는 特以道學不明하니 故로 不得有所成就라 夫古人之詩는 如今之歌曲하니 雖閭里童稚라도 皆習聞之하여 而知其說이라 故로 能興起러니 今엔 雖老師宿儒라도 尙不能曉其義은 況學者乎아 是不得興於詩也라 古人은 自灑掃應對로 以至冠婚喪祭히 莫不有禮러니 今皆廢壞라 是以로 人倫不明하고 治家無法하니 是不得立於禮也라 古人之樂은 聲音은 所以養其耳하고 采色은 所以養其目하며 歌詠은 所以養其性情하고 舞蹈는 所以養其血脈이러니 今皆無之하니 是不得成於樂也라 是以로 古之成材也는 易어니와 今之成材也는 難이니라

　악에는 오성과 십이율이 있는데, 번갈아 창도하고 교대로 화답하여 가무와 팔음의 절주를 삼으니, 사람의 성정을 함양해서 그 사악하고 더러움을 깨끗이 씻고 그 찌꺼기를 없앤다. 그러므로 배우는 사람의 마지막에 의는 정미해지고 인은 완숙해짐에 이르러 자연히 도덕에 화순해지는 것을 반드시 이에서 얻게 될 것이니, 이것이 학문의 완성일 것이다.

　○「내측」을 상고해 보건대, '10세에 어린이의 거동을 배우고 13세에 음악을 배우고 시를 외우며 20세가 된 뒤에 예를 배운다.' 하였으니, 이 세 가지는 소학에서 전수하는 차례만이 아니고, 곧 대학에서 종신토록 행하여 얻은 것의 어렵고 쉬움·앞과 뒤·얕고 깊음을 말한 것이다. 정자가 말했다. "천하에 영재가 적지 않겠지만 다만 도학에 밝지 못하기 때문에 성취한 것이 있을 수 없는 것이다. 무릇 옛날 사람들의 시는 지금 사람들의 가곡과 같으니, 비록 마을의 어린아이라도 모두 익혀 들어서 그 말을 알고 있다. 그러므로 능히 흥기할 수 있었던 것인데, 지금은 노스승이나 명망 높은 선비라도 오히려 그 뜻을 깨닫지 못하는데, 하물며 배우는 자들임에랴? 이것이 시에서 일어나지 못하는 까닭이다. 옛날 사람들은 쇄소응대로부터 관혼상제에 이르기까지 예가 아닌 것이 없었는데 지금은 모두 없어지고 무너져 버렸다. 이 때문에 인륜이 밝아지지 않고 나라를 다스림에는 법도가 없으니 이것이 예에서 서지 못하는 까닭이다. 옛날 사람의 음악은, 성음은 귀를 길러주고, 채색은 눈을 길러주며, 가영은 성정을 길러주고, 무도는 그 혈맥을 길러주었는데, 이제는 모두 없어졌으니 이것이 악에서 이루어지지 못하는 까닭이다. 이러므로 옛날에는 인재를 이루기가 쉬웠는데 지금은 인재를 이루기가 어려운 것이다."

○오성(五聲) : 궁(宮)·상(商)·각(角)·치(徵)·우(羽).

○십이율(十二律) : 양륙(陽六)의 육률(六律)과 음류(陰六)의 육려(六呂)의 총칭. 육률(六律)은 황종(黃鐘)·태주(太簇)·고선(姑洗)·유빈(蕤賓)·이칙(二則)·무역(無射)이며, 육려(六呂)는 대려(大呂)·협종(夾鐘)·중려(仲呂)·임종(林鐘)·남려(南呂)·응종(應鐘)·율려(律呂).

○팔음(八音) : 여덟 가지의 악기. 금(金)·석(石)·사(絲)·죽(竹)·포(匏)·토(土)·혁(革)·목(木).

○경(更) : 번갈아. 교대로. 여기서는 평성(平聲)으로 쓰였음. ☞경질(更迭) : 번갈아 교체함.

○질(迭) : 교대로. 갈마들다.

○창(唱) : 창도하다. 앞장서서 외치다. ☞창화(唱和) : 한쪽에서 부르고 다른 한쪽에서 화답함.

○화(和) : 화답함.

○절주(節奏) : 악곡이 꺾이는 마디. 리듬.

○탕척(蕩滌) : 깨끗이 씻음. 씻어 냄.「사기(史記)」《낙서(樂書)》"萬民咸蕩滌其邪穢斟酌飽滿" ☞탕(蕩) : 씻어내다.

○사예(邪穢) : 사악하고 더러움.

○소융(消融) : 녹음. 녹아 없어짐.

○사재(査滓) : 정수(精粹)를 골라내고 남은 것. 찌꺼기. ☞사(査) : 찌꺼기. ☞재(滓) : 찌꺼기.

○동치(童稚) : 어린아이. 유치(幼稚).

○노사(老師) : 나이가 많고 학문에 조예가 깊은 학자.

○숙유(宿儒) : 학식과 명망이 높은 선비. 노성(老成)하고 박학(博學)한 학자.

○쇄소응대(灑掃應對) : 물 뿌리고 비로 쓰는 일과 응하고 대답하는 일.

○가영(歌詠) : 노래함. 시가를 읊음.

[備旨] 優游和平은 樂敎也라 學者가 誠學於樂이면 則順成和動之休가 與道德으로 相爲和順이니 蓋粹然至善하여 而興且立者가 至是而歸於渾化矣라 詩禮樂之益이 如此하니 人其可一日忘哉아

　유유자적하며 화평함은 악의 가르침이다. 배우는 이들이 진실로 악을 배우면 일이 순조롭고 온화하게 움직이는 아름다움이 도덕과 더불어 서로 화순하게 되니, 대개 순수하고 지극히 선해서 흥하고 일어남이 여기에 이르러서 완전히 하나가 되는 데로 돌아갈 것이다. 시·예·악의 이로움이 이와 같으니, 사람이 그것을 하루라도 잊을 수 있

겠는가?"라고 하셨다.

○우유(優游) : 한가롭게 지내는 모양. 유유 자적(悠悠自適)하는 모양.
○순성(順成) : 일이 순조롭게 이루어짐.
○화동(和動) : 온화하게 움직임.
○화순(和順) : 온화하고 잘 따름.
○수연(粹然) : 순수한 모양.
○혼화(渾化) : 완전히 일체가 됨. 융합되어 하나가 됨.

8·9·1 子曰 民은 可使由之로되 不可使知之니라

공자께서 말씀하셨다. "백성들은 그들로 하여금 일을 따르게 할 수는 있지만, 백성들로 하여금 그 까닭을 알게 할 수는 없다."

○민가사유지(民可使由之) : 모든 백성들은 고무시키거나 일으켜서 좇게 할 수 있다. '使' 다음에 백성을 가리키는 인칭대명사 '之'가 생략됨. '民'은 피지배자로서 무지한 민중을 가리킴. "民是凡民 可使是可以鼓舞作興而使之 由是身之所行之指 理之當然 如父當慈子當孝之類"
○불가사지지(不可使知之) : 억지로 그들로 하여금 그렇게 되는 까닭을 알게 할 수 없다. "不可使是難強意 知是心之所悟之指 理之所以然 如父子之所以慈孝 則皆由於天命之本然也"

民은 可使之로 由於是理之當然이로되 而不能使之로 知其所以然也라
○程子曰 聖人設敎에 非不欲人家喩而戶曉也언마는 然이나 不能使之知요 但能使之由之爾라 若曰 聖人이 不使民知면 則是는 後世朝四暮三之術也니 豈聖人之心乎아

백성은 그들로 하여금 이치상 당연한 일들을 좇게 할 수는 있지만, 능히 그들로 하여금 그렇게 되는 까닭을 알게 할 수는 없다.
○정자가 말했다. "성인이 가르침을 베풀 적에 사람들에게 집집마다 깨우쳐 주고 집집마다 알려주고 싶지 않은 것은 아니지만, 능히 그들로 하여금 알게 할 수는 없고 다만 능히 그들로 하여금 좇게 할 수 있을 뿐이다. 만약에 성인이 백성으

로 하여금 알지 못하게 한 말이라면, 이는 후세 사람들을 간사하고 얕은 꾀로 속이는 술책일 것이니, 어찌 성인의 마음이겠는가?"

○가유(家喩) : 집집마다 깨우쳐 줌.
○호효(戶曉) : 집집마다 분명하게 알림. ☞가유 호세(家諭戶說). 가지 호세(家至戶說).
○조사모삼(朝四暮三) : 간사하고 얕은 꾀로 속임. 또는 변화가 많음. 이랬다저랬다 함. 조삼모사(朝三暮四).

[備旨] 夫子示因民之治에 曰上之敎民也에 當因民이요 不可强民이라 凡民之質은 可使其率循於天常人紀之中하여 而由於理之當然이로되 不可使其究極於天常人紀之原하여 而知乎理之所以然也니 此善敎民者는 貴因民以施之也歟인저

부자께서 백성을 근거해서 다스려야 함을 보여줄 적에 말씀하시기를, "임금이 백성들을 가르칠 적에는 마땅히 백성들을 말미암아야 하고 백성을 억지로 하게 해서는 안 될 것이다. 모든 백성들의 자질은 그들에게 하늘이 정한 법이나 사람이 지켜야 할 도리의 중심을 따라서 이치상 마땅히 해야 할 일을 좇게 할 수는 있지만, 그들에게 하늘이 정한 법이나 사람이 지켜야 할 도리의 근원을 연구하게 해서 이치상 그렇게 되는 까닭을 알게 할 수는 없는 것이니, 여기에서 백성을 잘 가르치려는 사람은 백성을 근거해서 베푸는 것을 귀하게 여겨야 할 것이다."라고 하셨다.

○천상(天常) : 하늘이 정한 법. 하늘이 정한 인륜(人倫). 오상(五常)의 도(道).
○인기(人紀) : 사람으로서 지켜야 할 도리. 윤리(倫理).
○솔순(率循) : 따르고 복종함.
○구극(究極) : 깊이 연구함. 궁구(窮究)함.

8·10·1 子曰 好勇疾貧이 亂也요 人而不仁을 疾之已甚이 亂也니라

공자께서 말씀하셨다. "용맹을 좋아하고 가난을 싫어하는 것이 난을 일으키게 되고, 사람으로서 어진 마음이 없는 사람을 지나치게 미워하는 것이 난을 일으키게 된다."

○호용질빈(好勇疾貧) : 오로지 용맹만 숭상하고 자기의 가난을 미워하다. "好勇是
專尙勇敢　疾貧是惡己貧窮"

○난야(亂也) : 난을 일으키게 되다. 어지럽히는 것이 자기로부터 나온다는 것을
말함. "就出於己者言"

○인이불인(人而不仁) : 사람으로서 오히려 어진 마음이 없는 사람. 악을 행하고
잔혹한 일을 하는 사람. '而'자는 원래 앞의 주어와 조화를 이루지 못하는 서술어
를 연결시키는 접속사인데, 이치상 맞지 않거나 의외의 상황을 나타낼 적에 쓰인
다. 우리말의 '도리어' '오히려' 등과 연관시켜 볼 수 있다. 본서 "2·22·1 人而無
信" "3·22·3 管氏而知禮" "7·30·2 君而知禮" 참고. "是爲惡殘暴人"

○질지이심(疾之已甚) : 아주 심하게 미워하다. '之'는 '人而不仁'을 가리키는 대명
사. "疾之是我惡他　已甚是太過意"

○난야(亂也) : 난을 일으키게 되다. 어지럽히는 것이 남으로부터 나온다는 것을
말함. "就出於人者言"

好勇而不安分이면　則必作亂하고　惡(오)不仁之人하여　而使之無所容이면　則必致亂
이니　二者之心이　善惡雖殊나　然이나　其生亂은　則一也니라

　용맹을 좋아하고 분수를 편히 여기지 못하면 반드시 난을 일으키고, 어진 마음
이 없는 사람을 미워하여 그로 하여금 용납하는 바가 없도록 하면 반드시 난에
이르도록 할 것이니, 이 두 가지의 마음은 선악이 비록 다르다고 하나 그러나 난
을 생기게 하는 것은 마찬가지다.

[備旨] 夫子戒人生亂에　曰人苟好血氣之小勇하고　又疾己之貧窮하여　而不安分이면　則必
逞其强하여　以求濟其所貪이니　斯作亂也요　人而不仁은　固可疾矣로되　苟疾之已甚하여　而
使之無所容이면　則必肆其毒하여　以求快其忿이니　斯激之亂也라　世之處己責人者는　當知
所以弭亂之端矣라

　부자께서 사람들에게 난을 일으키는 것을 경계할 적에 말씀하시기를, "사람들이 진
실로 혈기만 갖고 필부의 용기만 좋아하고 또 자기의 빈궁을 미워하여 분수를 편히 여
기지 못하면, 반드시 그의 강포를 마음대로 하여 그가 탐하는 바를 추구하거나 이루려
고 할 것이니, 그렇게 되면 난을 일으키게 될 것이요, 사람으로서 어진 마음이 없는 사
람은 진실로 미워해야 할 것이지만 진실로 미워함이 너무 심하여 그로 하여금 용납하
는 바가 없도록 하면, 반드시 그 흉포함을 제멋대로 하여 그가 성내는 것을 추구하거
나 즐기려고 할 것이니, 그렇게 되면 굉장히 어지럽게 될 것이다. 세상에서 자신을 다

스리고 다른 사람을 꾸짖는 사람은 마땅히 난을 멈추게 하는 실마리를 알아야 할 것이다.”라고 하셨다.

○소용(小勇) : 필부(匹夫)의 용기.「맹자(孟子)」《양혜왕하(梁惠王下)》“王請無好小勇”
○영(逞) : 굳세게 하다. 성하다.
○미(弭) : 멈추다. 그만두다.

8·11·1 子曰 如有周公之才之美라도 使驕且吝이면 其餘는 不足觀也已니라

공자께서 말씀하셨다. “만약 주공과 같은 훌륭한 재주를 가졌더라도, 가령 교만해서 자기를 자랑하고 인색해서 이익만 도모한다면, 그 나머지는 볼 것이 없다.”

○여유주공지재지미(如有周公之才之美) : 주공과 같이 훌륭한 재주를 가진 사람이라고 할지라도. ☞여유(如有) : 만약 …한다면. 접속사로서 가설을 나타냄. ☞주공(周公) : 이름은 단(旦). 주(周)나라 문왕(文王)의 아들. 성왕(成王)을 도와 주(周)의 예(禮)를 만들고 악(樂)을 지어 나라를 태평케 했다. 그 공로에 의해 노군(魯君)에 봉해져, 노(魯)나라의 시조가 되었다. 공자께서 이상적으로 삼은 성인이다. “如有設若之辭 周公是擧其極至者言 才美謂才之美”
○사교차린(使驕且吝) : 가령 교만하고 인색하다면. ‘使’는 가정을 나타냄. “使是假使”
○기여(其餘) : 그 나머지. “指才美對德 言德爲本才爲餘”
○부족관야이(不足觀也已) : 족히 본받을 것이 없을 따름이다. ☞야이(也已) : …이다. …하구나. 허사(虛詞)가 연용되어 ‘也’는 단정을 나타내고 ‘已’는 일의 상태를 나타냄. 주로 단정의 뜻을 나타냄. “是不屑觀意”

才美는 謂智能技藝之美라 驕는 矜夸요 吝은 鄙嗇也라 程子曰 此는 甚言驕吝之不可也라 蓋有周公之德이면 則自無驕吝이요 若但有周公之才而驕吝焉이면 亦不足觀矣니라 又曰 驕는 氣盈이요 吝은 氣歉이니라 愚謂 驕吝은 雖有盈歉之殊나 然이나 其勢常相因하니 蓋驕者는 吝之枝葉이요 吝者는 驕之本根이라 故로 嘗驗之컨대 天下之人에 未有驕而不吝하고 吝而不驕者也니라

재미(才美)는 지모와 재능 그리고 재주나 솜씨가 훌륭하다는 것을 이른다. 교

(驕)는 잘난 체하는 것이고 인(吝)은 인색하게 아끼는 것이다. 정자가 말했다. "이는 교만하고 인색해서는 안 된다는 것을 강하게 말씀한 것이다. 대개 주공과 같은 덕이 있으면 자연적으로 교만하거나 인색함이 없을 것이요, 만일 주공과 같은 재주가 있으면서도 교만하고 인색하다면 또한 족히 볼 것이 없을 것이다." 또 말하기를, "교(驕)는 기운이 차 있는 것이요, 인(吝)은 기운이 부족한 것이다."라고 했다. 내[朱子]가 생각하건대, 교만과 인색은 비록 가득 차고 부족하다는 점이 다르겠지만 그 형세는 항상 서로 연관되니, 대개 교만은 인색의 지엽적인 것이 되고 인색은 교만의 근본이 되므로, 일찍이 증험해 보건대 천하의 사람들 중에 교만하면서 인색하지 않은 이가 없고, 인색하면서 교만하지 않은 이가 없다.

○지능(智能) : 지모(智謀)와 재능. ☞지모(智謀) : 슬기로운 계책.
○기예(技藝) : 기술에 관한 재주와 솜씨.
○긍과(矜夸) : 교만하게 잘난 체함. ☞과(夸) : 자랑하다.
○비색(鄙嗇) : 인색하게 아낌. ☞색(嗇) : 아끼다. 재물을 다라울 정도로 아끼다.
○영겸(盈歉) : 가득 참과 부족함. ☞겸(歉) : 흉년들다. 적다. 부족하다.

[備旨] 夫子戒恃才者意에 曰人之不可無者는 才也요 不可恃者도 亦才也라 今如有人焉한대 其智能技藝之美가 可與周公으로 並稱이면 宜若有足觀者라 然이나 使驕焉而擅己之才以誇人하고 且吝焉而擅己之才以自私면 則無其德而大本以失이라 雖有才藝之才美나 特其緒餘耳니 何足觀哉아 夫有周公之美라도 而驕吝이면 尙不足觀이온 況無周公之才美로되 而驕且吝者乎아 甚矣驕吝之不可也라

부자께서 재주만 믿는 사람들을 경계하는 뜻에서 말씀하시기를, "사람들에게 없어서는 안 되는 것은 재주이고 믿어서는 안 되는 것도 또한 재주다. 지금 만약 어떤 사람이 있는데, 그 지모와 재능 그리고 재주나 솜씨의 훌륭함이 주공과 더불어 나란히 칭찬받는다면, 마땅히 볼만한 것이 있다고 할 것이다. 그러나 가령 교만함이 자기의 재주를 제멋대로 부려서 남에게 자랑하고 또 인색함이 자기의 재주를 제멋대로 부려서 자기의 이익만 도모한다면, 곧 그 덕은 없기도 하지만 큰 근본을 잃어버린 것이다. 비록 재능과 기예의 훌륭함이 있더라도 다만 그것은 별로 볼품이 없을 따름이니, 어찌 볼만한 것이 있겠는가? 무릇 주공처럼 훌륭한 모습을 가졌을지라도 교만하거나 인색하면 오히려 볼품이 없을 터인데, 하물며 주공과 같은 훌륭한 재미가 없으면서도 교만하고 인색한 사람임에랴? 정말로 교만하거나 인색해서는 안 될 것이다."라고 하셨다.

○유인어차(有人於此) : 만일 어떤 사람이 있다면. 옛날 사람들이 사리를 추론

하는 데 사용한 표현 방식. 만일 …한다면.
○천(擅) : 멋대로 하다. 마음대로 하다.
○자사(自私) : 자신의 이익만을 도모함.
○재예(才藝) : 재능과 기예.
○서여(緒餘) : ①실을 뽑은 뒤 고치에 남아 있는 실. ②주체(主體) 외의 인물을 가리킴. 여기서는 ②의 뜻.

8·12·1 子曰 三年學이로되 不至於穀을 不易(이)得也니라

공자께서 말씀하셨다. "삼 년을 공부하고도 벼슬에 뜻을 두지 않는 자를 쉽게 얻을 수 없다."

○삼년학(三年學) : 삼 년을 배우다. 특별히 3년을 지칭한 것이 아니고 '오래 되었음'을 나다내는 뜻으로 쓰였음. "三年是言其久 非限定三年也 學兼知行言 "
○부지어곡(不至於穀) : 벼슬에 뜻을 두지 않는 사람. 도를 도모하고 녹을 구하지 않는 사람. ☞지(至) : 뜻을 두다. ☞곡(穀) : 녹(祿)으로 받는 곡식을 말함. "便是 謀道 不謀食者"
○불이득야(不易得也) : 쉽게 얻을 수 없다. 쉽게 볼 수 없음. ☞이(易) : 쉽다. 여기서는 거성(去聲)으로 쓰였음. "是甚言難得也"

穀은 祿也라 至는 疑當作志라 爲學之久로되 而不求祿이면 如此之人을 不易得也라 楊氏曰 雖子張之賢으로도 猶以干祿爲問이온 況其下者乎아 然則三年學이로되 而不至於穀을 宜不易得也니라

곡(穀)은 녹이다. '至'는 아마도 마땅히 '志'자가 되어야 할 것이다. 학문을 오래 했지만 녹봉을 구하지 않는 사람이라고 한다면, 이와 같은 사람을 쉽게 얻을 수 없을 것이다. 양 씨가 말했다. "자장과 같이 현명한 사람으로서도 오히려 녹봉을 구하는 것을 물었는데[위정편(爲政篇) 2·18·1 참고], 하물며 그 아래에 있는 사람임에랴? 그렇다면 삼 년이나 배웠지만 녹봉에 뜻을 두지 않는 자를 마땅히 쉽게 얻지 못할 것이다."

○녹(祿) : 녹봉(祿俸). 봉급. 봉록(俸祿). 녹료(祿料). 식록(食祿).
○간록(干祿) : 녹(祿)을 구함. ☞간(干) : 구하다.

[備旨] 夫子示人純心於學에 曰茲有人焉한대 誠能三年之久以爲學이로되　心純乎道하여 而不至於穀祿焉이면 是其見之明하고 而守之固니 如此之人을 豈易得哉아 志學者는 當知所勉矣라

　　부자께서 사람들이 학문을 하는 데만 마음을 쓰도록 보여줄 적에 말씀하시기를, "가령 어떤 사람이 있는데, 진실로 삼 년이나 오래도록 학문을 했지만 오로지 도에만 마음을 두고서 곡록을 구하는 데 이르지 않는다면, 바로 그의 보는 것은 밝고 지킴은 견고할 것이니, 이와 같은 사람을 어찌 쉽게 얻을 수 있겠는가? 학문에 뜻을 둔 사람은 마땅히 힘쓸 바를 알아야 할 것이다."라고 하셨다.

○순심(純心) : 지극한 마음. 정성에서 우러나오는 마음. 마음을 오로지 한 곳에만 둠.
○유인언(有人焉) : 어떤 사람이 있는데. 옛날 사람들이 사리를 추론하는 데 사용한 표현 방식. '有~於此' '有人焉~若此'와 비슷함.
○곡록(穀祿) : 녹봉(祿俸)으로 주는 쌀. 녹미(祿米). 「맹자(孟子)」《등문공상(滕文公上)》 "井地不鈞 穀祿不平"

8·13·1　子曰 篤信好學하며 守死善道니라

　　공자께서 말씀하셨다. "학문에 뜻을 둔 사람은 학문을 독실하게 믿고 좋아해야 하며, 도를 죽음으로써 지키고 완전히 행해야 한다.

○독신호학(篤信好學) : 독실하게 믿고 학문을 좋아하다. ☞독신(篤信) : 독실하게 믿음. 믿음에 대해 독실함. ☞호학(好學) : 학문을 좋아함. 이치를 연구하여 시비(是非)를 밝힘. "篤信是自信之篤厚 好學是窮理以審是非 不惑於疑似而所信合理"
○수사선도(守死善道) : 죽음으로써 도를 지키며 그 도를 완전히 행하다. ☞수사(守死) : 죽을 때까지 목숨을 걸고 지킴. 사수(死守). ☞선도(善道) : 도를 완전히 행함. 일은 이치에 맞고 행실은 옳아서 지키는 것이 바름. "守死言所守者堅 雖至死不變意 善道是事必合理 行必當可而所守得正"

篤은 厚而力也라 不篤信이면 則不能好學이라　然이나 篤信而不好學이면 則所信이 或非其正이요 不守死면 則不能以善其道라　然이나 守死而不足以善其道면 則亦徒死而已라 蓋守死者는 篤信之效요 善道者는 好學之功이라

독(篤)은 두텁게 하여 힘쓰는 것이다. 독실하게 믿지 못하면 능히 학문을 좋아할 수 없다. 그러나 독실하게 믿기만 하고 학문을 좋아하지 않는다면 믿는 바가 혹 바르지 않을 것이요, 죽음으로써 지키지 않는다면 능히 그 도를 완전히 행한다고 할 수 없을 것이다. 그러나 죽음으로써 지키지만 족히 그 도를 완전히 행하지 못한다면, 이 또한 헛된 죽음일 따름이다. 대개 죽음으로써 지키는 것은 독실하게 믿은 효능이요, 도를 완전히 행하는 것은 학문을 좋아한 공효다.

[備旨] 夫子以學守望天下에 曰人能據所見之是하여 而篤以信之矣라 然이나 又必好學以明其理하고 不惑於似是之非也요 能據所爲之事하여 而守以死之矣라 然이나 又必善道以求其當하고 不徒爲匹夫之諒也라 此有學有守라야 其本立矣니라

부자께서 학문과 지킴에 대해 천하 사람들에게 바랄 적에 말씀하시기를, "사람은 능히 소견에 옳다고 여기는 바를 따라서 믿음을 독실하게 해야 한다. 그러나 또한 반드시 학문을 좋아해서 그 이치를 밝히고 옳은 듯하면서 사이비한 내용에는 미혹되지 말아야 할 것이요, 능히 행할 바의 일을 따라서 죽음으로써 지켜야 한 것이다. 그러나 또한 반드시 도를 완전히 행해서 그 마땅한 것을 구해야 할 것이고 한갓 필부로서 믿고 있는 것만을 행치 말아야 할 것이다. 이렇게 학문을 좋아하고 죽을 때까지 도를 지키는 것이 있어야 그 근본이 설 것이다.

8·13·2 危邦不入하고 亂邦不居하며 天下有道則見(현)하고 無道則隱이니라

위태로운 나라에는 진실로 들어가지 말고 어지러운 나라에는 오래 살지 말아야 할 것이며, 천하에 도가 있으면 나아가 행동하고 도가 없으면 숨어서 몸을 보전해야 할 것이다.

○위방불입(危邦不入) : 위험한 나라에는 진실로 들어가지 않다. 멸망할 듯한 나라에는 들어가지 아니하다. 곧 사전에 예방한다는 뜻. "邦以一國言 不入是不苟入也 指在外未仕者 言有早見預避意"
○난방불거(亂邦不居) : 어지러운 나라에는 오래도록 거하지 않다. 정치·풍속이 어지러운 나라에는 머무르지 아니하다. 곧 벼슬하려는 사람은 기미를 보고 행동한다는 말. "不居是不久居也 指己就仕者 言有見幾而作意"

○천하유도즉현(天下有道則見) : 세상이 잘 다스려지면 도를 실행하다. ☞현(見) : 드러내다. 나타내 보이다. 벼슬하다. 출사(出仕)하다. 여기서는 거성(去聲)으로 쓰였음. "有道是世治 見是身出而道與俱顯"
○무도즉은(無道則隱) : 세상이 시끄러우면 나타나지 않다. "無道是亂世 隱是抱道而身不出"

君子는 見危授命하나니 **則仕危邦者**면 **無可去之義**어니와 **在外則不入**이 **可也**라 **亂邦은 未危**로되 **而刑政紀綱**이 **紊矣**라 **故**로 **潔其身而去之**라 **天下는 舉一世而言**이라 **無道則隱其身而不見**(현)**也**니 **此는 惟篤信好學**하며 **守死善道者**라야 **能之**니라

　군자는 위태함을 보면 목숨을 바치는 것이니, 위태한 나라에서 벼슬하는 사람이라면 떠나가야 할 이유가 없겠지만 다른 지방에 있을 경우에는 구차하게 들어가지 않는 것이 좋을 것이다. 난방(亂邦)이란 위태롭진 않겠지만 형정과 기강이 문란할 것이다. 그러므로 그 몸을 깨끗이 하여 떠난다는 것이다. 천하는 온 세상을 들어 말한 것이다. 도가 없으면 그 몸을 숨기고 드러내지 않으니, 이는 오직 학문을 독실하게 믿으면서도 좋아하며 도를 죽음으로써 지키고 완전히 행하는 사람이라야 능히 할 수 있을 것이다.

○형정(刑政) : 형벌과 정령(政令). '刑'은 악을 방지하기 위한 모든 형벌, '政'은 행정상의 모든 기관.
○기강(紀綱) : 으뜸이 되는 중요한 규율과 질서. 강기(綱紀).

[備旨] 夫亦何往而不善哉리오　其遇將亡之危邦이면　則避之不入하고　在紊政之亂邦이면　則去之不居하니　去就之審也라　當天下治安有道면　則身見而仕하고　天下危亂無道면　則身退而隱하니　出處之正也라　此非有學有守者면　能之乎아

　대저 또한 어디를 가더라도 잘하지 못하겠는가? 그렇지만 망하려고 하는 위태한 나라를 만나면 피해서 들어가지 말아야 하고, 정사를 문란하게 하는 어지러운 나라에 있다면 떠나가서 거하지 말아야 할 것이니, 이렇게 하는 것이 거취를 살피는 방법이다. 마땅히 천하가 편안하게 잘 다스려져 도가 있다면 몸을 드러내어 벼슬하고, 천하가 위태하고 어지러워 도가 없다면 자신은 물러가서 숨어야 할 것이니, 이렇게 하는 것이 출처의 바른 방법이다. 곧 학문을 좋아하고 죽을 때까지 도를 지키는 사람이 아니면 능히 할 수 있겠는가?

8·13·3 邦有道에 貧且賤焉이 恥也며 邦無道에 富且貴焉이 恥也니라

나라에 도가 행해질 적에 가난하고 천한 것은 부끄러운 일이며, 나라에 도가 행해지지 않을 적에 부하고 귀한 것도 부끄러운 일이다.

○방유도(邦有道) : 나라에 도가 있다. 윗자리에서 나라를 다스리는 위정자가 도가 있다면. "此邦字指一世 言兼國與天下 有道卽上有道"
○빈차천언(貧且賤焉) : 가난하고 천함. 사람들이 자신을 등용하지 않았기에 부득불 빈천하다는 말. "非安於貧賤也 人不我用不得不貧賤"
○치야(恥也) : 부끄럽다. 빈천이 부끄러운 것이 아니라 배움과 지킴이 없어서 태평한 시대에 등용될 수 없기에 부끄럽다는 말. "非恥貧賤 以其無學守 不能效用於明時"
○방무도(邦無道) : 나라에 도가 없다. 윗자리에서 나라를 다스리는 위정자가 도가 없다면. "卽上無道"
○부차귀언(富且貴焉) : 부하고 귀함. 자리를 탐하고 녹을 바라는 것이 도로써 얻지 않은 것을 이름. "富貴者 非人能用我也 貪位慕祿 不以其道得之者"
○치야(恥也) : 부끄럽다. 부귀가 부끄러운 것이 아니라 배움과 지킴이 없어서 난세에 은거할 수 없기에 부끄럽다는 말. "非恥富貴 以其無學守 不能養晦於亂世"

世治而無可行之道하고 **世亂而無能守之節**이면 **碌碌庸人**이라 **不足以爲士矣**니 **可恥之甚也**라 **晁氏曰 有學有守**하여 **而去就之義**가 **潔**하고 **出處之分**이 **明然後**에 **爲君子之全德也**니라

세상이 다스려지는데도 행할 만한 도가 없고 세상이 어지러운데도 능히 지킬 만한 절개가 없다면 보잘것도 없는 평민일 것이다. 그런 사람은 선비가 될 수 없으니 심히 부끄러워해야 할 일이다. 조 씨가 말했다. "학문을 좋아하고 지키는 것도 있어서 거취의 뜻이 깨끗하고 출처의 명분이 분명한 뒤라야 군자로서 흠이 없는 덕을 지녔다고 할 것이다."

○녹록(碌碌) : 만만하고 호락호락함. 보잘것 없음.
○용인(庸人) : 보통 사람. 평범한 사함. ☞용(庸) : 평범하다.
○분(分) : 명분. 거성(去聲)으로 쓰였음.

○전덕(全德) : 흠이 없는 훌륭한 덕. 또는 그런 덕을 갖춘 사람. 「여씨춘추(呂氏春秋)」《본생(本生)》 "上爲天子而不驕 下爲匹夫而不惛 此之謂全德之人"

[備旨] 若夫無學守之庸人은 邦有道時에 當見也어늘 不免貧且賤焉이면 是는 無可行之道하여 見棄於明時니 可恥孰甚也리오 邦無道時에 當隱也어늘 苟安於富且貴焉이면 是는 無能守之節하여 貪戀於亂世니 可恥孰甚也리오 夫處有道無道之時가 如此면 則危邦亂邦을 可知矣니 非無學無守之失乎아 信乎學守之不可缺也라

좋아하는 학문이나 지킬 만한 도가 없는 평범한 사람은 나라에 도가 있을 적에는 마땅히 벼슬해야 하는데도 가난과 비천함을 면치 못한다면, 이는 행할 만한 도가 없어서 태평한 시대에도 남에게 버림을 당할 것이니, 부끄러운 일이 이보다 심한 것이 무엇이겠는가? 나라에 도가 없을 때에 마땅히 숨어야 하는데도 구차하게 부하거나 귀한 것을 편히 여긴다면, 이는 능히 죽을 때까지 지킬 만한 절개가 없어서 난세에도 몹시 연연해할 것이니, 부끄러운 일이 이보다 심한 것이 무엇이겠는가? 무릇 도가 있거나 도가 없을 때 처세하는 것이 이와 같다면, 위태한 나라나 어지러운 나라에서 어떻게 행동해야 할지 알 수 있으니, 좋아하는 학문이 없거나 지킬 만한 도가 없을 때 실수가 아니겠는가? 진실로 학문을 좋아하는 것과 죽을 때까지 지켜져야 할 도리는 빠뜨릴 수 없을 것이다."라고 하셨다.

○약부(若夫) : …에 이르러. 구의 맨 앞에 쓰이고, 이론을 제기할 때 쓰임. 꼭 번역할 필요는 없음. 접속사로서 다른 화제를 제시할 때, 하단의 첫머리에 쓰임.
○당현(當見) : 마땅히 나타나서 벼슬해야 한다는 말. '隱'의 상대적 의미로 쓰임.
○명시(明時) : 깨끗한 정치가 이루어지는 태평한 시대. 고대에는 흔히 자기가 섬기고 있는 조정을 기릴 때 썼던 말.
○견기(見棄) : 남에게 버림을 당함.
○탐련(貪戀) : 몹시 연연함.

8·14·1 子曰 不在其位하여는 不謀其政이니라

공자께서 말씀하셨다. "그 지위에 있지 않고서는 그 정사를 도모하지 말아야 할 것이다."

○부재기위(不在其位) : 그 지위에 있지 아니하다. 여기서는 아직까지 공경대부 등

의 벼슬에 있지 않을 때를 말함. "是未在公卿大夫之位"

○불모기정(不謀其政) : 그 정사를 꾀하지 아니하다. 자기의 분수를 넘어서 공경대부의 일을 도모하지 말아야 함. "謀有侵越意 政卽公卿大夫之政"

程子曰 不在其位는 則不任其事也니 若君大夫가 問而告者則有矣니라

정자가 말했다. "그 지위에 있지 않다는 것은 그 일을 맡지 않았다는 것이니, 만일 임금이나 대부가 물으면 대답하는 경우가 있었던 것이다."

[備旨] 夫子戒越位意에 曰王者가 任天下之官이면 則有位하고 立天下之位면 則有政하고 出天下之政이면 則有謀로되 謀其政은 必居其位而後에 可也라 若不在公卿大夫之位면 則不任其事矣요 自不當謀公卿大夫之政하여 以陳說利害하고 商度可否也라 苟謀其政이면 是越其位矣니 豈安分者之所爲哉아

부자께서 지위를 넘어서는 것을 경계하는 뜻에서 말씀하시기를, "임금이 천하의 벼슬을 맡기면 자리를 차지하고 천하의 자리에 세우면 정사를 맡고 천하의 정사를 내면 도모해야 할 것이지만, 그 정사를 도모하는 것은 반드시 그 지위에 거한 뒤에 행해야 할 것이다. 만약 공경대부의 자리에 있지 않다면 그 일을 맡지 말아야 할 것이요, 스스로 공경대부의 정사를 도모하여 어떤 일에 대해 이해 관계를 설명하거나 가부에 대해 헤아리지 말아야 할 것이다. 진실로 그 정사를 도모한다면 곧 그 지위를 넘어서는 것이니, 어찌 편안한 마음으로 분수를 지키는 사람이 행할 일이겠는가?"라고 하셨다.

○진설(陳說) : 늘어놓아 설명함.
○상탁(商度) : 헤아려 생각함. 상량(商量).
○안분(安分) : 편안한 마음으로 사기의 분수를 지킴.

8 · 15 · 1 子曰 師摯之始에 關雎之亂이 洋洋乎盈耳哉라

공자께서 말씀하셨다. "노나라의 악사장 지라는 사람이 처음 벼슬했을 때 연주했던 관저의 마지막 장이 아직도 아름답게 귀에 들리는구나!"

○사지지시(師摯之始) : 태사 지가 처음으로 벼슬했을 때. ☞사(師) : 태사(太師). 악관(樂官)의 장(長). ☞지(摯) : 노(魯)나라의 악사장(樂師長)으로 있었던 사람. 이

름이 을(乙). ☞시(始) : 지(摯)가 처음 벼슬했을 때. 지(摯)가 노(魯)나라에서 벼슬할 적에 계환자(季桓子)가 제(齊)나라의 여악(女樂)을 받아들이므로 나라를 떠나버렸다. 그 뒤 노나라의 음악이 문란해졌는데, 고향에 돌아오던 공자께서 당시 악사였던 지를 그리웠으므로 '始'라고 한 것이다. ☞여악(女樂) : 궁중 연회 때 춤추고 노래하는 기녀. 공자가 노(魯)나라 대사구(大司寇)가 되었을 때, 세력이 크게 떨쳐지자 제(齊)나라가 이를 두렵게 여겨, 미녀 80명에게 아름다운 옷을 입혀 춤추게 했던 일. 본서 18·4·1 내용 참고. "師是太師 掌樂之官 始卽在官時"

○관저지란(關雎之亂) : 「시경(詩經)」의 첫머리에 나오는 관저의 마지막 장. ☞난(亂) : 악장. 악곡의 마지막 장. "關雎在詩爲首篇 在樂爲卒章"

○양양호영이재(洋洋乎盈耳哉) : 아름답게 귀를 채우다. ☞양양호(洋洋乎) : 아름답고 성한 모양. '乎'는 어떤 상태를 나타내는 어조사. "是可聽意"

師摯는 魯樂師니 名은 摯也라 亂은 樂之卒章也니 史記에 曰關雎之亂이 以爲風始라하니라 洋洋은 美盛意라 孔子自衛反魯하사 而正樂하시니 適師摯在官之初라 故로 樂之美盛이 如此라

사지는 노나라 악사니, 이름이 지다. 난(亂)은 악의 마지막 장이다. 「사기」에 "관저의 마지막 장은 《국풍》의 시작이 된다." 했다. 양양(洋洋)은 아름답고 성하다는 뜻이다. 공자께서 위나라로부터 노나라로 돌아오셔서 악을 바로 잡으셨으니, 마침 악사장이었던 지라는 사람이 벼슬하던 초기였으므로, 악의 아름답고 성함이 이와 같았던 것이다.

○관저(關雎) : 「시경(詩經)」 주남(周南)의 편명(篇名). 후비(后妃)의 덕을 읊은 시. ☞관저(關雎)의 처음에는 "關關雎鳩 在河之洲 窈窕淑女 君子好逑"라고 노래했다가, 마지막에 "窈窕淑女 鐘鼓樂之"라고 다시 시작한다.

○국풍(國風) : 「시경(詩經)」의 한 부분. 각 지방에서 채취한 민요 160편이 수록되어 있음.

[備旨] 夫子追歎魯樂之盛에 曰昔吾自衛反魯之時에 適師摯在官之始어늘 詩樂之殘缺者는 有補하고 失次者는 有序라 故로 被之聲音하여 由升歌間歌로 已遞하니 擅其美也라 至以關雎之詩로 爲樂之卒章를 曰亂者어늘 洋洋乎美盛하여 有以足人之聽聞하여 而盈耳哉라 惜乎不得復聞矣로다

부자께서 노나라의 음악이 성했음을 미루어 탄식할 적에 말씀하시기를, "옛날 내가

위나라로부터 노나라로 돌아왔을 적에 마침 악사장 지라는 사람이 벼슬을 시작한 때였는데, 시와 악에 빠진 것은 보충하고 차례를 잃은 것은 순서를 정비했었다. 그러므로 성음에 입혀서 당상에 올라 연주하고 번갈아 들면서 교대로 연주하니, 그 아름다움을 거리낌 없이 드러내었던 것이다. 관저의 시에서부터 악의 마지막 장까지를 난이라고 하는데, 양양하게 아름답고 성하여 족히 사람들에게 들려서 귀를 채울 수 있었다. 아깝게도 이제 다시 들을 수가 없도다!"라고 하셨다.

○추탄(追歎) : 지난 일을 회상하여 감탄함.
○잔결(殘缺) : 이지러져 온전하지 못함. 빠짐. 모자람.
○실차(失次) : 차례를 잃음.
○승가(升歌) : 당상에 올라서 노래함[升堂而歌也]. 예기(禮記)」 《명당위편(明堂位篇)》에 보면 "升歌淸廟"라는 기록이 있다. 악공(樂工)이 태묘의 당상에 올라서, 종묘에 제사지내는「시경(詩經)」 《주송편(周頌篇)》의 청묘(淸廟)를 노래했다는 것이다.
○간가(間歌) : 번갈아 노래함. 노래와 생황이 서로 번갈아 들면서 연주함[歌與笙相間而起也].「의례(儀禮)」 《향음주례(鄕音酒禮)》에 보면 "乃間歌魚麗笙由庚"라는 기록이 있다. 이것은「시경(詩經)」 《소아편(小雅篇)》에 있는 어려(魚麗)와 유경(由庚)을 번갈아 가면서 노래했다는 것이다.

8·16·1 子曰 狂而不直하며 侗而不愿하며 悾悾而不信을 吾不知之矣로라

공자께서 말씀하셨다. "뜻이 커서 높은 것을 좋아하지만 솔직하지 않으며, 미련하지만 행동을 삼가지 않으며, 뜻을 얻지 못하지만 믿지 않는 사람을 나는 이해하지 못하겠다."

○광이부직(狂而不直) : 뜻이 커서 높은 것을 좋아하지만 솔직하지 않다. ☞광(狂) : 뜻이 높다. 뜻이 커서 진취적 기상이 있지만 행함이 뒤따르지 못함. 또는 그런 사람. ☞직(直) : 바르다. 솔직하다. "狂是好高之人 不直是心中委曲"
○동이불원(侗而不愿) : 미련하지만 삼가지 않다. ☞동(侗) : 미련하다. 어리석다. ☞원(愿) : 삼가다. 공손하다. 성실하다. "愿對巧言"
○공공이불신(悾悾而不信) : 뜻을 얻지 못하지만 믿지 않다. ☞공(悾) : 뜻을 얻지 못하다. 공공(悾悾)은 무능한 모양. ☞신(信) : 믿다. "信對詐言"

○오부지지의(吾不知之矣) : 나는 그것을 이해하지 못하다. '之'는 '狂而不直·侗而不愿·悾悾而不信'을 가리키는 지시대명사. "不知作非理之常言 之指上三句"

侗은 無知貌요 愿은 謹厚也라 悾悾은 無能貌라 吾不知之者는 甚絶之之辭니 亦不屑之敎誨也라
○蘇氏曰 天之生物에 氣質不齊하니 其中材以下는 有是德이면 則有是病이요 有是病이면 必有是德이라 故로 馬之蹄齧者必善走하고 其不善者必馴하나니 有是病而無是德이면 則天下之棄才也니라

동(侗)은 무지한 모양이다. 원(愿)은 근후함이다. 공공(悾悾)은 무능한 모양이다. 나는 알지 못한다고 한 것은 아주 그것을 끊어버리겠다는 말이니, 또한 애써 가르치지 않고 분발하게 해서 스스로 배우고 깨우치도록 한 것이다.
　　○소 씨가 말했다. "하늘이 만물을 낼 적에 기질이 고르지 않았던 것이니, 보통의 인재 이하는 덕이 있으면 결점이 있고 결점이 있으면 반드시 덕이 있었던 것이다. 그러므로 말 중에 발길질하고 무는 것이 반드시 잘 달리고 그 중에 좋지 않은 것이 반드시 따르기만 하니, 이렇게 결점만 있고 이렇게 덕이 없다면 천하에 버림받는 인재일 것이다."

○근후(謹厚) : 조심스럽고 중후함.
○불설지교회(不屑之敎誨) : 개의(介意)하지 않고 돌보지 않음으로써 도리어 그 사람을 분기하게 하여 스스로 깨닫게 하는 교훈. 「맹자(孟子)」《고자하(告子下)》 "孟子曰 敎亦多術矣니 予不屑之敎誨也者는 是亦敎誨之已矣니라(가르침도 또한 방법이 많으니, 내가 달갑게 여기지 아니하여 가르치는 것은, 이것도 또한 가르치는 것일 따름이다.)"
○중재(中材) : 보통의 인재.
○제설(蹄齧) : 말이 차고 물고 함. 인신하여 좋지 않은 말.
○순(馴) : 길들다. 길들이다. 따르다.
○기재(棄才) : 버림받은 인재. 쓰이지 않는 재주.

[備旨] 夫子警人意에 曰狂而好高者는 多率眞也로되 乃習於深情而不直하고 侗無知者는 多謹厚也로되 乃習於浮薄而不愿하고 悾悾無能者는 多誠實也로되 乃習於詐僞而不信이라 斯人也는 得於天者旣失其正하고 成於人者又反其常이라 不直이면 吾不知其何以爲狂하며 不愿이면 吾不知其何以爲侗하며 不信이면 吾不知其何以爲悾悾矣니 吾亦安能如之何哉아

부자께서 사람을 깨우치려는 생각에서 말씀하시기를, "뜻이 커서 높은 것을 좋아하는 사람은 진솔함이 많지만 상대방을 깊이 생각하는 마음에 젖어서 솔직하지 못하고, 미련해서 무지한 사람은 근후함이 많지만 곧 천박하고 경솔함에 젖어서 삼가지 못하고, 뜻을 얻지 못해서 무능한 사람은 성실함이 많지만 곧 교활한 속임수에 젖어서 믿지 못한다. 이러한 사람은 하늘로부터 얻은 것이 이미 그 바른 도리를 잃어버렸을 뿐만 아니라 사람에게 이룰 것은 또 그 불변의 도리를 반대로 하게 된다. 솔직하지 못하면 내가 왜 뜻을 크게 해야 할 것인지를 알지 못하며, 삼가지 못하면 내가 왜 미련한지를 알지 못하며, 믿지 못하면 내가 왜 뜻을 얻지 못하는지를 알지 못하니, 내 또한 어떻게 능히 어찌할 수 있겠는가?"라고 하셨다.

○솔진(率眞) : 솔직하고 진실함. 진솔(眞率).
○심정(深情) : 상대방을 깊이 생각하는 마음. 진심.
○부박(浮薄) : 천박하고 경솔함.
○사위(詐僞) : 거짓으로 꾸밈. 교활한 속임수.
○상(常) : 불변의 도. 사람으로서 행해야 할 도리.
○기(旣)~우(又)~ : '…이고 그 외에 …', '…한 이상은 또한 …'이라고 해석한다. 접속사로서 한 방면에만 그치지 않음을 나타내며, 병렬·연접하는 작용을 나타낸다. '旣~且'·'旣~亦'·'旣~終'·'旣~或'.

8·17·1 子曰 學如不及이요 猶恐失之니라

공자께서 말씀하셨다. "배움은 미치지 못하는 것같이 해야 하고, 오히려 이를 잃을까 두려워해야 한다."

○학여불급(學如不及) : 배움이 마치 힘이 미치지 못한 듯하다. 학문은 도달하지 못한 것처럼 해야 한다는 말. "學兼致知力行言 如不及是如有所追而不能及意"
○유공실지(猶恐失之) : 혹시라도 배운 것을 잃어버릴까 근심하다. "是尙慮其或失而竟不能及也"

言人之爲學을 旣如有所不及矣로되 而其心猶悚然하여 惟恐其或失之니 警學者는 當如是也라
○程子曰 學如不及이요 猶恐失之는 不得放過니 才(纔)說姑待明日이면 便不可也라

사람이 학문하는 것을 미치지 못한 것이 있는 것처럼 해야 하지만, 그 마음에는 오히려 두려워해서 거기에 혹시라도 잃어버릴까 두려워해야 함을 말한 것이니, 배우는 자들은 마땅히 이처럼 해야 함을 깨우친 것이다.

○정자가 말했다. "'배움은 미치지 못하는 것같이 해야 하고, 오히려 이를 잃어버릴까 두려워해야 한다.'는 것은 방과할 수 없다는 것이니, 조금이라도 잠깐 내일을 기다린다고 말하면 곧 옳지 못한 것이다."

○송연(悚然) : 두려워하는 모양. 송송(悚悚).
○방과(放過) : 내버려두거나 지나침.
○재(才) : 조금. 간신히. 단지. 겨우. '재(纔)'와 통함.
○고(姑) : 잠깐.

[備旨] 夫子勉人爲學意에 曰人之致知力行以爲學하되 惟日孜孜니라 其用功은 旣如有所不及知且行矣요 而其心은 猶悚然하여 惟恐其得之知行者가 或失之於昏昧放逸也라 夫如是면 則不及者는 可終及이요 恐失者는 可無失矣라 學者는 不當如是黽勉耶아

부자께서 사람들에게 학문을 닦는 데 힘쓰도록 하려는 뜻에서 말씀하시기를, "사람이 치지·역행하여 학문을 닦되 오직 날마다 부지런히 노력해야 할 것이다. 그가 힘을 쓰거나 공을 들일 적에는 지식과 행실에 미치지 못하는 바가 있는 것처럼 해야 할 것이요, 그리고 그의 마음은 오히려 두려워해서 오직 그가 얻으려는 지식과 행실이 혹시라도 어리석거나 방자함에 빠질까 두려워해야 할 것이다. 무릇 이와 같다면 미치지 못하는 사람은 마침내 미치게 될 것이요, 잃어버릴까 두려워하는 사람은 가히 잃어버림이 없을 것이다. 배우는 이들은 마땅히 이와 같이 있는 힘을 다하지 않겠는가?"라고 하셨다.

○치지(致知) : 지식을 궁구(窮究)하여 사물의 이치에 통달함.
○역행(力行) : 힘써 행함.
○자자(孜孜) : 부지런히 노력하는 모양.
○용공(用功) : 용력(用力)과 공력(功力).
○혼매(昏昧) : 어리석음. 사리에 어두움.
○방일(放逸) : 방자함. 방일(放佚). 방일(放溢).
○민면(黽勉) : 있는 힘을 다함.

8·18·1 子曰 巍巍乎舜禹之有天下也하시되 而不與焉이여

공자께서 말씀하셨다. "높고 크도다! 순임금과 우임금께서는 천하를 소유하시고도 이에 관여하지 않으심이여!"

○외외호(巍巍乎) : 높고 크도다. 위대하도다. 기상이 다른 사람보다 뛰어난 모양. ☞외외(巍巍) : 높고 큰 모양. ☞호(乎) : 형용사 뒤에 쓰이며 상태를 나타내는 어조사. "巍巍言其氣象過人 邵根心上說"
○순우지유천하야(舜禹之有天下也) : 순임금과 우임금이 천하를 소유하다. 순임금은 고수(瞽瞍)라는 아버지가 있었고, 우임금은 곤(鯀)이라는 아버지가 있었다. 그런데 순임금은 요임금의 아들이 아니었지만 그 왕위를 이어받았고, 우임금은 순임금의 아들이 아니었지만 그 왕위를 이어받았다.
○불여언(不與焉) : 이에 관여하지 않다. 즉 천하의 부귀에 관여하지 않았다는 말. '與'는 거성(去聲)으로 쓰여 '참여하다'는 뜻. '焉'은 '於是'와 같음. "不與卽崇高富貴不入其心也"

巍巍는 高大之貌라 不與는 猶言不相關이니 言其不以位爲樂也라

외외(巍巍)는 높고 큰 모양이다. 불여(不與)는 상관하지 않는다는 말과 같으니, 그가 지위로써 즐거움을 삼지 않았음을 말씀한 것이다.

[備旨] 夫子贊舜禹意에 曰巍巍乎氣象高大하여 而不可及者는 其惟舜禹乎인저 舜禹는 以匹夫로 而有天下也어늘 雖處富貴之極이나 乃視之若固有하여 而漠然無所與焉이라 夫有天下하시되 而不以動其心이면 則其識度之大가 固有超乎天下之外者니 其巍巍何如哉아

부자께서 순임금과 우임금을 찬탄하는 뜻에서 말씀하시기를, "높고 크도다! 기상이 높고 커서 미칠 수 없는 사람은 아마도 오직 순임금과 우임금뿐일 것이다. 순임금과 우임금은 평범한 사람으로서 천하를 소유했는데, 비록 부귀의 지극함에 처했으나 의외로 자세히 살펴보면 본래부터 소유하고 있는 것 같아서 막연히 이에 관여하는 바가 없었다. 무릇 천하를 소유하시고도 그 마음을 움직이지 않았다고 하면 그 식견과 도량의 크기가 진실로 천하 밖을 뛰어넘은 사람이었으니, 그 높고 큰 모습이 어떠한가?"라고 하셨다.

○내(乃) : 의외로. 더구나. 도리어.

○막연(漠然) : 관심이 없음. 잡된 생각이 없이 담박함. 담박함. 냉담함.
○식도(識度) : 식견(識見)과 도량(度量). 식량(識量).

8·19·1 子曰 大哉라 堯之爲君也여 巍巍乎唯天이 爲大어시늘 唯堯則(칙)之하시니 蕩蕩乎民無能名焉이로다

공자께서 말씀하셨다. "위대하도다, 요의 임금 됨됨이여! 높고 크도다, 오직 하늘만이 광대한데 오직 요임금도 이와 같으셨으니 넓고 넓어서 백성들이 능히 형용하지 못하는구나!

○대재요지위군야(大哉堯之爲君也) : 위대하도다. 요의 임금 됨됨이여! 요임금의 덕을 찬탄하는 말. ☞재(哉) : 감탄의 의미를 나타내는 어조사. "大哉是贊辭 此句且虛說"
○외외호(巍巍乎) : 높고 크도다. 위대하도다. 하늘의 높음을 찬탄하는 말. ☞외외(巍巍) : 높고 큰 모양. ☞호(乎) : 형용사 뒤에 쓰여 상태를 나타내는 어조사. ☞한문에서 문의(文意)가 끊어지는 곳을 '句'라 하고, 구 가운데서 읽기에 편리하도록 하기 위해 끊어 읽는 곳을 '讀(두)'라고 하는데, 정자(程子)는 '巍巍乎'를 요임금의 덕을 찬양한 것이라고 보고 끊어 읽었다. "三字 程子連上句讀 屬堯"
○유천위대유요칙지(唯天爲大唯堯則之) : 오늘 하늘만이 광대하고 오직 요임금만이 이를 본받다. 요임금의 덕이 하늘과 나란하다는 말. "則是言其德與天齊"
○탕탕호민무능명언(蕩蕩乎民無能名焉) : 넓고 넓어서 백성들이 능히 형용할 수가 없다. ☞탕탕(蕩蕩) : 넓고 원대한 모양. ☞명(名) : 형용하다. 이름을 부르다. "民指當時之民"

唯는 猶獨也요 則은 猶準也라 蕩蕩은 廣遠之稱也니 言物之高大가 莫有過於天者로되 而獨堯之德이 能與之準이라 故로 其德之廣遠이 亦如天之不可以言語로 形容也라

유(唯)는 '오직'과 같고 칙(則)은 '나란하다'와 같다. 탕탕(蕩蕩)은 넓고 원대한 것을 일컬은 것이니, 물건 중에 높고 큰 것은 하늘보다 더한 것이 없지만 오직 요임금의 덕만이 이와 더불어 나란히 할 수 있었으므로, 그 덕의 넓고 먼 것이 또한 하늘과 같아서 언어로써 형용할 수 없다고 말씀한 것이다.

○독(獨) : 오직. 홀로. 다만 …뿐이다.
○준(準) : 나란하다. 평형하다. 수면이 평평함. 나란히 하다.

[備旨] 夫子深贊帝堯에 曰大矣哉라 超帝王而獨隆者는 帝堯之爲君也여 巍巍乎崇高하여 其大與天으로 同也라 唯天爲至大하여 而無不覆冒로되 唯堯之德이 其廣運之無方者가 能準則之라 故로 其德之蕩蕩乎廣遠을 當時之民이 無能以言語로 名其大焉이 亦如天之大를 不可以言語로 形容也라

부자께서 요임금을 굉장히 찬탄할 적에 말씀하시기를, "위대하도다, 제왕을 뛰어넘어 홀로 높은 분은 요임금의 임금 됨됨이여! 높고 크며 숭고하여 그 광대함이 하늘과 더불어 함께 할 수 있다. 오직 하늘은 지극히 커서 덮고 가리지 않는 것이 없지만, 오직 요임금의 덕만이 그 덕이 널리 미쳐서 방향이 없음이 능히 이와 같다고 할 수 있을 것이다. 그러므로 그 덕이 넓고 넓어 광원함을 당시 백성들이 능히 말로써 크기를 형용할 수 없는 것이 또한 하늘의 크기를 말로써 형용할 수 없는 것과 같다."라고 하셨다.

○제요(帝堯) : 요임금. 요제(堯帝).
○부모(覆冒) : 덮어 가림.
○광운(廣運) : 덕(德)이 널리 미침을 이름.
○준칙(準則) : 본받고 규칙으로 삼음. 표준과 원칙.

8·19·2 巍巍乎其有成功也여 煥乎其有文章이여

높고 크도다, 그가 이룬 치적이여! 찬란하도다, 그가 만든 예악이나 법도여!"

○외외호기유성공야(巍巍乎其有成功也) : 높고 크도다, 그가 이룬 치적이여! 요임금이 이룬 치적이 높고 큼을 형용한 말. ☞외외호(巍巍乎) : 높고 크도다. 위대하도다. 여기서는 요임금의 치적이 위대함을 찬탄하는 말. ☞성공(成功) : 사업. 치적의 성취를 일컬음. 오변시옹(於變時雍)과 같은 종류를 일컬음. ☞오변시옹(於變時雍) : 아아, 바뀌었구나, 이 화목함이여! 「서전(書傳)」《요전(堯典)》에 나오는 말. "萬邦黎民 於變時雍" 임금이 선도(善道)를 행하여 백성이 화목하고 세상이 잘 다스려짐을 이름. '於'는 감탄사, '變'은 악을 바꾸어 선으로 옮아가는 것, '時'는 是, '雍'은 和를 말함(於歎美辭 變變惡爲善也 時是 雍和也). "成功是治績之成就 如百姓昭明 黎民於變時雍之類"

○환호기유문장(煥乎其有文章) : 찬란하도다, 그가 만든 예악이나 법도여! 요임금이 만든 문물 제도가 환하게 빛남을 일컫는 말. ☞환호(煥乎) : 밝고 빛나는 모양. '乎'는 상태를 나타내는 어조사. ☞문장(文章) : 정치를 천하에 베푼 것. 예악법도(禮樂法度) 등을 일컬음. "文章是政之施布於天下者 如禮樂法度之類"

成功은 事業也라 煥은 光明之貌라 文章은 禮樂法度也라 堯之德은 不可名이니 其可見者는 此爾니라
○尹氏曰 天道之大는 無爲而成이어늘 唯堯則之하여 以治天下라 故로 民無得而名焉이요 所可名者는 其功業文章이 巍然煥然而已니라

성공(成功)은 사업이다. 환(煥)은 빛나고 밝은 모양이다. 문장(文章)은 예악·법도다. 요임금의 덕은 형용할 수 없으니 그것을 볼 수 있는 것은 이것뿐이다.
○윤 씨가 말했다. "천도가 크다는 것은 행하는 것이 없어도 이루어진다는 것인데, 오직 요임금만이 이를 본받아서 천하를 다스렸기 때문에 백성들이 그 덕을 형용할 수 없고, 형용할 수 있는 것은 그 사업과 문장이 위대하고 찬란하다는 것뿐이다."

[備旨] 然이나 於不可名之中에 而求其所可見者면 則巍巍乎高大하여 其有平章協和之成功也니 不可得而秘矣요 煥乎光明하여 其有禮樂法度之文章也니 不可得而掩矣라 夫成功文章은 皆其德之運於治者니 所可見者는 此爾요 若德은 則終無可名也라 故로 曰大哉라 堯之爲君也여

그렇지만 형용할 수 없는 가운데에서 그래도 그 중에 살펴볼 수 있는 것을 구한다면, 굉장히 높고 커서 그가 공명 정대하게 다스리고 화합하는 치적이 있으니 가히 감출 수 없을 것이요, 찬란히 빛나고 밝아서 그가 예악·법도의 문장이 있으니 가히 가릴 수 없을 것이다. 무릇 성공과 문장은 모두 그 덕이 다스리는 데까지 미쳤으니 볼 수 있는 것은 이것뿐이고 덕은 끝내 형용할 수 없었던 것이다. 그러므로 "크도다, 요임금의 임금 됨됨이여!"라고 하셨다.

○평장(平章) : 공명 정대하게 다스리는 일.
○협화(協和) : 마음을 합하여 화합함.
○운(運) : 멀리까지 미치다.

8 · 20 · 1 舜이 有臣五人而天下가 治하니라

순임금이 신하 다섯 사람을 두시니 천하가 다스려졌다.

○순유신오인이천하치(舜有臣五人而天下治) : 순임금이 신하 다섯 사람을 두었는데 천하가 다스려지다. 순임금의 다섯 신하에 대한 치적을 이름. 즉 우(禹)의 물과 흙의 다스림·직(稷)의 농사·설(契)의 오상(五常)에 대한 가르침·고요(皐陶)의 오형(五刑)에 대한 밝힘·백익(伯益)의 산과 못에 대한 관장 등을 말함. "卽四方風動從欲以治也"

五人은 禹와 稷과 契과 皐陶와 伯益이라

다섯 사람은 우와 직과 설과 고요와 백익이다.

[備旨] 舜紹堯以帝虞할새 其時에 有臣五人이 相佐理而天下平治하니라 觀禹平水土하고 稷敎稼穡하고 契敷五敎하고 皐陶明五刑하고 伯益掌山澤하니 協贊以成治를 可見也라

순임금이 요임금을 이어서 우나라 임금이 되었을 적에 그 때에 신하 다섯 사람이 서로 돕고 다스리자 천하가 태평하게 다스려졌다. 우는 물과 흙을 다스리고, 직은 곡식 농사를 가르치고, 설은 오교를 펴고, 고요는 오형을 밝히고, 백익은 산과 못을 관장했던 것을 살펴보니, 서로 도와서 다스림을 이루었음을 볼 수 있다.

○소(紹) : 잇다. 받다.
○평치(平治) : 태평하게 다스려짐.
○가색(稼穡) : 곡식 농사. 가색(稼穡).
○부(敷) : 펴다. 베풀다.
○오교(五敎) : 오상(五常)의 가르침. 부의(父義)·모자(母慈)·형우(兄友)·제공(弟恭)·자효(子孝).
○오형(五刑) : 주대(周代)의 다섯 가지 형벌. 묵(墨)·의(劓)·비(剕)·궁(宮)·대벽(大辟).
○산택(山澤) : 산과 못.
○협찬(協贊) : 협력하여 도움. 협찬(協讚). 협부(協扶).

8·20·2 武王曰 予有亂臣十人호라

무왕이 말하기를, "나에게 다스리는 신하 열 사람이 있노라." 했다.

○무왕(武王) : 주(周)의 임금. 문왕(文王)의 아들. 이름은 발(發). 아우 주공(周公)과 협력하여 은(殷)나라를 멸하고 주(周) 왕조를 창건함. 태공망(太公望)을 사사(師事)하여 선정을 베풂.
○여유난신십인(予有亂臣十人) : 나에게는 나라를 잘 다스리는 신하 열 사람이 있다.
☞난신(亂臣) : 돕고 다스리는 신하. '亂'은 '治'의 뜻. "亂臣佐治之臣也"

書泰誓之辭라 **馬氏曰 亂**은 **治也**라 **十人**은 **謂周公旦**과 **召公奭**과 **太公望**과 **畢公**과 **榮公**과 **太顚**과 **閎夭**와 **散宜生**과 **南宮适**이요 **其一人**은 **謂文母**라 **劉侍讀**이 **以爲子無臣母之義**라하니 **蓋邑姜也**라 **九人**은 **治外**하고 **邑姜**은 **治內**하니라 **或曰 亂**은 **本作乿**이니 **古治字也**라

「서경」《태서편》의 말이다. 마 씨가 말했다. "난(亂)은 다스리는 것이다. 열 사람은 주공 단·소공 석·태공 망·필공·영공·태진·굉요·산의생·남궁괄이요, 그 나머지 한 사람은 문왕의 어머니다." 유시독이라는 사람이 자식이 어머니를 신하로 삼는 법은 없다고 했으니, 아마도 읍강일 것이다. 아홉 사람은 밖을 다스리고 읍강은 안을 다스렸다. 혹자가 말했다. "'亂'자는 본래 '乿'자로 되어 있으니, 옛날 '治'라는 글자였다."

○문모(文母) : 문왕의 어머니 태사(太姒)를 말함.
○읍강(邑姜) : 무왕(武王)의 비(妃).
○치(乿) : 다스리다.

[備旨] 武王紹文王以造周할새 嘗曰予有治亂之臣十人호라 如周公旦과 召公奭과 太公望과 畢公과 榮公과 太顚과 閎夭와 散宜生과 南宮适이 以治外하고 邑姜이 以治內者를 可見也니 是人才가 一盛於唐虞하고 再盛於我周矣라

무왕이 문왕을 이어서 주나라를 세웠을 적에 일찍이 말하기를, "나에게는 잘 다스리는 신하 열 사람이 있노라. 주공 단·소공 석·태공 망·필공·영공·태진·굉요·산의생·남궁괄과 같은 사람은 밖을 다스리고, 읍강은 안을 다스렸음을 볼 수 있으니, 곧

인재가 처음에는 당나라와 우나라 때 성했고, 다시 우리 주나라에서 성했다."라고 하셨다.

○치란(治亂) : ①잘 다스림. ②어지러움을 다스림. 여기서는 ①의 뜻.
○당우(唐虞) : 도당 씨(陶唐氏)와 우유 씨(虞有氏). 당(唐)은 요(堯)임금. 우(虞)는 순(舜)임금. 인신하여 태평성대를 일컫기도 함.

8·20·3 孔子曰 才難이러니 不其然乎아 唐虞之際엔 於斯爲盛하나 有婦人焉이요 九人而已니라

공자께서 말씀하셨다. "옛말에 인재를 얻기가 어렵다고 했는데 그 말이 진실로 그렇지 아니한가? 당나라와 우나라 때에는 이때보다 성했다고 하지만 열 사람 중에 부인이 들어 있었고 남자는 아홉 사람뿐이었다.

○공자왈재난(孔子曰才難) : 공자께서 인재가 얻기가 어렵다고 말씀하시다. '인재란 구하기가 어렵다'는 말은 옛날부터 전해왔던 말. "謂人才之難得 此是古語 須貼生才說 若云有才而見用難則非矣"
○불기연호(不其然乎) : 그러하지 아니한가? 인재를 구하기 어렵다는 말이 진실로 그렇지 않겠는가?
○당우지제(唐虞之際) : 당나라와 우나라 때. 도당 씨(陶唐氏)와 우유 씨(虞有氏). 당(唐)은 요(堯)임금. 우(虞)는 순(舜)임금. 인신하여 태평성대를 일컫기도 함. "際是二代之會"
○어사위성(於斯爲盛) : 이보다 융성하다. 주나라 때보다 인재가 많았다는 말. '斯'는 수(周)의 임금 무왕(武王) 때를 말함. "斯指周室 盛是人才隆盛過於我周意"
○유부인언(有婦人焉) : 여기에 부인이 있다. '婦人'은 무왕의 후비인 읍강(邑姜)을 가리킴. "婦人指武王之后妃 名邑姜者"
○구인이이(九人而已) : 아홉 사람뿐이다. 열 사람에도 차지 못하고 아홉 사람에 그쳤을 뿐이라는 말. "已是止 言不滿十人 正見其難"

稱孔子者는 上係武王君臣之際니 記者가 謹之라 才難은 蓋古語로되 而孔子然之也라 才者는 德之用也라 唐虞는 堯舜有天下之號라 際는 交會之間이니 言周室人才之多하여 惟唐虞之際에 乃盛於此요 降自夏商으로 皆不能及이라 然이나 猶但有

此數人爾니 **是**는 **才之難得也**라

공자를 칭한 것은 위로 무왕과 연계되어 군신의 관계가 되므로, 기록한 사람이 조심한 것이다. 재난(才難)은 아마도 옛말이지만 공자께서 그렇게 여기신 것이다. 재(才)는 덕의 작용이다. 당우(唐虞)는 요임금과 순임금이 천하를 가졌을 때의 칭호다. 제(際)는 서로 교차하는 무렵이니 주나라 왕실에 인재가 많아서 오직 요임금과 순임금 때에 주나라 왕실보다 성하였고, 그 후 하나라와 상나라부터는 모두 능히 미치지 못했던 것이다. 그런데도 오히려 단지 이 몇 사람이 있었을 따름이니, 이는 인재를 얻기가 어려움을 말한 것이다.

[備旨] 孔子上下虞周之間而歎에 曰古語에 云人才難得이라하니 不其信然乎아 蓋周有十亂之才하니 可謂盛矣로되 惟唐虞交會之際에 得聖臣五人이러니 乃視我周爲尤盛耳라 降自夏商으로 皆不及也라 然이나 十亂之中에 有婦人하니 邑姜在焉이요 實은 惟九人而已라 夫以人才之盛이라도 尙不足於十人之數하니 則才之難也를 益信이라

공자께서 우나라와 주나라의 사이를 훑어보면서 탄식할 적에 말씀하시기를, "옛말에 인재는 얻기가 어렵다고 했는데, 그 말이 진실로 그렇지 아니한가? 아마도 주나라에 열 사람의 다스리는 인재가 있었는데 가히 많다고 할 수 있겠지만, 오직 당나라와 우나라가 서로 교차할 즈음에는 훌륭한 신하 다섯 사람을 얻었는데, 바로 우리 주나라와 비교해 보더라도 더 번성했다고 할 수 있다. 그 후 하나라와 상나라 때부터 모두 미치지 못했지만 잘 다스리는 열 사람 중에도 부인이 있었는데, 읍강이라는 사람이 있었고 실제로 남자는 오직 아홉 명뿐이었다. 무릇 인재가 많다고 하더라도 오히려 열 사람이라는 숫자에도 부족하니 인재를 얻기가 어렵다는 것을 더욱 믿을 만하다.

8·20·4 三分天下에 有其二하시되 以服事殷하시니 周之德은 其可謂至德也已矣로다

문왕은 천하를 삼분했을 때에 그 둘을 소유하셨지만 은나라를 좇아서 섬기셨으니, 주나라 문왕의 덕은 아마 지극한 덕이라고 이를 만하도다!"

○삼분천하유기이(三分天下有其二) : 천하를 셋으로 나누어 그 중에 둘을 가지다. 천하를 삼등분했을 적에 둘을 소유했다는 것은 땅을 그렇게 소유했다는 것이 아니고 인심

이 돌아왔다는 말. "三分有二 非謂得其輿地版圖也 只是人心歸服者 已太半見勢可以取意"
○이복사은(以服事殷) : 은나라를 좇아서 섬기다. ☞이(以) : 접속사. 해석할 적에 두 가지 견해가 있다. 첫째, '而'와 같은 접속사로 보고 해석하는 경우. 둘째, "以齊事王「전국책(戰國策)」"과 같이 동사로 보고 '거느리다[率]'로 해석하는 경우. 물론 이때는 '以' 다음에 '商之畔國'이 생략된 것으로 봐야 한다. 필자는 전자로 보고 해석했다. ☞복사(服事) : 좇아서 섬김. 「춘추좌씨전(春秋左氏傳)」 "服事我先王" 즉 문왕이 상나라에 배반한 나라를 거느리고 은나라의 주임금을 섬겼다는 말. "以卽註率字 服事臣服敬事 殷 指紂"
○주지덕(周之德) : 주임금의 덕. 즉 문왕(文王)의 덕을 가리킴. "周指文王 不曰文王而 曰周者 對殷言也"
○기가위지덕야이의(其可謂至德也已矣) : 아마도 지극한 덕을 지닌 사람이라고 일컬을 만하다. '其'는 진술하는 문장에 쓰여 '아마도'라는 뜻. ☞야이의(也已矣) : …하구나. 허사(虛詞)가 연용되어 '也'는 단정을 나타내고 '已'는 일의 상태를 나타내며, '矣'는 감탄을 나타냄. "至德就服事殷上見"

春秋傳에 曰文王이 率商之畔國하여 以事紂라하시니 蓋天下에 歸文王者가 六州니 荊梁雍豫徐揚也요 惟靑兗冀가 尙屬紂耳라 范氏曰 文王之德이 足以代商하여 天與之요 人歸之로되 乃不取而服事焉하니 所以爲至德也라 孔子因武王之言하여 而及文王之德하고 且與泰伯으로 皆以至德稱之하시니 其指微矣라 或曰 宜斷三分 以下하여 別以孔子曰로 起之하여 而自爲一章이라하니라

「춘추전」에 "문왕이 상나라에 배반한 나라를 거느리고 주임금을 섬겼다." 했으니, 대개 천하에 문왕에게 귀속한 것이 여섯 주니, 형·양·옹·예·서·양이고, 오직 청·연·기만이 오히려 주임금에게 속해 있었을 따름이다. 범 씨가 말하기를, "문왕의 덕이 족히 상나라를 대신할 만하여 하늘이 함께하고 사람들이 돌아왔지만, 마침내 취하지 않고 복종해 섬겼으니 지극한 덕이 되는 까닭이다. 공자께서 무왕의 말을 인하여 문왕의 덕에 미쳤고, 또 태백과 함께 모두 지극한 덕이라 일컬었으니, 그 뜻이 은밀하다."고 했다. 혹자는 말하기를, "마땅히 '三分以下'를 끊어 따로 '孔子曰'로 시작하여 별도로 한 장을 만들어야 한다."고 했다.

[備旨] 夫周之才는 固與唐虞로 而並盛이나 然이나 周之德도 亦與揖遜으로 比隆이라 當紂之時하여 以三分天下而論이면 文王已有其二也라 乃可取로되 不取하고 反率商之畔 國하여 以服事於殷하니 是爲天下立人紀하고 爲百世正網常이라 周文之德은 其可謂至 德而不可復加也已矣로다 是德也가 不有以繼唐虞揖遜之盛하여 而啓武王纘緖之烈也哉아

주나라의 인재는 진실로 당우와 더불어 나란히 성했지만, 그러나 주나라의 덕도 또한 겸손함을 좇아 다 함께 융성했다. 주임금의 때를 맞아서 천하를 삼분한 것을 논해본다면 문왕이 이미 그 둘을 소유하고 있었다. 바로 취할 만한데도 취하지 않고 도리어 상나라에 배반한 나라들을 거느려 은나라를 좇아 섬겼으니, 곧 천하를 위해 사람이 행해야 할 도리를 세우고 백세를 위해 삼강과 오상을 바로잡았던 것이다. 주나라 문왕의 덕은 아마도 지극한 덕이기에 다시 더할 것이 없다고 이를 수 있을 따름이로다! 이 덕이 당우의 겸손이 성했던 것을 계승하여 무왕의 세업을 계승할 수 있는 굳건함을 열어줄 수 있지 않았겠는가?"라고 하셨다.

○읍손(揖遜) : 겸손함.
○비륭(比隆) : 다 함께 흥성함.
○인기(人紀) : 사람이 행해야 할 도리. 인강(人綱).
○강상(綱常) : 삼강(三綱)과 오상(五常). 삼강은 군신(君臣)·부자(父子)·부부(夫婦)의 도리를 말하고, 오상은 인(仁)·의(義)·예(禮)·지(智)·신(信)을 말함.
○지덕(至德) : 덕이 지극하여 다시 더할 것이 없음을 말함.
○찬서(纘緖) : 세업(世業)을 계승함. 특히 제왕이 제위를 이음을 이름.
○열(烈) : 굳세다. 세차다. 공(功).

8·21·1 子曰 禹는 吾無間然矣로다 菲飮食而致孝乎鬼神하시며 惡(악)衣服而致美乎黻冕하시며 卑宮室而盡力乎溝洫하시니 禹는 吾無間然矣로다

공자께서 말씀하셨다. "우임금은 내가 흠잡을 데가 없도다! 음식을 간소하게 드시면서도 천지와 종묘의 귀신에게는 정성을 다해 제사지내시며, 의복을 보잘것없게 하면서도 슬갑이나 면류관에는 아름다움을 다하셨으며, 자신이 거하는 궁실을 조촐하게 하면서도 수로를 내는 데는 힘을 다하셨으니, 우임금은 내가 흠잡을 데가 없도다!"

○오무간연의(吾無間然矣) : 내가 잡을 데가 없다.☞우(禹) : 하(夏)나라를 세운 임금. 순(舜)임금의 선양으로 임금 자리에 올랐음. 아버지 곤(鯀)을 이어 치수(治水)를 잘하여 홍수를 막아냄. ☞무간(無間) : ①빈틈이 없음. ②끊임이 없음. ③흠잡을 데가 없음. ④ 서로 가까워 틈이 없음. 아주 친한 사이를 이름. 여기서 '間'은 거성(去聲)으로 쓰여 ③

의 뜻. ☞연(然) : 어떤 상태를 표시하는 말로서 '焉'에 해당하며 특별히 번역할 필요는 없다. "禹是夏王 無間然便有至精至密意"

○비음식(菲飮食) : 음식을 간소하게 하다. ☞비(菲) : 엷다[薄也]. 간소하게 하다. "是不尙珍羞"

○치효호귀신(致孝乎鬼神) : 천지 종묘의 귀신에게 효도를 다하다. "鬼神兼天地宗廟說"

○악의복(惡衣服) : 의복을 보잘것없이 하다. ☞악(惡) : 조악하다. 생김새나 질이 나쁘다. 거칠다. "是不尙文繡"

○치미호불면(致美乎黻冕) : 불면을 화려하게 하지 않다. 불면(黻冕)은 제사지낼 때 입는 옷인데, 슬갑과 면류관을 말함. ☞불(黻) : 무릎까지 내려오게 붉은 가죽으로 만든 옷. 「논어집주(論語集註)」 "厚齋憑氏曰 黻其色皆赤 尊卑以深淺爲異 天子純朱 諸侯黃朱 大夫赤" ☞'冕'은 면류관. 면류(冕旒)는 면류관 앞뒤에 늘어뜨리는 주옥을 말하는데 천자(天子)는 12줄, 제후(諸侯)는 9줄, 상대부(上大夫)는 7줄, 하대부(下大夫)는 5줄이었음. 「논어집주(論語集註)」 "胡氏曰 冕冠上板 前低後高 因俛以得名" "致美是極其華麗意 黻是行以蔽前者 冕是冠上有覆前後有旒之首服"

○비궁실(卑宮室) : 궁실을 낮추다. 궁실을 낮게 함. "是不崇廣大"

○진력호구혁(盡力乎溝洫) : 수로를 내는 데 진력하다. ☞혁일(溝洫)은 전답 사이의 수로. 봇도랑. ☞혁(洫) : 봇도랑. ☞일(洫) : 넘치다. "盡力是竭盡心力而爲之"

○우오무간연의(禹吾無間然矣) : 우임금은 내가 잡을 데가 없다. "此句總承上豐儉得宜說"

間은 罅隙也니 謂指其罅隙而非議之也라 菲는 薄也라 致孝鬼神은 謂享祀豐潔이라 衣服은 常服이라 黻은 蔽膝也니 以韋爲之요 冕은 冠也니 皆祭服也라 溝洫은 田間水道니 以正疆界하여 備旱潦者也라 或豐或儉하여 各適其宜하니 所以無罅隙之可議也라 故로 再言以深美之하시니라
○楊氏曰 薄於自奉하되 而所勤者는 民之事요 所致飾者는 宗廟朝廷之禮니 所謂有天下而不與也라 夫何間然之有리오

간(間)은 사람을 의심하거나 싫어서 생긴 틈이니 그 틈을 지적해서 비방하여 논하는 것을 이른다. 비(菲)는 간소하게 하는 것이다. 귀신에게 효를 다한다는 것은 제사를 지낼 때에 풍성하고 깨끗하게 함을 이른다. 의복(衣服)이란 평상시 입는 옷이다. 불(黻)은 무릎을 가리는 것이니 가죽으로 만든 것이요, 면(冕)은 갓이니 모두 제사지낼 적에 입는 옷이다. 구혁(溝洫)은 전답 사이의 물길이니 경계를 바르게 하여 가뭄과 물난리를 대비한 것이다. 어떤 때는 풍부하게 하고 어떤 때는 검소하게 하여 각각 그 마땅함에 맞게 했으니, 사람을 의심하거나 싫어져서 비방할 만한 것이 없었던 것이다. 그러므로

두 번 말씀하시어 깊이 찬미하셨던 것이다.

○양 씨가 말했다. "자기를 받드는 데는 간소하게 했지만, 부지런히 한 것은 백성을 위한 일이었고 꾸밈을 지극히 한 것은 종묘와 조정에 대한 예의였으니, 이른바 천하를 소유하고도 부귀에 관여하지 않으셨다는 것이다.[본서 8·18·1 참고] 어찌 비난할 만한 일이 있겠는가?"

○하극(罅隙) : 사람을 의심하거나 싫어져서 생긴 틈. ☞하(罅) : 터지다. 갈라지다. 틈. ☞극(隙) : 틈.
○비의(非議) : 비방하여 논함. 「한서(漢書)」 "夏侯勝非議詔書"
○박(薄) : 간소하게 하다. 줄이다.
○강계(疆界) : 경계. 강경(疆境).
○한료(旱潦) : 가뭄과 큰비. 한재(旱災)와 수재(水害).

[備旨] 夫子贊禹意에 曰稽古컨대 大禹之爲君이여 吾無得其間隙하여 而非議之矣로다 蓋人君은 主百神하고 而統兆民하니 豐儉一失其中이면 皆可議也어늘 禹雖玉食萬方이나 寧非己之飮食이언정 而至於享祀하여는 則極其豐潔以致孝乎鬼神하니 不敢以非者로 施之矣요 雖玉帛萬國이나 寧惡己之衣服이언정 而至於祭祀하여는 則極其華飾하여 以致美乎黻冕하니 不槪以惡者로 施之矣요 雖天下爲家나 寧卑己之宮室이언정 而至於民事하여는 則不敢緩하여 必盡力乎溝洫하니 不敢以卑心으로 處之矣라 自其儉於己也로되 帝王敦樸하여 以先天下之道가 當如是也면 吾不得議其陋하고 自其豐於神民也로되 帝王仁孝하여 以治天下之道가 當如是也면 吾不得議其奢라 若禹者는 吾誠無間然矣로다

부자께서 우임금을 찬미하는 뜻에서 말씀하시기를, "옛날을 돌이켜 보건대, 아주 훌륭한 우임금의 임금 됨됨이여! 나는 그의 흠을 찾을 수 없어서 비방하여 논할 수가 없도다! 대개 임금은 모든 신에게 제사지내는 것을 주장하고 많은 백성들을 거느리니 풍족함과 검소함에 대해 한 번이라도 그 중도를 잃어버리면 비방할 수 있는데, 우임금은 비록 맛있는 음식이 만방에 퍼져 있더라도 차라리 자기의 음식은 간소하게 할지라도 제사를 지낼 적에 그 제수에 풍성함과 깨끗함을 지극히 하여 귀신에게 정성을 다해 제사지냈으니 감히 간소한 것을 쓰지 않았던 것이요, 비록 옥과 비단이 만국에 퍼져 있더라도 차라리 자기의 의복은 검소하게 할지라도 제사를 지낼 적에는 그 아름다운 장식을 지극히 하여 슬갑이나 면류관의 제복에는 아름다움을 다하셨으니 아마도 나쁜 것을 쓰지 않았던 것이요, 비록 천하가 집이 되더라도 차라리 자기의 궁실을 낮출지라도 백성들의 일은 감히 천천히 하지 않아서 반드시 수로를 내는 데는 힘을 다했으니 감히 천하게 여기는 마음으로 처리하지 않았던 것이다. 처음부터 그는 자기에게는 검소하게

하면서도 제왕으로서 돈독하고 성실해서 천하의 도를 우선시하는 것이 마땅히 이와 같다면 나는 그가 천하다고 비난할 수 없고, 처음부터 그는 귀신과 백성들에게 풍성하게 대했지만 제왕으로서 백성을 사랑하거나 제사에 정성을 다해서 천하의 도를 다스리는 것이 마땅히 이와 같다면, 나는 그 사치를 비난할 수 없다. 우임금과 같은 분은 내가 진실로 흠잡을 데가 없도다!"라고 하셨다.

○간극(間隙) : 틈. 거리.
○조민(兆民) : 많은 백성. 만민(萬民). 억민(億民).
○풍검(豐儉) : 풍족함과 넉넉하지 않음. 또는 후하게 함과 검소하게 함. 풍약(豐約).
○옥식(玉食) : 맛있는 음식.
○향사(享祀) : 제사(祭祀). 향제(享祭).
○풍결(豐潔) : 제수(祭需)가 풍성하고 깨끗함.
○옥백(玉帛) : 옥과 비단. 제사나 회맹(會盟) 때 쓰는 예물.
○화식(華飾) : 아름다운 장식.
○돈박(敦樸) : 돈독하고 성실함.
○신민(神民) : 귀신과 백성.
○인효(仁孝) : 백성을 사랑하고, 천지·종묘에 제사지낼 때 효성을 다함.

제 9편 子 罕

凡三十章이라

모두 30장이다.

9·1·1 子 罕言利與命與仁이러시다

공자께서는 이익과 운명과 인도에 대해서는 별로 언급하지 않으셨다.

○한언(罕言) : 말한 적이 드물다. 말을 하지 않은 것은 아니고 많이 하지 않았다는 말. 공자께서는 시서예악에 대해 늘 말씀하셨고, 이익과 천명과 인도에 대해서는 드물게 말씀하셨던 것이 논어 전체에 나타난다. "罕非全不言 只是不多言"「논어집주(論語集註)」"雙峯饒氏曰 夫子有常言者 詩書執禮是也 有不言者 怪力亂神是也 有罕言者 利命仁是也 無非敎人者 故門人皆謹記之"
○이(利) : 이익(利益). "利不必財利 凡以私滅公 有害於義皆是"
○명(命) : 천명(天命). 운명(運命). "命以天之賦予於人言"
○인(仁) : 인도(仁道). 공자의 핵심 사상인 인(仁)을 말함. "仁以心德之全言"

罕은 小也라 程子曰 計利則害義라 命之理는 微하고 仁之道는 大하니 皆夫子所罕言也라

한(罕)은 적은 것이다. 정자가 말했다. "이익을 따지면 의리를 해친다. 운명의 이치는 은미하고 인도의 도리는 크니, 모두 부자께서 드물게 말씀하신 것이다."

[備旨] 夫子之敎에 有不常言이로되 而謂之罕言者는 利也와 與命也와 與仁也라 罕言利者는 恐人溺於卑近이요 罕言命與仁者는 恐人騖於高遠이니 聖人之爲慮也深矣러시다

부자께서 가르치실 적에 항상 말씀한 것은 아니지만 그래도 이를 적에 가끔 말씀하셨던 것은 이익과 운명과 인도에 관한 것이었다. 이익에 대하여 드물게 말한 것은 사람들이 고상하지 않은 데 빠질까 두려워했기 때문이고, 운명과 인도를 드물게 말씀하

신 것은 사람들이 높고 먼 데에만 달려갈까 두려워했기 때문이니, 성인의 사려가 깊으셨던 것이다.

○불상(不常) : 항상 …하는 것은 아니다. 부분 부정을 나타냄.
○비근(卑近) : ①고상하지 아니함. ②가까운 곳. 생활 주변. ③알기 쉬움. 여기선 ①의 뜻.
○무(騖) : 달리다.

9·2·1　達巷黨人이 曰 大哉라 孔子여 博學而無所成名이로다

달항이라는 마을에 사는 어떤 사람이 말했다. "위대하구나, 공자여! 다재다능하면서도 명성을 얻은 것이 없도다."

○달항당인(達巷黨人) : 달항 마을에 사는 어떤 사람. '達巷'은 어느 마을인지 정확하게 알 수 없음. '黨'은 마을의 단위로 500호(戶)를 일컬음. "是達巷黨之人"
○대재공자(大哉孔子) : 위대하구나, 공자여! 찬미하는 이 말 속에는 애석하게 여기는 뜻이 담겨 있음. "此是美辭 亦有惜其徒大意"
○박학이무소성명(博學而無所成名) : 다재다능하면서도 명성을 이룬 바가 없다. ☞박학(博學) : 널리 알다. 여기서는 다재다능함을 일컬음. ☞무소성명(無所成名) : 명성(名聲)을 얻은 바가 없음. "是多知多能 正美其大意 無所猶云無一件 名是技藝之名 正惜其徒大意"

達巷은 黨名이니 其人姓名은 不傳이라 博學而無所成名은 蓋美其學之博이로되 而惜其不成一藝之名也라

달항(達巷)은 마을의 이름으로 그 사람의 성명은 전하지 않는다. 다재다능했지만 명성을 얻은 것이 없었다는 것은 대개 그의 학문이 다재다능했다는 것을 찬미했지만, 그는 한 가지 기예나 재능도 명성을 얻지 못했음을 애석하게 여긴 것이다.

○일예(一藝) : 한 가지 기예나 재능.

[備旨] 達巷黨人이 慕孔子로되 而不知其實하고 乃曰大哉라 孔子여 其爲人也가 知能兼乎衆藝하고 其學은 誠博也로다 惜乎라 學博이로되 而泛人이 不得以一藝稱之하니 而無

所成其名耳라

　달항 마을에 사는 어떤 사람이 공자를 사모했지만 그 실체에 대해서는 알지 못하고
바로 말하기를, "크도다, 공자여! 그의 사람됨이 지혜는 능히 여러 재주를 겸하고 그의
학문은 진실로 넓도다. 애석하도다! 다재다능하지만 일반적으로 사람들은 한 가지 기예
나 재능도 얻지 못했다고 일컬으니, 그 명성을 얻은 것이 없기 때문이다."라고 했다.

○범(汎) : ①일반적으로. 널리. 두루. ②마음대로하다. 아랑곳하지 아니하다.

9·2·2 子聞之하시고 謂門弟子 曰 吾何執고 執御乎아 執射乎아 吾執御矣리라

　공자께서 이 말을 들으시고 문하의 제자들에게 이르면서 말씀하셨다. "내가 무
엇을 잡을까? 말고삐나 잡아볼까? 활이나 잡아볼까? 나는 말고삐를 잡겠다."

○자문지(子聞之) : 공자가 이 말을 듣다. 공자께서 다재다능하지만 명성을 얻은 바가
없다는 말을 들음. "是聞博學無所成名之言"
○오하집(吾何執) : 내가 무엇을 잡을까? 육예 중에서 무엇을 오로지 잡아서 이름을 낼
까? "言何所專執而成名"
○집어호(執御乎) : 말고삐를 잡을까? 다른 사람들을 위해 말이나 몰아볼까? 말을
모는 것을 한 번 생각해볼까? "御是爲人御車 乎字是商量辭"
○집사호(執射乎) : 활이나 쏘아볼까? 활 쏘는 일에는 그 사람의 인격이 나타난다.
"射所以觀德巧力俱全之事"
○오집어의(吾執御矣) : 나는 말고삐를 잡겠다. 이는 그 재주가 지극히 낮으므로,
명성을 이루기도 쉽다는 말. "欲執御者 蓋其藝至卑 則其名亦易成"
○이 글은 육예(六藝)와 관련된 내용이다. 육예란 고대 중국의 여섯 가지 교과(敎科)인
예(禮)·악(樂)·사(射)·어(御)·서(書)·수(數)를 아울러 이르는 말이다. 육예 중에서
예(禮)와 악(樂)은 고상한 도이기에 미칠 것 같지 않고, 서(書)와 수(數)는 소관원(小官
員)들이나 하는 것이기에 군자의 무리로서는 알아주지 않을 것 같고, 마지막으로 어
(御)나 사(射)를 전문적으로 공부해서 명성이나 얻겠다고 겸손하면서도 농담조로 한 말
이지 진정으로 말고삐를 잡겠다는 말은 아니다. 「논어비지(論語備旨)」《보(補)》"執御

只說 射較難 御較易 就成名上說 非聖人眞欲執御也"

執은 專執也라 射御는 皆一藝로되 而御爲人僕이니 所執尤卑라 言欲使我로 何所執以成名乎아 然則吾將執御矣리라하시니 聞人譽己하고 承之以謙也시니라
○尹氏曰 聖人은 道全而德備하니 不可以偏長으로 目之也라 達巷黨人이 見孔子之大하고 意其所學者博이로되 而惜其不以一善으로 得名於世하니 蓋慕聖人이나 而不知者也라 故로 孔子曰 欲使我로 何所執而得爲名乎아 然則吾將執御矣라하시니라

　집(執)은 오로지 잡는다는 것이다. 활을 쏘는 것과 말을 모는 것은 한 가지의 기예지만 말을 모는 것은 남의 마부가 되는 것이니, 잡는 것이 더욱 비천한 것이다. "나로 하여금 무슨 일을 잡게 해서 명성을 얻도록 할까? 그렇다면 나는 장차 말을 모는 일을 할 것이다."라고 하셨으니, 남이 자신을 기리는 말을 듣고 겸손하게 받드신 것이다.
　○윤 씨가 말했다. "성인은 도가 온전하고 덕이 완비되었으니 어느 한 가지 방면의 장점만을 지목할 수는 없는 것이다. 달항 마을의 사람이 공자의 위대함을 보고 그가 배운 것은 넓지만 그가 한 가지 뛰어난 것으로도 세상에 명성을 얻지 못했음을 애석하다고 생각했으니, 아마도 성인을 사모했으나 알지는 못한 사람이었을 것이다. 그러므로 공자께서 말씀하시기를, '나로 하여금 무엇을 잡아서 명성을 얻게 하려고 하는가? 그렇다면 말고삐를 잡겠다.'고 하셨던 것이다."

○복(僕) : 종. 마부(馬夫).
○편장(偏長) : 어느 한 가지 방면의 특별한 장점(長點).

[備旨] 夫子聞其譽己之言하고 而謂門弟子에 曰黨人이 謂我無所成名者는 以我不曾執一藝耳라 吾將何所執哉아 天下에 有以御名者하니 吾其專執御乎아 天下에 有以射名者하니 吾其專執射乎아 但射以觀德이니 吾未之能이요 而御爲人役이니 或可自勉이라 吾其學執御而精之면 或者得以成名乎인저하시니 夫子承之以謙이 如此니라

　부자께서 그 사람이 자기를 기리는 말을 듣고 문하의 제자들에게 이를 적에 말씀하시기를, "마을 사람들이 나를 보고 명성을 얻은 것이 없다고 하는 것은 내가 일찍이 한 가지 재주도 잡지 못했음을 이른 말이다. 내가 장차 무엇을 잡을까? 천하에 말고삐를 잡는 것으로써 이름난 사람도 있으니 내 오로지 말고삐를 잡아볼까? 천하에 활쏘기로써 이름난 사람도 있으니 내 오로지 활을 잡아볼까? 다만 활쏘기는 덕을 드러내는 것이니 나는 아직 잘하지 못할 것이요, 그러나 말고삐를 잡는 것은 남으로부터 부림을

받는 사람이니 혹시라도 스스로 힘을 쓰면 될 수 있을지도 모르겠다. 내가 말고삐 잡는 것을 배워서 부지런히 힘쓴다면 어쩌면 이름을 낼 수 있을지도 모를 것이다."라고 하셨으니, 부자께서 겸손하게 받드신 것이 이와 같다.

○인역(人役) : 남의 부림을 받는 사람. 또는 비천(卑賤)한 사람을 이름.
○혹(或) : 혹은 …일지도 모른다. 아마 …일지도 모른다.
○혹자(或者) : 어쩌면. 부사로서 추측하거나 별로 긍정하지 않음을 나타냄.

9·3·1 子曰 麻冕이 禮也어늘 今也純하니 儉이라 吾從衆하리라

공자께서 말씀하셨다. "삼실로 만든 면류관이 전통적인 예인데 지금은 명주실로 만드니 간편하다. 나도 여러 사람들의 방법을 따르겠다.

○마면예야(麻冕禮也) : 삼실로 짜서 만든 치포관(緇布冠)이 전통적인 예다. ☞마면(麻冕) : 고대 모자의 일종으로 경대부(卿大夫)가 쓰던 관. 삼실로 짜서 만든 치포관(緇布冠)을 말함. ☞예(禮) : 머리 장식에 관한 제도를 말하는데 관례를 이름. "禮是古人制首服之禮"
○금야순(今也純) : 지금은 생사를 쓰다. 지금은 생사로 짜서 치포관을 만들다. ☞순(純) : 명주실. 누에고치에서 뽑아 익히지 않은 실[絲謂之純者 絲之始繰素質未染 故曰純]. 생명주실. 생사(生絲). 견사(繭絲). ↔연사(練絲). "今指孔子時"
○검(儉) : 검소하다. 만들기가 간편하고 쉽다는 말. "是工少而易成"
○오종중(吾從衆) : 나는 여러 사람의 방법을 따른다.

麻冕은 緇布冠也라 純은 絲也라 儉은 謂省約이라 緇布冠은 以三十升布로 爲之하니 升八十縷면 則其經이 二千四百縷矣라 細密難成하니 不如用絲之省約이라

마면(麻冕)은 치포관이다. 순(純)은 생사다. 검(儉)은 간편하게 함을 말한다. 치포관은 30새의 베로 만드는데 1새가 80가닥이면 그 날실은 2천 4백 가닥이 된다. 가늘어서 만들기가 어려우니 생사를 써서 간편하게 만드는 것만 못하다는 것이다.

○치포관(緇布冠) : 삼실로 짜서 만든 관으로 관례(冠禮) 때 쓰던 검은 관. 치관(緇冠). ☞치(緇) : 검다.

○승(升) : 새. 피륙의 날을 세는 단위. 1새가 한국은 40올, 중국은 80올임.
○누(縷) : 실. 실의 가닥. 실처럼 가늘고 긴 것.
○경(經) : 날실. 피륙 등의 세로로 놓인 실. 경사(經絲). 종사(縱絲).

[備旨] 夫子慨臣禮之失하고 乃卽冠禮以形之에 曰君子之用禮는 惟權諸義하여 以爲從違라 彼織麻成布를 而緇之以爲冕者는 古禮也어늘 今也以絲爲之하니 視麻尤爲省約이라 此는 變之無害於義者니 吾亦從衆하여 用乎絲焉이라 蓋禮之可變而變者니 吾何嫌於苟同耶아

부자께서 신하가 예절을 잃어버린 것을 개탄하고 바로 관례에 나아가 드러낼 적에 말씀하시기를, "군자가 예를 실행할 적에는 오직 의리에 맞춰보고 따를 것인지 그렇게 하지 않을 것인지 생각해야 할 것이다. 저 삼실로 짜서 만든 베를 검게 물들여 면류관을 만드는 것은 옛날의 예인데, 지금은 생사로 그것을 만드니 삼실로 짜서 만드는 것과 비교해 본다면 더욱 간편하게 되었다. 이는 바꾼다고 하더라도 의리를 해치지는 않을 것이니, 나 또한 여러 사람들의 방법을 좇아 생사를 쓸 것이다. 대개 예라는 것이 변할 만하기에 변한 것이므로 내가 남의 주장에 따랐다고 어찌 원망하겠는가?

○권(權) : 분별하다. 경중·대소를 분별하다.
○종위(從違) : 따르거나 어김. 취사(取捨).
○시(視) : 살펴보다. 조사하여 보다. 비교해 보다.
○혐(嫌) : 원망하다. 불쾌한 감정을 가지다. 의심하다.
○구동(苟同) : 구차하게 남의 주장에 영합함. 남의 주장에 맹목적으로 동의함.

9·3·2 拜下가 禮也어늘 今拜乎上하니 泰也라 雖違衆이나 吾從下하리다

마루 아래에서 절하는 것이 예절인데 지금은 마루 위에서 절하니 이는 교만한 짓이다. 나는 비록 일반 사람들이 하는 짓과는 다르지만 마루 아래에서 절하는 것을 따르겠다."

○배하예야(拜下禮也) : 마루 아래에서 절하다. ☞배하(拜下) : 마루 아래에서 절하

는 예. 신하가 임금을 배알할 적에 마루 아래에서 먼저 절하고, 임금이 답례하면 그
뒤에 마루 위에 올라 또 절을 했음. ☞예(禮) : 옛사람들이 임금을 높이고 신하를
낮추는 예절. "禮是古人 尊君卑臣之禮"
○금배호상(今拜乎上) : 지금은 마루에 올라가서 절하다. "今指孔子時"
○태야(泰也) : 교만하다. 참람하게 닥침. "有僭逼意"
○수위중오종하(雖違衆吾從下) : 비록 여러 사람의 방법을 위배할지라도 나는 대청 아
래에서 절하는 법을 따른다.

臣이 與君으로 行禮에 當拜於堂下어늘 君辭之라야 乃升成拜라 泰는 驕慢이라
○程子曰 君子處世에 事之無害於義者는 從俗이라도 可也어니와 害於義면 則不可
從矣니라

　신하가 임금과 더불어 예를 행할 적에는 마땅히 마루 아래에서 절을 해야 하는
데, 임금이 사양해야 곧 마루에 올라가서 절을 하는 것이다. 태(泰)는 교만함이다.
　○정자가 말했다. "군자가 처세할 적에 일이 의를 해침이 없을 적에는 세속을
따르더라도 괜찮겠지만 의를 해치면 좇아서는 안 되는 것이다."

[備旨] 至若臣之拜君하여는 必於堂下가 亦古禮也어늘 今拜於堂上이라 是는 以臣抗君
이니 失之泰也라 此變之有害於義者니 吾雖違衆이나 但從拜下之禮而已라 蓋禮之不可變
而不變者니 吾何嫌於立異耶아하시니 觀於夫子之從違면 而維禮之心을 見矣라

　신하가 임금에게 절할 적에는 반드시 마루 아래에서 절하는 것이 또한 옛날부터 전
해져 오는 예인데 오늘날은 마루 위에서 절한다. 이는 신하로서 임금과 맞서는 것이니
잘못되고 교만한 짓이다. 이를 바꾼다는 것은 의리에 해가 되는 것이니 내가 비록 여
러 사람들이 하는 짓을 어길지라도 오로지 마루 아래에서 절하는 예를 따르고 싶을 뿐
이다. 대개 예라는 것은 변해서 안 되는 것은 변하지 않아야 하므로 내가 다른 의견을
제시했다고 어찌 원망하겠는가?"라고 하셨으니, 부자께서 좇았는지 그렇게 하지 않았
는지 살펴보면 예를 든든하게 하려는 마음을 볼 수 있다.

○지약(至若) : …에 이르러서는. 연결하는 말로서 다른 화제를 제시할 때, 후반부에 주
로 쓰임.
○입이(立異) : 위반함. 다른 의견이나 이론을 세움.

9 · 4 · 1 子 絶四러시니 毋意하고 毋必하며 毋固하고 毋我러시다

공자께서는 네 가지가 전혀 없으셨으니, 사사로운 뜻이 없었고, 반드시 해낸다는 마음도 없었으며, 고집스러운 마음이 없었고, 사사로운 마음도 없으셨다.

○자절사(子絶四) : 공자께서 네 가지 허물이 전혀 없다. 가설한 내용. "四節下文 四者之累 且虛說"
○무의(毋意) : 모든 것이 천리에 맞고 사의(私意)가 없다. "渾然天理"
○무필(毋必) : 반드시 되기를 기약함이 없다. 일에 따라 순리를 따름. "隨事順理"
○무고(毋固) : 고집이 없다. "過而不留"
○무아(毋我) : 사사로운 마음이 없다. "大同於物"

絶은 無之盡者라 毋는 史記에 作無가 是也라 意는 私意也요 必은 期必也요 固는 執滯也요 我는 私己也라 四者는 相爲終始하니 起於意하여 遂於必하고 留於固하여 而成於我也라 蓋意必은 常在事前이요 固我는 常在事後니 至於我하고 又生意면 則物欲牽引하여 循環不窮矣리라
○程子曰 此毋字는 非禁止之辭라 聖人은 絶此四者하시니 何用禁止리오 張子曰 四者에 有一焉이면 則與天地로 不相似니라 楊氏曰 非知足以知聖人하고 詳視而 默識之면 不足以記此니라

절(絶)은 전혀 없다는 것이다. '毋'는 「사기」에 '無'자로 되어 있는 것이 이것이다. 의(意)는 사사로운 뜻이요, 필(必)은 반드시 되기를 기약한다는 것이요, 고(固)는 꽉 삽는나는 섯이요, 아(我)는 자기를 사사롭게 한다는 뜻이다. 네 가지는 서로 끝과 시작이 되니 사사로운 뜻에서 일어나서 반드시 되기를 기약하는 데로 뻗어 가고, 고집스럽게 지키는 데 머물다가 자기에게서 이루어진다. 대개 사사로운 뜻[意]과 반드시 되기를 기약함[必]은 항상 사전에 있는 것이고 꽉 잡는 것[固]과 자기를 사사롭게 함[我]은 항상 사후에 있는 것이니, 자기를 사사롭게 하는 데 이르거나 또 사사로운 인정을 가지면 물욕에 이끌려 순환을 다하지 못할 것이다.
　○정자가 말했다. "이 '毋'자는 금지하는 말이 아니다. 성인은 이 네 가지 마음이 전혀 없으셨으니 무엇 때문에 금지했겠는가?" 장자가 말했다. "네 가지 중에 하나라도 있으면 천지와 더불어 서로 비슷하지 않을 것이다." 양 씨가 말했다. "지혜가 족히 성인을 알아볼 수 있고 자세히 살펴보고 묵묵히 깨달은 자가 아니면, 이것을

기록할 수 없었을 것이다."

○기필(期必) : 반드시 되기를 기약함. 확정하여 틀림이 없음.
○집체(執滯) : 꽉 잡고서 통하지 아니함.
○수어필(遂於必) : 반드시 되기를 기약하는 곳으로 뻗어간다는 말. '遂'는 '將成而
勢不容已'란 뜻으로 세차가 뻗어간다는 뜻.
○생의(生意) : 사사로운 인정을 가짐.
○견인(牽引) : 끌어당기는 것. 견예(牽曳).
○하용금지(何用禁止) : 무엇 때문에 금지하겠는가? 어떻게 금지하겠는가? 여기서
'用'은 이유를 나타내는 전치사로서 '以'와 같다.
○의(意)와 필(必)은 사전에 있고 고(固)와 아(我)는 사후에 있다는 말은 다음 내
용을 참고하면 이해가 쉬울 것이다. 「논어집주(論語集註)」"胡氏曰 意必在方有作爲
之先 故曰事前 固我在已有作爲之後 故曰事後""華陽范氏曰 私意動於內而係於事則
有必 必則守而不移故有固 固則不能忘己故有我 是三者皆出於意 故意爲之先"

[備旨] 夫子之心은 絶乎四者之累하시니 蓋不待克治而然也라 絶四者는 何오 夫子未感
之先에 廓然大公하니 毋私意也하고 毋期必也하며 旣感之後에는 物來順應하니 毋執固也
하고 毋有我也러시다 心純乎理하여 而不累於私하고 感隨乎物하여 而不役其心하니 此其
所以爲聖人乎인저

　　부자의 마음은 네 가지 허물이 전혀 없으셨으니, 아마 사사로운 욕심을 다스리는 것
을 기다리지 않더라도 그렇게 되었을 것이다. 네 가지 허물이 전혀 없다는 것은 무엇
을 말하는가? 부자께서는 사물에 접하여 느낌이 일어나기 전에 모든 사물에 대해서 사
심이 없어 아주 공평하셨으니 사사로운 뜻이 없고 반드시 해낸다는 마음도 없었으며,
이미 사물에 접하여 느낌이 일어난 뒤에는 일이 오면 순응하셨으니 고집스러운 마음도
없고 사사로운 마음도 없으셨다. 마음은 이치에 순전해서 사사로운 데 매이지 않았고
느낌은 사물에 따라서 그 마음을 부리지 않았으니, 이것이 그가 성인이 된 까닭이다.

○극치(克治) : 사사로운 욕심을 이겨 사념(邪念)을 다스림.
○확연대공(廓然大公) : 모든 사물에 사심이 없이 공평함. 성인(聖人)의 마음을 배우는
군자(君子)의 태도를 일컬음. 「성학격물통(聖學格物通)」《정심중(正心中)》"惟聖人之心
廓然大公 物來順應" ☞확연(廓然) : 마음이 넓고 거리낌이 없는 모양. ☞대공(大公) :
지극히 공정함.

○집고(執固) : 고집(固執)과 같음.

9·5·1 子 畏於匡이러시니

공자께서 광 땅을 경계하는 마음이 있었는데,

○자외어광(子畏於匡) : 공자께서 광 땅을 경계하다. ☞외(畏) : 경계하다. 두려워
하는 마음이라기보다 경계하는 마음. ☞광(匡) : 원래 위(衛)나라의 땅이었는데, 한
때 정(鄭)나라에 속하기도 했다. 지금의 하북(河北) 장탄현(長坦縣)에 있다.
○이 사건에 대해서는 두 가지 설이 있다. 하나는 노(魯)나라 정공(定公) 6년에 양
호가 광(匡) 땅에 침략하여 악한 짓을 많이 했었는데, 뒤에 공자가 그의 제자 안
극(顔剋)과 함께 광 땅을 지나다가, 공자의 모습이 양호(陽虎)와 비슷해서 5일간
수감을 당했다는 설과, 다른 하나는 공자의 용모가 양호와 같았던 것이 아니라, 양
호를 수행했던 안극이 공자와 광성(匡城)의 무너진 곳을 가리키며, 서로 이야기를
주고받았기에 오해를 사게 되었다는 설이다.

**畏者는 有戒心之謂라 匡은 地名이라 史記에 云陽虎가 曾暴於匡이러니 夫子貌似
陽虎故로 匡人이 圍之라**

외(畏)는 경계하는 마음을 품고 있음을 말한다. 광(匡)은 지명이다. 「사기」에
이르기를, "양호가 일찍이 광 땅에서 포악한 짓을 했었는데 부자의 모습이 양호와
닮았으므로, 광 땅의 사람들이 둘러싼 것이다."했다.

[備旨] 昔에 夫子過匡하실새 匡人이 以其貌似陽虎로 誤而圍之라 因有戒心於匡이러니
時에 弟子從者가 不能無懼라

옛날 부자께서 광 땅을 지나가실 적에 광 땅의 사람이 그 모습이 양호와 닮았기에
잘못 알고 둘러싼 일이 있었다. 이로 인해서 광 땅을 경계하는 마음을 갖고 있었는데,
제자와 따르는 이들이 능히 두려워하지 않을 수 없었던 것이다.

9·5·2 曰 文王이 旣沒하시되 文不在玆乎아

공자께서 말씀하셨다. "문왕은 이미 돌아가셨지만 문왕께서 닦으신 예악이나 제도는 나에게 있지 않은가?

○문왕기몰(文王旣沒) : 문왕이 이미 죽다. ☞문왕(文王, B.C 185~B.C 135) : 주(周)나라 무왕(武王)의 아버지. 이름은 창(昌). 태공망(太公望)을 모사(謀師)로 삼고, 국정을 바로잡아 융적(戎狄)을 토벌하여 선정(善政)을 베풂. "文王任斯道之統者"
○문부재자호(文不在玆乎) : 문이 나에게 있지 아니한가? 혹은 '도(道)가 나에게 있지 아니한가?'라고 번역해도 무리는 없을 것이다. 여기서 '玆'는 비교적 가까운 사람이나 사물 또는 장소를 대신함. 도(道)가 드러난 것을 문(文)이라고 했으므로, 예악이나 제도에 그 정신이 살아서 공자 자신의 몸에 있다는 말. 이 문장은 도(道)의 존망 여부를 공자 자신의 존망 여부와 관련이 된다는 것을 강하게 주장하고 있는데, 본서 "7·22·1 子曰 天生德於予시니 桓魋가 其如予何리오"와 관련을 짓고 싶다.

道之顯者를 謂之文이니 蓋禮樂制度之謂라 不曰道而曰文은 亦謙辭也라 玆는 此也니 孔子自謂라

도가 드러난 것을 문이라 하니 대개 예악이나 제도를 말한다. 도(道)라고 말하지 않고 문(文)이라고 한 것은 또한 겸손한 말이다. 자(玆)는 '여기'란 뜻으로 공자 자신을 일컬은 것이다.

[備旨] 夫子解之에 曰文王未沒에는 則羣聖斯文之統이 在文王이러니 今文王旣沒에는 其道之顯於禮樂制度하고 而爲文者는 不在於玆而未墜乎아

부자께서 이를 설명할 적에 말씀하시기를, "문왕이 죽지 않았을 때에는 여러 성인들이 행했던 이 문화의 계통이 문왕에게 있었는데, 지금 문왕이 죽고 난 뒤에는 그 도가 예악과 제도에 드러나고 문은 나에게 있으니 잃지 않았다고 볼 수 있지 않겠는가?

○사문(斯文) : 이 학문. 이 도. 유도(儒道)의 예악과 제도. 아래 9·5·3 해설 참고.

○추(隳) : 잃다. 손상시키다.

9·5·3 天之將喪斯文也신댄 後死者니 不得與於斯文也어니와 天之未喪斯文也시니 匡人이 其如予何리오

　만약 하늘이 이 문화를 없애려는 생각이었다면 내가 문왕보다 뒤에 죽을 사람이니 이 문화에 관여하지 못했을 터이지만, 그러나 이 문화는 전해져 나에게 있기에 하늘이 이 문화를 버릴 생각이 없다는 것이니, 광 땅의 사람들이 아마 나를 어떻게 하겠는가?"

○천지장상사문야(天之將喪斯文也) : 하늘이 이 문화를 없애려는 생각이었다고 한다면. "天是主斯道之興廢者 將喪是設言 斯此也" ☞사문(斯文) : 유도(儒道)의 예악과 제도. '이 문화' '이 학문' '이 문' 등으로 번역할 수 있다. '斯文'이라는 말은 이미 유교에서 '유도(儒道)의 예악과 제도'라는 뜻으로 통용되고 있음.
○후사자(後死者) : 문왕보다 뒤에 죽은 사람. 문왕보다 후세의 사람.
○부득여사문야(不得與斯文也) : 이 문화에 같이 참여하지 못하다. 그 반열에 있지 못한다는 말. "不得與猶言不在其列"
○천지미상사문야(天之未喪斯文也) : 하늘이 이 문화를 없애지 않을 것이다. 공자 자신의 의지가 나타나 있음. "此句正言"
○광인기여여하(匡人其如予何) : 광 땅의 사람들이 아마도 나를 어떻게 하겠는가? 공자 자신을 어찌할 수 없을 것이라는 말. ☞기(其) : 아마도. 의문문에서 추측을 할 뿐 감히 긍정하지 않을 때 씀. ☞여여하(如予何) : 나를 어떻게 하겠는가? 원인을 묻거나 반문을 나타냄. '如~何'는 관용어구로 '…을 어떻게 하다.'라고 해석하며 목적어가 중간에 옴. '奈~何' '若~何'도 같은 형태임.

馬氏曰 文王旣沒이라 故로 孔子自謂後死者라 言天若欲喪此文인댄 則必不使我로 得與於此文이어니와 今我旣得與於此文하니 則是는 天未欲喪此文也라 天旣未欲喪此文이면 則匡人이 其奈我何리오하시니 言必不能違天害己也라

　마 씨가 말했다. "문왕이 이미 죽었기 때문에 공자께서 자신을 '뒤에 죽을 사람'이라고 이른 것이다." '하늘이 만약 이 문화를 버리고 싶었다면 반드시 나로 하여

금 이 문화에 관여하지 못하도록 했겠지만, 지금 내가 이미 이 문화에 관여하게 했으니 이는 하늘이 아직 이 문화를 버리고 싶지 않았다는 것이다. 하늘이 이 문화를 버리고 싶지 않았다면 광 땅의 사람들이 아마 나를 어떻게 하겠는가?' 말씀하신 것이니, 반드시 하늘을 어기고 자신을 해칠 수 없음을 말씀하신 것이다.

[備旨] 然이나 斯文之興喪이 有天意存焉이라 使天之意가 將欲喪斯文也면 則我之後文王而死者니 將不得考述其禮樂하고 修明其制度하여 以與斯文也어니와 今我旣得以與於斯文하니 則是天意未欲喪斯文也라 天旣未欲喪斯文이면 則予之一身에 禮樂制度가 所由係니 匡人이 其如予何리오 吾知其必不能違天하여 以害予矣니라

그러나 이 문화의 일어남과 없어짐이 하늘의 뜻에 달려 있다. 가령 하늘의 뜻이 문화를 버리고 싶었다면 내가 문왕보다도 뒤에 죽을 사람이니 그 예악을 상고해서 밝히거나 그 제도를 닦고 밝혀 이 문화에 관여할 수 없도록 하겠거니와, 지금 내가 이미이 문화에 관여할 수 있으니 곧 하늘의 뜻이 아직도 이 문화를 버리고 싶지 않은 것이다. 하늘이 아직도 이 문화를 버리고 싶지 않다면 나의 온 몸에 예악과 제도가 관계되어 있으니, 광 땅의 사람들이 아마도 나를 어떻게 하겠는가? 나는 그들이 반드시 하늘의 뜻을 어기고 나를 해칠 수 없다는 것을 안다."라고 하셨다.

○흥상(興喪) : 흥성함과 상실함.
○고술(考述) : 상고해서 지음.
○수명(修明) : 닦아서 맑고 밝게 함. 훌륭하게 됨.

9·6·1 太宰가 問於子貢曰 夫子는 聖者與아 何其多能也오

태재가 자공에게 물었다. "부자는 성자인가? 어쩌면 그렇게도 재주가 많은고?"

○태재(太宰) : 벼슬 이름. 어떤 사람은 송나라 사람이라고 하고, 또 오나라의 태재(太宰) 비(嚭)라고도 하는데 확실치 않음.
○부자성자여(夫子聖者與) : 공자는 성자인가? ☞여(與) : 추측을 하면서도 의문을 나타내는 어조사인데, 화자가 추측한 말에 대해 답을 요구하고 있다. '者與'와 '何其'에는 감탄의 의미도 다분히 내포하고 있으며, '성자인가?'라고 한 말은 뒤에 '어쩌면 그렇게도 재주가 많은고?'라는 말과 은밀히 연결되어 다능을 의심하는 의미

가 내포되어 있다. 그러므로 이 문장을 읽을 적에 '聖者與'와 '何其多能也'의 휴지(休止)를 적게 하여 단숨에 읽어 내려가는 것이 좋다. 해석도 "부자는 성자이십니까? 어쩌면 그렇게도 재주가 많으십니까?"라고 하여, 성자 여부를 확인하는 것보다는 "부자는 성자인가? 어쩌면 그렇게도 재주가 많은고?"라고 하여, 놀란 가운데 조용히 질문을 던지는 분위기로 이해하는 것이 좋을 것이다. "聖暗含何多能須淺淺說" ○하기다능야(何其多能也) : 어쩌면 그렇게도 재주가 많은고? 여기서 재주는 예악(禮樂)·사어(射御)·조과(釣弋) 등을 말함 ☞기(其) : 음절을 조정하는 어조사. "禮樂射御釣弋之類"

孔氏曰 太宰는 官名이라 或吳或宋하니 未可知也라 與者는 疑辭라 太宰는 蓋以多能으로 爲聖也라

공 씨가 말했다. "태재(太宰)는 벼슬 이름이다. 어떤 사람은 오나라 사람이라 하고 어떤 사람은 송나라 사람이라고 하니 알 수가 없다." 여(與)는 의심하는 말이다. 태재는 아마도 여러 가지 재주가 많았기 때문에 성자라고 했을 것이다.

[備旨] 太宰問於子貢에 曰以予觀컨대 夫子는 其殆所謂聖者與아 何其禮樂射御釣弋之類를 無所不通하여 而多能如此오

태재가 자공에게 물을 적에 말하기를, "내가 살펴보건대 부자는 아마 이른바 성자인가? 어쩌면 그렇게도 예악·사어·조과의 종류를 통하지 않음이 없어서 재주가 이와 같이 많은고?"라고 했다.

○기태(其殆) : 아마. 대개. 상황에 대한 추측을 나타냄.
○예악(禮樂) : 예법(禮法)과 음악.
○사어(射御) : 활을 쏘는 일과 말을 모는 일.
○조과(釣弋) : 낚시질과 싸움. '弋'는 '날 한쪽에 가지가 있는 창'을 말하는데 '전쟁'이나 '싸움'을 말함.

9·6·2 子貢曰 固天縱之將聖이시니 又多能也시니라

자공이 말했다. "진실로 하늘이 그 재능을 마음대로 발휘하도록 한 성자일지도

모르는 분이시니, 또한 여러 가지 재주가 많으신 것입니다."

○고천종지장성(固天縱之將聖) : 진실로 하늘이 재능을 마음대로 발휘하도록 한 성인이다. ☞고(固) : 진실로. 9·6·1의 '與'자와 서로 대가 된다. ☞천종(天縱) : 하늘이 풀어놓음. 하늘이 마음대로 하게 해주었다는 뜻으로, 성인(聖人)이나 제왕(帝王)이 태어날 때부터 훌륭함을 이름. '縱'은 '자유로이 맡기다' '…하게하다'라는 뜻. ☞장(將) : 아마도. 혹시 …일지도 모른다. 주주(朱註)에서는 '將殆也 謙若不敢知之辭'라고 풀었으나, 전대흔(錢大昕)·유보남(劉寶楠) 등은 '大'라 하여 '大聖'으로 풀었다. ☞천종지성(天縱之聖) : 공자의 덕화(德化)를 말함. "固字對相與字 與猶有疑 固則言其實也"
○우다능야(又多能也) : 또한 재주가 많다. "又字對上何其字 何其隆稱之辭 又只帶言之也"

縱은 **猶肆也**니 **言不爲限量也**라 **將**은 **殆也**니 **謙若不敢知之辭**라 **聖**은 **無不通**이니 **多能**은 **乃其餘事**라 **故**로 **言又以兼之**라

종(縱)은 사(肆)와 같으니 분량을 정할 수 없음을 말한다. 장(將)은 태(殆)의 뜻이니 겸손하여 감히 알 수 없다는 것과 같은 말씀이다. 성자는 통하지 않음이 없으니 여러 가지 재주가 많다는 것은 그렇게 중요하지 않은 일이므로, '또한'이라고 말하여 아우른 것이다.

○사(肆) : 자유자재로 함. 마음대로 함.
○태(殆) : 아마도. 혹시 …일지도 모른다.
○여사(餘事) : 그리 중요하지 않은 일. 또는 본업 이외의 일.

[備旨] 子貢答之에 曰夫子之聖은 不專於多能也라 固天縱之以知至行盡하여 不爲之限量而將聖者시니라 聖則自無不通이니 故로 又若是多能也시니라 多能은 乃天縱之餘事耳니 豈足盡夫子之聖哉아

자공이 여기에 대답할 적에 말하기를, "부자께서 성자가 된 것은 오로지 여러 가지 재주가 많을 뿐만은 아닙니다. 진실로 하늘이 그를 나면서부터 도를 아는 데 이르게 하고 생각하지 않고도 행함을 다하게 하여 그에게 분량을 정해 아마 성자가 되도록 하지는 않았을 것입니다. 성자였다면 스스로 통하지 않음이 없으니 또 이와 같이 여러

가지 재주가 많으신 것입니다. 여러 가지 재주가 많다는 것은 곧 하늘이 마음대로 하도록 한 대수롭잖은 일일 따름이니, 어찌 족히 부자의 성자됨을 다 보일 수 있겠습니까?"라고 했다.

○지지행진(知至行盡) : 생지(生知)에 이르고 안행(安行)을 다함. ☞생지(生知) : 나면서부터 도(道)를 알아 행한다는 뜻으로, 성인(聖人)을 이르는 말. ☞안행(安行) : 생각하지 않고도 편안한 마음으로 행한다는 뜻으로, 성인(聖人)을 이르는 말.
○약시(若是) : 이와 같다. 이렇게 되면. 윗 문장을 대신하여 어떤 상황을 나타내며, 대부분 도치되어 주어 앞에 있음. '多能也若是'가 '若是多能也'로 도치되었음.

9·6·3 子聞之하시고 曰 太宰가 知我乎인저 吾少也賤이라 故로 多能鄙事하니 君子多乎哉아 不多也니라

공자께서 이 말을 들으시고 말씀하셨다. "태재가 나를 아는구나! 내 젊었을 적에 미천했기 때문에 여러 가지 재주가 많았으니, 군자가 재능이 많아야 하겠는가? 많지 않아도 될 것이다."

○자문지(子聞之) : 공자께서 태재와 자공의 문답을 듣다. "聞是聞太宰子貢問答之辭"
○태재지아호(太宰知我乎) : 태재가 나를 알아보다. 자공의 말을 제쳐두고, 미천함을 언급하기 위해 태재의 말을 끌어왔음. "置子貢之言 但就太宰說"
○오소야천(吾少也賤) : 내가 어릴 적에 미천했다. 공자 자신이 벼슬하지 않았을 적에 비천했다는 말. "少賤自未仕時言 無行道之責"
○다능비사(多能鄙事) : 여러 가지 자질구레한 재주가 많다. "鄙事是細微之事"
○군자다호재(君子多乎哉) : 군자가 잘하는 일이 많은가? '군자가 재능이 많아야 되겠는가?'라고 하여 자문하는 말. '乎哉'는 어조사가 연용된 형태인데 의문이나 반문, 그리고 감탄을 나타내는 경우에 쓰이는데 여기서는 반문의 의미로 쓰였음. "君子成德之名 乎哉是疑辭"
○부다야(不多也) : 많지 않다. 재능이 그렇게 많지 않아도 된다고 확정하는 말. "是決辭"

言由少賤이라 **故**로 **多能**이로되 **而所能者**는 **鄙事爾**요 **非以聖而無不通也**라 **且多能**이 **非所以率人**이라 **故**로 **又言君子**는 **不必多能**하여 **以曉之**시니라

젊어서부터 미천했기 때문에 여러 가지 재주가 많았으나 능한 것은 천한 일들일 뿐이고, 성자라는 이유로 통하지 않음이 없다는 것은 아니라고 말씀한 것이다. 또 여러 가지 재주가 많다는 것이 사람들을 거느리는 것이 아니므로, 또 군자는 반드시 여러 가지 재주가 많을 필요는 없다는 것을 다시 말씀하여 깨우친 것이다.

[備旨] 夫子聞太宰子貢之言하시고 旣不敢以聖自居하고 又不欲以多能率人이라 故로 因曉之에 曰天縱之稱은 賜言이 其過矣라 太宰는 以我爲多能하니 太宰其知我乎인저 然而多能은 有所自也라 藝數之微는 在上者는 恒不足이요 在下者는 恒有餘라 吾少也에 未爲世用하여 而微賤이라 故로 得講習衆藝하여 而多能이요 獨所能者는 鄙末之事耳니 非以聖無不通也라 然이나 君子는 果貴多能乎哉아 彼其所務는 固自有在하고 而不在於多能也니 多能이 豈所以爲聖乎아

부자께서 태재와 자공의 말을 들으시고 이후에는 감히 성자로 스스로를 처할 수 없었을 뿐만 아니라 또 여러 가지 재주가 많다는 이유로 사람들을 거느리고 싶지 않았던 것이다. 그러므로 이를 인해 깨우쳐 줄 적에 말씀하시기를, "하늘이 그 재능을 마음대로 발휘하게 했다고 일컫은 자공의 말은 너무도 지나치다. 태재는 나를 여러 가지 재주가 많다고 하니 태재가 아마도 나를 아는 것 같다. 그렇지만 여러 가지 재주가 많은 것은 유래한 바가 있다. 기예와 같이 미천한 일들은 위에 있는 사람은 항상 미치지 못하고 아래에 있는 사람은 항상 잘하게 되어 있다. 내가 젊었을 적에는 세상에 쓰임을 받지 못해서 미천했었다. 그러므로 여러 재주를 배우고 익혀서 여러 가지 재주가 많았고, 오직 잘하는 것이라고는 비천하고 말단적인 일 뿐이었으니 성자라는 이유로 통하지 아니함이 없었던 것은 아니었다. 그러나 군자는 진실로 여러 가지 재주가 많음을 귀하게 여기겠는가? 힘을 써야 할 곳은 진실로 본디부터 있는 데가 있을 것이고 여러 가지 재주가 많은 데 있는 것은 아닐 것이니, 여러 가지 재주가 많은 것이 어찌 성자가 되는 까닭이겠는가?"라고 하셨다.

○기(旣)~우(又)~ : '…이고 그 외에 …', '…한 이상은 또한 …'이라고 해석한다. 접속사로서 한 방면에만 그치지 않음을 나타내며, 병렬·연접하는 작용을 나타낸다. '旣~且'·'旣~亦'·'旣~終'·'旣~或'.
○사(賜) : 자공(自貢)의 이름.

○예수(藝數) : 기예. 재주. ☞수(數) : 기술 . 솜씨.
○비말(鄙末) : 비천하고 말단적인 일.

9·6·4 牢曰 子云 吾不試故로 藝라하시니라

제자인 뇌가 말했다. "선생님께서 평소에 이르시기를, '내가 세상에 등용되지 못했기 때문에 여러 가지 재주를 익혔던 것이다.'라고 하셨습니다."

○뇌왈자운(牢曰子云) : 뇌가 선생님께서 …한 말씀을 하셨습니다. ☞뇌(牢) : 공자의 제자. 성은 금(琴). 이름은 뇌(牢). 자는 자개(子開). 위(衛)나라 사람. 원음은 '뢰'다. ☞자운(子云) : 공자께서 평소에 일렀던 말. "是琴牢述夫子平日之言"
○오불시고예(吾不試故藝) : 내가 세상에 쓰이지 못한 연고로 재주가 많다. ☞시(試) : 쓰이다[用也]. 등용되다. ☞예(藝) : 재주. 여러 가지 재주가 많다. "藝卽多能"

牢는 孔子弟子니 姓琴이요 字子開요 一字는 子張이라 試는 用也니 言由不爲世用이라 故로 得以習於藝而通之라
○吳氏曰 弟子가 記夫子此言之時에 琴牢가 因言昔之所聞에 有如此者라하니 其意相近이라 故로 幷記之니라

뇌(牢)는 공자의 제자로 성은 금이요 자는 자개이며, 혹 다른 자는 자장이다. 시(試)는 등용되는 것이니, 세상에 등용되지 못하였기 때문에 여러 가지 재주를 익혀 통달할 수 있었음을 말씀하신 것이다.
○오 씨가 말했다. "제자들이 부자의 이 말씀을 기록할 때에 금뢰가 옛날에 부자로부터 들은 말씀 중에 이와 같은 것이 있다고 말하였으니, 그 뜻이 서로 비슷했으므로 여기에 함께 기록한 것이다."

[備旨] 然이나 此는 固夫子所嘗言者라 牢曰 夫子有云하니 吾不試用於世故로 得以習於衆藝而通之라하니 夫不試는 非少賤之謂乎아 藝는 非多能之謂乎아 卽琴牢昔之所聞하여 以證夫子今日之言하니 益以見聖人之不貴多能矣라

그렇지만 이는 진실로 부자께서 일찍이 말씀하셨던 것이다. 뇌가 말하기를, "부자께서 일찍이 일렀던 말이 있는데, '내가 세상에 시용되지 못했기 때문에 여러 가지 재주를 익혀서 통달할 수 있었다.'"라고 했으니, 무릇 등용되지 못했다는 것은 젊을 때 천하게 살아왔음을 이른 것이 아니겠는가? 여러 가지 재주를 익혔다는 것은 여러 가지 재주가 많음을 이른 것이 아니겠는가? 금뢰가 옛날에 들었던 것에 나아가서 부자께서 금일에 한 말씀을 증명했으니, 더욱더 성인께서 여러 가지 재주가 많음을 귀하게 여기지 않았음을 볼 수 있다.

○시용(試用) : 정식으로 임명하기 전에 한 직무를 맡겨 시험삼아 써 봄. 시수(試守).
○익(益) : 더구나. 덧붙이다. 보태다. 더하다.

9·7·1 子曰 吾有知乎哉아 無知也로라 有鄙夫問於我하되 空空如也라도 我叩其兩端而竭焉하노라

공자께서 말씀하셨다. "내가 아는 것이 있단 말인가? 진실로 나는 아무것도 아는 것이 없다. 어떤 비천한 사람이 나에게 물어온다면 그가 아무리 무식하다 하더라도, 나는 그 사람의 양쪽 끝을 발동시켜 가르치기도 했다."

○오유지호재(吾有知乎哉) : 내가 사물의 이치를 아는 것이 있다는 말인가? '乎哉'는 어조사가 연용된 형태인데 의문이나 반문, 그리고 감탄을 나타내는 경우에 쓰이는데 여기서는 반문의 의미로 쓰였음. "知以知事物之理言"
○무지야(無知也) : 아는 것이 없다. 사람의 지식에는 한계가 있으니 아는 것이 없다는 말. "無知作聰明有限 實無所知言"
○유비부문어아(有鄙夫問於我) : 어리석고 천한 사람이 나에게 묻다. "鄙夫是鄙陋之人 問是以事物求知於我"
○공공여야(空空如也) : 지극히 어리석어 무지함. 머릿속이 텅텅 빈 모양. "空空是鄙夫至愚 無知意"
○아고기양단이갈언(我叩其兩端而竭焉) : 그 사람의 양쪽 끝을 발동시켜 이해할 수 있도록 가르쳐 주다. 이 말은 두 방면을 반문(反問)·심구(尋究)하여 남김이 없다는 뜻으로, 사물의 종시(終始)·본말(本末)·상하(上下)·정조(精粗)를 죄다 구명함을 이르는 말. '叩'는 '두드리다' '계발(啓發)하다'는 의미. "其指鄙夫 竭者竭盡無餘之辭"

孔子가 謙言己無知識이로되 但其告人에 雖於至愚라도 不敢不盡耳라 叩는 發動也라 兩端은 猶言兩頭니 言終始本末上下精粗가 無所不盡이라

○程子曰 聖人之敎人에 俯就之若此로되 猶恐衆人이 以爲高遠而不親也라 聖人之道는 必降而自卑하니 不知此면 則人不親하고 賢人之言은 則引而自高하니 不如此면 則道不尊이니 觀於孔子孟子면 可見矣라 尹氏曰 聖人之言은 上下兼盡하시니 卽其近은 衆人도 皆可與知요 極其至는 則雖聖人이라도 亦無以加焉이라 是之謂兩端이라하니 如答樊遲之問仁知에 兩端竭盡하여 無餘蘊矣라 若夫語上而遺下하고 語理而遺物이면 則豈聖人之言哉아

공자께서 자기는 지식이 없지만, 다만 그가 남을 깨우칠 적에는 비록 지극히 어리석은 사람에게라도 감히 다하지 않음이 없었음을 겸손하게 말씀하신 것이다. 고(叩)는 발동을 거는 것이다. 양단(兩端)은 양쪽 끝을 말한 것과 같으니 종시·본말·상하·정조가 다하지 않음이 없음을 말한 것이다.

○정자가 말했다. "성인이 사람을 가르칠 적에는 자기를 굽혀 남을 좇음이 이와 같았지만, 오히려 여러 사람들이 고원하다고 생각하여 친하지 않을까 걱정한 것이다. 성인의 도는 반드시 겸손하게 스스로 낮추었으니 이를 알지 못하면 사람들이 친하지 않을 것이고, 현인의 말씀은 끌어와서 스스로 높이셨으니 이와 같이 하지 않으면 도가 높아지지 않을 것이니, 공자와 맹자를 보면 알 수 있다." 윤 씨가 말했다. "성인의 말씀은 형이상과 형이하를 겸하여 다하셨으니, 그 가까운 데 나아간 것은 중인들도 모두 더불어 알 수 있을 것이고, 그 지극한 것은 비록 성인이라도 또한 이에 더할 것이 없을 것이다. 이를 일러 양단이라 하니 마치 번지가 인과 지혜에 대해 물었을 때[본서6·20·1], 양단을 다하여 더 이상 남긴 것이 없었던 것과 같은 것이다. 만약 형이상에 관한 것만 말하고 형이하에 관한 것을 빠뜨리며 이치에 관한 것만 말하고 사물에 관한 것을 빠뜨렸다면, 어찌 성인의 말씀이겠는가?"

○양두(兩頭) : ①두 개의 머리. ②양쪽 끝. ③쌍방(雙方). 여기서는 ②의 뜻.
○정조(精粗) : 정밀하고 조잡함. 정밀하고 거칢.
○부취(俯就) : 자기를 굽혀 남을 좇음.
○강이자비(降而自卑) : 자기를 낮추어서 스스로 겸손하게 함. '降'은 상성(上聲)으로 쓰여 '겸손하다' '자기를 낮추다'라는 뜻임.
○인이자고(引而自高) : 끌어당겨서, 즉 인용해서 스스로 높인다는 말.

○여온(餘蘊) : 속에 깊이 감추어져 겉으로 나타나지 아니함.

[備旨] 夫子謙己意에 曰人或以我로 爲有知矣어늘 吾果有知乎哉아 事物之理는 無窮이
로되 而一人之聰明은 有盡하니 吾誠無知也라 但我平日告人에 不敢不盡하여 固不待賢者
問之而後에 告也라 卽有鄙夫來問於我면 其人이 雖是空空如也나 我亦不敢以其愚로 而忽
之하고 務必發動其兩端以告하여 而無一之不盡焉이라 夫以我之告人에 必盡其誠이 如此
하니 人或遂以我로 爲有知也라 吾豈有知乎哉아하시니 此는 固聖人之謙辭나 然이나 能
叩兩端而竭하니 亦可見其無不知矣라

부자께서 자기를 겸손히 하려는 생각에서 말씀하시기를, "사람들이 간혹 나를
아는 것이 있다고 말하는데 내가 과연 아는 것이 있단 말인가? 사물의 이치는 무
궁하지만 한 개인의 총명함은 한계가 있으니 나는 진실로 아는 것이 없다. 다만
내가 평일에 사람들을 깨우쳐 줄 적에 감히 다하지 아니함이 없어서 진실로 현자
가 묻기를 기다린 뒤에 깨우치지 않았다. 곧 어떤 비부가 나에게 와서 물으면 그
사람이 비록 아무리 무식하다 하더라도 내 또한 감히 그가 어리석다는 이유로 그
를 소홀하게 대하지 않았고, 반드시 그 양단을 발동시켜 깨우쳐서 하나라도 다하
지 아니함이 없도록 힘썼던 것이다. 무릇 내가 사람들을 깨우칠 적에 반드시 그
정성을 다했음이 이와 같았으니, 사람들이 간혹 나를 아는 것이 있다고 여겼을 것
이다. 하지만 내가 어찌 아는 것이 있겠는가?"라고 하셨으니, 이는 진실로 성인의
겸손한 말씀이지만, 그러나 능히 그 양끝을 발동시켜 가르칠 수 있었으니, 또한 그
는 알지 못하는 것이 없었음을 볼 수 있다.

○현자(賢者) : 어진 사람. 여기서는 재지와 덕행이 뛰어난 사람.
○비부(鄙夫) : 어리석고 천한 사람. 도량이 좁은 사람.

9·8·1 子曰 鳳鳥不至하며 河不出圖하니 吾已矣夫인저

공자께서 말씀하셨다. "봉황새가 오지 않으며 황하에서 그림도 나오지 않으니
나도 이제 끝장이다."

○봉조부지(鳳鳥不至) : 봉황새가 이르지 않다. '鳳鳥'는 봉황을 말하는데 수컷을
'鳳'이라 하고 암컷을 '凰'이라 한다. 봉황이 나타남은 상서로운 징조의 상징으로

성군(聖君)이 재위하거나 천하가 태평함을 말한다. 봉황이 순임금 때에 나타나서 춤을 추었고 문왕 때에는 기산에서 울었는데, 이제는 그렇지 않다면서 명군(明君)이 없음을 탄식하고 있다. "重在無舜文之君上"

○하불출도(河不出圖) : 하수에서 그림이 나오지 않다. 하수(河水) 가운데서 용마(龍馬)가 그림을 지고 복희(伏羲) 때에 나왔는데, 이것을 근거로 삼아 주역(周易)의 팔괘(八卦)를 만들었다고 한다. 옛날 사람들은 도화(圖畵)가 나온 것을 성인이 하늘의 명을 받아 천하를 다스리는 상징으로 여겼는데, 공자 때 이러한 상서로움이 없었으므로 개탄한 것이다. "重在無伏羲之君上"

○오이의부(吾已矣夫) : 나는 끝장이다. 공자 자신의 도도 끝이 나버렸다는 말. ☞이(已) : '끝나다'라는 동사. ☞의부(矣夫) : …하구나. …이겠지? '矣'는 '이미 그러한', '장차 그러할'이란 의미를 나타낸다. '夫'는 감탄을 나타낸다. "謂吾道終止不行不得爲帝王之佐也"

鳳은 靈鳥니 舜時에 來儀하고 文王時에 鳴於歧山이라 河圖는 河中龍馬負圖니 伏羲時出이니 皆聖王之瑞也라 已는 止也라
○張子曰 鳳至圖出은 文明之祥이니 伏羲舜文之瑞가 不至면 則夫子之文章도 知其已矣라

봉(鳳)은 신령스러운 새인데 순임금 때에 나타나서 춤을 추었고, 문왕 때에는 기산에서 울었던 것이다. 하도(河圖)는 하수 가운데서 용마가 그림을 지고 복희 때에 나왔으니, 모두 성왕의 상서로움이다. 이(已)는 그치는 것이다.

○장자가 말했다. "봉황새가 이르고 하도가 나옴은 문명의 상서로움이므로 복희씨·순임금·문왕의 상서로움이 이르지 않았다면 부자의 예악이나 제도도 끝났음을 알 수 있다."

○내의(來儀) : 상서로운 응험(應驗). 봉황이 아름답게 춤추며 날아옴. 태평 성세에 봉황새가 제왕(帝王)의 덕에 감동해 와서 춤을 춘다고 함.
○기산(歧山) : 섬서성(陝西省) 기산현(歧山縣) 동북쪽에 있는 산.
○용마(龍馬) : 중국 복희 씨(伏羲氏) 때, 황하에서 팔괘(八卦)를 등에 싣고 나왔다는 준마.
○하도(河圖) : 복희 씨(伏羲氏) 때 황하(黃河)에서 용마(龍馬)가 등에 지고 나왔다는, 주역(周易) 팔괘(八卦)의 근원이 되는 그림.
○문장(文章) : 덕이 외면으로 나타난 것. 즉 위의(威儀)·문사(文辭) 등을 말하는데, 여

기서는 예악(禮樂)·제도(制度) 등을 일컬음. '文章'에 관한 설명은 본서 5·12·1과 6·20·1의 내용 참고.

[備旨] 夫子感道之窮而歎에 曰向也에 舜文作則鳳鳥至하고 伏羲作則河圖出이라 自古로 行道以致盛治者를 皆可考也러니 今則鳳鳥가 不來儀而至矣요 河中龍馬는 不復出而負圖矣라 夫無聖王之瑞면 則聖王不興이니 其誰用我乎아 吾道其終已요 而不行矣夫인저

부자께서 도가 다했다는 것을 느끼고 탄식할 적에 말씀하시기를, "옛날 순임금과 문왕이 일어날 때는 봉황새가 이르고 복희 씨가 일어날 때는 하도가 나왔다. 옛날부터 도를 행하여 훌륭한 다스림을 이룬 사람들을 모두 상고해 볼 수 있는데, 지금은 봉황새가 춤추며 날아오지도 않고 하수 가운데 용마는 다시 나와 그림을 지지도 않는다. 무릇 성왕의 상스러움이 없으면 성왕도 일어나지 않을 것이니 아마도 누가 나를 써주겠는가? 나의 도도 이제 끝났고 행해지지 않을 것이다."라고 하셨다.

○성왕(聖王) : 덕이 높은 임금. 성군(聖君). 성주(聖主).
○부도(負圖) : 복희 씨(伏羲氏) 때 황하(黃河)에서 용마(龍馬)가 등에 지고 나왔다는 그림.

9·9·1 子見齊衰者와 冕衣裳者와 與瞽者하시고 見之에 雖少나 必作하시며 過之에 必趨러시다

공자께서 상복을 입은 사람과 갓을 쓰고 의상을 잘 차려 입은 사람과 눈먼 사람을 보시고 이들을 만났을 적에는 비록 나이가 자기보다 적더라도 반드시 일어나셨으며, 그 사람의 앞을 지나갈 적에는 반드시 빨리 지나가셨다.

○자견자최자면의상자여고자(子見齊衰者冕衣裳者與瞽者) : 공자가 굵고 거친 삼베로 만든 상복을 입은 사람과, 갓을 쓰고 의상을 잘 차려입은 고위 관리와, 눈먼 사람을 앉아 있다가 보다. ☞자최자(齊衰者) : 상주. 상복을 입은 사람. ☞자최(齊衰) : 굵고 거친 마포(麻布)로 만들어 아랫단을 꿰맨 상복(喪服). '재최'라고도 읽음. 좌우와 아래 끝이 꿰매진 것을 '자최(齊衰)'라 하여 어머니 상(喪)에 입었고, 꿰매지 않은 것을 '참최(斬衰)'라 하여 아버지 상(喪)에 입었다. 참최(斬衰)는 상복 중에서

가장 중한 것으로, 아들이 부모상에 3년 동안 입었다. 본문에서 자최자(齊衰者)라고 했으니, 참최(斬衰)는 자연적으로 포함될 것이다. ☞면의상자(冕衣裳者) : 갓을 쓰고 의상을 차려 입은 고위 관리. ☞고자(瞽者) : 장님. 눈먼 사람. 옛날에는 장님이 음악을 맡은 관리였음. "子見二字包下見之過之 三者字俱作人字看"

○견지수소필작(見之雖少必作) : 보면 비록 어릴지라도 반드시 일어난다. ☞견지(見之) : 공자께서는 앉아 있고 사람이 지나는 것을 볼 때. ☞작(作) : 일어나다. "見之謂我坐 而見彼之行過也 少是年幼"

○과지필추(過之必趨) : 지나가면 반드시 빨리 지나가다. ☞과지(過之) : 사람이 앉아 있고 공자께서 그 사람의 앞을 지나갈 때. ☞추(趨) : 빨리 종종걸음으로 지나가다. "過之謂彼坐 而我過於其前也"

齊衰는 喪服이라 冕은 冠也라 衣는 上服이요 裳은 下服이니 冕而衣裳은 貴者之盛服也라 瞽는 無目者라 作은 起也요 趨는 疾行也라 或曰 少는 當作坐라하니라 ○范氏曰 聖人之心이 哀有喪하고 尊有爵하고 矜不成人하시니 其作與趨는 蓋有不期然而然者라 尹氏曰 此는 聖人之誠心이 內外一者也라

자최(齊衰)는 상중에 입는 예복이다. 면(冕)은 갓이다. 의(衣)는 위에 입는 옷이고 상(裳)은 아래에 입는 옷이니, 갓을 쓰고 의상을 차려 입었다는 것은 귀한 사람이 위의를 갖춘 정장이다. 고(瞽)는 눈이 없는 사람이다. 작(作)은 일어나는 것이다. 추(趨)는 빨리 걸어가는 것이다. 어떤 사람이 '少'자는 마땅히 '坐'자가 되어야 한다고 했다.

○범 씨가 말했다. "성인의 마음은 초상을 당한 데는 슬퍼하고 벼슬이 있는 이를 높이고 불구자를 가엾게 여기시니, 일어나거나 빨리 지나간 것은 아마도 그렇게 하기를 바라지 않아도 저절로 그렇게 되었을 것이다." 윤 씨가 말했다. "이것은 성인의 성실한 마음이 안과 밖이 한결같다는 것이다."

○성복(盛服) : 훌륭히 차려입은 옷. 위의(威儀)를 갖춘 정장(正裝).
○불성인(不成人) : 불구자. 병신. 때로는 '예의를 모르는 사람'을 비유하여 일컫는 경우도 있음. 본서 10·15·2 참고. 「예기(禮記)」 "禮也者猶體也 體不備君子 謂之不成人"
○긍(矜) : 불쌍히 여기다.

[備旨] 門人記에 曰夫子見齊衰而有喪之可哀者와 冕衣裳而有爵之可尊者와 與瞽而不成人之可矜者하시고 或時乎坐라가 而見斯人之來면 雖年少於我라도 必作起而敬之하시고

或時乎行이라가 而過斯人之前면 則必疾趨而過라하시니 此는 非作意而致其情也라 蓋聖人之心은 仁孝誠敬이 隨感而應하여 有若是者라

제자들이 기록할 적에 말하기를, "부자께서는 굵고 거친 삼베로 만든 상복을 입고 상을 당해 슬퍼하는 사람과, 갓을 쓰고 의상을 잘 차려 입고 벼슬자리가 존경할 만한 사람과, 그리고 눈이 멀고 불구자로서 불쌍히 여길 만한 사람들을 보시고, 혹 때로는 앉았다가 이 사람들이 오는 것을 보면 비록 나이가 자기보다도 적더라도 반드시 일어나서 존경하셨고, 혹 때로는 가다가 이 사람들의 앞을 지나치면 반드시 빨리 종종걸음으로 지나가셨다."라고 했으니, 이는 마음을 써서 자기의 뜻을 남에게 알린 것은 아니다. 대개 성인의 마음은 백성을 사랑하고 제사에 효성을 다하며 정성스러운 마음으로 공경하고 삼가는 것이 느낌에 따라 응하여 이와 같았다.

○인효(仁孝) : 백성을 사랑하고, 천지·종묘에 제사지낼 때 효성을 다함.
○성경(誠敬) : 정성스러운 마음으로 공경하고 삼감.

9·10·1 顔淵이 喟然歎曰 仰之彌高하며 鑽之彌堅하며 瞻之在前이러니 忽焉在後로다

안연이 크게 찬탄하며 말했다. "선생님의 도는 우러러보면 볼수록 더욱 높으며 파고들면 들수록 더욱 견고하며, 바라볼 적에 앞에 있는 것 같더니 홀연히 뒤에 있는 것 같도다!

○안연위연탄(顔淵喟然歎) : 안연이 '와!' 하고 크게 감탄하다. ☞위연(喟然) : 찬탄함. 숨을 몰아쉬며 찬탄하는 모양. 위이(喟爾). 위언(喟焉). "此句統冒全章"
○앙지미고(仰之彌高) : 우러러보면 볼수록 더욱 높다. ☞미(彌) : 더욱 더. …하면 할수록. 부사로서 정도가 한결음 더 나아가는 것을 말함. "仰是思齊意 之指聖道言"
○찬지미견(鑽之彌堅) : 파고들면 들수록 더욱 견고하다. ☞찬(鑽) : 깊이 연구하다. 끌로 구멍을 파내듯 깊이 연구하다. "鑽是研求意"
○첨지재전홀연재후(瞻之在前忽焉在後) : 바라보면 눈앞에 있다고 생각했는데 어느 틈에 뒤에 있다. 무궁무진하고 오묘하다는 말. "是方覺如此 又覺如彼"
○이 장은 공자의 도에 들어가는 시작과 끝에 대해 스스로 서술한 것이다. 첫째 절은

공자의 도가 높고 묘함을, 둘째 절은 공자의 가르침에 대한 차례를, 셋째 절은 자신의 학문이 이른 바를 말하여 공자의 도가 오묘함을 볼 수 있음을 찬탄하고 있는 내용이다. 「논어비지(論語備旨)」《위연장지(喟然章旨)》"此章顔子 自敍入道之始末 首節歎聖道高妙 次節言聖敎有序 末節言其學之所至 而益見聖道之妙"

喟는 歎聲이라 仰彌高는 不可及이요 鑽彌堅은 不可入이라 在前在後는 恍惚不可爲象이니 此는 顔淵이 深知夫子之道는 無窮盡하고 無方體하여 而嘆之也라

위(喟)는 찬탄하는 소리다. 우러러보면 볼수록 더욱 높다는 것은 미칠 수 없다는 것이요, 파고들면 들수록 더욱 견고하다는 것은 들어갈 수 없다는 것이요, 앞에 있다가 뒤에 있다는 것은 황홀하여 형상할 수가 없다는 것이니, 이는 안연이 부자의 도는 끝나거나 다함이 없고 또 방향과 형체가 없음을 속속들이 알고서 감탄한 것이다.

○궁진(窮盡) : ①끝나고 다함. ②끝까지 다함. 여기서는 ①의 뜻.
○방체(方體) : 방향과 형체.

[備旨] 顔淵이 學旣有得하고 因喟然而歎에 曰始吾於夫子之道에 嘗意其可及하여 而仰之矣러니 孰知其彌高焉하여 而不可及也리오 嘗意其可入하여 而鑽之矣러니 孰知其彌堅焉하여 而不可入也리오 瞻之면 若在於吾之前矣러니 孰知忽然又在於吾之後焉하여 而不可以爲象也리오 夫子之道高妙하여 一至於此시니라

안연이 학문을 터득하고 난 뒤에 이로 인해 숨을 몰아쉬면서 찬탄할 적에 말하기를, "처음에 나는 부자의 도에 일찍이 미칠 수 있다고 생각하면서 우러러보았는데, 그것이 우러러보면 볼수록 더욱 높아서 미칠 수 없다는 것을 누가 알겠는가? 일찍이 거기에 들어갈 수 있다고 생각해서 파고들었는데 파고들면 들수록 그것이 더욱 견고해서 들어갈 수 없다는 것을 누가 알겠는가? 바라보면 내 앞에 있는 것 같았는데 홀연히 또 내 뒤에 있는 것 같아서 형상할 수 없다는 것을 누가 알겠는가? 부자의 도는 높고 묘하여 하나같이 여기에 도달하셨던 것이다.

9·10·2 夫子循循然善誘人하사 博我以文하시고 約我以禮하시니라

　　그렇더라도 부자께서는 차근차근히 사람을 잘 이끌어 주셔서, 나를 각양각색의
학문으로써 식견을 넓혀 주시고 나를 바른 예절로써 다잡아 주셨다.

○순순연순유인(循循然善誘人) : 차근차근히 차례를 지켜서 사람을 잘 이끌다. "善誘卽
在循循上見"
○박아이문(博我以文) : 각양각색의 학문으로써 넓혀주다. '以文博我'의 도치. "博是廣博
文是道之分著"
○약아이례(約我以禮) : 예절로써 자기의 행동을 절제하도록 하고 단속해 주다. '以禮約
我'의 도치. '約'은 '다잡다'는 뜻으로 안정되지 못하여 어지러운 몸이나 마음을 다그쳐
바로잡는 모양을 나타내는 말. "約是約束 禮是道之統會"

循循은 有次序貌라 誘는 引進也라 博文約禮는 敎之序也라 言夫子道는 雖高妙나
而敎人有序也라
○侯氏曰 博我以文은 致知格物也요 約我以禮는 克己復禮也니라 程子曰 此는
顏子가 稱聖人最切當處니 聖人敎人에 唯此二事而已니라

　　순순(循循)은 차례와 질서가 있는 모양이다. 유(誘)는 이끌어 나아가게 하는 것
이다. 나를 각양각색의 학문으로써 식견을 넓혀 주시고 나를 바른 예절로써 단속
해 주셨다는 것은 가르침의 차례다. 부자의 도는 비록 높고 묘하나 사람들을 가르
칠 적에 순서가 있었음을 말씀한 것이다.
　　○후 씨가 말했다. "나를 각양각색의 학문으로써 식견을 넓혀 주셨다는 것은 치
지격물인 것이요, 나를 예절로써 단속해 주셨다는 것은 극기복례인 것이다." 정자
가 말했다. "이것은 안자가 성인을 사리에 맞도록 제일 잘 일컬은 부분이니 성인
이 사람을 가르칠 적에는 오직 이 두 가지만 있을 뿐이다."

○박문약례(博文約禮) : 널리 학문을 닦고 예절을 잘 지킴. 박약(博約). 집주(集註)의
'博文約禮'는 '博我以文 約我以禮'를 줄여서 쓴 것임. '約'은 '다잡다'는 뜻으로 안정되지
못하여 어지러운 몸이나 마음을 다그쳐 바로잡는 모양을 나타내는 말. '博文約禮'에 관
한 내용은 본서 6·25·1이나 7·25·3을 참고할 것.
○치지격물(致知格物) : 사물의 이치를 궁구하여 온전한 지식을 얻음. 격치(格致).

○극기복례(克己復禮) : 사욕(私慾)을 누르고 천리(天理)에 돌아감.
○절당(切當) : 사리(事理)에 꼭 들어맞음.
○유(唯) : 오직 …만 있다. 부사로서 어떤 범위에 한정됨을 나타냄.

[備旨] 使不有善敎之施면 回幾窮矣라 幸夫子之敎는 則循循然有次序하여 而善誘人焉하사 始欲我致知以明道也에 博我以散殊之文하여 使古今事變으로 無不通하고 繼欲我力行以體道也에 約我以中正之禮하여 使視聽言動으로 有所準이니 其循循誘回者가 何善哉아

가령 부자께서 훌륭한 가르침이 없었다면 안회는 하마터면 곤란하게 되었을 것이다. 다행히 부자의 가르침은 차근차근 차례를 지켜 사람을 잘 이끌어 주셔서, 처음에 나에게 사물의 이치를 궁구해서 도를 밝히도록 할 적에는 나를 각양각색의 학문을 넓혀서 고금에 일어났던 일의 변화에 대해 통하지 않음이 없도록 하셨고, 계속해서 나에게 힘써 행해서 몸소 도를 실천하도록 할 적에는 나를 치우치지 않고 바른 예로써 다잡아서 보고 듣고 말하고 움직이는 것에 대해 기준이 있도록 하셨으니, 그 분께서 차근차근 안회를 이끌었던 점이 얼마나 훌륭한가?

○행(幸) : 다행히. 상대방에 대한 존경을 나타내는 부사. 상대방이 어떻게 하면 거기에 상응하여 자신이 행운을 느끼게 된다는 의미로 쓰임.
○산수(散殊) : 각양각색. 각기 다름. 즉 서로 다른 각가지 모양.
○역행(力行) : 힘써 행함.
○체도(體道) : 몸소 도(道)를 실천함.
○중정(中正) : 치우치지 않고 바름. 중용(中庸).
○하선재(何善哉) : 무척이나 잘함. '何'가 형용사 앞에 쓰이면, '무척' '얼마나'라고 해석하여 정도가 높음을 나타냄.

9·10·3 欲罷不能하여 旣竭吾才호니 如有所立이 卓爾라 雖欲從之나 末由也已로다

이와 같기에 공부를 그만두고자 해도 그만둘 수가 없어서 이미 나의 재능을 다했는데, 부자께서는 서 있는 모습이 우뚝한 것만 같았다. 비록 그러한 모습을 따르고자 해도 따를 방도가 없을 뿐이로다!"

○욕파불능(欲罷不能) : 그치고 싶지만 그만둘 수 없다. "罷止也 不能罷有歡欣鼓舞意"
○기갈오재(旣竭吾才) : 이미 내 재주가 다하다. 안연은 이미 자기의 재능에 한계가 다 다랐다는 말. "頂不能罷來"
○여유소립탁이(如有所立卓爾) : 부자께서는 서 있는 모습이 우뚝한 것 같다. 공자께서 어떤 새로운 것을 우뚝 세워놓고 좇아와 배우라고 하는 듯하다. "是知得明行得到 如道 立在吾目前意"
○수욕종지(雖欲從之) : 도를 좇아서 하나가 되고자 하다. "欲就沈言 從之是與道爲一"
○말유야이(末由也已) : 따라갈 수 없다. 어디서부터 좇을지 방도가 없다는 말. ☞
야이(也已) : …이다. …하구나. 허사(虛詞)가 연용되어 '也'는 단정을 나타내고 '已'는 일의 상태를 나타냄. 주로 단정의 뜻을 나타냄. "末由作無自說"

卓은 立貌요 末은 無也라 此는 顔子가 自言其學之所至也니 蓋悅之深하고 而力之盡하여 所見이 益親이로되 而又無所用其力也라 吳氏曰 所謂卓爾는 亦在乎日用行事之間이요 非所謂窈冥昏默者니라 程子曰 到此地位하여는 工夫尤難하니 直是峻絶이요 又大段著力이라도 不得이니라 楊氏曰 有可欲之謂善이니 充而至於大는 力行之積也어니와 大而化之는 則非力行所及矣니 此顔子가 所以未達一間也니라 ○程子曰 此는 顔子가 所以爲深知孔子하여 而善學之者也니라 胡氏曰 無上事而喟然歎하니 此는 顔子學旣有得이라 故로 述其先難之故와 後得之由하여 而歸功於聖人也라 高堅前後는 語道體也요 仰鑽瞻忽은 未領其要也라 惟夫子循循善誘하여 先博我以文하여 使我로 知古今하고 達事變然後에 約我以禮하여 使我로 尊所聞하고 行所知하시니 如行者之赴家와 食者之求飽라 是以로 欲罷而不能하여 盡心盡力하여 不少休廢然後에 見夫子所立之卓然하니 雖欲從之나 末由也已라 是는 蓋不怠所從하여 必求至乎卓立之地也라 抑斯歎也는 其在請事斯語之後이어나 三月不違之時乎인저

　탁(卓)은 서있는 모습이다. 말(末)은 없다는 것이다. 이는 안자가 자신의 학문이 이른 바를 스스로 말한 것이니, 아마 기뻐함도 깊어졌고[欲罷不能] 힘쓰기도 다해서[旣竭吾才] 보는 바가 더욱 친해졌지만[如有所立卓爾], 또한 그 힘을 쓸 곳이 없었다는 것이다[欲從末由]. 오 씨가 말했다. "이른바 서 있는 바의 모습이 우뚝한 것만 같았다는 것은 또한 날마다 쓰고 행하는 일의 사이에 있다는 것이지, 심원하고 오묘한 모습이나 지극한 도리를 다했다는 것을 이른 것은 아니다." 정자가 말했다. "이 경지에 이르러서는 공부가 더욱 어려워지니 단지 학문이 어려울 뿐만 아니라, 또한 대단하게 힘을 쓰더라

도 얻을 수 없었을 것이다." 양 씨가 말했다. "「맹자」에 사람이 바라는 대로 하는 것을 선이라고 한 것이 있으니, 충만하여 대인에 이르기까지의 과정은 힘써 행한 자취이 겠지만, 대인에서 성인의 경지로 변화되는 것은 힘써 행하는 것으로 미칠 수 있는 것이 아니다. 이것이 안자가 한 칸을 도달하지 못한 이유인 것이다."

　○정자가 말했다. "이것은 안자가 공자를 깊이 알아서 잘 배운 것이다." 호 씨가 말했다. "더 이상 배울 것이 없어서 크게 탄식했으니, 이는 안자가 학문에 이미 터득했으므로 그가 먼저 어려워했던 까닭[仰鑽瞻忽]과 뒤에 터득하게 된 연유[所立卓爾]를 서술하여 공로를 성인에게 돌린 것이다. 안연이 선생님의 도를 말할 적에 '높고·견고하며·앞에 있고·뒤에 있다[高堅前後]'라고 말한 것은 도의 본체를 말한 것이고, '우러러보고·파고들고·바라보고·홀연히[仰鑽瞻忽]'라고 말한 것은 그 요체를 깨닫지 못했다는 것이다. 오직 부자만이 차근차근하게 잘 이끄셔서 먼저 나를 학문으로써 넓혀서 나로 하여금 고금의 일들을 알게 하고, 일의 변화를 통달하게 한 뒤에 나의 행동을 예절로써 단속하도록 하셔서 나로 하여금 배운 것을 존중하게 하고 아는 것을 행하게 하시니, 마치 그것은 길 가던 자가 집으로 달려가는 것과 밥 먹던 자가 배부르기를 구하는 것과 같다는 것이다. 이 때문에 공부를 그만두고자 하여도 그만둘 수 없어서 마음을 다하고 힘을 다하여 조금도 쉬지 않은 뒤에 부자가 우뚝하게 서 계신 곳을 볼 수 있었으니, 비록 따르고자 했으나 어찌할 방법이 없었던 것이다. 이는 아마도 따르는 바를 게으르지 않도록 해서 반드시 우뚝 서있는 경지에 이르기를 구하도록 했던 것이다. 아니면 이 탄식은 《안연편》12·2·1의 '청컨대 이 말씀을 받들겠습니다.[請事斯語]' 뒤에나, 《옹야편》6·5·1의 '석 달 동안이나 인에서 떠나지 않았다.[三月不違仁]' 뒤에 있어야 할 것이다."

○요명(窈冥) : 심원하고 오묘함. 「중문대사전(中文大辭典)」 "深遠難見之義"

○혼묵(昏默) : ①지극한 도리를 다함 「논어집주(論語集註)」 "雙峯饒氏曰 窈窈冥冥 至道之精 昏昏默默 至道之極 列子之言也 此章學者 易得求之高遠 故引吳氏之說 以明之" ②밝지 않은 모양. 「중문대사전(中文大辭典)」 "不明貌" 여기서는 ①의 뜻.

○준절(峻絶) : 매우 가파름. 산이 높고 깎아지른 듯이, 학문의 어려움을 말함.

○가욕지위선(可欲之謂善) : 사람이 바라는 대로 하는 것을 선(善)이라고 이름. 호생부해(浩生不害)라는 사람이 맹자에게 '何謂善이며 何謂信이닛고'라고 질문했을 적에 대답한 내용. 「맹자(孟子)」 《진심장하(盡心章下)》 "可欲之謂善 有諸己之謂信 充實之謂美 充實而有光輝之謂大 大而化之之謂聖 聖而不可知之之謂神"

○선난(先難) : 먼저는 어려워했던 것. "新安陳氏曰 先難指仰鑽瞻忽 後得指如有所立卓爾 由字指善誘博約"

○영(領) : 깨닫다. 마음속으로 알아차림.

[備旨] 由是로 回承夫子之善誘하여 幸博約之可循하고 悅之之深이라 雖欲罷其博約之功
이나 而不能이요 凡所以致其博以爲之約者는 亦旣竭盡吾之才力矣라 用力旣久에 覺向之
所謂高堅前後者가 如有所立卓爾於吾前矣라 此時에 雖欲卽其卓爾者하여 而從之나 然이
나 神化는 不容以强致니 無所由以用其力也已로다 然則回將奈之何哉아 亦惟純其博約之
功하여 以俟之而已라

　이로 말미암아 안회는 부자께서 잘 이끌어 주신 것을 받들어서 다행히 박약이라는
것이 따를 만하고 그것을 기뻐함도 깊었던 것이다. 비록 그 박약의 공력을 그만두려
했지만 능히 그만둘 수 없었고, 무릇 그 넓은 것을 이루어서 단속하려 한 것에는 또한
이미 나의 재주와 능력을 죄다 소모해 버렸다. 힘을 쓴 지 이미 오래 되었을 적에 접
때 이른바 높고·견고하며·앞에 있고·뒤에 있는 것이 마치 내 앞에 우뚝 서 있는 것
과 같음을 깨달았다. 이때 비록 그 우뚝 선 사람에게 나아가서 따르고 싶었지만 신화
는 억지를 부려 이루는 것을 용납하지 않으니, 좇아서 그 힘을 쓸 방법이 없었을 뿐이
로다! 그렇다면 안회는 장차 어떻게 해야 하겠는가? 또한 그 박약의 공만 순전히 해서
기다려야 할 뿐이다.”라고 했다.

○박약(博約) : 박문약례(博文約禮)를 줄여 쓰는 말.
○신화(神化) : ①신기한 변화. ②성왕(聖王)의 덕화(德化). 여기서는 ①의 뜻.

9·11·1 子疾病이어시늘 子路가 使門人으로 爲臣이러니

　공자께서 병이 몹시 심해지자, 자로가 제자로 하여금 가신을 삼았더니,

○자질병(子疾病) : 공자께서 병이 심해지다. “統言曰疾 甚言曰病”
○자로사문인위신(子路使門人爲臣) : 자로가 제자로 하여금 가신을 삼다. 제후(諸
侯)나 대부(大夫)들만이 가신(家臣)을 둘 수 있는데, 공자께서 전직이 대부(大夫)였
지만, 자로가 제자로 가신을 삼으려 했던 것은 명분상 잘못이었다. “門人指夫子之
門人 夫子爲司寇攝相事時 其家臣原皆門人爲之”

　夫子時已去位하여 無家臣이어늘 子路가 欲以家臣으로 治其喪이러니 其意가 實尊聖

人이나 **而未知所以尊也**라

    부자께서 이때 이미 벼슬자리에서 떠나 가신이 없었는데, 자로가 가신으로써 공자의 초상을 치르고자 했으니 그 뜻은 실제로는 성인을 높였던 것이지만 높이는 방법을 알지 못했던 것이다.

[備旨] 夫子疾病之時어시늘 子路懼其將終하여 欲使門人으로 爲家臣하여 以治其喪이러니 不知夫子時已去位하시니 不當有家臣이라 是는 欲尊師로되 而不達於分也라

    공자께서 병이 몹시 심해졌는데 자로는 그가 멀지 않아 죽을 것을 두려워하여 제자로 하여금 가신을 삼아서 그 초상을 치르고자 했더니, 부자께서는 이때 이미 벼슬에서 떠나셨으니 마땅히 가신을 둘 수 없다는 것을 알지 못했던 것이다. 이는 스승을 높이고자 했지만 명분에는 이르지 못했던 것이다.

9·11·2 病間曰 久矣哉라 由之行詐也여 無臣而爲有臣하니 吾誰欺오 欺天乎아

    공자께서 병이 좀 덜하시자 말씀하셨다. "오래되었구나, 유가 거짓을 행함이여! 가신이 없어야 하는데도 가신을 두게 되었으니 내 누구를 속인단 말인가, 하늘을 속이란 말인가?

○병간(病間) : 병이 좀 나아지다. '間'은 '병이 조금 낫다'는 의미. "病間是略好些"
○구의재유지행사야(久矣哉由之行詐也) : 오래되었구나, 유가 거짓을 행함이여! '由之行詐也 久矣哉'의 도치형(倒置形). 감탄의 의미를 강조하기 위해 주어와 술어의 위치를 도치시켰음. ☞의재(矣哉) : 허사(虛詞)가 연용되어 '矣'는 '이미 그러한'이란 의미를 나타내며, '哉'는 감탄의 의미를 나타낸다. ☞유(由) : 유(由)는 공자의 제자. 성은 중(仲)이고 자는 자로(子路)였다. 용맹을 좋아했던 인물로 이 책에 자주 등장한다. "此句指平日言 宜開說"
○무신이위유신(無臣而爲有臣) : 가신이 없어야 하는데도 가신을 두게 되다. 벼슬을 그만두었으면 가신이 없어야 하는 것이 마땅하지만, 그런데도 가신을 두었다는 말. "無臣是致仕無家臣"

○오수기(吾誰欺) : 내가 누구를 속이겠는가? "欺是瞞昧意"
○기천호(欺天乎) : 하늘을 속이라는 말인가? 하늘을 이치에 해당하므로 이치를 배반한다는 것은 곧 하늘을 속인다는 뜻. "天只是理 背理卽是欺天" ☞일반적으로 '欺天乎'에 대한 현토(懸吐)를 '欺天乎인저'라고 하여 '하늘을 속였구나!'의 뜻으로 해석한 경우가 많았다. 하지만 문맥의 흐름상 추측이나 반문을 나타내는 내용이기에 '欺天乎아'라고 현토하여 '하늘을 속이란 말인가?'로 해석하는 것이 정확할 것이다.

病間은 少差也라 病時不知라가 旣差에 乃知其事라 故로 言我之不當有家臣을 人知之하니 不可欺也어늘 而爲有臣이면 則是는 欺天而已라 人而欺天은 莫大之罪어늘 引以自咎하시니 其責子路가 深矣라

병간(病間)은 조금 차도가 있다는 것이다. 병이 심할 때에는 알지 못하다가 조금 차도가 있은 다음에야 그 일을 아셨다. 그러므로 자기에게 마땅히 가신을 둘 수 없다는 것을 사람들이 모두 알고 있었으니 속일 수 없는 것인데, 그럼에도 가신을 두게 된다면 이는 하늘을 속였을 뿐임을 말씀하신 것이다. 사람으로서 하늘을 속인 것은 막대한 죄인데 이것을 끌어다가 스스로를 탓했으니, 그것은 자로를 꾸짖음이 심했던 것이다.

[備旨] 夫子於病少差에 乃知其事시니라 故로 責之에 曰久矣哉라 由之行事는 詐而不實也여 吾之去位하니 不當有家臣을 人皆知之矣어늘 而顧爲有臣하니 吾將誰欺哉오 毋乃欺天乎아 人而欺天이면 罪莫大焉이라

부자께서 병에 좀 차도가 있을 적에 곧 그 일을 알게 되셨다. 그러므로 꾸짖을 적에 말씀하시기를, "오래 되었구나, 유의 행한 일이 속여서 진실치 못함이여! 내가 벼슬자리에서 떠났으니 마땅히 가신을 둘 수 없다는 사실을 사람들은 모두 알고 있을 터인데, 그런데 돌아보니 가신을 두게 되었으니 내 도대체 누구를 속인단 말인가? 하늘을 속이란 말인가? 사람으로서 하늘을 속인다면 죄가 이보다 큰 것이 없을 것이다.

○고(顧) : 돌아보니. 도리어.
○무내(無乃)~호(乎) : 아마도. …이 아니다. 그럴 리가 없다. 관용어구로 추측이나 반문을 하는 데 쓰이며 의문 부사와 언제나 호응함. '乎'는 문장 끝에 쓰여 추측을 나타냄.

9·11·3　且予與其死於臣之手也론　無寧死於二三子之手乎아
且予縱不得大葬이나　予死於道路乎아

　　또 내가 가신의 손에서 죽기보다는 차라리 자네들 손에서 죽는 것이 낫지 않겠느냐? 또 내가 비록 군신의 예를 갖춘 성대한 장례는 못 받는다 하더라도 내가 설마 길거리에서 죽겠느냐?"

○차여여기사어신지수야(且予與其死於臣之手也) : '가신들이 공자 자신의 장례를 치르는 것 보다는'이라는 말. ☞여기(與其)~야(也) 무녕(無寧)~호(乎) : …보다는 차라리 …이 낫지 않겠는가? 비교·선택을 나타내는 관용어구. "以家臣治喪事"
○무녕사어이삼자지수호(無寧死於二三子之手乎) : 차라리 제자들이 상을 치르는 것이 낫다는 말. "以二三者治喪事"
○차여종부득대장(且予縱不得大葬) : 또 내가 비록 가신의 예를 갖춘 성대한 장례는 못 받는다 하더라도. ☞종(縱) : 가령. 설령. ☞대장(大葬) : 군신의 예를 갖춰 치르는 큰 장례. "縱是縱然"
○여사어도로호(予死於道路乎) : 내가 길에서 죽기야 하겠는가? 제자들이 장례를 치러 줄 것이라는 말. "是反言有二三子葬意"

無寧은 寧也라 大葬은 謂君臣禮葬이요 死於道路는 謂棄而不葬이니 又曉之以不必然之故라
○范氏曰 曾子將死에 起而易簀曰 吾得正而斃焉이면 斯已矣라하시더니 子路가 欲尊夫子로되 而不知無臣之不可爲有臣이라 是以로 陷於行詐하여 罪至欺天하니 君子之於言動에 雖微나 不可不謹이니라 夫子深懲子路는 所以警學者也시니라 楊氏曰 非知至而意誠이면 則用智自私하여 不知行其所無事하고 往往自陷於行詐欺天이로되 而莫之知也하니 其子路之謂乎인저

　　무녕(無寧)은 '차라리'라는 뜻이다. 대장(大葬)이란 군신의 예로 장사지냄을 말함이요, 길거리에서 죽는다는 것은 시신을 길거리에 버려서 장사하지 않음을 이르는 것이니, 또 반드시 그렇게 해서는 안 된다는 까닭을 깨우쳐 주신 것이다.
　　○범 씨가 말했다. "증자가 죽을 때가 되었을 적에 일어나서 신분에 맞지 않다고 대자리를 바꾸면서 말하기를, '내가 바른 도리를 얻고 죽는다면 곧 그것으로 세상을 마치겠다.' 했는데, 자로는 부자를 높이고 싶었지만 가신이 없어야 할 경우에

가신을 두게 되어서는 안 된다는 것을 알지 못했던 것이다. 이 때문에 거짓을 행하는 데 빠져 죄가 하늘을 속이는 데까지 이르렀으니 군자는 말과 행동에 대해 비록 하찮은 것이라도 삼가지 않을 수 없다는 것이다. 부자께서 자로를 깊이 징계하신 것은 배우는 이들을 경계시키기 위한 것이다."양 씨가 말했다. "지혜가 지극하고 뜻이 성실하지 못하면 지혜를 쓰는 것이 스스로 사사롭게 되어 그것이 일삼을 것이 없는 데도 행한다는 것을 알지 못하고, 왕왕 자신이 거짓을 행하거나 하늘을 속이는 데에 빠지면서도 알지 못하니, 아마도 자로를 두고 한 말일 것이다."

○역책(易簀) : 대자리를 갊. 죽음이 임박함의 비유. 증자(曾子)가 임종 때, 자신이 깔고 있던 자리가 신분에 맞지 않는다고 바꾸게 했다는 고사. 「예기(禮記)」《단궁상(檀弓上)》
○폐(斃) : 죽다.
○무사(無事) : 전념할 바가 아님. 일삼을 바가 아님. '事'는 '일삼다. 전념하다.'의 뜻. 본서 "12·2·1 請事斯語" 참고.

[備旨] 且予與其逆理하여 而死於家臣之手也론 無寧順理하여 而死於二三子之手乎아 是有臣不足爲吾榮也요 且予縱不得家臣하여 而以君臣之禮로 大葬이나 然이나 有二三子在焉이어늘 予豈至死於道路하여 棄而不葬乎아 是無臣이라도 亦不足爲吾辱也라하시니 由此言之면 則家臣은 非惟不當有요 而亦不必有矣니 奈何不深思之乎아

또 내가 도리에 어긋나게 가신의 손에 죽기보다는 차라리 도리를 좇아서 너희들의 손에 죽는 것이 낫지 않겠느냐? 바로 가신을 두는 것이 족히 나의 영화가 되는 것도 아니고 또 내 비록 가신을 얻어서 군신의 예로써 크게 장사지내지는 못한다 하더라도, 그러나 너희들은 있어야 할 터인데 내 어찌 길거리에 죽어서 버림을 당해 장사하지도 않는 데 이르겠는가? 이것은 신하가 없더라도 또한 족히 나에게는 욕이 되지 않는다."라고 하셨으니, 이로 말미암아 말해 본다면 가신은 오직 마땅히 두지 말아야 할 뿐만 아니라 그리고 또한 반드시 두어야 할 것도 아니니, 어찌 깊이 생각해야 되지 않겠는가?

9·12·1 子貢曰 有美玉於斯면 韞匵而藏諸(저)잇가 求善賈(價)而沽諸잇가 子曰 沽之哉인저 沽之哉나 我는 待賈者也로라

자공이 말씀드리기를, "가령 여기에 아름다운 옥이 있다면 궤 속에 넣어서 감추

어 두시겠습니까? 아니면 좋은 값을 구하여 파시겠습니까?" 하고 질문하자, 공자께서 대답하셨다. "그것을 팔 것이다. 그것을 팔겠지만 나는 좋은 값을 받기를 기다리는 사람이다."

○유미옥어사(有美玉於斯) : 아름다운 옥이 여기에 있다면. '美玉'은 '아름다운 옥'을 말하는데, 여기서는 재덕을 겸비한 공자를 비유함. "以美玉 比孔子道德之盛 於斯是在此意" ☞유(有)…사(斯) : 이 표현은 옛날 사람들이 사리를 추론하는 표현 방식이었다. 주로 '今…於此' '今有…於此' '有…於此(斯)' 등이 쓰였다. 단지 가설에 불과하므로 '만일 …한다면'의 뜻으로 해석함.
○온독이장저(韞匵而藏諸) : 궤 속에 잘 감추어 둘 것입니까? '韞'은 '넣어두다' '감추어 두다'라는 뜻이며 '匵'은 '궤'라는 뜻이다. 그리고 '諸'는 어조사로 쓰였다. "諸是語辭 此以隱遯探夫子"
○구선고이고저(求善賈而沽諸) : 좋은 값을 받기를 구하여 팔겠습니까? ☞선고(善賈) : ①좋은 값. 후한 값. 선가(善價). ②훌륭한 상인. 대상인(大商人). ②로 해석하는 경우도 있음. "求是衒售求於人 善賈是重價 此以出仕探夫子"
○고지재고지재(沽之哉沽之哉) : 팔 것이라고 거듭 말하여 당위성을 강조하는 말. "重言之者 見其決當沽也 釋他韞匵之疑 此比己欲行道"
○아대고자야(我待賈者也) : 나는 좋은 값을 받기를 기다리는 사람이다. 공자 자신의 도를 함부로 굽히지 않겠다는 말. "是不肯衒玉求售 待字破他求字 此比己不枉道"
○이 글은 자공이 공자에게 덕이 갖추어져 있다고 한다면, 숨어 있을 것인지 아니면 출사(出仕)하여 그 덕을 발휘할 것인지에 대해 물어본 것이다. 공자께서는 예를 갖추어 등용해 준다면 출사하고 싶다는 의미를 표현하고 있다.

韞은 藏也요 匵은 匱也라 沽는 賣也라 子貢이 以孔子有道不仕하니 故로 設此二端以問也라 孔子言固當賣之로되 但當待賈요 而不當求之耳라
○范氏曰 君子가 未嘗不欲仕也언마는 又惡(오)不由其道하니 士之待禮는 猶玉之待賈也라 若伊尹之耕於野와 伯夷太公之居於海濱에 世無成湯文王이면 則終焉而已요 必不枉道以從人하고 衒玉而求售也리라

온(韞)은 감추는 것이요, 독(匵)은 궤다. 고(沽)는 파는 것이다. 자공은 공자께서 도를 지니고 계시지만 벼슬하지 않기 때문에 위의 두 가지를 가설하여 물은 것이다. 공자께

서는 진실로 마땅히 팔아야겠지만 다만 마땅히 좋은 값을 기다려야 한다는 것이고, 마땅히 구하지는 말아야 된다는 것을 말씀하신 것이다.

○범 씨가 말했다. "군자가 일찍이 벼슬하고 싶지 않은 것은 아니지만 또한 그 도를 따르지 않는 것을 싫어하니, 선비가 예가 행해지는 때를 기다린다는 것은 옥이 값을 아는 사람을 기다린다는 것과 같은 것이다. 만약 이윤이 들에서 농사를 짓고 백이와 태공이 바닷가에 거할 적에 세상에 성탕과 문왕이 없었다면 이들은 그 곳에서 세상을 끝마치고 말았을 것이요, 반드시 정도를 어겨 남을 따르고 옥을 자랑하면서 팔리기를 구하지는 않았을 것이다."

○궤(匱) : 함. 궤. 갑. '櫃'와 같음.
○이윤(伊尹) : 은(殷)의 어진 재상. 이름은 지(摯). 탕왕(湯王)을 도와 하(夏)나라 걸(桀)을 쳐서 천하를 평정하였다. 탕이 죽은 후 그의 손자인 태갑(太甲)이 무도(無道)하였으므로, 이를 동궁(東宮)에 내친 뒤 3년 만에 그의 뉘우침을 보고 다시 제위(帝位)에 복귀시킴.
○백이(伯夷) : 순(舜)임금 때 예(禮)를 관장하던 사람.
○태공(太公) : 주(周)나라 문왕(文王)의 스승. 성은 강(姜), 씨(氏)는 여(呂), 이름은 상(尙). 위수(渭水)가에서 낚시질을 하다가 사냥 나온 문왕(文王)을 만나 스승이 되었음. 일반적으로 강태공(姜太公)이라고 함. 주(周)나라의 현신(賢臣). 문왕(文王)의 조부. 고공단보(古公亶父) 때부터 기다려진 인물이었기에, 태공망(太公望)이라 한다.
○성탕(成湯) : 하(夏)나라 걸(桀) 임금을 쳐부수고 상(商)나라를 세운 성군(聖君). 위대한 공을 이룬 탕 임금이란 뜻에서 흔히 성탕(成湯)이라고 부름.
○문왕(文王, B.C 185~B.C 135) : 주(周)나라 무왕(武王)의 아버지. 이름은 창(昌). 태공망(太公望)을 모사(謀師)로 삼고, 국정을 바로잡아 융적(戎狄)을 토벌하여 선정(善政)을 베풂.
○왕도(枉道) : 정도(正道)를 어김.
○현옥(衒玉) : 옥을 자랑하여 남에게 내보이다.
○구수(求售) : 팔리기를 구함. ☞현옥구수(衒玉求售) : 재능을 자랑하여 벼슬을 하거나 신임을 얻으려 함의 비유.

[備旨] 子貢假玉以問夫子에 曰設如有美玉於斯한대 天下之至寶也면 將韞匵而藏諸하여 以私於己歟잇가 抑求善賈而沽諸하여 以公於人歟잇가하니 夫子亦就玉以答之에 曰天下之寶는 當與天下로 共之라 有此美玉이면 吾其沽之哉인저 吾其沽之哉나 然이나 物必自重而後에 人重之하나니 我必待善賈之至而後에 沽之於人也라 苟賈之未至면 吾終無所求矣

라하시니 觀此면 則知夫子가 未嘗不欲仕也로되 但不輕於仕耳라

　자공이 옥을 팔 경우를 가정하여 부자께 여쭈어 볼 적에 말씀드리기를, "예를 들어 여기에 아름다운 옥이 있는데, 천하의 지극한 보배라고 한다면 궤 속에 넣어 감춰 두고서 자기만의 소유로 삼겠습니까? 아니면 좋은 값을 받기를 구해서 그것을 팔아 사람들과 함께 하도록 하시겠습니까?"라고 하니, 부자께서 또한 옥을 팔 경우에 대해 나아가 대답할 적에 말씀하시기를, "천하의 보배는 마땅히 천하와 더불어 같이 해야 할 것이다. 여기에 아름다운 옥이 있다면 나는 그것을 팔 것이다. 나는 그것을 팔 것이지만 물건이라는 것은 반드시 자기가 중하게 여긴 뒤에 다른 사람들도 중하게 여기는 것이니, 나는 반드시 좋은 값을 받기를 기다린 뒤에 그것을 사람에게 팔 것이다. 진실로 좋은 값이 이르지 아니하면 나는 끝내 구하는 바도 없을 것이다."라고 하셨으니, 이를 보면 부자께서 일찍이 벼슬하고 싶지 않았던 것은 아니지만, 다만 벼슬하는 것을 가볍게 여기지는 않았음을 알 수 있을 따름이다.

9·13·1 子 欲居九夷러시니

　공자께서 현군이 없음을 슬퍼하여 동쪽의 구이에 살고 싶어 하셨는데,

○욕거구이(欲居九夷) : 구이에 살고 싶어 하다. 세상에 현군이 없음을 개탄한 말이지 실제로 살고 싶다는 말은 아님. ☞구이(九夷) : 고대 중국에서 동쪽의 아홉 소수 민족을 말함. 견이(畎夷)·우이(于夷)·방이(方夷)·황이(黃夷)·백이(白夷)·적이(赤夷)·현이(玄夷)·풍이(風夷)·양이(陽夷). "欲居有慨世意 非眞語也"

東方之夷에 有九種이라 欲居之者는 亦乘桴浮海之意라

　동방의 이족에는 아홉 종족이 있다. 여기에 살고 싶다는 것은 또한 《공야장편》의 뗏목을 타고 바다를 항해하려고 하신 뜻과 같은 뜻이다.

○유구종(有九種) : 아홉 종족이 있음. 원문 해설 참고. 「후한(後漢)」《동이전(東夷傳)》"夷有九種曰 畎夷于夷方夷黃夷白夷赤夷玄夷風夷陽夷"
○승부부해(乘桴浮海) : 뗏목을 타고 바다로 떠남. 천하에 현군이 없음을 탄식한 말. 본서 "5·6·1 子曰 道不行하니 乘桴하여 浮于海하리라" 참고.

[備旨] 夫子以道不行으로 而欲居九夷하시니 是傷天下無賢君하여 而爲是假設之言耳라

부자께서 도가 행해지지 않는다는 이유로 구이의 나라에라도 살고 싶다 하셨으니, 곧 천하에 현군이 없음을 슬퍼하여 가설한 말씀일 따름이다.

9·13·2 或曰 陋하니 如之何잇고 子曰 君子居之면 何陋之有리오

어떤 사람이 말하기를, "오랑캐 땅이라면 누추할 터인데 어떻게 하시렵니까?" 하고 여쭈었다. 공자께서 대답하시기를, "군자가 거한다면 어찌 누추함이 있겠는가?"

○누(陋) : 누추하다. 옷은 오랑캐와 같이 입고, 말도 변방의 오랑캐의 말을 쓰는 무리. "陋是俗之惡 如服左袵 言侏離之類" ☞'左袵'은 '옷섶을 왼편으로 한다.'는 뜻으로, 고대에 중국 주변의 소수 민족이었던 오랑캐의 풍속을 이르고, '侏離'는 '오랑캐의 말'이라 하여 중국에서 외국어를 천시하여 이르는 말. 본서 14·18·2 참고.
○여지하(如之何) : 어떻게 할 것인가? 살 수 없다는 뜻. 관용어구로 원인을 묻거나 반문을 나타내며 부사어나 서술어로 쓰임. '奈~何' '若~何'도 같은 형태임. "是不可居意"
○군자거지(君子居之) : 군자가 산다면. 여기서 군자는 도와 덕이 있는 사람을 말함. "君子是有道德之人"
○하루지유(何陋之有) : 무슨 누추함이 있는가? '何陋有之'의 도치문. 고대 한문에서는 부정사 혹은 의문사와 결합된 대명사는 도치되는데, 이는 고대 문법의 특징이었다. 즉 '何陋有之'가 '何陋之有'로 도치된다. "言變夷爲夏也"

君子所居則化니 何陋之有리오

군자가 사는 곳에는 교화가 될 것이니 어찌 누추함이 있겠는가?

[備旨] 或人不知하고 乃曰九夷之俗은 陋鄙甚矣라 如之何其居之리오하니 夫子答之에 曰九夷之俗이 雖陋나 然이나 君子居之면 則用夏變夷하여 而夷狄之區가 化爲禮義之邦矣니 何陋之有리오 夫子此言도 亦據理以答或人耳니 非眞以爲可化而欲居之也라

어떤 사람이 알지 못하고 바로 말하기를, "구이의 풍속은 누추함이 아주 심합니다.

어떻게 또한 거기 살겠습니까?"라고 하니, 부자께서 대답할 적에 말씀하시기를, "구이의 풍속은 비록 더러우나, 그러나 군자가 거한다면 하나라로써 오랑캐를 변화시켜 오랑캐들의 구역이 교화되어 예의의 나라가 될 것이니, 어찌 누추함이 있다고 하겠는가?"라고 하셨다. 부자의 이 말씀도 또한 이치에 의거해서 어떤 사람에게 답한 것일 따름이니, 정말로 교화할 수 있어서 거하고 싶다고 생각한 것은 아니었다.

○누비(陋鄙) : 천박함. 비루함.
○하(夏) : 중국. 한족(漢族)의 자칭.

9·14·1 子曰 吾自衛反魯然後에 樂正하여 雅頌이 各得其所하니라

공자께서 말씀하셨다. "내가 위나라로부터 노나라로 돌아온 뒤에 음악이 바르게 되어 아와 송이 각각 제자리를 얻게 되었다."

○오자위반로(吾自衛反魯) : 내가, 도가 행해지지 않기에 위나라에서 노나라로 돌아오다. 원문을 "子曰 吾自衛反魯하여 然後樂正하여"로 끊어 읽을 수도 있다. "衛是康叔之後 魯是周公之後 自衛反魯 因道不行而歸於宗國也"
○연후악정(然後樂正) : 그런 뒤에 음악이 바르게 되다. '樂正'은 음악이 시작할 때엔 합하는 듯하며, 울려 퍼질 때엔 화하는 듯하고, 문란함이 없어 뚜렷한 듯하고, 계속 이어지는 듯하다는 뜻. "然後內有補殘缺序失次意在 樂正卽翕如純如皦如繹如之謂" 본서 "3·23·1 子語魯太師樂曰 樂은 其可知也니 始作에 翕如也하며 從之에 純如也하고 皦如也하고 繹如也하여 以成이니라" 참고.
○아송각득기소(雅頌各得其所) : 아(雅)와 송(頌)이 각각 제자리를 얻어 문란하지 않다. ☞아(雅) : '雅'는 '正雅'를 말하는데, 정아(正雅)는 시경(詩經)의 소아(小雅) 녹명(鹿鳴)에서 청청자아(菁菁者莪)까지의 22편을 정소아(正小雅)라고 하고, 대아(大雅)의 문왕(文王)에서 권아(券阿)까지의 18편을 정대아(正大雅)라고 한다. 이를 통틀어 정아(正雅)라고도 한다. 정아는 왕도(王道)가 행해져 정교(政敎)가 올바를 때 지은 것이라고 함. ☞송(頌) : '頌'은 '周頌'을 말하는데, 주송(周頌)은 시경(詩經) 중의 주(周) 왕실(王室)의 종묘(宗廟) 제악(祭樂) 31편을 말함. ☞소(所) : 마땅함. 적의(適宜)함. 「주역(周易)」 《계사하(繫辭下)》에서 "交易而退 各得其所"라고 이른 바와 같이 만물이 각각 제 자리를 얻은 상태를 말함. "雅頌只指正雅周頌 言得所不相紊意"

魯哀公十一年冬에 孔子自衛反魯하시니 是時에 周禮在魯라 然이나 詩樂이 亦頗殘
缺失次라 孔子周流四方하여 參互考訂하여 以知其說이러니 晚知道終不行이라 故로
歸而正之시니라

　노나라 애공 11년 겨울에 공자께서 위나라로부터 노나라로 돌아오시니, 이때에
주나라의 예가 노나라에 행해지고 있었다. 그러나 시와 악이 또한 자못 빠져 있거
나 완전하지 못해 차례를 잃었던 것이다. 공자께서 사방을 두루 다니시며 서로 참
조하고 정정하여 그 내용을 알게 되었는데, 만년에 도가 끝내 행해질 수 없음을
알았던 것이다. 그러므로 노나라로 돌아와 바로잡으셨던 것이다.

○잔결(殘缺) : 일부분이 빠져 있어 완전하지 못함
○참호(參互) : 서로 참조함.
○고정(考訂) : 심사하여 정정(訂正)함.

[備旨] 夫子叙樂之所由正에 曰詩樂이 在魯久矣라 吾自衛反魯之時에 又從而正之하니
於樂之聲容節奏에 考之旣詳하고 驗之足信이라 然後에 樂之始終條理가 不失其當하여 而
樂正矣라 故로 詩之被於樂者에 雅는 則奏於朝廷하니 而秩然有其倫하고 頌은 則奏於宗
廟하니 而昭然其不紊이라 蓋皆得其所하여 庶幾先王之樂이 全焉이니 此는 固吾之所用以
自慰者也라

　부자께서 악에 대해 바로잡은 까닭을 펼칠 적에 말씀하시기를, "주나라의 시와 악이
노나라에서 행해진 지 오래되었다. 내가 위나라로부터 노나라로 돌아왔을 적에 또 시
와 악을 관여해 바로잡으니, 악의 성용과 절주에 대해 상고한 것은 상세해지고 증험한
것은 족히 믿을 수 있었다. 그런 뒤에 비로소 악의 시종과 조리가 제자리를 잃지 않아
서 악이 바르게 되었다. 그러므로 시에 악을 붙인 것 중에 아는 조정에서 연주하니 질
서가 있어서 그 차례가 있었고 송은 종묘에서 연주하니 환해서 그것이 문란하지 않았
다. 아마도 모두 그것이 제자리를 얻어서 어쩌면 선왕의 악이 온전해지게 되었다고 할
수 있으니, 이는 진실로 내가 시행해서 자위하는 바다."라고 하셨다.

○종(從) : 좇다. 참여하다. 관여하여 일하다.
○성용(聲容) : 소리와 모습. 성모(聲貌).「중문대사전(中文大辭典)」"謂聲音與容儀也"
○절주(節奏) : 악곡이 꺾이는 마디. 리듬.
○시종(始終) : 악곡의 시작과 끝.

○조리(條理) : 하나하나 따져 볼 때의 악곡의 이치.
○질연(秩然) : 질서가 있는 모양.
○소연(昭然) : 분명한 모양. 명백한 모양.

9·15·1 子曰 出則事公卿하고 入則事父兄하며 喪事를 不敢不勉하며 不爲酒困이 何有於我哉오

공자께서 말씀하셨다. "집에서 나가면 벼슬이 높은 사람을 섬기고, 집으로 들어가면 부형을 섬기며, 부모님의 초상에는 감히 힘쓰지 않음이 없으며, 술로 인해 난처해지지 않는 것 등 이런 일들 가운데 무엇이 나에게 있는가?"

○출즉사공경(出則事公卿) : 집에서 나가 조정에서 벼슬할 적에는 높은 사람을 섬기다. "出以在朝廷 言公卿是爵之尊者 事公卿是盡忠順之道" ▭공경(公卿)이란 보통 삼공구경(三公九卿)을 말하지만, 옛날 경대부(卿大夫)는 벼슬에서 물러나면 향당에서 존경을 받았으므로, 여기서는 향당의 현자(賢者)를 일컬을 것이다.
○입즉사부모(入則事父母) : 밖에 있다 집으로 들어가면 부모를 잘 섬기다. "入以在家庭 言事父兄 是盡孝弟之道"
○상사불감불면(喪事不敢不勉) : 부모님의 상에 감히 힘쓰지 않음이 없다. 즉 신종(愼終)의 뜻을 다함. "喪事是父母之喪 勉卽愼終之意"
○불위주곤(不爲酒困) : 술로 인해 난처해지지 않다. "是內不喪德 外不失儀 不爲所沈溺意"
○하유어아재(何有於我哉) : 무엇이 나에게 갖추어져 있는가? 위에 언급한 네 가지가 없다는 말인데 자기를 겸손하게 여기고 남을 깨우치기 위해 자탄조로 한 말. 본서 7·2·1에서 "子曰 默而識(지)之하며 學而不厭하며 誨人不倦이 何有於我哉오"라고 했다가, 여기서는 위와 같이 말했으니, 그 의미는 낮아졌지만 뜻은 간절히 표현했음을 알 수 있다. "言四者無有於己也"

說見第七篇이라 然이나 此는 則其事愈卑로되 而意愈切矣라

설명이 제 7편에 보인다. 그러나 여기서는 그 일은 더욱 낮아졌지만, 뜻은 더욱 간절하다.

[備旨] 夫子謙己誨人之意에 曰出而在外면 則盡誠敬以事公卿하여 而貴貴之義盡하고 入而在內면 則盡孝弟以事父兄하여 而親親之義篤하고 喪易至於忽也어늘 則盡哀盡禮하여 而不敢不勉하고 酒易至於亂也어늘 則令儀令德而不爲所困하니 是는 能盡當爲之理하고 又能節易流之情이라 反而觀之면 四者何有於我哉아 吾殆汲汲不能以自已矣라

　　부자께서 자기를 겸손히 하고 남을 깨우쳐 주려는 뜻에서 말씀하시기를, "집에서 나가 밖에 있으면 정성과 공경을 다해 공경을 섬겨 귀한 사람을 귀하게 여기는 뜻을 다했고, 들어와 집 안에 있으면 효제를 다해 부형을 섬겨 어버이를 친하게 여기는 뜻을 돈독히 했고, 초상은 소홀히 하는 데에 이르기가 쉬운 것인데 슬픔을 다하고 예를 다하여 감히 힘쓰지 아니함이 없었고, 술은 난처해지는 데에 이르기가 쉬운 것인데 훌륭한 의용과 훌륭한 덕을 갖추어서 난처한 바가 되지 않도록 했으니, 이것은 능히 당연히 행해야 할 이치를 다했고 또 능히 흐르기 쉬운 감정을 절제했다는 것이다. 돌이켜 이를 살펴본다면 네 가지 중에 무엇이 나에게 갖추어져 있는가? 나는 혹시 급급해서 능히 스스로 그만둘 수 없는지도 모른다."라고 하셨다.

○성경(誠敬) : 정성과 공경.
○영의(令儀) : 훌륭한 의용(儀容).
○영덕(令德) : 훌륭한 덕. 미덕(美德).
○급급(汲汲) : 마음이 몹시 절박한 모양.
○태(殆) : 대개. 아마도. 혹시 …일지도 모른다. 부사로서 추측이나 그다지 긍정하지 않음을 나타냄.

9·16·1 子在川上曰 逝者如斯夫인저 不舍晝夜로다

　　공자께서 시냇가에서 탄식하면서 말씀하셨다. "가는 것이 이와 같구나! 밤낮을 그치지 않고 흘러가는구나!"

○자재천상왈(子在川上曰) : 공자께서 물이 흐르는 시냇가에서 탄식하면서 한 말. 여기서 '上'은 '-가'나 '-곁'을 말함. "川是水之流處"
○서자여사부(逝者如斯夫) : 가는 것이 이와 같구나! 공자께서 세월의 흐림이 빠르고 쉬지 않음을 비유한 말. ☞서자(逝者) : 지나가다. 흘러가다. ☞여사부(如斯夫) : 이와 같구나! 물과 같다는 말. '斯'는 '물'을 가르킴. '夫'는 감탄을 나타내는 어조사(語助辭).

"逝是往 斯指水"
○불사주야(不舍晝夜) : 밤낮 그치지 않고 흘러가다.「논어비지(論語備旨)」〈인물전고란(人物典故欄)〉 "天文策曰 日之所麗曰晝 晝陽也 月之所麗曰夜 夜陰也 總合十二時而爲一晝夜也" '舍'는 상성(上聲)으로 쓰여 '그치다'라는 뜻. "言自晝至夜 無一息止意"

天地之化는 往者過하고 來者續하여 無一息之停하니 乃道體之本然也라 然이나 其可指而易(이)見者는 莫如川流라 故로 於此에 發以示人하시니 欲學者로 時時省察하여 而無毫髮之間斷也라
○程子曰 此는 道體也니 天運而不已하여 日往則月來하고 寒往則暑來하며 水流而不息하고 物生而不窮하니 皆與道爲體하여 運乎晝夜하여 未嘗已也라 是以로 君子法之하여 自强不息하나니 及其至也하여는 純亦不已焉이라 又曰 自漢已來로 儒者가 皆不識此義하니 此見聖人之心이 純亦不已也라 純亦不已는 乃天德也니 有天德이라야 便可語王道어늘 其要는 只在謹獨이라 愚按 自此로 至終篇히 皆勉人進學不已之辭니라

천지의 조화는 갈 것이 지나가고 올 것이 이어져서 한 순간이라도 그침이 없으니 바로 도의 본체가 그러한 것이다. 그러나 그것을 가리켜 쉽게 볼 수 있는 것은 시냇물의 흐름만한 것이 없기 때문에 여기에서 나타내서 사람들에게 보여주셨으니, 배우는 자들로 하여금 때때로 성찰하여 공부에 털끝만큼이라도 틈이 없도록 하신 것이다.

○정자가 말했다. "이것은 도의 본체다. 하늘은 운행하여 그치지 않아서 해가 지면 달이 뜨고 추위가 가면 더위가 오며, 물은 흘러서 쉼이 없고 사물이 생겨나서 다함이 없으니, 모두 도와 더불어 몸이 되어서 밤낮으로 운행하여 일찍이 그침이 없는 것이다. 그러므로 군자는 이를 본받아서 자강불식해야 할 것이니, 그 지극한 경지에 이르러서는 순수함도 또한 그치지 않는 것이다." 또 말했다. "한나라 이래로 유자들은 모두가 이 뜻을 알지 못하였으니, 여기에서 성인의 마음이 순수하고 또한 그침이 없다는 것을 볼 수 있다. 순수하고 또한 그침이 없는 것이 바로 천덕이니, 천덕이 있어야 곧 왕도를 말할 수 있는데 그 요점은 근독에 있을 뿐이다." 내[朱子]가 살펴 보건대, 이 장으로부터 마지막 편까지 모두 사람들에게 학문에 진전하여 그침이 없도록 힘쓰게 하신 내용이다.

○자강불식(自强不息) : 쉬지 않고 노력함.「주역(周易)」《건괘(乾卦)》"天行乾 君

子以自强不息" 여기에 대한 자세한 내용은 「중용(中庸)」 26장 전체를 참고할 것.
○왕도(王道) : 인의(仁義)에 바탕을 둔 정치. 왕유(王猷). ↔패도(覇道).
○근독(謹獨) : 홀로 있을 때를 삼감. 「중용(中庸)」 1·3 참고.

[備旨] 夫子偶在川上하사 會諸心而形諸歎에 曰天地間에 往者過하고 來者續하여 逝而
不已者가 如斯夫인저 自晝至夜히 無有止息也니 人可不察其本然之體哉아

부자께서 우연히 시냇가에 계시면서 마음에 깨닫고 탄식을 나타낼 적에 말씀하시기
를, "천지간에 갈 것은 지나가고 올 것은 이어져서 가고 그치지 않는 것이 이와 같구
나! 낮부터 밤까지 그치거나 쉼이 없으니 사람들이 그 본연의 모습을 살피지 않을 수
있겠는가?"라고 하셨다.

9·17·1 子曰 吾未見好德을 如好色者也로라

공자께서 말씀하셨다. "나는 덕을 좋아하기를 여색을 좋아하듯 하는 자를 보지
못했다."

○오미견호덕여호색자야(吾未見好德如好色者也) : 나는 덕을 좋아하는 것을 여색
을 좋아하는 것처럼 하는 사람을 보지 못했다. ☞미견(未見) : 아직 보지 못함을
슬퍼한다는 말. ☞호색(好色) : 여색을 좋아함. ☞호덕(好德) : 덕을 좋아함. "德兼
人己言 未見是致慨意"

謝氏曰 好好色과 惡(오)惡臭는 誠也니 好德을 如好色이면 斯誠好德矣라 然이나
民鮮能之니라
○史記에 孔子居衛하실새 靈公이 與夫人으로 同車하고 使孔子로 爲次乘하여 招搖
市過之한대 孔子愧之라 故로 有是言이라

사 씨가 말했다. "호색을 좋아하고 악취를 싫어한다는 것은 성이니, 덕을 좋아하
기를 여색을 좋아하듯이 한다면 진실로 덕을 좋아할 것이다. 그러나 사람들이 여
기에 능한 이가 드물 것이다."
○「사기」에 공자가 위나라에 계실 때에 영공이 부인과 수레를 함께 타고, 공

자로 하여금 다음에 타게 하여 한가롭게 즐기면서 시내를 지나가자 공자께서 부끄럽게 여기셨으므로, 이 말씀을 하신 것이라고 했다.

○호색(好色) : 여색을 좋아함. 「맹자(孟子)」《양혜왕상(梁惠王上)》"寡人有疾 寡人好色"
○초요(招搖) : 한가롭게 즐기는 모양. 「논어집주(論語集註)」"朱子曰招搖如翺翔"

[備旨] 孔子歎好德之難에 曰好德之當誠은 有甚乎好色者也라 人多拘於氣稟하고 累於物欲하여 以喪其秉彝之良이라 吾未見好德之心을 果能如好色之誠者也로라 良可慨已라

　공자께서 덕을 좋아하기가 어려움을 탄식할 적에 말씀하시기를, "덕을 좋아하는 것을 마땅히 성실하게 해야 함은 여색을 좋아하기보다 더해야 할 것이다. 사람이 흔히 기품에 구애되고 물욕에 괴롭힘을 당해서 그 태어날 때부터 갖고 있는 도리를 지키는 것을 잃어버리는 경우가 많다. 나는 덕을 좋아하는 마음을 진실로 여색을 좋아할 때에 성실하게 하는 것같이 하는 사람을 보지 못했다. 진실로 개탄할 따름이다."라고 하셨다.

○기품(氣稟) : 타고난 성품. 천부의 성질과 품격.
○병이지량(秉彝之良) : 태어날 때부터 가지고 있는 떳떳한 도리를 굳게 지키려는 인간의 마음. 병이(秉夷). ☞병이(秉彝) : 인간의 떳떳한 도리를 굳게 지킴. 상도(常道)를 지킴. '彝'는 '常'의 뜻.

9·18·1 了口 譬如爲山에 未成 一簣하여 止도 吾止也며 譬如平地에 雖覆(복)一簣나 進도 吾往也니라

　공자께서 말씀하셨다. "사람이 학문하는 모습을 비유하자면 산을 만들 적에 한 삼태기를 쌓지 못하여 중지하는 것도 내가 중지하는 것이며, 또 비유하자면 땅을 고를 적에 다만 한 삼태기를 부어 놓는 데 불과하지만 그 작업이 나아가는 것도 내가 나아가는 것이다."

○비여위산(譬如爲山) : 학문하는 모습을 비유하면 흙을 쌓아 산을 만드는 것과

같다. '譬如'는 '비유하자면 …과 같다.'는 뜻이고 '爲山'은 흙을 쌓아 산을 만든다는 뜻. "爲山是積土爲山"

○미성일궤(未成一簣) : 한 삼태기의 흙이 모자라서 이루지 못하다. 장차 이루려고 하다가 이루지 못함. "比爲學者 將成而未成意"

○지(止) : 그치다. 중지함. 한 삼태기의 흙도 더하지 못함. "是不加一簣之土"

○오지야(吾止也) : 스스로 포기하는 것이라는 말. "是自棄不爲"

○수복일궤(雖覆一簣) : 다만 삼태기의 흙을 부어 놓는 데 불과하나. 단 한 번의 힘을 쓴 것에 불과하다는 말. ☞수(雖) : 다만 …하는 데 불과하다. 범위가 제한됨을 나타내며 '惟'와 통함. ☞복(覆) : 부어 놓다. "比學者 一旦用力之意"

○진(進) : 나아가다. 흙을 그 위에 부어 놓음. "是向前覆土"

○오왕야(吾往也) : 나의 나아감이다. 내 스스로 나아감에 대해 자긍하는 말. "是自肯用力"

簣는 土籠也라 書에 曰爲山九仞에 功虧一簣라하니 夫子之言이 蓋出於此라 言山成而但少一簣하여 其止者도 吾自止耳요 平地而方覆一簣하여 其進者도 吾自往耳라 蓋學者는 自强不息하면 則積少成多하고 中道而止면 則前功盡棄니 其止其往이 皆在我而不在人也라

궤(簣)는 삼태기다. 「서경」에 "아홉 길이나 되는 산을 만들 때에 공을 들인 것이 한 삼태기 때문에 무너진다." 하였으니, 부자의 말씀은 대개 여기에서 나온 것이다. 산이 거의 다 이루어졌는데 다만 한 삼태기가 모자라서 그 중지하는 것도 자신이 중지한 것일 따름이고, 땅을 고르면서 바야흐로 한 삼태기를 부어 놓고서 그 나아가는 것도 자기가 스스로 간 것일 따름이다. 대개 배우는 자들은 자강불식 하면 작은 것을 쌓아 많은 것을 이루고, 중도에서 그치면 지난 날 공들인 것도 모두 버리게 되는 것이니, 그 중지함과 나아감이 모두 자신에게 있고 남에게 있는 것이 아니다.

○토롱(土籠) : 대나무로 엮어 만든 흙을 담는 기구. 삼태기.

○인(仞) : 길. 어른 키의 한 길이. 높이나 길이를 재는 단위.

○자강불식(自强不息) : 쉬지 않고 노력함. 「주역(周易)」《건괘(乾卦)》 "天行乾 君子以自强不息" 여기에 대한 자세한 내용은 「중용(中庸)」 26장 전체를 참고할 것.

[備旨] 夫子警人進學意에 曰人之爲學에 有將成而中止者는 譬如爲山에 未成者가 特一

簣之土耳라 彼固止而不爲焉이니 其止也實吾之自止요 非人所能阻也라 有始事而進修者는 譬如平地에 方覆者가 雖一簣之土乎인저 彼固進而不已焉이니 其進也實吾之自往이요 非人所能使也라 夫止之自我니 卽垂成者도 不可恃요 往之自我니 卽方進者도 不可量이니 學者는 當知所勉矣라

부자께서 사람들에게 학문에 나아가는 것을 깨우쳐 주려는 생각에서 말씀하시기를, "사람들이 학문을 할 적에 막 이루어지려고 하는데 중지하는 것은, 비유하건대 마치 산을 만들 적에 이루지 못하는 것이 다만 한 삼태기의 흙이 모자라서 그렇게 됨과 같다. 그것은 진실로 그만두고 행하지 않아서 그런 것이니, 그것을 그만 두는 것은 진실로 내가 스스로 그만두는 것이지 다른 사람들이 막아서 그렇게 되는 것은 아니다. 일을 시작해서 배움에 나아가는 사람은, 비유하건대 마치 땅을 고를 적에 바야흐로 부어 놓는 것이 다만 한 삼태기의 흙에 불과함과 같다. 그것은 진실로 나아가서 그만두지 말아야 할 것이니, 거기에 나아가는 것은 진실로 내가 스스로 나아가는 것이지 다른 사람들이 시켜서 할 수 있는 것은 아니다. 무릇 그만두는 것은 자신으로부터 시작되는 것이니 거의 이루어졌더라도 믿어서는 안 될 것이고, 나아가는 것도 자신으로부터 시작되는 것이니 겨우 나아갔다고 하더라도 미루어 헤아려서도 안 될 것이니, 배우는 이들은 마땅히 힘쓸 바를 알아야 할 것이다."라고 하셨다.

○조(阻) : 막히다.
○수(垂) : 거의. 가까움.
○수일궤지토호(雖一簣之土乎) : 다만 한 삼태기의 흙에 불과하다. '雖'는 '惟'와 통하는데 어떤 범위에 제한됨을 나타내며 '다만 …하는 데 불과하다' '겨우' 등으로 해석한다. '乎'는 문장 끝에 쓰여 추측을 나타내는 어조사.

9·19·1 子曰 語之而不惰者는 其回也與인저

공자께서 말씀하셨다, "내가 깨우쳐 주면 게을리 하지 않았던 사람은 아마도 안회였을 것이다."

○어지이불타자(語之而不惰者) : 깨우쳐주면 게을리 하지 않는 사람. "語是告"
○기회야여(其回也與) : 아마도 안회였을 것이다. 깨우쳐 주면 게을리 하지 않을 사람은 아마도 안회뿐이었을 것이라는 말. '其'는 '아마'의 뜻으로 추측을 나타내는 말. '也

與'는 구(句)의 끝에 쓰여 '也'는 단정을 나타내고, '與'는 평성(平聲)으로 추측하는 정도의 아주 가벼운 감탄을 나타냄. "獨回一人"

惰는 懈怠也라 范氏曰 顔子가 聞夫子之言하고 而心解力行하여 造次顚沛라도 未嘗違之하니 如萬物이 得時雨之潤하여 發榮滋長하니 何有於惰리오 此는 群弟子가 所不及也니라

타(惰)는 게으름이다. 범 씨가 말했다. "안자는 부자의 말씀을 듣고 마음으로 이해하고 힘써 행해서 잠시 동안 의지가 꺾이더라도 일찍이 어긴 적이 없었으니, 마치 만물이 때를 따라 오는 비를 만나 꽃을 피우고 점점 자라는 것과 같았으니, 어찌 태만함이 있었겠는가? 이는 여러 제자들이 미치지 못했던 것이다."

○조차(造次) : 매우 짧은 동안. 창졸간.
○전폐(顚沛) : 곤궁하여 의지가 꺾임.
○시우(時雨) : 때 맞게 오는 비. 교화(敎化)가 두루 미침의 비유.

[備旨] 夫子稱顔回意에 曰學者는 以體敎爲難이라 若夫語之以道면 卽心解力行하여 毅然勇往하여 而不怠惰者는 其惟回也與인저 語之博約이면 則旣竭吾才하고 語之克復이면 則請事斯語하니 不惰之學을 於玆에 見矣라 回其無負於吾之敎乎인저 惜乎諸子之不皆回也라

부자께서 안회를 칭찬하는 뜻에서 말씀하시기를, "배우는 사람들은 가르침을 몸소 실천하는 것을 어렵다고 생각한다. 도를 깨우쳐 주면 곧 마음으로 이해하고 힘써 행해서 의연히 용감하게 나아가서 게으름을 부리지 않았던 사람은 아마도 오직 안회뿐이었을 것이다. 박문약례를 일러주면 이미 자기의 재주를 다하고 극기복례를 말해 주면, '이 말씀대로 실천하겠습니다.' 했으니, 배움에 게으름을 부리지 않았음을 여기에서 볼 수 있다. 안회는 아마도 나의 가르침을 저버리지 않았다. 애석하게도 여러 제자들이 모두 안회와 같지 않다."라고 하셨다.

○체교(體敎) : 가르침을 몸으로 실천함.
○의연(毅然) : 의지가 강하여 사물에 동하지 아니하는 모양. ☞의(毅) : 굳세다.
○청사사어(請事斯語) : 이 말대로 실천하겠다는 말. 본서 12·2·1 참고.
○박약(博約) : 박문약례(博文約禮). 널리 학문을 닦고 예절을 잘 지킴.

○극복(克復) : 극기복례(克己復禮). 사욕(私慾)을 누르고 천리(天理)에 돌아감.

9·20·1 子謂顔淵曰 惜乎라 吾見其進也요 未見其止也로라

공자께서 안연을 회상해 평하시면서 말씀하셨다. "애석하구나! 나는 그가 전진하는 것만 보았고 그가 그만두는 것을 보지 못하였다."

○자위안연왈(子謂顔淵曰) : 공자가 안연에 대해 이르다. 공자께서 이미 죽은 안연에 대해 추념하면서 말씀한 내용. '謂'는 '평하다'는 의미가 강함. "是夫子追傷顔子旣死之辭"
○석호(惜乎) : 안타깝구나! 애석하구나! "是歎息不已"
○오견기진야(吾見其進也) : 나는 그가 나아가는 것만 보다. 공자 자신이 안연이 게으름을 부리지 않고 도를 향해 앞으로 나아가는 것만 보았다는 말. "進就是不惰"
○미견기지야(未見其止) : 그가 중도에서 그치는 것을 보지 못하다. "止卽是惰俱就平日工夫言"

進止二字는 說見上章이라 顔子旣死하니 而孔子惜之하여 言其方進而未已也라

진(進)과 지(止)의 두 글자는 말씀이 앞 장[본서 9·18·1]에 나타난다. 안자가 이미 죽었으니, 공자께서 애석히 여겨 그는 계속 전진만 하고 그만두지 않았음을 말씀하신 것이다.

[備旨] 夫子追思而謂顔淵에 曰回之死는 其可惜矣夫인저 蓋學은 成於進하고 廢於止하나니 若回也는 吾見其向道而進也요 未見其中道而止也라 使天假之以年이면 其進을 庸可量乎아 今也則亡하니 吾能不惜哉아

부자께서 지난 일을 생각하고 안연을 평할 적에 말씀하시기를, "안회의 죽음은 진실로 애석하도다! 대개 학문은 나아가는 데서 이루어지고 그치는 데서 폐하게 되니, 안회와 같은 이는 내가 도를 향해 나아가는 것만 보았고 중도에서 그치는 것을 보지 못했다. 가령 하늘이 그에게 나이를 연장해 주었다면 그 학문의 전진을 어찌 헤아릴 수 있었겠는가? 지금은 없으니 내가 아까워하지 않겠는가?"라고 하셨다.

○추사(追思) : 지나간 일을 생각함. 추념(追念). 추회(追懷). 추상(追想).
○사천가지이년(使天假之以年) : 가령 하늘이 나이를 연장해 준다면. '假'를 평성
(平聲)으로 해석하면, '빌리다'라는 뜻이고, 입성(入聲)으로 해석하면 '이르다[格]'라
는 뜻이다.
○용(庸) : 설마 …아니겠지? 어찌. 어떻게.

9·21·1 子曰 苗而不秀者가 有矣夫며 秀而不實者가 有矣夫인저

공자께서 말씀하셨다. "싹이 났지만 꽃이 피지 못하는 경우도 있으며, 꽃은 피었
지만 열매를 맺지 못하는 경우도 있구나!"

○묘이불수자유의부(苗而不秀者有矣夫) : 싹이 나지만 꽃이 피지 못하는 경우가 있다.
싹이 났지만 꽃이 피지 못한 경우가 있듯이, 사람이 바탕이 아름답지만 배우지 못하는
경우도 있다는 말. ☞의부(矣夫) : …하구나. …이겠지? '矣'는 '이미 그러한', '장차 그러
할'이란 의미를 나타낸다. '夫'는 감탄을 나타낸다. "言未必皆不秀間或有之 此句喩人質
雖美而不能學也"
○수이부실자유의부(秀而不實者有矣夫) : 꽃이 피지만 열매를 맺지 못하는 경우가
있다. 꽃은 피었지만 열매를 맺지 못하는 경우가 있듯이, 사람이 배워도 덕을 이
루지 못하는 경우도 있다는 말. ☞수(秀) : 꽃이 피다. "言未必皆不實間或有之 此
句喩人雖學而不能成德也"

**穀之始生曰苗라 吐華曰秀요 成穀曰實이라 蓋學而不至於成이 有如此者라 是以
로 君子는 貴自勉也니라**

곡식이 처음 나는 것을 묘(苗)라 한다. 꽃이 피는 것을 수(秀)라 하고, 곡식이
성숙된 것을 실(實)이라 한다. 대개 학문을 하지만 완성에 이르지 못한 것이 이러
한 경우다. 그러므로 군자는 스스로 힘쓰는 것을 귀하게 여겨야 할 것이다.

[備旨] 夫子勉人進學意에 曰學貴於有成也라 曷觀諸苗乎아 自苗而秀者는 理也나 然이
나 力有不盡이면 則苗而不秀者가 容有矣夫며 自秀而實者는 理也나 然이나 功有不繼면
則秀而不實者가 容有矣夫인저 然則學者는 當由始以至於成히 毋爲不秀不實之苗可也라

부자께서 사람들에게 학문에 나아가는 것을 힘쓰도록 하려는 뜻에서 말씀하시기를, "학문은 완성시키는 것을 귀하게 여긴다. 어떻게 싹을 볼 수 있는가? 싹이 터서 꽃이 피는 것은 이치지만 힘을 다하지 않으면 싹은 텄지만 꽃이 피지 못하는 경우가 혹 있을지도 모르며, 꽃이 피어서 열매를 맺는 것은 이치지만 계속해서 공을 들이지 않으면 꽃은 피었지만 열매를 맺지 못하는 경우가 혹 있을지도 모른다. 그렇다면 배우는 자들은 마땅히 시작부터 성공에 이르기까지 꽃이 피지 못하거나 열매를 맺지 못하는 싹이 되지 않도록 해야 할 것이다."라고 하셨다.

○갈(曷) : 어떻게. 언제. 무엇 때문에.
○용(容) : 혹시 …일지도 모른다.

9·22·1 子曰 後生可畏니 焉知來者之不如今也리오 四十五十 而無聞焉이면 斯亦不足畏也已니라

공자께서 말씀하셨다. "나이가 젊은 후배는 두려우니, 어찌 장래에 그들이 지금만 못하다고 판단하겠는가? 그러나 40~50세가 되어도 명성이 들리지 않으면, 이 또한 족히 두려울 것이 없을 따름이다."

○후생가외(後生可畏) : 뒤에 태어나는 이들이 두렵다. 후배들이 두렵다는 뜻으로, '후배는 나이가 젊고 의기가 강하므로 학문을 계속 쌓고 덕을 닦아 가면 그 진보는 선배를 능가하는 경지에 이를 것'이라는 말. "後生是比之長者 其生在後 可畏是 有可畏之勢 註年富力强二句正是可畏處"
○언지래자지불여금야(焉知來者之不如今也) : 어찌 앞으로 후배들이 지금만 못하다고 하겠는가? "焉知是未敢必之辭 來指後生將來說 今者自我今日爲先覺言"
○사십오십이무문언(四十五十而無聞焉) : 40~50세가 되어도 명성이 없다. 40~50세가 되면 도는 밝아지고 덕은 세워지는 시기이고 몸도 쇠약해지는 시기인데 선행한다는 소리가 들리지 않음. "是道明德立之時 亦是年過半力漸退時 無聞是無善行可稱述意 不在名譽上說"
○사역부족외야이(斯亦不足畏也已) : 이것 또한 두려워할 게 없다. 40~50세가 되어도 소문이 들리지 않으면 이젠 나이도 들고 힘도 쇠약하기에 선행을 행하려고 해도 바랄 것이 없기에 두려워할 필요가 없다는 말. ☞야이(也已) : …이다. …하구나. 허사(虛詞)

가 연용되어 '也'는 단정을 나타내고 '已'는 일의 상태를 나타냄. 주로 단정의 뜻을 나타냄. "斯指無聞說 不足畏應前可畏看"

孔子言後生은 **年富力强**하여 **足以積學而有待**니 **其勢可畏**라 **安知其將來**가 **不如我之今日乎**아 **然**이나 **或不能自勉**이라가 **至於老而無聞**이면 **則不足畏矣**니 **言此以警人**하여 **使及時勉學也**시니라 **曾子曰 五十而不以善聞**이면 **則不聞矣**라하시니 **蓋述此意**니라 **尹氏曰 少而不勉**하여 **老而無聞**이면 **則亦已矣**어니와 **自少而進者**면 **安知其不至於極乎**아 **是可畏也**니라

공자께서 말씀하시기를, "나이가 젊은 후배는 살 나이가 많고 힘도 강해 족히 학문을 쌓으면 앞날을 기대할 수 있으니 그 형세가 두렵다. 어찌 그 장래가 나의 오늘날만 못 하다고 판단할 수 있겠는가? 그러나 혹 스스로 힘쓰지 않고 있다가 늙을 때까지 세상에 알려짐이 없다면 족히 두려울 것이 없다."고 하셨으니, 이것을 말씀해서 사람들을 경계시켜 그들로 하여금 때를 쫓아 학문에 힘쓰도록 하신 것이다. 증자가 말하기를, "50세가 되어도 좋은 소문이 나지 않으면 이젠 명성이 들리지 않을 것이다." 했으니, 아마도 이 뜻을 서술함일 것이다. 윤 씨가 말했다. "젊어서 힘쓰지 않고 늙어서 세상에 소문이 없다면 또한 그것으로 그만이겠지만, 젊어서부터 전진하는 자라면 어찌 그가 지극한 경지에 이르지 못한다고 판단하겠는가? 이것이 두려운 것이다."

[備旨] 夫子警人及時勉學意에 曰後生은 年富力强하여 其勢可畏也라 由此進之면 焉知來者所就가 不如我今日之期望乎아 然이나 或以年少로 爲可待하여 而不能乘時以自勉이라가 至於四十五十이로되 而無道德之可聞焉이면 則年已邁力已衰하여 終無進善之期矣니 尙足畏哉인저 然則爲後生者는 愼毋忽其所可畏하여 而使天下로 以爲不足畏也已니라

부자께서 사람들에게 때를 쫓아 학문에 힘쓰는 것을 깨우쳐 주려는 뜻에서 말씀하시기를, "나이가 젊은 후배들은 살 나이가 많고 힘도 강해 그 형세가 두렵다. 이로 말미암아 학문에 나아간다면, 어찌 장래에 그들의 전진하는 것이 내가 오늘날 기대하는 것보다 못 하다고 판단할 수 있겠는가? 그러나 혹 나이가 젊으니 기다리면 된다고 생각하여 능히 기회를 타서 스스로 힘쓰지 않고 있다가 40~50이 되었지만 도덕에 소문날 만한 것이 없다면, 나이는 이미 들어버렸고 힘도 쇠약하여 끝내 선에 나아가려고 해도 바랄 게 없을 것이니 오히려 두려울 게 없을 것이다. 그렇다면 후배가 된 사람은 참으로 두려워해야 할 것을 소홀히 해서 천하 사람들로 하여금 족히 두려워 할 것이 없다

고 생각하도록 해서는 안 될 것이다.”라고 하셨다.

○급시(及時) : 때를 쫓음. 때를 뒤쫓아 따라간다는 말.
○승시(乘時) : 기회를 이용하다.
○매(邁) : 늙다. 지나다. 「후한서(後漢書)」 “非官爵之不高 年齒之不邁”
○신(愼) : 참으로. 삼가다. 언행을 조심스럽게 가짐.

9·23·1 子曰 法語之言은 能無從乎아 改之爲貴니라 巽與之言은 能無說(열)乎아 繹之爲貴니라 說(열)而不繹하며 從而不改면 吾末如之何也已矣니라

공자께서 말씀하셨다. “바르게 해주는 말은 따르지 않을 수 있겠는가? 그러나 한갓 따르기만 한다고 귀한 것이 아니고 잘못을 고쳐야 귀한 것이다. 완곡하게 인도해주는 말은 기뻐하지 않을 수 있겠는가? 그러나 한갓 따르기만 한다고 귀한 것이 아니고 실마리를 찾아야 귀한 것이다. 기뻐하기만 하고 그 뜻을 찾지 않으며 따르기만 하고 잘못을 고치지 않는다면, 나도 어찌 할 수 없을 따름이다.”

○법어지언(法語之言) : 바르게 해주는 말. 귀감이 될 만한 말. ☞법어(法語) : 본이 될 만한 말. “是指其過失而直言之 故曰法語”
○개지위귀(改之爲貴) : 그것을 고치는 것이 귀하다. 말을 듣고 잘못 행하던 것을 고치는 것이 귀한 일임. ‘之’는 대명사. “改之是依吾言 而改其所爲之失”
○손여지언(巽與之言) : 완곡하게 인도해 주는 말. “是婉曲以道其過失 故曰巽與” ☞손(巽) : 유순하다. 공순함. ‘巽’은 64괘에서 말하는 바람[風]이다. 바람은 어떠한 곳이라도 조용히 들어간다. 그와 같이 사람 마음에 자연스럽게 들어감을 의미한다.
○역지위귀(繹之爲貴) : 말을 듣고 실마리를 찾는 것이 귀하다. ☞역(繹) : 이치를 헤아리다. 사물의 이치를 찾아 밝히다. ☞지(之) : 대명사. “繹之是循吾言 而玩索以尋意緒之所在”
○오말여지하야이의(吾末如之何也已矣) : 나도 어찌할 수 없을 따름이다. ‘如~何’는 관용어구로 ‘…을 어떻게 하다.’라고 해석하며 목적어가 중간에 옴. ‘奈~何’ ‘若~何’도 같은 형태다. ‘也已矣’는 ‘…하구나!’의 뜻으로 허사(虛詞)가 연용된 형태다. ‘也’는 단정을 나타내고, ‘已’는 일의 상태를 나타내며, ‘矣’는 감탄을 나타낸다. 그리고 해석의 중점은

'矣'에 있다. "末無也"

法語者는 正言之也요 巽言者는 婉而導之也라 繹은 尋其緖也라 法言은 人所敬
憚이라 故로 必從이나 然이나 不改면 則面從而已요 巽言은 無所乖忤라 故로 必說이
나 然이나 不繹이면 則又不足以知其微意之所在也니라
○楊氏曰 法言은 若孟子論行王政之類가 是也요 巽言은 若其論好貨好色之類
가 是也라 語之而不達하고 拒之而不受는 猶之可也어니와 其或喩焉이면 則尙庶幾
其能改繹矣어늘 從且說矣로되 而不改繹焉이면 則是는 終不改繹也已니 雖聖人이
나 其如之何哉리오

법어(法語)란 바르게 말해 주는 것이고 손언(巽言)이란 완곡하게 인도하는 것이
다. 역(繹)은 그 실마리를 찾는 것이다. 바르게 말해 주는 것은 사람들이 공경하고
두려워하는 바이므로 반드시 따라야 할 것이지만, 고치지 않는다면 겉으로만 따를
뿐일 것이요, 완곡하게 인도해 주는 것은 배반하여 거역하는 바가 없을 것이므로
반드시 기뻐해야 할 것이지만, 그 실마리를 찾지 못한다면 또한 거기에 깊은 뜻이
있다는 것을 알지 못할 것이다.
　○양 씨가 말했다. "바르게 말해 주는 것은 맹자께서 왕도를 행할 것을 논한 것
과 같은 종류가 이것이요, 완곡하게 인도하는 것은 재물을 탐하거나 여색을 좋아
하는 것을 논한 것과 같은 종류가 이것이다. 말해줘도 깨닫지 못하고 거절하고 받
아들이지 않는 것은 그래도 괜찮다고 하겠지만, 그가 혹시라도 깨달았다면 오히려
그가 능히 고치고 찾기를 원해야 할 것인데, 따르거나 기뻐하면서도 고치거나 찾
지 않는다면 이는 끝내 고치거나 찾지 못할 뿐이니, 비록 성인이라고 한들 어떻게
할 수 있겠는가?"

○경탄(敬憚) : 공경하며 두려워함. 경외(敬畏).
○괴오(乖忤) : 배반하여 거역함. 어그러짐. 괴오(乖迕).
○미의(微意) : ①감추어진 뜻. 깊은 뜻. ②변변치 못한 성의. 자기의 마음이나 성
의를 겸손하게 이르는 말. 여기서는 ①의 뜻.
○왕정(王政) : 왕도(王道)로써 다스리는 정치. 인정(仁政).「맹자(孟子)」《양혜왕
하(梁惠王下)》"孟子對曰 夫明堂者 王者之堂也 王欲行王政 則勿毀之矣"
○호화(好貨) : 재물을 탐함.「맹자(孟子)」《양혜왕하(梁惠王下)》"王曰 寡人有疾
寡人好貨"

○호색(好色) : 여색을 좋아함. 「맹자(孟子)」《양혜왕하(梁惠王下)》 "王曰 寡人有疾 寡人好色"
○서기(庶幾) : 원하다. 희망하다. …이겠지요. 부사로서 기대하는 말을 나타냄.

[備旨] 夫子勉人以受言之益에 曰法語之言은 辭嚴義正하니 聞斯言者는 能無畏於理而從乎아 然이나 徒從之非貴也요 惟能改己之失이라야 斯爲貴耳라 巽與之言은 辭和氣婉하니 聞斯言者는 能無樂於情而悅乎아 然이나 徒悅之非貴也요 惟能繹思其意라야 斯爲貴耳라 如徒說之而不繹其意하고 從之而不改其失이면 則法言이 無以回其心이요 巽言이 無以冀其悟니라 吾末如之何也已矣니 聽言者는 可勿省哉아

　부자께서 사람들에게 말을 받아들일 때 자기에게 보탬이 되도록 힘쓰게 할 적에 말씀하시기를, "바르게 해주는 말은 말이 엄하고 뜻이 바르니 이 말을 듣는 사람은 능히 이치를 두려워해서 따르지 않을 수 있겠는가? 그러나 한갓 따르기만 한다고 귀한 것이 아니라 오직 자기의 잘못을 고쳐야 귀할 따름이다. 완곡하게 해주는 말은 온화하고 기운이 부드러우니 이 말을 듣는 사람은 능히 마음에 즐거워해서 기뻐하지 않을 수 있겠는가? 그러나 한갓 기뻐하기만 한다고 귀한 것이 아니라 오직 그 뜻을 찾아야 귀할 따름이다. 만약 한갓 기뻐하기만 하고 그 뜻을 찾지 않거나 따르기만 하고 그 실수를 고치지 않는다면, 바르게 해주는 말은 그 마음을 돌이킬 수 없고 완곡하게 해주는 말은 그 깨달음을 바랄 수 없을 것이다. 나도 어찌 할 수 없을 따름이니, 말을 듣는 사람들은 살피지 않을 수 있겠는가?"라고 하셨다.

○수언(受言) : 말을 받아들이다.
○역사(繹思) : 이치를 밝혀 생각함.

9·24·1 子曰 主忠信하며 無友不如己者요 過則勿憚改니라

　공자께서 말씀하셨다. "충성과 신의를 항상 마음속에 가지며, 학문이 자기보다 못한 사람과 사귀지 말고, 허물이 있으면 고치기를 두려워하지 말아야 할 것이다."

　○이 문장은 본래 「학이편(學而篇)」과 중복되는 내용이기에 「사서비지(四書備旨)」에는 없다. 그러므로 비지(備旨)도 없다. 본서 「학이편(學而篇)」 8장 참고.

重出而逸其半이라

두 번 나왔기에 그 절반을 빼버린 것이다.

9·25·1 子曰 三軍은 可奪帥也어니와 匹夫는 不可奪志也니라

공자께서 말씀하셨다. "삼군에게서는 장수를 뺏을 수 있으나 필부에게서는 뜻을 뺏을 수 없다."

○삼군(三軍) : 대군. 여기서는 사람이 많음을 이름. 1군은 12,500명이므로 3군이면 37,500명이다. "萬二千五百人 爲一軍 三軍是甚言其人之衆"
○가탈수야(可奪帥也) : 장수를 뺏을 수 있다. 아무리 삼군이라도 용기는 타인에게 있기에 장수를 뺏을 수 있다는 말. "可奪以勢窮力敗言 帥是主將"
○필부(匹夫) : 한 사람의 남자. 평민이나 보통의 백성. "匹夫是一人而已 見其勢甚寡"
○불가탈지야(不可奪志也) : 뜻을 뺏을 수 없다. 남자의 마음속에 있는 뜻은 쉽게 뺏을 수 없다는 말. "不可奪是不可移易意 志是心之所向"

侯氏曰 三軍之勇은 在人하고 **匹夫之志는 在己**라 **故로 帥可奪**이로되 **而志不可奪**이니 **如可奪**이면 **則亦不足謂之志矣**니라

후 씨가 말했다. "삼군의 용맹은 남에게 있고 필부의 뜻은 자신에게 있으므로 장수는 뺏을 수 있으나 뜻은 뺏을 수 없다는 것이니, 만약 뺏을 수 있다면 또한 이를 일러 뜻이라고 할 수 없는 것이다."

[備旨] 夫子勉人立志에 曰天下에 資諸人者는 難憑하고 存諸己者라야 足恃라 今夫三軍은 至衆이어늘 以三軍으로 而衛一帥면 宜不可奪也라 然이나 三軍雖衆이나 其勇在人이라 苟三軍之心有不齊하고 而力有不一하여 其帥를 固可得而奪也어니와 匹夫는 至寡어늘 以匹夫로 而立一志면 孰不謂其可奪乎아 然이나 匹夫雖微나 其志在己하니 苟所立之志가 一定이면 則有可榮可辱可生可殺이라도 而志必不可屈也니 孰得而奪之哉아

부자께서 사람들에게 뜻을 세우는 데 힘쓰도록 할 적에 말씀하시기를, "천하에서 다

른 사람으로부터 도움을 받는 것은 의지하기가 어렵고 자기에게 있는 것이라야 믿을 수 있다. 지금 저 삼군은 지극히 많은 수이기 때문에 삼군으로써 한 장수를 호위했다면 당연히 뺏을 수 없을 것이다. 그러나 삼군이 비록 많은 사람이지만 그 용기는 사람들에게 있는 것이다. 진실로 삼군의 마음은 같지도 않고 그리고 힘도 한결같지 않아서 그 장수를 진실로 차지해서 뺏을 수 있을 테지만, 필부는 지극히 적은 수이기 때문에 한 사람의 남자로써 한 가지 뜻을 세웠다면 누구인들 그에게서 뺏을 수 있다고 말하지 않겠는가? 그러나 필부는 비록 지극히 미미하지만 그 뜻이 자기에게 있으니, 진실로 세운 뜻이 하나로 정해지면 영화롭거나 욕되거나 살리거나 죽일지라도 뜻을 반드시 굴복시킬 수 없을 것이니, 누구인들 그것을 뺏을 수 있겠는가?"라고 하셨다.

9·26·1 子曰 衣敝縕袍하여 與衣狐貉(학)者로 立이로되 而不恥者는 其由也與인저

공자께서 말씀하셨다. "다 떨어진 삼베로 만든 덧옷을 입고서 여우나 담비의 털 가죽으로 만든 덧옷을 입은 사람과 더불어 서 있지만 부끄러워하지 않을 사람은 아마도 유일 것이다.

○의폐온포(衣敝縕袍) : 다 떨어진 삼베로 만든 덧옷을 입다. '衣敝之縕袍'에 해당하는 말. ☞의폐(衣敝) : 떨어진 옷을 입다. '衣'는 '입다'라는 동사로 쓰였음. '敝'는 '해지거나 떨어진 옷'을 말함. ☞온포(縕袍) : 부스러기 삼을 안에 대어 만든 옷. 빈천한 사람들이 입는 좋지 않은 옷을 이름. '縕'은 헌솜. '袍'는 바깥 옷. 온서(縕緒). 온포(縕袍)
○어의호학자입이불치자(與衣狐貉者立而不恥者) : 그리고 여우나 담비의 가죽으로 만든 옷을 입은 사람들과 서있지만 부끄러워하지 않다. ☞호학(狐貉) : 여우와 담비. 여우나 담비의 가죽으로 만든, 귀인이 입는 고급 갖옷. '狐'는 여우. '貉'은 담비. "此非必實有其事 只極形其心不爲富貴動意"
○기유야여(其由也與) : 아마도 유다. 부끄러워하지 않을 사람은 아마도 유일 것이라는 말. 유(由)는 자로(子路)를 말함. '其'는 '아마'의 뜻으로 추측을 나타내는 말. '也與'는 구(句)의 끝에 쓰이는데, '也'는 단정을 나타내고, '與'는 평성(平聲)으로 쓰여 추측하는 정도의 아주 가벼운 감탄의 뜻을 나타냄. "言唯由能之也"

敝는 壞也라 縕은 枲著也라 袍는 衣有著者也니 蓋衣之賤者라 狐貉은 以狐貉之

皮爲裘니 衣之貴者라 子路之志如此면 則能不以貧富로 動其心하여 而可以進於
道矣라 故로 夫子稱之시니라

　　폐(敝)는 해진 것이다. 온(縕)은 삼베를 두루마기 안에 대는 것이다. 포(袍)는 옷
에 솜같은 것을 붙인 것이니 대개 옷 중에서 천한 것이다. 호학(狐貉)은 여우나
담비의 가죽으로 갖옷을 만든 것이니 옷 중에서 귀한 것이다. 자로의 뜻이 이와
같았으면 능히 빈부로써도 그 마음을 움직일 수 없어서 도에 나아갈 수 있었을
것이므로, 부자께서 칭찬하신 것이다.

○시착(枲著) : 삼베를 두루마기 안에 댐. 또는 그 두루마기. ☞시(枲) : 수삼[牡
麻]. 대마의 수그루. 또는 삼[麻]의 범칭. ☞착(著) : 붙이다.
○구(裘) : 갖옷. 가죽옷. 털가죽옷.

[備旨] 夫子稱子路意에 曰衣敝壞之縕袍하여 與衣狐貉之裘者로 並立이로되 乃能忘情於
富貴之交하여 而恬然不以爲恥者는 其唯由也라야 能之與인저 夫由之志如此면 則可以進
於道하여 而無往不善矣라

　　부자께서 자로를 칭찬하는 뜻에서 말씀하시기를, "다 떨어진 삼베를 대어 만든 덧옷
을 입고서 여우나 담비의 털가죽으로 만든 덧옷을 입은 자와 더불어 나란히 서 있지
만, 오히려 마음을 부귀한 사람들과 사귀는 것을 버리고서 아무런 욕심도 없이 부끄럽
다고 생각하지 않을 사람은 아무래도 유라야 능히 할 수 있을 것이다. 무릇 유의 뜻이
이와 같다면 도에 나아갈 수 있어서 어디를 가더라도 선하지 않음이 없을 것이다."라
고 하셨다.

○폐괴(敝壞) : 해어지고 망가짐.
○내(乃) : 오히려. 의외로. 부사로서 전환이나 의외의 생각을 나타냄.
○염연(恬然) : 편안하고 조용한 모양. 마음에 아무런 욕심이나 잡념이 없는 모양.

9·26·2 不忮不求면 何用不臧이리오

해치지도 않고 탐내지도 않는다면 어찌 좋지 않겠는가?"

○불기불구(不忮不求) : 남을 해치지도 않고 남의 것을 탐내지도 않다. ☞기(忮) : 해치다. 부끄러운 마음에 격해져서 질투하게 되는 것. ☞구(求) : 탐하다. 부끄러운 마음에 빠져서 원하게 되는 것. "忮是恥心之激 而爲嫉妬" 求是恥心之溺 而爲希冀"
○하용부장(何用不臧) : 어찌 훌륭하지 아니한가? ☞하용(何用) : '何以'와 같은 말. ☞장(臧) : 좋다. 훌륭하다. "何用是無難"

忮는 害也요 求는 貪也요 臧은 善也라 言能不忮不求면 則何爲不善乎리오 此는 衛風雄雉之詩니 孔子引之하여 以美子路也시니라 呂氏曰 貧與富交면 强者必忮하고 弱者必求니라

기(忮)는 해치는 것이요, 구(求)는 탐하는 것이요, 장(臧)은 좋은 것이다. '해치지도 않고 탐내지도 않는다면 어찌하여 좋다하지 않겠는가?'라고 말씀한 것이다. 이는 《위풍》 웅치편의 시인데, 공자께서 이것을 인용하여 자로를 찬미하신 것이다. 여 씨가 말했다. "가난한 자와 부자가 사귀면 강한 자가 반드시 해칠 것이고 약한 자는 반드시 탐할 것이다."

[備旨] 衛風雄雉之詩에 有曰人이 若能不忌人之有로되 而忮害하고 不恥己之無로되 而貪求면 則何所爲而不善乎아하니 是詩也는 其由之謂矣인저

《위풍》 웅치편의 시에 '사람이 만약에 능히 다른 사람이 가진 것을 질투하지만 해치지 않고 자기에게 없는 것을 부끄러워하지만 탐욕스럽게 구하지 않는다면, 무엇을 행하더라도 좋지 않겠는가?'라고 했으니, 이 시는 아마도 유를 이름일 것이다.

○기해(忮害) : 시기하여 해침.
○소위(所爲) : 한 짓이나 일. 소행. 소이(所以)
○탐구(貪求) : 탐욕스럽게 구함. 만족하지 못하고 구함.

9·26·3 子路終身誦之한대 子曰 是道也가 何足以臧이리오

자로가 항상 이 시를 외우려고 하였는데 공자께서 말씀하셨다. "시에서 말한 그 도만이 어찌 족히 좋다고 할 수 있겠는가?"

○종신송지(終身誦之) : 종신토록 외우다. 항상 외운다는 뜻. "終身是常常意之 指不忮二句誦 有佩服不忘意"
○시도야(是道也) : 이 도. 「시경(詩經)」의 인용구를 가리킴. "指不忮不求言"
○하족이장(何足以臧) : 어찌 족히 훌륭하다고 할 수 있겠는가? 항상 그것만 외우는 데 자만하지 말고 전진하라는 말. ☞족이(足以) : …할 수 있다. 조동사로서 허가나 가능을 나타냄. '足'과 '以'가 결합하여 하나의 조동사로 굳어진 것이다. "言其不足以盡終身之道"

終身誦之면 則自喜其能하여 而不復求進於道矣라 故로 夫子復言此以警之시니라
○謝氏曰 恥惡衣惡食은 學者之大病이니 善心不存이 蓋由於此라 子路之志如此하니 其過人이 遠矣라 然이나 以衆人而能此면 則可以爲善矣어니와 子路之賢은 宜不止此어늘 而終身誦之하니 則非所以進於日新也라 故로 激而進之하시니라

종신토록 외우려고 했다면 스스로 자신의 능함만 기뻐하여 다시 도에 나아가기를 구하지 않았을 것이다. 그러므로 부자께서 다시 이를 말씀하여 깨우쳐주신 것이다.
○사 씨가 말했다. "나쁜 옷과 나쁜 음식을 부끄러워함은 학자들의 큰 결점이니 선한 마음이 보존되지 않는 것이 대개 이를 말미암는 것이다. 자로의 뜻이 이와 같았으니 그가 보통 사람보다 훨씬 뛰어난 것이다. 그러나 보통 사람으로서 이에 능했다면 훌륭하다고 할 만하지만, 자로와 같이 현명한 사람으로서는 마땅히 여기에 그쳐서는 안 되는데 종신토록 외우려고만 하였으니, 이는 날로 새로운 데로 나아가는 것이 아니었던 것이다. 그러므로 격동시켜 나아가게 하신 것이다."

○과인(過人) : 보통 사람보다 뛰어남.
○원(遠) : 끝이 없다. 무궁하다.

[備旨] 夫子稱之者는 許其能也요 非謂其終身可止於是也라 子路乃誦之를 若將終身이면

則自信其能하여 而不復求進矣니 夫子抑之에 曰不忮不求도 是亦道之所在也라 然이나 道無終窮하니 必自不忮不求로 而進之하여 以至於忘乎其爲貧富하고 忘乎其爲忮求라야 斯善矣라 此不忮不求之道를 何足以爲臧哉아 由也는 當知所勉矣라

　부자께서 칭찬한 것은, 그가 잘한 것만 허락해 준 것이지 그가 항상 여기에서 그치라고 이른 것은 아니다. 자로가 단지 외우는 것만을 만약 종신토록 하려고 했다면 스스로 자신의 잘하는 것만 믿고서 다시는 나아가기를 구하지 않을 것이니, 부자께서 말머리를 돌려서 말씀하시기를, "해치지 않고 탐내지 않는 것에도 또한 도가 있을 것이다. 그러나 도에는 끝나거나 다함이 없는 것이니 반드시 해치지 않고 탐내지 않는 데로부터 나아가서, 그가 가난하게 되거나 부자가 되는 것도 잊어버리고 그가 해치거나 탐하게 되는 것도 잊어버리는 데까지 이르러야 곧 선하다고 할 수 있을 것이다. 이렇게 해치지도 않고 탐내지도 않는 도만을 어찌 좋다고 할 수 있겠는가? 유는 마땅히 힘쓸 바를 알아야 할 것이다."라고 하셨다.

○억(抑) : 말머리를 돌리다. 저지하다. 억제하다.
○지(止) : 그치다. 만족하다. 자리잡다.
○장(將) : …하려고 한다. '欲'과 같다.

9·27·1 子曰 歲寒然後에 知松柏之後彫也니라

　공자께서 말씀하셨다. "날씨가 추워진 뒤에 송백이 뒤늦게 시듦을 안다."

○세한(歲寒) : 날씨가 춥다. '날씨가 추운 때'라는 말은 '세상이 어지러운 때'를 비유한 말임. "是歲暮天寒 比世亂之際"
○연후지송백지후조야(然後知松柏之後彫也) : 날씨가 추워진 뒤에 송백이 뒤늦게 시든다는 것을 안다. ☞송백(松柏) : 소나무와 잣나무. 또는 소나무와 측백나무. 모두 상록수이므로 절개를 상징함. ☞백(柏) : 측백나무. 측백과 편백(扁柏)의 총칭. 우리 나라에서는 '잣나무'를 이르기도 한다. ☞후조(後彫) : 뒤에 시들다. 군자의 지절이 꺾이지 않는다는 말. ☞조(彫) : 시들다. 조락(凋落)하다. 영락(零落)하다. "然後知是未歲寒則不知後凋是不彫 比君子志節不摧意"
○이 글은 호문(互文)으로서 다른 사물보다 시드는 데 뒤진다는 의미이지만 실제로는 시들지 않는다는 말이다. ☞호문(互文) : 두 개의 문장이나 글귀가 한쪽의 말하는 것과

다른 쪽의 말하는 것이 서로 상통하여 뜻을 상호 보완하여 전체의 문의를 완전하게 통하도록 하는 작문법.

范氏曰 小人之在治世엔 或與君子로 無異로되 惟臨利害하고 遇事變然後에 君子之所守를 可見也라
○謝氏曰 士窮에 見節義하고 世亂에 識忠臣이니 欲學者는 必周於德이니라

　범 씨가 말했다. "소인이 태평한 세상에 있을 때에는 군자와 다를 것이 없지만, 오직 이익이나 손해되는 일에 임하거나 일의 변고를 만난 뒤에 군자가 지키는 바를 볼 수 있을 것이다."
　○사 씨가 말했다. "선비가 궁해질 때 절의를 볼 수 있고 세상이 어지러울 때 충신을 알 수 있으니, 배우려는 자들은 반드시 덕을 완비해야 할 것이다."

○치세(治世) : ①태평한 세상. ②세상을 다스림. 여기서는 ①의 뜻.
○주우덕(周于德) : 덕에 완벽하게 되다.「맹자(孟子)」《진심장하(盡心章下)》"孟子曰 周于利者는 凶年이 不能殺하고 周于德者는 邪世不能亂이니라"

[備旨] 夫子勉人爲松柏意에 曰時窮則節見이니 當夫春夏之交하여는 松柏이 與草木으로 無異耳라 及至歲寒之時하여는 草木零落然後에 知松柏挺然獨秀하여 不與草木으로 同其彫也라 夫事變之値는 君子之歲寒이요 志節之堅은 君子之後彫니 欲不負人知者는 其可不周於德乎아

　부자께서 사람들에게 송백처럼 되는 것을 힘쓰도록 하려는 뜻에서 말씀하시기를, "시대가 궁해지면 절의가 나타나니, 봄과 여름이 오고 갈 때에는 송백이 초목들과 더불어 다른 것이 없을 것이다. 그러나 날씨가 추워졌을 때에는 초목이 시들어 떨어진 뒤에 송백만 정연히 홀로 빼어나서 초목과 더불어 그 시듦을 같이하지 않는다는 것을 알 수 있다. 무릇 일의 변고를 당하는 것은 군자에게는 날씨가 추운 것에 해당하고 굳은 의지와 절개의 견고한 것은 군자에게는 뒤늦게 시드는 것에 해당하니, 사람들이 알아주기를 저버리지 않고 싶은 사람은 아마도 덕을 완벽하도록 하지 않을 수 있겠는가?"라고 하셨다.

○영락(零落) : 초목의 잎이 시들어 떨어짐. 조락(凋落).
○정연(挺然) : 뛰어난 모양.

○지절(志節): 굳은 의지와 절개.

9·28·1 子曰 知者는 不惑하고 仁者는 不憂하고 勇者는 不懼니라

공자께서 말씀하셨다. "지혜로운 사람은 미혹되지 않고, 어진 사람은 근심하지 않고, 용맹한 사람은 두려워하지 않는다."

○지자불혹(知者不惑): 지혜로운 사람은 미혹되지 않는다. 지혜로운 사람은 이치에 밝기 때문에 의심스러운 데 이르지 않는다는 말. "知是吾性虛明之德 三者字俱作人字看 不惑是不疑於理"
○인자불우(仁者不憂): 어진 사람은 근심하지 않는다. 어진 사람은 사사로운 데 욕심을 두지 않으므로 근심이 없다는 말. "仁者吾性無私之德 不憂是自得意"
○용자불구(勇者不懼): 용맹한 사람은 두려워하지 않는다. 용맹한 사람은 강직하고 굳세어 굽히지 않는 덕이 있으므로 마음을 움직이지 않는다는 말. "勇是吾性强毅之德 不懼是不動心意"

明足以燭理라 故로 不惑이요 理足以勝私라 故로 不憂요 氣足以配道義라 故로 不懼니 此學之序也라

총명은 족히 이치를 밝힐 수 있기 때문에 미혹되지 않을 것이요, 이치는 족히 사욕을 이길 수 있기 때문에 근심하지 않을 것이요, 기운은 족히 도의를 짝할 수 있기 때문에 두려워하지 않을 것이니, 이것이 학문의 차례다.

[備旨] 夫子示人以進學之序에 曰君子之學은 其始也에 知以啓其端이니 吾誠知者矣면 則理明事徹하여 而自不至於惑이요 其中也에 仁以踐其實이니 吾誠仁者矣면 則私淨天全하여 而自不至於憂요 其終也에 勇以要其成이니 吾誠勇者矣면 則氣充力足하여 而自不至於懼니라 學者는 苟能於知仁勇三者에 循序而兼體焉이면 則道爲我有矣라

부자께서 사람들에게 학문에 나아가는 차례를 보여줄 적에 말씀하시기를, "군자의 학문은 시작할 때에는 지혜로써 그 실마리를 열어야 할 것이니, 자기가 진실로 지혜 있는 사람이라면 이치에 밝고 일에 통하여 스스로 의심스러운 데 이르지 않을 것이요, 중간에서는 인으로써 그 내용을 실천해야 할 것이니, 자기가 진실로 어진 사람이라면

사사로운 욕망을 깨끗이 하고 천성을 보전하여 스스로 근심스러운 데 이르지 않을 것이요, 끝에 가서는 용맹으로써 그 성공을 구해야 할 것이니, 자기가 진실로 용맹한 사람이라면 기가 충만하고 힘이 풍족하여 스스로 두려운 데 이르지 않을 것이다. 배우는 사람은 진실로 지·인·용의 세 가지에 차례를 따라서 몸을 아우른다면, 도는 나에게 있게 될 것이다.”라고 하셨다.

○이명(理明) : 이치에 밝음.
○사철(事徹) : 일에 통함.
○사정(私淨) : 사사로운 욕망을 깨끗이 함.
○천전(天全) : 천성(天性)을 보전함.
○기충(氣充) : 기운이 충만함.
○역족(力足) : 힘이 풍족함.
○겸(兼) : 다하다[盡也]. 아우르다.

9·29·1 子曰 可與共學이라도 未可與適道며 可與適道라도 未可與立이며 可與立이라도 未可與權이니라

공자께서 말씀하셨다. “함께 배울 수는 있어도 함께 도에 나아갈 수는 없으며, 함께 도에 나아갈 수는 있어도 함께 설 수는 없으며, 함께 설 수는 있어도 함께 권도를 행할 수는 없다.”

○가여공학(可與共學) : 그와 더불어 뜻을 같이하고 함께 배우다. 원문은 ‘可與之共學’인데, 전치사 ‘以’ ‘爲’ ‘與’ 다음에 오는 대명사 ‘之’는 종종 생략된 형태로 쓰인다. 여기서도 대명사 ‘之’가 생략된 형태. “共學是同去立志求學”
○미가여적도(未可與適道) : 그와 함께 도를 닦을 수는 없다. ‘與’ 다음에 ‘之’가 생략됨. “適往也 適道是眞見得道之好 而勇往以求意”
○가여적도미가여립(可與適道未可與立) : 그와 함께 도에 나아갈 수는 있어도 그와 함께 설 수는 없다. ‘立’은 ‘확고히 서다’ 또는 ‘마음이나 뜻을 독실히 지켜서 변치 않다’라는 뜻. ‘與’ 다음에 두 곳 모두 ‘之’가 생략됨. “立是有定守”
○가여립미가여권(可與立未可與權) : 그와 함께 설 수는 있어도 그와 함께 권도를 행할 수는 없다. ‘權’은 물건을 저울질하여 경중을 아는 것. ☞권도(權道) : 수단은

옳지 않으나 결과로 보아 정도(正道)에 맞는 처리 방도. 목적을 이루기 위한 편의상의 수단. '與' 다음에 두 곳 모두 '之'가 생략됨. "權是稱重輕的 卽時中之道也"
○이 장에서는 공자께서 학문의 단계를 설명하면서 배운 지식을 자유자재로 융통할 수 있는 권도의 단계, 즉 응용할 수 있는 독창성의 단계를 최상의 단계로 설명하고 있다.

可與者는 言其可與共爲此事也라 程子曰 可與共學은 知所以求之也요 可與適道는 知所往也요 可與立者는 篤志固執而不變也라 權은 稱錘也니 所以稱物而知輕重者也라 可與權은 謂能權輕重하여 使合義也라
○楊氏曰 知爲己면 則可與共學矣요 學足以明善然後에 可與適道요 信道篤然後에 可與立이요 知時措之宜然後에 可與權이니라 洪氏曰 易九卦가 終於巽以行權이라하니 權者는 聖人之大用이라 未能立而言權이면 猶人未能立而欲行하여 鮮不仆矣니라 程子曰 漢儒가 以反經合道로 爲權이라 故로 有權變權術之論하니 皆非也라 權은 只是經也니 自漢以下로 無人識權字니라 愚按 先儒가 誤以此章으로 連下文偏其反而하여 爲一章이라 故로 有反經合道之說하니 程子非之가 是矣라 然이나 以孟子가 嫂溺이어든 援之以手之義로 推之면 則權與經이 亦當有辨이니라

가여(可與)란, 더불어 함께 이 일을 할 수 있음을 말한다. 정자가 말했다. "더불어 함께 배울 수는 있다는 것은 구하는 방법을 아는 것이요, 함께 도에 나아갈 수는 있다는 것은 나아갈 바를 아는 것이요, 함께 설 수 있다는 것은 뜻을 독실히 하고 굳게 지켜서 변치 않는다는 것이다. 권(權)은 저울이니 물건을 저울질하여 경중을 아는 것이다. 함께 권도를 행할 수 있다는 것은 일의 경중을 저울질하여 의리에 맞게 힘을 이른다."
○양 씨가 말했다. "자기를 위하는 학문을 안다면 더불어 함께 배울 수 있고, 학문은 족히 선을 밝힐 수 있은 뒤에 함께 도에 나아갈 수 있고, 도에 대한 믿음이 돈독해진 뒤에 함께 설 수 있고, 사정에 따라 맞게 적당하게 처신할 줄 안 뒤에 함께 권도를 행할 수 있을 것이다." 홍 씨가 말했다. "「주역」의 구괘가 '손괘로써 권도를 행한다.'는 말에서 마쳤으니, 권도는 성인의 큰 쓰임이다. 능히 서지 못하면서 권도를 말한다면 마치 사람이 서지도 못하면서 걷고자 하는 것과 같아서 넘어지지 않음이 드물 것이다." 정자가 말했다. "한나라 유자들은 상도를 따르지 않고 도리에 합한 것을 권도로 삼았기 때문에 임기응변과 권모술수에 대한 논의가 있었는데, 이는 모두 옳지 못한 것이다. 권은 다만 경일 따름이니, 한나라 이래 사람

들이 권자의 뜻을 알지 못했기 때문이다." 내[朱子]가 살펴 보건대, 선유들이 잘못하여 이 장을 아래 문장 '偏其反而'에 연결시켜 한 장으로 만들었기 때문에, 반경·합도의 설이 생겼으니, 정자가 잘못되었다고 지적한 것이 맞다. 그러나 「맹자」에 "형수가 물에 빠졌을 경우에는 손을 잡아서라도 구해 준다."는 뜻으로 미루어 본다면, 권도와 경도가 또한 마땅히 분별이 있어야 할 것이다.

○위기(爲己) : 자기를 위함. 여기서는 위기지학(爲己之學)을 이름.
○시조지의(時措之宜) : 그 때의 사정에 맞게 적당하게 처신하는 일. 시중(時中).
○구괘(九卦) : 《繫辭傳下》7장에 나오는 9괘를 말함. "履以和行 謙以制禮 復以自知 恒以一德 損以遠害 益以興利 困以寡怨 井以辨義 巽以行權"
○손이행권(巽以行權) : 손(巽)으로써 권도를 행한다. 《繫辭傳下》7장의 마지막에 나오는 말. '巽'은 64괘의 하나로 사양하여 물러나서 유순(柔順)한 상.
○부(仆) : 엎어지다. 쓰러지다.
○반경(反經) : 상도(常道)를 따르지 않음. 상도에서 어긋남.
○합도(合道) : 도리(道理)에 들어맞음.
○권변(權變) : 임기응변(臨機應變)함.
○권술(權術) : 임기응변의 수단과 방법. 권모 술수(權謀術數).
○수익(嫂溺) : 형수가 물에 빠졌을 때, 손을 잡고 구원해 주는 것은 권도(權道)라는 설명. 「맹자(孟子)」《이루장상(離婁章上)》참고. "7·17·1 淳于髡曰 男女授受不親이 禮與잇가 孟子曰 禮也니라 曰嫂溺則援之以手乎잇가 曰嫂溺不援이면 是는 豺狼也니 男女授受不親은 禮也요 嫂溺이어든 援之以手者는 權也니라"
○경도(經道) : 떳떳한 도리. 상도(常道).

[備旨] 夫子以全學勉人에 曰人之無志於學이면 無論已어니와 苟或其志既端이면 可與共學矣나 然이나 志雖端이라도 而其見未定이면 未必不爲他歧之惑也니 未可與適道也요 或其見既定이면 可與適道矣나 然이나 見雖定이라도 而其守未固면 未必不爲半塗之廢也니 未可與立也요 至於卓然有守하여는 可與立矣나 然이나 信之篤者는 或未審於通變之方하고 守之專者는 或未達於時中之義니 猶未可與權也라 有志於學者는 可不由共學而適道而立하여 以至於權哉아

부자께서 사람들에게 온전한 학문에 힘쓰도록 할 적에 말씀하시기를, "사람이 학문에 뜻을 두지 않는다면 논할 필요도 없겠지만, 만일 그의 뜻이 이미 바르게 정해졌다면 더불어 함께 배울 수 있을 것이나, 그러나 뜻이 비록 바르게 정해졌더라도 그의 생

각이 아직까지 정해지지 못했다면 반드시 다른 길로 미혹되지 않는다고는 볼 수 없으니 함께 더불어 도에 나아갈 수 없을 것이요, 혹 그의 생각이 이미 정해졌다면 더불어 함께 도에 나아갈 수 있지만, 그러나 생각이 비록 정해졌다고 하더라도 그의 지킴이 아직까지 견고하지 못하다면 반드시 중간에서 그만두지 않는다고는 볼 수 없으니 함께 더불어 설 수 없을 것이요, 일을 당하여 아주 탁월하게 지키기만 하는 사람과는 더불어 함께 설 수 있지만, 그러나 믿음만 돈독한 사람은 혹시라도 변통의 방법을 살피지 못하고 지킴만 한결같은 사람은 혹시라도 사정에 따라 적당하게 처신하는 뜻을 통달하지 못했을 것이니 오히려 더불어 권도를 행할 수는 없을 것이다. 학문에 뜻을 둔 사람은 함께 배우고 도에 나아가고 서는 것을 말미암아서 권도에 이르지 않을 수 있겠는가?"라고 하셨다.

○전학(全學) : 조금도 흠잡을 데 없는 온전한 학문.
○구혹(苟或) : 만일 …한다면. 만약 …가 된다면. 접속사로서 가설을 나타냄.
○견(見) : 생각. 견해. 의견.
○반도(半塗) : 진행 중인 일의 설반. 또는 그 중간. 중도(中途).
○탁연(卓然) : 여럿 중에 높이 뛰어난 모양. 탁이(卓爾).
○통변(通變) : 상규에 얽매이지 않고 때에 따라 변통함. 변통(變通).

9·30·1 唐棣之華여 偏其反而로다 豈不爾思리오마는 室是遠而로다

산앵두나무의 꽃이여, 나부끼면서 펄럭이는구나! 어찌 그대를 그리워하지 않으랴마는 서로 집이 멀리 떨어져 있구나!

○당체지화(唐棣之華) : 산앵두나무의 꽃. '唐棣'는 산앵두나무인데 오얏의 일종이다. ☞체(棣) : 산앵두나무. 여기에 인용된 네 구절의 시는 일시(逸詩)이므로 현존하는 「시경(詩經)」에는 빠져 있다. "華與花同"
○편기반이(偏其反而) : 나부끼면서 펄럭이는구나! 아래 집주에서 '偏'은 '翩'으로 '反'은 '翻'으로 관련지었으므로, '偏其反而'는 '翩其翻而'가 되어 '꽃이 나부끼면서 펄럭이는 모양'을 나타낸다. '而'는 특이한 용법으로 쓰였는데 감탄을 나타내는 어조사(語助辭)다. 현토(懸吐)도 '室是遠而니라'에서 '室是遠而로다'로 바로잡았다. "是言物之無情而有情也"
○기불이사(豈不爾思) : 어찌 그대를 그리워하지 않겠는가? '爾'는 대명사로서 '너'라

는 뜻. "爾指所思之人言"

○실시원이(室是遠而) : 집을 멀다고 생각하다. 처한 바의 위치가 멀어서 그리워해도 만날 수 없다는 말. '是'는 본서 "20·1·4 周有大賚하신대 善人是富하니라"에서와 같이 도치된 서술어와 목적어 사이에 흔히 쓰이는 허사(虛詞)다. 서술어와 목적어 사이에 쓰여 앞의 내용을 목적어로 만드는 역할을 한다. '而'는 감탄을 나타내는 어조사. "室指所處之地言 遠是思而不得見意"

唐棣는 郁李也라 偏은 晋書에 作翩이라 然則反은 亦當與翩同이니 言華之搖動也라 而는 語助也라 此는 逸詩也니 於六義에 屬興이라 上兩句는 無意義요 但以起下兩句之辭耳라 其所謂爾는 亦不知其何所指也라

당체(唐棣)는 산앵두나무다. '偏'은 「진서」에 '翩'으로 되어 있다. 그렇다면 '反'도 또한 마땅히 '翩'과 같아야 할 것이니, 꽃의 흔들림을 말한 것이다. '而'는 어조사다. 이는 일시로서 육의에 있어 흥에 속한다. 위의 두 구는 뜻이 없고 다만 아래 두 구의 말을 일으켰을 뿐이다. 여기에서 이른바 '爾'는 또한 그것이 누구를 가리킨 것인지 알 수 없다.

○욱리(郁李) : 산앵두나무. 산이스랏나무.
○일시(逸詩) : 현존하는 「시경(詩經)」에는 빠졌으나, 시경의 시(詩)와 같은 옛날의 시(詩).
○육의(六義) : 시(詩)의 여섯 가지 체(體)를 말함. 풍(風)·아(雅)·송(頌)·부(賦)·비(比)·흥(興).

[備旨] 逸詩에 有云唐棣之花여 尙偏其反然而搖動矣로다 以我之與爾로 豈能忘情而不思哉아 但以室之遠으로 而不能相及耳로다하니 信斯言也는 若將以旣思로되 而猶病於遠하고 將率天下之人하여 以廢思矣라

일시에 노래한 것이 있는데, "산앵두나무의 꽃이여, 여전히 나부끼고 펄럭이면서 요동하는구나! 내가 너로 더불어 어찌 마음에 잊어버리고 그리워하지 않겠는가? 다만 집이 멀리 떨어져 있기 때문에 능히 서로 미칠 수 없을 뿐이로다!"라고 했으니, 진실로 이 말은 그리워하면서도 여전히 멀리 떨어져 있음을 병으로 여기는 것 같기도 하고, 천하의 사람들을 인솔하여 그리워함을 그만두게 하려는 것 같기도 하다.

○장(將)~장(將) : …이기도 하고 …이기도 하다. 두 가지 이상의 상황이 동시에 존재함을 나타냄.

9·30·2 子曰 未之思也_{언정} 夫何遠之有_{리오}

  공자께서 말씀하셨다. "진정으로 그리워하지 않는 것이지, 진정으로 그리워한다면 어찌 멀다 하겠는가?"

○미지사야(未之思也) : 그리워하지 않다. 고대 한문에서는 '未'에 의해서 부정되는 '서술어＋목적어'의 구조에서는 목적어가 대명사이면 서로 도치되는데, 이는 고대 문법의 특징이었다. 즉 '未思之也'가 '未之思也'로 도치된다. "未之猶言未嘗思 以心之思理言"
○하원지유(何遠之有) : 어찌 멂이 있겠는가? '何遠有之'의 도치문. "猶云何有於遠 言理隨思而得"
○혹자는 본문을 "未之思也夫로다 何遠之有리오"로 끊어 읽어, '그리워하지 않는 것이로다! 어찌 멀다 하겠는가?'로 해석하고 있는데, 문맥의 호응 관계나 어기(語氣)로 볼 때, "未之思也언정 夫何遠之有리오"와 같이 끊어 읽는 것이 옳을 것이다.

夫子借言而反之_{시니} **蓋前篇仁遠乎哉之意**_라
○**程子曰 聖人**_이 **未嘗言易以驕人之志**_{하고} **亦未嘗言難以阻人之進**_{이로되} **但曰未之思也**_{언정} **夫何遠之有**_{리오하시니} **此言**_이 **極有涵蓄**_{하여} **意思深遠**_{이니라}

  부자께서 시의 말을 빌려서 반박하신 것이니, 대개 앞 편의 '仁遠乎哉'의 뜻이다. ○정자가 말했다. "성인은 일찍이 쉬운 것만을 말씀하여 사람들의 뜻을 교만하지 않게 하고, 또한 일찍이 어려운 것만을 말씀하여 사람들의 전진을 가로막지 않았는데, 다만 '진정으로 그리워하지 않은 것이지, 진정으로 그리워한다면 어찌 멀다 하겠는가?'라고 하셨으니, 이 말은 지극히 함축성이 있어 의사가 깊고 먼 것이다.

○인원호재(仁遠乎哉) : 인(仁)이 멀리 있겠는가? 본서 "7·29·1 子曰 仁遠乎哉아 我欲仁이면 斯仁이 至矣니라" 참고.

[備旨] 夫子借其言而反之에 曰詩旣云思로되 而復以遠爲患也라 自我言之컨대 殆未之思也언정 夫天下之境이 亦何遠而不可致之有리오하시니 千古以上이나 萬里而外라도 一心之所通焉耳니라

부자께서 그 말을 빌려서 반박할 적에 말씀하시기를, "시에서 이미 그리워함을 노래했지만 다시 멀리 있음을 근심했던 것이다. 내가 말해보건대, 아마도 그리워하지 않은 것이지 무릇 천하의 지경이 또한 어찌 멀다고 해서 이르지 못할 곳이 있겠는가?"라고 하셨으니, 아득히 먼 옛날이나 만 리 밖에서라도 하나같이 마음으로는 통하는 것이다.

제 10편 鄕黨

楊氏曰 聖人之所謂道者는 不離乎日用之間也라 故로 夫子之平日一動一靜을 門人이 皆審視而詳記之니라 尹氏曰 甚矣라 孔門諸子之嗜學也여 於聖人之容色言動에 無不謹書而備錄之하여 以貽後世하니 今讀其書면 卽其事가 宛然如聖人之在目也라 雖然이나 聖人이 豈拘拘而爲之者哉아 蓋盛德之至면 動容周旋이 自中乎禮耳니 學者가 欲潛心於聖人인댄 宜於此求焉이니라 舊說에 凡一章이어늘 今分爲十七節이라

양 씨가 말했다. "성인께서 도라고 일렀던 것은 일상생활에서 벗어나지 않는다. 그러므로 부자의 평일의 모든 동작을 제자들이 모두 살펴보고 자세히 기록한 것이다." 윤 씨가 말했다. "정말이구나, 공자 문하 여러 제자들이 학문을 좋아함이여! 성인의 용색과 언동에 대하여 정중히 쓰고 모두 기록해서 후세에 남기지 않은 것이 없으니, 지금 그 글을 읽으면 바로 그 일이 완연히 성인께서 눈앞에 계신 듯하다. 비록 그렇더라도 성인께서 어찌 사물에 얽매여서 행동하는 분이었겠는가? 대개 성덕이 지극하면 행동이나 차림새, 주선하는 것이 저절로 예에 맞았을 따름이니, 학자들이 성인을 바라보며 깊이 생각하려고 한다면 마땅히 여기에서 찾아야할 것이다." 구설에는 모두 한 장이었으나, 이제 나누어서 17절로 만들었다.

○일동일정(一動一靜) : ①혹은 움직이고 혹은 고요함. 활동하기도 하고 정지하기도 함. ②하나하나의 움직임. 곧 모든 동작. 여기서는 ②의 뜻.
○'甚矣라 孔門諸子之嗜學也여'를 현토하고 해석할 때 '甚矣(라) 孔門諸子之嗜學也라'라고 현토하여 '정말로 공자 문하의 여러 제자들이 학문을 좋아한다.'로 해석할 수도 있다. 그러나 이 문장은 윤 씨의 모두에 나오는 말이기에 감탄의 의미로 해석해야 자연스럽다. 전한(前漢) 때 유안(劉安)이 학자들에게 명하여 만든 「회남자(淮南子)」《설림훈(說林訓)》에서 '也'와 '矣'는 '서로 차이가 천 리가 된다(也之與矣 相去千里)'고 지적하기도 했다. '矣'는 어떤 상태를 서술하거나 묘사하는 데 쓰이기에 동적이라 할 수 있고, '也'는 어떤 사실을 확인하거나 판단하는 데 쓰이기에 정적이라고 할 수 있다.
○용색(容色) : 용모와 얼굴빛.
○이(貽) : 끼치다.
○즉(卽) : 곧. 바로 …이다. 부사로서 어떤 사실을 확인할 때 쓰임.
○완연(宛然) : 아주 뚜렷한 모양.

○구구(拘拘) : 사물에 얽매이는 모양.
○동용(動容) : 행동과 차림새.
○주선(周旋) : 기거동작(起居動作).
○잠심(潛心) : 어떤 일에 마음을 두고 깊이 생각함.

10·1·1 孔子於鄕黨에 恂恂如也하사 似不能言者러시다

공자께서 향당에 계실 때에는 공손하고 조심스러워서 흡사 말을 잘 못하는 것 같았다.

○공자어향당(孔子於鄕黨) : 공자께서 향당에 계실 적에. ☞어(於) : 처하다. 거하다. ☞향당(鄕黨) : 주대(周代) 지방 조직의 단위. 12,500호를 '鄕', 500호를 '黨'이라 했음. 고향이나 시골을 일컫는데 '마을'이라고 번역할 수도 있음. 원문을 '孔子之處於鄕黨'로 본다면 '之處'가 생략된 것이다. "於字作在字看"
○순순여야(恂恂如也) : 공손하고 조심스럽다. ☞순순(恂恂) : 온화하고 공손한 모양. 신실한 모양. ☞여(如) : 어떤 상태를 형용할 때 쓰는 어조사. ☞야(也) : 어떤 사실을 판단하거나 진술할 때 쓰는 어조사. 일반적으로 '乎·哉·與·已矣' 등은 '也'와 결합할 때 '也乎·也哉·也與·也已矣' 등의 형태가 되는데 '如'는 예외적으로 '如也'의 형태가 됨. 향당 편에 많이 나타남. "如字是形容不盡意"
○사불능언자(似不能言者) : 마치 말을 잘 못하는 것처럼 하다. 원문은 '有似不能言者'인데 '有'가 생략된 형태다. '有~者'는 어떤 행위를 나타낼 때 쓰는 관용구. 본서 6·28·1과 10·4·3 참고. "是言語簡默 正形容其恂恂處"

恂恂은 信實之貌라 似不能言者는 謙卑遜順하여 不以賢知로 先人也라 鄕黨은 父兄宗族之所在라 故로 孔子居之에 其容貌辭氣가 如此시니라

순순(恂恂)은 신실한 모양이다. '흡사 말을 잘 못하는 것 같았다.'는 것은 몸을 겸손하게 낮추고 온순하게 해서, 현명하거나 지혜롭다는 이유로 남보다 앞서지 않았다는 것이다. 향당은 부형과 종족이 있는 곳이므로 공자께서 거하실 때에 그 용모와 말씨가 이와 같으셨다.

○겸비(謙卑) : 제 몸을 겸손하게 낮춤. 겸하(謙下).
○손순(孫順) : 겸손하고 온순함.

[備旨] 記者가 謂孔子之處於鄕黨에 以父兄宗族之所在로 有親道焉하여 則恂恂如其信實也하시고 謙卑遜順하여 不以賢知로 先人하여 有似不能言者러시니 其在鄕黨之言貌가 如此시니라

　기록한 사람이 이르기를, "공자께서 향당에 거처하실 때에 부형과 종족이 계신 곳이기 때문에 도를 가까이 하여 공손하고 조심스러워서 그 모습이 신실하셨고, 몸을 겸손하게 낮추고 온순하게 해서, 현명하고 지혜롭다는 이유로 남보다 앞서지 않아서 흡사 말을 잘 못하는 것처럼 하셨으니, 그 분께서 향당에 계실 때에 말하는 모습과 용모가 이와 같으셨다.

○위(謂) : 이르다. 여기서는 '진술하다'라는 의미.
○현지(賢知) : 현명하고 사리에 밝음.

10·1·2　其在宗廟朝廷하사는　便便言하시되　唯謹爾러시다

　그 분께서 종묘와 조정에 계실 때에는 명쾌히 말씀하셨지만, 오직 정중히 행동하셨을 따름이다.

○기재종묘조정(其在宗廟朝廷) : 공자께서 종묘와 조정에 계시다. ☞기(其) : 대명사로서 공자를 가리킴. ☞종묘(宗廟) : 역대 제왕의 위패(位牌)를 모시는 왕실의 사당. 대묘(大廟). 태묘(太廟). ☞조정(朝廷) : 국사를 다스리는 곳. 옛날에는 아침 일찍 정치를 보살폈기에 이 말이 생겨남. '庭'은 정치를 하는 곳. "其指孔子"
○편편언(便便言) : 명쾌하게 말하다. 분명하게 말하다. ☞편편(便便) : 말이 명쾌한 모양.
○유근이(唯謹爾) : 오직 신중하게 행동했을 따름이다. "唯是獨謹 是不敢放縱意"

便便은 辯也라 宗廟는 禮法之所在요 朝廷은 政事之所出이니 言不可以不明辯이라 故로 必詳問而極言之로되 但謹而不放爾시니라
○此一節은 記孔子在鄕黨과 宗廟와 朝廷에 言貌之不同이라

　편편(便便)은 말을 잘하는 것이다. 종묘는 예법이 있는 곳이고 조정은 정사가 나오는 곳이니, 말을 명쾌하게 하지 않을 수 없는 것이다. 그러므로 반드시 자세

히 묻고 극진히 말하지만 다만 조심하고 함부로 하지 않으셨던 것이다.

　○이 한 절은 공자께서 향당과 종묘와 조정에 계실 때에 말하는 모습이 같지 않음을 기록한 것이다.

[備旨] 至其在宗廟朝廷也하여는 禮法政事之所寓요 有尊道焉하니 則便便言하사 必欲其詳明이로되 但其所言者가 唯敬謹而不放爾러시다 其在宗廟朝廷之言貌가 又如此라하니 合觀之면 而聖人之時中을 可見矣라

　그 분께서 종묘와 조정에 계실 때에는 예법과 정사가 머무르는 곳이고 도를 높여야 하니 말씀을 잘 해서 반드시 상세하고 명쾌하게 하고 싶었지만, 다만 그 말씀하는 것이 오직 공손하고 조심해서 함부로 말씀하지 않으셨을 따름이다. 그 분께서 종묘와 조정에서 말씀하시는 모습이 또한 이와 같으셨다.”라고 했으니, 이를 종합해서 본다면 성인이 사정에 따라 맞게 처신한 모습을 볼 수 있다.

　○경근(敬謹) : 공경하고 삼감.
　○시중(時中) : 그 때의 사정에 맞게 적당하게 처신하는 일. 시조지의(時措之宜).

10・2・1 朝에 與下大夫로 言에 侃侃如也하시며 與上大夫로 言에 誾誾如也러시다

　조정에서 하대부와 더불어 말씀하실 때에는 강직하셨으며, 상대부와 더불어 말씀하실 때에는 온화하게 말씀하셨다.

　○조(朝) : 조정. 여기서는 아직도 임금이 조정의 일을 처리하지 않을 때를 말함. “指夫子在朝 要補君未視朝意”
　○여하대부언(與下大夫言) : 하대부와 더불어 말하다. 공자께서는 노나라에서 하대부에 속한 사구(司寇)의 벼슬을 지낸 적이 있음. “下大夫是位同於己者 言是商度政事”
　○간간여야(侃侃如也) : 강직하다. ☞간간여(侃侃如) : ①강직한 모양. 성품이나 행실이 꼿꼿꼿장한 모양. ②화락한 모양. 여기서는 ①의 뜻. 공자께서 하대부와 같은 신분이지만 정리(正理)를 논할 때에 강직한 태도를 취했다는 말. ☞여(如) : 어떤 상태를 형용할 때 쓰는 어조사. ☞야(也) : 어떤 사실을 판단하거나 진술할 때 쓰

는 어조사.

○여상대부언(與上大夫言) : 상대부와 더불어 말하다. "上大夫是位尊於己者"

○은은여야(誾誾如也) : 온화하게 말하다. 온화하게 해서 간하는 모습을 이르는 말. ☞은은여(誾誾如) : 온화한 모양. 공손한 모습. 공자께서 상대부(上大夫)와 더불어 무슨 일을 논의할 때에는 존경하는 의미에서 항상 공손한 태도를 취했다는 말. ☞여(如) : 어떤 상태를 형용할 때 쓰는 어조사. ☞야(也) : 어떤 사실을 판단하거나 진술할 때 쓰는 어조사.

此는 **君未視朝時也**라 **王制**에 **諸侯上大夫卿**과 **下大夫五人**이라 **許氏說文**에 **侃侃**은 **剛直也**요 **誾誾**은 **和悅而諍也**라

이것은 임금이 아직까지 조정에서 정무를 처리하지 않았을 때다. 「예기」《왕제편》에 "제후에게는 상대부인 경과 하대부 다섯 사람이 있다." 했다. 허 씨가 지은 「설문」에는 "간간(侃侃)은 강직한 모양이요, 은은(誾誾)은 공손하게 해서 간하는 것이다." 했다.

○시조(視朝) : 임금이 조정에서 정무를 처리함.

○왕제편(王制篇) : 「예기(禮記)」의 편명(篇名). 왕자(王者)의 정치 제도란 의미에서 왕제(王制)라고 했다. 제후에게는 상대부(上大夫)인 경(卿)·하대부(下大夫)·상사(上士)·중사(中士)·하사(下士)등 다섯 등급이 있었다. 「예기(禮記)」《왕제편(王制篇)》 "諸侯之上大夫卿 下大夫上士中士下士 凡五等"

○설문(說文) : 설문해자(說文解字)를 말함. ☞설문해자(說文解字) : 한(漢)의 허신(許愼)이 지은 책. 소전(小篆) 9,353자와 고문(古文)·주문(籒文) 1,163자를 540부(部)로 분류하여 자형(字形)·자의(字義)·자음(字音) 별로 해설하였음. 30권.

○화열(和悅) : 마음이 화평하고 기쁨. 화락(和樂). 화예(和豫).

○쟁(諍) : 바른 말로 간(諫)하다.

[備旨] 記者가 謂夫子之入朝也하사 方君未視朝時에 與下大夫之並於己者로 論政이면 則言可以直遂로되 但見其侃侃如剛直也하시며 與上大夫之尊於己者로 而論政이면 則言不可以徑情이로되 但見其誾誾如和悅而諍也러시다 是當直而直이로되 而不嫌於亢하고 當和而和로되 而不失之徇하시니 其接下也有如此시니라

기록한 사람이 이르기를, "부자께서는 조회에 들어오셔서 바야흐로 임금이 조정에서 아직도 정무를 처리하지 않았을 때에는, 하대부들 중에 자기와 같이 참석한 사람들과

더불어 정사를 논한다면 말을 곧바로 처리할 수 있었지만 다만 꼬장꼬장하게 강직함을 나타내셨으며, 상대부들 중에 자기보다 높은 사람들과 더불어 정사를 논한다면 말을 하고 싶은 대로 할 수 없었지만 다만 온화하면서도 공손하게 간함을 나타내셨다. 곧 마땅히 곧게 할 때는 곧게 했지만 강직함으로 인해 싫어하지 않도록 했고, 마땅히 온화할 때는 온화했지만 주견 없이 따르는 데 빠지지 않도록 하셨으니, 그 분께서 아랫 사람을 접함이 이와 같으셨다.

○직수(直邃) : 곧바로 끝내다. 즉시 마치다.
○경정(徑情) : 하고 싶은 대로 함. 멋대로 함.
○혐(嫌) : 싫어하다. 미워하다.
○항(亢) : 강직하다. 거만하다.
○순(徇) : 복종하다. 좇다. 주견없이 다르다.
○접하(接下) : 신하를 대하다. 이 장에서는 '接下'에 관해 다음 장에서는 '事上'에 대해 기록함.

10·2·2 君在어시든 踧踖如也하시며 與與如也러시다

임금이 조정에 계실 때에는 공경하고 조심하셨으며 위의를 알맞게 갖추셨다.

○군재(君在) : 임금이 계시다. 임금이 조정에 나아가 정무를 볼 때를 이름. "君是 魯君 在是已出視朝"
○축적여야(踧踖如也) : 공경하고 조심하다. 공경하면서 상대방에 대하여 조심하고 두려워하는 모양. ☞축(踧) : 공경하는 모양. ☞적(踖) : 두려워하는 모양. ☞여(如) : 어떤 상태를 형용할 때 쓰는 어조사. ☞야(也) : 어떤 사실을 판단하거나 진술할 때 쓰는 어조사.
○여여여야(與與如也) : 위의를 알맞게 하다. 위의(威儀)가 중용(中庸)의 도를 얻어 바른 모양. "與與從踧踖中看出"

君在는 視朝也라 踧踖은 恭敬不寧之貌요 與與는 威儀中適之貌라 張子曰 與與 는 不忘向君也라하니 亦通이라
○此一節은 記孔子가 在朝廷에 事上接下之不同也니라

임금이 계실 때라는 것은 임금이 조정에서 정무를 처리하는 때를 말한다. 축적 (踧踖)은 공경하여 조심하는 모양이고, 여여(與與)는 위의가 중용의 도를 얻어 바른 모양이다. 장자는 "여여(與與)는 임금님을 향하는 마음을 잊지 못하는 것이다." 라고 하였으니, 또한 통하는 것이다.

○이 한 절은 공자께서 조정에 계실 때에 윗사람을 섬기고 아랫사람을 대하심이 같지 않았음을 기록한 것이다.

○위의(威儀) : 위엄이 있는 위용. 예(禮)의 세칙(細則). 예(禮)에는, 경례(經禮)가 되는 예의(禮儀) 3백 가지가 있고, 곡례(曲禮)가 되는 위의(威儀)가 3천 가지가 있다.「중용 (中庸)」27·3 참고. "優優大哉라 禮儀三百이요 威儀三千이로다" ☞경례(經禮) : 관혼상 제(冠婚喪祭) 및 조회(朝會)·근회(覲會)와 같은 예를 말하는데 그 대강(大綱)이 3백 가지가 됨. ☞곡례(曲禮) : 진퇴(進退)·승강(升降)·부앙(俯仰)·읍손(揖遜)과 같은 예를 말하는데 절목(節目)이 3천 가지가 됨.
○중적(中適) : 중용의 도를 얻어 바름.
○불녕(不寧) : 조심하는 모양. 안정되지 않은 모양.

[備旨] 及君在而視朝也하여는 則覩天威而畏心生하여 殆踧踖如而恭敬之不寧也시니라 然이나 寅畏之中에 而有自得者存하고 又與與如而威儀之中適也러시다 是敬其所尊而不失 之驕하고 恭而能安而不至於勞하시니 其事上也又如此시니라

임금이 계셔서 조정에서 정무를 처리할 때에는 임금의 위엄을 보고서 두려운 마음이 생겨 자못 공경하고 조심해서 공경하고 조심하는 모양이셨다. 그러나 삼가고 두려워하는 가운데 스스로 흡족하게 여기는 모양이 있었고, 또 위의를 알맞게 갖춰서 위의가 중용의 도를 얻어 바른 모양이셨다. 곧 그 분께서 높여야 할 분을 공경하지만 교만함을 잃지 않고 공손하지만 능히 편안하게 여겨서 고생하는 데까지는 이르지 않으셨으니, 그 분께서 윗사람을 섬김이 또 이와 같으셨다."라고 했다.

○인외(寅畏) : 삼가며 두려워함. 경외(敬畏).
○자득(自得) : 스스로 흡족하게 여김.

10·3·1 君召使擯이어시든 色勃如也하시며 足躩如也러시다

임금이 불러 접대하도록 하시면 얼굴빛이 변하셨으며 걸음도 빨라지셨다.

○군소사빈(君召使擯) : 임금이 불러 빈이 되어 접대하도록 하다. 여기서 임금은 노(魯)나라의 임금을 지칭함. "君指魯君 召是召命" ☞빈(擯) : 빈객을 인도하는 사람. 또는 인도하다. 옛날에는 나라에 손님이 오면, 빈개(擯介)가 있어서 손님을 접대했다. 주인측을 접대하는 사람을 빈(擯)이라하고, 손님측을 접대하는 사람을 개(介)라고 했다. 두 나라 사이의 선린(善隣)을 유지하기 위해서 피차에 공경을 다하였던 것이다. 경(卿)을 상빈(上擯)으로 삼고, 대부(大夫)를 승빈(承擯)으로 삼고, 사(士)를 소빈(紹擯)으로 삼아서 예의를 갖추었던 것이다. 「논어비지(論語備旨)」'擯'의 해설 참고. "兩君相見 賓有介主有擯 介如其命數 擯則用其半以示謙也 卿爲上擯 大夫爲承擯 士爲紹擯"
○색발여야(色勃如也) : 안색을 약간 바꾸다. 새삼스레 얼굴을 긴장하는 모양. ☞여(如) : 어떤 상태를 형용할 때 쓰는 어조사. ☞야(也) : 어떤 사실을 판단하거나 진술할 때 쓰는 어조사.
○족곽여야(足躩如也) : 발은 총총걸음으로 나아갔다 물러갔다 하다. '躩'은 원래 '발길을 돌려 나아가지 않는 모양'을 말함.
는데, 여기서는 '경의를 표하여 옆으로 비켜 총총걸음으로 걷는 모양'을 말함.

擯은 主國之君이 所使出接賓者라 勃은 變色貌요 躩은 盤辟貌니 皆敬君命故也라

빈(擯)은 빙례를 받는 나라의 임금이 손님을 접대하도록 나아가게 한 사람이다. 발(勃)은 얼굴빛을 고치는 모양이요 곽(躩)은 나아갔다 물러갔다 하는 모양이니, 모두 임금의 명령을 공경하기 때문이다.

○주국(主國) : 제후가 상호 빙문(聘問)할 때, 빙례(聘禮)를 받는 나라.
○반벽(盤辟) : 빙빙 돌며 나아갔다 물러났다 함. 의식을 거행할 때의 동작과 몸가짐. 「논어집주(論語集註)」 "辟音壁 與躄同 盤辟乃盤旋曲折之意"

[備旨] 記者가 謂夫子之爲人臣也에 君嘗召之하여 使爲擯以接賓矣이어든 夫子는 將何以承之리오 但見其敬이 形於色하여 勃如其變色也하시며 敬形於足하여 躩如其盤辟也러시다 蓋雖賓主之容을 未覩하고 進退之節을 未行이나 而其莊敬之容이 已雍雍乎其可觀也니 是承命之始에 其敬이 如此시니라

기록한 사람이 이르기를, "부자께서 신하였을 적에 임금님이 일찍이 불러서 빈이 되어서 손님을 접대하도록 했다면 부자께서는 곧 어떻게 받들었는가? 단지 그 공경함이 얼굴빛에 나타나서 약간 긴장한 듯 그 얼굴을 변하시며, 공경함이 발걸음에도 나타나

서 총총걸음으로 걸으면서 나아가고 물러가셨음을 볼 수 있었다. 비록 손님과 주인의
용모를 아직까지 보지 못하고 진퇴의 절차를 아직까지 행하지 않았더라도, 그러나 그
엄숙하고 공경하는 모습이 이미 화락하면서도 조화가 잘 되었음을 볼 수 있었으니, 곧
임금의 명령을 받들려고 할 적에 그 공경함이 이와 같으셨다.

○장(將) : 곧. 어떤 조건이나 상황 아래에서 어떠함을 나타냄.
○진퇴(進退) : 나아가고 물러감. 곡례(曲禮) 중의 한 가지. 곡례에는 진퇴(進退)·승강
(升降)·부앙(俯仰)·읍손(揖遜)과 같은 예를 말하는데 절목(節目)이 3천 가지가 됨.
○장경(莊敬) : 엄숙하고 공경함.
○옹옹(雍雍) : 화락하고 조화된 모양. 화기애애한 모양.

10·3·2 揖所與立하시되 左右手러시니 衣前後襜如也러시다

그들과 함께 서서 읍하시면, 손을 손님이 왼쪽에 앉아 있을 적에는 손을 왼쪽으
로 하고, 손님이 오른쪽에 앉아 있을 적에는 손을 오른쪽으로 하셨는데, 옷의 앞뒤
가 가지런하셨다.

○읍소여립(揖所與立) : 손님과 함께 서서 인사하다. 읍(揖)은 두 손을 마주 잡아 가슴
앞으로 모으고, 허리를 굽히면서 경의를 표하는 예. "揖是拱手 非作揖也"
○좌우수(左右手) : 손을 왼쪽으로 하고 오른쪽으로 하다. 차빈(次擯)이나 말빈(末擯)이
왼쪽에 앉아 있을 적에는 손을 왼쪽으로 하고 상빈(上擯)과 같이 높은 사람이 오른쪽
에 앉아 있을 적에는 그 손을 오른쪽으로 했다는 말. "夫子時爲次擯末擯在其左 上擯在
其右"
○의전후첨여야(衣前後襜如也) : 옷의 앞과 뒤가 가지런하다. ☞첨여(襜如) : 가지런한
모양. 반듯한 모양. '襜'은 옷이 가지런한 모양[衣整齊貌]. ☞여(如) : 어떤 상태를 형용
할 때 쓰는 어조사. ☞야(也) : 어떤 사실을 판단하거나 진술할 때 쓰는 어조사. "襜如
是身不動之驗"

**所與立은 謂同爲擯者也라 擯은 用命數之半이니 如上公九命이면 則用五人하여 以
次傳命이라 揖左人則左其手하고 揖右人則右其手라 襜은 整貌라**

그들과 함께 서 있다는 것은 빈이 되어 함께 한 것을 이른다. 빈(擯)은 벼슬하
는 사람 등급 중에서 가운데 등급의 사람을 쓰는 것이니, 마치 상공이 아홉 등급

이면 다섯 번째 사람을 써서 차례로 명령을 전달한다는 것이다. 왼쪽 사람에게 읍할 때에는 손을 왼쪽으로 하고 오른쪽 사람에게 읍할 때에는 그 손을 오른쪽으로 하는 것이다. 첨(襜)은 가지런한 모양이다.

○명수(命數) : 작위(爵位)나 관직(官職)의 품급(品級).
○상공(上公) : 주대(周代)에 상공(上公)의 수령인 구명(九命)과 이왕(二王)의 후예(後裔)를 이름.
○구명(九命) : 주(周)나라 때 관원의 아홉 가지 임명의 차례. 일명(壹命)에 직책을 받고, 재명(再命)에 복(服)을 받고, 삼명(三命)에 위(位)를 받고, 사명(四命)에 기(器)를 받고, 오명(五命)에 칙(則)을 받고, 육명(六命)에 관(官)을 받고, 칠명(七命)에 나라를 받고, 팔명(八命)에 목(牧)이 되고, 구명(九命)에 방백(方伯)이 되었음.「논어집주(論語集註)」"壹命受職 再命受服 三命受位 四命受器 五命受則 六命受官 七命賜國 八命作牧 九命作方伯"

[備旨] 由是로 而主賓未接에 正爲擯者는 傳命時也니 則揖所與立之同爲擯者하시되 或傳君命而出하여 揖左人則左其手하여 不敢內背主也요 或傳賓命而入하여 揖右人則右其手하여 不敢外背賓也시니라 然이나 手雖左右나 而身容不動하여 衣之前後襜如其整齊也러시니 是傳命之際에 其敬이 如此시니라

이로 말미암아 손님과 빈객을 만나기 전에 정히 빈객을 인도하는 사람은 명령을 전할 때이니, 곧 함께 서서 함께 빈객을 인도하는 사람들에게 읍하시되, 혹시라도 임금의 명령을 전하려고 나가서 왼쪽 사람에게 읍하면 그 손을 왼쪽으로 해서 감히 안으로는 임금님께 어기지 않고, 혹시라도 손님의 명령을 전하려고 들어가서 오른쪽 사람에게 읍하면 그 손을 오른쪽으로 해서 감히 밖으로는 손님께 어기지 않도록 하셨다. 그러나 손을 비록 왼쪽으로 하고 오른쪽으로 했지만 몸과 용모를 움직이지 않아서 옷의 앞뒤가 가지런한 모양으로 그것을 바로잡아 가지런하셨으니, 곧 명령을 전할 때에 그 공경함이 이와 같으셨다.

○패(背) : 어기다. 위반하다. 여기서는 거성(去聲)으로 쓰였으며 '패'로 읽음.
○정제(整齊) : 바로잡아 가지런히 함.

10·3·3 趨進에 翼如也러시다

서둘러 가실 때는 날개를 편 듯하셨다.

○추진(趨進) : 서둘러 나아가다. "是孔子疾趨而進"
○익여야(翼如也) : 날개를 펼친 듯하다. 날개를 펼친 듯 단정한 모습. '날개를 펼친 듯하다'라는 말은, 팔꿈치를 편 모습이 한 쪽으로 치우치거나 상하로 움직이지 않아, 새의 날개처럼 아름답게 펴짐을 나타낸 것이다. ☞여(如) : 어떤 상태를 형용할 때 쓰는 어조사. ☞야(也) : 어떤 사실을 판단하거나 진술할 때 쓰는 어조사. "翼是兩手 無偏倚高下"

疾趨而進에 **張拱端好**하여 **如鳥舒翼**이라

급히 서둘러서 나갈 때에는 맞잡은 두 손을 펼쳐 단정하고 아름답게 해서 마치 새가 날개를 편 것과 같았다.

○장(張) : 펼치다.
○공(拱) : 두 손을 맞잡다. 두 손을 들어 가슴 앞에서 맞잡음.

[備旨] 及夫賓主相見하여는 正爲擯者는 將事時也니 則從君之後에 疾趨而進이라 然이나 趨進에 雖疾이나 而手容不動하고 手之端拱하여 翼如其可觀也러시니 是行禮之際에 其敬이 又如此시니라

무릇 손님과 주인이 서로 볼 적에는 정히 빈객을 인도하는 사람은 일할 때이니, 곧 임금의 뒤를 좇을 적에 급히 서둘러서 나아갔던 것이다. 그러나 서둘러 나아갈 때에 비록 급하더라도 손의 모습은 움직이지 아니하고 손을 단정하게 맞잡아서 마치 날개를 편 듯하셨음을 볼 수 있었으니, 곧 예를 행할 즈음에 그 공경함이 또 이와 같으셨다.

○장(將) : …하려고 하다.

10·3·4 賓退어든 必復(복)命日 賓不顧矣라하시다

손님이 물러가면 반드시 복명하시기를, "손님이 되돌아보지 않았습니다." 하셨다.

○빈퇴(賓退) : 손님이 물러가다. 손님이 머무르는 객사로 나아감. "是賓出就館"
○필복명(必復命) : 반드시 복명하다. 반드시 사명을 띠고 일을 처리한 사람이 돌아와 결과를 임금에게 보고함. ☞복명(復命) : 명령을 받고 한 일의 결고를 보고

함. '復'은 입성(入聲)으로 쓰였기에 '결과를 보고하다'란 뜻이다. 참고로 상성(上聲)으로 읽으면 '다시'란 뜻이다. "必反命於魯君"

○빈불고의(賓不顧矣) : 손님이 뒤를 돌아보지 않다. 임금이 오래도록 두 손을 맞잡고 문 밖에 있으니, 임금으로 하여금 그 공경함을 누그러지도록 하고 싶어서 하는 말. "顧回視也 不顧者 恐君久拱在門外 欲君紓其敬"

紓君敬也라
○**此一節**은 **記孔子**가 **爲君擯相之容**이니라

　임금의 공경했던 것을 느슨해지도록 한 것이다.
○이 한 절은 공자께서 임금의 빈상이 되었을 적의 용모를 기록한 것이다.

○서(紓) : 느슨하다. 누그러지다. 풀다.
○빈상(擯相) : 손님 접대를 맡음. 또는 그 사람. 나가서 손님을 맞이하는 것을 '擯'이라 하고, 들어가서 예를 돕는 것을 '相'이라 했음.

[備旨] 禮旣成矣면 賓必退而就館이로되 君猶佇立以待賓之顧하나니 夫子必復命於君에 曰賓不顧矣라 蓋以紓君之敬하여 而無勞於瞻望也라 敬之形於終事가 如此시니라하니 夫一爲擯也에 自受命之始로 以至禮畢之後히 何者를 而不用其敬哉아

　예를 모두 마쳤으면 손님은 반드시 물러나 객사로 나아갔지만 임금은 오히려 우두커니 서서 손님이 돌아볼까 기다려야 하는 것이니, 부자께서 반드시 임금에게 복명할 적에 '손님께서 돌아보지 않았습니다.'고 하셨다. 아마도 임금이 공경하던 것을 느슨해지도록 해서 멀리 바라보는 데 고생이 없도록 하기 위해서일 것이다. 공경스러움이 일을 마칠 적에 나타났던 것이 이와 같으셨다."라고 했으니, 무릇 한번이라도 손님의 접대를 맡게 되었을 적에 명을 받은 처음부터 예로 마칠 때까지 무엇인들 공경으로써 하지 않았는가?

○저립(佇立) : 우두커니 한 곳에 멈추어 섬.
○첨망(瞻望) : 멀리 바라봄.

10·4·1 入公門하실새 **鞠躬如也**하사 **如不容**이러시다

　대궐의 가장 바깥쪽에 있는 문에 들어가실 때에는 몸을 굽히셔서, 문이 그 몸을

마치 받아들이지 못하는 듯하셨다.

○입공문(入公門) : 공문에 들어가다. ☞공문(公門) : 천자 궁실의 오문(五門) 중 하나. 궁의 가장 바깥쪽에 있는 문. ☞오문(五門) : 고대에 궁중에 설치한 다섯문. 고문(皐門)·고문(庫門)·치문(雉門)·응문(應門)·노문(路門). "公門是魯庫門"
○국궁여야(鞠躬如也) : 몸을 굽히는 듯하다. 감히 곧바로 나아가지 못한다는 뜻. ☞국(鞠) : 몸을 굽히다. ☞여(如) : 어떤 상태를 형용할 때 쓰는 어조사. ☞야(也) : 어떤 사실을 판단하거나 진술할 때 쓰는 어조사. "鞠躬是不敢直遂意"
○여불용(如不容) : 받아들이지 못하는 듯하다. 마치 문이 적은 것 같아 몸을 받아들이지 못하는 모양. "是似門小容身不得意 正形容鞠躬之象"

鞠躬은 **曲身也**라 **公門高大**로되 **而若不容**은 **敬之至也**라

국궁(鞠躬)은 몸을 굽히는 것이다. 공문이 높고 크지만 받아들이지 못하는 듯했다는 것은 공경함이 지극히 했기 때문이다.

[備旨] 記者가 謂夫子時入公門하여 以覲君이면 則敬謹之至하니 而曲身以行하여 鞠躬如也하사 公門雖高나 如不足以容其身也러시다

기록한 사람이 이르기를, "부자께서 때로 공문에 들어가서 임금께 알현하면 공경하고 삼가는 모습이 지극했으니, 몸을 굽혀 다니면서 몸을 굽히는 듯하셔서 공문이 비록 높더라도 마치 그 몸을 받아들일 수 없는 것처럼 하셨다.

○근(覲) : 뵙다. 알현(謁見)하다.
○경근(敬謹) : 공경하고 삼감.

10·4·2 立不中門하시며 行不履閾이러시다

문의 가운데는 임금이 출입하는 곳이니 문의 가운데를 피하셨고 다닐 때에도 문지방을 밟지 않으셨다.

○입부중문(立不中門) : 서 있을 적에는 문에 맞추지 않다. 즉 임금이 출입하는 문의 중앙에 서지 않는다는 말. ☞'中'은 동사로서 '맞추다, 일치시키다'라는 뜻. "立

是未出入之時 常人多忽略"
○행불리역(行不履閾) : 다닐 적에 문지방을 밟지 않다. 다닐 적에는 임금이 출입하는 문지방이기에 문지방을 밟지 않는다는 말. ☞역(閾) : 문지방.

中門은 **中於門也**요 **謂當棖闑之間**이니 **君出入處也**라 **閾**은 **門限也**라 **禮**에 **士大夫**가 **出入君門**에 **由闑右**하고 **不踐閾**이라 **謝氏曰 立中門則當尊**이요 **行履閾則不恪**이니라

중문(中門)은 문의 가운데이고 문설주와 문지방의 사이에 해당되니, 임금이 출입하는 곳을 이른다. 역(閾)은 문지방이다. 「예기」에 "사대부가 임금의 문을 출입할 때에는 문지방의 오른쪽을 사용하고 문지방을 밟지 않는다." 하였다. 사 씨가 말했다. "문의 한가운데에 선다면 높은 곳을 차지하는 것이고 문지방을 밟으면 공경하지 않는다는 것이다."

○정얼(棖闑) : 문설주와 문지방. ☞정(棖) : 문의 양쪽에 세운 기둥. ☞얼(闑) : 문에 세운 말뚝. 두 문짝이 맞닿는 곳에 세운 짧은 말뚝. 두 문짝이 문지방 안으로 드는 것을 막음.
○문한(門限) : 문지방.
○각(恪) : 공경하다. 삼가다.

[備旨] 中門者는 君所出入之處라 夫子時而立也에 不敢中於門하시니 恐當尊也요 閾者는 君門內外之限이니 夫子時而行也에 不敢履乎閾하시니 恐不恪也러시다 是入門之始에 其敬이 有如此시니라

문의 가운데는 임금이 출입하는 곳이다. 부자께서 때로 서서 계실 적에 감히 문의 가운데를 피하셨으니 그것은 아마도 높은 사람으로 간주될까 두려워했던 것이요, 문지방이라는 것은 임금이 문 밖으로 가거나 안으로 들어갈 때의 목에 해당되는 것이니 부자께서 때로 다닐 적에 감히 문지방을 밟지 않으셨으니 그것은 아마도 공경하지 않을까 두려워하셨던 것이다. 곧 문에 들어가기 시작할 적에 그 공경함이 이와 같으셨다.

○한(限) : 목. 요소(要所). 사북. 문지방. 문턱.

10·4·3 過位하실새 色勃如也하시며 足躩如也하시며 其言이 似不足者러시다

임금이 계시던 자리를 지나실 때에는 낯빛을 변하시고 발걸음을 조심하시며 말이 부족한 것처럼 하셨다.

○과위(過位) : 임금이 계셨던 자리를 지나가다. 주대(周代)에 임금이 국정(國政)을 들을 적에는 외조(外朝)·중조(中朝)·내조(內朝)·순사지조(詢事之朝) 등 사조(四朝)가 있어서 거기에서 들었는데, 여기서는 외조(外朝)를 말한다. "此位是外朝"
○색발여야(色勃如也) : 안색을 약간 바꾸다. 얼굴을 약간 긴장하면서 공경함이 얼굴에 나타나는 모양. ☞여(如) : 어떤 상태를 형용할 때 쓰는 어조사. ☞야(也) : 어떤 사실을 판단하거나 진술할 때 쓰는 어조사. "是敬見於面"
○족곽여야(足躩如也) : 발은 총총걸음으로 나아갔다 물러갔다 하다. '躩'은 원래 '발길을 돌려 나아가지 않는 모양'을 말하는데, 여기서는 '경의를 표하여 옆으로 비켜 총총걸음으로 걷는 모양'을 말함. "是敬見於足"
○기언사부족자(其言似不足者) : 그 말이 부족한 것과 같았다. 말을 함부로 하지 않기 위해 그 말이 어눌한 것처럼 했다는 말. 원문은 '其言有似不足者'인데 '有'가 생략된 형태다. '有~者'는 어떤 행위를 나타낼 때 쓰는 관용구. 본서 6·28·1과 10·1·1 참고. "只是不敢放言意"

位는 君之虛位요 謂門屛之間에 人君宁立之處니 所謂宁也라 君雖不在나 過之必敬은 不敢以虛位로 而慢之也라 言似不足은 不敢肆也라

위(位)는 임금이 자리를 비운 것이요, 문과 병풍의 사이에 인군이 우두커니 서 있는 곳을 이르니, 이른바 저(宁)라고 하는 것이다. 임금이 비록 있지 않을지라도 지날 때에는 반드시 공경했다는 것은 감히 자리를 비웠다고 해서 함부로 하지 않았다는 것이다. 말씀을 부족한 듯이 했다는 것은 말을 감히 함부로 하지 않았다는 것이다.

○저립(宁立) : 우두커니 한 곳에 서 있음. 저립(佇立). ☞저(宁) : 문과 병풍 사이의 자리를 말하는데 외병(外屛)과 정문 사이의 뜰로 임금이 조회 받던 곳을 말한다. 천자가 부의(斧依)라고 하는 병풍을 등에 하고 서면 그 앞에 선 제후가 북면하여 천자를 뵙는 것을 근(覲)이라 하고, 천자(天子)가 문과 병풍 사이에 우두커니 서면 제공(諸公)은 동면(東面) 제후(諸侯)는 서면(西面)하는 것을 조(朝)라고 했다. 「예기(禮記)」《곡례하(曲

禮下)》 "天子當依而立이어시든 諸侯北面而見天子를 曰覲이라하고 天子當宁而立이어시든 諸公東面하고 諸侯西面을 朝라하느니라"
○사(肆) : 함부로. 방탕하다.

[備旨] 進此면 則門屛之間에 人君宁立之處니 君雖不在나 夫子過之에 其色은 則勃如其變動也하시며 其足은 則躩如其不寧也하시며 至於言하여는 則訥然似不足者러시니 是過位之敬을 視入門之敬에 有加矣라

여기에서 나아가면 문과 병풍 사이에 인군이 우두커니 서 있던 곳이니 임금이 비록 있지 않지만, 부자께서는 지나칠 적에 그 안색은 공경함을 나타나도록 변동하셨으며, 그 발은 공경하느라 조심해서 안정되지 않으셨으며, 말할 적에는 말을 더듬는 것처럼 해서 부족한 것처럼 하셨으니, 곧 자리를 지나갈 때 공경하는 것을 문에 들어갈 때 공경하는 것과 비교해 볼 적에 더 조심하셨던 것이다.

○눌연(訥然) : 말을 더듬는 것을 형용하는 말.
○시(視) : 비교해서 보다. 견주어 보다.

10·4·4 攝齊(자)升堂하실새 鞠躬如也하시며 屛氣하사 似不息者러시다

옷자락을 잡고 조당에 오르실 적에 몸을 굽히셨으며 기운을 죽여 숨을 쉬지 않는 듯하셨다.

○섭자승당(攝齊升堂) : 옷자락을 잡고 조당에 오르다. ☞섭(攝) : 추스르다. 걷어 올려 잡다. 옷매무새를 정돈하다. ☞자(齊) : 옷자락. 긴 옷의 아랫자락. 평성(平聲)으로 쓰였음. ☞승당(升堂) : 임금이 나라의 정치를 의논하고 집행하는 조당(朝堂)에 올라감. 제후(諸侯)의 나라는 당(堂)의 높이가 7척(尺)이었고, 계단이 7개로 되어 있었다. '堂'은 임금이 제사를 받들고 예를 행하며 정사를 보던 곳을 말함. 명당(明堂). "侯國堂高七尺階七等 君日御此以向明聽治"
○국궁여야(鞠躬如也) : 몸을 굽히는 것처럼 해서 나아가다. ☞국(鞠) : 몸을 굽히다. ☞여(如) : 어떤 상태를 형용할 때 쓰는 어조사. ☞야(也) : 어떤 사실을 판단하거나 진술할 때 쓰는 어조사. "自入門來已鞠躬矣 此復提撒者 又以形攝齊之敬 猶不廢鞠躬也"
○병기(屛氣) : 기운을 죽이다. 공경하고 삼가며 두려워하는 모양. 병식(屛息). ☞

병(屛) : 숨을 죽이다.

○사불식자(似不息者) : 숨을 쉬지 않는 듯하다. 너무 공경하는 듯해 흡사 숨을 쉬지 않는 것 같음. 원문은 '有似不息者'인데 '有'가 생략된 형태다. '有~者'는 어떤 행위를 나타낼 때 쓰는 관용구. "人無不息之理 但心敬則氣肅息微"

攝은 摳也요 齊는 衣下縫也라 禮에 將升堂할새 兩手摳衣하여 使去地尺하니 恐躡之하여 而傾跌失容也라 屛은 藏也요 息은 鼻息出入者也니 近至尊에 氣容肅也니라

섭(攝)은 추스르는 것이고, 자(齊)는 옷의 아랫자락이다.「예기」에 "조당에 오르려고 할 때에는 두 손으로 옷자락을 추켜서 땅에서 한 자쯤 떨어지게 한다."라고 했으니, 옷자락을 밟고 넘어지게 되어 체모를 잃을까 두려워서 그렇다. 병(屛)은 감추는 것이요, 식(息)은 코로 숨을 쉬는 것이니, 아주 높은 사람을 가까이 할 때에 숨 쉬는 모습이 정숙했던 것이다.

○구(摳) : 추스르다. 추키다. 옷자락을 추킴.
○섭(攝) : 밟다.
○경질(傾跌) : 기울어져 넘어짐. ☞질(跌) : 넘어지다.
○지존(至尊) : 제왕(帝王)의 지위. 더할 수 없이 존귀함.

[備旨] 進此면 則君臨御之堂矣니 夫子升君之堂이면 則兩手摳衣하여 使無傾跌之失也시니라 曲身而行하여 不敢直遂하여 鞠躬如也하시며 至於鼻息出入之氣하여는 亦屛之하여 使無而似不息者러시니 是升堂之敬을 視過位之敬에 又有加矣라

여기에서 나아가면 임금이 천히를 다스리는 조당이니, 부자께서 임금의 조당에 오르면 양 손으로 옷을 추슬러 넘어지는 실수가 없도록 하셨다. 몸을 굽히고 다니면서 감히 곧바로 나아가지 않아서 몸을 굽히셨으며, 코로 숨을 쉴 적에는 또한 숨을 죽여서 숨을 쉬지 않는 듯하셨으니, 곧 조당에 오를 때 공경하는 것을 임금이 계시던 자리를 지나칠 때 공경하는 것과 비교해 볼 적에 훨씬 더 조심하셨던 것이다.

○임어(臨御) : 임금이 임하여 천하를 다스림.
○직수(直遂) : 곧바로 나아감.

10·4·5 出降一等하사는 逞顔色하사 怡怡如也하시며 沒階하사는

趨(進)翼如也하시며 復(복)其位하사는 踧踖如也러시다

임금께 알현을 마치고 조당에서 나오셔서 한 층계를 내려서서는 낯빛을 누그러 뜨려서 기뻐하시며, 층계를 다 내려와서는 빨리 걸으시되 날개를 편 듯하시며, 제 자리에 돌아와서는 공경하고 조심하셨다.

○출강일등(出降一等) : 조당에서 나와서 한 층계를 내려서다. 여기서 '出'은 조당 (朝堂)을 나선다는 의미이지 공문(公門)을 나선다는 의미는 아님. "自堂而出不是出 公門"

○영안색(逞顔色) : 안색을 누그러뜨리다. 안색을 편다는 말. ☞영(逞) : 펴다. 본음 은 '령' "只略舒展嚴敬之色"

○이이여야(怡怡如也) : 기뻐하는 모양. 이연(怡然). ☞여(如) : 어떤 상태를 형용할 때 쓰는 어조사. ☞야(也) : 어떤 사실을 판단하거나 진술할 때 쓰는 어조사. "正形 容上句意"

○몰계추익여야(沒階趨翼如也) : 층계를 다 내려와서는 빨리 걸었는데 마치 날개 를 편 듯하다. "是張拱端好 如鳥舒翼手容也"

○복기위(復其位) : 그의 자리로 돌아오다. 조반(朝班)의 자리로 돌아옴. ☞조반(朝 班) : 조정의 반열(班列)

○축적여야(踧踖如也) : 공경하여 편히 여기지 못하는 모양. '踧'은 '공경하는 모양' 이고 '踖'은 '두려워하는 모양'. "踧踖是餘敬終不忘也"

陸氏曰 趨下에 本無進字어늘 俗本有之하니 誤也라

○等은 階之級也라 逞은 放也니 漸遠所尊하여 舒氣解顔이라 怡怡는 和悅也라 沒 階는 下盡階也라 趨는 走就位也라 復位로되 踧踖은 敬之餘也라

○此一節은 記孔子在朝之容이니라

육 씨가 말했다. "'趨'자 아래에 본래 '進'자가 없었는데, 속본에 있으니 이는 잘 못된 것이다."

○등(等)은 계단의 층계다. 영(逞)은 누그러뜨리는 것이니, 점차로 높이던 분을 멀리하여 기운을 펴고 얼굴을 펴는 것이다. 이이(怡怡)는 온화하고 기뻐하는 것이 다. 몰계(沒階)는 계단을 다 내려온 것이다. 추(趨)는 빨리 걸어서 자기 자리로 나 아가는 것이다. 자기 자리로 돌아왔지만 공경하고 두려워한다는 것은 공경함이 아 직도 남아 있다는 것이다.

○이 한 절은 공자께서 조정에 계실 때의 모습을 기록한 것이다.

[備旨] 及其見君成禮하고 而下堂以出也에 降階一等하여는 漸遠所尊이라 但見舒逞顏色하여 怡怡而和悅也하시고 及其下盡堂階하여 趨走就位하여는 則張拱端好하여 而翼如也시니라 由是로 而復朝班之位면 則恭敬不寧하여 而趾躇如也러시다 夫自入門으로 而過位而升堂하여는 其敬이 爲益至하고 自降階로 而沒階而復位하여는 其敬猶不失이니 夫子之事君盡禮를 於此에 見焉矣라

임금을 뵙고 예를 마치고 조당에서 내려서 나왔을 적에 계단을 한 칸 내려서서는 점차로 높이던 분을 멀리하는 것이다. 그제 겨우 안색을 천천히 누그러뜨려 기뻐하면서도 기뻐함을 볼 수 있었고, 그 조당의 섬돌에 다 내려와서 자리로 빨리 나아갈 적에는 맞잡은 두 손을 펼쳐 단정하고 아름답게 해서 마치 새가 날개를 편 것처럼 하셨던 것이다. 이로 말미암아 조반의 자리로 돌아오면 공경하고 조심해서 공경하고 두려워하는 듯하셨다."라고 했다. 무릇 공문에 들어와서 임금이 계시던 자리를 지나 조당에 오르기까지는 그 공경함이 아주 지극했고, 층계를 내려오기 시작해서 층계를 모두 내려와서 제 자리에 돌아오기까지는 그 공경함을 오히려 잃지 않았으니, 부자께서 임금을 섬길 적에 예를 다했다는 것을 여기에서 볼 수 있다.

○화열(和悅) : 마음이 화평하고 기쁨. 화락(和樂). 화예(和豫).
○조반(朝班) : 조정의 반열(班列).
○공문(公門) : 천자 궁실의 오문(五門) 중 하나. 궁의 가장 바깥쪽에 있는 문. "公門是魯庫門" ☞오문(五門) : 고대에 궁중에 설치한 다섯문. 고문(皐門)·고문(庫門)·치문(雉門)·응문(應門)·노문(路門).

10·5·1 執圭하시되 鞠躬如也하사 如不勝하시며 上如揖하시고 下如授하시며 勃如戰色하시며 足蹜蹜如有循이러시다

타국에 사신으로 가서 규를 잡으실 적에는 몸을 굽혀서 그 무게를 이기지 못하시는 듯하시며, 규를 잡을 적에 위로 들 때는 읍할 때처럼 하시고 아래로 내릴 때는 물건을 줄 때처럼 하시며, 새삼스럽게 긴장을 하셔서 두려워하는 얼굴빛을 띠시며 발걸음은 종종걸음을 쳐서 무엇에 끌리는 듯하셨다.

○집규(執圭) : 규를 잡다. ☞규(圭) : 상원 하방(上圓下方)의 모양으로 된 옥(玉). 천자가 제후를 봉하는 신표이며, 제사나 조빙(朝聘) 때에도 든다. 여기서는 명규(明圭)를 말함. "圭是諸侯受之天子者 執圭就往聘之國 行禮之時言"

○국궁여야(鞠躬如也) : 몸을 굽히는 듯하다. 몸을 굽혀서 나아간다는 말. ☞국(鞠) : 몸을 굽히다. ☞여(如) : 어떤 상태를 형용할 때 쓰는 어조사. ☞야(也) : 어떤 사실을 판단하거나 진술할 때 쓰는 어조사. "鞠躬是曲身而行"

○여불승(如不勝) : 조심하여 이기지 못하는 것처럼 하다. 임금의 그릇을 잡을 적에 가벼운 것을 잡으면서도 조심하여 이기지 못하는 것처럼 하는 모양. 「예기(禮記)」 《곡례하(曲禮下)》에 나오는 말. "是似擧圭不起意 正形容上句"

○상여읍(上如揖) : 규를 위로 들 때는 읍할 때와 같다. 규를 잡을 적에 읍할 때처럼 평형을 이루어 다른 사람과 더불어 높이를 같이한다는 말. '揖'은 두 손을 마주 잡아 가슴 앞으로 모으고, 허리를 굽히면서 경의를 표하는 예를 말함. "是似與人拱手一般"

○하여수(下如授) : 규를 아래로 내릴 때는 물건을 줄 때와 같이 하다. 규를 잡을 적에 다른 사람에게 무슨 물건을 줄 때의 높이를 지나치지 않는다는 말. "是似以物與人一般"

○발여전색(勃如戰色) : 새삼스럽게 긴장을 하셔서 두려워하는 얼굴빛을 띠다. ☞발여(勃如) : 안색을 바꾸는 모양. 새삼스레 얼굴을 긴장하는 모양. ☞전색(戰色) : 두려워하고 조심하는 얼굴빛. "戰色比勃如又甚矣"

○족축축여유순(足蹜蹜如有循) : 발걸음은 종종걸음을 쳐서 무엇에 끌리는 듯함. ☞축축여(蹜蹜如) : '蹜蹜'은 종종걸음치다[小步快走]. 종종걸음치는 모양. ☞순(循) : 뒤따르다. 뒤를 밟아 따르다. 끌리는 모습. "如有循正形容其蹜蹜 因手中有圭不得攝齊 亦防顚仆耳"

圭는 **諸侯命圭**니 **聘問隣國**이면 **則使大夫**로 **執以通信**이라 **如不勝**은 **執主器**에 **執輕如不克**이니 **敬謹之至也**라 **上如揖**과 **下如授**는 **謂執圭平衡**하여 **手與心齊**하여 **高不過揖**하고 **卑不過授也**라 **戰色**은 **戰而色懼也**라 **蹜蹜**은 **擧足促狹也**라 **如有循**은 **記所謂擧前曳踵**이니 **言行不離地**하여 **如緣物也**라

규(圭)는 제후의 명규이니, 이웃나라에 예를 갖추어 찾아보게 되면 대부로 하여금 임금의 명령을 받들고 소식을 전하도록 하는 것이다. 여불승(如不勝)은 임금의 기물을 잡을 적에 가벼운 것을 잡고도 조심하여 마치 이기지 못하는 것처럼 하는 것이니, 공경하고 삼가는 것을 지극히 하는 것이다. 상여읍(上如揖)과 하여수(下如授)는 규를 잡는 것이 평형을 이루어 손이 심장과 더불어 가지런하여 높아도 읍하

는 정도의 위치를 넘지 않고 낮아도 무엇을 줄 때의 위치를 지나치지 않는다는 것이다. 전색(戰色)은 두려워서 얼굴색이 두려워하는 모습이다. 축축(蹜蹜)은 발을 들어 짧고 좁게 떼는 것이다. 여유순(如有循)은 「예기」에 이른바 "앞발을 들고 발뒤꿈치를 끈다."는 것이니, 걸을 적에 땅에서 떨어지지 않아서 마치 물건에 끌리는 것과 같은 것을 말한다.

○명규(明圭) : 천자가 왕공(王公)과 중신에게 내려준 옥규(玉圭).
○빙문(聘問) : 예를 갖추어 방문함.
○주기(主器) : ①임금의 기물. ②태자(太子). 임금의 장자가 종묘의 제기를 주관한 데서 이름. 「주역(周易)」《서괘전(序卦傳)》 "主器者 莫若長子" 여기서는 ①의 뜻.
○경근(敬謹) : 공경하고 삼감.
○촉협(促狹) : 공간이 좁음.
○예(曳) : 끌다.
○종(踵) : 발뒤꿈치.

[備旨] 記者가 謂夫子承君之命하여 嘗執圭以通信矣하시되 但見其身은 則鞠躬而奉持之間에 如不勝其主器之重하시며 其手는 則行動之間에 微有上下하여 上不過如揖하시고 下不過如授하시며 其色은 則勃然如臨戰陣之色하시며 其足은 則蹜蹜然擧足促狹하여 如有循物而行者焉이러시니 是方聘而一於敬者가 如此시니라

　기록한 사람이 이르기를, "부자께서 타국에 사신으로 가서 임금의 명령을 받들어 일찍이 규를 잡고서 소식을 전하셨지만, 오로지 그 몸가짐은 몸을 굽혀서 받들 적에 마치 임금의 기물이 무거워서 이기지 못하는 것처럼 하셨으며, 그 손은 가거나 움직일 적에 위로나 아래로 움직이지 않아서 위로는 읍하는 듯한 모습을 지나치지 않고 아래로는 물건을 주는 듯한 모습을 지나치지 않았으며, 그 얼굴색은 갑자기 진투를 하기 위해 진에 임할 때의 안색과 같이 하시며 그 발은 종종걸음을 치는 듯한 모습으로 발을 들어 짧고 좁게 떼어서, 마치 물건에 끌려서 가는 것처럼 하시는 것을 볼 수 있었으니, 곧 바야흐로 빙례에 공경을 한결같이 함이 이와 같으셨다.

○발연(勃然) : ①갑자기 ②발끈 성을 내어 안색이 변하는 모양. 여기서는 ①의 뜻.
○전진(戰陣) : 전투를 하기 위하여 치는 진(陳). 전진(戰陳).
○빙례(聘禮) : 제후가 서로 방문하는 예.

10 · 5 · 2 享禮에 有容色하시며

　빙례를 마치고 예물을 바칠 적에는 온화한 낯빛을 하셨으며,

　○향례(享禮) : 조빙(朝聘)하는 나라의 임금에게 사신이 예물을 바치는 의식. "是
主君獻隣國之禮"
　○유용색(有容色) : 얼굴에 온화하고 기뻐하는 모습을 띠다. "有和悅之容色"

**享은 獻也니 旣聘而享에 用圭璧하고 有庭實이라 有容色은 和也니 儀禮曰 發氣滿
容이라하니라**

　향(享)은 물건을 드리는 것이다. 빙문이 끝나고 윗사람에게 예물을 드릴 적에
규벽을 썼고 또 대궐의 뜰에는 공물도 있었다. 유용색(有容色)이라는 것은 얼굴이
온화한 것이니,「의례」에 "향례를 행할 때 기를 나타내어 얼굴에 온화함이 가득
하다." 하였다.

　○향(享) : 드리다. 윗사람에게 물건을 드리다.
　○규벽(圭璧) : 제후가 천자를 알현하거나 제사지낼 때 지니던 옥.
　○정실(庭實) : 대궐의 뜰에 가득 벌여 놓은 공물.

[備旨] 及旣聘하시고 而行享禮也하여는 則用圭璧庭實하여 以達君之情하시되 而有容色
之和焉이러시다

　빙례를 마치고 향례를 행할 적에는 규벽과 정실을 써서 임금의 마음을 전달하셨는데
얼굴색에는 온화함을 나타내셨던 것이다.

10 · 5 · 3 私覿에 愉愉如也러시다

　임금을 사사로이 뵐 적에는 환하고 즐거워하셨다.

　○사적(私覿) : 임금을 사사로이 만나 보다. ☞적(覿) : 보다. 만나다. 뵙거나 보임.
"是自己禮物私見人君"

○유유여야(愉愉如也) : 온화하고 즐거워하는 모양. 더욱 온화하고 기뻐하는 모양. ☞여(如) : 어떤 상태를 형용할 때 쓰는 어조사. ☞야(也) : 어떤 사실을 판단하거나 진술할 때 쓰는 어조사. "是加和意"

私覿은 以私禮로 見(현)也라 愉愉則又和矣라
○此一節은 記孔子가 爲君聘於隣國之禮也니라 晁氏曰 孔子定公九年에 仕魯라가 至十三年에 適齊하시니 其間에 絶無朝聘往來之事라 疑使擯執圭兩條는 但孔子嘗言其禮를 當如此爾시니라

사적(私覿)은 사사로운 예물을 갖고서 알현하는 것이다. 유유(愉愉)는 더욱 온화한 것이다.

○이 한 절은 공자께서 임금을 위하여 이웃 나라에 빙문하는 예를 기록한 것이다. 조 씨가 말했다. "공자께서 정공 9년에 노나라에서 벼슬했다가 13년에 이르러 제나라로 가셨으니, 그 사이에 전혀 조회하거나 빙문하여 타국에 왕래한 일이 없있다. 아마도 '使擯'과 '執圭'의 두 조목은 오로지 공자께서 일찍이 그 예를 마땅히 이와 같이 해야 한다고 말씀했던 것일 것이다."

[備旨] 及旣享하시고 而以私禮見也하여는 則有筐篚玄纁하여 以申己之敬하시고 其容色愉愉如也하시니 則又和矣러시다하니 夫敬以盡聘問之禮하고 和以達聘問之情이니 夫子其善於修聘矣러시다

향례를 마치시고 사사로운 예물을 갖고 알현할 적에는 광주리와 비단에 물건을 담아 갖고서 자기의 공경함을 펼쳤고, 그 얼굴색이 환하고 온화하셨으니 더욱 온화하셨다." 라고 했으니, 무릇 공경함으로써 빙문의 예를 다하고 온화함으로써 빙문의 정을 통달하셨으니, 부자께서는 아마도 빙례를 행할 적에 잘하셨던 것이다.

○광비(筐篚) : 네모난 광주리와 둥근 광주리.
○현훈(玄纁) : 검은색과 분홍색의 비단.
○수빙(修聘) : 빙례(聘禮)를 행함.

10·6·1 君子는 不以紺緅로 飾하시며

공자께서는 감색과 보라색으로 옷깃을 꾸미지 않으셨으며,

○군자(君子) : 여기서는 공자를 지칭함. '孔子'의 오기라고도 봄. "君子二字貫通章"
○불이감추식(不以紺緅飾) : 감색과 보라색으로 옷깃을 꾸미지 않다. 그렇게 하면 옷의 색깔이 평소에 입는 옷의 색깔이 아니기 때문에 재복(齊服)이나 연복(練服)에 가까운 옷이라는 말. ☞감(紺) : 감색. 검은빛을 띤 남빛. ☞추(緅) : 주홍색. "紺爲齊服 取鈞深索隱之義 緅飾練服 取節哀順戀之義"

君子는 謂孔子라 紺은 深靑揚赤色이니 齊服也라 緅는 絳色이니 三年之喪에 以飾練服也니 飾領緣也라

군자는 공자를 이른다. 감(紺)은 굉장히 푸르러 붉은 빛깔을 띠는 것이니, 재계할 적에 입는 옷이다. 추(緅)는 진홍색이니, 3년상 때 연복을 꾸미는 것으로 옷깃의 가장자리를 꾸미는 것이다.

○재복(齊服) : 재계(齋戒)할 때 입는 옷.
○강색(絳色) : 진홍(眞紅). 진홍색.
○연복(練服) : 소상(小喪) 후 담제(禫祭) 이전까지 입는 상복. ☞담제(禫祭) : 대상(大喪) 후 3개월 만의 정일(丁日)이나 해일(亥日)에 지내는 제사.
○영(領) : 옷깃.
○연(緣) : 가선. 옷깃의 가장자리.

[備旨] 記者가 謂君子는 不以深靑揚赤色之紺과 與絳色之緅로 以飾其衣러시다 爲其色不常하여 近於齊練之服也라

기록한 사람이 이르기를, "공자께서는 굉장히 푸르고 붉은 빛깔을 띤 감색과 진홍색인 추색으로 그 옷을 꾸미지 않으셨다. 그것은 색깔이 늘 입는 색이 아니어서 재복이나 연복에 가까운 옷이었기 때문이다.

10·6·2 **紅紫로 不以爲褻服**이러시다

다홍색과 자주색으로 평상복을 만들어 입지 않으셨다.

○홍자(紅紫) : 붉은색과 자주색. ☞홍(紅) : 붉은빛. ☞자(紫) : 자주빛. "紅是以火克金而成 紫是以水克火而成"

○불이위설복(不以爲褻服) : 평상복을 지어 입지 않다. '不以之爲褻服'가 원문인데 '之'자가 생략됨. ☞설복(褻服) : 평상복.

紅紫는   **間色**이니   **不正**이요   **且近於婦人女子之服也**라   **褻服**은   **私居服也**라   **言此**면 **則不以爲朝祭之服**을   **可知**라

다홍색과 자주색은 중간색이니 바르지 않고, 또 부인이나 여자의 옷색깔에 가깝다. 설복은 사사로이 있을 때에 입는 옷이다. 이렇게 말했다면, 이러한 색깔로는 조복과 제복을 만들지 않았음을 알 수 있다.

○간색(間色) : 중간색. 두 가지 이상의 원색이 섞여 이루어진 색. 잡색(雜色). 청(靑)·황(黃)·적(赤)·백(白)·흑(黑)등이 정색(正色)이다.
○조복(朝服) : 옛날 관원이 조하(朝賀) 때 입던 예복. 붉은 비단으로 지었음.

[備旨]   若夫紅紫二者하여는   不以爲私居之服이러시니   爲其色之不正하여   近於婦人女子 之服也라

다홍색과 자주색 두 가지는 사사로이 있을 때도 입지 않으셨으니, 그것은 색이 바르지 않아서 부인이나 여자의 옷에 가까웠기 때문이다.

○약부(若夫) : …에 이르러. 연결하는 말로서 다른 화제를 제시하는 것을 나타냄.

10·6·3 **當暑**하사 **袗絺綌**을 **必表而出之**러시다

더울 때에는 홑옷을 입되 고운 갈포나 굵은 갈포를 반드시 겉에 입어서 드러나도록 하셨다.

○당서(當暑) : 더울 때. 더위를 당했을 때. "暑是盛夏炎熱之時"
○진치격(袗絺綌) : 때에 따라 홑옷을 입되 정미하게 짠 고운 갈포를 입거나 어떤 때는 거칠게 짠 굵은 갈포를 입었다는 말. ☞진(袗) : 홑옷. 여기서는 '홑옷을 입다'라는 동사로 쓰였다. ☞치(絺) : 칡베. 고운 갈포. ☞격(綌) : 칡베. 굵은 갈포. "暑 服尙疏故   絺綌從袗"
○필표이출지(必表而出之) : 반드시 겉에 입어서 드러내다. 이것을 혹자는 "집에서

는 갈포의 홑옷만 입었으나, 외출시에는 다른 옷을 입어 속살이 비치지 않게 하다."로 해석하는데 받아들이지 않는다. "表是顯著之義 出之是出此絺綌於外"

袗은 單也라 葛之精者曰絺요 麤者曰綌이라 表而出之는 謂先著(착)裏衣하고 表絺綌하여 而出之於外하시니 欲其不見(현)體也라 詩所謂蒙彼縐絺가 是也라

진(袗)은 홑적삼이다. 갈포(葛布)의 정미한 것은 '絺'라 하고 거친 것을 '綌'이라 한다. '表而出之'는 먼저 속옷을 입고, 고운 갈포와 굵은 갈포를 겉에 입어서 밖으로 드러내셨으니, 그 몸을 드러내지 않고자 한 것이다. 「시경」에 이른바 "저 고운 갈포옷을 위에다 입는다."는 것이 바로 이것이다.

○단(單) : 홑. 홑겹. 홑적삼.
○추(麤) : 거칠다. 조잡하다.
○몽(蒙) : 입다.
○몽피추치(蒙彼縐絺): 고운 갈포옷을 위에다 입다. 「시경(詩經)」 《용풍(鄘風) 군자해로편(君子偕老篇)》 "蒙彼縐絺 是紲袢也" ☞추(縐) : 가는 갈포.

[備旨] 時乎當暑하사 單葛은 所宜服也니 則或精而絺와 或麤而綌者시니라 然이나 必先著裏衣하고 表絺綌而出之於外러시니 欲其體之不見也시니라

때로 더위를 당하셨을 적에는 홑옷의 갈포는 마땅히 입으셨으니, 어떤 때는 정미하게 짠 고운 갈포를 입거나 어떤 때는 거칠게 짠 굵은 갈포를 입으셨던 것이다. 그러나 반드시 먼저 속옷을 입고 고운 갈포와 굵은 갈포를 겉에 입어서 밖으로 드러나도록 하셨으니, 그것은 몸을 드러내지 않고 싶으셨던 것이다.

10 · 6 · 4 　緇衣엔 羔裘요 素衣엔 麑裘요 黃衣엔 狐裘러시다

알현할 적에 입는 검은 옷은 검은 양 가죽으로 만든 갓옷을 입고, 빙례를 행할 적에 입는 흰 옷은 사슴 가죽으로 만든 갓옷을 입고, 납향을 지낼 적에 입는 누런 옷은 여우 가죽으로 만든 갓옷을 입으셨다.

○치의고구(緇衣羔裘) : 조복을 입을 적에는 검은 양 가죽으로 만든 검정색 옷을 입다. ☞치의(緇衣) : 검은 옷. 검은 색은 북쪽에 해당하니, 조복(朝服)을 말함. ☞

고구(羔裘) : 검은 양의 가죽으로 만든 옷. 제후의 조복(朝服)으로 쓰임. "朝覲用之 取北面之義 尙黑"

○소의예구(素衣麑裘) : 빙례를 행할 적에는 사슴 가죽으로 만든 흰 옷을 입다. ☞ 소의(素衣) : 흰 옷. 흰 색은 깨끗하므로 빙례(聘禮)에 사용됨. ☞예구(麑裘) : 새끼 사슴의 털가죽으로 지은 흰색의 갖옷. ☞예(麑) : 새끼 사슴. "聘享用之 取潔素之義 尙白"

○황의호구(黃衣狐裘) : 납제를 행할 때는 여우의 모피로 만든 누른색 옷을 입다. ☞황의(黃衣) : 누런 옷. 흙은 누른색이므로 납제(臘祭) 때 사용함. ☞납제(臘祭) : 음력 섣달 납일(臘日)에 조상과 여러 신에게 지내던 제사. 납향(臘享). 참고로 납일은 동지(冬至) 후 셋째 술일(戌日)인데, 우리 나라는 동지 후 셋째 미일(未日)을 납일로 정함. ☞호구(狐裘) : 여우의 모피로 만든 옷. "大蜡後臘祭 息民用之 取報土功之義 尙黃"

緇는 **黑色**이라 **羔裘**는 **用黑羊皮**라 **麑**는 **鹿子**니 **色白**이라 **狐**는 **色黃**이라 **衣以裼裘**는 **欲其相稱**이라

치(緇)는 흑색이다. 고구(羔裘)에는 검은 양 가죽을 쓴다. 예(麑)는 사슴의 새끼이니, 색깔이 희다. 호(狐)는 색깔이 누렇다. 옷을 갖옷 위에 껴입은 것은 거기에 서로 맞추려고 했던 것이다.

○석(裼) : 웃옷. 홑갖옷 위에 입는 웃옷. ☞석구(裼裘) : 예(禮)를 행할 때 외투를 벗어 석의를 드러내되 갖옷을 전부 덮지는 않는 일. 성례(盛禮)가 아닐 경우에 경의를 표하는 옷차림.

[備旨] 冬月이면 則裘는 所宜服也니 用緇衣하여 以裼朝覲之羔裘하시고 用素衣하여 以裼聘享之麑裘하시고 用黃衣하여 以裼臘祭之狐裘러시니 以其色之相稱也시니라

겨울철이면 갖옷은 마땅히 입어야 하니, 검은 옷을 써서 임금에게 알현할 적에 검은 양 가죽으로 만든 갖옷을 껴입으시고, 흰 옷을 써서 빙례나 향례를 향할 적에 사슴 가죽으로 만든 갖옷을 껴입으시고, 누런 옷을 써서 납제를 지낼 적에 여우 가죽으로 만든 갖옷을 껴입으셨으니, 그것은 색깔을 서로 맞추려고 하셨기 때문이다.

○조근(朝覲) : 신하가 임금을 알현(謁見)함.

10·6·5 褻裘는 長하시되 短右袂러시다

평상시에 입는 갖옷은 길게 하셨는데, 오른쪽 소매를 짧게 하셨다.

○설구장(褻裘長) : 평상시에 입는 갖옷은 길게 하다. '褻裘'는 평상시에 입는 갖옷.
○단우메(短右袂) : 오른쪽 소매를 짧게 하다. '袂'는 소매. "袂是袖"

長은 欲其溫이요 短右袂는 所以便作事라

길게 한 것은 따뜻하게 하려는 것이요, 오른쪽 소매를 짧게 한 것은 일하는 데
편리하도록 하려 했기 때문이다.

[備旨] 至於私居褻服之裘하여는 其制則長하시니 欲其溫也요 右袂는 必短이러시니 所
以便作事也시니라

사사로이 거할 때 평상시 입는 갖옷은 그것을 만들 때는 길게 하셨으니 그것은 따뜻
하게 하려는 것이요, 오른쪽 소매는 반드시 짧게 하셨으니 일하는 데 편리하도록 하고
싶었던 것이다.

○설복(褻服) : 평상복. 사사로이 혼자 있을 때 입는 옷.

10·6·6 狐貉之厚로 以居러시고

여우와 오소리의 푹신한 가죽옷을 깔고 거하셨고,

○호학지후이거(狐貉之厚以居) : 여우와 오소리의 푹신한 가죽옷을 깔고 거하다.
여우와 오소리의 털이 푹신하기 때문에 그것을 깔고 거했다는 말. ☞호(狐) : 여
우. ☞학(貉) : 오소리. 털이 좋기에 다방면으로 쓰임. '담비'라고도 함. '狐貉之厚以
之居'가 원래의 문장인데 '之'가 생략됨. "狐貉卽以爲褻裘者"

狐貉은 毛深溫厚하니 私居에 取其適體라

　여우와 오소리는 털이 많고 푹신하니, 사사로이 거할 때에는 그 몸에 알맞은 것을 취한 것이다.

○온후(溫厚) : ①성질이 온화하고 독실함. ②넉넉함. 부족함이 없음. 여기서는 ②의 뜻으로 쓰임.

[備旨] 然이나 所謂褻裘는 以何者爲之리오 惟狐貉은 毛深溫厚하니 則用以爲私居之裘러시니 取其適體也시니라

　그렇지만 이른바 평상시에 입는 갖옷은 무엇 때문에 만들었을까? 오직 여우와 오소리는 털이 많고 푹신하기 때문에 사사로이 거할 때에 입으려고 갖옷을 만들었으니, 그것은 몸에 알맞은 것을 취하셨기 때문이다.

10 · 6 · 7 去喪하사는 無所不佩러시며

　상을 마친 뒤에는 차지 않은 것이 없으셨으며,

○거상(去喪) : 상을 마치다. 상을 이미 마쳤을 때. "去喪是服已滿之時"
○무소불패(無所不佩) : 차지 않은 것이 없다. 군자가 몸에 지니는 옥이나 뿔송곳 등을 찼음. "佩是帶在身者"

君子無故면 玉不去身하니 觿礪之屬도 亦皆佩也라

　군자가 연고가 없으면 옥을 몸에서 버리지 않았으니, 뿔송곳과 숫돌 등도 모두 몸에 찼다.

○휴(觿) : 뿔송곳. 상아(象牙)나 뿔 같은 것으로, 끝을 뾰족하게 만들어 매듭 따위를 푸는 데 쓰던 것으로 성인(成人)이 허리에 차던 것.
○여(礪) : 숫돌. 칼을 가는 숫돌. 옛날 부모를 섬기기 위해 물건을 닦는 헝겊이나 숫돌을 갖고 다녔음.

[備旨] 服必有佩로되 居喪은 固不用佩矣요 去喪이면 則玉與應用之物을 無所不佩於身이러시니 蓋不特爲飾이요 且以備用也시니라

옷에는 반드시 차는 것이 있었지만 초상 중일 때는 진실로 찰 수가 없고, 상을 마친 뒤에는 옥과 사용하던 물건을 몸에 차지 않음이 없으셨으니, 아마도 특별히 꾸미려고 한 것이 아니고 또 쓰는 데 대비하려고 하셨던 것이다.

10·6·8 非帷裳이어든 必殺(쇄)之러시다

조회와 제례 때 입는 치마가 아니면, 반드시 줄여서 꿰매셨다.

○비유상(非帷裳) : 주름이 없는 치마가 아니면. ☞유상(帷裳) : 제사 때나 조회 때 입는 주름이 없는 치마. 온 폭(幅)을 써서 마름질하지 않고 휘장같이 만든 데서 이르는 말. ☞유(帷) : 휘장. "謂非朝祭 如帷之裳服"
○필쇄지(必殺之) : 반드시 줄여 꿰매다. ☞쇄(殺) : 옷을 꿰매다. 바느질하다. 여기 서는 거성(去聲)으로 쓰였음. "殺是斜裁倒合之 使上狹下濶以就腰"

朝祭之服은 **裳用正幅**하니 **如帷要有襞積**이로되 **而旁無殺縫**이요 **其餘若深衣**는 **要半下**하고 **齊**(자)**倍要**하니 **則無襞積**이로되 **而有殺縫矣**라

조회와 제례 때 입는 옷은 치마에 온 폭을 썼으니 마치 휘장 같아서 허리에는 옷의 주름이 있지만 옆으로는 줄여서 꿰매지는 않았고, 그 나머지 집에서 입었던 옷은 허리폭이 아랫단의 절반쯤 되고 아랫단은 허리폭보다 배가 되니 주름은 없었지만 줄여서 꿰매었던 것이다.

○벽적(襞積) : 옷의 주름. 벽적(襞襀). ☞벽(襞) : 옷의 주름. 올을 개다.
○봉(縫) : 꿰매다.
○심의(深衣) : 제후(諸侯)·대부(大夫)·사(士)가 집에서 입던 옷. 또는 서인(庶人) 의 상례복(常禮服).
○자(齊) : 옷자락. 긴 옷의 아랫자락.

[備旨] 朝祭之服은 裳固用正幅하여 如帷矣라 苟非帷裳이어든 則要半於下하고 齊倍於 要하여 無襞積로되 而有殺縫焉이러시니 蓋不惟省費요 且別於公也시니라

조회와 제례 때 입은 옷은 치마에 본디 온 폭을 써서 마치 휘장과 같았다. 진실로 조회와 제례 때 입는 치마가 아니면 허리폭은 아랫단에 절반쯤 되게 하고 아랫단은 허

리폭보다 배가 되게 하여 주름은 없었지만 줄여서 꿰매셨으니, 아마도 비용을 줄였을 뿐만 아니라 공복과 구별되도록 하신 것이다.

10·6·9　羔裘玄冠으로　不以弔러시다

검은 양의 가죽으로 만든 갓옷을 입거나 검은 관을 쓰고는 조문하지 않으셨다.

○고고현관(羔裘玄冠) : 조복을 입거나 관을 쓴 상태. ☞고고(羔裘) : 검은 양의 가죽으로 만든 옷. 제후의 조복(朝服)으로 씀. ☞현관(玄冠) : 관복(官服)을 입을 때 쓰는 검은 관. "皆是吉服"
○불이조(不以弔) : 조문하지 않다. 조복을 입거나 관을 쓴 상태로 가서 조문하지 않음. '羔裘玄冠 不以之弔'가 원래의 문장.

喪主素하고　吉主玄하니　弔必變服은　所以哀死라

초상에는 흰 것을 제일로 여기고 길사에는 검은 것을 제일로 여기니, 조문할 때에 반드시 옷의 색깔을 바꾸는 것은 죽은 사람을 애도하기 때문이다.

[備旨] 弔는 所以哀死者라 羔裘之朝服과 玄冠之祭服이면 則不以往弔러시니 蓋不以吉服으로 而用之凶也시니라

조문을 하는 것은 죽은 사람을 애도하는 것이다. 검은 양의 가죽으로 만든 조복과 검은 관의 제복을 입었으면 가서 소문하시 않으셨으니, 데게 길복으로써 흉사에 쓰지 않으셨던 것이다.

10·6·10　吉月에　必朝服而朝러시다

초하룻날에는 반드시 조복을 입고 조회에 나가셨다.

○길월(吉月) : ①좋은 달. 영월(令月). ②초하루. 월삭(月朔). 여기서는 ②의 뜻.
○필조복이조(必朝服而朝) : 반드시 조복을 입고 조회에 나가다. ☞조복(朝服) : 옛

날 관원이 조하(朝賀) 때 입던 예복. 여기서는 옷뿐만 아니라 머리에 쓰는 관도 말함. "朝服總衣冠冕裳言"

吉月은 **月朔也**라 **孔子在魯致仕時**에 **如此**시니라

○**此一節**은 **記孔子衣服之制**니라 **蘇氏曰 此**는 **孔氏遺書**니 **雜記曲禮**요 **非特孔子事也**니라

　길월(吉月)은 초하루다. 공자께서 노나라에 계시면서 치사하셨을 적에 이와 같이 하셨던 것이다.

　○이 한 절은 공자 의복의 제도를 기록한 것이다. 소 씨가 말했다. "이것은 공씨 집안의 유서로서 이것저것 자질구레한 예절을 기록한 것이고, 특별하게 공자의 일만은 아닐 것이다."

○월삭(月朔)：초하루. 월초(月初).
○치사(致仕)：관직을 반납한다는 뜻으로, 사직(辭職)함을 이름. 치사(致事).

[備旨] **朝服**은 **所以覲君**이라 **夫子時雖致仕**나 **而每月之朔**에 **必朝服而北面以朝**러시니 **蓋不敢以致仕**로 **而忘君也**라 **合而觀之**면 **夫子之制服也**에 **邪正有等**하고 **寒署有節**하고 **吉凶有經**하고 **朝祭有辨**하니 **無一不適其宜者矣**러시다

　조복을 입는 것은 임금께 알현하기 때문이다. 부자께서는 때로 비록 치사했지만 매월 초하루에는 반드시 조복을 입고 북쪽을 향해 조회에 나가셨으니, 아마도 감히 치사했다는 이유로 임금을 잊어버리지 않으셨던 것이다."라고 했다. 합해서 보면 부자의 제복에는 바르지 못하거나 바름에 따라 등급이 있고, 춥거나 더움에 따라 절도가 있고, 길사와 흉사에 따라 법이 있고, 조복과 제복에 따라 분별이 있었으니, 하나라도 그것이 형편에 맞지 않음이 없으셨던 것이다.

○근(覲)：뵈다. 알현(謁見)하다.
○북면(北面)：북쪽을 향함. 신하나 제자의 자리. 또는 신하나 제자가 됨. 예전에 신하가 임금을 만나거나 윗사람과 아랫사람이 만날 때, 임금이나 윗사람은 남쪽을 향하여 앉고, 신하나 아랫사람은 북쪽을 향하여 앉도록 되어 있었음. ↔남면(南面).
○사정(邪正)：바르지 못함과 바름.

10·7·1 齊必有明衣러시니 布러라

재계하실 때에는 반드시 깨끗한 속옷을 입으셨는데 삼베로 만든 것이었다.

○재(齊) : 재계하다. 술과 육식 따위 음식을 삼가고 마음과 몸가짐을 깨끗이 하여 부정(不淨)을 타지 않도록 하는 일. '齋'와 통함. 재계(齋戒). "是齊戒以祀神明"
○필유명의(必有明衣) : 반드시 깨끗한 옷을 입다. ☞명의(明衣) : 재계할 때 목욕 뒤에 입는 속옷.
○포(布) : 베. 비단이 아닌 무명·삼·모시·칡 등으로 짠 옷감. 여기서는 베옷. "布取其純樸也"

齊必沐浴하고 **浴竟**이면 **卽著**(착)**明衣**는 **所以明潔其體也**요 **以布爲之**라 **此下**에 **脫前章寢衣一簡**이라

재계할 때에는 반드시 목욕하고, 목욕이 끝나면 깨끗한 속옷을 입은 것은 그 몸을 깨끗하게 한 것이요, 베로써 만들었던 것이다. 이 아래에 앞 장의 '寢衣' 한 쪽이 빠졌다.

[備旨] 記者가 謂齊主於敬이라 夫子之齊에 其旣浴也면 必著明衣하여 以明潔其體하시되 而用布爲之러니 所以表純素之心也시니라

기록한 사람이 이르기를, "재계는 공경을 제일로 여긴다. 부자께서 재계할 때 목욕이 끝나면 반드시 깨끗한 속옷을 입고서 그 몸을 깨끗하게 하시되 베로써 만든 것을 입으셨으니, 순수하고 소박한 마음을 나타내셨던 까닭이다.

○순소(純素) : 순수하고 소박함.

10·7·2 必有寢衣하시니 長이 一身有半이러라

반드시 잠옷이 있으셨으니 길이가 키의 한 배 반이었다.

○필유침의(必有寢衣) : 반드시 잠옷이 있었다. "寢衣是齊時 夜間所服者"

○장일신유반(長一身有半) : 길이가 한 배 반. '有'는 수와 수 사이에 끼워 숫자나 수량을 나타내며, 해석할 필요는 없다.

○이 문장은 「논어비지(論語備旨)」의 순서에 따라 해석했다. 하지만 판본(板本)에 따라 "10·6·5 褻裘는 長하시되 短右袂러시다" 다음에 위치한 책도 있다. 정자(程子)가 아래 집주(集註)에서 말한 것처럼 여기에 있어야 문맥상 의미가 잘 통할 것이다.

齊主於敬하니 **不可解衣而寢**이요 **又不可著**(착)**明衣而寢**이라 **故**로 **別有寢衣**라 **其半**은 **蓋以覆足**이라 **程子曰 此**는 **錯簡**이니 **當在齊必有明衣布之下**니라 **愚謂 如此**면 **則此條**는 **與明衣變食**으로 **旣得以類相從**하고 **而褻裘狐貉**도 **亦得以類相從矣**라

　재계할 때에는 공경을 제일로 여기니, 옷을 벗고 잘 수 없고 또 속옷만 입고 잘 수도 없으므로 별도로 잠옷이 있었던 것이다. 키의 한 배 반이었다는 것은 대개 발을 덮었던 것이기 때문이다. 정자가 "이것은 순서가 뒤섞인 것이니, 마땅히 뒤에 나오는 '齊必有明衣布'라는 문장 다음에 있어야 할 것이다."라고 말했다. 내[朱子]가 생각하건대, 정자의 말과 같이 하면, 이 조항이 '明衣'와 '變食'이란 문장과 비슷하기에 서로 따라도 되고, '褻裘'와 '狐貉'의 문장과도 비슷하기에 서로 따라도 될 수 있을 것이다.

○명의(明衣) : 재계할 때 목욕 뒤에 입는 속옷.
○부(覆) : 덮다.
○착간(錯簡) : 뒤섞인 죽간(竹簡). 책의 내용의 순서가 뒤섞여 있는 일.

[備旨] 及其寢也하여는 不可解衣하고 又不可著明衣시니라 故로 必有寢衣하여 以防其褻하시고 而寢衣之制는 則長一身有半이러시니 所以取其覆足之便也라 是當齊而致潔하여 以盡敬者가 如此시니라

　잠잘 적에는 옷을 벗고 잘 수 없고 또 속옷만 입고 잘 수 없으셨던 것이다. 그러므로 반드시 잠옷이 있어서 그 더럽혀짐을 막으셨고 잠옷의 규격은 길이가 키의 한 배 반이나 되게 하셨으니, 그것은 발을 덮기에 편리하도록 한 까닭이다. 곧 재계를 당해서 청결하게 하여 공경을 다한 모습이 이와 같으셨다.

○설(褻) : 더럽히다. 더럽다.

10·7·3 齊必變食하시며 居必遷坐러시다

　재계할 때에는 반드시 평소 먹던 음식을 바꾸시며, 거처도 반드시 평소 거처에서 옮기셨다.

○재필변식(齊必變食) : 재계할 적에는 반드시 음식을 바꾸다. 재계할 적에는 반드시 공경하는 모습을 다하기 위해 술을 마시지 않고 음식도 바꾸었다는 말.
○거필천좌(居必遷坐) : 거하는 곳은 반드시 자리를 옮기다. 재계할 적에는 반드시 공경하는 모습을 다하기 위해 평소 거처하던 곳에서 옮겼다는 말. "居是齊時所處之地"

變食은 謂不飮酒하고 不茹葷이라 遷坐는 易常處也라
○此一節은 記孔子謹齊之事니라 楊氏曰 齊는 所以交神이라 故로 致潔變常하여 以盡敬이니라

　변식(變食)은 술을 마시지 않고 냄새가 강한 야채를 먹지 않는 것을 말한다. 천좌(遷坐)는 평상시에 거처하던 곳을 바꾸는 것이다.
　○이 한 절은 공자께서 재계에 조심한 일을 기록한 것이다. 양 씨가 말했다. "재계는 신과 교통하는 것이므로, 깨끗함을 다하고 일상적인 것을 바꾸어 공경을 다해야 하는 것이다."

○불여훈(不茹葷) : 훈채를 먹지 않음. '葷菜'란 냄새가 강한 야채를 말하는데, 파·마늘·생강 따위를 말함. 주자(朱子)는 오신(五辛)을 먹지 않는 것이라고 했다. '茹'는 '먹다'라는 뜻. 「논어집주(論語集註)」 "朱子曰 不茹葷是不食五辛"

[備旨] 以至齊之所食하여는 必變其飮食之常味하시고 齊之所居도 必易其安坐之常處러시니 其變常以盡敬也가 如此시니라하니 夫子謹齊之事를 此可以得其槪矣라

　그리하여 재계하실 때 먹는 것은 반드시 그 분이 평소에 맛보던 음식을 바꾸시고, 재계하실 때 거하는 곳도 반드시 그 분이 평소에 거하던 편안한 자리를 바꾸셨으니, 그 분이 평소에 하던 것을 바꾸어서 공경을 다했음이 이와 같으셨다."라고 했으니, 부자께서 재계할 적에 조심한 일을 여기에서 그 대강을 알 수 있다.

10·8·1 食(사)不厭精하시며 膾不厭細러시다

밥은 곱게 대낀 쌀을 싫어하지 않으셨으며, 회는 잘게 썬 것을 싫어하지 않으셨다.

○사불염정(食不厭精) : 밥은 잘 찧은 쌀을 싫어하지 않다. ☞사(食) : 밥. 양식. 여기서는 거성(去聲)으로 쓰였음. ☞정(精) : 쌀을 대끼는 것. 희게 대낀 쌀[糲米一斛 舂九斗爲鑿 舂八斗爲精]. "是以飯之精者爲善 未嘗厭而去之"
○회불염세(膾不厭細) : 회는 잘게 썬 것을 싫어하지 않다. ☞회(膾) : 고기나 생선을 잘게 썬 것[細縷切者爲膾 大片切者爲軒]. "是以膾之細者爲善 未嘗厭而去之"

食(사)는 飯也요 精은 鑿也라 牛羊과 與魚之腥을 聶而切之爲膾라 食精則能養人하고 膾麤則能害人이라 不厭은 言以是爲善이요 非謂必欲如是也라

사(食)는 밥이고, 정(精)은 쌀을 대끼는 것이다. 소와 양, 그리고 어물의 날고기를 저미면서 썰어 놓은 것을 회라고 한다. 밥이 좋으면 능히 사람을 튼튼하게 하고 회가 거칠면 능히 사람을 해칠 수 있는 것이다. 불염(不厭)은 이것을 좋게 여김을 말한 것이고, 반드시 이렇게 하고 싶었음을 이른 것은 아니다.

○착(鑿) : 쌀을 쓿다. 쓿은 쌀. 희게 대낀 쌀. 백미(白米).
○성(腥) : ①날고기. ②비리다. 날고기의 냄새가 남. 여기서는 ①의 뜻.
○접(聶) : 저미다. 고기 따위를 엷게 뜸.
○추(麤) : 거칠다. 조잡하다.

[備旨] 記者가 謂食之精者는 能養人이니 夫子雖不必求其精이나 亦不厭精焉하시고 膾之麤者는 能害人하니 夫子雖不必求其細나 亦不厭細焉이러시다

기록한 사람이 이르기를, "밥을 할 적에 대낀 쌀은 능히 사람을 튼튼하게 하니, 부자께서는 비록 반드시 그 대낀 쌀을 구하지는 않았지만 또한 대낀 쌀을 싫어하지는 않으셨고, 회에서 잘게 썬 것은 능히 사람을 해하니, 부자께서는 비록 반드시 그 잘게 썬 것을 구하지는 않았지만 또한 잘게 썬 것을 싫어하지는 않으셨다.

10·8·2 食(사)饐而餲와 魚餒而肉敗를 不食하시고 色惡不食하시며 臭惡不食하시고 失飪不食하시며 不時不食이러시다

밥이 쉬어서 변한 것과 생선이 상하거나 고기가 썩은 것을 잡수지 않으셨고, 빛깔이 나쁜 것을 잡수지 않으셨으며, 냄새가 나쁜 것을 잡수지 않으셨고, 잘 익히지 않은 것을 잡수지 않으셨으며, 잘 익지 않은 것은 잡수지 않으셨다.

○사의이애(食饐而餲) : 밥이 쉬고 맛이 변하다. ☞의(饐) : 쉬다. 상하여 맛이 변하다. ☞애(餲) : 쉬다. 음식 따위가 상하여 맛이 변하다.
○어뇌이육패(魚餒而肉敗) : 생선이 썩고 고기가 상하다. ☞뇌(餒) : 생선이 썩다. 안에서 썩어서 나오는 것. ☞패(敗) : 썩다. 밖에서 썩어서 안으로 들어가는 것. "餒是自內而爛出外 敗是自外而壞入內"
○불식(不食) : 먹지 않다. "總上二句"
○식악불식취악불식(色惡不食臭惡不食) : 색깔이 나쁜 것을 먹지 않고 냄새가 나쁜 것을 먹지 않다. "二句廣言衆物"
○실임불식(失飪不食) : 적당하게 잘 익히지 않은 음식은 먹지 않다. ☞실임(失飪) : 적당하게 익혀야 하는데 그 적정선을 놓친 것. ☞임(飪) : 익히다. 잘 익은 음식. "失飪謂宜生過生 宜熟過熟也"
○불시불식(不時不食) : 잘 익지 않은 것은 먹지 않다. ☞불시(不時) : 과일이나 곡식이 제대로 성숙하지 않은 상태를 말함. "不時是天時未足也"

饐는 飯傷熱濕也요 餲는 味變也라 魚爛曰餒요 肉腐曰敗라 色惡臭惡은 未敗而色臭變也라 飪은 烹調生熟之節也라 不時는 五穀不成과 果實未熟之類라 此數者는 皆足以傷人이라 故로 不食이라

의(饐)는 밥이 더위나 습기에 상한 것이고, 애(餲)는 맛이 변한 것이다. 생선이 상한 것을 뇌(餒)라 하고, 고기가 썩은 것을 패(敗)라 한다. 색악(色惡)과 취악(臭惡)은 아직까지 썩지는 않았지만 빛깔과 냄새가 변한 것이다. 임(飪)은 음식을 삶아 조리할 적에 삶긴 정도를 조절하는 것이다. 불시(不時)란 오곡이 여물지 않았거나 과일이 익지 않은 따위다. 이 몇 가지는 모두 사람을 상하게 할 수 있었으므로 잡수지 않은 것이다.

○난(爛) : 썩어 문드러지다. 형체가 문드러짐.

○팽조(烹調) : 음식을 삶아서 조리함.

○생숙(生熟) : 날것과 익은 것.

○오곡(五穀) : 오곡은 '벼·메기장·찰기장·보리·콩' 또는 '벼·기장·피·보리·콩'을 말함. 우리나라에서는 '쌀·수수·보리·조·콩' 또는 '쌀·보리·콩·수수·기장'을 말함. 본서 18·7·1 참고.

[備旨] 然이나 非皆一無所厭也라 苟飯傷熱濕而饐와 及味變而餲와 與夫魚爛而餒와 肉腐而敗면 則不食也하시고 若未敗而色已惡이면 則不食焉하시고 未敗而臭已惡이면 則不食焉하시며 或烹調之失其節이면 不食也하시고 或成熟之未至其期면 不食也러시니 是食之傷乎人者로 皆所不食이 如此시니라

　그러나 모든 것이 하나같이 싫어하는 것이 없었던 것은 아니다. 진실로 밥이 더위와 습기 때문에 상해서 쉬거나 또 맛이 변해 쉰 것과 무릇 생선이 상해서 썩은 것과 고기가 부패해서 썩은 것이라면 잡수지 않으셨고, 만약 아직까지 썩지는 않았지만 색깔이 이미 바랜 것이라면 잡수지 않으셨고, 아직까지 썩지는 않았지만 냄새가 이미 좋지 않은 것이라면 잡수지 않으셨으며, 혹시라도 음식을 삶아서 조리할 적에 그 알맞은 정도를 놓쳐버린 것이라면 잡수지 않으셨고, 혹시라도 과일이 익거나 곡식이 여물어야 하는데 그 시기에 이르지 않은 것이라면 잡수지 않으셨으니, 곧 음식이 사람을 상하게 하는 것이므로 모두 잡수지 않았던 것이 이와 같으셨다.

10·8·3 割不正이어든 不食하시며 不得其醬이어든 不食이러시다

　자른 것이 바르지 않으면 잡수지 않으시며, 간장을 얻지 못하면 잡수지 않으셨다.

○할부정불식(割不正不食) : 자른 것이 바르지 않으면 먹지 않다. 마음을 항상 바른 데 두었다는 뜻. "重存心正上說"

○부득기장(不得其醬) : 간장을 얻지 못하면 먹지 않다. 의당 있어야 할 것은 있어야 한다는 말. "非無醬也 謂不得其所宜也"

○불식(不食) : 먹지 않다. 먹지 않았다는 말을 두 번 한 것은 갖추지 못한 것을 싫어했다는 의미임. "重不備說"

割肉不方正者를 不食은 造次不離於正也라 漢陸續之母가 切肉에 未嘗不方하고 斷蔥에 以寸爲度하니 蓋其質美가 與此暗合也라 食肉用醬에 各有所宜하니 不得

則不食은 **惡**(오)**其不備也**라 **此二者**는 **無害於人**이로되 **但不以嗜味**로 **而苟食耳**니라

고기를 자른 것이 반듯하지 않은 것을 잡수지 않음은 잠깐이라도 바른 것에서 떠나지 않으신 것이다. 한나라 육적의 어머니가 고기를 자를 적에 바르지 않은 것이 없었고, 파를 자를 적에는 마디를 규칙적으로 썰었다 하니, 대개 그 자질의 아름다움이 이와 더불어 우연히 일치했던 것이다. 고기를 먹으면서 장을 사용할 때에는 각각 맞는 것이 있으니, 얻지 못하면 먹지 않았다는 것은 갖추지 않은 것을 싫어했다는 것이다. 이 두 가지는 사람에게 해는 없었지만, 다만 맛만 즐긴다는 이유로 구차하게 먹지 않았다는 것이다.

○총(葱) : 파.
○장(醬) : 간장. 육장(肉醬). 고기를 썰어 절인 것.
○암합(暗合) : 무의식적으로 한 일이 우연히 일치함. 두 사람이 지은 시가(詩歌)가 뜻밖에 같은 경우 등을 이른다.

[備旨] 傷人者는 無論已어니와 至於味不傷人者하여도 亦豈苟於食乎리오 割肉以正爲度하나니 苟割有不正이면 則不食은 惡其不正也며 食肉用醬에 各有所宜하나니 苟不得其醬이면 則不食은 惡其不備也니라

사람을 상하게 하는 것은 논할 필요도 없지만, 맛이 사람을 언짢지 않게 하는 데 있어서도 또한 어찌 먹는 것을 소홀하게 처하겠는가? 고기를 자를 때에는 반듯하게 자르는 것을 법도로 삼으니, 진실로 자른 것이 바르지 않으면 먹지 않았다는 것은 그것이 바르지 않음을 싫어한 것이며, 고기를 먹으면서 장을 사용할 때에는 종류에 따라 맞은 것이 있으니, 진실로 그러한 장을 얻지 못한다면 먹지 않은 것은 그것이 갖추지 않음을 싫어하셨던 것이다.

10·8·4 **肉雖多**나 **不使勝食**(사)**氣**하시며 **惟酒無量**하시되 **不及亂**이러시다

고기가 비록 많더라도 밥의 기운을 이기지 못하도록 하셨으며, 오직 술만은 정한 양이 없으셨지만 문란한 지경에 이르지는 않으셨다.

○육수다(肉雖多) : 고기가 비록 많을지라도. "多是過其則"

○불사승사기(不使勝食氣) : 밥의 기운을 이기지 못하도록 하다. '不使之勝食氣'가
원래의 문장인데 '之'가 생략됨. "食氣是飯氣"
○유주무량(惟酒無量) : 오직 술만큼은 술의 양을 정하지 않다. "是不爲限量"
○불급란(不及亂) : 문란한 데 이르지 않다. 덕을 잃거나 예의를 잃어버리지 않았
다는 말. "亂是失德喪儀"

**食(사)는 以穀爲主라 故로 不使肉勝食氣라 酒는 以爲人合歡이라 故로 不爲量이로되
但以醉爲節하여 而不及亂耳니라 程子曰 不及亂者는 非惟不使亂志요 雖血氣라도
亦不可使亂이로되 但浹洽而已라야 可也니라**

밥은 곡식을 제일로 여기기 때문에 고기로 하여금 밥의 기운을 이길 수 없게
한 것이다. 술은 사람들이 함께 모여 즐기는 것이므로 양을 정하지는 않았지만,
다만 취하는 정도를 조절해서 문란한 데에는 이르지 않았을 따름이다. 정자가 말
했다. "'不及亂者'는 단지 뜻을 어지럽게 해서는 안 될 뿐만 아니라, 설사 혈기가
나더라도 또한 문란하게 해서도 안 되지만, 다만 두루 미쳐 훈훈해질 때 그만두어
야 좋은 것이다."

○합환(合歡) : 함께 모여 즐김. 여럿이 기쁨을 같이함. 「예기(禮記)」 《악기(樂
記)》 "酒食者 所以合歡也"
○비유(非惟) : 단지 …뿐만 아니라.
○수(雖) : 설사 …하더라도.
○협흡(浹洽) : 널리 영향을 미치다. ☞협(浹) : 두루 미치다. 널리 퍼지다. ☞흡
(洽) : 젖다. 젖어들다.

[備旨] 不食者는 無論已어니와 至於有所食者하여도 亦豈因之而無節乎아 食以穀爲主
故로 肉雖多나 不使勝食氣하여 俾穀氣無滯也하시며 酒以合歡이면 則不爲限量이로되 但
不至於醉亂이러시니 恐昏性而喪德也시니라

먹지 않은 것은 논할 필요도 없겠지만, 먹은 것도 또한 어찌 그것을 조절하지
않겠는가? 밥은 곡식을 제일로 여기기 때문에 고기가 비록 많지만 밥의 기운을
이기지 못하게 해서 곡식의 기운으로 하여금 막히지 않도록 하셨으며, 술을 마시
면서 여럿이 모였을 적에 기분이 좋으면 양을 한정하지는 않았지만 다만 술이 취
해 문란한 데에 이르지 않도록 하셨으니, 아마도 본성을 흐리게 해서 덕을 잃어버
릴 것을 걱정하셨기 때문이다.

○비(俾) : 시키다. …하게 하다.
○체(滯) : 막히다. 막히어 통하지 아니하다.

10·8·5 沽酒市脯를 不食하시며

시장에서 사온 술과 시장에서 파는 육포를 잡수지 않으시며,

○고주(沽酒) : 시장에서 파는 술. 사온 술. 술장사[賣酒者]의 술.
○시포(市脯) : 시장에서 파는 육포. '市'는 '팔다'라는 뜻이고 '脯'는 얇게 저미어 말린 '육포(肉脯)'를 말한다.

沽市는 皆買也니 恐不精潔하여 或傷人也라 與不嘗康子藥으로 同意라

'沽'와 '市'는 모두 파는 것이니 아마 정결하지 않아서 혹시라도 사람을 해칠까 두려워했기 때문이다. 본서 10·11·2에 계강자가 보내온 약을 맛보지 않은 것과 같은 의도다.

○'不嘗康子藥'은 계강자(季康子)가 약을 보내오자, 공자께서는 절하고 받고서는 약의 성분을 알기 못하기에 먹지 않겠다는 내용. 본서 10·11·2 참고.

[備旨] 若酒出於沽하고 脯出於市면 未必精潔이니 皆不食焉하시니 其衛生이 不亦嚴乎아

만약 술이 술장수로부터 나오고 포가 저자에서 나온 것이라면, 반드시 정결하지는 않을 것이니 모두 잡수지는 않으셨으니, 그 위생이 또한 엄하지 아니한가?

○위생(衛生) : 신체의 건강과 질병의 예방에 힘쓰는 일.

10·8·6 不撤薑食하시되

생강을 물리치지 않고 잡수시되,

○불철강식(不撤薑食) : 생강을 물리치지 않고 먹다. 생강은 맛은 맵고 성질은 따뜻해서 사람에게 유익한 것이 많기에 물리치지 않고 먹었다는 말.「논어비지(論語備旨)」《불철절지(不撤節旨)》"此養生之周 薑味辛得天地之正 性溫得天地之和" ☞ 불철(不撤) : 물리치지 않음. 거두지 않고 식사 때마다 준비한다는 말. ☞강(薑) : 생강. "不撤是每食必設"

薑은 **通神明**하고 **去穢惡**이라 **故**로 **不撤**이라

생강은 마음이나 정신을 통하게 하고 더러움을 제거하므로 물리치지 않으신 것이다.

○신명(神明) : 사람의 마음이나 정신.
○예악(穢惡) : 사악함. 또는 더러움.

[備旨] 通神明하고 去穢惡하니 薑之有益於用也라 則每食不撤焉하시니 其養生이 不亦周乎아

마음이나 정신을 통하게 하고 더러움을 제거하니 생강을 쓰는 것이 유익하다. 매번 식사 때마다 물리치지 않으셨으니, 그 분의 양생이 또한 골고루 미치지 아니했는가?

○양생(養生) : 규칙적인 생활과 적절한 영양 섭취로 건강하게 장수하도록 함. 섭생(攝生).
○주(周) : 골고루 미침. 지극하다. 치밀하다.

10·8·7 **不多食**이러시다

많이 먹지는 않으셨다.

適可而止는 **無貪心也**라

적당한 데에 나아가서 그친 것은 탐하는 마음이 없다는 것이다.

[備旨] 凡所當食適可而止하시고 不多食也러시니 其食에 不亦有節乎아

무릇 먹을 때에는 적당한 데 나아가서 그치시고 많이 먹지 않으셨으니, 그 먹는 것에 또한 조절함이 있지 아니한가?

10·8·8　祭於公에　不宿肉하시며　祭肉은　不出三日하시더니　出三日이면　不食之矣니라

공가에서 제사를 돕고 받아온 고기는 밤을 지새우지 않으셨으며 집에서 제사지낸 고기는 사흘을 넘기지 않으셨으니, 사흘을 넘겼다면 먹지 않으셨다.

○제어공(祭於公) : 공가에서 제사지내다. 임금이 태묘(太廟)에 제사 지내는 것을 돕는 것을 말함. ☞공(公) : 공가(公家)를 말함. 공가(公家)란 조정(朝廷)이나 왕실(王室)을 이르는 말. 공실(公室). "是助祭於君之太廟"
○불숙육(不宿肉) : 고기를 잠재우지 않다. 즉 제사 지내고 받아온 고기를 밤을 새우지 않는다는 말. '肉'은 노(魯)나라의 임금이 하사한 제육(祭肉). "肉是魯君所賜胙肉"
○제육(祭肉) : 집에서 제사 지낸 고기. "是祭於家之肉"
○불출삼일(不出三日) : 삼일을 넘기지 않다. 삼일을 넘기지 않고 속히 친한 벗에게 나누어 줌. "亦是速分賜於親朋"
○출삼일불식지의(出三日不食之矣) : 삼일을 넘긴다면 그것을 먹지 않다. "此明其不出三日之故"

助祭於公하고 **所得胙肉**을 **歸卽頒賜**하고 **不俟經宿者**는 **不留神惠也**라 **家之祭肉**은 **則不過三日**하고 **皆以分賜**는 **蓋過三日**이면 **則肉必敗**하여 **而人不食之**니 **是**는 **褻鬼神之餘也**라 **但比君所賜胙**에 **可少緩耳**니라

공가에서 제사 지내는 것을 돕고 얻은 조육을 돌아오는 즉시 나누어주고 밤을 넘기지 않으신 것은 신의 은혜를 지체치 않도록 한 것이다. 집에서 제사 지낸 고기는 사흘을 지나지 않도록 하고 모두 나누어 준 것은 대개 사흘을 지나면 고기가 반드시 부패해서 사람이 먹지 못하게 되니, 이는 귀신이 먹고 남은 것을 더럽히는 것이기 때문이다. 다만 임금이 준 조육과 비교할 때에 다소 늦춘 것일 따름이다.

○조육(胙肉) : 제육(祭肉). 음복(飮福)으로 나눠주는 고기.
○경숙(經宿) : 하룻밤을 묵음.

○설(褻) : 더럽히다. 함부로하다.

[備旨] 至於敬神之心하여는 又不以飮食之微로 而或苟也시니라 其助祭於公에 胙肉을 卽時頒賜하시고 不待經宿者는 蓋重神惠하고 而尊君賜也라 家之祭肉은 雖未能當日分賜나 然이나 亦不出三日은 蓋出三日이면 則肉敗하여 而人不食之하니 是褻鬼神之餘矣라 其頒肉에 有當可之節이 如此시니라

귀신을 섬기는 마음은 또 음식이 작다는 이유로 혹 구차하게 처하지 않으셨던 것이다. 그 분께서 공가에서 제사를 도왔을 적에는 조육을 즉시 나누어 주시고 밤을 넘기지 않았던 것은 대개 귀신의 은혜를 중하게 여기고 임금이 주는 것을 높였기 때문이다. 집에서 제사 지낸 고기는 비록 당일에 나누어주지는 못했지만 또 사흘을 넘기지 않았던 것은 대개 사흘을 지내면 고기가 부패하여 사람이 먹을 수 없으니, 곧 귀신이 먹고 남은 것을 더럽히기 때문이다. 그 분이 고기를 나누어 주실 때에 당연히 잘 조절했음이 이와 같으셨다.

10 · 8 · 9 食不語하시며 寢不言이러시다

음식을 먹으면서 얘기하지 않으시며 잠을 자면서 말하지 않으셨다.

○식불어(食不語) : 먹을 때 말하지 않다. 밥을 먹으면서 남의 물음에 답하지 않음. "食是含哺時 語是答人之問"
○침불언(寢不言) : 잠잘 때 말하지 않다. 잠을 잘 적에는 사람들이 아무도 없으므로 말하지 않았다는 말. "寢是夜寐 言是無人間而自言"

答述曰語요 自言曰言이라 范氏曰 聖人은 存心不他하여 當食而食하고 當寢而寢하니 言語는 非其時也니라 楊氏曰 肺爲氣主하고 而聲出焉하나니 寢食이면 則氣窒而不通이니 語言은 恐傷之也라하니 亦通이라

물음에 대답하는 것을 '語'라 하고 자기 스스로 말하는 것을 '言'이라 한다. 범씨가 말했다. "성인은 마음 두는 것이 다르지 않아서 먹을 때를 당하면 먹고 잘 때를 당하면 잤으니, 잠 잘 때에 말하거나 음식을 먹으면서 얘기한다는 것은 그렇게 할 때가 아니기 때문이다." 양 씨가 말하기를, "폐는 숨쉬는 것을 관장하고 소리도 거기서 나오는 것이니, 잠자거나 먹는다면 숨이 막혀서 통하지 않으니 얘기

하거나 말한다는 것은 그것을 상할까 두려워해서다." 하였으니, 또한 통하는 것이다.

[備旨] 且其存心을 又可驗於寢食之愼焉이라 當食而食하니 語非其時라 故로 不語也하시며 當寢而寢하니 言非其時라 故로 亦不言也러시니 其食寢에 有專一之心이 如此시니라

또한 그 마음 두는 것을 다시 잠자거나 먹을 때에도 신중했던 데에서 증험해 볼 수 있다. 먹을 때를 당하면 먹었으니 먹으면서 말한다는 것은 그렇게 할 때가 아니기 때문에 말하지 않은 것이며, 잘 때를 당하면 잤으니 자면서 얘기한다는 것은 그렇게 할 때가 아니기 때문에 얘기하지 않으셨으니, 그 분께서 먹거나 잠잘 때에 전일한 마음이 이와 같으셨다.

10・8・10 雖疏食(사)菜羹이라도 瓜(必)祭하시되 必齊如也러시다

비록 거친 밥과 나물국이라도 반드시 제사하셨지만 반드시 근엄하고 경건하게 하셨다.

○수소사채갱(雖疏食菜羹) : 비록 거친 밥이나 나물국이라 할지라도. ☞소사(疏食) : 거친 밥. ☞채갱(菜羹) : 나물국. 보잘 것 없는 국. "疏食是麤米飯 羹是菲薄之羹"
○과제(瓜祭) : 반드시 제사를 지내다. ☞과(瓜) : 오이. 「노론(魯論)」에는 '瓜'자가 '必'자로 되어 있다고 했는데, 그렇다면 "雖疏食에 菜羹瓜라도 祭하시되 必齊如也러시다(비록 거친 밥에 나물과 국과 오이라고 할지라도 제사 지내셨는데, 반드시 근엄하고 경건하게 하셨다.)"로 세길 수도 있다. "瓜依註作必"
○필제여야(必齊如也) : 반드시 엄숙하고 경건하게 하다. ☞제여(齊如) : 엄숙하고 근신하는 모양. ☞여(如) : 어떤 상태를 형용할 때 쓰는 어조사. ☞야(也) : 어떤 사실을 판단하거나 진술할 때 쓰는 어조사.
○이 글은 옛날 사람들이 식사 전에 음식물을 조금 떼어서 음식을 처음으로 만든 사람에게 제사했다는 내용인데, 우리 나라의 '고수레'와 같은 내용이다. 우리 나라의 '고수레'의 어원에 대해서는 두 가지 설이 있다. 첫째, 단군 때에 고시(高矢)라는 사람이 백성에게 농사짓는 방법을 가르쳤다는 데서 나왔다는 설이 있으며, 둘째, 동명성왕(東明聖王) 고주몽(高朱蒙)이 활을 잘 쏘아 고시(高矢)라는 별명이 있었는데, 무서운 고시가 오니[高矢來] 잡신들은 물러가라는 데서 전해졌다는 설이 있다.

陸氏曰 魯論에 瓜作必이라
○古人飮食에 每種을 各出少許하여 置之豆間之地하여 以祭先代始爲飮食之人하니 不忘本也라 齊는 嚴敬貌라 孔子雖薄物이나 必祭하시니 其祭必敬은 聖人之誠也니라
○此一節은 記孔子飮食之節이니라 謝氏曰 聖人飮食이 如此하니 非極口腹之欲이요 蓋養氣體하여 不以傷生이 當如此라 然이나 聖人之所不食을 窮口腹者는 或反食之하니 欲心勝하여 而不暇擇也니라

육 씨가 말했다. "「노론」에는 '瓜'자는 '必'자로 되어 있다."
○옛날 사람들은 마시고 먹을 적에 각종 음식을 각기 조금씩을 덜어내어 그릇 사이에 놓고서 선대에 처음 음식을 만든 사람에게 제사를 지냈으니, 이는 근본을 잊지 않으려는 것이다. 제(齊)는 엄숙히 하고 경건하게 하는 모양이다. 공자께서는 비록 하찮은 음식이라도 반드시 제사를 지내셨으니, 제사를 지낼 적에 반드시 경건하게 하신 것은 성인의 정성이었던 것이다.
○이 한 절은 공자께서 음식을 대했던 예절에 대해 기록한 것이다. 사 씨가 말했다. "성인이 마시고 먹는 것이 이와 같으니, 입과 배의 욕심을 채우려는 것이 아니라 대개 정기와 신체를 길러서 생명을 상하지 않도록 한 것이 마땅히 이와 같았던 것이다. 그러나 성인이 먹지 않은 것을 입이나 배만 채우려는 사람은 혹 반대로 먹어버릴 것이니, 욕심이 앞서서 선택할 겨를이 없기 때문이다."

○소허(少許) : 얼마 안 되는 적은 분량. '許'는 '…쯤'이라는 뜻.
○기체(氣體) : 정기(精氣)와 신체.
○구복(口腹) : ①입과 배. 음식(飮食). ②먹고 살아나가는 일. 여기서는 ①의 뜻.

[備旨] 且其報本을 亦可驗其飮食之敬焉이라 每食之時에 雖疏食菜羹之薄이나 亦必祭先代始爲飮食之人하시되 其祭亦必齊如하여 以致誠敬也러시니 報本之誠이 又如此시니라 夫一飮食之間에 莫不中節이 若此하시니 何者라도 而非道之當然哉아

그리고 그 분은 근본에 보답하는 것을 또한 마시고 먹을 적에도 공경했던 데서 증험해 볼 수 있다. 늘 먹을 적에는 비록 거친 밥과 나물국과 같이 보잘것없는 것이라도 또한 반드시 선대에 음식을 처음 만든 사람에게 제사하셨지만, 그 제사도 또한 반드시 근엄하고 경건하게 해서 정성과 공경을 다하셨으니, 근본에 보답하는 정성이 또한 이와 같으셨다."라고 하셨다. 무릇 하나라도 마시거나 먹을 적에 법도에 맞지 않았던 것이 없음이 이와 같으셨으니, 어느 것이라도 도에 당연하지 아니한가?

○보본(報本) : 은혜를 입으면 보답할 것을 생각하여 그 근본을 잊지 않음. 천지와 선조의 은혜에 보답함을 이름. 보본반시(報本反始). 「공자가어(孔子家語)」《교문(郊問)》 "孔子對曰 萬物本乎天 人本乎祖 郊之祭也 大報本反施也"

○성경(誠敬) : 정성과 공경.

○중절(中節) : 규칙·법도·장단·선율 등에 맞음.

10·9·1 席不正이어든 不坐러시다

자리가 바르지 않으면 앉지 않으셨다.

謝氏曰 聖人心安於正이라 故로 於位之不正者에 雖小나 不處니라

사 씨가 말했다. "성인의 마음은 바른 것을 편안하게 여겼던 것이다. 그러므로 사리가 바르지 않은 데에는 비록 작은 자리라고 할지라도 처하지 않으셨다."

[備旨] 記者가 謂坐必以席은 古之制也라 夫子心安於正이라 故로 於席位에 少有不正이어든 而不苟於坐焉이러시다하니 夫以一席之微도 亦不苟處온 況其大者乎아

기록한 사람이 이르기를, "앉을 적에 반드시 자리에 앉는 것은 옛날의 제도다. 부자의 마음은 바른 것을 편안하게 여기셨던 것이다. 그러므로 자리에 앉았을 적에는 조금이라도 바르지 않으면 자리에 소홀하게 처하지 않으셨다."라고 했으니, 무릇 조그마한 자리 하나라도 또한 구차하게 처하지 않으셨는데 하물며 큰 것임에랴?

10·10·1 鄕人飮酒에 杖者가 出이어든 斯出矣러시다

마을 사람들과 함께 술을 마실 적에는 노인이 마시고 나가면 나가셨다.

○향인음주(鄕人飮酒) : 마을 사람들과 세시(歲時)나 잔치가 있을 적에 같이 술을 마시다. '鄕人'은 '한 마을에 사는 사람' 또는 '고향 사람'을 일컬음. "鄕人是鄕里之人 兼父兄宗族在內 飮酒是歲時宴飮之禮"

○장자출(杖者出) : 지팡이를 짚은 사람이 나가다. 즉 노인을 말함. ☞장자(杖者) : 지팡이를 짚은 사람. 여기서는 마을에서 지팡이를 짚을 수 있는 60세 전후의 사람을 말함. 옛날에 50세면 집에서만 지팡이를 짚고, 60세면 마을에서 지팡이를 짚을 수 있었으며, 70~80이 되면 나라·조정에서도 지팡이를 짚을 수 있도록 허용되었다. ☞출(出) : 나가다. 여기서는 마시는 것을 마치고 나간다는 의미. "杖者是執杖以扶行之老人 出是飮畢而出"
○사출의(斯出矣) : 그제야 나가다. ☞사(斯) : 곧. 즉시. 그제야. '卽'자와 같음. "斯字作卽字看"

杖者는 **老人也**니 **六十**에 **杖於鄉**이라 **未出**이면 **不敢先**이요 **既出**이면 **不敢後**라

지팡이를 짚은 분은 노인이니 60세에 마을에서 지팡이를 짚을 수 있었다. 노인이 아직 나가기 않았다면 감히 먼저 나가지 않았고, 이미 나갔으면 감히 뒤에 남아 있지 않았다.

[備旨] 記者가 謂孔子居鄉時에 與鄉人으로 飮酒면 少長咸集하여 其中에 有老者焉이라 夫子於此에 必俟杖於鄉之老者라가 出이어든 斯出矣러시다 不敢先하고 亦不敢後는 所以尊老也라

기록한 사람이 이르기를, "공자께서 고향에 거할 적에 마을 사람들과 더불어 술을 마시면 아이와 어른들이 다 모여서 그 가운데 노인도 있었다. 부자께서 이러한 때에 반드시 마을에서 지팡이를 짚은 노인이 나가는 것을 기다렸다가 노인이 나가고 나면 곧 나가셨다. 감히 먼저 나가지 않고 또한 감히 뒤에 남아 있지도 않았던 것은 노인을 존대했던 까닭이다.

10·10·2 鄉人儺에 朝服而立於阼階러시다

마을 사람들이 나례를 행할 적에는 조복을 입고 동쪽 섬돌에 서 계셨다.

○향인나(鄉人儺) : 마을 사람들이 나례를 지내다. ☞나(儺) : 나례(儺禮)를 말함. 나례는 섣달 그믐날 궁중에서 악귀(惡鬼)를 쫓던 의식. 나의(儺儀). "儺禮是古者逐疫之禮"
○조복이입어조계(朝服而立於阼階) : 조복을 입고 동쪽에 있는 섬돌에 서다. ☞조

복(朝服) : 옛날 관원이 조하(朝賀) 때 입던 예복. 조복을 입고 서 있다는 것은 임금의 명령을 받든다는 의미다. ☞조계(阼階) : 주인이 당(堂)에 오르는 층계. 동편 섬돌. 동계(東階). 객(客)은 서계(西階)로 오름. "朝服是尊其奉君命以儺也 阼階是主人所立之處"

儺는 所以逐疫이니 **周禮**에 **方相氏掌之**라 **阼階는 東階也**라 **儺雖古禮**나 **而近於戲**어늘 **亦必朝服而臨之者는 無所不用其誠敬也**니라 **或曰 恐其驚先祖五祀之神**하여 **欲其依己而安也**라
○此一節은 **記孔子居鄕之事**니라

　나(儺)는 역귀를 쫓는 것이니, 「주례」에 방상 씨가 관장했다고 했다. 조계(阼階)는 동쪽 섬돌이다. 나례가 비록 옛날의 예라고 하지만 놀이에 가까운 것인데 반드시 조복을 입고 임하셨다는 것은 그 정성과 공경을 쓰지 않음이 없었다는 것이다. 혹자는 말하기를, "아마도 그것은 선조와 오사의 신을 놀라게 할 것을 두려워해서 자기 몸에 기대노록 해서 편안케 하고 싶었던 것이다." 하였다.
　○이 한 절은 공자께서 고향 마을에 거처하신 일을 기록한 것이다.

○역귀(疫鬼) : 전염병을 퍼뜨린다는 귀신.
○방상 씨(方相氏) : 주대(周代)의 관명. 하관(夏官)에 소속되어 역귀와 산천의 악귀를 쫓는 일을 맡아보았음.
○오사(五祀) : 집 안팎의 다섯 신에게 지내는 제사. 출입문·지게문·우물·부엌·방안에 제사를 지냄.
○왜 나례를 행할 때 선조와 오사의 신이 놀라지 않도록 자기 몸에 기대도록 해서 편안케 하고 싶었는가? 그 이유는 자손의 정신은 소상늘로부터 물려받은 것이기에 조상의 정신과 통하고, 출입문을 비롯한 우물 등도 내가 아침이나 저녁으로 출입하는 곳이니 거기에 있는 귀신도 또한 내 몸을 기대고 있을 것이라는 추론이 가능하다. 그래서 나례를 행할 때 선조(先祖)와 오사(五祀)의 신이 놀라지 않도록 자기 몸에 기대도록 해서 편안케 배려하고 싶었다는 것이다.

[備旨] 季冬에 鄕人이 儺以逐疫이어늘 雖近於戲이나 實則古禮라 夫子必朝服而立於阼階하여 以臨之러시니 蓋無所不用其誠敬也라 夫子居鄕之事가 如此시니라하니 可以見聖人敎讓敎敬之道矣라

　설달에 마을 사람들이 나례로써 역귀를 쫓았는데 비록 장난에 가깝지만 실은 옛날의

예였던 것이다. 부자께서는 반드시 조복을 입고 동쪽 섬돌에 서서 임하셨으니, 대개 그 정성과 공경을 쓰지 않음이 없으셨던 것이다. 부자께서 마을에 거했던 일이 이와 같으셨다."라고 했으니, 성인께서 겸양을 가르치고 공경을 가르쳤던 방법을 볼 수 있다.

○계동(季冬) : 섣달.

10·11·1 問人於他邦하실새 再拜而送之러시다

사람을 다른 나라에 보내어 안부를 물으실 적에는 두 번 절하고 보내셨다.

○문인어타방(問人於他邦) : 다른 나라로 사람을 보내어 사귀었던 사람에게 안부를 묻도록 하다. 사귀는 도리를 제일로 여겼다는 의미. ☞문(問) : 문안하다. 안부를 묻다. "問人是問其所交之人 他邦是別國"
○재배이송지(再拜而送之) : 두 번 절해서 보내다. 옛날 사자를 다른 지방에 보낼 적에는 주인이 그 뒤를 따라서 두 번 절하고 보내었음. "使者行則從其後 再拜送之 是拜其所問之人"

拜送使者하여 **如親見之**는 **敬也**니라

사자에게 절하고 보내어 마치 친히 뵙는 것처럼 하신 것은 공경한다는 것이다.

[備旨] 記者가 謂夫子嘗遣使하여 問所交之人於他邦하실새 當使者之行에 必再拜而送之러시다 非拜使者也요 如親見其所問之人하여 而敬之也라 其誠意見於遺使가 如此시니라

기록한 사람이 이르기를, "부자께서 일찍이 사자를 보내어 타향에서 사귀는 사람에게 안부를 물을 적에는 마땅히 사자가 갈 적에 두 번 절해서 보내셨다. 사자에게 절한 것이 아니라 마치 친히 그가 안부를 물을 사람을 보고서 공경하는 것처럼 하셨던 것이다. 그 분의 성의가 사자를 보낼 적에 나타남이 이와 같으셨다.

10·11·2 康子饋藥이어늘 拜而受之曰 丘未達이니 不敢嘗이라하시다

계강자가 약을 보내오자 공자께서 절하고 받으면서 말씀하시기를, "저는 이 약

의 성분을 알지 못하겠으니 감히 먹지 못하겠습니다." 하셨다.

○강자궤약(康子饋藥) : 계강자가 약을 보내오다. ☞강자(康子) : 노(魯)나라의 대부 계
강자(季康子)를 말함. 환자(桓子)의 서자(庶子). 이름은 비(肥). 논어에 많이 등장하고
있음. ☞궤약(饋藥) : 심부름꾼을 보내어서 부자에게 약을 보내오다. "饋藥遣使 送藥於
夫子"
○배이수지(拜而受之) : 절을 하고 받다. 물건을 받을 적에 예절을 다함. "是對使而拜以
盡承賜之禮" ☞옛날에는 수레를 보내오면 타고서 절을 하고, 옷을 보내오면 입고서 절
을 하고 음식을 보내오면 맛보고서 절을 한 것이 옛날의 예절이었다. 「논어집주(論語
集註)」 "朱子曰 古者賜之車則乘以拜 賜之衣服則服以輩 賜之飮食則嘗以拜之 蓋今未達故
不敢拜而嘗耳 已而達焉則 可飮而飮 不可飮而不飮 皆在其中矣"
○구미달(丘未達) : 구는 알지 못하다. 공자 자신은 약의 성분에 대해 알지 못하겠다는
말. "是未識其藥之性"
○불감상(不敢嘗) : 감히 먹지 못하다. 여기서는 병에 좋지 않을 것을 걱정하여 감
히 먹지 못하겠다는 말. "恐不利於疾意"

范氏曰 凡賜食이면 必嘗以拜로되 藥未達이니 則不敢嘗이라 受而不飮이면 則虛人
之賜라 故로 告之如此시니라 然則可飮而飮하고 不可飮而不飮이 皆在其中矣니라
楊氏曰 大夫有賜어든 拜而受之는 禮也요 未達不敢嘗은 謹疾也요 必告之는 直也니라
○此一節은 記孔子與人으로 交之誠意니라

범 씨가 말했다. "무릇 음식물을 주면 반드시 맛보고 절할 것이지만, 약의 성질
에 대해서는 알지 못하는 것이니 감히 맛볼 수 없었던 것이다. 받고서 마시지 않
으면 남이 주는 것을 헛되게 하는 것이므로 말씀한 것이 이와 같으셨던 것이다.
그렇다면 마실 수 있는 것은 마시고 마실 수 없는 것은 마시지 않는 것은 모두
그 사람의 마음에 있는 것이다." 양 씨가 말했다. "대부가 주는 것이 있으면 절하
고 받았다는 것은 예인 것이요, 알지 못해서 감히 맛보지 않았다는 것은 병을 조
심한 것이요, 반드시 솔직하게 말씀하셨다는 것은 정직인 것이다."
○이 한 절은 공자께서 남들과 더불어 교제할 때 성의를 기록한 것이다.

[備旨] 季康子嘗使人으로 饋藥이어늘 則拜而受之하여 以盡其受賜之禮하시고 直告之에
曰是藥也는 丘未達其宜於疾者니 何如오 不敢遽嘗也라 蓋謹疾之意요 且示之以情也니 其
誠意見(현)於受饋가 如此시니라

계강자가 일찍이 사람으로 하여금 약을 보내왔는데 절하고 받으면서 물건을 받을 적에 지켜야 할 예절을 다하시고 곧바로 깨우쳐 줄 적에 말씀하시기를, '이 약에 대해서는 제가 병에 적당한 것인지 알지 못하겠으니 어찌하겠습니까? 감히 황급하게 맛볼 수는 없습니다.'라고 하셨다. 대개 병을 조심했던 것이고 또 마음을 보여주신 것이다. 그분의 성의가 보내온 물건을 받을 적에 나타남이 이와 같으셨다."라고 했다.

○수사(受賜) : 물건을 주면 받을 때 갖추는 예절.
○거(遽) : 갑자기. 황급하게.

10 · 12 · 1 廏焚이어늘　子退朝曰　傷人乎아하시고　不問馬하시다

마구간에 불이 났는데 공자께서 조정에서 물러나오면서 "사람을 상하게 하지나 않았을까?" 하시고, 말에 대해서는 묻지 않으셨다.

○구분(廏焚) : 마구간에 불이 나다. ☞구(廏) : 마구간. 집에 있는 마구간. ☞분(焚) : 불사르다. 태움. 우연히 불이 남. "廏乃家之私廏 焚是適然之災"
○자퇴조(子退朝) : 공자께서 조정에서 물러나다. "退自公朝"
○상인호(傷人乎) : 사람을 상했는가? 불이 사람을 상하게 하지나 않았는가? "是孔子問"
○불문마(不問馬) : 말에 대해서는 묻지 아니하다. 등림(鄧林)은 이 부분에 대해서 제자의 기록으로 보고 있다. "此門人記的" ☞이 글은 동물보다 사람을 더 사랑한 것을 나타낸 것이다. 그러나 동물을 사랑하지 않았던 것은 아니므로, 단지 말에 대해서 묻지 않았던 것이 의문으로 남는다. 그래서 육덕명(陸德明)과 같은 사람은 "傷人乎아 不(否)아 問馬하시다"로 새겨서, '먼저 사람이 다쳤느냐? 그렇지 않았느냐? 하시고 다음에 말에 대해서 물으셨다.'로 해석하기도 했다.

非不愛馬나　然이나　恐傷人之意多라　故로　未暇問하시니　蓋貴人賤畜이　理當如此니라

말을 사랑하지 않는 것은 아니지만, 그러나 사람이 상했을까 두려워한 뜻이 많았으므로 물을 겨를이 없으셨던 것이니, 사람을 귀하게 여기고 가축을 천하게 여기는 것은 이치가 마땅히 이와 같아야 하는 것이다.

[備旨] 記者가　謂夫子在朝에　適家有畜馬之廏하여　爲火所焚이어늘　及夫子退朝하여　方

知而問에 曰廐之焚也에 得無因此하여 而傷人乎아하시고 初不暇問馬焉하시다하니 蓋仁民愛物이 雖聖人之本心이나 而貴人賤畜도 亦理所宜然也라

　기록한 사람이 이르기를, "부자께서 조정에 계실 적에 마침 집에 말을 기르는 마구간이 있어서 불에 타게 되었는데, 부자께서 조정에서 물러나면서 바야흐로 알고 물으면서 말씀하시기를, '마구간에 불이 났을 적에 이를 인해서 사람을 상하게 하지는 않았을까?'라고 하셨고, 처음부터 말에 대해서 물을 겨를이 없으셨다."라고 했으니, 대개 사람을 사랑하고 동물을 사랑했던 것이 비록 성인의 본심이라고 하더라도, 사람을 귀하게 여기고 가축을 천하게 여긴 것도 또한 이치에 마땅히 그러한 것이다.

○득무(得無)~호(乎) : 아마 …일 리가 없겠는가? …이 아닐까? 관용어구로 추측이나 반문을 나타냄.

10·13·1 君賜食이어시든 必正席先嘗之하시고 君賜腥이어시든 必熟而薦之하시고 君賜生이어시든 必畜(휵)之러시다

　임금이 음식을 주시면 반드시 자리를 바르게 하여 먼저 맛보시고, 임금이 날고기를 주시면 반드시 익혀서 조상께 올리시고, 임금이 살아있는 것을 주시면 반드시 기르셨다.

○군사식(君賜食) : 임금이 음식을 하사하다. 노나라 임금이 공자에게 음식을 나누어 줌. "君賜是魯君頒賜孔子"
○필정석선상지(必正席先嘗之) : 반드시 자리를 바르게 해서 먼저 맛보다. 임금이 주는 것을 헛되게 하지 않고 높이는 의미로 반드시 자리를 바르게 하여 맛보았다는 말. "是不敢虛君之賜 重尊君賜意"
○군사성필숙이천지(君賜腥必熟而薦之) : 임금이 날고기를 하사하면 반드시 날고기를 익혀서 조상께 제사지내다. 이는 임금의 하사품을 영화롭게 한다는 뜻. "重榮君賜意"
○군사생필휵지(君賜生必畜之) : 임금이 산 짐승을 주시면 반드시 기르시다. 임금이 주는 가축을 집에서 길러 임금의 하사품을 사랑한다는 뜻. "畜是養之家 重仁君賜意"

食恐或餕餘하니 故로 不以薦이라 正席先嘗은 如對君也라 言先嘗이라하시니 則餘當以頒賜矣라 腥은 生肉이니 熟而薦之祖考는 榮君賜也라 畜(휵)之者는 仁君之惠하여 無故不敢殺也니라

음식이 혹시라도 먹다 남은 음식물인지 걱정되기 때문에 조상께 올리지 않은 것이다. 자리를 바르게 하여 먼저 맛보셨다는 것은 마치 임금을 대하는 것과 같이 하신 것이다. 먼저 맛보셨다고 하였으니 나머지는 마땅히 나눠주었음을 말한 것이다. 성(腥)은 날고기니 익혀서 조고에게 올리는 것은 임금의 하사품을 영화롭게 하는 것이다. 길렀다고 하는 것은 임금의 은혜를 사랑하여 까닭 없이 감히 죽이지 않았던 것이다.

○준여(餕餘) : 먹다 남긴 음식물. 대궁. 잔반(殘飯). 「논어집주(論語集註)」 "曲禮曰 餕餘不祭"
○반(頒) : 나눠주다. 하사함.
○조고(祖考) : ①죽은 할아버지와 아버지. ②먼 조상.

[備旨] 記者가 謂夫子之仕魯也에 君嘗賜之以食이면 必正席而先嘗之하시니 如對君也라 其餘는 則頒賜矣하시니 其敬君之賜가 如此하시고 君若賜之以生肉之腥이면 必烹熟而薦之祖考하시니 其榮君之賜가 如此하시고 君若賜之未殺之生이면 必畜而養之於家하고 無故不敢殺也러시니 其仁君之賜가 如此시니라

기록한 사람이 이르기를, "부자께서 노나라에서 벼슬할 적에 임금이 일찍이 음식을 주면 반드시 자리를 바르게 하여 먼저 맛보셨으니, 마치 임금을 대하는 것과 같이 하셨던 것이다. 그 나머지는 나누어 주셨으니 임금의 하사품을 공경함이 이와 같으셨고, 임금이 만약 생육의 날고기를 주면 반드시 삶고 익혀서 조고에게 바치셨으니 임금의 하사품을 영화롭게 하는 것이 이와 같으셨고, 임금이 만약에 죽이지 않은 생물을 주시면 반드시 길러서 집에서 사육하시고 까닭 없이 감히 죽이지 않으셨으니, 그 분이 임금의 하사품을 사랑함이 이와 같으셨다.

10 · 13 · 2 侍食於君에 君祭어시든 先飯이러시다

임금을 모시고 음식을 먹을 적에 임금이 제사를 지내시면 독소의 유무를 알기 위해 먼저 맛을 보셨다.

○시식어군(侍食於君) : 임금을 모시고 식사하다. '食'은 10 · 13 · 1의 임금이 주는 음식을 말함. "侍是孔子侍於君側 食是君賜之食"
○군제(君祭) : 임금이 제사하다. 임금이 음식을 처음 만든 사람에게 제사 지낸다

는 뜻으로 고수레를 행한다는 말. "祭是以所食 置之豆間之地 祭先代始爲飮食之人"
○선반(先飯) : 먼저 맛보다. 임금을 위해 모든 음식을 먼저 맛보는 것은 신하의 도
리를 다하기 위함임. "夫子每品先嘗 盡臣爲君嘗食之禮"

周禮에 **王**이 **日一擧**하나니 **膳夫**가 **授祭品嘗食**이어든 **王乃食**이라 **故**로 **侍食者**는 **君**
祭면 **則己不祭而先飯**하니 **若爲君嘗食然**하여 **不敢當客禮也**라

「주례」에 "왕은 매일 한 번씩 성찬을 들었는데, 요리를 맡은 관리가 제사에 쓰
는 물품을 받아서 시식을 하고 나면 임금은 그제야 먹는다." 했다. 그러므로 임금
을 모시고 먹는 자는 임금이 제사를 지내면 자기는 제사를 지내지 않았지만 먼저
맛을 보았으니, 마치 임금을 위해 요리를 맡은 관리가 음식을 맛보는 것처럼 해서
감히 객례를 당하지 않도록 하기 위함과 같은 것이다.

○거(擧) : 성찬을 먹다. 풍성한 음식을 먹다. 희생(犧牲)을 잡아 매일 한 번씩 성
찬을 드는 일을 말함. 「논어집주(論語集註)」 "古註云殺生盛饌曰擧 每日一番盛饌也"
○선부(膳夫) : 주대(周代)에 궁중의 요리를 맡은 관원.
○제품(祭品) : 제사에 쓰는 물품.
○상식(嘗食) : 음식에 독물(毒物)의 유무를 알아보기 위해 시식(試食)함. 음식이
있으면 반드시 제사를 지냈기에 왕이 제사 지내고자 하는 물건을 주면 독의 유무
를 알아보기 위해 먼저 맛을 봄.
○위(爲) : 위하다. 때문이다. 여기서는 거성(去聲)으로 쓰였음.
○객례(客禮) : 빈객(賓客)을 접대하는 예절. 손님으로 접대함. 집주(集註)에서 객
례를 당하지 않도록 했다는 말은, 임금을 손님의 예로 대접할 경우 주객(主客)이
전도되는 처지가 되기 때문임.

[備旨] 至於有時而侍食於君也하여는 君置所食物於豆間以祭면 則己不祭而先飯焉이러시
니 蓋以膳夫之嘗食者로 自處也시니라

때로 임금을 모시고 음식을 먹을 적에는 임금이 식물을 제기 사이에 두고서 제사를
지내면 몸소 제사지내지 않았지만 먼저 맛을 보셨으니, 대개 요리를 맡은 관리가 시식
하는 사람처럼 자신이 처하셨던 것이다.

○두(豆) : 제기(祭器) 이름. 나무로 만든 굽이 높은 제기. 본서 8·4·3 참고. '豆'는 나
무로 만든 제기로 김치나 젓갈 종류를 담았고, '籩'은 대나무로 만든 제기로 과일이나

마른 고기를 담았음.

10 · 13 · 3 疾에 君視之어시든 東首하시고 加朝服拖紳이러시다

병이 들었을 적에 임금이 와서 보시면 머리를 동쪽으로 향하시고 조복을 몸에 덮으시고 띠를 그 위에 끌어당겨 놓으셨다.

○질(疾) : 공자께서 병이 들었을 때. 보통 '疾'과 '病'을 구별하기도 하는데[統言曰 疾 甚言曰病], 여기서는 그냥 병이 난 상태를 말한다. "是孔子疾"
○군시지(君視之) : 임금이 이를 보다. 노나라 임금이 와서 문병함. "魯君來問其疾"
○동수(東首) : 머리를 동쪽으로 향하다. 천지의 생기는 동쪽에서 시작하기에 동쪽으로 둔다는 말. "以病者之首 東向"
○가조복타신(加朝服拖紳) : 조복을 덮고 띠를 끌어당기다. 임금을 높이기 위해 조복을 몸에 덮고 띠를 끌어당겨 놓음. ☞조복(朝服) : 옛날 관원이 조하(朝賀) 때 입던 예복. ☞타(拖) : 끌어당기다. 끌다. ☞신(紳) : 큰 띠. 예복에 갖추어 매는 띠.

東首는 以受生氣也라 病臥에 不能著衣束帶하고 又不可以褻服으로 見君이라 故로 加朝服於身하고 又引大帶於上也라

머리를 동쪽으로 둔다는 것은 생기를 받으려는 것이다. 병들어 누워 있을 적에는 능히 옷을 입거나 띠를 맬 수 없고 또 평상복으로 임금을 뵐 수 없는 것이다. 그러므로 몸에 조복을 덮고 또 큰 띠를 그 위에 끌어당겨 놓았던 것이다.

[備旨] 夫子時或有疾하여 而君視之也면 則遷於南牖하여 而必東其首하여 以受生氣하시고 且加朝服於身하고 又引大帶之紳於上이러시니 不敢以疾로 而廢尊君之禮也시니라

부자께서 때로 혹시라도 병이 들어서 임금이 와서 보시면, 남쪽 창문으로 옮겨서 반드시 그 머리를 동쪽으로 돌려서 생기를 받도록 하셨고 또 대대의 큰 띠를 몸 위에 끌어당겨 놓으셨으니, 감히 병이 들었다고 임금을 높이는 예를 그만두지 않으셨던 것이다.

○대대(大帶) : 귀족이 예복(禮服)에 매는 띠 중의 하나. 비단이나 명주로 만들어 혁대(革帶) 위에 착용함.

10 · 13 · 4 君命召어시든 不俟駕而行이러시다

임금이 명하여 부르시면 수레를 기다리지 않고 가셨다.

○군명소(君命召) : 임금이 명령을 내려 부르다. "君命魯召之命 召是以司寇之職召
之 或以中都宰召之也"
○불사가이행(不俟駕而行) : 수레를 기다리지 않고 가다. "不俟駕是不待車馬之代勞
行是步趨重急君命上"
○이 글은 판본에 따라 "君命召어시든 不俟駕行矣러시다"로 되어 있는 책도 있다.

急趨君命하여 **行出而駕車隨之**라
○**此一節**은 **記孔子事君之禮**니라

급히 임금의 명령을 좇아서 걸어 나가면 수레가 따라오는 것이다.
○이 한 질은 공자께서 임금을 섬기는 예를 기록한 것이다.

[備旨] 時에 夫子當仕할새 而君命召之也면 則急趨君命하여 不俟駕車而行하시니 不敢以
勞로 而廢急君之禮也러시다 夫子事君盡禮가 如此시니라하니 洵可以立萬世人臣之極矣시
니라

당시 부자께서 벼슬할 적에 임금이 명하여 부르시면 급히 임금의 명령을 좇아서 수
레를 기다리지 않고 가셨으니, 감히 고생스럽다는 이유로 임금을 급히 좇아야 하는 예
를 폐하지 않으셨다. 부자께서 임금을 섬길 적에 예를 다함이 이와 같으셨다."라고 했
으니, 진실로 가히 만세에 신하의 표준으로 세울 민하신 것이다.

○순(洵) : 진실로.
○극(極) : 법. 표준.

10 · 13 · 5 子入太廟하사 每事問하신대

공자께서 태묘에 들어가셔서 매사를 물으시니,

○이 문장은 본래 「팔일편(八佾篇)」과 중복되는 내용이다. 「사서비지(四書備旨)」에는 없는 내용인데 독자의 편의를 위해 넣었다. 본서 3·15·1 참고.

重出이라

두 번 나온 것이다.

10·14·1 朋友가 死하여 無所歸어든 曰 於我殯이라하시다

친구가 죽어서 돌아갈 곳이 없으면 공자께서 말씀하시기를, "내 집에 빈소를 차려라." 하셨다.

○붕우사무소귀(朋友死無所歸) : 친구가 죽어 돌아갈 곳이 없다. 즉 친척이나 골육이 없어 거두어 줄 사람이 없다는 말. ☞'朋'은 동문 수학(同門受學)한 사람을, '友'는 동사(同事)한 사람을 지칭하는 것으로 구별하기도 하는데, 일반적으로 같은 스승을 모시고 학문을 닦은 사람을 '朋'이라 하고, 뜻을 같이한 사람을 '友'라고 한다[同師曰朋 同志曰友]. "無所歸是無骨肉親戚可依歸"
○왈어아빈(曰於我殯) : 내 집에 빈소를 차리라고 말하다. 공자의 집에 빈소를 차리도록 했다는 말. ☞어(於) : 차리다. 여기서는 '짓다[作]'의 의미. ☞빈(殯) : 초빈(草殯)하다. 어떤 사정으로 장사를 지내지 못하고 송장을 방 안에 둘 수 없을 때, 한데나 의지간(依支間)에 관을 놓고 이엉 등으로 그 위를 이어 눈·비를 가리게 하는 일. 즉 입관 후 장사지낼 때까지 안치함을 의미하므로, 본문에서 '葬'이라 하지 않고 '殯'이라 했다. "是夫子言 於作自字看 殯是出衣衾棺槨以殯殮之"

朋友는 **以義合**이니 **死無所歸**면 **不得不殯**이니라

붕우는 의리로써 합해진 것이니, 죽어서 돌아갈 곳이 없으면 빈소를 차리지 않을 수 없다는 것이다.

[備旨] 記者가 謂夫子於朋友之死에 或無親屬可依歸者면 則曰於我殯이라하시다 凡送終之禮를 皆以爲己任焉하시니 所以全義也시니라

기록한 사람이 이르기를, "부자께서 붕우가 죽었을 적에 혹시라도 친속에게 의탁할

만한 사람이 없으면, '내 집에 빈소를 차려라.'고 하셨다. 무릇 죽은 사람을 장사지내는 예를 자기의 책임이라고 생각하셨으니, 의리를 온전하게 하신 것이다.

○친속(親屬) : 가까이 믿고 사랑하는 사람. 친권(親眷). 촌수가 가까운 친척.
○의귀(依歸) : 의뢰함. 의탁함.
○송종(送終) : 죽은 이를 장사지냄.

10·14·2 朋友之饋는 雖車馬라도 非祭肉이어든 不拜러시다

붕우가 선물한 물건에 대해서는 비록 수레나 말이라도 제사지낸 고기가 아니면 절하지 않으셨다.

○붕우지궤(朋友之饋) : 붕우가 선물을 보낸 것. '饋'는 '음식이나 물건을 보내다'라는 뜻. 친구는 의리로 합쳐진 것이기에 절할 이유는 없다는 것이다. 본서《공야장편(公冶長篇)》에서도 붕우와 물건을 공유한다는 표현이 나온다. "5·25·2 子路曰 願車馬와 衣輕裘를 與朋友共하여 敝之而無憾하노이다"
○수거마(雖車馬) : 비록 수레와 말이라고 할지라도. 수레나 말은 사람의 수고를 대신하는 기구이므로 아주 큰 것이라는 뜻. "車馬是代勞之具 饋之至厚者"
○비제육(非祭肉) : 제사지낸 고기가 아니다. "是祭其先祖之肉 禮之尤重者"
○불배(不拜) : 절하지 않다. 만약 제사를 지낸 고기라면 그들의 선조를 공경한다는 의미에서 절을 했을 것임.

朋友는 有通財之義라 故로 雖車馬之重이라도 不拜하고 祭肉則拜者는 敬其祖考를 同於己親也라
○此一節은 記孔子交朋友之義니라

붕우와는 재물을 통용하는 의리가 있으므로 비록 수레나 말처럼 중한 것이라도 절하지 않았던 것이며, 제사지낸 고기에 대해서 절했다는 것은 그들의 조고를 공경하여 자기 어버이와 같이 하신 것이다.
○이 한 절은 공자께서 붕우하고 사귀는 의리를 기록한 것이다.

[備旨] 夫子於朋友所饋之物에 雖車馬之重이라도 非祭祖考之胙肉이면 則直受之而不拜러시다 蓋朋友有通財之義어늘 則車馬도 亦財耳라 故로 不以拜요 祭肉者는 施之也라 夫

義所當爲면 雖變故라도 而不辭하시고 義所當受면 雖重物이나 而不拜러시니 其以義로 交友者가 如此시니라

　　부자께서 붕우가 선물한 물건에 대해서는 비록 수레나 말처럼 중한 것이라고 하더라도 조고에게 제사지낸 조육이 아니면 다만 받기만 하고 절하지 않으셨던 것이다. 대개 붕우에게는 재물을 통하는 의리가 있는데, 수레나 말도 또한 재물일 따름이다. 그러므로 절하지 않은 것이고 제사지낸 고기는 절을 했던 것이다. 무릇 의리상 마땅히 해야 할 것이라면 비록 변고가 있을 경우라도 사양치 않으셨고, 의리상 마땅히 받을 것이라면 비록 귀중한 물건이더라도 절하지 않으셨으니, 그 분이 의리로써 벗과 사귀었음이 이와 같으셨다."라고 했다.

　○조육(胙肉) : 제육(祭肉). 음복(飮福)으로 나눠주는 고기.
　○직(直) : 다만 …하는 데 불과하다. 겨우. 겨우 …뿐이다.
　○변고(變故) : 재변(災變)이나 사고(事故).

10 · 15 · 1 寢不尸하시며 居不容이러시다

　　잠잘 적에는 죽은 사람처럼 하지 않으시며 집에 거처하실 적에는 용의를 갖추지 않으셨다.

　○침불시(寢不尸) : 잠을 자면서 죽은 사람처럼 하지 않다. 자세를 가다듬어 함부로 하지 않았다는 말. "不尸是不放肆"
　○거불용(居不容) : 용의를 갖추지 않다. 구속되는 데 너무 지나치면 양심(養心)의 도리가 아니므로, 거처하면서 용의를 갖추지 않음. "不容是容舒色愉也"

尸는 謂偃臥似死人也라 居는 居家요 容은 容儀라 范氏曰 寢不尸는 非惡(오)其類 於死也요 惰慢之氣를 不設於身體하여 雖舒布其四體라도 而亦未嘗肆耳라 居不 容은 非惰也로되 但不若奉祭祀하고 見賓客而已니 申申夭夭가 是也라

　　시(尸)는 드러누운 모습이 죽은 사람과 같음을 이른다. 거(居)는 집에 거하는 것이고 용(容)은 용모와 행동거지다. 범 씨가 말했다. "잠잘 적에는 죽은 사람처럼 하지 않았다는 것은 죽은 사람과 비슷함을 미워해서가 아니라, 게으르고 거만한 기운을 몸에 두지 않아서 비록 그 사체를 펴더라도 또한 일찍이 함부로 하지 않

았다는 것일 따름이다. 거하실 적에는 용의를 갖추지 않으셨다는 것은 태만해서가 아니라 단지 제사를 받들고 손님을 접대할 때와 같이 하지 않았다는 것일 뿐이니, 《술이편》7·4·1에서 '그 마음이 온화하시며 그 얼굴빛은 기쁨이 가득하셨다.'라고 한 말이 바로 이것이다."

○언와(偃臥) : 드러누움. 엎드려 잠.
○용의(容儀) : 몸을 가지는 태도. 행동거지(行動擧止). 용모와 의표(儀表).
○타만(惰慢) : 게으르고 거만함. 「예기(禮記)」《악기(樂記)》 "惰慢邪辟之氣 不設於身體"
○서포(舒布) : 펴다. 흩어 펴다.
○사체(四體) : 두 손과 두 발. 몸. 신체(身體). 사지(四肢). 사지(四支).
○신신요요(申申夭夭) : 공자께서 한가로이 계실 적에는 그 마음이 온화하시며 그 얼굴빛은 기쁨이 가득하셨음을 형용한 말. 본서 7·4·1 참고. "子之燕居에 申申如也하시며 夭夭如也러시다"

[備旨] 記者가 謂夫子當寢息之時에 雖舒布其四體나 亦不肆焉而似尸也하시고 當居家之際에 雖不弛其威儀나 亦不拘焉而作其容儀也러시다 其容貌之變이 見於寢處者가 如此시니라

기록한 사람이 이르기를, "부자께서 누워서 자거나 쉴 적에는 비록 그의 온 몸을 폈지만 또한 함부로 죽은 사람처럼 하지는 않으셨고, 집에 거할 적에는 비록 그 위의를 느슨하게 하지는 않았지만 또한 얽매여서 그 용의를 갖추지는 않으셨다. 그 분의 용모에 대한 변화가 잠자는 곳에 나타남이 이와 같으셨다.

○침식(寢息) : 누워서 자거나 쉼.
○이(弛) : 느슨하게 하다. 느슨하다.

10·15·2 見齊衰者하시고 雖狎이나 必變하시며 見冕者與瞽者하시고 雖褻이나 必以貌러시다

상복 입은 자를 보시고 비록 절친한 사람이지만 반드시 낯빛을 변하시며, 면류관을 쓴 자와 봉사를 보시고 비록 절친한 사이지만 반드시 예의 범절을 갖추어 대

하셨다.

○견자최자(見齊衰者) : 상복 입을 자를 보다. ☞자최(齊衰) : 굵고 거친 마포(麻布)로 만들어 아랫단을 꿰맨 상복(喪服). '재최'라고도 읽음. 여기서는 어버이 상을 당한 사람. '자(齊)'는 평성(平聲)으로서 '상복(喪服)'을 말하며, '최(衰)'도 역시 평성으로 쓰여 '상복(喪服)'이라는 뜻임. 본서 9·9·1 해석 내용 참고. "子見齊衰者와 冕衣裳者와 與鼓者하시고 見之에 雖少나 必作하시며 過之에 必趨러시다"
○수압(雖狎) : 비록 가깝다고 하더라도. '狎'은 사람과 사람 사이가 서로 친함을 말함. "狎以人言"
○필변(必變) : 반드시 얼굴빛을 변하다. "變是改其容色"
○면자(冕者) : 면류관을 쓴 사람. 신분이 고귀한 사람. "冕是冠冕有爵之人"
○고자(瞽者) : 맹인. 앞을 못 보는 사람. 옛날에는 주로 악관(樂官)을 많이 맡았음. "瞽是無目不成之人"
○수설(雖褻) : 비록 무람없다고 하더라도. '褻'은 늘 보는 사이로서 친압(親狎)함을 말함. 지위나 신분으로써 말함. "褻以地言"
○필이모(必以貌) : 반드시 예의 범절을 갖춰 존경하다. "貌是尊禮之意"

狎은 謂素親狎이요 褻은 謂燕見이요 貌는 謂禮貌라 餘見前篇이라

압(狎)은 평소에 사이가 너무 가까워 무람없음을 이름이요, 설(褻)은 사사로이 만나보는 것을 이름이요, 모(貌)는 예의 범절을 지키는 태도와 행동을 이른다. 나머지는 전편에 나타난다.

○친압(親狎) : 사이가 너무 가까워서 무람없음.
○연견(燕見) : 이 말은 '신하가 퇴조(退朝)한 후 내정(內廷)에서 임금을 알현하거나, 임금이 퇴조 후에 신하를 접견함'을 이르므로 '사사로이 만나본다.'는 뜻이다.
○예모(禮貌) : 예의 범절을 지키는 태도와 행동.

[備旨] 不特此也라 其見人之有喪하여 而服齊衰者하시고 雖素所親狎이나 亦必變其容하시니 哀有喪也요 見服冠冕之貴者와 與瞽而無目者하시고 雖當燕居之褻이나 亦必以隆其禮貌러시니 尊有爵하고 矜不成人也시니라

다만 이것만 아니다. 그 분은 사람이 상을 당하여 상복을 입은 사람을 보시고, 비록 평소에 절친한 사람이라 하더라도 반드시 그 용모를 변하셨으니 상에는 슬픔이 있기

때문이요, 갓이나 면류관을 쓴 귀한 사람과 봉사로서 눈이 없는 사람을 보시고, 비록 한가히 집에 있을 적에 만나본다고 하더라도 또한 반드시 예의 범절을 지키는 태도와 행동으로써 높이셨으니, 벼슬하는 사람을 높이고 예의를 모르는 사람을 불쌍히 여기셨던 것이다.

○관면(冠冕) : ①갓과 면류관(冕旒冠). ②갓이나 면류관이 모두 머리에 쓰는 것인데서, 가장 훌륭한 사물이나 사람의 비유.
○연거(燕居) : 한가히 집에 있음. 안거(安居). 한거(閒居). 연처(燕處).
○긍(矜) : 불쌍히 여김.
○불성인(不成人) : 불구자(不具者)란 뜻으로, '예의를 모르는 사람'을 비유하여 이르는 말. 「예기(禮記)」 "禮也者猶體也 體不備君子 謂之不成人" ☞성인(成人) : 인격이 완성된 사람. 완전무결한 사람을 뜻함. '成人'에 대해서는 본서 14·13·1 참고.

10·15·3 凶服者를 式之하시며 式負版者러시다

수레에서 상복 입은 사람을 만나면 수레의 손잡이를 잡고 공경하셨고, 호적을 짊어진 사람을 만나도 수레의 손잡이를 잡고 공경하셨다.

○흉복자식지(凶服者式之) : 상복 입은 사람을 만나면 수레의 가로대를 잡고 공경하다. ☞흉복자(凶服者) : 상복(喪服)입은 사람. ☞식(式) : 수레 앞쪽의 손잡이 가로대를 말함. 식(軾)과 같은 뜻. 여기서는 동사(動詞)로 쓰여서, 수레 앞쪽의 손잡이 가로대에 몸을 기대어 공경한다는 뜻이다. "凶服卽上齊衰者"
○식부판자(式負版者) : 호적을 짊어진 사람을 만나도 수레의 가로대를 잡고 공경하다. ☞부판(負版) : 국가의 토지(土地)·민인(民人)·호적(戶籍)·거복(車服)·예기(禮記) 따위를 기록한 판(板). 여기서는 '호적'으로 번역했음. "版卽今戶籍也"

式은 車前橫木이니 有所敬이면 則俯而憑之라 負版은 持邦國圖籍者라 式此二者는 哀有喪하고 重民數也라 人惟萬物之靈이요 而王者之所天也라 故로 周禮에 獻民數於王이어든 王拜受之은 況其下者가 敢不敬乎아

식(式)은 수레 앞에 가로로 댄 나무니 공경할 일이 있으면 몸을 굽혀서 기대는 것이다. 부판(負版)은 나라의 지도와 호적을 지닌 자다. 이 두 사람을 공경하는 것은 상을 당한 사람을 슬퍼하고 백성의 숫자를 중하게 여기신 것이다. 사람은 오직 만물의 영장이고 왕은 하늘로 생각하는 것이므로, 「주례」에 "백성의 수를 헤아린 장부를 왕에게 올리면 왕도 절하고 받는다." 하였는데, 하물며 그 아래 된 사람들이 감히 공경하지 않겠는가?

○도적(圖籍) : 지도(地圖)와 호적(戶籍). 영토와 백성을 이르는 말.
○헌민어왕(獻民於王) : 주례(周禮)에 의하면, 맹동(孟冬)에는 백성을 맡은 별에게 제사를 지내고 백성들의 숫자를 기록한 장부를 왕에게 올리면 왕이 절하고 받았다는 기록이 있음. 「주례(周禮)」 "孟冬祀司民 獻民數於王 王拜受之"

[備旨] 不特此也라 在車라가 而見服齊衰之凶服者면 則俯而憑式以敬之하시니 亦以哀有喪也요 有負邦國之版籍者면 必式之하시니 所以重民數也러시니 是則容貌之變이 見於接人者가 如此시니라

다만 이것만 아니다. 수레를 타고 있다가 굵고 거친 마포로 만든 상복을 입은 사람을 만나면 몸을 굽혀 수레의 가로대를 잡고 기대어 공경하셨으니 또한 상을 당한 사람을 슬퍼하셨기 때문이요, 나라에 호적을 짊어진 사람이 있으면 반드시 수레의 가로대를 잡고 공경하셨으니 백성들의 수를 중히 여기셨기 때문이니, 곧 용모의 변화가 사람을 대할 적에 나타난 것이 이와 같으셨다.

○판적(版籍) : 호구(戶口)를 적은 책. 호적(戶籍).

10 · 15 · 4 有盛饌이어든 必變色而作이러시다

성찬을 받으시면 반드시 얼굴빛을 변하고 일어나셨다.

○유성찬필변색이작(有盛饌必變色而作) : 잘 차린 음식이 있으면, 반드시 얼굴빛을 변하고 일어나다. 손님이 주인을 공경하는 태도가 지극하다는 말. "是改容而起敬若不敢當也"

敬主人之禮요 **非以其饌也**라

주인의 예를 공경한 것이지 그 성찬 때문에 그런 것은 아니다.

[備旨] 不特此也라 至若主人有盛饌之設하여는 夫子必變乎顔色而作이러시니 非以其饌也요 所以敬主人之禮而已시니라

다만 이것만 아니다. 주인이 성찬을 배설했을 적에는 부자께서 반드시 안색을 변화시켜서 일어나셨으니, 그 성찬 때문에 그런 것이 아니라 주인을 공경하는 예절 때문이셨다.

10·15·5 迅雷風烈에 必變이러시다

빠른 천둥과 바람이 세게 불 때에는 반드시 얼굴빛을 변하셨다.

○신뢰(迅雷) : 빠른 천둥. '迅'은 '소리가 빠르다'는 뜻. "是聲之疾"
○풍렬(風烈) : 바람이 맹렬함.
○필변(必變) : 반드시 얼굴빛을 변하다. 평상시의 태도를 변화시켜 공경했다는 것이지 놀라서 차례를 잃은 것은 아니라는 말. "是變其常度以起敬意 非驚懼失次也"

迅은 疾也요 烈은 猛也라 必變者는 所以敬天之怒라 記曰 若有疾風迅雷甚雨어든 則必變하여 雖夜라도 必興하여 衣服冠而坐니라
○此一節은 記孔子容貌之變이니라

신(迅)은 빠른 것이요, 열(烈)은 맹렬한 것이다. 반드시 변했다는 것은 하늘의 진노를 공경했기 때문이다. 「예기」《옥조편》에 이르기를, "군자가 집에 거할 적에 만일 모진 바람과 빠른 우레와 심한 비가 있으면, 반드시 얼굴빛을 변하여 비록 밤중이라도 반드시 일어나서 옷을 입고 갓을 쓰고 앉는다." 하였다.
○이 한 절은 공자께서 용모의 변함을 기록한 것이다.

[備旨] 不特此也라 遇乎迅疾之雷와 或風之猛烈이면 是天怒也라 夫子必變其常度하여而不敢逸豫러시니 非惕其威也요 乃以敬上天之怒也러시다 夫子容貌之變이 如此시니라하니 此는 皆理之當變者也요 則其變也는 乃所以不失其常者乎인저

다만 이것만 아니다. 아주 빠른 천둥과 혹 바람이 맹렬한 것을 만나면 이것은 바로 하늘의 분노였던 것이다. 부자께서는 반드시 평소의 태도를 변화시켜 감히 편안히 즐기지 않으셨으니, 그 위엄을 두려한 것이 아니라 오히려 하늘의 노함을 공경하셨던 것

이다. 부자께서 용모의 변함이 이와 같으셨다."라고 했으니, 이는 모두 이치상 마땅히 변해야 할 것이요, 그렇게 변한 것은 오히려 그 상도를 잃지 않으려고 했기 때문이다.

○신질(迅疾) : 매우 빠름.
○상도(常度) : 평소의 태도.
○일예(逸豫) : 편안히 즐김. 또는 편안하고 즐거움.
○척(惕) : 두려워하다.

10·16·1 升車하사 必正立執綏러시다

수레에 오르셨을 적에는 반드시 바르게 서서 줄을 잡으셨다.

○승거(升車) : 수레에 오르다. "是登車"
○필정립집수(必正立執綏) : 반드시 바로 서서 수레손잡이 줄을 잡다. '綏'는 수레에 오르거나 수레 안에서 몸을 가누기 위해 잡는 줄. 이는 잠깐이라도 바른 자세에서 떠나지 않았다는 말. "是造次不離正意"

綏는 挽以上車之索(삭)也라 范氏曰 正立執綏면 則心體無不正하여 而誠意肅恭矣라 蓋君子莊敬이 無所不在하니 升車면 則見(현)於此也라

수(綏)는 붙잡고서 수레에 오르는 줄이다. 범 씨가 말했다. "바로 서서 끈을 잡으면 마음과 몸이 바르지 않음이 없어서 뜻을 정성스럽게 하고 삼가 존경하게 된다. 대개 군자의 엄숙하고 공경함이 있지 않은 데가 없으니, 수레에 오르면 여기에 나타난다."

○삭(索) : 동아줄. 끈.
○성의(誠意) : 뜻을 정성스럽게 함.
○숙공(肅恭) : 삼가 존경함. 공손히 섬김. 공경(恭敬). 숙경(肅敬).
○장경(莊敬) : 엄숙하고 공경함.

[備旨] 記者가 謂夫子初升車之時에 必正立以執乎綏하여 而無偏倚焉이러시다

기록한 사람이 이르기를, "부자께서 처음에 수레에 오르셨을 적에는 반드시 바로 서

서 끈을 잡아서 치우치거나 기댐이 없으셨다.

10·16·2 車中에 不內顧하시며 不疾言하시며 不親指러시다

수레 안에서는 두리번거리지 않으시며, 말씀을 빨리 하지 않으시며, 손가락으로 가리키지 않으셨다.

○불내고(不內顧) : 두리번거리지 않음. 머리를 돌려 돌아보지 않음. "頭容直也"
○부질언(不疾言) : 말을 빨리 하지 않음. "口容靜也"
○불친지(不親指) : 직접 손가락질 하지 않음. "手容恭也"

內顧는 回視也니 禮曰 顧不過轂이라하니라 三者는 皆失容이요 且惑人이니라
○此一節은 記孔子升車之容이니라

내고(內顧)는 머리를 돌려 돌아보는 것이니, 「예기」에 "돌아보는 것은 바퀴통을 넘지 않는다." 했다. 이 세 가지는 모두 용모를 잃은 것이고 또 남을 의심하는 것이다.
　○이 한 절은 공자께서 수레에 오르는 모습을 기록한 것이다.

○고불과곡(顧不過轂) : 돌아보는 것은 바퀴통을 넘지 않는다는 말. 「예기(禮記)」 《곡례상(曲禮上)》 "나라의 임금은 기거(奇車)를 타지 않으며, 수레 위에서 크게 부르지 않으며, 망령되게 손가락질을 하지 않는다. 서서 있을 때는 수레바퀴가 다섯 번 도는 것을 보고, 몸을 굽혀서는 말꼬리를 보며, 돌아보는 것은 바퀴통을 넘지 않는다(國君不乘奇車 車上不廣欬 不妄指 立視五巂 顧不過轂).

[備旨] 及夫子在車中하여는 非無顧也로되 而不過轂而內顧하시며 非無言也로되 而不急遽而疾言하시며 非無指也로되 而不妄動而親指러시니 三者는 非惟不失容이요 而且不至於惑人矣시니라 升車之間이로되 而其動容中禮가 如此시니라하니 非盛德之至면 能之乎아

부자께서 수레 가운데 계실 적에 돌아보지 않은 것은 아니지만 바퀴통을 지나쳐서 머리를 돌려 돌아보지는 않으셨으며, 말씀을 하지 않은 것은 아니지만 급하게 말을 빨리 하지는 않으셨으며, 가리키지 않은 것은 아니지만 망령되게 움직이고 친히 가리키

지는 않으셨으니, 세 가지는 오직 용모를 잃지 않은 것만 아니라 또 사람을 의심하는 데에 이르지 않았던 것이다. 수레를 타는 사이지만 그 동작과 몸가짐이 예절에 맞음이 이와 같으셨다."라고 했으니, 성덕의 지극함이 아니면 능히 할 수 있겠는가?

○급거(急遽) : 갑자기. 썩 급하게. 서둘러.
○동용(動容) : 동작과 몸가짐.「맹자(孟子)」《진심하(盡心下)》"動容周旋 中禮者 盛德 之至也"
○성덕(盛德) : 훌륭하고 고상한 인격. 훌륭한 품격(品格).

10 · 17 · 1 色斯擧矣하여 翔而後集이니라

새가 사람의 얼굴빛이 좋지 않음을 보면 날아서 빙빙 돌다가 자세히 살펴본 뒤에 내려앉는다.

○색사거의(色斯擧矣) : 새가 얼굴빛을 살피고 놀라서 달아나다. '擧'는 '날아가다'라는 뜻. "色卽幾之動處 斯擧見其甚速"
○상이후집(翔而後集) : 빙빙 돈 뒤에 내려앉다. 쉽게 행동하지 않음을 보여주는 말. "翔正擇之審處 後集見其不易" ☞상(翔) : 돌아날다. 빙 돌며 낢. ☞집(集) : 모이다. 떼 지어 모이다.「중문대사전(中文大辭典)」"群鳥在木上也"

言鳥見人之顔色不善이면 **則飛去**라가 **回翔審視而後**에 **下止**하니 **人之見幾而作**하여 **審擇所處**가 **亦當如此**라 **然**이나 **此上下**에 **必有闕文矣**라

새가 사람의 얼굴빛이 좋지 않음을 보면 빙빙 돌아서 자세히 살펴본 뒤에 내려와서 앉으니, 사람이 기미를 보고 일어나 거처할 곳을 살펴 선택하는 것이 마땅히 이와 같이 해야 함을 말한 것이다. 그러나 이 글의 상하에 반드시 빠진 글이 있을 것이다.

○회상(回翔) : 빙빙 돌며 낢.「초사(楚辭)」《구회 소세(九懷昭世)》"乘龍兮偃蹇 高回翔兮上臻"

[備旨] 記者가 謂鳥見人之顔色不善이면 斯擧而飛去矣라가 必回翔審視而後에 下集焉이라하니 夫鳥且如此온 况人可無見幾之智와 審處之明乎아

기록한 사람이 이르기를, "새가 사람의 얼굴빛이 좋지 않음을 보면 곧 올라서 날아가다 반드시 빙빙 돌아서 자세히 살펴본 뒤에 내려와서 앉는다."라고 했으니, 무릇 새도 또한 이와 같은데, 하물며 사람이 기미를 보는 지혜와 머무를 곳을 살피는 명철함이 없어서 되겠는가?

10·17·2 曰 山梁雌雉가 時哉時哉인저 子路共之한대 三嗅而作하니라

공자께서 말씀하시기를, "산간 다리목의 까투리가 때를 잘 타고 때를 잘 타는구나!" 하셨다. 자로가 잡고자 했지만 세 번 울고는 날아가 버렸다.

○산양(山梁) : 산간(山澗)의 교량. "山梁是山澗橋梁"
○자치(雌雉) : 까투리. 암꿩. 넓은 의미에서 산새. "雉是山鳥"
○공지(共之) : 잡다. 향하다. '共'과 '拱'은 서로 통함. "共之是欲執其鳥"
○후(嗅) : 울다. 여기서는 냄새를 맡는다는 의미보다는 낌새를 알아차리고 운다는 뜻으로 쓰였음. "嗅作雉鳴看"
○작(作) : 날아가다. "作是飛起而去"
○'子路共之한대 三嗅而作하니라'를 '子路共之한대 三嗅而作하시다'로 현토하여 '자로가 잡아서 바쳤더니, 공자께서 세 번 냄새를 맡고 일어나셨다.'로 해석하기도 한다.

邢氏曰 梁은 橋也라 時哉는 言雉之飲啄이 得其時라 子路不達하고 以爲時物而共(供)其之한대 孔子不食하고 三嗅其氣而起하니라 晁氏曰 石經에 嗅作戞하니 謂雉鳴也하니라 劉聘君 曰嗅는 當作昊라 古関反으로 張兩翅也니 見(현)爾雅하니라 愚按 如後兩說이면 則共字는 當爲拱執之義라 然이나 此必有闕文이니 不可强爲之說이요 姑記所聞하여 以俟知者하노라

형 씨는 말하기를, "양(梁)은 다리다. 시재(時哉)는 꿩이 마시고 쪼는 것이 그 때를 얻었음을 말한 것이다. 자로는 알지 못하고 철을 따라 나는 농작물이나 먹거리라고 생각하여 잡아 바쳤는데, 공자께서는 잡수지 않고 세 번 그 냄새를 맡고 일어나셨다."라고 했다. 조 씨는 말하기를, "「석경」에는 '嗅'자가 '戞'자로 되어 있으니 까투리가 우는 것을 이른다."라고 했다. 유빙군이 말하기를, "'嗅'자는 마땅히 '昊'자가 되어야 한다. 글자는 '古'와 '関'의 반절로 두 날개를 펼치는 것이니, 「이아」에도 나타난다."라고 했다. 내[朱子]가 살펴 보건대, 뒤의 두 학설처럼 본다면

'共'자는 마땅히 붙잡는다는 뜻이 되어야 한다. 그러나 여기에는 반드시 빠진 문장이 있을 것이니, 억지로 설명할 수도 없고 우선 들은 바를 기록하여 알 수 있는 사람을 기다리는 것이다.

○형(邢) : 나라 이름. 주대(周代)의 봉국(封國). 땅 이름.
○시물(時物) : 철을 따라 나는 농작물이나 먹거리.
○조(晁) : 아침. 조(朝)의 옛날 글자.
○석경(石經) : 돌에 새긴 유가(儒家)의 경서(經書). 각 시대별로 많음.
○알(戛) : 새가 우는 소리.
○격(臭) : 새가 두 날개를 펼치고 있는 모양. 「이아(爾雅)」《석수(釋獸)》 "鳥張兩翅貌"
○격(闃) : 고요하다.
○반절(反切) : 두 한자(漢字)의 음을 반씩 따서 한 음을 얻는 방법. 동(東)자의 음을 덕홍절(德紅切)로 표시하는 따위. 반어(反語). 반음(反音). 번절(飜切).
○이아(爾雅) : 십삼경(十三經)의 하나로 중국 고대의 자전(字典)으로, 각 부문에 관한 고금(古今)의 문자를 설명한 책. 19편.
○사(俟) : 기다리다.

[備旨] 夫子嘗有感而歎에 曰山梁之雌雉가 得其時哉인저 得其時哉인저하시니 蓋謂其飮啄自如하고 飛集以時也어늘 子路不達하고 以爲時物하여 乃欲共而執之로되 其色이 疑於不善할새 雉遂三嗅其聲하여 而飛作하니 所謂色斯擧者를 可驗矣라 信乎鳥之見幾也로다 然則人이 於去就之義에 其可以不審乎아

부자께서 일찍이 느낌이 있어서 탄식할 적에 말씀하시기를, "산간 다리목의 까투리가 그 때를 잘 타는구나! 때를 잘 타는구나!"라고 하셨으니, 아마도 그것은 먹고 쪼는 것이 당황하지 않아서 태연하고 날고 모이는 것도 때를 맞춰 한다는 것을 이른 것인데, 자로는 알지도 못하고 철을 따라 나는 먹거리로 생각하여 곧 바치고 싶어 잡으려 했지만, 그 얼굴빛이 불선하다고 의심했기 때문에 까투리는 드디어 세 번이나 그 소리를 지르고 날아가 버렸으니, 이른바 '새가 사람의 얼굴빛이 불선함을 보면 빨리 난다.'라는 말을 증험해 볼 수 있다. 진실로 새라는 것은 기미를 알아차리는구나! 그렇다면 사람이 거취의 뜻에 대하여 어떻게 살피지 않을 수 있겠는가?

○자여(自如) : 흥분하거나 당황함이 없이 태연함. 자약(自若).
○거취(去就) : 물러남과 나섬. 행동 거지(行動擧止).

○시구 중에 "色斯擧矣하여 翔而後集이니라"는 것은 일찍이 공자께서 제자들과 산속을 거닌 적이 있었다. 마침 그때 산간의 다리목에 까투리가 있는 장면을 보시고, 위의 시구가 생각났는지 "山梁雌雉가 時哉時哉인저"라고 하면서 탄식하셨다. 자로는 알지도 못하면서, 제철에 맞는 음식이라고 생각하여, 곧 붙잡아서 잡고자 했으나, 까투리는 세 번이나 그 소리를 지르고서 날아올랐던 것이다. 이 글은 까투리라는 새는 떠나거나 앉는 것도 때를 잘 타지만, 인간은 그렇지 못하니, 그랬으면 하는 뜻을 표현한 것이다.

懸吐完譯
論語集註備旨大全(上)

인쇄 2018년 5월 14일
발행 2018년 5월 23일

역 자 | 이한우
발행자 | 김동구
발행처 | 명문당(1923. 10. 1 창립)
주 소 | 서울시 종로구 윤보선길 61(안국동)
          우체국 010579-01-000682
전 화 | 02)733-3039, 734-4798(영), 733-4748(편)
팩 스 | 02)734-9209
Homepage | www.myungmundang.net
E-mail | mmdbook1@hanmail.net
등 록 | 1977. 11. 19. 제1~148호

ISBN 979-11-88020-53-9 (04140)
ISBN 979-11-88020-52-2 (세트)
30,000원